衢州年鉴

QUZHOU YEARBOOK

2021

衢州市地方志编纂委员会办公室
衢　州　市　档　案　馆　编

方志出版社
Publishing House of Local Records

图书在版编目(CIP)数据

衢州年鉴. 2021 / 衢州市地方志编纂委员会办公室；衢州市档案馆编.—北京：方志出版社，2021.12

ISBN 978-7-5144-5204-4

Ⅰ. ①衢… Ⅱ. ①衢… Ⅲ. ①衢州—2021—年鉴
Ⅳ. ①Z525.53

中国版本图书馆CIP数据核字（2021）第270717号

责任编辑：罗 滔

责任校对：刘玉霞

责任印制：梅中英

出 版 者：方志出版社

地 址：北京市朝阳区潘家园东里9号（国家方志馆4层）

邮 编：100021

网 址：http://www.zgfzcb.cn

发 行：方志出版社图书营销中心（010-67110500）

印 刷：衢州文捷印刷有限公司

开 本：889毫米×1194毫米 1/16

印 张：41.75

字 数：929千字

版 次：2021年12月第1版

印 次：2021年12月第1次印刷

定 价：300.00元

衢州市地方志编纂委员会

主　　任　高　屹

副 主 任　吴舜泽　钱伟刚　徐利水　王良海

成　　员　市委办　市人大办　市府办　市政协办　衢州军分区

市委组织部　市委宣传部　市委统战部　市委编办

市档案馆　市经信局　市教育局　市民政局　市财政局

市人力社保局　市住建局　市资规局　市生态环境局

市交通运输局　市水利局　市农业农村局　市文旅局

市商务局　市统计局　衢州广电传媒集团

县(市、区)人民政府

《衢州年鉴》编辑部

主　　编　蓝水高

副 主 编　贺清峰　胡锡明　陈美玲

主　　任　陈美玲

编　　辑　钱道本　徐煜富　黄子潇

英　　译　吴延海

扉页题字　潘玉光

编辑说明

一、《衢州年鉴》是由中共衢州市委、衢州市人民政府主办，衢州市地方志编纂委员会办公室、衢州市档案馆编纂的综合性年鉴。

二、《衢州年鉴(2021)》(以下简称本年鉴)以马克思列宁主义、毛泽东思想、邓小平理论、“三个代表”重要思想、科学发展观、习近平新时代中国特色社会主义思想为指导，坚持辩证唯物主义和历史唯物主义的立场、观点和方法，全面、系统、客观地记叙2020年1月1日至12月31日衢州市境内自然、政治、经济、文化、社会等方面情况，为各级党政机关、研究部门、社会各界人士等了解、研究、建设衢州提供丰富翔实的地情资料，是宣传、推介衢州的权威性工具书。

三、本年鉴编纂出版执行《地方志工作条例》《地方综合年鉴编纂出版规定》《关于地方综合年鉴编纂出版若干问题的补充规定》《浙江省年鉴编纂规范细则》规定，收录市级机关单位、驻衢州省部属单位、县(市、区)等年度信息资料。

四、本年鉴由卷首、百科、卷末三部分组成。卷首设衢州市地方志编纂委员会及《衢州年鉴》编辑部名单、编辑说明、地图、彩页、城市名片、目录；百科设专辑、特载、大事记、市情概览、中共衢州市委员会、衢州市人民代表大会、衢州市人民政府、政协衢州市委员会、中共衢州市纪委·衢州市监委、民主党派·工商联、群众团体、法治、军事、城乡规划建设与管理、交通运输·邮政、信息化建设、水利·电力、生态环境、农业农村、工业、巨化集团有限公司、经济开发区、建筑业·房地产业、商贸、金融业、财政·税务、经济管理、科学技术、教育、卫生健康、体育、媒体、档案·史志、公共文化、南孔文化、社会生活、县(市、区)、人物、统计资料39个类目；卷末设附录、索引。基本结构分类目、分目、条目三个层次，部分分目设置子目。

五、本年鉴中所用数据以统计部门提供的为准，未列入统计范围的，以业务主管部门提供的为准。全书计量单位使用法定计量单位，统一用中文，考虑到社会使用习惯，全书中“亩”“公顷”不作统一要求。小数点后一般保留两位数字。

六、人物传收录以断限内为主，适当补充断限以前的人物，以达到存史目的。

七、本年鉴文字资料由各承编单位落实人员撰写或提供，并经单位领导审核，署作者名。卷首照片署拍摄者名或提供单位；随文照片均由承编单位提供，不另行署名。

1

2

1. 衢州市历史文化街区——水亭门夜景

（市机关事务管理中心 供稿）

2. 衢江区湖南镇湘思岛

（陈晓峰 摄）

中国邮政储蓄银行
POSTAL SAVINGS BANK OF CHINA

1

2

3

4

1. 2020年“五水共治”摄影大赛一等奖作品《晨光》——江山须江（邱招席 摄）
2. 2020年美丽河湖龙游县灵山江沐尘一溪口段（市治水办 供稿）
3. 常山县城夜景（常山县府办 供稿）
4. 开化县城新貌（周建云 摄）

1

2

3

4

1. 8月6日，中共衢州市委七届八次全体(扩大)会议召开　（市委办 供稿）

2. 7月21日，浙江省新时代青年理论宣讲工作现场会在龙游县召开　（市委宣传部 供稿）

3. 4月24—26日，衢州市第七届人民代表大会第五次会议召开　（市人大办公室 供稿）

4. 4月23—25日，中国人民政治协商会议第七届衢州市委员会第五次会议召开　（市政协办公室 供稿）

1

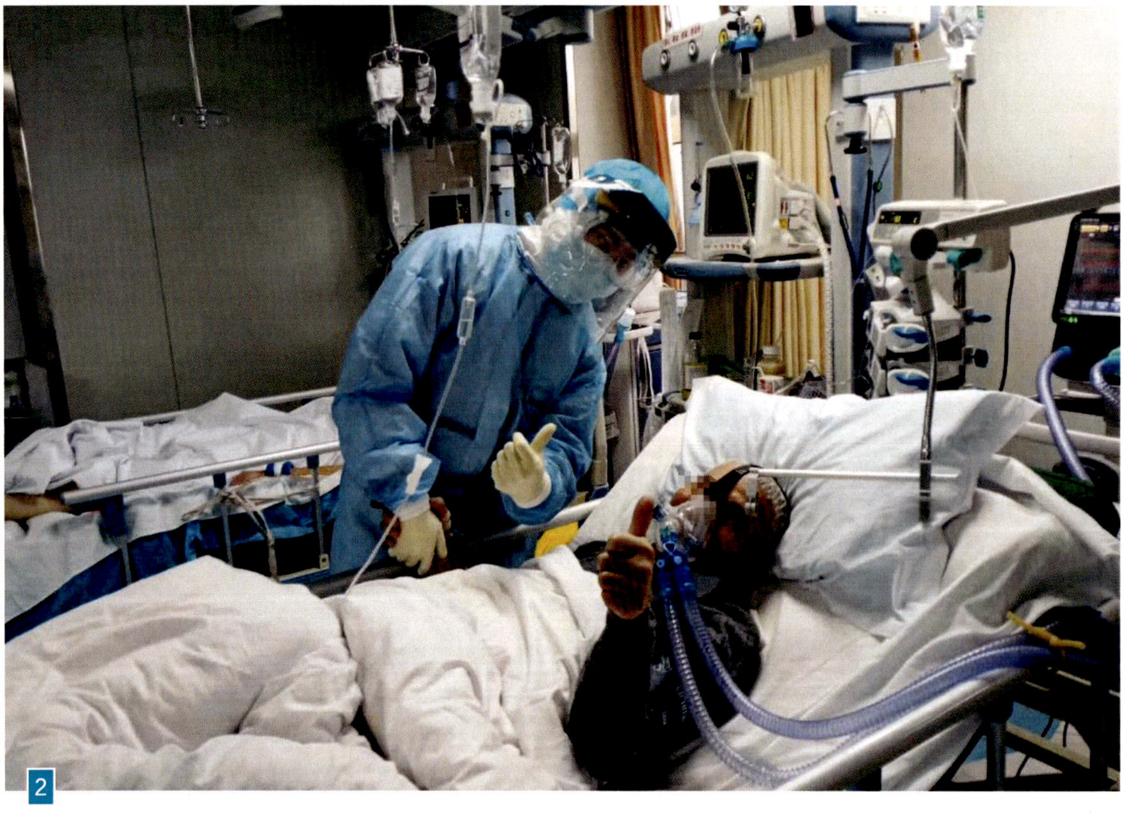

2

3

4

1. 1月25日，衢州首批赴武汉抗击疫情医护人员合影　　（衢州报业传媒集团 供稿）

2. 在武汉市天佑医院ICU病房内，患者对衢州援鄂医护人员竖起大拇指　　（衢州市卫健委 供稿）

3. 4月12日，衢州市第三批援鄂医疗队凯旋　　（衢州广电传媒集团 供稿）

4. 4月16日，衢州市举行援鄂医护人员归来欢迎活动　　（许 军 摄）

1. 1月31日，开化县杨林高速路口卡点疫情检查 （市资源规划局 供稿）

2. 2月9日，江山市举行江山医护驰援武汉出征仪式 （江山市府办 供稿）

3. 3月30日，网格员参与疫情防控 （市政法委 供稿）

4. “五一”期间，衢州市博物馆举办“抗疫复工——衢州摄影人在行动”摄影展。图为观众在观展 （市文旅局 供稿）

3

4

1. 5月26日，衢州市人大常委会召开《衢州市文明行为促进条例》新闻发布会 （市人大办公室 供稿）

2. 6月28日，“学习践行‘八个一’ 助力创文我先行”有礼教育培训开讲 （市电大 供稿）

3. 12月17日，衢州市创建全国文明城市总结表彰暨创建新时代文明生活示范市动员大会召开 （市文明办 供稿）

4. 志愿者在白云大道路口进行交通文明劝导 （市委宣传部 供稿）

3

4

1

2

1. 5月13—14日，浙江省“公筷公勺”推广调研交流活动在衢州市柯城区上洋村举行（市文明办 供稿）

2. 10月11日，“游南孔圣地 品有礼文化”衢州古城亲子研学活动开幕（市电大 供稿）

3. 10月22日，礼遇“标兵”“她”厢有礼——2020年衢州有礼标兵表彰活动在水亭门举行（市文明办 供稿）

4. 12月2日，全国首个有礼馆——衢州有礼馆暨新时代文明生活馆开馆（市文明办 供稿）

3

4

1

衢州有礼 QUZHOU
一座最有礼的城市
推进南孔文化创造性转化、创新性发展研讨会
主办：浙江省社会科学界联合会、衢州市委宣传部、中国城市报社

2

3

4

1. 1月21日，衢州南孔文化发展中心在衢州儒学馆揭牌成立（衢州南孔文化发展中心 供稿）

2. 9月6日，推进南孔文化创造性转化、创新性发展研讨会在衢州召开（衢州南孔文化发展中心 供稿）

3. 9月28日，纪念孔子诞辰2571周年祭祀活动在衢州孔氏南宗家庙举办（衢州南孔文化发展中心 供稿）

4. 11月28—30日，浙江省儒学学会三届四次会员代表大会在衢州召开（衢州南孔文化发展中心 供稿）

1. 3月31日，市委书记徐文光（右一），市委副书记、市长汤飞帆（左一）在产业创新发展大会上为获奖企业家颁奖

（许 军 摄）

2. 12月26日，广州市浙江衢州商会成立大会在广州召开 （市委统战部 供稿）

1

2

3

1. 12月24日，衢州市人民政府与浙江华友控股集团有限公司在省人民大会堂举行华友锂电材料国际产业合作园项目战略合作框架协议签约仪式 （市智造新城 供稿）
2. 5月7日，信安数智公司国有股权转让集中签约会议在衢州召开 （市大数据局 供稿）
3. 7月2日，正泰集团衢州创新研究院建设座谈会召开 （市科技局 供稿）

1. 8月6日，市委书记徐文光（中）为智造新城、智慧新城党工委授牌 （市委办 供稿）

2. 8月6日，市委副书记、市长汤飞帆（中）为智造新城、智慧新城管委会授牌 （市委办 供稿）

3. 10月22日，衢州市大花园建设投资发展集团有限公司授牌仪式举行 （市大花园集团 供稿）

4. 11月2日，中国（衢州）跨境电子商务综合试验区正式揭牌 （市商务局 供稿）

1

2

1. 11月10日,衢州五洲特种纸业股份有限公司在上海证券交易所挂牌上市　（市经信局 供稿）

2. 5月18日,“衢州有礼号”游轮完成杭衢钱塘江诗路之旅首航　（许 军 摄）

1

2

3

1. 10月20—22日，浙江省首届数据创新应用大赛在衢州举办（市总工会 供稿）
2. 11月19日，“之江创客”2020全球电子商务创业创新大赛新零售赛区决赛暨颁奖典礼在衢州举行（市商务局 供稿）
3. 11月26日，衢州市数字经济产业联盟协会“智创时代 数创未来”2020年度论坛召开（衢州移动公司 供稿）
4. 12月3日，2020数字赋能创新大会暨东南数字经济发展研究院专家报告会在衢州举行（东南数字经济发展研究院 供稿）
5. 12月17日，中国TOP直播电商产业园龙游基地开播（龙游县府办 供稿）
6. 12月20日，华东（衢州）数字经济示范区开工仪式在衢江区举行（衢江区府办 供稿）

2020数字赋能创新大会
暨东南数字经济发展研究院专家报告会

4

中国TOP直播电商产业园龙游基地
正式开播

5

华东（衢州）数字经济示范区
开工仪式
百舸争流
智联天下
奠基
华东(衢州)数字经济示范区

6

1

2

1. 11月14—15日，第十七届浙皖闽赣四省四市民间艺术节在衢州举办　（市文旅局 供稿）

2. 5月17日，浙赣闽皖四省边际纪念馆红色联盟成立大会暨“云上游馆”活动在常山西源革命纪念馆举行　（常山县政府办 供稿）

3. 12月4日，闽浙赣皖九方经济区四届七次党政联席会议在衢州召开　（市协作中心 供稿）

4. 6月3日，第一次钱塘江流域环境资源司法协作会议在衢州召开　（市法院 供稿）

5. 9月28—29日，“衢州有礼·两岸一家亲”中秋联谊及文艺活动在江山市举办　（市台办 供稿）

3

4

5

1. 9月27日，衢丽高铁龙游南站投入使用　（龙游县府办 供稿）

2. 4月28日，衢州市美丽沿江公路全线贯通暨“衢州有礼”诗画风光带产业项目签约仪式举行　（许 军 摄）

3. 9月27日，衢宁铁路开通暨“衢州有礼”号旅游专列首发仪式举行　（市轨道中心 供稿）

4. 10月20日，衢州市—华夏航空合作项目签约仪式举行　（市交投集团 供稿）

衢州市美丽沿江公路全线贯通
暨“衢州有礼”诗画风光带产业项目签约仪式
骑行起点
美丽沿
活力风光

2

衢州有礼
一座最有礼的城市
衢宁铁路开通
暨“衢州有礼”号旅游专列首发仪式
主办：中国铁路上海局集团有限公司 浙江省发展和改革委员会 衢州市人民政府
2020年9月27日

3

华夏航空
衢州市—华夏航空
合作项目签约仪式
2020年10月20日
签约席
华夏航空

4

1

2

1. 龙游县詹家镇浦山村“凤凰部落” （龙游县档案馆 供稿）

2. 龙游县溪口未来社区乡村礼堂 （市农业农村局 供稿）

3. 常山县云湖仙境民宿 （常山县府办 供稿）

4. 常山县青石镇砚瓦村美丽庭院 （常山县府办 供稿）

5. 5月14日，常山县税务局开辟胡柚直播间助农带货 （常山县府办 供稿）

3

4

5

1

1. 11月20日，2020年“庆丰收·迎小康”中国村歌大赛总决赛暨颁奖仪式在江山市大陈村举办（沈天法 摄）

2. 开化县桐村镇桐村村鲁家坞外立面改造前（市农业农村局 供稿）

3. 开化县桐村镇桐村村鲁家坞外立面改造后（市农业农村局 供稿）

2

3

1

2

3

4

1. 12月28日，浙江省开化水库工程开工仪式在马金镇石柱村举行 （市水利局 供稿）

2. 衢州市诗画风光带——开化县马金溪 （市农业农村局 供稿）

3. 10月16日，水利部太湖流域片河湖长制工作交流会在衢州市召开 （市水利局 供稿）

4. 10月28日，绿色中国行——走进美丽龙游暨中国绿色碳汇基金会成立10周年主题公益活动在龙游县举行 （市资源规划局 供稿）

1

2

3

4

1. 8月29日,2020年衢州金庸武林大会开幕式表演（市体育局 供稿）

2. 9月4日,柯城区运动协会宣传“五水共治”,组织民间河长信安湖绿道自行车环湖骑行活动（市治水办 供稿）

3. 10月25日,2020浙江大湾区自行车公开赛(衢州站)暨第六届“衢州有礼”诗画风光带自行车骑行挑战赛在巨化工人广场举行（市体育局 供稿）

4. 11月8日,2020钱江源国家公园马拉松赛在开化占旭刚体育馆鸣枪开跑（开化县府办 供稿）

1

2

3

1. 5月7日，市特需儿童康复中心七彩梦幼儿园操场　（赵建新　摄）

2. 2月10日，全市中小学线上开学，各地各校举行线上升旗仪式　（市教育局　供稿）

3. 1月5日，衢州市人民政府与电子科技大学签署共建长三角研究院（衢州）协议　（电子科技大学　供稿）

4. 11月8日，浙大衢州“两院”奠基仪式在高铁新城教育小镇举行　（市教育局　供稿）

5. 12月14日，市医保局联合市财政局、市税务局、市银保监局等部门召开衢州市全民健康补充医疗保险“惠衢保”发布会　（市保险协会　供稿）

6. 12月28日，“致敬创新者　奋进新时代”——衢州市2020年高层次人才迎新联谊活动在衢时代创新大厦举行　（浙江省绿色产业发展研究院　供稿）

浙江大学工程师学院衢州分院　浙江大学衢州研究院
正式奠基
奠基
学院衢州分院

4

衢州市全民健康补充医疗保险
“惠衢保”发布会

5

致敬创新者
Tribute to Innovators
奋进新时代
Forge Ahead in a New Era
衢州市2020年高层次人才迎新联谊活动
Quzhou High-Level Talents Welcome Event in 2020
主办单位：中共衢州市委人才办
承办单位：浙江省绿色产业发展研究院

6

1

2

1. 6月29日，衢州柯城礼贤未来社区开工 （许 军 摄）

2. 9月22日，全国首个乡村未来社区——衢州莲花乡村国际未来社区开园 （衢江区府办 供稿）

1

2

1. “拆墙透绿”后的市行政中心 （许 军 摄）

2. 1月3—6日，由衢州市人民政府、浙江省供销社主办的“三衢味”年货市集在衢州市会展中心举办 （市供销社 供稿）

衢州城市名片

- 国际花园城市
- 联合国可持续发展首批示范城市
- 国家历史文化名城
- 全国文明城市
- 中国品牌城市
- 中国优秀旅游城市
- 全国森林旅游示范市
- 国家生态示范区
- 国家卫生城市
- 国家森林城市
- 国家园林城市
- 全国水生态文明城市
- 绿色中国典范城市
- 绿色发展优秀城市
- 国家级绿色金融改革创新试验区
- 国家级经济技术开发区
- 国家高新技术产业开发区
- 中国投资环境百佳市
- 中国营商环境十佳示范城市
- 国家首批全民运动健身模范市
- 中国十大宜居城市
- 中国特色魅力城市
- 首个国家休闲区
- 中国十大特色休闲城市
- 中国十大品质休闲城市
- 国家双拥模范城市
- 国家级节水型城市
- 国家医保智能监控示范城市
- 全国社区治理和服务创新实验区
- 中国茶机之都
- 世界长寿之都
- 中国绿都
- 国家生态文明建设示范市
- 平安中国建设示范市

衢州市城区图

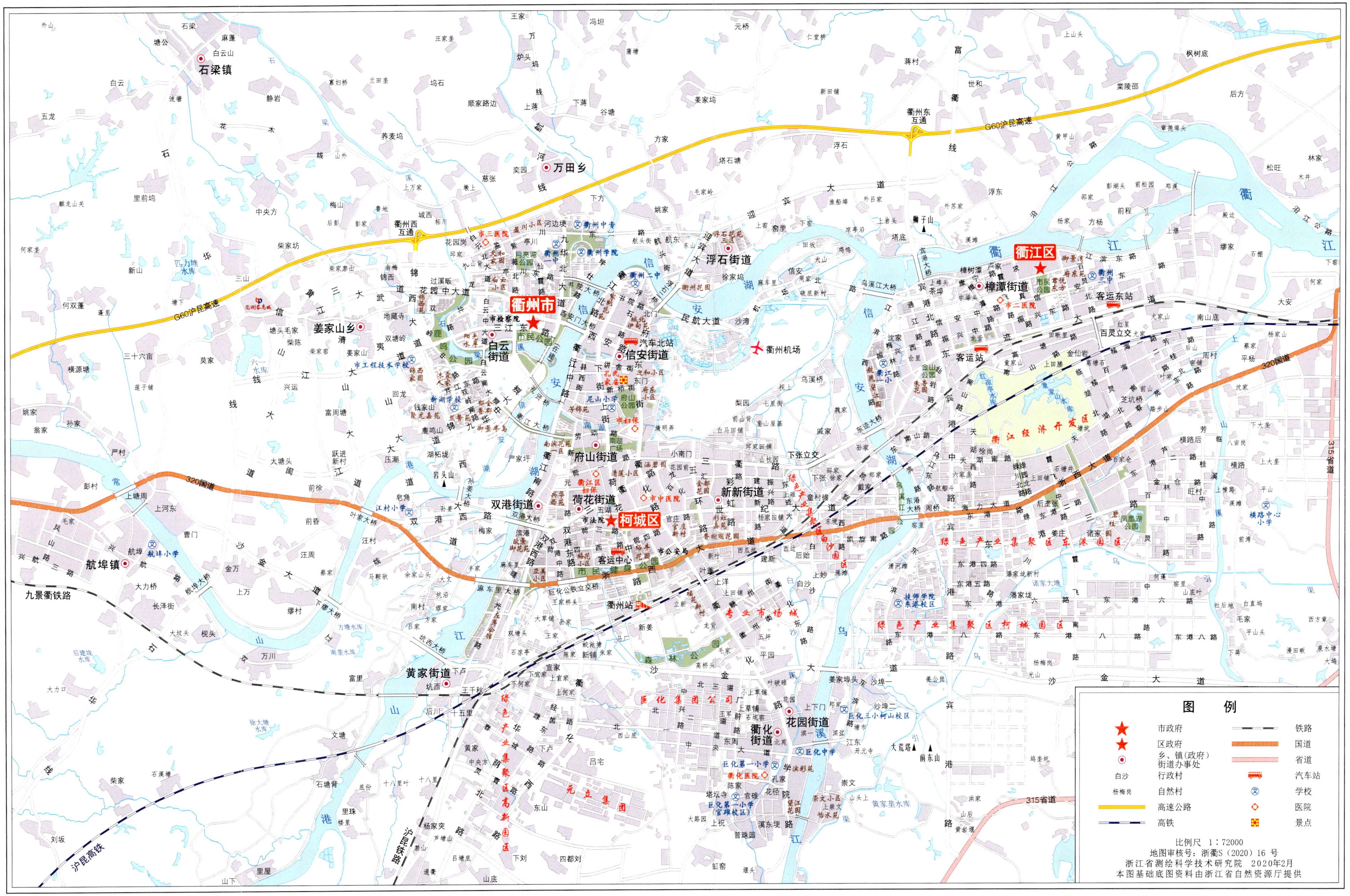
衢州市
柯城区
衢江区
石梁镇
万田乡
姜家山乡
航埠镇
白云街道
信安街道
浮石街道
府山街道
荷花街道
双港街道
新新街道
樟潭街道
黄家街道
衢化街道
花园街道
衢州机场
衢州站
客运中心
汽车北站
客运东站
客运站
衢江经济开发区
绿色产业集聚区东港园区
绿色产业集聚区柯城园区
绿色产业集聚区高新园区
专业市场城
巨化集团公司
元立集团
G60沪昆高速
320国道
315省道
沪昆高铁
沪昆铁路
九景衢铁路
衢州西互通
衢州东互通
百灵立交
下张立交
衢江
乌溪江
图例
市政府
区政府
乡、镇(政府)街道办事处
行政村
自然村
高速公路
高铁
铁路
国道
省道
汽车站
学校
医院
景点
比例尺 1：72000
地图审核号：浙衢S（2020）16号
浙江省测绘科学技术研究院 2020年2月
本图基础底图资料由浙江省自然资源厅提供

衢州市行政区划图

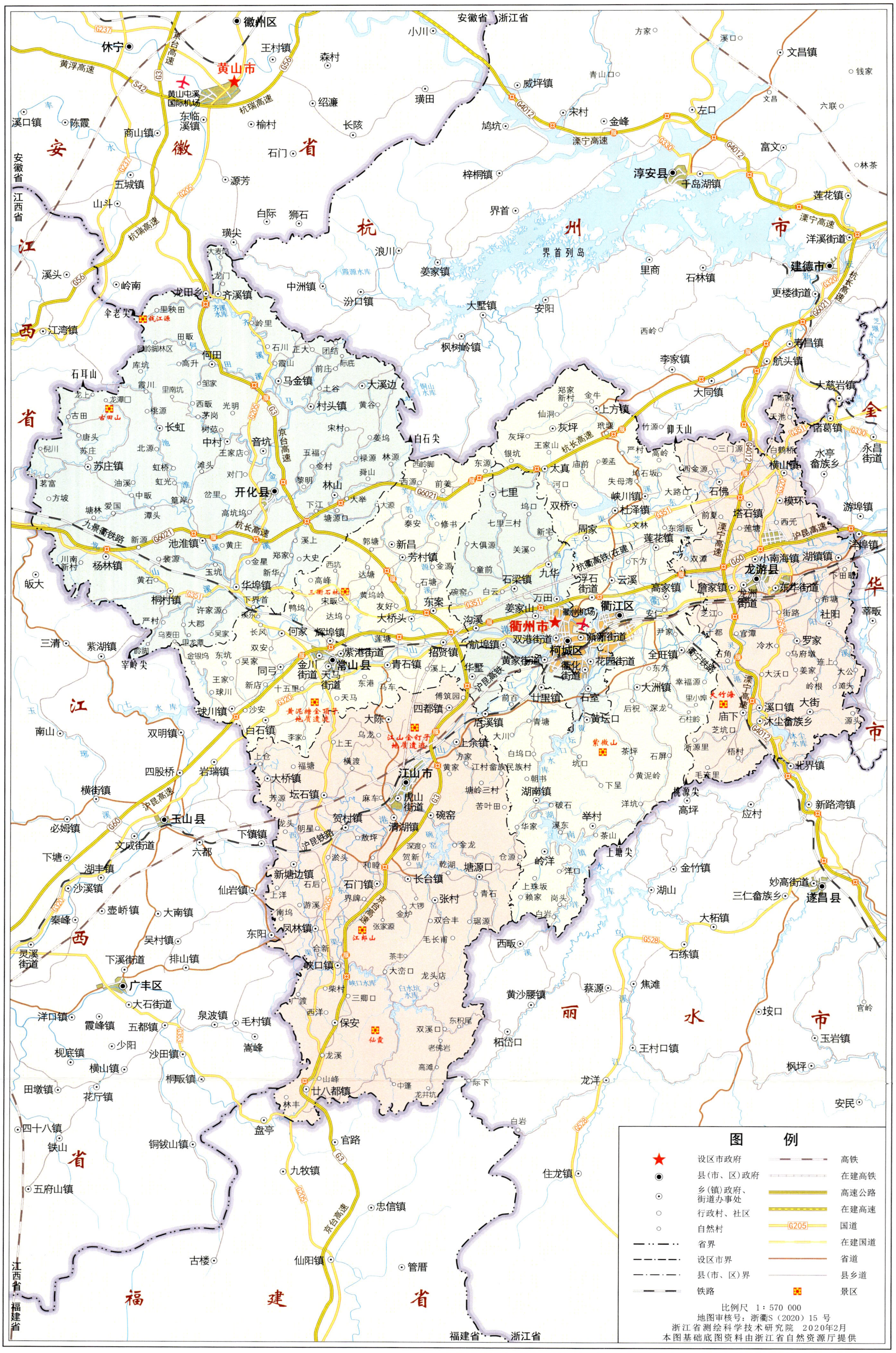

衢州市
柯城区
衢江区
龙游县
江山市
常山县
开化县
黄山市
淳安县
建德市
玉山县
广丰区
遂昌县
杭州市
金华市
丽水市
安徽省
江西省
福建省
浙江省
图 例
设区市政府
县(市、区)政府
乡(镇)政府、街道办事处
行政村、社区
自然村
省界
设区市界
县(市、区)界
铁路
高铁
在建高铁
高速公路
在建高速
国道
在建国道
省道
县乡道
景区
G205
比例尺 1∶570 000
地图审核号：浙衢S（2020）15 号
浙江省测绘科学技术研究院 2020年2月
本图基础底图资料由浙江省自然资源厅提供

要 目

专 辑 …………………………………… 1
特 载 …………………………………… 6
大事记 ………………………………… 27
市情概览 ……………………………… 44
中共衢州市委员会 …………………… 69
衢州市人民代表大会………………… 108
衢州市人民政府……………………… 115
政协衢州市委员会…………………… 141
中共衢州市纪委·衢州市监委 ……… 147
民主党派·工商联 …………………… 152
群众团体……………………………… 173
法 治 ………………………………… 199
军 事 ………………………………… 222
城乡规划建设与管理………………… 227
交通运输·邮政 ……………………… 247
信息化建设…………………………… 261
水利·电力 …………………………… 272
生态环境……………………………… 279
农业农村……………………………… 287
工 业 ………………………………… 302
巨化集团有限公司…………………… 309
经济开发区…………………………… 312
建筑业·房地产业 …………………… 323
商 贸 ………………………………… 327
金融业………………………………… 341
财政·税务 …………………………… 365
经济管理……………………………… 369
科学技术……………………………… 395
教 育 ………………………………… 410
卫生健康……………………………… 435
体 育 ………………………………… 449
媒 体 ………………………………… 454
档案·史志 …………………………… 464
公共文化……………………………… 469
南孔文化……………………………… 473
社会生活……………………………… 479
县(市、区) ………………………… 497
人 物 ………………………………… 527
统计资料……………………………… 534
附 录 ………………………………… 548
索 引 ………………………………… 559

Main Contents

Featured Articles ········· 1
Important Reports ········· 6
Chronicle of Major Events ········· 27
Overview of Quzhou ········· 44
Quzhou Municipal Committee of the CPC ········· 69
Quzhou Municipal People's Congress ········· 108
Quzhou Municipal People's Government ········· 115
Quzhou Municipal Committee of the CPPCC ··· 141
Quzhou Municipal Commission for Discipline Inspection of the CPC Quzhou Municipal Commission of Supervision ········· 147
Democratic Parties, Federastion of Industry and Commerce ········· 152
Mass Organizations ········· 173
Rule of Law ········· 199
Military ········· 222
Rural-Urban Construction Planning and Management ········· 227
Transportation, Postal Services ········· 247
Informationization Construction ········· 261
Water Conservancy, Electric Power ········· 272
Ecological Environment ········· 279
Agriculture and Rural Affairs ········· 287
Industry ········· 302
Juhua Group Corporation ········· 309
Economic Development Zones ········· 312
Construction Industry, Realty Estate ········· 323
Commerce and Trade ········· 327
Financial Industry ········· 341
Finance , Tax ········· 365
Economic Management ········· 369
Science and Technology ········· 395
Education ········· 410
Sanitation ········· 435
Sports ········· 449
Media ········· 454
Archives , Chronicles ········· 464
Public Culture ········· 469
Southern Confucian Culture ········· 473
Social Life ········· 479
Counties (Cities/Districts) ········· 497
Figures ········· 527
Statistics ········· 534
Appendices ········· 548
Index ········· 559

目　　录

专　辑

8090新时代理论宣讲工作 …… 1
概况 …… 1
组织架构 …… 1
队伍体系 …… 1
保障机制 …… 1
阵地建设 …… 1
赛学机制 …… 2
成长机制 …… 2
内容提升 …… 2
新冠肺炎疫情防控 …… 2
概况 …… 2
集中办公 …… 2
现场流调 …… 2
核酸检测 …… 2
医疗救治 …… 3
衢州市感染新型冠状病毒肺炎首例患者 …… 3
两会保障 …… 3
助力社会经济发展 …… 3
卫生执法 …… 3
疫苗接种 …… 3
健康教育 …… 3
扶贫工作 …… 4
概况 …… 4
低收入农户增收 …… 4
扶贫资金管理 …… 4
落实帮扶举措 …… 4
返贫预警监测 …… 5
扶贫领域巡查问题整改和督查工作体系完善 …… 5
巩固低收入农户高水平全面小康攻坚成果 …… 5

特　载

贯彻“八八战略” 践行“八个嘱托” 推进“八大任务” 争创四省边际社会主义现代化先行市
——在市委七届九次全体(扩大)会议上的报告 …… 6
政府工作报告
——在衢州市第七届人民代表大会第六次会议上 …… 18

大事记

1月 …… 27
2月 …… 28
3月 …… 29
4月 …… 30
5月 …… 31
6月 …… 33
7月 …… 34
8月 …… 36
9月 …… 37
10月 …… 39
11月 …… 40
12月 …… 42

市情概览

建置区划 …… 44
建置沿革 …… 44
行政区划 …… 45
平安边界建设 …… 45
界线领域风险防控 …… 45
地名信息化 …… 45
地名管理 …… 45
地名文化建设 …… 45
自然环境 …… 46
地理位置和面积 …… 46
地形地貌 …… 46
自然资源 …… 46
气候特征 …… 46
常年气候概况 …… 46
2020年气候特征 …… 46
主要气象事件 …… 47
水文 …… 49
概况 …… 49
降水量 …… 49
蒸发量 …… 49
洪水 …… 49
径流量 …… 49
输沙量 …… 49
人口 …… 49
概况 …… 49
百岁老人 …… 51
新任市领导简介 …… 57
吴舜泽 …… 57
周黎旸 …… 57
王良海 …… 57
琚建军 …… 57
2020年衢州市组织机构和负责人名录 …… 57
衢州市中共党组织 …… 57
衢州市政权组织 …… 58
衢州市政协组织 …… 61
衢州市民主党派组织 …… 61
衢州市法检机关 …… 62
衢州市群众团体 …… 62
衢州市垂直管理部门 …… 62
2020年衢州市县(市、区)机构和负责人名录 …… 63
柯城区 …… 63
衢江区 …… 64
江山市 …… 65
龙游县 …… 66
常山县 …… 67
开化县 …… 67

中共衢州市委员会

综　述 …… 69
概况 …… 69
市委七届八次全体扩大会议 …… 69
市委常委会 …… 69
学习贯彻习近平新时代中国特色社会主义思想走深走实 …… 72
疫情防控和复工复产有力有效 …… 72
新旧动能转换步伐加快 …… 72
改革开放格局进一步打开 …… 73
美丽大花园建设提档加速 …… 73
文化文明互促共进 …… 74
民生福祉持续改善 …… 75
全面从严治党纵深推进 …… 75
组织工作 …… 76
概况 …… 76
发挥组织优势服务保障疫情防控和复工复产 …… 76
深化政治把关和政治素质考察 …… 76
“县乡一体、条抓块统”改革 …… 76
完善专班工作制 …… 77
打造高素质专业化干部队伍 …… 77
推进公务员工作 …… 77

完成村社换届 …… 77
办好乡村振兴讲堂 …… 77
实施党建引领乡村振兴“五千工程” …… 78
完成村级集体经济“消薄”攻坚任务 …… 78
东南数字经济发展研究院实现向“省字号”跃迁 …… 78
机关事业单位人员全周期管理“一件事”改革全省领跑 …… 78
宣传工作 …… 78
概况 …… 78
理论武装工作 …… 78
8090新时代理论宣讲 …… 78
两战赢、两领先 …… 79
文明创建工作 …… 79
新闻舆论工作 …… 79
城市品牌打造 …… 80
文化文创工作 …… 80
扫黄打非工作 …… 80
阵地建设 …… 80
网络与信息安全管理 …… 80
概况 …… 80
主题网络宣传 …… 80
衢州城市形象网上宣传 …… 81
深化网络信用体系建设试点 …… 81
做好网络安全防护 …… 81
精神文明建设 …… 81
概况 …… 81
文明城市创建 …… 82
公民道德建设 …… 82
志愿服务建设 …… 83
未成年人思想道德建设 …… 83
衢州市社会科学联合会 …… 84
概况 …… 84
社科课题研究 …… 84
社会科学普及 …… 84
科普阵地建设 …… 84
南孔文化研究 …… 84
社科体制改革 …… 85
统战工作 …… 85
概况 …… 85
思想政治引领 …… 85
新乡贤工作 …… 85
民主党派工作 …… 85
非公有制经济领域统战工作 …… 86
宗教工作 …… 86
民族与基层统战工作 …… 86
侨务工作 …… 87
港澳台统战工作 …… 87
海外统战工作 …… 87
党外知识分子和新的社会阶层人士工作 …… 87
干部队伍建设 …… 88
侨务工作 …… 88
概况 …… 88
服务侨界 …… 88
商会建设 …… 88
民族工作 …… 88
概况 …… 88
同心抗疫 …… 89
谋划实施“一乡两带十村”民族乡村振兴示范建设总体布局 …… 89
承办首届浙江省民族乡村振兴“百村大会堂”活动 …… 90
民族团结进步示范创建 …… 90
打造特色民族文化文旅品牌 …… 90
宗教工作 …… 91
概况 …… 91
宗教领域新冠疫情防控 …… 91
“十百千万”普法工程 …… 91
佛教重点寺院改造提升 …… 91
衢州市首批批准恢复重建的道教活动场所 …… 91
“宗教有礼园”建成使用 …… 91
衢州市佛教协会第三次代表会议召开 …… 91
衢州市道教协会第一次会员大会召开 …… 91
全市宗教界人士学习“重要窗口”建设精神培训 …… 91

纪念弘一法师来衢弘法100周年文化论坛…… 92
衢州市首届汉传佛教示范讲经会 ………… 92
改革与政研 …………………………………… 92
概况 ………………………………………… 92
推进全面深化改革工作 …………………… 92
市委全面深化改革委员会第三次会议 …… 93
重要政策文件研究 ………………………… 93
重点课题研究 ……………………………… 93
政策信息服务 ……………………………… 93
机构编制 ……………………………………… 93
概况 ………………………………………… 93
“县乡一体、条抓块统”改革 ……………… 94
事业单位改革 ……………………………… 94
开发区(园区)管理体制改革 ……………… 94
学前教育管理体制改革 …………………… 95
机构编制资源保障 ………………………… 95
机构编制全流程管理 ……………………… 95
机构编制监督检查 ………………………… 95
外事工作 ……………………………………… 95
概况 ………………………………………… 95
疫情防控国际援助与服务 ………………… 95
建立“姊妹学校” …………………………… 96
重要到访 …………………………………… 96
对台港澳事务 ………………………………… 96
概况 ………………………………………… 96
助力台资企业抗击疫情 …………………… 96
衢台经贸合作 ……………………………… 96
衢台青年交流 ……………………………… 96
衢台文化交流 ……………………………… 96
联络联谊 …………………………………… 97
机关党建 ……………………………………… 97
概况 ………………………………………… 97
机关基层组织建设 ………………………… 97
清廉机关建设与模范机关创建 …………… 97
首次实现全市机关党组织述职评议全覆盖… 98
机关基层党组织教育培训 ………………… 98
市直机关8090新时代理论宣讲团获评“全省基层理论宣讲突出集体” ………… 98
市“有礼先锋”党员教育基地 ……………… 98
“有礼小区”创建 …………………………… 98
打造“邻礼通”2.0版 ……………………… 99
疫情防控 …………………………………… 99
党员志愿服务系列活动 …………………… 100
全面从严治党 ……………………………… 100
首次推行机关党员接受党支部与居住社区党组织“双评议” ………………………… 100
信访工作 ……………………………………… 100
概况 ………………………………………… 100
信访受理与办理 …………………………… 100
社会矛盾纠纷调处化解中心建设 ………… 101
服务中心工作 ……………………………… 101
信访积案化解 ……………………………… 101
组团联村工作 ……………………………… 101
“舒心使者”党建品牌创建 ………………… 101
老干部工作 …………………………………… 102
概况 ………………………………………… 102
离退休干部党建 …………………………… 102
“三银赋能” ………………………………… 102
乐活驿站 …………………………………… 103
战疫正能量 ………………………………… 103
服务管理 …………………………………… 103
“两个阵地”建设 …………………………… 103
老干部工作团队 …………………………… 104
关工委工作 …………………………………… 104
概况 ………………………………………… 104
组织建设 …………………………………… 104
同心战“疫” ………………………………… 104
提升理论认识 ……………………………… 105
教育活动 …………………………………… 105
规范教育平台 ……………………………… 105
帮困助学 …………………………………… 105
党校工作 ……………………………………… 106
概况 ………………………………………… 106
干部培训 …………………………………… 106

科研咨政 …… 106
人才招引 …… 106
学科建设 …… 106
举办党的十九届五中全会精神集中轮训班 …… 106
组建“红色学府”8090新时代理论宣讲团 …… 106
乡镇党校规范化建设 …… 107
获评全市抗击新冠肺炎疫情先进集体 …… 107

衢州市人民代表大会

综　述 …… 108
概况 …… 108
服务中心工作 …… 108
加强财经监督 …… 109
立法和法律监督 …… 109
民生项目监督 …… 110
代表履职服务 …… 111
加强自身建设 …… 111
重要会议 …… 113
市七届人大五次会议 …… 113
市人大常委会会议 …… 113

衢州市人民政府

综　述 …… 115
概况 …… 115
市政府常务会议 …… 115
市政府全体会议 …… 117
市政府其他重要会议 …… 117
招商引资 …… 118
交通先导实现新突破 …… 118
衢州市美丽沿江公路全线贯通 …… 119
“衢州有礼”号游轮完成首航 …… 119
礼贤未来社区开工建设 …… 119
全面加快城市赋能 …… 119
浙皖闽赣(衢黄南饶)“联盟花园” …… 120
“互联网+监管” …… 120
连续6年夺得“大禹鼎” …… 120
生态环境质量公众满意度全省第一 …… 120
推进产业创新 …… 121
浙江时代锂电材料国际产业合作园项目正式签约 …… 121
衢州巨化一体化发展 …… 121
电子科大长三角研究院校区开工 …… 121
孟姜村古墓葬入选2020年度浙江省考古十大重要发现 …… 122
水亭门街区入选首批国家文化产业发展项目 …… 122
教育基本现代化县(市、区)实现全覆盖 …… 122
新设立的非常设机构 …… 122
决策咨询 …… 123
概况 …… 123
决策咨询 …… 123
调查研究 …… 123
工作交流 …… 124
队伍建设 …… 124
人事人才工作 …… 124
概况 …… 124
人才引进与开发 …… 124
专业技术和留学人员管理 …… 124
事业单位人事管理 …… 124
工资福利 …… 124
人事考试 …… 124
退役军人事务 …… 125
概况 …… 125
衢州有礼·尊崇工作法 …… 125
服务保障体系建设 …… 125
移交安置 …… 125
退役军人就业创业 …… 125
部分退役军人社保接续 …… 125
抚恤优待 …… 125

创建双拥模范城 …………………… 125
拥军优属拥政爱民 …………………… 126
褒扬纪念 …………………… 126
思想政治建设和权益维护 …………………… 126
军休军供 …………………… 126
安全生产和应急管理 …………………… 126
概况 …………………… 126
落实安全生产责任 …………………… 127
开展风险隐患整治 …………………… 127
防灾减灾物资储备 …………………… 127
防灾减灾隐患排查 …………………… 128
应急管理机制建设 …………………… 128
应急救援能力建设 …………………… 128
应急救援实战化建设 …………………… 128
安全生产和应急管理知识宣传 …………………… 128
"11·9"中天氟硅火灾事故救援 …………………… 128
消　防 …………………… 129
概况 …………………… 129
消防安全三年翻身仗收官年行动 …………………… 129
涉疫场所消防服务工作 …………………… 129
消防宣传培训 …………………… 130
后勤装备建设 …………………… 130
提升实战打赢能力 …………………… 130
衢州市危化品火灾事故处置综合演练 …………………… 130
消防案例 …………………… 130
大数据发展管理 …………………… 132
概况 …………………… 132
城市数据大脑 …………………… 132
市公共数据平台 …………………… 132
数据开放应用创新 …………………… 132
电子政务基础设施集约化 …………………… 132
打造"政务钉钉"工作示范市 …………………… 132
政府视频会议系统 …………………… 133
精密智控 …………………… 133
未来社区数字化 …………………… 133
项目招引 …………………… 133
项目建设 …………………… 133
信息基础建设 …………………… 133
数字经济活动 …………………… 133
营商环境 …………………… 134
概况 …………………… 134
迭代推进"最多跑一次"改革 …………………… 134
打造优化营商环境升级版 …………………… 134
深化社会信用体系建设 …………………… 135
构建整体智治体系 …………………… 135
公共资源监管 …………………… 135
概况 …………………… 135
探索新机制助推项目落地 …………………… 135
党建统领高标准落实服务 …………………… 136
优化招投标营商环境建设 …………………… 136
信用评价管理体系建设 …………………… 136
不见面开标系统正式上线 …………………… 136
标后监管 …………………… 136
机关事务 …………………… 137
概况 …………………… 137
服务保障全市重大活动 …………………… 137
公务用车服务管理 …………………… 137
全市机关事业单位"拆墙透绿"行动 …………………… 137
办公用房管理 …………………… 137
物业服务 …………………… 137
安全保卫工作 …………………… 138
防止餐饮浪费行为 …………………… 138
破解机关干部职工"停车难" …………………… 138
"百县千碗"推广工作 …………………… 138
对口消费扶贫工作 …………………… 138
援疆工作 …………………… 139
概况 …………………… 139
项目援疆 …………………… 139
产业援疆 …………………… 139
文化润疆 …………………… 139
智力援疆 …………………… 140
民族团结交流活动 …………………… 140

政协衢州市委员会

综　述 …………………………………… 141
概况 …………………………………… 141
抗击疫情 ……………………………… 141
助力复工复产 ………………………… 141
上级政协领导到衢州调研考察 ……… 141
“融协商”创出响亮品牌 …………… 142
“请你来协商”迭代升级 …………… 142
献计推进高质量发展 ………………… 143
关注民生事业发展 …………………… 143
加强自身建设 ………………………… 143
市政协七届四次会议以来优秀提案 …… 144
重要会议 ……………………………… 144
政协第七届衢州市委员会第四次会议 …………………………………… 144
政协常委会会议 ……………………… 144
政协党组会议 ………………………… 145
政协主席会议 ………………………… 145
政协主席读书会 ……………………… 145

中共衢州市纪委·衢州市监委

综　述 …………………………………… 147
概况 …………………………………… 147
政治监督 ……………………………… 147
共建清廉 ……………………………… 147
基层治理 ……………………………… 148
正风反腐 ……………………………… 149
政治巡察 ……………………………… 149
体制改革 ……………………………… 149
队伍建设 ……………………………… 150
重要会议 ……………………………… 150
市纪委七届四次全会 ………………… 150
市纪委市监委警示教育大会 ………… 151
全市巡察工作会议暨七届市委第九轮巡察动员部署会 ……………………… 151

民主党派·工商联

民革衢州市委会 ……………………… 152
概况 …………………………………… 152
组织建设 ……………………………… 152
民革党员之家建设 …………………… 152
同心抗疫 ……………………………… 152
参政议政 ……………………………… 153
思想宣传工作 ………………………… 153
祖统联谊活动 ………………………… 154
社会服务活动 ………………………… 154
民盟衢州市委会 ……………………… 154
概况 …………………………………… 154
夯实思想政治基础 …………………… 154
创新完善调研机制 …………………… 155
两会履职 ……………………………… 155
参与政党协商 ………………………… 155
深化民主监督 ………………………… 155
反映社情民意提质增效 ……………… 155
打造“民盟同心”系列社会服务品牌 ……… 155
组织发展 ……………………………… 156
同心抗疫 ……………………………… 156
举办“同心大讲堂” ………………… 156
民建衢州市委会 ……………………… 156
概况 …………………………………… 156
组织建设 ……………………………… 157
会员活动 ……………………………… 157
理论学习 ……………………………… 157
参政议政 ……………………………… 157
民主监督 ……………………………… 158
社会服务 ……………………………… 158
推动康养产业发展 …………………… 158
健康产业委员会客厅 ………………… 159
8090新时代理论宣讲 ………………… 159
服务会员企业发展 …………………… 159

民进衢州市委会 …… 160
概况 …… 160
思想建设 …… 160
“初心·笃行——爱民进创意跑” …… 160
创作《民进,一个好的名字》MV …… 160
会史和理论研究 …… 161
组织建设 …… 161
“履职能力建设主题年”工作 …… 161
参政议政 …… 162
疫情防控 …… 162
服务地方经济社会发展 …… 162
助力脱贫攻坚 …… 163
参与文明城市创建 …… 163
一支部一品牌 …… 163
农工党衢州市委会 …… 163
概况 …… 163
夯实组织基础 …… 163
履行参政党职能 …… 164
社情民意建言献策 …… 164
民主监督深入调研 …… 164
同心抗疫 …… 165
助力复工复产 …… 165
富民服务平台 …… 165
助民服务平台 …… 165
构建安民服务平台 …… 166
开展特色社会服务 …… 166
中国农工民主党成立90周年纪念活动 …… 167
九三学社衢州市委会 …… 167
概况 …… 167
抗击新冠疫情 …… 167
思想建设 …… 167
建言资政 …… 167
服务中心工作 …… 168
组织建设 …… 168
台盟衢州支部 …… 168
概况 …… 168
参政议政 …… 168
抗击新冠疫情 …… 169
上级台盟领导到衢州调研指导 …… 169
开展“基层组织建设年”活动 …… 169
结对帮扶 …… 169
信息工作 …… 169
衢州市工商业联合会 …… 169
概况 …… 169
理想信念教育 …… 170
服务中心工作 …… 170
参政议政 …… 171
夯实基层基础 …… 171
服务会员企业 …… 172

群众团体

衢州市总工会 …… 173
概况 …… 173
服务中心工作 …… 173
维权帮扶 …… 174
深化工会改革 …… 174
思想政治引领 …… 175
共青团衢州市委 …… 175
概况 …… 175
加强青少年思想政治引领 …… 175
提升青年理论水平 …… 175
投身疫情防控阻击战 …… 176
助力社会治理 …… 176
推进市域青少年事务发展 …… 176
助力衢籍大学生人才引进 …… 176
助力“乡村振兴” …… 177
开展对口援建行动 …… 177
深化共青团改革攻坚 …… 177
坚持全面从严治团 …… 177
少年先锋队衢州市第六次代表大会 …… 177
衢州市妇女联合会 …… 177
概况 …… 177
巾帼助力抗疫 …… 177

"一米菜园"创建 …… 178
创新妇女儿童维权机制 …… 178
原衢州市儿童公园整体移交 …… 178
衢州儿童公园产权变更 …… 179
衢州市科学技术协会 …… 179
概况 …… 179
青少年科技竞赛活动 …… 179
院士专家衢州行 …… 179
服务科技工作者 …… 179
"院士之家"建设 …… 180
院士专家工作站建设 …… 181
科普阵地建设 …… 181
科技(科普)活动周 …… 181
全国科普日活动 …… 181
科普志愿服务进万家活动 …… 181
衢州市文明素养科普知识网络竞赛 …… 181
科普进校园 …… 181
青少年科普研学自由行 …… 181
"五水共治满意度(幸福感)"提升普及活动 …… 181
科普进社区 …… 182
科普进乡村文化礼堂 …… 182
科技下乡 …… 182
产学研协同创新工作 …… 182
社会组织建设 …… 183
衢州市归国华侨联合会 …… 183
概况 …… 183
推动侨界创新 …… 183
抗击疫情 …… 183
助力复工复产 …… 184
双招双引 …… 184
文化交流 …… 184
基层组织建设 …… 184
衢州市文学艺术界联合会 …… 185
概况 …… 185
文艺精品创作 …… 185
文艺抗疫 …… 185
衢州市"双百千村"文艺工程 …… 185
"文艺之家"市域全覆盖 …… 185
文联深化改革 …… 185
乡镇(街道)文联试点组建 …… 186
完成协会集中换届 …… 186
文艺队伍建设 …… 186
《衢州艺文七十人集》正式发行 …… 186
举办各类主题文艺活动 …… 186
衢州市作家协会 …… 186
概况 …… 186
文学活动 …… 187
优秀作品 …… 187
文艺赋能 …… 188
衢州市新闻工作者协会 …… 188
概况 …… 188
新闻奖 …… 188
媒体采风活动 …… 188
新闻阅评 …… 189
新闻工作者援助项目 …… 189
中国国际贸易促进委员会衢州市委员会 …… 189
概况 …… 189
不可抗力证明书助力企业稳订单 …… 189
衢州市进出口企业促进会成立 …… 189
举办2020衢州双循环新发展格局外经贸高质量发展论坛 …… 189
举办国际经贸代表团浙江行(衢州站)活动 …… 189
举办2020中国衢州—韩国产业合作线上对接活动 …… 190
浙江衢州出口网上交易会(俄罗斯站消费品专场)线上活动 …… 190
举办2020浙江(衢州)出口网上交易会(机电机械类专场)线上活动 …… 190
国际联络 …… 190
新设2个国家级经贸摩擦预警点 …… 190
成立"四省四市"贸促联盟 …… 190
搭建预警信息数字发布平台 …… 190
应对中美贸易摩擦 …… 190
推进国际贸易商法服务"全方位" …… 191

优化营商环境 …… 191
推广国际贸易“单一窗口” …… 191
增设浙江省常山县贸促会原产地证签证点 …… 191
完成市国际商会改革 …… 191
衢州市残疾人联合会 …… 191
概况 …… 191
残联机构改革 …… 191
“最多跑一次”改革 …… 191
“基层组织建设年”活动 …… 192
无障碍环境建设 …… 192
“四访四助”专项行动 …… 192
组建国内首支残疾人草地掷球国家队 …… 192
兜底落实困难残疾人危房改造 …… 192
打造“天使之翼”残疾人客服基地 …… 192
民生实事项目 …… 193
残疾人社会保障 …… 193
残疾人康复服务 …… 193
打造“阳光康护”服务品牌 …… 193
社区康复示范站建设 …… 193
残疾人就业 …… 193
残疾人创业 …… 194
教育助残 …… 194
文体助残 …… 194
宣传助残 …… 194
维权助残 …… 194
打造康复综合体 …… 195
衢州市法学会 …… 195
概况 …… 195
抗击疫情 …… 195
进驻矛调中心 …… 195
融入基层治理 …… 195
服务中心工作 …… 196
强化法治宣传 …… 196
衢州市红十字会 …… 196
概况 …… 196
抗击疫情 …… 196
救援救灾 …… 197
救护培训 …… 197
救助帮困 …… 197
志愿服务 …… 197
关爱生命 …… 197
生命教育体验馆 …… 197
杭衢博爱驿站 …… 197
红十字应急救援基地(一期) …… 197
公益项目库 …… 198
衢州市计划生育协会 …… 198
概况 …… 198
疫情防控 …… 198
综合改革试点 …… 198
健康促进工作 …… 198
组织建设 …… 198
生育关怀保险 …… 198

法 治

人大立法 …… 199
概况 …… 199
《衢州市文明行为促进条例》颁布实施 …… 199
《衢州市农村住房建设管理条例》颁布实施 …… 199
政法委与综治 …… 199
概况 …… 199
全市政法平安信访工作暨市域社会治理现代化推进会 …… 200
市委政法委全体(扩大)会议暨扫黑除恶专项斗争推进会 …… 200
全市市域社会治理现代化试点工作领导小组全体(扩大)会议 …… 200
全市市域社会治理现代化·红色物业联盟治理篇现场会 …… 200
全市平安建设领域突出问题专项整治工作推进会 …… 200
深化平安衢州建设 …… 200
维护政治安全和社会稳定 …… 200

推进全国市域社会治理现代化试点 …… 201
迭代升级“一中心四平台一网格”基层社会治理体系 …… 201
疫情防控 …… 201
扫黑除恶专项斗争 …… 201
执法司法规范化提升年活动 …… 202
政法队伍建设 …… 202
政法宣传舆论工作 …… 202
典型案例 …… 202
法治政府建设 …… 203
概况 …… 203
法治衢州建设 …… 203
地方性立法 …… 203
重大行政决策管理 …… 203
行政规范性文件合法性审查和管理 …… 203
行政机关合同管理和涉法事务审查 …… 204
行政执法监督 …… 204
行政复议和行政应诉 …… 204
公 安 …… 204
概况 …… 204
“最多跑一次”改革 …… 204
“最多跑一地”改革 …… 204
疫情防控 …… 204
公安监所防疫 …… 205
大型活动保安 …… 205
助推全国文明城市创建 …… 205
扫黑除恶专项斗争 …… 205
电信网络诈骗综合治理 …… 205
打击经济犯罪 …… 205
打击“黄赌”违法犯罪 …… 205
打击治理涉毒违法犯罪 …… 205
打击“食药环”犯罪 …… 205
“融警务”建设 …… 205
“智慧警务”建设 …… 206
完善110指挥调度 …… 206
“净网2020”专项行动 …… 206
打击涉众型经济犯罪 …… 206
执法办案管理中心建设 …… 206
执法规范化建设 …… 206
“智安单位”建设 …… 206
“智安小区”建设 …… 206
“枫桥式公安派出所”创建 …… 206
全警实战大练兵 …… 207
维护民警执法权威 …… 207
暖警惠警工程 …… 207
交通管理 …… 207
概况 …… 207
交通事故防控 …… 207
创文攻坚 …… 207
疫情防控 …… 207
智慧交通建设 …… 208
枫桥中队创建 …… 208
执法水平提升 …… 208
民生改革实事 …… 209
检 察 …… 209
概况 …… 209
打好检察“战疫” …… 209
服务保障“六稳”“六保” …… 209
服务四省边际中心城市建设 …… 210
扫黑除恶专项斗争 …… 210
反腐败斗争 …… 210
刑事检察 …… 210
民事检察 …… 210
行政检察 …… 211
公益诉讼检察 …… 211
检察理念和方式变革 …… 211
推行“案—件比”质效评价标准 …… 211
推进检察信访“最多跑一地”改革 …… 211
扩大司法救助的社会功能 …… 211
前移未成年人司法保护关口 …… 212
自身建设 …… 212
典型案例 …… 213
法 院 …… 213
概况 …… 213

服务保障疫情防控 …… 213
助力企业复工复产 …… 213
疫情防控与审判执行"两手抓" …… 213
服务保障打造"营商环境最优城市" …… 214
服务保障打造"基层治理最优城市" …… 214
服务保障打造"两山"实践示范区 …… 214
服务保障打造"一座最有礼的城市" …… 214
决胜扫黑除恶专项斗争 …… 215
依法惩治各类刑事犯罪 …… 215
加强民生权益保障 …… 215
推动行政争议实质化解 …… 215
综合治理执行难问题 …… 216
司法体制改革 …… 216
审判监督管理 …… 216
司法便民惠民改革 …… 216
智慧法院建设 …… 216
接受各方监督 …… 217
典型案例 …… 217
司法行政 …… 218
概况 …… 218
公共法律服务体系建设 …… 218
法律服务保障复工复产 …… 218
法律援助 …… 218
互联网仲裁 …… 219
公证法律服务 …… 219
国家法律职业资格考试 …… 219
法律服务行业建设 …… 219
普法与依法治理 …… 219
全省最大的宪法主题公园开园 …… 220
特殊人群监管 …… 220
应急处置 …… 220
市场主体法律顾问服务网格化全覆盖 …… 221

军　事

衢州军分区 …… 222
概况 …… 222
思想政治建设 …… 222
应急应战能力拓展 …… 222
国防动员建设 …… 222
稳固基层基础 …… 222
衢州军分区党委四届六次全体(扩大)会议 …… 223
衢州军分区赴常山县何家乡中心小学爱心捐赠 …… 223
开展民兵整组点验 …… 223
基层风气监督员集训 …… 223
衢州市国防教育工作会议 …… 223
衢州军分区召开宣布命令大会 …… 223
国防教育检查 …… 223
开展后备力量基层建设调研 …… 223
省军区政委修长智到衢州军分区检查调研 …… 224
武警衢州支队 …… 224
概况 …… 224
"不忘初心、牢记使命"等主题教育 …… 224
"追寻英烈初心、传承红色基因"主题宣讲活动 …… 224
战备工作 …… 224
保障能力增强 …… 225
召开军地协调会 …… 225
组织绳索救援高级课程培训 …… 225
庆"八一"活动 …… 225
驰援江山抗洪救灾 …… 225
驰援救助"11·9"火灾 …… 225
人民防空 …… 225
概况 …… 225
人防工程建设 …… 225
人防(民防)应急准备 …… 225
重要经济目标防护 …… 226
疏散体系规划与建设 …… 226
人防产权制度改革 …… 226
人防宣传教育 …… 226

城乡规划建设与管理

城乡规划和国土资源管理 …… 227
·综　述· …… 227
概况 …… 227
打造“红色资规”党建品牌 …… 227
机构改革 …… 228
·国土资源工作· …… 228
概况 …… 228
完成全市第三次全国国土调查统一时点更新工作 …… 228
土地要素保障 …… 228
“十类地”综合处置 …… 228
土地供应 …… 228
土地指标调剂 …… 228
耕地保护工作位列全省第一 …… 229
耕地保护四项改革试点 …… 229
全域土地综合整治与生态修复 …… 229
违法用地查处 …… 229
钱塘江源头区域山水林田湖草生态保护修复工程试点 …… 229
废弃矿山生态修复 …… 229
“登记财产”经验做法成为国家标准 …… 229
自然资源统一确权登记工作 …… 230
启动地质灾害“整体智治” …… 230
“政务服务2.0”有序推进 …… 230
·国土空间规划工作· …… 230
概况 …… 230
国土空间总体规划编制 …… 230
重大专项规划编制 …… 231
“衢州有礼”诗画风光带规划管控 …… 231
优化规划审批 保障项目建设 …… 232
城乡风貌管控 …… 232
推进综合测绘改革 …… 232
乡村建设 …… 232
概况 …… 232
美丽乡村建设 …… 232
诗画风光带建设 …… 233
农房体系构建和风貌提升 …… 233
农村生活垃圾分类 …… 233
省级历史文化(传统)村落保护利用 …… 234
乡村未来社区试点 …… 234
城市建设 …… 234
·城市基础设施建设管理· …… 234
概况 …… 234
荷一路过江通道工程 …… 234
市区生活垃圾转运站工程 …… 234
衢化路污水管道(文昌路至专业市场城)提升改造工程 …… 235
斗潭公园地下停车场项目 …… 235
市妇幼保健院建设工程 …… 235
市纪检监察保障中心项目 …… 235
荷一路(新元路—府东街)改造项目 …… 235
老年人活动中心项目 …… 235
衢化片区市政基础设施提升一期工程 …… 235
衢州高速东出入口综合改造工程 …… 235
浮石路(含北门街)道路改造工程 …… 235
中医医院东侧交通优化改造工程 …… 236
市政设施管养 …… 236
桥梁管护 …… 236
城市排水防涝 …… 236
湖塘水系管护 …… 236
坊门街管理 …… 237
衢州火车站核心区亮化提升项目(二期) …… 237
南孔古城重要节点(县西街、五圣街)亮化工程 …… 237
路灯照明养护 …… 237
景观亮化养护 …… 237
·城市公用事业建设管理· …… 237
概况 …… 237
创建全国文明城市 …… 237
微报修 …… 237
城市体检 …… 237
城镇老旧小区改造 …… 237

居民小区"污水零直排区"建设 …………238
实施"拆墙透绿" …………238
城市燃气 …………238
城市节水 …………238
·城市环境卫生建设管理· …………239
概况 …………239
市区公厕服务提升改造 …………239
环境卫生整治 …………239
生活垃圾分类 …………239
市区生活垃圾焚烧发电厂运行监管 …………239
生活垃圾卫生填埋场建设管理 …………239
·城市园林绿化建设管理· …………239
概况 …………239
《衢州市公园体系发展与保护专项规划》编制 …………239
市区最佳最差绿地考核 …………239
市区公园绿地景观体检 …………240
园林绿化养护管理 …………240
市区鲜花布置 …………240
养护工人技能大赛比武 …………240
十里江滨景观带改造提升工程 …………240
衢州火车站核心区景观提升工程 …………240
市区公园绿地底层治理工程 …………240
·保障性住房建设管理· …………241
概况 …………241
棚户区改造 …………241
"公租房2.0"事项全面上线 …………241
扩大住房保障受益覆盖面 …………241
实施社会救助家庭住房保障 …………241
公租房日常管理 …………241
人才公寓 …………241
农村困难家庭危旧房治理 …………241
衢州智慧新城 …………242
概况 …………242
智慧新城整合提升 …………242
疫情防控实现零感染 …………242
复工复产经济逆势增长 …………242
文明城市创建实现"零失分" …………243
重大项目招引实现新突破 …………243
重大平台打造展示新面貌 …………243
征迁工作 …………243
园区深化改革彰显新作为 …………243
国企改革迈开新步伐 …………243
重大项目建设斩获新成果 …………243
引进重大项目 …………243
重大项目开工 …………243
重大项目进展 …………244
城市管理 …………244
概况 …………244
战疫情行动 …………244
依法行政 …………244
依法办案 …………245
全国文明城市创建工作 …………245
"大综合一体化"行政执法改革 …………245
服务民生为民执法 …………246
"三改一拆""四边三化""五水共治"工作 …………246

交通运输·邮政

综　述 …………247
概　况 …………247
抗击疫情服务企业 …………247
交通投资增幅持续位列全省第一 …………247
衢州市美丽沿江公路全线贯通 …………247
衢宁铁路开通运营 …………248
携手华夏航空共建区域航空枢纽 …………248
衢州港累计吞吐量突破330万吨 …………248
全面完成"四好农村路"三年计划 …………248
优化航班航线 …………248
全面排查整治危险货物运输 …………248
公路建设与管理 …………249
概况 …………249
国省道及重要县道新改建工程建设 …………249
养护专项工程建设 …………249

国省道公路养护绿化 …………………… 249
完成国家公路网技术状况监测 ………… 249
桥梁普查 ………………………………… 249
运输管理 ………………………………… 250
概况 ……………………………………… 250
城乡客运发展 …………………………… 250
“互联网+监管” ………………………… 250
加大基础设施建设 ……………………… 250
“最多跑一次”改革向公共场所延伸扩面 … 250
惠民服务 ………………………………… 250
绿色交通建设 …………………………… 251
航运管理 ………………………………… 251
概况 ……………………………………… 251
航运发电 ………………………………… 251
港区建设 ………………………………… 251
交通质监 ………………………………… 251
概况 ……………………………………… 251
品质工程建设活动 ……………………… 251
公路水运工程监理 ……………………… 252
铁路轨道建设管理 ……………………… 252
概况 ……………………………………… 252
杭衢铁路全线开工建设 ………………… 252
打造数字征迁衢州样板 ………………… 253
杭衢铁路衢州西站设计 ………………… 253
普速铁路沿线安全治理居全省前三 …… 253
谋划争取“米”字形规划项目 …………… 254
衢宁铁路开通暨“衢州有礼”号旅游专列首发仪式 …… 254
铁路客运 ………………………………… 254
概况 ……………………………………… 254
安全生产 ………………………………… 254
疫情防控 ………………………………… 254
衢宁线开通 ……………………………… 254
旅客运输 ………………………………… 255
客运服务 ………………………………… 255
铁路货运 ………………………………… 255
概况 ……………………………………… 255
抗击疫情 ………………………………… 255
货物发送 ………………………………… 255
标准化创建 ……………………………… 255
民用航空 ………………………………… 256
概况 ……………………………………… 256
落实市政府与华夏航空战略合作签约项目 …… 256
航班航线 ………………………………… 256
建设平安机场 …………………………… 257
建设绿色机场 …………………………… 257
建设智慧机场 …………………………… 257
建设人文机场 …………………………… 257
开展SCORE项目建设 …………………… 257
严守机场疫情防控关口 ………………… 258
邮政业管理 ……………………………… 258
概况 ……………………………………… 258
行业安全监管 …………………………… 258
疫情防控及复工复产 …………………… 258
“两进一出”工程试点工作 ……………… 258
邮政业绿色发展工作 …………………… 259
市邮政业安全中心成立 ………………… 259
减税降费 ………………………………… 259
申诉处理情况 …………………………… 259
邮政经营服务 …………………………… 259
概况 ……………………………………… 259
向全市援鄂医务工作者捐赠纪念邮折 … 259
税务“仓+配”项目启动 …………………… 259
农村电商站点 …………………………… 259
收寄高考“云艺考”试卷 ………………… 259
抗击疫情 ………………………………… 260
“温暖回家路·有礼衢州人”城市品牌宣传 …… 260
全民阅读公益图书巡展 ………………… 260

信息化建设

无线电管理 ……………………………… 261
概况 ……………………………………… 261

无线电频率台站管理 …………………… 261
无线电管理行政执法 …………………… 261
无线电发射设备销售市场管理 ………… 261
无线电监测和干扰排查 ………………… 262
社会服务与安全保障 …………………… 262
服务5G网络建设 ……………………… 262
服务无线电相关产业发展 ……………… 263
无线电管理法制宣传 …………………… 263
无线电技术设施建设 …………………… 263
应对新冠病毒疫情 ……………………… 264
长途电信传输 ……………………………… 264
概况 ……………………………………… 264
光缆维护 ………………………………… 264
防障配合 ………………………………… 264
通信保障 ………………………………… 264
护线宣传月活动 ………………………… 265
智慧化管理 ……………………………… 265
中国电信 ………………………………… 265
概况 ……………………………………… 265
助力疫情防控和复工复产 ……………… 265
升级智能网络基础设施 ………………… 266
升级智慧应用 …………………………… 266
提升服务 ………………………………… 266
精准扶贫 ………………………………… 266
强化网络服务 …………………………… 266
防范打击通讯(网络)诈骗专项行动 …… 267
抢修保通信 ……………………………… 267
调研活动 ………………………………… 267
中国移动 ………………………………… 267
概况 ……………………………………… 267
网络基础设施建设 ……………………… 268
重大活动通信保障 ……………………… 268
疫情防控与复工复产 …………………… 268
衢州市"5G+工业互联网"应用推进会…… 268
衢州市数字经济产业联盟协会"智创时代数创未来"2020年度论坛 …………………… 268
基于5G技术构建新型智慧急救体系 …… 269
实施"拆墙透绿" ……………………… 269
中国联通 ………………………………… 269
概况 ……………………………………… 269
网络建设 ………………………………… 269
疫情防控保障 …………………………… 269
与巨化集团签署5G战略合作协议 ……… 269
开通衢州首个SA独立组网方式5G站点 …………………………………………… 269
PSTN退网LS局下电 ………………… 270
柯城区"五水共治"通信保障 ………… 270
联通"5G+云视频"助力衢宁铁路"云上签约" …………………………………… 270
全省率先完成4G共建共享 …………… 270
助力市妇幼保健院5G智慧医院建设 …… 271
姜蕾赴新疆阿克苏联通分公司交流 …… 271

水利·电力

水 利 …………………………………… 272
概况 ……………………………………… 272
水利建设 ………………………………… 272
开化水库动工兴建 ……………………… 272
防汛抗旱防台 …………………………… 272
农村饮用水达标提标三年行动收官 …… 273
创建省市美丽河湖 ……………………… 273
取水许可电子证照全市域覆盖 ………… 273
节水行动 ………………………………… 273
河道疏浚 ………………………………… 273
小水电清理整改 ………………………… 273
水土保持 ………………………………… 274
无违建河道创建 ………………………… 274
涉水行政处罚事项划转 ………………… 274
乌引工程管理 …………………………… 274
概况 ……………………………………… 274
供水服务 ………………………………… 274
防汛工作 ………………………………… 274
乌引灌区通过农业综合水价改革验收 …………………………………………… 274

签订新一轮衢州—金华乌引工程供水协议 …… 275
铜山源水库管理 …… 275
概况 …… 275
机构改革 …… 275
防汛抗旱 …… 275
铜山源水库防洪能力提升工程获省发改委受理 …… 275
铜山源水库灌区续建配套与节水改造工程(2016—2020年)完工验收 …… 276
衢州·铜山源休闲度假旅游区投资合作协议签订 …… 276
电 力 …… 276
概况 …… 276
安全生产 …… 276
电网建设 …… 277
优质服务 …… 277
科技创新 …… 277
经营管理 …… 277
党群工作 …… 278

生态环境

综 述 …… 279
概况 …… 279
“两山”实践示范区创建 …… 279
生态环境数字化转型 …… 279
环境质量 …… 279
概况 …… 279
环境空气质量 …… 279
酸雨 …… 280
地表水环境 …… 280
集中式饮用水源地 …… 280
城市声环境 …… 280
辐射环境 …… 281
综合整治 …… 281
概况 …… 281
治水长效战 …… 281
治气攻坚战 …… 281
治土持久战 …… 282
生态环境执法 …… 282
概况 …… 282
环保督察整改 …… 282
环境安全隐患排查 …… 283
生态环境执法 …… 283
“雷霆斩污2.0”行动 …… 283
企业环境信用评价体系建设 …… 283
生态建设 …… 283
概况 …… 283
美丽浙江建设 …… 283
生态文明示范创建 …… 283
生态系统保护与修复 …… 284
治水工作 …… 284
概况 …… 284
巩固水质提升成果 …… 284
“污水零直排区”建设 …… 284
河长履职 …… 285
美丽河湖创建 …… 285
提升治水满意度 …… 286
治水督查 …… 286

农业农村

农村经济 …… 287
概况 …… 287
“农家乐”乡村休闲游 …… 287
农民增收 …… 287
巩固提升村级集体经济 …… 287
扶贫健康保险 …… 288
实现全面脱贫奔小康 …… 288
农 业 …… 288
·综 述· …… 288
概况 …… 288

获评浙江省第三届“河姆渡杯”粮食生产先进市 …… 288
农产品可追溯体系建设 …… 288
农产品质量安全检测 …… 288
“绿剑”护农执法 …… 288
“利剑”保供执法 …… 288
农产品“三品”培育认证 …… 288
家庭农场发展 …… 289
“农创客”培育 …… 289
·种植业· …… 289
概况 …… 289
粮食产业产加销模式 …… 289
推广水稻主导品种 …… 289
山药创“浙江农业之最” …… 289
籽粒玉米创“浙江农业之最” …… 289
种子储备 …… 289
促销全市柑橘 …… 290
柑橘产业转型 …… 290
精品柑橘擂台赛 …… 290
茶产业“机器换人” …… 290
“四茶”联动发展 …… 290
“衢州有礼茶旅人生” …… 290
茶叶技能比赛 …… 290
农业植物疫情防控 …… 290
农药废弃包装物回收处置 …… 290
绿色防控和统防统治 …… 290
·畜禽养殖· …… 290
概况 …… 290
创建美丽畜牧 …… 291
打造精品养殖业 …… 291
推动智慧畜牧 …… 291
动物疫病防控 …… 291
非洲猪瘟防控 …… 291
人畜共患病防控 …… 291
重大动物疫病免疫评估 …… 291
动物卫生监督执法 …… 292
畜产品质量安全保障 …… 292
·水产养殖· …… 292
概况 …… 292
洁水渔业 …… 292
区域特色渔业 …… 292
生态洁水渔业精品示范基地 …… 292
渔政“亮剑”执法 …… 292
·农业产业化· …… 292
概况 …… 292
推动农业主体复工复产 …… 292
农业“一区一镇”建设 …… 293
农业经营主体 …… 293
农业品牌建设 …… 293
参展浙江农博会 …… 293
·农业机械化· …… 293
概况 …… 293
农机购置补贴 …… 293
农机安全生产 …… 293
拖拉机专项整治 …… 293
事故应急处置演练 …… 294
农机推广和社会化服务 …… 294
·农业信息化· …… 294
概况 …… 294
信息进村入户 …… 294
浙江农民信箱 …… 294
万村联网工程 …… 294
村播学院 …… 295
·农业教育培训· …… 295
概况 …… 295
农民学历教育 …… 295
农业职业技能竞赛 …… 295
农民人才培育 …… 295
·农村能源· …… 295
概况 …… 295
秸秆资源综合利用 …… 295
氮磷生态拦截沟渠系统 …… 295
农村沼气安全利用 …… 295
·耕地质量管理· …… 295
概况 …… 295
化肥定额制 …… 295

土壤污染防治 …… 296
自然资源资产负债表(耕地)编制 …… 296
·农村经营管理· …… 296
概况 …… 296
农民专业合作社 …… 296
农村“三资”管理 …… 296
村经济合作社换届 …… 296
·农村改革· …… 296
概况 …… 296
农村土地改革 …… 296
宅基地和农房活权改革 …… 297
农村金融改革 …… 297
农林科技 …… 297
概况 …… 297
科研成果 …… 297
疫情防控 …… 298
人才队伍建设 …… 298
推进柑橘产业发展 …… 298
成果推广 …… 299
科技助农服务 …… 299
林业 …… 299
概况 …… 299
构建以钱江源国家公园为主体的自然保护地体系 …… 300
探索公益组织参与生态保护新路径 …… 300
党政领导义务植树 …… 300
新增百万亩国土绿化行动全省领跑 …… 300
“一村万树”工作持续走在全省前列 …… 300
“森林创建”品牌建设 …… 300
森林康养品牌建设 …… 300
绿色富民产业加快恢复 …… 300
生态公益林补偿标准提高 …… 301
生态文化建设 …… 301
深化安全防控体系建设 …… 301
森林防火管理 …… 301
野生动物管理 …… 301
松材线虫病疫情除治 …… 301

工 业

综 述 …… 302
概况 …… 302
疫情防控和复工复产 …… 302
工业专班 …… 302
工业高质量发展 …… 303
衢州巨化一体化发展 …… 303
产业链提升工程 …… 303
产业数字化转型 …… 303
工业项目决策咨询和投资 …… 303
企业技术创新 …… 304
传统制造业改造提升 …… 304
亩均论英雄改革 …… 304
淘汰落后过剩产能 …… 304
绿色制造建设 …… 304
企业服务和降本减负 …… 305
主要产业 …… 305
·新材料· …… 305
概况 …… 305
氟硅新材料 …… 305
·高端装备制造· …… 305
概况 …… 305
产能水平 …… 305
·电子信息· …… 305
概况 …… 305
集成电路 …… 305
锂电池材料 …… 305
太阳能光伏 …… 305
·特种纸· …… 306
概况 …… 306
主板上市公司 …… 306
中国驰名商标 …… 306
·绿色食品· …… 306
概况 …… 306
“隐形冠军” …… 306

中小企业 …… 306
概况 …… 306
小微企业园建设 …… 306
中小企业公共平台 …… 306
工业设计 …… 306
“百网万品”浙江制造拓市场活动 …… 307
参加2020年义乌装博会等各类制造业博览会 …… 307
个私(民营)企业 …… 307
概况 …… 307
批发零售业、制造业及租赁和商务服务业发展迅速 …… 307

巨化集团有限公司

综　述 …… 309
概况 …… 309
疫情防控 …… 309
工信部推广巨化管理创新经验 …… 309
开放合作 …… 310
推进衢州巨化一体化融合高质量发展 …… 310
混合所有制改革 …… 310
重要项目 …… 310
正丙醇项目 …… 310
电子化学材料制造基地 …… 311
智慧运营和管理体系 …… 311
新型供应链管理体系 …… 311
浙石化一期运行及二期建设 …… 311

经济开发区

衢州智造新城 …… 312
概况 …… 312
经济发展 …… 312
产业发展 …… 312
科技创新 …… 313
“万亩千亿”新产业平台建设 …… 313
投融资服务 …… 313
创新平台建设 …… 313
项目审批改革 …… 313
重大项目招引 …… 314
开放创新 …… 314
投资促进 …… 314
基础设施建设 …… 314
整合提升 …… 314
社会事业 …… 314
柯城区航埠工业园区 …… 315
概况 …… 315
招商引资 …… 315
特色小镇建设 …… 315
产业转型 …… 315
助企服务 …… 315
衢江经济开发区 …… 315
概况 …… 315
疫情防控 …… 315
平台要素 …… 316
产业升级 …… 316
企业服务 …… 316
江山经济开发区 …… 316
概况 …… 316
整合提升 …… 317
园区认定 …… 317
土地报批 …… 317
招商引资 …… 317
项目建设 …… 317
征地拆迁 …… 317
产业创新 …… 318
山海协作 …… 318
服务企业 …… 318
龙游经济开发区 …… 318
概况 …… 318
疫情防控 …… 318
项目建设 …… 318
要素保障 …… 319

招商引资 …… 319
国资改革 …… 319
企业服务 …… 319
安全生产 …… 319
综治维稳 …… 320
环境治理 …… 320
交通整治 …… 320
人大代表联络站 …… 320
常山经济开发区 …… 320
概况 …… 320
项目建设 …… 320
基础设施建设 …… 320
招商成效 …… 321
产业转型 …… 321
特色工作 …… 321
服务管理 …… 321
开化工业园区 …… 321
概况 …… 321
疫情防控和复工复产 …… 322
重点项目建设 …… 322
科创赋能 …… 322
招才引智 …… 322

建筑业·房地产业

建筑业 …… 323
概况 …… 323
复工复产 …… 323
工程保函 …… 323
过程结算 …… 323
企业培育 …… 323
创优夺杯 …… 323
装配式建筑 …… 324
实名制管理 …… 324
勘察设计 …… 324
企业管理 …… 324
项目监管 …… 324
工程项目 …… 324
全过程工程咨询 …… 324
"智慧建设"系统 …… 324
建设职业教育 …… 324
房地产业 …… 325
概况 …… 325
房地产市场调控 …… 325
整顿房地产市场乱象 …… 325
物业管理 …… 325
白蚁防治 …… 326
直属公房管理 …… 326
推进既有住宅加装电梯 …… 326
礼贤未来社区 …… 326

商 贸

商贸流通 …… 327
概况 …… 327
新冠疫情防控物资保障 …… 327
推动企业复工复产 …… 328
商贸流通 …… 328
行业管理 …… 329
数字经济创新发展 …… 329
粮食和物资储备 …… 329
概况 …… 329
夯实粮食储备 …… 329
落实粮食订单 …… 329
推进"优质粮食工程" …… 330
粮食产业发展 …… 330
节粮爱粮宣传 …… 330
物资保障 …… 330
供销合作服务 …… 330
概况 …… 330
"三会"制度建设 …… 330
新型冠状病毒疫情防控 …… 330
"三衢味"品牌培育系统推进 …… 331
"三位一体"改革持续深化 …… 331

“三衢味”促消费活动举办 …………………… 332
“两山”价值转换研讨会举办 ……………… 332
社有经济发展 ………………………………… 332
烟草业 ……………………………………… 332
概况 ………………………………………… 332
联合治理经济犯罪 ………………………… 332
数字化转型 ………………………………… 333
服务社会 …………………………………… 333
盐　业 ……………………………………… 333
概况 ………………………………………… 333
防疫情保供应 ……………………………… 333
推进营销新模式 …………………………… 333
保证食盐市场安全 ………………………… 334
旅游业 ……………………………………… 334
概况 ………………………………………… 334
行业监管 …………………………………… 334
浙皖闽赣（衢黄南饶）联盟花园建设 …… 334
全国全域旅游培训班暨首届全域旅游发展绿色对话举行 ………………………… 334
全省文化和旅游产业纾困与创新发展经验交流会在衢州召开 …………………… 335
“衢州有礼”诗画风光带建设 …………… 335
民宿产业 …………………………………… 335
旅游饭店 …………………………………… 336
旅游商品 …………………………………… 336
“百县千碗” ……………………………… 336
2020“全球免费游衢州” ………………… 336
衢州儒学文化产业园区创建国家级文化产业示范园区 ……………………………… 336
文旅培训 …………………………………… 336
红色旅游建设 ……………………………… 336
乡村旅游建设 ……………………………… 337
招商引资 …………………………………… 337
概况 ………………………………………… 337
完善招商引资政策体系 …………………… 337
完善招商引资工作机制 …………………… 337
推动山海协作升级 ………………………… 337
推进商会建设 ……………………………… 338
四省九方联席会议召开 …………………… 338
产业创新发展大会召开 …………………… 338
招商引资重大项目“互看互比互学”活动 … 338
长三角浙商联盟、上海市浙江商会走进衢州活动 ………………………………… 339
外向型经济 ………………………………… 339
概况 ………………………………………… 339
外贸高质量发展 …………………………… 339
拓宽开放型经济发展平台 ………………… 340

金融业

金融管理 …………………………………… 341
概况 ………………………………………… 341
服务疫情防控助推企业复工复产 ………… 341
绿色金融改革路径基本定型 ……………… 341
实施融资畅通工程 ………………………… 342
推进企业上市和直接融资 ………………… 342
推进“三减”联动和“五减”工作 ………… 343
市政府与中国农业银行浙江省分行签订战略合作协议 ……………………………… 343
绿色金融发展竞争力连续两年位列长三角第一名 ………………………………… 343
首创金融支持实体经济发展月度评价机制（MFI）………………………………… 343
全国首创“有礼金融”信贷模式 ………… 344
银行业监管 ………………………………… 344
概况 ………………………………………… 344
助推复工复产 ……………………………… 344
提升服务实体经济质效 …………………… 344
深化绿色金融服务 ………………………… 344
金融助力“扶贫消薄” …………………… 345
防范化解金融风险 ………………………… 345
中国人民银行衢州市中心支行 …………… 345
概况 ………………………………………… 345
贯彻落实货币信贷政策 …………………… 345

推进普惠金融 …… 347
推进绿色金融改革创新 …… 347
探索创新发展智慧金融 …… 347
优化金融服务 …… 348
开展政策宣传 …… 348
加强金融风险管理 …… 348
中国农业发展银行衢州市分行 …… 349
概况 …… 349
聚焦抗疫救灾 …… 349
服务粮食安全 …… 349
服务乡村振兴 …… 349
聚力扶贫惠企 …… 349
服务绿色金融 …… 350
优化资产质量 …… 350
做好稳增稳存 …… 350
中国工商银行衢州分行 …… 350
概况 …… 350
聚焦地方经济发展 …… 350
创新服务实体经济 …… 350
深化普惠金融服务 …… 351
支持复工复产 …… 351
中国农业银行衢州分行 …… 351
概况 …… 351
支持重点项目建设 …… 351
支持脱贫攻坚 …… 351
支持复工复产 …… 352
深化“最多跑一次”改革 …… 352
推行机构改革 …… 352
推行“整镇推进” …… 352
促成省分行与市政府签订800亿战略合作协议 …… 352
携手市商务局推出“衢贸贷” …… 352
获市委、市政府“十条军规”表彰 …… 353
中国银行衢州市分行 …… 353
概况 …… 353
跨境金融区块链服务平台 …… 353
“战疫贷”解决企业燃眉之急 …… 353
捐赠扶贫资金 …… 353
开创在线电子交单业务 …… 353
中国建设银行衢州分行 …… 353
概况 …… 353
创建全国文明单位 …… 353
“三大战略”提质增效 …… 354
风险防控 …… 354
交通银行衢州分行 …… 354
概况 …… 354
助力企业复工 …… 354
内控管理 …… 355
员工关爱 …… 355
中国邮政储蓄银行衢州市分行 …… 355
概况 …… 355
疫情防控 …… 355
持续推进“六稳”“六保” …… 355
“三大攻坚战”圆满收官 …… 356
支持政府重大项目建设 …… 356
打造平安邮储 …… 356
成立金融调解工作室 …… 356
省农信衢州办事处 …… 357
概况 …… 357
普惠金融 …… 357
服务小微 …… 357
绿色金融 …… 357
“扶贫消薄” …… 357
合作平台 …… 358
保险业监管 …… 358
概况 …… 358
行业合规文化建设 …… 358
保险助力市域治理 …… 358
绿色保险服务 …… 359
保险行业乱象整治 …… 359
保险业 …… 359
概况 …… 359
破解电动自行车“续保难” …… 359
开展“监管伴身边、合规我先行”主题活动 …… 359
挂牌成立全省首家绿色保险专营机构 …… 360

升级生物活体资产抵押贷款 …… 360
外贸承保规模和覆盖面提升 …… 360
创新"一站式"金融纠纷多元化解机制 …… 360
推出衢州首款定制型惠民商业补充医疗保险"惠衢保" …… 361
证券业 …… 363
概况 …… 363
财通证券股份有限公司衢州分公司（含世纪大道营业部） …… 363
浙商证券股份有限公司衢州荷花中路证券营业部 …… 363
中信证券股份有限公司衢州新桥街证券营业部 …… 363
国泰君安证券股份有限公司衢州柯城证券营业部 …… 364
华金证券股份有限公司衢州花园东大道证券营业部 …… 364

财政·税务

财政 …… 365
概况 …… 365
强化收支管理 …… 365
支持疫情防控 …… 365
服务经济发展 …… 365
补齐民生短板 …… 366
深化财政改革 …… 366
加强财政监管 …… 367
税务 …… 367
概况 …… 367
税收征管 …… 367
"四力"专项行动 …… 367
"非接触式"服务 …… 368
优化税收营商环境 …… 368
风险管理 …… 368
税务稽查 …… 368
红色税务 …… 368

经济管理

发展改革 …… 369
·综述· …… 369
概况 …… 369
机构改革 …… 369
·计划管理· …… 369
概况 …… 369
"十四五"规划纲要编制 …… 369
浙赣边际合作（衢饶）示范区规划 …… 369
社会事业发展专题研究评价 …… 369
东西部扶贫 …… 370
决战决胜高水平全面小康 …… 370
执行经济社会发展年度计划 …… 370
融入长三角一体化发展 …… 371
·项目投资· …… 371
概况 …… 371
重大项目推进年 …… 371
投资专班运作 …… 371
重大项目攻坚 …… 372
"十四五"重大项目规划 …… 372
政府投资计划 …… 372
项目要素争取 …… 372
未来社区建设推进 …… 372
·能源建设· …… 373
概况 …… 373
综合供能服务站建设 …… 373
能源运行调节 …… 373
能源"双控" …… 373
能源改革 …… 373
支持绿色产业发展 …… 373
创建节约型公共机构示范单位 …… 373
·生态环保· …… 374
概况 …… 374
推动长江经济带发展 …… 374
大花园典型示范创建 …… 374

"两山银行"改革 …… 374
资源节约和环境保护试点创建 …… 374
环境污染第三方治理园区 …… 374
·服务业发展· …… 374
概况 …… 374
服务业增速逆势进位 …… 374
改革创新试点示范 …… 374
消费提质扩容 …… 374
物流降本增效 …… 374
大商贸高质量发展 …… 375
三次产业融合发展 …… 375
·经济改革· …… 375
概况 …… 375
投资项目审批制度改革 …… 375
开发区(园区)整合提升 …… 375
产业升级示范创建 …… 375
争取产业项目政策 …… 375
淘汰落后产能 …… 376
区域开放合作 …… 376
"万亩千亿"新产业平台 …… 376
义甬舟开放大通道西延 …… 376
特色小镇 …… 376
社会事业领域改革 …… 376
推进产教融合 …… 376
政策激励助力企业降本减负 …… 377
·物价管理· …… 377
概况 …… 377
电价改革 …… 377
水价改革 …… 377
天然气价改革 …… 377
景区门票改革 …… 377
其他收费改革 …… 377
价格服务 …… 377
成本调查监审 …… 378
国有资产监督管理 …… 378
概况 …… 378
国资国企改革 …… 378
国资国企运营 …… 378
国资布局优化 …… 379
国有资金集中管理 …… 379
国资国企抗击疫情 …… 379
国资监管 …… 380
国企党建 …… 380
衢州市金融控股集团有限公司 …… 380
概况 …… 380
投资板块 …… 381
交易板块 …… 381
小微板块 …… 381
供应链板块 …… 382
衢州市交通投资集团有限公司 …… 382
概况 …… 382
企业管理 …… 382
项目建设 …… 383
品牌建设 …… 383
投融资业务 …… 384
资产整合管理 …… 384
子公司经营管理 …… 384
项目合作 …… 384
衢州市城市建设投资集团有限公司 …… 385
概况 …… 385
集团业务板块改革 …… 385
投融资工作 …… 385
推进项目建设 …… 386
南湖广场文旅综合体项目开工 …… 386
小南门征迁收官 …… 386
抗击疫情服务企业 …… 386
衢州市大花园建设投资发展集团有限公司 …… 386
概况 …… 386
"衢州有礼"诗画风光带项目 …… 387
统 计 …… 387
概况 …… 387
建立防范和惩治统计造假弄虚作假工作长效机制 …… 387
提升统计服务水平 …… 387
推进第七次全国人口普查 …… 387
理顺区块统计业务关系 …… 388

国家统计调查 …… 388
概况 …… 388
统计调查 …… 388
市场监管 …… 388
·综述· …… 388
概况 …… 388
助力复工复产 …… 389
企业登记档案改革 …… 389
食品经营许可“全省通办” …… 389
化妆品安全共治共享 …… 389
中药质量追溯体系 …… 389
“多报合一” …… 390
“互联网+监管” …… 390
放心消费 …… 390
公平竞争审查工作新模式 …… 390
进口冷链食品物防 …… 390
监管执法 …… 390
·知识产权工作· …… 390
概况 …… 390
商标品牌建设 …… 391
·质量技术监督· …… 391
概况 …… 391
车辆检测“一件事” …… 391
标准创新 …… 391
质量强市 …… 391
对标达标专项行动 …… 391
审计监督 …… 392
概况 …… 392
财政审计 …… 392
经济责任审计 …… 392
审计整改 …… 392
审计质量管控 …… 392
大数据审计 …… 393
海　关 …… 393
概况 …… 393
贯彻落实习近平总书记重要指示批示精神 …… 393
统筹推进疫情防控和经济社会发展 …… 393
严守国门安全 …… 393
优化营商环境 …… 393
促进业务回流 …… 394
培育绿色产业 …… 394

科学技术

综述 …… 395
概况 …… 395
科技抗疫 …… 395
科技企业“双倍增”行动计划 …… 395
科技研究 …… 396
概况 …… 396
计划项目 …… 396
高新技术产业园区整合提升 …… 396
产业创新服务综合体 …… 398
创新创业平台 …… 398
新型研发机构 …… 399
众创空间 …… 399
企业研发机构 …… 399
农业科技园区 …… 399
星创天地 …… 399
科技合作与交流 …… 399
概况 …… 399
发明专利产业化 …… 400
揭榜挂帅 …… 400
推进浙大衢州“两院”建设 …… 402
正泰集团衢州创新研究院 …… 402
科技成果拍卖会 …… 402
科技大市场 …… 404
科技成果与应用 …… 404
概况 …… 404
浙江省科学技术奖 …… 404
防震减灾 …… 405
概况 …… 405
建设工程地震安全监管检查 …… 405
建设工程抗震设防专题培训班 …… 405

大当量爆破作业报备制度 …… 405
气象服务 …… 405
概况 …… 405
气象服务保障 …… 405
气象防灾减灾 …… 405
生态气象服务 …… 406
农业气象服务 …… 406
气象基础设施建设 …… 406
提升气象业务科技能力 …… 406
服务惠民便企 …… 406
浙江省绿色产业发展研究院 …… 406
概况 …… 406
“编制池”引聚人才 …… 407
协助重大平台引才 …… 407
打造更优人才生态 …… 407
探索人才工作数字化 …… 407
举办特色人才活动 …… 408
东南数字经济发展研究院 …… 408
概况 …… 408
研究院运行管理 …… 408
创新平台能级提升 …… 408
数字经济人才引聚 …… 409
科技成果孵化转化 …… 409

教 育

综 述 …… 410
概况 …… 410
合作办学 …… 411
文明城市创建 …… 411
省教育基本现代化县(市、区)实现全覆盖 …… 411
智慧教育改革推动数字转型 …… 412
职业教育改革 …… 412
教育综合改革 …… 412
疫情防控 …… 412
食堂管理 …… 412
学前教育 …… 413
概况 …… 413
推进学前教育第三轮行动计划 …… 413
推进扩容改薄 …… 413
深化小区配套园治理 …… 413
学前教育宣传月活动 …… 413
学前教育改革 …… 413
网上教学与教研 …… 413
义务教育 …… 413
概况 …… 413
优化入学办法 …… 414
课程改革 …… 414
中考招生改革 …… 414
开展“互联网+义务教育” …… 414
规范小学校内托管服务 …… 414
普通高中教育 …… 415
概况 …… 415
普通高中分类办学改革 …… 415
课程改革 …… 415
考试招生改革 …… 415
职业教育 …… 415
概况 …… 415
省中职教育质量提升行动计划 …… 415
师资培训 …… 415
技能提升 …… 416
专业建设 …… 416
教学质量 …… 416
课程改革 …… 417
校企合作、产教融合 …… 417
现代学徒制试点工作 …… 417
中职学生核心素养培育 …… 417
特殊教育 …… 418
概况 …… 418
融合教育推进工作 …… 418
重点项目研究 …… 418
师资队伍建设 …… 418
成人教育 …… 418
概况 …… 418

成校建设 …… 418
社会培训 …… 419
学分银行 …… 419
办学条件 …… 419
概况 …… 419
教育经费 …… 419
教育扶困助学 …… 420
全市创建省义务教育标准化学校2所 …… 420
全市启动新建幼儿园15所 …… 420
市区启动新建义务教育学校3所 …… 420
教师队伍 …… 420
概况 …… 420
队伍建设 …… 420
招考引才 …… 421
优秀教师评比 …… 421
职称评审改革 …… 421
教师资格评定及注册 …… 421
银龄讲学 …… 421
援疆援藏 …… 421
校园安全保障 …… 421
概况 …… 421
安全教育 …… 422
预防溺水 …… 422
“三防”建设 …… 422
食品安全管理 …… 422
消防安全 …… 422
隐患排查整治 …… 422
净化校园周边环境 …… 422
防范电信网络诈骗 …… 422
其他教育活动 …… 422
打造衢州特色德育品牌 …… 422
儿童青少年近视防控 …… 423
推广“作揖礼”活动 …… 423
研学与劳动教育 …… 423
家庭教育 …… 423
体育竞赛 …… 423
丰富艺术活动 …… 423
健康教育 …… 424
“双拥”工作 …… 424
衢州学院 …… 424
概况 …… 424
教育教学 …… 424
科学研究 …… 424
申硕工作 …… 424
四省边际应用型大学联盟 …… 424
疫情防控 …… 425
师资队伍建设 …… 425
人才培养 …… 425
立德树人 …… 425
招生就业 …… 425
社会服务 …… 425
治理效能 …… 426
市长汤飞帆到校宣讲 …… 426
第二届服务发展大会召开 …… 426
衢州学院妇女联合会成立暨第一次妇女代表大会召开 …… 426
2020年思想政治工作会议召开 …… 426
被授予“全国围棋师资培训试点单位” …… 426
夏思炜获“全国优秀共青团员”称号 …… 426
获第十四届全国大学生化工设计竞赛特等奖 …… 426
机器人竞赛取得佳绩 …… 426
衢州职业技术学院 …… 427
概况 …… 427
校园疫情防控 …… 427
领导班子成员调整 …… 427
学习贯彻党的十九届五中全会精神 …… 427
8090新时代理论宣讲 …… 427
两个专业群入选浙江省高职高水平专业群建设名单 …… 427
推动四省边际职业培训联盟实体化运作 …… 428
科技创新能力提升 …… 428
退役军人事务部副部长朱天舒一行到校调研 …… 428

市委书记徐文光到校调研 …………………… 428
与衢州市中医医院举行共建附属医院合作签约暨授牌仪式 …………………………… 428
举办校警合作签约暨首届“辅警班”开班仪式 …………………………………………… 428
“四省边际职教中心建设”项目获“活力新衢州、美丽大花园”重大项目谋划擂台赛金奖 ………………………………………………… 429
世界针灸学会联合会主席、中国针灸学会会长刘保延一行到校调研 ……………… 429
中国共产党衢州职业技术学院第二次代表大会召开 ……………………………… 429
衢州广播电视大学 ……………………………… 429
概况 …………………………………………… 429
打造社区教育品牌 ………………………… 429
创新创优“三全育人”思政教育模式 …… 430
助力人才高地建设 ………………………… 430
智慧校园(新校园)建设 …………………… 430
疫情防控 …………………………………… 430
浙大衢州“两院” ………………………………… 431
概况 …………………………………………… 431
中试基地开工 ……………………………… 431
新院区奠基 ………………………………… 431
研究生培养 ………………………………… 431
科学研究 …………………………………… 432
首个科研成果产业化项目落地 ………… 432
院士专家大讲堂 …………………………… 432
领导及专家到校调研指导 ……………… 432
电子科技大学长三角研究院(衢州) ………… 432
概况 …………………………………………… 432
党建工作 …………………………………… 433
师资队伍建设 ……………………………… 433
强化科研实力 ……………………………… 433
提升育人成效 ……………………………… 433
力促合作发展 ……………………………… 433
完善管理服务 ……………………………… 433
出台在衢待遇硬核十举措 ……………… 434
徐文光带队赴校对接深化市校合作 …… 434
核定民办报备员额 ………………………… 434
成立第一届工会委员会 ………………… 434
推进新院区项目建设 ……………………… 434
邹权获双学科“全球高被引科学家”称号 ………………………………………………… 434
获批成立浙江省博士后工作站 ………… 434
成岳冲到校调研指导 ……………………… 434

卫生健康

综　述 ……………………………………………… 435
概况 …………………………………………… 435
健康衢州建设 ……………………………… 435
重点项目建设 ……………………………… 435
卫生健康数字化 …………………………… 436
市计生协国家级改革试点 ……………… 436
人才学科队伍 ……………………………… 436
系统党建 …………………………………… 436
医疗卫生服务体系建设 ……………………… 436
概况 …………………………………………… 436
医疗卫生服务领域“最多跑一次”改革 … 436
医联体建设 ………………………………… 437
县域医共体建设 …………………………… 437
三医联动综合医改 ………………………… 437
中医药传承与发展 ………………………… 438
医疗保障服务 ……………………………… 438
社会办医 …………………………………… 438
生育管理 …………………………………………… 438
概况 …………………………………………… 438
出生“一件事” ……………………………… 438
母婴设施建设 ……………………………… 438
惠民帮扶奖励机制 ………………………… 438
疾病防控与应急管理 …………………………… 439
概况 …………………………………………… 439
重点传染病防控 …………………………… 439
血吸虫病防制 ……………………………… 439
慢性非传染疾病防制 ……………………… 439

健康危害因素监测 …… 439
卫生应急体系建设 …… 439
严重精神障碍管理治疗 …… 439
职业病防治项目 …… 440
职业病防治法宣传周 …… 440
院前急救 …… 440
老龄工作 …… 440
概况 …… 440
医养结合工作 …… 440
“世界长寿之都”创建 …… 440
敬老爱老宣传活动 …… 440
老年人意外保险 …… 440
预防保健 …… 440
概况 …… 440
健康体检与医疗保障 …… 440
健康教育与健康管理 …… 441
免疫规划 …… 441
妇幼健康服务 …… 441
基层卫生 …… 441
概况 …… 441
基层医疗能力建设 …… 441
家庭医生签约 …… 442
基本公共卫生服务项目 …… 442
基层补偿机制改革 …… 442
优质服务基层行 …… 442
卫生监管 …… 442
概况 …… 442
智慧卫监 …… 442
妇幼健康执法实训 …… 443
“双随机”执法 …… 443
行政审批制度改革 …… 443
行政处罚 …… 443
投诉举报管理 …… 443
食品标准备案管理 …… 443
公共场所卫生监督 …… 443
医疗机构执业监督 …… 443
职业病防治卫生监督 …… 443
信用修复工作 …… 443
医教科研 …… 444
概况 …… 444
继续医学教育 …… 444
科研申报 …… 444
医学重点学科建设 …… 444
医学鉴定 …… 444
爱国卫生 …… 444
概况 …… 444
全市爱国卫生工作会议 …… 444
开展群众性爱国卫生运动助力疫情防控 …… 444
第32个爱国卫生月系列活动 …… 445
健康村镇和健康细胞建设 …… 445
国家卫生城市巩固 …… 445
卫生乡镇创建 …… 445
病媒生物防制 …… 445
城乡环境卫生整洁行动 …… 446
无偿献血 …… 446
概况 …… 446
用血费用报销 …… 446
无偿献血宣传 …… 446
表彰先进献血者 …… 446
关心关爱献血者 …… 446
衢州市人民医院新冠肺炎疫情防治 …… 447
概况 …… 447
驰援武汉和新疆 …… 447
新冠疫苗紧急接种和核酸检测 …… 447
抗击疫情宣传报道 …… 447

体 育

综　述 …… 449
概况 …… 449
复工复产纾困工作 …… 449
快乐运动小镇项目 …… 449
赛事活动 …… 449

"诗画风光带"体育赛事活动 …… 449
群众体育 …… 450
概况 …… 450
基层体育场地设施建设 …… 450
"世界围棋圣地"建设 …… 450
全民健身活动 …… 450
全国新年登高健身大会 …… 450
衢州市第三届体育大会 …… 450
组织开展居家"云健身" …… 451
体育公共服务领域"最多跑一次"改革 …… 451
竞技体育 …… 451
概况 …… 451
衢籍运动员备战奥运会等国际赛事 …… 451
重大赛事 …… 451
优秀体育人才培养 …… 451
全市青少年阳光体育运动 …… 451
省级基地创建工作 …… 451
体育产业 …… 452
概况 …… 452
体彩安全健康发展 …… 452
产业发展资金项目库 …… 452
省级品牌赛事名录库 …… 452
衢州有礼·诗画风光·幸福云动 …… 452
衢州金庸武林大会 …… 452
2020浙江大湾区自行车公开赛(衢州站)暨第六届"衢州有礼"诗画风光带自行车骑行挑战赛 …… 452
信安湖水上活动 …… 453
衢州马拉松赛 …… 453

媒 体

衢报传媒集团 …… 454
概况 …… 454
疫情防控报道 …… 454
市两会报道 …… 454
重大主题报道 …… 454
市委七届八次全会报道 …… 454
杭衢钱塘江诗路之旅首航报道 …… 455
"8090新时代理论宣讲"报道 …… 455
"千村修约"推广公筷公勺报道 …… 455
抗洪报道 …… 455
"中天氟硅"火灾报道 …… 455
舆论监督报道 …… 455
衢州获"全国文明城市"报道 …… 456
"记者走边际老乡话小康"大型融媒体采访活动 …… 456
《民情通》系列报道 …… 456
《信安头条》栏目 …… 456
广播电视 …… 456
概况 …… 456
新闻宣传 …… 457
舆论监督 …… 457
对外宣传 …… 457
媒体融合 …… 457
新闻创优 …… 458
民生新闻 …… 458
"在习近平新时代中国特色社会主义思想指引下——新时代新征程"专栏 …… 458
继续开设"争创全国文明城共建美丽大花园"专栏 …… 458
"我们的村晚"衢州市第二届农村文化礼堂精品节目展演活动 …… 459
"众志成城防控疫情"专栏 …… 459
完成疫情防控和创文志愿服务工作 …… 459
"两手抓、两手硬,两战赢、两领先"专栏 …… 459
"为企业加油为产业赋能"专栏 …… 459
"聚焦聚力'三个年'"专栏 …… 460
承办"为企业家加油"——衢州市产业创新发展大会 …… 460
"学习贯彻习近平总书记在浙江考察时重要讲话精神"系列报道 …… 460
承办叶檀财经走进衢州"云招商"直播活动 …… 460

承办衢州市与桃花源生态保护基金会合作项目签约仪式 …… 460
基本完成审计问题整改 …… 460
承办2020衢州市微型党课大赛 …… 460
“8090新时代理论宣讲”专栏 …… 461
建设“大花园”最靓丽窗口系列报道 …… 461
开展“衢州有礼红伞代言”公益行动 …… 461
“走向我们的小康生活”专栏 …… 461
“向四省边际中心城市奋进”综述报道 …… 461
打造四省边际全方位多领域的“桥头堡”系列报道 …… 461
“走好‘两山’路建设大花园”专栏 …… 461
承办“8090说”衢州市新时代理论宣讲电视大赛 …… 461
承办电子科技大学合作项目开工誓师大会暨长三角研究院开学典礼 …… 462
贯彻落实市委七届八次全会精神·走进县(市、区)系列报道 …… 462
策划执行浙江省首届数据创新应用大赛 …… 462
回眸“十三五”系列报道 …… 462
承办浙大“两院”奠基仪式 …… 462
承办全省“我最喜爱的习总书记的一句话”青年微宣讲大赛 …… 462
践行“有礼八个一” …… 462
广告经营 …… 462
产业经营 …… 462
华数经营 …… 463
完成大楼外墙修复美化工程 …… 463
安全保障 …… 463
重大技术设备改造 …… 463

档案·史志

档　案 …… 464
概　况 …… 464
新冠肺炎疫情防控档案工作 …… 465
“三个地”和“重要窗口”档案资源建设指数测评指标体系试点工作 …… 465
驻衢央企、省企退休人员社会化管理人事档案移交进馆 …… 465
贯彻新修订的《中华人民共和国档案法》 …… 465
“6·9”国际档案日系列宣传活动 …… 465
馆藏档案数字化工作 …… 466
市档案馆“拆墙透绿” …… 466
城建档案管理 …… 466
党　史 …… 466
概况 …… 466
史料征集 …… 466
党史编研 …… 466
党史资政 …… 467
党史宣传 …… 467
地方志 …… 467
概况 …… 467
市地方志工作调研座谈会召开 …… 467
《里前坞村志》出版 …… 467
《衢州年鉴(2018)》出版 …… 467
《衢州年鉴(2020)》出版 …… 468
县(市、区)地方综合年鉴出版 …… 468
《龙游文库(2019)》出版 …… 468

公共文化

公共文化服务 …… 469
概况 …… 469
文化惠民工程 …… 469
智慧服务 …… 469
品牌服务 …… 469
读者活动 …… 470
特殊群体文化服务 …… 470
文娱活动 …… 470
概况 …… 470
“好听衢州”礼乐·草原音乐会 …… 470
四省四市文艺汇演 …… 470

好听衢州·“我们的礼乐” …………………… 470
文化遗产 ………………………………………… 471
概况 ………………………………………… 471
举办“5·18”国际博物馆日浙江主场城市活动 ………………………………… 471
龙游县博物馆新馆正式对外开放 ……… 471
入选第二批省优秀非遗旅游商品名单 … 471
举办2020年全市博物馆优秀讲解案例推介选拔活动 ………………………………… 471
省级文化传承生态保护区(创建) ……… 471
召开全市文物安全工作会议 …………… 471
公布第一批衢州市非物质文化遗产体验基地 ……………………………………… 471
举办非遗代表性传承人培训班 ………… 471
新增56处市县级文物保护单位 ………… 472
考古发掘工作取得新突破 ……………… 472
实施文物保护工程 ……………………… 472
新增72项市县级非物质文化遗产代表性项目 ……………………………………… 472
广播电视管理 ………………………………… 472
概况 ………………………………………… 472
广播影视惠民服务工程 ………………… 472

南孔文化

综　述 ……………………………………… 473
概况 ………………………………………… 473
成立衢州南孔文化发展中心 …………… 473
南孔文化交流活动 ………………………… 473
“正泰锦绣光伏画家采风团”到衢州考察交流 ………………………………………… 473
王树声一行到衢州看望孔祥楷 ………… 473
葛慧君到衢州走访慰问孔祥楷 ………… 473
金华磐安孔火春一行到衢州觐谒孔氏南宗家庙 ……………………………………… 474
张彤一行参观考察衢州孔氏南宗家庙 … 474
吴朝晖一行参观考察衢州孔氏南宗家庙 … 474
温州孔令仁一行到访孔氏南宗家庙 …… 475
张然一行参观考察衢州孔氏南宗家庙 … 475
周傲英等一行参观考察衢州孔氏南宗家庙 ……………………………………… 475
社会活动 …………………………………… 475
南孔文化学术研究 ………………………… 477
召开《浙江文史记忆丛书》编撰工作座谈会 ……………………………………… 477
举办推进南孔文化创造性转化、创新性发展研讨会 ……………………………………… 477
召开南孔文化基因解码工作座谈会 …… 477
衢州南孔文化发展中心与尼山世界儒学中心(中国孔子基金会秘书处)互访交流 … 477
孔祥楷被授予“修心教育公益大使”荣誉称号 ……………………………………… 478
“南孔礼乐·孔祥楷音乐作品学术研讨会”举行 ……………………………………… 478
浙江省儒学学会三届四次会员代表大会在衢州举行 ………………………………… 478

社会生活

民政事务 ……………………………………… 479
·综　述· ……………………………………… 479
概况 ………………………………………… 479
出台《关于推进新时代民政事业高质量发展的实施意见》…………………………………… 479
全市民政会议暨全国社区治理和服务创新实验区创建工作推进会 ………………… 479
市慈善总会第四次会员代表大会 ……… 479
新型冠状病毒防控工作 ………………… 479
·社会福利· …………………………………… 480
养老服务机构新冠病毒疫情防控 ……… 480
推进乡镇(街道)居家养老服务中心建设 … 481
实施困难老年人家庭适老化改造工程 ……………………………………… 481
推进社区共享食堂建设 ………………… 481

加强养老机构建设 …… 481
优化智慧养老服务平台 …… 481
推进敬老院改造提升和法人登记工作 …… 481
提高百岁老人长寿保健补助标准 …… 481
落实市级养老服务体系建设资金扶持政策 …… 481
儿童福利工作 …… 481
搭建儿童关爱服务平台 …… 482
助学工程 …… 482
“12349”儿童救助保护热线试点工作 …… 482
·社会救助· …… 482
社会救助工作 …… 482
提高特困人员救助标准 …… 482
完善临时救助政策 …… 483
社会力量参与慈善救助工作 …… 483
·基层社会治理· …… 483
城乡社区治理 …… 483
社区治理和服务创新 …… 484
社会工作和志愿服务 …… 484
村(居)民委员会换届选举 …… 484
社会组织管理 …… 484
动员社会组织做好疫情防控、助力复工复产 …… 485
·水库移民工作· …… 485
概况 …… 485
新建水库移民安置工作 …… 485
“低收入移民保”试点工作 …… 486
移民资金项目二维码应用试点工作 …… 486
·专项社会事务· …… 486
婚姻登记 …… 486
婚俗改革 …… 486
幸福殿堂项目 …… 486
节地生态殡葬 …… 487
疫情防控 …… 487
流浪乞讨人员救助 …… 487
·民政执法· …… 487
概况 …… 487
推进民政执法标准化 …… 488
民政部专题调研“两法”修订 …… 488
衢州市慈善总会 …… 488
概况 …… 488
善款募集 …… 488
助困助学助医 …… 488
开启抗击新冠疫情捐款通道 …… 488
“关爱儿童之家”创建 …… 488
支持市本级教育系统复学防控 …… 488
赴四川扶贫助学 …… 489
换届大会召开 …… 489
劳动与就业 …… 489
概况 …… 489
城乡就业 …… 489
劳动关系 …… 489
劳动保障监察 …… 489
调解仲裁 …… 489
劳动保障电话咨询 …… 489
职业能力建设 …… 489
信息化建设 …… 490
对口支援和结对帮扶 …… 490
社会保险 …… 490
概况 …… 490
企业职工基本养老保险 …… 490
城乡居民基本养老保险 …… 490
工伤保险 …… 490
阶段性减免企业社保费 …… 490
社保系统省集中 …… 490
参保扩面 …… 491
新业态工伤参保 …… 491
征缴所属期调整 …… 491
退休人员基本养老金调整 …… 491
社保卡应用扩面 …… 491
社保待遇资格无感认证 …… 491
稽核内控 …… 491
医疗保障 …… 492
概况 …… 492

城镇职工基本医疗保险 …………………… 492
城乡居民基本医疗保险 …………………… 492
医保抗疫 ………………………………… 492
打击欺诈骗保 …………………………… 492
国家医保智能监控示范点 ……………… 492
“惠衢保” ………………………………… 492
公立医院医疗服务价格改革 …………… 493
城乡居民医保筹资标准调整 …………… 493
出台《衢州市医疗保障暂行办法》 ……… 493
医疗费用结算实现长三角一体化 ……… 493
住房公积金管理 ……………………… 493
概况 ……………………………………… 493
住房公积金归集 ………………………… 493
住房公积金提取 ………………………… 493
住房公积金贷款 ………………………… 493
住房公积金收益 ………………………… 494
惠民调整公积金使用政策 ……………… 494
改革创新工作 …………………………… 494
统筹调控保障公积金安全 ……………… 494
新冠疫情防控 …………………………… 494
解决历史遗留问题 ……………………… 494
居民生活 ……………………………… 494
概况 ……………………………………… 494
城镇居民收入 …………………………… 494
城镇居民消费支出 ……………………… 495
农村居民收入 …………………………… 495
农村居民消费支出 ……………………… 496

县(市、区)

柯城区 ………………………………… 497
概况 ……………………………………… 497
疫情防控 ………………………………… 498
复工复产 ………………………………… 498
有效投资 ………………………………… 498
国资改革 ………………………………… 498
基础设施配套 …………………………… 499
美丽乡村建设 …………………………… 499
民生保障 ………………………………… 499
打赢创文决胜战 ………………………… 499
基层治理 ………………………………… 499
全域土地综合整治成效显著 …………… 499
抢抓政策新机遇 ………………………… 500
“村播”助农 ……………………………… 500
衢江区 ………………………………… 500
概况 ……………………………………… 500
疫情防控 ………………………………… 501
全市率先完成杭衢铁路衢江段征迁任务 ……………………………………… 501
全省生猪产业高质量发展工作推进现场会召开 ……………………………… 501
全国首个钙钛矿光伏生产基地投产衢江 501
创新构建“云智衢江”平台 ……………… 501
全省信用应用场景现场会召开 ………… 502
发布全国首个乡村国际未来社区指标框架 …………………………………… 502
打造华东(衢州)数字经济示范区 ……… 502
入选全国中小城市可持续发展国际标准试点项目 …………………………… 502
入选全省首批进口贸易促进创新示范区名单 ……………………………… 503
全市首家国家级科技小院落户衢江 …… 503
打造有礼复学示范区 …………………… 503
江山市 ………………………………… 503
概况 ……………………………………… 503
“红岩顶”村名恢复 ……………………… 505
江山市司法局获评全国先进 …………… 505
疫情防控“乡音大喇叭”受众3000万人次 ……………………………………… 505
人民网点赞江山市“复工贷” …………… 505
跻身国家级体育产业基地行列 ………… 505
向法国友好交流城市捐赠防疫物资 …… 506
“群雁村播”助力乡村振兴 ……………… 506

大桥镇被列入全国农业产业强镇建设名单 …… 506
开出全国首张未配备公筷公勺罚单 …… 506
农户小额普惠贷款试点 …… 506
入选省级乡村振兴产业发展示范建设项目县(市) …… 507
浙江交通科技江山基地永久关停 …… 507
入选省物流综合改革创新示范县(市)试点 …… 507
江山市大数据中心挂牌成立 …… 507
举办"健康江山动起来"直播带货活动 …… 507
浙江汇农100万蛋鸡生态示范园区基地开建 …… 508
清漾村、浔里村入选全国乡村旅游重点村 …… 508
全国首届全域旅游发展绿色对话会在江山举行 …… 508
通过电商消费推动西部扶贫 …… 508
江东化工园区入选省级合格园区 …… 508
全国超级稻现场观摩交流会在江山召开 508
创新环境指数跻身全省第11位 …… 509
成为省小微企业园建设提升重点市 …… 509
获评全国蜂业扶贫先进县(市) …… 509
获评国家级农村职业教育和成人教育示范县(市、区) …… 509
两大省重点工程交工验收 …… 509
江山市水文站获评全国优秀水文站 …… 509
长篇小说《江郎传》首发 …… 509
江山绿牡丹茶发布团体标准 …… 510
康慈公司捐赠价值百万元物资助抗疫 …… 510
江山—江干"科创飞地"开园 …… 510
首届中国(江山)工业设计大赛颁奖 …… 510
《鹿鸣环山》出版发行 …… 510
江山猕猴桃农产品优势区跻身省级名单 …… 510
4200公顷林地签订地役权合同 …… 510
举行首届村播网红决赛 …… 510
获评省农业绿色发展先行县(市) …… 511
周多花家庭获评"全国五好家庭" …… 511
首次发现"水中活化石"中华秋沙鸭 …… 511
龙游县 …… 511
概况 …… 511
打造现代新型政府 …… 512
"龙游通"被写入省政府工作报告 …… 513
龙游县博物馆新馆落成 …… 513
率先推行"首席设计师"制度 …… 513
建成全国首个乡村未来社区学院 …… 513
获省政府督查激励 …… 513
8090新时代理论宣讲团 …… 514
全国首个县级"国家绿色生态城区" …… 514
龙游高坪桥水库投运 …… 514
通过2019年国家卫生县城复审 …… 514
入选全省美丽乡村夜经济精品线 …… 514
设立首个"诚信日" …… 514
龙游南站投入使用 …… 515
龙游石窟国际音乐盛典 …… 515
获2020绿色中国特别贡献奖 …… 515
维达纸业入选水效领跑者企业名单 …… 515
入选全省婚俗改革实验县 …… 515
企业服务综合平台连续两年获评省级优秀 …… 515
中浙高铁成为省级工程研究中心单位 …… 515
中国TOP直播电商产业园龙游基地启动 …… 515
龙游县被命名为浙江省文旅产业融合试验区 …… 516
红木小镇入选省级特色小镇 …… 516
龙游渔老大星创天地入选省级星创天地备案名单 …… 516
云墨碳谷项目落户龙游 …… 516
入选省级"美丽河湖" …… 516
获评2020年全省建筑工业化优秀县 …… 517

常山县 …… 517
概况 …… 517
"慢城常山"入选2019中国旅游精品项目名单 …… 519
西源革命纪念馆被评为省级国防教育基地 …… 519
获省农村生活污水处理设施运行维护管理工作考核优秀县 …… 519
常山县和拱墅区联合搭建全国首个网红直播飞地 …… 519
获评2019年度浙江省生活垃圾分类工作优秀县 …… 520
首个国务院用地审批权下放单独选址类项目获批 …… 520
油茶科技成果获省科学技术进步奖 …… 520
常山胡柚入选第二批中欧互保地理标志协定保护名录 …… 520
生态环境整治工作成为浙江省中央环保督察整改成效典型案例 …… 520
首次公司债发行获上交所15亿元全额批复 …… 520
2019年健康浙江考核居衢州市第一 …… 520
"坡地村镇"项目获浙江省规划设计优秀成果奖 …… 521
青石镇王芳获评"全国抗击新冠肺炎疫情先进个人"称号 …… 521
入围浙江省夜间经济试点县名单 …… 521
东案乡创建胡柚特色农业强镇 …… 521
"常山阿姨"项目获评省级标准化试点 …… 521
首家企业通过国家"两化"融合管理体系贯标认定 …… 521
占凌新等获省新冠肺炎疫情先进表彰 …… 521
获批整合设立省级经济开发区 …… 521
村上酒舍入选第二批乡村遗产酒店示范项目 …… 522
赛得健康小镇获2020博鳌国际旅游奖 …… 522
获"中国天然氧吧"称号 …… 522
开化县 …… 522
概况 …… 522
成为全省农业水价综合改革示范县 …… 523
钟山区块改建项目房屋征收工作完成 …… 524
通过"中国有机茶之乡"论证 …… 524
钱江源未来农业示范园项目签约 …… 524
根宫佛国入选首批浙江省森林康养基地名单 …… 524
浙江省古树名木认养活动暨开化县国土绿化行动植树节启动 …… 524
获省级奖补资金5000万元 …… 524
跻身首批"一星平安金鼎"县(市、区)行列 …… 524
钱江源高端装备研究院落户开化县 …… 525
首届"最美园区人"颁奖典礼举行 …… 525
开化县钱江源国家公园绿色发展协会成立 …… 525
"万步有约"健走暨新时代文明实践·农村文化礼堂运动会总决赛举行 …… 525
2020年浙江省老年人乒乓球交流活动在开化县举办 …… 525
2020年全国男子举重锦标赛暨东京奥运会模拟赛在开化县开赛 …… 525
钱江源国家公园申报IUCN绿色名录交流座谈会举行 …… 525
首届"钱江源英才"创新创业大赛启动 …… 526
第九届中国(开化)根雕艺术文化节暨2020"钱塘诗路·开化寻源"活动启动 …… 526
浙江省开化水库工程正式开工 …… 526
钱江源味道《开化菜》地方标准正式发布 …… 526

人 物

人物传 …… 527
吕文元 …… 527
刘志海 …… 527
毛尚贤 …… 527

赵玉臣 …… 527
琚和均 …… 527
郑丰禄 …… 528
武福奎 …… 528
叶培尧 …… 528
朱炳东 …… 528
许 波 …… 528
王兆钦 …… 528
郑秀章 …… 528
蔡继渭 …… 529
2020年度衢州籍现役军人(消防指战员)获二等功名单 …… 529
朱 莉 …… 529
张 力 …… 529
全国劳动模范 …… 530
全国先进工作者 …… 530
浙江省工人先锋号 …… 530
衢州市工人先锋号 …… 530
2020年度全国最美家庭 …… 530
柯城区苏玉泉家庭 …… 530
常山县熊素娟家庭 …… 531
开化县张贵兴家庭 …… 531
第十二届全国“五好家庭” …… 531
柯城区贵海良家庭 …… 531
衢江区汪水荣家庭 …… 531
江山市周多花家庭 …… 532
衢江区徐慧芳家庭 …… 532
2020年度全国抗疫最美家庭 …… 532
开化县金梅家庭 …… 532
2020年度全国三八红旗手
许义凤 …… 532
新冠肺炎疫情防控一线女医务人员全国三八红旗手 …… 533
彭春仙 …… 533

统计资料

2020年衢州市国民经济和社会发展统计公报 …… 534
2019—2020年衢州市国民经济和社会发展总量统计表 …… 541
2020年衢州市主要社会经济指标统计表 …… 542
2019—2020年衢州市工业主要产品产量统计表 …… 544
2019—2020年衢州市农林牧渔业总产值分行业统计表 …… 545
2019—2020年衢州市农作物播种面积统计表 …… 546
2019—2020年衢州市农作物产量统计表 …… 546
2019—2020年衢州市畜牧业和水产生产情况统计表 …… 547

附 录

市委市政府规范性文件选目 …… 548
2020年中共衢州市委规范性文件选目 …… 548
2020年衢州市政府规范性文件选目 …… 549
2020年度衢州市荣誉 …… 550
2020年度衢州市政府特别奖获奖企业和个人 …… 554
2020年衢州市政府民生实事项目 …… 557

索 引

索 引 …… 559

专辑

■ *Featured Articles*

8090新时代理论宣讲工作

【概　况】2020年6月以来，衢州市认真贯彻落实习近平总书记关于衢州8090新时代理论宣讲工作的重要批示精神，确立“理论进万家、最后一公里、走群众路线、育时代新人”总体目标，以打造“青年理论宣讲工作先行区、全域青年思政工作创新实践区、党的创新理论大众化示范区”为导向，持续推动8090新时代理论宣讲工作，全市域体系化高质量推进的格局基本形成，8090新时代理论宣讲工作成为衢州市宣传思想工作和推动党的创新理论“飞入寻常百姓家”的一道亮丽风景线。

【组织架构】6月，成立工作领导小组，由市委书记、市长担任“双组长”。7月，设立实体化运作工作专班，制定项目化工作清单，形成一个组织架构、一支队伍体系、一套运行机制，构建起党委统一领导、宣传部门统筹协调、相关部门齐抓共管、市县一体协同推进、广大青年积极参与的工作格局。

【队伍体系】2020年，构建“1+10+N”宣讲队伍体系，即1个总团、10个分团、100多支宣讲队，构建起市县乡上下衔接、多级联动的理论宣讲新格局，分层分类组建特色宣讲分团。至2020年末，全市登记在册8090新时代理论宣讲员7900余名。

【保障机制】2020年，市委出台《关于全市域体系化推进8090新时代理论宣讲工作的指导意见》《全力保障8090新时代理论宣讲工作的十条举措》，将8090新时代理论宣讲工作纳入意识形态工作责任制考核和大党建工作考核，每半月对全市各区块的8090工作情况进行专项检查，确保各项举措能够落到实处。市本级和6个县（市、区）均设立工作专班，落实专项工作经费。

【阵地建设】2020年，以新时代文明实践中心、农村文化礼堂、乡村振兴讲堂等为主阵地，整合村社广场、企业学校等场所，全市42家单位挂牌成立8090新时代理论宣讲研习基地。构建集报刊台

7月21日，8090宣讲团成员在龙游县溪口镇石角村宣讲

网、微博微信、移动终端于一体的宣讲体系，开设微信公众号，开发智慧管服系统。利用重大节日、重要会议、重大活动的现场，举办专场或者穿插8090新时代理论宣讲活动。全年开展各类宣讲1万余场（次），受众96.5万余人次。

【赛学机制】 2020年，实行一月一交流、一季一小赛、一年一大赛。8月、10月、12月相继在江山、常山、开化分别举办现场推进会，有针对性地进行探讨交流。举办2期“8090说”电视宣讲大赛，每期8名选手同场PK决出“金话筒”。

【成长机制】 2020年，建立领导联系、导师帮学和积分评价机制，结合“周一夜学”“周二无会日”等成立青年学习小组、青年理论学校，组织优秀宣讲员列席各级党委政府重要会议。定期开设骨干宣讲员培训班，贯通“理论学习—理论宣讲—青年成才”体系。

【内容提升】 2020年，注重服务中心，坚持内容为王，讲活创新理论，把习近平总书记对浙江、对衢州的嘱托贯穿于省委、市委全会精神的宣讲中，采用群众喜欢的快板、三句半、说唱等形式进行宣讲。贴近实际，积极回应群众关注的教育医疗、就业住房、食品卫生等民生问题。

（市委宣传部 供稿）

新冠肺炎疫情防控

【概 况】 2020年疫情发生以来，市卫健系统充分发挥“主力军”作用，快速反应、主动靠前，最大限度保护人民身体健康和生命安全，成功遏制疫情蔓延势头，完成驰援武汉任务，实现“零感染、打胜仗”。全市累计报告新冠肺炎确诊病例15例（境外输入1例），其中：柯城区3例（境外输入1例）、衢江区3例、江山市6例、常山县3例，全部治愈出院。

【集中办公】 1月23日，全省启动一级响应后，立即组建衢州市新型冠状病毒感染的肺炎疫情防控应急指挥部，1月24日，完成人员集结和集中办公。指挥部分为综合协调组、疫情信息组、防控指导组、医疗救治组、宣传舆论组、物资采供组、交通检疫组、安全稳控组、后勤保障组、督查督导组10个工作组。完成驰援武汉医疗救治任务、驰援新疆喀什核酸检测任务及上海空港口岸入境来浙转运工作组轮值任务。快速组织对十里丰实行严格的隔离措施，防止疫情向监外扩散，实现零死亡。

【现场流调】 年内，快速组建由市县两级疾控中心业务骨干组成的现场流调处置队，有应急机动队25组，80余名应急队员，24小时应急值守，接到疫情报告后迅速集结，第一时间处置，流调、上报、运送标本，均在2小时内完成。通过开展病例个案流行病学调查，收集其活动和人群接触情况，追本溯源，查明可能感染、传播的关键环节，进行疫情研判分析，为制定防控措施提供科学依据。自1月19日开展流行病学现场调查工作以来，截至12月31日，全市疾控系统调查确诊病例15例，无症状感染者4例，疑似病例28例，可疑病例2382人，应急队员出动5331人次。

【核酸检测】 2020年，制定下发《关于加强全市新冠病毒核酸检测能力建设的通知》《衢州市新冠病毒核酸检测实验室建设计划》，强化发改、财政、住建等多部门协调联动，对市中医医院、市妇幼保健院、市第三医院建设PCR实验

11月30日，欢迎上海空港口岸入境来浙人员转运衢州工作组回家

室开放绿色通道。截至12月底，有17家医疗机构和6家疾控机构（柯城除外）具备检测能力，日常规检测能力由疫情初期时720人份提升至2.5万人份。同时充分利用市场资源，积极引导相关对象通过第三方检测机构开展检测，满足疫情防控所需。

【医疗救治】2020年，坚持全市“一盘棋”思想，迅速集结最好的医疗资源投入疫情防控一线。全市确定衢州市人民医院等10家定点收治医院，落实可收治隔离留观、疑似和确诊病例床位710张。组织成立市、县两级医疗救治工作领导小组和技术专家组，为全市医疗救治工作提供基本指引。市级统筹组建6支医疗救治预备医疗队。制订下发《衢州市秋冬季新冠肺炎疫情医疗救治工作方案》，按照“应检尽检”原则全面落实医疗机构工作人员、发热门诊患者、新入院患者以及陪护人员进行核酸和抗体检测，定点医院每周开展发热门诊室等科室外环境和工作人员核酸检测。

【衢州市感染新型冠状病毒肺炎首例患者】2020年，首例新型冠状病毒肺炎患者胡某某，男，常山县人。1月16日自武汉返回常山，1月19日凌晨出现发热、咳嗽等症状，当日到常山县人民医院就诊并收住入院，1月21日确诊为新型冠状病毒肺炎，于1月30日转衢州市人民医院集中收治。经专家组精心诊治，于2月4日康复出院。

【两会保障】年内，专门成立两会疫情防控领导小组和现场指挥部，设立疫情防控、医疗服务保障、物资供应保障三个专项工作组，统筹做好两会期间疫情防控、医疗服务保障和物资供应等工作。坚持定期会商，精心组织实战演练，制定并多次细化完善《衢州市两会疫情防控“1+2”工作方案》。实行两会期间疫情相关信息报告制度，所有涉会人员按要求如实填报《健康申报和承诺书》《离衢外出报告》。明确驻点医疗保障单位，安排16名疾控人员和29名医护人员驻点，做到两会会场、宾馆全覆盖。暖心提供健康服务，向所有参会人员提供一个温馨提示卡、一个健康服务包、一本应知应会手册、一张疫情防控须知单、一份爱心送餐服务，为他们送上一份温暖与健康。

【助力社会经济发展】2020年，围绕复工复产、复业复市、复学复课等工作，先后出台《关于做好全市企业复工疫情防控工作的指导意见》《全面实施助力市区企业复工复产十大举措的通知》等系列防控技术方案。其中全面实施助力市区企业复工复产“暖心十条”，为企业复工复产员工实施免费救护车上门接诊、免费诊疗服务，被人民网点赞。创新实施驻企和驻校助学健康指导员制度，为企业复工复产、学校开学复课疫情防控“问诊把脉”，筑牢企业、学校安全防线。抽调全市卫健系统818名驻企健康指导员，覆盖全市1875家规模以上企业；抽调全市卫健系统820名驻校助学健康指导员和公共卫生巡查员，覆盖全市815所学校（托幼机构）。

【卫生执法】年内，开发新冠肺炎院感防控智慧监管系统，在100余家医疗机构的重点环节安装智慧监控。在新冠肺炎疫情一级响应期间，利用该系统远程巡查执法1591家次，纠正问题287个。在常态化疫情防控期间，查处医疗机构防控措施落实不到位案件8起。开展实地疫情防控执法检查，巡查公共场所、医疗机构、消毒产品生产企业等15522家次，发现问题2396个，解决问题2396个，查处涉疫案件327起。保障防控物资生产，为18家消毒产品生产企业发放卫生许可证，为4家消毒产品生产企业9种消毒产品的紧急上市进行备案，对2家消毒产品生产企业开展规范化生产的现场检查。

【疫苗接种】年内，开展重点保障人群及出国人员新冠疫苗的紧急接种。截至12月31日，全市接种52048剂次，其中第一剂次接种33729剂次，第二剂次接种18319剂次。

【健康教育】1月20日起，“衢州疾控”微信号每天推送新冠防控微图文，加强防控知识和防控工作双向宣传。先后编制防控应知应会手册、疫情防控“十要十不要”、复工复产防控画报、“公共场所消毒”“居家隔离注意”短视频、电子资料共享包等宣教资料。全年印发新冠肺炎防控宣传画报、折页、传单等近30万份。

（市卫健委 供稿）

扶贫工作

航埠镇万川村低保户陈地泉，通过扶贫小额贴息贷款政策扶持，养羊脱贫带动致富

【概 况】2020年，市委、市政府多次召开市委常委扩大会议、市扶贫开发领导小组等会议，专题研究部署扶贫工作。各县（市、区）严格落实党政"一把手"责任制。注重党建引领示范。推动组团联村全覆盖，加强"一长三员"（网格长、网格指导员、专职网格员、兼职网格员）帮扶服务，发挥农村基层党组织的战斗堡垒和党员先锋模范作用，带领低收入农户激发主体作用，增强自我发展能力，靠自身努力实现稳定脱贫。至年末，全面完成"两不愁、三保障"（农村贫困人口不愁吃、不愁穿，保障义务教育、基本医疗和住房安全）突出问题清零、年家庭人均收入8000元以下情况清零、集体经济薄弱村清零任务，低收入农户增收攻坚战成效度（低收入农户人均可支配收入与农村居民人均可支配收入之比）为52.56%，位列全省第1。

【低收入农户增收】2020年，农村常住居民人均可支配收入26290元，同比增长7.6%，增幅位列全省第2；低收入农户人均可支配收入13819元，同比增长15.3%，增幅位列全省第2。抓实就业帮扶。面对疫情影响，印发《关于应对新冠肺炎疫情促进农民就地就近就业的通知》，要求各县（市、区）为低收入农户新增公益性岗位3000个以上，确保有劳动能力的低收入农户家庭至少1人相对稳定就业；"国家扶贫日"期间，组织举办低收入农户就业专场招聘会；为应对疫情，对使用低收入农户比例较高的涉农资金投资项目和农业经营主体，在评优评先、示范创建认定、涉农资金补助等方面优先推荐或安排。抓准产业扶贫。推广"龙游飞鸡"精准扶贫模式，通过"公司+农户养殖"的运营模式养殖"龙游飞鸡"，让低收入农户从"输血"式扶贫转化成"造血"式的脱贫；探索低收入农户与现代农业发展有机衔接，创新"公司（合作社）+低收入农户""财政资金折股量化"等模式，加大对低收入农户发展生产的金融扶持。抓牢消费扶贫。推广柯城区依托山海协作平台打造农产品"消薄卡"的成功经验，余杭总商会、柯城乡贤企业等单位、社会组织认购"消薄卡"，帮助强村公司和农户销售农产品；10月21—22日，深化"千企结千村、消灭薄弱村"专项行动暨省属企业扶贫协作推进会在衢州召开。抓好培训扶贫。利用乡村振兴讲堂、衢州农民学院等平台，免费开展扶贫致富带头人培训以及月嫂（保姆）、农家小吃等实用技能培训。衢州保姆培训提升增收技能、柯城区扶贫小额信贷惠农解困入选"浙江精准扶贫十大案例"，在"10·17"国家扶贫日活动浙江主场活动发布。

【扶贫资金管理】2020年，积极争取中央、省级财政资金，做好扶贫项目资金管理。7月，市农业农村局、市财政局联合下发《关于进一步加强财政专项扶贫资金项目管理的意见》，要求提高财政专项扶贫资金项目促进低收入农户增收和扶贫重点帮扶村发展的绩效，确保精准扶贫。加强扶贫项目库建设，落实扶贫资金项目公告公示制度。

【落实帮扶举措】2020年，全面建立"一村一策一户一帮扶"结对机制。干部结对低收入农户，利用组团联村和周二无会日，深化“一户一策一干部”制度，逐户找明致贫原因，落实帮扶举措，跟踪增收情况。通过动态监测管理机制，采取帮扶措施，做到“发现一户、消除一人”。江山市创新设立“一包一牌一卡一码”，即帮扶包、智慧门牌、收入明白卡、幸福码，用于提升低收入农户获得感，相关做法在《衢州日报》头版头条及省扶贫专班工作动态作专题报道。建立“一村一档”，确保扶贫重点帮扶村和部门、企业结对；立足资源禀赋和产业优势，多渠道抓好农村产业发展；引导带动贫困群众参与产业发展，壮大产业经济和集体经济。

【返贫预警监测】 2020年，省扶贫数字化录入系统在江山市试点，依托省大救助信息系统，通过数字赋能，落实“互联网+”系统预警人员复核，定期监测在册人员的收入和财产变动情况，建立返贫预警监测机制。健全完善长效扶贫帮扶机制，建立电子建档立卡制度、认定信息联审制度和资金项目管理制度等，推广应用扶贫数字化管理系统和“浙农码”扶贫版，对帮扶对象、资金项目、帮扶成效实行全过程动态监测管理，严防返贫现象发生。畅通“12317”扶贫监督热线，主动接受群众监督和反映的问题，重点围绕“两不愁三保障”突出问题、结对帮扶以及“8000元以下农户”摸排消除3方面，进一步强化脱贫攻坚举措，为衢州市扶贫开发工作取得更好实效打下扎实基础。落实《衢州市支出型贫困家庭救助实施办法（试行）》，针对因病、因学致贫返贫的困难对象，及时进行受理审核，对于符合条件的困难对象纳入社会救助保障范围。同时，各县（市、区）积极落实“雨露计划”政策，充分发挥社会救助在脱贫攻坚中兜底保障职能作用。

【扶贫领域巡查问题整改和督查工作体系完善】 2020年，根据省纪委对扶贫领域巡视整改情况回访检查发现的问题，省扶贫办交办衢州市6个县（市、区）的问题整改到位。市扶贫办下发《关于做好全省扶贫工作交叉调研发现问题整改工作的通知》，要求柯城区、龙游县针对交叉调研发现问题立即开展核实整改。市纪委制定《全市扶贫开发市县联查专项监督工作方案》，抽调驻市委办、市府办、市委组织部、市农业农村局等部门纪检组长和市纪委、市农业农村局、市民政局、市财政局等部门干部组成7个检查组，每月对各县（市、区）开展1次暗访检查。市农业农村局将扶贫督查作为“三联三送三落实”活动重要内容，每位局班子成员每月对挂联县（市、区）至少开展1次督查。市扶贫办组织各县（市、区）开展推磨式督查，推动扶贫工作落细落实。

【巩固低收入农户高水平全面小康攻坚成果】 2020年，根据浙江省扶贫开发领导小组《关于开展低收入农户高水平全面小康攻坚成果核查和巩固工作的通知》要求，做好低收入农户高水平全面小康攻坚成果核查和巩固工作。对年家庭人均收入8000元以下农户再摸排，确保“不漏一户、不落一人”排查到位，采取各类帮扶措施确保长效。聚焦“两不愁三保障”问题，全面开展问题核查，做好查漏补缺。夯实“一户一策一干部”结对帮扶举措。深入农户家中核实完善建档立卡信息资料，明确每个低收入农户要落实1名乡镇以上的干部结对。

（市农业农村局 供稿）

特载

■ *Important Report*

贯彻“八八战略” 践行“八个嘱托” 推进“八大任务” 争创四省边际社会主义现代化先行市

——在市委七届九次全体(扩大)会议上的报告

(2021年1月20日)

中共衢州市委书记 徐文光

同志们:

今天,我们召开市委七届九次全体(扩大)会议,主要任务是,高举中国特色社会主义伟大旗帜,以习近平新时代中国特色社会主义思想为指导,全面落实党的十九届五中全会和省委十四届八次全会精神,深入贯彻习近平总书记考察浙江重要讲话精神,听取市委常委会工作报告,审议通过《中共衢州市委关于制定衢州市国民经济和社会发展第十四个五年规划和二〇三五年远景目标的建议》,进一步动员全市上下深入贯彻“八八战略”、践行“八个嘱托”、推进“八大任务”,锚定新坐标,扛起新使命,开启新征程,争创四省边际社会主义现代化先行市。

下面,我代表市委常委会,向全会作工作报告。

一、非常之时行非常之举,在大战大考之年交出了高分报表

2020年是极不平凡的一年。面对国际国内形势的深刻变化,特别是突如其来的新冠肺炎疫情冲击,我们坚决响应以习近平同志为核心的党中央号令,在省委的坚强领导下,团结带领全市上下统筹推进疫情防控和经济社会发展,扎实做好“六稳”工作、全面落实“六保”任务,大力开展全面小康决胜年、招商引资攻坚年、重大项目推进年“三个年”活动,非常之时行非常之举、克非常之难,实现了“两手抓、两手硬,两战赢、两领先”,经济社会各项事业发展取得了新成果,在大战大考之年交出了一份高分报表。全年地区生产总值增长3.5%,增幅列全省第3,是近7年最高位次;固定资产投资增长7.7%,增幅连续10个月保持全省第1;城乡居民人均可支配收入分别增长5%、7.6%,分列全省第1、第2。10项主要经济指标中,有8项实现进位,其中,两项第1，固定资产投资增长7.7%、城镇居民人均可支配收入增长5%；两项第2，社会消费品零售总额增长0%、农村居民人均可支配收入增长7.6%；两项第3，地区生产总值增长3.5%，规上服务业营收增长9.9%；另外2项进位指标，规上工业增加值增幅列第4、外贸出口增幅列第9。

1.*学习贯彻习近平新时代中国特色社会主义思想走深走实*。市委常委会认为，学习和领会习近平新时代中国特色社会主义思想的深度，决定着政治站位的高度、政治忠诚的纯度、政治敏感的锐度。我们始终把学懂弄通做实习近平新时代中国特色社会主义思想作为最大的政治任务，及时召开市委常委会会议、市委常委扩大会议、市委理论学习中心组学习会等，第一时间学习总书记最新重要讲话重要文章，建立"不忘初心、牢记使命"长效机制，努力营造学思用贯通、知信行统一的浓厚氛围，切实增强"两个维护"的政治定力和政治能力。全面对标对表总书记赋予浙江的新目标新定位，把深入学习贯彻总书记考察浙江重要讲话精神，与贯彻"八八战略"、践行"八个嘱托"、推进"八大任务"有机贯通起来，与持续深化"三服务"、扎实推进"三个年"紧密结合起来，转化为重大改革、重大项目、重大平台、重大政策、重大规划，推动总书记重要讲话精神在衢州落地生根、开花结果。围绕"理论进万家、最后一公里、走群众路线、育时代新人"，创新开展8090新时代理论宣讲工作，得到了中央领导同志批示肯定，衢州市"8090新时代理论宣讲团"荣获中宣部基层理论宣讲先进集体。

2.*疫情防控和复工复产有力有效*。市委常委会认为，统筹疫情防控和经济社会发展，既是一场大战，也是一场大考，必须全力以赴、坚决打赢。我们以战时体系应对战时状况，统一指挥、高效协同，网格兜底、管好小门，精密智控、闭环管理，毫不松懈打好"外防输入、内防反弹"持久战。自2020年1月23日全省进入一级响应，用时11天，2月4日就实现无新增确诊病例；再用时1个月，到3月5日所有本地病例清零；至今没有因复工复产复学复市复游导致的病例。特别是面对十里丰监狱突发疫情，以事不避难、勇于担当的姿态全面履行属地责任，各方协同打了一场艰苦卓绝的攻坚战，成功堵住这一重大风险"敞口"，得到了省委、省政府的充分肯定。出台"暖心二十条""关心关爱援鄂医务人员硬核八举措"，隆重召开抗击新冠肺炎疫情总结表彰大会，217名先进个人、80个先进集体、20名优秀共产党员、30个先进基层党组织获表彰。创新建立市领导挂联区块服务发展机制，组建市委督导组和市政府服务组，一手抓疫情防控，一手抓经济运行，强化统筹、优化服务，分类指导、精准服务，减少对基层、企业的干扰，减少扰民。突出"雪中送炭"，及时出台抗疫扶企硬核"衢十条"，快速调整大科创、大三农、大文旅、大商贸"四大专项"政策，形成应急帮扶类、配套保障类、政策集成类"三大政策包"。想方设法保市场主体，上线"政企通"平台，发放线上贷款415.3亿元；积极争取并及时发放抗疫专项贷款、复工复产普惠再贷款等优惠贷款97.2亿元；兑现应对疫情"五减"政策资金105.3亿元。在全省"争先创优"行动中，4月、5月、6月三个月连续进位，分列第4、第3、第2。

3.*新旧动能转换步伐加快*。市委常委会认为，衢州高质量发展，关键在产业为王、优势再造、动能培育。我们以"为企业家加油"为主题，召开产业创新发展大会，同步发布全球招商计划、招商引资政策、工业高质量发展三年行动纲要，推动大产业创新体系落地见效，点燃烧旺产业这把火。加快传统产业改造提升，拉长做强电子化学品、氟硅新材料、高端装备制造、高档特种纸等制造业产业链，启动实施新一轮衢州巨化一体化融合高质量发展，推动衢州产业特别是制造业数字化、网络化、智能化、高端化发展。深化"亩均论英雄""标准地"等改革，完成低效企业出清356家，淘汰落后产能66家，整治提升低散乱企业357家，江山化工顺利关停，五洲特纸成功上市，华康药业、金沃精工通过IPO发审会，本土上市公司将达到9家。深入实施"双百"科技型企业"登高计划"，新认定科技型中小企业258家，新认定国家高新技术企业117家。加快新兴产业培育发展，新落地数字经济服务业项目116个，启动与阿里的第四轮战略合作；设立信安数智公司，打造本土数字经济头部企业；实施村播计划，打造全国首个村播基地。1—11月，全市数字经济核心产业营业收入同比增长24.3%，规上数字经济核心产业税金同比增长80.8%，增速分列全省第2、第1；全年实现网络零售额389亿元，同比增长36%，增速居全省第1。新田铺田园康养综合体、铜山源休闲度假旅游区、六春湖高山运动小镇等一批美丽经济幸福产业高端项目加快建设。与名企名校的合作取得重大突破，华友锂电材料国际产业合作园、武汉卓尔、华夏航空、奥首电子化学材料等一批重大产业项目签约落地，电子科大智慧小镇、浙大衢州"两院"开工建设，温州医科大学、浙江中医药大学、西南政法大学、叶檀财经等纷纷落户衢州办学办产业办平台。全年共引进招商引资项目378个，到位市外资金220.4亿元，同比增长29.4%。

4.改革开放格局进一步打开。市委常委会认为，改革是衢州新一轮发展的活力源泉，区域开放是衢州最大的改革。我们突出交通先导，"公、铁、空、水"一齐发力，以空前的力度推进现代综合交通枢纽建设，杭衢高铁全线开工，衢宁铁路建成通车；沿江美丽公路全线贯通，杭金衢高速拓宽、351国道等重大项目加快推进；"衢州有礼"号游轮完成首航、双向对开，实现了"一江清水送杭城、一艘游轮到衢州"；衢州机场迁建选址获批，衢州航空公司成立，直飞城市达到16个。加速融入长三角一体化，与上海闵行区签订战略合作协议，建立分区块"接沪"协作机制。持续深化衢杭、衢甬、衢绍合作，加快打造以创新合作为重点的山海协作升级版。全方位扩大区域协作，与黄山、南平、上饶合作共建浙皖闽赣（衢黄南饶）"联盟花园"，1月22日四省四市将共同举办线上启动仪式。做实做细做深做优党建统领基层治理体系，提升乡村振兴讲堂功能，创新建立"两难"问题三级钉钉群，衢州成为全省唯一的"县乡一体、条抓块统"改革全域试点市。积极推动政府数字化转型向公共服务和社会治理领域延伸，构建了以村情通、邻礼通、政企通"三通一智（治）"为主体架构的智慧衢州线上操作平台体系。在全省率先完成开发区（园区）整合提升，加快打造智造新城、智慧新城两大高能级战略平台，体制机制改革释放的活力将加速显现。扎实推进个人、企业、项目全生命周期便利化改革，在国家发改委发布的《中国营商环境报告2020》中，衢州入选15个标杆城市。

5.美丽大花园建设提档加速。市委常委会认为，建设美丽大花园是省委、省政府交给衢州的重大任务，也是衢州绿色发展的高级形态，必须坚持"城乡一体化、全域大花园，市域大统筹、共建大花园"。我们召开市委七届八次全会，专题研究部署加快建设四省边际中心城市工作，确立"以集聚人才集聚青年为导向、以山水融合生态宜居为特色、以配套完善能级提升为核心"的新型城市化道路，进一步明确南孔古城·历史街区、核心圈层·城市阳台、高铁新城·未来社区"小三城"和智慧新城、智造新城、空港新城"大三城"的城市空间布局，举全市之力打造四省边际中心城市。四省边际中心医院、文化艺术和便民服务中心主体结构完工，体育中心主体育场结顶，悦苑酒店正式开业，高铁新城外国语学校将于今年9月开学招生，荷一路过江通道暗挖隧道全线贯通，鹿鸣山文化院街、未来大厦、市委党校迁建等一批项目快速推进，古城双修"十大工程"加快实施，鹿鸣半岛时尚文化创业园、中央美院附属中学、高铁新城地下综合管廊、九华大道隧道二期、紫薇路隧道、三江中路连通工程等一批项目开工建设。扎实做好农房整治"后半篇"文章，制定出台《衢州市农村住房建设管理条例》，房地信息系统完成审批5090件，农民建房审批实现"掌上办"。组建大花园集团，高标准推进"衢州有礼"诗画风光带建设，90个重点项目全部开工，完成年度投资87.4亿元，启动"衢江宾港大桥—龙游红船头村"示范段建设。同步推进城市版、乡村版未来社区试点，礼贤未来社区开工建设，鹿鸣未来社区新入选省级试点，龙游溪口、衢江莲花乡村未来社区核心区建成开园。

6.文化文明互促共进。市委常委会认为，"有礼"是衢州这座城市的精神内核和鲜明特质，必须在落细落小落实上下功夫，推动南孔文化重重落地。我们坚持以人民为中心，致力改造"骨子里的东西"，全市域推行"八个一"有礼系列行动，出台《衢州市文明行为促进条例》，创新推出"有礼指数"CI测评体系，持续打造"一座最有礼的城市"，全市所有村（社）将"八个一"有礼系列行动纳入村规民约、居民公约，221家企事业单位实现"拆墙透绿"，车让人、自觉排队、使用公筷公勺成为新风尚，城市功能形象、社会文明程度、市民文明素养实现了新提升。打好创文攻坚战决胜战，衢州以全国第4的优异成绩成功创建全国文明城市，创建入户调查满意率连续3年达100%，圆满实现“一轮创成、高位创成”。加快推进“有礼品牌”体系建设，面向长三角及长沙、宁德、厦门等城市开展云推介活动，推动“南孔圣地·衢州有礼”城市品牌由知名度向影响力和城市综合竞争力转型提升，城市品牌营销案例获第五届博鳌国际旅游传播论坛品牌营销金奖。文旅融合加速发展，衢州被列入全省文化和旅游消费试点城市，水亭门街区入选首批国家文化产业发展项目和首批省级高品质步行街。动漫产业实现突破，本地企业创作的《雾山五行》被誉为国漫新标杆，动画电影《胡柚娃》登陆各大院线。

7.民生福祉持续改善。市委常委会认为，让人民群众享有更加美好的生活，是我们一切工作的出发点和落脚点，也是高水平全面建成小康社会的根本目的。我们坚持“共享发展”理念，全力抓好省市县三级政府年度民生实事项目，健全和落实为民办实事长效机制。教育事业均衡发展，全面推进义务教育“公民同招”改革和职业教育“五统筹”改革，高考成绩再创新高。健康衢州建设稳步推进，启动城市医联体建设，通过第三次国家卫生城市复审，树兰医院落户衢州，医保参保率99.97%，居全省第1。军民融合深度发展，全国双拥模范城创建实现“五连冠”。平安衢州建设持续深化，全年各类生产安全事故起数、死亡人数同比分别下降27%、32.9%；全市矛调中心事项化解率86.1%；初次来信网信化解率、新增积案化解率分列全省第2、第1，6个县（市、区）全部创成省级“无信访积案县（市、区）”。全力打好扫黑除恶专项斗争收官战，持续推进“扫黑除恶+树正打歪+行业治乱”，认真抓好中央扫黑除恶督导反馈问题整改，全市累计查处涉黑涉恶腐败和“保护伞”案件124件、处理201人次，14件省市挂牌督办案件全部办结。全力打好污染防治攻坚战，市、县城市空气质量首次全面优于国家二级标准，市控以上断面、跨行政区域河流交接断面、县级以上集中式饮用水水源地水质全部达到Ⅱ类水以上，荣获“美丽浙江”考核优秀市，三夺“大禹鼎”银鼎，生态环境公众满意度首次位列全省第1。钱江源国家公园体制试点通过验收，有望首批命名。全力打好精准脱贫攻坚战，“两不愁三保障”突出问题、家庭人均年收入8000元以下情况、集体经济薄弱村实现“三个清零”，前三季度，低收入农户人均可支配收入增长14%。助力东西部扶贫协作结对的5个县打赢精准脱贫攻坚战，提前实现脱贫摘帽。

8.全面从严治党纵深推进。市委常委会认为，抓好党建就是最大的政绩，也是衢州新一轮发展的根本政治保证。我们以党的政治建设为统领，大力加强市委常委会自身建设，带头贯彻执行民主集中制，团结带领广大党员干部进一步增强“四个意识”、坚定“四个自信”、做到“两个维护”。全面加强党的领导，全力支持人大、政府、政协依法履职、开展工作，充分发挥市委改革委、市委财经委等市委议事协调机构作用，严格落实意识形态工作责任制，构建完善大统战工作格局，市县联动推进政治生态建设，切实把加强党的领导落实到改革发展稳定各领域各方面各环节。坚持“十条军规”正反面典型通报机制，通报正面典型65个、反面典型22个，树立干事创业鲜明导向；打好“鼓励实名、澄清正名、严查诬名”组合拳，澄清失实举报215起，查处诬告陷害和恶意举报行为2起，推动形成“两个担当”良性互动。深化完善专班工作制，建立月度分析研判机制，进一步提高专班运行效率，推动重点工作落实。全面全程高质量抓好村社组织换届，村社党组织书记、主任“一肩挑”率达到98.6%，回请乡贤占24.1%，均高于全省平均水平。扎实推进清廉衢州建设，全面加强政治监督，驰而不息纠治“四风”，持续保持反腐败斗争高压态势，坚决抓好巡视、巡察、审计反馈意见整改，全市共立案1647件，党纪政务处分1598人。出台持续解决形式主义突出问题为基层减负三十条措施，切实精简会议、发文。

同志们，2020年各项工作的圆满收官，标志着“十三五”规划目标任务胜利完成，与全省同步高水平全面建成小康社会胜利在望！尤其让我们感到欣喜的是，经过这些年来坚持不懈的接续奋斗，衢州发展正由量的积累大步迈向质的飞跃，自内而外发生着深刻变化和格局性转变。衢州之变，变在观念理念、体制机制、方式方法。我们以更高的站位、更宽的视野、更大的格局，重新审视衢州、定位衢州、发展衢州，从顶层设计、系统设计、制度设计入手，按照"统筹整合联动、跨界打通融合、扁平一体高效"的理念，构建了战略规划体系、制度规则体系、产业创新体系、干部人事体系、基层治理体系。现在的衢州，正在加快突破思维定式、摆脱路径依赖、走出既定格局、迎来新的机遇。衢州之变，变在城市能级、乡村面貌、人居品质。我们以唱响"三城记"引领城市发展，以农房整治风貌提升牵引乡村振兴，全市域打造浙江大花园最美核心区。现在的衢州，城市发展日新月异，乡村面貌焕然一新，生活品质不断提升，"进，则城市配套完善创业无忧；出，则乡土田园气息回归自然"的美好愿景正加速成为现实。衢州之变，变在发展动能、创新活力、营商环境。我们致力打造中国营商环境最优城市、中国基层治理最优城市，推动产城人文高度融合、产业链生态圈系统高效，为衢州发展营造最优整体环境。现在的衢州，"美丽+智慧"成为高质量发展的新引擎，营商环境保持全国地级市领先，基层治理体系和治理能力不断提升，创新创业活力竞相迸发。衢州之变，变在文化气质、文明素质、精神特质。我们围绕"让南孔文化重重落地"，创建文明城市，打响城市品牌，让"有礼"弥漫在空气中、浸透到灵魂中、体现在日常生活中；我们坚持以人为本、抓人促事，持续深化大整风"十大行动"，电视问政、军规通报，正向激励、反向倒逼，激荡思想、激发干劲。现在的衢州，变得更加开放自信、大气包容、温润有礼，到处生机勃勃，上下激情满满。这一系列的深刻变化，相互交织、相互促进、相互融合，最终汇聚成衢州的美誉度、影响力、向心力之变。现在，越来越多的人关注衢州、看好衢州、选择衢州，越来越多的人为自己是一个衢州人感到幸福、感到骄傲、感到自豪。

这些成绩的取得，来之不易。这是中央和省委、省政府坚强领导的结果，是全市各级党组织和党员干部奋力拼搏、苦干实干的结果，是全市人民及社会各界鼎力支持、团结奋斗的结果。我代表市委常委会，向同志们表示衷心感谢！

在肯定成绩的同时，我们清醒地看到，当前衢州发展不平衡不充分问题仍然突出，重点领域和关键环节改革任务仍然艰巨，特别是经济总量、产业结构、创新能力、城市能级、开放合作、安全环保、民生保障等方面的问题和短板还比较明显。对此，我们要坚持问题导向、目标导向、效果导向，进一步找准症结、对症下药，有针对性地切实加以解决。

二、准确把握新发展阶段的新特征，切实扛起衢州必须担负的历史使命

党的十九届五中全会，是在"两个一百年"奋斗目标的历史交汇点上召开的一次十分重要的会议，标志着我国开启了全面建设社会主义现代化国家的新征程。省委十四届八次全会，明确了新发展阶段浙江肩负的"五大历史使命"，谋划提出了具有牵动性、创新性、突破性的"十三项战略抓手"，进一步彰显了省委忠实践行"八八战略"、奋力打造"重要窗口"的坚强意志，吹响了争创社会主义现代化先行省的奋进号角。

1月11日，习近平总书记在省部级主要领导干部学习贯彻党的十九届五中全会精神专题研讨班开班式上发表的重要讲话，回答了准确把握新发展阶段、深入贯彻新发展理念、加快构建新发展格局的一系列重大问题，深刻阐述了新形势下提高政治判断力、政治领悟力、政治执行力的重大命题，传授了领导现代化建设的思想和工作方法，是一篇闪耀着马克思主义真理光芒的经典文献。

这次提交审议的《中共衢州市委关于制定衢州市国民经济和社会发展第十四个五年规划和二〇三五年远景目标的建议》稿，深入贯彻总书记重要讲话精神，全面落实中央和省委要求，紧扣新发展阶段、新发展理念、新发展格局，围绕深入贯彻"八八战略"、践行"八个嘱托"、推进"八大任务"，提出了"十四五"时期我市经济社会发展的总体要求、主要目标、重大任务、重要举措和二〇三五年远景目标，谋划了牵一发而动全身的重要抓手，贯穿了坚持系统观念、全面创新思维的理念方法，是指引我市高水平推进社会主义现代化建设的好建议。

市委常委会综合研判后认为，新发展阶段的衢州，必须始终坚持“四大战略导向”：

1.锚定“打造重要窗口”的新目标新定位。总书记赋予浙江“努力成为新时代全面展示中国特色社会主义制度优越性的重要窗口”的新目标新定位，政治意义、全局意义、国际意义都至为重要。省委明确将忠实践行“八八战略”、奋力打造“重要窗口”作为主题主线，衢州必须主动担当、奋发有为。

一段时间以来，我们也一直在思考，衢州要怎样为全省作出更大贡献。综合各方意见，我们提出了争创四省边际社会主义现代化先行市的总目标和“一极、两区、四地”的具体目标，“一极”就是努力打造浙江经济高质量发展重要增长极；“两区”就是努力打造诗画浙江大花园最美核心区、中国市域现代治理标杆区；“四地”就是努力打造四省边际创新要素集聚地、四省边际开放开发引领地、四省边际文化文明新高地、全国一流诗意生活栖居地。这几个方面，既是全省所需，也是衢州所能，更是群众所盼、未来所向，我们要牢固树立“没有走在前列也是一种风险”的意识，努力为全省打造“重要窗口”提供更多衢州实践、衢州素材、衢州样本。

2.把握“数字化变革”的新趋势新机遇。总书记对数字化建设高度重视，早在2003年主政浙江期间就以极具前瞻性的战略眼光提出了“数字浙江”建设，到中央工作后更是大力推动数字经济发展、数字化变革。浙江的数字化走在全国前列，省委更是将数字化改革作为全面深化改革的总抓手和打造“重要窗口”的重大标志性成果。

我们理解，高质量发展，数字化是重要动力；高效能治理，数字化是重要手段；高品质生活，数字化是重要支撑，特别是这次疫情，让智慧产业、智慧生活、智慧政务、智慧治理成为更加明显的趋势。我们在推进数字化变革的道路上，已经迈出了坚实步伐，必须坚定不移、坚持不懈以数字化引领、撬动、赋能现代化，协同推进党政机关整体智治、数字政府、数字经济、数字社会、数字法治（数字治理），率先形成与数字变革时代相适应的生产方式、生活方式、治理方式。

3.落实“推进共同富裕”的新任务新要求。党的十九届五中全会首次提出，全体人民共同富裕取得更为明显的实质性进展。省委十四届八次全会提出，浙江要率先突破发展不平衡不充分问题，到2035年共同富裕率先取得实质性重大进展。

我们理解，共同富裕，就是要解决发展不平衡不充分的问题，逐步消除区域差距、城乡差距、收入差距，逐步实现普遍富裕，从根本上体现社会主义制度的优越性。从我市情况来看，短板主要是收入绝对值相对较低。其他指标，如县与县之间生产总值、税收、人均收入等差距不大，城乡居民收入差距、最低收入群体与高收入群体的差距都是全省最小，人均住房面积、汽车拥有量、手机拥有量等体现高质量富裕度的指标，均与全省持平或高于全省平均水平。从均衡性角度来说，我市共同富裕工作比较扎实。所以，对衢州而言，最紧迫的任务就是缩小与全省的差距，尽快赶上全省发展步伐。因此，我们提出了“两个高于”的目标，即经济增速高于全省平均水平，城乡居民收入平均增幅高于全省平均水平。这里面，两个最重要的抓手，就是做大产业扩大税源行动和提升居民收入富民行动，一个是做大“蛋糕”，提高政府收入，一个是分好“蛋糕”，提高百姓收入，两者是相辅相成、相互促进的，政府的口袋、老百姓的口袋都要鼓鼓的。

4.扛起“加快建设四省边际中心城市”的新使命新担当。总书记强调，构建新发展格局是事关全局的系统性、深层次变革，要求有条件的地区率先探索有利于促进全国构建新发展格局的有效途径，发挥引领和带动作用。省委就此提出了“打造国内大循环的战略支点、国内国际双循环的战略枢纽”，这既对衢州提出了要求，也带来了机遇。

我们理解，构建新发展格局，畅通内循环、大循环，其中很重要的一个方面，就是要打破行政边界、行政藩篱、行政束缚，打通省际边际地区经济循环的痛点堵点，形成更加开放、更加一体化的统一大市场，让各类要素能够更加顺畅、更加高效地流动，从而促进产业升级、消费升级。对衢州而言，最重要的抓手，就是“加快建设四省边际中心城市”。我们要抢抓机遇、主动融入、积极作为，加快打造综合交通、商贸物流、教育医疗、绿色金融、人才集聚、美丽经济、数字经济“七个桥头堡”，切实增强中心城市的集聚力、辐射力、带动力、竞争力。

总之，我们要牢牢把握这“四大战略导向”，聚焦聚力高质量、竞争力、现代化，突出数字赋能、整体智治，坚持真抓实干、争先创优，持续放大滚雪球效应，积小胜为大胜，加快建设更高水平的“活力新衢州、美丽大花园”，实现更高层次的“发展高质量、治理现代化”。

三、紧紧抓住牵一发而动全身的重大工作抓手，推动四省边际中心城市建设迈出坚实步伐

争创四省边际社会主义现代化先行市，关键在于打造一批有影响力、有辨识度的标志性成果。具体的工作任务，建议稿已经作出系统部署。这里，我就十个方面的重大工作抓手再作一强调，就是要实施好“十大行动”。

1. 实施集聚青年集聚人才行动，加快推动创新驱动发展。中央全会把科技创新提升到了现代化建设全局核心地位的高度，省委全会明确提出深入实施人才强省、创新强省首位战略。对衢州而言，重中之重是聚人才、强平台，人才一定是和平台联系在一起的。我们要继续按照“补课+超前”的思路，高标准、高质量、高水平打造四省边际人才集聚“桥头堡”，切实增强对各类创新要素特别是人才的吸引力。聚人才，关键要有硬核政策。这也是这次全会的一个重要内容。市委、市政府下发的关于全力打造四省边际人才集聚“桥头堡”、加快创新驱动发展的12条政策，是对全市现有人才政策的一次全面梳理，重点突出三个方面：一是突出系统集成，围绕“城市+产业”“人才+平台”“共性+个性”“存量+增量”，整合形成12条意见，满满都是干货；二是突出分层分类，按照从高到低，将人才分为A、B、C、D、E、F、G、H八类，实行分层分类激励机制；三是突出竞争优势，坚持“人无我有、人有我优”，打造四省边际人才政策高地，建站资助、购房补贴、人才晋升、支持企业引才等政策支持力度在四省边际城市领先。我们要加快建设四省边际中心城市，首要任务就是要打造四省边际人才政策高地、创新服务高地，为四省边际人才做好服务，让衢州成为四省边际人才的向往之地、集聚之地、创业之地。接下来，组织部门要抓紧研究制定实施办法和操作细则，让好政策发挥出最大效应。强平台，就是要强化创新平台功能。不断深化与大院名校合作，目前已有的是“3+3”，第一个“3”是与浙江大学、电子科技大学、西南政法大学的全方位合作，第二个“3”是与温州医科大学、浙江中医药大学、上海大学的精准合作，打通教育链、人才链、创新链、产业链、供应链、政策链、资金链、价值链，促进产学研用深度融合，为产业转型升级注入新的动能。着力提升创新飞地功能，最近几年来，市本级在杭州、深圳、上海、北京等地都建了创新飞地，总面积约29万平方米；各县（市、区）也在积极拓展飞地平台。这是衢州的一大特色，也是我们连通海内外高端人才项目的重要布局。但总体来看，作用发挥还不够明显，投入和产出没有形成正比。接下来，我们要进一步提升飞地的服务功能，集中精力引进一批成熟项目、税源企业，给他们提供平台空间，推进各类创新要素集聚集成。

2. 实施做大产业扩大税源行动，切实增强区域经济实力。做大产业、扩大税源，是强市之基、富民之本。我们要把招商引资作为切入点和突破口，坚定不移抓招商、强招商，以增量带存量，全方位推进产业基础再造和产业链提升，加快实现新旧动能转换、产业转型升级，把“蛋糕”做得越来越大。重点是“三个聚焦”：一要聚焦重点区域。紧盯深圳、上海、杭州、北京等地，充分发挥驻点招商、商会招商作用，更加努力引进外溢型产业、产业链的“链主”型企业。二要聚焦重点产业。这两年，我们坚持一手抓传统产业改造提升、一手抓新兴产业培育发展，一批高端项目相继落地，发展势头很好。我们还是要坚定不移地走下去，聚焦“美丽+智慧”，聚焦新材料、新能源、集成电路、智能制造、生命健康和特种纸等产业，这些都是衢州大力发展的优势特色产业，要画好产业招商地图、产业链招商树，发挥独有的产业集群、产业生态优势，强化以商引商、以商招商,大力引进一批补链强链延链项目。三要聚焦重点主体。瞄准央企、500强企业、上市公司、"单项冠军"、"隐形冠军",主动出击、精准招商,加快引进一批重大产业项目。坚持把招商引资作为"一把手"工程,从我和市长做起,市县各级领导都是"招商专员",都要带头招商,亲自去跑、去对接、去争取。

3.实施提升居民收入富民行动,不断增强老百姓的获得感。提高收入、缩小差距,是实现共同富裕的内在要求,也是老百姓的热切期盼。为此,"十四五"时期,我们提出"城乡居民收入年均增幅高于全省平均水平,农村居民收入年均增幅高于城镇居民年均增幅"的目标,进一步缩小区域之间、城乡之间和群体之间的差距。对衢州来说,尤其要重视提高农民收入,做好"生态富民"这篇大文章。关键要在三个方面下工夫:一是做强旅游。要加大核心景区建设和提升力度,大力引进高端知名酒店,打造一批千万级核心景区、百亿级文旅大项目、文旅类上市公司,不断提升旅游服务能力。目前,全市有两个5A景区,根宫佛国和江郎山—廿八都,大花园建设规划纲要提出县县创5A,另外四个县(市、区)要抓紧谋划、积极争取,有些基础比较好的,比如南孔古城、烂柯山、灵鹫圣境、龙游石窟—红木小镇,要加大力度、加快推进。要做足农旅融合的文章,大力发展乡村休闲旅游,做精做细民宿产业,运用微改造打造更多山水人文、别具一格的小生态小循环,让更多农民端起"旅游碗"、吃上"生态饭"、走上"致富路",把美丽山水、美丽环境、美丽生态变为美丽经济。二是做深农业。如果单纯做农业,农民增收有限,必须大力发展精深加工,提高农产品的附加值,实现特色高质量发展。我们有很多特色农产品,胡柚、茶叶、油茶、柑橘、食用菌等等,都要做深做透、"吃干榨尽",打通一、二、三产,提高农业效益,增加农民收入。三是做活改革。省里明确将在全省开展新时代乡村集成改革,以县域为实施主体,每年确定一批县(市、区)作为省级试点予以重点推进。衢州被列入全市域试点。这个集成改革,尤其突出现代农业、农村经济、人居环境、乡村治理、农民发展等重点领域和关键环节。在这些方面,我们都有一些很好的探索和实践,比如"一村万树"绿色期权、"一乡千宿""三位一体"农合联改革、房地信息系统、"两山银行"。我们要在原始创新基础上集成创新,形成"围绕一项目标、找准一个切入点、协同推进一揽子改革"的"三个一"体系,综合集成、迭代升级、久久为功,最大限度释放改革综合效应,提升农民资产的价值,让老百姓的钱袋子鼓起来。

4.实施"东融西进"开放行动,努力在构建新发展格局中抢占先机。开放开发是这几年衢州"起势"的重要经验和宝贵财富,也是新一轮高质量发展的必由之路。我们要坚持开放开放再开放、融入融入再融入,向东入群、向西建群,东融西进、东联西拓,进一步打开山门、城门、脑门,努力打造国内大循环、国内国际双循环的战略节点城市。重点是进一步拓展有形无形"两个大通道"。有形大通道,就是交通先导。围绕打造公、铁、空、水"四位一体"的现代综合交通网络体系,加快谋划和建设一批重大交通基础设施项目。公路方面,重点是杭金衢高速拓宽、甬金衢上高速、杭淳开高速;铁路方面,重点是杭衢高铁、衢丽铁路、衢武铁路、衢黄铁路;航空方面,重点是以机场迁建为牵引,加快建设以航空物流为核心、公铁空水多式联运枢纽港,打造杭州都市圈的"西翼",我们甚至可以畅想一下,以空港新城为核,打造浙江第七大省级新区;水路方面,重点是浙赣运河。无形大通道,就是区域合作。主要包括四个维度:一是全面融入长三角一体化发展,做好"融杭联甬接沪"的大文章,全面融入杭州都市圈、创新生态圈,加强与宁波互动发展,深化与上海闵行区战略合作;二是加强与金义都市区联动发展,接轨义甬舟开放大通道,打通交通物流、贸易、创新和生态的西延通道;三是推动衢丽花园城市群协同发展,我们找到了两大突破口,一个是钱江源—百山祖国家公园,一个是六春湖景区;四是深化四省边际区域协作发展,共建浙皖闽赣(衢黄南饶)"联盟花园",打造一体化旅游市场,共创国家级旅游休闲城市群和世界级生态文化旅游目的地。

5.实施城市能级提升行动,不断增强城市集聚力辐射力带动力竞争力。城市是高质量发展最大的载体和平台,也是区域综合实力和竞争力的集中体现。关于城市规划建设工作,我们已经在市委七届八次全会上作了专题部署。这几年,我们以超前理念、超前思维,谋划建设了一大批城市赋能高端项目,未来两三年,随着这批项目的陆续建成投用,我们在重大基础设施和公共服务设施“硬件”上将实现全省一流、周边领先。我们不比高、比大、比多、比全,我们比特、比精、比优、比美。所以接下来,我们要把工作重心转到运营管理上,总的就是三句话:重在运营,发挥功能,强化带动。重在运营,就是要选好最佳主体、最优方案。高质量的项目,更要有高水平的运营。市发改委、“四大办”等部门,要把项目运营问题提上日程,及早研究、超前谋划,重点解决好“谁来运营”“怎么运营”的问题,争取引进高端运营团队,实现一流的项目、一流的运营。发挥功能,就是要把功能发挥到极致,切实增强综合效应。比如我们的体育中心,设计理念非常超前、全球唯一,既是运动场、也是活动场,既是公园、更是乐园。我们要以省第四届体育大会在我市举办为契机,把体育中心的功能发挥到极致,既有大的赛事、演出,又有小的休闲、活动,赛时承办重大赛事活动,平时对市民全开放,让体育中心每天都发挥效益。强化带动,就是要充分发挥引领带动作用,集聚人、吸引人。我们要打造的四省边际中心城市,核心体现在城市能级上,不仅自己要强,还要有强大的服务能力;不仅要服务本地人,还要服务外地人;不仅自己能创造价值,还能为周边带来增值。我们把项目运营好、把功能发挥好,整个城市能级自然而然就会提升,对周边地区人口的吸引力也就上来了。根据省流动人口居住信息管理系统数据统计,截至2020年底,我市登记在册流动人口达到30.8万人,同比增长27.5%,增幅遥遥领先、居全省第1。

6. 实施新时代生态文明建设行动,打造诗画浙江大花园最美核心区。对衢州来说,生态是最大优势、立身之本,既是一张“金名片”,也是一张“瓷名片”。这几年,我们生态环境建设取得了很好成效,环境质量在不断提升,但去年9月中央环保督察通报了我市的反面典型案例,还是暴露出一些短板问题。我们必须时刻绷紧生态环保这根弦,深入践行绿水青山就是金山银山理念,一手抓保护,一手抓转化,高质量建设国家“两山”实践创新基地,高水平创建国家生态文明建设示范市,努力将衢州建设成为新时代生态文明建设的全国示范标杆。重点做好两大文章:一是做好保护的文章。坚决打好生态环境巩固提升持久战,坚决抓好中央和省委环保督察反馈问题整改落实,持续深化治水、治气、治土、治废工作,深入开展“雷霆斩污”2.0行动,全域创建“无废城市”,实现“天蓝地绿水清无废”全要素美丽。各级各部门都要强化生态保护意识,在产业发展、城市建设、土地整治等过程中,始终坚守生态底线,坚持铁腕治污,确保生态环境安全。这里,我强调一下土地垦造问题。这项工作必须整体配套完善,落实全生命周期的科学严格管理,地块要选好,土地要整好,指标要调好,资金要用好,全过程各方面都要管好,各县(市、区)要牢牢把好这个关。我们的最终目的,不仅是要让农村环境更美,更重要的是产业培育、项目落地,增强内生动力,实现可持续发展,这才是对历史负责,对老百姓负责!二是做好转化的文章。重中之重是“衢州有礼”诗画风光带,这是我们“两山”转化的主平台、主通道,在全省独一无二,在长三角也是极为稀缺,一定要坚持保护与开发并重,打造衢州版“富春山居图”。接下来,要切实抓好整体设计、景观提升、产业导入、有序开发。市里重点打造“衢江宾港大桥—龙游红船头村”示范段,每个县(市、区)都要谋划打造好各自的示范段,争取实现一年大变样,每个示范段都成为诗画风光带的核心风景区、旅游目的地。大花园集团要承担起诗画风光带市场化运作的主体职能,从规划管控到招商引资、项目建设、平台运营和要素保障,都要谋深谋细、做深做实。

7. 实施“县乡一体、条抓块统”改革迭代升级行动,打造中国基层治理最优城市。这是省委赋予衢州的重大使命任务,衢州作为全省唯一的全市域试点,坚持把这项改革作为全面深化改革的“一号工程”,通过全市上下三个月的奋战,取得了阶段性成效。接下来,我们要紧紧围绕“今年一季度省里下发支持衢州等地开展改革试点的意见,二季度召开全省现场会”两个重要时间节点,对标对表、攻坚突破,坚持不懈、久久为功,不断推进改革迭代升级、螺旋上升,实现叠加的正向效应。这个迭代升级,主要包括三个方面:一是目标导向的迭代升级。到这个月底,我们第一阶段的目标任务可以完成,全域试点任务工作体系全面形成,法律授权、执法体制、数据打通、政策保障等方面的重点难题持续破冰,2.0版的框架体系基本确立。第二阶段,就是到今年10月底,构建系统完备、执行有力、运转顺畅的六大体系,即明晰化县乡权责体系、模块化镇街职能体系、精细化组团服务体系、集成化联动指挥体系、数字化平台支撑体系、制度化管理考评体系,2.0版得到实践验证,形成一批可复制可推广的综合集成改革样板。第三阶段,就是经过2.0版的专班研讨、综合演练、压力测试,再作总结评估、验证分析、纠偏修正、综合集成,实现整体优化、有序迭代,向3.0版迈进,争取到2022年底,全面形成上下贯通、县乡一体的整体智治、高效协同的治理新格局。二是路径方法的迭代升级。把县级作为基层治理最完整的单元,突出党建统领、整体智治、高效协同,以事项为切入口,把"一件事"改革贯穿六大体系始终,推动"一件事"改革从个人、企业、项目全生命周期"一件事",机关内部"一件事",不断拓展到基层治理"一件事",覆盖经济社会发展各领域和市县乡村网格各层级,加快构建党建统领的整体智治体系。三是攻坚任务的迭代升级。重点聚焦"三个一":基层治理"一件事",就是从基层群众和企业反映强烈、属地乡镇(街道)难以解决、提升县域整体治理效能的视角出发,通过数字赋能、业务协同、流程再造、场景应用,推进"一件事"集成改革,实现部门间、县乡间协同,促进跨部门、跨领域、跨层级全链条联动。目前,市里初步形成了"一件事"共性清单,这些都是高频事项,都是群众反映最多最迫切的。比如农民建房占全年来信来访量的11%,"一件事"改革后,建房审批时间由原来的90天缩短至30天,一年多来,我市反映农村建房问题的信访件同比下降40%,省级部门交办各市反映农村建房问题的信访件,衢州仅占全省的4.67%。总的就是要按照"成熟一批、实施一批"的要求,率先突破高频事项、群众最关切事项,逐步向低频事项延伸拓展。"大综合一体化"行政执法改革,就是坚持"共性+个性",因地制宜精准下放执法事项,赋权中心镇重点镇组建乡镇综合执法队伍,稳步推进"1+X"布局运作,有效破解乡镇(街道)治理中"看得见、管不着"的问题。综合信息指挥体系"一网智治",就是以数字化改革为牵引,充分发挥"基层治理四平台"主干作用和枢纽功能,线上线下打通县乡村网格四级节点,绘制整体智治态势一张图,构建县乡一体人事匹配库,创建"三通"场景化融合应用,赋能全域多业务高效协同,推动指挥中心"一站集成"、治理信息"一网归集"、事件处置"一体协同"、治理数据"一数多用",让"治"的主体更协同、过程更聪明、效能更强劲。

8.实施"深化拓展'三服务'、凝心聚力'十四五'"行动,打造中国营商环境最优城市。营商环境是这几年衢州打造的一张新名片,但也面临着不进则退的激烈竞争。省委提出"十四五"要基本建成营商环境最优省,我们责无旁贷,一定要继续领跑全省、走在全国前列。总的考虑是,坚持"制度+技术",系统集成、高效运行,用制度把好经验好做法固化下来,用现代信息技术做乘法,持续放大乘数效应。接下来要把握两个重点:一是打造"三服务"2.0版。省委、省政府决定今年启动实施"深化拓展'三服务'、凝心聚力'十四五'"行动,全面打造"三服务"2.0版。这方面,我们作了很多探索,形成了一整套工作机制,包括组团联村、"两委"联格、党员联户"小三联",市领导督导服务县(市、区)及市本级两个平台、县领导领队包干服务乡镇(街道)、市县部门组团联系企业"大三联",市委督导和市政府服务机制,以及"县乡一体、条抓块统"等等。下一步,要按照省委部署要求,持续深化完善、迭代升级,形成具有衢州特色的"三服务"2.0版,把"三服务"做到企业、群众、基层的心坎上,真正集成服务、优化服务,加强统筹、加大协调,确保精准高效,同时,减少对基层、企业的干扰,减少扰民。二是加快政府数字化转型。新发展阶段打造中国营商环境最优城市,必然有新的更高要求,特别是随着其他地方陆续发力、加快追赶,我们要保持领先优势,必须刀刃向内,持续推动自我革命。当前,最重要的就是要以数字化改革来牵引和撬动全面深化改革,以政府数字化转型来引领和推动整个经济社会的转型升级,加快形成政府、企业、市场、社会、公众的命运共同体、发展生态圈,增创市场有效、政府有为、企业有利、群众受益的体制机制新优势。

9.实施新时代文明生活行动,打造“一座最有礼的城市”。文明要靠养成。我们开展新时代文明生活行动,打造“一座最有礼的城市”,就是要让规定成习惯、习惯成自然、自然成文化、文化成风尚,让社会主义核心价值观在衢州落细落小落实,真正做到日常化、具体化、形象化、生活化。重点是两个方面:一是做好创文“后半篇”文章。创文成功不是终点,而是新的起点。我们要继续坚持以民为本抓创建、化风成俗抓创建、长效机制抓创建、久久为功抓创建,深入推进“八个一”有礼系列行动,常态化开展“有礼指数”测评,全力打造新时代文明生活示范市,创建全国文明城市典范城市,实现全国县级文明城市创建新突破。二是打好“两子文化”品牌。2004年10月,习近平同志在衢州调研时指出,“积极挖掘文化内涵,打好‘两子文化’品牌。南孔文化关键要扩大宣传,提高知名度和影响力;围棋文化要进一步提高运作水平,开展一些有影响的活动”。南孔文化、围棋文化,都是衢州独特的文化气质,都是“衢州有礼”的重要内涵。近年来,我们开展有礼系列行动,打响“南孔圣地·衢州有礼”城市品牌,实施古城双修“十大工程”,南孔这一“子”在持续地落下去。但围棋这一“子”落得还不够实,还没有真正破题。我们要开发更多有效载体,更好地推动创造性转化、创新性发展,让围棋这一“子”也重重地落下去。

10.实施“党建统领、整体智治”行动,凝聚起推进高质量发展的强大合力。衢州新一轮高质量发展,不是轻轻松松、敲锣打鼓就能实现的,必须坚持“党建统领、整体智治”,不断强化“整体政府、统一政府、一个政府”的理念,汇聚全市上下方方面面的智慧和力量。重点要抓好四个方面:一是坚决做到“两个维护”。坚持以习近平新时代中国特色社会主义思想武装头脑、指导实践、推动工作,着力加强维护力强、引领力强、担当力强、服务力强、廉洁力强“五强”领导班子建设,持续巩固“不忘初心、牢记使命”主题教育成果,切实增强“四个意识”、坚定“四个自信”、坚决做到“两个维护”,不断提高政治判断力、政治领悟力、政治执行力,确保总书记重要指示精神和党中央、省委决策部署在衢州得到全面贯彻落实。二是坚持和加强党的全面领导。发挥党总揽全局、协调各方的领导核心作用,全力支持人大、政府、政协、监委、法院、检察院和群团组织依法依章程履行职能、开展工作,纵深推进清廉衢州建设,一体推进不敢腐、不能腐、不想腐,持续巩固党委政府“一张皮”、四套班子“一条心”、全市上下“一盘棋”的良好局面,着力营造心齐气顺的人文生态和风清气正的政治生态。当前,尤其要高度重视省委下发的“七张问题清单”,包括重大巡视问题,重大督查问题,重大审计问题,重大安全问题,安全生产、交通运输、自然灾害等方面重大安全问题,重大网络舆情问题、重大信访问题,逐条逐项清单列表、明确责任,抓好整改落实;同时,举一反三、标本兼治,实现常态长效。三是加强干部队伍建设。这方面我们已经形成了一整套行之有效的抓手载体,要继续坚持下去。下步的重点是推动干部队伍专业化、专班机制常态化,坚持专业技术能力和专业科学精神并重,让更多干部在专班平台和重大攻坚任务中实践锻炼,进一步增强实操本领。四是坚持市域统筹发展。这次我们在“十四五”规划建议中也明确了各县(市、区)的定位,支持柯城建设国家级运动休闲旅游度假区,支持衢江建设四省边际多式联运枢纽港,支持江山建设四省边际智能制造强县,支持龙游建设制造业高质量发展先行县,支持常山建设四省边际文旅融合创新示范区,支持开化建设国家公园城市。接下来,我们要在强化重大战略定位、重大基础设施、重大产业项目、重大资源要素“四个大统筹”的基础上,进一步强化产业布局、招商引资、体制机制的市域统筹,统分结合、有分有合、协调配合,不断优化市域一体、市县联动的整体发展格局。

四、统筹抓好岁末年初各项工作,努力为“十四五”开好局起好步

今年是中国共产党成立100周年,也是“十四五”规划的开局之年,做好今年各项工作意义重大。当前正值岁末年初,各项任务都很繁重,要统筹兼顾、弹好钢琴。这里,重点强调五项工作:

1.坚决打好冬春季疫情防控攻坚战。深刻认识当前疫情防控严峻形势,坚决克服松懈麻痹思想,从严从紧落实疫情防控各项措施,确保冷链物防闭环管控,确保不出现聚集性疫情,确保不发生院内感染,确保不发生疫情风险点失管漏管，力争不发生本土新增病例，继续交出防疫高分报表。各级党员干部要带头落实疫情防控各项要求，非必要不出省，减少集聚活动。要格外关心关爱留衢过年外地员工，让他们感受到衢州这座城市的温暖，安心在衢州过个好年。

2.牢牢守住安全底线。深刻汲取“11·9”“1·4”两起事故教训，痛定思痛、痛下决心，以铁腕手段推进化工行业安全整治提升攻坚行动，系统提升本质安全水平。同时，要全力做好节日期间的交通安全、消防安全、食品安全和市场供应、稳定物价等工作，让老百姓过一个欢乐祥和平安的新春佳节。

3.推动“五个重大”落细落实。重大改革、重大项目、重大平台、重大政策、重大规划“五个重大”，我们从2019年底就开始谋划，一直在滚动更新、动态调整。我们考虑，把重大项目调整为重大项目和招商，主要是招商引资对衢州来说实在太重要了，怎么重视都不为过。要把新一年的发展任务落实到“五个重大”中去，每个重大都要有具体的目标、抓手、载体、项目，把任务分解到人到岗，量化细化操作，形成回路闭环。

4.奋力夺取一季度“开门红”。“五年看头年”，开局最关键。各级各部门要认真按照市委的部署要求，拿出“起步即冲刺”的劲头，早谋划、快行动、强推进，尽可能把工作往前赶、进度往前推，牢牢把握工作主动权。特别是要结合打造“三服务”2.0版，盯牢重大招商引资、重点项目推进、节后企业开工等环节，做好全程服务、精准服务、联动服务，努力夺取一季度“开门红”，为“全年红”打下坚实基础。

5.确保廉洁过节。春节将至，越是年关，越要绷紧纪律这根弦。要高标准落实中央八项规定精神，持之以恒正风肃纪，过一个清清爽爽的春节。

同志们，衢州发展已经全面起势，大势已至、未来已来！尽管，“十四五”发展，我们将会面临各种困难和挑战，但是，什么都不能阻挡衢州加快崛起的势头。让我们更加紧密地团结在以习近平同志为核心的党中央周围，在中共浙江省委的坚强领导下，忠实践行“八八战略”、奋力打造“重要窗口”，为争创四省边际社会主义现代化先行市而努力奋斗，以优异成绩向建党100周年献礼！

政府工作报告

——在衢州市第七届人民代表大会第六次会议上

（2021年2月24日）

衢州市人民政府市长 汤飞帆

各位代表：

现在，我代表市人民政府，向大会报告政府工作，请予审议，并请市政协委员和其他列席人员提出意见。

一、“十三五”发展成就和2020年工作回顾

“十三五”时期是砥砺奋进、开拓创新的五年。在省委、省政府和市委的正确领导下，在市人大、市政协的监督支持下，我们坚持以习近平新时代中国特色社会主义思想为指导，深入贯彻党的十九大和十九届二中、三中、四中、五中全会精神，忠实践行“八八战略”，全面落实“1433”发展战略体系，较好完成了“十三五”规划确定的目标任务，高水平全面建成小康社会取得决定性成就，“活力新衢州、美丽大花园”从蓝图走向现实。

发展质量迈上新台阶。全市地区生产总值达到1639亿元、年均增长6.4%。人均生产总值突破1万美元。一般公共预算收入年均增长8.4%。城乡居民收入分别年均增长8.2%和9.3%。金融机构存贷款余额突破6000亿元。规上工业企业亩均税收和亩均增加值分别增长98.3%、53.2%。高新技术产业和战略性新兴产业增加值占比分别达到47.4%、26.9%。

交通先导取得新突破。杭衢铁路全线开工。衢九铁路、衢宁铁路、杭新景高速、美丽沿江公路等建成通车，人均铁路里程达到全省平均水平的2.37倍，人均公路网密度列全省第3。衢州港龙游港区、衢江港区开港运营，货物总吞吐量突破300万吨。民航通航城市从3个增加到16个，旅客年吞吐量达到40万人次、增长90.6%。

城市建设打开新格局。南孔古城、核心圈层、高铁新城“三城记”建设开篇起势。四省边际中心医院、体育中心、文化艺术和便民服务中心建成在望，书院大桥、西安门大桥、礼贤桥、盈川东路投入使用，火车站片区、斗潭片区、衢化片区有机更新。衢州荣获联合国“国际花园城市”称号。全市城镇化率从50.2%提高到2019年的60%，常住人口连续4年净流入。

产业创新增添新动能。全市新增百亿企业1家、10亿企业29家、亿元企业101家。国家高新技术企业从126家增加到467家，连续2年获得省科学技术奖一等奖。上市公司从3家增加到8家。高端电子材料产业平台列入省“万亩千亿”平台。衢州高新园区入围全国化工园区15强。浙江大学衢州研究院、东南数字经济发展研究院、巨化技术中心成为省级新型研发机构。数字经济核心产业增加值年均增长13.1%。

乡村振兴焕发新活力。“衢州有礼”诗画风光带建设全面启动，农房整治风貌提升全域推进。垦造耕地12.6万亩，建成高标准农田78.2万亩。创建省级现代农业园区6个，获得国家农产品地理标志认证11个。粮食安全考核实现“十连优”。“三衢味”产品年销售额突破50亿元。创建省级美丽城镇10个、美丽乡村特色精品村114个。新增省高等级民宿40家。建成乡村振兴讲堂1483家。房地信息系统全面推广应用。

生态文明展现新作为。衢州成为首批全国“两山”实践创新基地、全国水生态文明城市。市区空气质量优良率从84.9%提高到96.4%，$PM_{2.5}$浓度均值从45微克/立方米下降到26微克/立方米。市域出境水水质从Ⅲ

类提高到Ⅱ类，六夺“大禹鼎”。衢江牛头湾整村搬迁、江化基地关停、常山钙产业整治顺利完成。钱江源国家公园体制试点通过验收，开化成为国家生态文明建设示范县。

重大改革培植新优势。政府数字化转型取得重要成果，营商环境建设成为全国标杆，“最多跑一次”改革全省领跑，基本建成“无证明办事之城”和“掌上办事之城”。全面完成机关事业单位机构改革、公务用车制度改革和五大领域综合行政执法改革。开发区（园区）平台空间和体制机制实现大整合大提升。市属国有企业资产突破千亿大关，全市AA及以上评级国有企业从2家增加到18家。国家绿色金融改革创新试验区建设走在前列。

区域开放迈出新步伐。全面“融杭联甬接沪”，打造山海协作升级版，加入杭州都市圈，接轨义甬舟开放大通道，融入长三角一体化发展。市外科创飞地达到29万平方米，成为开放发展的新平台。浙赣边际合作（衢饶）示范区、衢黄南饶“联盟花园”启动建设。全面参与“一带一路”国际经贸合作，成为国家跨境电子商务综合试验区。对口支援、对口合作和东西部扶贫协作取得显著成效。

文化建设绽放新光彩。“南孔圣地·衢州有礼”深入人心。全国文明城市高位创成。8090新时代理论宣讲形成品牌，“最美衢州人”不断涌现。新建“南孔书屋”37家、农村文化礼堂776家。九华“立春祭”入选人类非遗名录，姜席堰入选世界灌溉工程遗产，庙山尖、孟姜村古墓葬和山崖尾遗址入选浙江考古重要发现。江郎山·廿八都成功创建5A级景区。水亭门街区入选首批国家文化产业发展项目。《雾山五行》被誉为国漫新标杆。

民生事业取得新成果。市县两级财政民生支出年均增长14%。城镇新增就业28万人。新改扩建幼儿园86所、中小学校93所，新增学位49140个，教育基本现代化县实现全覆盖。衢州学院、衢职院加快高质量发展。每千人医疗机构床位数从4.96张提高到6.39张、每千人执业（助理）医师数从2.93人提高到3.38人。群众体育蓬勃发展。人均预期寿命高于全省0.6岁，荣获“世界长寿之都”称号。最低生活保障标准实现城乡同标。养老和医疗保险参保率分别达到99.75%、99.97%，均居全省第1。全国双拥模范城实现“五连创”。

社会治理得到新提升。“雪亮工程”全国领先，村情通、邻礼通、政企通“三通一智（治）”成为城乡智慧治理新样板。“县乡一体、条抓块统”改革全域试点，“一件事”集成改革率先突破。法治政府建设深入推进，累计办理市人大代表建议1166件、政协提案1978件，提请市人大审议地方性法规草案13项。省“无信访积案县”实现全覆盖。安全生产事故起数、死亡人数分别下降90%、74.8%，连续14年获评省平安市。

各位代表，2020年是极不平凡的一年。在市委的坚强领导下，全市上下众志成城战疫情、促发展，聚焦聚力“三个年”，付出了倍加艰辛的努力，取得了极为不易的成果：

我们在大战大考中交出高分答卷。坚持“两手抓、两手硬”，实现了“两战赢、两领先”。疫情防控取得重大成果。全面贯彻“坚定信心、同舟共济、科学防治、精准施策”总要求，严格落实“源头查控+硬核隔离+精密智控”机制，发动最广泛的力量群防群控，集聚最优质的医疗资源救治患者。自去年1月23日全省进入一级响应，仅用11天就实现本地确诊病例“零新增”，再用1个月实现所有病例治愈“清零”。截至目前，全市累计报告确诊病例15例（含境外输入病例1例），治愈率100%。先后组织3批次52名医务人员驰援武汉。打好“外防输入、内防反弹”持久战，有效抵御多轮疫情输入风险。经济发展实现争先创优。2月3日率先部署复工复产复市，建立市政府领导挂联区块服务发展机制，及时出台抗疫扶企“衢十条”，调整优化“四大专项”政策。合力开展“五减”共克时艰行动，落实中央“两直”资金29.8亿元，为企业减负103.7亿元。大力实施促消费政策，社会消费品零售总额增幅高于全省2.6个百分点，网络零售额增长36.3%。金融支持实体经济力度空前，民营企业和小微企业贷款余额分别增长18.5%、27.4%，企业贷款利率同比下降0.75个百分点。在全省“争先创优”三次月度“赛马”中连续进位，先后取得第4、第3、第2的优异成绩，江山、龙游两个案例成为全省“最佳实践”。全年地区生产总值增长3.5%、增速全省第3，是近七年来最好排名。10项主要经济指标中，固定资产投资、城乡居民收入等6项增速排名全省前3；与2019年相比，8项进位。

我们在决胜全面小康中促进发展惠民。全力以赴补短板、强弱项，让发展成果更多惠及群众。精准脱贫攻坚任务全面完成。"两不愁三保障"突出问题、家庭人均年收入8000元以下情况、集体经济薄弱村实现"三个清零"。低收入农户收入增长15.3%。城镇新增就业7.4万人，登记失业率1.78%。农村饮用水达标提标行动超额完成省定三年任务。村社组织换届圆满完成。社会事业加快发展。十方面民生实事全面完成。乡镇公办中心幼儿园实现全覆盖，义务教育学校实行"公民同招"。高考成绩再创新高，上一段线人数首次突破3000人。市妇保院新院区、康复医疗中心投入使用，树兰（衢州）医院签约落户。开工建设市老年人活动中心，新增社区食堂46家、居家养老服务中心30家。建成棚户区改造安置住房2597套。成功创建省食品安全示范市。生态环境质量持续提升。"治水长效战、治气攻坚战、治土持久战"三年行动目标任务全面完成，第二轮中央生态环保督察整改工作高标准推进，市县城市空气质量首次全面优于国家二级标准，生态环境和"五水共治"公众满意度全省第1。重大风险有效防控。全市金融机构不良贷款率降至0.72%，外地网贷公司在衢分支机构全部出清。打好扫黑除恶专项斗争收官战，共打掉涉黑涉恶团伙88个。深化重点领域安全隐患专项治理，全面启动化工行业安全整治提升攻坚行动。

我们在推进重大项目中强化发展支撑。只争朝夕抓项目、扩投资，为长远发展打基础。项目建设提速提效。全市固定资产投资增长7.7%、增速全省第1，其中制造业投资增长10.4%、高于全省7个百分点。27个省市县长工程当年落地率74.1%，45个省重点建设项目投资完成率131.1%，540个市重点建设项目投资完成率136.3%。向上争取见实见效。全市62个项目获得109.1亿元政府专项债券支持。争取用地指标2.67万亩，争取用能指标47.5万吨标煤。礼贤未来社区开工建设，开化水库、常山江航电枢纽节点开工，寺桥水库可研获批。攻坚机制有力有效。严格落实"4421"项目工作体系，充分发挥"四大办"和专班作用，强化全生命周期管理，41个市本级重大攻坚项目年度目标完成率124%。杭衢铁路衢州段征迁、小南门征收、应家山D级危房解危等难题得以攻克。

我们在攻坚招商引资中积蓄发展动能。主动出击、危中抢机，集中资源招大商招好商。全市引进亿元以上项目121个、10亿元以上项目23个，实际到位市外资金220.4亿元、增长29.4%。制造业招商实现重大突破。浙江时代锂电材料国际产业合作园项目正式签约，是我市迄今为止单体投资最大的先进制造业项目。智造新城奥首电子化学材料项目、柯城智能制造产业园、衢江浙西重大交通产业配套设施生产基地、江山欧派特种门窗产业园、龙游绿色循环全竹产业园、常山特种纸产业园、开化合成特种有机硅新材料产业园纷纷落地。城市项目招商取得重大进展。华夏航空引进落地，衢州航空公司成立，首架驻场飞机投入运营。卓尔集团城市客厅、长江青年城项目签约，华东（衢州）数字经济示范区项目开工建设。电子科大长三角研究院校区开工、同步开学。温州医科大学附属衢州医院挂牌运行。浙江中医药大学签约合作。浙大衢州"两院"小试实验室投入使用，校区和中试基地开工建设。

各位代表，艰难方显勇毅，磨砺始得玉成。五年的衢州实践，为新一轮高质量发展打下了坚实基础；五年的衢州之变，更坚定了我们的发展信心，留下了宝贵启示：路走对了就不怕遥远。这五年，市委带领全市上下深入贯彻"八八战略"，努力践行"八个嘱托"，在全面推进"八大任务"中开创了各项工作的新局面。

新征程上，我们要坚定不移沿着习近平总书记指引的道路砥砺前行、追赶跨越，一张蓝图绘到底，一年接着一年干。产业创新则衢州振兴。这五年，我们大力推进传统产业弯道超车和新兴产业换道超车，转型升级难中求进、动能转换见到曙光，新的增长点不断涌现。新征程上，我们要强化实体经济为基、先进制造业为本的鲜明导向，打好产业创新攻坚战，让衢州的经济实力更强、发展质量更高。改革赋能必须进行到底。这五年，我们在重大改革上先行先试、克难攻坚，为区域发展注入了强劲动力，让企业和群众得到了更多实惠。新征程上,我们要发扬钉钉子精神,在深化改革上精准发力,以政府有为促进市场有效、企业有利、社会有序、百姓受益。民之所望是施政所向。这五年,我们持续加大民生投入,认真办好民生实事,着力补齐教育、医疗等社会事业短板,让群众有了更多的获得感和幸福感。新征程上,我们要自觉践行以人民为中心的发展思想,下大力气解决群众"急难愁盼"的事情,扎实推进共同富裕,不断满足全市人民对美好生活的向往。大道至简、实干兴衢。这五年,我们不妄自尊大、不妄自菲薄,紧紧团结依靠全市人民,激情创业、自强不息,干成了许多未曾想过的大事,解决了不少错综复杂的难题,也拼出了争先创优的心气。新征程上,我们要勇于担当、接续奋斗,努力创造更多经得起历史和人民检验的新业绩。

各位代表,"十三五"成绩来之不易。这是以习近平同志为核心的党中央领航定向的结果,是省委、省政府和市委坚强领导的结果,是全市人民团结一心、奋力拼搏的结果。在此,我代表市人民政府,向辛勤付出的全市人民,向积极支持政府工作的人大代表、政协委员,向各民主党派、工商联、各人民团体和社会各界人士,向驻衢部队官兵,向所有外来投资者和建设者,向所有关心和支持衢州发展的港澳同胞、台湾同胞、广大侨胞和海内外朋友,致以崇高的敬意和衷心的感谢!

同时,我们也清醒看到,前进路上还面临不少困难,政府工作还存在许多不足:一是衢州处于省内加快发展地区的基本市情没有变,经济总量偏小、产业结构偏重、创新能力偏弱,资源消耗水平高、产出效益低的问题仍然突出。二是城市能级不高、比较优势不强,集聚优质资源要素、高端项目人才的能力不足,建设四省边际中心城市任重道远。三是民生领域还有不少短板,优质教育、医疗资源紧缺,住房、养老、助残等民生保障和公共文化、体育设施建设仍需加强,城乡居民收入与全省还有较大差距。四是绿色发展安全发展的基础还不稳固,生态环保督察警示案例和化工企业安全生产事故给我们一再敲响警钟,防范化解各类风险的任务十分艰巨。五是政府工作人员的"专业技术能力和专业科学精神"亟待加强,与"唯实惟先、善作善成"还有不小差距,"事前舍得放,事中事后主动服务、敢于监管"的长效机制还不健全,形式主义、官僚主义现象仍然存在。我们将直面问题、勇于担当,以扎实有效的举措,加快改进和解决。

二、"十四五"时期的主要目标和任务

市政府认真学习贯彻党的十九届五中全会精神,根据中共衢州市委"十四五"规划建议,编制了《衢州市国民经济和社会发展第十四个五年规划和二〇三五年远景目标纲要(草案)》,提请大会审议。经本次大会批准后,市政府将认真组织实施。

"十四五"时期经济社会发展的总体要求是:坚持以习近平新时代中国特色社会主义思想为指导,深入贯彻党的十九大和十九届二中、三中、四中、五中全会精神,统筹推进"五位一体"总体布局,协调推进"四个全面"战略布局,立足新发展阶段,完整准确全面贯彻新发展理念,以推动高质量发展为主题,以深化供给侧结构性改革为主线,以改革创新为根本动力,以满足人民日益增长的美好生活需要为根本目的,深入贯彻"八八战略"、践行"八个嘱托"、推进"八大任务",持续推动"1433"发展战略体系重重落地,统筹发展和安全,高质量打造诗画浙江大花园最美核心区,高水平建设四省边际中心城市,高标准创建全国市域社会治理示范市,加快建设"活力新衢州、美丽大花园",实现"发展高质量、治理现代化",在忠实践行"八八战略"、奋力打造"重要窗口"中谱写衢州新篇章,为高水平建设社会主义现代化开好局、起好步。

"十四五"时期经济社会发展的主要目标是:实现经济社会持续健康较快发展,质量效益明显提升。到2025年,全市生产总值达到2500亿元,人均生产总值突破10万元,固定资产投资年均增长9%,全社会研发经费支出占比达到2.8%左右,常住人口城镇化率达到70%,居民收入增长保持全省领先,人均预期寿命达到80.5岁以上,生态环境质量持续走在前列,努力打造"一极两区四地",争创四省边际社会主义现代化先行市。

未来五年,是开启全面建设社会主义现代化国家新征程的第一个五年,是在危机中育先机、于变局中开新局的机遇期。这五年,也是衢州全面提速、加快追赶,确保与全省同步基本实现高水平现代化的关键期。我们要以时不我待的使命担当、夙夜在公的奋进姿态,全力推动衢州高质量发展跑出"加速度",以优异成绩迎接"八八战略"实施20周年。重中之重,是围绕市委七届九次全会确定的"四大战略导向"和"十大行动",扎实抓好"五大提速工程":

——产业升级提速工程。实施做大产业扩大税源行动,加快构建现代产业体系,让衢州的产业强起来。突出"引"。向增量要动能,聚焦重点区域、重点产业、重点主体,全市域推进重大产业项目招商,极力引进一批"高大上好实"项目,力争"十四五"到位市外资金1500亿元以上。坚决"换"。向存量要空间,加快"腾笼换鸟",淘汰落后产能,盘活低效用地,深化"亩均论英雄"改革,为新的产业项目腾出要素资源空间。加快"转"。向创新要效益,大力发展先进制造业,壮大美丽经济幸福产业、数字经济智慧产业,不失时机培育未来产业,持续推动产业结构优化升级。用心"育"。向主体要活力,大力实施"凤凰行动""雄鹰行动""雏鹰行动",积极培育总部型、平台型企业和上市公司,新增500亿元企业1家、300亿元企业2家、100亿元企业3家以上,上市公司达到20家以上。

——创新驱动提速工程。联动推进科技创新和产业创新,加快构建以产业集群为核心的创新生态圈,努力成为四省边际创新策源地。强化企业创新主体地位。抓好政策集成,推动企业加强技术创新、加大研发投入、加快成果转化,实现国家高新技术企业、省科技型中小企业"双倍增"。强化科创平台支撑能力。聚焦主导产业发展,深化拓展与大院名校合作,建设省信安实验室,发挥市外科创飞地"凤巢"功能,提升产业创新集成服务能力。强化创新人才培养引进。大力实施"鲲鹏行动""双领"计划、职业技能提升行动等人才工程,加强人才激励,构建"金字塔"形人才体系。

——城市赋能提速工程。强化产城人文融合发展,加快提升城市承载力、集聚力、带动力。突出绿色低碳。围绕打造山水融合生态宜居的城市特色,进一步优化空间布局,实现生产空间集约高效、生活空间宜居适度、生态空间山清水秀。积极落实碳达峰、碳中和要求,大力倡导绿色低碳生产生活方式,实现更高水平的人与自然和谐共生。强化城市功能。加快补齐重大交通基础设施、公共服务设施和商业配套设施短板。抓好城市修补和有机更新。推进城市组团特色发展,增强城市的系统性和微循环能力。科学把握未来社区的本质属性,建设以人为核心的现代化基本单元和人民幸福美好家园。促进治理提升。依托"城市大脑",聚焦城市治理、百姓生活中的突出问题,加快建设数字社会综合应用,让城市更聪明更智慧。积极培育社会组织,充分发挥社会服务功能。加强市域统筹,创新治理方式,推动传统县域治理向现代市域治理转变。持之以恒打造中国营商环境最优城市、中国基层治理最优城市和"一座最有礼的城市"。

——开放发展提速工程。全面树立沿海意识,抢抓机遇打造国内大循环的战略节点城市。加快建设开放大通道。统筹"铁、轨、公、水、空、管、邮、枢、廊"综合交通各要素,构建"市域一体、多式联运、无缝换乘、辐射四省"的现代综合交通体系。全面融入长三角一体化。持续做好"融杭联甬接沪"文章,充分发挥"产业飞地""科创飞地""消薄飞地"作用,打造山海协作升级版,深化分区块对接协作机制,吸引更多产业项目、高端要素、创新人才汇聚衢州。加强四省边际区域协作。合作共建衢黄南饶"联盟花园"、浙赣边际合作(衢饶)示范区,加快打造浙皖闽赣国家生态旅游协作区的核心区。积极参与"一带一路"建设。广泛开展国际经贸合作,扎实推进中国(浙江)自贸试验区联动创新区和国家跨境电商综试区建设,推动更多主体融入国际大循环,稳步提升进出口水平。

——共同富裕提速工程。聚焦不平衡不充分问题,实施提高居民收入富民行动,加快构建以共同富裕为导向的发展格局。探索生态富民新路子。高标准建设"两山"实践创新基地,进一步打好"生态牌",做优景区村、做强民宿群、做旺乡村游,促进生态农业提质增效。抓好全市域新时代乡村集成改革试点,探索生态产品价值实现机制，建设“两山银行”，让更多的生态红利转化为富民资本。抓好高质量就业。坚持以就业促增收，扩大就业容量、提升就业质量，完善创新要素参与分配机制，着力提高低收入群体收入，扩大中等收入群体。做实保障惠民生。完善多层次的社会保障体系，稳步提高社会保障水平。健全防止返贫动态监测和帮扶机制。持续增加优质公共产品和服务的多元化、均等化供给。推动养老事业养老产业协同发展，加快教育和卫生健康现代化，完善全民健身公共服务体系。创建新时代文明生活示范市。

三、2021年政府工作安排

今年是建党100周年，也是“十四五”开局之年。我们要全面贯彻市委七届八次、九次全会精神，巩固拓展疫情防控和经济社会发展成果，扎实做好“六稳”工作、全面落实“六保”任务，确保四省边际社会主义现代化先行市建设开好局、起好步，以优异成绩庆祝建党100周年。

建议2021年全市经济社会发展主要预期目标为：地区生产总值增长7.5%以上；固定资产投资增长10%，结构持续优化；城镇新增就业2.2万人以上，城镇登记失业率控制在3.5%以内；居民消费价格涨幅3%左右；一般公共预算收入增长7.5%；城乡居民收入分别增长8%和10%左右；节能减排降碳完成省定目标任务。

重点抓好十个方面工作：

（一）全力打好稳增长“组合拳”。强化政策赋能。全面落实国家和省各项惠企政策，实施新一轮降本减负措施。优化“四大专项”，用好政策“工具箱”，加大对科技创新、制造业、建筑业和中小微企业的支持力度，做到目标更聚焦、措施更精准。强化要素赋能。深入推进融资畅通工程，提高民营经济、小微企业贷款和企业中长期贷款占比，普惠型小微企业融资成本再降0.5个百分点。启动新一轮国资国企改革。推动信保基金市域全覆盖，更好发挥政府产业基金作用。坚持“要素跟着项目走”，加强重大产业项目要素保障，深化全域土地综合整治和“十类地”综合处置，盘活存量建设用地、消化批而未供土地各8000亩以上。强化消费赋能。深入实施数字生活新服务行动，加快传统商圈经营模式创新和功能提档升级，鼓励发展夜间经济、电商直播、品牌经济，努力引进全球新品和一线品牌来衢首发、设立首店，持续打造放心消费和品质消费环境。强化服务赋能。落实“三服务”2.0版，深化市政府领导挂联区块服务发展机制，提升“组团联企”服务效能。以“一件事”理念集成涉企服务，“好时不扰、难时出手”，把服务送到企业最需处。

（二）狠抓招商引资“一号工程”。聚焦重点区域。以京津冀、长三角和珠三角地区为主战场，充分发挥三大产业对接办作用，主动对接一批科研院所成果转化中心，构建信息获取、专业洽谈、落地服务的工作闭环，努力招引一批高科技、高成长和税源型项目。聚焦重点产业。围绕新材料、新能源、集成电路、智能装备、生命健康、特种纸等主导产业，大力引进一批“链主”企业和补链延链强链项目。各县（市、区）分别引进固定资产投资超20亿元的先进制造业项目1个以上，智造新城引进超50亿元的先进制造业项目1个以上。聚焦重点企业。紧盯世界500强、央企、名企和优质上市公司，深化以商招商、中介招商、存量招商，积极推广标准地招商。狠抓在谈项目攻坚，加快一道光伏电池片和组件、道生天合新材料等项目签约落地。健全招商工作链条。前端抓“产业研究+主体研究”，中端抓“信息收集+信息研判”，后端抓“商务谈判+落地服务”。坚持考核向招商引资倾斜、精力向招商战场倾斜、要素向招商项目倾斜、关爱向招商干部倾斜，全面扩大招商成果，确保引进亿元以上项目120个以上，到位市外资金300亿元以上。

（三）实施扩大有效投资攻坚行动。狠抓先进制造业投资。以高质量投入促进高质量发展，加快实施一批产业龙头项目和技改升级项目，确保制造业投资增长10%以上。全力推进浙江时代锂电材料国际产业合作园项目，确保年内一期项目落地建设。新开工亿元以上制造业项目100个，实施省千亿技术改造投资工程项目250个以上，建成数字化试点示范企业100家、示范项目100个，建设一批“未来工厂”和数字化车间。加快重大基础设施投资。推进杭衢铁路、杭金衢高速拓宽、351国道建设，开工高铁西站综合交通枢纽、华夏航空飞行学校、开化通用机场。抓好开化水库、常山江航电枢纽、衢江治理二期、衢江抽水蓄能电站建设，开工寺桥水库、环信安湖绿道工程。积极布局5G网络、人工智能、物联网等新基建项目。强化大干项目工作机制。以项目化理念抓好“十四五”专项规划编制，积极向上对接争取，让规划变计划、计划变项目、项目变投资。坚持“4421”项目工作体系，聚焦市级以上重点项目，实行领导挂联、专班攻坚、“红黄绿”三色预警，分层分类抓项目促投资。狠抓重点领域补短板，激发民间投资活力，持续优化投资结构。

（四）推动科技创新与产业创新“双联动”。加快建设创新平台。聚焦主导产业培育，完善科技创新政策体系、服务体系，积极引进市外科创要素和资源，开展关键核心技术攻坚，力夺省“科技创新鼎”。全面加强知识产权保护工作。推进高端电子材料“万亩千亿”新产业平台建设。全力创建省信安实验室，更好发挥产业创新服务综合体作用，加快建设浙大衢州“两院”、电子科大长三角研究院，推进温州医科大学、浙江中医药大学、西南政法大学、树兰（衢州）医院等合作项目。抓好华东（衢州）数字经济示范区和东南数字经济发展研究院建设。谋划建设建筑业智慧产业园。全面激活创新主体。实施数字经济“一号工程”2.0版，狠抓数字产业化、产业数字化。探索建立产学研用深度融合的新机制、新模式，提高创新链整体效能。支持龙头企业、“链主”企业组建创新联合体，推动产业链上下游、大中小企业融通创新。鼓励企业加大研发投入，全社会研发经费支出占比达到1.92%以上。新增国家高新技术企业80家以上、省科技型中小企业180家以上。大力实施“凤凰行动”，新增上市企业4家以上，直接融资120亿元以上。加快集聚青年、集聚人才。以“人才新政12条”为牵引，打好育才引才“组合拳”。培养引进高水平创新创业团队40个、高层次人才1000人，引进大学生4万人以上。落实“技能浙江”行动，培养高技能人才7000人以上。

（五）积极拓宽“两山”转化通道。夯实生态本底。打好生态环境巩固提升持久战，全市出境水水质保持Ⅱ类以上；力争市区$PM_{2.5}$浓度均值控制在27微克/立方米以下，空气质量优良率95%以上，空气质量综合指数排名全国重点城市前20；污染地块和受污染耕地安全利用率分别达到98%、95%以上。扎实推进“无废城市”建设。健全环境污染问题发现处置机制，落实环境公益诉讼制度，全面推行环境污染强制责任险。积极争创国家生态文明建设示范市，高标准抓好生态环保督察整改，确保高分通过全国“两山”实践创新基地评估。狠抓旅游富民。加快建设“衢州有礼”诗画风光带。合力创成钱江源国家公园。积极创建南孔古城AAAAA级景区、灵鹫山国家级旅游度假区，加快烂柯山景区、六春湖高山运动小镇、铜山源休闲度假旅游区建设，培育一批“耀眼明珠”。持续打造“一乡千宿”民宿集聚区。新增省A级景区镇20个、景区村200个。深化绿色金改。抓好绿色金融标准化建设，大力发展绿色信贷、绿色债券、绿色保险、绿色基金，引导更多社会资本投入绿色产业。实施“两山银行”建设行动，加快生态产品价值转化。积极推进碳排放权交易试点。

（六）全面加快中心城市建设。强化规划引领。高质量完成国土空间规划编制。开展市区总体城市设计和重点区块详细城市设计，促进人与建筑、景观、功能之间协调融合。开展省级新区空间规划研究，编制空港新城用地布局规划。完善城市功能。加快体育中心、文化艺术和便民服务中心、南湖广场文旅综合体、鹿鸣半岛时尚文化创业园、九华大道隧道二期、高铁新城地下综合管廊建设。完成荷一路过江通道、三江中路连通、武夷山大道、黄山大道等项目。开工高铁新城水网林网、衢化片区道路改造、万川建筑垃圾处置中心和智慧新城数字经济产业园。全面加快礼贤、鹿鸣等一批未来社区建设，确保尽早落地、尽早见效。启动双西港片区有机更新。完成老旧小区改造37个。推进海绵城市和韧性城市建设。突出精细管理。健全“规委会+城管委”双回路大闭环管理体制，实施城市精细化管理十大行动。深入推进“八个一”系列有礼行动，抓好“仁爱之城”建设。擦亮“两子”文化金名片，增强区域文化软实力。发挥城市专家顾问团、电视问政、“啄木鸟”行动等作用，深入推进交通治堵、“拆墙透绿”、城市内涝治理、地下管网减漏、无障碍环境建设和公共设施适老化改造。深化“红色物业联盟”建设，提升住宅小区物业管理服务品质。完成市区城乡客运一体化改造。

（七）高水平推进乡村振兴。深化新时代乡村集成改革。完善农村产权流转交易制度，开展农村集体经营性建设用地入市试点，推进土地集中连片流转。抓好“两进两回”，实施“五千工程”，办好乡村振兴云讲堂，培养选拔“乡村百师”。大力推进江山农村宅基地制度改革全国试点。争当美丽乡村建设“排头兵”。实施“千万工程”升级版，深化农村“三大革命”，高标准开展村庄“微改造”行动。做好农房整治“后半篇”文章，争创省新时代美丽乡村标杆县1个、示范乡镇8个、特色精品村23个，推进乡村未来社区建设。创建省级美丽城镇样板10个。大力发展现代农业。加快构建现代乡村产业体系，重点打造“3+X”农业主导产业，形成产业链上下游一体、“公司+农户”共同致富新模式。培育省级农业产业化联合体4个、省级示范性家庭农场20家。推广“村播”新业态，持续打响“三衢味”品牌。全力保障粮食和种源安全。坚决遏制耕地“非农化”、防止“非粮化”，治理抛荒现象。新建高标准农田3.13万亩，确保粮食播种面积133.7万亩以上、总产量11.02亿斤以上。抓好生猪稳产保供，确保生猪存栏量93万头以上。加强“衢六味”中药材、常山胡柚等特色种质资源保护和利用。积极培育种苗产业。

（八）打造开放包容大气的发展环境。深度融入长三角一体化发展。以创新合作为重点，深化山海协作升级版，项目化推进“融杭联甬接沪”，主动融入杭州城西科创走廊、G60科创走廊。加快打造义甬舟开放大通道西延重要战略支点，深化与省海港集团全面合作，推进四省边际多式联运枢纽港建设，抓好浙赣运河、衢武铁路、衢黄铁路等项目前期。推进衢黄南饶“联盟花园”和浙赣边际合作（衢饶）示范区先行项目建设。办好四省边际桥头堡峰会。做大做强货物与服务贸易，引导优势企业共建“一带一路”。加快跨境电商综试区建设，高标准打造线上综合服务平台和线下产业园区平台。持续做好对口支援帮扶合作。久久为功优化营商环境。坚持“不破法规破常规”，多想“怎么办”，不讲“这不行”，齐心协力抓项目、育产业、促发展。开展优化营商环境“清障”行动，坚决治理涉企服务“中梗阻”“下梗阻”。积极推进政务服务“好差评”国家标准试点、电子营业执照多场景应用全国试点和“跨省通办”改革全国试点，开展商事登记确认制改革试点，努力创建全国营商环境创新试验区。聚焦企业全生命周期，深化政务服务2.0应用，迭代升级“政企通”平台服务功能，纵深推进涉企“一件事”、车检“一件事”集成改革，推动高频事项“全域通办”“就近可办”。抓好国家社会信用体系建设示范城市创建，健全信用评价、监管和奖惩体系。坚持开放包容、审慎监管，大力支持新经济新业态新模式发展。

（九）完善风险闭环管控的大平安机制。全力抓好常态化疫情防控。围绕“四个确保一个力争”，严格落实“源头查控+硬核隔离+精密智控”机制。加强医防融合，提升“哨点”监测、核酸检测、流调溯源、医疗救治、物资保障等综合能力，健全冷链食品、物流快递和农村（社区）防控体系，打好“外防输入、内防反弹”主动仗。防范化解经济金融风险。加强大数据监测分析，健全企业运行风险识别预警和应对处置机制。实施产业链风险清单化管理，坚决防范化解断链断供风险。深化金融安全治理，有效防范化解非法集资、逃废债及金融诈骗等带来的社会风险。强化政府债务管控和国有资本运营监管。坚守“房住不炒”底线，完善住房保障体系，推动房地产市场平稳健康发展。抓好重点行业安全整治。全面推进化工行业安全整治提升攻坚行动，系统提升行业本质安全水平。深入开展道路交通、消防、工矿企业、建筑施工、食品药品等重点领域专项整治，实现事故起数、死亡人数和亿元生产总值生产安全事故死亡率“三个持续下降”，坚决遏制重大生产安全事故发生，创建安全发展示范城市。加快构建现代警务模式，推进扫黑除恶专项斗争常态化。全链条重重打击电信网络新型违法犯罪。坚持和发展新时代“枫桥经验”，加快构建数字法治综合应用，建设县级社会治理中心（矛调中心、大联动中心），把矛盾纠纷调处化解在基层。

（十）用心用力办好民生实事。促进高质量就业。实施更加积极的就业政策，支持高校毕业生、退役军人、返乡农民工、城镇就业困难人员等重点群体就业。加强培训和帮扶，鼓励支持多渠道灵活就业。探索建设市人力资源服务产业园。打好根治欠薪攻坚战，稳妥处置劳动纠纷，构建和谐劳动关系。大力发展公平优质教育。实施第四轮学前教育补短板行动，新增二级以上幼儿园25所、学位6750个。严格执行义务教育免试就近入学规定。推进义务教育优质均衡发展县建设，推动教共体集团化办学。开工义务段学校6所、新增学位10230个。完成高铁新城外国语学校、中央美术学院附属衢州中学建设。大力发展高中段特色化多元化办学。持续推进职业教育改革，深化职普融通、产教融合、校企合作。支持衢州学院高水平应用型大学建设和衢职院"双高"建设。加强青少年心理健康教育和体育锻炼。有效遏制学生近视高发低龄化趋势，降低学生近视率1个百分点以上。深入实施健康衢州行动。推动医联体、医共体双向贯通，深化"三医联动""六医统筹"改革。四省边际中心医院建成投入使用，开工市公共卫生服务中心、生命科学小镇。推动中医药传承创新发展，持续扩大杨继洲针灸、雷氏中医等影响力，承办第七届中医科学大会。加强公共体育服务，新建一批群众身边的健身场所和设施，办好浙江省第四届体育大会。持续提高社会保障水平。稳步推进医保市级统筹，强化基金监管，严厉打击欺诈骗保行为。积极做好被征地农民参保工作。切实保护妇女儿童合法权益，加快发展3岁以下婴幼儿照护服务。健全老年人、残疾人关爱服务体系和设施，建成省级居家养老服务中心30家。扎实做好外事、侨务、民族宗教、国防动员、人民防空、地震、气象、海关、邮政、新闻出版、广播电视、档案、慈善和红十字等工作。

各位代表，政府自身建设是一个永恒的主题。我们要树立新思维、远离"舒适区"，永葆闯的精神、干的劲头、实的作风，全力打造"整体智治、唯实惟先"的现代政府。绝对忠诚讲政治。坚持把政治建设摆在首位。学懂弄通做实习近平新时代中国特色社会主义思想，不断提高政治判断力、政治领悟力、政治执行力，切实增强"四个意识"、坚定"四个自信"、做到"两个维护"。大力弘扬斗争精神、担当精神，推进中央宏观政策、省级中观实施、基层微观落地全线高效贯通。依法行政重法治。自觉运用法治思维和法治方式开展工作，加强重大行政决策事前论证和事后评估，推进政务公开，发挥法律顾问作用，提高决策科学化民主化水平。依法接受市人大及其常委会的法律监督和工作监督，自觉接受市政协的民主监督，高质量办理人大代表建议和政协提案。全面启动"八五"普法工作。高效实干勇担当。全力推进数字化改革，加快构建一体化智能化公共数据平台和数字政府、数字经济等综合应用，深化群众企业全生命周期和机关内部"一件事"集成改革，构建跨层级、跨地域、跨部门、跨业务的整体智治体系。深化"县乡一体、条抓块统"改革全域试点，迭代完善"一中心四平台一网格"。聚焦"专业技术能力和专业科学精神"，脑勤腿勤、主动学习、主动作为，不断加深对经济社会发展和政府工作的规律性认识，做到心中有"数"、心中有"底"、心中有"术"。坚持以实干论英雄，坚持"工作项目化"，强化定期性会商、清单化管理、闭环式推进，决不"把说的当做了，把做了当做成了"。清正廉洁守规矩。严格落实全面从严治党主体责任，深入贯彻中央八项规定精神及其实施细则，驰而不息纠治"四风"，用制度管权、管人、管事、管钱，坚决惩处各类腐败行为，营造风清气正的政务生态。严格落实尽责豁免、容错纠错机制，给予基层干部更多理解支持、关心关爱。严格落实过"紧日子"要求，强化预算刚性约束和审计监督，进一步压减一般性支出和非急需非刚性支出，严控"三公"经费、会议费和培训费，集中财力办大事、办实事。

各位代表，今年我们继续按照"群众提、代表定、政府办"的原则，梳理形成民生实事候选项目，提请本次大会票决选出10项。民生实事项目确定后，我们将保质保量完成，自觉接受社会各界监督，以实实在在的工作成果回应群众期盼。

各位代表！蓝图已经绘就，奋斗创造未来。让我们更加紧密地团结在以习近平同志为核心的党中央周围，在市委的坚强领导下，知责于心、担责于身、履责于行，阔步迈上新征程，奋力谱写新篇章，为建设"活力新衢州、美丽大花园"努力奋斗，为打造四省边际中心城市努力奋斗，为实现全市人民共同富裕努力奋斗！

大事记

■ *Chronicle of Major Events*

1月

1日 “衢州市西区”更名为“衢州市智慧新城”。

同日 《衢州市城乡网格化服务管理条例》正式施行，这是全国首部网格化服务管理地方性法规。

同日 “中国体育彩票”2021年全国新年登高健身大会在江山江郎山举行，中国奥委会原副主席王宝良、国家体育总局原局长刘鹏出席。

同日 国家体育总局体育文化发展中心发布2019中国体育旅游精品项目名单，慢城常山入选。

2日 市委书记徐文光到巨化集团调研，开展“深化‘三服务’、助推开门红”活动。

同日 省委常委、宣传部部长朱国贤到龙游县开展“深化‘三服务’、助推开门红”活动。

3日 市红十字会第五次会员代表大会举行。市委书记徐文光，省红十字会党组书记、常务副会长陶竞出席开幕式并讲话。会议审议通过《衢州市红十字会第四届理事会工作报告》，选举产生市红十字会新一届理事会。

5日 衢州市人民政府与电子科技大学共建长三角研究院（衢州）签约仪式在衢州市智慧新城东方大酒店举行。副省长成岳冲，中芯国际董事长周子学，省教育厅厅长陈根芳，电子科技大学党委书记王亚非、校长曾勇和市委书记徐文光等领导参加。市委副书记、市长汤飞帆主持签约仪式。

6日 “最有礼的城市·最美的人”——衢州市道德模范暨第八届“最美衢州人”十大年度人物颁奖典礼在衢州学院大礼堂举行。

9日 全市“不忘初心、牢记使命”主题教育总结大会召开。市委书记徐文光、省委主题教育第八巡回指导组组长谢力群出席会议并讲话。

10日 省十三届人大三次会议开幕。12日，省委副书记、省长袁家军参加省人代会衢州代表团审议政府工作报告。袁家军称赞衢州生态美、转化快、治理新、转型好、干劲足，希望衢州为聚焦建设“诗画浙江”大花园最美核心区打基础、增动能、强支撑、优环境。

19日 衢州军分区党委召开四届六次全体（扩大）会议。市委书记、衢州军分区党委第一书记徐文光出席会议并讲话。

同日 农业农村部公布第五批中国重要农业文化遗产名单，开化山泉流水养鱼系统榜上有名，是衢州首个中国重要农业文化遗产。

21日 市委书记徐文光主持召开市委常委会会议，传达学习习近平总书记关于新型冠状病毒感染的肺炎疫情重要指示精神和李克强总理批示要求，以及全国、全省新型冠状病毒感染的肺炎疫情防控工作会议精神，听取全市疫情防控工作情况汇报，研究部署贯彻落实意见。市委副书记、市长汤飞帆就做好当前防控工作进行具体部署。

21日 衢州市南孔文化发展中心揭牌。

同日 中共衢州市第七届纪律检查委员会第四次全体会议召

开。会议审议通过市委常委、纪委书记蔡旭昶代表市纪委常委会所作的《坚定不移推进党风廉政建设和反腐败斗争,为衢州大发展快发展高质量发展提供坚强保障》工作报告。

23日 衢州确认第一例输入性新型冠状病毒感染的肺炎病例。同日,衢州市与全省同步进入一级响应,衢州用时11天,2月4日实现无新增确诊病例。到3月5日,衢州市所有本地病例清零。

同日 市委副书记、市长汤飞帆赴江山市和智慧新城,对新型冠状病毒感染的肺炎疫情防控情况进行实地检查指导。

同日 国家标准化管理委员会公布第六批社会管理和公共服务综合标准化试点项目,衢州市大数据发展管理局承担的“衢州数字化社会治理标准化试点”在列。

25日 农历大年初一,市委书记徐文光、市长汤飞帆为衢州市首批驰援武汉的医护人员徐小华、郑慧瑾、赵凯旋、方文浩、余娜5人送行,并就新型冠状病毒感染的肺炎疫情防控工作进行再部署。

26—28日 衢州第二批13名医护人员赴武汉支援。

29日 衢州市召开首场新型冠状病毒感染的肺炎疫情防控工作新闻发布会。

31日 市委书记徐文光和市委副书记、市长、市疫情防控指挥部指挥长汤飞帆分别赴常山县、江山市和智慧新城、龙游县,慰问奋战在疫情防控一线的工作人员,指导督查疫情防控工作。

2月

4日 市人大常委会主任居亚平到智慧新城白云街道鹿鸣山村、钱家山村、幸福社区月亮湾小区、玉龙社区玉龙湾小区和集中隔离医学观察点等地,慰问一线防疫工作人员。

同日 市政协主席吴国升到衢州绿色产业集聚区部分企业、社区和乡村,实地督导新冠肺炎疫情防控工作。

5日 衢州市新型冠状病毒感染的肺炎疫情联防工作领导小组(指挥部)办公室发布《衢州市关于实施新型冠状病毒感染的肺炎疫情防控“十条措施”的通知》。

同日 衢州市首批2例新冠肺炎确诊病例治愈出院。

同日 衢州市委组织部印发《开展市区两级部门“包区清楼”行动组团支援城市社区疫情防控的实施方案》,全面启动“包区清楼”行动。

7日 衢州市贸促会为浙江美安普矿山机械股份有限公司开出衢州市首张疫情不可抗力事实性证明书。

9日 衢州市第三批32名医护人员赴武汉支援。

10日 市委副书记、市长、市疫情防控指挥部指挥长汤飞帆主持召开市政府党组扩大会议,贯彻落实省委常委会(扩大)会议和市委常委会(扩大)会议精神,专题研究部署疫情防控和复工复产“两手抓”工作。

同日起 衢州中小学生的网上课堂陆续开课。

13日 衢州美团成为衢州市首家获批民生保供的电商企业。

14日 市大数据局联合阿里巴巴集团攻关,衢州“健康码”正式启用。

同日 《光明日报》第5版以《浙江衢州:大数据“找到人” 大网格“守好门”》为题,介绍衢州市运用大数据“找到人”、大系统“管住人”、大平台“看好门”和大网格“守好门”,将人工智能转化为疫情防控新型战斗力。

15日 市委、市政府发布关于激励表彰疫情防控一线表现突出的第一批正面典型的通报。

16日 衢州出台《关于深化“三服务”做实三联工程全面推进复工复产助农抗疫增收的通知》。

17日 阿里巴巴淘宝直播春播计划吃货助农直播专场,全国百名主播为衢州柑橘直播带货。

17—18日 市委书记徐文光到衢江区、柯城区和绿色产业集聚区企业一线,检查调研疫情防控和复工复产工作。

19日 市委副书记、市长、市疫情防控指挥部指挥长汤飞帆赴衢州绿色产业集聚区和江山市开展组团联企“三服务”活动。当天晚上,汤飞帆在柯城区万田乡弈园村乡村振兴综合体(村播基地)客串“网络主播”,通过央视网、拼多多等网络平台,向网友推介衢州柑橘。

同日 衢州首趟复工人员专列从云南昆明出发,运送近800名云南、贵州的复工企业员工到衢州。

20日 市委书记徐文光赴开化县开展组团联企“三服务”。

同日 市委副书记、市长、市疫情防控指挥部指挥长汤飞帆主持召开市政府复工复产政策服务专题会议。

同日起 全市等级民宿、星级饭店、旅行社等文旅企业恢复经营。

21日 市委副书记、市长、市疫情防控指挥部指挥长汤飞帆赴衢江区和龙游县开展组团联企“三服务”。

同日 总投资8.4亿元，主线道路长5.82公里的物流大道西延线正式开通。

同日 杭衢铁路、四省边际中心医院、礼贤未来社区、荷一路过江隧道等项目复工。

23日 常山仓谷医疗科技（浙江）有限公司获全市首张医疗口罩生产许可证。

25日 省委书记车俊到衢州督查疫情防控和复工复产工作。

26日 浙江红五环制茶装备股份有限公司自主研制的6CSN型碾茶（抹茶）生产线获第四届浙江省农业机械科学技术一等奖，这是衢州市茶机装备首次获一等奖。

28日 衢州市“政企通”平台上线试运行。

同日 衢州市发布《关于全力支持旅游企业应对疫情稳定发展的政策意见》。

3月

2日 市委副书记、市长、市疫情防控指挥部指挥长汤飞帆主持召开专题会议，研究部署市政府领导挂联区块服务复工复产、项目推进、稳定经济运行工作。

3日 省委、省政府举行全省扩大有效投资重大项目集中开工活动。衢州分会场设在衢江经济开发区浙西重大交通产业配套设施生产基地项目现场。全省开工仪式结束后，衢州市举行2020年上半年重点项目集中开工仪式，全市251个重点项目集中开工，总投资197亿元。

8日 市委宣传部、市卫健委、广电传媒、衢报传媒等组织的“全城礼敬，等你凯旋——致敬驰援湖北的白衣战士”公益活动启动。

9日 在浙江省委农村工作会议上，省委、省政府对2019年全省实施乡村振兴战略优秀单位予以表彰，衢州市、柯城区、衢江区、开化县位列榜单。

10日 衢州市2020年重大文旅建设项目开工仪式在龙游举行。此次开工仪式与浙江省文化和旅游重大建设项目集中开工仪式同步举行，衢州是全省10个分会场之一。龙游县双江口主题酒店公园、衢州半岛国际酒店综合体、鹿鸣半岛文化院街项目等28个重点项目参与开工仪式，计划投资255.92亿元。

11日 由兰溪市某物流公司负责运输的衢州东深建材3620吨建筑原材料分5艘货船成功运抵衢江港区。这是衢江港区开港以来，首次通航800吨级船舶。

同日 江山市被国家体育总局命名为国家体育产业示范基地。

12日 徐文光、汤飞帆、居亚平、吴国升、周伟江等市领导和100多名机关干部，在柯城区万田乡万田村庙源溪鲶鱼湾坡地公园参加义务植树活动。

13日 衢州集中开展移风易俗“十大专项行动”。

18日 全市政法平安信访工作暨市域社会治理现代化推进会举行。

19日 市文明办、市商务局和市市场监督管理局联合发布《“衢州有礼”公筷公勺使用规范》，提出不同用餐场所公筷公勺的使用标准，推动文明就餐。

20日 位于衢城融金广场（柯城区荷花中路10号）的宁波银行衢州分行开业。至此，衢州银行数量达31家。

同日 衢州有序开放公共场所和经营性服务场所。

21日 衢州百世客满云基地项目签约仪式在衢州市商务局举办。这是继阿里巴巴客户体验中心、网易严选电商客户服务中心等建成后，又一个国内互联网服务行业龙头企业的项目落户衢州。

22日 衢州市首批援鄂医疗队7名队员凯旋，在湖州安吉集中修养后于4月6日返衢。

23日起 衢州市图书馆、衢州市博物馆及部分文保单位恢复开放。

26日 衢州市欢送第十批援疆干部仪式在市政府举行。

同日 市委农村工作会议召开。会议表彰2019年度全市乡村大花园建设突出贡献集体和个人。

同日 全省深化“最多跑一

次”改革、推进政府数字化转型第十次专题会议召开。市委副书记、市长汤飞帆在衢州分会场参会并作交流发言。

27日 杭衢铁路二标段正式动工，标志杭衢铁路衢州境内的标段全面进入实质性施工阶段。

同日 全市安全生产和消防工作会议召开。

28日 全国首趟“钱江源号”旅游专列驶进衢州开化，来自杭州等地的300名旅客抵达。

31日 市委、市政府举行产业创新发展大会。会议以视联网形式召开。会上，市委书记徐文光宣布“全面小康决胜年”“招商引资攻坚年”“重大项目推进年”活动正式启动。

是月 市委书记徐文光先后赴市区部分数字经济企业和巨化集团开展组团联企“三服务”，调研数字经济发展情况。

是月 省委党校(浙江行政学院)、《今日浙江》杂志社、省改革研究和促进中心等单位组织开展的2019年浙江省改革创新最佳实践案例评选结果揭晓，衢州市申报的衢州市乡镇(街道)模块化改革、柯城区申报的柯城区“一村万树”绿色期权模式两个案例获评优秀实践案例。

是月 经省政府同意，衢州市水亭门历史文化街区被列入省级高品质步行街试点。

是月 柯城区石梁镇等7个乡镇(街道)被省治水办(河长办)评为2019年度全省“五水共治”工作考核优秀乡镇(街道)。

4月

1日 全市全域土地综合整治与生态修复暨“十类地”处置比学赶超现场会在常山县召开。会上，市委副书记、市长汤飞帆代表市政府与各县(市、区)签订2020年度耕地保护目标管理责任书。

2日 由衢州学院与龙游县政府联合打造的全国首个乡村未来社区学院在溪口镇落地。

同日《衢州市人民政府关于成立电子科技大学长三角研究院(衢州)的通知》在市政府网站正式发布。

同日 “衢州有礼 家家有爱”公筷公勺进万家行动启动仪式在智慧新城新湖社区兰馨苑小区举行。

3日 “四好衢州、放心消费”嘉年华活动在衢州市区水亭门历史文化街区启动。活动为期1个月，通过市域一体、市县联动的方式，全市统筹安排1亿元财政资金用于发放消费券，供在衢州人员(包括域外来衢州人员)领取、使用。

7日起 衢州市区范围内实行企业不动产登记“一件事”全生命周期“一窗办”“网上办”。

8日 全市开学准备会议召开，会上宣布，根据省防控工作领导小组的统一部署，经市防控工作领导小组研究，决定全市各级各类学校自4月13日起分批启动开学工作。至4月30日，全市102所学校近3万名学生返校复课。4月29日起，根据省教育厅《关于做好高等学校2020年春季学期开学工作的通知》精神，衢州学院安排学生分期分批、错时错峰返校。

14日 全省建设平安浙江工作会议在杭举行。市委书记徐文光在省主会场参会，并上台领取“2019年度平安市”奖牌，衢州平安市创建实现“十四连冠”和全域“满堂红”。衢江区、常山县和开化县连续15年获评平安县，被授予“一星平安金鼎”。

15日 电子科技大学长三角研究院(衢州)理事会第一次会议在衢州举行，电子科技大学长三角研究院(衢州)揭牌，标志着衢州市与电子科技大学的合作进入实质性推进阶段。电子科技大学校长曾勇、副校长杨晓波，衢州市委书记徐文光、市长汤飞帆等出席。

16日 衢州市举行援鄂医护人员归来欢迎活动，徐文光、汤飞帆等市领导到现场欢迎白衣战士平安凯旋。

17日 全面推进高水平交通强省建设动员大会在杭召开。市长汤飞帆上台接受浙江省交通强国建设试点单位授牌。

21日 衢州市第七届人民代表大会常务委员会第二十五次会议召开，会议审议表决通过《衢州市文明行为促进条例》《关于全力推进我市产业创新发展的决定》《关于授予张玉伟“衢州市荣誉市民”称号的决定》。

同日 衢州市与树兰医疗管理集团在衢州举行签约仪式，携手共建树兰(衢州)医院项目。中国工程院院士、树兰医疗总院长郑树森,市领导徐文光、汤飞帆等出席签约仪式。

同日 衢州市推出知识产权保护联席会议制度。

22日 市委副书记、市长汤飞帆到常山江特大桥施工现场、杭衢铁路三标段、杭衢铁路有限公司实地调研杭衢铁路项目建设。

同日 常山江(辉埠—双港口)航电枢纽项目建议书正式获省发展和改革委员会批复。

同日 浙江省生态环境厅公布全省首批水生态环境示范试点县名单,开化县入选该名单。

23日 中国人民政治协商会议第七届衢州市委员会第四次会议在市工人文化宫开幕。4月25日,会议闭幕。

同日 全国首个阿里"村播学院"落地衢州市柯城区。

24日 衢州市第七届人民代表大会第五次会议在市工人文化宫开幕。4月26日,会议闭幕。

27日 衢州市数字经济与互联网行业联合党委在衢时代创新大厦授牌。

同日 国务院批复同意,在衢州设立跨境电子商务综合试验区。

同日 省发改委会同省级相关部门通报全省首批大花园示范县创建单位2019年度评估结果:开化县为良好建设单位,江山市为优秀培育单位,柯城区和衢江区为良好培育单位。

28日 衢州市美丽沿江公路全线贯通暨"衢州有礼"诗画风光带产业项目签约仪式在衢江区沿江大草坪举行。副省长刘小涛宣布衢州市美丽沿江公路全线贯通。

29日 衢州市劳动模范座谈会召开,全市10个工作室被评为2019年度衢州市高技能人才(劳模)创新工作室,衢州市人民医院感染科等40个先进集体被命名为衢州市"工人先锋号"。

同日 叶檀财经走进衢州"云招商"直播活动在衢时代创新大厦举行。著名财经专栏作家、叶檀财经创始人、衢州知名乡贤叶檀,市委书记徐文光、市长汤飞帆等出席活动,线上线下与企业家交流互动,宣传衢州、推介衢州。

同日 衢州两条景观公路——G351至大荫山公路、翁梅至蒲塘公路正式通车。

30日 农业农村部公布2020年第一批农产品地理标志登记产品,衢州市开化龙顶茶、江山猕猴桃2个产品入选。

同日 衢州首个社区"银色人才联盟"在衢化街道揭牌成立。

5月

5日 国务院办公厅印发通报,对2019年落实有关重大政策措施真抓实干成效明显地方予以督查激励。柯城区被列入"河长制湖长制工作推进力度大、河湖管理保护成效明显的地方",衢州市被列入"财政预算执行、盘活财政存量资金、国库库款管理、推进财政资金统筹使用、预算公开等财政管理工作完成情况好的地方",受到表彰。

6日 淳常公路(淳安至江山公路常山界牌岭至新桥段公路)根坞隧道正式贯通。

7日 省委组织部、省委编办印发《关于开展构建"县乡一体、条抓块统"模式提高基层治理能力试点的函》,衢州被确定为全省唯一的综合试点地级市。

同日 衢州市与桃花源生态保护基金会合作项目签约仪式在衢时代创新大厦举行。市领导徐文光、汤飞帆等出席签约仪式。

8日 衢州市"邻礼通"推广现场会暨2.0版正式上线发布会召开。

同日 浙江省"村播计划"启动仪式暨"美好生活 浙播季"衢州专场活动在柯城区万田乡弈园村乡村振兴综合体内举行。启动仪式上,浙江省乡村振兴村播学院揭牌,省商务厅电商促进中心和淘宝村播签订村播计划合作协议。

9日 市人大常委会主任吴国升带队,就"衢州有礼"诗画风光带建设,开展主任会议会前集中观察活动。

同日 全市推进政府数字化转型工作会议召开。

11日 新建杭州至衢州铁路建德至衢州段(衢州段)工程建设用地获省政府批复,该项目用地批复为衢州市首个国务院放权至省政府的用地批复。

11—12日 衢州市开展重大项目推进年"互看互比互学"活动。

11—12日 全国政协常委、全国工商联副主席、正泰集团董事长南存辉率团队到衢州考察对接。11日晚，衢州市与正泰集团举行战略合作座谈会，并签署战略合作框架协议。南存辉和正泰集团副总裁栾广富，市领导徐文光、汤飞帆等出席。

13日 全省幸福河湖建设思路座谈会在衢州召开，衢州市在会上作经验介绍。

13—14日省委书记车俊在衢州调研“六稳”“六保”落实情况。

14日 省政府新闻办举行新闻发布会，公布首批20项“浙江文化印记”名单，衢州南宗孔庙入围。

15日《衢州市文明行为促进条例》获省人大常委会批准。5月22日，市人大常委会发布第8号公告，将《衢州市文明行为促进条例》正式向社会公布实施。

同日 衢州市与温州医科大学举行战略合作座谈会，并签署战略合作框架协议。中国工程院院士、温州医科大学校长李校堃，温州医科大学党委副书记程锦国，衢州市领导徐文光、汤飞帆等出席。

同日 全国首家数字经济司法保护服务中心在衢州市成立。

16日“衢州有礼”号游轮从杭州滨江码头启航，经富春江、兰江、衢江，于5月18日下午停靠衢州水亭门码头。标志着杭衢钱塘江诗路之旅成功首航，实现“一江清水送杭城，一艘游轮到衢州”的梦想。5月18日，杭衢钱塘江诗路之旅首航仪式在水亭门广场举行。

17日 浙赣闽皖四省边际纪念馆红色联盟在常山县西源革命纪念馆成立。活动现场，方志敏纪念馆、闽北革命历史纪念馆、中共皖南特委旧址纪念馆、中国工农红军北上抗日先遣队纪念馆、遂昌王村口挺进师纪念馆、龙游县革命烈士事迹陈列馆、浙西革命斗争纪念馆、常山县西源革命纪念馆八家“浙赣闽皖”四省边际纪念馆代表共同签署联盟协议，搭建合作平台，共享红色资源。

18日 浙江省人民政府办公厅通报2020年度粮食安全市长责任制考核结果，衢州市为2020年度粮食安全市长责任制考核优秀单位，粮食安全考核实现“十连优”。

21日 杭衢丽山海协作大通道先行段霞飞跨江通道工程开工仪式举行。该项目起源于淳安县千岛湖，经衢江区上方、峡川、城区、大洲，终点位于遂昌，全长102公里。

同日 水利部召开全国取水许可证照应用推广工作视频会。衢州市水利局作为全国唯一的地级市代表在会上作典型交流发言。

同日 江山市大桥镇被农业农村部、财政部列为全国农业产业强镇建设名单。

22日 省发改委公布第二批浙江省“万亩千亿”新产业平台培育名单，衢州高端电子材料产业平台上榜。

同日 衢州市首次成立道教协会。衢州市道教协会第一次会员大会在衢州柏丽大酒店召开。

25日“南孔圣地·衢州有礼”2020全国业余围棋棋王赛开赛。

同日 衢州市新时代女性创业创新大赛暨产业项目推介会举行。

26日 省政府办公厅印发通报，对2019年落实有关重大政策措施真抓实干成效明显地方予以督查激励表扬。衢州市被评为落实政府数字化转型工作、推进“掌上办事”“掌上办公”成效明显的设区市和财政预算执行、政府性债务风险管理、财政存量资金盘活、国库库款管理等财政管理工作完成情况较好的市、县(市)，衢州市、开化县被评为督查中发现落实有关重大政策措施成效明显、创造典型经验做法的市、县(市、区)。衢江区被评为实施乡村振兴战略、高水平推进农业农村现代化成效明显的县(市、区)，江山市被评为推进大花园建设成效明显的县(市、区)，龙游县被评为加快传统制造业改造提升成效明显的县(市、区)，开化县被评为实施全域土地综合整治与生态修复工程方面工作较好的市、县(市、区)。

27日 浙江江山化工股份有限公司所有装置停车。

28日 省自然资源厅转发自然资源部关于杭州地铁1号线三期工程等21个工程建设用地批复的函，衢州351国道兰溪至婺源(龙游横山至开化华埠段)公路工程、G60沪昆高速公路金华互通至浙赣界段改扩建工程(衢州段)、江山市江山港流域综合治理工程、浙江衢江抽水蓄能电站工程4个项目建设用地获国务院批复。

29日 市委召开全市领导干

部会议，传达学习全国两会和全省领导干部会议精神，对全市贯彻工作进行部署。

31日 “青春中国 衢州有礼”全国大学生原创音乐大赛启动。市委宣传部联合湖南广播电视台和QQ音乐，通过新华社现场云向全国直播。著名歌唱家郁钧剑，衢州城市形象大使、羽毛球世界冠军黄雅琼担任特别嘉宾。

同日晚8时40分左右 九元航空首趟广州直飞衢州航班飞抵衢州机场并举行首航仪式。至此，从衢州出发可飞抵的城市名单扩至12个（不含联程）。

是月 中央政法委将衢州市纳入首批全国市域社会治理现代化试点城市名单。

6月

3—5日 衢州市党政考察团赴四川省成都市、宜宾市，实地考察电子科技大学清水河校区和宜宾研究院，与学校领导就电子科大智慧小镇设计方案等进行讨论交流，共同加快推进电子科大智慧小镇建设。电子科技大学党委书记王亚非、校长曾勇，市委书记徐文光、市长汤飞帆出席座谈会并讲话。

4日 中央文明办公布对全国文明城市提名城市中的141个地级以上城市、城区2019年文明城市年度测评结果。衢州以总分96.27分的成绩在全国113个地级提名城市中排名第4，其中群众满意度名列全国第2。

6日 中国VS东南亚“烂柯杯”网络围棋团体联谊赛闭幕式在衢时代创新大厦举行。此次比赛由中国围棋协会和衢州市人民政府主办，从5月1日至6月6日七轮比赛全部线上进行。6月6日联谊赛在衢州收官，中国围棋协会主席林建超宣布闭幕。衢州代表队获第四名。

7日 江山市入选省级乡村振兴产业发展示范建设项目县（市、区）名单。

10日 衢州“市域融媒体 巡礼大花园”活动正式启动，展示一年来市域一体、全面推进“党建治理大花园”的成效。

同日 衢州市第十二届无偿献血香樟奖颁奖仪式在市中心血站举行。祝建华、王宏伟、柴潮飞、祝晓进、李涛5名无偿献血香樟奖获得者受表彰。

12日 2020浙商（投融资）大会在杭州国际会议中心举行，衢州上榜2020浙商最佳投资城市名单。

同日 全市营商环境建设工作推进会召开，市委副书记、市长汤飞帆参加并讲话。

同日 “锦绣畲乡·百村一梦”首届浙江省民族乡村振兴“百村大会堂”活动在龙游县詹家镇浦山民族村举办。省政协副主席陈铁雄，省政协常委、民宗委主任朱志泉等领导出席。

14日 衢州成立主播联盟，引导行业集聚发展。

16日 全省生猪产业高质量发展工作推进视频会在衢江区召开。会上宣布“养殖场管理码”全省启用，市农业农村局等作经验交流。

同日 柯城区兴华教育集团正式成立。集团包含兴华中学（含华墅校区）、书院中学和城南初中（筹）3所学校。

17日 衢州市康复医疗中心正式成立。

18日 中共浙江省委授予在“两手硬、两战赢”工作第一线表现突出的衢州市经济和信息化局人事处处长邓建，衢州市绿色产业集聚区开发区公安分局治安防控中心副主任、经侦大队长张政，江山市清湖街道党工委书记毛晓荣为“浙江省优秀共产党员”称号。

同日 省文化和旅游厅、省林业局公布浙江省首批山地休闲度假发展试点单位。衢州市柯城灵鹫山、龙游六春湖山地休闲度假发展试点入选。

27日 衢州市妇幼保健院迁新址——市区百汇路690号。7月7日，新院区落成启用暨衢州市儿童医院、衢州市妇产医院揭牌仪式举行。

28日 衢州市部署村社组织换届试点和乡村振兴讲堂建设工作。

同日 钱塘江国家公园开展农田保护地役权改革，明确不使用农药化肥可享受生态补贴。

29日 柯城礼贤未来社区举行开工仪式，是全省首批24个未来社区试点项目之一，也是首批联合国可持续社区标准试点项目。市委书记徐文光宣布项目开工，市委副书记、市长汤飞帆致辞，绿城中国执行总裁周连营、副总裁杜平出席项目开工仪式。

同日 中央媒体走近衢州美丽大花园调研采访暨全省“谱写‘两山’新篇章、建设‘美丽大花园’”集中采访活动在衢州启动。

同日 浙江省首个采用PPP模式投资兴建的水利项目——龙游县高坪桥水库工程成功并网，顺利通过72小时试运行后正式投入运营。7月28日，该工程通过合同工程完工验收。

同日 2020年绿色产业集聚区招商引资项目集中签约仪式在浙江省衢州市绿色产业集聚区管委会举行。此次集中签约项目20个(其中氟化工项目3个)，计划总投资87.52亿元。

30日 市中院、市营商办、市信用办联合召开“司法保障‘134N’智慧信用治理模式”新闻发布会，发布《关于构建“134N”智慧治理模式为衢州信用体系建设提供司法保障的意见》，衢州开启“123N”智慧信用治理模式。

同日 衢州全市域被省教育厅确认为“互联网+义务教育”实验区。

同日 全市8090新时代理论宣讲工作现场推进会在龙游县举行。市委书记徐文光出席会议并讲话。

是月 8090新时代理论宣讲工作得到习近平总书记以及王沪宁、黄坤明等中央领导和袁家军、车俊、朱国贤等省领导批示肯定。

是月 中央文明办公布2019年未成年人思想道德建设工作年度测评结果出炉，衢州以总分99.09分的成绩，在全国文明城市提名城市中的141个地级以上城市、城区中排名第1。

是月 柯城区农村综合改革集成建设项目被列入2020年度浙江省农村综合改革集成建设项目名单。

7月

1日 省委常委、宣传部部长朱国贤一行到龙游县调研8090新时代理论宣讲工作。他指出，要以更高的政治站位、更高的思想自觉和更高的工作标准，让浙江青年的好声音传得更远、更响。市领导徐文光、钱伟刚、王良海参加相关调研。

同日 江山市入选省物流综合改革创新示范县(市)试点；同时，浙江驰骋物流有限公司入选省物流新业态新模式发展试点。

2日 杭衢铁路龙游段正式开工。

3日 正泰集团衢州创新研究院揭牌。

同日 衢州与德国多特蒙德市签约合作办学。

同日 衢州举行“援鄂医务人员英雄纪念章”颁发仪式。

同日 市政府与浙江省金融控股有限公司举行“上门送‘1+3’服务”合作协议签约仪式暨资源对接会，携手推动区域经济高质量发展。

同日 衢州市“有礼指数”(CI)新闻发布会在衢州市政府新闻发布厅举行。

5日 鹿鸣山文化院街(二期)开工建设。

6日 市委、市政府召开创建全国文明城市决胜誓师大会暨有礼系列活动、生活垃圾治理攻坚大会。

8日 衢州市综合客运枢纽长途汽车客运中心正式启用，实现城市、城乡、城际公交和长途客运、列车出行一站式无缝换乘。

同日 江山市农业水价综合改革通过市级验收。至此，衢州市成为全省第一个全面完成农业水价综合改革任务的地级市。

同日 衢州市成立衢籍青年学子联盟，并在全国86所高校设立首批衢籍学子高校联络站，招募衢籍高校联络员133名。

9日 衢州市与华夏航空股份有限公司在重庆市签订战略合作框架协议。市委副书记、市长汤飞帆，华夏航空公司首席执行官吴龙江出席签约仪式。

同日 13时45分 衢江衢州站出现2020年最高洪峰水位63.54米(85基准，下同)，超警戒水位2.34米，接近保证水位(63.7米)，最大洪峰流量6600立方米/秒，为1998年以来最大流量洪水。

10日 开化县被商务部命名为2020年全国电子商务进农村综合示范县。

11日 “衢州有礼 红伞代言”公益行动在水亭门启动。

13日 根据应急管理部消防救援局命令，在浙西片区(衢州)跨区域防汛抗洪前置备勤点集结的浙西抗洪抢险专业队从衢州出发，驰援江西省上饶市鄱阳县。

15日 “寻品衢州·有礼而来”直播活动暨“南孔直播群英同心荟”成立仪式在花园258创新创业园举行，衢州市首个直播电商联盟成立。市委副书记、市长汤飞帆揭牌并宣布活动启动。

同日 衢州市全部完成495本取水许可证存量转化，成为全国第一个实现取水许可电子证照全市域覆盖的地级市，“衢州模式”得到省水利厅肯定，并在全省应用推广。

17日 浙江省科学技术奖励大会在省人民大会堂隆重召开。衢州华友钴新材料有限公司“新型钴系锂电材料绿色制造关键技术及应用”项目，获省科学技术一等奖；浙江凯圣氟化学有限公司“芯片先进制程用超纯湿电子化学品精密分离和品控关键技术及产业化”、仙鹤股份有限公司“高性能低定量特种纸关键技术研发与应用” 2个项目获省科学技术二等奖；衢州学院“面向半导体的硬脆材料精密曲面加工装备及其精度提升关键技术”获省科学技术三等奖。

同日 浙闽赣皖省际绿色制造产教融合联盟揭牌仪式暨学术研讨会在衢州举行。

18日 浙江大学工程师学院衢州分院实验实训基地和浙江大学衢州研究院中试实验室建设工程在衢州绿色产业集聚区举行开工典礼。

同日 由中宣部组织的中央媒体“走向我们的小康生活”主题采访报道活动走进衢州。来自人民日报社、新华社、中央广播电视总台、《求是》杂志社、光明日报社、经济日报社、中国日报社等十多家中央媒体的50余名记者，聚焦衢州市乡村小康生活，开展全方位、多视角的集中采访。

20日 柯城区老旧小区加装电梯试点小区动工仪式在市区西安路80号举行，衢州市首台政府扶持的老旧小区加装电梯动工。此次加装电梯涉及3个单元，惠及36户居民。8月11日 市住建局、市财政局联合发布《衢州市区既有住宅加装电梯工作的实施意见》，对电梯加装条件、实施程序等作出规定。

同日 衢州市体育中心可容纳3万人的体育场主体结构封顶仪式举行。

同日 常山胡柚入选第二批中欧互保地理标志协定保护名录。

21日 全省新时代青年理论宣讲工作现场会在龙游县召开。省委书记车俊作出批示，省委常委、宣传部部长朱国贤出席会议并讲话。

同日 衢州被列入省级文化和旅游消费试点城市名单。

23—24日 市委书记徐文光率衢州市党政代表团赴福建省宁德市，考察学习城市规划建设、产业创新发展、脱贫攻坚、民生保障等方面的经验做法，深入对接交流，共谋合作发展。

25日 “南孔圣地·衢州有礼”2020衢州城市品牌云推介活动在水亭门历史文化街区举行。这是衢州市首次借云推介的模式，通过天目新闻、小时新闻、江苏紫牛新闻、上海澎湃新闻、腾讯直播、抖音、一直播等多家平台，实现全网打通式的直播，面向上海等长三角重点城市推荐衢州城市品牌。

同日 由衢报传媒集团与“南孔圣地·衢州有礼”城市品牌打造专班联合出品的H5融媒体产品《有礼之星 光耀三衢——“南孔圣地·衢州有礼”城市品牌发布两周年特别呈现》正式上线。

27—28日 杭州市委副书记、政法委书记张仲灿带队，到衢州考察基层治理、信访维稳等情况，进一步推动两市深化合作、共同发展。

28—30日 市委书记徐文光率衢州市党政代表团先后赴安徽省黄山市、江西省上饶市，深入对接区域合作，考察学习两地城市规划建设、特色小镇培育、文化旅游、数字经济、乡村振兴等方面的经验做法。

29日 生态环境部在北京召开首届美丽河湖、美丽海湾优秀案例征集活动媒体座谈会，柯城区石梁溪入选全国美丽河湖典型案例。柯城区在会上作经验交流。

同日 全国爱卫会公布2019年国家卫生城市(区)和国家卫生乡镇(县城)复审结果及2017—2019年周期国家卫生乡镇(县城)的命名名单。衢州市一次性通过第三轮复审，被重新确认为国家卫生城市，龙游县城、常山县城、开化县城、峡口镇、大街乡被重新确认为国家卫生乡镇(县城)。

同日 龙游高坪桥水库正式投入运营。

30日 衢州儒学文化区旅游配套工程——鼓楼正式开工复建。

31日 衢州市首家"刷脸付"示范街区在市区水亭门历史文化街区亮相。市民开通"刷脸付"后，即可到该街区首批20余家指定商户消费。

同日 衢州纤纳新能源科技有限公司生产基地落成暨钙钛矿生产线投产仪式在衢江区举行，标志全国首个钙钛矿光伏生产基地正式投产。

是月 省文化和旅游厅、省农业农村厅确定15家单位为民宿（农家乐）助力乡村振兴改革试点。柯城区"一乡千宿"改革试点、开化县金星村改革试点入选。

是月 全省首家市级社会治理融媒体中心在衢州成立。

是月 开化县入围2020年全国电子商务进农村综合示范县。

8月

1日 推动全省文化和旅游企业纾困与产业创新发展经验交流会在衢州召开，衢州市作经验交流发言。市委副书记、市长汤飞帆与省文化和旅游厅厅长褚子育出席并讲话。

5日 全国人大常委会委员、中国残联副主席吕世明率专家团队在衢州市调研无障碍城市建设情况。

同日 2020年度Architizer A+ Awards评选结果揭晓，衢州体育公园项目获"运动休闲娱乐类——未建成的运动场和休闲场所"专业评审奖。

同日 教育部公布"基于教学改革、融合信息技术的新型教与学模式"实验区名单，柯城区榜上有名。

同日 开化县获评"2019中国有影响力的全域旅游示范区"称号。

6日 中共衢州市委七届八次全体（扩大）会议举行，市委常委会主持会议。会议审议通过《中共衢州市委关于深入学习贯彻习近平总书记考察浙江重要讲话精神 为全省建设"重要窗口"主动担当奋发有为的决议》《中共衢州市委关于深入践行习近平同志重要嘱托加快建设四省边际中心城市的决定》。会上，市委书记徐文光，市委副书记、市长汤飞帆为智造新城、智慧新城授牌；中国城市科学规划设计研究院院长方明作《衢州市的理想居住空间》专题辅导报告。

7日 市七届人大常委会召开第二十七次会议。会议作出"关于凝聚共识 汇聚力量 全力加快建设四省边际中心城市的决定"，并授予黄宏瞻"衢州市荣誉市民"称号。

同日 衢州市与上海盒马网络科技有限公司签署战略合作协议，双方将在衢州共建数字农业示范区，打造国内最大的"盒马村"。市领导徐文光、吴国升、徐利水、王良海，阿里巴巴集团副总裁、数字农业事业部总裁、盒马事业群总裁侯毅等出席签约仪式。

8日晚 华夏航空的客机升空飞往舟山，浙江第二条省内航线衢州—舟山直飞航线正式起飞，首航上座率95%。

9日《钱江源国家公园总体规划（2020—2025）》在杭州通过专家评审。

同日 电子科大长三角研究院智慧产业峰会召开 ，电子科大第二批教师入驻。

10日 西南政法大学与衢州学院合作共建"长三角基层治理学院"签约暨揭牌仪式在衢州学院举行。西南政法大学校长付子堂、副校长商文江，市人大常委会主任吴国升出席仪式并讲话。

12日 市委书记徐文光在衢江区调研"县乡一体、条抓块统"试点工作。

同日 柯城区白云街道交接仪式举行。即日起，之前由智慧新城管委会托管的白云街道正式移交给柯城区政府。

14日 市域社会治理现代化·红色物业联盟治理篇现场会在柯城召开。市政协主席、政法委书记周伟江出席并讲话。

15日 全省高水平建设新时代美丽浙江推进大会在安吉县余村召开。衢州市获颁2019年度浙江省"五水共治"（河长制）工作优秀市"大禹鼎"银鼎，连续6年获"大禹鼎"，连续3年获"大禹鼎"银鼎。江山市获2019年度浙江省"五水共治"（河长制）工作优秀县（市、区）"大禹鼎"银鼎；柯城区、开化县获2019年度浙江省"五水共治"（河长制）工作优秀县（市、区）"大禹鼎"。

18日 信安湖夜游画舫试航。

19日 "衢州有礼号"游轮

（试航）衢州首发。

20日 省文化和旅游厅公布第四批浙江省旅游风情小镇创建名单，常山县新昌乡、开化县马金镇、龙游县溪口镇入选。

同日 黄家街道、新新街道、东港街道，柯城东港工业园区、衢江经济开发区交接仪式在智造新城举行。交接仪式上，黄家街道、新新街道移交给柯城区，东港街道移交给衢江区，柯城东港工业园区、衢江经济开发区移交给智造新城。

22日 "南孔圣地·衢州有礼"城市品牌推介会在湖南长沙举行。

22—31日 《胡柚娃》在全省电影院上映，是疫情期间浙江上映的首部动漫新作。

25日 市委副书记、市长汤飞帆带队赴江山市开展挂联区块服务发展工作。

同日 2020年全国粮食和物资储备科技活动周在江西省南昌市举行。在启动仪式上，国家粮食和物资储备局局长张务锋为麦稻智慧集团衢州市库米赛诺粮食机械制造有限公司"国家粮食产业（柔性智能碾米装备）技术创新中心"授牌，这是全国唯一的国家级粮食机械技术创新中心。

26日 根据《文化和旅游部、国家发展改革委关于公布第二批全国乡村旅游重点村名单的通知》，江山市石门镇清漾村、江山市廿八都镇浔里村2个村入选。

同日 全国民族乡村振兴试点省专家评审组组长钟建文带队到龙游沐尘畲族乡考察，并在沐尘乡召开全国民族乡村振兴试点专家评审会。年内，龙游县入选全国民族乡村振兴试点。12月29日，龙游县在沐尘畲族乡文化站大樟树下举行沐尘民族乡村振兴示范带建设项目开工仪式。

27—28日 衢州市首届职工技能运动会举办。

27—28日 市水利局组织召开钱塘江中上游衢江（衢州段）航运开发工程红船豆、安仁铺枢纽及船闸工程水利部分竣工验收会议。工程通过竣工验收，正式投入使用。

28日 市七届政府第五次全体（扩大会议）暨市政府廉政工作会议召开。

29日 2020年衢州金庸武林大会在市区水亭门历史文化街区举行开幕式。12月25—26日，举行总决赛和闭幕式颁奖典礼。

31日 柯城区被省商务厅等7部门确定为省级夜间经济试点城市，常山县被确定为省级夜间经济培育城市。

9月

1日 衢州市城东污水处理厂三期项目正式通水。

同日 中宣部城乡统筹发展研究中心主任谢华平一行到龙游县考察乡村未来社区项目建设情况。市人大常委会主任吴国升陪同考察。

2日 衢州市与中国农业银行浙江省分行签订战略合作协议，进一步加强政企协同合作，共同推进衢州经济高质量发展。市委书记徐文光，市委副书记、市长汤飞帆和中国农业银行首席专家、浙江省分行党委书记、行长冯建龙出席签字仪式。

2—3日 水利部在衢州召开水生态保护政策与实践研讨会。

3日 市政府召开第58次常务会议。市委副书记、市长汤飞帆主持会议并讲话。会议审议并原则通过《关于划转市区综合行政执法事项统一目录的通知》《关于调整全市最低生活保障标准的通知》和《衢州市户口迁移登记规定》。

3日 全省信用应用场景现场会在衢江区杜泽镇举行。

4日 钱江源国家公园"柴改气"试点工作启动。

同日 全省信用工作培训班在衢州开班。会上，衢州等6个设区市对9个信用应用场景典型案例进行演示交流或实地展示。

5—6日 国家公园评估验收组第一组组长、国家林草局经济发展研究中心主任、教授级高工李冰一行到开化进行钱江源国家公园体制试点评估验收工作。

6日 衢州市举办推进南孔文化创造性转化、创新性发展研讨会。十三届全国政协文化文史和学习委员会副主任王世明作主旨演讲。

8日 市委副书记、市长汤飞帆带队赴武汉中铁第四勘查设计院有限公司对接杭衢铁路、衢州西站综合交通枢纽、衢丽铁路二期等工作，合力推动杭衢铁路等项目实施。

同日 全国抗击新冠肺炎疫情表彰大会在北京人民大会堂隆重举行。衢州市人民医院内科片主任、主任医师田明庆，衢州市常山县青石镇江家村党支部委员、第四网格党小组组长王芳受表彰。

9日 衢州市与卓尔控股有限公司在武汉签订合作协议，将建衢州客厅、长江青年城等项目，其中衢州客厅总建筑面积约25万平方米，长江青年城总建筑面积约55万平方米。市委副书记、市长汤飞帆，卓尔控股有限公司董事长阎志出席签约仪式并讲话。

同日 开化县金星村被农业农村部评为2020年中国美丽休闲乡村。

10日 长三角浙商联盟、上海市浙江商会走进衢州暨战略合作签约仪式举行。市委副书记、市长汤飞帆，长三角浙商联盟理事长、上海市浙江商会会长、上海均瑶(集团)有限公司董事长王均金出席仪式并讲话。

10—12日 市委书记徐文光率衢州市党政代表团赴吉林省公主岭市考察对接，推动两地深化对口合作工作。11日晚，吉林省委书记巴音朝鲁，省委副书记、省长景俊海在长春会见衢州市党政代表团一行。

16日 省委常委、常务副省长冯飞到衢州调研未来社区建设和科创企业发展。

同日 省海港集团、宁波舟山港集团党委书记、董事长毛剑宏率队到衢州考察调研，携手打造四省边际综合交通“桥头堡”。市委副书记、市长汤飞帆出席座谈会。

17日 衢州市与浙建集团签订全面深化战略合作协议。

同日 市政府召开灵鹫山名山开发领导小组第一次会议。

18日 市委书记徐文光调研“龙游飞鸡”项目。

同日 由中国国际茶文化研究会、开化县人民政府主办的2020中国·开化龙顶西湖品鉴会在杭州举行。会上，开化县获“中国生态茶之乡”称号，全国尚属首个。

同日 全国首届全域旅游发展绿色对话会在江山市举行。

20日 中央农办、农业农村部新一轮农村宅基地制度改革试点地区，江山市入选。

22日 农业农村部在北京召开2020年第一次农产品地理标志登记专家评审会，龙游麻鸡、开化清水鱼、七里茄子、衢州玉露茶获国家农产品地理标志。

同日 衢江区发布全国首个乡村国际未来社区指标框架。

22—23日 由水利部景区办组织的全国水利风景区会议在衢州召开。

23日 省发改委等10个部门公布2019—2020年度浙江省产教融合“五个一批”名单，衢州学院牵头的浙闽赣皖省际绿色制造产教融合联盟等项目入选。

24日 黄山市委书记任泽锋率黄山市党政代表团到衢州考察。其间，两市召开工作交流座谈会，并举行战略合作协议签约仪式。衢州市领导徐文光、汤飞帆，黄山市领导任泽锋、孙勇等出席座谈会。

24—25日 衢州市党政代表团赴上海市闵行区学习考察。双方召开工作交流座谈会，并举行战略合作框架协议签约仪式。

24—25日 全国妇联书记处书记章冬梅一行到衢州调研“一米菜园”创建、巾帼扶贫项目、巾帼云创行动等工作。省妇联副主席李志慧、市政府副市长田俊等参加调研。

25日 全省质量大会在省人民大会堂举行。会上，衢州市营商环境建设办公室为主承担的“最多跑一次”改革省级标准化试点获浙江省重大贡献奖。

同日 浙江省衢州旅游学校揭牌仪式举行。根据市“五统筹”要求，原开化县职业教育中心更名为“浙江省衢州旅游学校”。

同日 由华夏航空公司执飞的衢州—珠海、衢州—武汉航班开通。

27日 衢宁铁路开通暨“衢州有礼”1433号旅游专列首发。市委副书记、市长汤飞帆致辞，中国铁路上海局集团有限公司副总经理赵丽建讲话，市领导吴国升、周伟江、陈锦标等参加。

29日 全省美丽城镇建设工作现场会在龙游召开。副省长陈奕君在会前对美丽城镇建设工作作出重要批示。会上，通报第二批全省美丽城镇样板创建优秀行动方案名单并授牌，龙游县作交流发言。

同日 龙游红木小镇开园。12月24日，龙游红木小镇通过省级特色小镇验收命名，入选全省第四批省级特色小镇名单。

30日 电子科大合作项目开工暨长三角研究院开学典礼举行。市委副书记、市长汤飞帆作动员讲话并宣布项目开工，电子科大校长曾勇、省教育厅副总督学舒培冬讲话。

是月 衢州智慧新城白云大道改造提升工程基本完工。

是月 中国石油和化学工业联合会化工园区工作委员会公布2020年化工园区30强名单，衢州高新技术开发区再次跻身30强，位列14。

是月 全国城市可持续发展标准化技术委员会公布全国中小城市可持续发展国际标准试点评审结果，衢江区入选。

10月

3日 衢报传媒集团、市文联、市文旅局、衢州城投集团，联合六道无鱼动画工作室、新城吾悦广场、星轶影城共同举办“打造衢州城市IP”系列活动。

9日8时19分、17时09分 “衢州有礼”在中央电视台唱响，CCTV-15音乐频道《中国音乐电视》栏目播出由刘子琪演唱的《有礼》。

11日 市委副书记、市长汤飞帆到衢江区专题调研“县乡一体、条抓块统”改革试点工作。

同日 第12期“好听衢州”——礼乐·草原音乐会交响乐专场举办。

14日 市委召开“县乡一体、条抓块统”试点工作专题会议，传达学习省委书记袁家军在省委机构编制委员会第三次会议上的讲话精神，专题研究“县乡一体、条抓块统”试点全市域推广工作。

同日 省民政厅办公室印发《关于推动家宴移风易俗操作细则》，开展婚俗改革试点，龙游县、江山市为婚俗改革实验县（市、区）试点。

14—17日 由省文化和旅游厅、衢州市政府、龙游县政府主办的2020龙游石窟国际音乐盛典，在龙游石窟景区举行。10月15日下午，“琴韵朗音”郎朗专场音乐会在龙游石窟开幕。

15日 衢州市举行招商引资重大项目“互看互比互学”活动。

同日 由省商务厅、市政府联合举办2020全省中美经贸摩擦应对工作现场推进会召开，商务部贸易救济调查局副局长李增力、中国五矿化工进出口商会会长江辉、省商务厅副厅长张曙明、副市长田俊出席。

16日 在深圳举行的2020可持续城市与人居环境奖颁奖盛典上，常山被授予“全球绿色城市”称号。

同日 国家发展改革委发布中国营商环境评价领域的首部国家报告《中国营商环境报告2020》。衢州被评为营商环境15个标杆城市之一，营商环境改革经验获重点推广。

同日 在衢州水亭门信安湖水域举办浙江省第二届救生桨板大赛暨2020衢黄饶南畅游信安湖游泳大会。

同日 位于杭州未来科技城的衢州海创园二期项目举行封顶仪式，二期项目7幢楼宇全部封顶。

同日 在2020可持续城市与人居环境奖颁奖盛典上，常山县被授予“全球绿色城市”称号。

17—18日 2020灵鹫山·百公里越野赛在灵鹫山国家森林运动小镇举行。全国1130余名越野爱好者参赛。

20日 全国双拥模范城（县）命名暨双拥模范单位和个人表彰大会上，衢州再次被命名“全国双拥模范城”，衢州市连续第五次获此荣誉。

同日 衢州市与华夏航空签订合作项目协议。市政府及市交投集团、智慧新城管委会、衢州学院分别与华夏航空签订合作项目协议。

21日 省企业联合会、省企业家协会、省工业经济联合会正式发布《2020浙江省百强企业》榜单，巨化集团公司和江山欧派门业股份有限公司榜上有名。

21—22日 全省深化“千企结千村、消灭薄弱村”专项行动暨省属企业扶贫协作推进会在衢州召开。

22日 “衢州有礼”诗画风光带开发建设领导小组第一次会议召开。会上，衢州市大花园建设投资发展集团有限公司正式授牌成立。

23日 省委、省政府举行全省扩大有效投资重大项目集中开工活动。衢州分会场设在柯城区三间家居智造家纺家居产品建设项目现场。全省集中开工仪式结束后,衢州市举行下半年重点项目集中开工活动。

同日 浙江中医药大学校长陈忠一行到衢州就校地合作进行考察交流。

25日 “中国开放数林指数”发布首个区域性报告暨《2020长三角政府数据开放一体化报告》,衢州市位列第5,跻身长三角地级(含副省级)第一梯队。

同日 衢州机场第一架驻场运力投入运营暨衢州—武汉首航仪式举行,市领导汤飞帆、王良春,华夏航空股份有限公司首席执行官吴龙江等参加。

27日 市委副书记、市长汤飞帆带队到江山市开展挂联区块服务发展工作。

同日 市人大常委会主任吴国升到龙游县詹家镇浦山村开展“三服务”活动。

28日 杭州市考察团到衢州考察对接山海协作工作,两地召开山海协作工程座谈会。杭州市委副书记、市长刘忻,衢州市委副书记、市长汤飞帆出席会议并讲话。会上,杭州市卫健委和衢州市卫健委签署合作协议,“开化—临安科创飞地”揭牌。

同日 智慧新城三江中路连通工程开工建设。

同日 在龙游县红木小镇举办的绿色中国行——走进美丽龙游暨中国绿色碳汇基金会成立10周年公益晚会上,龙游县人民政府获“2020绿色中国特别贡献奖”。

10月28—29日 以“数字赋能·城乡融合”为主题的部省共建乡村振兴示范省推进会在湖州市德清县召开。会上,衢江区作典型发言,“衢州有礼”诗画风光带被评为全省“乡村振兴十大模式”之首。

30日 市委召开全市领导干部会议,传达贯彻党的十九届五中全会和全省领导干部会议精神。

同日 省政府公布第四批省级生态文明建设示范市、县(市、区)名单,柯城区、衢江区、江山市入选。

31日 衢城浮石路改造主道路全线贯通。

11月

2日 中国(衢州)跨境电子商务综合试验区建设动员大会召开。中国(衢州)跨境电子商务综合试验区揭牌,并对8个重点跨境园区集中授牌。

4—5日 市委副书记、市长汤飞帆率衢州市代表团赴四川省绵阳市考察对接扶贫协作工作。5日上午,衢州—绵阳东西部扶贫协作工作联席会举行。汤飞帆和绵阳市委副书记、市长元方出席会议并讲话。

5日 九华大道隧道(二期)及紫薇路隧道开工建设。

6日 衢州—泸州东西部扶贫协作工作联席会召开。市委副书记、市长汤飞帆,四川省泸州市委书记刘强出席会议并讲话。

同日 全国基层理论宣讲先进典型表彰大会在北京京西宾馆举行,衢州市“8090新时代理论宣讲团”获“全国基层理论宣讲先进集体”荣誉称号。衢州市“8090新时代理论宣讲团”成员李陈代表衢州上台领奖,并现场交流发言。

8日 浙江大学工程师学院衢州分院、浙江大学衢州研究院(以下简称浙大衢州“两院”)奠基仪式在高铁新城教育小镇举行。市委副书记、市长汤飞帆讲话并宣布项目开工,浙江大学校长、中国科学院院士吴朝晖致辞。

同日 全国最大“盒马村”——浙江衢江盒马村·阿里数字农业示范区正式启动,衢江区农产品加工配送中心正式投入使用。省政协副主席陈小平,阿里巴巴集团副总裁、阿里数字农业事业部总裁、盒马事业群总裁侯毅出席并致辞,市委副书记、市长汤飞帆宣布启动。

9—10日 省委常委、秘书长、改革办主任陈金彪率省“县乡一体、条抓块统”改革工作专班到衢州调研“县乡一体、条抓块统”改革试点工作。

9日11时23分 浙江中天东方氟硅材料有限公司露天桶装高沸物发生火灾事故。火灾发生后,省委、省政府主要领导及相关领导作出重要批示,省委常委、省委秘书长陈金彪赴现场指导救援。10日下午3点左右,火灾事故现场余火被基本扑灭,事故没有造成人员伤亡。

10日 绵阳市代表团到衢州对接东西部扶贫协作工作,双方召开座谈会,市委副书记、市长汤飞帆,绵阳市委副书记、市长元方出席会议并讲话。

同日 衢州五洲特种纸业股份有限公司在上海证券交易所挂牌。这是衢州第7家上市公司。

12日 宁波党政代表团到衢对接考察，双方召开山海协作工程座谈会。宁波市委副书记、市长裘东耀，衢州市委副书记、市长汤飞帆出席会议并讲话。

15日 第八届"衢州·烂柯杯"中国围棋冠军赛开幕式在衢州举行。檀啸、柯洁、辜梓豪、杨鼎新等围棋棋手参赛。

19日 市委常委会召开扩大会议，传达学习省委十四届八次全会精神，研究部署贯彻落实意见。

同日 全市农村饮用水达标提标行动总结表彰暨长效运维推进会召开。

同日 常山经济开发区、开化经济开发区经省政府办公厅批复同意，实行省级经济开发区政策。

20日 全国精神文明建设表彰大会在北京举行。衢州获全国文明城市称号。市委副书记吴舜泽赴京领取奖牌。

同日 杭州都市圈第十一次市长联席会议在嘉兴海宁召开。杭州、湖州、嘉兴、绍兴、衢州、黄山六市领导围绕"共谋高质量发展，共创更美好生活"主题，深入交流加快杭州都市圈新一轮发展的思路举措。市委副书记、市长汤飞帆出席会议并讲话。

同日 农业农村部公布第十批全国"一村一品"示范村镇名单，衢江区杜泽镇坎头村茭白、常山县青石镇水南村胡柚获评全国"一村一品"示范村镇。

同日 在第二届乡村遗产酒店示范项目发布会暨中国乡村遗产复兴发展论坛上，村上酒舍入选第二批乡村遗产酒店示范项目，是浙江省唯一入选的民宿。

21日 2020博鳌国际旅游奖（TC奖）揭晓，"南孔圣地·衢州有礼"城市品牌营销系列案例获2020年度品牌营销金奖；"书香大陈"美丽乡村品牌获2020年度美丽乡村品牌大奖；人类非遗九华立春祭传承与创新获2020年度非遗创新大奖；赛得健康小镇获2020年度文旅小镇品牌大奖。

22日 2020衢州马拉松赛在衢州城市展览馆正门前鸣枪开跑。这是衢州举办马拉松赛的第六年，是衢马晋级国内"银牌赛事"后的首场赛事。

23日 温州医科大学附属衢州医院启动仪式在衢州举行。市委书记徐文光致贺信。中国工程院院士、温州医科大学校长李校堃，市委副书记、市长汤飞帆出席启动仪式并讲话。启动仪式上，市政府与温州医科大学，市人民医院与温州医科大学附属第一医院分别签订合作协议；温州医科大学附属衢州医院和温州医科大学衢州临床医学院正式授牌。

同日 浙江省首家龙舟文化基地揭牌仪式在龙游红木小镇举行。

24日 全国劳动模范和先进工作者表彰大会在北京人民大会堂隆重举行。衢州巨塑化工有限公司PVDC车间党支部副书记兼工艺员、助理工程师吴坚，浙江矽盛电子有限公司设备部主任郑裕财，衢州早田农业科技开发有限公司实际控制人、助理工艺美术师方向明获"全国劳动模范"称号；浙江省衢州第二中学校长、高级教师潘志强获"全国先进工作者"称号。

同日 "中国天然氧吧"2020年创建活动发布会上，江山市、常山县被授予"中国天然氧吧"称号。

同日 江山市被中国蜂产品协会授予"蜂业扶贫先进县（市）"称号，江山市农业农村局获评蜂业扶贫攻坚之星。

25日 市委副书记、市长汤飞帆带队赴宁波考察对接山海协作工作。宁波市委副书记、市长裘东耀参加并讲话。当天，汤飞帆带队赴省海港集团考察调研，双方举行座谈会并签订深化战略合作框架协议。

同日 省委宣讲团成员、省委统战部常务副部长王晓峰到衢州宣讲党的十九届五中全会精神。

27日 中国少年先锋队衢州市第六次代表大会在市青少年宫开幕。

28日 2020灵鹫山·第二届全国森林极限运动会在柯城区灵鹫山国家森林运动小镇举行。

29日 "中国高校绿色金融研究联盟2020年会暨绿色金融发展高峰论坛"在厦门召开，会上发布《长三角"40+1"城市群绿色金融发展竞争力研究（2020）》报告，衢州排名第1，蝉联榜首。

是月 省发展改革委、省生态环境厅、省交通运输厅、省文化和旅游厅公布新一批全省大花园示范县建设单位，龙游县、常山县被列入新一批大花园示范县创建单位，标志着衢州市实现大花园示范县创建全覆盖。

是月 "医保电子凭证"在衢州正式开通。

12月

1日 市委召开议军会。受市委书记、衢州军分区党委第一书记徐文光委托，市委副书记、市长、市国防动员委员会主任汤飞帆主持会议并讲话。会议审议并原则通过《加强新时代衢州市后备力量基层建设实施意见》。

2日 全国首个有礼馆——衢州有礼馆（衢州市新时代文明生活馆、衢州市创建全国文明城市展示馆、衢州小锦鲤总馆）开馆。该馆位于水亭门历史文化街区小西门106号，室内总建筑面积1400余平方米。

同日 荷一路过江通道暗挖隧道全线贯通。

3日 衢州市举办2020数字赋能创新大会暨东南数字经济发展研究院专家报告会。中国工程院院士、中国工程院原常务副院长、浙江大学原校长潘云鹤，省人大常委会原副主任、省智能制造专家委员会主任毛光烈，全国政协常委、全国工商联副主席、正泰集团董事长南存辉作专家报告。

4日 闽浙赣皖九方经济区四届七次党政联席会议在衢州召开。南平、金华、上饶、黄山、丽水、抚州、衢州、景德镇、鹰潭9市领导共同商讨推进区域一体化高质量发展。会议审议通过《闽浙赣皖九方经济区章程（修订稿）》《闽浙赣皖九方经济区专业委员会工作制度》和《闽浙赣皖九方经济区四届七次党政联席会议纪要》。

5日 2020衢州新材料及数字产业专场推介会在北京举行。会上，衢州市与中国工业经济联合会、北京石墨烯技术研究院签订合作协议；东南数字经济发展研究院北京分院、北京石墨烯技术研究院衢州分院挂牌成立。

同日 纪念弘一法师到衢州弘法100周年文化论坛在衢州天宁寺举办。同日，中国人民大学净土文化研究基地在天宁寺揭牌成立。

同日 衢州市举行2020年宪法宣传周暨宪法公园活动。衢州市委副书记、政法委书记吴舜泽宣布衢州宪法公园开园，该公园位于柯城区荷花中路衢州市会展中心南面，占地3.2万平方米。该公园为全省最大的宪法主题公园。

9日 江山市获评国家级农村职业教育和成人教育示范县（市、区）。

10日 市委副书记、市长汤飞帆到衢州学院，宣讲党的十九届五中全会精神和省委十四届八次全会精神，并出席衢州学院第二届服务发展大会并讲话。会上，举行"浙闽赣皖省际绿色制造产教融合联盟""氟硅钴新材料绿色制造训研创基地""浙江省级众创空间""氟硅新材料绿色制造浙江省工程研究中心"揭牌仪式，校地、校企、校校合作项目签约以及院士、杰青团队和青年博士团队结对仪式。

11日 衢州市在深圳举行2020招商引资推介会暨衢州（深圳）高新产业资本对接会。会上，衢州市与6家深圳企业签订项目合作协议。

同日 经省政府批复，同意将衢江区廿里镇、龙游县湖镇镇列为第二批省级基层"一支队伍管执法"改革试点乡镇。

17日 全市抗击新冠肺炎疫情表彰大会召开。会议决定授予217名同志"衢州市抗击新冠肺炎疫情先进个人"称号，授予80个集体"衢州市抗击新冠肺炎疫情先进集体"称号，授予20名同志"衢州市优秀共产党员"称号，授予30个基层党组织"衢州市先进基层党组织"称号。

同日 衢州市创建全国文明城市总结表彰暨创建新时代文明生活示范市动员大会召开。会上，举行"全国文明城市"揭牌仪式，授予196名同志"创建全国文明城市工作先进个人"称号，授予91个集体"创建全国文明城市工作先进集体"称号。

同日 衢江区、龙游县成功创建省级示范文明县城（城区）。

同日 光大环保能源（衢州）有限公司、衢州市柯城区沟溪乡余东村、开化县芹阳办事处翁村村被浙江省生态环境厅命名为浙江省第十批"生态文明教育基地"。

同日 中国TOP直播电商产业园龙游基地启动仪式在龙游红

木小镇举行。

18日 省政府新闻办在杭州举行浙江高水平全面建成小康社会主题系列新闻发布会衢州专场。发布会以"加快建设四省边际中心城市、努力打造'诗画浙江'大花园最美核心区"为主题。

同日 浙闽赣皖省际绿色制造产教融合联盟成立。

同日 2020全国供销合作社合作发展论坛(海南)暨中国供销集团杯"金扁担""红背篓"双奖典礼在海口举行。"三衢味"品牌建设入选全国供销合作总社2020年度金扁担改革贡献奖。

20日 华东(衢州)数字经济示范区开工仪式在衢江举行。市委副书记、市长汤飞帆出席并宣布开工,卓尔科城发展有限公司董事长汤宇宏参加。

20—22日 2020年度浙江考古重要发现汇报会在绍兴举行。会上,衢江区孟姜村古墓葬入选2020年度浙江省考古十大重要发现。

22日 2020年美丽乡村博鳌国际峰会在海南博鳌举行。会上,柯城区沟溪乡余东村获"2020美丽乡村博鳌国际峰会中国十大最美乡村(文化类)"的称号。

23日 科技部办公厅公布第九批国家农业科技园区名单,衢州国家农业科技园区入选,实现衢州市国家农业科技园区"零的突破"。

24日 衢州市与浙江华友控股集团有限公司在省人民大会堂举行华友锂电材料国际产业合作园项目战略合作框架协议签约仪式。副省长高兴夫出席见证,市委副书记、市长汤飞帆致辞,华友控股集团董事长陈雪华作项目介绍。

25日 衢州儒学文化产业园区成功保留"国家级文化产业实验园区 "称号,并获国家级文化产业示范园区创建资格。

26日 "2020第十五届中国全面小康论坛"在广东省中山市召开。论坛上,柯城区"两难"问题钉钉群工作法获选"2020年度中国十大民生决策"。

28日 浙江省开化水库工程开工仪式在开化县举行。全国人大华侨委员会委员王辉忠宣布开工,市委副书记、市长汤飞帆,省水利厅副厅长李锐分别致辞。

同日 衢州水亭门历史文化街区保护利用入选国家文化产业发展项目库首批入库项目名单。

同日 衢州市被浙江省食品药品安全委员会命名为浙江省食品安全市。

同日 浙江省开化水库工程开工仪式在马金镇石柱村举行。

29日 安徽省亳州市政府代表团到衢州考察。两市举行战略合作协议签署仪式。市委副书记、市长汤飞帆,亳州市委副书记、市长杜延安出席并讲话。

31日 受市委书记徐文光委托,市委副书记、市长汤飞帆率衢州党政代表团赴绍兴、杭州考察对接山海协作工作。

是年 6个县(市、区)创成省级"无积案信访县(市、区)",龙游县、开化县创成信访工作国家级"三无"县。

是年 衢州市的生态环境质量满意度位列全省第1。

是年 衢州城市信用状况监测排名在全国261个地级市位列全国第2。

是年 钱塘江源头区域(常山、开化)山水林田湖草生态保护修复工程入选全国山水林田湖草生态保护修复工程试点。衢江区列入省级山水林田湖草生态保护修复试点。

(市委办 市方志办 供稿)

市情概览

■ *Overview of Quzhou*

建置区划

【建置沿革】 五六万年前，衢州市境一带已有智人在生息。约秦王政二十五年(前222)，于姑蔑地置大末县，东汉时称太末县。东汉初平三年(192)，析太末县西境置新安县。建安二十三年(218)，分新安县立定阳县。西晋太康元年(280)，改新安县为信安县。南朝陈永定三年(559)，置信安郡，领信安、定阳两县。此为衢地设郡州级政区之始。天嘉三年(562)，撤信安郡。隋开皇九年(589)，废太末县。大业三年(607)，废定阳县入信安县。唐武德四年(621)，于信安县置衢州，又分信安县置须江、定阳县，属衢州。同年，复置太末县，又分置白石县。武德八年(625)，废衢州，又并须江、定阳、太末、白石4县入信安县。贞观八年(634)，析金华、信安2县置龙丘县。咸亨五年(674)，分信安县置常山县。垂拱二年(686)，复置衢州，州治信安，辖信安、龙丘、常山3县。永昌元年(689)，析信安县置须江县。如意元年(692)，分龙丘县置盈川县。万岁登封元年(696)，分常山、须江及饶州之弋阳置武安县(今玉山)，属衢州。唐开元中，于衢州峥嵘岭设信安王府。天宝元年(742)，改衢州为信安郡。乾元元年(758)，复为衢州，玉山、常山2县改隶信州，常山寻还衢州。元和七年(812)，并盈川县入信安县。咸通间，改信安县为西安县。吴越宝正六年(931)，改龙丘县为龙游县，改须江县为江山县。北宋仍置衢州。乾德四年(966)，吴越于常山县西境置开化场。太平兴国三年(978)，吴越纳土归宋。太平兴国六年(981)，升开化场为开化县。元至元十三年(1276)，改州为路，置衢州路总管府。元至正十九年(1359)，废衢州路设龙游府。至正二十六年(1366)，改龙游府为衢州府。明洪武九年(1376)，衢州府隶浙江等处承宣布政使司金衢道。清沿明制，衢州府仍辖西安、龙游、江山、常山、开化5县。清宣统三年(1911)七月，裁西安县并入衢州府。

辛亥革命(1911年10月)后，置衢州军政分府，仍辖西安、龙游、江山、常山、开化5个县。民国元年(1912)2月，废府，改西安县为衢县。民国二十一年(1932)5月，于衢县设浙江省第一县政督察区。民国二十四年(1935)8月，改第一县政督察区为衢县行政督察区。民国二十五年(1936)7月，衢县行政督察区改设第五行政督察区，辖衢县、龙游、江山、常山、开化、淳安、寿昌、遂安8个县。民国三十三年(1944)9月，划淳安、寿昌2个县归第十一行政督察区管辖。民国三十七年(1948)4月，改设浙江省第三行政督察区，辖金华、兰溪、东阳、义乌、浦江、汤溪、永康、武义、磐安、衢县、龙游、江山12个县；常山、开化2个县划入第四行政督察区管辖。7月，第三行政督察区改辖衢县、龙游、江山、常山、开化、遂昌6个县。

1949年5月6日，衢州解放，于衢县城区设衢州市(县级)。7月1日，建浙江省第三专区，辖衢州市(县级)及衢县、龙游、江山、常山、开化、遂昌6个县。10月，改称浙江省衢州专区，1950年5月，撤衢州市，并入衢县。1952年1月，松阳、宣平2个县划入衢州专区，辖8个县及衢县城关区。1955年3月，撤衢州专区，衢县、江山、龙游、宣平、松阳、常山、遂昌7个县划归金华专区，开化县划属建德专区。1958年10月，撤销常山县，并入衢县。同月，开化县改属金华专区。1959年12月，撤销龙游县，并入衢县。次年2月，原龙游县湖镇区划入金华县。1961年10月，恢复常山县。1981年4月，撤销衢县，设立衢州市（县级）。1983年5月，恢复龙游县，湖镇区重归龙游县管辖。1985年5月，国务院批准撤销金华地区，衢州市设地级市，实行市管县体制，原衢州市分设柯城区和衢县。衢州市辖柯城区和衢县、龙游、江山、常山、开化5个县。1987年11月，撤销江山县，设立江山市（县级）。2001年12月，撤衢县，设衢江区。至此，衢州市辖柯城区、衢江区及江山市（县级）、龙游县、常山县和开化县。

（市方志办 供稿）

【行政区划】2020年末，衢州市辖柯城、衢江2个市辖区，龙游、常山、开化3个县，代管江山1个县级市，有6个县级行政区；辖18个街道、43个镇、39个乡。完成“常江线”界线联检工作。年内，指导江山市民政局对廿八都丰林村三省边界界碑进行修复，并建造三省边界亭。3月，向全国征集三省边界亭楹联活动，6月底验收完工。

【平安边界建设】2020年，市、县（市、区）两级把平安边界建设纳入平安衢州建设内容，加强工作力度。各县（市、区）不断完善工作机制，调整界桩管理员，开展互访联系，实现平安边界共建活动社会化，管理常态化。9月，衢州市《立足稳定 创新机制 多方协作衢州市维护边界稳定工作典型做法》被省民政厅作为典型案例推荐至省政法委，这是浙江省民政系统唯一一个被推荐的典型案例。10月，开化县平安边界建设工作调研报告被民政部选入《区划地名工作调研报告选编》。

【界线领域风险防控】2020年，对常山县和江山市县级行政区域界线（以下简称常江线）进行联合检查。“常江线”起点为浙赣线3336011号界桩，终点为柯城区、常山县、江山市三地交点处，全线长56.80公里，设界桩5个，实地埋设界桩5个。其中082281001号界桩位于常山县天马街道和平村朱家畲自然村东南与江山市大桥镇福塘村进塘自然村北交界处的旱地上；082281002号界桩位于常山县天马街道五联村长田塍自然村与江山市坛石镇占村村凉亭边自然村的屋后；082281003号界桩位于常山县青石镇砚瓦山村界牌自然村南与江山市大陈乡大陈村龙潭自然村北的省道221边［另有2个界桩（浙赣线3336011号界桩、柯常江三地交点处）分别于2018年8月和2018年9月完成联检］。11月13日，市政府将常山县和江山市县级行政区域界线联合检查工作情况上报省政府及省民政厅。

【地名信息化】2020年，联通城市大脑，建立全市地名数据库，为各部门提供基础、精准的地址数据。创新地名地理空间点位数据建设。完成地名地址空间数据分析入库1011798条，关联空间点位数据640965条，创新实现地名数据图像化、空间化，空间点位关联进度位列全省第2。打通省级数据对接。打通省、市区划地名系统，实现数据共享，及时更新完善数据库。打通部门数据对接。与市资规局、市住建局、市公积金办等单位加强协作，无缝对接地名数据，实现地名数据横向、纵向互通共享。

截至年末，为市民开具地名证明6701件、办理门牌证69358件，地名核准60件，提供各类地名咨询1000余人次，现场答复地名信访件4件，完成数据城管交办件9件，问题解决率100%。

【地名管理】2020年，制定《衢州市地名管理规范》《衢州市中心城区道路命名（更名）工作规范》。召开地名管理工作例会，搭建部门间沟通交流的平台，解决地名管理工作难题3个。开展路牌多杆合一试点工作，完成高铁新城次道路命名工作、主城区35座桥隧命名工作。加强地名标识日常巡查。

【地名文化建设】2020年，向《中国地名大会》第二季节目组报送68道试题、14条短视频，已确定多题入围，实现衢州地名“零的突破”。完成《国家标准地名志（上卷）》《省标准地名词典》《省标准地名志（上卷）》衢州部分的编纂、修改、审稿和定稿工作。截至年末，正在修改《省标准地名志（下卷）》。编撰《衢州地名志》，文字约200万字，地名属性信息2.4万多条，地图150多幅。部署、指导、培训各县（市、区）第二次地名普查档案的分类制作，完成普查档案的制作，在全省率先完成移交案卷档案210盒、光盘档案6盒。根据省民政厅《关于公布第二批浙江省千年古镇（古村落）地名文化遗产名单的通知》，开化县马金镇、衢江区明果村、龙游县团石村、江山市礼贤村入围省第二批千年古镇（古村落）地名文化遗产，实现千年古镇“零的突破”。

（刘青青）

自然环境

【地理位置和面积】衢州市位于浙江省西部，钱塘江源头，介于北纬28°15′26″—29°30′00″、东经118°01′15″—119°20′20″。南连福建南平，西邻江西上饶，北接安徽黄山，东与省内杭州、金华、丽水三市接壤，为浙、闽、赣、皖四省接合部。全境东西宽127.5公里，南北长140.25公里，辖柯城区、衢江区、江山市、龙游县、常山县、开化县两区一市三县，总面积8844.56平方公里。其中陆地面积8482.24平方公里，占95.90%；水域及水利设施用地362.32平方公里，占4.10%。

【地形地貌】境域为金衢盆地西段，地势为南北高中间低，其特征以衢江为轴心向南北对称展布，海拔高度逐级提升。衢江两侧为河谷平原，外延为丘陵低山，再扩展上升为低山与中山。东南缘为仙霞岭山脉，有境内最高峰大龙岗，海拔1500.3米。西北及北部边缘为白际山脉南段与千里岗山脉之部分。西部多丘陵低山。中部河谷平原，低丘岗地交错分布。东部以河谷平原为主，地势平缓。境内最低处为龙游县下童村，海拔33米。地貌类型多样而有序，有山地、丘陵、平原、盆地，以山地丘陵为主，占土地总面积85.44%。域内河流主体属钱塘江水系，由衢江及十二支流组成叶脉状态势，小部属长江鄱阳湖水系。

【自然资源】境内天然资源优势显著。矿产贮藏种类多，全境探明矿产50余种，开发利用30多种。石灰岩、石煤资源储量居全省前列，建材资源、化工资源和部分有色金属、稀有金属矿资源都颇丰富。土地资源人均占有量居全省前列，耕地面积人均量略高于全省水平。森林资源丰富，是浙江省三大重点林区之一。水资源总量近100亿立方米，人均占有量高出全省80%。水面水产资源丰盛。水力资源理论蕴藏量约66万千瓦，可开发利用的约25万千瓦。境内植物区兼有南北相承的特征，动植物种类多，有国家重点保护野生动物56种、国家重点保护野生植物20种，是全国12个具有国际意义的生物多样性分布中心之一。

（市方志办 供稿）

气候特征

【常年气候概况】衢州市属亚热带季风气候区，四季分明，光热充足，雨量充沛，无霜期长，地貌类型复杂，小气候资源丰富，丘陵山地垂直气候分布明显。全市年平均（1981—2010年）气温为17.3℃，历年极端最高气温为41.8℃（1988年7月18日常山），极端最低气温为-11.4℃（1977年1月6日龙游）。年平均降水量1758.9毫米，历年最大降水量2374.5毫米（1983年），最小降水量1130.7毫米（1978年），日最大降水量为212.3毫米（2011年6月15日开化），年平均降水日数190天。年平均无霜期263天，年平均相对湿度78%，年平均日照时数1726小时，年平均风速2.0米/秒，最多风向为东北偏东风，年平均蒸发量1392毫米，年平均雾日数30天，年平均雷暴日数49天。

【2020年气候特征】2020年，全市平均气温18.5℃，较常年异常偏高1.2℃，平历史最高纪录；全市平均高温日数41天，较常年偏多10天。全市年平均降水量2067.7毫米，较常年偏多两成。全市年平均日照时数1449小时，较常年偏少近两成。

2020年，衢州市气象灾害较往年偏重，春播期遭遇强冷空气、梅汛期暴雨洪涝、秋季低温冷害等气象灾害，给城市供水、公路交通、种植养殖业等各行业造成较严重影响。全市气象部门发布暴雨、雷电、大风、霜冻、大雾、霾、高温等各类预警信号540次，有效地防御和减轻各类气象灾害影响。

【主要气象事件】 2020年，衢州市发生的主要气象事件归类如下：

年平均气温历史最高 2020年是自1997年以来偏暖的第24个年头，全市年平均气温18.5℃，比常年同期异常偏高1.2℃，平历史最高纪录(历史最高出现于2016年)。

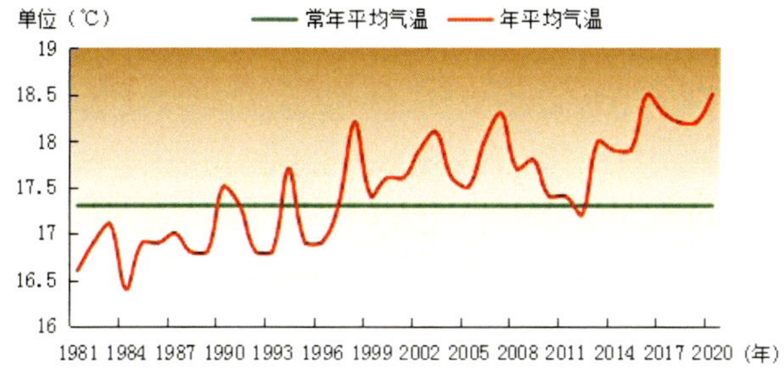

1981—2020年衢州市年平均气温变化图

建站以来最暖冬季 2020年冬季(2019年12月至2020年2月)全市平均气温9.2℃，比常年同期异常偏高2.6℃，破历史同期最高纪录，各站平均气温8.5℃—9.5℃，较常年异常偏高2.2℃—2.8℃，均破历史同期最高纪录，"暖冬"特征明显。冬季低温日数(最低温度≤0℃)异常偏少，全市平均仅7天，比常年同期偏少13天。

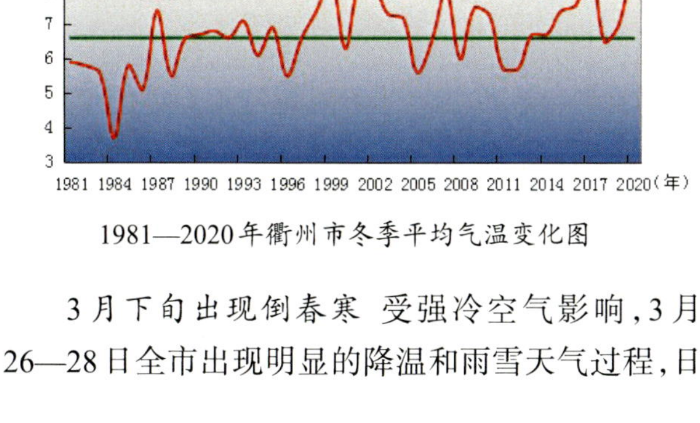

1981—2020年衢州市冬季平均气温变化图

3月下旬出现倒春寒 受强冷空气影响，3月26—28日全市出现明显的降温和雨雪天气过程，日平均气温的过程降温幅度10℃—12℃，3月29日早晨最低气温降至4℃—6℃，山区2℃—4℃，部分地区出现8级大风。受此次倒春寒影响，水稻秧苗出现生长缓慢、根系发育不良等现象，部分发生立枯病，秧苗损失较大。

春季频繁出现强对流 受对流云团影响，3月22日、3月26日、4月11—12日、4月27日、5月15日，全市出现大范围强对流天气，部分地区出现7—9级大风、强雷电、短时强降水和局地冰雹。受其影响，部分设施农业受灾、车辆受损。

梅雨强度达建站以来第三位 5月29日衢州市入梅，7月18日出梅，梅雨期50天，较常年异常偏多20天。梅雨期出现8轮强降水天气过程，全市平均梅雨量854.6毫米，较常年梅雨量偏多112%，位列建站以来第三位，为全省梅雨量最大地级市。根据梅雨监测指标(GB/T 33671—2017)，综合分析梅汛期间梅雨总量、平均降水强度、梅期等因子，2020年衢州梅雨强度指数为1951年以来第三位，属于梅雨强年份。据统计，梅雨期8轮强降雨累计造成全市150个乡镇10万余人受灾，农作物受灾面积约13310.73公顷。直接经济损失约8.93亿元。

夏季出现阶段性高温 2020年大范围高温过程主要有4次，分别是6月12—18日的初夏高温、7月11—24日梅伏高温、7月28日至8月3日及8月6—26日的盛夏高温。其中8月13—16日、8月24—25日均超过80%的陆域面积出现高温天气，8月25日达到90%。连续的高温导致用电需求迅速增加，全市用电负荷屡创新高，最高负荷3160.38兆瓦，同比增长8.17%。全市气象部门全年发布54次高温橙色预警信号。

7月地闪次数为历史最多 2020年7月雷暴天气频发，全市7月地闪30969次，是衢州市有闪电监测记录以来的最高值。7月15—16日、7月20—21日、7月28—29日均连续发生大范围的强雷暴天气，其中7月20日全市地闪3804次。

初秋出现低温多雨寡照 9月16—23日，衢州市出现低温多雨寡照天气，其间全市平均气温20.0℃，较常年同期异常偏低3.4℃；全市平均降水量154.2

2020年衢州市气象要素情况一览表

表1

要素			衢州市区	江山市	龙游县	常山县	开化县
温度（℃）	年平均气温		18.8	18.8	18.6	17.7	18.7
	年极端最高气温		38.5	37.7	39	38.1	38.8
	出现日期		8月24日	8月19日	8月20日	8月15日	8月24日
	年极端最低气温		- 4.9	- 4.7	- 4.8	- 6.3	- 5.4
	出现日期		12月31日	12月31日	12月31日	12月31日	12月31日
降水（毫米）	年降水总量		2134	1837.7	2087.8	2359	1916
	年降水天数		161	161	161	163	166
	一日最大降水量		202.3	135.8	166	184.3	142.7
	出现日期		6月30日	6月30日	6月30日	6月30日	6月30日
日照（小时）	年日照时数(小时)		1468.7	1582.5	1471.3	1283.5	1442.4
	年日照百分率(%)		33	36	34	29	33
年平均相对湿度(%)			76	75	76	80	77
年平均气压(百帕)			1006.4	1001.1	999.9	998.2	1008.6
年平均风速(米/秒)			2.5	2.6	2.2	1.1	1.7
主要气象灾害	暴雨天数		4	8	6	12	4
	霾天数		5	15	9	7	6
	高温天数		45	44	38	29	48
	雾天数		18	19	24	27	22
	冰冻天数		4	6	—	6	4
	霜	终霜出现日期	2月18日	2月18日	—	2月19日	2月18日
		初霜出现日期	—	12月3日	—	—	—
	雪	终雪出现日期	3月30日	未出现	2月6日	2月16日	2月7日
		初雪出现日期	12月14日	11月28日	12月14日	12月14日	12月14日

说明：衢州市区指柯城区、衢江区

毫米，较常年同期异常偏多5倍；全市平均日照时数不足1小时，较常年同期异常偏少9成。阴雨天气影响单季稻收割，导致水稻发芽、单产减产；9月18—22日连续5天平均气温为20℃以下，出现低温冷害，此时连作晚稻正值拔节抽穗期，影响抽穗扬花。

年末强寒潮入侵 12月28—31日，受寒潮影响，全市出现剧烈降温、风力增大和雨雪天气过程。12月29日夜里，衢州市北部地区开始出现雨夹雪或雪，北部山区有1—3厘米积雪，大部分地区出现5—7级阵风，有7个乡镇站点出现8级大风。12月29—31日，日平均气温过程降温幅度10℃—12℃，全市大部地区最低气温-5℃—-7℃，极端最低气温-14.6℃（六春湖，12月31日）。此次寒潮强度强、降温幅度大，冰冻天气影响严重，对农林业、交通、电力、市政、供水等各行业及公众生活产生较严重影响。

气候条件利于生态环境持续向好 2005年以来衢州市植被覆盖度逐步增加、植被生态质量持续改善，固碳释氧生态功能不断提升。2020年，全市植被覆盖度近70%，全市有逾94%的区域植被覆盖度表现为增加趋势，植被覆盖度持续向好。全年，全市负氧离子年平均浓度892—5188个/立方米，总体表现为山区高、城市低，森林覆盖率高的山区是负氧离子的富集地。

（丁 兮）

水 文

【概 况】2020年，衢州市年降水量较常年偏多，梅雨期间出现8轮强降水过程，强降雨区域基本重叠，各地均出现暴雨大暴雨过程。降水总量大、面广、短时降水集中，导致江河水位普遍出现超警戒或保证水位。

【降水量】据各水文站观测，2020年全市平均年降水量2207.2毫米，折合水量195.22亿立方米，与上年基本持平，比多年平均值多20.1%，属丰水年份。降水在空间分布的总特点是山区多，盆地少。降水量的高值区在衢江区、柯城区的北部山区、江山市的南部山区和开化县的山区。最大年降水量出现在江山市大平头站，为2653.5毫米；降水相对较少的为衢州市区到龙游城区一带沿衢江的盆地，最小年降水量出现在龙游县横山站，为1532.5毫米。

降水的主要特点是降水量年内分配不均匀。最大月降水量发生在6月，全市平均520.1毫米，占年总降水量的23.5%。最小月降水量发生在10月，全市平均35.4毫米，仅占年总降水量的1.6%。

【蒸发量】2020年，全市平均年蒸发量841.1毫米，接近多年平均值。最大年蒸发量是衢江区铜山源水库站，为963.5毫米；最小年蒸发量是开化县密赛站，为629.7毫米。

【洪 水】2020年，梅雨期间降雨强度大，间歇短，影响范围广，马金溪、常山港和衢江出现流域性大洪水过程。衢州站于7月9日13时45分出现2020年最高洪峰水位63.55米（1985国家高程基准，下同），相应最大洪峰流量6650立方米/秒；开化站于7月7日22时15分出现最高洪峰水位124.36米，相应最大洪峰流量1700立方米/秒；常山站于7月9日7时35分出现最高洪峰水位84.80米，相应最大洪峰流量4900立方米/秒；江山站于6月30日20时15分出现最高洪峰水位93.25米，相应最大洪峰流量1140立方米/秒；龙游站于7月9日15时40分出现最高洪峰水位43.06米。

【径流量】2020年，各主要河流径流量较多年平均值偏多。其中，衢州站实测年径流量69.97亿立方米，较多年平均值偏多。全市总水资源量123.97亿立方米，比上年减少9.7%，比多年平均值增多21.8%。全市14座大中型水库，年末总蓄水量16.91亿立方米，比上年末增长7.5%。

【输沙量】2020年，衢江衢州站年输沙量98.3万吨，年侵蚀模数181吨/平方公里，低于多年平均值。

（占成悦）

人 口

【概 况】2020年底，全市户籍人口总户数968116户，比上年增加3780户，总人口（不含服现役人员，下同）2568638人，平均每户

2.65人。其中，男性1308274人，女性1260364人，分别占总人口的51%和49%，性别比（女=100，下同）103.80。总人口比上年减少7687人，年增长率-0.30%，增幅较上年下降0.21个百分点。

统计显示，6个县（市、区）中，柯城区人口增加，增长率0.13%；常山县、龙游县、江山市、开化县和衢江区人口有所减少，增长率分别为-0.59%、-0.54%、-0.36%、-0.35%和-0.14%。

2020年度衢州市及各县（市、区）总人口情况统计表

表2

地区	户数（户）	总人口（人）	比上年增加（人）	增长率（%）	性别比	平均每户人数
衢州市	968116	2568638	-7687	-0.30	103.80	2.65
柯城区	181556	441760	569	0.13	99.39	2.43
衢江区	165842	411627	-585	-0.14	104.45	2.48
常山县	124470	341567	-2020	-0.59	107.06	2.74
开化县	123007	360584	-1257	-0.35	106.18	2.93
龙游县	168290	399794	-2190	-0.54	101.71	2.38
江山市	204951	613306	-2204	-0.36	104.82	2.99

2011—2020年衢州市总人口变动情况统计表

表3

年份	户数（户）	总人口（人）	比上年增加（人）	增长率（%）	性别比（女=100）
2011	875333	2525527	13131	0.52	106.33
2012	874729	2528289	2762	0.11	105.94
2013	883090	2542079	13790	0.55	105.57
2014	902201	2556727	14648	0.58	105.22
2015	917670	2563791	7064	0.28	104.79
2016	922829	2574860	11069	0.43	104.54
2017	934020	2578084	3224	0.13	104.25
2018	954725	2578752	668	0.03	104.08
2019	964336	2576325	-427	-0.09	103.96
2020	968116	2568638	-7687	-0.30	103.80

（市公安局 供稿）

【百岁老人】2020年末,全市有百岁老人(指享受百岁老人补贴)202人。最长寿为龙游县塔石镇舒村的徐银娣,生于1912年9月。

2020年末衢州市百岁老人一览表

表4

序号	所在地区	姓名	出生年月	性别	年龄	详细地址
1	柯城区	梁银珠	1917.08	女	103	衢州市柯城区紫荆花苑
2		何菊香	1918.02	女	102	衢州市柯城区航埠镇何双蓬村何家垅
3		徐秀娟	1918.05	女	102	衢州市柯城区新桥街
4		项金兰	1918.11	女	102	衢州市柯城区白云街道双塘岭村
5		吴海寿	1918.12	男	102	衢州市柯城区黄家乡旺吴村
6		巫荷花	1919.01	女	101	衢州市柯城区石室乡崇文村
7		徐世英	1919.02	女	101	衢州市柯城区航埠镇长泽街村官田
8		舒秋莲	1919.10	女	101	衢州市柯城区万田乡余家山头村
9		翁亚子	1919.10	女	101	衢州市柯城区石梁镇柴家坊村吴家山头
10		吴先友	1919.12	女	101	衢州市柯城区清莲小区
11		周荣海	1919.12	男	101	衢州市柯城区荷四路丰林小区
12		叶生倪	1920.04	男	100	衢州市柯城区双港街道汪村村叶家
13		周竹生	1920.04	男	100	衢州市柯城区衢化花径村
14		李含高	1920.07	男	100	衢州市柯城区石梁镇李家村塔山底自然村
15		姜招美	1920.07	女	100	衢州市柯城区兴华北区
16		叶金妹	1920.08	女	100	衢州市柯城区仁德路
17		苏家依	1920.10	女	100	衢州市柯城区九华乡新宅村
18		宋大娜	1920.10	女	100	衢州市柯城区黄家乡后川祝村
19		祝爱梅	1920.11	女	100	衢州市柯城区五圣巷
20		陈金生	1920.11	男	100	衢州市柯城区书院东路渔村
21		王治文	1920.11	男	100	衢州市柯城区杨家巷
22	衢江区	黄老三妹	1917.11	女	104	衢州市衢江区峡川镇峡口村新姚
23		杜根花	1918.09	女	103	衢州市衢江区杜泽镇杜二村横街
24		徐水耀	1918.09	男	103	衢州市衢江区云溪乡勃龙村
25		邵金娣	1918.10	女	103	衢州市衢江区樟潭街道方杨村
26		徐洪发	1918.12	男	103	衢州市衢江区上方镇玳堰村
27		徐卸妹	1919.01	女	102	衢州市衢江区云溪乡富西村杨塘
28		余文英	1919.06	女	102	衢州市衢江区后溪镇张村村西塘
29		李樟妹	1919.09	女	102	衢州市衢江区高家镇林家村
30		陈耀珠	1919.09	女	102	衢州市衢江区杜泽镇潜灵村
31		林乾禄	1919.10	男	102	衢州市衢江区上方镇金杨村杨家林塘坞

续表4

序号	所在地区	姓名	出生年月	性别	年龄	详细地址
32	衢江区	徐雪英	1919.12	女	102	衢州市衢江区岭洋乡抱珠龙村
33		汪四妹	1920.02	女	101	衢州市衢江区峡川镇考坑村
34		吴招珠	1920.04	女	101	衢州市衢江区高家镇欧塘村新阳基
35		舒世香	1920.06	女	101	衢州市衢江区周家乡坞溪桥村
36		王樟英	1920.06	女	101	衢州市衢江区湖南镇山尖岙
37		王德富	1920.06	男	101	衢州市衢江区杜泽镇下溪村
38		郑荣华	1920.07	男	101	衢州市衢江区后溪镇后溪村
39		徐金珠	1920.11	女	101	衢州市衢江区横路办事处平山
40		雷翠姣	1920.11	女	101	衢州市衢江区樟潭街道卢家村
41		邵樟生	1920.11	男	101	衢州市衢江区樟潭街道下张村邵家
42	江山市	陈美凤	1914.08	女	106	江山市贺村镇溪淤村山前坂
43		姜德楷	1916.04	女	104	江山市贺村镇礼贤村上安篷
44		徐爱仙	1916.10	女	104	江山市张村乡秀峰村
45		金祖英	1916.12	女	103	江山市石门镇下溪底
46		戴正有	1917.02	男	103	江山市石门镇界牌村
47		刘双喜	1917.05	女	103	江山市新塘边镇新塘边村
48		郑井囡	1917.08	女	103	江山市四都镇傅筑园村赤山
49		毛和旭	1917.09	男	103	江山市坛石镇坛石村清明山底
50		周香友	1917.09	女	103	江山市石门镇西山村陈村
51		毛和善	1918.01	男	102	江山市坛石镇坛石村店街
52		毛连仙	1918.04	女	102	江山市新塘边镇上平天村荸荠塘
53		王春居	1918.06	女	102	江山市峡口镇枫石村乌里垄
54		柴春期	1918.07	男	102	江山市塘源口乡白石村
55		郑秀玉	1918.11	女	102	江山市清湖镇清一村
56		毛超英	1918.12	女	102	江山市市区育婴堂巷
57		郑瑞生	1918.12	男	102	江山市四都镇上峰村上埂头
58		曾秀爱	1919.01	女	101	江山市大陈乡红星村夏坞
59		赵友芝	1919.01	女	101	江山市双塔街道陈村
60		徐彩香	1919.02	女	101	江山市凤林镇政棠村祝家坞
61		周高香	1919.02	女	101	江山市清湖街道和睦村瓦窑
62		王水英	1919.03	女	101	江山市市区沙埂
63		张秋香	1919.06	女	101	江山市碗窑乡和源村箬坞
64		王合芝	1919.07	女	101	江山市石门镇江郎山村乌鲤
65		姜凤囡	1919.08	女	101	江山市凤林镇政棠村政棠

续表4

序号	所在地区	姓名	出生年月	性别	年龄	详 细 地 址
66	江山市	张增盛	1919.08	男	101	江山市贺村镇水晶山底村
67		温五背	1919.09	女	101	江山市上余镇塘岭一村塘下
68		毛哑吧子	1920.01	女	100	江山市峡口镇峡南村迎福路
69		毛秀妹	1920.03	女	100	江山市贺村镇淤前村前江
70		张松玉	1920.04	女	100	江山市峡口镇合新村
71		毛凤亭	1920.05	女	100	江山市大桥镇桥头村王村
72		毛希雅	1920.06	女	100	江山市长台镇中心街布店巷
73		朱双仙	1920.07	女	100	江山市张村乡秀峰村
74		郑金妹	1920.07	女	100	江山市双塔街道赵家村绕边
75		王翠兰	1920.08	女	100	江山市廿八都镇后街
76		柴昌双	1920.09	男	100	江山市新塘边镇敬老院
77		柴仙月	1920.09	女	100	江山市贺村镇东山头村环山
78		徐彩芳	1920.09	女	100	江山市峡口镇王村
79		曹乾满	1920.10	男	100	江山市清湖街道花园岗村
80		祝金英	1920.11	女	100	江山市上余镇余航村航头
81		吴双月	1920.11	女	100	江山市市区十八曲巷
82		肖爱银	1920.12	女	99	江山市长台镇金檀村
83		郑洪有	1920.12	男	99	江山市双塔街道杨敦村
84		周甫英	1921.01	女	99	江山市贺村镇明星村
85		谭其明	1921.02	男	99	江山市上余镇望江村
86		祝高本	1921.03	男	99	江山市碗窑乡东村
87		周玉花	1921.04	女	99	江山市石门镇界牌村中山头
88		张月香	1921.05	女	99	江山市峡口镇三卿口村
89		巫七妹	1921.05	女	99	廿八都镇周村村
90		周新妹	1921.06	女	99	江山市清湖街道路口村路口
91		姜梅英	1921.06	女	99	江山市新塘边镇塘边村荷塘头
92		王苏子	1921.06	女	99	江山市峡口镇柴家巷
93		柴光文	1921.07	男	99	江山市张村乡先锋村
94		吴瑞香	1921.07	女	99	江山市虎山街道协里村
95		刘国香	1921.08	女	99	江山市双塔街道陈村
96		严元寿	1921.09	男	99	江山市贺村镇高路村
97		周武照	1921.09	男	99	江山市凤林镇高坂村达栋底
98		汪彩婷	1921.09	女	99	江山市大桥镇冷水村
99		王招美	1921.09	女	99	江山市峡口镇枫石村枫石坂
100		吴祥龙	1921.09	男	99	江山市清湖街道花园岗村

续表 4

序号	所在地区	姓名	出生年月	性别	年龄	详细地址
101	江山市	钟章耀	1921.10	男	99	江山市上余镇江村畲族民族村
102		柴松仙	1921.10	女	99	江山市上余镇大溪滩村
103		卢春文	1921.10	女	99	江山市清湖镇清泉村
104		陆洪林	1921.10	男	99	江山市清湖街道和睦村
105		危云森	1921.10	男	99	江山市张村乡毛长甫村
106		黄秀玉	1921.10	女	99	江山市大陈乡红星村北蕉
107		柴金亭	1921.10	女	99	江山市峡口镇酒坊巷
108		郑洪仙	1921.10	女	99	江山市贺村镇敖坪村朱坞垄
109		夏炳森	1921.10	男	99	江山市清湖镇华夏村
110		郑春州	1921.10	女	99	江山市凤林镇桃源村王家
111		毛秀香	1921.11	女	99	江山市双塔街道莲塘村
112		戴毛达囡	1921.11	女	99	江山市贺村镇幸福村上麦岭
113		黄明生	1921.11	男	99	江山市碗窑乡达河村坂顶
114	龙游县	徐银娣	1912.09	女	108	龙游县塔石镇舒村村
115		周　香	1915.12	女	105	龙游县詹家镇詹家村
116		傅招林	1916.04	男	104	龙游县庙下乡长生桥村
117		吴守英	1917.09	女	103	龙游县龙洲街道清廉社区
118		邱樟才	1917.10	男	103	龙游县塔石镇山底陈村
119		何卸梅	1918.05	女	102	龙游县塔石镇杜山徐村
120		陈彩英	1918.07	女	102	龙游县小南海镇双潭村
121		卢美英	1918.08	女	102	龙游县龙洲街道白坂村
122		袁五奶	1918.09	男	102	龙游县模环乡兰塘村
123		丰雪莲	1919.05	女	101	龙游县湖镇镇下童村
124		杨彩英	1919.08	女	101	龙游县模环乡上向塘村
125		劳根娣	1919.11	女	101	龙游县模环乡琚家村
126		周文秀	1919.12	女	101	龙游县庙下乡庙下村
127		何正权	1920.02	男	100	龙游县东华街道岩头村
128		颜龙祥	1920.02	男	100	龙游县小南海镇新山水村
129		邵菊梅	1920.05	女	100	龙游县龙洲街道阳光社区
130		吴春香	1920.07	女	100	龙游县龙洲街道城角坊社区
131		董元康	1920.09	男	100	龙游县庙下乡庙下村
132		黄冬英	1920.09	女	100	龙游县詹家镇马叶村
133		林日如	1920.10	男	100	龙游县大街乡贺田村
134		张久贞	1920.12	女	100	龙游县龙洲街道
135		祝根洪	1920.12	男	100	龙游县庙下乡严村

续表 4

序号	所在地区	姓名	出生年月	性别	年龄	详 细 地 址
136	龙游县	胡樟弟	1921.01	男	99	龙游县龙洲街道新桥头村
137		吴晓义	1921.01	男	99	龙游县龙洲街道城角坊社区
138		余春美	1921.02	女	99	龙游县龙洲街道方门街村
139		吴文珠	1921.05	女	99	龙游县詹家镇夏金村
140		余爱花	1921.06	女	99	龙游县湖镇镇茆头村
141		李宝银	1921.08	男	99	龙游县龙洲街道红星社区
142		饶奇珍	1921.08	女	99	龙游县龙洲街道山底村
143		方文兰	1921.09	女	99	龙游县小南海镇傅家畈村
144		徐美容	1921.09	女	99	龙游县罗家乡马府墩村
145		蔡金兰	1921.10	女	99	龙游县湖镇镇洪畈村
146		钱德禄	1921.10	男	99	龙游县模环乡兰塘村
147		邱甘美	1921.10	女	99	龙游县塔石镇泽随村
148		李秋英	1921.11	女	99	龙游县詹家镇夏金村
149		王水姣	1921.11	女	99	龙游县湖镇镇星火村
150	常山县	沈惠琴	1916.02	女	105	常山县天马街道城南小区
151		江彩玉	1917.10	女	104	常山县辉埠镇彭川村灵峰寺
152		毛根香	1918.01	女	103	常山县青石镇水南村
153		徐根花	1918.01	女	103	常山县天马街道定阳社区柚乡苑
154		杨水兰	1918.01	女	103	常山县金川街道金川弄村原金家畈村
155		邹丁山	1918.01	男	103	常山县天马街道城南小区虎山路
156		王兰香	1918.04	女	103	常山县天马街道和平村袁青口自然村
157		何照丽	1918.05	女	103	常山县球川镇黄泥畈村
158		徐娜你	1918.06	女	103	常山县青石镇湖头村朱家
159		廖荣风	1918.08	女	103	常山县招贤镇游林村
160		郑舍玉	1918.09	女	103	常山县天马街道东明社区竹园
161		徐松江男	1919.06	女	102	常山县天马街道屏山社区利民一弄
162		汪桂花	1919.07	女	102	常山县新昌乡西源村西岭脚自然村东坞
163		严娜你	1919.07	女	102	常山县天马街道下东淤
164		郑香莲	1919.09	女	102	常山县招贤镇溪上村
165		胡十五那	1919.11	女	102	常山县东案乡田蓬村莲蓬山
166		曾莲香	1920.01	女	101	常山县青石镇湖头村
167		郑金花	1920.03	女	101	常山县大桥头乡濛桥村
168		李金水	1920.05	男	101	常山县招贤镇古县村
169		王兆花	1920.05	女	101	常山县青石镇湖头村朱家
170		王林香	1920.07	女	101	常山县大桥头乡濛桥村

续表4

序号	所在地区	姓名	出生年月	性别	年龄	详细地址
171	常山县	袁敬照	1920.11	男	101	常山县天马街道屏山社区
172		杨秋莲	1921.01	女	100	常山县同弓乡山边村
173		樊爱珠	1921.05	女	100	常山县招贤镇樊村村
174		胡淑姣	1921.05	女	100	常山县辉埠镇山背村
175		占秋香	1921.07	女	100	常山县天马街道东明社区东苑小区
176		叶蓉花	1921.08	女	100	常山县辉埠镇达坞村棚桥
177		曾桂英	1921.08	女	100	常山县辉埠镇路里坑村石村
178		王明华	1921.09	女	100	常山县辉埠镇东鲁村徐家生产队
179		徐水玉	1921.10	女	100	常山县招贤镇渔溪口村符家自然村
180		杨金珠	1921.11	女	100	常山县天马街道五联村吴村张
181		张娜你	1921.11	女	100	常山县球川镇馒头山村窑上自然村
182	开化县	余成苏	1915.01	女	106	开化县马金镇霞田村
183		陈美芝	1917.04	女	104	开化县芹阳办事处星群村
184		汪士娟	1919.09	女	102	开化县芹阳办事处荷花社区
185		孙竹根	1920.01	男	101	开化县华埠镇枫树底社区
186		方金友	1920.02	男	101	开化县华埠镇朝阳村新下自然村
187		姚志辉	1920.07	男	101	开化县音坑乡姚家村
188		汪长生	1920.08	男	101	开化县芹阳办事处汶山村
189		姜小松	1920.09	男	101	开化县池淮镇芹源村
190		赖长姣	1920.12	女	101	开化县苏庄镇苏庄村
191		朱泽民	1921.01	男	100	开化县华埠镇华阳路
192		严元科	1921.02	男	100	开化县池淮镇兴怀路
193		丁灶坤	1921.03	男	100	开化县苏庄镇富楼村车田畈
194		胡留女	1921.04	女	100	开化县村头镇古竹村
195		汪连香	1921.08	女	100	开化县齐溪镇丰盈坦村
196		方秋秋	1921.09	女	100	开化县中村乡淳溪村
197		徐小芝	1921.09	女	100	开化县钟山二弄
198		汪樟水	1921.09	男	100	开化县芹阳办事处五福村墩福村
199		冯玉花	1921.10	女	100	开化县华埠镇杨村村何家
200		童兆善	1921.11	男	100	开化县华埠镇兴华街
201		徐景山	1921.12	男	100	开化县华埠镇龙潭路
202		邹永花	1921.12	女	100	开化县长虹乡蛟峰村

（郑蕾君）

新任市领导简介

【吴舜泽】 吴舜泽,男,汉族,1970年10月生,湖北潜江人,2007年12月加入中国共产党,1992年7月参加工作,博士研究生学历。

历任中国环境科学研究院规划所综合规划室主任,中国环境规划院咨询部副主任(副处级)、主任(正处级),中国环境规划院副院长、党委委员,环境保护部环境与经济政策研究中心主任、党委书记,生态环境部环境与经济政策研究中心主任、党委书记,衢州市委副书记、政法委书记(保留正厅长级)。

【周黎旸】 周黎旸,男,汉族,1968年3月生,浙江江山人,1996年9月加入中国共产党,1992年7月参加工作,研究生学历。

历任衢化氟化厂机修车间机械员、三车间设备副主任,浙江衢化氟化学有限公司二车间设备副主任、机动科科长、总经理助理、党委委员、副总经理、总经理、董事,巨化股份有限公司常务副总经理,浙江衢化氟化公司董事长,巨化股份有限公司总经理、物流事业部筹备组组长、巨化营销中心总经理,巨化集团公司党委委员、董事、副总经理、总经理,巨化集团有限公司董事、总经理、党委委员、党委副书记、正高级工程师,衢州市委常委、巨化集团有限公司董事长、党委书记。

【王良海】 王良海,男,汉族,1964年10月生,浙江江山人,1986年7月加入中国共产党,1986年8月参加工作,大学学历。

历任浙江电工器材厂工段长,衢州市计经委企管科副科长、综合科副科长、综合处处长,衢州市经委党委委员、主任助理、综合处处长、副主任,衢州市经信委党委副书记、副主任,衢州市发改委党委副书记、副主任,衢州市交通运输局局长、党委书记,衢州市政府副秘书长,衢州市政府办公室主任、党组副书记、党组书记,衢州市委秘书长、一级调研员,衢州市政协副主席、党组成员、市委秘书长。

【琚建军】 琚建军,男,汉族,1966年6月生,浙江龙游人,1993年4月加入中国共产党,1985年8月参加工作,省委党校研究生学历。

历任龙游县土特产公司职工,龙游县委办公室报道组副组长、综合科副科长、科长,衢州市委组织部办公室副主任、调研室主任、办公室主任、干部处处长、干部一处处长、部务会议成员,开化县委常委、组织部部长,开化县委副书记,衢州市委组织部副部长、正县级组织员、常务副部长、一级调研员,衢州市政协党组成员、副主席。

(市委组织部　供稿)

2020年衢州市组织机构和负责人名录

衢州市中共党组织

中共衢州市委员会

书　记　徐文光
副书记　汤飞帆
　　　　吴舜泽(2020.10—)
常务委员　徐文光
　　　　汤飞帆
　　　　吴舜泽(2020.10—)
　　　　傅根友
　　　　胡仲明(—2020.12)
　　　　陈锦标
　　　　钱伟刚
　　　　蔡旭昶
　　　　林晓峰
　　　　林建敏
　　　　周黎旸(2020.12—)
　　　　刘根宏(2020.12—)

中共衢州市纪律检查委员会(市监察委员会)

书记、监委主任　蔡旭昶
常务副书记、监委副主任　蔡方林
副书记、监委副主任　张永亮

市委工作机构及直属部门

市委秘书长　王良海

市委办公室

主　任　夏盛民

市委组织部

部　长　林晓峰

常务副部长　毛胜田

市新时代党员教育中心

主　任　朱君才

市委宣传部

部　长　钱伟刚

常务副部长　姜建勋

市精神文明建设指导中心

主　任　周宏波

市委统一战线工作部

部　长　傅根友

常务副部长　吴耀光(—2020.07)

叶美峰(2020.08—)

市委政法委员会

书　记　周伟江(—2020.10)

吴舜泽(2020.10—)

市委全面深化改革委员会办公室

主　任　徐　翰

市委网络安全和信息化委员会办公室

主　任　何相涯

市委机构编制委员会办公室

主　任　华　英(女)

市委台湾工作办公室(市政府台湾事务办公室)

主　任　余永军

市委直属机关工作委员会

书　记　林晓峰

常务副书记　周群丽(女)

市委巡察工作领导小组办公室

主　任　王光辉

市委、市政府信访局

局　长　张群英(女)

市委老干部局

局　长　曾越河

市委党校(衢州行政学院)

校　长　林晓峰

常务副校长　姜海洋(—2020.01)

余尧正(2020.01—)

市档案馆

馆　长　吾炳才(—2020.09)

蓝水高(2020.09—)

衢州日报报业传媒集团

社　长　毛霄云

总编辑　崔建华(—2020.01)

余　风(2020.01—)

衢州市政权组织

衢州市人大常务委员会

主　任　居亚平(女,—2020.04)

吴国升(2020.04—)

副主任　毛建民(2020.04—)

马梅芝(女)

俞顺虎

余广宇

朱建华

项瑞良

吴招明

秘书长　章建平(—2020.04)

赖瑞洪(2020.04—)

党组书记　吴国升

副书记　毛建民

市人大常委会工作机构

办公室

主　任　林伟民

研究室

主　任　汪　群

法制工作委员会

主　任　周金发

监察和司法工作委员会

主　任　叶正义

财政经济工作委员会
主　任　郑增林(—2020.03)
陈国华(2020.04—)
社会建设工作委员会
主　任　朱伟正
农业和农村工作委员会
主　任　刘祖堂
建设与资源环境保护工作委员会
主　任　卢向东(—2020.08)
方　法(2020.08—)
教育科技文化卫生工作委员会
主　任　汪晓敏(女)
民族宗教华侨外事工作委员会
主　任　张国民
代表与选举任免工作委员会
主　任　陈国华(—2020.04)
魏晓莲(女,2020.04—)

衢州市人民政府

市　长　汤飞帆
副市长　陈锦标
王良春
王顺大
田　俊(女)
廉　俊
徐利水
党组书记　汤飞帆
党组副书记　陈锦标

市政府工作机构

市政府秘书长　郑河江
市政府办公室
主　任　郑河江(—2020.05)
郑建忠(2020.05—)
市发展和改革委员会
主　任　王盛洪
市经信局
局　长　毛卓战(—2020.01)
杨思骏(2020.01—)
市教育局
局　长　季根寿(2020.08—)
市科学技术局
局　长　杨思骏(—2020.01)
郑志成(2020.01—)
市公安局
局　长　王顺大
市民政局
局　长　徐延山(—2020.01)
毛卓战(2020.01—)
市水库移民管理中心
主　任　胡姣良
市司法局
局　长　邓胜斌
市财政局
局　长　翁文斌
市财政国库支付中心
主　任　项雪祥(2020.03—)
市政府投资项目评审中心
主　任　方建平
市人力资源和社会保障局
局　长　余龙华
市社会保险事业管理中心
主　任　蒋天臻(—2020.03)
张碎金(2020.03—)
市人才和就业管理中心
主　任　陈志军
市自然资源和规划局
局　长　黄孔森
市国土整治和征收储备中心主任
主　任　杨水荣(2020.5—)
市自然资源调查登记中心
主　任　洑　湧(2020.04—)
市生态环境局
局　长　夏汝红
市住房和城乡建设局
书　记　叶　骏
局　长　杨晓光
市政府投资项目建设中心
主　任　汪金根

市交通运输局
局　长　朱　政
市公路港航与道路运输管理中心
党委书记　陈飞球
主　任　郑文俊
市水利局
局　长　郑明福(2020.01—)
市乌溪江引水工程管理中心
主　任　张雄军
市铜山源水库管理中心
主　任　徐国锋(—2020.03)
金仕建(2020.03—)
市农业农村局
局　长　祝升明
市商务局
党组书记　方　法(—2020.01)
许　立(2020.01—)
局　长　方　法(—2020.01)
林　静(女,2020.01—)
市文化广电旅游局
局　长　周红燕
市卫生健康委员会
主　任　季根寿(—2020.08)
廖利军(2020.08—)
市退役军人事务局
局　长　严可兵
市应急管理局
局　长　姜良米(—2020.08)
蒋文军(2020.08—)
市审计局
局　长　刘石平(—2020.08)
吴剑锋(2020.08—)
市政府国有资产监督管理委员会
主　任　吴自力(—2020.01)
翁文斌(2020.01—)
市市场监督管理局
局　长　姜良米(2020.08—)
市政府金融工作办公室
主　任　丁丽霞(女)

市体育局
党组书记　申　剑
局　长　汪　晖
市统计局
局　长　郑红福(2020.01—)
市社会经济调查队
队　长　许　隆
市医疗保障局
局　长　王政理
市综合行政执法局
局　长　周盛源
市大数据发展管理局
局　长　张　钢
市营商环境建设办公室
主　任　郑建忠(—2020.05)
洪寒月(2020.08—)
市公共资源交易监督管理办公室
主　任　周金岳(2020.01—)
市公共资源交易中心
主　任　李振华
衢州智造新城管理委员会
主　任　刘根宏
衢州智慧新城管理委员会
主　任　俞根君(—2020.01)
胡益峰(2020.01—)
党工委书记　俞根君(—2020.01)
胡益峰(2020.05—)
衢州学院
党委书记　杨　玲(女)
院　长　谢志远(—2020.01)
郑友取(2020.02—)
衢州职业技术学院
党委书记　崔戴飞(女,—2020.07)
徐须实(2020.07—)
院　长　江爱民(—2020.07)
吕延文(2020.07—)
市政府经济技术协作中心
主　任　洪根兴(2020.01—)

市机关事务保障中心
主　任　陈跃峰(—2020.03)
徐　剑(女,2020.03—)
市住房公积金中心
主　任　占　珺
衢州广播电视大学
党委书记　汪权龙
校　　长　毕　茗(女)
衢州广电传媒集团(市广电总台)
总裁(台长)　付炳旺
市供销合作社联合社
主　任　汪宗德
市农业科学研究院
党组书记　何建云(—2020.08)
范叶和(2020.08—)
院　长　郑明福(—2020.01)
范叶和(2020.08—)
市铁道中心
主　任　蔡小龙
市委、市政府接待工作中心
主　任　杨永红
市对口支援新疆阿克苏地区乌什县指挥部
指挥长　李　昱

衢州市政协组织

政协衢州市委员会
主　席　吴国升(—2020.04)
周伟江(2020.04—)
副主席　刘炳炎
金召卫
吕玉茹(女)
吴江平
徐静旋(女)
周　庆
徐旭卿(女)
王良海(2020.04—)
琚建军(2020.04—)
秘书长　程　相
党组书记　周伟江
政协衢州市委员会专门委员会
办公室
主　任　祝云土
研究室
主　任　郑桂林
提案委员会
主　任　詹兰荣
委员工作委员会
主　任　付炳旺
经济委员会
主　任　姜方庆
人口资源环境委员会
主　任　张志清
农业和农村委员会
主　任　祝仁卿
教育科技卫生体育委员会
主　任　黄伟青
文化文史和学习委员会
主　任　郑　彦
社会和法制委员会
主　任　任锦丽(女)
港澳台侨和民族宗教委员会
主　任　朱　俐(女)

衢州市民主党派组织

民革衢州市委员会
主任委员　周　庆
民盟衢州市委员会
主任委员　汪　晖
民建衢州市委员会
主任委员　马梅芝(女)
民进衢州市委员会
主任委员　金召卫
农工党衢州市委员会
主任委员　吕玉茹(女)

九三学社衢州市委员会
主任委员　田　俊(女)

衢州市法检机关

市中级人民法院
院　长　危辉星(2020.04—)
副院长　陈一民
陈　明
任庆原
崔正华
党组书记　危辉星
市人民检察院
检察长　叶伟忠(—2020.04)
黄曙峰(2020.04—)
副检察长　何成林(—2020.01)
吴明田
黄耀奎
柴志华(女)
方永新
党组书记　叶伟忠(—2020.04)
黄曙峰(2020.04—)

衢州市群众团体

市总工会
主　席　俞顺虎
党组书记　徐雄强
共青团衢州市委员会
书　记　徐元玮
市妇女联合会
主　席　杨苏萍(女)
市科学技术协会
主　席　毛桂文(—2020.09)
陈利民(2020.09—)
市归国华侨联合会
主　席　姚利华(女)
市工商业联合会
党组书记　吴剑锋(—2020.03)
陈水清(2020.03—)
主　席　余　震
市文学艺术界联合会
主　席　郑奇平(—2020.01)
吴利平(2020.01—)
中国国际贸易促进委员会衢州市委员会
会　长　余金华(—2020.03)
郑　琳(2020.03—)
市残疾人联合会
理事长　徐中华(—2020.9)
市社会科学界联合会
主　席　郑小龙
市红十字会
会　长　陈锦标(—2020.01)
王良春(2020.01—)
党组书记　魏晓莲(女,—2020.03)
姚宏平(2020.03—)

衢州市垂直管理部门

市税务局
局　长　叶永青(—2020.11)
柳一林(2020.11—)
市国家安全局
局　长　华列斌
国网浙江省电力有限公司衢州供电公司
总经理　黄宏和
党委书记　林　磊(—2020.06)
徐　昱(2020.06—)
市邮政管理局
局　长　李云山(—2020.12)
王　伟(2020.12—)
省邮政公司衢州市分公司
总经理　徐湘辉(—2020.09)
俞　亮(2020.09—)

市烟草专卖局(烟草公司)
局　长(经理)　周　博
市气象局
局　长　周春雨
衢州海关
关　长　朱风华(—2020.12)
孔先利(2020.12—)
国家统计局衢州调查队
队　长　姜理平
衢州机场管理有限公司
总经理　王江平
省盐业集团衢州市盐业有限公司
局　长　黄云雪
市无线电管理局
局　长　周　全
市长途电信运输局
局　长　丁瑞禄
中国人民银行衢州市中心支行
行　长　周　丽(女,—2020.11)
何起东(2020.11—)
中国银行保险监督管理委员会衢州监管分局
局　长　陈　杰
衢州市通信发展办公室
负责人　林培育
市消防救援支队
支队长　蒋文军(—2020.01)
周文斌(2020.01—)
省公安厅高速公路交警总队衢州支队
支队长　白红飞
中国冶金总局浙江地质勘察院
党委书记　闫承锋
院　长　李巨宝
中石油浙江衢州销售分公司
总经理　薛祥圣
中国石油化工股份有限公司浙江衢州石油分公司
总经理　林建国
浙石油综合能源销售衢州分公司
总经理　吴广生
浙江衢州安邦护卫有限公司
总经理　张淑芬(女)
中铁第五勘察设计院集团有限公司浙江分院
总经理　应国强
市新华书店有限公司
总经理　谢振斌
中国电信股份有限公司衢州分公司
总经理　叶刚跃(—2020.04)
姜向阳(2020.04—)
浙江移动通信有限责任公司衢州分公司
总经理　夏　斌
中国联合网络通信有限公司衢州市分公司
总经理　李　桉(—2020.08)
上官鹰(2020.08—)

(市委组织部　供稿)

2020年衢州市县(市、区)机构和负责人名录

柯城区

中共衢州市柯城区委员会
书　记　徐利水(—2020.05)
朱素芳(女,2020.05—)
副书记　蒋国强
许存真(—2020.05)
王永明(2020.05—)
常务委员　徐利水(—2020.05)
朱素芳(女,2020.05—)
蒋国强
许存真(—2020.05)
王永明(2020.05—)
柴文灯(—2020.03)
贵丽青(女)
邵晓航
黄宏瞻(挂职)
刘　敏(挂职,—2020.06)
徐洪水(—2020.08)

柴志强
胡益峰(—2020.01)
李纯浩(2020.01—)
毛志宏
刘　丰
朱晓芬(女,—2020.01)
邱雪萍(女,2020.01—)
何晓文(2020.03—)
齐富军(2020.08—)

柯城区人大常委会
主　任　徐登富
副主任　鲍继红(女)
王国强
李　青
范洁红(女)
姜有源
陈秋荣

柯城区人民政府
区　长　蒋国强(2020.04—)
副区长　贵丽青(女)
徐洪水(—2020.08)
齐富军(2020.08—)
何晓文(—2020.03)
陈雪良(—2020.01)
林　静(女,—2020.01)
程佳良
黄宏瞻(挂职)
刘　敏(挂职,—2020.06)
曾三山(2020.05—)
吴伟红
余洪富(2020.01—)
李剑峰(2020.01—)
戴郑娇(女,挂职,2020.04—)
许明娟(女,挂职,2020.09—)

政协衢州市柯城区委员会
主　席　徐连土
副主席　章雨土(—2020.03)
柴文灯(2020.04—)
徐小平
吴云林
徐成旺

中共衢州市柯城区纪律检查委员会(区监察委员会)
书记、监委主任　邵晓航

柯城区人民法院
院　长　祝菊红

柯城区人民检察院
检察长　周恩强

衢江区

中共衢州市衢江区委员会
书　记　周向军
副书记　朱素芳(女,—2020.06)
徐惠文
徐爱平(女,2020.08—)
常务委员　周向军
朱素芳(女,—2020.06)
徐惠文
郑志成(—2020.01)
徐爱平(女)
吴德生
钱范杰(挂职)
林　巧(女,挂职,—2020.06)
陈水清(—2020.03)
王继明
周水忠
姜利霞(女)
杜　洲
王　典(2020.01—)
严士平(2020.03—)
林　蕙(女,2020.08—)

衢江区人大常委会
主　任　耿建新(—2020.04)
潘　佶(2020.04—)
副主任　费里夫
谢土你

严　曦(—2020.03)
袁亚平
童土善
邓荣海(—2020.09)
余水林(2020.04—)

衢江区人民政府
区　长　朱素芳(女,—2020.06)
代区长　徐惠文(2020.06—)
副区长　郑志成(—2020.01)
王继明(2020.01—)
巫建民
章青华
文碧玲(女,挂职,—2020.05)
侯小龙(挂职,—2020.05)
钱范杰(挂职)
林　巧(女,挂职,—2020.06)
曾三山(—2020.05)
王　典(—2020.01)
周松祥
方勇胜
胡志彬(2020.01—)
方　宁(女,2020.06—)
徐献文(挂职,2020.09—)

政协衢州市衢江区委员会
主　席　赵建新
副主席　夏海涛(—2020.03)
徐国锋(2020.04—)
赵瑞慈(女,兼)
姜文军(女)
徐桂明

中共衢州市衢江区纪律检查委员会(区监察委员会)
书　　记　姜利霞(女)
监委主任　姜利霞(女,2020.04—)

衢江区人民法院
院　长　周晓清(2020.04—)

衢江区人民检察院
检察长　吴　刚

江山市

中共江山市委员会
书　记　童炜鑫
副书记　王光华
胡炳泉(2020.01—)
常务委员　童炜鑫
王光华
胡炳泉(2020.01—)
汪黎云(女,—2020.01)
姜方云
马亦忠(挂职)
李　骏
潘毅刚(挂职,—2020.06)
郑东清
程立衡(—2020.08)
刘明鹤
李纯浩(—2020.01)
郑勇钦
徐明峰(2020.01—)
陈雪良(2020.01—)
温胜浩(2020.09—)
钱　伟(挂职,2020.09—)

江山市人大常委会
主　任　毛江妹(女,—2020.04)
汪　胜(2020.04—)
副主任　王　旭(—2020.03)
宁　晔
毛正彩(女)
毛吉泽
毛长明
李培荣
郑贤文(2020.04—)

江山市人民政府
市　长　王光华(2020.04—)
副市长　刘明鹤
巫小雄

何正芳(女)
张志军
郑贤文(—2020.03)
杨　君
马亦忠(挂职)
潘毅刚(挂职,—2020.06)
周　飞(—2020.05)
程佳华(2020.04—)
郭林将(2020.05—)

政协江山市委员会
主　席　郑朝基
副主席　姜　英(女,兼)
毛水芳(兼)
周君望(—2020.03)
祝继友
毛慧卿(女,兼)
王子平
周立武(2020.04—)

中共江山市纪律检查委员会(市监察委员会)
书记、监委主任　程立衡(—2020.08)
温胜浩(2020.09—)

江山市人民法院
院　长　谢炳连

江山市人民检察院
检察长　郑柯迅

龙游县

中共龙游县委员会
书　记　张晓峰
副书记　祝建东
毛献明(—2020.06)
徐洪水(2020.08—)
常务委员　张晓峰
祝建东
毛献明(—2020.06)
徐洪水(2020.08—)
徐　宾
郑国华
俞耀根
李　昱
姜锋华
杨承志(挂职)
俞忠胜
叶琴仙(女)
江建新
徐新华(2020.01—)

龙游县人大常委会
主　任　周中民(—2020.04)
舒　畅(2020.04—)
副主任　应　敏
赖　云(兼)
范卫祥
陆　民(—2020.03)
徐志明
徐建华(2020.04—)

龙游县人民政府
县　长　祝建东
副县长　李　昱
江建新(2020.03—)
钟爱红(女)
余继民
杨承志(挂职)
毛勇军(挂职,—2020.06)
詹虎山
姜建军
方　烨(—2020.05)
阮涵彦(—2020.05)
徐仲利(2020.05—)
周　飞(2020.05—)
龚凤丹(2020.09—)

政协龙游县委员会
主　席　洪一舟
副主席　李建民(—2020.03)
陆　民(2020.04—)
蓝芝苇(兼)

陈　政
陆寿泉
余洪富(—2020.01)
周巧萍(2020.04—)

中共龙游县纪律检查委员会(县监察委员会)
书记、监委主任　俞忠胜

龙游县人民法院
院　长　祝志昌

龙游县人民检察院
检察长　刘建华

常山县

中共常山县委员会
书　记　叶美峰(—2020.05)
潘晓辉(2020.05—)
副书记　张少华
翁旭东
常务委员　叶美峰(—2020.05)
潘晓辉(2020.05—)
张少华
翁旭东
余　风(—2020.01)
郑建华(—2020.01)
姜苏州
桂美林
姚金环(挂职)
魏宏伟(挂职,—2020.06)
何　健(女)
朱永平
王荣国
徐　彪
戴根林
姜　敏(2020.01—)

常山县人大常委会
主　任　徐建华(—2020.04)
刘石平(2020.04—)
副主任　苏新祥
徐　柯
王生智
李德勇
樊金国(2020.04—)

常山县人民政府
县　长　张少华
副县长　何　健(女)
郑金仙(女,—2020.05)
段为斌(—2020.03)
胡伟民
姚金环(女,挂职)
魏宏伟(挂职,—2020.06)
姜雪峰
李德生
朱建忠(2020.03—)
傅淑梅(2020.06—)
蒋招达(挂职,2020.09—)

政协常山县委员会
主　席　林红汉
副主席　黄法云
谢雨生(兼)
罗诚剑(兼)
范东英(女)
汪卫东(兼)

中共常山县纪律检查委员会(县监察委员会)
书记、监委主任　王荣国

常山县人民法院
院　长　王小红

常山县人民检察院
检察长　姚俊宏

开化县

中共开化县委员会
书　记　项瑞良(—2020.05)
鲁霞光(2020.05—)
副书记　鲁霞光(—2020.05)
毛献明(2020.06—)

余尧正(—2020.01)
汪黎云(女,2020.01—)
常务委员　项瑞良(—2020.05)
鲁霞光
毛献明(2020.06—)
余尧正(—2020.01)
汪黎云(女,2020.01—)
余建华(—2020.09)
邹燕辉
胡炳泉(—2020.01)
张玉山
毛立楠(挂职,—2020.06)
何日根
程君标(—2020.08)
傅　强
樊勇军
周明军(2020.01—2020.03)
吴有熠(2020.09—)
严雪峰(2020.09—)

开化县人大常委会
主　任　张伟刚
副主任　李华蓉(女,—2020.01)
徐海廷(—2020.01)
黄高松(兼)
姜立忠
汪宇祥
马建雄

开化县人民政府
县　长　鲁霞光(—2020.05)
代县长　毛献明(2020.06—)
副县长　余建华(—2020.09)
樊勇军(2020.11—)
邹志岗
齐正兰(女)
方　铭(—2020.05)
陈炳荣(挂职)
毛立楠(挂职,—2020.06)
张　飞
方忠明
陈　崇(2020.06—)
杨　宇(女,挂职,2020.09—)

政协开化县委员会
主　席　华寿军(—2020.09)
副主席　程水珍(女)
谷　声(女,兼)
何万彬
方金菊(女,兼)

中共开化县纪律检查委员会(县监察委员会)
书记、监委主任　何日根

开化县人民法院
院　长　周晓清(—2020.03)
王　勇(2020.04—)

开化县人民检察院
检察长　周红梁

(市委组织部　供稿)

中共衢州市委员会

■ *Quzhou Municipal Committee of the CPC*

综　述

【概　况】2020年，面对国际国内形势的深刻变化，特别是突如其来的新冠肺炎疫情冲击，市委常委会坚决响应以习近平同志为核心的党中央号令，在省委的坚强领导下，团结带领全市上下统筹推进疫情防控和经济社会发展，扎实做好“六稳”工作、全面落实“六保”任务，大力开展全面小康决胜年、招商引资攻坚年、重大项目推进年“三个年”活动，非常之时行非常之举、克非常之难，实现“两手抓、两手硬，两战赢、两领先”，经济社会各项事业发展取得新成果，在大战大考之年交出一份高分报表。全年地区生产总值增长3.5%，固定资产投资增长7.7%，城乡居民人均可支配收入分别增长5%、7.6%，社会消费品零售总额增长0%，规模以上服务业营收增长9.9%。

【市委七届八次全体（扩大）会议】8月6日，中共衢州市委七届八次全体（扩大）会议举行，市委常委会主持会议。市委书记徐文光代表市委常委会作工作报告，市委副书记、市长汤飞帆出席。全会以习近平新时代中国特色社会主义思想为指导，全面贯彻党的十九大和十九届二中、三中、四中全会精神，深入贯彻习近平总书记考察浙江重要讲话精神，按照省委十四届七次全会的部署要求，研究部署推动习近平总书记重要讲话精神在衢州落地生根、开花结果的思路举措，审议通过《中共衢州市委关于深入学习贯彻习近平总书记考察浙江重要讲话精神为全省建设“重要窗口”主动担当奋发有为的决议》《中共衢州市委关于深入践行习近平同志重要嘱托加快建设四省边际中心城市的决定》，进一步动员全市上下深入贯彻“八八战略”、践行“八个嘱托”、推进“八大任务”，加快建设浙皖闽赣四省边际中心城市，切实当好“重要窗口”的建设者、维护者、展示者。会上，市委书记徐文光，市委副书记、市长汤飞帆为智造新城、智慧新城授牌；中国城市科学规划设计研究院院长方明作《衢州市的理想居住空间》专题辅导报告。

【市委常委会】2020年，召开市委常委会会议33次。

1月8日，市委常委会召开会议，认真学习习近平总书记重要讲话精神，研究巩固“不忘初心、牢记使命”主题教育成果。市委书记徐文光主持会议。常委同志集中自学中央政治局“不忘初心、牢记使命”专题民主生活会主要精神，特别是习近平总书记重要讲话精神，听取衢州市主题教育工作情况汇报，研究下步工作。研究讨论其他事项。

1月21日，市委常委会召开会议，传达学习中央纪委十九届四次全会、省纪委十四届五次全会精神和省两会精神，研究部署衢州市贯彻落实意见。市委书记徐文光主持会议。会议传达学习习近平总书记关于新型冠状病毒感染的肺炎疫情重要指示精神和李克强总理批示要求，以及全国、全省新型冠状病毒感染的肺炎疫情防控工作会议精神，听取衢州市疫情防控工作情况汇报，研究部署贯彻落实意见。研究讨论其他事项。

1月27日，市委常委会召开网络会议，传达学习习近平总书记在中央政治局常委会会议上的重要讲话精神、中央应对新型冠状病毒感染肺炎疫情工作领导小组会议精神和省委常委会会议精神，研究衢州市疫情防控总体原则和具体措施。

2月3日，市委常委会召开扩大会议，传达学习习近平总书记对当前新型冠状病毒感染肺炎防控工作的重要指示精神和省委常委会（扩大）会议精神，通报衢州市新型冠状病毒感染的肺炎疫情防控工作情况，研究部署下步工作。市委书记徐文光主持会议。市疫情防控指挥部与各县（市、区）、集聚区、智慧新城指挥部在会上签订疫情防控军令状。

2月10日，市委常委会召开扩大会议，传达学习习近平总书记在中央政治局常委会会议和中央全面依法治国委员会第三次会议上的重要讲话精神以及省委常委会（扩大）会议精神，研究部署衢州市疫情防控和企业复工复产等工作。市委书记徐文光主持会议。

2月18日，市委常委会召开扩大会议，传达学习习近平总书记在中央政治局常委会会议、中央深改委第十二次会议上的重要讲话精神和省委常委会（扩大）会议精神，听取衢州市疫情防控、企业和重大项目复工复产情况的汇报，研究部署下步工作。市委书记徐文光主持会议。

2月24日，市委常委会召开会议，传达学习中央、全省统筹推进新冠肺炎疫情防控和经济社会发展工作部署会议精神，研究衢州市贯彻落实意见。市委书记徐文光主持会议。

2月26日，市委常委会召开会议，传达学习省委书记车俊到衢州督查指导疫情防控和复工复产工作时的讲话精神，研究衢州市贯彻落实意见。市委书记徐文光主持会议。研究讨论其他事项。

3月12日，市委常委会召开会议，传达学习省长袁家军到衢州指导讲话精神，全国、全省春季农业生产工作电视电话会议和省委农村工作会议、全省金融工作座谈会等会议精神，研究衢州市贯彻落实意见。市委书记徐文光主持会议。研究讨论其他事项。

3月18日，市委常委会召开会议，传达学习全国组织部长会议、全省组织部长会议暨全省干部监督工作会议和全省制造业高质量发展大会精神，研究衢州市贯彻落实意见。市委书记徐文光主持会议。研究贯彻落实省委书记车俊对衢州基层党建点评意见工作方案，以及东南数字经济发展研究院运行保障机制和优化村社组织换届环境、推进乡村振兴讲堂建设、实施乡村振兴“五千工程”、激励干部在“三个年”活动中担当作为等政策文件。

3月26日，市委常委会召开会议，传达学习习近平总书记关于请示报告工作的重要批示精神和全省推进长三角一体化发展工作领导小组会议、全省推进“一带一路”建设工作领导小组（扩大）会议等会议精神，研究衢州市贯彻落实意见。市委书记徐文光主持会议。听取挂联区块市委督导组和市政府服务组工作情况汇报，研究部署下步工作。研究讨论其他事项。

4月2日，市委常委会召开会议，传达学习习近平总书记在浙江考察时的重要讲话精神和省委常委会扩大会议精神，研究衢州市贯彻落实意见。市委书记徐文光主持会议。研究讨论其他事项。

4月9日，市委常委会召开会议，传达学习全省“开展扶贫开发和扶贫协作专项监督”和“强化清廉村居建设有力推动基层治理”工作推进会精神，研究衢州市贯彻落实意见。市委书记徐文光主持会议。听取挂联区块市委督导组和市政府服务组工作情况汇报，研究部署下步工作。研究讨论其他事项。

4月15日，市委常委会召开会议，研究市两会有关事项和大科创、大商贸、大三农、大文旅“四大专项”政策。市委书记徐文光主持会议。研究讨论其他事项。

5月8日，市委常委会召开会议，学习贯彻中央政治局会议精神，统筹推进疫情防控和经济社会发展工作，分析一季度形势，研究部署下阶段工作。市委书记徐文光主持会议。研究讨论其他事项。

5月12日，市委常委会召开会议，传达全省开发区（园区）改革提升推进会精神，研究衢州市贯彻落实意见。市委书记徐文光主持会议。研究讨论其他事项。

5月15日，市委常委会召开会议，传达学习贯彻省委书记车俊到衢州调研讲话精神，研究衢州市贯彻落实意见。市委书记徐文光主持会议。

6月15日，市委常委会召开会议，传达学习市委书记工作例会精神，研究衢州市贯彻落实意见。市委书记徐文光主持会议。研究并原则同意《持续解决形式主义突出问题为基层减负三十条措施》《重大事项请示报告清单》，交流挂联区块市委督导组和市政府服务组工作情况。研究讨论其他事项。

6月19日，市委常委会召开会议，传达学习省委十四届七次全体(扩大)会议精神，研究衢州市贯彻落实意见。市委书记徐文光主持会议。研究讨论其他事项。

6月28日，市委常委会召开会议，专题研究8090新时代理论宣讲工作，审议讨论有关指导意见。市委书记徐文光主持会议。

7月7日，市委常委会召开会议，传达学习省管领导班子政治建设座谈会精神，研究衢州市贯彻落实意见。市委书记徐文光主持会议。研究并原则通过《衢州市第二轮安全生产综合治理三年行动计划》等文件，听取衢州市未成年人思想道德建设工作汇报。研究讨论其他事项。

7月22日，市委常委会召开会议，传达学习省委常委会会议、省政府第六次全体会议暨争先创优工作部署会等会议精神，研究衢州市贯彻落实意见。市委书记徐文光主持会议。研究讨论其他事项。

8月4日，市委常委会召开会议，学习《关于加快推进社会治理现代化开创平安中国建设新局面的意见》，研究衢州市贯彻落实意见。市委书记徐文光主持会议。传达学习全省县级社会矛盾纠纷调处化解中心建设互学互比视频交流会、全省巡视巡查工作会议暨十四届省委第十轮巡视动员会部署会等会议精神，研究衢州市贯彻落实意见。研究并原则同意《衢州大花园建设投资发展有限公司组建方案》《电子科技大学长三角研究院高层次人才引进实施办法》。研究讨论其他事项。

9月4日，市委常委会召开会议，传达学习习近平总书记关于"十四五"规划编制工作的重要指示精神和省委常委会会议精神，研究衢州市贯彻落实意见。市委书记徐文光主持会议。传达学习《关于学习贯彻全国青联十三届全委会和全国学联二十七大精神的报告》及省委书记袁家军批示精神，研究并原则同意《中共衢州市委关于加强市直机关基层党建工作的若干意见》等文件。研究讨论其他事项。

9月24日，市委常委会召开会议，传达学习中央政治局委员、中央书记处书记、中央组织部部长陈希在全国组织系统深入学习习近平总书记重要讲话精神贯彻落实新时代党的组织路线电视电话会议上的讲话精神和省委书记袁家军批示精神，研究衢州市贯彻落实意见。市委书记徐文光主持会议。传达学习省政协主席、党组书记葛慧君，省委常委、组织部部长黄建发到衢州调研讲话精神，研究衢州市贯彻落实意见。听取"十四五"规划编制、全市"县乡一体、条抓块统"试点工作进展情况和下步工作汇报，研究部署下步工作。研究讨论其他事项。

10月9日，市委常委会召开会议，传达学习全省村(社区)组织换届工作会议精神，听取前期试点工作情况汇报，研究部署下步工作。受市委书记徐文光委托，市委副书记、市长汤飞帆主持会议。研究讨论其他事项。

10月19日，市委常委会召开会议，传达学习省委书记袁家军在浙江文化研究实施十五周年座谈会暨省文化研究工程指导委员会会议上的讲话精神和省委机构编制委员会第三次会议精神，研究衢州市贯彻落实意见。受市委书记徐文光委托，市委副书记、市长汤飞帆主持会议。研究讨论其他事项。

11月16日，市委常委会召开会议，传达学习十四届省委第十一轮巡视工作动员部署会精神，研究衢州市贯彻落实意见。受市委书记徐文光委托，市委副书记、市长汤飞帆主持会议。研究并原则同意《衢州市人民对外友好协会改革实施方案》《衢州市关于学前教育深化改革规范发展的实施意见》《衢州市农村住房建设管理条例》。研究讨论其他事项。

11月23日，市委常委会召开会议，传达学习中共中央政治局常委、中央纪委书记赵乐际在浙江考察时重要讲话精神和全国精神文明建设表彰大会精神。受市委书记徐文光委托，市委副书记、市长汤飞帆主持会议。研究讨论其他事项。

12月1日，市委常委会召开会议，传达学习习近平总书记近期重要讲话精神和全省助力决战决胜脱贫攻坚推进会暨东西部协作扶贫协作奖表彰大会等会议精神，研究衢州市贯彻落实意见。受市委书记徐文光委托，市委副书记、市长汤飞帆主持会议。研究并原则同意《浙皖闽赣(衢黄南饶)“联盟花园”合作共建方案》等文件。研究讨论其他事项。

12月15日，市委常委会召开会议，传达学习习近平总书记对供销合作社工作的重要指示精神和推动长江经济带发展领导小组会议、省委常委会等会议精神，研究衢州市贯彻落实意见。受市委书记徐文光委托，市委副书记、市长汤飞帆主持会议。研究讨论其他事项。

12月21日，市委常委会召开会议，专题传达学习中央经济工作会议和全省领导干部会议精神，研究衢州市贯彻落实意见。受市委书记徐文光委托，市委副书记、市长汤飞帆主持会议。

12月29日，市委常委会召开会议，传达学习贯彻中央、省委经济工作会议和省长郑栅洁到衢州调研讲话精神，研究衢州市贯彻落实意见。受市委书记徐文光委托，市委副书记、市长汤飞帆主持会议。研究讨论其他事项。

【学习贯彻习近平新时代中国特色社会主义思想走深走实】2020年，始终把学懂弄通做实习近平新时代中国特色社会主义思想作为最大的政治任务，及时召开市委常委会会议、市委常委扩大会议、市委理论学习中心组学习会等，第一时间学习习近平总书记最新重要讲话重要文章，建立“不忘初心、牢记使命”长效机制，努力营造学思用贯通、知信行统一的浓厚氛围，切实增强“两个维护”的政治定力和政治能力。全面对标对表习近平总书记赋予浙江的新目标新定位，把深入学习贯彻习近平总书记考察浙江重要讲话精神，与贯彻“八八战略”、践行“八个嘱托”、推进“八大任务”有机贯通起来，与持续深化“三服务”、扎实推进“三个年”紧密结合起来，转化为重大改革、重大项目、重大平台、重大政策、重大规划，推动习近平总书记重要讲话精神在衢州落地生根、开花结果。围绕“理论进万家、最后一公里、走群众路线、育时代新人”，创新开展8090新时代理论宣讲工作，得到中央领导同志批示肯定，衢州市“8090新时代理论宣讲团”被中宣部评为基层理论宣讲先进集体。

【疫情防控和复工复产有力有效】2020年，以战时体系应对战时状况，统一指挥、高效协同，网格兜底、管好小门，精密智控、闭环管理，毫不松懈打好“外防输入、内防反弹”持久战。自1月23日全省进入一级响应，衢州市用时11天，2月4日实现无新增确诊病例；3月5日所有本地病例清零；全年没有因复工复产复学复市复游导致的病例。面对十里丰监狱突发疫情，以事不避难、勇于担当的姿态全面履行属地责任，各方协同打好攻坚战，成功堵住重大风险“敞口”，得到省委、省政府充分肯定。出台“暖心二十条”“关心关爱援鄂医务人员硬核八举措”，隆重召开抗击新冠肺炎疫情总结表彰大会，217名先进个人、80个先进集体、20名优秀共产党员、30个先进基层党组织获表彰。创新建立市领导挂联区块服务发展机制，组建市委督导组和市政府服务组，一手抓疫情防控，一手抓经济运行，强化统筹、优化服务，分类指导、精准服务，减少对基层、企业干扰，减少扰民。突出“雪中送炭”，及时出台抗疫扶企硬核“衢十条”，快速调整大科创、大三农、大文旅、大商贸“四大专项”政策，形成应急帮扶类、配套保障类、政策集成类“三大政策包”。想方设法保市场主体，上线“政企通”平台，发放线上贷款415.3亿元；积极争取并及时发放抗疫专项贷款、复工复产普惠再贷款等优惠贷款97.2亿元；兑现应对疫情“五减”政策资金105.3亿元。

【新旧动能转换步伐加快】2020年，以“为企业家加油”为主题，召开产业创新发展大会，同步发布全球招商计划、招商引资政策、工

5月6日，衢州巨化一体化融合高质量发展推进会召开

业高质量发展三年行动纲要，推动大产业创新体系落地见效。加快传统产业改造提升，拉长做强电子化学品、氟硅新材料、高端装备制造、高档特种纸等制造业产业链，启动实施新一轮衢州巨化一体化融合高质量发展，推动衢州产业特别是制造业数字化、网络化、智能化、高端化发展。深化"亩均论英雄""标准地"等改革，完成低效企业出清356家，淘汰落后产能66家，整治提升低散乱企业357家，江山化工顺利关停，五洲特纸成功上市，华康药业通过IPO发审会。深入实施"双百"科技型企业"登高计划"，新认定科技型中小企业258家，新认定国家高新技术企业117家。加快新兴产业培育发展，新落地数字经济服务业项目116个，启动与阿里的第四轮战略合作；设立信安数智公司，打造本土数字经济头部企业；实施村播计划，打造全国首个村播基地。全市规模以上数字经济核心产业营业收入、利润总额、税金总额、从业人员分别增长22.7%、73.6%、28%和19.6%，四项指标增速均居全省第1；全年实现网络零售额389亿元，同比增长36%，增速居全省第1。新田铺田园康养综合体、铜山源休闲度假旅游区、六春湖高山运动小镇等一批美丽经济幸福产业高端项目加快建设。与名企名校合作取得重大突破，华友锂电材料国际产业合作园、武汉卓尔、华夏航空、奥首电子化学材料等一批重大产业项目签约落地，电子科大智慧小镇、浙大衢州"两院"开工建设，温州医科大学、浙江中医药大学、西南政法大学、叶檀财经等纷纷落户衢州办学办产业办平台。全年引进招商引资项目378个，到位市外资金220.4亿元，同比增长29.4%。

【改革开放格局进一步打开】 2020年，突出交通先导，"公、铁、空、水"一齐发力，推进现代综合交通枢纽建设，杭衢高铁全线开工，衢宁铁路建成通车；沿江美丽公路全线贯通，杭金衢高速拓宽、351国道等重大项目加快推进；"衢州有礼"号游轮完成首航、双向对开，实现"一江清水送杭城、一艘游轮到衢州"；衢州机场迁建选址获批，衢州航空公司成立，直飞城市达到16个。加速融入长三角一体化，与上海闵行区签订战略合作协议，建立分区块"接沪"协作机制。持续深化衢杭、衢甬、衢绍合作，加快打造以创新合作为重点的山海协作升级版。全方位扩大区域协作，与黄山、南平、上饶合作共建浙皖闽赣（衢黄南饶）"联盟花园"。做实做细做深做优党建统领基层治理体系，提升乡村振兴讲堂功能，创新建立"两难"问题（疑难杂症和危难险重问题）三级钉钉群，衢州成为全省唯一的"县乡一体、条抓块统"改革全域试点市。积极推动政府数字化转型向公共服务和社会治理领域延伸，构建以村情通、邻礼通、政企通"三通一智（治）"为主体架构的智慧衢州线上操作平台体系。在全省率先完成开发区（园区）整合提升，加快打造智造新城、智慧新城两大高能级战略平台。扎实推进个人、企业、项目全生命周期便利化改革，在国家发改委发布的《中国营商环境报告2020》中，衢州入选15个标杆城市。

【美丽大花园建设提档加速】 2020年，坚持"城乡一体化、全域大花园，市域大统筹、共建大花园"，召开市委七届八次全会，专题研究部署加快建设四省边际中心城市工作，确立“以集聚人才集聚青年为导向、以山水融合生态宜居为特色、以配套完善能级提升为核心”的新型城市化道路，进一步明确南孔古城·历史街区、核心圈层·城市阳台、高铁新城·未来社区“小三城”和智慧新城、智造新城、空港新城“大三城”的城市空间布局，举全市之力打造四省边际中心城市。四省边际中心医院、文化艺术和便民服务中心主体结构完工，体育中心主体育场结顶，悦苑酒店正式开业，高铁新城外国语学校计划2021年9月开学招生，荷一路过江通道暗挖隧道全线贯通，鹿鸣山文化院街、未来大厦、市委党校迁建等一批项目快速推进，古城双修“十大工程”加快实施，鹿鸣半岛时尚文化创业园、中央美院附属中学、高铁新城地下综合管廊、九华大道隧道二期、紫薇路隧道、三江中路连通工程等一批项目开工建设。扎实做好农房整治“后半篇”文章，制定出台《衢州市农村住房建设管理条例》，房地信息系统完成审批5090件，农民建房审批实现“掌上办”。组建大花园集团，高标准推进“衢州有礼”诗画风光带建设，90个重点项目全部开工，完成年度投资87.4亿元，启动“衢江宾港大桥—龙游红船头村”示范段建设。同步推进城市版、乡村版未来社区试点，礼贤未来社区开工建设，鹿鸣未来社区新入选省级试点，龙游溪口、衢江莲花乡村未来社区核心区建成开园。

【文化文明互促共进】 2020年，坚持以人民为中心，致力改造“骨子里的东西”，全市域推行“八个一”有礼系列行动，出台《衢州市文明行为促进条例》，创新推出“有礼指数”（CI）测评体系，持续打造“一座最有礼的城市”，全市所有村（社）将“八个一”有礼系列行动纳入村规民约、居民公约，221家企事业单位实现“拆墙透绿”，车让人、自觉排队、使用公筷公勺成为新风尚，城市功能形象、社会文明程度、市民文明素养实现新提升。打好创文攻坚战决胜战，衢州以全国第4的优异成绩成功创建全国文明城市，创建入户调查满意率连续3年达100%，圆满实

10月，衢州文化艺术和便民服务中心主体结构完工

11月21日，衢州市获2020博鳌国际旅游奖

现“一轮创成、高位创成”。加快推进“有礼品牌”体系建设，面向长三角及长沙、宁德、厦门等城市开展云推介活动，推动“南孔圣地·衢州有礼”城市品牌由知名度向影响力和城市综合竞争力转型提升，城市品牌营销案例获第五届博鳌国际旅游传播论坛品牌营销金奖。文旅融合加速发展，衢州被列入全省文化和旅游消费试点城市，水亭门街区入选首批国家文化产业发展项目和首批省级高品质步行街。动漫产业实现突破，本地企业创作的《雾山五行》被誉为国漫新标杆，动画电影《胡柚娃》登陆各大院线。

【民生福祉持续改善】 2020年，坚持“共享发展”理念，全力抓好省市县三级政府年度民生实事项目，健全和落实为民办实事长效机制。教育事业均衡发展，全面推进义务教育“公民同招”改革和职业教育“五统筹”改革，高考成绩再创新高。健康衢州建设稳步推进，启动城市医联体建设，通过第三次国家卫生城市复审，树兰医院落户衢州，医保参保率99.97%，居全省第1。全国双拥模范城创建实现“五连冠”。平安衢州建设持续深化，全年各类生产安全事故起数、死亡人数同比分别下降27%、32.9%；全市矛调中心事项化解率86.1%；初次来信网信化解率、新增积案化解率分列全省第2、第1，6个县（市、区）全部创成省级“无信访积案县（市、区）”。全力打好扫黑除恶专项斗争收官战，持续推进“扫黑除恶+树正打歪+行业治乱”，认真抓好中央扫黑除恶督导反馈问题整改，全市累计查处涉黑涉恶腐败和“保护伞”案件124件、处理201人次，14件省市挂牌督办案件全部办结。全力打好污染防治攻坚战，市、县城市空气质量首次全面优于国家二级标准，市控以上断面、跨行政区域河流交接断面、县级以上集中式饮用水水源地水质全部达到Ⅱ类水以上，获“美丽浙江”考核优秀市称号，三夺“大禹鼎”银鼎，生态环境公众满意度首次位列全省第1。钱江源国家公园体制试点通过验收。全力打好精准脱贫攻坚战，“两不愁三保障”突出问题、家庭人均年收入8000元以下情况、集体经济薄弱村实现“三个清零”，全市低收入农户人均可支配收入增长15.3%，增幅列全省第2。助力东西部扶贫协作结对的5个县打赢精准脱贫攻坚战，提前实现脱贫摘帽。

【全面从严治党纵深推进】 2020年，坚持以党的政治建设为统领，大力加强市委常委会自身建设，带头贯彻执行民主集中制，团结带领广大党员干部进一步增强“四个意识”、坚定“四个自信”、做到“两个维护”。全面加强党的领导，全力支持人大、政府、政协依法履职、开展工作，充分发挥市委改革委、市委财经委等市委议事协调机构作用，严格落实意识形态工作责任制，构建完善大统战工作格局，市县联动推进政治生态建设，切实把加强党的领导落实到改革发展稳定各领域各方面各环节。坚持“十条军规”正反面典型通报机制，通报正面典型65个、反面典型22个，树立干事创业鲜明导向；打好“鼓励实名、澄清正名、严查诬名”组合拳，澄清失实举报215起，查处诬告陷害和恶意举报行为2起，推动形成“两个担当”良性互动。深化完善专班工作制，建立月度分析研判机制，进一步提高专班运行效率，推动重点工作落实。全面全程高质量抓好村社组织换届，村社党组织书记、主任“一肩挑”率98.6%,回请乡贤占24.1%,均高于全省平均水平。扎实推进清廉衢州建设,全面加强政治监督,驰而不息纠治“四风”,持续保持反腐败斗争高压态势,坚决抓好巡视、巡察、审计反馈意见整改,全市共立案1647件,党纪政务处分1598人。出台持续解决形式主义突出问题为基层减负三十条措施,切实精简会议、发文。

(赵灵洁)

组织工作

【概 况】 2020年,全市组织工作深入践行新时代党的组织路线,不断深化“两个担当”良性互动,完善党的组织体系建设,着力集聚青年、集聚人才,持续激励广大党员干部人才担当作为、建功立业,有力推进“发展高质量、治理现代化”,为“活力新衢州、美丽大花园”建设提供坚强组织保障。

年末,全市有基层党组织7399个,其中党委360个、总支356个、支部6682个;党的地方委员会7个,党组274个,各级党委派出工委41个;党员158521名,其中女党员38505名、少数民族党员1415名,分别占总数的24.29%、0.89%。机关单位公务员(含参照管理单位)15872人,其中,女干部4421人,县处级以上领导干部890人。人才资源总量44.38万人(按统计部门口径),其中,高技能人才7.1万人,专业技术人才14.81万人,农村实用人才12.29万人。新增大学生3.86万人,增长13.5%。其中,硕士研究生1259人,增长72.9%;博士研究生376人,增长115%。

【发挥组织优势服务保障疫情防控和复工复产】 2020年,制定下发《发挥党组织优势 激励党员干部担当作为 为打赢疫情防控阻击战提供坚强组织保证的十条意见》,在农村推进“三联工程”,在城市开展“包区清楼”行动,发动20万余名党员群众投身战“疫”一线。出台关心医护人员“暖心20条”和“10条细则”,组建16个服务团开展“一人一帮扶”。深化落实“助企八条”,组织实施组团联企、克难攻坚、复工复产考察、数字助企、人才招引、“先锋战役”专项行动等“六个专项”,选派2160名驻企服务员和54名定向驻企服务员,赴企业一线开展服务1.5万余次,帮助企业解决各类问题6300余个。相关经验做法得到省委常委、组织部部长黄建发批示肯定,人民网、《浙江日报》等主流媒体报道。

【深化政治把关和政治素质考察】 2020年,认真贯彻省委《关于加强各级领导班子政治建设的若干意见》,着力打造维护力强、引领力强、担当力强、服务力强、廉洁力强的“五强”领导班子。聚焦“两战”重大斗争和抓“六稳”促“六保”重大任务,开展3次政治素质专项考察,以干部疫情防控和复工复产实绩表现检验政治素质。

【“县乡一体、条抓块统”改革】 构建“县乡一体、条抓块统”高效协同治理格局,是浙江省在“十四五”期间全面深化改革的一项全局性标志性工作。作为全省唯一综合试点地市,年内,坚持以数字化改革为撬动、以县为基本单元、以乡镇为落点、以“一件事”为切入点,持续擦亮基层治理四平台(综治

10月26日,衢州市加快构建“县乡一体、条抓块统”高效协同治理格局试点工作部署会召开

工作、市场监管、综合执法、便民服务)品牌,努力为全省提供党建统领基层治理整体解决方案。县级建好社会治理中心和便民服务中心,乡镇建强综合信息指挥室,村级建好乡村振兴讲堂、全科网格,搭建集成化指挥平台。形成69项“乡镇属地管理”事项清单并上升为全省经验,探索17项基层治理“一件事”,有力推动“一件事”改革从个人、企业、机关向基层治理领域拓展。全面搭建衢州“三通一治”(邻礼通、村情通、政企通、智治平台)一张网,打通29套部门专网,整合数据1.38亿条,为整体智治奠定坚实基础。组建35个中心乡镇综合执法队,全面推行“一支队伍管执法”,有效提升综合执法效能。推行下沉人员编制“双锁定”,推行“四权管理”、开展“四维考评”、实施“双向考评”,持续激励基层干部担当作为,改革试点经验获全省最佳改革创新实践案例。

【完善专班工作制】 2020年,围绕高铁新城、科创金融小镇等重大项目设置市级专班32个、抽调专班干部260多名。建立专班月度分析研判机制,每月对专班、专班干部、派出单位、配合单位表现进行分析研判,实绩突出的及时通报表彰、立功嘉奖、提拔任用。全年148名专班干部得到提拔重用或职级晋升,107人次被记功嘉奖,有效激励干部在一线担当作为。

【打造高素质专业化干部队伍】 年内,实施“三百工程”强化专业化干部培养,择优选派百名经济型干部、百名治理型干部、百名城市建设型干部开展为期一年的专题培训、一线历练、精准培养。围绕打造千亿级规模、百亿级税收的高能级战略平台,扎实推动管理机构和内设机构精简,平稳推进开发区平台整合和干部人事制度改革。稳妥有序完成第二批高校集中换届。科学规范开展公检法职级晋升,推动公检法干部队伍精细化管理再升级。持续加大正向激励力度,5名干部被评为省担当作为好干部,10名干部被确定为浙江省“最美公务员”。

【推进公务员工作】 年内,认真组织开展公务员考录工作,公务员考录报名人数从2019年的1.4万人增加到2.27万人,录用公务员461人。加强改进选调生工作,聚焦数字经济、金融财贸、城建规划等亟需专业,引进到岗选调生97人。建立健全以实干为导向的职务职级并行政策,1409名政治过硬、担当作为、实绩突出的干部晋升职级。创新开展公务员荣誉退休工作,通过进行一次“有礼交流”、开展一次“有礼家访”、举办一场“有礼欢送”、倡导一系列“有礼行动”、送上一组“有礼祝福”的“五个一”活动,增强退休公务员的荣誉感、获得感、幸福感,获省委组织部肯定并入选浙江省2020年组织工作十大新闻。

【完成村社换届】 年内,深入实施重点村社专项巡查、后进村社专项整顿、扫黑除恶专项斗争、信访矛盾专项调处、村级“三资”专项清理等“五大专项整治”,严厉打击干扰破坏村社组织换届选举案件9起,查处农村赌博等领域的违法犯罪行为371起。高质量选拔“一肩挑”人选,党组织书记、村(居)委会主任“一肩挑”率98.6%,回请乡贤占24.1%,均高于全省平均水平。创新“一图一单一指数”数字助选平台,实现精密智选。举办两次村社换届“云讲堂”,观众150万人次。全面推行村干部“下楼办公、上心服务”推进干换(干事换届)融合,新任村书记带头领办“开门一件事”4985件。深化“导师帮带制”实践,中组部调研报告8次提到衢州市导师帮带、乡村振兴讲堂、全域党建联盟等创新做法,得到中央领导批示肯定。

【办好乡村振兴讲堂】 年内,开办乡村振兴讲堂1438个,围绕思想政治、产业发展等10类主体课程,全年开课3.85万堂,参课总人数385万人次。统筹建设乡村振兴讲堂线上平台“村情通”,注册用户146万人,综合集成115项涉农政策、175项民生事项,代办服务26.8万件。开办乡村振兴融媒体中心、组建乡村振兴学院、创建49条乡村振兴党建示范带、培育3万余名乡村振兴特色人才,以“五位一体”引领乡村振兴。与阿里合作共建全国首家“村播学院”,孵化催生“村播”产业,培训村播人才1.43万人,带动衢州电商零售额389亿元,同比增长36.3%,增幅位居全省第一。经验做法得到省领导袁家军、郑栅洁、黄建发等7次批示肯定。新华社、央视《新闻联播》、《人民日报》《农民日报》《浙江日报》等主流媒体深入报道。讲堂改革实践案例在省委改革办《领跑者》专题刊登推介。制播的《高山下的“暖心饭”》被央视《新闻直播间》、浙江卫视等主流媒体展播,《拥抱》《改革先锋谢高华》等11部电教片获奖,衢州市获2020年全省党员教育电视片制播先进单位称号。

【实施党建引领乡村振兴“五千工程”】 年内,出台《关于激励引导干部人才到农村基层实施乡村振兴“五千工程”的意见》,组织1523名干部“驻乡村”、1517名人才“帮乡村”,吸引1275位乡贤“回乡村”,实现227个项目“富乡村”,引导223亿元资金“到乡村”,以人才振兴、组织振兴保障乡村振兴。

【完成村级集体经济“消薄”攻坚任务】 年内,紧盯村级集体经济收入、农民收入“两个收入”,深入实施村级集体经济倍增计划,创新飞地抱团、一村万树、土地盘活等“消薄十法”,“一村万树”绿色期权模式在全省复制推广。承办全省村企结对助消薄现场会,提前1年完成薄弱村“摘帽”任务,1482个行政村经营性收入全部达到10万元以上,720个村经营性收入达20万元以上,实现“两个翻番”。

【东南数字经济发展研究院实现向“省字号”跃迁】 年内,东南数字经济发展研究院新组建传感器智能制造研发中心、健康大数据研发中心、正泰衢州创新研究院,共有7个研发中心、19个研发团队,新成立北京分院、智造新城分院,分院数十家,集聚硕士博士等高层次人才189人。成立东南数研科技有限公司,孵化5家产业化公司,实施英鸿新型建材5G智能工厂等41个智能化改造项目。成功举办国际数字经济安全与隐私大会、全国开放式分布与并行计算机2020年学术年会、2020数字赋能创新大会暨东南数字经济发展研究院专家报告会等国内外学术会议。入选省首批新型研发机构,创成省数字经济(智慧产业)创新服务综合体、省大众创业万众创新示范基地。

【机关事业单位人员全周期管理“一件事”改革全省领跑】 年内,在机关事业单位人员“一件事”改革发源于衢州的基础上,继续会同相关部门在效能提升、功能完善、长效机制等方面,为全省改革提供衢州改革经验。平台办件量全年2.1万余件,办结时长平均1.1天,两项核心指标继续全省领跑。平台被省委组织部评为全省干部管理类唯一的一等奖信息化软件,并在全省机关事业单位人员“一件事”改革推进部署会、全省“数字工匠”培训会、浙江卫视《党建好声音》等作经验介绍。

(姜志宇)

宣传工作

【概　况】 2020年,全市宣传思想文化战线以习近平新时代中国特色社会主义思想为指导,按照市委关于宣传思想工作各项决策部署,围绕“举旗帜、聚民心、育新人、兴文化、展形象”使命任务,全面实施“12359”工作体系,8090新时代理论宣讲、创建全国文明城市、“南孔圣地·衢州有礼”城市品牌打造、城乡文明礼治等多项工作实现历史性突破,全年获省部级以上领导批示20次。

【理论武装工作】 年内,开展市委理论中心组全年集中学习18次,开设“学讲话践嘱托高质量建设美丽大花园”专栏,刊发市委理论学习中心组成员和县(市、区)委理论学习中心组成员学习贯彻习近平总书记在浙江考察讲话精神理论文章38篇。创新做好“马堂燕”漫画理论普及栏目,先后创作发布防疫宣传、市域治理衢州实践、衢州的城市理想、“八个一”有礼系列行动等10个主题内容,阅读量累计40万次。

【8090新时代理论宣讲】 年内,全市域体系化高质量推进8090新时代理论宣讲工作,承办全省新时代青年理论宣讲工作现场会,出台全市域体系化推进8090新时代理论宣讲工作指导意见和“硬核十条”举措,构建“1+10+100”宣讲队伍体系,创办“8090说”电视宣讲大赛,上线智慧管服平台,形成每月一观摩、每季一赛事的“比学赛学”机制。全年登记在册宣讲员7900余人,开展各类宣讲1万余场(次),受众96.5万余人次。8090新时代理论宣讲工作获习近平总书记和王沪宁、黄

坤明等中央领导及袁家军等省领导批示，“衢州市8090新时代理论宣讲团”被中宣部评为全国基层理论宣讲先进集体，8090新时代理论宣讲被评为2020年浙江省宣传思想文化工作创新项目唯一特别项目。

【两战赢、两领先】 年内，开展新冠疫情新闻舆论引导，市级媒体刊发相关新闻6000余篇次，科普文章1600余篇次，专版330个，评论员文章22篇，播出《防疫与健康》电视专题节目124期，组织召开4场疫情防控工作新闻发布会。组织开展“行作揖礼”“使用公筷公勺”“不随地吐痰”系列活动，下发《餐饮业复工“10个100%”》和《“公筷公勺进家庭”十一条》等意见，全市1.2万家餐饮单位、机关食堂签订“公筷公勺”承诺书。统筹市本级54块户外大屏、全市600余块户外电子屏、1.59万余个大小喇叭开展“三个一”（一座“使用公筷公勺”的城市、一座“行作揖礼”的城市、一座“不随地吐痰”的城市）“八个一”（一座“车让人”的城市、一座“烟头不落地”的城市、一座“自觉排队”的城市、一座“使用公筷公勺”的城市、一座“行作揖礼”的城市、一座“不随地吐痰”的城市、一座“没有牛皮癣”的城市、一座“拆墙透绿”的城市）宣传活动。疫情防控宣传。举办“全城礼敬、等你凯旋——致敬驰援湖北的白衣战士”公益行动，创作各类抗疫文艺作品2000多件。做好文旅复工复产，出台《关于全力支持旅游企业应对疫情稳定发展的政策意见》，国内旅行团接待量在5月实现正增长，承办全省文旅企业纾困与产业创新发展经验交流会，衢州被列入省级文化和旅游消费试点城市。

【文明创建工作】 年内，衢州以2020年年度得分位列全省第1、三年总成绩位列全国第4的成绩获“全国文明城市”称号，实现“一轮创成、高位创成”。全市创建全国文明校园1个、全国文明村镇8个、全国文明单位5家、全国文明家庭1个。江山、开化入选全国县级文明城市提名城市。衢江区、龙游县成功创建省级示范文明县城（城区）。推进“车让人”“自觉排队”“烟头不落地”“使用公筷公勺”“行作揖礼”“不随地吐痰”“没有牛皮癣”“拆墙透绿”等“八个一”有礼系列行动，创新推出“有礼指数”（CI）测评体系，运用“每周单项报表+双月全面统计”的测评模式，对市级部门和各区块进行暗访测评。《衢州市文明行为促进条例》获批实施，承办上洋村“公筷公勺”全省推广调研交流活动，全市221家企事业单位实现“拆墙透绿”，1594个村社完成“千村修约”。全年选树有礼标兵3批次62人，获评浙江好人16名、诚信浙江人1名、中国好人1名，国网衢州供电公司援藏帮扶团队获“浙江骄傲”年度人物称号。

【新闻舆论工作】 年内，做好习近平总书记考察浙江重要讲话精神、党的十九届五中全会精神、省委全会和市委全会精神宣传，推出“三个年”活动、“八个一”有礼系列行动等30多个重大主题宣传报道。上级媒体报道数量、规格创历史新高，刊出重要稿件：《人民日报》13篇、新华社5篇、央视《新闻联播》播出2条时长3分钟以上

3月22日，柯城区花园街道上洋村40余名党员及村民代表全体表决通过，将“使用公筷公勺”纳入村规民约

7月25日，“南孔圣地·衢州有礼”2020衢州城市品牌云推介活动举办

单条新闻，《光明日报》14篇，《农民日报》头版头条1篇等。全年举办各类新闻发布会30余场。推进媒体融合发展，开展“市域融媒体巡礼大花园”活动。

【城市品牌打造】 年内，继续在央视、高铁、民航客机投放城市品牌形象宣传，央视音乐频道播出《有礼》MV，浙江卫视制作播出城市形象片《衢州有礼》，创作完成大型纪录片《南孔》，推出“礼遇衢州”系列书籍。城市品牌获第五届博鳌国际旅游奖年度品牌营销唯一金奖。在水亭门历史文化街区举办“云推介”，举办长沙、宁波、宁德、厦门城市品牌推介会。举办“衢州有礼·相约民宿”文创大赛、非遗短视频创作大赛，构建以文创产品、非遗作品代言“南孔圣地·衢州有礼”城市品牌的新模式。完善城市品牌市县“1+6”体系，在水亭门、礼贤桥等市内重要景点融入《论语》经典语句。

【文化文创工作】 年内，在习近平总书记批示“让南孔文化重重落地”15周年之际，高规格举办“推进南孔文化创造性转化、创新性发展”研讨会，梳理研讨衢州推进南孔文化发展的历史脉络、哲学思考、理论内涵和实践要义。举办“青春中国·衢州有礼”全国大学生原创音乐大赛，收到全国304所高校、431组选手创作的657首参赛歌曲。举办“庆丰收·迎小康”中国村歌大赛、“决胜全面小康”全国农民画联展暨全国农民画研讨会、礼乐草原音乐会、柯城橘子音乐节、龙游石窟音乐节、归田园——音乐思飨会等文化文艺活动。衢州原创动漫作品《雾山五行》网络总播放量突破1亿次，动画电影《胡柚娃》登陆各大院线。衢州孔氏南宗家庙入选首批“浙江文化印记”。水亭门历史文化街区保护利用项目获评国家文化产业发展项目库首批入库项目。

【扫黄打非工作】 年内，强化网络“黄”“非”问题日常监测，处置网络有害信息364条，查处各类案件36起。推进净网、护苗、秋风等“五大专项”行动，组织护航全国两会等4次专项整治和暗访检查，检查相关企业（场所）1680家次，责令整改180家次，行政处罚20件，收缴非法出版物7024册。

【阵地建设】 年内，制定《关于建设新时代文明实践中心的实施意见》《农村文化礼堂与乡村振兴讲堂融合共建的指导意见》，召开全市新时代文明实践中心暨农村文化礼堂建设推进会，完成市级新时代文明实践中心建设。全年新增文化礼堂208家，累计建成1170家，占500人以上行政村的83%。新增四星级文化礼堂60家、五星级文化礼堂34家。评定45家市级爱国主义教育基地。举办全民读书周暨第12届衢州书展。

（陆耀宏）

网络与信息安全管理

【概　况】 2020年，全市网络宣传工作取得新突破，全年产生“网红”条目540条，总阅读量10亿+次。同时，进一步压实主体责任，管好属地网络空间，深化网络信用体系建设，推动网络管理法治化。

【主题网络宣传】 年内，聚焦宣传贯彻习近平新时代中国特色社会主义思想，认真组织开展十九届五中全会精神网上宣传，及时推送重点稿件和文章。组织属地新闻网站、网媒宣传贯彻市委七届八次全会精神，开设专题专栏，推出直播、短视频、H5、手机海报、小游戏等新媒体产品，推送相关文章600余篇，累计阅读量约1000万次。组织网媒转载报道全市防疫、复工复产、精密智控、健康码推广、包区清楼等行动，推送《抗击新冠肺炎疫情，我们在行动》《打赢疫情防控总体战》等网络专题，集纳疫情防控新闻报道、重磅评论等文章1100余条。组织政务新媒体矩阵推送《公众如何科学戴口罩？夏季如何安全使用空调？》《哪些人群要做核酸检测？费用谁来出？最新文件必看！》等报道276篇，主动发声积极引导，及时回应网民关切，为打赢疫情防控阻击战凝聚力量、增信心、强决心。

【衢州城市形象网上宣传】 8—11月，开展第二届"美丽浙江·好看衢州"短视频大赛。收到短视频作品700件，摄影作品200件，抖音话题"好看衢州"阅读量5000万+次。策划开展产业工人短视频大赛，征集作品170件，累计播放量3665万次、点赞307.4万次。"衢州影像"推出原创短视频486个，播放量2.05亿次。联合KK直播平台和"妙招姐""多肉王子"等属地网红，参加"公筷公勺"全省推广调研交流活动，公益直播全网总阅读量4000万+次。微博互动话题"#活力新衢州#"，阅读量2233万+次。"行作揖礼"两次登上微博热搜榜，累计阅读量超2亿次。

【深化网络信用体系建设试点】 年内，完善网络信用管理平台建设，归集整理涉及2787个主体3000余条信息数据，定期发布新

11月26日，参加全省网络信用体系建设座谈会的嘉宾在市营商办考察

媒体"活力指数"榜单，推动网络信用评分转化为"信安分"，丰富信用运用场景。有关工作获省委领导批示肯定，并在衢州召开全省座谈会予以推介。

【做好网络安全防护】 年内，开展政务数据网络安全百日攻坚行动，指导重点企业做好网络安全防范、应急措施评估、战时应急处置。协调开展全市重点单位的政务信息系统、关键信息基础设施、云平台开展监督检查和安全防护工作，其中互联网应用服务监督检查246家次，远程技术检测100余家次，通报中高危漏洞4208个，出具隐患整改通知书85份。组织开展"勒索病毒"专项清理回头看工作，对政务信息系统底数进行排摸，梳理政务信息系统279个，对未及时落实等保单位发放整改通知书19份。

（王小东）

精神文明建设

【概　况】 2020年，全市精神文明建设工作以习近平新时代中国特色社会主义思想为指导，深入贯彻落实党的十九大和十九届二中、三中、四中、五中全会，习近平总书记在浙江考察时的重要讲话和全国宣传思想工作会议精神，紧紧围绕"五位一体"总体布局、"四个全面"战略布局和省委奋力推进"两个高水平"建设、市委"1433"发展战略体系落地，深入践行习近平总书记"让南孔文化重重落地"的嘱托，以培育和践行社会主义核心价值观为主线，以高水平创成全国文明城市为目标，全面推进群众性精神文明建设，着力打造"一座最有礼的城市"。年内，衢州市以全国第4的成绩获第六届"全国文明城市"称号，实现首创首成、高位创成。

【文明城市创建】年内，文明城市创建取得新实绩。通过“三联工程”、模块化改革、“周二无会日”、乡村振兴讲堂、“三通一智（治）”等多模块合作协同治理，实现市县乡村四级贯通、信息畅通、整体联动、高效协同，打通服务群众的“最后一公里”。在全市1482个行政村构建4300多个网格、3.8万余人参与的“红色网格联队”，形成“小事不出格、大事不出村，人在网中走、事在格中办”的工作格局，有效处置各类创文事件185余万件。建立失礼曝光制度，构建覆盖全社会的文明征信系统，形成“失礼曝光—落地处罚—媒体曝光—抄告通知—信用记录”的不文明惩戒闭环。把《衢州有礼市民公约》和打造“八个一”城市特色工作融入法规，颁布实施《衢州市文明行为促进条例》，使文明规范上升到法规层面。首创“有礼指数”（CI）测评体系，以市民满意度测评为抓手，不断提升城市管理水平。全年先后组织督查“八个一”城市推进情况19次，“有礼指数”核心指标暗访12次，“有礼指数”全指标测评3次，得到浙江《新闻联播》《钱江晚报》等多家媒体关注。拉网式开展24个内容的环境卫生专项整治，解决374个老旧小区的基础设施“老旧破损”问题，城市环境面貌大幅度提升。出台“企事业单位错时共享停车位”“机关食堂节假日共享开放”“劳动者港湾”等便民举措，设置“爱心冰箱”、商铺“有礼腰线、有礼卡贴”、公共晾衣架、公用电动车充电棚、农贸市场果蔬自销区等爱心设施，给城市文明增添温度。动员社会力量参与创建监督，通过“小锦鲤”志愿服务队、文明城市监督员、人大代表（政协委员）“随手拍”、电视问政等，不断提高创建工作质量和效率。将“使用公筷公勺”“不随地吐痰”“行作揖礼”等要求纳入村规民约内容。4月底，全市1594个行政村（社区）100%完成村规民约修订。5月13—14日，全省“公筷公勺”推广调研活动在衢州市上洋村召开，分享推广衢州经验，《人民日报》、新华社、《光明日报》、中新社等近30家国内重要媒体发布相关新闻稿件40余篇。2020年底，全市家庭“公筷公勺”推广使用率80%以上，餐饮单位、机关食堂、学校食堂使用率均实现100%。

7月3日，衢州发布衢州市“有礼指数”（CI）测评体系，成为全国首个将“有礼”可量化、标准化的地级市

【公民道德建设】年内，公民道德建设形成新风尚。贯彻落实《衢州市关于开展移风易俗树立文明乡风行动实施方案》，完善红白理事会、村民议事会等自治组织，农村人情支出大幅度下降。5月22日，《衢州市文明行为促进条例》（以下简称《条例》）正式施行，“将使用公筷公勺作为餐饮机构和个人的义务性规定”“大力倡导行作揖礼”等八大亮点在全国具有首创性。《条例》生效后开出的首张罚单被《人民日报》《光明日报》等中央媒体报道，点赞衢州市“硬核”条例促文明习惯养成。全年选树有礼标兵3批次62名，获评浙江好人16名、诚信浙江人1名、中国好人1名。市文明办联合五部门公布《衢州市有礼标兵奖励优待实施办法》，明确奖励帮扶内容、帮扶对象、帮扶标准等，对有礼者有礼成为导向。10月22日，“礼遇‘标兵’，‘她’厢有礼——2020年衢州有礼标兵表彰活动”20名有礼标兵受到表彰。广泛开展群众性精神文明创建活动，2020年新增全国文明单位5个，全国文明乡镇1个，全国文明村7个，全国文明家庭1户，全国文明校园1所，全国未成年人思想道德先进

个人1名。新增省级文明单位27个，省级文明乡镇6个，省级文明村24个。

【志愿服务建设】年内，志愿服务实效得到进一步升级。围绕疫情防控，组建“战锦”志愿服务团队，通过“衢州发布”“衢州有礼”“青春衢州”等微信公众号发布“战锦”志愿者招募令、疫情防控倡议书，畅通线上招募平台，设置550余个“战锦”志愿服务岗位，招募5000余名志愿者。助力复工复产，动员1300余名志愿者服务企业320余家。成立医疗救护、便民服务、秩序维护、科普宣传、心理疏导5支志愿服务队，提供专业化的志愿服务。累计接听防疫知识咨询电话600余个，调解涉疫典型案例35起，累计参与疫情防控志愿服务90万余小时。建成全国首个有礼馆——衢州有礼馆（衢州新时代文明生活馆、衢州市创建全国文明城市展示馆、衢州小锦鲤总馆），使“衢州有礼”有一个集中展示和互动体验的平台。以360个有礼站点为阵地，结合“衢州小锦鲤公益地图”微信小程序，布置各类防疫物资、公筷公勺等，引导站点志愿者主动当好“宣传员”。联合太平洋保险有限公司、华夏人寿保险分别为防疫志愿者提供61.8万元/人和60万元/人的疫情感染赔付专项保单，在“志愿汇”App上提供郁金香、公筷公勺等物资1000余份用于防疫志愿者积分兑换。依托“小锦鲤”礼仪志愿服务队，为市区范围内30余家行政服务中心、窗口单位的3000多名工作人员开展微笑服务、文明用语、行作揖礼等方面培训。推进“八个一”进社区网格系列活动，广泛开展“痰‘吐’不俗、举‘纸’有礼”主题宣传，组织600余名志愿者在全市12个人流密集区域开展文明行为劝导。举办第二届衢州市新时代文明实践志愿项目创意赛，收集志愿服务项目76个，并邀请相关专家及实务导师开设“云讲坛”，对参加大赛的单位、公益组织、社区志愿服务负责人200余人进行项目谋划专题培训。

7月24日，“相同关爱 关爱乡童”乡村学校少年宫帮扶公益项目启动仪式在柯城区沟溪乡中心小学大礼堂举行

【未成年人思想道德建设】年内，未成年人思想道德建设取得新成效。市文明办联合市妇联、市教育局、市民政局等部门通力合作，并发动企业及社会组织积极参与“小候鸟”关爱之家建设。2020年“小候鸟”关爱行动五周年之际，柯城区沟溪乡中心小学举办全省“小候鸟”精品项目成果交流展示活动。统筹全市爱国主义教育基地和公益性文化场所，利用清明、建党节、中秋、国庆等重要时间节点，策划举办各类亲子文化行活动1900余场次，累计接待未成年人60余万人次。其中，侵华日军细菌战衢州纪念馆、市档案馆等开展“勿忘国耻红色之旅”“清明祭英烈”等红色主题教育活动800余场次；市图书馆、市文化馆开展传统礼仪活动60余场次，少儿国学体验活动80余场次；市博物馆举办《衢江针灸文化展》《馆藏楹联展》等青少年科普展览40余场次，市文化馆举办暑期公益少儿培训36期次。疫情期间，精心策划“祈福中华添绿抗疫”云植树、“扣好人生第一粒扣子·2020清明网上祭英烈”等一系列战“疫”主题教育活动。依托市未成年人心理健康辅导中心（站）“心网”平台，组建未成年人防疫心理辅导志愿队，构建三级心理疏导服务

体系。开发“童心防疫”未成年人心理疏导微课、“亲子抗疫”家长心理疏导微课10节次。发动幼儿园、大中小学、优质培训机构教师录制面向未成年人的公益课程。疫情期间推出7期20节公益微课，通过学校家委会群、社区家委会群、乡村学校少年宫群等进行广泛传播。“相同关爱 关爱乡童”乡村学校少年宫帮扶公益项目入选浙江省2020年全省未成年人思想道德建设十件实事。市文明办组织授课团队100多人与全市89所乡村学校少年宫合作开展送课送教、心理咨询等各类主题活动，受益乡村儿童8万余人次。

（毛肖军 周婉珂）

衢州市社会科学界联合会

【概 况】2020年，市社会科学界联合会（以下简称市社科联）紧扣市委、市政府中心工作，强化思想政治引领，做实课题研究、学术研究交流、社科普及等工作，为加快建设“活力新衢州、美丽大花园”、实现“发展高质量、治理现代化”提供有力思想保证和理论支持。

【社科课题研究】年内，围绕市委、市政府中心工作，开展重大应用对策研究。围绕“建设‘重要窗口’”“加快建设四省边际中心城市”等中心工作和重大主题，做好2020年度市级社科研究课题申报，发布课题指南，组织应用对策研究，全年立项省级规划课题7项、市级规划课题30项，形成研究成果报告50余篇。开办《衢州社科要报》，推动成果转化，有效服务领导决策。依托衢州学院人文社科骨干力量，成立美丽经济学院，结对共建龙游县溪口乡村未来社区，完成《推进我省应用场景供给体系建设的对策建议》等对策研究，获省部级领导批示2次。

【社会科学普及】年内，围绕全面建成小康社会目标任务，启动“全面建成小康谱写‘衢州有礼’新篇章”2020社科普及周及社科大集市活动，全面铺开30余项子活动，3万余人次参与。组织社科专家和研究机构开展疫情防治知识普及。以党的十九届五中全会和市委七届八次全会精神为主题，推出2期“南孔爷爷趣味考场”科普活动。组建“衢州有礼”阅读联盟，吸纳首批成员单位41家，成员9200余人，扶持培育“‘鹿客联盟’悦读分享”等5个星级项目。开展2020年度衢州市社科普及创新示范项目评选，龙游县8090新时代理论宣讲工作等8个项目获奖。市社科联获评2020年度全省社科普及优秀单位（第二名）。

【科普阵地建设】年内，对获得“衢州市社会科学普及基地”称号2年以上的47家基地工作情况进行评估。41家单位考核优秀，予以重新确认；6家单位自动取消市级社科普及基地称号；科学健身大讲堂、柯城村播基地等15家单位被命名为第六批“衢州市社会科学普及基地”。

【南孔文化研究】年内，继续深化南孔文化品牌。以习近平总书记对南孔文化作出重要指示15周年为契机，联合中国城市报社、浙江省社会科学界联合会举办“推进南孔文化创造性转化、创新性发展研讨会”，十三届全国政协文化文史和学习委员会副主任王世明等嘉宾出席并作交流分享。深化南孔（大型）文献整理与研究项目，推动《孔氏南宗文献丛书》出版。衢州学院孔氏南宗文化研究中心研究成果《关于高质量实施南孔文化基因解码工程的对策建议》得到省领导批示。

6月18日，2020年衢州市社科普及周活动启动仪式在常山县文峰广场举行

【社科体制改革】 年内，实施“社科课题库”“社科专家库”两库工程，与中央党校、浙江大学、山东大学、华中师范大学等20余所高等学府建立健全市校合作机制。市社科联新“三定”方案获批，新增统筹全市青年理论宣讲工作职能，相应增加1个处室、2名编制，1个副处级职数和1个科级职数。

（陈逸翔）

统战工作

【概 况】 2020年，全市统一战线坚决贯彻落实中央和省委、市委各项决策部署，聚力服务中心，主动创先争优，统战工作基础更加扎实。全年，衢州统一战线工作先后获中央委员、全国工商联党组书记徐乐江，省委常委、统战部部长熊建平等省部级以上领导和市委、市政府主要领导点赞肯定30次；4项工作获市委执行“十条军规”正面典型通报表扬。市委统战部获评全省统战信息工作成绩突出单位、全省统战理论政策研究优秀成果二等奖、三等奖等荣誉。全市统一战线同心抗疫、大爱驰援，累计捐资捐物价值超1.1亿元。

【思想政治引领】 年内，把学习贯彻习近平总书记在浙江考察时的重要讲话精神和中央及省市委等重要会议精神摆在突出位置，及时组织发动全市统一战线深入学习研讨，全年举办各类学习会、座谈会110余场次，培训班5期，“同心大讲堂”8期，“同心8090”新时代理论宣讲42场。对接争取市委、市政府重视支持，市委常委会会议及时传达学习中央、省委统一战线工作重要会议精神和研究民营经济统战工作等，市委、市政府主要领导10余次参加统一战线重要会议活动。协助市委制订出台《中共衢州市委2020年度政党协商（会议协商）计划》，召开“市域治理现代化”专题政党协商会、专题征求全市法院工作意见座谈会、专题征求全市检察院工作意见座谈会、全市党风廉政建设和反腐败工作情况通报座谈会，向党外代表人士通报相关工作情况并征求意见。

【新乡贤工作】 年内，深入实施“南孔乡贤共建大花园”八大举措，推动将新乡贤工作纳入市委“五个重大”范围和市委全面深化改革委员会2020年工作要点，制定出台《“礼贤通”回归服务工程实施方案》，进一步构建完善新乡贤工作总体格局。召开以新乡贤工作为主题的全市统战部部长工作例会和全市新乡贤工作提升推进会。创新推进“礼贤通·乡贤回归一件事”等服务机制，线上线下为新乡贤回归提供远程视讯、健康关爱、子女就学、项目代办等服务举措；有序启动建设“南孔乡贤数字地图”服务项目，实施新时代“万名乡贤帮千村”和“五千工程”“千名乡贤回乡村”活动。一年来，新增选聘100余名新乡贤人士担任“招引大使”，吸引1275名新乡贤人士带资金带项目带人才带团队回到乡村；新增及续建各类新乡贤回归项目118个、计划投资总额超300亿元；回归新乡贤中有210人任村支书，535人任村“两委”、505人任“一长三员”。

【民主党派工作】 年内，协助各民主党派深化落实“三会一课六制度”，制定完善《领导班子成员联系基层组织工作制度》《基层组织评优评先办法》等建设管理办法，九三学社市委会机关规范化建设

12月29日，全市新乡贤工作提升推进会暨基层商会建设推进会召开

考评工作获社中央交叉检查组肯定。加强民主党派干部队伍建设，召开党外年轻干部座谈会，进一步掌握情况，积极推荐优秀党外干部。着眼民主党派市级组织换届，在全市开展民主党派市级层面代表人士人选调研、谈话推荐等工作，研判确定各民主党派市级层面代表人士建议人选108人。协商制定民主党派县（市、区）基层组织领导班子“三种规模”和换届程序“七步工作法”，首次明确统一规范的换届工作程序，推动民主党派基层组织规范化、科学化建设，18个县级民主党派基层组织完成换届工作。围绕“市域治理现代化”重大主题，组织各民主党派市委会等开展专项民主监督检查20余次，发现问题30余个，提出意见建议30余条。围绕“十四五”规划、全国文明城市创建、营商环境和双招双引等工作，推动各民主党派深入开展调查研究，积极撰写社情民意和民主监督意见建议，多篇理论文章、社情信息获省市领导点赞肯定。指导各民主党派打造社会服务品牌，打响龙游“民革之家”、民盟“同心·名医服务站”、民建奇点沙龙、民进“荷叶食堂”、农工义诊科普、九三“同心大讲堂”等一批特色服务品牌。

【非公有制经济领域统战工作】 年内，举办政企沟通日活动，市县两级先后召开22场“亲清直通车·政企恳谈会”，推动“五减”等惠企政策举措落地落细，帮助全市企业减少税负1亿多元。开展“走进基层商会服务千户企业”暨公共法律服务商会“法雨春风”主题月活动，开展政策法律宣讲1736次，帮助民营企业开展“法治体检”5078家。常态开展“组团联企”工作，走访服务企业600多家，为企业解决个性问题218个，协助40家企业成功申报疫情防控重点保障企业。制定实施《“五强十好”商会五星评优工作办法》，开展“五强十好示范商会”评定，不断推动商会规范提升建设。统战部和工商联全力联动抓商会建设，建立市委统战部、市工商联领导挂联加快筹建市外商会和市外商会筹建“五步工作法”等工作机制，推进实施“4+N”市外商会建设行动计划（“4”，即突出“长三角”“珠三角”“京津冀”三大重点区域，以及市委七届八次全会重点部署的四省边际区域城市；“N”，即每年抓好一批重点城市商会建设），先后完成上饶、福建、海南、广州、丽水5家商会新建工作，黄山、金华、昆明、南平、龙岩等一批市外商会加快筹建。举办“四省边际衢商”走进“大小三城”考察活动，激发广大衢商投身“四省边际中心城市”建设热情和乡情，促成浙江省圣力邦漆业有限公司董事长徐宪等乡贤及一批重点项目回归。组织开展“衢州市光彩事业促进会·中环教育慈善基金”发放活动，发放204万元奖学金，惠及全市10所学校839名学生。全市商会提升建设工作分别获中央委员、全国工商联党组书记徐乐江、党组副书记樊友山肯定，先后2次获浙江省工商联党组书记陈浩表扬，衢州市总商会在浙江省东西扶贫协作工作中获评“社会责任奖”。

【宗教工作】 年内，以宗教中国化、宗教工作法治化、信息化建设为重点，着力破解宗教领域难题、维护宗教领域和谐。打造“宗教有礼园”，破解市本级宗教团体“三无”问题，努力建成衢州宗教文化和宗教政策对外展示的“重要窗口”。全力推进全市“2+8”十个重点佛教寺院改造提升工作，启动十个有品道观建设，举办纪念弘一法师来衢弘法100周年暨“弘一法师与衢州”文化论坛系列活动，提升全市宗教重点场所规范建设和文化品位。深入开展宗教团体建设，完成市佛教协会换届，实现能力结构、年龄结构、文化结构、区域结构的四个优化；在衢州历史上首次成立市道教协会，加强全市道教工作组织领导。

【民族与基层统战工作】 年内，突出谋划推进“一乡两带十村”民族乡村振兴示范建设，龙游县沐尘畲族乡建成全国民族乡村振兴试点；衢江区举村乡“千年畲乡·农夫小镇”、龙游县沐尘畲族乡被列入15条省级民族乡村振兴示范带，培育龙游县沐尘村、柯城区上门村、龙游县浦山村、衢江区西坑村等一批重点特色村寨，新增省级民族团结进步重点培育单位6家。举办首届浙江省民族乡村振兴“百村大会堂”活动，推介“衢州有礼”诗画风光带，促成龙游县詹家镇、沐尘畲族乡和衢江举村乡与省内知名企业签约合作等。衢州作为全省唯一地级市代表在全省民族乡村振兴示范建设推进现场会上作典型发言。

【侨务工作】年内，发动衢州籍海外侨胞捐款捐物，据不完全统计，海外侨胞及其眷属向国内捐款捐物折合人民币超过5300万元，向衢州市捐资729余万元。应对新冠肺炎疫情，做好境外人员入境服务工作。引导海外侨团侨领做好疫情防控宣传及互帮互助，牵头负责“精密智控”入境指标持续走在全省前列，获市委、市政府通报表扬。创新落实“心连心”联络联谊机制，联合市侨联等推行“心连心”暖侨服务“八个一”举措(即发送一封家书、推介一部防疫宣传片、推送一份防护指南、开通一部热线电话、开发一个海外版端口、推送一个全省网上申报系统、建立一个微信服务群、援助一批医疗物资等)，先后建立108个“境外同乡微信群”和15个覆盖20多个国家的“海外同乡抗疫联络群”，支持建立“帮侨服务小分队”等基层团队，通过爱心口罩援助、热线电话协助、宣传引导帮助、隔离关爱互助等举措，广泛联系帮助境外人员(含家属)17180人次。完成市侨商会改革，召开三届三次会员大会。创新设立首家归创驿站，打造“专家+归国留学人员+论坛”侨界高端人才交流平台，进一步推动侨商内引外联。一年来，海外侨胞51人回浙回衢投资兴业、15人担任“引才大使”。

【港澳台统战工作】年内，全力抗击新冠肺炎疫情，建立常态线上沟通联系机制，先后走访慰问黄埔同学会会员、定居台胞、港澳同乡会骨干会员直系亲属等120余人次，帮助解决困难。指导帮助港、澳、台企业复工复产，反馈的67条重点问题完成率100%。组织开展“台青看衢州”交流活动、“衢州有礼·两岸一家亲”中秋联谊、“2020衢台稻田音乐节”等衢台基层交流活动4批次，增进“两岸一家亲”。组建“衢台民宿研究会”，推进两地民宿交流合作。

【海外统战工作】1月10日，举办“陈灿培夫妇捐赠杜立特行动及飞虎队史料”捐赠仪式，陈灿培博士将116件珍贵史料捐献给杜立特行动纪念馆，增进友谊和感情。7月，举办“亲情中华·为你讲故事”网上夏令营“有礼衢州”营活动，100名加拿大华裔少年走进衢州，增进海外华裔青少年的文化认同。服务对接由澳门南孔衢州联谊会会长陆松林发起、引进的中德国际应用技术大学项目，促成签署《中外合作办学备忘录》并提交中德合作办学可行性报告。

【党外知识分子和新的社会阶层人士工作】年内，组织召开市知联会、新联会常务理事会、理事会(会长会议)学习传达中央、省委和市委全会精神，全面系统掌握会议精神实质，统一思想、凝聚共识。聚力同心抗疫，动员广大知联会、新联会会员以及无党派人士积极投身抗击新冠肺炎疫情，捐资捐物价值400余万元。组织市县两级党外知识分子开展“助小康、抗疫情、作贡献”爱国奋斗报告会，讲好知联故事，树立知联榜样。吸收各领域优秀人才加入新联会、知联会，市新联会新增选副会长2名、会员7人，市知联会吸收新会员4名。加强制度建设，健全完善市新联会“轮值会长”制度。扎实开展无党派人士认定登记工作，更新完善全市无党派人士数据库。成立“南孔直播群英·同心荟”，吸收精英会员50人，打

7月8日，“南孔直播群英·同心荟”成立大会

造“南孔直播群英·同心荟”众创空间平台，服务全市网络直播行业精英代表人士、知名MCN运营机构、电商企业等。策划举办“寻品衢州·有礼而来”直播活动，38家电商代表企业应邀参展，20多种衢州本地产品在直播间现场带货，活动当天达成14项合作协议，5小时直播观场总人数超30万次，成交量超4000单。全年，理事成员开展直播13487次，带货2300余种，受众1.36亿人次，实现带货销售额2.37亿元。深入开展直播电商产业发展调研并形成调研报告，供市委、市政府决策参考。报送的衢州网络直播人士统战创新实践案例入选由中国统一战线理论研究会主办、国家社科基金资助的《我国社会结构变化对新时代统一战线的影响》论文集，并作为全省唯一的地级市受邀到北京交流。聚焦“三服务”，组织市知联会、新联会开展“市域治理现代化”专项民主监督、赴会员企业开展“三服务”等。

【干部队伍建设】年内，创建部领导挂联重点寺院建设、挂联市外商会建设和挂联重点乡贤服务等机制，构建“1+15+X”重点工作抓落实体系，通过用人开放式、管理扁平化、任务领衔制，推动工作联动开展、任务一抓到底、责任精细到人。牢固树立“六个一定要”(一定要树立围绕中心、争先有为的意识，一定要提升敏锐把握大局大势的能力，一定要践行优良亲为、创新专业的作风，一定要养成主动负责、善于协作的素养，一定要培养树立“怎么样才行”的理念，一定要倒逼养成行胜于言、事成于细的习惯)、“五个重点闭环”(敏锐谋划、精心筹备、精彩实施、总结宣传、持续落实)等工作理念，全面落实市委巡察整改任务，新增和完善统战部各项管理制度37项，重新修订并组织学习《衢州市统一战线干部工作业务知识大纲》，提升干部队伍规范管理和能力素质水平。两次召开全市统战系统亮点工作和部分短板工作剖析会，总结经验、查摆短板。编印《统战系统如何紧贴中心大局创新有为，亮点工作案例小结交流》两期。

（胡肖剑）

侨务工作

【概　况】2020年，市侨办努力推动“聚力中心大局”与“护侨暖侨助侨”齐头并进。疫情发生以来，创新落实“心连心”联络联谊机制，市侨办发动衢籍海外侨胞捐款捐物。

【服务侨界】年内，市侨办牵头负责境外专班综合组，全面协调境外疫情输入防控工作。市县两级专班常驻侨务干部21人，协调带动各单位专班干部417人奋战抗疫第一线，为海内外侨胞捐赠抗疫物资和出入境防疫等提供人性化服务。推进侨企“三服务”工作。开展“助企抗疫情 联企复生产”专项行动，带领22名涉侨系统驻企服务员，开展“走侨企、听侨声，进车间、跑一线，提建议、解难题”等大走访活动260余次，创新推行“共享员工”机制等。全市78家侨企顺利复工，复工率100%，员工到岗率和产能恢复率均在100%以上，侨企反馈46条重点问题全部解决。做好侨法维权工作。完成侨法宣传培训85人次，分发《涉侨法规政策选编》等政策文本450余份，新增“侨法服务工作站”4个。市县两级接受来信来访15件次(其中14件已解决，1件转为经济纠纷案件处理)，帮助解决房屋拆迁、墓地迁移、经济合同纠纷、回国救助等困难和问题。全年，审核审批各类涉侨身份认定5人，协调解决华侨子女就近入学3人，走访慰问困难侨眷及重点侨界人士59人次。

【商会建设】5月，召开衢州市侨商会三届三次会员大会和三届三次理事会，增设1名执行会长、1名专职秘书长和新增8名理事会成员，发布《致广大“南孔侨商”的倡议书》，号召广大侨商企业家扎实聚力市委、市政府“三个年”活动。

（毛碧红）

民族工作

【概　况】2020年，全市民族工作对标“重要窗口”建设的新目标、新定位，对照浙江省提出“全国民族乡村振兴示范省建设”目标任务，聚力市委“党建治理大花园”建设，立足“实”字抓落地，厉行“干”字谋发展，凝聚统战力量，推

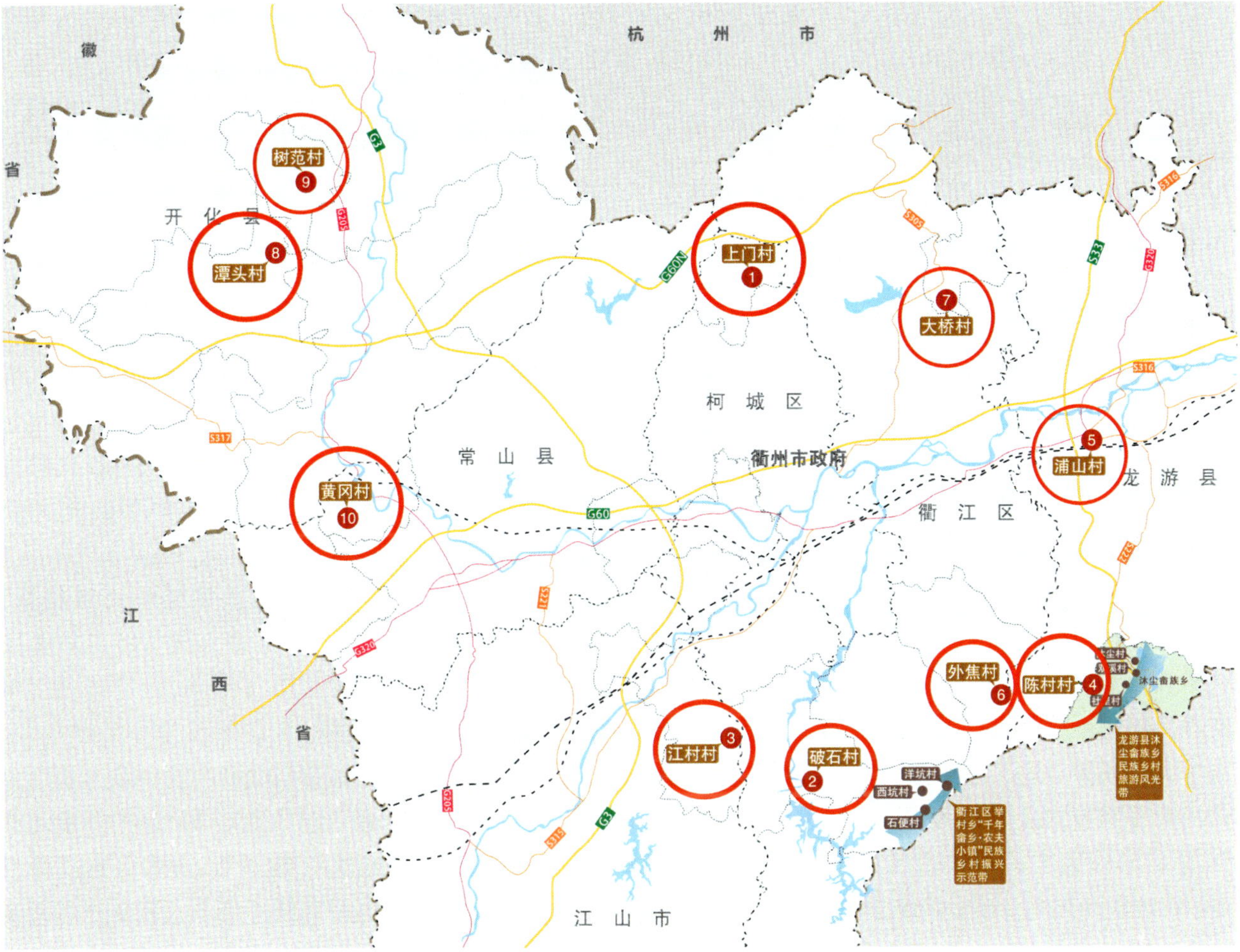

衢州市民族乡村振兴"一乡两带十村"规划布局示意图

进民族领域团结进步发展。

【同心抗疫】 自2020年初抗击新冠肺炎疫情以来,市、县、乡、村四级统战、民宗部门干部,乡镇统战委员、民宗信息员900余人,民族乡村党员、巾帼志愿者、大学生志愿者等1800余人奔赴抗疫一线,向企业推广使用健康码,宣传民族政策,保障少数民族群众合法权益。民族乡村乡贤、普通群众、外来少数民族群众等主动加入抗"疫"战斗。龙游县城一位拉面店负责人高成龙(回族人,来自青海),先后4次给龙游高速路口民警和龙游人民路附近的小区门口民警送去100多碗牛肉拉面,多家媒体报道他的事迹。衢州13家拉面店老板(回族人,来自青海)自发向市疾控中心捐赠价值8000多元物资,支持衢州疫情防控工作。44名巴西华人向龙游县红十字会捐款17万元助力沐尘畲族乡抗疫。

【谋划实施"一乡两带十村"民族乡村振兴示范建设总体布局】 年内,结合地理因素、产业条件、区域要素等实际情况,将民族乡村振兴示范建设与市委、市政府"衢州有礼"诗画风光带项目相融合,重点谋划实施"一乡两带十村"民族乡村振兴示范建设总体布局,即以"一乡"为凤头,示范引领;以"两带"为双翼,带动振兴;以"十村"为凤尾,亮点纷呈,形成畲乡凤凰展翅高飞的态势,为浙江省推进全国民族乡村振兴示范省建设提供衢州实践。通过市县两级全域打通、串点成片集成打造、高位规划培育特色,打造一批民族文化融合好、风格明显有特色、村景共建协调发展的示范村庄。2020年,龙游县沐尘畲族乡被认定为全国民族乡村振兴试点,衢江区举村乡"千年畲乡·农夫小镇"民族乡村振兴示范带、龙游县沐尘畲族乡民族乡村旅游风光带被列入省民宗委计划培育的15条省级民族乡村振兴示范带创建对象，市委统战部作为全省唯一地级市代表在全省民族乡村振兴示范建设推进现场会上作典型发言。

【承办首届浙江省民族乡村振兴“百村大会堂”活动】6月11—12日，“锦绣畲乡·百村一梦”首届浙江省民族乡村振兴“百村大会堂”活动在龙游县詹家镇浦山畲族村举行。全省民族乡镇村代表、学者专家和社会各界人士逾200人参加，并通过在线网络直播，覆盖全省各民族村村民，共同见证浙江省民族村乡村产业振兴联盟成立等大会成果。此次活动展示衢州民族乡村振兴示范建设成果，促成龙游县詹家镇和沐尘畲族乡、举村乡在内的3个少数民族乡镇村签约合作。龙游县詹家镇浦山民族村、开化县池淮镇潭头村、江山市上余镇江村村、衢江区举村乡被纳入浙江首批“农文旅”融合开发民族村培育名单，分别为民宿特色村、网红景点村、农产品特色村、民俗文化和文创产业特色村。

【民族团结进步示范创建】年内，积极开展民族团结进步示范创建活动。全市新增省级民族团结进步示范单位6家，市级民族团结进步示范单位4家。市公安局国内安全保卫支队、安康民族工艺饰品有限公司、市工程技术学校获浙江省第六次民族团结进步模范集体荣誉；龙游县委统战部副部长、民宗局局长方土新，常山县委统战部常务副部长、民宗局局长蓝小珍，衢江区政府党组成员（援川）柴胜辉，衢州广电传媒集团团委书记、市伊斯兰教协会秘书长（兼）马超，龙游县龙洲街道人民路兰州拉面馆负责人高成龙等5人获浙江省第六次民族团结进步模范个人荣誉。9月，在全市范围开展以“民族团结一家亲·同心携手奔小康”为主题的民族团结进步宣传月活动。深入开展“六个一批”宣传教育活动（即举行一批民族团结宣讲活动，组织一批线上线下宣传展示，开展一批民族权益咨询服务，举办一批民族文化交流活动，组织一批民族互助志愿活动，创建一批民族团结进步示范点）。在全社会唱响“共同团结奋斗、共同繁荣发展”的主旋律，形成人人关心、人人参与民族团结进步创建的良好氛围。全市开展各类民族团结宣传活动450余次，辐射群众10余万人次。

6月11—12日，全省首届民族乡村振兴“百村大会堂”活动在龙游县浦山村举办

【打造特色民族文化文旅品牌】年内，各地结合地方特色举办民族文化节庆活动，打造特色文旅品牌。龙游县沐尘乡举办“畲家山寨首届酿酒大赛”“畲家墙绘大赛”，建成占地200余平方米的畲族文化体验馆，游客可直接参与体验畲族传统手工艺制作。柯城区七里乡上门村举办首届“九月九”风情文化节活动，现场推广畲乡土特产。衢江区举村乡西坑村举办“衢江—平武‘民族团结一家亲’文化联谊活动”，共建帮扶大格局。常山县招贤镇3个民族村连片打造民族村村播小镇，招引“网红”新乡贤为家乡土特产代言。利用网络直播推广形式，开展民族村旅游观光项目，推行“五个一”活动，即观看一次畲族表演、品尝一次畲族美食、穿戴一次畲族服饰、欣赏一次畲族风光、体验一次畲族文化。

（方韵超）

宗教工作

【概 况】2020年，宗教工作围绕“争创宗教领域治理现代化先行省”目标和宗教团体建设年行动，深化实施“1345”工作举措，深入贯彻落实中央宗教工作督查整改要求，严格落实宗教领域新冠肺炎疫情防控要求，坚持宗教中国化方向实践创新，提升依法管理宗教事务能力，夯实宗教工作基层基础，努力破解宗教领域重点难点问题，维护宗教领域和谐稳定。

【宗教领域新冠疫情防控】1月24日始，全市宗教领域严格执行“两暂停一延迟”(暂停宗教场所开放、暂停宗教活动、延迟宗教院校开学)要求，全市宗教场所、民间信仰场所停止人员集聚的宗教和民间信仰活动。6月2日宗教活动场所有序恢复开放后，督促宗教活动场所落实好“测温+亮健康码+戴口罩+消毒+保持安全距离”常态化疫情防控措施。

【“十百千万”普法工程】年内，全市宗教领域开展以宪法为主题的“十百千万”普法工程活动。经各地推荐，省民宗委、省普法办遴选，衢州市天宁寺为省级宗教普法示范点，柯城区灵鹫寺、衢江区大乘寺、龙游县乌石寺、江山市江山天主堂、常山县城关基督教堂、开化县天童山寺6个宗教场所为省级宗教法治宣传教育基地。

【佛教重点寺院改造提升】年内，市委统战部(民宗局)继续推进佛教重点寺院改造提升工作。通过聚力“1+7”工作举措，首批列入“2+8”的天宁寺、宝岩寺、灵鹫寺(原九华禅寺)、大乘寺、乌石寺、太阳山寺、万寿寺、石崆寺、泰康禅院、灵山寺10个重点寺院改造提升工作进展顺利，其中6个需要扩建的寺院5个完成扩建许可办理和土地指标确认，8个寺院完成整体规划，7个寺院完成“一庙一故事”编撰工作，4个寺院改造提升项目和2个寺院道路建设已经动工。7月13日，市委常委、统战部部长傅根友调研柯城区灵鹫山禅意康养项目建设工作。8月4日，市长汤飞帆调研灵鹫山名山建设。9月6日，举行衢江区大乘寺扩建奠基仪式。12月20日，举行柯城区灵鹫山名山开发建设项目开工仪式。

【衢州市首批批准恢复重建的道教活动场所】年内，市民族宗教事务局、市道教协会积极推进全市道教活动场所恢复重建工作。至12月底，批准设立道教场所4处，其中一类场所1处(江山市廿八都镇东岳宫)，二类场所3处(常山县东案乡妙圣宫、芳村乡天佑观，开化县音坑乡天道山药王观)，成为改革开放以来衢州市首批批准恢复重建的道教活动场所。

【“宗教有礼园”建成使用】8月12日，副市长田俊组织召开专题协调会，研究决定将水亭门历史文化街区宁绍巷14号一幢古建筑给市级五大宗教团体集中办公使用，并建设“宗教有礼园”。9月1日开始装修，12月22日投入使用。“宗教有礼园”目标定位是：“两中心、一站、一室(坛)、一窗口”[“两中心”：五大宗教集中办公服务中心，宗教政策法规宣传教育中心。“一站”：五大宗教联谊交流驿站。“一室(坛)”：宗教文化阅览室，衢州有礼宗教讲坛。“一窗口”：五大爱国宗教中国化的展示窗口]。

【衢州市佛教协会第三次代表会议召开】3月31日，衢州市佛教协会第三次代表会议在衢州冠发君悦大酒店召开。会议选举产生衢州市佛教协会第三届理事会及领导班子、监事会。

【衢州市道教协会第一次会员大会召开】5月22日，衢州市道教协会第一次会员大会在衢州柏丽大酒店召开。会议选举产生衢州市道教协会第一届理事会及领导班子。

【全市宗教界人士学习“重要窗口”建设精神培训】10月27—30日，全市宗教界人士学习“重要窗口”建设精神培训班在市电大举办。市级各宗教团体秘书长(总干事)以上成员、市直宗教场所负责人、清真寺阿訇、各县(市、区)宗教团体班子成员和有关重点宗教活动场所负责人85名宗教界人士参训。培训班邀请市委党校教授朱汉清作《忠实践行“八个嘱托”，奋力建设“重要窗口”》专题讲座，浙江青风律师事务所主任王晓东作《中华人民共和国民法典》讲座，省民宗委政策法规处处

12月5日，中国人民大学净土文化研究基地在天宁寺揭牌成立

长贺再军作宗教政策法规解读。培训班组织学员现场参观开化县何田乡福岭山中共浙皖特委旧址和纪念馆、开化县华埠镇金星村乡村振兴、衢州智慧新城建设。

【纪念弘一法师来衢弘法100周年文化论坛】12月5日，纪念弘一法师来衢弘法100周年文化论坛在衢州天宁寺举办。省民宗委二级巡视员高成锋，市委常委、统战部部长傅根友等出席文化论坛开幕式。浙江省佛协副会长光泉、达照、贤宗法师，省佛协秘书长金幸祥等佛教界代表及国内专家学者280余人参加。市地名文化研究会会长刘国庆，省社科院哲学研究所所长陈永革，省佛协副会长达照法师，北京大学东方学研究院教授王邦维分别围绕“衢州与弘一大师”“弘一法师的佛法修持”“弘一法师与人生三层楼”“弘一法师与律学的传承”发表主旨演讲。北京大学、中国人民大学、中国社会科学院等高校、科研机构40余位专家学者追忆弘一法师在文化、艺术、佛学发展等方面取得的成就，传承发扬弘一法师爱国爱教精神。其间，举行中国人民大学净土文化研究基地揭牌仪式。此次论坛论文集收录论文48篇。由衢州天宁寺出资拍摄的宣传片《弘一法师与衢州》在论坛上发布。

【衢州市首届汉传佛教示范讲经会】12月20日，衢州市首届汉传佛教示范讲经会在衢州天宁寺举行。示范讲经会由市佛教协会第一副会长、衢州天宁寺住持定照法师主持，市佛教协会会长、衢江区大乘寺住持妙泽法师示范主讲《般若波罗蜜多心经》，市佛教协会副会长、柯城区弥陀寺住持果悟法师示范主讲《佛说阿弥陀经》大义。全市佛教界法师、信众140多人参加讲经会。

（蓝朝龙）

改革与政研

【概　况】2020年，市委改革办围绕市委“1433”发展战略体系，按照“高、精、准、实”和“深、严、细、实”要求，统筹推进改革和政研工作，推行机关内部“模块化工作制”，建立改革争先进位机制、部门协同机制、市县统筹机制、典型激励机制、体验督察机制。年内，在省委改革办《领跑者》《竞跑者》上刊发改革案例32期；《衢州政研与改革》编发89期，获市领导批示20次，其中市委主要领导批示12次。

【推进全面深化改革工作】8月10日，开展2020年衢州市改革创新最佳实践案例征集活动。12月23日，公布“构建‘县乡一体、条抓块统’模式强化‘基层治理四平台’能力建设”等24个改革创新最佳实践案例、“衢州广电传媒集团电视问政《请人民阅卷》”等24个改革创新优秀实践案例。9月22日，会同市级各改革专项小组组建由人大代表、政协委员及群众代表等组成的改革体验观察团，开展“最多跑一地”和车辆检测“一件事”体验式督察。11月10日，召开“县乡一体、条抓块统”改革工作第一次省市联席会议；12月17日，召开“县乡一体、条抓块统”改革工作第二次省市联席会议；12月22日，省委改革委第十二次会议听取衢州市汇报“县乡一体、条抓块统”改革试点工作进展情况。年内，衢州市构建“县乡一体、条抓块统”高效协同治理格局获评2020年度浙江省改革创新最佳实践案例，8090新时代理论宣讲工作和常山县“厕所革命”获评2020年度浙江省改革创新优秀实践案例。

【市委全面深化改革委员会第三次会议】 6月11日，市委全面深化改革委员会召开第三次会议。传达学习中央改革委第十二、十三次会议和省委改革委第七、八、九次会议主要精神，审议通过《中共衢州市委全面深化改革委员会2019年工作总结报告》《中共衢州市委全面深化改革委员会2020年工作要点》《关于全面深化改革考核争先进位的工作方案》《市级各改革专项小组2020年工作计划》《关于开展构建“县乡一体、条抓块统”模式提高基层治理能力试点工作方案》，听取关于学习借鉴全国改革先进经验工作进展、以“十类地”为抓手推动土地供给侧改革工作、2020年度综合考核方案等情况汇报。

【重要政策文件研究】 年内，为市委代拟重要政策文件。起草8月6日中国共产党衢州市第七届委员会第八次全体会议审议通过的《中共衢州市委关于深入践行习近平同志重要嘱托加快建设四省边际中心城市的决定》和《中共衢州市委关于深入学习贯彻习近平总书记考察浙江重要讲话精神为全省建设“重要窗口”主动担当奋发有为的决议》。起草《中共衢州市委关于制定衢州市国民经济和社会发展第十四个五年规划和二〇三五年远景目标的建议》。

【重点课题研究】 年内，组织开展市委、市政府年度重点调研课题和各县（市、区）、市级机关部门年度调研课题谋划工作，确定2020年市委、市政府重点调研课题16个。谋划推进市委主要领导牵头的年度重点课题《“十四五”规划总体思路研究》，分解落实38项子课题任务，形成课题总报告。围绕事关衢州未来发展的前瞻性问题，牵头或参与撤县设区、省级新区建设等课题研究。牵头起草《2019年衢州市民生发展报告》，并写入省委政研室主编的《2019浙江民生发展报告》。组织开展践行“八个嘱托”、建设“重要窗口”主题征文活动，评选优秀征文15篇。

【政策信息服务】 年内，加强市四套班子研究室等政研机构的常态化联系沟通，制定市委改革办干部分线分片联系制度，与浙江省公共政策研究院（浙江大学公共政策研究院）建立战略合作关系，推进政策研究力量统筹联动。《衢州政研信息》更名为《衢州政研与改革》，下设决策参考、改革案例、调查研究、政策解读等栏目，建立投稿、约稿、撰稿等工作机制，为市委、市政府决策提供精准服务。

（杨佳颖）

6月11日，市委全面深化改革委员会召开第三次会议

机构编制

【概　况】 2020年，中共衢州市委机构编制委员会办公室学习贯彻习近平总书记关于新时代机构编制工作的重要论述，落实市委、市委编委决策部署，试点推进“县乡一体、条抓块统”改革、全面完成事业单位改革、率先攻坚开发区（园区）管理体制改革、探索创新学前教育管理体制改革，盘活用

好机构编制资源，强化机构编制监督管理。

【"县乡一体、条抓块统"改革】 年内，重点聚焦自然资源、市场监管、生态环境等与基层密切相关领域，围绕"部门法定职责中需要乡镇（街道）协同落实"口径，规范梳理"属地管理"事项。同步建立清单准入机制，推进依单考核、依单监管、依单问责，促进专业化管理和综合性治理协同。7月，印发《关于统筹县乡编制推进资源下沉的通知》，推行机构编制"县管乡用"，推动人员力量下沉。实行派驻人员、编制"双锁定"，明确派驻人员2年内不转岗，享受乡镇同等两个20%待遇，派驻人员下沉比改革前增加24.6%。将部门派驻干部指挥协调权、管理考核权、推荐提名权、反向否决权"四权"赋予乡镇党委，推动派驻干部干在一线、评在一线、提在一线，12名派驻干部因工作履职不力被乡镇责令退回。实行"岗位赋分+模块评分+组团积分+专班计分"干部四维量化考评，考评结果与干部评优评先、奖金分配直接挂钩，同类人员考核奖金差距拉开20%以上。以非法采砂、非法加油等涉及部门较多、乡镇统筹协调难度大的高频事项为突破口，在开化县、衢江区先行试点建立部门间"一件事"联办机制。在原有"上对下"考核的基础上，建立县乡双向考评机制，赋予乡镇对部门相应评价权，考核分值原则上不低于部门年终综合考评10%，推动部门乡镇责任共担、共同进退。省委书记袁家军充分肯定试点阶段成效，并将试点改革纳入省委深化改革的重大标志性项目，在全省部署推广。

【事业单位改革】 年内，全面推进机构清理整合，加大对"小散弱"以及"空壳"事业单位的整合力度，市本级改革后设置事业单位188家，较改革前净减少47家，精简比例21%，全市涉改的1032家事业单位全部重新制定"三定"规定，在全省率先全面完成事业单位改革任务。扎实开展事业单位清理规范整合"回头看"，指导各县（市、区）进行自查，深入市级重点部门和部分县（市、区）实地开展专项调研督查，对机构挂牌、人员划转、领导班子配备、事业单位法人登记、实名制库更新等情况进行"对账销号"，进一步巩固事业单位改革成果。"捆绑式"推进事业单位法人登记工作。5月，市属事业单位共办理法人登记131家，其中设立登记4家、变更登记101家、注销登记26家，登记完成率100%，在全省率先完成法人登记工作。同步推进40家应注销未注销事业单位法人注销工作，38家按相应程序办理法人注销。

【开发区（园区）管理体制改革】 年内，针对全市开发区（园区）规模小、能级弱、管理散等短板，从市区入手，强化经济发展、投资服务主责主业，推进开发区系统性重构。与省委编办对接，推进集聚区、双港开发区、衢江经济开发区、衢化等平台整合为"衢州智造新城"一个平台。将原来的体制架构整合设置为一个党工委、管委会运行主体，编制数精简30%，内设机构精简62.1%。4月，智慧新城管委会机构正式获批。9月，基本完成市区开发区（园区）平台和管理机构整合，管理机构精简66.7%，管理人员编制精简31.8%。按照"经济管理职能应有尽有、应给尽给，社会管理职能能少则少、能精则精"的原则，编制经济管理权限、相关职能边界"两张清单"，开展3轮利弊分析和对接论证，明确智造新城143项、智慧新城68项经济管理权限。整

7月15日，举办市属事业单位法定代表人业务培训会

合后，平台承担总事项较整合前减少21项，解除4个街道与平台的托管关系，基本厘清两大新城与两区、与市级部门等边界关系。

【学前教育管理体制改革】 2月，提前对全市公办幼儿园办园体制改革作系统谋划和研究，起草《衢州市公办幼儿园机构编制人员管理实施意见》，明确调整和优化公办幼儿园结构、创新教职工人员编制管理、规范教职工总量使用和人事管理、健全财政保障长效机制等四个方面15项具体任务。6次与教育、人社、财政等部门进行会商论证，4次向省委编办作专题汇报。改革后，公办幼儿园在园幼儿3.78万人（占比52.7%），81个乡镇实现公办中心园覆盖，补齐全市学前教育“两大指标”短板。省委编办出台全省指导意见大篇幅吸纳衢州经验做法。

【机构编制资源保障】 7月，印发《关于盘活县乡编制统筹推进资源下沉的通知》，围绕统筹管理市县乡编制、完善派驻机构编制管理、统筹乡镇（街道）中层领导职数管理、强化机构编制实名制管理等四个方面，提出12条指导意见，着力解决基层工作任务重、力量薄弱问题。在原有绿色产业发展研究院100名人才编制的基础上，再拿出100个编制，做优做强“人才编制池”，结合“政府给编制、企业给待遇”的双聘政策、编制周转方式和“市管县用”机制，将政策惠及各县（市、区），引进优质高端人才95名，为人才强市战略提供坚实保障。强化民生领域编制保障，结合事业单位改革，重新核定各类学校、医院人员编制，核增市属医院报备员额1613名、市属高校报备员额228名，调剂补充义务教育学校编制301名。

【机构编制全流程管理】 9月，研究出台《关于加强机构编制全流程管理的意见》，建立机构编制事项前置审查、办理结果审查、督查评估等机制。年内，完成机构编制事项合规性审查18件，反馈机构编制和实名制管理问题8项。推进实名制管理系统迭代升级，开发编外用工和基层派驻人员管理模块，实现两类人员精准掌握、动态管控。年内，分别归集全市两类人员信息16422条、989条。积极推进机关事业单位人员职业生涯全周期管理“一件事”改革，打通实名制系统和“一件事”联办平台、人事业务系统的数据接口，开发编制使用核准单联网核验功能，创新提出“一户两单四码”技术方案，在表单填写自动化和减少业务系统二次录入方面全省领先。年内，全市通过“一件事”联办平台办理入编业务1715件、出编业务2376件、职务（职级）变动业务3909件。

【机构编制监督检查】 3月，开展疾控体系评估，核增各级疾控中心编制59名，其中从市本级跨层级调剂20名事业编制专项用于加强柯城区疾控力量。11月，开展编外用工专项检查，巩固深化专项整治成果，审核自查材料60家单位，现场督查16家单位，收集意见建议64条。强化机构编制监督检查与干部监督工作协同联动，年内开展干部任前职数审核246批次，反馈超职数超规格干部线索5条，协同落实整改6人。同时，与市委巡察办充分对接沟通，将机构编制监督检查作为市委巡察选人用人专项检查重要内容，并派员参与，向市委巡察组反馈实地检查单位机构编制管理建议9条。建立机构编制与领导干部经济责任联合审计机制，完成9家单位机构编制审计，提交督查意见9份，实现审计监督与机构编制监督检查紧密衔接。跟踪落实省委第六、七、九轮巡视问题整改，针对收到反馈的52个问题，整改违规设置机构17个，消化超配干部67名，核销违规核定职数1名，调整公务员在事业单位任职5人。同时，结合问题整改，举一反三梳理全市机构编制问题清单，梳理出全市机构编制违纪违规问题52个，完成整改41个。

（柴兴荣）

外事工作

【概　况】 2020年，衢州市人民政府外事办公室坚持服务国家总体外交，统筹做好疫情防控和服务地方经济社会发展工作。全年审核审批因公出国团组8批19人次。

【疫情防控国际援助与服务】 2月24日，美国杜立特突袭者子女协会向衢州捐赠抗击新冠疫情资金5万元人民币及防护服、护目镜和

3月30日，市政府向5个国际友好城市、友好交流城市及1个国际友好组织赠送医用口罩和防护服

口罩等物资。3月30日，市政府向5个国际友好城市、友好交流城市（美国雷德温市、日本佐野市、阿塞拜疆苏姆盖特市、意大利卡坦扎罗省、西班牙穆尔西亚市）及1个国际友好组织（美国杜立特突袭者子女协会）分别赠送2万只一次性医用口罩和200件防护服，帮助抗击新冠疫情。做好外国驻华使领馆管理与服务，做好外媒到衢州拍摄的管理和服务，加强衢州籍海外公民和企业领事保护。

【建立“姊妹学校”】11月5日，柯城区实验小学与英国伍德豪斯公学，巨化一小与新西兰欧若普学校分别采用云签约方式签署结好协议书。11月11日，新华幼儿园与澳大利亚劳瑞玛幼儿园采用云签约方式签署结好协议书。

【重要到访】7月28—30日，举办国际经贸代表团浙江行（衢州站）系列活动，这是疫情以来衢州市迎来的首个高规格国际经贸代表团，包括白俄罗斯、印尼、奥地利、美国、日本、韩国、德国、加拿大等8个国家驻沪总领馆官员以及商协会驻华机构负责人19人，推进衢州市开发区、企业与国外商协会代表、机构驻华代表处代表、领事馆商务领事之间互动，扩大深化衢州市和与会各国地方政府、贸易投资促进机构的交流与合作。

（童倩文）

对台港澳事务

【概　况】2020年，受新冠肺炎疫情的影响，全市对台港澳工作采用“线上+线下”的方式，开展经贸、文化交流活动，促进衢台港澳融合发展。全年，对台开展交流活动6批，355人次参加；无港澳交流团互访。

【助力台资企业抗击疫情】2020年，协助在衢州的台资企业抗击疫情和复工复产。帮助台资企业减免房租60万元；2—6月，台资企业所交的职工养老金、工伤保险金、失业金全部减免，医保费用减半收取；2019年以来台资企业新招员工每人补助1200元。

【衢台经贸合作】7月22—24日，衢台民宿研究会（筹）组织在衢州台商、台干、台胞一行27人，举办“衢州台商看浙江（嘉兴）活动”。11月25—28日，市台办主任余永军及相关处室负责人赴广州、深圳台企联招商推介。

【衢台青年交流】7月16—17日，市台办组织在衢州创业、学习生活的31位台湾青年，开展以“追梦·筑梦·圆梦”为主题的“台青看衢州”交流活动，邀请岛内6位青年通过网络视频连线方式开展“云上交流互动”。9月28—29日，组织开展“衢州有礼·两岸一家亲”中秋联谊及文艺活动，135名台胞台商台属参加，网络连线岛内台胞5人，市委常委、统战部部长傅根友出席活动。10月25日，在衢江区黄坛口乡“一亩耘心”生态农场举办“2020衢台稻田音乐节”，邀请荣绍宇、王敏、黄宥钧等青年音乐人到衢州参加活动。

【衢台文化交流】11月26—27日，在衢江区全旺镇楼山后村开展“两岸一家亲·传承南孔文化”儒学文化大讲堂活动，40多名台胞台属参加活动，3名台湾嘉宾参与线上交流互动，两岸嘉宾共同为楼山后村对台交流示范点揭牌。12月10日，江台历史情缘展示馆正式开馆，台湾雾峰林家后

12月10日，江台历史情缘展示馆开馆暨衢州市对台交流示范点授牌仪式举行

裔林光辉等人，通过视频连线方式参与开馆仪式，50多名台胞台属现场参观展示馆，授予廿八都镇浔里村为衢州市对台交流示范点，并在浔里村举办“成功亭”落成揭幕仪式。

【联络联谊】11月4—7日，衢州市台联会组织常务理事到舟山学习考察。

（吕防震　童倩文）

机关党建

【概　况】2020年，市委机关工委贯彻落实中央、省市机关党建工作会议精神，以建设清廉机关、创建模范机关为总牵引，以打造“有礼先锋”党建品牌和行业系统机关党建示范点为主抓手，围绕中心、建设队伍、服务群众，机关党建工作继续走在全省前列。截至年末，机关工委直属党组织83个，其中41个机关党委、8个总支、34个支部。党员7773名，其中在职党员5756名，退休党员2017名。全年发展新党员131人。完成同级党委常委兼任机关工委书记的领导体制机制改革。开展市直机关基层党组织书记抓基层党建述职评议。开展市直机关满意不满意单位评选，评选出最佳满意单位25家，满意单位72家；连续两年获全省机关党建创新成果奖；机关党建典型经验在全省机关党建座谈会、2020年长三角机关党建工作研讨会上作党建引领小区治理推进红色物业联盟衢州实践的专题发言；连续三年在市委、市政府开展的市级部门综合考核中获优秀等次；获评全市年度平安建设突出贡献集体、创建全国文明城市突出贡献集体、衢州市“五水共治”公众满意度提升工作先进单位等荣誉。

【机关基层组织建设】全年，完成工委下属27家两新党组织和所属1352名党员划转社会组织综合党委和属地管理。3个机关党支部和2个机关党总支升格为机关党委，同步配备专职副书记和专职党务工作者，实现各市直机关专职党务干部按机关工作人员总数2%配备。以机关工委处室力量为主体，抽选机关党组织书记、机关党委副书记组成10个调研小组，8月对全市87个市直机关党组织开展全覆盖走访调研、督导检查，挖掘特色亮点做法67条，查摆并解决存在问题313个；11月，组织部分县（市、区）及市直机关党务干部赴金华、丽水等地调研，学习借鉴先进经验做法，促进党建工作全面建强提升。

【清廉机关建设与模范机关创建】年内，在全省率先制发“清廉机关建设、模范机关创建”实施方案，以“双建”为牵引，重点推进28家市级机关党建示范点创建，带动44家行业系统示范点建设，助推“两全”示范市创建。以“有礼先锋”党建品牌和基层党建示范点建设为模范机关创建路径，聚焦“五个过硬”建设（信念过硬、政治过硬、责任过硬、能力过硬、作风过硬），推进模范机关创建。全年建成92个机关党建服务品牌、72家机关行业系统示范点。推选市审计局、市检察院、市委编办、市财政局、市水利局5个部门作为2020年清廉机关建设示范点考察单位。

【首次实现全市机关党组织述职评议全覆盖】 年内，建立“基层党支部书记向党员大会和机关党委、党总支述职，机关党组织分片区向机关工委述职，分片区推优出来的机关党组织参加年度述职评议会”的“三级联述”机制，开展不同层级党组织述职316场，首次实现全市机关党组织述职评议全覆盖。依托乡村振兴云平台进行年度述职评议会线上直播，累计浏览量达13578人次。

【机关基层党组织教育培训】 全年举办机关党组织书记读书班、党务干部培训班等主题教育班次6期，培训党员干部630人次。同时为机关党组织配发党章、《习近平谈治国理政》第三卷、党的十九届五中全会文件等学习资料1000余份。为基层党支部配发200余个“百宝箱”。强化政治机关意识和对党忠诚教育，建立“不忘初心、牢记使命”主题教育长效机制，6月印发《关于在市直机关开展对党忠诚教育的实施意见》，引导党员守初心、担使命。注重市直机关意识形态教育，落实党员思想动态分析研判和谈心谈话制度。开展市直机关对党忠诚教育活动，制发《市直机关对党忠诚教育实施意见》，联合市委党校编写《机关党员忠诚教育读本》。创新机关培训学习方式，在机关党建微信公众号上线近18万字党建知识题库2000题，全年累计通过测试7301人次。每周发布1—2期机关党建经验做法，并在《衢州日报》、“机关党建”微信公众号开设学“习”进行时、“双建”工作、8090新时代理论宣讲学习专栏。3篇机关党建调研文章获评全省机关党建优秀调研成果奖。

7月1日，龙游县“8090”新时代理论宣讲团成员、县司法局干部在小南海镇团石村，为当地村民作《有好家风才有好家庭》主题宣讲

【市直机关8090新时代理论宣讲团获评“全省基层理论宣讲突出集体”】 年内，工委按照市委关于8090新时代理论宣讲工作“理论进万家、最后一公里、走群众路线、育时代新人”目标要求，坚持使命指引，树立供给侧思维，把握政治性、时代性、群众性宣讲要求，深入推进市直机关8090新时代理论宣讲队伍体系、内容体系、运行体系、保障体系建设。确立“两步走”思路，即以2020年度市直机关16名微党课比赛获奖选手为第一批宣讲成员，率先在机关、企业、农村、社区等领域开展宣讲，发挥示范带动作用。后续逐步从各市直机关单位选拔有理论、政策、写作等多方面专长的宣讲人才充实宣讲员队伍，建立完善素材收集、内容编制、技术指导和宣传报道等工作链条。全年发动1432名机关党员组成68支8090新时代理论宣讲团，开展“四进”宣讲活动1142场，受众22.8万人次。12月31日，市直机关8090新时代理论宣讲团获评“2020年浙江省基层理论宣讲成绩突出的集体”。

【市“有礼先锋”党员教育基地】 年内，建立“衢州市党员教育服务中心—中共衢县旧址—谢高华改革担当精神传承馆—衢州孔氏家庙”等为一体的衢州市“有礼先锋”党员教育基地，被确定为全省第四批省直机关主题党日教育基地。从10月运行以来，接待党员活动58批1503人次。

【“有礼小区”创建】 年内，持续深化“红色物业联盟”升级版工作。联合市委组织部等部门出台小区支部建设及党员发挥示范引领作用文件,建立功能型、兼合式小区党支部325个,选派385名机关党员任党建指导员,分类指导“有礼小区”创建,建成五星级“有礼小区”32个。推动231个市区两级机关党组织13867名机关党员依托“邻礼通”入驻居住小区支部,公开党员身份,认领服务项目。会同住建、民政等部门出台《业主委员会选举程序指引》等8个业委会建设配套制度。举办业委会主任培训班,123名主任或委员参训。鼓励有能力、有威望、有担当的部门党员干部竞选任职小区支部书记、业委会成员。全年市本级325个小区,155个成立业委会,79名机关党员干部担任小区各类职务。其中自2019年升级版工作开展以来新组建36个业委会,业委会成员211人,其中党员107人,占业委会成员的50.7%。按照《衢州市加强党建引领创建“有礼小区”三年行动计划(2020—2022年)》建立“三类五星”评价体系,开展“有礼小区”创建。9月,市本级325个小区完成初始星级评定。11—12月期间开展“有礼小区”年度测评工作,完成市本级159个小区申报升星验收。经第三方评估公司评定,61个小区未升星;98个小区升星成功,其中五星级小区32个(含保持五星级13个)、四星级小区11个、三星级小区50个、二星级小区5个。

【打造“邻礼通”2.0版】1月,市委召开“邻礼通”升级推广协调会,确定业主单位和推广运维单位,部署小程序升级推广事宜,柯城区率先在6个街道19个小区推广。5月,召开衢州市“邻礼通”推广现场会暨2.0版正式上线发布会,在市本级全面推广。“邻礼通”2.0版拓展党建、物业、治理等38项数字化场景应用,形成党建统领下“红色物业联盟+有礼小区+邻礼通”“三位一体”社区治理新模式。年末,全市“邻礼通”后台总户数29.6万户,其中小区居民27.5万户,激活使用16.6万户,覆盖柯城、衢江、江山、常山、开化五个县(市、区)。利用“邻礼通”开展小区治理居民议事事项表决32起,选举投票119起,参与人数4.1万余人;开展居民民意调查93起,进驻“邻礼通”公益社会组织10家,发布社区动态7488篇,各类公告1563篇,居民阅读量86万余人次;发起公益活动474起,参与公益活动392项、1.2万余人次。依托“邻礼通”在28个小区开展线上业委会选举试点,线上投票率70.5%,选举时间缩短1/2,工作人员减少2/3,投票效率和满意度大幅度提高。开展“满意物业万户评”和“满意单位不满意单位”线上评选活动,分别有32156户和8804户家庭实名参与评分。以“淘宝式缴费、滴滴式评价、口碑式激励”模式优化物业管理流程,既方便业主缴费又提升物业服务质量。年内,市本级193个小区开通“邻礼通”缴费功能,占市本级小区总数的59.4%,“邻礼通”代收物业费14624笔382.3万元,其他费用898笔39.2万元。报事报修功能与省基层治理四平台打通融合,全年居民通过“邻礼通”报事报修5064件,办结率98.3%,居民对物业公司评价2372条。其中,上报流转至基层治理四平台175件,办结率100%。推行“有礼分”积分制,对参与按时缴纳物业费、评价物业、志愿活动、问卷调查、献言献策等事项的居民,在“邻礼通”里获相应的有礼分,所获积分可在线上兑换、线下提供商品或家政服务或享受消费折扣。全年通过“邻礼通”发起652起小区治理活动,向8.6万余名居民发放53.4万“有礼分”。

“邻礼通”2.0版赋能社区治理获省委书记车俊、省长袁家军以及省工委领导肯定,相关经验案例被评为全国城乡社区疫情防控优秀案例、浙江省基层社会治理十大创新典型、第二届浙江省高质量发展智库论坛提名案例、浙江省“观星台”优秀应用案例、第九轮全省机关党建工作十佳创新成果奖,并在第五届中国社区治理论坛暨全国城乡社区疫情防控优秀案例交流会及第四届浙江省基层党建论坛上作交流发言,同时被新华社内参、《法治日报》、人民网、旗帜网等国家级主流媒体宣传推介30余次。

【疫情防控】年内,全力抗击新冠肺炎疫情,制发小区防疫工作应急预案。组织开展“包区清楼”行动,2800余名市直机关党员坚守防疫一线。划拨22万元防疫专项党费,组织广大机关党员无偿献血,募集防疫资金40余万元。复工复产后，工委主动对接省直机关工会工委，举办衢州疗休养推荐会，推动衢州市旅游消费复苏。

【党员志愿服务系列活动】年内，围绕打造“一座最有礼的城市”目标要求，积极融入“衢州有礼”城市战略。组织开展“助力全国文明城市创建”“践行衢州有礼‘八个一’”“文明健康”等系列主题活动，机关党员参与志愿服务20余万人次、120余万小时。巩固“包区清楼”服务群众机制，依托“市级领导包片+市直部门包社区+区直部门包小区”“三级包干”志愿服务体系，把“组团联社”服务拓展为总团到街、分团到社、联系到格、责任到楼、服务到户。红色物业联盟专班对社区治理重点难点进行梳理，交办组团服务单位办理，提高社区精细化治理水平。年内交办问题27个，涉及市区两级13个组团联社部门和11个小区。

【全面从严治党】年内，建立健全机关党建专项巡察制度，推动全面从严治党向基层党组织延伸。全年开展市直机关基层党组织党建专项巡察监督检查30余次，发现问题43个，均已现场交办、落实整改。制发党组(党委)和书记履职清单、机关党建工作年度要点，落实新任机关党委专职副书记任职考察、集中培训、谈心谈话制度，压实机关党建工作责任。召开全市机关党的建设工作会议，开展机关党建“灯下黑”问题专项整治行动。梳理10个方面33项整治重点，对81家市直部门和6个县(市、区)机关工委进行全覆盖调研指导，发现处置“三会一课”记录缺失、党建品牌没有创建等问题314个。通过网站、微信公众号等形式经常性开展全面从严治党宣传教育，发布从严治党稿件14篇。充分利用市直机关党组织书记读书班、党务干部培训班、党员发展对象培训班、机关工会主席培训班、机关群团组织干部培训班等契机，开展廉政教育培训。

【首次推行机关党员接受党支部与居住社区党组织“双评议”】年内，首次推行机关党员接受党支部与居住社区党组织“双评议”。创新推出干部职工家访制度，了解机关党员干部和公职人员“八小时”以外的生活情况，增强与干部职工家庭沟通联系，倾听干部家属意见建议。

（吕怿骋）

5月1日，市委机关工委志愿者在火车站协助疫情防控

信访工作

【概　况】2020年，全市信访工作以习近平总书记关于加强和改进人民信访工作重要论述为遵循，坚持以人民为中心，以“最多跑一地”改革为牵引，全面落实建设“重要窗口”新要求，做实做细“党建+信访”，充分发挥“主”字型体系架构和“王”字型运行机制，信访工作水平明显提升。在省委、省政府信访工作目标管理责任制考核中获优秀，基础业务知识竞赛获全省二等奖。1月21日，市信访局干部吕律获“中华人民共和国成立70周年庆祝活动和党的十九届四中全会期间信访工作先进个人”的称号。

【信访受理与办理】全年，全市信访总量8.99万件次，同比下降27.3%。国家、省交办重复信访化解率、省交办农村建房问题信访事项化解率、新增积案化解率、终结备案入库数量等重点指标均位列全省第1;县级走访占比,初次来信网信化解率均位列全省第2;赴国家信访局登记上访批次和人次同比分别下降72.4%、74.6%;6个县(市、区)全域创成省级“无积案县(市、区)”。信访办理质量提高,强化各级党政主官亲自阅批来信、亲自接待群众工作机制,坚持每月随机抽查重复件、理解件、不满意件、越级上访件等“四大件”,发现处理不规范不到位,进行书面通报并限期整改,有效增强事权单位责任意识、化解意识,全市初信初访办理质量明显提高,其中初次来信网信化解率98.68%,位列全省第2;新增积案率逐月下降,新增积案化解率逐月攀升。

10月21日,市长汤飞帆(右前排右三)接待来访群众

【社会矛盾纠纷调处化解中心建设】 年内,6个县(市、区)矛调中心全部按一类地区标准建设,由市政法委牵头抓总、信访局整体入驻,职能部门“应驻尽驻、精准入驻、一窗受理、集成服务”,通过开展市级领导下沉接访、实行星级考评管理、组织“电视问政”等,不断做实矛调中心运行机制,矛盾纠纷“终点站”功效不断显现。柯城区矛调中心建设做法和经验得到省委书记车俊肯定。全市各地矛调中心合计受理事项2万余件、化解1.7万余件,化解率86.06%。构建“两难”问题处置机制,借助县、乡、村“两难”问题处置三级联动钉钉群,通过多渠道收集、线上研判、线上交办、限时办理等方式,解决“信息上得来、责任厘得清、问题化得掉”问题,推动疑难复杂信访问题破解。县级“两难”问题交办县级相关领导、部门或乡镇(街道)处理251件、办结163件,办结率64.9%。

【服务中心工作】 年内,围绕疫情防控保障,通过“12345”热线+N条专线形式全力参与新冠疫情防控战,24小时全天候受理、处置群众咨询投诉,确保“群众诉求办理不放假、回应市民困难不打烊”。围绕村社组织换届,以“初次信访零上行、历史积案零库存、无理信访零容忍”为工作目标,统筹推动村社组织换届信访矛盾大排查、大化解活动,创新风险隐患“红黄蓝”三色动态管理制度,强化信访矛盾调处督导,确保各项风险隐患平稳可控。全市排查影响村社换届稳定信访突出问题719件,妥善化解669件,化解率93.0%,维护基层社会稳定。

【信访积案化解】 年内,坚持固化“市级领导领衔督办、县级领导包案化解”机制,推进“无信访积案县(市、区)”“无信访积案乡镇(街道)”“无信访村(社区)”建设,集中开展治理重复信访、化解信访积案“三年行动”。通过加强信访公开听证,常态化开展信访事项依法终结备案,稳妥推进信访失信行为惩戒,促成一批无理信访、缠访闹访事项退出信访渠道。

【组团联村工作】 年内,局主要领导14次赴联系村江山市双塔街道大夫第村开展调研、指导、督查等活动,和农村工作指导员上党课4次,走访村民和党员32户、召开村“两委”干部会议11次,帮助落实基础项目3个、帮助解决项目资金32万元、捐赠图书220册、接待群众来访54人次、化解矛盾35起、稳控上访对象6批次、形成调研材料5篇(其中发表3篇),助力该村成为“两委”班子和谐先进村。

【“舒心使者”党建品牌创建】 年内,抓住全市“党建品牌示范点”创建契机,精心谋划以“舒心”为主题党建特色品牌创建工作,制定干部分档管理考评操作办法,加强干部队伍建设。抓住全市机关模块化改革试点工作机遇，创新建立“舒心事例”通报机制，将通报事例与干部分档管理挂钩，与干部选拔任用、职级晋升、考核奖金挂钩，实现干部素质与工作绩效双提升。通过这一做法，涌现出多名省、市先进个人和先进集体，多人因实绩突出被提拔重用，在全局营造出良好选人用人环境。

（楼秀红）

老干部工作

【概 况】截至2020年末，全市离休干部372名。《构筑“1+3+N”银网格赋能大花园微治理》《传承三老精神打造红色高地》获全省老干部工作部门双十佳创新案例，《衢州百名银发讲师下沉乡村振兴讲堂打造“银雁返乡”升级版》获2020年度全省老干部工作部门十佳信息，省委组织部副部长、老干部局局长鲍秀英连续3次对《衢州老干部工作情况专报》作出批示。

【离退休干部党建】年内，强化政治引领，深化“三老”精神传承，以“五个一”集成打造“红色高地”新样板。在“抖音”平台推出老干部先进人物陈兴龙、陈先福活动事迹短视频。健全离退休干部党员“不忘初心、牢记使命”主题教育长效机制，开设“线上+线下”云学习、云讨论的“云课堂”，发布四场网上专题报告会。注重顶层设计，规范化推进离退休干部党支部建设，创建37个标准党支部，其中典型党支部8个；体系化融入城市基层党建工作，构筑“1+3+N”“银网格”社区离退休干部党建工作模式，龙游县被列为离退休干部党建融入城市基层党建省级试点单位；制度化做好荣休仪式“后半篇文章”，“五个一有礼”干部荣休制度实现全覆盖，吸收110余名有能力、有意愿、有专长的新退休干部加入“衢州银色人才库”，实现与干部荣休制度无缝衔接。衢江区“改革担当精神”传承馆，成为老同志开展主题党日等活动新的网红打卡地。发挥党建共享基地“国字号”优势，12月13日，侵华日军细菌战衢州展览馆举办的国家公祭日活动再次登上央视《新闻联播》。擦亮全市20余家老党员驿站和党建共享基地“银耀底色”，开展各类政治学习、文体活动300余场次。

【“三银赋能”】年内，突出标准引领、创新引领、数字引领，推进“三银赋能”大提升行动，激活银色人才“一池春水”。抓实“银领先锋”赋能基层治理，构筑“1+3+N”“银网格”，组团式融入“红色物业联盟”，赋能社区治理工作；4月底，衢州首个社区“银色人才联盟”在衢化街道正式揭牌成立，深化“共建双盟会·争当六大员”活动；突出项目化标准化，探索建立一套“党建统领+头雁领航+活动带动+机制保障”银耀有礼指数；融入“县乡一体、条抓块统”改革，建成23家老干部助力基层治理品牌工作室，常山县“云河工作室”被命名为省级“金牌人民调解工作室”。创新“银雁返乡”赋能乡村振兴，持续深化“银耀乡村”行动，通过“五个一批”活动，组织银发专家回馈乡村、反哺“三农”，市县联动、体系化融入乡村振兴讲堂，开启“银雁返乡赋能乡村振兴”新模式，在“乡村振兴讲堂”App上推出“百名银发专家、百堂精品课程”，实行“点单式”服务；围绕乡村特色产业基地，银色专家团结对农场（农户），开展组团化、精准化服务；融入基层社会治

4月30日，衢化街道银色人才联盟成立大会召开

理大格局，引导银发专家组建20家以上个性化“工作室”，精准服务基层治理；协同“宣讲”助振兴，全力助推8090新时代理论宣讲工作，组建“8090金牌导师团”，对宣讲团成员进行理论辅导、内容把关、宣讲指导，积极助力基层党员干部思想政治教育。推进“银尚有礼”赋能城市文明，融入“南孔圣地·衢州有礼”城市品牌打造，建好十大“银发有礼”阵地，宣传推广“八个一”有礼新风尚，合力共建“有礼城”；线上组织“银雁大咖”走进“抖音”等新媒体，线下组织“银耀衢州”志愿服务队开展140多场“送文化、种文化、育文化”活动；大力培塑千名“银尚有礼大使”，进小区、进楼道、进农村、进家庭，开展有礼新风推广活动，展示新时代离退休干部“乐活乐学乐为”风采。

【乐活驿站】年内，探索打造“乐活驿站”综合体，创新“四就近”2.0新模式。柯城区老干部工作部门通过“政府搭台、企业运营”方式，推出智慧食堂、智慧照护、智慧学堂，推动区域联盟、家院互融、乐龄乐活的新型养老模式，助力居家养老服务改革；常山县紫港社区建成全市首家集学习教育、文化娱乐、风采展示、健康养生、社会服务等功能于一体的紫港社区“乐活驿站”综合体。

【战疫正能量】年内，面对严峻复杂的疫情防控形势，各地老干部工作部门发挥“三银工程”集群效应，紧跟中心大局，创新平台载体，积极为“两手抓、两战赢”贡献力量。引导老干部志愿者积极参与疫情防控。挖掘宣传老同志在抗击新冠肺炎疫情中的感人事迹。涌现出与“疫”夺时，抢修测温枪500余支，获浙江省抗击新冠肺炎疫情先进个人、市级优秀共产党员荣誉称号的退休民警朱平等一批银发“战疫”先锋。刊发“战疫故事”30余人次，征集老同志抗疫诗词、书画作品500余篇。全市老同志累计捐款70余万元。组织寻访“银耀助力之星”50余名，传递老同志“同心战疫”正能量。

【服务管理】疫情防控期间，通过公众号发布权威信息，发挥在职干部联系老干部机制，及时掌握老干部动态，加强服务保障。落实离休干部政治生活待遇，督促相关单位及时按要求提高慰问金标准，及时完成提高部分离休干部医疗待遇申报工作。巩固离休干部医药费规范化管理成果，组织第三方经办机构开展4次离休干部医疗费用检查会审，9次现场专项核查。完成“一键通”使用培训工作、公交乘车卡升级换代。走访慰问老干部，看望生病住院老干部71人次、元旦春节走访看望特殊困难老干部遗孀16人、当年去世老干部遗孀9人、协调办理8位去世离休干部丧事并慰问家属；严格落实“四送、五有数、六必访”制度，多次上门、上医院为离休干部送文件、送学习资料，送生日蛋糕券、家政服务券，送春节慰问金108人次、30余万元。做好信访接待和信访件处置工作，妥善处置好离休干部医疗管理服务和医疗费用报销问题。

【“两个阵地”建设】年内，坚持发挥“两个阵地”党建窗口作用，顺应新形势、新挑战，服务大局主动作为。建设智慧校园，老年大学停课不停学，开通“网上衢州老年大学”，录制十余期本地教学视频上传“衢州老干部”公众号。强化市域统筹，全年新增“家门口老年大

9月2日，市委组织部副部长毛胜田（右一）走访慰问抗美援朝老兵李洪韵（左一）

学”教学点(分校)14个。协助完成新建7所老年大学(学堂)市政府民生实事项目。与省农信社衢州办事处签订战略合作协议,联手推进金融机构服务离退休干部,探索建设老同志志愿服务“时间银行”。开展“推广使用公筷公勺”“俭以养德反对餐饮浪费”活动,创作视频并举行网络宣传;开展同心抗疫活动,举办“书画传情同心抗疫”主题书画展,助力防控抗疫工作。开展“送文化、种文化、育文化”乡村“银龄乐学”活动。结合疫情存续现状,探索“线上+线下”“云课堂+自习室”相结合学习形式,开展4场“云上微党课”主题党日活动,整理发布12期主题学习资料。

【老干部工作团队】年内,突出政治建设,以理论中心组、全体干部会议、主题党日活动为载体,重点学习党的十九届四中、五中全会精神,习近平总书记在浙江考察重要讲话精神,《习近平谈治国理政》第三卷等内容。推动干部队伍作风转变,以“同心一家人”文化,提振“精气神”,争当“排头兵”,树立实绩实干导向。签订“十要十不准承诺及个人岗位风险防范责任书”,严肃党内政治生活,推进机关党建规范化建设,强化廉政风险防控。按照“工作项目化、项目清单化、清单责任化”要求,制定《2020年衢州市老干部重点工作作战导图》《2020年衢州市老干部工作高质量发展指标体系》。加强教育,引导党员干部牢固树立廉洁自律意识,坚决筑牢拒腐防变的思想道德防线;以案促改,坚持警钟长鸣,多管齐下加强党风廉政教育;树立典型,发挥榜样力量,引导老干部工作者以身边先进老同志为榜样,坚定理想信念,奋勇担当作为。

(徐 韬)

关工委工作

【概 况】2020年,衢州市关心下一代工作委员会(以下简称关工委)按照“三个一”(一系列“瘟疫无情·关工有爱”志愿活动、一项教育基地推进工程、一个“有礼公益”活动联盟平台)工作要求,发挥各级关工委和“五老”(老干部、老战士、老专家、老教师、老模范)优势作用,在政治学习、疫情防控、核心价值观引领、文明城市创建、帮困助学、法治宣传、传统文化弘扬等方面着手着力,服务青少年。

【组织建设】年内,全市各级关工委完善“党建带关建”工作机制,落实机构改革部署,稳妥推进合署办公。在实现乡镇(街道)全覆盖的基础上,组织网络向村、社区、民营企业、产业园区等新领域推进。利用乡镇、村(社区)基层换届之机,优化关工委领导班子年龄结构和专业领域。强化“五老”队伍建设,主动对接市、县各相关单位,通过“组织号召一批、宣传发动一批、登门邀请一批、活动带动一批、先进激励一批”等措施,动员更多有威望、身体好、能力强,善于乐于做青少年工作的老同志,参与到关心下一代工作中来。至年底,全市依托“志愿汇”信息平台,完成“五老”志愿者实名注册16809人。

【同心战“疫”】2020年,面对疫情,市关工委按照省关工委要求和市委、市政府决策部署,把疫情防控作为首要政治任务,提出“瘟疫无情,关工有爱”的工作指导,全市各级关工委主动作为,发挥自身优势,开展多元活动,用行动践行初心使命。各级关工委在全市各社区(村),成立“五老”抗疫先锋队、睦邻在线志愿服务队,开展“老骥伏枥战疫情”、“疫”线公勺新“食”尚、“五老”笔书战“疫”、“疫”线守家乡、“银发耀衢城,暖心同战疫”等活动。“五老”们通过视频直播、云端巡展等形式带领未成年人以书信、画报、摄影、微视频等方式宣传战“疫”英雄奉献精神;通过开设空中公益讲座、接听心理援助热线等方式,引导未成年人积极应对疫情期间可能出现的抑郁、焦虑等负面情绪;有的主动到社区参与防控排查,宣传疫情防控知识;有的捐资捐物,助力抗“疫”行动有力推进等。邀请农业方面“五老”开办“空中农业课堂”,为橘农、菜农讲解知识,助力复耕复产。衢江区关工委邀请原衢江区高级农艺师朱德琳走进乡村振兴讲堂和种养殖基地,传授种养殖技术,帮助农民增收,助力乡村振兴;龙游县关工委邀请原县农业局推广研究员、国务院特殊津贴获得者虞天仁,进行线上授课。

【提升理论认识】年内，全市各级关工委通过“线上+线下”“网络+实践”等形式，学习贯彻党的十九届四中、五中全会精神，习近平总书记在浙江考察时讲话和关于关心下一代工作的重要指示。注重把学习宣传党的十九届四中、五中全会精神与全力推进关心下一代工作创新发展结合起来，与引导青少年践行社会主义核心价值观结合起来，与帮扶关爱困难青少年、失足青少年等工作结合起来。尤其注重学习习近平总书记在浙江考察时提出的新论断、新目标、新任务、新要求。通过学习，思想统一、方向明确，推动关心下一代工作落细落实。

【教育活动】年内，组织开展以“传承爱国精神、争做‘三有’新人”为主题的教育征文活动、“颂五老精神，赞有礼少年”爱国主义主题活动、“三走进三寻访”活动（组织小记者走进党史国史馆、走进社区、走进企业，寻访家乡巨变、寻访小康故事、寻访时代楷模）。全市各级关工委利用清明节、“七七事变”、“8·15”日本投降纪念日等重要时间节点，依托衢州细菌战展览馆等红色基地，厚植爱国主义情怀。全年组织活动90多场次，参观人员近4万人次。12月13日，在侵华日军细菌战衢州展览馆组织“国家公祭日”活动，浙江电视台、中央电视台《新闻联播》进行报道。以“八个一”（一次关爱帮扶活动、一次志愿服务活动、一次寻访年味活动、一次文明劝导活动、一次劳动实践活动、一次家风家训活动、一次文艺演出活动、一次书画赠送活动）为抓手，弘扬传统文化。挖掘历史文化资源，通过举办主题讲座、线上课堂、故事会等形式，组织青少年开展好家风好家训、传统文化教育。市关工委组织发动全国文明城市创建系列活动，开展“垃圾不落地，衢城更美丽”“文明就餐，使用公筷公勺”等活动，完成衢州市细菌战展览馆年中、年末的考核和创文省测、国测，未成年人台账资料得到市创建办领导肯定，成为全市样板。

6月2日，浙江省国防教育基地授牌仪式暨衢州市未成年人爱国主义教育走进国防教育基地活动启动仪式在侵华日军细菌战衢州展览馆举行

【规范教育平台】年内，升级更新市关心下一代工作网站，开展网上爱国主义教育，实现网下举办活动、网上同步传播。整合资源，共享基地品牌，共同“搭台唱戏”，全面推进全市教育基地（品牌工作室）提档升级，突出地域特色，持续打造“一地一品”特色基地。12月，衢江区组织召开全市关心下一代教育基地建设推进会，规范教育基地建设。

【帮困助学】年内，持续开展福彩助学活动。市关工委及时与民政、福彩、教育等部门对接，并指导各县（市、区）关工委开展助学活动。全年，资助困难儿童660名，每人2000元；资助困难大学生180名，每人8000元。协调爱心企业（人士）捐资（物）助学。5月，与浙江豪龙控股集团有限公司在杭州签署助学帮困协议，携手“豪情圆梦·爱心助学”活动，明确浙江豪龙集团自2020年起，连续5年，每年向市关工委捐助60万元，定向用于资助衢州家庭经济困难的初、高中生。10月，衢江区组织首次“豪情圆梦·爱心助学”专项资助活动，全市200名困难初、高中生，每人获2000元助学金。市关工委联系深圳九学王科技有限公司衢籍法人刘衍兵捐赠4500台平板智能学习机回馈家乡事宜，助力衢州市“互联网+义务教育”扩面提质。强化普法(禁毒)宣传，积极组织“五老”、志愿者、法律专业人士开展法治教育活动。疫情期间，“五老”志愿者通过“云课堂”、心理热线为广大青少年解答，打造“普法宣传—结对帮教—归正帮扶”青少年法治关爱体系，参与社区、村及学校的禁毒宣传。

(孙敦辉)

党校工作

【概 况】 2020年，市委党校以习近平新时代中国特色社会主义思想为指引，坚持党校姓党，围绕市委、市政府中心工作，按照“打造四省边际干部培训中心高地”的战略目标，主业主课有提升，教科研有进步，系统建设得到加强，党校事业发展开创新局面。

【干部培训】 年内，积极探索疫情背景下党校教学培训新模式，采取远程教学(新加坡教育研究院)、与知名大学合作(北京大学、中国科学技术大学、浙江大学、苏州大学、同济大学、上海交大)等模式，实现“干部培训不出市、办学质量上层次”的目标。积极推进领导干部进党校，全年市领导进党校课堂12人25个班次，比上年增长71%。择优确定和挂牌6大篇章25个市级和2个省级“党建治理大花园”现场教学基地。9月，中国浦东干部学院培训班走进衢州开展现场教学，实现首次与中央级党校合作办班。全年举办各类培训班80期，培训学员7053人次。

【科研咨政】 年内，围绕党委政府中心工作开展调查研究，发挥党校新型智库作用。完成各类课题申报20余项，其中申报全省党校系统中国特色社会主义理论体系研究中心规划课题10项，立项3项。组织参与各级各类理论研讨会征文活动，省委“两山”理念研讨会入选论文2篇，全省党校系统理论研讨会获三等奖1篇，入选2篇。市情研究中心组织开展课题研究，课题申报43项，结题申请23项。2020年度，各类著作编写、论文发表、课题结题、论文获奖篇数101篇次，比上年增长44.29%。报送咨政专报14期，受到副厅级以上领导批示9篇10人次，批示总量超过上两年总和，实现省领导批示“零的突破”。

【人才招引】 年内，抓住省委对党校创优评估整改契机，积极争取新增14个事业人员周转编制，加上原有空编，制订“2366”分层次招才计划，即面向市内党校和全国党校系统分别公开选调2名和3名、绿色通道引进6名、公开招考6名。全年引进17名高层次人才，其中15名硕士研究生。制定《中共衢州市委党校关于青年教师“成长计划”培养方案》，集中举办新教师入职仪式，结成12对师徒对子，以导师带徒形式帮助青年教师加快成长。

【学科建设】 年内，抓住事业单位改革契机，积极向市委、市政府争取，制定新“三定”方案，对内设机构进行调整优化，新建政治教研室、经济与生态文明教研室、公共管理与基层治理教研室、党史党建与统战理论教研室等4个专业教研室，结束市委党校没有专业教研室历史。制定出台《中共衢州市委党校(行政学院)学科建设发展规划(2021—2025)》，组建以市委党校为龙头，县级党校各有特色、各有侧重的4个大学科组，全市党校系统98名专业技术人员按其意愿及学科背景全部纳入各学科组。

【举办党的十九届五中全会精神集中轮训班】 12月17日，市委副书记、市长汤飞帆出席开班仪式，并作《牢牢把握构建新发展格局这个重中之重为加快建设四省边际中心城市赋能助力》主题报告。12月17—23日，分3期组织1200余名市管干部学习党的十九届五中全会精神，学习教育实现全覆盖。邀请3名省委党校副校长和北大、复旦、同济等大学6位专家学者围绕党的十九届五中全会精神，采用集中开班、专题讲座、分组研讨、学习小结等形式培训。

【组建“红色学府”8090新时代理论宣讲团】 年内，把理论宣讲与学科建设相结合，组建“红色学府”8090新时代理论宣讲团，深入基层党校和乡村社区进行宣讲，推动党的理论“飞入寻常百姓家”。全市党校系统46名青年教师担任宣讲员，26名资深老师担任导师，每季度组织一次“互学互比”活动,不断提高宣讲员综合素质和理论宣讲水平,推动党校青年教师既能上正规的大党课,也能讲群众喜闻乐见的微党课。全年,开发宣讲专题87个;举办微党课比赛3次,评出优秀微党课19课;开展宣讲活动300余场次,受众近万人次。

【乡镇党校规范化建设】 年内,以“乡村振兴讲堂”为依托,全力推进乡镇党校规范化建设。与市委组织部联合下发《关于依托乡村振兴中心讲堂推动乡镇党校规范化建设的指导意见》。全市确定12个试点乡镇先行先试。29个乡镇党校在领导班子、师资力量、课程体系、规章制度等方面进行积极探索,实现规范化建设。该项工作被《共产党员》杂志报道肯定,向全省推广先进工作经验。

【获评全市抗击新冠肺炎疫情先进集体】 年内,市委党校在全市率先设立新冠肺炎集中隔离点,出台相关工作规范,并积极指导县(市、区)委党校全力参与。1—6月,全市党校系统隔离点接收隔离人员600余名。全体教职工积极奔赴社区开展“包区清楼”志愿服务活动。主动贯彻落实市疫情防控指挥部第14号令精神,对租赁户减免3个月租金共计8.08万元。市委党校疫情防控相关做法被中共中央党校官方微信公众号、《浙江日报》和《衢州日报》等媒体跟踪报道,得到市委、市政府相关领导批示肯定。市委党校被评为全市抗击新冠肺炎疫情先进集体,市委党校集中医学观察点工作团队被市疫情联防工作指挥部作为正面典型予以通报。

（陈宏卫）

1月,市委党校成立衢州市首个新冠肺炎疫情防控医学观察隔离点

衢州市人民代表大会

Quzhou Municipal People's Congress

综　述

【概　况】2020年，衢州市人大常委会以习近平新时代中国特色社会主义思想为指导，围绕中心，服务大局，履行法定职责，发挥人大优势，为全市高水平全面建成小康社会、加快建设四省边际中心城市作出积极贡献。全年召开常委会会议7次、主任会议17次，制定颁布地方性法规2部，审查规范性文件179件，听取审议“一府两院”专项工作报告16个，组织执法检查4次、代表视察10次，作出决议决定18项，任免国家机关工作人员55人次，完成年度各项目标任务。

【服务中心工作】2020年，市人大常委会贯彻市委七届八次、九次全会精神，依法作出《关于加快建设四省边际中心城市的决定》，抓住能级、产业、规划三大关键，运用多种监督手段，助推打造四省边际中心城市。

聚力城市能级提升　围绕打造四省边际科创高地，深入对接知名高校、科研院所，促成电子科大“四院”落户衢州开工建设，受到省委书记袁家军肯定；促成西南政法大学与衢州学院签约共建“长三角基层治理学院”，推动市校全面合作；促成与上海大学、浙江中科院应用技术研究院达成合作意向，助力全面开启市校、市院合作新篇章。围绕全国文明城市创建，常委会领导常态化包保“六个一”创建点位；常委会连续三年组织人大代表视察，持续开展“衢州有礼·代表监督在路上”主题活动，监督巡查不文明行为6000余人次、解决各类问题6500余个，为高位创成全国文明城市贡献力量。围绕“四大建设”（大湾区建设、大花园建设、大通道建设、大都市区建设），组织116名市人大代表分6组开展跨县域视察活动，提出意见建议62条；听取市政府城乡规划实施情况报告、教育小镇项目推进情况报告，组织人大代表视察城市赋能重大项目建设情况，合力推进城市赋能“十大专项”行动。

聚力产业创新、绿色发展　贯彻全市产业创新发展大会精神，依法作出《关于加快推进我市产

11月12日，市人大代表视察衢州巨化一体化融合高质量发展工作

业创新发展的决定》。以督办《关于突出"六个注重"强力推进我市产业创新发展的议案》为抓手，助力"5459"大产业创新体系落地见效。深入实施数字经济"一号工程"，与省人大联动开展专项监督，听取和审议市政府关于数字经济发展情况的报告，提出推动数字基建、聚焦核心产业、加快产业数字化转型等审议意见，推动工作落实。推进衢州巨化一体化融合高质量发展，组织代表开展专项视察，提出推进战略规划、产业协同、基础设施、公共服务等"七个一体化"意见建议。以推进"衢州有礼"诗画风光带建设为重点，通过会前视察、座谈交流、专题听取汇报等形式持续开展监督，提出要更加注重风貌管控、项目推进、村庄特质、资源统筹等方面的建议，助力发展美丽经济幸福产业。

聚力"十四五"规划纲要高质量编制　举办国土空间规划和"十四五"规划讲座，邀请省级专家作专题辅导，进一步拓展思路；成立领导小组，围绕重大任务、重大政策、重大项目、重大改革，组织7个方面课题调研，征集梳理意见建议100余条，并积极向省里反映，"支持衢州建设四省边际中心城市""加快衢州机场迁建项目前期工作""建设衢州四省边际多式联运枢纽港""深入研究和挖掘南孔文化"等意见建议被写入省"十四五"规划纲要中。常委会听取和审议衢州市"十四五"规划纲要编制情况的报告，提出修改意见，为审查批准规划纲要奠定基础。

【加强财经监督】年内，市人大常委会贯彻新发展理念，紧盯经济财政运行，加强和改进财经监督，助推经济企稳回升。

盯指标，强化计划审查监督　听取和审议上半年全市经济社会发展情况和下半年政府工作报告，审议上半年国民经济和社会发展计划执行情况的报告，提出落实好纾困惠企政策、保障和改善民生等意见建议；审议市级重大政府项目投资计划，结合基金预算规模和项目前期工作情况，提出分轻重缓急、暂缓部分非重点项目的建议。

盯政策，强化惠企政策实施监督　开展促进民营经济高质量发展审议意见落实情况和《民营企业发展促进条例》执行情况跟踪监督，推动政府减税降费、减租降息等各项惠企政策措施落实到位，减轻企业负担，帮助企业渡过难关。督促政府及相关部门抢抓国家增发地方专项债券、土地审批权下放试点等政策窗口，争取项目政策、资金和用地指标。

盯绩效，强化预算审查监督　听取和审议财政预算执行、决算报告，按照"过紧日子"的要求，督促政府压减一般性支开和非重点支出，统筹财力保障重点支出。听取大科创专项资金使用和"三个一"绩效评价情况的报告，督促提高专项资金使用绩效。审议国有资产管理和金控集团运行情况的报告，督促政府加强国资管理，提高资产运行绩效。审查批准地方债务限额及新增债务预算调整方案，严格债务限额内负债。

盯问题，强化审计发现问题整改落实　听取和审议审计工作、审计查出问题整改情况的报告，对审计查出的17个方面166个问题，要求列出清单，明确责任，限期整改。政府专题部署，常委会跟踪监督，年底149个问题整改到位。

【立法和法律监督】2020年，市人大常委会坚持科学立法、规范执法的原则，联动市县人大和政府相关部门协同发力，做好立法和法律监督工作，推进法治衢州建设和市域治理现代化。

推进高质量立法　协助市委召开全市立法工作会议，充实立法专家库，举办法规审议专题讲座，出台立法协调小组工作规则。着力打造"一座最有礼的城市"，将"使用公筷公勺"等要求纳入新制定的《衢州市文明行为促进条例》，该条例于2020年5月22日公布施行，促进全国文明城市创建。着力农村风貌提升和乡村大花园建设，制定全省首部《衢州市农村住房建设管理条例》，得到农业农村部相关司局全程关注指导，经省人大常委会批准颁布，于2021年7月1日施行。着力加强历史文化名城保护，正在制定《衢州市历史文化街区保护条例》。

法治宣传建成新平台　开展市"七五"普法工作情况代表视察，推动"七五"普法规划全面落实。加强宪法宣传，开展宪法宣传周活动，推动建成全省最大的宪法主题公园，首次实现市域范围宪法公园全覆盖。组织人大干部100多人次参加全国人大民法典专题培训，增强法律素养。

开展“一府两院”专项履职评议　专项评议养老服务工作，收到各类意见建议50余条，均交政府办理。对检察院第一、二检察部开展刑事检察专项履职评议，推进刑事检察队伍专业化建设。专项评议文旅工作，提出完善公共文化服务体系、推进文旅产业发展、吸引各类资金投入、加强文旅队伍建设等评议意见，助推文旅事业发展。

助推重大改革打好“组合拳”　听取和审议市政府社会矛盾纠纷化解“最多跑一地”改革专项工作报告，推动人大代表联络站进驻各县（市、区）矛调中心，组织开展专题培训、主题宣传、集中视察、专题调研、主题接待、常委会审议、建言献策、建议督办等“八个一”活动，开展视察、调研、监督活动2176人次，组织代表接待人民群众2138人次，代表提出意见建议573条，得到省人大常委会党组书记、副主任梁黎明的肯定。

推动扫黑除恶专项斗争见长效　常委会听取和审议市政府扫黑除恶专项斗争工作情况汇报，书面审议法院、检察院、司法局该项工作情况报告，并向“一府两院”分别制发审议意见，推动专项斗争向机制建设、制度完善发展。

执法检查形成新声势　开展《衢州市城乡网格化服务管理条例》执法检查，提出相关意见建议；首次在执法检查中引入第三方评估，委托省级专业机构对土壤污染防治执法检查同步进行量化评估，提高检查科学性、专业性和精准性。组织国防教育有关法律法规执行情况和《浙江省华侨权益保护条例》执法检查，组织代表视察“大侨务”工作体系建设情况。

备案审查站上新起点　常委会首次听取和审议备案审查工作情况报告，组织开展专题培训，建立联动工作机制，创新改进审查形式，制定出台《关于市中级人民法院、市人民检察院规范性文件备案审查工作规定》，推动备案审查工作规范化发展。

10月28日，省人大常委会党组书记、副主任梁黎明（中）在常山县矛盾调解中心调研

重视人大信访工作　全年受理群众来信164件，接待来访112批、189人次，及时转办114件、督办27件，收到答复意见书36件，督办化解进京访积案6件。

依法做好选举任免工作　全年常委会任免国家机关工作人员55人次，其中任职31人次、免职24人次。市人大常委会、市人民政府、市中级人民法院、市人民检察院任命的干部按要求全部进行宪法宣誓。

【民生项目监督】年内，市人大常委会坚持以人民为中心的发展思想，回应群众重大关切，保障和改善民生，助推各项民生事业发展。

关注民生实事项目实施　为推动民生实事人大代表票决项目高质量完成，常委会督促政府加强资金保障，首次将项目进展情况分阶段在主流媒体公开，进行全方位跟踪监督。市七届人大五次会议票决产生10大项56子项任务全面完成，其中33项超额完成。为保障农村饮用水安全，常委会专题听取市政府关于农村饮用水达标提标行动推进情况报告，提出审议意见，推动政府相关部门抓好落实。

关注生态环境保护　为推动生态环境保护，市、区人大常委会同步听取和审议年度生态环境状况和环境保护目标完成情况报告，专题调研居民生活垃圾分类处置工作，联合开展土壤污染防治法执法检查。全市各级人大代表持续开展智慧监督，巡查小微水体和规模养殖场等2万余人次，为衢州市六夺“大禹鼎”贡献力量。做好土地整治“后半篇文章”，开展全域土地综合整治与生态保护修复议案督办工作，提出意见建议。为保障少数民族权益，持续监督财政帮扶专项资金单列到位，全市民族村落实帮扶资金1825万元，相关做法得到省人大常委会领导批示肯定。

【代表履职服务】 年内，市人大常委会探索增强代表工作活力有效途径，紧贴民情民意，更好发挥代表作用，推进人民当家作主。

构建“主”字型人大履职体系　做实“底线”，召开全市人大代表工作会议，全面推广“网格+代表”工作，全市6000余名各级人大代表就近就便走进1579个村（社）4243个网格，实现代表进网格全覆盖。做强“中线”，按照“四化五提升”要求，深化人大代表联络站建设；补齐街道人大工作短板，推动全市21个街道全部成立人大街道工委和居民议事会；开展“问题会诊”议事活动，全市106个代表联络站召开各层次议政（议事）会685次，协调解决问题230多个，化解矛盾纠纷110余起；建立开发区人大工作协调机制，挂牌运行开发区人大代表工作站，组织代表对开发区整合提升工作进行视察。做优“顶线”，首次建立市人大常委会领导与列席市人大常委会会议的市人大代表座谈机制，听取代表对会议审议议题的意见；深入实施“党政领导进人大代表联络站”接待群众制度，全市党政领导1900多人次进站接待群众。做畅“竖线”，深入探索“互联网+代表履职”智慧监督模式，新组建代表“云上议事厅”，分产业创新、城市发展、乡村振兴、社会治理等7个组开展集中议事。

办好代表议案建议　坚持人大常委会领导领衔督办、政府领导牵头领办代表议案及公开办理等好做法，首次开展B类C类建议办理询问，推动B类C类建议向A类转化。市七届人大五次会议254件代表议案建议，所提问题得到解决和基本解决的218件，占85.82%；正在解决或列入计划解决的28件，占11.02%，解决率稳步提高。

加强代表服务管理　将人大代表培训纳入市委党校培训主体班次，开展四省边际中心城市建设、民法典等主题培训。组织代表参加调研、视察、执法检查等活动。首次开展代表履职情况述职报告。广大代表履职为民，涌现出一批全国和省、市先进典型，4名当选为全国劳动模范和先进工作者，1名获省东西部扶贫协作贡献奖，22名在疫情防控和复工复产中获表彰。

【加强自身建设】 年内，市人大常委会认真落实中央和省、市委部署要求，紧扣全面从严治党要求，全面加强自身建设，持续涵养积极向上的政治生态。

坚持党对人大工作的全面领导　常委会党组坚持重大事项向

2020年衢州市人大代表优秀议案一览表

表5

序号	议案	领衔人	编号
1	关于突出“六个注重”强力推进我市产业创新发展的议案	朱伟正	1
2	关于健全公共卫生体系建设的议案	陈震宏	2
3	关于加快全域土地综合整治与生态保护修复的议案	胡炎林	3
4	关于要求出台政策扶持中药材产业发展的议案	吴育莲	4

2020年衢州市人大代表优秀建议一览表

表6

序号	建议	领衔人	编号
1	关于要求解决分级诊疗若干问题的建议	毛剑霞	2
2	关于解决部分城市步行道不畅问题的建议	洪美蓉	4
3	关于对衢州站出站口区域进行深度规划的建议	管江才	6
4	关于农村饮用水城乡统筹运维管理的建议	胡炎林	8
5	关于推进电商直播，助力乡村振兴的建议	潘红青	18
6	关于规范快递三轮车营运和管理助力“南孔圣地 衢州有礼”城市品牌打造的建议	戚云仙	20
7	关于将乌溪江水库作为龙游县饮用水补充水源，强化农村饮用水达标提标行动水源保障的建议	舒　畅	25
8	关于加强小微企业金融服务的建议	楼晓涛	69
9	关于加快龙游县超级版美丽乡村大花园士元实验区建设的建议	方洪波	94
10	关于要求帮助企业解决融资难、转贷难的建议	金　波	129
11	关于支持水产养殖水面上方空间资源复合利用发展休闲渔业的建议	方进林	132
12	关于助推衢州民宿经济发展的建议	庄姣雁	161
13	关于加强城区人行道违规停车管理的建议	周江明	205
14	关于发展夜间旅游打造衢州经济增长新亮点的建议	郑　怡	211
15	关于在疫情背景下抢抓机遇促发展的建议	伍俊斐	215
16	关于进一步加大对地方融入长三角经济带政策扶持力度的建议	金雪白	235

市委请示报告制度，向市委报告人大工作18件次，自觉做到重大事项提前向市委请示、重点工作主动向市委汇报、重要活动及时报请市委支持。开展高水平推进新时代人大工作和建设调研督查，逐项抓好省、市委人大工作会议精神的贯彻落实。

夯实人大党建工作责任 认真制定并实施人大党建工作和落实全面从严治党主体责任、意识形态工作责任制年度方案。组织召开人大宣传工作会议，加强和改进新时代人大宣传工作；开展“致敬改革先锋、建设重要窗口”等主题党日活动，形成系统设计、年度安排、平台创设等党建工作机制，巩固深化主题教育成果。

推进理论学习走深走实 举办常委会党组理论学习会12次，学习习近平总书记重要讲话和中央、省、市委重要会议精神、重大决策部署等50多篇次；组织人大系统8090新时代理论宣讲320场次，受众2万余人次。召开市人大工作研究会第二届会员大会，专题部署人大制度理论研究工作。

加强专业能力建设 落实“更专更精”要求，努力拓宽干部视野，加强知识更新，提升履职能力。组织常委会组成人员和市县人大机关干部参加全国人大、省人大视讯培训200余人次；创设“人大讲坛”，举办7期辅导讲座，常委会与监督对象、职能部门联动互动，组织相关干部参加法规审议、财政预算监督等专题辅导500余人次。

推动人大工作创新 举办市

县人大常委会主任学习会，部署推进理念、机制、工具、手段、方法全面创新。出台《市人大机关干部分档管理办法》，鼓励干部担当作为。在第二届"浙江人大工作与时俱进奖"评选中，市人大和柯城区人大共同参与的《新时代街道人大工作的"浙江探索"》获特别奖，市县乡三级人大的履职成果《建设人大代表联络站"重要窗口"的衢州探索》获优秀奖。开化县"一网三联"、江山市"网格+代表"做法分别得到省人大常委会领导梁黎明、李卫宁的批示肯定。

重要会议

【市七届人大五次会议】4月24—26日，衢州市第七届人民代表大会第五次会议召开。大会听取审查并通过政府工作报告、衢州市2019年国民经济和社会发展计划执行情况及2020年国民经济和社会发展计划的决议、2019年全市和市级预算执行情况及2020年全市和市级预算的决议、市人大常委会工作报告、市中级人民法院工作报告、市人民检察院工作报告；通过衢州市第七届人民代表大会建设与资源环境保护委员会、教育科技文化卫生委员会、民族宗教华侨外事委员会主任委员名单。大会票决产生2020年市政府民生实事项目。大会补选吴国升为市七届人大常委会主任，毛建民为市七届人大常委会副主任，赖瑞洪为市七届人大常委会秘书长，毛胜田、陈国华、魏晓莲为市人大常委会委员，危辉星为市中级人民法院院长，黄曙峰为市人民检察院检察长。

【市人大常委会会议】年内，市七届人大常委会召开常委会会议6次。

2月19日，召开衢州市七届人大常委会第二十四次会议。审议通过《衢州市人大常委会关于依法全力做好当前新冠肺炎疫情防控工作的决定(草案)》；审议通过《关于推迟召开衢州市第七届人民代表大会第五次会议的决定(草案)》和《关于授权市七届人大常委会主任会议决定市七届人大五次会议召开时间的决定(草案)》；审议通过有关人事任免事项。

4月21日，召开衢州市七届人大常委会第二十五次会议。会议听取和审议市政府关于2020年民生实事候选项目建议方案的报告，通过2020年民生实事候选项目，提请市七届人大五次会议票决；通过市七届人大常委会代表资格审查委员会关于补选和选举的市七届人大代表的代表资格审查报告；通过市七届人大五次会议议程草案，提请市七届人大五次会议预备会议通过；通过市七届人大五次会议主席团和秘书长名单草案，提请市七届人大五次会议预备会议选举；通过市七届人大五次会议列席人员名单，代表团召集人名单；通过市人大常委会工作报告送审稿，提请市七届人大五次会议审查；通过《衢州市文明行为促进条例》《市人大常委会关于全力推进我市产业创新发展的决定》《关于授予张玉伟"衢州市荣誉市民"称号的决定》《关于表彰在疫情防控和复工复产中表现突出的各级人大代表先进典型的决定》；审议通过有关人事任免事项。

5月28日，召开衢州市七届人大常委会第二十六次会议。会议听取和审议公检法司机关关于扫黑除恶专项斗争工作情况的报告；听取和审议市政府关于数字经济发展情况的报告；听取和审议市政府关于2019年市级重大政府投资项目计划执行情况和2020年市级重大政府投资项目计划执行情况的报告；听取和审议市政府关于全市新冠肺炎疫情防控工作情况的报告；听取和审议市政府关于2019年度生态环境状况和环境保护目标完成情况的报告；通过市七届人大五次会议不列入会议议程的议案的审议意见；通过关于许可对市七届人大代表毛靖翔采取刑事强制措施的决定；审议通过有关人事任免事项。

8月7日，召开衢州市七届人大常委会第二十七次会议。会议听取和审议市政府关于上半年经济社会发展情况和下半年政府工作的报告、衢州市2020年上半年国民经济和社会发展计划执行情况的报告；听取和审议市政府关于2019年市级财政决算和2020年上半年财政预算执行情况的报告，作出《关于批准衢州市2019年市级财政决算的决议》；听取和审议市政府关于2019年财政预算执行和其他财政收支的审计工作报告;听取和审议《衢州市网格化管理服务条例》贯彻实施情况的报告;会议第一次审议《衢州市农村住房建设管理条例(草案)》;审议通过《关于凝聚共识汇聚力量全力加快建设四省边际中心城市的决定》;作出关于授予黄宏瞻"衢州市荣誉市民"称号的决定。

9月25日,召开衢州市七届人大常委会第二十八次会议。会议听取和审议市政府关于衢州市金控集团运行情况报告;听取和审议市政府关于农村饮用水达标提标工作情况报告;听取和审议市人民检察院第一第二检察部、市文旅局、市民政局专项工作报告以及各评议组的专项评议调查报告,并对被评议单位和个人进行满意度测评;审议通过有关人事任免事项。

11月25—26日,召开衢州市七届人大常委会第二十九次会议。会议听取和审议市政府关于审计发现问题整改情况、社会矛盾纠纷调处化解"最多跑一地"改革推进工作、市七届人大五次会议代表议案和建议办理情况、土壤污染防治法贯彻实施情况的报告;听取和审议市人大执法检查组关于国防教育有关法律法规执法检查情况报告;听取和审议市政府关于2020年市级财政预算调整情况的报告,通过关于批准2020年衢州市级财政预算调整的决议;听取和审议市政府关于衢州市本级2020年地方政府债务限额方案的报告,通过关于批准衢州市本级2020年地方政府债务限额方案的决议;听取市政府关于《衢州市历史文化街区保护条例(草案)》的起草说明,审议《衢州市历史文化街区保护条例(草案)》;通过《衢州市农村住房建设管理条例》;听取部分省人大代表履职情况的报告;审议通过有关人事任免事项。会议学习传达中央全面依法治国工作会议和省委十四届八次全体(扩大)会议精神。

(金新溪)

衢州市人民政府

Quzhou Municipal People's Government

综　述

【概　况】2020年，衢州市辖柯城、衢江2个市辖区，龙游、常山、开化3个县，代管江山1个县级市，有6个县级行政区；辖18个街道、43个镇、39个乡、1482个行政村、112个社区；总面积8844.56平方公里；户籍人口256.86万人，常住人口227.8万人，连续4年净流入。

2020年，面对新冠肺炎疫情冲击带来的复杂严峻形势，衢州市紧紧围绕市委“1433”发展战略体系，聚焦聚力“两手硬、两战赢”，扎实做好“六稳”工作，全市实现生产总值1639.12亿元，增长3.5%；财政总收入228.74亿元，增长2.4%，其中一般公共预算收入140.91亿元，增长2.8%。固定资产投资增长7.7%；社会消费品零售总额757.00亿元，增长0.0%；城镇常住居民人均可支配收入49300元，增长5.0%，农村常住居民人均可支配收入26290元，增长7.6%。

【市政府常务会议】2020年，市人民政府召开15次常务会议，通过多项地方规范性文件和政策意见。

1月17日会议　传达贯彻全国农民工工作暨保障农民工工资支付工作电视电话会议、全省根治欠薪工作电视电话会议和全省扫黑除恶专项斗争视频会暨省扫黑除恶专项斗争领导小组第八次会议精神，审议《关于高质量加快推进未来社区试点建设工作的实施意见（试行）（送审稿）》《衢州市建立和完善房地产市场平稳健康发展长效机制工作方案（送审稿）》《衢州市区住宅二次供水设施建设与管理实施意见（送审稿）》及《2020年“全球免费游衢州”活动方案（送审稿）》，听取《政府工作报告（征求意见稿）》起草情况的汇报。

3月6日会议　传达贯彻全国全省春季农业生产工作电视电话会议精神，研究关于对新冠肺炎疫情防控、第四届全国智力运动会举办等专项工作中表现突出集体和个人进行奖励事宜，审议《衢州市人民政府关于提请授予张玉伟“衢州市荣誉市民”称号的议案（送审稿）》和《关于划定高排放非道路移动机械禁止使用区的通告（送审稿）》。

3月23日会议　传达贯彻全省推进长三角一体化发展工作领导小组会议、全省对口工作领导小组第十三次会议、全省推进“一带一路”建设工作领导小组第三次（扩大）会议、全国全省森林草原防灭火工作电视电话会议、全省制造业高质量发展大会、全省公安工作会议和全省反恐工作会议精神，审议2019年度衢州市政府特别奖评选结果及《衢州市招商引资若干政策（送审稿）》《衢州市本级招商引资中介人奖励办法（试行）（送审稿）》和《关于促进创新创业园区高质量发展的若干意见（送审稿）》。

4月10日会议　审议《政府工作报告（送审稿）》《关于衢州市2019年国民经济和社会发展计划执行情况及2020年国民经济和社会发展计划草案的报告（送审稿）》《关于2019年全市和市级财政预算执行情况及2020年全市和

市级财政预算草案的报告（送审稿）》《关于2019年市级政府投资项目计划执行情况和2020年市级政府投资项目计划编制情况的报告（送审稿）》《关于2019年市级政府投资预算执行情况和2020年市级政府投资预算草案编制情况的报告（送审稿）》及《关于衢州巨化一体化融合高质量发展再造衢州制造业新优势的若干意见（送审稿）》，听取2019年市政府工作报告重点任务完成情况和2020年市政府民生实事候选项目情况汇报，研究“大科创”“大商贸”“大三农”“大文旅”四大专项政策（一规程一清单一导图）和关于对新冠肺炎疫情防控专项工作中表现突出集体和个人进行奖励事宜。

5月8日会议 传达贯彻全国防汛抗旱工作电视电话会议和全省防汛工作视频会议、全省国土空间规划工作电视电话会议、全省城镇污水处理提质增效工作推进会精神，审议《2020年政府工作报告重点任务分工（送审稿）》《2020年市政府民生实事项目任务分解方案（送审稿）》《市七届人大五次会议代表议案建议和市政协七届四次会议提案交办工作方案（送审稿）》《衢州市城市赋能“十大专项”行动方案（送审稿）》《关于深化市区土地储备管理改革的实施意见（送审稿）》《关于公布2020年度市政府重大行政决策事项目录的通告（送审稿）》《衢州市区被征地农民基本生活保障实施办法（送审稿）》《关于完善困难群众基本生活价格补贴机制的通知（送审稿）》及《衢州市深化工程建设项目审批制度改革工作实施方案（送审稿）》。

5月28日会议 传达贯彻全省食品药品安全工作电视电话会议精神，审议《关于推进新时代民政事业高质量发展的实施意见（送审稿）》《衢州市农村住房建设管理条例（草案）（送审稿）》和《衢州市人民政府关于提请授予黄宏瞻“衢州市荣誉市民”称号的议案（送审稿）》，研究对新冠肺炎疫情防控、山海协作等专项工作中表现突出个人进行奖励事项。

6月15日会议 传达贯彻全省道路交通安全管理整治相关会议精神，研究中央生态环保督察整改工作和对机场迁建专项工作中表现突出个人进行奖励事项。

6月30日会议 学习《浙江省民营企业发展促进条例》，传达贯彻全省垃圾治理攻坚大会精神，审议《衢州市第二轮安全生产综合治理三年行动计划（送审稿）》《关于调整衢州市区征地补偿安置政策的通知（送审稿）》《关于明确征收市区集体土地地上附着物和青苗等补偿政策的通知（送审稿）》和《关于调整优化推进创新驱动加快经济高质量发展若干政策的通知（送审稿）》。

7月22日会议 研究统计有关工作、对全面深化改革成绩突出集体和个人进行奖励事项，传达贯彻全省综合交通工作专题推进会精神，审议《市区开发区（园区）改革提升实施意见（送审稿）》《衢州市大花园建设投资发展集团有限公司组建方案（送审稿）》《2020年衢州市汽车消费补贴实施方案（送审稿）》和《衢州市港航市县管理体制调整实施意见（送审稿）》，听取2020年上半年市政府系统执行“十条军规”典型事项和2020年衢州市未成年人思想道德建设工作的汇报。

8月3日会议 传达贯彻《国务院办公厅关于进一步优化营商环境更好服务市场主体的实施意见》及全省全域“无废城市”建设工作视频会议、全面建成小康社会补短板暨农村人居环境整治工作视频会议和省扫黑除恶专项斗争领导小组第九次（扩大）会议精神，审议《衢州市工业企业“亩均效益”综合评价办法（送审稿）》《电子科技大学长三角研究院高层次人才引进实施办法（试行）（送审稿）》和《衢州市生活垃圾治理攻坚实施方案（送审稿）》。

9月3日会议 传达贯彻省政府2020年土地例行督察启动会、全省进一步深化“证照分离”改革全覆盖试点工作动员部署电视电话会议和全省法治政府建设暨综合行政执法改革推进会精神，审议《关于划转市区综合行政执法事项的通告（送审稿）》《衢州市历史文化街区保护条例（草案）（送审稿）》《关于调整全市最低生活保障标准的通知（送审稿）》和《衢州市户口迁移登记规定（送审稿）》，研究对见义勇为人员给予相关表彰奖励事项及对招商引资等专项工作中表现突出集体和个人进行奖励事宜。

9月27日会议　传达贯彻全省安全生产电视电话会议和全省危险化学品运输安全“铁拳整治”专项行动推进会精神，学习《中华人民共和国预算法实施条例》，审议《中国(衢州)跨境电子商务综合试验区建设方案(送审稿)》和《衢州市节水行动实施方案(送审稿)》，研究对市区开发区(园区)整合提升等专项工作中表现突出集体和个人进行奖励事宜。

10月29日会议　学习《中华人民共和国固体废物污染环境防治法(2020修订)》，传达贯彻全省扫黑除恶专项斗争视频推进会议精神，审议《衢州市关于学前教育深化改革规范发展的实施意见(送审稿)》《衢州市打造事业单位人才高地大力提升人才竞争力和服务绩效的实施意见(送审稿)》和《关于调整城乡居民基本医疗保险筹资标准的通知(送审稿)》，研究2020年第三季度市政府系统执行“十条军规”典型事项。

11月26日会议　审议《浙皖闽赣(衢黄南饶)“联盟花园”合作共建方案(送审稿)》《浙皖闽赣(衢黄南饶)“联盟花园”建设工作领导小组建议名单(送审稿)》《浙皖闽赣(衢黄南饶)“联盟花园”合作共建行动计划(2020—2021年)(送审稿)》《衢州市人民政府关于完善市与柯城区、衢江区财政体制的通知(送审稿)》《衢州市人民政府关于推进市区财政事权和支出责任划分改革的实施意见(送审稿)》及《第三批行政事业单位闲置资产注入国有企业方案》，听取2020年“五水共治”工作完成情况汇报、全市山海协作工程实施情况汇报和全市消防安全形势分析报告。

12月16日会议　传达省委书记袁家军在省管领导干部学习贯彻十九届五中全会精神集中轮训班的开班动员暨主题报告及省委副书记、省长郑栅洁专题辅导报告和学习小结讲话精神，推动长江经济带发展领导小组会议和省委常委会会议精神，中央全面依法治国工作会议精神，全省新增百万亩国土绿化行动和松材线虫病防治电视电话会议精神；学习《生产安全事故应急条例》；审议《2020年市级政府投资项目补充计划(送审稿)》《2020年市级政府投资预算(补充)草案(送审稿)》《被征地农民参加基本养老保险工作实施方案(送审稿)》《关于2020年提高衢州市城乡居民基本养老保险基础养老金最低标准的通知(送审稿)》《衢州市医疗保障暂行办法(送审稿)》及《关于明确智造新城管理委员会智慧新城管理委员会部分经济管理权限以及相关职责边界的通知(送审稿)》；听取全市能源“双控”和“减煤”工作情况、全市法治政府建设工作情况汇报；研究对全市创建全国文明城市等专项工作中表现突出集体和个人进行奖励事项。

【市政府全体会议】8月28日，市政府召开市七届政府第五次全体(扩大)会议暨廉政工作会议，深入贯彻习近平总书记考察浙江重要讲话精神，全面落实省委十四届七次全会、省政府第六次全体会议和市委七届八次全会决策部署；在客观盘点2020年以来政府工作的基础上，聚焦“三个年”，研究部署年内重点工作任务，以更加有为的状态抢机遇、谋发展、抓落实，在大考中交出争先创优的合格答卷；研究部署政府廉政建设，深化政府系统作风建设。

【市政府其他重要会议】年内，市政府召开的其他重要会议：

3月27日，召开全市安全生产暨消防工作会议，深入学习贯彻习近平总书记关于应急管理体系和能力现代化的重要讲话精神，认真落实全国、全省安全生产电视电话会议精神，全面总结2019年安全生产、消防工作情况，部署2020年全市安全生产和消防重点工作。

4月1日，召开全市全域土地综合整治与生态修复暨“十类地”处置比学赶超现场会，汇报交流全域土地综合整治与生态修复项目和“十类地”处置工作情况，研究部署下一阶段工作任务。

5月6日，召开全市2020年一季度经济形势分析会暨第二季度工作部署会。

5月9日，召开全市推进政府数字化转型工作会议，深化“最多跑一次”改革，推进政府数字化转型工作。

5月27日，召开“争先创优”行动月度工作例会暨挂联区块服务发展第七次交流会商会。

6月24日，召开“争先创优”行动月度工作例会暨挂联区块服务发展第八次交流会商会。

9月4日，召开2020年全国营商环境评价工作部署会，扎实做好2020年全国营商环境评价的各项前期准备工作，确保衢州市各项营商环境评价指标持续走在全国前列。

9月10日，举行长三角浙商联盟、上海浙江商会走进衢州暨战略合作框架协议签约仪式。

10月16日，举行市政府任命国家工作人员宪法宣誓仪式。

11月2日，召开中国（衢州）跨境电子商务综合试验区动员大会，进一步推动衢州市跨境电子商务综合试验区建设，推进跨境电商平台建设。

12月16日，召开全市被征地农民参加基本养老保险工作专题部署会暨省指导督查组见面会，贯彻落实省委、省政府决策部署，稳妥推进全市被征地农民参加基本养老保险工作。

【招商引资】 年内，市政府班子成员带队到全国各地跑项目、争项目。一年来，全市新引进亿元以上项目121个、10亿元以上项目23个，实际到位市外资金220.4亿元、同比增长29.4%。特别是制造业项目招商取得重要突破。浙江时代锂电材料国际产业合作园项目正式签约，是衢州市迄今为止单体投资最大的先进制造业项目。城市赋能项目招商取得重大进展。华夏航空落户衢州，衢州航空公司成立，首架驻场飞机投入运营，航空飞行学校用地完成出让。卓尔集团城市客厅、长江青年城项目签约引进，华东（衢州）数字经济示范区项目开工建设。电子科大长三角研究院校区开工、同步开学。温州医科大学附属衢州医院挂牌运行。浙江中医药大学签约合作。浙大衢州"两院"小试实验室投入使用，新校区和中试实验实训基地开工建设。

【交通先导实现新突破】 年内，坚持"公、铁、空、水"一起发力，加快构筑现代综合交通体系。全市完成综合交通固定资产投资157亿元，同比增长64.3%，增速排名全省第1；有效投资入库111.69亿元，同比增长64%，增速排名全省第1。铁路方面，杭衢高铁全线开工，衢宁铁路建成通车。截至年末，衢州铁路已建成运营336公里，占浙江省铁路运营里程的10.5%，铁路网密度3.8公里/百平方公里，是全省平均水平的1.25倍；人均铁路里程1.3公里/万人，是全省平均水平的2.37倍。全市年内完成铁路投资超50亿元，创"十三五"期间新高，铁路推进指数位列全省前三。公路方面，杭金衢高速拓宽、351国道等重大在建项目顺利推进；320国道改造、205国道改造等重要国道项目土地获批，实现全线开工建设；常山江航电枢纽项目项期工作加快推进，完成工程可行性研究报告初稿编制；沿江美丽公路全线贯通，建成320国道衢州航埠至常山草坪段改建、物流大道东西延伸段、淳常公路、江山通景公路、衢江港区一期工程、江山市综合客运枢纽等重点项目，综合客运枢纽道路配套工程通过验收，同时完成长途客运入驻客运枢纽。航运方面，与省海港集团签订新一轮战略合作协议，涵盖港口建设、市场培育、人才培养等多个领域；衢州港龙游港区、衢江港区货物吞吐量296.35万吨；"衢州有礼"号游轮完成首航、双向对开。航空方面，衢州民航新开通珠海、武汉、郑州、舟山航班等城市航线，航点城市达到16个，受疫情的影响，全年旅客吞吐量同比下降7%。衢州机场迁建项目被列入《浙江省综合立体交通网规划（2021—2050年）（征求意见稿）》和《浙江省民航"十四五"发展规划（征求

10月25日，衢州机场第一架驻场运力投入运营暨衢州—武汉首航仪式活动举行

意见稿)》,开化通用机场完成选址审批,取得历史性突破。

【衢州市美丽沿江公路全线贯通】 4月28日,衢州市美丽沿江公路全线贯通暨"衢州有礼"诗画风光带产业项目签约仪式在衢江区沿江大草坪举行。签约仪式上,全市总额超159亿元的12个诗画风光带产业项目签约。衢州市美丽沿江公路总投资32亿元,全长215公里,贯通衢州全市六个县(市、区),是全省线路总长最长的沿江公路。该公路作为全省万里美丽交通经济走廊精品示范项目和浙江省首个利用社会资本实施农村公路建养一体化的项目,是按照"路堤结合"的原则,沿着"Y"形水域打造的一条美丽经济交通廊道。它与沿江4个航运梯级枢纽、机场、高铁西站和其他干线公路相通相连,构建衢州"快进慢游"的全域旅游交通体系。依托良好的自然生态和人文景观,衢州市美丽沿江公路建设通过"美丽公路+产业"模式,沿路布局"南孔神韵·康养运动活力带""钱江源·生态慢城休闲带""百里须江·全域旅游风情带",把沿江两岸打造成产业布局的大平台、美丽乡村建设和休闲旅游的大走廊,是衢州"美丽经济幸福产业"发展的内联大通道。

【"衢州有礼"号游轮完成首航】 5月16日上午,"衢州有礼"号游轮从杭州滨江码头启航,驶向衢州。5月18日下午,抵达衢州水亭门码头,完成首航。省文化和旅游厅厅长褚子育、市长汤飞帆、市人大常委会主任吴国升、市政协主席周伟江参加首航仪式。《人民日报》、新华网、中新社、央广网、今日头条等50多家媒体以及自媒体对首航仪式进行报道,网络曝光量超过1亿次。"衢州有礼"号首航实现"一江清水送杭城、一艘游轮到衢州"的美丽图景。年内,常态化运营12个来回,接待游客1610人次。

5月16—18日,"衢州有礼"号游轮杭衢钱塘江诗路之旅首航

【礼贤未来社区开工建设】 6月29日,礼贤未来社区全面开工建设。礼贤未来社区作为全省首批24个未来社区试点项目之一,项目规划单元100公顷,其中实施单元28公顷,总建筑面积65万平方米,计划总投资53.35亿元,计划2023年3月全面竣工。通过采用投建管运一体化、"带方案"土地出让、限定商品房最高售价、限制交易转让条件等模式创新实现未来社区建设"方案最优、模式最新、主体最好、政策最佳",为全省未来社区试点建设工作起到示范带动作用,也为浙江省试点建设增添独特的"有礼"文化基因。

【全面加快城市赋能】 年内,集中力量抓好南孔古城、核心圈层、高铁新城"三城记"建设。一批功能性设施项目加快推进。四省边际中心医院、市"两中心"、未来大厦等主体结构完工,体育中心工程项目体育场主体结构封顶,高铁新城外国语学校项目主体工程完工,荷一路过江通道暗挖隧道全线贯通,智慧大道、白云大道等改造提升工程建成并投入使用,鹿鸣半岛时尚文化创业园、中央美院附属中学、高铁新城地下综合管廊、九华大道隧道二期、紫薇路隧道、三江中路连通工程等开工建设。一批品质类提升项目加快实施。礼贤未来社区开工建设,鹿鸣未来社区新入选省级试点,十里江滨景观带、鹿鸣公园景观提升改造等建成开放;"拆墙透绿"全面启动,拆除围墙1万多米、共享绿地空间22万平方米。一批保

十里江滨景观带改造提升工程

障型民生项目建成使用。实施老旧小区改造30个、“污水零直排小区”120个，创成30个省级高标准垃圾分类示范小区，完成3680户C级、D级农村困难家庭危房改造任务。同时，城市精细化管理得到新提升，发布“多杆合一、多箱合一”以及中心城区城市家具等技术导则，高质量完成城市体检。坚决打赢创文攻坚战决胜战，以全国第4的优异成绩成功创建全国文明城市，创建入户调查满意率连续3年达到100%，实现“一轮创成、高位创成”。

【浙皖闽赣(衢黄南饶)“联盟花园”】 年内，完善协作区19个市的生态旅游协作联络平台、会商机制，会同上饶市共同筹办协作区第二次推进大会。11月14—15日，举办第十七届浙皖闽赣四省四市民间艺术节。积极推动衢黄南饶“联盟花园”建设，参与起草《浙皖闽赣(衢黄南饶)“联盟花园”合作共建方案》《浙皖闽赣(衢黄南饶)“联盟花园”2021年度行动计划》等文件，从规划设计、旅游交通、基础配套、产品开发、管理服务、营销推介六方面推进四市旅游一体化发展，力争将这一区域打造成为协作区的先行区、核心区。2020年，“免费游”接待四省区域游客207.5万人次，占比82.77%，四省四市区域协作初显成效。

【“互联网+监管”】 年内，由市市场监管局、市营商办牵头全市“互联网+监管”工作，建立以“双随机、一公开”监管为基本手段、以重点监管为补充、以信用监管为支撑的新型监管机制。在全省率先开展“信用+监管”执法闭环应用，被国家公共信用信息中心评为2020年全国信用信息共享平台和信用门户网站一体化建设“特色性平台网站”。12月10日，衢州非现场执法模式作为全省典型之一，向国务院办公厅汇报，作经验介绍。

【连续6年夺得“大禹鼎”】 年内，江山市后溪县域水质交接断面首次全年达到Ⅱ类水质标准，顺利通过省级黑臭水体和劣Ⅴ类小微水体暗访。完成23个镇街、120个生活小区、8个工业园区“污水零直排区”建设任务，开化县、衢江区、智慧新城、龙游县完成全域创建。在全省率先全面发布县级总河长令，江山市水岸线党建联盟推动河长制提档升级入选水利部河长制湖长制典型案例，承办水利部太湖流域片河湖长制工作交流会，柯城区河长制工作获国务院2019年落实有关重大政策措施真抓实干成效明显督查激励。完成省级美丽河湖创建11条，柯城区石梁溪被生态环境部列入全国美丽河湖优秀案例。开展6轮督查暗访行动，排查整改问题869个；将8个较严重问题列入市委督考办和市政府督查室挂牌督办名单，建立督查工作闭环机制。精心组织开展“蓝马甲在行动、幸福感再提升”巡河秀水大PK、“五水共治”摄影大赛等一系列护水亲水活动，20余万名群众参与公益巡河，发现和解决2000多个涉水问题。衢州市“五水共治”(河长制)工作以考核总分1002.46分，全省排名第2的成绩首批获全省“五水共治”(河长制)工作优秀市“大禹鼎”金鼎(全省仅3个地市获得金鼎)，实现连续7年捧得“大禹鼎”；“五水共治”群众幸福感指数95.06分，连续3年居全省第1。

【生态环境质量公众满意度居全省第一】 年内，水环境质量和空气环境质量均实现历史性突破。19个市控以上断面、5个跨行政区域河流交接断面、7个县级以上集中式饮用水源地水质首次实现Ⅱ类以上水质全覆盖,其中江山市出境水首次全年达到Ⅱ类水水质。市、县城市空气质量首次全面达到国家二级标准,实现全覆盖,龙游县、江山市$PM_{2.5}$浓度均值首次全年达到国家二级标准。市区$PM_{2.5}$浓度均值为26微克/立方米,较上年同期下降21.2%,降幅位列全省第2。优良天数为353天,AQI达标率96.4%,综合指数3.29,均排名全省第4。生态环境质量公众满意度居全省第1(系12年以来首次获第1),得分88.96分,较上年度提升1.22分。

【推进产业创新】 年内,牢固树立"实业兴衢、制造为本"的鲜明导向,扎实开展工业高质量发展三年行动,拉长做强电子化学品、氟硅新材料、高端装备制造、高档特种纸等制造业产业链。高端电子材料产业平台被列入省"万亩千亿"平台,规模以上工业高技术产业、装备制造业、战略性新兴产业增加值分别增长19.5%、13.6%、5.4%,工业新产品产值增长11.9%,规模以上工业企业研发费用增长30.3%。大力实施"凤凰行动""雄鹰行动""雏鹰行动",仙鹤股份被列入浙江省第二批"雄鹰行动"培育企业,五洲特纸在A股沪市主板上市,全市A股上市公司7家,市值807亿元;IPO排队企业4家(华康药业、金沃精工、永和制冷、恒盛能源);新三板精选层排队企业1家(海力股份);在辅导企业8家(科润智控、金龙股份、东方股份、禾川科技、海昇药业、志高机械、恒达新材、鸿盛环保)。深入实施"双百"科技型企业"登高计划",新培育国家高新技术企业117家,新认定省级科技型中小企业258家。深化"亩均论英雄""标准地"等改革,改造提升低效企业356家,淘汰落后产能涉及企业66家,整治"低散乱"企业(作坊)359家,盘活土地面积5918.1亩。加快新兴产业培育发展,全市数字经济四项指标增速位居全省第1。其中,规模以上数字经济核心产业营业收入增长22.7%,高于全省9.8个百分点;利润总额增长73.6%,高于全省57.6个百分点;税金总额增长28.0%,高于全省26个百分点;从业人员增长19.6%,高于全省15个百分点。

【浙江时代锂电材料国际产业合作园项目正式签约】 12月24日,在省人民大会堂,市政府与华友集团完成浙江时代锂电材料国际产业合作园战略框架协议签约。副省长高兴夫、省级相关部门及衢州市相关领导和部门,华友控股集团董事长陈雪华等参加签约仪式。整个浙江时代锂电材料国际产业合作园总投资479亿元,总用地面积5038亩,以华友钴业为核心,适时引进产业链上下游知名企业,规划布局40万吨锂电三元正极材料前驱体生产板块、30万吨高端正极材料生产板块、电池级硫酸镍板块、新型动力电池板块、钴及锰配套板块、公用工程生产板块等7大项目板块。其中年产30万吨高镍型动力电池用三元正极联动年产40万吨前驱体项目用地2320亩,计划到2025年建成投产,预计整个项目建成后,锂电池正极材料全球市场占有率达到25%,力争成为全球领先、世界一流的锂电新能源材料智能化、绿色化制造基地。

【衢州巨化一体化发展】 4月30日,市委、市政府制定出台《衢州巨化一体化融合高质量发展再造衢州制造业新优势的若干意见》,提出15项具体政策举措,成立由市委、市政府主要领导和巨化主要负责人任组长的衢州巨化一体化融合高质量发展领导小组,编制20项工作清单和20项项目清单,明确衢州巨化一体化融合高质量发展的时间表、路线图、任务书,实现政策、产业、平台、人才全方位全链条打通,力争"十四五"期间,巨化在衢州新增投资超百亿元,其中氟硅新材料和电子化学材料产业投资占50%以上,形成销售收入超500亿元、具有全球竞争力的世界一流企业。通过衢州巨化产城融合、创新要素共享、基础配套共用、产业数字化平台共建,为衢州产业发展赋能,为制造业转型升级助力。

【电子科大长三角研究院校区开工】 9月30日,举行电子科技大学合作项目开工誓师大会暨长三角研究院开学典礼活动,市委副书记、市长汤飞帆作誓师动员讲话并宣布项目开工,电子科大校长曾勇、省教育厅副总督学舒培冬讲话,电子科大副校长杨晓波，省经信厅无线电管理局负责人赖立文、副局长陈鸽，省无线电监测中心主任庞为兴及市领导吴国升、周伟江、王良春、王良海参加活动。电子科大合作项目规划用地3平方公里，净用地2000余亩，包括长三角研究院（研究生院）、校友总部、人才公寓、电子科大实验学校、科创孵化中心、国际联合学院、国家大学科技园、城市公园等八大板块。其中，电子科大长三角研究院自4月成立以来，已引进副高以上专家教师16名、硕博研究生和博士后100余名，组建科研团队6个。

【孟姜村古墓葬入选2020年度浙江省考古十大重要发现】 12月22日，浙江考古重要发现汇报会在绍兴举行。会上，通过前期大众投票、现场汇报、专家评选相结合的方式，衢江区孟姜村古墓葬入选2020年度浙江省考古十大重要发现。根据墓葬营建形式和出土文物器型特征判断，衢江区云溪乡孟姜村古墓葬是西周时期越地文明中最高等级的墓葬，墓葬中出土的一批精美文物对研究西周时期越地的墓葬、礼仪制度等具有重大价值，对认定衢江区为西周早中期越文化的一个区域中心，是越文化形成过程中最重要的一个源头，是历史上所记载的姑蔑国中心位置等学说观点提供坚实的依据。

【水亭门街区入选首批国家文化产业发展项目】 12月28日，中央宣传部《关于公布国家文化产业发展项目库首批入库项目的通知》将衢州水亭门历史文化街区保护利用项目列入国家文化产业发展项目库首批入库项目名单。水亭门历史文化街区是衢州传统风貌最集中、历史文化遗存最丰富的街区，存有全国重点文物保护单位2处，省、市重点文物保护单位12处，市级历史建筑59处，街区以历史文化遗产为依托，继承和弘扬深厚的历史文化传统，着力推进夜间经济、产品业态、文化产业的有机融合，以“商帮文化集中体现地、中医文化精华传承地、老城繁华传统生活区、抗战历史不朽见证地”为核心特色价值。

【教育基本现代化县（市、区）实现全覆盖】 年内，6个县（市、区）均成功创建省教育基本现代化县（市、区），有13所学校成功创建省现代化学校（幼儿园），全市标准化学校覆盖率97%。持续推进政府履行教育职责评估工作，6个县（市、区）评价结果均获A等。创新性开展“五统筹”（专业、招生、实训、师资、就业）改革，并被列为省级试点项目。先后引进浙江大学工程师学院衢州分院和浙江大学衢州研究院、电子科大长三角研究院（衢州）项目，高等教育办学取得历史性突破。

【新设立的非常设机构】 年内，市政府设立以下非常设机构：

企业职工基本养老保险专项自查工作协调小组

衢州市就业工作领导小组

衢州市食品药品安全委员会办公室

衢州市“十四五”规划编制工作领导小组

衢州市第三届体育大会组织委员会

衢州市社区矫正委员会

衢州市灵鹫山名山开发领导小组

衢州市第一次自然灾害综合风险普查领导小组

小南门城中村改造集体土地房屋征收领导小组

衢江区孟姜村西周土墩墓群考古发掘现场

2021年市政府工作报告起草小组

衢州市衢丽花园城市群建设工作协调小组

2020衢州马拉松组委会

衢州市综合行政执法改革领导小组

第十七届浙皖闽赣四省四市民间艺术节组委会

“11·9”中天东方氟硅火灾现场应急指挥部

衢州市地质灾害应急指挥部

南孔古城AAAAA级景区创建工作领导小组

（陶　乐）

决策咨询

【概　况】2020年，市咨询委以习近平新时代中国特色社会主义思想为统领，围绕市委、市政府的重大战略部署和中心工作，创新工作机制，加强自身建设，充分发挥智囊团、参谋部的作用。

【决策咨询】年内，充分发挥特邀委员、咨询委员的专业特长，为衢州市经济社会发展献计献策。年初，对2020年《政府工作报告》进行咨询论证，征集上报特邀委员书面建议10余篇（条），数条建议被采纳；8月，赴杭州召开特邀委员座谈会，对《衢州市国民经济和社会发展第十四个五年规划基本思路》和《中共衢州市委关于深入践行习近平同志重要嘱托加快建设四省边际中心城市的决定（讨论稿）》进行咨询论证，整理编发7位特邀委员的建议，得到市委书记徐文光的批示，发挥特邀委员引领作用。年内，征集委员建议19份，按照所提建议意见的质量，以整篇或摘录形式在《衢州决策咨询简报》中印发，采用10篇，摘录形式9条，发挥咨询委员参谋作用。

【调查研究】年内，牢牢把握课题研究这一中心工作，精心组织咨询委员深入调研，全年上报课题研究报告10份，课题质量进一步提升，获市领导批示12人次。年初，通过对集聚区、开发区相关企业调研，形成《凝心聚力务实创新实现我市制造业高质量发展》专题报告，得到常务副市长陈锦标批示；8月，赴江西省上饶市、福建省宁德市开展“十四五”规划课题调研，了解两地的发展经验和规划编制情况。赴市经信局、市资规局、柯城区、衢江区、智造新城管委会、巨化集团、仙鹤集团等地调研，通过多次论证修改，形成《关于衢州市“十四五”经济社会发展若干重要问题的建议》专题报告，为衢州市“十四五”规划编制工作提出更具针对性和可操作性建议，得到市委副书记、市长汤飞帆批示肯定；考察宁德、上饶制造业产业，形成《强力推进我市制造业高质量发展——宁德、上饶考察思考与建议》专题报告，得到常务副市长陈锦标批示。咨询委各专业部围绕经济社会等热点难点问题，开展计划内课题调研工作。分别向市委、市政府提交《加快发展数字旅游，推进旅游产业转型升级》《我市社区实施精细化治理的几点思考》《关于衢州智造新城产城人融合发展的思考和建议》《大力引进高校提升城市能级助推四省边际中心城市建设》《全面推进礼贤未来社区建设和运营的若干建议》《加强基层应急体系建设助力乡村治理赋能提级》和《做优诗画风光带水利文章》7个课题报告，其中《全面推进礼贤未来社区建设和运营的若干建议》得到常务副市长陈锦标批示，《关

8月26—28日，市咨询委赴福建省宁德市开展“十四五”规划课题调研

于衢州智造新城产城人融合发展的思考和建议》得到市委常委、智造新城党工委书记刘根宏批示。

【工作交流】年内，与省、市咨询委及其他研究机构开展联系交流，提高决策咨询队伍工作水平。全年组织委员、特邀委员和县（市、区）咨询委专家开展各类调研座谈活动20余次。先后接待省咨询委主任黄旭明一行及省咨询委各部到衢州调研考察7次，在接待和协助调研过程中积极参与、主动问策。加强与各级咨询委联系交流。8月，赴省咨询委汇报交流，同时赴杭州市咨询委调研。围绕杭州都市圈发展规划、杭衢融合发展、杭衢山海协作进行座谈交流，深化“十四五”规划中杭衢一体、山海协作方面的共识。11月中旬召开全市咨询委主任会议、12月中旬承办全省咨询委秘书长（办公室主任）会议，通过会议积极开展业务交流，学习工作经验，互相提高共同进步。坚持周例会、委员活动制度，跟进学习中央、省、市重要会议精神及相关政策，提高决策咨询队伍政治水平和业务素质。

【队伍建设】年内，通过改进工作方法，创新工作机制，加强队伍建设，促进咨询工作更加规范、有序、高效。7月，完成市咨询委所属机构更名和委员充实调整。其中，原城市发展部更名为城镇化部，原三农发展部更名为乡村振兴部，使机构设置更贴切实际需求。新进委员11名，解聘委员10名，现有委员25名。在改善委员结构、增强专业部力量基础上，鼓励委员利用自身优势及其社会资源，在系统内外开展课题合作，与相关部门建立协同机制，打破信息壁垒，实现信息共享，形成工作合力，多项课题得到有关部门和专家的参与和支持。

（周前程）

人事人才工作

【概　况】2020年，衢州市人力资源和社会保障局围绕市委、市政府建设四省边际中心城市目标，主动融入长三角一体化，加强四省边际区域协作，梳理出台惠企人才政策，加强人才引进与开发、专业技术和留学人员管理，做好事业单位人事管理、工资福利调整、人事考试等工作，推动人才工作品牌优化升级。

【人才引进与开发】年内，创新开展“8·8”人才服务月系列活动，线上举办为期1个月的网上交流会，线下组织“智汇衢州”系列招引活动，发布岗位4461个，使来自北大、浙大等知名高校29名青年学子零距离了解衢州。

【专业技术和留学人员管理】年内，新建17家市级专家工作站，新建博士工作站40家。高层次人才津贴首次实现全程网上申报，审核、发放高层次人才津贴和一次性奖励856笔，1556万元。邀请省人力社保厅、省农科院等20名专家，到衢州开展“千名人才帮乡村”之省级专家服务衢州行活动。

【事业单位人事管理】年内，会同组织、编制部门分别于5月8日和7月15日对外发布市县联动事业单位人才引进和公开招聘公告，推出高层次紧缺人才引进职位667个，公开招聘事业单位工作人员职位1292个，“智汇衢州”品牌效应初步显现，有力地推进人才引进工作，全年事业单位引进招聘工作人员2366人，其中硕士研究生以上人才386人。

【工资福利】年内，完成442名事业单位机构改革人员的工资关系接转手续，出台《进一步激励关爱基层党员干部和医务工作者在疫情防控一线担当作为的二十条措施》，大力推进事业单位人才高地系列政策制定实施，改革完善机关事业单位政府综合目标考核奖发放办法，研究制定部分市属事业单位突出绩效目标考核奖实施办法。对新冠肺炎疫情防控、文明城市创建等专项工作进行行政奖励，涉及77个集体和296名个人，其中集体二等功8家、三等功29家、嘉奖40家；个人二等功26人、三等功118人、嘉奖152人。

【人事考试】年内，完成公考笔试、公考面试、选调生考试等考务工作。组织实施“智汇衢州”市县联动公开招聘市属事业单位工作人员考试，6483名考生参考，比上年增幅16%。完成一建、社工、经济、二建等16批次职业（执业）资格考试和2批次职称计算机考试的组织实施工作，考生20551人。

（王晓乙）

退役军人事务

【概　况】2020年,衢州市退役军人事务系统围绕"打造一座服务退役军人最优城市"目标,开创"衢州有礼"尊崇工作法,构建军人荣誉体系,打造"一强五好"(党建引领强,崇军氛围好、矛盾化解好、帮扶解困好、服务代办好、作用发挥好)新时代枫桥式退役军人服务站,得到省退役军人事务厅副厅长金登尚肯定批示。被市委、市政府评为平安建设突出贡献集体,被市委机关工委评为市直机关党建示范点创建工作先进单位,被市委组织部、市委机关工委评为"包区清楼"行动先进集体。

【衢州有礼·尊崇工作法】年内,全市域开展以礼送、礼赞、礼迎、礼遇、礼贤、礼敬等"六礼"为主要内容的尊崇工作法,受到退役军人事务部党组成员、副部长方永祥肯定批示。全市域试点退役军人全生命周期服务管理,建成"一中心两系统"(全市退役军人数据资源中心,关心关爱系统、内部管理系统)信息综合平台。副省长王文序批示肯定龙游县"双拥在线"军人之家平台做法。市县两级全面成立关爱退役军人协会,切实增强军人荣誉感、获得感和幸福感,在全市营造浓厚的尊军崇军氛围。

【服务保障体系建设】年内,在全市广泛开展"衢州有礼·新时代枫桥式退役军人服务中心(站)"建设,创建命名首批全国"示范型退役军人服务中心(站)"72个、省级"新时代枫桥式退役军人服务中心(站)"14个、市级"衢州有礼·新时代枫桥式退役军人服务中心(站)"404个。市、县两级全面成立关爱退役军人协会,构建退役军人工作"三驾马车"(政府机构、事业单位、社会力量)格局。

【移交安置】年内,完成军转干部和符合政府安排工作条件的退役军人安置任务。严格按照规定程序,有序推进军转干部档案审核、考核计分、笔试面试等系列工作。12月,首次开展送军转干部上岗活动。全市统一规范退役军人待安置期社保接续、组织关系接转、教育管理等工作程序。

11月30日,衢州市退役军人全生命周期服务平台上线

【退役军人就业创业】年内,常态化开展退役军人专场招聘会,推进退役军人就业精准服务。全年举办线上线下退役军人专场招聘会27场,提供各类就业岗位,部分退役军人与企业达成就业意向。建立退役军人就业创业情况报表工作机制,持续关注退役军人就业创业动态,做好疫情常态化下退役军人稳定就业工作。开展退役军人教育培训。鼓励退役军人自主创业,落实创业扶持政策。

【部分退役军人社保接续】年内,全面推进部分退役军人社保接续补缴工作。完成养老接续任务。联合市医疗保障局、市人力资源和社会保障局出台文件,落实退役军人军龄视同医保缴费年限政策、规范医保补缴流程,推进常态化医疗保险补缴工作。

【抚恤优待】年内,及时调整抚恤补助标准,落实重点优抚对象基本生活价格补贴发放,规范义务兵家庭优待金和大学生应征入伍一次性奖励金发放,做好抗美援朝70周年纪念章统计和发放。首次组织开展为衢州籍义务兵父母和烈属进行免费健康体检活动。

【创建双拥模范城】年内,在全省率先出台军人荣誉体系建设文件,规范新兵入伍欢送、光荣牌匾

12月7日，市长汤飞帆（中）与省模范退役军人、省退役军人工作模范个人、省退役军人工作模范单位代表合影

悬挂、立功喜报送达、退役返乡欢迎等工作，倾力做好“三后”(退役军人“后路”、随军家属“后院”、军人子女入学入托“后代”)工作，帮助随军家属解决就业安置和工作调动问题，部分现役军人子女得到入学照顾和加分优待。10月20日，在全国双拥模范城(县)命名暨双拥模范单位和个人表彰大会上，衢州市本级连续第五次被评为“全国双拥模范城”。

【拥军优属拥政爱民】 年内，春节、“八一”期间，市领导走访慰问省军区、衢州军分区、驻衢州部队，共叙军民鱼水情。开展“情系边海防官兵”拥军优属活动，做好“六送”(走访慰问送关怀、爱老助老送健康、家属就业送帮扶、子女教育送关爱、保障权益送温暖、尊崇功臣送喜报)工作，增强尊崇的氛围。组织“军民携手同心筑梦”庆祝建军93周年暨双拥共建文艺晚会、“情定三衢缘来有你”大型军地青年联谊交友活动及“关爱功臣·情系老兵”爱心捐赠等拥军活动。发动退役军人和民兵参与新冠疫情防控，协助卡口检测，发动退役军人、拥军企事业单位捐款捐物，合力打赢疫情防控攻坚战。

【褒扬纪念】 年内，开展“致敬·2020清明祭英烈”“9·30”烈士纪念日活动，通过基层宣讲、展览展示、演讲征文、敬献花篮、走访慰问烈属等形式，开展烈士褒扬纪念活动230余场次，社会各界5万余名群众参与。在全省率先完成烈士纪念设施采集校核工作。

【思想政治建设和权益维护】 围绕“思想政治工作年”“基层基础基本建设年”活动，在基层服务站全面设立退役军人基层党校。6月9日，局思想政治教育宣讲团赴龙游县罗家乡席家村首次开讲党课，送党课进服务站暨8090新时代理论宣讲、双拥共建送文艺进军(警)营活动在“八一”期间达到高潮。选树先进典型，制作《我和我的祖国·致敬老兵》专题片广泛宣传退役军人先进事迹，龙游县劳惠峰、江山市叶祥飞、柯城区吴绍忠3人被评为浙江省模范退役军人，常山县紫港社区居委会、衢州元立金属制品有限公司被评为浙江省退役军人工作模范单位，局党组成员、副局长蓝红星被评为浙江省退役军人工作模范个人，抗美援朝志愿军衢州老战士群体获评第九届“最美衢州人”特别致敬人物。打造退役军人荣誉街、设立“八一”光荣榜，宣传革命先烈和模范退役军人先进事迹，牢固退役军人“离军不离党、退役不褪色”的责任意识和创业创新的奋斗精神。采取全员结对包户方式，量身定制个性化帮扶措施，有针对性开展送岗位、送政策、送技能、送资金“四送上门”帮扶。

【军休军供】 衢州市军队离休退休干部休养所落实军休干部政治、生活“两个待遇”，及时下拨军休干部和遗属各项经费，全面提升精细化军休服务管理水平。常态化开展上门走访慰问重病、独居、空巢军休干部和遗属，开展各类文体活动42次，深化有礼军休、暖心军休服务品牌。衢州军用饮食供应站以“以兵为本，为兵服务”的宗旨，不断深化“有礼军供、安全军供”服务品牌，圆满完成部队跨区演训、新老兵运输等保障任务。

（廖小净　刘蓉蓉）

安全生产和应急管理

【概　况】 2020年，衢州市应急管理局认真按照市委、市政府和省应急管理厅的决策部署，扎实推进“八个化、八个一”(统筹协调机制化、风险防控精准化、监管执法规范化、应急救援有序化、制度建设系统化、数字建设应用化、应急素养全民化、基层力量专业化;一个口子统筹、一批重点牵引、一体化发力、一盘棋调度、一批标准标配落地、一键通联动、一个合力共治、一线监管能力提升)工作举措落实,有序开展疫情防控、安全复工复产、第二轮综合治理三年行动、梅雨防汛、森林防灭火、危化品领域整治提升和应急管理等工作,全市安全生产和自然灾害防控形势总体稳定。其中,入梅以来的防汛减灾和“9·6”高速公路油罐车火灾事故应急处置工作分别作为全市执行“十条军规”正面典型,受到市委、市政府通报表扬。在安全生产方面,1—12月,全市发生各类事故81起(其中亡人事故57起)、死亡57人,同比分别下降27%(31.3%)、32.9%。未发生生产安全较大事故。其中,工矿商贸企业发生事故17起、死亡13人,同比分别下降15%、31.6%;道路运输发生事故64起、死亡44人,同比分别下降29.7%、33.3%。在自然灾害方面,汛期8轮强降雨全市发生地质灾害灾情31起,险情26起,因灾死亡1人(滑坡),造成10万余人受灾,直接经济损失约8.93亿元,同比下降25.8%;全年发生森林火灾2起,同比下降84.6%,过火面积29.06公顷,受灾面积16.13公顷,没有发生扑救人员伤亡事故。

【落实安全生产责任】年内,全市上下牢固树立“一盘棋”思想,坚持底线思维,强化安全生产责任制落实。严格落实党委和政府领导责任。市委常委会、市政府常务会多次听取专题工作汇报,市委、市政府主要领导和分管领导多次就安全生产工作作出重要批示指示,并亲自带队开展监督检查,推动各项重点工作落实到位。严格落实部门监管责任。按照“三个必须”(管行业必须管安全、管业务必须管安全、管生产经营必须管安全)和“谁主管谁负责”的原则,坚持安全生产考核正向赋分,推动各类考核增加安全权重,借助巡查推进第二轮综合治理三年行动实施,坚持专委会线上排查和安委会服务督导相结合,督促各级各部门紧盯重点领域和薄弱环节,全面开展各重点行业领域隐患排查整治行动。严格落实企业主体责任。综合运用执法检查、隐患排查、专项整治等手段,推动企业落实全员安全生产责任制,开展安全生产标准化创建,筑牢安全生产第一道防线。1—12月,立案查处268起,罚款1140.3万元。

【开展风险隐患整治】年内,聚焦重点任务、主动作为,全面开展各类风险隐患整治行动,打好防范化解重大安全风险攻坚战。危化领域:深刻汲取“11·9”中天氟硅火灾事故教训,全面部署开展安全生产隐患大排查大整治行动,围绕危化品生产、储存、经营、运输、使用及废弃处置等全生命周期中最关键问题和最薄弱环节,突出抓好有机硅行业专项整治,提升危化行业本质安全水平。持续开展危化品重大危险源企业专项检查督导、危险货物运输安全“雷霆整治”“铁拳整治”专项行动、全生命周期安全重点整治及非法违法“小化工”专项整治等行动,出动1684人次,检查企业690家次,查出隐患2497处,完成整改2213处,罚款91.8万元,停产整顿3家。加工制造类小微企业领域:将钢铁、铝加工、涉爆粉尘等企业作为年度执法检查重点对象,采取专项执法、联合执法等多种形式加大检查力度,检查各类小微企业19435家次,发现隐患29609处,整改完成29440处,责令停产停业17家,关闭取缔12家,罚款161.6万元。同时,企业风险当日报告和主要负责人管控承诺机制在全市推广。矿山领域:持续开展尾矿库风险隐患排查治理,实行尾矿库县(市)长包保责任管理,督促4座尾矿库企业全面开展自查自纠和隐患闭环整改。高度重视矿山安全监管执法工作,邀请专家进行全覆盖安全检查,检查矿山企业103家次,发现隐患154处,已整改154处,下发限期整改指令书56份,关闭取缔4家。重大安全隐患挂牌督办。对列入省市挂牌督办的82处重大事故隐患,督促治理责任单位按照“一隐患一方案”和“五落实”要求细化方案、狠抓整改,全部按期完成整改。

【防灾减灾物资储备】年内,及时调整市级防汛防旱指挥机构,公布各级防汛工作责任人名单。开展各类防汛抢险物资和队伍力量调查排摸，督促协调完成价值80万元生活类救灾物资购置。组织实施森林防火基础设施“百千万”工程，累计投入资金1500余万元，新增森林防火蓄水桶1.4万只以上，总蓄水量约6万吨，生物防护林带10公里。

【防灾减灾隐患排查】年内，全面推进自然灾害防控“六个一”（识别一张图、研判一张单、管控一张表、应急一指南、案例一个库、指挥一平台）体系建设，汛前检查发现各类易出险点7000余处，查出隐患1083处，整改915处，落实管控措施168处。组织森林防灭火督查检查220余次，发现并整改各类火灾隐患158处。完成危险区域人员“浙江安全码”赋码应用101027人。截至年末，全市完成479个避灾安置场所规范化建设。汛期启动应急响应21次，推动各地在清明节前后出台禁火令，发挥基层党建治理优势，成功避免入梅以来4起因灾伤亡事件。

【应急管理机制建设】年内，依托“三、王、主”党建统领基层治理体系，制定出台基层安全应急管理体系和能力建设实施意见。用活用好“三个一”应急专班体系，牵头建立浙皖闽赣四省四市应急救援联席会议制度，建立应急、公安、消防三方信息共享联动机制，提升突发事件协同应对能力。

【应急救援能力建设】年内，完成培育社会力量12支，其中省级危化专业救援队伍2支。市应急指挥室改造完成并投入使用。通过购买服务方式配备可视化指挥调度装备，基本实现全市可视化指挥调度100%连线成功、100%30分钟响应、100%连线质量达标。

6月16—17日，衢州市2020年“豪龙杯”社会应急力量技能竞赛在消防救援支队培训基地举行

【应急救援实战化建设】年内，出台应急预案管理制度，推动全市应急预案管理规范化建设，开展防汛防台应急综合演练、矿山应急综合演练、危险化学品重大危险源应急救援联动演练及森林防灭火应急演练等各类演练280多场次。严格落实领导干部带班和24小时应急值班制度，结合国庆、中秋等重点时段，狠抓安全风险防范和应急值班值守，加强事故灾情信息核实上报，建立双人值班模式，增强突发事件应对能力。

【安全生产和应急管理知识宣传】年内，围绕安全生产月主题，组织开展“12345”系列活动。全市围绕“3·19”森林消防宣传日、“5·12”防灾减灾日和防灾减灾宣传周等开展系列宣传活动660余次，发放宣传资料15万余份，发送短信29万余条。完成万名企业员工大培训8.2万人次，完成率102.5%。全面推进特种作业安全码的申领工作，认领特种作业安全码20361个，领码率96.5%。全市完成应急（安全）宣教体验馆建设20家。应急普法公益视频获应急部第一届全国应急管理普法二等奖。

【“11·9”中天氟硅火灾事故救援】11月9日上午11时23分许，位于衢州市智造新城高新技术园区的中天东方氟硅材料有限公司发生火灾。当天下午3点，火势基本得到控制。11月10日上午9时30分许，除第六车间一小堆垛硅粉稳定受控燃烧外，其他明火全部被扑灭。第六车间主要堆放的是固废残渣，燃烧区域约400平方米，高度有五六米，无法用水和泡沫扑救，容易形成流淌火，只能采取沙土掩埋、筑堤围堰等方式让其稳定受控燃烧。11月10

日下午15时许，中天东方氟硅材料有限公司火灾事故现场余火基本被扑灭，过火面积9820平方米，造成直接经济损失498.9万元，事故没有造成人员伤亡。

事故发生后，11月9日下午，衢州市人民政府依法成立由市政府办公室、市应急管理局、市消防救援支队、市公安局、市总工会、市人力社保局、市生态环境局、衢州智造新城管委会等部门人员组成的中天东方氟硅材料有限公司“11·9”火灾事故调查组，在应急管理部、省应急管理厅的指导下，依法开展调查处理工作。同时，邀请市监委和检察院派员参加，聘请化工安全专家共同参与事故调查工作。应急管理部党委书记黄明第一时间与现场视频连线，要求科学施救，避免救援伤亡，并派出消防救援局总工程师周天率工作组赶赴现场指导救援。省委书记袁家军、省长郑栅洁、常务副省长冯飞、副省长高兴夫分别作出指示批示，要求科学组织灭火，尽可能消除对周边环境的影响，并进一步查明原因，举一反三，加强针对性管理。省委秘书长陈金彪亲赴现场指导救援，省应急管理厅厅长凌志峰亲自坐镇指挥中心指导调度事故救援，安排专人24小时值守，并派出由分管副厅长带队的工作组赶赴事故现场指挥救援。市委、市政府迅速启动应急救援预案，科学有效开展现场救援处置工作。成立由市长汤飞帆为指挥长，市委副书记吴舜泽、常务副市长陈锦标、市委宣传部部长钱伟刚、智造新城管委会党工委书记刘根宏为副指挥长，各有关部门为成员的事故现场应急指挥部，在现场坐镇指挥。省消防救援总队调集杭州、宁波、温州、金华支队4个化工灭火救援重型编队驰援。

（池宇霄）

消 防

【概　况】2020年，衢州消防救援支队围绕“基层基础夯实年、队伍正规化建设年、能力素质提升年”目标任务，抓班子、带队伍，推进消防安全三年翻身仗收官年和消防安全三年专项整治开局年工作任务，坚决打赢全市梅汛期间抗洪救灾和“9·6”沪昆高速油罐车火灾、“11·9”中天东方氟硅材料有限公司火灾等一系列硬仗、恶仗。年内，全市发生火灾337起，造成1人死亡，火灾起数、死亡人数同比省政府防控指标（2014年至2016年均值）分别下降55.3%、80%。全市消防部门挂牌督办重大火灾隐患单位11家，曝光火灾隐患134处，检查单位7754家次，督改隐患8135处，临时查封12家，责令“三停”23家，罚款11.17万元。全市接警出动4216起，疏散抢救被困人员2098人，抢救保护财产价值3.7亿元，连续18年未发生过较大以上亡人火灾事故。

年内，消防救援局、省消防救援总队和市委、市政府主要领导先后8次批示肯定支队消防安全工作和综合应急救援工作，市消防救援支队获评全省2020年度安全工作先进单位，全市消防安全3年翻身仗行动连续3年优秀并位列全省第5，8个集体和30名个人获省、市表彰，柯城大队戴文辉被评选为衢州市道德模范暨第九届“最美衢州人”十大年度人物。

【消防安全三年翻身仗收官年行动】年内，扎实推进消防安全三年翻身仗和消防安全专项整治三年行动，指导教育、民政、文旅等重点部门规范完善行业系统消防安全工作制度，制发消防安全警示通报7份、警示提醒函6份、督办通知3份，推动制发政务督查通报2份。联合住建、市场监管、公安等部门持续推进电动自行车消防安全综合治理，深化“114”一键移车平台运用，形成部门深度治理、群众共同监督的局面。协同应急部门开展危险化学品重大危险源专项检查督导，督改消防安全问题194项。开展小微企业排摸整治，累计排查登记加工制造类企业3845家，发现问题1214家、完成整改1037家。开展集中夜查行动6次，累计检查单位5000余家，清理电动自行车近2万辆，办理案件122起。

【涉疫场所消防服务工作】年初，新冠肺炎疫情突如其来，全市消防救援部门采取“线上+线下”综合指导服务方式，全力服务复工复产、复学复课、复商复市等民生工程，累计微信、短信电话提醒1.4万家次，电话问询8000余家次，远程监控及视频系统检查

1563家次，实地检查单位973家次、指导隐患整改723处。

【消防宣传培训】 年内，坚持以消防宣传“五进”“消防安全明白人”“百万员工大培训”和“119宣传月”活动为主要抓手，全面融入文明城市创建、乡村振兴大讲堂、示范学校创建、“三下乡”等工作大局，通过“请进来+走出去”的模式，开展各类形式宣传教育培训2200余次，累计培训七类人员3.2万人次，宣传受众18万人次。全面强化舆论监督，联合省市主流媒体开展火灾隐患曝光行动56次，曝光火灾隐患134处。投资40余万元建设衢州消防全媒体中心，巩固“三微一端”宣传阵地作用，在市县两级媒体开设电视、报纸、广播、网络消防专题专栏22个，完成8个市县级消防安全教育馆、15个乡镇体验室、33个农村宣传点提档升级任务，建成2个消防文化主题公园，宣传覆盖面和影响力全面提升。央视《新闻联播》两次报道支队“6·30”和“7·10”抗洪救灾行动，《人民日报》等中央及省市级媒体刊发支队应急救援、为民服务等工作691篇。

【后勤装备建设】 年内，全市各级消防部门紧盯职能拓展和实战需求，投资1400余万元采购8辆消防车和5700件(套)器材装备。与辖区企业签署重型机械设备联动协议9份，储备各类泡沫灭火药剂100余吨，实现战时物资供给不间断。推进基础设施建设，总投资7180万元的智慧新城特勤战勤消防站于年底完成主体结顶，所有消防站完成执勤器材库、充气室、器材维修间建设，消防站室内体能训练房改造升级率100%。

5月18日，衢州市开展危化品火灾事故处置综合演练

【提升实战打赢能力】 年内，贯彻落实党委“议训、参训、领训”制度，制定出台年度全员岗位大练兵方案和岗位练兵奖惩规定，部署开展作战训练安全专项整顿工作，启动“蜗牛班”清零行动，投资160万元对支队指挥中心进行升级改造，派出114人次参加部局、总队专业培训，开展冬训、夏训比武竞赛6次和跨区域实战演练12次，熟悉重点单位1152家次，修订预案1019份。结合衢州灾害事故类型，开展12期综合业务大讲堂、26次“二十分钟微讲堂”，完善15类灾害事故处置应急通信保障方案，完成11支乡镇专职队(志愿队)和24支千人村志愿队提档升级及210只市政消火栓新增任务。

【衢州市危化品火灾事故处置综合演练】 5月18日，衢州市危化品火灾事故处置综合演练在市消防培训基地举行。市委常委、常务副市长陈锦标等市领导以及相关参演部门负责人到场观摩，整个活动分实战技能操法展示和化工装置火灾实战演练两个部分。市消防救援支队协调应急救援力量117人、应急车辆24辆，市公安、环保、医疗救护、电力、电信、水务、气象等应急联动力量协同参与演练和处置。

【消防案例】 2020年的消防救援典型案例：

防汛救灾　梅汛期间，全市部分城乡出现短时积涝，农户进水、农田被淹、道路塌方、山区出现山体滑坡等险情。全市消防救援队伍接到防汛抗洪方面警情97起(单日接警量最多为6月30日，接处警83起)，出动车辆113辆次，出动人员704人次，营救、疏散人员655人。

增援江西抗洪救灾　7月13日13时30分，按照省消防救援总队指令，消防救援支队派出12车

46人13舟(艇)随队前往江西南昌增援抗洪救灾工作。7月23日晚，按照应急管理部消防救援局和省消防救援总队指令，消防救援支队增援人员休整返回。此次跨区域增援江西，历时12天，先后3次转换驻勤点，前往4地开展防汛抗洪增援任务，巡查堤坝50公里，清理堤坝杂草10公里，清理搬运树木30车，铺设防浪布3公里，装填沙石袋7000余袋，开挖排水沟渠2公里，协助当地工作组处置泡泉5处。

沪昆高速油罐车火灾扑救　9月6日16时15分，衢江区G60沪昆高速衢州东互通往江西方向一辆载有31吨汽油的油罐车发生火灾。接警后，消防救援支队迅速调集7个消防救援站、16辆消防车、85名指战员参与救援。16时56分，首战力量和支队全勤指挥部到达现场。经侦查，油罐在轮胎火焰炙烤后，顶部注油口发生破裂，巨大的火炬喷涌而出，现场浓烟达百米之高。同时，因高温热辐射影响，周边山体植被已大面积燃烧，过火面积约1500平方米。此外，事故车辆后方50余米处停有2辆危化品槽罐车和数百辆滞留车，数百名群众聚集围观；500米范围内有1个加油站、燃气管道、网络基站和居民住宅，一旦发生爆炸或风向转变引起后方车辆过火，后果将不堪设想。消防救援支队全勤指挥部根据现场情况，制定“确保重点、兼顾一般，先控制、后消灭，保护毗邻”的战术原则，确立“冷却降温、防止爆炸、控制火势、安全救援”的战术方法，将火场分为2个作战区块3个单元，同步推进灭火救援。经过11个小时艰苦奋战，成功扑灭火灾，疏散转移围观群众、周边村民300余人，实现无人员伤亡、无爆炸影响、无网络舆情的目标，受蔓延林火威胁的加油站得以保全，周边民居无一影响，将火灾事故影响及损失降到最低点。

衢州中天东方氟硅材料有限公司火灾扑救　11月9日11时23分，浙江中天东方氟硅材料有限公司发生泄漏燃烧事故。接警后，消防救援支队迅速调集12个消防救援站、1个战勤保障分队、1个通信保障分队、2个企业消防队、39辆消防车及173名指战员，携带126.6吨泡沫和消防救援机器人赶赴现场救援。省消防救援总队接报后，调集杭州、宁波、温州、金华支队4个化工灭火救援重型编队增援。应急管理部消防救援局总工程师周天，省委常委、省委秘书长陈金彪，省消防救援总队总队长蔡卫国，市委副书记、市长汤飞帆等领导第一时间赶赴现场，全程坐镇指挥。11时29分，首战力量到场，整个厂区南侧已形成大面积流淌火，从东向西形成一条长长的火线贯穿厂区，燃烧产生的浓烟覆盖整个堆棚和下风向的中宁硅业、蓝苏氟化等公司；含氢硅油装置开始大面积燃烧，硅油顺着地面形成流淌火，并顺着雨水向周围蔓延，2个戊类酸罐、硅酮胶二号仓库和硅酮胶厂房以及六号固废仓库(威胁甲类仓库)被引燃。现场指挥部迅速制定“冷却抑爆、梯次进攻、沙土筑堤、逐片消灭”的战斗措施，划分3个战斗区域，落实指挥长负责作战指挥和安全管控。13时30分许，含氢硅油车间生产线火势被有效控制；16时50分，含氢硅油车间生产线火势逐渐得到控

11月9日，中天东方氟硅材料有限公司火灾扑救现场

制;18时25分许,盐酸罐被有效控制,硅酮胶仓库火势被扑灭;20时25分,甲类仓库内20吨共207桶的甲基氯硅烷等甲类危化品安全转移;10日8时,现场仅6号车间火点稳定燃烧;10日15时,火势被彻底扑灭。经过28个小时的艰苦奋战,火灾被成功扑灭,疏散转移周边18家企业员工和周边村民9000余人,转移207桶化工原料,着火企业甲类仓库、储罐、生产装置和毗邻企业等重点目标全部安全保护,将火灾事故影响及损失降至最低,有效保障人民群众生命财产安全。

(陈立强)

大数据发展管理

【概 况】 2020年,衢州市深入贯彻落实省委、省政府关于建设"重要窗口",加快推进省域治理体系和治理能力现代化的部署要求,牢牢抓住跨部门多业务协同流程再造和数字化平台化集成应用两大关键,坚持"整体智治,唯实惟先",依托省市公共数据平台、城市数据大脑,通过持续强化数据支撑、技术支撑、应用支撑,在赋能政务服务便利化、数据应用产业化、市域治理现代化等方面取得积极成效。2020年,衢州市数字经济核心产业发展五项指标增速位居全省第一。其中规模以上数字经济核心产业增加值59.93亿元,同比增长15.8%;营业收入253亿元,同比增长22.7%;利润总额10.09亿元,同比增长73.6%;税金总额3.98亿元,同比增长28.0%;从业人员2.16万人,同比增长19.6%。

【城市数据大脑】 年内,城市数据大脑作为推动治理体系和治理能力现代化的"关键一招",在基层治理、民生服务、产业创新、城市发展等多个领域打造出70多个场景化多业务协同创新应用,逐步迭代成为"数据全集聚、管理全覆盖、应用全场景、应急全天候、服务全方位"的高能级城市治理平台,为建设"重要窗口"提供智慧支撑。全国首发"公交优先"系统,针对公共交通开展基于信号灯的智能配时优化,市区103路公交车,全程用时缩短10%以上;率先上线的"未来医院"建成全国首个县域医共体和基层家庭医生双层级数字化共同体,已有100多家医疗卫生机构上线300多个应用,卫健系统近2万名员工实时在线,10万余名服务对象受益;依托"药了么"模式创新,打通医保在线支付"最后一公里",让处方在医院、医保、药店间"可流转""可支付""可配送",为慢性病患者提供"在家复诊、在家刷医保、在家等药送上门"的慢性病全新医保服务体验。打造的"邻礼通""村情通""政企通"三大利器,创新构建以大联动、大治理、大服务为框架的基层治理新格局。

【市公共数据平台】 年内,依托省公共数据平台、数据清洗处理和共享平台,全面推进公共数据归集、储存、分解、处理、共享和开放,开放数据集675个、数据项3714项、数据8.54亿余条,向省开放平台推送停车场、卡口过车信息等感知类数据7.5亿条,持续赋能城市数据大脑在惠民惠企服务领域应用。10月22日,"中国开放数林指数"系列报告发布首个区域性报告暨《2020长三角政府数据开放一体化报告》,衢州市位列第5,跻身长三角地级(含副省级)第一梯队。

【数据开放应用创新】 年内,全市通过鼓励高校、科研机构和市场主体积极参与公共数据分析挖掘,持续赋能科技研究、咨询服务、应用开发、创新创业等12个惠企惠民服务优秀应用入选省政府数字化转型"观星台"。举办第五届数据开放创新应用大赛,按照省拟定普惠金融、交通出行、社会保障服务、市场监管、医疗健康五大领域赛题,66个数据开放创新应用项目报名参赛,7个项目入围省复赛,"智慧卫监开放平台"获三等奖。

【电子政务基础设施集约化】 年内,推进平台建设一体化,为市本级、县(市、区)政府部门开展政府数字化转型项目提供基础设施支撑。开展电子政务外网备网建设,完善全市统一云计算中心和城市数据大脑,为全市138个部门,412个应用系统(其中市本级57个部门,272个应用系统)提供各类云资源3298个(其中市本级2559个),节约资金1亿多元。

【打造"政务钉钉"工作示范市】 年内,持续打造"政务钉钉"工作示范市。以“政务钉钉”为抓手，全面导入互联网思维，推动政府运行的信息化、扁平化、一体化，加快推进政府数字化转型。至年末，全市钉钉横向覆盖党政机关企事业单位，纵向贯通省、市、县（市、区）、乡（镇）、村（社区）五级，党委政府架构内的钉钉用户注册激活率99%以上，全年年均活跃度90%以上，全省浙政钉考核位列第1。年内全面推进浙政钉2.0单轨运行切换，全力保障全市各级单位用户组织、协同办公应用、审批流程应用等迁移搭建工作，推动浙政钉平台成为衢州市数字化改革重要掌上前端入口。

【政府视频会议系统】 年内，保障视联网会议908次。其中，由市级部门主办并发起的会议161次，省级部门召开主会场、市级设分会场747次。

【精密智控】 新冠肺炎疫情中，衢州市依托城市数据大脑创新构建“精密智控”机制，通过大数据“找到人”、大系统“管住人”、大平台“看好门”和大网格“守好门”，依托“三通一智”平台创新将人工智能转化为防控疫情新型战斗力，全市14名确诊病例均为大数据靶向命中。全省率先推出“健康码”国际版，为全力保障境外人员输入“提前知、提前控”提供重要支撑。全面推广使用“健康码”，并通过在“健康码+创新应用”领域持续探索，先后推出“乘车码”“复工复产”“春耕礼包”“司机之家”等应用场景、精准服务。在实现精准防疫的同时，为安全有序推进社会经济复苏提供智慧支撑。按照“开好工、管好人”要求，依托城市数据大脑赋能复工复产，全省率先推出“城市活力指数”“企业开复工管理系统”，为企业提供复工审批备案、产能监测分析、物资储备利用、员工健康管理、政策精准推送、补贴在线申请等全链式服务，真正实现“一套程序管复工，一组数据找问题”。

【未来社区数字化】 年内，围绕推动数字孪生城市落地、城市大脑多业务协同创新应用、改善民生服务三大目标，以高标准、特色化谋划“衢州未来社区数智化操作系统”建设，形成“衢州未来社区数智化操作系统”项目整体建设方案初稿。

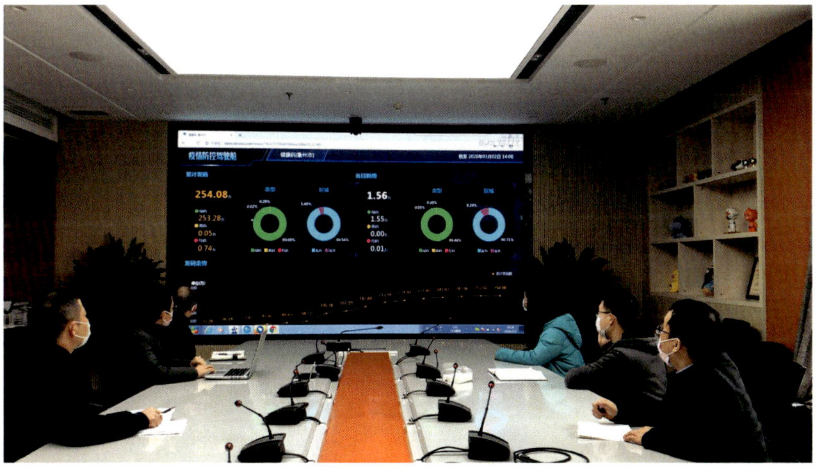

3月2日，市大数据局研究讨论“健康码”工作

【项目招引】 年内，完善数字经济服务业项目研判决策流程，实行线上项目协同研判咨询服务“最多跑一次”，有效缩短研判决策周期。华为机器视觉研发、华友高镍型动力电池用三元前驱体材料、常州奥首集成电路功能精细化学品、麦迪森数字经济产业园等项目成功落地。

【项目建设】 5月7日，推动衢州市重点数字企业“浙江信安数智科技有限公司”完成国有股权转让，引入阿里巴巴、太平洋医疗、南威软件、水木军盛、安恒信息等5家企业成为公司股东。11月，争取省级数字经济产业投资基金5亿元，帮助金瑞泓年产180万片集成电路用12英寸硅片项目顺利落地。

【信息基础建设】 2020年，全市建成5G基站1943个，实现6县（市、区）城区、杭金衢高速、AAAAA级旅游景区5G网络全覆盖。年末，固定电话用户33.67万户，移动电话用户241.32万户；固定宽带用户93.76万户，移动互联网用户216.83万户，固定宽带普及率、移动宽带普及率均高于国标、省标。

【数字经济活动】 11月26日至12月3日，举办中国（衢州）数字经济创新大会、衢州市数字经济产业联盟年会等“11·28”数字经济发展大会系列活动，为浙江省衢州数字经济(智慧产业)产业创新服务综合体授牌，并为浙江大学人工智能实验室衢州市产业数字化赋能中心揭牌。

(毛彦玲)

营商环境

【概　况】2020年，衢州市营商环境建设办公室(以下简称市营商办)坚持党建统领，聚焦抓纲带目、系统集成、数字赋能，以政府数字化转型为牵引，全面推进“最多跑一次”改革、营商环境建设和信用体系建设。衢州市被国家发改委列为全国15个营商环境标杆城市之一，优化营商环境相关做法被写入首部国家报告——《中国营商环境报告2020》；城市信用状况监测排名在全国261个地级市位列全国第2；市营商办为主承担的“最多跑一次”改革省级标准化试点项目，获浙江省标准化领域最高奖项——全省标准创新重大贡献奖。

【迭代推进“最多跑一次”改革】年内，以实现“全域通办”为核心，丰富群众企业办事模式。以市场监管领域商事登记改革为切入点，全国率先推出全市范围内食品经营许可跨区域审批，率先实现“全省通办”；探索推出四省边际城市“跨省通办”，上线全国一体化在线政务服务平台。年内，以打造全省示范为引领，推进公共场所服务大提升。按照省级示范的标准，重点打造机动车检测站、柯城区文化中心、开化根宫佛国景区、衢州高铁站等一批示范场所。车辆检测场所服务提升承担全省试点，副省长王双全给予肯定；开化根宫佛国服务提升工作在全省“最多跑一次”改革工作例会上进行视频展示；衢州市高铁站服务大提升经验做法得到副省长高兴夫批示肯定，常务副省长冯飞在全省改革例会上点名表扬。年内，以“一件事”联办为重点，推进机关内部“最多跑一次”改革。率先完成公务员和事业单位人员职业生涯全周期管理“一件事”系统建设，全省验收排名第1。年内，以“乡村振兴讲堂”为抓手，推进“最多跑一次”改革向基层延伸。结合“县乡一体、条抓块统”试点，推动“最多跑一次”改革深度融入乡村振兴讲堂，优化基层服务体验，对接争取《衢州市开办乡村振兴讲堂助推乡村学风浓、服务强、产业兴》在《领跑者》刊发。年内，以标准化为手段，固化推广“最多跑一次”改革经验成果。应邀参与国家标准《审批服务便民化工作指南》《个人健康信息码》、省级地方系列标准《政务办事“最多跑一次”工作规范》起草工作，承担政务服务“好差评”两项国家标准试点。

【打造优化营商环境升级版】年内，推进投资项目全流程改革。推进低风险小型项目审批“最多20个工作日”改革，推出项目审批全链条“套餐式”服务，深化“测验合一”改革，开发工程建设项目全流程监管平台，进一步优化投资项目审批。深化企业审批便利化改革。企业开办推行“线上一网、线下一窗”服务模式，推进“一码多证”“以码代证”“证照联变”，推进商品房登记、二手房交易、司法处置不动产、不动产公证、企业不动产登记和不动产抵押等六个“一件事”改革，推进诉讼便利化改革等。助推服务企业集成化改革。牵头落实市领导挂联区块服务发展活动，牵头成

7月24日，副市长田俊(中)一行考察衢州高铁站公共场所服务质量大提升工作

3月11日，副省长陈奕君（中）在市委副书记、市长汤飞帆（左一）的陪同下到市营商办调研，开展“三服务”

立保障企业复工复产、优化营商环境工作组，开辟复工复产审批、用工保障及物流保障等8条企业复工复产“绿色通道”，开通企业复工复产专车专列、驾驶员之家，出台企业用工补助政策等。

【深化社会信用体系建设】 年内，健全事中事后新型监管机制。探索创新以信用为基础的新型监管，开发以闭环监管、风险预警和企业自我管理为主要特色的衢州市“互联网”监管平台，推进政府一元管理方式转变为政府、企业、社会多元化治理机制。推动信用协同深度应用。全省率先在一窗受理云平台中嵌入“信用容缺受理”和“审批替代型信用承诺”模块，实现所有市县两级事项，收件时非必要性材料均可信用容缺受理。推进信用应用场景落地见效。推出个人诚信积分“信安分”，确定个人守信联合激励措施22条，实现“医信付”“优惠停车”“公积金贷款增额”等场景应用。将社会信用体系建设融入社会治理，提升社会基层治理能力。

【构建整体智治体系】 年内，创新打造“政企通”平台。坚持机制集成、服务集成、政策集成，打造“政企通”平台，推动政策在线兑付、诉求在线直达、服务在线落地，让企业“一站式”尽享“全链条”服务。平台累计上线55个服务应用，总注册用户23万户，总浏览量超580万次，集成上架政策1215项，累计兑现资金13.93亿元，上架金融产品326个，发放贷款415.64亿元。全力推进政府数字化转型试点。推进政务服务2.0事项和线下大厅改造，实现政务服务线上线下“好差评”全覆盖；推进全国政务服务“好差评”试点，全省率先完成市县两级线下大厅及浙里办、浙江政务服务网办件与省“好差评”系统对接，线下线上“好差评”数据实时通过系统上传至国家一体化平台。接续打造数字化“双城”。依申请事项100%实现网上办，90%以上实现掌上办，市本级民生事项100%实现“一证通办”，172个涉企事项实现“一照（一码）通办”。

（余　峰）

公共资源监管

【概　况】 2020年，衢州市监管办贯彻落实市委“1433”发展战略体系，围绕“活力新衢州、美丽大花园”建设目标，坚持疫情防控和复工复产“两手抓、两手硬”，立足“监管+服务”，实现公共资源交易监管取得新成效。全年，完成各类公共资源交易3064项，总成交额296.96亿元，其中，建设工程403个，交易额134.14亿元，节资率12.9%；政府采购1755个（其中招标项目47个、网超1708个），金额2.01亿元；土地交易99宗，交易额159.6亿元；国有资产交易111宗，交易额0.8亿元；排污权交易696宗，成交额0.41亿元。

【探索新机制助推项目落地】 年内，制定“一个方案、一张清单、一支队伍”的服务机制，制定《招投标服务工作方案》，列出《项目攻坚招投标服务清单》，盯紧新开工重大项目招投标时间节点，改进招标审批模式，提前研判招投标过程中可能出现的问题，推行项目推进会商机制，明确会商事项、会商方式和会商流程，对条件设置、评标办法、主要合同条款等进行把关，为实现主体最优、方案最好奠定基础。组建招投标服务小分队，主动走访建设单位（招标人），采用招标人承诺制和容缺办理制，提前商议招标方案、监管方案，加快招标文件审核流程，全力服务项目推进，努力实现招标文件审核流程再提速。在招标文件审核、签发、上传、发布等环节工作人员加班加点，全力配合完成招标公告的发布，确保程序到位、效率提升。主动服务市交投集团、城投集团、智慧新城、交通局、公安局、高铁小镇等部门、专班22次，服务项目35个，组织开展招投标方案会商12次，会商项目21个，完成市委、市政府确定的年度重点攻坚项目涉及招投标攻坚节点54个，其中提前完成38个。

【党建统领高标准落实服务】 年内，制定下发《关于疫情防控期间做好工程建设项目招投标工作的通知》《关于印发〈市监管办党支部“支部建在项目上·服务落在工地上”活动方案〉的通知》等文件，通过在重大项目中实施“一项目一网格党小组”等做法，全力保障智慧产业园（一期）全过程工程咨询服务、勘察等重点项目顺利开评标。针对疫情期间企业复工难问题，对全市重点项目进行逐个摸排，了解项目复工情况以及存在困难，积极予以协调解决。先后对市体育中心、市文化艺术中心和便民服务中心、回龙片区城中村改造及悦苑酒店等重点建设项目进行实地走访，紧盯项目人员到位、建设进度，破解制约开工各项因素，确保项目复工强度达到75%以上，助力重大建设项目顺利推进，确保实现全市扩大有效投资目标任务。

【优化招投标营商环境建设】 年内，在房建和市政项目招标投标领域试点应用《衢州市建筑施工企业信用评价实施细则》，并作为资格审查、评标、定标和合同签订的重要依据；出台《关于开展工程建设领域投标保证金电子保函试点工作的通知》，明确衢州市工程建设项目启用投标保证保险电子保函，并于7月1日正式上线实施，切实减轻企业成本、提高企业参与投标的便捷性；出台《关于改革市本级工程建设项目投标保证金管理工作的通知》，从改进投标保证金缴纳形式、优化投标保证金的退还程序、规范投标保证金的不予退款条款三个方面入手，着力提高招投标工作效率；推行非依法招标的项目投标保证金改革，企业开具承诺书即可参加投标，并开始在信息化系统中推广运行。

【信用评价管理体系建设】 年内，完善《衢州市建筑施工企业信用评价实施细则》，探索分步推进第三方信用报告在建设工程项目招标投标领域的应用，进一步促进市场主体依法诚信经营，规范招投标行为；制定完善《衢州市工程建设项目招标代理机构信用评价办法》，对代理机构资信状况、经营状况、人力资源、工作质量、社会信誉等方面的综合能力进行评价，并依据评价结果实施综合评价等级分类管理，进一步提高招标代理质量；制定工程建设项目资信分设置指导意见，分类分段设置、树立择优导向，切实营造健康的招标投标市场环境；完善《衢州市工程建设项目评标专家考核办法》，以“一标一评”的方式，对市工程建设项目评标专家的工作态度、业务水平、职业道德和评标质量等方面进行综合评价。通过加强考核管理，规范评标活动，进一步提高评标质量，保障项目高效推进。

【不见面开标系统正式上线】 年内，抓好公共资源交易数字化建设，进一步降低企业交易成本，促进交易公平公正。法定招标限额以下项目不见面开标系统和移动CA于11月上旬正式上线；根据市政府对信息化项目要求，限额以上项目不见面开标系统纳入“数字营商”大项目中；实现产权交易网上全流程“零跑腿”，探索开发集办公、竞价为一体的产权网上交易系统，让用户足不出户即可完成标的物交易。

【标后监管】 年内，积极抓好“监管内容清单”“监管职责清单”“整改责任清单”三张清单落实，确保每个重点项目的标后监管责任到人，创新市本级在建重点项目标后监管，按照“一月一检查，一季一抽查，半年一联合，一年一督考”方式，探索开展项目建设红黑榜评比，得到市委主要领导的肯定。对31个重点项目，组织开展117家次标后履约检查，推进项目实施。

（周成斌）

机关事务

【概 况】2020年，市机关事务保障中心贯彻落实《机关事务管理条例》《党政机关办公用房管理办法》《党政机关公务用车管理办法》等法规制度，聚焦市委“1433”发展战略体系，围绕中心，服务大局，认真履行服务保障职能，为党政机关规范高效运行提供有力保障，受到市委、市政府通报表扬。

【服务保障全市重大活动】年内，牵头做好全市重要会议、重大活动服务保障工作，制定方案预案，落实责任分工，全程跟进保障，先后完成市两会、中央环保督查、国际经贸代表团浙江行(衢州站)活动、数字赋能创新大会等重大保障任务23次；保障各类大小会议9026场次，参会人数14.1万人次。

【公务用车服务管理】年内，市本级公务用车146辆，派出公务用车累计1.54万天，行驶里程214.57万公里。健全完善《公务用车管理制度汇编》《司驾人员薪酬体系汇编》等管理制度，提升管理水平和服务能力，涌现出以夏光明为代表的一批先进典型。按照一体化衔接要求，建立跨地区的统一信息系统接口、操作流程、数据库标准和信息传输规则的“全省公务出行一张网”管理平台。举办全市公务用车管理业务培训，积极主动履行公务用车审批职能，全年完成审批事项10批次。11月，开展全市各级党政机关和事业单位公务用车管理制度建设和执行情况检查，抽查42家单位，反馈意见建议161条，有序推动公务用车管理规范化、制度化。

【全市机关事业单位“拆墙透绿”行动】年内，按照“论证谋划明确任务、示范引领以点带面、上下联动合力攻坚、分批分次压茬推进”的工作思路，牵头推进全市机关事业单位“拆墙透绿”行动。4月底先期完成一期市行政中心大院配套提升工程，市本级13家政府机关单位、6个县市区行政中心于10月底完成，衢州全市163家机关事业单位到12月底基本完成。此项工作，受到市委办执行“十条军规”正面典型通报表扬，《浙江日报》《解放日报》予以关注和报道。机关事业单位的辐射效应，带动省市国企、住宅小区以及大专院校“拆墙透绿”步伐，全市实施“拆墙透绿”工作共计223家单位(小区)，拆除围墙约1.9万米，建成口袋公园47个，绿化整治提升约24.5万平方米。

【办公用房管理】年内，按照中共中央办公厅、国务院办公厅印发的《党政机关办公用房管理办法》，规范办公用房管理，推进办公用房集中统一管理。推进办公用房规范管理，完成32幢市级机关办公大楼，86个单位，总建筑面积538318.48平方米的测量检查和数据信息统计报告工作。加强直管房产管理，完成19套房屋产权证变更手续。完成第三批行政事业单位闲置资产注入国有企业房产53套。

【物业服务】年内，坚持优质高效标准，精心做好行政中心集中办公区域各类会务、保洁、维修等服务保障工作，维修维护各类设施设备7759批次。改进服务方式，提高服务质量，全年接到维修维护需求4115个(单)，完成率100%，平均用时2.7天，并实现零投诉。用好服务保障对象意见反馈督办机制，在服务范围内的58

市级机关公务用车集中保障管理中心将“有礼出行”融入公务用车服务保障工作

家单位开展满意度测评，其中57家被评定为优秀，1家被评定为良好，优秀率98.3%。出台市行政中心疫情防控20条措施，“全封闭”加强院落管理，“分散化”实行就餐服务，“全覆盖”落实环境消毒，“常态化”严格自我防护，“嵌入式”加强宣传教育。贯彻落实市防控指挥部14号令，开展“五减”（减税、减费、减租、减息、减支）工作，减免中心管辖的机关办公用房和经营性房产对外承租租金291875元。

【安全保卫工作】年内，协调公安、信访共同做好市行政中心等办公区域劝访工作，协助处置群体上访。落实安全责任，细化内部管理，加强风险防控，强化应急处突，提升安防智能水平。适应大院开放的新情况，通过技术提升和管理手段细化，提高车辆、人员平台功能，实现人车管理系统智慧化。细化消防设备维护更新方案，着手更换市展示馆片区、市直属机关综合办公楼、市人大政协楼等片区的消防应急备用电源。开展市行政中心1号楼、市人大政协办公楼年度消防检测。组织中心机关、安保（物业）等相关人员做好消防培训和演练。协调召开市机关内保联席会议，定期开展安全生产大检查，消除安全隐患。定期组织“道路交通安全”培训，落实车辆日常安全检查登记、车辆安全行驶提醒登记“两项登记制度”和周安全管理分析制度。认真做好信息保密安全、食品安全、施工安全等方面的工作，被评为省级“平安单位”暨省级“智安单位”以及全市信访工作突出贡献集体。

【防止餐饮浪费行为】年内，制定《防止食堂餐饮浪费行为工作方案》，配合市府办出台防止餐饮浪费行为的十条措施，提出全市党政机关、企事业单位和学校食堂具体措施。按照“衢十条”及省机关事务局《关于机关食堂带头杜绝餐饮浪费行为的倡议书》要求，立足自身职能，强化内部管理，出台系列节粮措施。年内，先后多批次随机抽查40多家单位，推动形成“浪费可耻、节约为荣”的浓厚氛围，同时聘请8名制止餐饮浪费社会监督员，参与监督工作，取得良好的社会效益和经济效益。

9月5日，市行政中心举行消防演练

【破解机关干部职工“停车难”】年内，采取“内部管控挖存量、外部协调扩余量、社会租赁找增量”等办法举措，市行政中心各集中办公区域新增停车位860个，较好缓解停车难问题，得到市政府主要领导批示肯定。

【“百县千碗”推广工作】年内，强化文旅、农业、供销等部门联动协作，采取“一凝二编三销四进入”方式，积极传播衢州美食文化。“一凝”，即凝聚机关事务系统合力。赴省政府食堂、杭州市政府食堂协调对接，加快市域范围内工作部署，召开县市区“百县千碗”专题部署会，形成共识合力。“二编”，即制作菜谱汇编。通过挖掘整理，筛选出78道菜，制作《传承·特色·味道“百县千碗”—衢州篇菜肴汇编》。“三销”，即组织和参加各类展销活动。开展全市特色菜肴暨名优农产品进市行政中心展销活动，评选“特色菜肴”以及“特色名小吃”。“四进入”，即特色菜肴进入机关食堂餐桌。将“百县千碗”特色美食列入市机关食堂日常供应菜单，在下属6个大食堂每日推出一道特色菜品。

【对口消费扶贫工作】年内，做好衢州农产品展销，特色菜肴进机关食谱，提升“三衢味”美誉度，助力"好吃衢州"品牌建设。主动开展对口消费扶贫工作,做好与四川乐山对口扶贫协作。1月,组织消费扶贫进机关乐山专场展示展销订货会,促成浙江东方集团股份有限公司与乐山农投公司签署合作意向书。在机关食堂开设2家东西部合作暨"三衢味"消费扶贫示范店,与省政府机关食堂、杭州市机关事务管理局对接落实"龙游飞鸡"等"三衢味"系列产品宣传推介工作,取得较好的经济效益和社会效益。

（赵献国）

7月14日,由衢州市援疆指挥部招商引资落地的"智慧交通"项目签约仪式

援疆工作

【概　况】 2020年是衢州市第十批援疆指挥部的开局之年。市援疆指挥部深入学习贯彻党的十九届五中全会和第三次中央新疆工作座谈会精神,牢记"舍家报国、倾情援疆"崇高使命,积极打造衢州对口援疆工作升级版。衢州援疆工作得到阿克苏地委行署、市委、市政府、省援疆指挥部和乌什县委县政府的肯定,受到新华社、《光明日报》、人民网、《浙江日报》、《新疆日报》及浙江卫视等众多主流媒体关注。年内,市援疆指挥部获自治区脱贫攻坚组织创新奖,省援疆系统综合先进集体、信息宣传工作先进集体,乌什县招商引资先进集体等多个奖项,众多援疆干部获先进个人奖项。

【项目援疆】 年内,项目援疆真抓实干。全年投入援疆资金28027万元(含历年结余资金1200万元),实施各类援疆项目22个,援疆资金数额居阿克苏地区首位。面对疫情带来的冲击,研究启动援疆项目"百日攻坚"专项行动,实行全体援疆干部挂联服务项目机制,实现项目监督和推进同落实;在全省范围内率先开展援疆项目资金竞争性存放机制,研究出台《衢州市对口支援新疆阿克苏地区乌什县建设资金管理办法》,明确项目资金拨付程序,制定管理实施细则,确保项目资金规范使用。实施安居工程、旧城区改造、社会主义新农村示范点建设、基层组织阵地建设、农村文化礼堂建设、人才公寓(四期)建设等项目,其中,2636套富民安居房于6月全部交付,房屋设施健全、功能完善。

【产业援疆】 年内,产业援疆求实创新。实施产业经贸交流、就业创业扶持、园区基础设施建设、"十城百店""百村千厂"、旅游产业提升6个产业援疆项目,投入援疆资金5288万元。招商引资持续发酵,推动衢州乌什两地建立"衢乌联动招商机制",借助援疆优势为乌什驻长三角招商组提供专业辅导、渠道支持和资源共享,引进智慧交通、湖羊养殖、菌业种植、木头加工等产业项目。"疆果东送"稳中有进,依托浙里美新疆特产旗舰店、欣禧源葡萄酒业品鉴店等一批"十城百店"企业,持续扩大乌什与一师四团农特产销售渠道;同步推进与衢州商贸龙头企业东方集团等企业合作,推动农产品进机关食堂、社区和超市;通过在全网知名农产品电商平台"冒个泡"、建设银行善融商城、农业银行网上商城上线农特产品,进一步扩大"疆果东送"途径。全年,"十城百店"合计销售农特产品3500余万元,乌什年产的100吨黑木耳全部售罄。

【文化润疆】 年内,文化润疆重重落地。牢记习近平总书记"让南孔文化重重落地"重要嘱托,深入推进南孔文化润疆行动。邀请龙游县8090新时代理论宣讲团到疆"传经送宝",让党的创新理论和南孔文化"飞入乌什和四团寻常百姓家",推动乌什和四团启动8090理论宣讲活动;在乌什·衢州小学和乌什·衢州实验中学2所组团式援疆学校倡导"衢州有礼"新风尚,推广行作揖礼,以"线上+线下"的方式开展"祭孔"活动;策划实施"万人连心 衢乌同行"书信交流活动,推动衢乌两地各100名教师、30名医师、500名学生结对交友,乌什·衢州小学4名学生获衢州市委主要领导回信;在乌什县乌什镇南关社区、九眼泉社区、团结社区新建文化大礼堂3座,总建筑面积1800平方米,完善桌椅、水电等附属设施。

9月25日,龙游县委和乌什县委在龙游县共同举办龙游·乌什"燕山飞龙"孵化行动启动仪式

【智力援疆】 年内,智力援疆提质扩面。教育援疆提标立杆,在全省指挥部系统率先开通"云课堂",填补疫情期间乌什学生教学空档;研究推出"16234"组团援疆工作法(即明确一个目标凝心聚力、落实六大任务强基固本、推动两大改革增添动能、写好三篇互动文章借势发力、坚强四个团队提升活力),提升组团式教育援疆成效,推动乌什·衢州实验中学中考成绩取得新高,高考实现普通文化类本科上线人数、上一本线人数两个"零的突破",衢州援疆教师小学组获省援疆系统"2020年度服务奉献先进集体"荣誉称号;实施教育援疆"1+N"赋能行动,以援疆教师为主建立2个名校长工作室、9个教学能手工作室,帮带162名工作室成员,惠及全县1000多名教师;投入2140万元援疆资金,实施乌什县示范性幼儿园建设项目。医疗援疆精准发力,引入先进医疗技术,解决乌什高危病患的医学麻醉难题;推动建立衢州援疆医生与乌什医生、省直援疆医生"双链式"师徒结对,促进援疆医生和乌什医生共同成长。人才援疆久久为功,创新建立以曾经的衢州援疆干部人才为主体的乌什新乡贤(衢州援疆干部人才)联络处,帮助解决乌什人才人脉资源稀缺的困难;实施龙游·乌什"燕山飞龙"孵化行动,为乌什经济可持续发展强化人才保障。此项工作,得到中央组织部同意和自治区党委组织部肯定。

【民族团结交流活动】 年内,"衢州有礼"深入人心。围绕"祖国大家庭、衢乌一家亲"深入开展系列民族团结交流交往活动。延伸结对帮扶广度深度,建立衢州市与乌什县贫困乡(村)及一师四团困难连队结对帮扶的机制,选取衢州智造新城管委会、衢州市智慧新城管委会等20个衢州单位分别结对帮扶21个乌什的乡(村)或一师四团困难连队;邀请衢州城市建设、文化产业、旅游产业等方面的专家赴乌什考察指导,传授衢州先进经验,助力乌什经济社会发展;3次组织乌什县文工团赴衢州各县市开展巡回演出,让更多的衢州人民感受乌什丝路文化的魅力。

(夏灵飞)

政协衢州市委员会

Quzhou Municipal Committee of the CPPCC

综　述

【概　况】2020年，市政协及其常委会坚持以习近平新时代中国特色社会主义思想为指导，深入贯彻落实中央和省委、市委政协工作会议精神，深入学习贯彻习近平总书记考察浙江重要讲话精神，紧紧围绕忠实践行“八八战略”、奋力打造“重要窗口”主题主线，坚持发扬民主和增进团结相互贯通、建言资政和凝聚共识双向发力，充分发挥专门协商机构作用，聚焦抗击疫情斗争、建设四省边际中心城市、谋划“十四五”发展等大事要事，政协工作为全市高水平全面建成小康社会、加快建设四省边际中心城市贡献智慧和力量。

【抗击疫情】年初，全力抗击新冠肺炎疫情，第一时间发出倡议，号召政协委员自觉担当、主动作为。广大政协委员迅速行动，全力投身抗疫斗争。医卫界委员逆行出征，投身防控救治最前线。广大工商联企业、港澳委员和海外代表人士鼎力相助，累计捐款捐物价值近1亿元支持疫情防控。市政协副主席徐旭卿发挥专业优势在防控一线开展专业指导，其他副主席积极指导联系社区防控工作。市政协机关全员发动，积极参加“包区清楼”行动，牢牢守住社区防控“小门”。展现为国履职、为民尽责的委员风采，在特殊战场贡献政协力量，省政协委员施彩莲和市政协委员徐小华、方春福获“浙江省抗击新冠肺炎疫情先进个人”称号。

【助力复工复产】市政协第一时间搭建“云协商”平台，助力经济发展。1000多名市县政协委员参与“请你来协商”云协商活动，促进外贸企业共享员工、税收减免、出口信保补助等问题的及时解决，为复工复产献计出力。市政协主席会议成员担任“组团联企”网格长，帮助指导10个网格70余家企业复工复产，梳理出企业复工复产44个困难和问题，帮助一批企业渡过疫情难关。

【上级政协领导到衢州调研考察】年内，上级政协领导多次到衢州考察调研：

9月22—23日，省政协主席葛慧君、副主席吴晶分别带队到衢州，围绕社会治理领域“最多跑一地”改革开展专项集体民主监督。葛慧君走访看望省政协委员，考察开化县“请你来协商”平台、柯城区航埠镇、柯城区社会矛盾纠纷调处化解中心，调研钱江源国家公园、衢州市体育中心项目，并到衢时代创新大厦了解衢州市相关项目建设情况。在座谈会上，市委书记徐文光汇报衢州市党建统领基层治理体系有关情况，市政协主席、市委政法委书记周伟江汇报衢州市社会治理领域“最多跑一地”改革有关情况。葛慧君肯定衢州市社会治理领域

9月22日，省政协主席葛慧君(中)带队赴衢州，围绕社会治理领域“最多跑一地”改革开展专项集体民主监督

“最多跑一地”改革取得的成效，并要求突出联动集成、数字赋能、源头治理、队伍建设，建好用好矛调中心，推进“最多跑一地”改革。省政协秘书长金长征，省委政法委常务副书记朱晨，省政协常委、社会和法制委主任刘树枝等，市委书记徐文光，市政协主席、市委政法委书记周伟江，市政协副主席周庆、王良海参加相关活动。

1月2—3日，省政协副主席马光明率队到常山县开展“服务企业、服务群众、服务基层”活动，了解企业、群众、基层所急所需所盼，协调解决实际困难和问题。

4月15—16日，省政协副主席、党组副书记孙景淼率调研组，到常山县调研促进家政服务业高质量发展和加强康养产业发展情况，并召开座谈会。

6月10—12日，省政协副主席张泽熙率队到衢，围绕“高水平全面建成小康社会补短板”主题，就衢州市在经济发展领域、环境资源领域、社会发展领域及人民生活领域等方面，开展三级政协联动民主监督调研，听取衢州市“高水平全面建成小康社会补短板”工作汇报。

6月10—12日，省政协副主席陈铁雄率队到衢州调研民族乡村振兴发展情况，参加首届民族乡村振兴“百村大会堂”活动。

7月23日，省政协副主席周国辉率调研组到开化县开展“推进生态保护补偿模式机制创新”专题调研。市政协主席、市委政法委书记周伟江参加调研和座谈。

8月12—13日，省政协副主席陈小平一行到常山调研赏石小镇建设情况，并参加常山志愿者政协委员会客厅揭牌仪式暨首场活动。

8月24—25日，省政协副主席、党组副书记孙景淼到龙游参加“三治融合委员会客厅”首场活动并调研，实地了解民主协商助推基层治理、乡村旅游等情况。

【“融协商”创出响亮品牌】 年内，推进政协工作向基层延伸，做到政协协商与基层协商相衔接、与社会治理相结合，借党委政府之力，打造党委、政府、企业、市场、社会、公众共同参与、共建共享、共商共治的“融协商”体系。一年来，全市政协开展基层各类“融协商”82场，解决关乎群众切身利益的实际问题186个，推进成果落地105个。在实践基础上，加强实践总结和理论研究，在全省率先提出市级政协“融协商”新概念，获省政协肯定。《市级政协“融协商”体系建构和治理效能：以衢州实践为例》论文，获全省政协2020年度理论研讨优秀论文一等奖，并在研讨会上应邀作《建构“融协商”体系，发挥人民政协在社会治理中重要作用》实践与思考的大会交流。《“融协商”，真管用——衢州市政协探索“请你来协商”向基层延伸记事》在《人民政协报》市县政协版头条刊发。

【“请你来协商”迭代升级】 年内，将“请你来协商”嵌入村情通、邻礼通、政企通“三通一智(治)”平台，出台“五步工作法”，按照“市政协主导、县政协牵头、基层具体组织、政协委员和社会参与”的运行机制，拓展“网络+网格”“线上+线下”“云协商+微协商”“专门协商+基层协商”协商渠道，更好把党的政策及时传达到基层，让群众声音反映上来，让群众困难问题得到有效解决。据统计，全市举办各类“请你来协商”活动170场，提出意见建议2044条，落实意见建议1485条。

【献计推进高质量发展】年内，围绕高水平全面建成小康社会、社会治理领域“最多跑一地”改革、城乡生活垃圾分类处理等联动开展三级政协专项集体民主监督，发现问题880多个，提出意见建议310条。围绕发展数字经济智慧产业，就“招才引才育才并举突破数字经济关键瓶颈”提出建议，市委、市政府采取九方面措施推动问题解决。围绕乡村振兴，开展“以培育龙头主体为突破口，推动乡村特色产业高质量发展”常委会会议专题协商，就出台扶持龙头主体政策措施等提出具体建议。围绕助推美丽经济发展和生态文明建设，市政协领导认真履行河长职责，副主席徐静旋持续主抓“五水共治”工作，衢州市六获“大禹鼎”，治水满意度连续3年全省第1。在引进大院名校创新资源上，助推电子科大、浙江中医药大学与衢州开展多方位合作。在推进文化建设上，助力打造世界围棋圣地。

【关注民生事业发展】年内，围绕推进民宿产业发展、社区居家养老、城镇老旧小区改造、提高基层医疗服务水平、“一米菜园”建设及农村住房建设管理立法等议题开展协商。在创建全国文明城市中，1000多名政协委员开展“随手拍”监督活动，曝光各类不文明行为1万多条，以实际行动助力衢州市高位创成全国文明城市。开展“六送下乡”活动，创设“同心”送医、“同心”助教、“同心”读书品牌，直接参与受益群众2000多人。将提案协商办理、大会发言、报送社情民意信息作为反映民生、服务民生的重要渠道。全年以提案形式交办383件，12件重点提案由市委、市政府领导领办，所交办提案中民生类提案占33.5%。提交市政协七届四次会议大会发言119篇，其中涉及教育卫生、老旧小区改造、养老等民生领域的占29.3%，促进一批民生问题加快解决。发挥社情民意“直通车”作用，编报社情民意信息374期，被全国政协、省政协采用31期，中央、省、市领导批示20人次，保障疫情防控期间市民基本生活、民办幼儿园生存、关注粮食安全等意见建议得到市政府重视采纳，促进有关民生热点问题妥善解决。

6月29日，省政协召开推进委员会客厅建设可持续高质量发展视频会议，市政协主席周伟江（左一）为衢州新增的5个省级委员会客厅授牌

【加强自身建设】年内，着力推进党的建设与政协履职互促共进，通过深入挖潜有效破解“两个薄弱”问题。深入贯彻落实中共中央《关于加强新时代人民政协党的建设工作的若干意见》及省委、市委实施意见精神，巩固筑牢以市政协党组为核心，机关党组、机关党委、党支部、党小组以及临时党组织为枝干的组织体系。按照“一月一学习、两月一讲坛、一季一讨论、半年一交流、一年一总结”要求，推进党建工作常态化。探索“嵌入式”党建新模式，融入履职抓党建、抓好党建促履职，统筹推进、相互嵌入，创建“同心圆”“同心树”特色党建品牌。强化队伍建设。举办委员履职能力提升培训班，对新进政协委员开展政

治能力和履职专业能力集中培训。从履职主体评价和履职内容转化两方面，构建"5+N"量化评价体系，充分激发委员履职热情。推选"最美政协人"，委员陈玮、廖慧忠被评为全省"最美政协人"。组织8个片区委员小组开展跨区域视察，加强交流。加强专委会力量建设，每个专委会除主任外逐步配备1—2名工作人员。加强机关干部队伍建设，交流选调年轻干部6人，不断增强队伍活力。推进解决"两个薄弱"问题。持续推进"互联网+政协"平台建设，智慧政协建设稳步推进。支持县(市、区)政协夯实基层基础，增加编制10人、新设机构2个，强化工作力量。各县(市、区)政协主席会议成员、专职常委不占机关编制逐步得到落实。推动政协工作向基层延伸，各县(市、区)政协积极争取党政支持，深入发掘自身潜力，全市各乡镇(街道)党(工)委副书记或统战委员负责联系政协工作落实到位，部分乡镇(街道)设立"民情联络站"，配备政协工作联络员，有效增强基层政协工作生机和活力。

【市政协七届四次会议以来优秀提案】市政协七届四次会议以来，广大政协委员、各民主党派、工商联、有关人民团体和政协各专门委员会提交并立案383件。根据《政协衢州市委员会优秀提案评选表彰办法》有关规定，经民主推荐，多方协商，集体评审，市政协主席会议审定，27件提案为优秀提案。

重要会议

【政协第七届衢州市委员会第四次会议】4月23—25日，政协第七届衢州市委员会第四次会议召开。这次会议，是在全市上下共同抗疫，统筹做好疫情防控和经济社会发展工作的关键时刻召开的一次重要会议。会议期间，市委书记徐文光，市委副书记、市长汤飞帆等市领导出席大会并参加分组讨论，与委员们共商衢州市改革发展稳定大计。会议认真讨论并赞同市长汤飞帆所作的政府工作报告及会议其他报告。会议审议批准市政协主席吴国升代表政协第七届衢州市委员会常务委员会所作的工作报告，审议批准政协第七届衢州市委员会常务委员会关于七届三次会议以来提案工作情况的报告。大会选举周伟江为中国人民政治协商会议第七届衢州市委员会主席，选举王良海、琚建军为中国人民政治协商会议第七届衢州市委员会副主席，选举邓柳青、付炳旺、杜春雨、张永亮、周志龙、郑爱萍等为中国人民政治协商会议第七届衢州市委员会常务委员。会议表彰2019年度优秀大会发言、七届三次会议以来优秀提案及2019年度优秀理论研讨论文。会议期间，收到大会发言材料119份，11位委员作大会发言，以提案形式提出的意见建议390件。

【政协常委会会议】年内，市政协召开5次常务委员会会议：

4月15日，市政协七届常委会召开第十五次会议，会议听取市政府关于市政协七届三次会议以来提案办理情况通报，民主评议政府系统提案办理和重点提案办理工作；听取市政府关于《政府工作报告》起草情况的通报，讨论《政府工作报告(征求意见稿)》；审议通过关于召开政协第七届衢州市委员会第四次会议的决定、政协第七届衢州市委员会第四次会议议程(草案)和日程、疫情防控期间开好市政协七届四次会议的若干意见、政协第七届衢州市委员会第四次会议列席人员范围、政协第七届衢州市委员会常务委员会工作报告、政协第七届衢州市委员会常务委员会关于七届三次会议以来提案工作情况的报告、政协第七届衢州市委员会第四次会议秘书长、副秘书长名单及政协第七届衢州市委员会关于授权主席会议审议市政协七届十五次常委会会议未尽事宜的决定。审议通过有关人事事项。

4月24日，市政协七届常委会召开第十六次会议，审议通过政协第七届衢州市委员会第四次会议决议(草案)、政协第七届衢州市委员会提案委员会关于七届四次会议提案审查情况的报告(草案)，政协第七届衢州市委员会第四次会议选举办法，政协第七届衢州市委员会主席、副主席、常务委员候选人名单，政协第七届衢州市委员会第四次会议总监票人、监票人名单。审议通过关于

7月22日，政协第七届衢州市委员会常务委员会第十七次会议召开

同意吴国升辞去政协第七届衢州市委员会主席职务的决定。

7月22日，市政协七届常委会召开第十七次会议，围绕市委七届八次全会即将作出的重大决策进行专题政治协商，8位委员围绕大小“三城记”、城市居住区建筑形态、推进四省边际多式联运枢纽港建设、发挥“邻礼通”智慧治理功能等方面作大会发言，《打造核心圈层的几点畅想》等16篇调研材料在会上交流。市委书记徐文光作重要讲话。会议审议通过有关人事事项。

10月28日，市政协七届常委会第十八次会议召开，围绕“以培育龙头主体为突破口提升乡村特色产业核心竞争力”主题开展政治协商，8名委员围绕会议协商主题，聚焦农业特色产业发展、农业龙头企业培育、乡村振兴战略实施等方面作口头和书面发言，《以培育农业龙头主体为突破口推动乡村特色产业高质量发展》等17篇调研材料在会上交流。市政协主席周伟江出席会议并讲话。会议审议通过有关人事事项。

12月15日，市政协七届常委会召开第十九次会议，围绕衢州市“十四五”规划编制开展专题协商。市委改革办通报市委“十四五”规划建议起草情况，10位政协委员围绕加快谋划衢州省级新区建设、推进“衢州有礼”诗画风光带建设、将智造新城打造成为高能级战略平台及推进智慧新城高质量发展等作发言。市委副书记、市长汤飞帆，市政协主席周伟江出席会议并分别讲话。

【政协党组会议】 年内，市政协召开党组会议13次，分别组织学习贯彻中央、省委、省政协和市委重要会议文件精神，审议政协工作、有关人事事项等议题。

【政协主席会议】 年内，市政协召开主席会议14次。分别就政协工作、人事事项、民主监督、委员提案、专题调研以及常委会协商议题等事项进行协商。

【政协主席读书会】 8月12日，全市政协主席读书会召开，市委副书记、市长汤飞帆通报2020年以来全市经济社会发展情况。市政协主席周伟江主持会议并讲话。会议围绕深入学习贯彻习近平总书记关于加强和改进人民政协工作的重要思想和习近平总书记考察浙江重要讲话精神，以及省委、市委政协工作会议部署和市委七届八次全会精神等，总结交流工作经验，探讨新形势下加强各级政协工作的新思路、新举措、新经验。

12月15日，政协第七届衢州市委员会常务委员会第十九次会议召开

衢州市政协七届四次会议以来优秀提案一览表

表7

序号	案由	提案者	案号
1	关于进一步优化我市涉企服务的建议	民建衢州市委会	11
2	关于我市打造长三角老年康养旅居产业基地的建议	民建衢州市委会	16
3	关于抓好“三个度”助推企业复工复产渡难关的建议	市工商联	44
4	关于加强衢州特色商标保护和发展的建议	九三学社衢州市委会	97
5	关于我市柑橘产业转型发展的深层次问题及建议	九三学社衢州市委会	98
6	关于推进我市医联体、医共体融合建设的几点建议	农工党衢州市委会	172
7	关于推进我市服务业跨越式发展的几点建议	农工党衢州市委会	175
8	关于推进衢州“无诈”之城建设的建议	民革衢州市委会	247
9	关于发展毛竹产业，着力打造全国“两山”实践示范区的建议	民进衢州市委会	286
10	关于加快推进“互联网+义务教育”促进城乡教育一体化发展的建议	民进衢州市委会	287
11	关于促进我市民宿品质提升的几点建议	民革衢州市委会	308
12	关于重视衢州“非遗”文化融入“衢州有礼”城市品牌建设的建议	民盟衢州市委会	312
13	关于推进我市农村宅基地“三权分置”改革的建议	民盟衢州市委会	317
14	关于加强衢州古村落保护利用的建议	蒋 琦	3
15	关于抵御经济寒冬、激活民营经济、优化营商环境的建议	苏 沁	37
16	关于招才引才育才“三才并举”突破数字经济关键瓶颈的建议	郑贞勤	66
17	关于采取积极措施，扶持农业龙头企业做大做强的建议	李香如	100
18	关于后疫情时期，“产业为王”推动我市高质量发展的建议	朱建军	109
19	关于深化乡镇综合行政执法改革推进基层治理现代化的建议	姜旻慧	115
20	关于加快启动浙江灵鹫山名山建设的建议	徐连土	118
21	关于加快培育民宿产业，打通“美丽资源”向“美丽经济”转化通道的建议	方 娉	124
22	关于理顺三方关系，促进物业管理水平再提升的建议	胡海姣	145
23	关于创建新零售标杆城市，推进我市经济高质量发展的建议	郑贞勤	169
24	关于扶持我市道地中药材种植，推进无公害中药材生产的建议	朱 胜	205
25	关于整合体育产业资源，助推经济快速发展的建议	王小亮	263
26	关于正视新冠肺炎疫情带来的“危”和“机”，推动茶产业高质量发展的建议	范叶和	340
27	关于推进市区“快进慢游”交通网络体系建设的建议	刘章华	381

（徐志辉）

中共衢州市纪委·衢州市监委

Quzhou Municipal Commission for Discipline Inspection of the CPC Quzhou Municipal Commission of Supervision

综　述

【概　况】2020年，全市各级纪检监察机关在省纪委、省监委和市委的坚强领导下，增强“四个意识”（政治意识、大局意识、核心意识、看齐意识）、坚定“四个自信”（道路自信、理论自信、制度自信、文化自信）、做到“两个维护”（坚决维护习近平总书记党中央的核心、全党的核心地位，坚决维护党中央权威和集中统一领导），始终坚持稳中求进的总基调，紧扣高质量发展主题主线，把握一体推进方法论，对标“重要窗口”高标准，认真履行党章和宪法赋予的职责，以高质量的纪检监察工作保障高水平全面建成小康社会。国家统计局浙江调查总队民意调查结果显示，2020年衢州市全面从严治党成效度98%。

【政治监督】年内，探索创新“365监督在线”工作机制（坚持目标、问题、效果“三个导向”，推行大平台实时化、大数据智慧化、大项目动态化、大联通闭环化、大联动协同化、大融合绩效化监督“六大工作路径”，贯通运用专项监督、立项监督、常项监督、并项监督、外项监督“五项监督法”），全面加强政治监督。《中国纪检监察报》、中央纪委国家监委网站、《浙江日报》等媒体对此项工作进行报道。围绕市委“八大任务”（营商环境、基层治理、城市文明、乡村振兴、队伍建设、交通先导、城市赋能、产业创新），深入开展八大专项执纪监督，全市开展督查1670次，督促整改问题1926个，查处问责377人。对疫情防控、复工复产、“六稳”“六保”（稳就业、稳金融、稳外贸、稳外资、稳投资、稳预期；保居民就业、保基本民生、保市场主体、保粮食能源安全、保产业链供应链稳定、保基层运转）等领域持续跟进监督，主动融入市委大督查体系，安排专人24小时驻点市疫情防控应急指挥部，向8个区块督查督导组派出纪检监察干部参与一线监督检查。出台《关于办理疫情防控违纪违法案件的指导意见》，平衡量纪尺度，提高涉疫案件办理质效。全市查处涉疫违规违纪违法问题227起，处理387人，其中党纪政务处分52人。紧盯扶贫领域，深入开展市内扶贫开发和市外扶贫协作专项监督，督促推进农村困难家庭危旧房改造做法得到《人民日报》点赞。全市查处扶贫领域腐败和作风问题58起，查处问责82人，其中党纪政务处分57人；通报典型问题20起、44人。市纪委市监委被省委、省政府评为全省扶贫开发工作成绩突出集体。树立“铁面仁心”执纪理念，构建容错纠错、“鼓励实名、澄清正名、严查诬名”信访举报全链条、受处分党员干部教育管理等严管厚爱“三项机制”，支持干部担当作为。全市受理办理实名举报662件，澄清失实举报215起，查处诬告陷害和恶意举报行为2起，8名受处分干部得到提拔任用。

【共建清廉】年内，积极助推构建管党治党政治责任共同体，推动“四责协同”（党委负主体责任、党委书记负第一责任、班子成员“一岗双责”、纪委监委负监督责任）

有效运转。加强对党风廉政建设责任制落实情况监督，协助市委开展专项检查，对6个县（市、区）和6家市直单位开展重点检查，发现并督促整改问题48个。用好问责利器，对全市24起落实“两个责任”（落实党风廉政建设责任制过程中，党委负主体责任，纪委负监督责任）不力问题实行责任追究，33名党员领导干部受到党内问责。发挥“四种形态”（“第一种形态”是指经常开展批评和自我批评、约谈函询，让“红红脸、出出汗”成为常态；“第二种形态”是指党纪轻处分、组织调整成为违纪处理的大多数；“第三种形态”是指党纪重处分、重大职务调整的成为少数；“第四种形态”是指严重违纪涉嫌违法立案审查的成为极少数）党性教育、政策感召、纪法威慑综合效果，全市运用“四种形态”处理5986人次，比上年增长21.1%，其中第一、第二、第三、第四种形态分别占72.6%、21.0%、3.3%和3.1%。持续推进清廉衢州“1+7”（“1”是指清廉衢州建设，“7”是指清廉机关、清廉学校、清廉医院、清廉村居、清廉国企、清廉民企、清廉文化建设）建设，深入实施“清风有礼”工程，开展百家清廉示范点建设，评选市级优秀清廉示范点20家，以点带面推动全市清廉建设。在衢州电视台开设《清廉衢州》专栏，构建“一网一微一报一电视”（市纪委市监委网站、“清廉衢州”微信公众号、《衢州日报》“365监督在线”专栏、衢州电视台“清廉衢州”电视专栏）的“四位一体”宣传格局，营造共建清廉氛围。全面落实“四清单”“两档案”“两报告”（“四清单”是指政治监督任务清单、责任清单、问题清单、落实清单，“两档案”是指政治生态建设档案和领导干部廉政档案，“两报告”是指政治生态建设自评自查报告和政治监督情况报告）制度，全市建成“四清单”500份，政治生态建设档案524份，干部廉政档案4431份。督促指导常山县做好政治生态修复，建立“一图一表一指数”（四色管理图、监测评估表、动态清廉指数）政治生态监测评估体系。协助市委召开县（市、区）政治生态建设工作座谈会，督促各地各单位举一反三提升全市政治生态建设水平。

【基层治理】 年内，深化落实“最多访一次”工作，开展信访举报“制度规范落实年”活动和“四个三”（完善全员接访、带信下访、入户走访“三访”机制，推进涉及重点地区、重点领域、重点人员信访举报“三重”治理，深化多年、多层、多头反映“三多”信访举报清淤，规范调研式督查、分类式督办、积分式监督“三督”问效）专项治理活动，推动信访举报问题及时就地解决。全市检举控告量、初次举报量、重复举报量分别比上年下降27.2%、27.5%和22.8%，初信初访办结率、实名举报办理群众满意率、涉纪信访积案化解率分别比上年提高15.1个、22.3个和24.9个百分点，呈现“三降三升”良好态势。开展“三清三提升”（以思想观念“清障”促工作能力提升、初次举报“清零”促办信质量提升、重复举报“清淤”促处置实效提升）活动，对农村基层重点信访举报件进行集中“清淤”“清零”，梳理“三多”信访举报件114件，在全省率先全部办结。6个县（市、区）纪委监委来访接待场所全部入驻“矛调中心”，接访912批次1138人次，受理办理检举控告167件。扎实推进强化清廉村居建设专项工作，严肃查处、精准施治侵害群众利益的腐败问题和不正之风，全市查处集体“三资”管理、土地征收等群众身边腐败和作风问题381起，党纪政务处分368人，比上年分别增长103.7%、87.7%。实施村干部违规承揽或插手本村工程项目专项整治，全市查处村干部违规承揽或插手本村工程项目问题237起，处理277人，其中党纪政务处分119人；通报典型问题40起、47人。柯城区创新开展“清廉网格365”智慧监督，获选由《中国纪检监察》杂志社、浙江日报报业集团等单位主办的“新时代清廉乡村建设与乡村治理现代化研讨会”十大优秀案例。严肃村（社区）组织换届纪律，查处涉及换届违纪违法案件6起，处理8人。完成扫黑除恶专项斗争决胜之年、收官之年任务，全市查处涉黑涉恶腐败和“保护伞”案件124件，党纪政务处分116人，移送司法机关19人。市纪委市监委被省委、省政府评为全省扫黑除恶专项斗争成绩突出集体。

【正风反腐】 年内,牢牢把握“严”的主基调,驰而不息纠治“四风”(形式主义、官僚主义、享乐主义、奢靡之风),全市查处违反中央八项规定精神问题263起,处理399人,党纪政务处分240人;其中,查处形式主义、官僚主义问题120起,处理207人,党纪政务处分112人。坚决有效惩治腐败,保持高压态势。全市各级纪检监察机关处置问题线索6032件,比上年增长21.0%;立案1647件,比上年增长20.6%,涉及县处级干部13人,乡科级干部157人;党纪政务处分1598人,比上年增长18.5%;紧盯关键少数,全市查处同级管理干部125人。严肃查处开化县委常委、县政府党组成员程君标,衢州市水业集团有限公司原董事长、总经理商振平等违纪违法案件。坚持重心下移,强化基层腐败治理,各县(市、区)留置44人,移送司法机关34人。加大追逃防逃工作力度,成功追回潜逃在外的江山市财政局原工作人员蔡文平,在全省率先实现潜逃人员再“清零”。衢江区率先开展公职人员防逃全覆盖试点工作,经验做法在全省总结推广。制定《问题线索处置全过程监督工作操作手册》,加强问题线索全程监督、措施使用全面监管、审查调查全力管控。做深查办案件“后半篇文章”,探索推行“一评、一书、一建议、一警示、一报告”的“五个一”工作法(“一评”是指审查调查组从查办案件中深刻总结发案原因、问题症结、经验教训;“一书”是指督促被调查对象认真撰写悔过书,不仅要深入分析个人思想腐化根源,也要梳理所在单位、所在行业领域的廉政风险点;“一建议”是指及时向发案单位发出监察建议书,促进堵漏建制、源头治理;“一警示”是指督促发案单位召开专题民主生活会,配合相关部门拍摄警示教育片,联合召开警示教育会议,以案释纪、以案释法;“一报告”是指督促发案单位结合监察建议书开展整改,并及时报告整改落实情况),努力实现政治效果、纪法效果和社会效果有机统一。全市发出纪检监察建议书298份,比上年增长55.4%。开化县创新跟踪问效机制,避免建议书“一发了之”,得到省纪委、省监委主要领导批示肯定。推动警示教育常态化制度化,围绕严重违纪违法案例,拍摄系列警示教育片,形成强大震慑力和感召力,全市36名党员干部主动投案,比上年增长28.6%。

【政治巡察】 年内,深化巡视巡察上下联动监督工作,在全省率先出台《关于推进市县巡察一体化建设的实施意见》,构建“市县一体巡、机制一体建、成果一体用、队伍一体抓”的立体联动格局。江山市推行“大数据+巡察”模式,充分运用信息数据手段,提升巡察发现问题能力。市县两级巡察党组织802个,发现问题10782个,移交问题线索514件,党纪政务处分163人,移送司法机关10人,清退、收回资金3842万元,推动解决群众操心事烦心事揪心事299件;七届市委应巡察党组织101家,完成巡察94家,覆盖率93.1%。积极推进重点村(社区)专项巡察,为村(社区)组织换届提供坚强保障;推进村(社区)巡察工作,实现村(社区)党组织一届任期内巡察全覆盖,全市发现问题16534个,查处问责2454人,其中党纪政务处分308人,移送司法机关24人。做好巡察“后半篇文章”,在全省率先出台《巡察整改日常监督暂行办法》,为全省常态化推进巡察整改日常监督提供衢州方案和衢州经验。全市责令24个整改不力的被巡察党组织进行重新整改,约谈被巡察党组织负责人68人。

【体制改革】 年内,加强党对反腐败工作的集中统一领导,充分发挥反腐败协调小组作用,健全完善“1+X”保障机制(“1”是指监察体制改革这个核心;“X”是指一系列协作配合机制,如市纪委市监委会同公安、检察院、法院、审计、金融办等部门,建立健全查办职务犯罪案件调查、移送审查、审理沟通以及线索移送的全程协作机制;加强与卫健委等部门的协作配合,建立健全审查调查安全和医疗急救保障机制等),推动协作配合更加顺畅高效。巩固派驻机构“六个一体化”(纪委监委机关与派驻机构干部在选调录用、选拔任用、轮岗交流、教育培训、党建工作、后勤保障等六个方面实行一体化管理)改革成果,推进“四项监督”(纪律监督、监察监督、派驻监督、巡察监督)统筹衔接、贯通融合，着力提升派驻监督质效。市级派驻机构处置问题线索135件，立案34件，党纪政务处分29人，分别比上年增长3.8%、25.9%、20.8%。深入推进市属企业、高校纪检监察机构履职制度化建设，探索建立市属国有企业"2+2"监督机制[压实市国资委监管责任和企业监察专员办监督责任、市属国企党委主体责任；建立"三重一大"事项和项目标书（合同）制定全流程留痕回溯定期报备制度]，推动精准监督、高效履职。建立健全基层监督工作组织领导、制度管理、考核评价、全员培育"四个体系"，出台发挥乡镇（街道）纪检监察机构作用的意见，巩固深化乡镇（街道）监察办"五统一"规范化建设（监督装备上统一配备标准、监督力量上统一调配使用、监督内容上统一履责清单、监督方式上统一制度流程、监督激励上统一评价考核），探索村务监督委员会和村级监察工作联络站一体化运作机制，基层监督运行更加规范、效能明显提升。全市乡镇（街道）纪检监察机构处置问题线索3522件，立案1053件，党纪政务处分1030人。龙游县建立村务监督委员会和村级监察工作联络站"问题直报"机制，通过"一图一表一册"[问题报送流程图、问题直报（报送）登记表、履职指导手册]方式充分发挥村级监督前哨作用。提升规范化法治化建设水平，高质量做好审理工作，履行好案件质量审核把关和监督制约职责。认真做好申诉复查等工作，维护党员和公职人员合法权益。

【队伍建设】 年内，把政治建设摆在首位，坚持市纪委常委会"党性党纪教育一刻钟"制度，把习近平总书记重要讲话、重要指示批示精神和上级新精神新要求列入第一议题，不断增强践行"两个维护"的思想自觉和政治自觉。以打造"专业性、综合性，职业化、年轻化，复合型、实干型"队伍为目标，实施纪检监察干部素质能力提升工程，组织开展撰写一篇综合文稿、参与一次办信办案、开展一次监督检查、参加一次政治巡察"四个一"实践锻炼活动，深化全员培训，市县两级纪委监委完成培训1082人。把握"单项工作争第一，整体工作创一流"目标要求，连续3年实施创新创优"十大项目"（2020年，实施共建清廉、政治护航、化风成俗、巡察亮剑、改革攻坚、信访提质、高压震慑、基层治理、科技支撑、铁军锤炼十大项目，并细化为38个子项目），营造创先争优、比学赶超的良好氛围。开展"清廉卫士"机关党建品牌创建活动，扎实推进清廉机关、模范机关建设。坚持严管与厚爱相结合，开展市纪委市监委机关干部思想状况调研分析，全面开展纪检监察干部谈心谈话、家访活动，对受到不实举报的纪检监察干部进行澄清正名和回访。"坚持刀刃向内"，在全省率先开展纪检监察干部警示教育活动，加强和规范反映纪检监察组织和干部的检举控告、问题线索处理工作，坚决防治"灯下黑"。全市处理问责纪检监察干部50人，其中党纪政务处分1人，组织调整1人，诫勉谈话11人，批评教育等37人。

重要会议

【市纪委七届四次全会】 1月21日，市纪委七届四次全会召开。会议总结回顾2019年纪检监察工作情况，研究部署2020年工作任务。

1月21日，市纪委七届四次全会召开

市委常委、纪委书记、监委主任蔡旭昶代表市纪委常委会作《坚定不移推进党风廉政建设和反腐败斗争为衢州大发展快发展高质量发展提供坚强保障》工作报告。

【市纪委市监委警示教育大会】 5月22日，市纪委市监委警示教育大会召开。会上，对衢州市查办的17起纪检监察干部违规违纪违法案例开展的深入剖析，对纪检监察队伍中存在“不自律、不自省、不自持、不自觉、不自重”等五方面问题的深刻查摆，为全体纪检监察干部敲响警钟。各派驻（出）机构、市属国有企业、高校纪检监察机构、委机关各部门、市委巡察机构全体纪检监察干部集中观看警示教育片《国家监察——打造铁军》和《背叛——姜增杰违纪违法案件警示录》。

5月22日，市纪委市监委警示教育大会召开

【全市巡察工作会议暨七届市委第九轮巡察动员部署会】 9月10日，全市巡察工作会议暨七届市委第九轮巡察动员部署会召开，启动第九轮巡察工作。本轮巡察安排5个巡察组巡察15个党组织。具体对市委宣传部（市精神文明指导中心）、市委改革办、市委网信办、市委老干部局、市委机关工委、市接待工作中心、市退役军人事务局、市资源规划局（市不动产中心）、市交投集团、市城投集团、市审计局及市医保局14个单位党组织开展常规巡察，对市援疆指挥部党委履行对口支援政治责任开展专项巡察，市县宣传系统同步开展联动巡察。此次动员部署会深入学习贯彻习近平新时代中国特色社会主义思想，特别是习近平总书记考察浙江重要讲话精神，全面贯彻落实全国巡视工作会议、全省巡视巡察工作会议精神，按照市委书记专题会议要求，对七届市委第九轮巡察进行部署和安排。

（徐亚义）

民主党派·工商联

■ *Democratic Parties,*
Federation of Industry and Commerce

民革衢州市委会

【概　况】2020年末，中国国民党革命委员会衢州市委会（以下简称民革衢州市委会）有31个支部，388名党员，其中大学以上学历297人，中级职称132人，高级职称64人。党员中任省政协委员1人，市政协副主席1人、副秘书长1人、常委4人、委员16人，县（市、区）政协副主席2人、常委11人、委员39人。市人大代表2人，县级人大代表2人，副县（市、区）长2人。

年内，民革衢州市委会获评2019—2020年民革全省参政议政工作先进集体二等奖。党员郑骁戎、杨庆、何正芳分别获民革中央，浙江省委、省政府，衢州市委、市政府抗击新冠肺炎疫情先进个人荣誉。

【组织建设】年内，注重基层新班子能力提升，选派支部班子成员参加民革全省基层骨干培训班、全市党外年轻干部能力素质提升班等班次学习；举办首场党员素质能力提升培训班，新任支委和新党员参训。组建监督委员会，制定《民革衢州市委会内部监督工作办法（试行）》。成立基层组织换届工作领导小组，制定《2020年基层组织换届工作方案》，指导全市民革基层组织做好换届工作。江山市委会、19个基层支部和衢州民革企业家跨省联谊会完成换届工作。完善后备干部队伍档案库，加强对副科级以上干部动态管理，开展党外干部民主推荐工作和政治安排举荐工作。全年发展新党员28名，保持界别特色50%以上，发展博士2名、硕士1名、副科级实职干部3人。全市76名党员获民革中央、省委会、市委统战部各类表彰。

【民革党员之家建设】年内，以龙游民革之家为示范引导，推进全市民革党员之家的建设和提升。1月8日，首个市直民革党员之家——健康综合支部民革党员之家正式揭牌，同时挂牌“衢州市统一战线工作实践创新基地”“衢州广播电视大学衢州社区大学社区教育基地”“民革阙里”，成为全市统一战线工作实践创新基地。年内，全市建成民革党员之家11个，均被民革省委会评为“示范五好”“五好”“五有”党员之家，率先在民革全省实现县（市、区）民革党员之家全覆盖。开展示范性支部创建工作，鼓励支部友好结对和互看互学互比，新增省级示范性支部2个。

【同心抗疫】1月下旬，全力抗击新冠肺炎疫情，民革衢州市委会第一时间贯彻上级决策部署和工作要求，展现衢州民革担当。紧急开展“同心抗疫”捐资活动和医疗防护物资采购行动，发动全市262名党员捐款12.11万元，并通过海外华人从印度尼西亚抢购抗疫一线急需医用口罩和防护服，第一时间赠予市人民医院；民革党员郑骁戎通过市慈善总会捐款200万元，专项用于市人民医院抗疫一线医务人员工作补贴；引导党员下沉社区开展疫情联防联控“包区清楼”专项行动；联手衢州蓝天救援队开展物资捐赠、防疫消杀、募集赠送食品等行动；“一对一”服务企业复工复产”，12位市委委员联系民革党员企业62家，帮助解决困难问题13个；开展疫情防控集智建言，报送疫情相关社情民意信息42篇；组织开展同心圆梦云上故事会，以“抗击疫情民革行动——身边的感动”为主题，指导民革党员拍摄录制9件原创作品报送省委会(其中4件作品在浙江民革微信号中录用)；开展“行作揖礼、使用公筷、不乱吐痰”“五个一”专项行动；鼓励党员创作衢州防疫“行作揖礼”漫画、《日常作揖礼教学指南》教学视频以及一批传递同心抗疫正能量的文艺作品；编印《衢州民革》同心抗“疫”专刊。1名党员获民革中央表彰，1名党员获浙江省抗击新冠疫情先进个人，43名党员被评为民革全省“防控抗疫先进个人”，1名党员获市委、市政府表彰，8个衢州民革集体及34名党员获评“全市统一战线同心抗疫、大爱驰援”荣誉奖。

12月8日，民革衢州市委会召开参政议政工作会议

【参政议政】 制定《民革衢州市委会2020年重点调研课题目录》，充分运用衢州民革“今日话题”参政议政平台，引导基层组织发动党员凝聚智慧集智建言。主要领导带队开展“僵尸企业”处置等专项课题调研。在民革中央莫干山会议上，民革衢州市委会提交的《提升农村公共文化服务供给质量的对策研究》等4篇论文入选交流；在民革全省参政议政工作研讨会上，民革衢州市委会提交的10篇调研成果入选会议材料汇编、3篇作口头交流发言；在市两会上，民革衢州市委会作《决战“第一个高水平”全面建成小康社会》大会口头发言，8篇调研材料被列入大会发言材料，提交集体提案10个，个人议案、建议、提案24件，3篇获评优秀大会发言(其中优秀大会发言一等奖2篇，占全部获评数的1/2)，2件提案获评优秀集体提案，4篇获评优秀理论研讨论文；召开协商办理座谈会，对《关于促进我市民宿品质提升的几点建议》等4个重点提案开展协商办理，重点提案数占全市总数的1/3；《建议加强四省边际中心医院人才与学科建设》在市政协常委会上作口头交流发言。民革衢州市委会获评“2019—2020年民革全省参政议政工作先进集体”二等奖。

参加中共衢州市委、市政府、市纪委、市法院、市检察院等召开的党外人士座谈会，围绕全市党风廉政建设和反腐败工作、法院工作、检察工作等专题开展的政党协商，就“十四五”规划制定“员额法官动态调整”“检察院对类案的监督”等，提出针对性意见建议并被吸纳为市委、市政府的政策措施。成立民革专项民主监督团，民革衢州市委会主要领导带队聚焦“市域治理现代化”开展专项民主监督，监督团赴各县(市、区)开展“最多跑一地”改革专项监督调研活动，实地调研社会矛盾纠纷调处化解中心，召开调研座谈会，形成专题监督报告并作交流。全年报送社情民意信息193篇，被省委统战部、民革省委会、市政协、市委办、市委统战部等采用37篇次。

贯彻落实中共衢州市委“三个年”活动，民革衢州市委会印发《民革衢州市委会关于开展“双招双引”工作的通知》，成立“双招双引”民革工作组，建立市委会领导班子结对民革党员企业家“一对一”服务制度，开展招商引资、招才引智工作。全年，获取项目信息4条，纳入市招商办研判项目2个。

【思想宣传工作】 年内，除常态化开展市委会理论学习中心组学习活动外，以浙江民革成立70周年为契机，组织开展“携手共成长我与民革的故事”主题朗诵会，浙江民革成立70周年主题征文、摄影、故事等作品征集活动，“悦读驿站”思想教育平台持续发挥作用。积极推动民革全市青年党员学习、宣传、实践习近平新时代中国特色社会主义思想。组织学习领会习近平总书记对龙游“8090新时代理论宣讲团”工作的重要批示，紧跟市委新时代青年理论宣讲步伐，组建衢州民革8090宣传团，鼓励年轻党员用“民革人自己的故事”宣扬党的创新理论，全市26名民革党员(含入党积极分子)在市政协、县(市、区)统战部门组织的各类宣讲、比赛活动上作宣讲。龙游民革党员在全省新时代青年理论宣传工作现场会上，以《幸福是奋斗出来的》和《做一条奋斗的锦鲤》为主题作宣讲。重视加强对党员的思想引导，发挥衢州民革“一号一刊”宣传平台及“民革e家”信息交流平台作用，及时宣传民革故事和民革工作。全年推送各类信息137条，推出“抗击疫情衢州民革在行动”、市县两会、基层组织换届等专题系列宣传报道，《衢州民革携手并肩共抗疫情》等15篇信息被“团结网”刊发，宣传展示民革党员履职风采。民革衢州市委会被民革省委会评为“2020年度宣传思想工作先进集体”“全省‘民革e家’建设使用工作先进集体”一等奖。

【祖统联谊活动】6月29日，由民革市委会副主委、江山市委会主委姜英和江山民革党员、江山市和睦大院民宿酒店董事长祝小敏牵头的江山两岸联谊政协委员会客厅成为浙江省政协委员会客厅，举行揭牌仪式并举办“两岸和睦一家亲”委员会客厅首场活动，政协委员与台胞台属一起分享“两岸情谊长又长”的感人故事。加强与台办、台联会的互动联系，江山两岸联谊政协委员会客厅参与接待台湾客人，承办衢州市“两岸一家亲”衢台中秋联谊会。各组织依托对外联络资源优势，走访慰问抗战老兵，服务台资企业等，打造民革社会服务品牌。

【社会服务活动】年内，组织开展帮扶项目申报，谋划助力贵州毕节纳雍脱贫攻坚项目6个，涉及就业扶贫、教育扶贫、产业扶贫。开展送教扶贫工作，选派全国模范教师、浙江民革骄傲人物、衢江区第一初中英语教师童淑芳赴纳雍董地中学开展现场教学教研活动；联合市教育局，赴纳雍董地乡考察调研，共同商讨长期帮扶对策；选派衢州学院支部主委胡小勇、副主委毛玲灵赴毕节幼儿师范高等专科学校开展学术交流活动，对毕节幼专的教学发展提出对策建议。推进产业项目落地实施，祖统支部主委潘峰在毕节签约投资“金源达时代广场”项目有效推进实施。组织赴航埠镇新山村开展送法律送医疗送文化“三服务”活动，文艺支部、健康综合支部、社会法制支部分别赠送书画作品、中药药品和《中华人民共和国民法典》法律书籍，民革党员为村民讲解《中华人民共和国民法典》等法律问题，医疗服务小组为村民问诊医治，发放健康知识手册。“天鸿民情直通室”助力衢州市打造基层治理最优城市，解决一批民生实事。民革法律援助工作站开展法律宣传咨询服务进乡镇、进社区、进学校活动，为弱势群体提供免费法律援助。

(张克群　徐建平)

民盟衢州市委会

【概　况】2020年，民盟衢州市委会以践行“四新”“三好”为目标，紧紧围绕省、市党委政府中心工作，统筹做好疫情防控和参政履职工作。

年内，副省长、民盟省委会主委成岳冲到衢州开展民主监督调研，对民盟衢州市委会工作给予肯定。民盟衢州市委会获民盟中央“民盟思想政治建设和宣传工作先进集体”、民盟省委会“市级组织盟务工作先进单位”、民盟省委会“抗击新冠肺炎疫情先进集体”等荣誉。市委会在建言资政和凝聚共识上双向发力，参政履职和社会服务双轮驱动，得到市委常委、统战部部长傅根友批示肯定。

【夯实思想政治基础】年内，坚持思想建盟不动摇。坚持每次市委主委会均安排政治理论学习，及时召开民盟市委全会、专题学习会传达学习习近平总书记在浙考察重要讲话精神、中共十九届五中全会精神、中共市委全会等会议精神。强化民盟传统教育，深化“不忘合作初心，继续携手前进”主题教育活动，开展“见证·初心”经典讲述、“走基地·悟初心”活动。市委会领导带头深入基层调研、带头撰写文章，强化班子示范引领作用。一项由市委会领导班子成员领衔的理论研究课题获省委会参政党理论研究二等奖。举办1期新盟员培训班，开展盟史传统教育。

【创新完善调研机制】 年内，民盟衢州市委会进一步创新完善调研选题、课题申报立项、课题团队和联系、调研联合结合、课题论证、课题转化等六大调研机制，立项24个重点（重要）调研课题均按时完成。1项调研课题被民盟中央立项为重点调研课题（全省民盟重点调研课题总共3项），被民盟省委会评为法治论坛优秀论文。市委会副主委姜旻慧作为课题组成员参与的课题，获得省领导批示。

【两会履职】 年内，民盟衢州市委会向市政协七届四次会议提交大会发言14篇，其中口头发言1篇，8篇入选市政协大会发言材料，占选印篇数22.2%。提交团体提案16件，多个团体提案得到市委组织部、市政府办、市交通局、市卫健委等部门好评，关于“强化高职院校和中专、职校服务本地产业”等多项建议被相关部门采纳并付诸实施，2件提案被评为市政协七届四次会议以来优秀集体提案。

【参与政党协商】 年内，民盟衢州市委会领导积极参加市委组织的专题征求全市法院工作、检察工作意见座谈会以及党风廉政建设和反腐败工作情况通报座谈会，在前期调研基础上提出10多条意见建议，基本上被市委和市纪委监委、市检察院、市法院等部门采纳。

【深化民主监督】 7月20日，副省长、民盟省委会主委成岳冲率队到衢州开展“全面提高生物安全治理能力”专项民主监督调研，民盟衢州市委会精心组织安排民主监督调研活动。省委会根据调研形成的参政议政专报得到省委、省政府主要领导批示。对于民盟衢州市委会所作的贡献，省委会专门致信感谢。民盟衢州市委会主委汪晖率专项民主监督工作组赴常山等地，针对“外来林业有害生物防控”开展民主监督调研。民盟衢州市委会据此形成2份监督调研报告报市委和民盟省委会，多条有针对性的建议被市相关部门采纳。

【反映社情民意提质增效】 年内，市委会向上级报送社情民意信息100多件，据不完全统计，被采用80多件，其中被全国政协、民盟中央采用4件，被省政协、省委统战部采用上报4件，民盟省委会采用上报52件，市委办、市政协、市委统战部采用上报59件，《衢州政研与改革》刊登1件。

【打造“民盟同心”系列社会服务品牌】 年内，“民盟同心·名医服务站”社会服务重点方向突出中医专家义诊和指导服务，联系省中医院、宁波等地盟员中医专家到衢州开展活动6次，参与专家14人次，接诊患者500余人次；衢江“民盟同心·暖阳社会服务中心”被衢江区委区政府邀请入驻“衢江区矛盾调解中心”，举办暑

7月28日，副省长、民盟省委会主委成岳冲（前排左三）率队到衢州市开展“全面提高生物安全治理能力”专项民主监督调研

9月24日，“民盟同心·法律服务专家站”揭牌仪式在江山市举行

期公益夏令营、心理健康讲座、家事调解等社会服务活动20多次，疫情心理疏导400余次，80余人受益；常山“民盟同心·专家工作站”开展省级专家科技服务3次，项目合作4次，为常山山茶油、胡柚、轴承企业提供全产业链科技支持；开化“雏鹰·关爱之家”开展关爱留守儿童主题活动7次，社区服务站开展防诈骗、民法典、农旅产业发展等专题讲座5场，参与群众550余人；成立江山“民盟同心·法律服务专家站”，举办首场法律服务活动，省、市、县三级盟内法律专家为企业纾困助发展。

【组织发展】 年内，民盟衢州市委会贯彻落实中央“三个文件”精神，发展新盟员17人。指导开化、江山支部升格为总支部，巨化支部、龙游总支部完成换届。继续开展“双十佳”基层组织创建活动，加强基层组织的规范化、特色化建设，1个基层组织被民盟中央授予“盟务工作先进基层组织”荣誉称号，2个基层组织被评为民盟省委会“双十佳”基层组织。紧密与党委统战部门的联系沟通，市委会领导定期走访盟员所在单位党组织，了解盟员各方面表现，推荐优秀盟员在重要岗位任职。年内2位盟员被提拔为正科级领导干部，6位盟员被提拔为副科级领导干部，多位盟员转任重要岗位。

【同心抗疫】 全力抗击新冠肺炎疫情，民盟衢州市委会第一时间行动，广泛动员全市盟员强化使命担当，捐款捐物、防疫救治、一线防控、建言献策、公益服务、文艺创作，助力疫情防控。民盟衢州市委会抗击新冠肺炎疫情工作获副省长、民盟省委会主委成岳冲批示。常山盟员王勇获“民盟中央抗击新冠肺炎疫情先进个人”称号，被市委、市政府评为“全市抗击新冠肺炎疫情先进个人”，并记三等功；11位盟员获民盟省委会“抗击新冠肺炎疫情先进个人”荣誉。

【举办“同心大讲堂”】 年内，举办2期“同心大讲堂”，民盟衢州市委会主委汪晖主讲《全面打响“运动健康之城品牌”全力打造美丽经济“桥头堡”》。

（余忠前）

民建衢州市委会

【概　况】 2020年，民建衢州市委会积极履行参政议政、民主监督职能，参加中国共产党领导的政治协商，围绕市委、市政府“全面小康决胜年”“招商引资攻坚年”“重大项目推进年”活动，助推衢州市经济社会大发展、快发展、高质量发展。

民建衢州市委会多篇材料获上级领导批示。其中，《民建市委会以8090新时代理论宣讲工作推进思想政治建设走深走实》获省政协副主席、民建省委会主委陈小平批示；《关于我市基层治理数字化建设面临的问题和建议》获市长汤飞帆、市政协主席周伟江批示；《开化民建会员企业百万大单助力扶贫攻坚》获省委统战部副部长王利月批示；《以“民建之家”助力乡村振兴，努力打造统一战线工作实践创新基地》《民建市委会以8090新时代理论宣讲工作推进思想政治建设走深走实》获市委常委、统战部部长傅根友批示。

龙游县基层委获民建中央授予的“先进集体”称号，邓柳青获“民建全国优秀会员”称号。衢江区总支部、江山市支部、直属二支部、直属三支部、直属九支部获“民建全省先进基层组织”称号，董学先、王体华、胡娟霞、李杰、余仁阳获“民建全省优秀会员”称号。龙游县基层委获“民建全省抗击新冠肺炎先进集体”，吴德军、雷绘君、陈德轮、金风林获“民建全省抗击新冠肺炎先进个人”称号。投身抗疫一线的医卫会员吴德军、雷绘君事迹受到省委统战部宣传。会员陈德轮、崔巍青事迹受到市委统战部宣传。

【组织建设】年内，加强领导班子建设，召开“不忘合作初心，继续携手前进”主题教育总结会暨领导班子述职评议会，对主题教育活动进行总结。民建省委会副主委计勇强到衢州调研座谈，肯定民建衢州市委会近年来的工作。举办履职能力提升培训班，20多名骨干会员参加。选送4名会员参加省委会举办的参政议政工作培训班，4名会员参加市政协举办的政协委员履职能力提升班，3名会员参加市委统战部举办的党外年轻干部培训班。协助民建省委会在开化县举办全省机关干部暑期读书会。增补第七届委员会委员1名，完成市直属基层组织、龙游县基层委、江山市支部换届工作。年内，民建衢州市委会发展新会员23人，全部具有大专以上学历，中高级职称7人，经济界14人。截至年末，全市会员483人。

【会员活动】年内，组织会员开展各类活动。民建市委会主委马梅芝率市委会委员赴青田县参观章乃器生平事迹陈列馆，组织会员赴镇海参观包达三生平陈列馆，赴黄山市休宁县参观孙起孟故居，率队赴丽水市考察乡村康养游工作。组织妇女委员会考察衢江区尺方间文化创意园和“衢州有礼”诗画风光带。组织老会员赴常山县举办重阳节活动。组织会员与湖州市吴兴区飞英支部举行交流活动。赴开化县华埠镇考察会员企业独山E云乡村振兴文化园和华埠镇金星村美丽乡村建设。考察灵鹫山森林运动小镇建设。赴衢江区考察“民建之家”建设工作。与富阳区支部开展交流活动。赴镇海考察新材料产业园、宁波市国家大学科技园。与民建新昌会员开展联谊交友活动。与上海市浦东区委轻工支部开展学习交流活动，考察会员企业浙江云雪瑶茶叶有限公司、开化纸研究中心，与金星村结对共建，助力乡村振兴。

【理论学习】1月20日，民建衢州市委会召开“不忘合作初心，继续携手前进”主题教育活动总结会，学习习近平总书记在浙江考察时的重要讲话精神、全国两会精神、中共十九届五中全会、省委市委常委会（扩大）会议精神等，引导广大会员争当中国特色社会主义制度优越性“重要窗口”的建设者维护者展示者。围绕市委七届八次、九次全会精神等开展“头脑风暴”，提出意见建议。领导班子成员赴各自联系的基层组织开展指导。利用网站、微信公众号讲好衢州民建故事，及时刊发会务信息、会员事迹、学习心得、理论研究文章等。开展纪念建会75周年活动，组织会章会史学习、理论研究、主题征文、参观爱国主义教育基地等。朱俐撰写的《新时代人民政协专门协商机构视域下民建的时、势、为》获省委会理论研究课题三等奖、全省统战理论政策研究优秀成果优秀奖。

【参政议政】2020年，民建市委会有省政协常委1人，市人大代表5人，市政协委员22名。省政协十二届三次会议上，省政协常委、市人大常委会副主任、民建市委会主委马梅芝提交4件提案和2件大会发言，内容涉及养老产业发展、医保基金规范管理、乡村振兴、省际合作等，其中《关于以衢州丽水为核心，打造长三角老年康养旅居基地的建议》引起多方面关注，中新网等媒体作专题采访。马梅芝、蓝芝苇撰写的《关于推进我省中药材产业高质量发展的建议》获省委会参政议政优秀成果二等奖。民建市委会在市政协七届四次会议上，向大会提交17件集体提案，内容涉及基层治理、传统产业改造、营商环境建设等。邓柳青代表民建衢州市委会作题为《深入贯彻习近平总书记在浙江考察重要讲话精神加快推进我市A级景区村可持续发展》的口头发言。市政协主席会议协商确定12件重点提案，委员朱建军的提案——《关于后疫情时期产业为王推动我市高质量发展的建议》由副市长王良春领办，市政协副主席吴江平督办。民建市委会提出的《关于进一步优化我市涉企服务的建议》《关于推进我市现代职业教育高质量发展的建

8月14日，市人大常委会副主任、民建市委会主委马梅芝（左三）一行在衢江区调研基层治理数字化转型工作

议》被确定为重要提案。《关于实施创新驱动发展战略构建绿色生态产业体系的建议》《关于积极推进高铁科创新城未来社区建设的建议》《关于建立城市管理精细化长效机制的建议》《关于持续开展扫黑除恶专项斗争的建议》等提案被评为市政协七届三次会议以来优秀提案，《高起点建设高铁新城努力打造高品质生活的未来社区》《在田园乡居建设中导入城市未来社区理念的思考与建议》被评为优秀大会发言。召开提案工作会议，研究部署2021年度市政协全会大会发言和提案工作。举办信息工作研讨会，通报近年来社情民意信息工作情况，学习交流信息工作。在衢州民建微信群举办"民建奇点沙龙"，激发广大会员参与信息工作的热情。民建衢州市委会领导带队，走访对口联系部门市经信局、市农业农村局、市水利局，就完善常态化联系制度进行探讨。

【民主监督】年内，民建衢州市委会就市域治理现代化开展专项民主监督。8月14日、8月20日，主委马梅芝率队分赴衢江区、江山市开展监督，实地走访村、社区、街道和县级指挥中心，召开由村、社区、街道和县级部门负责人参加的座谈会，了解情况，分析问题，听取建议。市委会专职副主委邓柳青先后赴常山、开化、龙游等地开展监督。调研报告《我市基层治理数字化建设面临的问题和建议》获市长汤飞帆和市政协主席周伟江批示。

【社会服务】2020年，积极参与民建中央"消费扶贫"行动，完成10万元河北省丰宁县消费扶贫任务，捐助6万元"爱心超市"物资，8名会员企业家兑现"消费扶贫承诺"。协同省委会赴龙游县沐尘畲族小学捐赠电脑。开化县支部会员企业浙江矽盛电子有限公司、浙江云雪瑶茶叶有限公司向全县6个村发出超800万订单，带动农户就业增收。该项工作获省委统战部副部长王利月批示肯定。主动投身抗击新冠疫情和复工复产工作。1月28日，民建衢州市委会向广大会员发出《众志成城，民建有爱——关于防控新型冠状病毒肺炎的倡议》，发动会员为助力打赢疫情防控战献计献力。据不完全统计，全市广大成员和基层组织捐款约252万元，捐赠口罩2万多只，捐赠医疗物资等折合人民币约55万元。为中华思源工程扶贫基金会募集抗疫善款5万元；15名医护工作者坚守岗位，为人民生命安全和健康保驾护航；100余名会员坚守防疫一线、靠前战斗，在抗击疫情斗争中经受考验。疫情形势缓和后，组织会员企业复工复产，减少疫情造成的损失。围绕"见面行作揖礼、共桌用公筷、不随地吐痰"等三项文明行为，深入开展"五个一"专项行动。报送社情民意信息《建议制定全国层面的文明行为促进条例》。

【推动康养产业发展】4月16日，衢州欢乐国际旅行社有限公司与人身5S健康管理旗舰店签署"衢州康养游"合作协议，联合推出亚健康调理游、心脑康养游、补气养血游、肩颈管理游、养肺润肺游等五条康养游线路产品。邀请浙江中医药大学党委副书记、国家名中医张光霁到衢州考察对接项目合作，与会员企业龙游县天池药谷、浙江伦身健康管理中心人身5S健康管理旗舰店等进行交流洽谈。衢州健康产业政协委员会客厅开厅会客后，举办《水文化康养》《打造心脑血管疗养基地，促进双溪村乡村振兴》等讲座。马梅芝在同心大讲堂传授“抗疫三大宝”。赴市机关食堂为全体职工讲解《饮食健康与身体健康》。赴开化县会员企业浙江云翠茶业发展有限公司协商推进康养产业发展。成功引入壳寡糖项目进驻衢江区港汇大厦。

【健康产业委员会客厅】 4月，衢州健康产业委员会客厅联合衢州民建健康管理工作委员会、衢州市健康管理协会举办衢州市康养游项目推介活动，主委马梅芝作《从医疗时代走向康养时代》知识讲座。7月16日下午，衢州健康产业政协委员会客厅正式开厅会客，马梅芝作题为《深入学习省政协“委员会客厅”建设培训研讨班精神，以“2123”(第一个2即传播两大理念：对个人传播健康管理理念，对企业传播聚焦突破理念。1即打造一个品牌：人身5S康养。第二个2即建设两个世界级基地：世界心脑血管疗养基地、世界咽炎康复基地。3即形成三个长三角康养旅居基地：赛得健康小镇、药神小镇、东方康养旅居基地)工作体系推进衢州健康产业委员会客厅高质量发展》的主题发言。在晚间的健康管理讲座上，马梅芝就推动健康产业“2123”工作体系作了阐述。衢州健康产业委员会客厅举办多场宣讲活动。12月9日，由会员毛秋惠领衔的衢州市政协知行女企业家委员会客室举行揭牌仪式，并开展首场活动。

2月26日，市人大常委会副主任、民建市委会主委马梅芝(右二)一行指导会员企业复工复产

【8090新时代理论宣讲】 年内，为激发青年会员思政学习动力，强化青年会员责任和担当，市委会七届二十四次主委会议专题研究宣讲工作，制定下发《关于做好8090新时代理论宣讲工作的实施意见》。经各基层组织推荐、征询个人意愿，形成一支由17名青年会员组成的宣讲团队伍。举办全市民建8090新时代理论宣讲比赛，建立市委会领导班子成员联系宣讲员制度，制订宣讲工作计划，帮助宣讲员提升理论功底、提高宣讲技巧、创新宣讲形式。在衢州民建微信群推出宣讲视频，促进广大会员学习与交流。宣讲团在各基层组织、市委全会等开展多场宣讲活动。该项工作获省政协副主席、省委会主委陈小平和市委常委、统战部部长傅根友批示肯定。

【服务会员企业发展】 疫情期间，由市委会主委马梅芝带队，赴开化、柯城、龙游等地走访会员企业，详细了解企业遇到的问题和困难，坚定企业家发展信心。赴省民建企业家协会对接，助推会员企业浙江不老神食品有限公司、浙江邵永丰成正食品有限公司、浙江红盖头科技有限公司产品上线浙江民建商城。召开衢州市民建企业家协会一届二次会长会议，通报协会2020年工作计划，对协会副会长以上人员进行授牌。衢州市民建企业家协会会长、浙江不老神公司副总经理余仁阳，衢州市民建企业家协会常务副会长、实达实集团董事长金风林作企业成长与成功经验分享。衢州市民建企业家协会开展副会长走访活动，组织赴杭州会员企业学习考察，与浙江民建企业家协会座谈交流。与衢州建园人力资源开发有限公司联合举办读书沙龙，会员许广平作民法与劳动法知识讲座。

(杜舞凡)

民进衢州市委会

【概 况】2020年，中国民主促进会衢州市委员会(以下简称民进衢州市委会)团结带领全市民进各级组织和广大会员，凝聚政治共识，加强自身建设，开展"履职能力建设主题年"工作，履行参政党职能，服务疫情防控和经济社会发展，各项工作取得新进展。至年底，民进衢州市委会有基层组织48个，其中支部42个，总支部6个，总支部下属支部25个。会员531人，其中女会员274人，会员中有大学以上学历389人，占72.3%；具有高、中级职称382人，占71.9%，其中高级职称154人，占29%。省政协委员1人，市政协副主席1人、委员23人(常委5人)，县政协委员53人(县政协副主席1人，常委11人)；省人大代表1人，市人大代表3人，县(市、区)人大代表5人(其中常委2人)。

民进衢州市委会被评为"2020年度民进浙江省组织工作先进单位"；民进柯城区总支、民进常山县支部被评为"2020年度民进全省优秀基层组织"；方向明被中共中央、国务院授予"全国劳动模范"称号；沈燕、曹蓉被民进中央评为"民进全国履职能力建设先进个人"；贾仕银被民进中央评为"民进全国会史工作先进个人"；蓝建芳获民进省委会"开明先锋"称号；蓝建芳、柴琼颖被民进省委会评为"2020年度优秀基层组织负责人"；王荣获省政府"2019年度浙江省科学技术进步二等奖"；蓝建芳被中共浙江省委统战部评为"抗疫典型人物"；徐艳芬被中共衢州市委评为"衢州市抗击新冠肺炎疫情先进个人"；方向明被衢州市人大评为"2019年度人大代表履职先进个人"；刘美芳被市政府评为"衢州市青年拔尖人才"。

【思想建设】年内，民进衢州市委会深化"不忘合作初心，继续携手前进"主题教育活动成果，切实加强思想政治建设，不断夯实共同思想基础。结合民进成立75周年，开展"初心"系列活动、"做新时代合格民进人"主题活动、"我为民进献祝福"活动和"8090民进会员宣讲"活动，评选表彰抗击疫情先进单位和先进个人，继承弘扬民进优良传统，营造团结向上的组织氛围，增进会员对中国共产党和中国特色社会主义的政治认同、思想认同、理论认同、情感认同。探索健全宣传思想工作"上下联动"机制，努力打造宣传骨干队伍。召开全市宣传工作座谈会，加强工作指导。发挥网站、微信公众号等平台作用，围绕重大主题和重点工作，组织开展专题系列报道。加强与会内外主流媒体、新媒体的合作，拓展对外宣传渠道，扩大宣传覆盖面和影响力。建立激励机制，激发通讯员和宣传工作人员积极性主动性，推进宣传工作上质量、上水平。全年，民进衢州市委会微信公众号发送信息207条，中共衢州市委统战部采用38条。

【"初心·笃行——爱民进创意跑"】5月18日下午，由民进衢州市委会主办、民进柯城区总支部承办的"初心·笃行——爱民进创意跑"活动在衢州市森林公园举行。来自衢州各县(市、区)的民进会员在森林公园东出口的起点前集合，民进市委会副主委、衢州市政协教科卫体委员会主任黄伟青为活动授旗，并宣布"初心·笃行——爱民进创意跑"活动开始。创意跑活动采用线下运动、线上打卡的形式进行，全长1.5公里，跑完全程，在参与者手机的衢城图上绘出一幅"75"字样，庆祝中国民主促进会成立75周年。活动当天，还举行"同心抗疫众志成城"表彰会，13位优秀的民进会员获中共衢州市委统战部和民进衢州市委会表彰，柯城区委常委、统战部部长何晓文出席并为受表彰会员颁奖。此次活动，获民进省委会青年会员联谊会"最佳组织奖"。中国网、浙江公共新闻频道、《衢州晚报》等媒体进行报道。

【创作《民进，一个好的名字》MV】12月30日，为纪念中国民主促进会成立75周年，继承和弘扬民进优良传统，深化"不忘合作初心，继续携手前进"主题教育活动成果，民进浙江省委会在全省部署开展"我为民进献祝福"主题活动。民进衢州市委会认真组织、精心策划、由民进衢江总支承办、其他支部配合，自创自导自演自拍原唱歌曲《民进，一个好的名字》，并拍摄成MV。歌曲MV主创人员：李君（作词作曲），胡赟（策划、伴舞），徐勇（导演），李君、姚慧萍、熊月婷、崔振武（演唱）。歌曲《民进，一个好的名字》是献给民进成立75周年的生日礼物，展示民进秉承良好政治宗旨、发扬民主精神，跟着党走、携手前进的发展历程。该MV推出后被民进中央、民进省委会、民进市委会等微信公众号采用，并被"今日头条"转载，受到省委会领导点赞。

7月28日，民进衢州市中医医院支部成立

【会史和理论研究】 年内，民进衢州市委会结合纪念民进成立75周年、民进主要创始人马叙伦诞辰135周年，开展会史知识学习。专题研究和开展会史资料抢救整理，召开基层组织座谈会，指导各基层组织采用集体史、回忆录、口述记、故事集等多种方式开展会史撰写整理工作。贾仕银被评为"民进全国会史工作先进个人"。组织开展理论研究，推动工作创新，1篇理论文章在民进省委会会刊《开明》上发表，2篇文章分别获市政协2019年度优秀理论研讨论文二、三等奖，1篇入选市政协2020年理论研究论文集，1篇获中共市委统战部2019年度优秀理论调研文章二等奖。发动会员积极参与民进中央、民进省委会组织的"培养青少年的家国情怀""我所经历的脱贫攻坚故事"和"民进指引我前行"等征文活动，3篇文章被民进省委会编入《民进指引我前行》一书。

【组织建设】 年内，民进衢州市委会以贯彻落实民主集中制为重点，有序推进会内民主，围绕规范化标准化建设目标，狠抓制度、基层组织和人才队伍建设，夯实参政党的组织基础。积极稳妥开展市直基层组织新建和换届筹备工作。以问题为导向，建立健全领导班子成员联系基层组织制度、基层组织分级分类考核激励制度，加强基层组织标准化规范化建设。探索建立重大活动领办主办制度，促进有限资源发挥最大作用，提高活动质量和层次。推动基层组织友好结对共建，开展"做新时代合作民进人"主题活动。7月28日，新成立民进衢州市中医院支部。截至年末，民进全市基层组织48个。做好会员发展工作。9月24—25日，在常山县举办2020年新会员培训班，首次举行新会员集中入会承诺仪式。全年发展新会员31人。新会员发现培养工作经验做法获中共市委常委、统战部部长傅根友批示。做好后备干部队伍建设。加强县级组织换届前的人才储备，有序做好龙游县、江山市、开化县基层组织换届工作，开化县支部升格为总支。继续完善全市代表人士和优秀年轻干部数据库、全市会员获奖信息库。举办新会员培训班。组织20余名骨干会员参加民进省委会、中共市委统战部等组织的各级各类培训班。截至年末，全市会员中，担任政府和司法部门副科级以上职务的44名，担任县（市、区）以上各级人大代表、政协委员的81名，其中省人大代表1名，省政协委员1名，市人大代表2名，市政协委员26名。年内，向市委统战部推荐市级层面代表人士名单22人，向省委会推荐骨干会员名单13人。

【"履职能力建设主题年"工作】 年内，研究制定开展"履职能力建设主题年"工作实施方案，建立工作领导小组，分类召开履职能力提升经验交流座谈会，开展履职能力建设大调研。按照政党协商、政治协商等制度规定的履职渠道和程序，探索选题论证、考察调研、集体研究、成果会商等会内工作运行机制。规范开展参政议政成果评优评先工作，对参政议政精品、优品进行表彰奖励，激发全会履职积极性。领导班子带头开展调研，提升履职能力建设。充分发挥人大代表、政协委员、特约人员等代表人士“关键少数”作用。每个基层组织推荐参政议政骨干，选优配强信息员队伍。

【参政议政】年内，民进衢州市委会严格按照民进中央、省委会“履职能力建设主题年”工作部署，围绕党委政府中心工作，积极履行政治协商、民主监督、参政议政基本职能，不断提高履职实效。民进衢州市委会领导多次在市委、市政府、市政协、市委统战部召开的征求意见会、情况通报会、调研视察活动上，围绕衢州“发展高质量，治理现代化”“十四五”规划和2035年远景目标等主题，提出务实有效的意见建议。在市政协大会和常委会上，民进衢州市委会先后作《健全重大疫情防控救治体系筑牢人民生命健康防护墙》《发展高品质、有特色的“地摊经济”着力打造成“四好”衢州的一道靓丽风景》和《关于加强我市公共卫生体系建设的建议》等口头发言。组织开展“市域治理现代化”专项民主监督活动，先后赴各县（市、区）城镇、农村社区开展监督调研，形成《做实深耕网格，建设中国基层治理最优城市》调研报告，在市委召开的政党协商会上，反馈民主监督情况并提出相关建议。支持担任社会特约服务的会员认真履职，发挥民主监督作用。年内，参政议政增量提质。提交两会大会发言17篇，2篇被评为优秀大会发言。在市两会上，民进衢州市委会提交集体提案10件，会员中的代表委员提交提案、议案50余件，其中2件集体提案被列为市政协“重要提案”。在市政协七届三次大会上提交的3件提案被评为“优秀提案”。向上级报送信息93篇，多篇被各级各部门采用，其中刘立忠撰写的《避免核心技术“卡脖子”亟须顶层统一口径尽快解决企业研发经费归集及统计问题》被全国政协《每日社情》采用，黄伟青、刘美芳、刘立忠撰写的3篇信息被民进中央采用。全年向省委会申报课题4个，由郑颖娴领衔的《五个结合优化供给促进家政业转型提升》获省委会立项结题，并被转化成集体提案提交省政协十二届三次会议。沈燕、曹蓉获“民进全国履职能力建设先进个人”，多位会员获“全市统战信息工作先进个人”。

【疫情防控】全年，据不完全统计，全市58名会员坚守在医卫抗疫第一线，会员志愿者捐款捐物价值77万余元，报送抗疫相关信息50余件，创作近50件优秀文艺作品助力抗疫工作。成立“助力复工复产帮扶团”，建立“助企指导员制度”，组织开展“致力抗疫服务发展”同心献策专项行动。蓝建芳获省委统战部“抗疫典型人物”称号，徐艳芬获“衢州市抗击新冠肺炎疫情先进个人”称号，9个基层组织和徐伟青、方津等49人获市委统战部表彰。

【服务地方经济社会发展】全年招引洽谈项目3个。其中衢州市与浙江中医药大学全面合作项目，民进衢州市委会通过与民进浙江中医药大学基层委员会签订合作共建协议，助推市校深入合作，为促成市校双方签订《战略合作框架协议》发挥重要作用。“深化细化民进浙江中医药大学基层委员会与民进衢州市委会结对共建，集聚医卫专家资源，形成长效

10月23日，民进衢州市委会和民进浙中医大基层委员会签订结对协议

常态合作”被纳入“推进‘全市域’合作”板块内容,民主党派工作首次被载入市级战略合作协议;另外两个项目一个通过市协作中心研判,一个正在洽谈对接。民进衢州市委会因积极参与邀引浙中医大到衢州合作获市委执行“十条军规”正面典型通报表扬,有关工作经验做法获中共市委常委、统战部部长傅根友批示。

【助力脱贫攻坚】年内,响应民进中央“同心·彩虹”行动号召,把对贵州省黔西南州及安龙县的脱贫帮扶工作落到实处。抓住春节前“2020好吃衢州精品年货节”契机,争取市政府和相关部门的大力支持,安排摊位、减免费用,以直接采购、帮助营销等方式,统筹线上线下渠道,充分调动各方力量,大力宣传和推介黔西南优质农特产品,积极助推“黔货出山”。在会内掀起“我为扶贫下一单”公益扶贫活动。据不完全统计,完成5万多元销售额。广泛发动会员通过各种扶贫消费平台购买助农农特产品,助力精准扶贫。

【参与文明城市创建】2020年,为助力创建工作,民进衢州市委会发布倡议书,签订承诺书,广泛发动会员开展“行作揖礼、使用公筷、不乱吐痰”“五个一”行动;创作书画宣传作品20余幅,微视频1个,以老百姓喜闻乐见的形式,宣传弘扬健康有礼生活方式;针对餐饮店公勺公筷使用情况开展专题民主监督检查180户次;向会员餐饮企业捐赠公勺公筷100套。

【一支部一品牌】2020年,引导各支部发挥自身优势,精心谋划社会服务“一支部一品牌”,集中力量开展特色工作。柯城区总支部“小草行动”结对帮扶贫困学生;衢江区总支部依托医卫专家工作基地服务社会、服务群众;龙游县总支部开展书画艺术公益培训;江山市总支部开展敬老、捐助、送医、支教等系列服务活动;常山县支部开展关爱助困活动;开化县支部帮扶联系村发展集体经济;巨化总支结对帮扶山区贫困学生,持续开展关爱侵华日军细菌战遗留的“烂脚病”受害者活动;市直六支部科技助农增收、市直七支部高考志愿填报公益讲座、市中医院支部送医送健康服务等社会服务活动有序推进。继续依托衢州开明画院,组织开展“春联万家”活动。

(贾仕银)

农工党衢州市委会

【概　况】2020年,农工党衢州市委会贯彻实施政治建党、人才强党、履职兴党、作风固党、制度治党“五大战略”,围绕中共衢州市委“三个年”和“加快建设四省边际中心城市”决策部署,积极推进“1433”发展战略重重落地,为抗击疫情和复工复产、助力打造“重要窗口”担当作为,贡献力量。

截至年末,农工党衢州市委会有2个基层委员会、5个总支、30个支部、412名党员,平均年龄52.7岁,其中医药卫生界179人、环境保护和人口资源界36人,其他界别197人;具有大学以上学历占76.9%,中高级职称以上占82.3%。党员中在各级政府担任实职31名,在市本级担任副科级以上职务18名,在县(区)担任副科级以上职务13人;担任省、市、县(区)人大代表和政协委员71名,其中人大代表8名,政协委员63名。

【夯实组织基础】2020年是农工党衢州市委会的基层组织换届年,完成10个市直支部换届和江山市支部、衢江区总支、开化县基层委、龙游县总支及其下设支部的换届工作,新成立市经济科技第三支部、市文化教育总支,做好基层组织政治交接工作。认真贯彻《各民主党派中央关于新时代组织发展工作座谈会纪要》,选派优秀党员参加省委会及市委统战部组织的培训,顾劲立、蒋俊燕在省委会举办的基层工作研讨班中被评为优秀学员。11月30日至12月2日,组织骨干党员举办为期3天的履职能力提升班。农工党衢州市委会按照《省委会2020年度组织发展工作计划》,发展新党员20名,其中医药卫生、人口资源、生态环境等主界别党员8名。农工党市委会被农工党中央授予农工党全国先进地市(县)级组织荣誉称号;被农工党中央办公厅评为2020年度《前进论坛》发行工作先进单位;被农工党浙江省委会评为“2020年度农工党浙江省社会服务工作先进集体”“2020年度参政议政工作先进集体”三等奖。衢江区总支被农工党中央授予“全国优秀基层组织”荣誉称号；龙游县总支被授予“全国宣传思想工作先进基层组织”荣誉称号；党员刘澄之、赵瑞慈被农工党中央授予“全国先进个人”荣誉称号；柯城区总支部委员会、衢江区总支部委员会、龙游县总支部委员会、衢州市文化教育总支部委员会、衢州市经济科技第三支部委员会被农工党浙江省委会评为“2020年度先进基层组织”。党员杨晓光获“浙江省担当作为好干部”荣誉称号。提升“农工党党员之家”建设，坚持以习近平新时代中国特色社会主义思想为指导，把党员之家与统战工作示范点建设、第七届中医科学大会等紧密结合，高起点、高标准推进党员之家创建工作。龙游县总支党员之家建成，衢江区总支、柯城医卫支部的党员之家提升改造中。

【履行参政党职能】 年内，在市七届人大五次会议、市政协七届四次会议上，提交《积极践行“两山”理论，加快创建国家森林城市群》等大会发言10篇。农工党衢州市委会获多项表彰，《关于发展林下种药材，助力衢州乡村振兴的建议》被评为市政协七届三次会议以来优秀集体提案；党员张惠平提交的《关于扎实推进全国“两山”实践创新基地建设的建议》被评为市政协七届三次会议以来优秀个人提案；提交的《关于加快全域土地流转推进美丽田园建设的建议》被评为市政协七届三次会议以来优秀大会发言二等奖，《加快产业数字转型推进经济高质量发展》被评为市政协七届三次会议以来优秀大会发言三等奖；李吉安撰写的《民主党派调查研究与政协职能的履行》获市政协2019年度优秀理论研讨论文二等奖。重点提案《关于推进我市服务业跨越式发展的几点建议》被市委常委、常务副市长陈锦标领衔督办。省人大代表蓝雪敏撰写的《关于加大扶持普惠性幼儿园发展的建议》被列为省人大重点建议，由副省长成岳冲领衔督办；省政协委员吴树良撰写的《“医养结合”型养老机构要走得更稳、更远》获省两会与会领导一致好评。

【社情民意建言献策】 全年，农工党衢州市委会编报简报、信息等百余篇（条），多条信息被上级领导点赞。7月，在市政协常委会会议上，农工党衢州市委会副主委、市住建局局长杨晓光代表农工党市委会作题为《探索城市居住区建筑形态的衢州模式》大会发言，获中共衢州市委书记徐文光肯定；《关于尽快制定孕产妇感染新型冠状病毒病例救治工作应急预案的建议》《建议严格实施“快递小哥”每日筛查制阻断疫情传播途径》等信息被农工党中央采用；《关于逐步放开养老机构封闭管理，出台帮扶养老服务政策的建议》等信息被省委统战部采用；《蜂群异地转场受阻或影响蜂产业和春季农作物授粉，急需开通绿色通道》《关于保障快递行业安全高效复工，打通全省电商快递物流“最后一百米”的建议》等信息被农工党浙江省委会采用。刘澄之被农工党浙江省委会评为“2020年反映社情民意信息工作先进个人”。

4月23—26日，参加市两会的农工党会员代表合影

【民主监督深入调研】 年内，农工党衢州市委会成立专项民主监督组，坚持深入基层调研，围绕中共衢州市委、市政府“三个年”活动，将“市域治理现代化”与“最多跑一次”“民营经济高质量发展”等专项民主监督有机结合，聚焦衢

州市县域医共体建设情况，深入各县（市）区进行监督调研，召开县域医共体建设座谈会，形成民主监督专项报告。为迎接第七届中医科学大会召开，农工党衢州市委会联合市政协、市卫健委等部门，赴各地开展中医药种植及相关产业调研座谈、中医药展览会学习。《加快互联网+医保结算平台建设，全面推进互联网医院可持续发展》等6个课题被农工党浙江省委会立项，结合调研课题，赴开化、常山、龙游等地企业进行实地调研，及时梳理“三服务”问题清单。毛康军、方颖、刘澄之、吴树良、祝晟、夏雁、翁水珍被农工党浙江省委会评为“2020年度参政议政工作先进个人”。

【同心抗疫】年内，全力抗击新冠肺炎疫情。农工党衢州市各级组织和广大农工党党员坚决拥护中共衢州市委、市政府的工作部署，坚持奋战在医疗和防控第一线。农工党衢州市委会第一时间向全市党员发出同心抗疫的倡议，并发出《共抗疫情！交一次“特殊党费”！》的倡议书，一天之内向市红十字会捐赠“特殊党费”8.74万元。徐小华作为第一批衢州医疗小组组长逆行武汉，参加医疗援助。58名党员医护工作者坚守岗位，以自身专业优势积极抗疫，为人民生命安全和健康保驾护航。同时，广大党员以不同方式纷纷加入志愿者队伍，56名党员驻守卡点、筹措物资、靠前战斗，为全市抗击疫情贡献农工党员力量。疫情期间，涌现出许多优秀农工党员的事迹，包括逆行援鄂医生徐小华，风一样的送检标本“拎箱人”张芸、叶青、张立，隔离病房的王水有、姜华鸣等医护工作者和坚持在社区、高速口等岗位上的志愿者党员们。全市农工党党员参与捐款捐物，捐赠口罩、医疗器械及相关物资价值424.31万元。其中，柯城区医卫支部主委沈卫捐赠40箱消毒用品和抗病毒药品共计10余万元；衢江区总支党员柴志飞发起的联合捐赠椪柑15吨、5000只医用口罩共计8.5万元；龙游县总支党员吴树良捐赠价值395.5万元高端CT仪器1台。党员徐小华获“浙江省抗击新冠肺炎疫情先进个人”荣誉称号，被湖北省人民政府授予新时代“最美逆行者”称号，被农工党中央授予“农工党抗击新冠肺炎疫情先进个人”称号，获浙江省医学会呼吸系统病分会“优秀抗疫呼吸人”称号，获衢州市共青团五四奖章。徐小华、王水有、姜华鸣、张立被农工党浙江省委会评为“抗疫一线优秀党员”。钟爱红获市委、市政府“衢州市抗击新冠肺炎疫情先进个人”荣誉称号。党员徐小华等58名医护工作者、柴志飞等3名个人、市医卫支部等7个集体被市委统战部授予“同心抗疫，大爱驰援”先进个人和集体称号。

【助力复工复产】3月，常山总支副主委何水清利用钉钉直播再生稻生产技术，让农户们第一时间掌握再生稻品种选择、播种育秧方法，常山县550余名种粮农户全程在线收看。党员邓志凤全程保障从云南昆明南站到衢州站的复工专列。农工党衢州市委会坚持“两手抓、两手硬”，班子成员走访党员企业，收集疫情期间企业所面临的困难和问题，及时向各有关部门寻找解决途径，或者利用自身岗位及专业优势，帮助党员企业联系相关部门或专家解决相关问题。响应市委、市政府号召，在全市农工党员中开展行“作揖礼、使用公筷、不乱吐痰”“五个一”专项行动，倡导“衢州有礼20条”，助力打赢疫情防控阻击战。

【富民服务平台】年内，依托柯城总支党员之家，在中医健康城成立招商引资富民工作站，引进入驻中医药行业商家125家，带动中药材交易、物流配送、养生服务等相关岗位4000余人就业。吸引长三角养生观光游客3万人次，助力衢州市康养旅游、餐饮、住宿以及农产品销售等行业的发展。依托龙游总支党员之家，与党员吴树良的省政协委员会客厅紧密结合，建立招才引智富民工作站。借势借力对接省城科研、企业专家委员，服务全市中小企业，邀请省城专家5批155人次参加会诊企业活动。

【助民服务平台】年内，农工党衢州市委会在与衢江区持续17年联农结对服务品牌的基础上，新吸收益年堂农林科技有限公司和衢江区康仁护理院两家党员企业为服务主体，拓展助民服务深度和广度，成立农工党衢州市委会同心助民服务基地。基地筹建乌溪江中药材服务中心，积极开展中药材专业农函大培训，组织中药材种植技术培训500余人次，培养技术型农户20余人就业创业，解决当地农户长期就业30余人，带动农场（合作社）30余户种植中药材，推广林下中药材种植面积超5000亩，为库区农民增收开辟致富新路。9月，农工党衢州市委会联合杭州市委会，在基地开展“山海协作”活动，邀请农工党员、美容大师罗红英到基地开展调研座谈活动，积极与浙江农林大学等大专院校专家进行技术合作和开发，集中精力开发高附加值产品，提升对库区经济的带动能力。同心助民服务基地平均每年出资12万元，走访慰问退役军人130名，安置退役军人在护理院康养30人，走访慰问衢江区贫困户15户。5月，基地签订消费扶贫承诺书，承诺每年购买贫困地区产品和服务不低于1万元。积极参与消费扶贫爱心行动，为衢江区受到台风“利奇马”袭击的翁源村和石便村争取到农工党省委会捐赠的30万元基金，分别援建“人道桥”和“博爱桥”。同心助民服务基地的工作得到上级领导的肯定，农工党衢州市委会同心助民服务基地升级为农工党省委会社会服务工作基地。

【构建安民服务平台】年内，农工党衢州市委会在原市文化一支部农工党员之家基础上，升级党员之家职能，发挥党员专业优势，组建一支由农工党员、市政协常委毛建荣领头的专业律师服务团队，并成立安民服务工作室，着力于基层治理中的矛盾化解。安民服务工作室多次组织以“进农村、进社区、进企业、进学校”为主要形式的送法服务活动，为群众释疑解难。工作室成立8090新时代理论宣讲团，围绕市委、市政府中心工作，深入基层开展常态化法律宣讲。用群众喜闻乐见的微宣讲等形式推出法律讲堂，讲述法律知识、学法用法故事以及政策制度等，惠及群众1200余人次。同时，工作室充分利用群众反映的热点难点问题，选准切入点、深入调研，把第一手民情民声转变成建言资政的好材料，提交《加强法律援助工作，打造法律维权绿色通道》《关于新常态下重视新兴产业的几点建议》等提案、大会发言材料，获得好评。据统计，安民服务工作室全年定期定岗接待、联系群众不少于500人次，解决关乎群众切身利益实事和矛盾问题不少于300件。富民助民安民三大服务平台，打造社会服务工作2.0版，得到中共衢州市委常委、统战部部长傅根友批示肯定。

【开展特色社会服务】6月，农工党衢州市委会联合市医卫支部、市中医医院支部等赴开化县华埠镇开展“2020年环境与健康宣传周”活动。10月，常山县总支开展服务贫困农户，送医送科技送政策下乡活动。11月初，市人民医院支部、经济科技二支部联合组队赴革命老区开展送医送法律等社会服务活动。市中医医院支部党员薛平参加由国家和浙江省卫健委承办的第27批赴非洲马里援外医疗工作。党员郑志刚发挥岗位优势和专业特长，主动送医疗服务到学校，为全市学生提供青少年近视防控相关知识，受益师生及家长3000余人次。全市农工党员参加“有礼让城市更美好”活动，服务全国文明城市建设。市人民医院支部委员会、常山县总支部委员会、开化县基层委员会、巨化基层委员会被农工党浙江省委会评为2020年度“农工党浙江省社会服务工作先进基层组织”。沈卫、吴树良、柴志飞

6月4日，农工党衢州市委会到开化县开展“2020年环境与健康宣传周”活动

被农工党浙江省委会评为2020年度“农工党浙江省社会服务工作先进个人”。

【中国农工民主党成立90周年纪念活动】年内，开展中国农工民主党成立90周年纪念活动。市委会结合组织环境与健康宣传周等活动开展中国农工民主党成立90周年纪念活动。组织党员参加省委会及各兄弟市委会主办的纪念活动。成立市委会8090新时代理论宣讲团，确定部分宣讲团成员为党史党章宣传员，配合市政协、市委统战部以及各县市区中心工作积极下乡入村(社区)、学校等开展理论宣讲。

（徐丽萍）

九三学社衢州市委会

【概 况】2020年，九三学社衢州市委员会(以下简称社市委)团结带领全市社员，加强自身建设，履行参政党职能，为抗击新冠肺炎疫情，服务中心工作取得新成绩。全年获社中央先进集体1个，社中央先进个人2人次，社省委先进集体13个，社省委先进个人21人次。社员吴守明学术成果被全球第一大科技图书出版公司施普林格(Springer)出版，汪舜入围省青春助力乡村振兴带头人青牛奖30强，尹志英在国际期刊和国内一级期刊《中国预防医学杂志》分别发表论文1篇，杨慧峰参加祭孔大典十多年，先进事迹获浙江省委统战部出版的《情系中华》杂志专题报道；徐成旺和方炜金作为柯城区治水办干部，辖区内石梁溪作为全国五个美丽河湖典型案例之一，受邀到生态环境部作经验交流，衢州学院教授姚方的课程获评国家级一流本科课程。

【抗击新冠疫情】年初，社市委第一时间发出倡议书，并组织开展“行作揖礼、使用公筷、不乱吐痰”“五个一”专项行动，全市社员积极参与食品安全检查、卡点防控、应急广播巡查、志愿者服务、复工复产等工作。广泛集智建言，报送社情民意信息30余篇，被省政协、市政协、市委统战部录用10余篇，其中陈玮撰写的《关于对员工健康宣教的心理疏导的建议》获副省长高兴夫的批示。捐款捐物价值101万余元，完成省委统战部消费扶贫任务2.5万余元。社员郑忠法、郑闽超等4名抗疫人员获记功表彰，彭春仙获“抗击新冠肺炎疫情全国三八红旗手”称号，尹志英获“衢州市抗击新冠肺炎疫情先进个人”称号。

【思想建设】年内，学习巩固“九三学社讲堂”主阵地，组织开展“九三大讲堂”和“同心大讲堂”4期，培训人员200余人次，组织开展“建社75周年座谈会”“颂先贤经典讲九三故事”及征文比赛等系列活动，鼓励发动社员积极参与“8090宣讲”，社员马骏获龙游县经典故事讲述第二名。组织老领导、老社员开展“忆往昔品秋意”重阳节活动，融合“九三学社”和“太极”的理念元素创建“九三太极工作室”。依托微信公众号推送各层级社员活动、社员先进事迹130余篇，社中央采用34篇，社省委采用39篇，全体社员在市级及以上社外媒体刊登20余篇，其中国家级媒体刊登4篇。社市委获全省2020年度新闻宣传先进集体第三名。

【建言资政】2020年，九三学社各级人大代表、政协委员向全国、省、市两会提交议案建议40余件，社市委提交集体提案7件，提交大会发言11篇，其中，《推进“最多跑一次”改革在公共服务领域深化不断提升公共服务水平》在政协全会上作口头发言，2件提案获市政协优秀集体提案。在政治协商会上，4篇调研材料入选发言，3名社员在会上作口头发言。组织专家社员开展“请您来议政”专题活动3次，1篇报告获2020年度全市统战理论调研优秀成果一等奖。全年完成社省委参政议政重点课题子报告2个，社市委获评全省2020年度参政议政先进市级组织。全国人大代表陈玮提议的关于“增加支持做好卫生健康人才培养培训工作”的意见被财政部办公厅采纳。社市委全年累计上报社情民意信息136篇，其中，市委统战部采用21篇，社省委及以上采用31篇，全国政协采用1篇，社中央采用1篇，社中央副主席丛斌批示2篇，副省长高兴夫批示1篇，副省长彭佳学批示1篇，市委、市政府领导批示3篇。社市委获2020年度全市统战系统信息工作先进单位一等

10月11—12日，“九三学社中央院士专家科普行”活动走进开化

奖。社市委开展“以数字化提升衢州市域社会治理水平”为主题的专项民主监督工作，收集到第一手新鲜素材24条，形成专题调研报告在中共市委召开的政党协商会上作交流。

【服务中心工作】 年内，聚力“招商引资、招才引智”工作，收集筛选各类信息16条，引导推动“军旅文化特色小镇”和“锂电池负极材料添加剂”2个投资项目，依托衢州学院引进博士生导师1人、博士1人。建好用实九三学社四级联动平台。10月，九三学社中央院士专家科普行首次走进衢州，社中央副主席丛斌等一批院士专家领导亲临现场为开化县中医药产业“把脉问诊”。社市委获评社中央2016—2020年社会服务先进集体。社市委联合各基层组织开展送医药、送法律、送科技等“三服务”活动10余批次。持续开展“同心树人”教育帮扶，联合市实验教育集团为20名贵州威宁教师举办进修班。年初，社市委成立“产业创新服务”“大花园建设”“营商环境建设”工作委员会。衢州学院支社先后与江山市等多个单位洽谈江山市特色文化街概念设计、开化姚家村风貌提升设计等6个项目。推动九三学社天文科普教育基地在龙游县挂牌，开展科普讲堂10余次。

【组织建设】 年内，完成江山市基层委、衢州学院支社等5个基层组织换届工作，新建“衢江九三之家”“江山九三之家”。对接安排14名骨干社员参加中央、省级各类培训班，组织新社员40余人举办入社培训班，建立拟入社成员谈话制度，全年高质量吸收新社员22名。完成2020年机关规范化建设考评工作，社市委机关获九三学社中央2020年度机关规范化建设工作组织奖。

（徐　伟）

台盟衢州支部

【概　况】 2020年末，台湾民主自治同盟衢州市支部委员会（以下简称台盟衢州支部）以“不忘合作初心，继续携手前进”主题教育活动为主线，履行参政党职能，开展“基层组织建设年”等活动。全年新发展盟员1名，支部有盟员10名，其中市本级4名，衢化2名，龙游县2名，柯城区、衢江区各1名。

【参政议政】 年内，根据上级盟组织工作要求和市委、市政府中心工作，台盟衢州支部积极参政议政。一年来，支部列席参与市委统战部组织的“市域治理现代化”专项民主监督及政党协商4次。政协衢州市七届四次会议召开前，主委黄惠权、委员凌云积极开展社会调研，提交《关于加强市区房地产行业调控的建议》等6件政协提案，对城市化建设、环境保护、基础设施建设、民生保障等方面提出建议和意见。黄惠权列席参与4次市政协常委会，并在会上积极发言，对党委政府中心工作提出建议和意见。盟员龙游县政协委员黄爱华积极参政议政。根据衢州市政协《关于开展政协委员走进基层、助推发展实施方案的通知》精神和要求，黄惠权、凌云积极参与政协衢州市台联、侨联界别委员开展的“走进基层、助推发展”集中走访、民主监督、民主评议、重点工程视察、“委员随手拍”等活动20余次，对当地政府、部门工作提出建议和意见3条，助推发展。7月29日，支部重点调研柯城区石室乡开展"党员联户"工程情况，撰写调研报告，上报盟组织。

【抗击新冠疫情】疫情期间，全体盟员在做好自身防疫的同时立足本职做贡献。皮肤科专家、老主委刘胜欣坚持为患者服务；主委黄惠权加强集贸市场周边巡查，制止活禽及野生动物交易，按照要求积极做好隔离点保障工作，积极参加所在小区的志愿者防疫活动；盟员黄洲洋作为电视台记者积极配合宣传抗疫防控工作。支部及盟员向衢州市红十字会捐款1300元用于湖北防疫。响应盟中央及台盟省委会号召，组织向贵州赫章儿童捐款1000元。

【上级台盟领导到衢州调研指导】6月10日，省政协副主席、台盟省委会主委张泽熙一行专程赴台盟衢州市支部调研，并召开座谈会，中共市委常委、统战部部长傅根友陪同。12月10日，台盟省委会副主委、监督委员会主任胡亚芳赴台盟衢州市支部，开展中共十九届五中全会精神和省委十四届八次全会精神学习宣讲活动，并对支部一年来的工作进行监督检查。台盟省委会组织联络部副部长丰炳亮陪同。中共衢州市委统战部党派干部处处长郑航参加会议，台盟衢州市支部主委黄惠权主持会议。

【开展"基层组织建设年"活动】年内，台盟衢州市支部以"不忘合作初心，继续携手前进"主题教育活动为主线，扎实开展"基层组织建设年"活动。遵守台盟的章程和多党合作政治准则，贯彻执行盟中央、盟省委的组织决议、决定和工作部署，贯彻执行民主集中制和台盟衢州市支部各项规章制度。2020年新发展1名盟员，支部盟员总人数10人。

6月10日，省政协副主席、省台盟主委张泽熙（右二）在台盟衢州支部调研

【结对帮扶】台盟衢州支部重视当地台胞工作。平时通过家访、慰问等方式关心、了解台胞工作生活情况，及时向上级反映台胞合理的利益诉求，帮助台胞解决困难。1月8日，陪同省台盟秘书长陶骏、市统战部领导等慰问困难台胞黄如根、郭丽霞、徐宝权等。看望慰问结对帮扶对象——柯城区石室乡崇文村农村残疾人余卫华。盟员、省台联理事凌云、黄爱华主动关心巨化公司和龙游县台胞，积极参加"三胞"联谊等活动。凌云在"六一"期间看望慰问其结对对象——衢江区太真乡1名贫困学生。

【信息工作】台盟衢州支部重视信息工作，积极组织盟员及时撰写支部信息报道。全年，在省台盟台联通讯（网站、公众号）、衢州市委统战部公众号等刊登各类信息20余篇。刘迪婷的抗疫文章《春暖花开，等你归来》在台盟中央公众号、《台声》杂志上发表。

（刘迪婷）

衢州市工商业联合会

【概　况】2020年，衢州市工商联紧扣"两个健康"（非公有制经济健康发展和非公有制经济人士健康成长）工作主题，坚持"四个第一"（把党对工商联的要求作为第一使命，把民营企业家的呼声作为第一主题，把民营企业家的关切作为第一视角，把民营企业家的认可作为第一标准）工作导向，认真落实"两手硬、两战赢"和建设"重要窗口"的决策部署，紧贴市委、市政府中心工作大局，充分发挥桥梁纽带和助手作用。

截至年末，全市工商联系统会员1.5万个，所属商会244家(乡镇商会51家、行业协会32家、市内异地商会24家、市外商会120家、其他类商会17家)，其中市本级所属商会63家(行业协会6家、市内异地商会21家、市外衢州商会27家、其他类商会9家)。

【理想信念教育】 年内，推进"不忘初心、牢记使命"主题教育成果转化，积极开展民营企业家理想信念教育，全方位引领衢商健康成长。1月9日召开六届四次执委会，9月30日召开六届五次常委会；组织民营经济人士学习贯彻中共十九届四中全会精神，习近平总书记在浙江视察时的重要讲话精神、给圆方集团职工回信重要精神以及《浙江省民营企业发展促进条例》等，贯彻市委七届八次全会精神，提振民营企业家发展信心，凝聚企业家助力四省边际中心城市建设。7月22日，成立衢州市民营企业家8090新时代理论宣讲团，通过典型宣讲、示范引领，激发广大新生代企业家的创业热情，推动青蓝接力，实现薪火传承；8月，组织衢州市新生代企业家培训班在中共衢州市委党校主体班次开班培训。对微信公众号改版，通过《衢商》杂志和衢州工商联微信公众号宣传全市优秀民营企业家，开设"我们的支部书记""党员过政治生日活动""企业家心目中工商联"等专栏，向主流媒体推介宣传，扩大衢州市工商联的知名度；深入实施7家清廉民企示范点的创建工作，梳理推进情况和存在的困难问题，起草衢州市示范点创建工作方案，制定"五有十好"(有自主清廉品牌、有特色精神内核、有规范化制度、有专题教育阵地、有特色活动载体；组织建设好、工作机制好、防控制度好、监督落实好、清廉文化好、专题教育好、诚信建设好、守法经营好、自身形象好、员工队伍好)评价标准，示范点创建工作有序推进，有3家被推荐为省级清廉民企。

【服务中心工作】 年内，围绕市委、市政府中心工作，发挥广泛联系民营经济人士的优势，凝聚衢商合力，投身疫情抗击、复工复产，全力推进"招商引资攻坚年""重大项目推进年""全面小康决胜年"活动。1月25日，向全市各级工商联、商会和广大民营企业家发出倡议书，动员工商联系统、商会组织和民营企业参与疫情防控工作，各商会、企业捐款捐物总计价值6560.86万元，其中捐款5524.93万元，捐赠口罩、医用防护服等物资价值约1035.93万元。实施"助企抗疫情、联企复生产"专项行动，开展"组团联企"服务工作，全市工商联系统分成34个小组，由领导带队走访服务600多家企业，收集困难和意见建议365个，其中市工商联分成5个小组，走访服务177家企业，收集困难和意见建议98个，为企业解决个性问题218个。疫情期间，1名干部获"包区清楼"行动先进个人，市工商联"组团联企"服务团队被评为一季度十佳服务团队。围绕"招商引资攻坚年"，挖掘上报18条招引信息，13条通过研判，3个项目落地，其中，半导体激光器和美好房屋智造项目被确定

3月9日，市工商联组织会员企业开展抗疫捐赠活动

为2020年第二批市领导挂联重大招商引资项目，由市委常委、统战部部长傅根友亲自挂联。充分发挥寓内外商会的平台优势，以商招商，全市工商联系统获取在谈有效信息20余条，总投资约200亿元，其中包括投资10亿美元的夏普半导体激光器、投资60亿元的蓝城围棋小镇、投资11.6亿元的桃源谷华东当代研学旅行教育基地、总建筑面积17.3万平方米的高铁新城温德姆酒店等在谈项目信息。由商会引进总投资3.5亿元的江山鸟语花香生态园、总投资5亿元的龙游汽车城等4个项目已落地。两次受到市委、市政府执行“十条军规”正面典型通报表扬；4月28—30日，与市委统战部一起围绕“选择衢州，就是选择了未来”主题，举办“叶檀财经走进衢州云招商”系列活动；9月15日，根据市委统战部的统一安排，参与组织四省边际9地市的衢商代表考察衢州市重点项目进展和“大小三城”规划建设情况，激发广大衢商投身“四省边际中心城市”建设的热情和乡情，凝聚衢商推动家乡建设的合力。凝聚衢商力量投身脱贫攻坚战，1月14日，发动有关商会、企业家赴衢江区大洲镇外焦村，开展送温暖活动，捐资捐物合计10万元。多次组织会员企业到对口帮扶地区开展投资考察，签订投资协议近百亿元；组织发动103家企业与四川100个村签订结对帮扶协议，募集捐款1000多万元用于东西部扶贫。发动企业、商会向布拖县5个脱贫攻坚挂牌督战村捐赠帮扶资金50.2万元，助力发展产业、带动就业，帮助解决贫困人口就业111人，并动员衢州民营企业和商会捐赠公益物资、资金30多万元用于公益扶贫。推动“龙游飞鸡”消费扶贫模式，得到市委书记徐文光的肯定。9月23—25日，组织企业赴吉林参加“吉浙百家企业手拉手”活动，推动商会企业浙江红专粮油有限公司与公主岭市企业达成合作意向。10月23日，市总商会被评为“全省东西部扶贫协作社会责任奖先进集体”。

10月16日，市工商联在龙游县召开“东西部扶贫一对一结对帮扶行动”现场会

【参政议政】 年内，围绕中心、服务大局、关注民生、切实履职，为衢州经济社会发展积极建言献策。集体提案《关于抓好“三个度”助推企业复工复产渡难关的建议》获优秀集体提案；3名执常委的4篇提案获优秀个人提案。《实施“品质衢商”工程助力我市打造四省边际中心城市》《做好衢商回归文章助推“两手抓、两战赢”》分别获政协优秀大会发言二等奖、三等奖。实施“品质衢商提升工程”的建议被吸收进市委“十四五”规划和二〇三五年远景目标建议。

搭建政企沟通平台，四次召开“亲清直通车·政企恳谈会”，通过建立问题解决反馈机制、跟踪评价机制，形成工作闭环，有效推动“五减”等惠企政策举措落地落细。收集问题建议61个，通过市营商环境工作专班分别下发交办单进行督办，问题均得到较好的解决。

【夯实基层基础】 年内，稳步推进组织建设，通过加强党建引领、提升商会建设标准、提升商会服务水平、加快商会组建步伐等，不断推进商会改革创新、迭代升级，充分夯实商会组织基础。强化商会党建，以“双强六好”党组织建设为抓手，推进“四化”（组织体系建设系统化、制度建设规范化、领导班子精英化、作用发挥最大化)建设。6月,完成9家商会党支部集中换届工作,探索新领域新业态党建工作新模式和新方法,不断提升商会党建工作制度化、规范化、标准化水平。商会改革创新工作受到上级领导书面鼓励和表扬肯定,并被中华工商时报《中国商会》专版头条刊登。9月14日,中央委员、中央统战部副部长、全国工商联党组书记徐乐江,省委统战部副部长、省工商联党组书记陈浩对衢州市商会建设、服务民营经济"两个健康"等工作给予书面鼓励。指导成立广州市衢州商会、海南省衢州商会、福建省浙江衢州商会、上饶市衢州商会等4家市外衢州商会,吸收衢州市商贸业联合会、衢州市食品联合会、衢州市环境保护产业协会作为团体会员,浙江中禾市政工程有限公司、永耀城市环境建设有限公司、衢州悦海楼餐饮有限公司、浙江京创商品混凝土有限公司、衢江区嗡嗡响农场有限公司作为企业会员。

【服务会员企业】 年内,充分畅通金融服务渠道,协助企业解决资金短板,为民营企业"补血造血";搭建法律服务平台,助力企业运用法律武器,优化法治环境,维护企业合法权益;打造企业家暖心工程,在交通、医疗等多方面关心关爱企业家。疫情期间,上报48家民营企业申报疫情防控重点保障企业名单,申报融资需求金额92750万元,其中40家企业成功申报疫情防控重点保障企业,24家企业获2.97亿元贷款。开展央行1万亿元再贷款低息资金落地衢州推进工作,初选符合政策条件、有资金需求的对象41家,申报融资需求近亿元。通过微信公众号、召开座谈会、在商会及企业组织宣讲等形式,宣传和贯彻《关于加强新时代民营经济统战工作的意见》《浙江省民营企业发展促进条例》。与市司法局联合成立应对新冠肺炎疫情公益律师服务团,建立民营企业行政执法监督联系点,开展"走进基层商会服务千户企业"暨公共法律服务商会"法雨春风"主题月活动及民营企业"法治体检"活动,为全市民营企业提供法律服务,全市帮助民营企业开展"法治体检"5078家,开展政策法律宣讲1736次,检视企业经营环境2293次,梳理、查找企业风险点4795件,为受检企业提供反馈意见建议354条。在市中级法院设立商会调解工作室,发挥工商联在预防和化解社会矛盾纠纷中的独特作用。搭建暖心服务平台。与衢州机场公司签订衢航家——衢商绿色服务通道合作协议,与市中医院签订衢商绿色通道服务合作协议,开展民营经济人士生日和住院慰问,得到企业家一致认可。

(裴生智)

群众团体

Mass Organizations

衢州市总工会

【概 况】2020年，全市工会系统强化思想政治引领，持续深化工会改革，团结引领广大职工积极投身疫情防控和经济社会发展实践，在“两手抓、两手硬、两战赢、两领先”中彰显工会组织新作为。衢州市总工会被评为“2020年度全省工会优秀单位”；职工疗休养做法受到市委书记徐文光批示肯定，被市委作为“十条军规”典型案例通报表扬；助力疫情防控和企业复工复产等5项工作做法得到省总工会党组书记、副主席张才方批示肯定；货运司机入会做法在全省工会“两基”工作现场推进会上作交流推广。

【服务中心工作】年内，组织26名党员开展“包区清楼”行动，协助联系社区做好疫情防控，被市委组织部评为“包区清楼”行动先进集体。与市级相关部门联合下发《全力服务保障疫情防控一线医务人员及其家属的十条细则》，为120名一线医务人员及其家属提供“一对一”服务，帮助解决难题130余个。联合市心理咨询师协会开通疫情期间24小时心理服务热线，为3000余人次职工群众提供心理咨询和援助活动。全市工会设立360万元疫情防控专项资金，以多种方式对52名援鄂医务人员家属、7100余名一线防疫人员和110余家企业开展走访慰问活动。全面助力企业复工复产，全市各级工会投入经费22.8万元，帮助2.39万名职工返岗就业；投入53.2万元经费对700名下岗转岗职工进行技能培训，帮助364名农民工提升学历与能力；制定工会助企“10条措施”，全年缓征企业工会经费5014.86万元，拟返还小微企业工会经费1870万元，帮助企业解决口罩缺、用工难等问题120余个。全力助推复商复游，3次调整疗休养政策，组织全市7.5万名职工开展疗休养和春秋游活动，直接消费支出2.23亿元。与上海市总工会、省直机关工会、16家驻衢省部属单位签订疗休养合作协议，举办省直机关百名工会主席访衢州暨2020衢州职工疗休养推介活动，争取3万余名市外职工到

5月13日，衢州市总工会组织1000名抗击疫情一线职工参加免费疗休养

衢州疗休养。组织开展市级职工疗休养基地认定工作，对首批认定的62家职工疗休养基地开展全方位宣传推介；向省总工会争取命名省级职工疗休养基地10家，为职工疗休养提供更多选择机会。

【维权帮扶】 年内，组织开展“两节送温暖”和高温“送清凉”活动，为困难职工、困难劳模和高温一线职工发放慰问款物500余万元。持续做好职工医疗互助保障工作，发放补助金688万元，近5万人次获益。统筹推进城市困难职工解困脱困工作，此项工作综合考核评估位列全省第1，并代表浙江省接受全国考核评估，获得好评。扎实推进“劳动者港湾”扩面提质，在对2019年建成的105个“劳动者港湾”进行星级评定基础上，2020年新建50家。抓好法律维权服务，会同市劳动关系三方四家联合开展集体协商要约行动，发出“抗击疫情·共度时艰”倡议书，引导4222家企业签订工资集体协议。坚持维权与维稳相统一，及时排查化解各类风险隐患46个。持续深化“安康杯”竞赛活动，市总工会获评全国“安康杯”竞赛优秀组织单位。丰富职工业余文化生活，举办市级机关事业单位职工篮球赛，56个单位465名干部职工组成的31支球队参赛，带动全市各级工会举办各类文体赛事245场。全市新建和改造提升职工活动场所45处，市总工会职工服务中心完成改造修缮，智造新城职工服务活动中心建成并投入使用。持续推进“全民读书”活动，市县两级工会为基层工会赠送价值20余万元图书，新培育全国和省级职工书屋6家，劳模书架配书单位3家、便利型职工阅读站点4家，2个基层工会被评为全国模范职工之家。

【深化工会改革】 年内，深入推进产业工人队伍建设改革，牵头制定并以市委、市政府名义印发《新时代衢州产业工人队伍建设改革实施方案》。组织召开全市产改工作培训会、现场推进会和协调小组第二次会议，指导9家企业开展试点先行，巨化集团、中浙高铁工作做法被评为长三角地区产改工作优秀案例。全面推动县级产改工作，6个县（市、区）均成立产业工人队伍建设改革协调小组并出台实施方案。认真做好“推优入党”工作，全年向同级基层党组织推荐189名优秀产业工人。持续推进基层工会组建，召开全市“基层组建、基层改革”工作现场推进会，基本实现100人以上企业建会动态“清零”、25人以上企业应建尽建、小微企业区域覆盖，新建联合工会9家，进一步扩大工会组织和服务的覆盖面。开展劳动和技能竞赛，将杭衢高铁征迁等12个项目列为立功竞赛示范项目，以此带动53个市县重点工程项目参赛，其中2个项目入选“两美”浙江重点工程立功竞赛省级参赛项目，2个集体被命名为省级工人先锋号。以“当好主人翁、建功新时代”为主题，举办浙江省首届数据应用大赛、衢州市首届职工技能运动会等职工技能赛事131场，带动10万余名职工参加

8月8日，衢州市总工会举办以“弘扬工匠精神，助力产业创新”为主题的全市首届职工技能运动会

基础培训和先期选拔。扎实推进“名师带徒”活动，全市师徒结对500对。组织选手参加全国和省级职工技能竞赛18场次，15人获奖，其中在全国职工茶叶加工(精制)大赛中获个人第一名；在长三角二十城电工跨区域闯关邀请赛中包揽团体和个人第一名，在长三角G60科创走廊城市暨浙江省职工网络安全攻防技能大赛中获团体三等奖、个人第八名；在省化工总控工职业技能比赛中获团队一等奖，在省职工茶艺文化技艺展示暨茶艺师技能大赛中获个人第二名。

【思想政治引领】年内，坚持把学懂弄通习近平新时代中国特色社会主义思想作为重大政治任务，研究出台《加强和改进新时代衢州产业工人队伍思想政治工作的实施方案》，开展“中国梦·劳动美”主题宣传活动，组织工会系统8090新时代理论宣讲团和劳模工匠宣讲团进园入企宣讲360余场次，推动习近平新时代中国特色社会主义思想进企业、进车间、进班组、进工地。运用各级媒体做好宣传工作，在市级及以上媒体刊稿240篇。建成300余人的工会网络宣传员，开展“网聚职工正能量·争做中国好网民”活动，筑牢工会意识形态安全防线。弘扬劳模精神、劳动精神、工匠精神，推荐评选全国劳模和先进工作者4名，推荐选树1家全国、2家省级高技能人才(劳模)创新工作室，命名40个市级“工人先锋号”和10家市级高技能人才(劳模)创新工作室，召开学习贯彻习近平总书记在全国劳动模范和先进工作者表彰大会上重要讲话精神座谈会、“怎样在疫情防控、复工复产中发挥作用”、庆“五一”劳模先进座谈会。组织开展十大产业职工代表视频拍摄宣传活动和普通产业工人短视频挑战赛，宣传产业工人爱岗敬业、无私奉献的故事。以“工情直通车”形式10余次组织市金蓝领技术服务队进企业下车间，帮助解决技术难题260余个，提升经济效益3800余万元。

(孙新志)

共青团衢州市委

【概　况】2020年，团市委以提升共青团“三力一度”(引领力、组织力、服务力和贡献度)为工作引领，贯彻落实市委七届八次全会精神，以工作项目为牵引，努力提升大局贡献度。一年来，团市委相关工作获市委主要领导批示和市委“十条军规”书面通报表扬2次，团市委机关干部参与各项中心工作获市级以上表彰6人次，获评全国文明城市创建工作突出贡献集体。在青少年思想政治引领、青春助力乡村振兴、8090新时代理论宣讲、组织青年志愿服务等方面取得一定成效。

【加强青少年思想政治引领】年内，认真学习贯彻团十八届三中全会精神，围绕“引领力、组织力、服务力如何协同作用”开展集中研讨3次，市县两级专职团干部通过上专题辅导、主题团课等形式，向基层团员青年宣讲38场次。结合“绽放战疫青春·争做有礼青年”五四主题教育、“开学法治第一课”等内容开展主题宣传教育活动，参与人数28万人次。疫情期间，发布《青春战“疫”》《“筷子”兄弟》等主题宣传片，开展“缅怀革命英烈·致敬战疫先锋·倡导文明祭祀”清明节“云升旗仪式”，被“学习强国”平台、人民日报客户端等主流官方媒体转载报道。扎实开展青年大学习主题团课、党团知识竞赛、主题团队课等培育载体，丰富仪式教育内涵，推动真善美种子工程一体培养、一体落地，引导青少年参与“文明城市创建”“公勺公筷推广”“河小二”“跑小青”等公益活动8万余人次。以市第六次少代会召开为契机，广泛开展“红领巾寻访有礼家乡”红色研学活动，设计10余条衢州市红色研学路线，近万支“雏鹰假日小队”参与红色研学。

【提升青年理论水平】年内，把学习贯彻习近平新时代中国特色社会主义思想作为首要政治任务，以8090新时代理论宣讲大行动为主抓手，推动广大青年学习、宣讲、传播党的创新理论。立足青年之家、红领巾学院、青年讲习所等团属阵地，择优选拔成立“红领巾”“小锦鲤”“青年说”等宣讲分团，举办全市“真善美”思政公开课展播、“红领巾寻访有礼家乡”红色研学等活动，推荐1268名理论宣讲员纳入市级宣讲人才库。

将全市团员干部全部纳入宣讲员“育苗”范围，宣讲表现纳入团内考核评价体系，全年各级团干部围绕党的十九届五中全会、市委七届八次全会等重要精神，建成精品课程351堂，开展宣讲8522场次，受众61.5万人。

【投身疫情防控阻击战】 年内，全市各级团组织、广大团员青年响应市委号召，组建疫情防控青年突击队132支，开展志愿服务4.2万多人次。各级团组织和团属组织通过网络平台发送舆论引导推文220条次，筹集物资资金200余万元。出台全市共青团助力企业复工复产九项举措，为企业提供复工政策宣传、助跑代办、防疫指导等服务，鼓励学农返乡大学生参与春耕生产实践。开展“青春战疫暖心同行”关爱行动，帮助一线医护人员解决切身困难73个。积极开展对口荆门支援行动，发动两地少先队组织开展“荆浙少年手拉手，战疫路上共成长”活动，相关事迹被团中央微博、“学习强国”等平台媒体报道关注。

【助力社会治理】 年内，围绕全国文明城市创建任务，开展志愿服务项目发布、人员招募、签到管理、后勤保障等工作，全市注册志愿者69万人，全年志愿服务时数11万小时，为衢州创文作出积极贡献，团市委被评为全国文明城市创建工作突出贡献集体。持续擦亮“衢州有礼”志愿服务队品牌，圆满完成全省微宣讲大赛、杭衢钱塘江诗路之旅首航仪式等全市重大赛会活动志愿服务保障16次，志愿服务满意率100%，有礼志愿者队伍管理有序，突破400人。积极开展志愿服务项目孵化培育，获得全国金奖1个及省级金奖1个、铜奖6个。深化青春助力“最多跑一次”改革主题活动，发动“跑小青”在优化营商环境、提升公共服务、矛盾纠纷调处等方面发挥积极作用。

团市委志愿者在联系小区美林小镇开展志愿服务活动

【推进市域青少年事务发展】 年内，引入专家团队，启动《衢州市中长期青年发展规划（2021—2025年）》编制工作。对照省级试点任务清单，指导龙游县、衢江区制定试点工作方案，打造特色亮点品牌，推动试点工作落地见效。持续“擦亮”四个“亲青”服务品牌，开展“疫”后春来，遇见天使——医护人员交友大会等亲青恋相亲交友活动23次，吸引近2000人参与。开展国家安全教育日、预防网络电信诈骗、网络安全宣传周等“亲青帮”系列宣传活动，覆盖人数35.7万人，“12355”青少年热线全年帮扶青少年1715例。“亲青创”上线各类创业就业优惠政策17条，发布用工需求92人。“亲青筹”平台累计筹集资金突破500万元，资助贫困学生843名，建成希望小学2所，认领“微心愿”1193条。

【助力衢籍大学生人才引进】 年内，以“家燕归巢、智汇衢州”为主题，从“建队伍、搭平台、强引导、优服务”四个方面全力打造共青团服务青年人才工作品牌。组建高校联络员队伍。开展两轮高校联络员招募活动，择优选拔高校联络员213名，涉及海内外高校106家。成立衢籍青年学子联盟，同步开发上线“云平台”，形成“高校联络站+联络员+衢籍学子”的分层分类联系渠道，联系覆盖衢籍高校学子6700余名。制定出台《关于推进衢雁回归助力四省边际中心城市建设的九条举措》《衢

6月12日，2020年全球衢籍青年人才桑梓行海外专场活动在衢州城市展示馆举行

州市大学生“家燕归巢”六项回乡行动计划》等办法，开展家乡行活动8场次，各类青年人才联谊活动14场次，提供社会实践、志愿服务岗等岗位820个。

【助力“乡村振兴”】 年内，开展“青村星主播”行动，联合市村播学院、MCN机构对青年主播进行全方位的人设打造和包装，培养一批具有一定带货能力的青年“网红”主播。培育“10万+”级粉丝量“星主播”36人，“50万+”级粉丝量“村播网红”12人。举办农村致富带头人培训班、“青创超市”进校园、百团服务进百企等活动，以形象培育、品牌塑造为抓手，创建省级示范性青创农场8家。深入挖掘“新农人”创业典型，龙游胡秀秀成功获评“青牛奖”。

【开展对口援建行动】 年内，深化对口援建工作，17个团组织与新疆生产建设兵团第一师四团各团组织开展结对帮扶共建，组织团干部、青联委员、青企协会员赴新疆开展扶贫协作，捐赠爱心书包1046个，累计统筹落实资金50余万元。

【深化共青团改革攻坚】 年内，以基层共青团改革试点工作为突破口，指导常山县、江山市在社会组织团建、团干部队伍建设、党团队一体培养机制等方面形成县域改革经验，新建完善制度办法4个。以市、县两级“一专一站两联”为抓手，市、县两级团的专委会和县域团代表联络站实现全覆盖，团的委员、代表与团员青年关系更加紧密。开展“潮头工程”十大专项提升行动，实施2020年度县（市、区）基层团建领航项目。运用智慧团建分析监测基层团建中的薄弱环节，实现社会领域团组织建设、发展团员、学社衔接等关键领域有效提升。

【坚持全面从严治团】 年内，严格落实团干部协管，推动县级团委班子建设，协管县级团委班子岗位13人次。全面建立乡镇（街道）团委述职评议、履职考核制度，基层工作导向更加清晰。建立团干部履职能力测试制度，举办全市共青团党团知识竞赛，对团干部履职能力开展摸底测验。结合村社组织换届工作，排摸返乡大学生、退役军人等乡村青年骨干1185名，并积极向乡镇党委推荐。全市35岁以下村“两委”班子成员的村社数比例较上届大幅提高。做实团员教育管理，深化积分入团、“三亮三比”亮分制管理，推进全面从严治团。

【少年先锋队衢州市第六次代表大会】 11月27—28日，少年先锋队衢州市第六次代表大会在市少年宫召开。会议审议通过市第五届少工委工作报告，选举产生市第六届少工委主任、副主任、秘书长、副秘书长、第六届市少工委委员。此次少代会代表参观衢州市少先队工作成果展，并召开红领巾提案发布会。

（章建明）

衢州市妇女联合会

【概　况】 2020年，衢州市妇女联合会（以下简称市妇联）围绕“重要窗口”建设大局，紧扣“活力新衢州、美丽大花园”的发展，以“引领、服务、联系”广大妇女为工作着力点，不断探索创新，努力夯实基础，全市妇联工作取得新发展。

【巾帼助力抗疫】 自衢州市启动新冠肺炎疫情防控一级响应以来，市妇联坚决贯彻执行中央、

5月25日，衢州市新时代女性创业创新大赛暨产业项目推介会召开

省、市对疫情防控的部署。2月7日至3月中旬，市妇联机关每天派出1/3干部力量到社区开展“包区清楼”行动及抗疫相关工作。在疫情期间，发挥妇联的组织优势和广泛联系妇女的便利，弘扬新时代家庭观，激发广大妇女家国情怀，引领各级妇联干部、巾帼志愿者和广大妇女积极投身抗疫一线，参与联防联控。针对一线抗疫医务人员家庭，开展“巾帼暖心服务行动”。立足家庭主阵地，结合抗疫和创文，推动“公筷公勺进万家”行动、“衢州有礼·美好家”家庭建设综合平台打造等系列工作。随着疫情进入常态化防控阶段，市妇联紧跟“抓防疫、促发展”主旋律，积极响应落实“六稳”“六保”，推出八大措施助力复工复产。5月，举办“新时代女性创业创新大赛暨产业项目推介会”，是衢州市2020年首个全国性商务活动，现场签约5个项目，意向授信4.35亿元。

【“一米菜园”创建】 年初，根据市委、市政府工作部署，“一米菜园”创建工作被写入市两会政府工作报告，并纳入全市乡村振兴考核。市妇联按照美丽浙江和大花园行动部署，以巾帼助力新时代美丽乡村建设为指引，充分利用农民房前屋后闲置土地、拆后闲置空地、村内零星土地，在全市乡村推动“一米菜园”创建，以小切口撬动大主题，为乡村振兴赋能。《人民日报》《中国妇女报》等中央主流媒体对“一米菜园”进行报道，引发社会广泛关注，获全国妇联、省政府领导的关注和批示，全国妇联领导在8月、9月、11月三度到衢州实地调研考察，予以充分肯定。截至年末，“一米菜园”创建覆盖全市1129个行政村，占比75%以上。

【创新妇女儿童维权机制】 8月，出台《衢州妇女儿童突发重大侵权案事件处置发声6条操作指引》，编印《衢州市妇女儿童权益侵害案件处置工作手册》《衢州妇联系统妇女儿童舆情处置工作办法(试行)》，为妇女儿童重大侵权案件的应对处置和长效治理提供操作指南。获全国妇联肯定，被推广到全国妇联系统交流借鉴。

【原衢州市儿童公园整体移交】 原衢州市儿童公园(即原南区儿童公园)位于荷花中路127号，2016年2月23日闭园。通过衢州市政府十里长街综合改造项目提升后，成为敞开式市民公园。2020年5月21日，从公园后续专业归口管理角度出发，市政府召

9月24—25日，全国妇联书记处书记章冬梅(右四)一行到衢州调研“一米菜园”创建工作

开原南区儿童公园整体移交工作协调会，明确原南区儿童公园土地由市政府从市妇联无偿收回；原南区儿童公园地块上的儿童之家、公厕两幢建筑物，由市妇女儿童服务中心无偿划拨给市园林绿化管理服务中心，并于10月完成交接手续。

【衢州儿童公园产权变更】 2019年5月28日，衢州儿童公园开园，位于衢州市柯城区九龙北路99号、古田路108号。鉴于机构改革，市妇联下属单位“衢州市妇女儿童活动中心（衢州市儿童公园）”更名为“衢州市妇女儿童服务中心”，不再保留“衢州市儿童公园”牌子和职能，单位性质亦从公益二类变为公益一类，不得从事经营性活动。原“出租衢州儿童公园场地并收取租金”等经营性业务职能不适合由机构改革后的“衢州市妇女儿童服务中心”继续承担。2020年7月1日，市政府召开衢州儿童公园移交相关事项协调会，明确衢州儿童公园国有资产产权变更和协议变更事宜。会后，经产权变更，衢州市基础设施投资公司成为衢州儿童公园国有资产产权人。2020年7月31日，衢州市妇女儿童服务中心与诸暨市新飞娱乐设备制造厂签订《解除合同协议书》，同时衢州市基础设施投资有限责任公司与衢州市佳家乐儿童乐园管理有限公司签订《衢州儿童公园场地租赁协议》，衢州儿童公园移交工作顺利完成。

（罗晓彧）

衢州市科学技术协会

【概　况】 2020年，衢州市科协围绕市委“1433”发展战略体系布局，坚持“四服务”的职能定位，按照“立足本职、融入中心、创新载体”的工作思路，团结带领广大科技工作者投身疫情防控、复工复产、全国文明城市创建、乡村振兴等中心工作，在“活力新衢州、美丽大花园”建设中展现担当作为，为全省建设“重要窗口”贡献力量。市科协被中国科协评为2020年全国科普日活动优秀组织单位，科普大篷车项目被中国科协评为“明星车队”，被市治水办评为2019年衢州市“五水共治”公众满意度提升工作先进单位。

【青少年科技竞赛活动】 年初，由市科协、市教育局和团市委联合主办的第16届衢州市青少年科技创新大赛评审结果公布。此次大赛评出青少年科技创新项目一等奖10项、二等奖10项、三等奖14项；科技实践活动一等奖5项、二等奖8项、三等奖13项；科幻画一等奖12幅、二等奖25幅、三等奖39幅；科技辅导员创新成果一等奖1项、二等奖2项、三等奖3项；优秀辅导老师27位；优秀组织工作者5位。6月1日，第34届浙江省青少年科技创新大赛获奖结果公布，衢州市获科技创新成果一等奖1项、二等奖3项、三等奖17项；科技实践活动三等奖4项；科幻画一等奖1幅、二等奖5幅、三等奖3幅；科技辅导员创新成果三等奖3项。11月13日，衢州市首届中小学天文知识竞赛结果公布。此次大赛评出小学组一等奖5名、二等奖10名、三等奖15名；初中组一等奖2名、二等奖4名、三等奖6名；高中组一等奖2名、二等奖4名、三等奖6名。小学组团体一等奖1名、二等奖2名、三等奖3名；初中组团体一等奖1名、二等奖1名、三等奖1名；高中组团体一等奖1名、二等奖1名、三等奖1名；优秀组织奖6名；优秀指导教师奖16名。

【院士专家衢州行】 6月，赴上海、杭州等地，邀请黄荷凤、吴丰昌、李兰娟等院士参加市人才发展大会，为大会录制院士寄语。7月，邀请中国科学院院士杨卫、中国工程院院士任其龙一行到衢州参加“创新驱动发展与基础研究”报告会和系列考察活动。9月，邀请中国工程院院士、扬州大学教授张洪程一行到衢州考察企业，并作“科技引领粮食产业发展”报告会；11月，举办院士桂建芳衢州行活动，邀请桂建芳一行考察衢州鲟鱼产业和淡水鱼养殖，担任鲟龙科技研究院院长。全年邀请海内外院士到衢州25人次，开展对接交流活动19场。

【服务科技工作者】 年内，市科协、市科技局、市人力社保局联合开展第二十二届衢州市自然科学优秀论文评选工作，评选出自然科学优秀论文99篇，其中一等奖11篇、二等奖30篇、三等奖58篇。组织科技工作者参加长三角

第二十二届衢州市自然科学优秀论文奖获奖情况一览表

表8

一等奖(11篇)			
编号	作者	论文标题	推荐单位
qskx2020221001	刘 健、刘海东	*Asymptotic behavior of ground state solutions for nonlinear Schrodinger systems*(非线性薛定谔系统基态解的渐进行为)	衢州学院科协
qskx2020221002	黄志平、胡文涛、张 东、李晓苇	*Ceramic Roller Inline Diffusion With Lowest Standard Deviation for Crystalline Si Solar Cells*(晶体硅太阳能电池的低标准差陶瓷辊轴链式扩散)	衢州职业技术学院科协
qskx2020221003	雷 靖、梁珊珊、谭启玲、胡承孝	我国柑橘氮磷钾肥用量及减施潜力	江山市科协
qskx2020221004	林水泉、吕杨波、徐建光、陈震宏等	*Over-expression of Nav1.6 channels is associated with lymph node metastases in colorectal cancer*(*Nav1.6*通道过表达与结直肠癌淋巴结转移有关)	衢州市抗癌协会
qskx2020221005	陈国海、RadouilTzekov、李文生、姜方正等	*Incidence of endophthalmitis after vitrectomy: a systematic review and meta-analysis*(玻璃体切除术后眼内炎发生率的系统评价及*Meta*分析)	衢州市医师协会
qskx2020221006	陆 军、全晶晶、赵冬冬、王燕飞等	*Prevalence and molecular characteristics of mcr-1 gene in Salmonella typhimurium in a tertiary hospital of Zhejiang Province*(鼠伤寒沙门菌中*mcr*-1基因的流行情况及分子特征分析)	衢州市医学会
qskx2020221007	陈建新、王均惠、郑勤红、翁美玲等	*Radiologic Complete Response In Lung Adenocarcinoma With Symptomatic Brain Metastasis After Systematic Therapy: A Case Study*(晚期肺腺癌合并症状性脑转移经系统治疗后获得影像学完全缓解的病例报道)	衢州市抗癌协会
qskx2020221008	徐博伦、周文莉、朱铁培、程科云等	*A full-width half-maximum method to assess retinal vascular structural changes in patients with ischemic heart disease and microvascular angina*(基于半高全宽算法的微密度图像分割技术在冠心病与冠状动脉微循环障碍患者视网膜血管结构改变的应用研究)	衢州市医师协会
qskx202022109	周 华、吴香伦、陈东阳、祝华明等	*Simultaneous Determination of 24 Polycyclic Aromatic Hydrocarbons in Oils by Gas Chromatography-Mass Spectrometry Using an Improved Clean-up Procedure*(改进的净化方法结合气相色谱-质谱法同时测定食用油中24种多环芳烃)	衢州市预防医学会
qskx2020221010	邱惠萍、任艳丽、徐晖、姚水洪等	机构养老和居家养老老年人肠道菌群结构及多样性分析	衢州市医学会
qskx2020221011	李 盛	设计"惊异型"课堂提问彰显数学神奇魅力	衢州市数学学会

科技论坛、浙江省中西部乡村振兴战略论坛暨农村实用技术对接活动等各类学术与科技交流活动。开展浙江省青年高层次人才协会会员、浙江省突出贡献青年科技人才、科技追梦人、企业科协"三百"等推荐工作,6人被评为"浙江省科技追梦人",其中,柯城区新世纪学校老师陈昱安获"浙江省十佳科技追梦人"称号。开展全市科协系统科技志愿服务工作先进典型评选工作,16个集体和26名个人获表彰。

【"院士之家"建设】年内,按照省科协"浙江院士之家"创建工作部署,扎实做好"院士之家"建设工作,分别在开化、常山建立市级"院士之家"。其中,开化"钱江源院士之家"通过省级创建,被命名为首批"浙江院士之家"。同时,推进市级"院士之家"规范化建设,完成《衢州市院士之家管理办法》等制度起草工作,推动"院士之家"提升运行质量和实效。

2020年新建院士专家工作站一览表

表9

序号	建站企业名称	院　士	地　区
1	浙江豪邦化工有限公司	颜德岳	市本级
2	浙江常山京源石材有限公司	孙义燧	常山县

【院士专家工作站建设】 年内，浙江豪邦化工有限公司、浙江常山京源石材有限公司2家公司与院士签订协议。

【科普阵地建设】 年内，在市电视台新闻频道开办“身边的科学”专栏，在《衢州晚报》开设“科普在线”科普专栏。充分利用“两微一端”（微信、微博、移动客户端）和289个科普e站，开展“互联网+科普”，每周定期推送科学科技知识。新认定市级科普教育基地14个。至年末，全市拥有国家级科普教育基地1个、省级科普教育基地10个、市级科普教育基地54个，有效引导社会资源参加科普宣传工作。在全市51个特色科普场馆（中心）新配备科普展品、科学体验设备等科普器材，群众不出家门就能体验到科技乐趣。对全市1385座近万米长的科普画廊进行社会化管理，按月更换科普内容和管理维护，并通过网络动态管理系统进行跟踪监督。

【科技（科普）活动周】 年内，在全国科技周活动期间（每年5月第三个星期），以“乐享科学，衢州有礼”为主题，策划实施23场次科普活动，展出科普图板500余张次，参与公众近万人次。

【全国科普日活动】 2020年全国科普日活动定于9月19—25日开展。9月19日，由市科协、市委宣传部、市教育局、市科技局、市水利局、市农业农村局、市卫健委、市应急局及市社科联联合主办，衢江区科协、衢江区高家镇承办的衢州市2020年全国科普日启动仪式，在衢江区高家镇文化广场举行。在全国科普日期间，围绕“决胜全面小康，践行科技为民”主题，动员组织广大科技工作者、科普工作者和社会力量，在全市范围内开展180余场次科普活动，服务公众11万余人次，发放各类科普宣传资料9万余份。通报表扬33家单位、28项科普活动和25名科技志愿者。

【科普志愿服务进万家活动】 年内，积极响应市委、市政府“八个一”文明行动号召，以“践行‘八个一’，共创‘有礼城’”为主题，走进42个村、社，开展科普志愿服务进万家活动，助力“一座最有礼的城市”建设。

【衢州市文明素养科普知识网络竞赛】 4月15日至5月14日，开展以“乐享科学、衢州有礼”为主题的衢州市文明素养科普知识网络竞赛活动，累计254130人次参与答题，最终评选出优秀组织单位34个，科普达人100人，科普优胜奖150名。

【科普进校园】 年内，开展公益课堂科普志愿行活动，以“文明的力量”为主题，组织科技志愿者走进30个学校（村、社）开办公益课堂；组织科技辅导员开展10场次的暑假青少年创客进社区公益活动，惠及近万名青少年。发挥科普大篷车和流动科技馆的功能，全年走进24所乡村校园，开展送科技、送教育活动，让万余名学生体验科学知识带来的乐趣和科技的神奇魅力。组织1.5万余名学生走进市科技活动中心，开展科技体验活动。

【青少年科普研学自由行】 年内，与基层科普基地合作，征集200余个家庭、500余人次，以“致敬驰援武汉白衣天使，践行社会主义核心价值观活动”“节约粮食、杜绝浪费”“守护绿水青山，争做环保小达人”等为主题，开展9次“小鹿壮壮”亲子服务科普研学自由行活动。开办公益科普研学夏令营活动，以“圆梦蒲公英·有礼衢州行”为主题，邀请104名青少年，举办2场次、为期3天的“小候鸟”公益科普研学夏令营，为在衢务工人员子女培育科技梦想；组织10名高中生参加中南大学高校科技夏令营活动，开化县职业教育中心老师曾鹏获湖南省教育厅和湖南省科协通报表彰。

【“五水共治满意度（幸福感）”提升普及活动】 年内，组织百人次科技志愿者走进6个村（社），开展“五水共治满意度（幸福感）”提升普及活动；编制“五水共治满意

10月31日，“践行生态文明、守护绿水青山”——2020年衢州“五水共治满意度（幸福感）”科普宣传活动

度（幸福感）”调查问卷，在全市科普画廊、科普e站、科普微信上推广普及。

【科普进社区】 年内，开展科普情景剧巡演，邀请钱江浪花艺术团走进柯城、衢江、龙游、开化、常山，举办5场次《加油！科学+》大型科普情景剧演出，让群众感受到科学知识在日常生活中无处不在的魅力。

【科普进乡村文化礼堂】 年内，以一次科普图片展、一场科普电影播放、一场科普咨询会、一批科普资料发放、一场科普知识有奖问答、一台科普文艺表演等活动方式，举办12场次文化科技卫生“三下乡”活动，为群众普及科学知识、开展卫生健康服务。组织衢化医院、衢州爱尔眼科医院、衢州口腔医院等千名志愿者，走进94个乡村（社区），开展免费体检、义诊咨询、科普知识讲座等卫生健康服务活动。

【科技下乡】 年内，以乡村振兴讲堂、农村专业协会、科普教育基地、农村科普示范基地、农民技术人员等为基础，在全市乡镇设立中心讲堂103个，村级教学点1386个，农函大教学点101个。根据疫情需要，创新开展线上“空中课堂”+线下“实地教学”相结合的农村实用技术培训，全年开办“空中课堂”27场和“实地教学”41场，累计培训农民万余人，发放结业证书1039本，244人获初、中级技术职称，19人获高级职称。承办2期全省新型农业经营主体带头人轮训班，144人参训。邀请22名教授、博士生，分别走进江山市坛石、开化县大溪边乡和龙游县社阳乡开展博士生科技服务活动。大力实施科普惠农兴村计划，全年培育基层科普惠农单位14个，农村科普带头人6人。推动衢州市益年堂农林科技有限公司与浙江省科协、浙江农林大学、浙江省农产品质量安全学会等联合共建，建立衢江白及科技小院，助力中药材产业发展。先后5次邀请专家赴常山县白石镇草坪村，开展辣椒种植和衍生农产品制作技术指导，帮助草坪村成功注册“草坪红”辣椒酱商标。

【产学研协同创新工作】 年内，龙游县科协举办院士专家龙游行暨龙游特种纸产业创新与发展论坛，2家企业与专家签订项目合作协议，陕西科技大学与龙游县经济开发区签订合作协议，建立陕西科技大学龙游特种纸研究院，成立龙游特种纸产业院士专家委员会，推动全市特种纸产业创新与发展。东南数字经济研究院科协联合正泰集团，组建正泰集团衢州创新研究院，共同开展科研攻关、人才引进、技术服务等工作，为正泰集团技术成果落地转化搭建平台；携手绿色产业集聚区和重点企业组建传感器产业研究院，为全市传感器产业发展提供共性技术和高端人才支撑；成功创建省级数字经济（智慧产业）产业创新服务综合体和省级创新创业示范基地等省级平台。推进创新服务综合体建设，推动建立浙江省蜂业学会“衢州蜜蜂产业联合体”、柯城柑橘产业创新服务综合体、柯城功能性新材料应用产业创新服务综合体、柯城时尚低碳产业创新服务综合体。组织学会精准助企，市药学会协助市巨泰药业实现“弯道超车”，巨泰药业公司头孢克肟片通过仿制药质量与疗效一致性评价，成为全国首个通过一致性评价的品种；协助浙江广胜集团将三叶青研粉吞服列入《浙江省中药炮制规范》,帮助企业顺利通过GMP认证现场检查并取得药品生产许可证。市食品加工学会组织专家团队,帮助浙江金明生物科技有限公司等7家食品企业,解决厂房设计、升级改造、工艺技术等方面的实际问题。市产学研协同创新促进会组织专家为13家企业开展服务20余次。

【社会组织建设】 年内,成立衢州市智能制造技术与装备研究院和东南数字经济发展研究院科协、衢州市农林科研院科协,新建46家企业科学技术协会。

(杜　韵)

衢州市归国华侨联合会

10月18日,市侨联领导出席长三角城市侨创联盟成立仪式

【概　况】 2020年,市归国华侨联合会(以下简称市侨联)围绕中心、为侨服务,团结带领广大海外侨胞、归侨侨眷抗击新冠疫情,全面推进侨联改革发展,各项工作取得新成效。市侨联在省侨联十代次会上获评先进集体称号。4月29日,市侨联的衢州市建成"大侨务"工作体系被评为2019年度全省侨联系统"最具影响力工作"。

【推动侨界创新】 年内,积极服务长三角一体化国家战略,推动融杭接沪山海协作,参与上海、南京等长三角主要城市共同发起的长三角城市侨创联盟。10月18日,市侨联党组书记、主席姚利华出席长三角城市侨创联盟成立仪式。市侨联副主席、杭开控股集团有限公司总裁邵建英当选副理事长,杭州纤纳光电科技有限公司、浙江派迪畅科技发展有限公司、浙江智熔增材制造技术有限公司3家衢州侨企4名个人当选联盟理事。以华侨国际文化交流基地、归国留学人员创业创新合作联盟实践基地、侨界助力乡村振兴示范基地等"三大基地"为基础,推动各区块立足县情区情,深挖特色亮点,打造侨界"一域一品"创业创新平台。

【抗击疫情】 全力抗击新冠肺炎疫情,市侨联第一时间向海外发出倡议书,联系欧洲衢州同乡总会、非洲肯尼亚衢州联络站等海外衢州籍社团组织、侨胞、留学生等,得到广大海外侨胞的积极响应,衢籍海外侨胞为家乡捐资捐物价值近千万元,帮助缓解全市抗疫初期物资匮乏的局面。疫情在全球蔓延时,向全市侨企、涉侨人士发出捐助海外抗疫倡议,向海外发送援侨物资数十万件;协助衢州籍留学生成功申领"健康包""爱心口罩"等抗疫物资;组织衢州籍海外侨胞、留学生等收听收看省侨联组织的"情系游子心、防疫共此时"浙江关爱海外侨胞和留学生等科学防疫专家直播。联合卫健委紧急开发、上线衢州市人民医院、衢州市中医院互联网医院海外版,建立医生微信群,随时接受海外侨胞咨询。协助浙江西臣医疗科技公司向中国驻乍得共和国大使馆捐赠5万只医用口罩和民用口罩、消毒液、洗手液等抗疫物资,得到乍得政府好评。组建抗疫联络组、"包区清楼"组和嘉兴大云接站组3个工作组,在抗疫一线勇当先锋,帮扶海外侨胞、留学生做好隔离防护。开展"大手牵小手、老侨带新侨、新侨帮老侨"活动,引导海外归衢侨胞主动配合做好防疫工作。推出"送一封慰问信、赠一份爱心礼"等人文关怀活动,指导属地侨联做好负责隔离点的"为侨贴心服务"工作。此外,组织侨企支援本市抗疫,衢州市侨联副主席、市留联会会长江云峰向衢州人民医院、第二人民医院捐赠100万元,留联会常务副会长叶浩向衢州市红十字会捐款300万元,并减免衢州国金中心所有商铺(含物管)30天租金等。据不完全统计,衢州侨企国内捐款捐物价值近千万元。衢州市侨联副主席、市留联会会长江云锋,市留联会副会长饶胜男因在疫情防控和复工复产中表现突出被市七届人大常委会通报表彰。柯城区侨联获"全国侨联系统抗击新冠肺炎疫情先进集体"。市侨联党组书记、主席姚利华获"全国侨联系统抗击新冠肺炎疫情先进个人"。

【助力复工复产】 年内,开展"助企抗疫情、联企复生产"服务侨企专项行动,赴20余家侨企调研,协助企业复工复产。为侨企筹措到5.2万只口罩,解企业燃眉之急。推进"共享员工"活动,引导侨企之间互帮互助。成立侨留联互助合作社,首批30家侨企入驻,分享市场,互帮互助。主动与市公安局协作,邀请部分外贸侨企同公安局出入境等部门进行交流,与浙江天赞律师事务所签订战略合作协议,成立侨联法律服务中心,为侨企免费提供法律咨询服务。

【双招双引】 年内,主动对接侨商投资信息。11月20日,陪同市委常委、统战部部长傅根友赴昆明云内动力股份有限公司考察,与投资方洽谈,达成合作意向,成功引进云内动力、鲍斯股份2家上市公司与本地企业合作,共同成立浙江云起机械有限公司,投资打造空气动力产业高地。助力乡村振兴建设,龙游县沐尘保洁产品项目正式落地,该项目被《人民日报》作为侨界扶贫工作典型事例予以刊载。加强与省侨联、省龙舟协会的沟通联络,推动省级龙舟基地落户龙天红木小镇。11月23日,浙江省首家龙舟文化基地揭牌仪式在龙游红木小镇举行。

【文化交流】 1月10日,在市博物馆举行"陈灿培夫妇捐赠杜立特行动及飞虎队史料"捐赠仪式。据悉,这批史料有116件,包括杜立特突袭的B-25同型战机零件、杜立特突袭行动纪念徽章、杜立特突袭者亲笔签名以及当时的报纸杂志等。7月16—30日,举办"亲情中华·为你讲故事"网上夏令营"有礼衢州"营活动,来自加拿大的100名华裔少年参加,开展学习讲述中国传统文化故事、观看衢州宣传片等活动,增进海外青少年对中国传统文化的了解。面向海内外侨胞开展"八个一"(一座"车让人"的城市、一座"烟头不落地"的城市、一座"自觉排队"的城市、一座"使用公筷公勺"的城市、一座"不随地吐痰"的城市、一座"行作揖礼"的城市、一座"没有牛皮癣"的城市、一座"拆墙透绿"的城市)有礼活动推介,发出"侨界有礼行动"倡议书,深入侨企和社区推广使用公筷公勺,助力有礼衢州建设。

【基层组织建设】 年内,成立市侨联机关党支部委员会,举行首届支委会选举。指导衢州学院成立归国华侨联合会、留学人员和家属联谊会。指导开化县侨联、龙游县侨联召开侨代会。指导市留联会召开五届二次会员代表大会,推进实施会长轮值制。帮助柯城区荷西苑社区建设侨之家。举办侨联干部和新侨培训班,提升侨联干部为侨服务水平。市人大、市政协先后对市侨联"大侨务"工作开展情况和"乡村振兴侨先行"推进情况进行专题视察,对侨联工作给予肯定。

7月15日,衢州学院成立归国华侨联合会、留学人员和家属联谊会

(刘　业)

衢州市文学艺术界联合会

【概　况】 2020年，全市文联系统始终坚持围绕中心、服务大局，围绕“多出精品、多出人才；讲好衢州故事，传播好衢州声音”的目标要求，坚持深入生活、扎根人民，团结和引领广大文艺工作者主动担当，投身“活力新衢州、美丽大花园”建设，为衢州建设“重要窗口”贡献文艺力量。

【文艺精品创作】 年内，贯彻落实省委宣传部“三个地”文艺精品创优工作，推动出台《衢州市促进文艺事业发展扶持奖励办法》及其实施细则，积极发动文艺精品扶持工程第八批项目（作品）申报，全市共申报51件项目，其中16件入选市文艺精品扶持工程第八批项目。

【文艺抗疫】 全力抗击新冠肺炎疫情，市文联第一时间组织发动全市文艺工作者，创作一批有温度、接地气的文艺作品，举办书法、美术、篆刻等主题网络展和义卖活动，其中市书协推出4期书法作品义卖，筹得善款12.76万元，形成一道奋力抗“疫”的美丽风景。联合市卫健委积极筹备举办“人民的战疫”——抗疫综合展，展出赴鄂医护人员救治记录、医疗物资、影像、书画作品等，其中书画篆刻作品30余幅。据不完全统计，全市创作文学、书法、美术、音乐、摄影等各类主题作品5000余件，被央视《新闻联播》、《浙江日报》、浙江文艺等媒体推送传播近200条次。

【衢州市“双百千村”文艺工程】 年内，启动全市第二批50个特色文艺村（社）创建，从送文化、种文化向创文化转变，着力推进乡村文明。特色文艺村（县）与市、县两级协会结对提升，全年计划打造8个提升示范点。典型做法得到中国文联《工作通讯》第8期和省文联《简报》第8期推广宣传，省文联党组书记陈瑶批示：“衢州市文联‘双百千村文’艺工程实施一年来效果明显，希望进一步总结经验、抓实落细，为乡村现代化建设赋能。”策划“遇见衢州最美文艺村落”宣传报道，对8个特色文艺村提升示范点开展系统报道。至年末，全市各级文联、文艺家协会开展书法、美术、音乐等基层服务活动近200场次，参与文艺志愿者1000余人次，受益群众4万余人。

【“文艺之家”市域全覆盖】 年内，强化阵地建设，市、县两级文联“文艺之家”实现全覆盖，市文联投资300万元完成徽州会馆修缮工程，为新文艺群体创作交流培训提供较高水准硬件条件。江山市投资59万元对“文艺之家”进行提升，完工后于11月8日举办浙西书法学术研讨会开幕式暨“江山文艺之家”揭牌仪式，邀请浙江省文联副主席、书记处书记、省书协主席赵雁君参加会议并揭牌。

【文联深化改革】 年内，全面落实《衢州市文联深化改革实施方案》，指导督促各县（市、区）加快改革步伐，深化文联改革，推进县（市、区）基层文联组织建设，探索建立“三横三纵”基层文联组织，调整优化市文联职能，新增内设机构组织联络部。全面加强市文联与各县（市、区）文联的合作联动，进一步强化对市级各文艺家协会服务管理，巩固发展大文联工作格局。深化衢州

10月21日，“遇见衢州最美文艺村落”融媒体采访活动启动仪式在衢江区杜泽老街举行

9月7日，衢州市民间文艺家协会第七次会员代表大会召开

书画院改革，首次集中聘任26位特聘书画师。

【乡镇(街道)文联试点组建】年内，按照“有班子、有经费、有活动、有队伍”的“四有”标准，稳步推动乡镇(街道)建立文联组织。龙游县湖镇镇、龙洲街道，常山县华埠镇，开化县马金镇均已组建乡镇文联组织，并因地制宜下设书法协会、诗词协会、民间文艺等协会。年末，实现各县(市、区)建成1家以上乡镇文联。

【完成协会集中换届】年内，市文艺家协会在换届工作中严把人选、程序、纪律三关，选出政治站位高、业务素质精、组织协调强的优秀协会负责人和领导班子，完成11家协会的换届选举和1家协会成立工作。该11家协会换届参会代表753人次，选举产生新一届理事329人，主席团委员145人，副主席59人，主席11人，其中6个协会选出新的主席。各协会新的班子队伍呈现出结构年轻化、业务专业化、门类全面化的鲜明特色。市篆刻家协会、市戏剧家协会完成社会团体注册登记工作。江山市率先成立生态作家协会。

【文艺队伍建设】年内，全市新增国家级会员9人、省级会员60余人。全年28人次在国家级赛事中入展获奖、106人次在省级赛事中入展获奖。通过“请进来、走出去”“师带徒”、专家工作坊等途径切实做大做强各协会人才队伍核心竞争力。各协会按照“领军人才强、艺术门类全、梯队层次完备”三个努力目标，深化“十百千万”人才培养工程，制订年度人才培养计划，不断优化文艺人才队伍结构。摄协每月举办F16摄影沙龙活动，各拍摄领域按主题、理念、技巧等方面内容，分享摄影方向和摄影理念，提高摄影水平。巨化文联继续举办第四期工业版画培训班，展示工业版画艺术魅力，推动巨化工业版画创作再创辉煌。

【《衢州艺文七十人集》正式发行】年内，由市委宣传部、市文联共同编纂，浙江人民美术出版社出版的《衢州艺文七十人集》系列丛书正式公开发行。本套丛书编撰工作前后历经一年多时间，经过广泛发动、层层推荐、认真评选、公示审核和精心组织，分书法卷、美术卷、文学·民间文艺卷、摄影·戏剧卷、影视·音乐·舞蹈卷五卷，收录衢州70位各门类艺术家的艺术档案，清晰地展示70年来衢州文艺工作的成就与发展。

【举办各类主题文艺活动】年内，聚焦“全面小康”“钱塘诗路”“两山转化”“衢州有礼”等时代主题，举办“绿水青山就是金山银山——衢州市生态文明书法精品展”“满庭芳菲小康衢州——衢州市首届花鸟画作品展”“衢州有礼·小康印象——衢州市篆刻展”“小溪泛尽却山行——衢州市女书家进杭展”等10余场创作及展演展示活动；举办“向英雄致敬”新春楹联展、“衢州有礼乡村有情”农民书法家进城送福活动、“钱塘诗路·衢州有礼”书画创作采风活动。邀请西泠书画院原副院长陆秀竞及杜高杰、徐家昌等一行著名书画家到衢州采风创作，组织发动“艺起携手·喜迎小康”网络书画摄影作品展。

（姜明明）

衢州市作家协会

【概　况】2020年，衢州市作家协会(以下简称市作协)在省作家协会、市委宣传部、市文联的重视、支持和指导下，深入贯彻习近平总书记在全国文艺工作者座谈会上的重要讲话和党的十九大精神，围绕市委、市政府中心工作，发挥主观能动性，举办系列活动，涌现一批骨干作者，并创作一批优秀作品，为促进衢州市精神文明建设，发挥作协应有的作用。

【文学活动】 1月3—4日，浙江省作协副主席哲贵和钟求是分别在市文联和巨化电大进行文学讲座。6月21日晚，浙江省作协副主席、著名儿童文学作家汤汤在市文联作"奇妙又诗意，温柔又锋利"儿童文学讲座，毛芦芦长篇小说《遇见橘子花开》新书发布会同时举行。8月19日，浙江省作协乡村文学创作基地揭牌仪式暨新时代乡村题材文学创作采风活动在常山县徐村村举行，徐村村成为浙江省首家乡村文学创作基地。9月12日，衢州市作家协会第七次代表大会在衢州召开。大会选举产生新一届理事会理事，余风当选主席，毛芦芦、孙红旗、连中福、周华诚、周建新、周新华、闻婷、柴薪、徐均生当选副主席，张翔当选秘书长，王海福、方小康、叶大洪、张翔、陈炜、陈明明、蔡兴荣当选主席团委员。9月15日，海南省作协主席、海南省文学院院长、天涯杂志社社长梅国云在水亭街南孔书屋开展文学讲座。11月，举办"全民读书周"活动，市作协组织文学衢军作品汇展，开展诗歌作品朗诵会、周华诚文学讲座等活动。12月5日上午，衢州市作家协会诗歌创作委员会成立，为衢州诗歌爱好者提供指导和交流的新平台。12月5日下午，著名诗人、《星星》诗刊副主编干海兵，编审李自国在衢州儒学馆举办诗歌和文学的讲座。

2020年，衢江区文学协会举办"走向我们的小康生活"征文，邀请作家周华诚、梁晓明、伊甸、石人、汪剑钊等采风、讲座。龙游县作协邀请省作协副主席、省散文学会会长陆春祥前来讲座。10月24日，国内首个县级生态作家协会——江山市生态作家协会正式成立，特聘中国生态作协主席、茅盾文学奖评委李青松为协会顾问。开化县作协开设"文学创作奖"，组织开展"美丽钱江源·抒情写开化"作品大赛活动。

12月5日，衢州市作家协会诗歌创作委员会成立

【优秀作品】 年内，面对新冠疫情，市作协在第一时间带领广大会员响应省作协、市委宣传部、市文联号召，以文学作品倾力记录和讴歌一线医务工作者、基层工作人员和普通民众。至5月底，市作协会员创作2000余篇（件）抗疫文学作品，单篇作品网络最高点击量80余万次，刊发6期"衢州文艺"、4期"浙江文艺"，部分作品被制作成音频，登上学习强国全国总平台和浙江平台，在《中国艺术报》、中国文艺评论、中国作家网、中国网、"中国诗人"、浙江新闻客户端、浙江省共产党网、"浙江诗人""浙江文艺"《衢州日报》"掌上衢州""衢州文艺""朗朗衢州"等新媒体平台广泛传播。

全年，协会会员在省级以上刊物发表多篇作品。徐均生的小小说发表在《小小说选刊》《微型小说选刊》；毛芦芦、陈炜的儿童文学作品发表在《少年文艺》《儿童文学》；周华诚的散文发表在《人民日报》《文学报》《散文》《青年作家》《福建文学》等报纸杂志；余风、崔岩、赖子、阿剑、凡人、毛建新、徐卫君、步红祖、陈华元、小荒等人的诗歌发表在《诗刊》《作家》《星星诗刊》《诗歌月刊》《扬子江诗刊》《诗潮》《青年作家》《西藏文学》《海燕》等。同时，出版一批文学书籍，长篇小说有徐均生的《圣地》、周建新的《刘家福》、赵容华的《江郎传》、毛香菊的《师者》；中篇小说有赵晖的《琥珀》；散文有周华诚的《一日不作，一日不食》《素履以往》；儿童文学有阿娅的《熊孩子vs哎呀老师》系列；报告文学有连中福的《本色》等。毛芦芦的《点街女孩儿》入选首届年度儿童文学新书榜，并获冰心儿童图书奖；《呀，小土豆》获接力杯金波幼儿文学奖铜奖。此外，毛芦芦、汪芦川、陈雪华、阿剑等人的作品在国家级省级赛事上获奖。

【文艺赋能】 年内，市作协围绕“双百千村·文艺赋能”主题，以文艺的力量为乡村振兴蓄势赋能。“双百千村”文艺工程实现衢州全覆盖，并得到提升。市作协在江山市清湖街道三村建立首个文学创作基地；柯城区作协与信安街道沙湾村结对，借力古城双修、美丽乡村建设、信安湖提升工程，打造清廉小镇和赵抃廉政文化建设；衢江区文学协会组织和邀请诗人作家进入湖南镇破石村，用文学方式宣传破石村旅游资源；龙游县作协主动对接全国少数民族特色村寨——詹家镇浦山村，挖掘当地优良的畲族文化，为美丽乡村建设增光添彩；江山市作协在和睦大院建立创作基地，突出“和”文化和“孝”文化两大主题；常山县作协组织建立“走美丽乡村·读书香慢城”文学创作采风小分队、“古村落保护”小分队、“传承红色记忆·弘扬传统文化”小分队3支文艺小分队；开化县作协每月邀请名家1-2次，在开化书城开设文学月讲坛，让古典诗词创作走进音坑乡下淤村，使之成为市文联选定的8个首批特色文艺村（社）之一；巨化作协在衢江区全旺镇官塘村和太真乡王家山村挂牌建立2个文学创作基地，结合乡村振兴计划，将文学创作扎根于农村。

（张　翔）

衢州市新闻工作者协会

【概　况】 2020年，衢州市新闻工作者协会以增强“四力”教育实践工作、深化“三项学习教育活动”、践行“四向四做”为主线，以学习贯彻《中国新闻工作者职业道德准则》为抓手，团结引领全市广大新闻工作者唱响主旋律、传播正能量、打好主动仗，为践行“八八战略”、打造“重要窗口”和高水平全面建成小康社会营造舆论氛围。

【新闻奖】 年内，对2019年度衢州新闻奖评选项目进行调整，加大新媒体作品评选力度，参评数量较上年增长15%。同时，对评委组成进行充实完善，大幅度增加基层新闻单位评委数量，每个县（市、区）传媒集团都有评委参加，以评奖促业务交流，提升业务水平。245件作品获“2019年度衢州新闻奖”，其中特别奖1件、重大主题报道创新奖2件，一等奖45件、二等奖71件、三等奖126件。在2019年度浙江新闻奖评选中，衢州23件作品获奖，《村规民约：上洋村的“法宝”——一个“全国民主法治示范村”的成长印记》和《散尽千万家财，只愿一生守护红军英烈》等2件作品获得一等奖。

【媒体采风活动】 2020年是“两山”理念诞生15周年，省新闻工作者协会暨新媒体专业委员会组织开展“纪念‘两山’理念15周年，打卡‘两山’路”新媒体采风活动，6月9—12日，新华社、《中国日报》、《中国青年报》、“浙江在

6月11日，“纪念‘两山’理念15周年，打卡‘两山’路”新媒体采风衢州行活动

线”等中央和浙江的18家媒体记者参加衢州行采风活动，先后深入“衢州有礼”诗画风光带衢江段、龙游六春湖高山运动小镇、开化县华埠镇金星村和根宫佛国、常山县新昌乡生态油茶基地、江山市石门镇清漾村和柯城区石梁镇张西村等地采风，集中刊发60多篇报道，全面展示衢州牢记习近平总书记嘱托，以“两山”理念为指引，在生态文明建设方面开展的生动实践和取得的成果。

【新闻阅评】上半年，再次调整充实新闻阅评员队伍，聘请8位政治素质和业务素质“双过硬”的新闻阅评员。进一步改进阅评方式，从9月起，《新闻阅评》内刊新增“上期阅评意见落实反馈”板块，刊载市级2家新闻单位对阅评意见的改进反馈情况，让新闻阅评阅出深度、评出实效，形成工作闭环，成为提升新闻工作能力水平的“助推器”。全年编印12期《新闻阅评》，刊登建设性意见、探讨性意见和批评性意见211条，其中提醒、提示78条，《新闻阅评》的影响力和公信力显著提升，获得省委宣传部表扬。

【新闻工作者援助项目】年内，与中国记协、省记协对接，申报2020年中国新闻工作者援助项目，衢州首次有新闻工作者获得援助，因公导致伤残的衢州日报报业传媒集团记者陈霞、腊莎和因重病导致家庭生活困难的龙游传媒集团记者姜毅被列入援助名单。

（周建军）

中国国际贸易促进委员会衢州市委员会

【概　况】2020年，中国国际贸易促进委员会衢州市委员会（以下简称市贸促会）深化落实“两手硬、两战赢”要求，统筹疫情防控和复工复产，坚持“线上”“线下”融合，深化改革创新，狠抓工作落实，在稳外贸稳外资、建设“重要窗口”中贡献力量。年内，浙江省贸促会主要领导先后5次批示肯定衢州市贸促会工作，衢州市化工产品对外贸易预警点获评2019年度优秀预警点。

【不可抗力证明书助力企业稳订单】新冠肺炎疫情期间，为14家企业免费办理14份不可抗力事实性证明书，合同金额16405.52万元，涉及美国、日本、德国等10个国家和地区，帮助企业因停工停产解决合同无法正常履约问题。

【衢州市进出口企业促进会成立】11月26日，牵头成立衢州市进出口企业促进会，衢州华海新能源科技有限公司总经理李天成当选首届会长。

【举办2020衢州双循环新发展格局外经贸高质量发展论坛】11月26日，由市政府主办，市贸促会、市国际商会、市进出口企业促进会共同承办的2020衢州双循环新发展格局外经贸高质量发展论坛成功举办，副市长田俊、省贸促会副会长林炜、中国贸促会法律事务部副巡视员李薇出席并致辞，邀请自由贸易、企业数字化转型、国际贸易风险防范等方面专家作专题培训，为企业应对新发展形势、新发展格局提供智库支撑。

【举办国际经贸代表团浙江行（衢州站）活动】7月28—30日，组织由白俄罗斯、印度尼西亚、奥地利等8个国家的领事馆、商协会在华代表机构、省贸促会海外联络处等机构的20余名代表，举办国际经贸代表团浙江行（衢州站）活动，代表团实地考察衢州市6家重点外经贸企业、开化县根缘小镇，全面了解市情市貌和集聚区、衢江区、开化县等市、县两级经济技术开发区国际经贸概况。省贸

11月26日，衢州市进出口企业促进会成立

促会会长陈宗尧、副市长田俊、白俄罗斯共和国驻上海总领事馆总领事安德烈·安德烈耶夫、印度尼西亚共和国驻上海总领事馆总领事戴宁出席活动。此次活动是后疫情时期开展线下对外沟通交流的有益尝试，是助力企业应对复杂的外经贸环境和严峻国际形势的重要举措，是宣传衢州、展示衢州的有利契机，受到社会各界尤其是衢州企业的一致好评。

【举办2020中国衢州—韩国产业合作线上对接活动】 6月11日，由市政府主办，市商务局、衢州绿色产业集聚区、衢州市贸促会协办，莱蒙国际、上海莱萌商务咨询有限公司承办的2020中国衢州—韩国产业合作线上对接活动成功举办，有力助推衢州市与韩国产业对接和经贸往来。

【浙江(衢州)出口网上交易会(俄罗斯站消费品专场)线上活动】 6月29日至7月10日，举办2020浙江(衢州)出口网上交易会(俄罗斯站消费品专场)线上活动，此次活动依托欧洲商业联盟、俄罗斯工商联合会、俄罗斯零售商协会及俄罗斯供应链协会等行业专业商协会的买家资源库，邀请50家有采购意向的俄罗斯企业对接，组织全市40家优质外贸企业参加，为期12天的网上交易会实现100余场次的对接，意向成交金额约670万美元。

【举办2020浙江(衢州)出口网上交易会(机电机械类专场)线上活动】 7月24日至8月7日，举办2020浙江(衢州)出口网上交易会(机电机械类专场)线上活动，组织全市41家优质外贸企业参加，为期15天的网上交易会实现100余场次对接，意向成交金额约320万美元。

【国际联络】 年内，大力发展友好国际性商协会，与韩国振兴公社杭州代表处等10余家国际贸促机构建立合作关系。设立驻法国、南非联络处，为衢州市企业开拓法国、南非等国际市场提供平台。

【新设2个国家级经贸摩擦预警点】 7月14日，中国贸促会批复设立中国国际贸易促进委员会浙江省衢州市氟硅经贸摩擦预警点和中国国际贸易促进委员会浙江省衢州市机电行业经贸摩擦预警点，形成全市化工、氟硅、特种纸、木门、机电五大主导产业预警平台架构。

【成立“四省四市”贸促联盟】 11月25—26日，衢州市贸促会与安徽省黄山市贸促会、福建省宁德市贸促会、江西省上饶市贸促会成立“四省四市”贸促联盟，签订合作框架协议，在经贸信息、经贸活动、经贸资源、工作交流等方面开展合作。

【搭建预警信息数字发布平台】 年内，以产业预警平台PC端独立网站为基础，全面开发手机端微网站，并嵌入衢州市贸促会微信公众号平台，全面改版产业预警月刊上线电子期刊，重点突出公开、预警、便捷等服务特色，搭建形成“PC端独立网站+手机端微网站+产业预警电子月刊”预警信息数字发布平台，定期推送行业资讯、市场动态、经贸摩擦、贸易壁垒、知识产权、市场拓展等产业化、国际化、市场化预警信息。5月29日，衢州市贸促会经贸摩擦与预警工作在全省贸促系统法律工作会议上作典型发言。

【应对中美贸易摩擦】 年内，指导13家企业12个税号从中国对美加征关税商品清单中排除，企业可退税约400万元。市贸促会中美经贸摩擦应对工作成效获省贸促会会长陈宗尧批示，并在全省贸促法律工作会议上作典型发言。

11月25—26日，成立“四省四市”贸促联盟

【推进国际贸易商法服务“全方位”】 年内，助力复工复产。对日本、澳大利亚、塔吉克斯坦、印度、印度尼西亚、阿根廷国别贸易政策审议、《新加坡调解公约》签署一周年开展问卷调查。开设商事法律服务线上“微课堂”，编发《全球COVID-19疫情下衢州外贸企业合规管理和法律风险防范服务指南》电子书，开通商法服务热线，解答企业涉外法律咨询42件。举办外贸经理“云”课堂、联合举办“浙”里有“援”——2020年全省外经贸“云”上法律服务月衢州站活动、协同举办“后疫情时代下——民营经济高质量发展”活动，培训135人次。

【优化营商环境】 年内，深化“最多跑一次”改革，加强原产地证企业端自主打印业务推广，扩大企业办理原产地证自主打印业务覆盖面。全年签发各类商事认证7120份，同比增长1.46%；非优惠原产地证、优惠原产地证分别同比增长0.16%、23.43%。

【推广国际贸易“单一窗口”】 年内，围绕国际贸易便利化，推行“单一窗口”办理原产地证，签证企业通过国际贸易“单一窗口”申领原产地证书3524份，使用率55.78%，位居全省第2。市贸促会国际贸易“单一窗口”推广工作获省贸促会会长陈宗尧批示肯定。

【增设浙江省常山县贸促会原产地证签证点】 年内，加强对县级贸促会签证业务的指导。7月8日，中国贸促会批复增设浙江省常山县贸促会原产地证签证点，衢州市县级贸促会原产地证签证点增加至3个。

【完成市国际商会改革】 年内，推进市国际商会改革。3月初，研究出台《衢州市国际商会改革实施方案》。7月16日，召开市国际商会第二届会员代表大会，选举郑琳为会长，罗忠伟、黄大方、童建中3位同志以及巨化集团股份有限公司等28家企业负责人为副会长，陈章良为秘书长。加强秘书处内设机构建设，设综合部、贸易投资服务部、法律事务服务部、商事认证服务部，与市贸促会内设机构相适应，聘用工作人员9名。完善商会治理体系，修订章程、会费收缴管理办法建议稿，制定出台一系列内部管理制度，尤其在市国际商会工作人员管理方面，建立“1+4”制度体系。举办银企对接会、龙头外贸企业家沙龙等商会活动，承办2020衢州外经贸高质量发展论坛等活动，获省国际商会、市打私办工作经费支持各20万元。坚持借力发展，组织100余家企业参加省国际商会各项活动，用好省会资源，服务衢州企业发展。

（刘　雯）

衢州市残疾人联合会

【概　况】 2020年，衢州市残疾人联合会（以下简称市残联）紧紧围绕“全面建成小康社会，残疾人一个也不能少”主线，把握残疾人“两不愁、三保障”重点（“两不愁”即不愁吃、不愁穿，“三保障”即义务教育、基本医疗、住房安全有保障），完成年初确定的各项工作任务和涉残民生实事。发挥残联组织优势，积极做好疫情防控，落实减负政策、出台纾困措施，减免残疾人就业保障金5966万元，补助服务机构66个、商户及家庭1023户，发放补助资金356.36万元。

2020年，全市持有“中华人民共和国残疾人证”残疾人87068人，其中男性50208人、女性36860人。肢体残疾40573人，占46.60%；听力残疾14771人，占16.96%；视力残疾8980人，占10.31%；言语残疾976人，占1.12%；精神残疾11576人，占13.30%；智力残疾7118人，占8.18%；多重残疾3074人，占3.53%。

【残联机构改革】 年内，紧扣优化布局结构、完善制度机制、强化公益属性、提高治理效能的目标要求，系统梳理调整残联机关和事业单位职能，加强内部职能和业务流程整合再造。优化力量配备，市残联调整2名挂职副理事长，以党组成员、副理事长身份配备，机关增设残工委秘书处内设机构和正科级职数1名。对中层干部作调整交流，提拔3名，岗位交流1名，免职3名，中层干部平均年龄下降3.4岁。

【“最多跑一次”改革】 年内，持续推进助残服务“最多跑一次”改革。贯彻落实省残联政务服务2.0“最多跑一次改革”钉钉视频会议精神，开展梳理事项，优化流程，线上办理，窗口帮办、代办，预约专办等服务，网上办件率85%，办结率96%。推进全市域统一每周三现场鉴定和办证。残联办证窗口前移，与医院鉴定联动即办，实现鉴定周期全省最短。与市医保局网络对接，在全省率先将精神残疾人免费服药纳入医保一站式结算平台，残疾人可凭医保卡享受门诊零付费、即时结算服务。衢江区深化"一件事"信息在"竞跑者"微信公众号刊发。

【"基层组织建设年"活动】 年内，贯彻落实《全省残联"基层组织建设年"活动实施方案》和动员部署会精神，下发《衢州市"基层组织建设年"活动实施方案》。与市委政法委共同开展村(社区)残疾人工作专职委员网格化管理试点，梳理入格助残服务事项、制定指导性意见。推进志愿助残品牌建设，市级成立衢州市"南孔助残联盟"志愿总队，县级建立"南孔助残联盟"分队。柯城区在全市率先落实乡镇(街道)残疾人工作专职委员薪酬待遇参照专职社区工作者标准执行，全市乡镇(街道)残疾人工作专职委员全部按照社区工作者或编外用工人员待遇落实。衢江区建立乡镇(街道)残疾人工作专职委员每月例会制度，龙游县落实挂职副理事长在岗工作规定，江山市创立专职委员"三率五活"工作法，常山县出台专职委员考核和薪酬福利办法，开化县在15家"残疾人之家"建立助残服务网格员。

【无障碍环境建设】 年内，抓关键，将"全面打造无障碍环境"写入市委《加快建设四省边际中心城市决定》，制定衢州市无障碍环境设计专项导则，将无障碍理念全面融入城市建设中。抓示范，常山县成功创建全国无障碍示范县(全省仅5个)、开化县齐溪镇成功创建全国无障碍镇，全市6个社区被省政府残工委命名为省级无障碍社区。抓突破，在市人代会上领衔提出《关于开设市区无障碍公交线路》的议案，推动政府更新和新采购无障碍公交车的计划实施。年内，新增的20辆无障碍公交车已在4条客流密集的公交线路投入使用。

【"四访四助"专项行动】 年内，走访困难残疾人危房户，助力困难残疾人家庭实施危房改造；走访家庭年人均收入8000元以下困难残疾人，为138户家庭年人均收入8000元以下困难残疾人增收创收，助力其基本生活保障提升；走访未就业残疾人大学生，助力有就业意愿残疾人大学毕业生就业创业；走访居住环境"黑、脏、臭、乱"困难残疾人家庭，助力872户困难残疾人家庭净居亮居和无障碍设施改造，实现"四个"清零(一是457户困难残疾人危房改造问题清零；二是138户家庭年人均收入8000元以下困难残疾人问题清零；三是42名有就业意愿残疾人大学毕业生就业问题清零；四是居住环境"黑、脏、乱、臭"等清零)。

【组建国内首支残疾人草地掷球国家队】 积极备战2022年第四届亚残运会。年内，成功争取残疾人草地掷球备战训练任务，组建国内首支残疾人草地掷球队，聘请刘国强、宋素珍、刘元英为草地掷球主教练，毛永敏、毛常库为助理教练，筛选运动员107人。届时将通过3期试训，组建残疾人草地掷球队代表国家出征2022年亚残运会。

【兜底落实困难残疾人危房改造】 年内，按照不少一人、不漏一户的要求，开展困难残疾人存量危房清零行动。出台《关于进一步推进困难残疾人危房改造工作的通知》，对慈善助残危房给予每平方米最高500元兜底补助。全市全年实施困难残疾人危房改造457户，全面完成困难残疾人存量危房清零目标。457户全部被列入省慈善助残危房改造项目，争取量占全省总数的60%。江山市残疾人危房户改造申报数量和补助资金全省排名第1，超过全省总量的1/3，得到省政府领导批示肯定。

【打造"天使之翼"残疾人客服基地】 年内，与阿里巴巴(衢州)信息服务有限公司签订合作协议，依托阿里巴巴衢州客户体验中心建立"天使之翼"残疾人客服基地，开展残疾人客服职业技能培训、客服岗位实训、互联网客服就业。举行庆祝第29个"国际残疾人日"暨残疾人新就业模式推介会，省残联副理事长宣清松、市政协副主席周庆、阿里巴巴集团客户体验事业部类自营资源运营部全国总负责人陈伟出席，各地市残联、市直有关部门参加，并启动浙江省残疾人就业创业基地(电商客服）。

【民生实事项目】年内，市政府残工委出台《2020年省市政府民生实事涉残项目实施方案》，市残联印发《关于高质量推进"残疾人之家"规范化建设的实施意见》《关于做好2020年度全市无障碍环境建设项目的通知》，举办"残疾人之家"改造提升和规范化建设培训班，召开全市残疾人之家规范化建设现场会，推进"残疾人之家"智慧管理系统建设。在全市范围开展庇护对象摸底调查。全年，完成星级"残疾人之家"改造提升25户，完成率125%；完成残疾人家庭无障碍改造872户，完成率116.3%。

【残疾人社会保障】年内，按照补贴提标、应补尽补要求，实施困难残疾人生活补贴，全年累计享受33093人，发放金额6981.39万元；重度残疾人护理补贴，全年累计享受42813人，发放金额9455.49万元；残疾人城乡居民医疗保险补贴51600人；城乡居民基本养老保险补贴31449人；实施灵活就业困难残疾人职工基本养老保险补贴2444人；为全市持证残疾人交纳意外伤害保险；65名困难残疾人得到大病医疗救助。

【残疾人康复服务】年内，确认衢州市省级残疾儿童定点康复机构3家、市级机构4家。实施残疾人基本康复服务45503人；实施残疾儿童基本康复服务551人（任务数462人），完成率119%；实施残疾人辅助器具配发2714例（任务数1907例），完成率142%；纳入精神残疾人免费服药一站式结算系统保障6818人，实际实施保障5190人，产生费用455.83万元，保障率100%；新增新发疑似残疾儿童76例；残疾人精准康复服务率82.83%。市残疾人精准康复服务行动案例入选中国残联优秀案例；常山县白石镇中心卫生院签约责任医生、白石镇残疾人社区康复站站长林辉的事迹被《中国残疾人》2020年第7期刊登；常山县残联家庭病床项目和信息化管理模式在全省残疾人精准康复服务试点评估中被省残联通报表扬。

【打造"阳光康护"服务品牌】年内，继续打造"阳光康护"服务品牌，为3075名重度残疾人提供家庭精准康护服务，残疾人家庭医生签约77939人，持证残疾人签约率91.77%；举办签约医生培训班，开展优秀签约医生服务事迹宣传，提高签约医生签约率和服务质量。联合衢州美年大健康管理有限公司为100名残疾人提供价值10万元的免费体检项目。

【社区康复示范站建设】年内，加强社区康复示范站建设，开化村头镇中心卫生院、江山贺村镇中心卫生院被评定为市级残疾人康复示范站。落实残疾儿童基本康复服务，对全市有资质的7家残疾儿童定点康复机构进行规范化指导，机构责任险实现全覆盖。加强市特需儿童康复中心（七彩梦幼儿园）规范化提升，收训儿童60名。

【残疾人就业】年内，市级机关事业单位带头新招录（聘）2名在编在职残疾人。通过微信公众号发布市、县、乡111名残疾人就业服务工作联系人电话，举行网络直播带货入门及短视频拍摄技巧培训，吸引残疾人网络直播带货；市残疾人创业孵化园正式开园，与网易严选客服中心等30余家企业建立合作关系，成功引进创业项目10个，园外经营1个，残疾人创业帮扶项目2个。开创"居家+

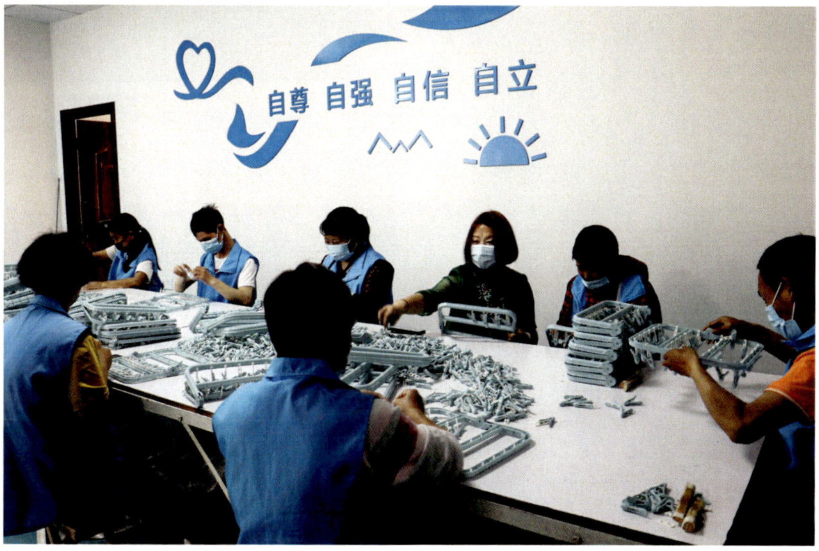

5月15日，开化县长虹乡五星级"残疾人之家"中的残疾人在做来料加工

集中”残疾人客服就业新模式，启动全省第一个省级残疾人就业创业基地（电商客服）；组织春季残疾人就业网络招聘会、线下残疾人专场招聘会，推出用工岗位986个；残疾人高校毕业生就业，应届毕业生52人，全部落实就业单位。全市新增就业795人，完成率114%。

【残疾人创业】 年内，完成市特殊教育学校、江山市培智学校、开化职业教育中心等3家国家级残疾人职业培训基地评估和申报，进行省级残疾人创业孵化示范基地——开化县电商创业孵化园回头看。衢州代表队获全省首届残疾人大学生职业生涯规划赛一等奖1个、三等奖2个。组队参加全省职业技能大赛，获省首届浙江省技能大赛IT系统网络管理宣传第三名。举办全市残疾人美食手工艺传承、多肉种植、线上直播、电子商务、中西面点等培训班，培训残疾人1600人。做好与四川3市5县残联东西部扶贫工作，投入扶贫协作资金156万元。开展残疾人职业技能和就业能力提升培训、农村公益性岗位开发、贫困残疾人资助、残疾人扶贫车间、残疾人辅具适配项目等，协助对口地区1153名贫困残疾人脱贫。

【教育助残】 年内，与市教育局、卫健委、民政局共同建立市特殊教育专家委员库；与市教育局联合组织申报首届省特教园丁奖，市残疾人康复指导中心黄婧、开化县培智学校余群英被评为“浙江省特教园丁奖”和“浙江省特教园丁先锋奖”。资助残疾学生和困难残疾人家庭子女962人。落实省特殊教育职业学院在市特殊教育学校残疾学生单独招生考试工作。全年，全市3—5岁适龄残疾儿童345人，入园安置率91%；6—14岁适龄残疾儿童少年1557人，义务教育安置率92%；15—18岁适龄残疾少年689人，入学安置率66.3%。

【文体助残】 年内，举办“决胜小康，奋斗有我”残疾人文化艺术周、体育健身周系列活动；开展“学听跟”行动传播正能量，实施文化助残“五个一”工程；建立全市70名特殊艺术人才信息库，积极参加华东地区残疾人文化创意作品大赛，举办全市残疾人书画摄影大赛。组织参加全省第三届残疾人书画摄影大赛，获一等奖1名、二等奖2名、三等奖5名。举办全市社会体育指导员、残疾人艺术人才培训班，命名2家市级残疾人文化艺术体育健身示范基地。结合“衢州有礼”进行户外轮椅接力赛、诗画风光游、残健融合表演和娱乐竞技赛等群众性残疾人体育健身活动。

【宣传助残】 年内，结合“全国爱耳日”“全国助残日”“全国爱眼日”“第四次全国残疾预防日”“国际残疾人日”等时间节点，开展爱国卫生运动、健康衢州、残疾预防等宣教活动。开展全国助残日和疫情防控宣传活动，组织残疾人书画爱好者进行抗疫作品创作，制作康复综合体宣传片，做好衢报全媒集团、广电传媒集团、残联微信公众号传播工作。选派5对残疾人新人参加省残联举办的残疾人集体婚礼。组织“99公益日”捐款活动，捐款额度和参与人数均在全省排名第1。江山市周晨佩被评为浙江省第二届“最美残疾人”。

【维权助残】 年内，开展违规持有残疾人证清理工作“回头看”，筛

11月23日，衢州市残疾人艺术人才培训班合影

查残联系统工作人员及亲属9402人，1859人签订承诺书。组织观看中国人民大学网上《中华人民共和国民法典》授课。召开残疾人权益保障工作会议，谋划两会人大代表、残疾人工作相关提案议案，及时答复4件主办会办件。2020年，来访（个体访）274人次，办理信访件96件，来电70通次。

【打造康复综合体】 5月15日，残疾人辅助器具体验中心投入运行。完成肢体服务站、视力服务站、听力服务站站点展示布置、合作协议签约等工作。全年接待40余批次、500余人次参观学习。6月4日，市残疾人创业就业孵化园开园，园区面积1000平方米，可容纳80余人入驻创业；引进8家残疾人企业入园，涉及农业开发、电子商务、家装设计等领域。6月17日，市残联和市卫健委在市残联体育馆签订共建协议，成立衢州市康复医疗中心。中心业务用房面积1.05万平方米，开放床位270张，其中康复床位占75%以上。特需儿童康复中心教学用房面积1500平方米，室外活动面积1500平方米，可容纳100余名残障儿童康复训练。成立残疾人文体中心，建筑面积2023余平方米，供残疾人进行篮球、羽毛球、乒乓球、旱地冰壶等项目训练，承担衢州市残疾人运动员、裁判员、教练员、特殊文艺人才选拔和训练等，承担全市残疾人文化艺术活动、残疾人竞技体育和群众体育运动。

（朱莉敏）

衢州市法学会

【概　况】 2020年，衢州市法学会围绕党委政府中心工作，积极履职、主动作为，推进法学研究、服务法治实践、开展法治宣传，为全市改革发展稳定大局、促进经济社会健康发展作出积极贡献，成为建设“平安衢州”“法治衢州”的重要力量。市法学会、衢江区法学会获“2019—2020年度全省法学会系统先进集体”，参与地方立法和服务企业、服务基层等工作得到省法学会的肯定。

【抗击疫情】 2020年，全力抗击新冠肺炎疫情。衢州市法学会主动参与“包区清楼”。在疫情防控与复工复产中，充分发挥市、县两级法学会会员法律专业优势，开展“法雨春风”法律服务月活动，全面排查化解涉及疫情防控和企业复工复产的矛盾纠纷，坚持把非诉讼纠纷解决机制挺在前面，通过释法、调解、协调等柔性手段，及时化解各类矛盾纠纷，降低企业涉法风险，为实现“两战赢”提供法律保障，为高质量复工复产保驾护航。

【进驻矛调中心】 年内，衢州市、县两级法学会进驻矛调中心，建立日常值班、专家会诊和名律师接待日等制度，着力解决日常性群众信访涉法问题，对疑难纠纷和专业性强的问题，定期会诊，32名驻点会员和10名专家会员常态化解答咨询和参与纠纷化解。市法学会会员积极参与升级改造的“衢州e法通”微信小程序，组建595人法律服务资源库，打造本土法律咨询服务团队，助力矛调中心发挥化解社会矛盾维护社会稳定的作用。衢州法学会通过进驻矛调中心工作站的方式，秉持公共服务“最多跑一次”、纠纷调解“最多跑一地”的理念，以粉色暖心服务、绿色一体高效、蓝色智能互动的“三色服务”全方位提升矛盾纠纷调处水平，为群众提供“最后一公里”法律服务，切实践行“最多跑一次”“最多跑一地”改革。

【融入基层治理】 年内，市法学会聚焦基层治理难题，积极组织法学专家人才融入打造中国基层治理最优城市。充分利用法学团体专业人才优势，加强与有关部门联系，引领法学法律工作者参与法治实践，为地方法治建设提供理论支撑和智力支持，为《衢州市信安湖保护条例》《衢州市城乡网格化服务管理条例》《衢州市文明行为促进条例》等地方性法规的出台提供智力支持。在全市县级矛调中心设立法学会工作站，实现全覆盖，及时解决群众涉法涉诉问题，打通服务群众“最后一米”。借力“百名法学家百场报告会”、市委理论学习中心组学习会、领导干部论坛等理论学习平台，围绕“民法典编纂与中国法治发展”，邀请法学界知名专家作专题报告，提升领导干部“运用法治思维和法治方式深化改革、推动发展、化解矛盾、维护稳定”的能

江山市法学会参加法律援助农民工讨薪专项行动

力。借力法治文化基层行、社科联科普月、“12·4”宪法日等活动载体，组织法学、法律优秀人才赴基层一线、田间街头开展内容对口、形式多样的法治宣传，提升基层治理的法律遵循。

【服务中心工作】 年内，立足本职，紧紧围绕市委、市政府中心工作，围绕转型升级、环境保护、项目征迁、企业转制、文明城市创建、疫情防控等党委政府各阶段中心工作，为推进工作、破解难题建言献策。如聚焦市重大项目建设，组织市法律服务志愿团深入市高铁新城项目攻坚、危旧房拆除工作一线，为拆迁安置项目的论证、补偿、公证、司法救济等提供法治保障。运用法律手段帮助企业化解危机、渡过难关，各会员单位相继出台服务非公有制经济的措施、加大“僵尸企业”司法处置力度，助推市供给侧结构性改革，并聚焦企业在涉法涉诉、破产重组、环境污染防治等方面遇到的瓶颈，为市经济社会发展及产业集群化、规模化、高端化延伸提供法治保障。聚焦市“大干项目、干大项目”实施精神，运用法律手段帮助企业化解危机、渡过难关。疫情期间，组建“建设法治营商环境”普法讲师团30人，为企业、商会开展专题培训。组织300余名政法机关青年法学家、律师开展法律服务，会同法院、检察院、司法、安监等部门开展“以案释法”，召开营商环境法律服务新闻发布会。

【强化法治宣传】 年内，市委理论学习中心组学习法律，邀请浙江大学民商法研究所副所长、博士章程为市四套班子领导解读民法典。对青少年学生开展法治宣传，组织青年法学会员到学校开展春季“宪法在我身边”活动，使学生们进一步走进宪法，了解宪法意义、发展历史、修订内容，培养学生法治意识，使其养成依法守法的习惯。同时，组织普法志愿服务队送法律进机关、进企业、进社区、进乡村、进军营、进家庭、进网络、进“两新”组织、进宗教场所，助力文明城市创建。活动开展以来，90多名志愿者参与开展送法“十进”活动30余场，发放宣传资料3000余册，受教育1000余人次。

（徐一虹）

衢州市红十字会

【概　况】 2020年，衢州市红十字会立足“三救三献”主业，推进项目建设，促进全市红十字事业高质量发展，在建设“重要窗口”中发挥红十字会应有的作用。严红清、琚江美2人获中国红十字会总会表彰，衢江区杜泽中学被评为“全国红十字模范单位”。

【抗击疫情】 新冠肺炎疫情突如其来，全市红十字会系统反应快、行动快，立即投入疫情防控。接收抗疫捐赠款物价值7157.76万元（市本级4232.90万元），创历史新高。按照“四专”（专人负责、专账管理、专项监督、专门审计）要求，规范做好捐赠款物的接收、管理、调拨和信息公开工作。组织红十字应急救援队第一时间投入疫情防控。全市8支红十字应急救援队（含志愿者）出勤1.25万余人次，服务时长5万余小时。衢州市先锋红十字应急救援队副队长严红清被中国红十字会授予“抗击新冠肺炎疫情优秀志愿者”称号，全市22个集体和个人被浙江省红十字会授予浙江省红十字会新冠肺炎疫情防控先进集体、先进个人称号。

【救援救灾】2020年，全市建有8支红十字应急救援队，正式队员322名。救援队统一配备救援车辆，常态化开展救援技能训练，增强参与各类应急救援保障实力。在7月举行的全市首届社会应急救援力量技能竞赛中，先锋红十字应急救援队获团体第一名，个人前6名中占3名。5月18日，杭衢游轮首航，8支救援队从龙游到水亭门全程提供水上安保。参与“6·30”特大暴雨抗洪抢险，解救转移被困群众近300人。据不完全统计，一年来，全市红十字应急救援队参与山地搜救、水上搜救及寻找失踪人员行动共出勤1057次，受益群众超1000人次。

【救护培训】年内，克服疫情影响，科学安排培训，全年完成应急救护普及77869人，新增普及人数占户籍人口比达3.05%；培训救护员10694人，占户籍人口比0.42%。

【救助帮困】2020年，按照市委“三个年”的要求，积极开展红十字博爱送万家、博爱助困助学等活动，全市红十字会系统投入经费150万元，受益群众2200余户；积极开展东西部扶贫协作，到四川绵阳等地开展实地帮扶、项目援助等，投入扶贫物资价值97万元，为全面小康社会建设贡献力量。

【志愿服务】2020年，市红十字会全体人员和广大红十字会员、志愿者积极投身全国文明城市创建活动，带头践行“八个一”，深入社区开展志愿服务，把传播红十字精神与弘扬社会主义核心价值观、深化“红色物业联盟”、打响“南孔圣地·衢州有礼”城市品牌相结合，为全市“首创即成、高位创成”全国文明城市贡献红会力量。全市红十字会系统组织开展各类专题志愿活动400多场。常山县红十字应急救援队队长琚江美被评为“全国红十字志愿服务先进典型”。

5月16—18日，红十字应急救援队为杭衢钱塘江诗路之旅首航仪式护航

【关爱生命】2020年，实现造血干细胞入库登记249人，并实现捐献1人；实现器官捐献18例，百万人口捐献率继续保持全省领先；实现遗体捐献4例。与市卫健委共同举办“6·14”献血日宣传活动，慰问无偿献血香樟奖获得者困难家庭10户。

【生命教育体验馆】2020年，完成总投资800万元的“生命礼赞”暨生命教育体验馆项目（位于衢州市中小学素质教育实践学校），于12月底通过竣工验收。项目包括“生命礼赞”广场和“生命教育体验馆”两大主题内容。“生命礼赞”广场包含1个主题雕塑、1个纪念碑、1个纪念广场、1个室外宣教电子屏、1条宣传长廊；“生命教育体验馆”分为五个部分，即序厅、生命教育体验馆、生命安全体验馆、关爱生命讲习室和尾厅。全馆采用线上线下相结合，建立手环式信息化管理系统和大数据库。

【杭衢博爱驿站】2020年，为传播“人道、博爱、奉献”的红十字精神，添彩“南孔圣地·衢州有礼”城市品牌建设，助力全国文明城市创建，市红十字会通过山海协作平台，与杭州市红十字会联手，在水亭门景区共建杭衢博爱驿站。该驿站具备红十字人道传播、应急救护普及培训、大学生志愿者社会公益实践基地、退休老干部“夕阳红”公益志愿活动基地、城市清洁工人关爱港湾等功能，为景区游客和广大市民提供及时有效的生命救护和志愿服务。

【红十字应急救援基地（一期）】2020年，在市政府支持下，在原市农科院农业科研基地（位于衢江区樟潭街道梨园村,39亩)建立红十字应急救援基地。一期工程完成房屋修缮、训练场地平整,可供先锋、康仁两支市红十字应急救援队使用。

【公益项目库】 2020年,启动红十字博爱公益项目库建设,推出首批20个公益项目,采取推介、认领等多种形式,让更多的爱心人士、爱心企业参与红十字会工作。

（陈 黎）

衢州市计划生育协会

【概 况】 2020年,衢州市计划生育协会(以下简称衢州市计生协)围绕新冠疫情防控和中国计生协地方综合改革试点两大主线,聚焦深化“六项重点任务”,深入巩固基层基础,探索转型发展,努力当好全市计划生育群众和计生家庭的贴心人和“娘家人”。

【疫情防控】 年初,面对突如其来的新冠疫情,全市各级计生协主动参与抗疫攻坚战。从市本级机关的整建制参与到各村(社区)计生协的一线防控,发挥专业、网络和组织优势,在宣传倡导、编组防控、稳定人心方面发挥重要作用,涌现一批先进典型,郑娟涓、占凌新、叶俊等计生协干部被市委、市政府通报表扬,常山县青石镇江家村计生协秘书长王芳被授予“全国抗击新冠肺炎疫情先进个人”。

【综合改革试点】 4月,衢州市计生协入选中国计生协地方综合改革试点。在推动试点中,建立试点工作领导小组,市委副书记周伟江担任改革领导小组组长,分管副市长王良春和市计生协会会长范根才担任改革领导小组副组长,领导小组由市委办、市府办等21个市级部门组成。9月,市委、市政府转发《衢州市计划生育协会国家综合改革试点工作实施方案》,划定24项任务清单,明确责任单位和协作单位,确保改革试点有序推进。

开化县村头镇计生协会志愿者街头巷尾宣传疫情防控知识

【健康促进工作】 2020年,市计生协继续实施中国计生协家庭健康促进行动项目,结合“5·29”会员活动日、“7·11”世界人口日等纪念日,深入社区、工厂开展健康宣教。11月中旬,在柯城和衢江发放健康大礼包各100份,为入伍新兵开展青春健康培训,首次为高校学生在线提供青春健康教育,举办全市青春健康教育提高培训班。江山中专获批国家级青春健康教育基地。

【组织建设】 5月,市计生协召开常务理事扩大会议,并就改革试点向各部门征求意见,将相关理事部门纳入改革试点领导小组。9月,市计生协完成机构新“三定”,编制从3名增加到5名,新增科级职数1名,公开选调1名工作人员。龙游县、江山市计生协完成换届选举。

【生育关怀保险】 11月初,在龙游县召开全市生育关怀保险会议,表彰2020年度生育关怀保险工作先进单位,谋划2021年工作思路。会议要求,在推进女性安康保险、男性安康保险等基础上,继续探索推进独生子女家庭无忧保险,开展暖心助孕活动,让生育关怀系列保险惠及更多群众。市计生协连续开展“春苗助学”资助贫困学生和资助孤儿工作,让更多寒门学子感受党和政府的关爱。

（叶 俊）

法治

Rule of Law

人大立法

【概 况】年内，市人大常委会坚持科学立法、民主立法的原则，推进高质量立法，联动市县人大和政府相关部门协同发力，推进法治衢州建设。制定《衢州市文明行为促进条例》《衢州市农村住房建设管理条例》，并通过省人大常委会批准颁布。

【《衢州市文明行为促进条例》颁布实施】《衢州市文明行为促进条例》（以下简称《条例》）4月21日经市七届人大常委会第二十五次会议审议通过后，报请省人大常委会批准。5月15日，经省十三届人大常委会第二十一次会议批准，定于2020年5月22日起施行。《条例》共六章五十二条，重点明确政府和有关部门的工作职责，对公民在公共场所、交通、社区、乡村、家庭、饲养宠物、旅游、就餐、网租车、就医、使用互联网等12个方面的文明行为进行细化规定，并设置相应法律责任。《条例》体现衢州特色，如将“市民公约20条”和打造一座“使用公筷公勺”“行作揖礼”“不随地吐痰”的城市等内容融入法规，充分体现立法“三衢味”。《条例》制定颁布旨在发挥立法的保障、引领与推动作用，建立健全可持续的长效机制，为全国文明城市创建工作和城市管理法治化、规范化、常态化提供有力的法治保障。5月26日，市人大常委会召开新闻发布会，就《条例》制定过程和主要内容等有关情况向社会通报。

【《衢州市农村住房建设管理条例》颁布实施】《衢州市农村住房建设管理条例》（以下简称《条例》）经11月26日市七届人大常委会第二十九次会议通过后，报请省人大常委会批准。12月24日，《条例》经省十三届人大常委会第二十六次会议批准，定于2021年7月1日起施行。该《条例》是全省首部农村住房建设管理领域地方性法规。《条例》共六章四十四条，对农村住房建设的规划和用地、申请和审批、建设和管理、法律责任等方面作出详细规定，旨在加强农村住房建设管理，规范宅基地使用，保障农村村民合法权益，改善农村人居环境，提升农村特色风貌，建设美丽乡村。2021年1月7日，市人大常委会召开新闻发布会，就《条例》的制定过程和主要内容等有关情况向社会通报。

（金新溪）

政法委与综治

【概 况】2020年，全市政法战线贯彻落实中央、省委和市委决策部署，统筹推进政法各项重点任务落实落地。衢州被列入首批全国市域社会治理现代化试点城市，“一中心四平台一网格”基层社会治理体系深化做实，扫黑除恶专项斗争圆满收官，执法司法质效不断提高，维稳安保工作任务圆满完成，队伍战斗力和整体形象明显提升，社会面持续安全稳定，实现平安大市“十五连冠、金鼎加星”。相关工作多次得到省领导批示肯定，反邪教工作在全国会议上作书面交流。

3月18日，全市政法平安信访工作暨市域治理现代化推进会召开

【全市政法平安信访工作暨市域社会治理现代化推进会】 3月18日，召开全市政法平安信访工作暨市域社会治理现代化推进会，市委书记徐文光讲话，市委副书记、市长汤飞帆主持，市委副书记、政法委书记周伟江部署具体工作。徐文光肯定过去一年特别是疫情防控期间全市政法平安信访战线作出的重要贡献。会议强调2020年全市平安政法信访工作重点是维护政治安全和社会稳定、服务保障"三个年"活动、做实基层治理、推进依法治市等。

【市委政法委全体(扩大)会议暨扫黑除恶专项斗争推进会】 8月5日，召开市委政法委全体(扩大)会议暨扫黑除恶专项斗争推进会，市政协主席、政法委书记周伟江出席并讲话。市委常委、纪委书记蔡旭昶，副市长、公安局局长王顺大出席会议。危辉星、黄曙峰参加。会议肯定上半年工作，对疫情防控、平安稳定、基层治理、扫黑除恶专项斗争等工作作具体部署。

【全市市域社会治理现代化试点工作领导小组全体(扩大)会议】 8月13日，全市市域社会治理现代化试点工作领导小组全体(扩大)会议召开，市委书记、市域社会治理现代化试点工作领导小组组长徐文光讲话，市政协主席、政法委书记周伟江主持会议并作工作部署，相关市领导参加。徐文光围绕"抓统筹、创特色、守底线"对如何推进市域社会治理现代化试点工作作了强调。会议分解落实具体试点工作任务。

【全市市域社会治理现代化·红色物业联盟治理篇现场会】 8月14日上午，市域社会治理现代化·红色物业联盟治理篇现场会召开，市政协主席、政法委书记周伟江出席并讲话，副市长、公安局局长王顺大主持。周伟江强调，在具体工作中要规范化标准化做好"五个一"，即村(社)有一个实体化平台，县镇乡矛调中心成为一个联动中心，各类信息一个口子汇总、一通到底，信息收集、分类、研判、交办、处置、反馈一个标准，事件评判一个尺度。

【全市平安建设领域突出问题专项整治工作推进会】 12月9日，全市平安建设领域突出问题专项整治工作推进会召开，市委副书记、政法委书记吴舜泽出席会议并讲话，市委常委、常务副市长陈锦标，副市长、公安局局长王顺大参加。会议部署开展生产安全、道路交通安全、消防安全、社会面治安防控等突出问题专项整治工作。

【深化平安衢州建设】 年内，常态化开展平安督导、暗访检查、专项检查，实行平安日报表、月分析、指数通报，开展乡镇(街道)平安指数排名。组织开展突出问题专项整治行动，建立健全"发现问题、清单交办、销号整改、结果反馈"的工作闭环机制。2020年，刑事案件立案数同比下降13.3%，致人死亡案件同比下降30.8%，"两抢"案件、盗窃案件立案数同比分别下降40%、39.3%；较大安全事故"零发生"，一般生产在安全事故起数、死亡人数同比分别下降27%、32.9%；道路交通事故死亡人数同比下降24%；火灾事故起数同比下降12.2%。

【维护政治安全和社会稳定】 年内，坚持落实总体国家安全观，把维护国家政治安全摆在首位。完成全国两会、党的十九届五中全会、上海世博会、世界互联网大会等平安护航工作。落实重大决策社会风险评估机制，全年开展社会风险评估392件，完成评估375件，其中暂缓实施1件、不予实施2件。创新建立"两难"问题三级联动处置机制，受理6713件，办结5554件，办结率82.73%，守牢防范化解社会风险底线。

【推进全国市域社会治理现代化试点】 5月，衢州市被列入首批全国市域社会治理现代化试点城市。成立以市委书记、市长为双组长的市域社会治理现代化试点工作领导小组，下设由相关市领导分别牵头的综合协调组、党建统领组、公共治理组、文明礼治组、依法善治组、智慧支撑组、自治协商组等7个专项组。出台试点工作实施方案、任务分解清单和2020年7大专项、28项攻坚任务。

【迭代升级"一中心四平台一网格"基层社会治理体系】 年内，紧盯"县乡一体、条抓块统"改革试点，推动"一中心四平台一网格"基层社会治理体系迭代升级，进一步深化做实党建统领基层治理体系，着力构建党建统领的整体智治体系。探索建设县级社会治理中心。县、乡、村三级矛调平台实现全覆盖建成运行，形成矛盾纠纷化解"136"工作格局，即10%化解在县级、30%化解在乡镇（街道）、60%化解在村（社）网格。在衢江、江山、常山开展县级社会治理中心建设试点，有机整合县级矛调中心、大联动中心，一体提升矛盾化解、事件处置、风险研判能力，打造县域社会治理共同体。持续擦亮基层治理四平台。在8个乡镇（街道）开展试点探索乡镇（街道）模块化与"四平台"融合，建立落实岗位赋分、组团积分、模块评分、专项计分"四维考核"机制。做强做实乡镇（街道）综合信息指挥室，完善线上线下实时联动、常态化管理和应急管理有效衔接的平台运转机制。加强村社全科网格标准化规范化体系化建设。抓好网格化服务管理条例贯彻落实，进一步规范网格划分、"一长三员"、组团联村、网格支部、党员联户、考核考评等，全面推广系列"网格+"治理模式，着力提升网格治理效能。"网格+警务"工作得到公安部副部长林锐，省委常委、政法委书记王昌荣，副省长、公安厅厅长王双全批示肯定。全省"网格+气象"现场会在衢州市召开。完善县、乡、村三级联动指挥体系。提升市大联动中心实体化运作功能，建立完善县、乡、村三级平台"收集汇总、分析研判、分类交办、办结反馈、评价考核"全链条运行机制，形成左右协调、上下联动三级联动指挥体系。

5月12日，全市县级社会矛盾纠纷调处化解中心工作推进会召开

【疫情防控】 年内，制定网格化疫情防控工作意见，出台助力疫情防控和复工复产"两战赢"的十二项措施，依法处置各类涉疫违法犯罪行为，全市4302个网格"一长三员"队伍同步开展排查、防控工作，充分发挥村社网格"兜底"作用，守牢"小门"。常山县青石镇江家村网格党小组组长王芳获"全国抗击新冠肺炎疫情先进个人"称号。衢江区横路办事处横路村上下大垅片网格网格员姜林美被评为浙江省"最佳网格员"，15名网格员获浙江省第三届"优秀网格员"称号。

【扫黑除恶专项斗争】 2020年，聚焦线索清仓、逃犯清零、案件清结、伞网清除、黑财清缴、行业清源"六清"行动，持续打好"扫黑除恶+树正打歪+行业治乱"组合拳，按期交出"六张业绩清单"。专项斗争以来，累计打掉涉黑涉恶团伙88个，立案惩治涉黑涉恶腐败

1月2日，市委政法委全体（扩大）会议暨扫黑除恶专项斗争领导小组会议召开

和“保护伞”案件125件，建立完善重点行业监管政策法规和制度规范100余件，社会生态、基层生态明显好转。

【执法司法规范化提升年活动】 年内，组织开展一次集中意见征询活动、一次集中教育警示月等“十个一”工作，得到省委常委、政法委书记王昌荣批示肯定。建立“排查自查、案件评查、社会征集、公开评议”发现问题机制，惩戒干警192人，其中党纪、政纪、政务处分24人。持续深化诉源治理，2020年法院一审诉讼案件同比下降18.27%。其中，行政案件同比下降7.14%，政府败诉率同比下降9.28%。政法一体化单轨制办案快速推进，全市政法机关2020年第四季度单轨制协同办案率99.46%。

【政法队伍建设】 年内，深入贯彻《中国共产党政法工作条例》和省委5个配套规定，制定出台政法工作条例贯彻落实任务清单和重大事项请示报告等“1+N”配套制度，落实每季度召开市委政法委员会全体（扩大）会议制度。会同市纪委监委、市委组织部出台加强政法干部管理的工作意见，建立“3+X”政法干部监督管理例会制度、违法违纪案件线索信息互通和协助核查机制，全面加强干部监督协管工作。将习近平法治思想纳入全市政法系统理论学习中心组、“三会一课”、民主生活会、组织生活会的必学内容，增强政法队伍政治判断力、政治领悟力、政治执行力。

【政法宣传舆论工作】 7月，成立全省首家市级社会治理融媒体中心，初步形成集新媒体和舆情管控为一体的社会治理融媒体矩阵，构建“平安衢州”微信公众号、“平安衢州”微博、“衢州政法”抖音号、平安衢州网、《衢州政法之声》广播栏目、《法治衢州》电视栏目、《衢州政法》月刊等“两微一抖一站一声一屏一刊”立体式宣传格局，在全市政法系统专门组建一支19人网宣队伍。《法治日报》刊发衢州“主”字型基层治理工作经验。

【典型案例】 2020年，典型案例：

三级联动钉钉群让“两难”不再难 9月，创新建立全市6个县（市、区）、100个乡镇（街道）、1594个村（社）全覆盖的“疑难杂症、急难险重”等“两难”问题三级联动钉钉群机制，在线联动县、乡、村三级力量，为高效协同解决基层治理“两难”问题探索出新路径。某企业反映：“这些款项都已经拖欠有三年多了，再结不清，我们这些小厂都要喝西北风了。”9月，常山“两难”问题三级钉钉群妥善处理一起企业拖欠货款事件，有效保护市场主体。同月，柯城区重新启动小南门征收遗留项目，通过区、街道、村三级联动，用40天时间完成征收工作，解决前后持续13年的“老大难”问题。9月6日傍晚，衢江区区级“两难”群接报，杭金衢高速公路衢州东出口附近一油罐车起火，情况十分危急。17时9分，区领导在“两难”群下达指令，责成相关部门火速赶赴现场。35分钟后，相关乡镇安全疏散转移附近村民300余人。18时30分，油罐车的明火及高速公路附近的山火被扑灭，现场无一人伤亡。截至年末，“两难”三级联动钉钉群受理“两难”问题6713件，办结5554件，办结率82.73%。12月26日，在第十五届中国全面小康论坛上，柯城区“两难”问题钉钉群工作法获选“2020年度中国十大民生决策”。

"小网格"筑牢平安"大底座" 6月4日，柯城区九华乡大侯村受到强降雨影响，网格员郑水延在巡查过程中发现溪水变得浑浊，凭借多年网格工作经验，郑水延立即将情况一边上报至乡综合信息指挥室，一边与村"两委"干部挨家挨户通知群众转移，短短24分钟将处于危险地带的20户43名村民全部转移。

（汪 文）

9月4日，衢州市法治乡镇（街道）建设工作推进会在江山市召开

法治政府建设

【概 况】 2020年，将法治建设列入各地各部门综合考核，研究编制《法治衢州建设规划（2021—2025年）》，开展地方立法、重大行政决策、行政规范性文件审查和管理、行政机关合同管理和涉法事务审查、行政执法监督、行政复议和行政应诉等工作。

【法治衢州建设】 4月17日，市委全面依法治市委员会第二次会议召开，明确法治建设考核占各地各部门综合考核分值比重10%。组建法治衢州规划起草小组，研究编制《法治衢州建设规划（2021—2025年）》。召开全市法治乡镇（街道）建设工作推进会，制定法治乡镇（街道）建设实施意见、评价办法和评价指引，确定18个乡镇（街道）作为法治示范乡镇（街道）创建重点培育单位。发布《乡村善治建设指南》衢州地方标准。开展县（市、区）法治体检工作，交办共性问题13个，个性问题63个。启动第二轮法治巡察工作，对市医保局、资规局、城投集团等3个市直单位开展专项巡察。年内，组织市县党委理论中心组学法19次，政府常务会议学法30次，干部任前法律知识考试608人次，国家工作人员学法用法考试42022人次，全市科级以上领导干部参与网络旁听庭审3000人次。

【地方性立法】 3月30日，市全面推进依法行政工作领导小组办公室印发《衢州市人民政府2020年立法实施计划》。创新政府立法协商机制，市府办和市政协办联合出台《关于建立政府立法协商机制的办法》。年内，《衢州市文明行为促进条例》《衢州市农村住房建设管理条例》经省人大常委会批准通过；《衢州市历史文化街区保护条例》通过市人大常委会二审。

【重大行政决策管理】 年内，开展重大行政决策目录化管理专项行动，推动市、县两级政府及工作部门和乡镇（街道）重大行政决策目录全覆盖工作，市、县两级政府确定37件重大行政决策事项并向社会公开发布。

【行政规范性文件合法性审查和管理】 年内，创新"四项举措+格式文书"的管理模式，加强行政规范性文件合法性审核，书面审核市政府、"两办"联发和经市政府同意的市级部门规范性文件41件，提出合法性审核意见188条；协助"两办"及其他部门对相关文件开展甄别、审查131件次，提出意见建议303条；发文前审查13件，提出意见6条；加强行政规范性文件备案审查，按时报备市政府行政规范性文件18件，受理市级部门规范性文件备案48件，县（市、区）规范性文件备案84件。委托第三方机构对市本级2件行政规范性文件开展后评估。开展行政规范性文件专项清理，清理行政规范性文件689件，其中已废止87件，已修改3件，拟废止67件，拟修改30件；开展民法典专项清理，清理涉及民法典相关的市级政府规章1件，市级政府及其部门行政规范性文件393件，县级政府及其部门行政规范性文件1146件，拟修订1件，拟废止1件。

【行政机关合同管理和涉法事务审查】全年，审查市政府及市级部门重大合同144件次，提出审查意见1549条，为武汉卓尔系列投资项目、华夏航空系列投资项目、铜山源合作开发项目等一批市政府重大项目的落地提供法治保障。对18件市政府重大执法决定进行法制审核。对市政府召开的15次常务会议进行会前审查，审查常务会议议题84个，提出意见96条；审查市长办公会议题59个，提出意见77条。

【行政执法监督】年内，制定《衢州行政执法工作规范》衢州市地方标准，配套编制《行政执法工作手册》《行政执法监督工作手册》。开展疫情防控行政执法、"证照分离"改革事项等专项监督7场，评查108家行政执法单位844卷行政执法案卷，发现问题147个，下发《行政执法监督通知书》24份，问题反馈函15份。组织开展行政执法"三项制度"落实情况"回头看"，全市337个行政机关公开行政执法主体、执法事项目录等信息930余条，行政处罚信息13265条，行政许可信息46295条；开展行政执法评估，衢州被列入全省4个试点设区市之一。开展乡镇（街道）证明事项清理，县（市、区）共公布乡镇（街道）取消证明事项131项。

【行政复议和行政应诉】年内，推进行政复议规范化建设，市本级及6个县（市、区）行政复议规范化建设全部达标，实现100%全覆盖。江山市以行政复议规范化建设全面提升诉源治理能力的做法获副省长刘小涛批示肯定。组建衢州市行政复议咨询委员会并实质性运作。持续推进纠错案件回访制度。年内，全市复议机关新收各类行政复议申请391件，受理294件（含结转），审结案件273件，经调解撤回复议申请的139件，行政复议纠错率9.2%。此外，接待各类当事人来电来访500余件次。组织召开全市行政争议败诉治理和实质性化解工作推进会。建立败诉风险案件包案化解机制，常态化开展败诉责任追究工作，追究72人和2个单位的败诉责任。创新"两难"问题钉钉群化解重大行政争议，做法得到最高法院的肯定并向全国推广，年内17件案件得到有效化解。多年来首次将全市行政诉讼一审败诉率控制在10%以内。行政机关负责人出庭应诉率连续多年稳居全省前列。

（汪　洋）

公　安

【概　况】2020年，全市公安机关坚持"1244"发展战略不动摇，围绕打造"全国治安首善之地"总体目标，积极推进现代警务模式的衢州实践，为衢州经济社会发展提供安全稳定的治安环境。全市发生刑事案件10290起，同比下降22.2%；其中盗窃案3366起，同比下降31%；命案发9起破9起，破案率100%。全市交通事故死亡285人，同比减少90人，下降24%，下降幅度位列全省第2。市公安局在市直机关满意率评议中，连续两年以政府序列第1，被评为最佳满意单位，全市6个集体被授予二等功、19个集体被授予三等功，168名先进个人受到公安部、省委、省政府和市委、市政府表彰。

【"最多跑一次"改革】年内，保持"最多跑一次"改革领跑优势，聚焦"人、车、企"等重点领域，推出更多便民利企"一件事"改革创新。车辆检测"一件事"集成改革和公安政务服务"一窗通办"成为全省样板，得到副省长王双全肯定。车辆检测"一件事"集成改革被评为全省公安改革2020年优秀实践案例。

【"最多跑一地"改革】年内，在全省率先实现所有县（市、区）公安局信访窗口入驻"矛调中心"工作，主动融入镇街、网格，与党委政府共同构建形成县、乡、村三级矛盾化解体系。全年，全市赴省赴部越级上访人数同比分别下降62.2%和70.6%，公安信访绩效连续3年位列全省三类地区第1。

【疫情防控】2020年，全市各级公安机关、广大民警辅警全力以赴打好疫情防控阻击战。积极开展人员研判，助推全市精密智控指数在1.0版本到5.0版本期间一直居于全省前列。全力做好交通检疫，在全市布设82个交通检疫站点，守住入浙进衢抗疫防线。围绕“六稳”“六保”，出台《在疫情防控期间服务民生支持企业发展的二十条措施》，精准保障民生和服务企业复工复产。年内，全市公安机关核查人员248万余人次、车辆12万余辆次，拦截人员1400余人，向属地推送涉疫重点人员58863人，6个先进集体、25名先进个人受到公安部、省委、省政府和市委、市政府表彰。

【公安监所防疫】年内，全市公安监管场所严格按照公安部、省公安厅、市公安局防疫工作要求，第一时间启动40日封闭隔离勤务模式，严把“进口关”“隔离关”“防治关”“警力关”四关，实现监所疫情零感染、安全零事故、队伍零减员的“三零目标”。

【大型活动安保】年内，优化重大活动安保维稳和重大突发性案（事）件处置等一体化工作机制，累计投入警力2700余人次，完成四省九地市经济合作会议、数字赋能论坛、衢州马拉松比赛等各类大型活动安保48起。

【助推全国文明城市创建】7月起，围绕全国文明城市创建工作，充分发挥主力军作用，出动警力8万余人次，开展道路交通秩序严管、网吧禁烟、创无“牛皮癣”之城等工作，严查各类不文明行为，助推衢州市以全国第4的成绩高位创成全国文明城市。

【扫黑除恶专项斗争】2020年，扫黑除恶专项斗争圆满收官，并围绕依法严惩、铲除土壤、行业监管等重点环节，全面建立健全各项工作机制，巩固和深化专项斗争成果，推动扫黑除恶专项斗争常态化。年内，打掉涉黑涉恶犯罪团伙13个，抓获97人，破案75起，扣押非法资产573万余元。

【电信网络诈骗综合治理】年内，持续对大电信网络新型违法犯罪行为的打击力度，依托联席会议制度和反欺诈体系建设，充分利用平安考核、绩效评估的指导作用，压实成员单位主体责任，推动实现6—12月，全市电信网络诈骗案件增幅逐月六连降。截至年末，破获电信网络诈骗案件2051起，抓获犯罪嫌疑人888人，同比分别上升31.3%、126.5%。

11月22日，衢州公安干警在2020衢州马拉松比赛现场执勤

【打击经济犯罪】2020年，持续完善情报导侦引领打击经济犯罪的警务模式，提升风险监测、主动打击能力，并牵头成立由市人民银行、市烟草专卖局等9部门参与的衢州市经济犯罪治理中心、衢州市经济犯罪研判中心，实现情报分析、个案研判、指挥打击、辅助决策等功能集成化、高效化。年内，抓获216名涉经济类犯罪嫌疑人，破获案件102起。

【打击“黄赌”违法犯罪】年内，保持对“黄赌”等社会丑恶现象的高压严打态势，破查处“黄赌”案件1517起，抓获5742人，全市社会治安持续向好，涉黄警情下降9.5%。

【打击治理涉毒违法犯罪】2020年，以“两打两控”“净边”“云战”等系列专项行动为依托，严厉打击涉毒违法犯罪。年内，破获涉毒刑事案件29起，其中部级目标案件1起、省级目标案件3起，移送起诉毒品犯罪嫌疑人105人，查处吸毒人员240人次，强制隔离戒毒62人。

【打击“食药环”犯罪】年内，持续完善行刑衔接机制，加大“食药环”领域犯罪打击力度，全市破获涉“食药环”类刑事案件83起，移送起诉涉“食药环”案件犯罪嫌疑人146名。

【“融警务”建设】2020年，围绕

10月16日，全市公安"网格警务"现场会暨"融警务"机制建设推进会在江山市召开

市域社会治理现代化试点要求，探索开展全市"融警务"建设，确定以"四进四融"为重点的第一批建设清单(深化"警务进网格"，融入共治一张网；深化"矛调进中心"，融入联调一盘棋；深化"办事进平台"，融入服务一扇门；深化"智防进村社"，融入智慧一座城)，在矛盾联调、打防联合、服务联动等方面取得成效。年内，完成各项建设指标，江山"网格警务"、常山"融警务"等子品牌建设的先进经验得到公安部领导、省领导和市领导肯定。

【"智慧警务"建设】 2020年，召开衢州公安科技大会，实施"智慧警务"建设三年行动计划。年内，完成4913路前端感知系统建设，研发"智处""智控"等一批科技应用，全市多维智能感知体系建设逐渐成形，服务基层一线实战能力进一步提升。

【完善110指挥调度】 2020年，进一步完善接处警指挥调度工作机制，全面提升接处警效能，以压降重复报警为抓手，推进处警端快速反应和处置效率，全年实现重复报警率同比下降24.53%。

【"净网2020"专项行动】 年内，综合应用各种技术手段打击网上突出违法犯罪行为，发起和参与多个全国全省集群战役。全市主侦破获各类涉网刑事案件119起，抓获犯罪嫌疑人252名，清除395个无法访问或已关停的网站，关闭网络账号88个。

【打击涉众型经济犯罪】 年内，持续推进打击非法集资等涉众型经济犯罪行为，全市立涉众型经济案件42起，涉案金额4.97亿元，破案22起，采取强制措施48人，为投资人挽回经济损失9000余万元。

【执法办案管理中心建设】 年内，深入推进市、县两级执法办案管理中心体系化建设，全市8个县级公安机关及市本级完成建设任务目标并实体化运作。

【执法规范化建设】 2020年，深入开展执法规范化水平提升年活动，按照"刀刃向内、自查自改"的要求，强化案件评查，建立执法问题闭环销号机制。抓住重要领域和关键环节，组织开展伤害类案件、交管部门执法活动财务管理、行政拘留未按规定执行三大专项治理活动。紧密结合"全警实战大练兵""教科书式执法"创新实践和全警法律知识竞赛活动，提升执法主体能力。年内，评查案件15505件,排查出执法问题4447个，逐一销号清零。

【"智安单位"建设】 2020年，联合市委政法委、市教育局、市卫健委、中国银保监衢州分局下发《全市"智安单位"建设推进工作方案》，明确全市三年建设目标和各部门职责任务。年内，建成"智安单位"334家，其中龙游县实验小学建设案例入选全省"智安单位"建设典型示范案例。

【"智安小区"建设】 年内，将"智安小区"纳入智慧城市建设、城市赋能十大专项行动，并纳入新建改建小区验收条件，全市建成"智安小区"130个，新建"智安小区"刑事发案率下降35.6%，其中零发案小区27个，降发案小区55个。

【"枫桥式公安派出所"创建】 年内，围绕"基础牢、出事少、治安好"和"党政认可、群众满意、民警幸福"的工作目标，紧密结合衢州基层基础工作实际，开展以"示范引领、选培重点、查补短板"为主要内容的"枫桥式公安派出所"创建工作。柯城府山所、衢江莲花所、柯山花园所等16个派出所被确认为重点培育派出所。

【全警实战大练兵】 年内，扎实开展新警擂台赛、派出所对抗赛、警种争先赛，积极探索以飞行考核模式组织比武活动，实现单警作战、综合实战能力明显提升。至年末，1692人次参与比武，开化城关派出所、柯山石室派出所、龙游横山派出所分别获各组第一名。

【维护民警执法权威】 年内，牢固树立"为担当者担当"导向，全力维护民警执法权威，办理民警维权案件92起，处理侵害民警执法权威违法犯罪嫌疑人93人，为24名遭受不实投诉的民警开具《公安督察正名通知书》。

【暖警惠警工程】 年内，深化公安内部"最多跑一次"改革，完成收入证明出具等市局高频事项20个，人民警察证审批等省、市、县三级公安机关联动事项62个，内部"最多跑一次"实现率90%，减轻基层负担和提升警务效率。

（陈 嬴）

1月1日，举行"关爱生命、平安出行"道路交通安全大会战暨春运交通安全宣讲活动启动仪式

交通管理

【概 况】 2020年，衢州市公安局交通警察支队（以下简称交警支队）在省交管局以及市委市政府、市公安局党委的坚强领导下，紧紧围绕市委"1433"战略体系和市公安局党委"1244"战略部署，紧扣"打造全国治安首善之地"的总目标，以"控大保畅"为核心，坚持道路交通安全和城市文明畅通并举，切实打赢事故防控的整体战、攻坚战，确保全市道路交通安全形势持续平稳。2020年，市交警支队设15个处室，有197名民警。

【交通事故防控】 是年，交警支队围绕"防事故、保安全、保民生"工作要求，持续推进"减量控大""一创一治""铁拳整治""一盔一带""交通安全大会战"等多项工作，完善"联席会议""领导到场""事故问责"等制度，突出抓好隐患排查治理、重点车辆监管、路面秩序管控、交通安全宣传等重点工作，全市市级路长制道路排查出隐患点位601处，全部完成整改，提前2年2个月完成全市3210台变型拖拉机淘汰清零，推进安全生产责任落实，确保交通事故死亡人数持续下降，安全形势保持平稳。2020年，全市交通事故死亡285人，同比减少90人，下降24%，降幅在全省排名第2。

【创文攻坚】 2020年，交警支队根据省交管局统一部署，先后开展事故预防"一盔一带""减量控大""铁拳整治"等多项整治行动。全年，全市查处交通违法行为172.91万起，其中现场查处48.23万起，酒驾查处3146起，超载查处5757起。通过三年的城市交通秩序整治，强力助推衢州以全国第四名的好成绩创成全国文明城市。同时，制定《衢州市剧毒化学品公路运输许可车辆查验工作指导意见》《衢州市"多杆合一、多箱合一"技术导则（试行）》，通过开展联合检查，年度累计检查危险化学品运输车8442辆，排查驾驶员6999人、押运员5874人，全市"两客一危"车辆交通违法处理率100%。同时，开展道路设施风险隐患排查，重点分析2017年以来的车辆侧翻、侧滑事故，重点排摸桥梁2671座、隧道149座、临水临崖路段1766.01公里，发现并整改安全隐患点47处。

【疫情防控】 2020年，为做好新冠肺炎疫情防控工作，交警支队在

2月3日，高速衢州南交通检疫站临时党支部成立

全市布设82个交通检疫站(点)，投入3.6万人次警力，全市26个高速公路出口实施24小时勤务，累计研判分析222946辆涉疫重点车辆，拦截6447辆，核查人员416788人次，其中向卫健部门移交车辆335辆，人员576人，始终确保涉疫重点车辆拦截率、核查率两个100%，切实构筑环浙、环衢防疫战线。2月24日0点撤除省际卡点后，迅速转入精密智控、联防联控，形成重点车辆动态查控的"衢州经验"。同时联合派出所、特警、高速交警等警种以及卫健、交通运输、高速路政、街道等多个部门，在高速公路衢州东、西、南分别成立临时党支部。特别在迎接援鄂医生归来时，以最高礼遇铁骑护送，以"守护者"迎接"逆行者"，受到较好的社会反响。

【智慧交通建设】 2020年，交警支队以打造中等城市交通智慧治理可复制可推广的"全国样板"为目标，投入资金6012余万元，以城市数据大脑2.0为技术支撑，运用"城市生命体"理论和"互联网+现代化治理"思维重塑交通治理模式。在全国首创公交信号优先系统，使全市公交车运行效率快速提升11%。完成9条绿波带建设，实现主城区118个路口信号灯全域智能配时，早晚高峰平均延误降低18%，平均车速提升5.5%。建立AI智能交通灯控系统，试点花园东大道(西—东)平均行程时间减少47.5秒、降幅为17.3%；花园东大道(东—西)平均行程时间减少25.5秒、降幅为8.2%。先后邀请省交管局、杭州交警支队的交管业务专家和浙江大学、省交科院、衢州学院的"学院系"专家团队到衢州观摩评估。

【枫桥中队创建】 是年，交警支队积极协调争取交警中队建设资金，市本级共投资4879万元，重点推进杜泽中队技术业务用房、大洲中队技术业务用房、廿里中队技术业务用房、高新园区中队技术业务用房项目和支队指挥大楼改造提升项目的建设。其中，杜泽中队技术业务用房项目总投资1270万元，建设面积2688平方米；大洲中队技术业务用房项目总投资1210万元，建设面积1796平方米；廿里中队技术业务用房项目总投资1599万元，建设面积2405平方米；高新园区中队技术业务用房项目总投资1299.03万元，建筑面积2026平方米；支队指挥大楼改造提升项目总投资798万元。同时，完成新的城区中队技术业务用房改造提升项目、沈家中队技术业务用房改造提升项目、车管所考试服务中心理论考场改造提升项目、智慧新城中队改造提升项目、花园中队维修和开发区中队维修等项目建设。

【执法水平提升】 是年，交警支队紧紧围绕执法规范化提升年活动，以"提升执法能力、优化执法效果、强化执法保障、严格执法监督"等内容为重点，持续推进全市交警执法规范化建设。针对执法薄弱环节，制定《关于进一步规范执法工作的若干意见》以及涉案财物管理处置、路面执勤执法等方面相关制度。继续发挥交警支队市本级案件集中办理优势，依托智能化办案场所，紧密结合疫情防控，全年单轨协同办理刑事案件257起、快速办理行政拘留案件214起。同时，推行执法音视频记录、执法办案场所管理、涉案财物管理、执法办案系统应用等方面的"飞行"检查和执法预警工作机制，组织4次季度执法检查、12次"飞行"检查，抽取评查各类案件792起、涉案财物1260件、执法视频707起，通过"钉钉"连续发送10余期预警通报，下发2

12月2日，衢州市交警支队组织召开车检“一件事”集成改革推进会

份执法监督整改建议书，开展执法问责7次，通过及时预防，发现和解决问题，纠正民警执法偏差，加大责任追究力度，推动执法管理质效提升。

【民生改革实事】 2020年，交警支队进一步提升服务水平，制定27项提升举措，实行挂图作战。8月，被省公安厅重新评定为二等市级车辆管理所。4月，衢州被省交管局列为全省车辆检测“一件事”集成改革试点后，副市长、公安局局长王顺大全程指导参与改革工作，5个部门联合下发改革实施方案，压实全市8个区块的属地责任、5个条线的主体责任，公安、营商办、市场监管局、生态环境局、交通运输局等5个部门实行专班化运作，建立工作清单，明确时间节点，确保稳步有序推进。通过选择安邦、安信2家条件较好的企业作为试点，划分检测区、交车区、休息区、办事区等功能区块，在全市所有车检机构推出“交钥匙”工程，由服务专员、引车员全程代跑，在不排队的情况下，检测一辆车的时间缩短至30分钟内。同时，制定《机动车检验检测计分制监督管理办法》，下发《衢州车检便民服务平台应用试点工作方案》，将企业履约情况纳入信用档案，实现不同企业信用分级分类监管，组织全市13家车检机构负责人参加“互学互看”活动，确保改革走在前列。年内，全市13家车检机构改造投入金额均在100万元以上，全部完成改造提升。

（陈　赢）

检　察

【概　况】 2020年，全市检察机关坚决贯彻市委和上级检察院决策部署，自觉接受市人大及其常委会监督，狠抓市委《进一步加强检察机关法律监督工作的实施意见》落地见效，努力以高质量检察履职更好服务保障全市大发展快发展高质量发展，各项工作在务实中创新、在落实中深化。

【打好检察“战疫”】 贯彻市委疫情防控总体部署，建立涉疫案件快速办理机制，对抗拒疫情防控措施、制售假冒防疫物资等涉疫犯罪依法从快批捕起诉28人，办理的衢江邹某持刀恐吓防疫执勤人员寻衅滋事案被省检察院作为首批典型案例发布。开展医疗废物处置、野生动物资源监管等专项检察，协同有关部门共同防范风险。在市委统筹下监督支持省十里丰监狱疫情防控，相关案件入选最高检典型案例。牢记“依法”二字，加强对涉疫案件统一把关，对情节轻微的涉疫犯罪不捕不诉5人。疫情初期，全市逾九成检察干警奔赴一线开展联防联控，“检察蓝”化身“志愿红”，涌现出一批先进典型。

【服务保障“六稳”“六保”】 制定实施稳企业“检十条”，助力企业战疫情保复工渡难关。特殊时期多用宽缓政策，对35名情节轻微的涉案企业负责人依法不捕不诉、建议适用缓刑；通过羁押必要性审查，建议办案机关取保候审6人。持续对涉民企既未撤案又未移送审查起诉、长期搁置的“挂案”组织专项清理，为9家相关企业卸下包袱、解除诉累。对受疫情影响导致的民商事纠纷和行政争议案件的监督，着力化解、稳妥办理。常山某招商引资企业因经营困难无力缴纳环保处罚款而被查封地产，检察机关在环保验收前提下依法促成执行和解，帮助纾困解难。紧盯影响企业发展的

9月23—24日，省检察院党组书记、检察长贾宇（左二）到衢州调研

突出问题靶向发力，牵头协调生态环境、应急管理等部门探索在化工企业建立预防性刑事合规制度，以刑事红线的规制来预防环境污染、安全生产风险，以最大司法善意助推守法合规经营。

【服务四省边际中心城市建设】 2020年，围绕中心城市战略定位和大小两个"三城记"布局，科学部署、优化配置检察工作和检察资源，确定与中心城市建设相关的15项重点工作和系列专项行动。与工商联建立常态化联络机制，畅通服务民企便捷通道，把优化营商环境要求落实到每一个司法案件中；建立联系重大项目负责制，实行"组团挂联+快速响应"工作模式，"面对面"提供优质高效检察保障；开展守护"美丽河湖"、文物和文化遗产保护等专项行动，完善"检察+"执法司法协作机制，优化山水格局整体保护；设立数字经济"法律体检"联络站，推进知识产权专业化办案与法律服务相结合，助力数字经济智慧产业法律治理；会同上饶等地检察机关推进跨区域检察协作，促进检察职能协同、司法标准统一。

【扫黑除恶专项斗争】 2020年，深入开展"六清"行动，线索100%办结，在办黑恶案件全部清结。开展专项斗争以来，坚持"一个不凑数、一个不放过"，批捕起诉黑恶犯罪809人，不捕不诉69人，追捕追诉20人，监督立案、撤案31人。着力促进深挖根治，深挖"保护伞"线索27件，其中自行立案侦查4人；依法核定、追缴涉黑涉恶资产近1.6亿元。对长期盘踞城区的黄某黑社会性质组织，检察机关监督立案9人，移送"保护伞"线索12件，建议追缴涉案资产6000余万元，并督促完善证据70余件次，合力将该案办深办透。衢江、开化检察院获全省扫黑除恶专项斗争成绩突出集体。

【反腐败斗争】 2020年，受理监委移送审查起诉贪污贿赂等职务犯罪57人，已起诉39人，不起诉4人，对34人适用认罪认罚从宽制度，办理的2起职务犯罪案件入选最高检精品案例。两级检察院自行立案侦查司法工作人员徇私枉法、滥用职权、玩忽职守等犯罪7人。

【刑事检察】 2020年，深化捕诉一体机制，批捕刑事犯罪845人、起诉2643人，依法办理"衢江22年前放火灭门""无良诊所套卖药品制毒"等社会关注案件。积极参与"断卡""净网"行动，严惩电信诈骗、网络赌博等新型犯罪，与有关部门建立协作机制，最大限度追赃挽损、斩断黑灰链条。强化侦查监督，监督立案、撤案92件，纠正漏捕漏诉37人。办理的江山一男子被骗传销致死案，通过立案监督、追诉漏罪，成功将幕后的传销组织头目杨某绳之以法，终审判处其死刑缓期两年执行。强化刑事审判监督，提出抗诉18件。开化一被告人虚假认罪认罚被从宽处理后，以上诉企图再次减轻刑罚，检察机关抗诉取消原有量刑减让，维护司法权威。强化刑事执行监督，全面推行对监狱的巡回检察，监督纠正减刑、假释、暂予监外执行提请不当57人、社区矫正脱管漏管18人，针对刑事执行违法违规等情形提出纠正意见95份，办理的谷某减刑监督案入选最高检典型案例。

【民事检察】 2020年，坚持既监督纠正违法，又维护审判权威。

办理民事诉讼监督案件581件，其中提出抗诉和检察建议109件，同比上升130%。柯城区检察院审查1起民间借贷纠纷案，查明该借款实际用于“借新还旧”而保证人却不知情，依法监督免除1200万元保证责任。开展“套路贷”虚假诉讼专项监督，纠正虚假诉讼28件，涉案金额3300余万元，并监督移送涉及6人犯罪线索，让打假官司者吃上真官司。助力破解执行难，对民事执行活动发出检察建议34件，依法起诉拒不执行判决裁定罪7人。与市委政法委开展民事执行参与分配联合检查，就发现的问题提出对策建议，得到法院大力支持。

【行政检察】2020年，围绕维护司法公正、促进依法行政的共同目标，办理生效裁判监督、审判人员和执行活动违法监督等行政检察案件111件，同比上升35%。依法对办案发现的违法裁定中止诉讼问题提出类案监督意见，推动全市法院加强对中止审理程序的规范执行。以行政非诉执行监督为抓手，促进解决国土资源、违建拆除等领域执行问题，提出检察建议81件。针对诉讼案结事不了、行政争议化解难问题，开展行政争议实质性化解专项监督，在查清事实、辨明是非基础上，综合运用监督纠正、促成和解、公开听证等方式，促进执法司法机关妥善解决争议，化解24件，2起案件被省检察院评为典型案例。

【公益诉讼检察】年内，在全省率先成立公益诉讼指挥中心，加强线索归集、研判核查和调查处置，立案办理公益诉讼案件559件。把诉前实现维护公益目的作为最佳司法状态，向行政机关发出诉前检察建议287件，回复整改率100%；以诉前磋商方式提醒主动履职整改243件。开展“公益诉讼守护美好生活”专项行动，督促修复受损农用地400余亩，推动开展食药安全稽查50余次，起诉违法行为人承担各类修复赔偿费用330余万元。龙游县检察院以检察建议推动全县家禽定点屠宰、集中检疫。积极稳妥拓展办案范围，开展瓶装燃气经营、无障碍环境建设、加油站移动支付等专项监督，办理公共安全、特殊群体权益保护等新领域案件111件，同比上升680%。对人大代表反映意见有案必查，及时督促消除企业污水处理不彻底影响乌溪江水质、衢九铁路沿线堤坝缺口影响行洪安全等问题隐患。结合办案提出社会治理类检察建议77件。

【检察理念和方式变革】年内，坚持司法为民，着力促进检察理念和方式变革。践行“少捕慎诉”办案理念。全市检察机关适应刑事犯罪结构变化，践行“少捕慎诉”办案理念，在保持对严重暴力犯罪从严打击的同时，对轻微刑事犯罪案件依法从宽处理，不批捕314人、不起诉820人，最大限度减少社会对抗。积极发挥检察主导作用，协同公安、法院落实好认罪认罚从宽制度，全年适用率87.7%，一审服判率99.7%，被告人认罪伏法成为常态，有效促进罪犯改恶从善，推进诉源治理。

【推行“案—件比”质效评价标准】2020年，以改善群众对司法办案的感受度为目标，确立“案—件比”质效评价标准，将没有一次性办结的案件标为多件，通过控制一案多件，督导检察官将每一个办案环节的工作一次性做好，办理一个案子尽可能减少退回补充侦查、延长审查期限等程序，防止因工作粗疏、释法说理不充分出现程序空转，努力让可以避免的下一个办案环节不发生。年末，全市刑事检察“案—件比”为1:1.11，一审公诉案件退回补充侦查、延长审查期限件数同比分别下降37.5%和62.5%，平均办案周期缩短8天左右，力求改变打官司“环节多、耗时长”的印象。

【推进检察信访“最多跑一地”改革】2020年，树立办信接访也是办民生的理念。基层“12309”检察服务中心全部入驻矛调中心，大力推广移动检务平台，减轻群众访累。深化群众信访件件有回复工作，受理群众来信来访1730件，全部做到7日内程序回复、3个月内办理过程或结果答复，没有1件“石沉大海”。对群众不满意答复结果或不服处理决定的案件，举行公开听证54场，邀请律师等多方参与，促进案结事了。接收信访案件数同比下降38.6%，重复访比例下降4.9%。

【扩大司法救助的社会功能】2020年，从助力脱贫攻坚、促进社会平衡的高度，提出“开放性、组合式、治理型”的司法救助模式。

在对困难当事人给予资金救助、渡过眼前难关的同时，积极推动司法救助与民政救济、教育支持、就业帮扶等社会救助有效衔接，构建以检察牵头、协调多元主体的检察环节司法救助体系，把司法救助做成对受损社会关系的梳理、修复。办理司法救助案件253件，协力化解社会矛盾36件次，竭力帮助290余名当事人摆脱生活困境，救助金额居全省检察系统第1。

【前移未成年人司法保护关口】 2020年，牵头团委、妇联、教育等部门会签社会支持体系合作协议，强力推进性侵违法犯罪人员从业禁止、侵害未成年人权益案件强制报告等制度落实，开展从业查询1400余人次，妥善处理侵害未成年人“苗头事件”19件。联合民政部门落实“事实孤儿”优抚政策，让因案遇困孩子幼有所养。对侵害未成年人犯罪“最低限度容忍”，从严批捕起诉36人。对未成年人犯罪“宽容不纵容”，情节严重的起诉122人；情节轻微并有悔罪表现的不起诉91人，竭力挽救“问题少年”。“彩虹工作室”等一批未成年人检察团队“走出去、请进来”，帮孩子系好第一粒法治“纽扣”。

【自身建设】 年内，坚持强基固本，努力提升检察履职水平。抓牢政治建检。将讲政治与抓业务融为一体，组织开展习近平法治思想大学习大讨论，引导干警在学思践悟中坚定理想信念、净化政治灵魂。深化“政治建检”党建品牌，推进党建标准化、规范化建设，让检察业务更深更实体现政治要求。认真贯彻《中国共产党政法工作条例》，制定并落实请示报告清单，把党对检察工作的绝对领导落到实处。对1个基层院党组开展政治巡察，及时发现纠正偏差落差。组建“8090”检察宣讲团以案释法，以检察力量传播党的声音。市检察院被授予“浙江省文明单位”称号。

锤炼过硬本领。突出检察核心能力建设，开展民法典全员轮训、刑事论辩大练兵、指导性案例集中学习等专题实训。出台公诉人才培养办法，组建检察侦查人才库，为成长成才搭建平台。建立检察工作加减指数、检察官业绩考评机制，激励担当作为、倒逼素能提升。实施“智慧借助”，与武汉大学共建教授工作室，提供专业咨询、辅助司法办案。全年有23人入选省级以上人才库，30个集体和个人获省级以上表彰，37起案件入选全国、全省典型案例。

建强基层基础。建成检察司法鉴定中心，运用法医、文检、电子证据、快速检测等手段破解办案技术难题。加强检察监督智能研判系统建设，推进“政法一体化平台”“网格+检察”等数据整合共享，获评全省智慧检察十佳设计方案。强化改革赋能，加强员额动态管理，保证员额配置向办案量多的基层院倾斜。完善检察官联席会议、案件质量评查、检察官惩戒等相统一的内部监督管理机制，压紧压实办案责任。

严明纪律作风。扎实开展司法规范化水平提升年活动，紧盯司法理念、办案实效、文书质量等方面问题，点名道姓通报、真刀真枪整改，促进自律自强。严格执行防止干预司法“三个规定”(2015年中央办公厅、国务院办公厅印发的《领导干部干预司法活动、插手具体案件处理的记录、通报和责任追究规定》，中央政法委印发的《司法机关内部人员过问案件的记录和责任追究规定》和最高法、最高检、公安部、国家安全部、司法部印发的《关于进一步规范司法人员与当事人、律师、特殊关系人、中介组织接触交往行为的

9月14日，全市检察监督推进会召开

若干规定》），记录过问检察办案等事项338件，确保办案公正。坚持“严”的主基调，与派驻纪检监察组健全联席会议协商机制，完善追责和常态化通报制度，对捕诉一体、认罪认罚从宽等重点改革加强廉政风险防控，让“严”的味道充盈检察机关。

【典型案例】2020年的检察监督典型案例：

运用快检技术督促整治校园周边食品安全行政公益诉讼案　2019年4月，根据群众反映，江山市人民检察院公益诉讼部门对校园周边的食品安全开展调查取证，检察技术人员第一时间参与案件办理。通过初步调查分析，认为在校园周边流动摊贩销售的馒头可能违法添加糖精钠。检察技术人员对其中一个流动摊贩的馒头进行采样检测，检测结果为糖精钠阳性，涉嫌违法添加糖精钠。通过进一步调查取样，经检测，有六个流动摊贩销售的馒头涉嫌违法添加糖精钠。公益诉讼部门根据快检结果进行立案调查，向负有监管职责的市场监督管理局发出检察建议，要求对校园周边的违法行为进行查处。该案被最高人民检察院评为“2020年公益诉讼技术支持典型案例”。

违法裁定中止诉讼检察监督案　2020年，D级危房所有人何某某、徐某某向柯城区法院起诉，要求法院撤销柯城区住建局发出的关于拆除危房催告书。柯城区法院立案后，以“存在需向上级法院请示的相关法律适用问题”为由，根据《最高人民法院关于适用〈中华人民共和国行政诉讼法〉的解释》第八十七条第一款第七项的规定，裁定中止审理，且未提交审委会讨论。但是，因案件涉及法律适用问题需要送请有权机关作出解释或者确认的，应适用解释第八十七条第一款第五项的规定中止诉讼。同时，“拟就法律使用问题向上级法院请示的”，应当提交审委会讨论。因此，柯城区检察院向柯城区人民法院提出检察建议，举行“两长”磋商，推动纠正有关问题。该案被最高人民检察院评为“2020年行政审判人员违法行为检察监督典型案例”。

衢九铁路沿线堤坝缺口影响行洪安全公益诉讼案　2020年，有人大代表反映，常山县招贤镇汪家淤村防洪堤坝一处横穿衢九铁路长约60米的缺口未建设完整。常山县检察院迅速开展调查核实，并加强与杭州铁路运输检察院协作，牵头多部门对该堤坝进行综合整治，化解洪灾隐患。

（陶永强）

法　院

【概　况】2020年，衢州法院全面落实市委“1433”发展战略体系，坚持服务大局、司法为民、公正司法，各项工作取得新成效。全市法院诉前化解各类纠纷9891件，新收各类案件64752件，办结65777件，其中，市中院新收各类案件10140件，办结10368件。法官年人均结案261件。省高院通报的办案质量、效率、效果等13项指标中，全市11项优于全省均值，市中院8项居全省中院第1。

【服务保障疫情防控】2020年，新冠肺炎突如其来，全市法院积极行动，全力支持依法防疫。市中院制定15个法律指引，为市防疫指挥部率先下发《妥善处理疫情应对有关法律纠纷的通知》提供建议。依法打击各类妨害疫情防控违法犯罪行为，发布护航疫情防控典型案例。邹某某在疫情防控期间持刀恐吓防疫工作人员，衢江法院以寻衅滋事罪对其判处刑罚，为疫情防控提供坚强司法保障。

【助力企业复工复产】年内，面对疫情对企业经营的重大影响，积极运用公平原则平衡各方利益，引导当事人和解协商、共担风险、共渡难关。市中院在审理因疫情引发口罩原材料价格暴涨的违约案件中，主动释法明理，促成当事人达成调解，起到社会效果与法律效果有机统一的示范作用。为涉疫情防控企业、困难企业开辟紧急修复信用、暂时解封财产“快速通道”，完成43家企业信用修复。龙游法院“某食品公司恢复企业信用征信案”、开化法院“某医药公司重整案”分别入选全国法院第一、第二批十大典型案例。《人民法院报》两次头版头条报道衢州法院助力复工复产工作。

【疫情防控与审判执行“两手抓”】年内，积极投身“包区清楼”等疫情防控工作，响亮喊出“唯祖国和爱不可辜负”的口号，市中院被市委、市政府评为先进集体。引导当事人通过线上平台参与诉讼，无1起案件因疫情延期办理，实现“审判执行不停摆、公平正义不止步”。市中院运用“云开庭”方式2小时解决1起涉丹麦某食品公司的国际贸易纠纷，促成双方当事人当庭达成调解协议。全省首推疫情期间敦促公告制度，督促251名被执行人主动申报财产，自动履行案件368件3513万元。柯城法院通过线上办案促执行和解，仅用时21天为湖北疫区申请人实现债权90余万元。

【服务保障打造“营商环境最优城市”】年内，积极参与打造一流法治化营商环境，法院牵头和配合的“保护中小投资者”“办理破产”指标位列全国前十，市中院被评为衢州市“营商环境建设十佳单位”。常态化开展组团联企“三服务”活动，走访企业373家，帮助解决实际困难347个。常山法院妥善化解当地龙头企业某机械公司与杭州某公司氢气供应纠纷，平等保护本地企业与外地企业合法权益。防范化解金融风险，推广多元化解机制，金融纠纷收案数同比下降19.54%，省银保监局专题调研推广。深化民间借贷协同治理，会同九部门建立职业放贷人协同治理机制，民间借贷收案数在2019年同比下降31.94%的基础上，再降27.61%。注重发挥破产审判市场拯救和净化功能，市中院联合16家单位出台办理破产便利化行动方案，审结破产案件114件，盘活工业用地950.87亩、工业厂房52.34万平方米，化解银行不良贷款19.57亿元，为政府清缴税款7700余万元。全面实施网络司法拍卖，成交额8.89亿元，平均溢价率58.92%，为当事人节省佣金2667万元。积极助力国家知识产权示范城市培育工作，牵头成立全省首家数字经济司法保护服务中心，为“开化龙顶”“龙游发糕”品牌保护提供法律意见。依法审理“中华”铅笔反不正当竞争全国第一案，保护创新创造和公平竞争。

【服务保障打造“基层治理最优城市”】年内，扎实推进诉源治理，主动融入社会治理大格局，各基层法院坚决将诉服中心六项功能成建制入驻矛调中心，推进“信访打头、调解为主、诉讼断后”的递进式矛盾分流过滤体系，累计分流案件18678件。优化人民法庭布局，新挂牌人民法庭5家，围绕市委“大三城”战略部署，争取在智慧新城、智造新城、空港新城新设人民法庭。推广人民法庭参与基层治理“航埠经验”，得到省委政法委书记王昌荣肯定。打造“网格+法院”双向互动模式，统筹推进“网格法官+巡回审判+人民法庭+巡回智慧法庭”融合发展，《人民法院报》头版头条报道。推动司法服务模块嵌入村情通、邻礼通、政企通等“三通一智(治)”平台，“龙游通+掌上法院”探索法院融入基层治理新路径，得到最高法院表彰。针对社会治理薄弱环节和行业管理漏洞，发送审判白皮书、司法大数据分析、基层治理报告等司法建议128份。

【服务保障打造“两山”实践示范区】年内，审结环境资源案件639件，发出“补植令”“放养令”12份，补植林木47亩、放流鱼苗56万余尾。加强环境资源司法保护力度，实现环境资源审判庭全覆盖，推动生态环境协同治理中心入驻矛调中心。牵头建立钱塘江流域环境司法协作机制，发布《钱江源宣言》，省领导批示肯定。扎实推进环境公益诉讼，审结案件18件，与市检察院联合发布典型案例。宋某某猎捕、食用野生动物，被判处刑罚并赔偿公共利益损失，系全国人大保护野生动物决定通过后审结的公益诉讼全国第一案。支持全域旅游示范区建设，在全市AAAA级以上旅游景区设立旅游巡回审判点，就地调处旅游纠纷，调解成功率93.10%。

【服务保障打造“一座最有礼的城市”】年内，大力弘扬社会主义核心价值观，发布“衢州有礼”典型案例，“花樽健身案”“乱停车业主被禁止自由出入小区案”等案例展现司法公正担当。深入开展打击虚假诉讼专项行动，移送涉嫌虚假诉讼犯罪9件，对21名虚假诉讼参与人处以拘留、罚款。深入开展打击扰乱诉讼秩序专项行动，向哄闹、冲击法庭、威胁法院工作人员等行为“亮剑”，彰显司法权威，营造崇礼尚法的社会氛围。加强司法宣传，市中院、江山法院获评全国法院司法宣传先进单位。成立衢州法院8090新时代理论宣讲团,开展"庭后十五分钟"以案说法,把法庭作为最好的宣讲阵地,传播法治正能量。

【决胜扫黑除恶专项斗争】年内,坚持高站位谋划、高标准推动,坚决打赢扫黑除恶专项斗争收官战。三年来,全市法院高质效审结涉黑恶犯罪案件69件377人,妥善审理14件省、市挂牌督办案件,4件涉黑案件首要分子均数罪并罚被判处二十年以上有期徒刑,并处没收个人全部财产。积极推进黑财清理专项行动,成为全省首批两个一、二审案件全部清零地区之一。强力推进"黑财清底",健全财产处置衢州模式,涉黑恶财产执行案件全部清零,罚金和没收财产执行到位率居全省首位。全面发力"打伞破网",坚持"深挖彻查",移送涉黑恶线索297条,确保除恶务尽。

【依法惩治各类刑事犯罪】年内,新收刑事案件1849件,审结1952件,同比分别下降30.33%和24.63%。严惩严重损害人民群众人身安全和财产安全的犯罪,审结故意杀人、抢劫、强奸等严重暴力犯罪74件,审结涉"黄赌毒"犯罪案件266件,审结危害食品药品安全犯罪21件。审结非法吸收公众存款案件17件,涉案金额6.34亿元。积极参与"断卡""净网"行动,审结电信网络诈骗犯罪55件,挽回经济损失1062万元。衢江法院审结郭某某等11人电信诈骗案,被告人累计拨打电话6万人次,均被判处刑罚。保持惩治腐败高压态势,审结职务犯罪案件36件41人。严格规范减刑、假释、暂予监外执行工作,审结案件6957件,其中依法变更减刑幅度527件,对79名罪犯不予减刑、假释。

6月5日,衢州法律娘家人服务工作站(女法官工作站)在江山市举行揭牌仪式

【加强民生权益保障】年内,新收民事案件31468件,审结31628件,同比分别下降10.81%和9.60%。围绕决战决胜脱贫攻坚战,妥善审理涉"三农"案件171件,服务保障乡村振兴战略。审结涉教育、医疗等民生领域案件2215件。畅通农民工维权"绿色通道",帮助农民工追讨欠薪1904.28万元。常山法院加快对某轴承公司的资产处置,优先为163名职工一次性发放欠薪321万元。审结抚养、赡养、婚姻等家事案件3273件,促进家庭和睦、社会和谐。市中院与市妇联共同在全市11个乡镇(街道)挂牌成立法律娘家人服务工作站,打通妇女维权"最后一公里"。坚持以"柔性司法"化解民事争议,龙游法院成功调解1起赡养费纠纷案件,解开母子间20年心结。加强司法救助工作,对生活困难的当事人减免诉讼费17.21万元,对87名被救助人发放司法救助金251.26万元,传递司法温暖。

【推动行政争议实质化解】年内,新收各类行政案件844件,办结893件,同比分别下降20.45%和15.19%,行政机关败诉率9.28%,五年来首次低于10%,收案数、败诉率双下降。坚持监督与支持并重,妥善处理涉高铁新城征迁、"未来社区"等重点项目案件。市中院促成高铁新城征迁项目最后一户"钉子户"签订和解协议,保障项目顺利推进。推进行政争议实质性化解,推行"法院建议、党政'一把手'批办、分管领导交办、调解中心协调化解、处理结果及时反馈"的行政争议调解中心实体化运行模式,推动重大行政争议列入党政"两难"问题化解。府院共建鼓励行政机关在行政程序中先行解决矛盾、诉讼中自我纠错以及实质性化解行政争议的“三大机制”，得到最高法院肯定推广。完善府院联席工作机制，召开市县镇村诉源治理工作推进会，助推法治政府建设。

【综合治理执行难问题】年内，新收执行案件23153件，执结23741件，执行到位金额22.73亿元。落实市委全面依法治市委员会《关于加强综合治理从源头切实解决执行难问题的实施意见》，着力构建综合治理执行难大格局。健全“自动履行为主、强制执行为辅”的执行长效工作机制，强化自动履行正向激励，督促2647人自动履行。常态化开展凌晨、夜间执行行动，严厉打击拒不执行行为，拘留、罚款1764人，判处刑罚11人。坚持善意文明执行，服务“六稳”“六保”。常山法院采用给予宽限期、暂缓资产处置等柔性措施，既有效执结案件又帮助被执行企业某化学公司引进投资3000余万元，实现当事人双赢。在全国首创将“信用码”嵌入司法执行的“134N”智慧信用联合奖惩机制，助推社会诚信体系建设，省委改革办全省推广。

【司法体制改革】2020年，完善法官员额动态调整和交流退出机制，出台法官考评工作细则，年内遴选员额法官19名，退出9名。健全院庭长带头办理重大疑难复杂案件制度，全市法院院庭长办结案件42158件。完善审判委员会、专业法官会议工作机制，推行类案与关联案件强制检索，促进裁判尺度统一。全面准确适用认罪认罚从宽制度，一审刑事案件认罪认罚适用率87.70%。深化民事诉讼程序繁简分流改革，全市法院简易程序适用率82.60%，平均审理天数30天。

【审判监督管理】年内，强化“四类案件”全流程在线监督管理，将612件案件列入监管，确保审判权力规范有序运行。强化办案流程管控，建立案件常见瑕疵全流程自查机制，完善二审、再审案件随案评查制度，切实提升办案质量。持续清理长期未结案，12个月以上未结案下降43.48%。强化司法责任追究，常态化开展司法质量监督大检查，集中评查发回重审、改判、投诉举报等重点案件137件，对瑕疵案件承办法官分别作出责令退出员额、延期晋升等处理。

【司法便民惠民改革】年内，全面推进以提升自动履行率为核心的当事人“一件事”集成改革，民商事案件自动履行率提升至46.88%。持续推进以满足当事人“一站式”需求为核心的诉讼服务改革，设计启用市中院新诉讼服务中心。全市法院诉讼服务中心提供停车位、盲道、无障碍通道等便民服务设施。坚持诉讼服务“线上+线下”双轨推进，畅通多种诉讼服务渠道，更好满足人民群众多元司法需求。完善巡回审判制度，运用“巡回智慧法庭”“车载法庭”等多种方式开展巡回审判，审理一案、教育一片。深化涉诉信访化解，审结申诉、申请再审案件247件，接待回复群众来信来访753人次，保护人民群众合法诉求。

【智慧法院建设】年内，全面推广移动微法院，完善在线诉讼规则，全市法院网上立案35856件，跨域立案134件，网上庭审6374件，电子送达41341件，让人民群众享受在线诉讼的便利。推进贯穿办案全流程、全要素的无纸化办案办公新模式，实现审判流程优

10月19日，“龙游通+掌上法院”启动仪式在龙游县湖镇镇地圩村举行

化、司法效能提升。着力提升政法机关一体化单轨制协同办案系统应用实效。积极开展警务保障智能化试点工作，建设智慧警务平台，被最高法院肯定推广。

【接受各方监督】依法接受人大及其常委会监督，认真落实市七届人大五次会议决议，及时办结代表建议6件。主动向市人大常委会报告扫黑除恶专项斗争开展情况等工作，健全代表联络工作机制，走访人大代表345人次，邀请代表视察法院、旁听庭审、见证执行等1008人次。完善代表监督联络平台，定期寄送《代表委员联络专刊》。开化法院设立“人大代表工作室”“天平之约”政协委员会客室。主动接受政协民主监督，及时向市政协通报工作，办复政协委员提案2件。加强与民主党派、工商联和无党派人士沟通联系，主动听取意见建议。自觉接受纪检监察监督，配合支持纪委监委查处法院违纪违法干警。依法接受检察机关法律监督，邀请检察长列席审委会，认真办理检察建议，审结抗诉案件28件，共同维护司法公正。广泛接受社会监督，深化阳光司法，上网公开裁判文书5.6万份，庭审直播1.1万场，观看量764万人次，让公平正义经得起“围观”。完善人民陪审机制，一审普通程序案件陪审率98.83%。

【典型案例】2020年的法院审理典型案例：

持凶器恐吓防疫工作人员案　2020年2月11日，被告人邹某某在小区门口与他人闲聊时，被正在参与疫情防控工作的志愿者发现，为防止人员聚集可能造成疫情传播的危害后果，志愿者周某某劝说被告人邹某某与他人保持距离，但被告人邹某某拒不配合并心生怨气，扬言要对周某某进行报复，随后回家拿出一根钢筋和一把单刃尖刀再次返回岗亭，在钢筋被他人夺下后，手持单刃尖刀多次朝周某某身体部位捅刺，后被他人拖离岗亭，周某某没有受伤。2月14日，衢江法院依法作出判决，以寻衅滋事罪判处被告人邹某某有期徒刑六个月。该案入选“全省首批妨害疫情防控犯罪十大典型案例”。

6月22日，衢州市法院首家“人大代表工作室”在开化法院举行揭牌仪式

疫情引发口罩原材料价格暴涨致违约案　疫情期间，江山某医疗公司向龙游某无纺布公司采购口罩布，履约过程中，无纺布原材料价格暴涨，双方便协商调整单价，未果，龙游某无纺布公司停止供货，江山某医疗公司诉请赔偿375万余元。市中院受理该案后，认为疫情并非对所有商事合同的履行构成不可抗力，案涉合同签订时，国内疫情相对稳定，双方对疫情应已有预判，为维护交易安全，不宜适用不可抗力或情势变更，且疫情并未导致合同不能履行。然而原材料涨价确实对生产成本产生重大影响，按原价履行对龙游某无纺布公司一方亦不公平。2020年11月25日，市中院综合平衡各方利益，提出合理的居中调解方案，先后组织三次调解，逐步引导双方向该方案靠拢，最终达成一致意见。

野生动物保护公益诉讼全国第一案　2016年12月至2017年4月，被告宋某某在衢州市范围内的山上通过安置铁夹、设套的方式捕获国家二级保护动物白鹇、鬣羚各1只，“三有”陆生野生动物猪獾1只。经评估，上述3只野生动物价值合计5.58万元。衢江法院以非法猎捕、杀害珍贵、濒危野生动物罪判处宋某某有期徒刑两年，缓刑两年六个月，并处罚金8000元。2019年12月5日，衢江区检察院提起民事公益诉讼。2020年3月4日，市中院经审理认为，宋某某猎捕食用野生动物的行为损害国家利益和社会公共利益，应承担赔偿损失的民事侵权责任，判决赔偿损失5.58万元。该案系全国人大常委会通过《关于全面禁止非法野生动物交易、革除滥食野生动物陋习、切实保障人民群众生命健康安全》的决定后，审结的全国首例野生动物保护公益诉讼案件，最高法院《司法案例研究信息》采用该案例。

（王志成）

司法行政

【概　况】 2020年，衢州市司法局履行行政立法、行政执法、刑事执行和公共法律服务等职能，做好依法防疫指导保障，制定《行政执法工作规范》《乡村善治建设指南》衢州地方标准，打造全省最大的宪法主题公园，衢州司法行政系统获全省司法行政系统岗位技能比武团体第三名，衢州仲裁委员会“云仲裁”获2020政法智能化建设智慧司法优秀创新案例。

【公共法律服务体系建设】 年内，建成市公共法律服务中心综合体，仲裁、行政调解等法律服务资源有序入驻中心，开辟“南孔法律书屋”等全新板块，在市退役军人服务中心设立公共法律服务工作站，进一步拓展公共法律服务外延。制定《深化公共法律服务“十百千万”提升专项行动十条实施意见》，成立由100名律师、法工等法律人组成的公共法律服务专家库，1218名公共法律服务志愿者招募到位。

4月3日，加强高质量复工复产法治保障暨“法雨春风”法律服务月活动启动仪式

【法律服务保障复工复产】 年内，强化依法防疫保障，配合市疫情联防指挥部依法开展疫情防控工作，做好疫情防控法律文书的指导工作，对市疫情联防指挥部在疫情防控期间发布的196个文件进行审查，对县（市、区）报备的231份防疫相关文件进行备案审查。配合市人大开展全市野生动物保护领域行政规范性文件清理工作，清理规范性文件9件，拟废止4件。广泛征求政府部门、企业和群众在依法防控和复工复产方面存在的法律问题，组织专家学者、法律顾问就相关问题进行研讨，编印发放《新冠肺炎防控法律实务120问》5000余册。开展“防控疫情、法治同行”普法宣传行动，加大对传染病防治、突发事件应对、野生动物保护等法律法规宣传力度，全市张贴悬挂宣传横幅海报19万余条、发放宣传手册137万余份。在“法雨春风”法律服务月活动期间，调处矛盾纠纷5807件，矛盾纠纷化解率99.33%，开展民营企业法治体检3808家，提供法律意见书2057份，法治宣传教育进企业1172家，覆盖10.28万人。开展“走进基层商会服务千户企业”活动，走访衢州市福建商会等24家商会，为企业和群众减免法律服务费用5万余元。办理涉疫法援案件58件，办理企业复工复产相关公证227件，办理涉疫伤残等级、保险理赔、医疗纠纷等鉴定6件。

【法律援助】 年内，推进法律援助“全域通办”，突破受理地域管辖限制，实现法律援助“最多跑一地”。出台《关于进一步加强老年人法律援助工作的实施意见》，对70周岁以上老年人不设法律援助事项范围限制，对特定情况老年人申请法律援助免于经济状况审查。开展2020—2021年度法律援助农民工讨薪专项行动，在工业园区及乡镇（街道）设置23个分会场，全市接待农民工来电来访法律咨询4997人次，办理农民工讨薪法律援助案件572件，追回欠薪或挽回各类损失853万元。开展“法援惠民生·扶贫奔小康”6个主题月活动。制定《衢州市律师参与法律援助工作积分管理办法》，对律师参与法律援助工作进行排名赋分。开展全市法律援助案卷质量评查，评查案卷547件，其中优秀案件110件、良好案件307件、合格案件130件，无不合格案件。年内，全市办理各类法律援助案件4613件，为困难群众挽回经济损失或取得应得利益5366.12万元，接待来电来访及网络咨询15504人次，咨询满意率99.72%。

【互联网仲裁】 4月27日，成立互联网仲裁院，搭建全新的视频仲裁辅助系统，创新“书面+视频”庭审新模式。出台《衢州仲裁委员会网络庭审驻会仲裁员遴选及报酬支付实施办法（试行）》，建立健全驻会仲裁员办案制度。9月26日，在北京召开衢州仲裁委员会网络仲裁规则、网络调解规则、网络仲裁执行改革方案专家论证会，完善互联网仲裁制度机制建设。与市中级人民法院成立解决互联网仲裁案件执行难工作课题组，全力破解执行难问题，维护仲裁裁决权威性。年内，立案58357件，标的额5.56亿元，结案率99%，其中，互联网仲裁立案58243件。衢州仲裁委员会“云仲裁”获2020政法智能化建设智慧司法优秀创新案例。

【公证法律服务】 2020年，与衢州市银行业协会、全市31家银行召开银行金融领域“线上赋强公证”专项工作推进会，衢州市信安公证处与建设银行签订战略合作协议，推出金融线上公证业务。与市中院联合下发《关于进一步开展公证参与人民法院司法辅助事务试点工作的实施意见》，在柯城区人民法院挂牌成立“公证参与执行辅助事务中心”。

【国家法律职业资格考试】 10月31日，2020年国家法律职业资格考试客观题考试开考，衢州考区904人报名考试，参考率70%；11月28日，衢州市承担国家法律职业资格考试全省部分主观题（纸笔）考试，138人报名考试，参考率99%。

【法律服务行业建设】 年内，开展律师行业“扬帆行动”，召开衢州市律师行业发展大会。《衢州市律师行业发展存在的问题和对策建议》得到市委书记徐文光和市长汤飞帆的批示，律师人才引进纳入市委、市政府《关于打造更优人才生态推动衢州大发展快发展高质量发展的意见》。充分发挥律师协会在律师行业发展中的引领作用，市律师协会从历年积余会费中提取50万元用于扶持青年律师的培养和发展。引导全市党政机关和群团组织符合条件的工作人员申领公职律师，提升公职律师配备率。年内新增律师78名，比上年度增长14.83%，律师万人比达到2.72。

【普法与依法治理】 年内，加强普法工作组织领导，市四套班子领导带队开展“七五”普法总结验收检查，通过省级专家评审。深化“谁执法谁普法”普法责任制，发布普法重点单位法治宣传教育责任清单、普法任务书。健全完善普法项目化工作机制，推动“法治锦鲤”进工地、“法律娘家人”进家

7月3日，举办司法大讲堂活动

庭、“法治校长”进学校、“工情直通车”进企业。构建社会大普法格局，重点部门建成“双普”教育基地82家，形成8090新时代法治宣讲团、兰花工作室、普法快递小哥等为代表的优秀普法公益组织，组建涵盖各行业、各领域普法志愿者队伍36支，3200余人。建成全省首个24小时自助普法中心崇法苑，全省法治乡村知行讲堂建设现场会在龙游县召开，建成法治乡村知行讲堂159家，实现省级民主法治村知行讲堂全覆盖；建成全省最大的宪法主题公园。全面落实民主法治村建设三年行动计划，新建省级民主法治村80个、市级363个，培育“法治带头人”1521人、“法律明白人”2085人，实现市级以上民主法治村（社区）建成1058个，占比超66.5%。

【全省最大的宪法主题公园开园】 12月5日下午，衢州市举行2020年宪法宣传周暨宪法公园开园活动。揭幕仪式上，衢州市人大常委会副主任吴招明为活动致辞，省司法厅党委委员、副厅长、省普法办主任劳泓发表讲话，衢州市委副书记、政法委书记、市委依法治市办主任吴舜泽宣布衢州宪法公园开园。衢州宪法公园位于柯城区荷花中路衢州市会展中心南面，占地3.2万平方米，是集“学法、休闲、娱乐、求知”功能为一体的地标性法治文化阵地，公园以“法治九州安天下、礼行三衢润民心”为主题。该公园是全省最大的宪法主题公园。衢州宪法公园建成后，实现市、县两级宪法公园全覆盖，被省普法办评为“我最喜爱的‘十大宪法宣传阵地’”第一名。

【特殊人群监管】 年内，针对疫情及时调整对社区矫正对象的监管教育措施，日均信息化核查3000余人次，运用网络平台开展“云教育”，实现全市社区矫正对象零感染、零犯罪。举办《中华人民共和国社区矫正法》宣传月启动仪式，组织开展知识竞答、矫正场所“开放日”、《中华人民共和国社区矫正法》宣传学习培训等活动140余场次。推进“智慧矫正”体系建设，通过“学习强国”“志愿汇”等平台开展修心式教育、领航式帮扶。在全省率先出台社会工作者队伍建设的指导意见，在衢江区试点把村网格员纳入社区矫正志愿者行列，提升基层社区矫正力量。10月，衢州市社区矫正“四幅图”做法被浙江卫视专题报道。对全市刑满释放人员信息管理系统进行定期核查，核查率99.96%，位列全省第1。加强对刑满释放人员特别是特赦人员安置帮教工作，积极协调民政等社会救助管理部门做好“三无”人员救助工作，努力发掘一批刑释人员就业基地，有效预防和减少重新犯罪。年内，全市27个视频会见点，组织视频会见1024次，惠及罪犯家属2520余人。

【应急处置】 新冠肺炎疫情期间，全力支持驻衢州监狱刑满释放人员临时安置工作，落实家属接回工作，得到省司法厅厅长马柏伟批示肯定。印发《关于构建大调解格局促进社会治理能力提升的实施意见》，6个县级公共法律服务中心、行政争议调解中心和人民调解委员会、27个行业性专业性调委会入驻各县（市、区）社会矛盾纠纷调处化解中心，6个县（市、区）和市级公安、人社、医保等13个重点部门设立行政调解委员会。市公共法律服务中心挂

6月3日，衢州市社区矫正工作现场推进会暨《中华人民共和国社区矫正法》学习宣传月启动仪式在江山市举行

牌成立融调解中心，人民调解、行政调解、律师调解等司法行政要素与法院、信访、劳动仲裁等部门共同入驻、协同配合。印发《关于在村级组织换届中加强人民调解组织建设的意见》，积极吸纳网格长成为村级人民调委会委员，聘用网格员为调解员。加强司法所建设指导力度，荷花、全旺、贺村、上余4个司法所被命名为省"枫桥式"司法所。年内，全市调解案件22676件，调处成功22541件，调处成功率99.4%，其中疑难复杂案件2892件。

【市场主体法律顾问服务网格化全覆盖】2020年，推进市场主体法律顾问服务网格化全覆盖工作，衢州被省司法厅列入全省首个全市域试点的地级市，实现试点区域、市场主体、服务主体、服务内容"四个全覆盖"。全市各网格单位法律顾问走访对接市场主体58800余家次，解答法律咨询95406件，召开座谈、法治讲座等专场活动2899场次，评估、预警法律风险986件，经验成效得到《法治日报》、新华网等多家权威媒体关注。

（汪　洋）

军事

■ *Military*

衢州军分区

【概　况】 2020年，衢州军分区按照军委国防动员部、省军区党委部署要求，围绕强军目标，举旗铸魂固根本，聚焦主业抓准备，狠抓基础促规范，全面从严正风气，各项建设迈出坚实步伐、军分区实现新的发展。

【思想政治建设】 紧跟时代步伐，学深悟透习近平强军思想，持续采取“三学”“四位一体”举措，落实中心组理论学习24.5天、处级以上领导集中学习13次，推动理论武装走深走实。贯彻军委主席负责制，落实“三项机制”，对账销号“重大决策贯彻落实情况专项检查”17个方面具体问题，整改完成军委常规巡视和军委国防动员部巡察反馈的具体问题。开展“五看五增强”教育活动，组织“周一夜学”“不负苦乐韶华、奋进强军征程”等经常性教育，促进两项主题教育巩固深化。打好意识形态领域斗争主动仗。全面规范营区政治环境，抓好新闻舆论宣传，在省级以上媒体发稿627篇，其中央视新闻3篇、《解放军报》6篇、其他国家级军地媒体27篇。

【应急应战能力拓展】 持续深化“两季”练兵法，严密组织首长机关训练；组织开展民兵训练，开展群众性岗位练兵，组织保交护路、勤务保障等6个课目比武，参加全省第三届岗位练兵比武暨应战能力评估，应急应战能力得到检验提升。升级改造基础设施，首次组建拥军支前工作队伍，推进衢江和龙游港区战时装卸载、集结疏散功能建设，与应急、消防等部门签订装备供保协议，建立区域物资保障协作机制。

【国防动员建设】 持续深化民兵调整改革，巩固“民兵+民间”做法。吸收9支民间救援力量参加应急队伍，与多家企业签订合同、预征预储军地通用装备。扎实做好疫情常态化防控下的征兵工作，组团拍摄6部征兵宣传主题片，圆满完成兵员征集任务，“五率”考评居全省第3，连续4年排名靠前。成功申报侵华日军细菌战衢州展览馆、常山西源革命纪念馆为省级国防教育基地，开通国防教育公交专线，召开全市国防教育工作会议，协调组织国防教育法规人大执法检查，开展“万名民兵进千村”创建文明城市活动，打造服务退役军人最优城市做法被东部战区《双拥工作简报》刊发报道。

【稳固基层基础】 组织对6个县（市、区）和市级机关59个部门党管武装实绩考核，开展后备力量基层建设调研，召开市委议军会研究制定《加强新时代衢州市后备力量基层建设实施意见》，武装阵地更加巩固。按照“1566”建设路径完成正规化建设，探索建立岗位职责、安全管理、工作秩序“三张清单”等软件支撑体系，“四个秩序”更加有序。制定落实军分区28条刚性举措，筹措物资装备，出动2.1万人次参与地方疫情防控执勤。坚持“周一夜学”“导师带徒”和军事职业教育“三项机制”，不断厚实人才队伍支撑，“导师带徒”做法被军委国防动员部《要讯》刊发。

1月19日，衢州军分区党委四届六次全体(扩大)会议召开

【衢州军分区党委四届六次全体(扩大)会议】 1月19日，衢州军分区召开四届六次全体(扩大)会议，市委书记、衢州军分区党委第一书记徐文光出席并讲话，市委常委、军分区司令员林建敏宣读奖励通令和表彰通报，军分区政治委员王波主持会议并代表军分区党委常委作工作报告。军分区党委常委、党委委员和有关负责人参加会议。

【衢州军分区赴常山县何家乡中心小学爱心捐赠】 1月13日，衢州军分区政委王波带队赴常山县何家乡中心小学组织捐助活动，常山县委常委、县人武部部长桂美林，副县长郑金仙、县教育局局长洪永海、何家乡党委书记程敏芳等参加捐赠仪式。王波代表衢州军分区向常山县何家乡中心小学捐赠援建资金10万元，用于硬化校园道路、修建运动操场、改善办学条件。

【开展民兵整组点验】 5月25—29日，以军分区司令员、政委为组长的检验领导小组，分两组对全市民兵整组点验。检查组对各县(市、区)民兵整组组织、政治、军事落实情况、基层规范化建设情况进行兜底式检查验收。

【基层风气监督员集训】 8月12日，衢州军分区组织开展全区基层风气监督员集训，各县(市、区)人武部纪委(副)书记和风气监督员20人参加。集训期间，重点学习《军队纪检监察系统党员干部日常行为规范》《关于深入贯彻党的十九大精神以严格执纪执法推动全面从严治党和依法治军落实的通知》等文件精神，观看《国家监察》纪录片，进行相应工作介绍和职能作用授课，并组织工作体会交流和理论测试。

【衢州市国防教育工作会议】 12月24—25日，衢州市国防教育工作会议在常山县召开。衢州军分区政委王波，市人大常委会副主任马梅芝，市县两级国教委、国教办成员，各县(市、区)乡镇部分专武部部长和民兵连连长代表等参加会议。会议听取各县(市、区)国防教育工作开展情况和特色亮点工作汇报，市国教办主任蔡成坤对全市国防教育工作开展情况及各单位成果展、研讨和交流发言质量进行现场通报讲评。会议总结2020年工作，并对下一步全国国防教育工作进行部署。与会人员实地参观常山县紫港社区、天马一小、久泰弄村国防教育主题展馆。

【衢州军分区召开宣布命令大会】 12月22日下午，衢州军分区召开宣布命令大会，宣布中央军委国防动员部任命梅涛为衢州军分区司令员。要求衢州军分区在新班子、新起点上要有新气象、新作为。强化政治引领、狠抓练兵备战、抓好班子建设、统筹当前工作，奋力书写当好“重要窗口”的衢州篇章，努力开创军分区全面建设新局面。衢州军分区机关全体官兵、文职人员、职工，各人武部主要领导参加会议。

【国防教育检查】 10月13日下午，衢州军分区政委王波、市人大常委会副主任马梅芝率军地联合工作组赴江山市实地检查国防教育工作。江山市副市长钱伟汇报国防教育开展情况，江山市财政局、江山市退役军人事务局等6家单位负责人作补充发言。工作组一行对各单位国防教育合账资料进行核对检查。

【开展后备力量基层建设调研】 9月中旬，衢州军分区政治工作处联合市委组织部、市委宣传部成立全市后备力量基层建设调研小组，对全市18个乡镇、24个行政村、5家企业进行走访调研。各县(市、区)政府分管武装工作领导、组织部和宣传部领导、乡镇主要领导、专武干部、部分民兵连连长代表和基干民兵分队骨干参加。调研组采取座谈了解、问卷调查、实地察看、检查台账等方式,重点围绕后备力量思想政治建设、基层武装部和民兵营连部的基础设施建设、武装工作制度机制建立和运转以及专武干部、民兵连连长等武装工作骨干队伍建设情况开展调研。

【省军区政委修长智到衢州检查调研】 8月31日,省军区政委修长智率工作组一行6人到衢州军分区检查调研,军分区领导陪同。调研期间,修长智查看军分区情况汇报,并同处级以上领导逐个谈心。修长智对衢州军分区工作肯定的同时,就军分区班子建设提出新要求。随后,工作组还检查调研开化县人武部。

(李政宏)

武警衢州支队

【概　况】 2020年,武警衢州支队贯彻落实总队党委“稳中求进”总基调和支队党委“实精强”建队目标,革弊鼎新。支队时隔5年被武警部队评为“安全工作先进单位”“暑期百日安全竞赛活动优胜单位”,被总队评为“军事训练先进单位”“正规化执勤优秀支队”“侦察情报工作先进单位”“新闻报道先进单位”。参加总队政工“四会”考评获个人第一,参加总队指挥员、参谋业务、“巅峰”特战比武均获团体第三。完成临时勤务68批次,完成重点疫情区域道路封控隔离点警戒、江山城市内涝救援、衢州化工厂火灾抢险等重大任务。

【“不忘初心、牢记使命”等主题教育】 2020年,以“不忘初心、牢记使命”主题教育为统领,深入开展党史国史军史教育、理想信念教育和军魂教育,抓实形势政策、职业精神、优良传统、道德法纪、人生观价值观、内部关系、心理健康和经常性思想教育等,打牢官兵听党指挥、献身强军事业的思想政治根基。学习贯彻《中国人民解放军政治工作条例》,落实党委议教、教育准备会制度,常态抓好“试讲备课、集中授课、网络查课、推门听课、群众评课”教育机制,不断提高党委(支部)抓教、机关组教、基层施教能力。开展好“双百·双提升”(评选百堂精品课、打造百名“红肩章”,提升教员队伍素质、提升教育课质量)活动,更新教育理念,改进教育方式,激发教育活力,提高教育质效。6月30日,衢州支队为庆祝中国共产党成立99周年,深化“传承红色基因、担当强军重任”主题教育活动,组织优秀党员代表和新党员代表赴红军村开展主题党日活动,探访红军故土,追寻红色足迹,接受精神洗礼。

【“追寻英烈初心、传承红色基因”主题宣讲活动】 9月19日上午,由浙江省革命烈士纪念馆、衢州市退役军人事务局主办的“追寻英烈初心、传承红色基因”主题宣讲活动在衢州支队举行。

【战备工作】 年内,开展“学规定、查隐患、补漏洞、保安全”执勤安全教育整顿活动,纠治执勤违纪现象,排查治理隐患144处,所有硬隐患(除衢州中队辊闸门安装)全部清零。坚持定期组织军事日活动,推动执勤制度落实。推进执勤方式优化改革,各执勤单位全部按照执勤优化改革内容部署

5月27日,衢州支队组织冲锋舟驾驶员集训

到位。抓实两个新建看守所安防基础设施建设,规范龙游县、开化县新建看守所执勤监管设施和“智慧磐石”工程,夯实新建目标单位的安全基础。8月,积极协同目标单位赴东阳市看守所参观学习,规范“智慧磐石”工程建设标准。年内,完成7批次66天联勤武装巡逻勤务,完成押解勤务及衢州职业技术学院军训任务。推进战备“八个体系”建设和应对强敌专项准备。完善推进军地情报会商机制,制定能力评估细则,优化战备力量编成,全面做好遂行任务各项准备。结合防火防汛和抗旱救援等任务,开展“修方案、学方案、推方案”活动,修订完善6类8个方案预案,组织训练演练,强化应急处理突发事件能力。开展抗洪抢险拉动演练,提升部队战备标准。

【保障能力增强】 2020年,在执勤战备上,投入必需执勤战备训练经费,采购配发必不可少的射击、战术、擒敌、体能等通用训练器材,训练场地达标率100%。在信息通信上,协调完成各执勤单位“智慧磐石”工程验收工作,排除三级网故障120余次,检修网络监控系统80余次,维护维修机关办公电脑300余台次,保障电视会议系统240余次,编辑网络新闻300余篇,上报总队新闻100余篇。年内,选送人员参加武警部队、总队培训,组织本级基层三级网维护员网上培训,结业考核成绩在总队排名第1。

【召开军地协调会】 3月27日,衢州支队与市退役军人事务局召开军地协调会,商讨下一步教导队靶场改造和建设、机动中队营区、随军家属就业和子女入学入托问题、文化试点成果推广等问题的推进计划。支队长吕志法、政委陈健,市退役军人事务局局长严可兵、副局长蓝红星参会。6月2日,衢州支队召开“十三五”规划建设项目军地协调会,市政府投资项目建设中心相关领导、支队党委常委和相关负责人参加。

【组织绳索救援高级课程培训】 6月25—29日,衢州支队邀请地方专家组织绳索救援高级课程培训。此次培训按照绳索救援高级课程考核标准,开展绳结打法、基础下降救援、绳索上升救援、高层向下救援等27个课目的训练。

【庆“八一”活动】 7月29日,衢州支队与市文化广电旅游局、市退役军人事务局、柯城区人民政府联合举办“军民携手同心筑梦”双拥共建文艺晚会。7月31日,市政协主席周伟江到衢州支队走访慰问,共叙双拥情谊,共谋融合发展。下午,衢州市文联携手衢州书画院,走进衢州支队开展“八一”慰问活动。8月1日,衢州支队携手衢州市博物馆开展“八一”主题亲子活动。

【驰援江山抗洪救灾】 6月30日,江山市连将强暴雨,城区万商城附近发生内涝,积水漫过路面,人员车辆无法通行,道路交通堵塞严重。支队江山中队接到救援请求后,迅速启动应急响应,中队长带队,携带皮划艇等器材,前往驰援,转移群众20多名、车辆10余辆,装填搬运沙袋100余袋,稳控险情事态。

【驰援救助“11·9”火灾】 11月9日11时23分许,衢州市中天氟硅化工有限公司危险品泄漏,发生爆炸,部分车辆、人员受困,现场交通堵塞严重。经市政府商请,武警衢州支队第一时间派出官兵赶往现场进行处置。

(陆宇晖)

人民防空

【概　况】 2020年,全市人防“最多跑一次”改革、人防疏散基地(地域)规范化建设、重要经济目标防护课题研究等工作取得较好成绩,为聚焦主责主业备战打仗奠定基础,省委机动巡视组交办衢州的整改项目完成率100%,完成补缴减免缓人防工程建设费工作。巡视巡察整改工作走在全省前列,受到省人防办主任肖培生批示肯定,并向全省推广衢州做法。

【人防工程建设】 年内,将人防建设要求全面落实到土地出让和建设管理环节,并作为全年考核任务进行部署。利用人防设置前置要求,对人防工程的建设进行主动调控、区块平衡,实现科学布局,完善结构。

【人防(民防)应急准备】 年内,以市带县的形式,组织开展衢州市暨衢江区人民防空实战化演习,结合广电特色,重点突出重要经济目标在信息化战争背景下,设置如何有效应对战争空袭、维护网络安全稳定运行、做好市民心理防护等科目，实行室内推演与现场实兵相结合的演习模式，既练指挥，又练配合，既研究“防”的手段，又演练“救”的措施。组织“5·12”“9·18”防空警报试鸣，全市警报鸣响率100%，覆盖率96%以上。组织全市人防指挥部成员单位，开展军事训练周，全面提升人防组织指挥和应急应战能力。按时完成人防专业队整组并完成点验，加强人防应急救援队基本技能训练，组织平战转换专业队开展演练。

【重要经济目标防护】 年内，完成重要经济目标分类审定，分军事类、化工类、水库类三类目标，分类制定重要经济目标防护方案。完成巨化重要经济目标防护方案，依托巨化的消防专业队成立集消防、防化和伪装防护于一体的合成专业队；建立与地面应急指挥中心互联互通的人防指挥中心。

【疏散体系规划与建设】 年内，立足衢州人口疏散“接收型”的定位，按照全域接收、全域疏散要求，制定全市疏散体系规划，完成省人防办交办的长三角跨区疏散任务。9月29日上午，全省人防疏散基地规范化建设现场会在常山县赛得健康小镇召开，省人防办肯定衢州市和常山县人防办在疏散基地规范化建设和跨区域接收安置方面取得的实践成果，为全省探索人防疏散基地标准化规范化特色化建设提供示范和样板。

9月29日，全省人防疏散基地规范化建设现场会在常山县赛得健康小镇召开

【人防产权制度改革】 年内，在第一批产权制度改革试点的基础上，在开化县推进产权制度改革。截至年末，龙游、开化2个县均出台相关政策。龙游县产权制度改革取得初步成效，明确国有在建人防工程产权，颁发产权证。龙游县国资办组织2家国资公司提前介入，制定人防工程使用管理方案。

【人防宣传教育】 年内，将人防宣传教育贯穿于各项工作始终，积极建设人防宣传教育场所，大力推进“五进”（进机关、进学校、进社区、进企业、进网络）工作。创新宣传教育理念，拓宽宣传途径，通过微信公众号、互联网、LED显示屏、踩街宣传、广场咨询、展板展示等载体，以文字、图片、视频、H5等形式广泛传播人防知识和防空防灾知识，与《衢州日报》合作开展人防成立70周年宣传活动，开设“我与人防的故事”等栏目，开展人防宣传，营造全社会关心人防、支持人防、建设人防的良好氛围。

（周 睿）

城乡规划建设与管理

Rural-Urban Construction Planning and Management

城乡规划和国土资源管理

·综　述·

【概　况】2020年，市自然资源和规划局紧扣市委“1433”发展战略体系和“两统一”核心职责，深入践行“保生态、保民生、保发展”理念，统筹推进“党建统领、三大改革、六大任务、六大提升”为主要内容的“1366”工程，努力为“四省边际中心城市”建设提供要素保障和生态环境。年内，争取用地计划指标26674亩，土地供应715宗、面积5.1万亩，涉及土地出让和划拨价款305.5亿元(其中商品住宅用地成交金额218.9亿元)，完成调剂土地指标20287.3亩、144.38亿元，完成垦造耕地29520亩。消化历年批而未供土地1.58万亩、盘活存量建设用地1.18万亩，年度任务完成率分别为197%和147%。

年内，2019年度耕地保护责任目标考核居全省第1，获新增建设用地计划指标奖励500亩；2019年度全域土地综合整治与生态修复综合绩效评价居全省第1；2020年新增省级项目21个，三年项目总数居全省第2；6个项目纳入国家试点，居全省第2；“登记财产”经验做法成为国家标准；全省率先开展“县乡一体、条抓块统”改革；自然资源统一确权工作全省先行试点，自然资源收储全省率先试点；完成新增百万亩国土绿化行动5.64万亩，居全省第1；获评2019年全省林业综合考核优秀单位、中国北京世界园艺博览会浙江参展工作突出贡献集体、第13届中国义乌国际森林产品博览会最佳组织奖、全省林业产业先进集体、省森林生态保护突出贡献集体；2次获集体三等功，20余人次获记功嘉奖。

【打造“红色资规”党建品牌】强化机关党建，全力打造“红色资规”党建品牌，重新划分14个党支部，党员219人(包括预备党员4名)，建立“1132”大党建工作体系，下发党内规章、激励办法、示

6月29日，市自然资源和规划局召开迎“七一”党员大会

范点建设等文件20余个。继续以“清廉资规”建设为载体,重点开展“三不”行动,严格落实党风廉政建设责任制,深入推进惩防体系建设。第一时间组建局8090宣讲团,成立局长带队的导师团顾问团,党支部轮流分批下基层宣讲,先后进机关、企业、农村开展宣讲38场,累计受众人数2500余人。全面增强业务建设,重点办好资规大讲堂和中青年干部业务能力提升研修班两个系列讲堂,其中资规大讲堂举办7期,中青年干部业务能力提升研修班举办22期。

【机构改革】年内,完成事业单位机构改革。前期向上对接、专题研究、走访调研20余次,用1个月时间完成16家局属单位“三定”方案制定,原局属31家单位精简为16家,减幅近50%,超过改革要求“精简三分之一”目标。统筹自然资源行政执法改革。将市国土资源执法监察支队和柯城、衢江大队合并组建市自然资源行政执法队,整合原国土、林业、测绘等执法职能,实现市本级“一支队伍管执法”。完成森林公安整体转隶。根据《浙江省森林公安机关管理体制调整工作实施方案》和全省森林防火机构设置视频会议有关精神,与市委编办、市公安局等部门对接。10月底,市自然资源和规划局设立防火处,落实森林防火有关职责,人员配备全部到位。完成森林公安整建制转隶。全省率先开展“县乡一体、条抓块统”改革。初步形成事权“一放到底”、人员“一沉到底”、服务“一网到底”工作机制。梳理“属地”管理清单10项,下沉审批服务事项清单。深化“最多跑一次”改革向基层延伸拓展,充分利用“互联网+”技术,推动“政务服务2.0”“浙里办”等在基层运用,完善自助服务终端功能,提升基层政务服务智能化水平。

·国土资源工作·

【概　况】2020年,全市土地总面积8844.56平方公里,其中湿地9.85平方公里、耕地1054.18平方公里、园地834.35平方公里、林地5661.68平方公里、草地43.41平方公里、城镇村及工矿用地620.41平方公里、交通运输用地98.89平方公里、水工建筑用地12.14平方公里、水域350.18平方公里、其他土地159.48平方公里。

【完成全市第三次全国国土调查统一时点更新工作】年初,县级完成国家下发图斑和自提图斑的内外业调查,市级完成内外业核查和调查数据接边等工作,并将成果于6月分批上报省“三调办”(“三调”指第三次全国国土调查,下同)核查。10月初,衢州市“三调”统一时点更新成果由省“三调办”统一报部。11月17日,国家下发文件明确全市调查成果通过国家级内业核查和数据库质量检查,全市“三调”工作基本完成。

【土地要素保障】年内,争取用地计划指标26674亩,其中14个省以上重大基础设施项目14627亩,473个市县城市分批次(在土地利用总体规划确定的城市和村庄、集镇建设用地规模范围内,涉及项目用地报批,多个项目组成一个批次上报)项目12047亩,获得存量土地处置奖励指标2140亩。

【“十类地”综合处置】年内,召开全市工作现场会,成立市长任组长的市“十类地”综合处置工作领导小组,并将该项工作列入市政府对县(市、区)政府的年度综合考核。消化历年批而未供土地1.58万亩、盘活存量建设用地1.18万亩,年度任务完成率分别为197%和147%。

【土地供应】年内,按照加快土地供应促进复工复产的总体要求,全市供应土地715宗,面积5.1万亩,土地出让和划拨价款305.5亿元,面积和价款均为历年最高。以“稳地价、稳房价、稳预期”为目标,保障房地产市场平稳健康发展,通过加快土地供应,缓解市场需求,召开首届房地产用地推荐会,完善市区房地产用地出让会商研判机制和可出让房地产用地数据库,全年商品住宅用地供应88宗,面积3142亩。

【土地指标调剂】年内,按照土地指标对外调剂市统筹管理制度和“五个一”(一套机制人马操作、一个小组谈判、一本土地指标预算大账、一个指导价格、一个口子对外)工作机制,有序推进指标外调,促进资源转化。经市政府同意、省自然资源厅批准调剂杭州等山海协作地区土地指标20287.3亩,取得调剂收入144.38亿元。

11月9—10日，在湖州召开的全省全域土地综合整治与生态修复现场会上，衢州市获2019年度浙江省耕地保护目标责任制考核第一名，副市长田俊(左四)上台领奖

【耕地保护工作位列全省第一】 年内，严格落实耕地保护责任制，积极落实浙江省“152”耕地生态保护工程(2018—2022年，全省建设、改造和提升高标准农田1000万亩，垦造和补充耕地50万亩、复垦农村建设用地20万亩)，大力推进土地后备资源开发，全年完成垦造耕地面积3.27万亩，实现耕地保有量237.98万亩，增加量和完成率均位列全省第一。2019年度耕地保护责任目标考核第一，获新增建设用地计划指标奖励500亩。

【耕地保护四项改革试点】 年内，按照高起点谋划、高标准要求、高效能落实的总体要求，积极开展“村级耕地保护监督员”、永久基本农田保护“田长制”、耕地保护补偿基金、优质土壤基地四大改革试点工作，提高耕地保护监督水平。特别是衢江区莲花镇试行的村级耕地保护监督员和扩大永久基本农田保护田长制改革工作进展顺利，组建“生态指导员+网格员+村书记”的监督员团队，全年未发生1起耕地保护的违法违规行为。

【全域土地综合整治与生态修复】 年内，2019年度综合绩效评价居全省第1，开化县获评2019年省政府督查激励评价优秀县，获奖励指标100亩。2020年竣工项目22个，数量居全省第1；新增省级项目21个，三年项目总数量居全省第2。全市6个全域土地综合整治项目被纳入国家试点名单，项目数居全省第2。完成2个矿地综合开发利用项目。完成建设用地复垦9218亩，超额完成年度任务，年度任务完成率170%；完成垦造耕地29520亩，年度任务完成率118%；完成标准农田9620亩，完成任务数208%。

【违法用地查处】 年内，把开展“违建别墅”“扫黑除恶”“农村乱占耕地建房”等专项行动作为重大的政治任务抓落实，聚焦重点，分步推进，依法处置。对排查出的违建别墅问题13个(占地面积51.64亩，74栋)，全部整治到位并销号；扫黑除恶专项斗争上级交办的78件线索100%核查完结，线索核查发现的27宗违法违规行为100%依法依规处置到位；扎实推进农村乱占耕地建房问题专项行动，对部、省下发的11.5万个图斑和信访件以及市信访局梳理出7212个信访件进行调查核实，摸清底数，梳理上报问题1266宗。

【钱塘江源头区域山水林田湖草生态保护修复工程试点】 年内，常山县20个项目100%开工，完工7个，累计完成投资32.5亿元，占项目估算总投资86.1%；开化县27个项目开工25个，完工4个，累计完成投资18.5亿元，占总投资65.2%。

【废弃矿山生态修复】 年内，计划治理废弃矿山35个，完成治理方案编制35个，交工验收33个，交工率94%，完成省定目标任务。开展露天矿山综合整治工作，“一矿一档”建立台账，21个在采矿山和2个违法违规开采点全部整改到位。完成绿色矿山建设，6家通过遴选的矿山录入全国绿色矿山名录库，33家矿山通过第三方评估，实现生产矿山绿色矿山建成率100%。

【“登记财产”经验做法成为国家标准】 10月16日，国家发展改革委发布《中国营商环境报告2020》，衢州作为全国三个城市之一“登记财产”经验做法被写入报告以评促改“最佳实践篇”改革案例，被列为首位标杆城市。企业不动产登记“一件事”改革全省领先，当日办结率100%。

【自然资源统一确权登记工作】 年内，建立以副市长为召集人的市自然资源统一确权登记工作联席会议制度，以市政府名义下发《衢州市自然资源统一确权登记工作方案》，江山浮盖山省级地质公园被列入全省确定的6个自然保护地之一，为开展自然资源统一确权登记工作先行地。农房确权登记发证基本完成，农房登记发证36.57万户，占符合登记条件农户数的93.7%。推进林权统一登记和农村土地承包经营权确权登记承接准备。

【启动地质灾害“整体智治”】 年内，排查划定动态管理地质灾害风险防范区436处，开展乡镇（街道）地质灾害风险调查10个，启动县（市、区）地质灾害风险普查3个，累计建成地质灾害专业监测点53个，完成地质灾害综合治理55处，全部完成省厅下达的任务数。

【“政务服务2.0”有序推进】 年内，通过任务分解、进度晾晒、市县联动等方式，进一步打破自建系统与“政务服务2.0”系统壁垒，完成144个市级事项的目录拆解、系统改造等任务，除62个不动产事项和13个投资事项外均已上线，实现“统一收件、统一受理、统一评价”，使网办、掌办从“可办”向“好办”“易办”转变。

·国土空间规划工作·

【概　况】 根据构建五级三类国土空间规划体系工作要求，2019年开始，全市上下积极推进“多规合一”国土空间总体规划编制工作。坚持保护优先，强化底线约束，开展生态保护红线评估调整、永久基本农田核实优化、城镇开发边界划定工作。围绕打造四省边际中心城市，建设大花园最美核心景区的要求，强化市域统筹，努力构建生产空间集约高效、生活空间宜居适度、生态空间山清水秀的国土空间格局。同步开展国土空间规划实施监督信息系统建设，逐步形成国土空间规划“一张图”管理。

【国土空间总体规划编制】 年内，市、县两级国土空间总体规划全部形成中间方案稿。底数进一步摸清，基数转换、双评价、双评估等基础性工作不断深化，形成一张清晰的资源底图。初步划定生态保护红线，完成矛盾冲突图斑处理和重大项目空间预留，全市生态安全格局系统性、完整性进一步加强。落实四省边际中心城市发展定位，做好与“十四五”规划的对接，统筹划定过渡期城镇开发边界。强化专项支撑，智能推演、综合交通、历史文化名城等研究不断深化，从区域协同、交通先导、挖掘特色等方面提出策略，推进以人为核心的新型城镇化，坚持“两山”转化，将市委“1433”发展战略体系和“大小三城”进一

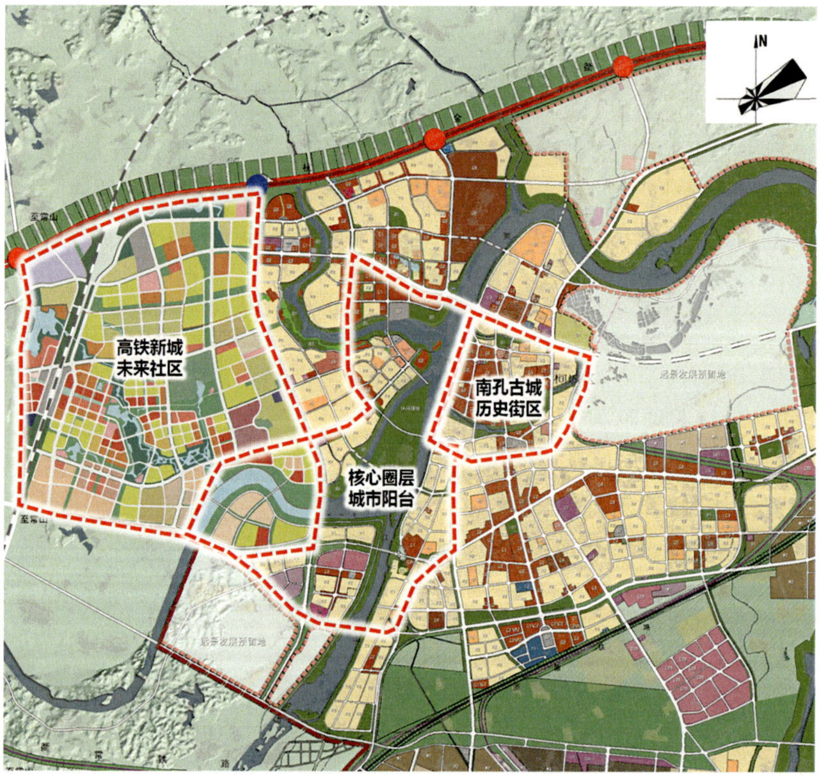

“小三城”规划图

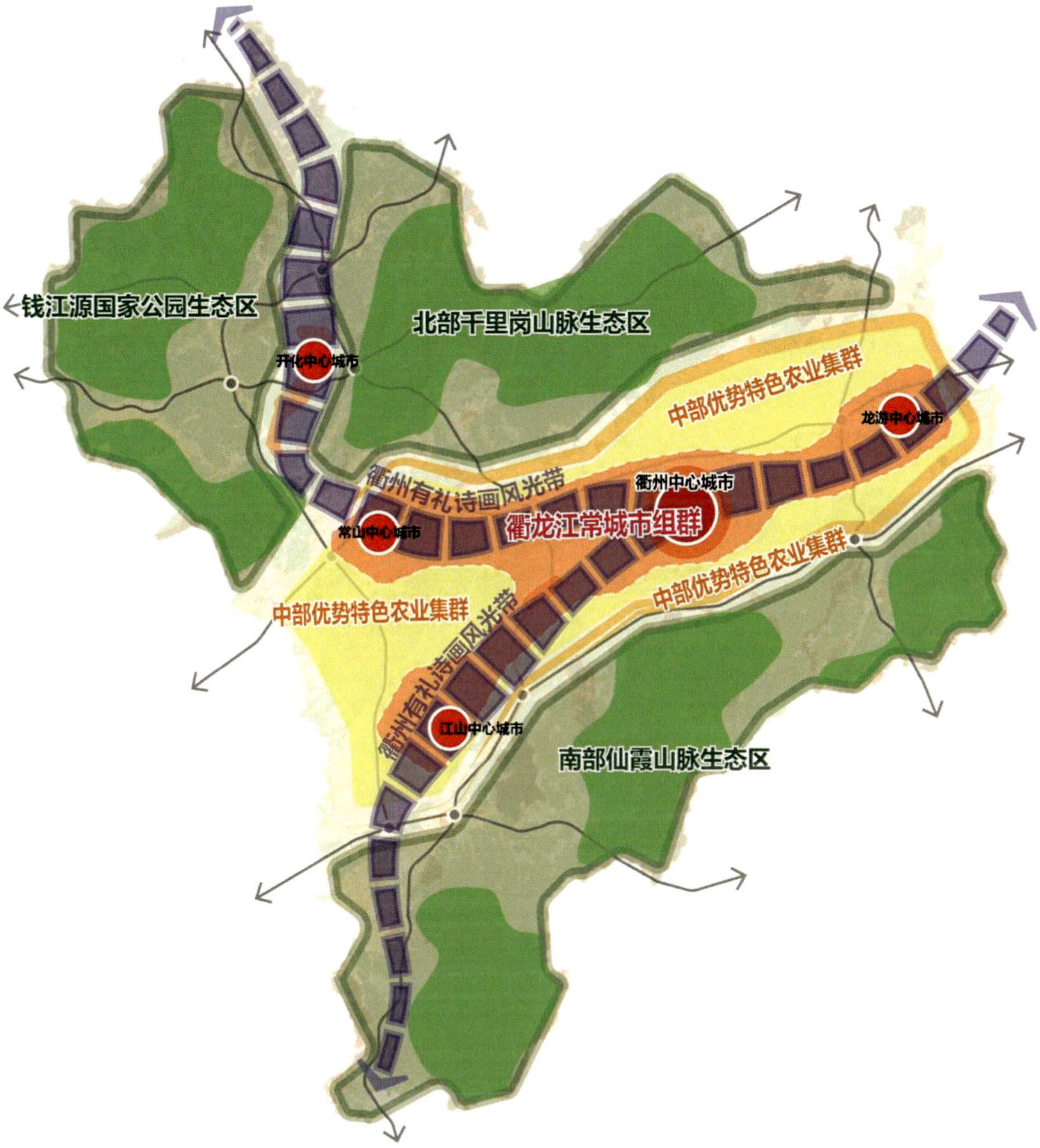

衢州市国土空间规划三区划分总体格局

步落细落实。

【重大专项规划编制】 年内，全面贯彻落实“四个四、五个五”（“四个四”即四网、四态、四特、四宜，“五个五”即五大体系、五个节点、五个链条、五大空间、五个环节）和“45个字”（即低尺度、密路网、小街巷，地下通、车快捷、人易行，无围墙、无边界、无障碍，生态化、低碳化、智慧化，市井味、烟火味、人情味等45个字）的城市规划理念，完成《高铁新城城市设计国际咨询项目》方案深化成果，完成高铁新城控制性详细规划部门评审和公共服务设施、市政基础设施两个专项规划，科学指导电子科大、华夏航空等重点项目建设。

【“衢州有礼”诗画风光带规划管控】 年内，强化规划传达，落实分级管控，完成《“衢州有礼”诗画风光带管控导则》编制，形成空间管控图则和“十要十不要”风貌要素管控，形成市县共同遵守的风光带管控“公约”。有序推进衢江—龙游段26公里风光带示范段景区化改造设计，聚焦乡村振兴和产业发展需求，同步开展项目策划，空间规划、城市设计，着力打造风光带“自然味、农业味、乡村味”诗画风光带样板区。

5月21日，浙江省测绘科学技术研究院与衢州市自然资源和规划局在衢州签署全面战略合作协议

【优化规划审批 保障项目建设】 年内，以推动项目落地为导向，建立项目咨询服务机制，完善《衢州市规划管理技术规定》，实现审批事项规范化标准化。严格批后管理，全程服务监管房地产项目开发，建立设计联合审查制度、全过程联合检查机制，开展竣工联合检查。全年召开8次规委会，审议通过36个项目。

【城乡风貌管控】 年内，坚持看图读图研判、现场看地读地制度，编制《衢州市老旧小区规划设计导则》《衢州市未来社区规划管理技术规定》。严格落实规委会审查制度，对重要地段、重要项目进行多方案比较，研究确定城市重要节点建筑风貌。严格落实建筑高度管控要求，打造衢州特色城市天际线，按照低层高密度的住宅开发模式，营造良好人居环境。

【推进综合测绘改革】 年内，出台《关于进一步深化综合测绘改革的实施意见》等5项制度文件，率先在全省提出"成果质量不合格率下降30%以上"目标，实现申报材料再减少50%，时限再缩短30%。率先与省测科院进行全面战略合作，合作成立浙西执法分中心和质检室。

（赖　俭）

乡村建设

【概　况】 2020年，市农业农村局立足守住生态本底的政治责任，坚定不移、坚持不懈抓"3752"（"3"是指加强规划布局、政策资源、工作保障"三个统筹"；"7"是指做好党建篇、农房篇、集聚篇、资源篇、改革篇、产业篇、治理篇"七篇文章"；"5"是指推动乡村产业、人才、文化、生态、组织"五大振兴"全面振兴同步振兴；"2"是指实现基层党建全领域建强、全区域提升）党建治理大花园体系，聚焦"衢州有礼"诗画风光带，推动农房整治风貌提升，探索乡村未来社区试点，开展新时代美丽乡村建设，乡村风貌日新月异。

【美丽乡村建设】 年内，全市新时代美丽乡村建设成效喜人。成功创建省级新时代美丽乡村达标村380个（含127个省级新时代美丽乡村精品村）、省级美丽乡村示范乡镇7个、省级美丽乡村特色精品村22个、省级美丽风景线7条。常山县获评浙江省美丽乡村示范县，实现衢州市省级新时代美丽乡村示范县创建"五连创"。5月21日，全省新时代美丽乡村建设暨高水平提升农村人居环境工作视频会上，衢州工作被表扬8次。11月24日，全省深化"千万工程"建设新时代美丽乡村现场

美丽乡村——龙游县龙洲街道官潭村

诗画风光带——衢江段沿江游步道

会上，江山市大陈村作为全省唯一受邀村作典型发言，受到广泛好评。

【诗画风光带建设】6月，成立“衢州有礼”诗画风光带开发建设领导小组及工作专班，组建衢州市大花园建设投资发展集团有限公司，构建“领导小组+工作专班+大花园集团”工作机制。完成《“衢州有礼”诗画风光带管控导则》编制，启动《“衢州有礼”诗画风光带产业发展规划》编制，推进诗画风光带上6个“一县一园”、12个美丽乡村精品村、57个市级农房整治拆后利用示范村建设。全市年初确定的90个诗画风光带重点项目（其中续建项目49个、新建项目41个）开工率100%，年内完成投资87.4亿元，完成年度投资计划的115.2%。聚焦“一江一湖”（衢江、信安湖）、“四好衢州”（好听音乐会、好吃“三衢味”、好看大花园、好玩运动会），举办一批重大赛事活动。10月，在农业农村部、浙江省共建乡村振兴示范省推进会上，“衢州有礼”诗画风光带被评为全省“乡村振兴十大模式”之首。

【农房体系构建和风貌提升】年内，把农房体系构建和风貌提升作为乡村振兴的“牛鼻子”，打造“千万工程”升级版的突破口。坚持“拆改用”结合、“建管服”打通、“法理情”并举、“房地人”齐抓，努力实现农民建房服务好、乡村风貌提升好、资源转化利用好。2018年以来，全市整治农房各类违法建（构）筑物34.3万宗，整治面积1706万平方米，其中，2020年整治2952宗，面积33.02万平方米。利用碎片化土地781.6万平方米，建成拆后利用示范村120个，乡村面貌焕然一新。完善县（市）域乡村建设规划+村庄布点规划、村庄规划、村庄设计、农房设计+农村特色风貌规划的“1+4+1”乡村规划体系，推广集审批、服务、管理于一体的房地信息系统，全市通过房地信息系统完成农民建房审批5090件，农民建房审批实现100%“掌上办”，涉及农村建房信访问题总量同比下降38%。出台全省首部关于农村住房建设管理的地方性法规。

【农村生活垃圾分类】年内，坚持“资源化、减量化、无害化”原则，着重在推进源头减量、提升处理能力、强化典型引路、培养分类习惯、健全长效管理方面下功夫。全市推进农村生活垃圾分类处理建制村1258个、农村生活垃圾分类覆盖率85%、农村生活垃圾回收利用率52%、资源化利用率93%、无害化处理率100%。完成83个省级农村生活垃圾分类资源化处理项目村、150个省定农村生活垃圾分类处理任务村、20个省级高标准农村生活垃圾分类处理示范村建设。衢州市农村生活垃圾分类处理做法经验在《浙江日报》等报纸媒体刊发推介。7月14日，农业农村部等部门联合下发《农村厕所粪污处理及资源化利用典型模式》，衢江区做法被列入全国9种典型模式之一。

【省级历史文化(传统)村落保护利用】 年内，按照“保护为主、抢救优先、合理利用、加强管理”的原则，推进柯城区九华村、衢江区上岗头村、龙游县张家埠村、江山市凤里村、常山县泰安村、开化县唐头村等6个省级第八批历史文化(传统)村落保护利用重点村建设和55个省级第八批历史文化(传统)村落保护利用一般村建设。柯城区石梁镇双溪村、龙游县溪口镇溪口村、江山市清湖街道清湖一村等3个村获评省级历史文化(传统)村落保护利用示范村。

【乡村未来社区试点】 年内，围绕“人本化、田园化、科技化、融合化”四大价值坐标和“未来文化、生态、建筑、服务、交通、产业、数字、治理、精神”九大场景，深入推进柯城区九华未来社区、衢江区莲花乡村国际未来社区、龙游县溪口镇乡村未来社区、江山市江郎山乡村未来社区、常山县芳村乡村未来社区、开化县杨林南华乡村未来社区6个乡村未来社区试点建设。9月18日，衢州市正式对外发布《衢州乡村未来社区指标体系与建设指南》，龙游溪口、衢江莲花2个乡村未来社区核心区相继建成开园。

（卢晓丽）

城市建设

·城市基础设施建设管理·

【概　况】 2020年，以创建“全国文明城市”为抓手，推进城市基础设施建设管理。全年实施项目67个，其中代建项目36个，总投资59.72亿元，累计完成投资27.11亿元。市区生活垃圾转运站、衢州东入城口改造工程等23个重点项目全面完工并投入使用或全线开放。

【荷一路过江通道工程】 12月2日，荷一路过江通道工程暗挖隧道顺利贯通，工程形象进度达到70%。该项目处于常山港与江山港汇水口位置，距离双港大桥约1.1公里，距离衢江大桥约0.7公里，是衢州市中心区与智慧新城的重要越江通道。隧道起于双岭南路与九华中大道交叉口，下穿鹰潭西路、常山港支汊、环岛西路、严家淤岛、环岛东路、衢江、衢江南路、双港路，终于荷一路与新元路交叉口，隧道北线全长2156.21米，南线全长2172.69米。线路平均全长2.16公里，项目总投资10.96亿元。

【市区生活垃圾转运站工程】 3月2日，市区生活垃圾转运站建设工程建成投入使用。该项目位于衢州市衢化西路以西，站前路以北，用地面积约14.7亩。设计中转能力400—450吨/日，大型垃圾处置规模150件/日，项目投资约4700万元。包含土建及设备采购，其中土建部分主体工程包括垃圾转运车间、控制中心、环卫车辆停车场、配套道路及绿化等；设备部分包含大型垃圾处置设施(机械拆解设备、收集运输车辆、粉碎处理设备、中转收集设施等)、称重计量、洗车、污水预处理系统、渗滤液真空收集系统、除臭

12月2日，荷一路过江通道工程暗挖隧道顺利贯通

系统。

【衢化路污水管道(文昌路至专业市场城)提升改造工程】年内,衢化路污水管道(文昌路至专业市场城)提升改造工程完成立项、初步设计批复和施工招标,11月3日项目开工。至年末,完成苗木迁移,开展道路段钢板桩施工及沟槽开挖,开展污水管埋设,开展物流大道处顶管施工,完成总形象进度40%。该项目总投资1998万元,实施改造DN600管70米,DN800管1870米,新建D3800一体化泵站1座,沥青路面破除及恢复约7000平方米,绿化破除及恢复约5620平方米。

【斗潭公园地下停车场项目】年内,斗潭公园地下停车场项目完成立项、可研批复、初步设计批复和EPC招标,9月30日项目开工。至年末,完成电力迁改工作,实施围护桩施工,其中电力局北侧停车场完成围护桩30根,水亭门北侧停车场完成围护桩25根,完成总形象进度5%。该项目总投资6085万元,新建斗潭公园停车场停车位72个,采用地下垂直升降式机械停车,总建筑面积2581平方米(其中地上381平方米、地下2200平方米);新建水亭门北面停车场停车位120个,采用地下平面移动类机械式停车,总建筑面积3350平方米(其中地上150平方米、地下3200平方米)。

【市妇幼保健院建设工程】年内,衢州市妇幼保健院(衢州市儿童医院、衢州市妇产科医院筹)建设工程完成施工建设并竣工验收,6月28日投入使用。项目总投资约3.8亿元,设计300张床位,建筑面积62585平方米,新增机动车停车位611个。

【市纪检监察保障中心项目】年内,市纪检监察保障中心项目完成桩基础、地下室结构、主体结构施工,并通过主体结构验收,具备装饰装修及设备安装施工条件。该项目为市重点项目,总用地面积33407平方米,总建筑面积为51548平方米,总投资3.1亿元。

【荷一路(新元路—府东街)改造项目】年内,荷一路(新元路—府东街)改造项目完成立项、初步设计批复和施工招标,7月31日项目开工。截至年末,完成全线南半幅管道敷设、动非路面粗沥青摊铺,北侧开始管道敷设。该项目总投资9463万元,改造道路总长1.4公里,宽度22—34米(含人行道),建成后将缓解荷一路过江通道贯通后交通流量增加带来的通行压力,并改善荷一路存在的内涝问题。

【老年人活动中心项目】9月,老年人活动中心项目开工,总投资8439万元,选址于蝴蝶路与府东街交叉口东北角原城市绿地地块。截至年末,完成基坑围护、地下室局部施工。该项目新建老年人活动中心用房11175.26平方米,其中地上工程7287.34平方米,地下工程3887.92平方米。地上工程包括文体活动、观演展示、公共交流空间、教育、管理等用房及辅助设施等。配套建设室外门球场、道路、给排水、景观铺装、绿化、亮化、智能化监控系统、通信与有线电视管道等工程。

【衢化片区市政基础设施提升一期工程】年内,衢化片区市政基础设施提升一期工程完成立项、可研批复、初步设计批复和施工招标,11月19日项目开工。截至年末,完成秀江路、南一道部分路段施工。该项目总投资5369万元,改造秀江路长456米、宽19米;滨二路长177米、宽11米、南一道长480米、宽16—24米。配套建设给排水、综合管线、电气照明、绿化、交通安全设施等。

【衢州高速东出入口综合改造工程】4月,衢州高速东出入口综合改造工程开工,10月底竣工。该工程北起杭金衢高速东出入口收费站,南至迎宾大道与滨港北路交叉口,长约1200米。建设内容包括改造道路沥青面层长1200米,宽55米,将4厘米厚原道路面层洗刨,新铺沥青混凝土路面,同时对道路交叉口实施渠化改造;新建和改造绿化面积11.93万平方米;新建综合服务用房600平方米,配套建设停车场,新建停车位58个;配套建设给排水、路灯照明及景观亮化等。

【浮石路(含北门街)道路改造工程】5月,浮石路(含北门街)道路改造工程开工,12月完工。该项目总投资8691万元,将原双向2车道改造为双向4车道,同时实施“上改下”“白改黑”、多杆合一等工作,提升行车舒适性及道路景观效果。项目南起讲舍街(新河沿),北至博雅路(衢江北路),全

12月，浮石路（含北门街）道路改造工程完成

长1843米，改造面积约6.3万平方米。其中，浮石路段为西安路至博雅路（衢江北路）段，道路全长1471米，北门街段为讲舍街（新河沿）至西安路段，道路全长372米。浮石路南段（西安路至二中门口段）原道路改造为双向4车道，在现状两侧人行道内设置非机动车道，在两侧行道树间设置非机动车停车位；其他路段按维持现状断面形式实施改造。建设内容：道路、人行道及部分沿路围墙改造、给排水管道维修、综合管线（包括电力和通信各类线路上改下）、交通设施、路灯亮化、绿化（含街头绿地改造）及道路其他附属设施改造提升等。

【中医医院东侧交通优化改造工程】 7月，中医医院东侧交通优化改造工程开工，12月完工。该项目总投资1620万元，位于衢化路，中医院东侧，北起三衢路，南至中医院大门，改造面积约7000平方米。项目将中医医院东侧的黑溪河约300米段明渠改造为暗渠，增设盖板，作为非机动车道及人行道；将原衢化路西侧人行道、非机动车道及中医医院内部通道合并改造成机动车道，增加通行能力，连通中医医院2个院区；同时优化中医院公交车站位置，向北移动约50米，配套改造优化沿线出入口、绿化、交通设施等。项目完工后缓解了中医医院大门处车辆交织通行压力，同时提升该段道路景观。

【市政设施管养】 年内，实施辖区主要道路日常、夜间施工，累计修复市政道路4477平方米，人行道6183平方米，侧石维修464米，更换维修井盖442块，每月清理桥梁伸缩缝499米，确保市政设施的完好率和正常运行。按月制订设施养护维修计划，采取月度考核与日常考核相结合模式，杜绝突击养护，提高设施维修的计划性、均衡性。

【桥梁管护】 年内，开展桥梁检测工作，完成辖区19座桥梁定期检测工作。加强桥梁日常巡查、维修力度，强化桥梁养护单位的日常养护考核，定期组织应急物资安全检查，确保桥梁安全运行。坚持“预防为主，防治结合”方针，制定完善桥梁巡查制度，对所有桥梁实行“一桥一卡”管理，通过日常巡查、检测评估、维修养护等手段和方式，逐步解决桥梁“带病工作”问题，实施桥梁病害加固、伸缩缝、泄水孔、支座的清理、护栏修复等工作。

【城市排水防涝】 年内，按照防汛职责分工，修订完善防汛预案，加强大型机械设备如挖掘机、装载车等防汛物资储备，汛前组织人员对防汛物资进行安全检查和专门清点，落实防汛小分队开展巡查。4月10日，开展防汛应急演练，提高防汛抢险应急处置水平和协调作战能力。6月29日晚至30日上午，衢州遭遇强降水，根据衢州市气象观测站公布数据，日降水量为196.5毫米，为1951年建站以来日降水量第二位（历史最大纪录：2011年6月19日，206毫米），累计处置浮石路八角楼、荷花一路清莲里路口、荷花一路和通荷路路口、衢化路和荷花四路路口、官庄立交桥西侧下穿通道、官庄立交桥东侧辅道、衢江南路等路段积水70余次，雨季路面积水现象明显缓解。

【湖塘水系管护】 年内，做好城区雨水管网排水疏通和湖塘保洁管理工作。对城区主要雨水管网进行疏通清淤，累计清理窨井约6000座，疏通管道约160公里，清理淤泥约100吨。确保雨水管网畅通。采取人工清扫、疏通车冲刷等方式定期对城区河道进行冲洗，清理城区水系漂浮垃圾110余吨。

【坊门街管理】年内，坊门街街区内日常保洁、绿化养护、设施维护、广告店招联合审批、街区秩序管理等工作有序开展。全年清运垃圾1900车，更新垃圾桶40个，更换窨井盖8块，步砖修复70平方米，路面维修50平方米,定期更换时花180平方米，补种缺株花草120平方米，修剪绿化1100平方米，审批广告店招40个，开业店庆活动审批25件，有效改善街区环境和秩序。普及“文明城市创建”知识，落实“门前三包”责任制度，安装更新宣传标牌20块。联合执法部门开展街区非机动车辆乱停放、乱贴乱挂、占道经营、空调水直排主街面、餐厨垃圾乱堆放、违规设置广告牌等专项整治工作。

【衢州火车站核心区亮化提升项目(二期)】至年末，完成衢州火车站核心区亮化提升项目(二期)建设。该项目投资约1200万元，主要建设内容为火车站大转盘喷泉建设，客运枢纽大楼、万达人行天桥建筑立面亮化建设，火车站广场亮化提升以及电力公变迁改。

【南孔古城重要节点(县西街、五圣街)亮化工程】截至年末，南孔古城重要节点(县西街、五圣街)亮化工程全面完工，总投资约400万元。完成县西街、五圣街两侧建筑立面马头墙、天际线及屋顶亮化工程，通过新建RGB线条灯、投光灯等照明方式，提升城市夜景效果，并新增相应配套设施。

【路灯照明养护】年内，对255万平方公里建成区内的3.2万盏LED路灯，做到随坏随修，保障建成区路灯设施正常运行。利用“雪亮工程”智慧路灯管理系统，实现基本路段远程控制，其中1.5万盏路灯实现单灯控制，根据系统可实现远程开关灯，查看亮灯率，及时发现故障、异常用电等。全年维修更换路灯电缆及电线2563米，维修灯具2341套，重点对主城区、智慧新城、智造新城、衢江区等人员密集区域路灯设施进行日常巡查和维修更新，确保亮化设施正常运行。

【景观亮化养护】年内，对城区故障景观庭院灯、投光灯、灯带、地埋灯等，做到随坏随修，保障所辖城区亮化设施正常运行。全年更换亮化电缆及电线483米，各类灯具维修1647套，各类LED灯带602米，重点对上下街、坊门街、新桥街、斗潭公园、江滨公园、健身公园、信安阁、南湖公园、南湖广场等节点亮化设施进行日常巡查和维修更新，确保亮化设施正常运行。

(周　睿)

·城市公用事业建设管理·

【概　况】2020年，深入推进老旧小区改造、“拆墙透绿”、城市家具整治等“城市赋能十大行动”，城市供水、供气、排水、污水处理等公用事业稳步发展，城市能级得到较大提升，助力创建全国文明城市。

【创建全国文明城市】年内，对市区浮石二桥、书院东路东段、西安路等20余条人行道及主道路进行提升改造，累计改造主道路2.6万平方米，人行道1.5万平方米；对市区100多台路灯专用变压器、400多台路灯开关箱进行整体维护提升；提升改造主道路、人行道5.3万平方米，侧石维修883.55米，更换维修井盖203套，清理桥梁伸缩缝499米，盲道整改2570米，盲道口坡度整改126处，提示盲道板整改280处，确保市政设施完好率和正常运行。

【微报修】7月，结合“创文”工作，首创“绣花针”微报修小程序平台，按照“地毯式排查、清单式交办、销号式整改”的模式，全面排查城市基础设施存在的问题，处理城市基础设施方面问题2288个，基本在2个工作日内完成整改，报修满意率100%。

【城市体检】6月，衢州市被住建部列为2020年城市体检36个样本城市之一，组建城市体检评估工作领导小组，聘请省内外相关领域权威专家，分别组成城市体检评估专家顾问组和技术营，围绕“自体检+第三方体检+社会问卷调查”，构建“体检诊断、智能分析、行动整改、评估反馈”一体化的城市科学发展长效机制。

【城镇老旧小区改造】年内，完成城镇老旧小区改造32个，改造建筑面积127万平方米，投入资金1.6亿元，涉及户数13315户，改造内容包括杆线上改下、道路修缮、

“拆墙透绿”后的市行政中心

雨污分流、立面粉刷、绿化景观提升、增设停车位、集中充电桩增设、照明设施升级等。结合各老旧小区实际,合理配置宣传栏、公示牌等;增设健身场地、健身器材等文体设施和活动场所;增设智能闸机、视频监控等物防技防设施,并按照垃圾分类要求增加垃圾分类设施。

【居民小区“污水零直排区”建设】 年内,投入资金22258万元,完成全市127个居民小区类“污水零直排区”建设任务。主要任务包括全面推进摸底调查工作、分类开展截污纳管工作、加快污水处理能力提升、严格工程管理与创建验收工作、健全完善管网长效管理机制。

【实施“拆墙透绿”】 坚持以“共享敞开空间、提升绿化品质”为理念,按照“应拆尽拆、治旧控新、因地制宜、分类实施”的原则,编制《衢州市拆墙透绿实施方案》,全面推进“拆墙透绿”工作,着力打造一座“无围墙、无边界、无障碍”的绿色共享城市,不断提升广大市民的幸福感和获得感。坚持“简洁、通透、生态、人文、应景、节约”的原则,论证出台《衢州市拆墙透绿设计导则》,结合老城复兴、现代活力、未来都市、工业等4个风貌区,分类实施,精准施策,随境而异。年内,将全市223家单位(小区)列入“拆墙透绿”计划,其中机关事业单位162家、央企国企41家、住宅小区15家,拆除围墙1.9万米,建成口袋公园47个,绿化整治提升24.5万平方米。

【城市燃气】 至年末,市区有城市门站2座(能源公司浮石站、航埠站),LNG储配站1座(新奥公司下张站),机动车加气站6座;铺设燃气管道1344.08公里;居民用户12.6万户,非居民用户1418户;最高日供气量75.4万立方米,供气总量18436.32万立方米。年内新增燃气管道139.1公里,最高日供气量增加14.7万立方米,供气总量增加917.42万立方米。

【城市节水】 年内,修订完善《衢州市市区用水计划实施细则》《衢州市市区节约用水统计制度》。为提高城市节水工作效率,打造信息化、智能化管理平台,对衢州市节约用水办公室综合管理信息平台进行维护升级,平台增设定额管理、节水载体建设、“三同时”管理等板块内容。对市区833家年耗水量2000吨以上的非居民用水户进行用水计划考核,实行非居民超计划用水累进加价政策。贯彻落实《衢州市发改委衢州市住建局关于印发〈衢州市区城镇非居民用水超定额累进加价实施意见〉的通知》文件精神,首批符合条件的39家用水户试点实施定额用水。落实节水设施“三同时”管理制度,参加志城·文华园、衢州高速东出入口综合改造工程等64个建设项目设计审查和竣工验收。推进节水载体建设,成功创建节水标杆企业1家,节水标杆小区16个。申报创建省级节水型小区4个、省级节水型企业7家。开展节水宣传活动,在迎和社区、金河湾社区组织开展节水宣传进社区活动。10月份,联合市经信局、市水利局开展“城市文明节约用水”十里江滨健步走节水宣传活动。

(周 睿)

·城市环境卫生建设管理·

【概　况】2020年，完成中心城区宽度20米以上300余万平方米道路全天候动态保洁，全部实行“冲洗—机扫—人工清扫—人行道常态化清洗”相结合保洁模式。市区实现保洁作业全覆盖，清扫保洁率100%。根据城市$PM_{2.5}$治理目标要求，对辖区道路实施常态化洒水冲洗降尘作业。对城区40.1万吨生活垃圾进行无害化处置，生活垃圾、粪便无害化处理率100%，机械化清扫率74%。实施四级联动联合巡查监督管理，城区环境卫生明显改善。

【市区公厕服务提升改造】年内，积极推进市区公共场所服务大提升“五化行动”，对市区儿童公园公厕、荷四路公厕等8座公厕进行改扩建，并对市区公厕进行服务提升改造，进一步提升公厕各项硬件设施和功能，完善公厕无障碍设施、第三卫生间等设施建设。

【环境卫生整治】年内，40.1万吨生活垃圾无害化处理率100%。根据《衢州市区建筑垃圾管理办法(试行)》，对建筑垃圾的源头、运输、消纳处置等全过程进行规范，要求各区落实属地责任，建设单位承担主体责任，运输实行市场准入，分区运输、定点消纳，加强执法、形成合力。企业车辆设备、场地、人员进行标准化管理，全面规范建筑垃圾运输服务行业。市区经市住建局核准的渣土运输公司21家，符合全密闭要求的规范渣土运输车辆244辆，小型装潢垃圾自卸车118辆。每季度组织相关部门和区块召开建筑渣土管理工作联席会议，开展建筑垃圾联合整治行动。市住建局、市公安局、市综合行政执法局、市交通运输局全年开展28次建筑垃圾联合整治行动，处理违法违规行为150多起。完成数字城管交办的环境卫生问题4005起，问题解决率和按期处置率分别为99.99%和99.93%。

【生活垃圾分类】年内，印发《衢州生活垃圾治理攻坚实施方案》，全面推进生活垃圾分类工作。全市591个小区和1230家机关事业单位、国有企业以及中小学校实施垃圾分类工作，创建省级高标准垃圾分类示范小区50个，完成“定时定点”投放清运试点商业街和小区各10个。全市分类收集覆盖面91%。10月底，全市生活垃圾资源化利用率100%，提前完成生活垃圾“零填埋”的目标任务。12月7日，完成衢州市城区生活垃圾回收利用项目招投标工作，计划2021年4月1日正式开展。

【市区生活垃圾焚烧发电厂运行监管】年内，对焚烧厂污染物控制、垃圾量核实、垃圾规范运输、安全运行等进行全面日常监管和考核，严格做好市域内一般工业固废进焚烧厂处置的运输及计量核实，对焚烧飞灰处置全过程进行监管。全年焚烧厂累计焚烧处置生活垃圾约40万吨，各项运行数据和排放指标全部满足环保要求，日常运行安全稳定。

【生活垃圾卫生填埋场建设管理】年内，根据填埋场整体建设规划，实施建设填埋场封场及生态修复项目，项目总投资约1800万元，涉及封场绿化总面积约8万平方米，并对库区实施帷幕灌浆改造，以进一步减少环境污染隐患，同时进一步完善环境监测设施及库区沼气收集处理设施。填埋场渗滤液处理站全年累计达标处理垃圾渗滤液16.39万立方米，渗滤液出水水质全部满足排放要求。渗滤液处理站全年安全、环保和稳定运行。

（周　睿）

·城市园林绿化建设管理·

【概　况】2020年，全市新增城市绿地约98.27公顷，新增公园绿地约26.02公顷。年末，全市建成区绿化覆盖率约43.55%，绿地率38.73%，人均公园绿地面积16.66平方米。

【《衢州市公园体系发展与保护专项规划》编制】年内，完成《衢州市公园体系发展与保护专项规划》编制工作。通过对全市公园绿地现状进行摸排梳理，对城市公园体系进行统筹规划，提出衢州市公园体系建设的实施途径，推动美丽宜居公园城市建设。

【市区最佳最差绿地考核】年内，为巩固全国文明城市、国家园林城市、国际花园城市等创建成果，联合市创建办，每季度对市区公园绿地、道路绿地进行一次分类、分级考核，考核结果以文件形式通报各管理部门，并在“衢州有礼”“衢州住建”“无线衢州”等微信公众号上公布。每季度考核完成后，及时组织召开考核结果反馈会，要求各管理单位及时、切实将存在问题整改到位，不断改进工作，有效促进各区块园林绿化养护水平整体提升。

【市区公园绿地景观体检】 年内，按照住建部、省住建厅关于城市体检工作的相关部署，全面梳理市区园林绿化景观存在的问题，邀请园林绿化专家指导衢州城市景观体检工作，从推进景观细节管理“规范化、制度化、精细化”入手，研究提出调整优化衢州城市景观的对策措施，完成《衢州城市景观体检报告》。

【园林绿化养护管理】 年内，完成约400万平方米公园绿地、1.2万余株行道树日常养护管理工作。全面落实绿化养护质量标准，从养护质量、安全生产、内部管理等方面进行量化考核。积极探索园林绿化养护市场化运作模式，推出迎宾大道绿化带、森林公园、古城墙遗址公园、巨化片区、衢化路一期和二期项目、火车站广场绿化项目的养护市场化。

【市区鲜花布置】 年内，结合春节、国庆等节日，开展“鲜花进公园”专项行动。在市区各大公园广场布置鲜花、中国结、红灯笼，利用郁金香、月季、绣球等花材，采用花墙、花柱、花球、地面摆花等多种形式，全年完成节点季节性草花布置90余万盆，完成20余条市区主要道路近1700杆灯笼及中国结的悬挂工作。

衢州火车站核心区亮化提升工程

【养护工人技能大赛比武】 4月，为提高园林养护工人专业技能，培养技术型绿化养护队伍，选树一批“岗位能手”“技能标兵”，组织开展第一次养护工人技能大赛比武。比赛设草坪、绿篱、亚乔木、大乔木登高修剪和病虫害防治五大项目，33位一线园林工人参赛。通过“两比一定一推”（比技能、比贡献、定等级、推片长）的方式，调动养护工人积极性，推进养护技能提升，为园林养护精细化管理打好坚实基础。

【十里江滨景观带改造提升工程】 5月，十里江滨景观带面向市民全线开放，8月底全面竣工验收。项目开放后，受到市民、领导、专家的一致认可，吸引大量同行考察学习，在“学习强国”“浙江省建设信息”“衢州政务信息”等平台上报道，真正实现“专家认可，百姓满意”，成为2020年度市民“最想去的地方”。

【衢州火车站核心区景观提升工程】 6月，衢州火车站核心区景观提升工程除电力设施改建部分无法施工外，其余部分已完成建设。该项目总投资约1200万元，改造面积2.8万平方米。项目以“花园客厅、礼乐衢州”为主题，通过立体花镜、植物组团等方式，实现城市景观提升，绿化亮化改造成效明显，被市委办公室评为2020年度第三季度执行“十条军规”正面典型事项。

【市区公园绿地底层治理工程】 10月，市区公园绿地底层治理工程开工建设。该项目总投资4986万元，涉及总改造面积约50万平方米。主要建设内容是对市区府山公园、南湖公园、礼贤公园、新元路绿化带、竹苑公园、健身公园等主要公园道路沿线绿地进行绿化梳理、地被提升、公园彩化、设施提升、功能完善等。

（周　睿）

·保障性住房建设管理·

【概 况】2020年,不断完善城镇住房保障政策体系,持续加大住房保障力度,全力深化"最多跑一次"改革,规范公租房管理。截至年末,全市公共租赁住房租赁补贴2483户,完成计划的126%,其中市区(含柯城区、衢江区、智造新城)公共租赁住房租赁补贴1069户,共计542.25万元,完成计划的138.8%。市本级政府投资建设公租房(含租赁补贴)累计保障家庭4960户,受益8009人。

【棚户区改造】年内,全市棚户区改造开工404套,完成计划的100%;竣工2820套,完成计划的108.6%。根据目标任务,做好任务分解、责任落实和督查考核工作,推进在建棚户区改造项目加快施工、交付进度,改善棚户区居民居住条件。

【"公租房2.0"事项全面上线】年内,按照"公租房2.0"建设方案要求,对住房保障各审批事项的办事指南和办理流程进行调整,以适应无差别受理、同标准办理、全过程监控、"好差评"闭环的"政务服务2.0"新要求。5月底,全面完成"公租房承租资格确认""公租房租赁补贴资格确认"和"经济适用住房购买资格确认"三个事项线上线下申请测试。公租房承租资格确认2.0事项全面上线以来,积极引导申请人通过浙江政务网和浙里办手机App办理,网上操作有困难的群众可到就近社区申请,实现公租房申请"网上办"、"掌上办"、就近社区服务指导线上办融合模式。市本级除申请人有特殊情况确实无法实现线上申请外,百分之百实现通过公租房承租资格确认"政务服务2.0"线上受理。

【扩大住房保障受益覆盖面】年内,将公租房实物配租对象由一、二档家庭扩面至三档家庭中有军属、优抚对象等人员,进一步满足城镇中低收入住房困难家庭的基本住房需求。提高公租房租赁补贴发放标准,一档家庭由原每月每平方米11.4元调整至15.2元、二档家庭由原每月每平方米8.8元调整至11.4元、三档家庭由原每月每平方米5.8元调整至7.6元。将新就业人员参加社会保险或缴存住房公积金6个月以上调整为已缴纳社会保险或住房公积金,将在城镇稳定就业外来务工人员参加社会保险3年或缴纳住房公积金2年以上调整为6个月以上,重在解决他们阶段性住房困难。同时对符合整体配租条件的公交、环卫行业一线职工保障家庭,在房源不足的情况下可以发放租赁补贴。

【实施社会救助家庭住房保障】年内,依托浙江省大救助信息系统获取低保、低保边缘人员家庭信息,全面摸排社会救助家庭住房情况,主动告知住房保障政策并做好指导服务工作。至年末,市本级累计排查低保、低保边缘等社会救助家庭836户,在保310户、不符合条件455户、申请审核符合条件给予保障60户,申请正在审核8户,3户已通知但未前来申请。

【公租房日常管理】年内,定期对在保家庭房屋、收入、人口等情况进行比对查询,对不符合公租房条件的家庭予以退出。加强市本级公租房实物配租动态监管,成立专项排查组对市区11个公租房小区已配租房屋开展入户检查,对转租、转借、空置等违法违规行为严肃处理。同时完善公租房租赁使用常态化排查机制,明确工作人员日常履职过程中的基本要求,完善多方多渠道核实手段,进一步掌握承租户的实际居住情况。截至年末,以电话、短信、发函通知以及上门走访等形式对154户欠租家庭进行租金催缴,其中对64户欠租家庭向法院起诉,对17户欠租家庭申请法院强制执行。公租房在保家庭动态退出84户,其中租赁补贴55户、实物配租29户。公租房年审退出41户,其中实物配租30户、租赁补贴11户。

【人才公寓】年内,实施白云小区人才公寓"拎包入住"改造工程项目,工程投资约1999万元。该项目计划分两年改造200套人才公寓,2020年完成施工130套,项目整体预计2021年7月完工,为加速构筑高质量发展的人才"高地"提供硬件支撑。

【农村困难家庭危旧房治理】年内,以全面脱贫攻坚为契机,紧盯"动态清零、一户不落"目标,按照"治危必安、拆危必速"要求,实行

"四加四联"模式,构建"人防物防技防制防"农村困难家庭危房治理格局,确保困难户"居有所安"。排查和完成3738户C、D级危房改造,完工率100%,是全省率先实现存量危房清零目标的四个市之一。同时,落实房屋安全巡查监管机制,及时排除各类房屋安全隐患,推进即时动态治理,对动态发现的危房落实"1+6"治理机制,构建"平时为掌,战时为拳"常态化安全管理体系。

(周　睿)

衢州智慧新城

【概　况】 2020年,智慧新城整合提升。151名干部职工通过双向选择定岗定责,推进模块化运行,实施正反面典型案例通报,提升队伍凝聚力。全年智慧新城完成固定资产投资92.4亿元;实现规模以上服务业营业收入17.21亿元,同比增长7.5%;数字经济核心产业主营业务收入7.3亿元,增速21.4%。

【智慧新城整合提升】 8月,市委七届八次全会就市区开发区(园区)整合提升工作作出部署,按照"经济职能能给尽给、社会职能能精则精"的原则,对智慧新城范围及功能定位重新优化调整,明确智慧新城作为园区平台,总规划用地面积约41.5平方公里(规划范围东至23省道,南至320国道,西至莫家村、下河东村西侧村界,北至杭金衢高速公路),其中一期面积约14平方公里;二期面积约11.6平方公里;三期面积约15.9平方公里,定位为打造智慧衢州的引领区、智慧产业和创新人才的集聚区、新型城市化的标杆区。原委托管理的白云街道回归柯城区政府,社会管理职能全部剥离。智慧新城管委会内设机构8个,托管1个国有企业即衢州市基础设施投资有限责任公司,4个派驻部门,即资规局分局、综合执法分局、市场监管分局和税务二分局。

【疫情防控实现零感染】 年内,严格落实疫情防控措施,在项目工地多、人员流动大,疾控、医疗卫生机构不健全的情况下,主动承担起区块责任。坚持网格兜底,严格落实"健康码+测体温"制度和精密智控机制,多措并举实现疫情零输入、零感染、零传播。全年累计过滤304380人次,累计集中医学观察216人、居家医学观察1801人,未发生1例疑似和确诊病例,精密智控指数居区块前列。

【复工复产经济逆势增长】 年内,坚决贯彻落实"两手抓、两战赢"要求,推出企业复工"八条"激励政策。实现规模以上服务业营收

智慧新城

17.21亿元，同比增长7.5%；规模以上服务业主营业务利润率7.26%；数字经济核心企业营收7.3亿元，同比增长21.4%。

【文明城市创建实现“零失分”】 年内，以创建文明城市为契机，制定出台《智慧新城“部门包干、领导挂联”工作方案》，探索建立“一图两表两单”“三个一”等工作机制，聚焦城市治理的难点堵点，推动城市基础设施提升，实现连续两年“创文”省测、国测“零失分”。

【重大项目招引实现新突破】 全年，招商引资到位资金11.75亿元，完成年度目标任务的167.8%。其中，签约10亿元以上重大项目3个，引进四大高端主体项目4个。全年引进数字经济企业40家，其中引进高端数字经济项目3个，完成年度目标160%。

【重大平台打造展示新面貌】 年内，创新大厦和花园“258”创新创业平台委托市基投公司管理运行。创新大厦成为税收“亿元楼”。陆续引进天映网络、阿得里快手等一批“新媒体+电商”新零售项目10家进驻花园“258”。

【征迁工作】 年内，用2天时间完成应家山D级危房解危拆除，用1个月时间完成电子科大项目土地清表交付工作，得到市委、市政府肯定和表扬；1个星期完成鹿鸣半岛2幢房屋及地面附属物拆除清理，确保鹿鸣半岛时尚文化创业园等项目顺利开工；完成应家山地块国有存量77亩，拯救大队地块集体建设用地存量32亩的盘活工作；完成应家山一期、拯救大队地块、钱家山地块、三清山大道、闽江大道、鹿鸣公园等26个地块供地工作。

【园区深化改革彰显新作为】 年内，按照市委七届八次会议精神，积极推进园区改革提升工作，率先完成下属街道（白云街道）移交回归工作；完成与市级职能部门、“两区”沟通对接，明确区划范围、财政体制、经济管理职能、社会管理职能等边界范围；建立5个模块并试运行，推行干部绩效考核，不断激发发展潜力。

花园“258”中央大道

【国企改革迈开新步伐】 年内，按照市场化改革方向，市基投公司完成AA+评级工作，拓展企业融资渠道；成立2家子公司，负责智慧新城范围内的保洁绿化，向集团化发展迈进。

【重大项目建设斩获新成果】 全年，固定资产投资完成92.4亿元，同比增长17%，位列8个区块第1，为衢州市实现该项指标保持全省第1作出贡献。全年实施60个项目，在建32个（其中竣工15个），谋划项目28个（其中转实施项目18个），筹措资金53.58亿元（实际政府性项目投资24亿元）。

【引进重大项目】 9月9日上午，衢州智慧新城与卓尔控股有限公司在武汉签订项目投资建设协议，卓尔控股将在衢州智慧新城投资建设衢州客厅、长江青年城（衢州）项目；10月20日，衢州市与华夏航空签订合作项目协议，智慧新城与华夏航空签订投资建设协议。

【重大项目开工】 9月30日，衢州市高铁新城地下综合管廊建设工程项目正式开工；10月29日，市体育中心项目“三馆”（游泳馆、体育馆、综合馆）及配套工程地下室开始施工；11月5日，九华大道隧道（二期）及紫薇路隧道开工建设；11月9日，智慧新城三江中路连通工程正式开工。

【重大项目进展】1月7日，衢州市第四实验学校新建项目申请综合验收。5月8日，智慧新城最大的安置小区——回龙安置小区首幢楼结顶；7月20日上午，市体育中心工程项目承建方上海宝冶集团在体育场外举行主体结构封顶仪式；11月13日，衢州市便民服务中心和文化艺术中心项目主体结构全面封顶。

（徐 望 冯彬彬）

城市管理

【概 况】2020年，市综合行政执法局紧紧围绕市委、市政府"三个年"活动决策部署，坚持"以人民为中心"发展思想，推进疫情防控和复工复产、文明城市创建、依法行政能力建设、执法服务民生等工作。年内，实现连续第三年获评住建部"强基础、转作风、树形象"专项行动先进集体，连续第四年在全省综合行政执法系统年度考评中位列优秀等次，连续第十二年获评"衢州市依法行政优秀单位"。获浙江省2019年度"无违建县（市、区）"创建工作先进集体，2020年度全省城乡建设系统综合考核优秀等级；在衢州市全国文明城市创建市级重点部门（单位）排名赛中七次获得"流动红旗"，列三年周期11个市级重点部门排名赛第一名，并记集体二等功；获2020年度市直机关满意单位，衢州市8090新时代理论宣讲工作成绩突出集体，2020年度全市平安建设、2020年度法治衢州建设考核优秀单位，2020年度信访工作突出贡献集体，2020年度"12345"政府服务热线办理工作优秀单位，2020年市直机关党建示范点创建工作先进单位，2020年市无偿献血先进集体等荣誉。执法体制改革信息得到副省长刘小涛批示；犬类管理工作得到市长汤飞帆批示肯定；牵头的污水零直排工作获市委、市政府"十条军规"通报表扬；疏堵结合推动"地摊经济"发展的典型做法，被中央电视台《新闻联播》报道、在省建设厅工作会议上作典型发言；政务公开工作被中央政府网站采用向全国推送。

1月7日，在全省住房城乡建设会议上，市综合行政执法局被评为年度优秀单位。图为局长周盛源（中）上台领奖

【战疫情行动】年内，全面防疫阶段，提前5天进行全局系统部署，协助属地开展疫情防控。组织44名党员干部创新"七步工作法"开展"包区清楼"，利用微信小程序，"零"成本开发扫码登记功能，实现值守小区人员进出登记"码上办、零接触"。复工复产后，派员进驻8家规模以上工业企业，协调解决涉企"七难"问题30余个；协调市区32家农贸市场和小商品市场，免费为农民自产自销果蔬设立摊位，向全社会公布市区五大类"地摊经济"经营临时规范点。2人被市委、市政府通报表扬，全局获市"组团联企服务十佳团队"称号。

【依法行政】年内，创新《执法检查建议书》工作机制，制定出台《重大案件集体讨论制度》《关于进一步加强案件和法制审核工作的通知》《市容执法实务操作规范》等文件，形成实操性强、规范成体系的"教科式"执法教材，开展执法业务骨干培训班、法治微课堂大讲堂、执法标兵和典型案例评选等活动，建立5人公职律师队伍。全年办理行政诉讼案件14件（含上年结转2件），判决结案9件；全年办理行政复议案件18件（含上年结转5件），办结13件，实现诉讼零纠错、零败诉。申报地方立法项目（犬类）1件列入市人大常委会2021年立法计划实施方案。11月3日召开的全市立法工作会议上，市综合执法局作典型发言。牵头城乡建设领域扫黑除恶专项斗争，办理建筑垃圾清运处置领域的违法案件159起，房地产领域违法案件4起，建筑市场领域违法案件6起，招投标领域违法案件6起，查处非法加油车36辆。依法行政工作连续12年获评市优秀单位。

【依法办案】年内，深化"积分制"办案工作，全系统开展大要案"百日攻坚"行动，全年办理一般程序案件1419件，其中城乡规划、建筑施工、房地产、人防、公积金五大领域大要案117件，罚没款8740多万元。办理简易程序（不含违停）案件7396件，违停案件14248件。在重点路段设置45路监控探头，添置3台移动取证设备和15台现场执法处置终端，与"雪亮工程"监控信息共享，有效解决取证难题，年内办理"非现场执法"案件3472件。依托省综合执法办案平台、城市管理综合服务平台、"浙政钉"掌上执法平台，全面推行"互联网+监管""互联网+执法"模式，"浙政钉"掌上执法App开通率实现100%，实施掌上执法检查1.62万次，实现账号开通率、掌上执法率、抽查事项覆盖率"三个100%"。

【全国文明城市创建工作】年内，把全国文明城市创建作为"一号工程"，履行"创文明城市受表扬的一定有执法局，受批评的一定没有执法局"的承诺，三轮迎检市区本级累计出动2万余人次、县（市）局派出支援力量1200余人

8月7日，市委书记徐文光（右四）看望慰问奋战在创建全国文明城市工作一线的综合行政执法队员

次开展整治。以创文中队排名赛为抓手，开展"九个专项整治一个示范创建"活动，累计开展各类整治150余次，劝导纠违10万余件，查处城市人行道违法停车近12万件，交办污水零直排问题70余个，累计办理市容秩序违法案件近5000件。优化网格管理，划分市区36个大网格、193个小网格，创新"唠嗑式"执法模式，实现一般市容问题网格内解决。坚持利民为本，免费为沿街玻璃门更换城市品牌形象腰线近万条，施划"有礼装卸临时停车位"190余个，发出2期公告提供600余个临时规范摊点，引导近万名农民进入全市29个农贸市场1000余个自产自销点位销售自种果蔬。依托"周二无会日""社区共建""执法进小区"等活动载体，集中开展执法志愿服务500余次，带动一大批热心群众参与文明创建志愿服务，义务参加创文志愿服务队伍者达3000余人次。实现第二轮省测、国测涉执法职责零失分、拿满分的目标，市级机关部门唯一取得创建排名赛七次以上"流动红旗"单位，列三年创文周期排名市级重点部门（单位）第一名，被市委、市政府通报表扬，为衢州市以全国第四名一次性高位创成全国文明城市，发挥综合执法主力军的作用。获市委、市政府记集体二等功，1项个人二等功、4个市级先进集体和15个先进个人获得表彰。

【"大综合一体化"行政执法改革】年内，全市整体改革架构全面形成，把"大综合一体化"行政执法改革与全市"县乡一体、条抓块统"试点打通融合，并作为推进衢州法治化改革的首要抓手。搭建"市级整体改革、县域集成改革、乡镇（街道）'一支队伍管执法'"的改革框架。县域集成改革取得突破，有重点、多形式地全面推进全市6个县（市、区）开展县域"大综合一体"行政执法改革，在县级社会治理中心建立行政执法统一协调指挥平台、建立行政审批与

行政执法联席会议制度等工作机制。指导常山县建设全省首家共享、共用、共融的行政执法平台和形成"141"县级执法架构，常山县被纳入全省3个县域集成改革样板之一。乡镇（街道）"一支队伍管执法"成效明显，持续迭代升级"基层治理四平台"，在深化全省42个试点之列的江山市贺村镇、衢江区廿里镇和龙游县湖镇镇的基础上，继续在全市32个条件成熟的中心镇和较大乡镇（街道）开展"一支队伍管执法"改革，制定"一图四表八机制"，确立"四有六化"建设标准，完成组建35支乡镇（街道）综合行政执法队伍，改革进展和力度为全省之最。创新"1+X"执法模式，在中心镇和较大乡镇（街道）以外的其他乡镇（街道）实行部门派驻力量辐射执法，其中"1"为部门派驻执法力量，"X"为驻在地地域相邻的乡镇，按照"基层治理四平台"运行模式，由派驻部门执法力量开展定期或不定期跨区域巡查、紧急事项响应、"综合查一次"，实现优质执法资源的共享，构建跨区域"1+X"执法模式，实现103个乡镇（街道）执法全覆盖。对部门承担的专业技术要求强、执法程序要求高的未赋权事项，实行乡镇（街道）向县级大联动中心"点兵点将"，加强县乡联动。

市综合行政执法队"城管老娘舅工作室"工作人员与群众交流

【服务民生为民执法】 年内，突出执法为民情怀，繁荣"地摊经济"，疏堵结合设置小商品经营临时规范点，提供近700余个就业岗位，被央视《新闻联播》、《中国建设报》、"今日头条"、浙江卫视等媒体相继报道。探索综合执法版"枫桥经验"，丰富市区41个社区"城管老娘舅工作室"工作内涵，优化工作机制，实现社区执法服务全覆盖。年内，"12345"政府热线来电受理2598件，工单数量位于市级部门前列，及时签收率和按期办结率均为100%，群众满意率100%，来电投诉量同比下降32.48%。"24小时局长有礼"热线，接听交办群众反映的问题38件，满意率100%。微信公众号"我来爆料"市民参与平台，受理违法线索1.68万余条，话费奖励4.3万余元。投资99.6万元开发犬类智能化执法管理系统，实时蓝牙锚点管控。衢州市宠物犬栖养园成为衢州城市管理对外展示的一张"名片"，接待全国各地参观考察人员30余批次。

【"三改一拆""四边三化""五水共治"工作】 年内，牵头全市"三改一拆""四边三化"，全市完成拆违401.21万平方米、"三改"296.96万平方米，分别完成省下达任务133.74%和107.21%。实现省级"基本无违建县（市、区）"全覆盖，继2018年常山县后，开化县成为衢州市第二个创成省级"无违建县（市、区）"。深入整治"四边"区域重点地段，抓好"十大类问题"整治，累计排查整治问题2.9万余个，创成3条省级绿化美化精品道路、2条省级特色精品道路，打造样板桥下空间48个。牵头"五水共治"六小行业污水零直排区创建，实现零失分、不扣分，为衢州六夺"大禹鼎"作出执法贡献，获市委、市政府"十条军规"通报表扬。

（池国云）

交通运输·邮政

Transportation, Postal Services

综　述

【概　况】2020年,市交通运输局紧扣交通强国战略和市委"1433"发展战略体系,围绕省委、省政府"争先创优",市委、市政府"三个年"的总体部署,以服务重点项目、破解重点难题、助力企业发展、办好民生实事为重点,各项工作在"逆市"中加快发展,为加快打造四省边际综合交通桥头堡,为经济社会高质量发展和"争先创优"贡献交通力量。先后4次获市委、市政府"十条军规"通报表彰。

年内,铁路方面,建成通车九景衢铁路、衢宁铁路,开工建设杭衢高铁;公路方面,建成杭新景高速公路、美丽沿江公路等,全面开工杭金衢高速改扩建,205国道、320国道、351国道改建等;航运方面,先后建成的龙游港区、衢江港区一期港口货物吞吐量突破290万吨;民用航空方面,通航城市增加到16个。深入谋划杭深高铁近海内陆线、浙西航空物流枢纽、多式联运枢纽港、市域轨道交通一号线等一批标志性项目。"八纵八横"干线公路网和"米"字形铁路网基本形成,浙西大通道门户地位基本确立。

【抗击疫情服务企业】2月11日(农历大年三十)起,全体交通系统干部职工赶赴抗疫一线,在全市68个省际交通卡口设点、城际城市公共交通管控、重点人员转运、防境外输入、物资调度、保供运输等方面,组织有序,调度有力,为全市抗疫大局提供坚实保障。在抓好疫情防控的同时,做好对运输企业复工复产指导服务。首创货运物流"司机之家"模式,建立需求和运力统筹共享子平台,加快畅通人流、物流、商流。全市97家重点运输企业、59家快递企业率先复工。

【交通投资增幅持续位列全省第一】年初以来,面对经济下行压力加大和疫情防控紧张等形势,全市交通部门坚持党建统领、市县联动,通过"插党旗""立功竞赛""组团联项"等行动,克服土地报批、政策处理、强降雨和雨雪冰冻天气等影响,完成320国道衢州航埠至常山草坪段改建、建成衢州市美丽沿江公路、物流大道东西延伸段、淳常公路、江山通景公路、衢江港区一期工程、江山市综合客运枢纽等重点项目;开工320国道龙游会泽里至下章段公路改建、205国道开化音坑至华埠段改建、常山江航电枢纽项目先行节点等;推进杭金衢高速改扩建二期、351国道等一批重大项目。全年,全市完成综合交通投资157亿元,同比增长64.3%。其中,有效投资入库111.69亿元,同比增长64%,增速排名全省第1。为全市经济恢复增长,MEI指标创先争优起到主力军和压舱石的作用。

【衢州市美丽沿江公路全线贯通】4月28日,衢州市美丽沿江公路全线贯通暨"衢州有礼"诗画风光带产业项目签约仪式在衢江区沿江大草坪举行。该公路总投资32亿元,全长215公里,贯通全市6个县(市、区),是全省线路总长最长的沿江公路,是全省万里美丽交通经济走廊精品示范项目和全

4月28日，美丽沿江公路全线贯通暨诗画风光带产业签约仪式现场会，副省长刘小涛宣布美丽沿江公路全线贯通

省首个利用社会资本实施农村公路建养一体化的项目。在签约仪式上，总额超159亿元的12个诗画风光带产业项目签约。

【衢宁铁路开通运营】 9月27日，衢宁铁路开通运营。衢宁铁路是闽浙两省继温福铁路后合作共建的第二条铁路，长约379公里，全线设衢州、龙游南、遂昌、松阳、龙泉、庆元、松溪、政和、建瓯东、屏南、周宁、支提山、宁德13个客货运车站。结束遂昌、松阳、龙泉、庆元、松溪、政和、屏南、周宁等8个县不通铁路的历史。衢宁铁路连接长三角地区和海西经济带，成为一条通江(长江)达海(东南沿海)之道。

【携手华夏航空共建区域航空枢纽】 10月20日，衢州市与华夏航空签订“一揽子”合作协议，包括共建区域航空枢纽、设立航空产业引导基金、建设国际航校、设立华东总部等，带动以航空运输为核心，航空维修、航空研发、航空制造产业集群落地衢州。

【衢州港累计吞吐量突破330万吨】 年内，衢州市与宁波舟山港、嘉兴港、长江出口港(太仓、江阴)等初步形成“港港”联动格局。年末，衢州港累计吞吐量突破330万吨，集装箱吞吐量11752标箱。其中，标准集装箱吞吐量、新增运力和龙游港区货物吞吐量分别同比增长251.89%、163.3%、376.8%。

【全面完成“四好农村路”三年计划】 年内，全市“四好农村路”完成投资26亿元，总体形象进度113%，三年行动计划任务全面完成。完成省政府民生实事项目建设任务1258.7公里，完成考核任务的228.9%。其中，完成农村公路新改建756.7公里、路面维修502公里、安防工程173公里、危桥改造56座、水毁工程224公里，建设农村公路服务站24座；完成建设乡镇运输服务站8个、港湾式停靠站255个、村级农村物流点232个，更新农村客车162辆。基本实现由“村村通”向“路路好”的转变。

【优化航班航线】 年内，在巩固和加密2019年航线基础上，布局全国前30位机场的干支线航班，优化调整航班时刻。新开广州—衢州、衢州—舟山、衢州—郑州航班，优化北京—衢州、成都—衢州、贵阳—衢州航班。全年，衢州机场受疫情影响，旅客吞吐量38.6万人次，与2019年基本持平。货物吞吐量699.5吨，同比上年减少16%；飞机起降4751架次，同比上年增长31.8%，航班量创历史新高。至年末，有12条航线通往16个城市，入驻6家航空公司，航线网络进一步优化，为建设区域航空枢纽奠定基础。

【全面排查整治危险货物运输】 “6·13”温岭槽罐车爆炸事故后，全市推进危化品运输安全“雷霆整治”“铁拳整治”，联合公安、应急等部门开展危运车辆挂靠专项清理整顿，依托专业审核力量对市本级61家企业3752辆车进行全面审核，全市排查出挂靠车辆915辆，涉及挂靠企业49家，按照“一企一策”“一车一案”要求上报清理整改方案，主要通过整改落实、企业收购、股份制改革、车辆转籍、车辆注销等方式处置。全年，注销或转籍98辆，通过回购完成“五统一”370辆。全市危化品运输实质性超速、疲劳驾驶和不按规定填报路单等违法情况得到有效遏制。

(梅新然)

公路建设与管理

【概 况】2020年底，衢州市境内8条国道（其中4条国家高速公路）、3条省道、187条县道，公路总里程8661.01公里（包括村道），公路网密度97.92公里/百平方公里。全市等级公路8661.01公里，其中高速公路422.37公里、一级公路476.32公里、二级公路732.61公里、三级公路677.63公里、四级公路4557.33公里，准四级公路1794.76公里；等外公路0公里。等级公路占公路总里程的100%，其中二级及二级以上公路达1631.3公里，占公路总里程的18.84%（国省干线998.62公里均为二级及二级以上公路，占路网二级及二级以上公路的61.22%），三级公路占公路总里程的7.82%，四级公路占公路总里程的52.62%，准四级公路占公路总里程的20.72%。等外公路已消除。全市公路有铺装、简易铺装路面里程8629.62公里，占公路总里程的99.64%，其中，高级即有铺装路面里程8629.62公里（水泥砼路面5648.75公里、沥青砼路面2980.87公里）、次高级即简易铺装路面里程0公里（国省干线公路路面铺装率100%，农村公路即县乡村道路面铺装率99.59%）；未铺装路面里程31.39公里，未铺装率0.41%。

【国省道及重要县道新改建工程建设】2020年，计划完成投资国省道及重要县道51.7亿元（含计划外项目），全年完成投资60亿元，完成年度计划投资额的116.1%。通过全市参建单位共同努力，320国道柯城段、常山段、48省道常山段、淳常公路、沿江公路、江山通景公路建成通车，并开工建设205国道开化城关段、320国道改建龙游段。

衢州市“四好农村路”开化西莲线

【养护专项工程建设】2020年，完成养护大中修项目8条线路15个县（市、区）段，总计185.1公里，其中涉及水泥路面“白改黑”1.8公里，沥青路面大修10.6公里、中修120.7公里、预防性养护52公里，总投资约2.47亿元。高速公路养护工程实施预防性养护57.5公里，大中修12.3公里，投入预防性养护4374.99万元，大中修1873.41万元。全市完成普通国省道桥梁维修加固工程34座，隧道维修4座，消除国省道三类以下桥梁。

【国省道公路养护绿化】2020年全市公路绿化里程5064.506公里，国省干线公路绿化率100%。全市公路用地范围内种植乔木38902株，草灌254624平方米，共投资9267.6万元。

【完成国家公路网技术状况监测】2020年，全市完成由交通运输部组织的“十三五”全国干线公路养护管理评价之国家公路网技术状况监测。根据2020年底检测数据，全市普通国省道公路路面技术状况指数（PQI）均值93.47，名列全省第4，总体路况处于全省前列。

【桥梁普查】2020年底，全市公路桥梁总长为193836.27延米/2730座，其中互通式立交桥6086.52延米/35座，按跨径划分，特大桥长15345.04延米/11座，大桥114682.2延米/415座，中桥33309.26延米/603座，小桥

30499.76延米/1701座。全市隧道总长119811.9延米/154道，其中，特长隧道16084延米/4道，长隧道64840延米/34道，中隧道17447.7延米/25道，短隧道21440.2延米/91道。

（梅新然）

运输管理

【概　况】2020年，全市累计完成营业性道路旅客运输量2265万人，旅客周转量84616万人公里，分别同比增长-41.7%和-42.2%；营业性道路货物运输量11743万吨，货物周转量1361157万吨公里，分别同比增长10%和9.9%。全年，全市道路旅客经营户58户，车辆2861辆。其中班车经营业户22户，车辆638辆；旅游（包车）经营业户15户，车辆281辆；城乡公交经营业户3户，车辆412辆；出租车经营业户11户，车辆843辆；城市公交客运经营业户5户，车辆526辆。较上年同期基本持平。

全年，全市道路货物运输经营户5214户，其中个体户3922户，营运货车2.2万辆，核载36.3万吨，业户数量同比下降9.2%。车辆平均吨位从15.26吨/辆上升到16.5吨/辆。车辆数减少的主要原因是根据最新行业管理规定，对总质量4.5吨以下的普通货运车辆在运政数据库进行删除。

全年，客运场站施工项目1个，新改建乡镇运输服务站12个，港湾式停靠站255个，年度计划投资1810万元，实际完成投资1869万元。其中，开化县农村客运站完成投资300万元，100%完成投资计划；新改造乡镇运输服务站12个，完成投资420万元。255个港湾式停靠站完成投资1149万元。货运场站施工项目2个，年度计划投资2500万元，实际完成投资3610万元。其中，浙西物流小镇项目完成投资510万元，衢州工业新城物流园区货运配载服务中心项目完成投资3100万元。

【城乡客运发展】全年，稳步推进城乡交通运输一体化，提升公共服务水平，各县（市）城乡交通运输一体化继续保持AAAAA级水平，市区城乡客运一体化分步改造实施方案逐步修改完善中；全面完成“四好农村路”建设三年行动计划任务指标，三年内新改建乡镇运输服务站34个、农村港湾式停靠站674个、村级农村物流点825个，更新农村客车511辆；全市保持建制村通客车率100%。

【“互联网+监管”】年内，依靠道路运输综合监管平台3.0版本，将线上巡查和线下稽查相结合，加强道路运输行业的日常监管，构建大数据应用基础，客运站站务数据接入省级平台，推进重点危化品生产企业接入危化品风险防控大数据平台物流管控子系统建设，完成纳入浙江省危化品运输管控子系统的危化品生产企业150家，有效规范货运站场有序经营；危货监管信息系统线索及单据处置率达100%。加强网络安全管理，确保网络和信息安全；从源头预防和减少驾驶员违法违规导致的道路运输安全生产事故，“两客一危”车辆智能监控报警装置共安装完成2411辆，安装率100%；巡游出租车和网约车融合发展显成效，市区内出租车视频音频实现全覆盖。

【基础设施建设】年内，全市新改建城市公交站点22个，新增20块电子站牌，新改建微公交线路10条，完成市区50个公共自行车点无桩化改造；新增（更新）公交车56辆、巡游出租车100辆，新增（更新）出租车、公交车清洁能源比率均100%；“滴滴平台”落地衢州。

【“最多跑一次”改革向公共场所延伸扩面】年内，推进“最多跑一次”改革向基层延伸，除危险道路货物运输审批外，全部下放到县级部门申办，实现全市通办，所有办事事项100%通过“浙里办”手机App实现办理，全年累计完成办事事项4.89万件，其中网上办件3.5万件，“掌上办”0.03万件；推进“政务服务2.0”建设，实现运输审批事项网上办件率达到87%，线下异地通办和办件零差评。

【惠民服务】年内，维修、驾培行业服务能力和水平进一步加强，获2020年浙江省交通运输行业职业技能大赛团体第二名；打通与公安交警业务系统数据推送通道，全力打造“信用交通”，完成道路运输企业行政处罚信用修复252份。

【绿色交通建设】至年末，完成淘汰1412辆，开展汽车检验与维护（I/M）制度试点，实现机动车排放检测与维护（I/M）制度信息化闭环管理，建成M站23个。市本级出租车、公交车清洁能源比例均达100%。

（梅新然）

航运管理

【概　况】2020年，全市现有渡口14个，其中衢江3个、柯城2个、龙游2个、江山2个、常山4个、开化1个；正常渡运12个渡口。全市有水路客运企业1家，货运企业2家。实施渡运公共服务均等化项目3个，更新渡船2艘，改建渡埠1个，争取省级补助资金140万元。举办内河船员培训、船员特殊岗位证书继续教育等56人次。全市有渡船17艘、营运旅游客船10艘、营运游览摩托艇3艘、营运货船56艘、其他船舶124艘。全年完成营运检验船舶190艘。

【航运发电】2020年，衢江航运红船豆枢纽电站自2016年3月并网以来累计发电4.06亿千瓦时，产生经济效益1.96亿元，其中2020年累计发电量0.97亿千瓦时，产生经济效益1.48亿元。安仁铺枢纽电站自2017年11月并网以来累计发电2.26亿千瓦时，产生经济效益1.08亿元，其中2020年累计发电量0.79亿千瓦时，产生经济效益0.39亿元。

衢江航运龙游港区桥头江作业区

【港区建设】2020年，衢州完成水运建设投资25396万元。龙游港区桥头江作业区一期工程完成竣工验收。衢江港区大路章作业区一期工程全部泊位水工部分完成交工验收，2台港机设备投入运行。全年，衢州港完成港口吞吐量296.3万吨，其中进港235.7万吨，出港60.6万吨；完成港口集装箱吞吐量11734标箱，其中进港5754标箱，出港5980标箱；全航区完成水路货运量19.52万吨，完成货物周转量4064.9万吨公里。

（梅新然）

交通质监

【概　况】2020年，市质监站发挥党建引领作用，创建“新品质心服务”党建品牌，全市交通建设工程安全生产形势总体平稳，未发生安全责任事故，全年交通建设工程实现零死亡。全面介入PPP项目监管，着力探索PPP项目的监管新思路。品质工程建设活动贯穿全年。参与省公路水运工程龙门吊倾覆应急救援演练，提高应急处置能力。组织召开全市在建交通项目总监工作座谈会，推动全市交通工程监理行业健康发展。加强信息化建设，运用“钉钉”推行“智慧监理”，基本实现该软件在日常监理工作中的运用。开展各类通病治理，全年累计开展各类检查241次，下发检查意见书220份，督促整改质量安全隐患675处，整改率100%。

【品质工程建设活动】根据品质工程“三大专项行动”（设计标准化和精细化、施工标准化、质量通病和管理问题治理三大专项行动）要求，开展351国道PPP项目等一批特许经营项目互看互学立功竞赛活动，组织参建各方参观活动，使各单位通过"互看互学"，达到相互借鉴，取长补短，共同提升。

【公路水运工程监理】 年内，辖区内公路水运工程质量合格率100%。全年，市质监站共进行新改建项目概算审查3个，即G351龙游段、G320互通变更设计概算审查和江山市淤头至衢州绿色产业集聚区贺村姜家公路工程K15+209.6—K16+621.1路段变更设计概算审查，审查之后造价39990.81万元，调整额312.62万元。清单备案27个，备案价格57128.17万元，共计调整额2867.02万元。完成全市19个监理办，19名总监和268名监理人员的信用评价初审。完成市内4家丙级试验检测机构信用评价、4家乙级试验检测机构和19家工地试验室及现场检测项目信用评价初审。邀请专家对丙级试验检测机构进行检查核对、评价。加强工程质量监督抽检管理，制定监督抽检计划，从源头控制，抓好工程材料质量，根据检测结果建立相关的数据档案，对不合格材料严禁使用。全年对主管国省道及水运工程抽检原材料、常用产品抽检257余批次，现场实体抽检8254项次，清场不合格原材料29批，工程实体不合格9项，并要求建设单位组织参建单位限期整改。

（梅新然）

铁路轨道建设管理

【概　况】 2020年，衢州市铁路轨道交通建设管理中心（以下简称中心）紧扣加快建设"四省边际中心城市"目标，聚力聚焦铁路事业发展，跑出铁路建设"加速度"，为打造综合交通"桥头堡"夯实铁路支撑。年内，杭衢铁路全线开工建设、衢宁铁路建成通车、普铁沿线安全整治居全省前列，衢丽、衢武、衢黄、金衢城际、多式联运枢纽港铁路专用线等多条铁路被列入上级规划，全年铁路建设推进指数居全省前三，完成铁路投资超50亿元，创"十三五"期间新高。

【杭衢铁路全线开工建设】 2020年，全力抗击疫情，杭衢铁路施工坚决按照"两手抓、两手硬、两战赢、两领先"的指示要求，实现快速复工、有序推进的目标。紧盯新修订的《中华人民共和国土地管理法》实施窗口期，抓项目土地报批工作。5月，项目用地获省政府正式批复。1月29日（大年初五），各方会商防疫及复工，现场办公、协调难题，10天即完成复工审批和施工准备，3月实现全线复工。年内，积极寻求取土场问题解决途径，衢江区上方镇鹿角堰累计供料22.8万吨，江山市贺基取土场累计供料22.1万吨，龙游县累计供料11.6万吨，有力保障路基施工。切实履行PPP实施机构职责，防范防控超概、建设模式冲突、PPP合同调整等重大风险，围绕建设资金管理、工程质量、安全管理等十个方面完成四次绩效考核和一次不定期考核，年内通过市场询价、多轮谈判等方式降低前期贷利率、银团贷款利率，初步匡算可节约资金9.5亿元，在省交通运输厅2020年下半年度地方铁路工程项目质量和安全生产

杭衢铁路施工现场

综合检查项目中排名第1，着力打造地方高铁PPP示范项目。2020年，围绕“抢进度促投资、保安全守底线、抓规范打品牌”目标，杭衢铁路全线启动施工建设，承台完成40%，墩身完成30%，路基工程完成30%，工程进度达到预期。全年全线累计完成投资68.3亿元，其中衢州段47.8亿元，入库投资32.1亿元，超额完成省市下达的目标任务。

【打造数字征迁衢州样板】 杭衢铁路是浙江省第一批铁路数字征迁试点，中心以衢江区为先行试点，其他区域导入数据，通过积极争取，构建应用浙江省首个铁路数字征迁平台，围绕6大模块、24大项、38个子项和8大工作流程，输出统一标准表单，坚持政策透明、标准统一、补偿精确、过程留痕，实现“全过程阳光、全流程记录、全自动换算”，为全省铁路领域征迁工作数字化应用工作打造衢州样板。1月，全面交付582亩先行土地征收；4月，全面完成2630穴坟墓搬迁；8月，全面完成4594亩红线用地和851户农户拆迁。管线迁改创新模式、加快推进，其中影响常山江特大桥控制性工程的高压线路迁改在8月底完成。

【杭衢铁路衢州西站设计】 秉承站城融合理念，致力将衢州西站打造成一座富有科技感、未来感的城市综合交通枢纽。5月，衢州市规划委员会第十二次会议确定衢州西站综合枢纽概念设计方案。10月，中南建筑设计院股份有限公司完成初步设计，站房初步设计方案通过国铁集团鉴定中心审查。11月，初步设计鉴修会举行，为2021年站房主体建设奠定基础。

【普速铁路沿线安全治理居全省前三】 年内，根据省政府关于开展全省普速铁路沿线外部环境安全隐患综合治理工作的部署要求，衢州市在全省率先成立专项工作小组，组织开展普速铁路沿线安全治理。路地联动、市县联动，专班推动，全市建立“一单二图三表六制”，明确任务清单，制定攻坚作战图、问题点位销号闭环图，建立责任人联络表、重难点问题督办表、每周通报处置进度排名表，落实治理责任制、网格化巡查制、路地“双段长”制、联席会议制、重点会议推进制、强化督考

衢州西站效果图

9月27日，乘坐首趟衢宁铁路的旅客

问责制，治理工作走在全省前列，192处路方交办及42处自查自纠问题，提前15个月销号清零，整体速度居全省前三。

【谋划争取"米"字形规划项目】 年内，完成《衢州市铁路网中长期布局规划（2021—2050年）》《衢黄铁路建设方案研究》《杭深铁路中通道优化方案研究》等课题，与国家发改委、国铁集团、省发改委等对接，全力推进项目"争规入库"。衢丽铁路、衢武铁路、衢黄铁路、金衢城际、多式联运枢纽港铁路专用线等被列入省级规划，并积极争列国家相关规划。

【衢宁铁路开通暨"衢州有礼"号旅游专列首发仪式】 围绕9月底全线开通运营目标，全力消除15大类480处问题隐患，通力配合完成静、动态检测和安全评估工作。9月22日，实现地方治理与路方销号"双清零"。9月27日，衢州市在衢州站举办衢宁铁路开通仪式，"衢州有礼"1433号旅游专列于上午9时38分在衢州火车站首发。相关信息登上央视《新闻联播》。衢宁铁路全长379公里，为国铁Ⅰ级客货共线单线电气化铁路，设计时速160公里，全线设衢州、龙游南、遂昌、松阳、龙泉市、庆元、松溪、政和、建瓯东、屏南、周宁、支提山、宁德等13个客运车站。

（邵凯峰）

铁路客运

【概　况】 2020年，衢州市境内有衢州、龙游、江山、龙游东、衢州东、后溪街、上铺、贺村、新塘边、常山、辉埠、开化、杨林、全旺、龙游南15个火车站，分别位于杭长高铁、沪昆线、衢九铁路、衢宁铁路，属中国铁路上海局集团有限公司金华车务段管辖。主要担负衢州市及周边地区的旅客运输和沪昆线区段的列车解编任务。其中，衢州、龙游、江山、常山、开化、龙游南6个车站办理客运业务，龙游南、全旺为新建车站。

【安全生产】 年内，坚持现实安全与安全基础"两手抓"，确保运输安全持续稳定。以安全标准化规范化专业化建设为载体，以双重预防机制运作为主线，推进安全治理体系和治理能力建设，增强安全风险防控能力，完善人防、物防、技防"三位一体"安全保障体系。紧抓春运临客（增开列车）开行、防暑降温、防洪防汛、冬季劳动安全等基础安全，重点把牢全国两会、上海"进博会"、衢宁线开通等关键时期，抓实抓细二次安检、反恐防暴、治安保卫等安全重点。截至12月31日，市域各站实现安全生产4740天。

【疫情防控】 年内，坚持新冠肺炎疫情防控常态化，努力实现"双零"目标。制定疫情防控常态化方案，细化防控措施，压实防控责任。加强路地配合，持续做好旅客进出站测温、身份核验、劝返，重点区域消毒等工作，确保新冠肺炎疫情防控"零责任""零感染"。重点做好疫情防控物资运输和旅客退票工作，确保物资安全送达、旅客退票高效畅通。湖北武汉封城期间（1月23—31日），衢州站为旅客办理退票2644张，退款总额56.61万元。

【衢宁线开通】 年内，紧抓新线开通工作，助推衢宁铁路"加速跑"。认真分析研判衢宁列车运输组织情况，梳理客运乘降组织中的关键点，不断优化旅客运输组织方案，切实解决好中转换乘、人员紧张等作业难点，提高衢宁铁路运输组织效率，确保列车运行畅通、客运组织平稳有序。根据车务段部署，衢州站于开通前期为新招衢宁线（浙江段）5个客运站客运员量身定制短期客运业务速成培训；运营初期，抽调业务骨干前往衢宁线新客运车站进行“一对一”现场业务指导，为衢宁铁路起步、发展提供人才保障。

【旅客运输】 年内，创新客运营销模式，推动运输经济提质增效。建立常态化客运营销机制，分析摸排新冠肺炎疫情下铁路客发客收新规律，主动研发客运新产品、新服务，积极联系地方市政企业，把握客运生产经营主动权，开好复工返岗专列，以“十一”运输黄金周、衢宁线开通为契机开行旅游专列、办理团体票业务，确保客发客收稳步回升。全年，衢州、龙游、江山、常山、开化、龙游南6个客运车站发送旅客402.72万人次，占全段旅客发送总量14.50%；客运收入45222.6万元，占全段客运收入总量15.32%。

【客运服务】 年内，聚焦更高标准，展现更优品质，努力打造“衢州有礼”服务文化和服务品牌。在衢州市创建全国文明城市期间，衢州站将“行作揖礼”融入客运岗位，规范文明服务用语，坚持做好“站台有序排队”“烟头不落地”等文明举措。不断践行“最多跑一次”理念，全面推广铁路电子客票应用，持续升级“厕所革命”，打造五星级母婴室，增加临时身份证打印机、寄存柜、充电宝、智能座椅等硬件设施，客运优质服务不断提升，受到广大旅客的一致好评。

（刘珂妤）

铁路货运

【概　况】 2020年，衢州市境内有4个火车站铁路货场（龙游东、衢州、江山上铺、贺村），隶属中国铁路上海局集团有限公司金华货运中心衢州经营部管辖。衢州经营部坚持“两手抓”，一手抓疫情防控，一手抓安全经营，安全、运输、经营等重点工作取得较好成绩。全年，完成运输总收入1.95亿元，境内发送货物329.43万吨。其中，衢州站发送货物108.23万吨，江山站（含上铺、贺村站）发送货物214.77万吨，龙游东站发送货物6.43万吨。

【抗击疫情】 2020年，衢州经营部全体干部职工围绕“五个确保、五个见实效”（确保疫情防控，在外防输入、内防反弹上见实效；确保安全畅通，在防洪防汛和隐患排查整治上见实效；确保工程建设，在完成固定资产投资上见实效；确保稳货补客，在节支降耗上见实效；确保职工收入，在工效挂钩上见实效）目标任务，有效控制疫情通过铁路传播和职工聚集性感染，确保铁路运输正常生产秩序。

【货物发送】 全年，衢州经营部坚持抓安全经营，突出集装箱“二偏一超”“空重混装”重点关键，优化规范集装箱作业流程，提升现场管控力度，确保全年安全；优化运输组织，发挥“4+1”“路企运输”微信平台作用，确保山水西班列、钱清循环列车开行和巨化、元立专用线卸车组织顺畅，全年发送水泥197.7万吨，钱清敞顶箱开行94列、27.2万吨，三水西班列开行266列、9.5万吨，巨化专用线铁路创单日出车899辆历史新高。

【标准化创建】 年内，衢州经营部深化标准化创建。将标准化作业小组、生产任务积分制、班组劳动竞赛三个办法有机结合，推进“自上而下逐级管理、自下而上逐级负责”管理模式。抓实职工日常业务培训和岗位技能演练，提升职工素质。凝聚发展合力，加强党支部建设，推进党内主题实践活动，发挥党组织和党员在安全、经营、稳定中的作用。强化党员理论学习和职工政治学习，全面落实意识形态责任制。开展专项自查自纠，全面落实党风廉政建设责任制，有效促进经营部和谐稳定。共建命运共同体，坚持民主管理监督，积极推动班组积分制分配办法，充分调动一线职工的工作积极性，职工人均工资实现增长。稳步推进“三线”建设，为一线岗位增添生活设施和文体健身器材。关心职工生产生活，安排职工参加健康疗养，开展“安康杯”系列文体比赛，定期走访慰问困难职工，实施帮扶救助政策，职工满意率和队伍凝聚力得到大幅提升。

（黄建伟）

民用航空

【概 况】2020年，衢州机场一手抓疫情防控，一手抓安全生产，全年共保障航班4751架次，同比增长31.83%；旅客吞吐量386122人次，同比减少4.45%；货邮吞吐量699.5吨，同比减少16.65%。安全生产形势总体平稳，没有发生重大差错和不安全事件，圆满完成重要时期的航空安全保障工作，通过“平安民航”考核和危险品航空运输安全管理体系(SMS-DG)建设及危险品货物航空运输信用管理体系建设评估验收，实现第28个航空安全年。在武汉召开的2020年度军民航机场保障联席会议上，公司被授予“军民航机场联合保障达标单位”荣誉称号。2020年，被市委、市政府评为“衢州市创建全国文明城市先进集体”。

【落实市政府与华夏航空战略合作签约项目】年内，引入华夏航空参与衢州航线运营，将换季增加时刻向华夏航空倾斜，实现华夏航空公司在衢州机场投放过夜运力，为市政府与华夏航空公司战略合作迈出实质性的第一步，受到衢州市政府通报表扬。

【航班航线】年内，积极争取国家民航局、华东管理局理解支持，夏航季新增3条航线，冬航季新增2条航线。5月6日，将成都航空的成都—贵阳—衢州经停航班更改为华夏航空的衢州—成都、衢州—贵阳点对点直飞航班。5月31日，新增九元航空衢州—广州航班；6月1日，新增厦门航空北京衢州—大兴航班；8月8日，季内新增省内首条支线机场间直飞

2020年衢州市机场客货运输量统计表

表10

航线	客运量(人次)	客座率(%)	货运量(吨)
北京	70450	52.6	12.5
深圳	32623	52.2	300.7
大连	17002	37.7	6.7
青岛	18220	40.3	1.1
昆明	18685	41.4	115.3
济南	18991	38.6	1.4
海口	18971	38.5	8.7
西安	18373	69.5	3.8
重庆	65128	62.8	207.7
成都	36187	59.7	36.1
贵阳	30041	69.6	2.6
广州	27864	63.9	2.7
舟山	5979	48.7	—
武汉	4177	61.8	—
珠海	3431	66.5	0.3

6月1日，厦门航空衢州—北京首航仪式

航班衢州—舟山航班；10月25日，第一架驻场运力投入运营，并新增衢州—武汉航班；10月26日，新增衢州—珠海航班。

【建设平安机场】 全年，新建机场围界6500米，并在现有机场围界上加装滚刺笼、新建监控中心/控制区道口安检业务用房。更新升级机场视频监视系统、新增航站楼隐蔽报警系统、更新机场安检设施及安检信息系统。开展“抓作风、强三基、守底线”安全整顿行动。将作风问题整改纳入安全隐患排查治理范畴，收集作风问题负面清单290条，开展作风建设自查情况督查20余次。结合整顿工作，开展机坪交通安全专项检查工作。深入开展安全生产宣教。开展“三个敬畏”宣教、“三基建设永远在路上”宣教、安全生产月咨询日、安全生产月知识竞赛、党员FOD徒步检查、安全隐患随手拍等活动，1000余人次参与。强化安全监督检查。除定期开展日常督查外，结合机场航班换季、驻场运行等，开展各项综合检查12次。做好军民航协调和军民航防相撞、防跑道入侵工作。加强飞行区管理，军民航联手对飞行区展开整治。加强鸟害防治工作的协调，做到资源共享。军民双方加强净空保护的协作，共同巡查，信息共享，及时通报，完成净空管理工作。做好部队不停航施工的协调管理，加强施工人员教育，特别是跑道侵入和FOD防范教育。开展消防、医疗联合演练和训练。

【建设绿色机场】 全年，新建停车场节能灯具，协调电力局安装充电桩，内场4台、公共停车场3台新能源车辆配套充电桩已投用。新增新能源车4辆，行李传送车、行李牵引、客梯车、旅客摆渡车各1辆。

【建设智慧机场】 年内，积极协调电信运营商，5G通信基站开通。在停车场安装智慧停车系统。投入自助值机设备1台。开展广域网、OA系统、离港信息系统、转报系统应急演练；做好网络信息安全设备维护、更新；开展网络信息安全学习教育培训。与中航信合作，加强安检验证系统人脸识别先进技术应用。

【建设人文机场】 年内，改造基础设施，陆续建设投用无障碍停车位、多功能无障碍卫生间、坡道等，创建无障碍环境，提升机场形象。理顺各部门保障工作链条，努力提高航班放行正常率，全年航班放行正常率90.65%，同比增长1.11%。结合传统节日在候机楼开展相关活动，宣扬民俗文化。加强不正常航班的服务保障，健全、规范相应处置程序、预案和流程；推出旅客团队预约、旅客遗失物品招领服务，相继推出厦航、深航旅客生日送祝福服务。全年办理团队预约服务156个团、4241人次，相继送出旅客生日祝福22人次，完成旅客失物招领75人次。引入航旅纵横衢州机场航班动态端，实现候机楼大屏幕同步播放“创文”内容与航班动态。开展“安康杯”竞赛、“名师带徒”活动，建立劳模工作室、创新工作室，丰富职工文化生活。积极配合做好衢州市创建全国文明城市工作，创建“最暖安检、衢州有礼”党建品牌，组织志愿者开展文明劝导、疫情防控等活动。

【开展SCORE项目建设】 结合安全生产月活动，引进企业可持续发展（SCORE）项目，做好每周合理化建议的收集及合理化建议

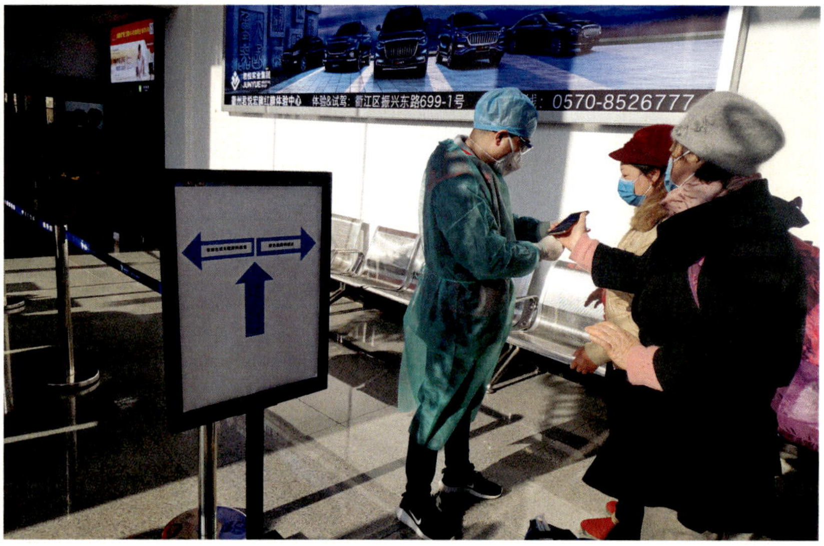

机场疫情防控

的落实跟踪，推进各项合理化建议落地。完成员工合理化建议203条，排查安全隐患80条，开展办公环境5S管理及可视化管理，办公环境得到明显改善。12月16日，通过SCORE项目验收，获得由国际劳工组织授权SCORE学院颁发的“SCORE企业参与证书”。

【严守机场疫情防控关口】 年内，坚决落实主体责任，坚持做好每日进港、出港旅客测温、验码环节，将严防国外入境和国内中高风险地区疫情输入作为机场防控工作重中之重。全年衢州机场测温航班4552架次，测温旅客374348人次，对3690名重点管控人员进行查验处置，其中移交542人次，实现管控零差错。公司地勤保障部获集团抗击新冠肺炎疫情先进集体，6人获集团抗击新冠肺炎疫情先进个人、优秀共产党员等荣誉。

（周群超）

邮政业管理

【概　况】 2020年，衢州市邮政管理局充分发挥行业管理职能，积极服务衢州经济社会发展，保障寄递渠道安全，推动行业绿色发展，提升邮政快递行业整体服务水平。全年，全市邮政行业业务收入（不包括邮政储蓄银行直接营业收入）累计完成97036.2万元，同比增长8.8%；全年业务总量累计完成228412万元，同比增长1.2%。新增批准设立快递法人企业7家，分支机构10个，备案快递末端网点103个。

【行业安全监管】 年内，围绕寄递渠道安全管理收寄验视、实名收寄、过机安检三项制度落实，强化邮政快递行业市场监管。开展寄递业涉枪涉爆风险隐患排查、未经许可经营快递业务、快递末端网点未备案、快递末端服务违规收费集中清理等专项整治行动，做好寄递渠道涉枪涉爆专项整治、安检机专项整治和实名专项整治工作，维护市场经营秩序。全年检查快递企业及门店391家，发放责令改正通知书28份，约谈企业或门店负责人15人次，立案6起。检查邮政网点111个、建制村109个，送达责令改正通知书5份，检查通报2份，每处隐患问题均得到闭环处理。积极推进邮政网点代办改自办工作，完成全年31家“代改自”任务目标。2020年，全市寄递渠道总体安全平稳，未发生重大安全事故。

【疫情防控及复工复产】 年内，督促企业落实防疫措施，落实主体责任，严格按照疫情防控操作规程要求，及时消杀快递包裹，做到定点投送。积极协调解决企业防疫物资问题，向企业发放口罩26620只、消毒液1500公斤。市邮政管理局实行线上检查为主、线下检查为辅的方式对企业防疫工作加强监督检查。疫情期间，邮政快递行业平稳运行。3月下旬，及时推动邮政快递行业复工复产，复工复产率100%。疫情期间，邮政快递运输防疫物资超235万件，配送各类民生必需品超1000万件，配送口罩698823只。

【“两进一出”工程试点工作】 年内，大力推进“两进一出”试点工作，根据《衢州市快递业“两进一出”工程试点实施方案》，全面推动“邮快”合作，促成邮政企业与主要6家快递企业签订合作协议。全市快递进村率60%以上，提高

11 月 17 日，副市长王良春（左二）带队赴江山市调研衢州快递业“两进一出”工作推进情况

近 25%，扎实破解快递进村“最后一公里”问题。

【邮政业绿色发展工作】年内，不断完善高水平的邮政业绿色发展体系，推进行业高质量发展，衢州地区“9792”工程完成情况为“瘦身胶带”使用率 97%、电商快件不再进行二次包装率 76%、循环中转袋使用率 95%，邮政、快递网点全年新增快递包装废弃物回收装置 296 个。

【市邮政业安全中心成立】3 月 18 日，衢州市邮政业安全中心正式获批成立。主要职责是负责全市邮政行业安全监管信息系统的建设运行维护；承担邮政行业安全监管、应急管理相关技术支撑工作；负责全市邮政行业职业教育培训，提高全行业整体职业技能素质；完成衢州市邮政管理局交办的其他任务。

【减税降费】全年，邮政快递业税费减免 1208.39 万元。江山市中通快递有限公司被省发改委列入浙江省疫情防控重点保障企业名单，获优惠贷款 200 万元。

【申诉处理情况】全年，衢州邮政业消费者申诉中心受理“12305”热线各类投诉 240 件，受理市政府“12345”热线转办 267 件，为群众挽回经济损失 119070.53 元，申诉满意率 100%。

（胡运忆）

邮政经营服务

【概　况】2020 年末，全市有邮政网点 109 处，邮政储蓄网点（不含邮储银行网点）45 处，邮政汽车 163 辆，邮路 58 条，总长（单程）2681 公里。邮政从业人员 936 人，固定资产 2.01 亿元。邮政业务总收入实现 2.81 亿元，同比增长 3.95%。

【向全市援鄂医务工作者捐赠纪念邮折】在第三个中国医师节来临之际，衢州邮政为全市 52 位援鄂医务工作者送上特别定制的《众志成城抗击疫情》纪念邮折，向英雄们送去医师节的祝福。邮折中为援鄂英雄们个性化定制个人肖像邮票纪念张 1 枚，会同抗疫邮票和绢质首日封共同制成精美的邮折。每个邮折都有唯一编码，且邮票编码同首日封编码相同，一人一折、一折一码，具有特殊的纪念意义。《众志成城抗击疫情》特种邮票，以“国家名片”的形式，讲述感人的抗疫故事、致敬英雄。

【税务“仓+配”项目启动】1 月 8 日，衢州邮政与国家税务总局衢州市税务局合作的税务“仓+配”项目正式启动，标志“邮税”双方开启便民办税新篇章。双方将共同构建“纳税人网上申请、配送中心集中分拣、邮政上门递送服务、365 天全天候服务”的发票申领新模式，方便纳税人领用发票，减轻国税办税服务厅压力。此项携手深化贯彻“放管服”改革的新举措，是打通纳税服务“最后一公里”的一次有效实践，由“最多跑一次”转为“一次不用跑”，实现“零跑腿”“免费邮”，足不出户就能“办成税”“办好税”。

【农村电商站点】年内，全市邮政累计建设商超型邮乐购站点 1300 个，优质站点 379 个。搭载农产品进城平台，融合电商、寄递两大专业，探索“一乡一品”模式，完成地方标准扶贫馆建设 1 个、运作万单项目 4 个、扶贫能手 6 个。集中打造常山胡柚、江山徐香猕猴桃 2 个万单农特产品进城项目，实现销售农产品 14.5 万单，金额 600 余万元。

【收寄高考“云艺考”试卷】受疫情

疫情期间，衢州邮政成立口罩、教材、蔬菜、药品“四大配送”项目小组，全力保障居民生活物资供应

影响，2020年艺考生报考比较集中的中国美术学院、中央美术学院、浙江音乐学院等艺术类院校艺考环节均采取网络远程考试方式，即考生在视频监控下完成作品，再把试卷寄到院校，考试时间7月12—16日。为全力配合艺考试卷交寄，衢州邮政在全市设立64个集中服务点，将营业时间延长至18时，考生可通过关注“EMS中国邮政速递物流”微信公众号或拨打电话“11183”下单，揽收员会在30分钟内上门取件，确保艺考试卷及时顺利交寄。全市有128名考生寄递艺考试卷。

【抗击疫情】 自疫情发生以来，衢州邮政公司第一时间开通物资运送保障“绿色通道”，运送防疫物资。通过中国邮政义乌—大畈邮政国际航空货运专线及义乌—衢州“绿色通道”，为衢州红十字会免费运送价值2500余万日元，共计30万只口罩等物资。发往湖北武汉、黄石、阳新、杭州、温州、天台、宁波等19个城市，共计免费运送防疫物资2566件。同时，为保障居民生活物资供应，专门成立口罩、教材、蔬菜、药品“四大配送”项目小组，召集全体空班人员参与配送工作，确保物资及时送达，累计帮扶650人次。

【“温暖回家路·有礼衢州人”城市品牌宣传】 1月10日，衢州邮政启动“温暖回家路·有礼衢州人”暨“锦鲤暖冬”春运志愿服务活动，精选包含中青、少儿、老人三个年龄层次的“励志文摘”“时政评论”“日常养生”“素质教育”“课外阅读”等内容的全国知名品牌期刊——《健康养生》《特别文摘》《时代邮刊》和《半月选读》等，由春运志愿服务者在市客运中心、火车站等区域，向春运期间乘坐长途客车、高铁、动车等交通工具返乡过年旅客免费赠阅，赠送3万份期刊及1万张福字单页，使广大旅客在旅途中能“暂离手机，静心阅读”，树立“多看报、读经典”文明风尚，建立属于自己的“文化家园”，为建设衢州“文化大家园”贡献力量。

【全民阅读公益图书巡展】 11月20日，衢州邮政开展全民阅读公益图书巡展暨“爱心图书送基层”活动，全场公益图书免费阅读，公益价销售，享受全场公益价“买二送五”的分益售价。为感恩医护人员在新冠疫情中的逆行大爱，对医护人员特别制定“买二送六”的优惠政策。同时，捐赠部分精品新书，用于农家书屋、儿童之家、职工书屋和社区图书室等基层公共文化阵地的建设，以及民工子弟学校，贫困山区学生、留守儿童等群体，满足基层群众阅读需求，进一步推动全民阅读工作。通过整合精品图书资源，更好地满足广大市民阅读需求，共同营造“好读书、读好书”的全民阅读氛围。

（冯 君）

信息化建设

■ *Informationization Construction*

无线电管理

【概 况】2020年，市无线电管理局克服新冠肺炎疫情影响，依法履职，全年办结各类行政许可470件，比上年增长44.6%。指配无线电频率11个（组），核发无线电台识别码5个，办理电台执照41277本，收取无线电频率占用费15万元，注销行政许可133件。至年末，全市登记在册各类无线电台站54408个。建有无线电监测固定站4座、小型站6座，配备移动监测车2辆、监测设备30台、检测设备12台。3月，原浙江省衢州无线电监测站并入正处级事业单位浙江无线电监测中心。

【无线电频率台站管理】1—3月，主动适应疫情防控需要，按照用户群不同行业特点和返岗复工的先后顺序，分批组织，分步实施，组织全市70家单位（个人）提交无线电频率、台站使用年度报告104份，衢州市年报提交率与合格率均为100%。7月，首次通过浙江政务服务网开展频率占用费征收工作，实现频占费计费、缴费、电子票据全流程网上办理。年内，对41家用频单位收取频占费15万元，比上年增长20.8%，做到应收尽收。9—12月，按照省经信厅《关于开展2020年度频率使用率评价的通知》要求，依据频率监测结果和用户提供的无线电频率使用年度报告，对8家用频单位开展频率使用率评价。

【无线电管理行政执法】年内，通过掌上执法系统对全市通信运营商频率使用和各类台站设置使用事项执行即时检查553单，其中对14家设台单位（个人）开展现场检查，登记检查表18份，全部合格。常态化开展打击治理“黑广播”“伪基站”违法犯罪工作，按照联动机制，与公安、文广等部门协同查获“黑广播”案件3起，有力打击非法设台，切实保障人民群众财产安全。6月，先后出动20人次，对无线网桥超频段使用问题开展现场检查和销售市场查访，要求存在问题的3家工程建设单位和2家销售单位自查整改；完成全省无线电频率、台站年报专项检查任务209单，向上级报送全省116家单位和个人存在异常问题298项。8月，按上级要求对历年注销的无线电台站开展现场核查5次，报送有关信用评价问题1个。11月，开展年度无线电管理“双随机”抽查监管工作，检查2名业余电台用户的台站和识别码使用情况，并配合省无线电监测中心检查组完成4家设台单位的频率和台站使用情况检查；12月，按照国家无线电办公室要求，组织开展衢州市无线电台站数据质量抽查工作，累计派出16人次行车415公里，对7个单位的12种30个台站开展现场核查，并完成频谱测试13次。业务人员对抽查数据开展比对、统计、分析，按时上报相关文档，并负责撰写全省报告汇总和总结，为科学编制国家无线电管理“十四五”规划相关内容提供参考依据。

【无线电发射设备销售市场管理】7月1日，联合市市场监督管理局在金兴数码广场开展无线电作弊器材销售明察暗访，保障高考公

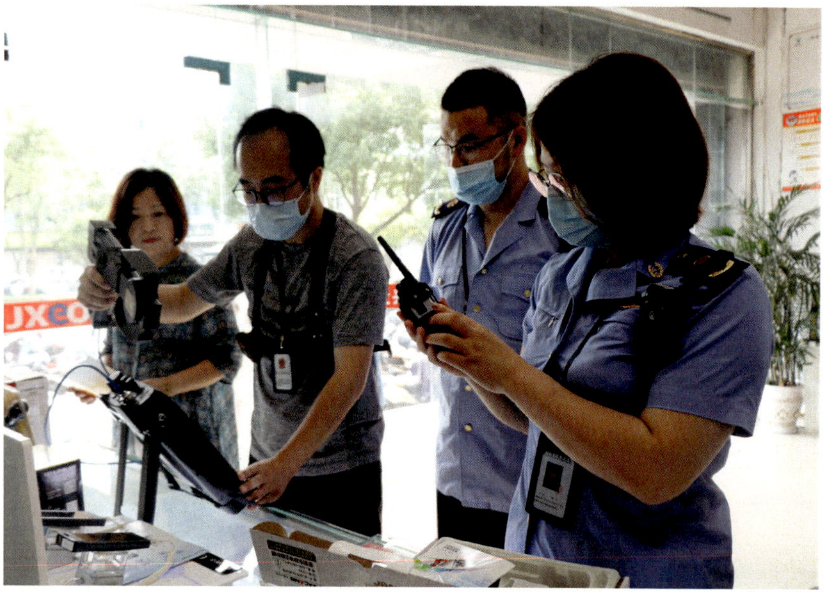

7月1日，市无线电管理局联合市工商部门在金兴数码广场检查无线电设备销售

平有序。10月27日，举办全市无线电发射设备销售管理培训，邀请市场监管部门、招投标行业协会和数码专业市场主办方等30余人，剖析与违法销售相关的典型执法案件和无线电干扰案例，要求商家坚持正规渠道进货，控制违法风险，同时印发新修订的《衢州市无线电对讲机销售管理工作备忘录》。12月，落实省无线管理办公室《关于做好全省无线电发射设备销售备案工作的通知》要求，组织10家商户完成无线电发射设备销售备案29单，登记对讲机、手机等无线电发射设备销售1271部。

【无线电监测和干扰排查】 年内，10个无线电监测固定站累计监测36250小时，移动监测564小时，按要求开展频谱监测，并编制无线电监测统计报告12份。每月主动开展公众移动通信频段监测，记录频谱数据，持续积累5G业务用频等重点频段监测数据。全年受理无线电干扰投诉8起，全部查结，维护设台用户合法权益。1月，开展"春运"航空及铁路无线电专用频率保护工作，主动对接衢州机场、铁路相关部门，明确干扰处置联系方式，统筹安排应急值班、干扰查处等工作，并对衢州机场、龙游、江山、常山、开化、衢州火车站站场及周边实施专用频率保护性监测，行车里程约370公里。8月，联合绍兴、金华监测站在常山开展监测技术训练。9月，在全省无线电能力提升演练比赛中获团体三等奖、单项二等奖。

【社会服务与安全保障】 年内，先后完成元旦、春节、全国两会、国庆等重大节日监测值班工作。完成全国高考、医师资格等考试无线电保障任务16次，出动人员356人次、监测车105车次，防范利用无线电设备考试作弊，切实维护考试公平公正。1月1日，承担2020年全国新年登高健身大会江山主会场无线电保障任务，积极与组委会和央视对接，全程监控大会周边电磁环境，确保直升机航拍、无线音视频传输、卫星转播车、演艺音响等所用频率安全畅通。9月18日，赴衢州民航开展工作调研，宣传贯彻无线电法律法规，了解台站管理和干扰保护情况，征集工作意见和建议。11月22日，承担2020年衢州马拉松比赛无线电安全保障，赛前提前介入组织协调会议，掌握比赛用频计划，制定应急保障方案，比赛当天出动保障人员3人、监测车1辆，未发生干扰等情况。

【服务5G网络建设】 年内，为防止新建5G基站对既设C波段卫星地球站造成有害干扰，衢州市无线电管理局按照《3000—5000MHz频段第五代移动通信基站与卫星地球站等无线电台(站)干扰协调管理办法》等文件规定，坚持先协调后建站，按照保护清单组织电信、联通完成全市36个卫星地球站的干扰协调工作，分别对13家单位的30个C波段地球站实施技术改造，更换高频头8个，加装滤波器44个、馈源4个。另有5家单位6个卫星地球站已拆除声明无须改造。5月，指导运营商站点合理布局，避开重要无线电设施，避免发生干扰和事故。8月，组织衢州电信、上海高智卫星系统有限公司对已完成改造的申万宏源证券有限公司衢州县西街证券营业部卫星地球站进行抽查验收，对滤波器防水等技术细节和三方后续管理的协调问题作交流，并对运营商与地球站使用单位签订的干扰协调协议、设备安装和工程量确认单等文档进行检查、指导。11月，牵头衢州铁塔、柯城电力、三大通信运营商和建设单位召开衢化碧荷苑小区公众移动通信网络建设工作协调会，引导房开公司依法依规部署小区无线通信设施的配建工程。12月，组织衢州铁塔、电信、移动、联通成立5G基站共建共享专班，指导做好5G基站许可和干扰协调，助力5G基站建设“一件事”集成改革。

【服务无线电相关产业发展】10月，邀请上海创远仪器有限公司到衢考察投资。11月，协同市经信局、大数据局等部门开展《浙江省无线电产业基地（衢州）建设发展规划》编制工作。12月，组织市政府、电子科技大学长三角研究院参加2020年中国无线电大会，了解无线电应用技术和产业发展最新动态。与市经信局、市大数据局、电子科大长三角研究院一同赴中电科36所考察调研，推动搭建厅地校企无线电产学研一体化创新平台。

【无线电管理法治宣传】5月，开展“5·17”世界电信和信息社会日宣传活动，整合5G网络基站建设保障、防范和打击电信网络新型违法犯罪行为、电磁辐射等社会热点素材，利用市委、市政府设立的33块户外公益大屏循环播放《无线电助推5G生活》和《无线卫士》等宣传视频，并通过联通营业厅LED滚动字幕播发“响一声”电话反诈骗科普。9月，组织开展第11个全国无线电管理宣传月系列活动。首创定制《无线电通联世界》沙画视频作品，展示电波卫士维护空中电波秩序、服务经济社会发展良好形象，获《中国无线电》杂志微信公众号刊载和同行转载。组织演绎“黑广播”幽默情景剧，提醒广大市民防范非法广播诈骗。编制HTML5标准《打击非法电台谨防“黑广播”广告诈骗》音乐海报，剖析“黑广播”工作原理和社会危害，宣传无管力量对新时期反诈骗工作的特殊作用。定制《一分钟了解〈浙江省无线电发射设备销售备案实施办法〉》MG动画，通过市政府新闻办公室官方微信公众号“衢州发布”和《衢州市广播电视报》，刊载无线电发射设备销售管理规定。举办无线电管理科普培训，邀请国内知名的5G技术专家作科普讲座，60人参训。利用国庆节人流高峰在吾悦广场举办现场宣传，组织无管知识问答，并向工作在值勤岗位的交警、环卫工人发放印有无管公益广告的矿泉水2000瓶。通过本地知名博主和“抖音”自媒体转发无管宣传素材，其中《防范黑广播》短视频点击量超5.2万人次。12月，对讲机“模转数”主题文章在《中国无线电》杂志刊登。全年在各类媒体刊发市无线电管理新闻信息58篇、图片19幅。

8月5日，衢州、绍兴、金华联合举办监测演练

【无线电技术设施建设】年内，落实《浙江省无线电监测站点巡检制度》，加强全市监测站点巡查。5月，对发生故障的开化小型站接收机送原厂维修，维修期间，使用替代接收机，确保监测工作不停顿。11月30日，衢州智慧新城固定监测站升级项目通过验收，该站实现监测与测向实时并行工作，同时监测频段和性能指标得到扩展和优化。12月8日，开化

华埠高铁小型监测站通过验收，补强目标区域铁路专用频率监测手段。

【应对新冠肺炎疫情】2月，组织发动全体人员为抗击疫情捐款2100元。年内，派出30余人次到坊门街社区、衢州火车站等开展卡点执勤。根据省委、省政府《关于坚决打赢新冠肺炎疫情防控阻击战全力稳企业稳经济稳发展的若干意见》及省财政厅《关于新冠肺炎疫情防控期间减免企业房租措施有关事项的通知》精神，支持企业渡过难关、恢复生产，为7家符合条件的租用市无线电管理局房产的企业减免3个月房租6.55万元。

（汪　萍）

长途电信传输

【概　况】2020年，衢州长途电信传输局围绕“2020，畅通先行”思路，立足干线，拓展服务，转型升级，提质增效，建设“红色基因，长线铁军”党建品牌，完成全国两会、浙江省重大项目开工、长三角经济论坛、2020年上海中国国际进口博览会、世界互联网大会等重大活动和防汛抗台等通信保障，助力“活力新衢州、美丽大花园”建设。年内，获评2018—2019年度全国“安康杯”竞赛优胜单位、2019年度市级“平安单位”，继续取得浙江传输局先进集体称号。

【光缆维护】年内，精心维护国防光缆，科学管理，抓住重点，消除隐患，确保全年干线无责任性线障。借助10个“全球眼”视频监控点动态循环进行光缆防障点管理，提高防障现场管控力度，改善线路维护防障环境；采用执法记录仪记录外界处理，避免推诿扯皮，提升业主和施工方履约自觉性；通过“ECP短信”“微信群”“微信公众号”开展护线宣传，通过科技平台与挖机业主和操作手等强化互动、紧密联系，提升挖机手安全意识和主动联系意识，有效阻止光缆障碍发生。

【防障配合】年内，接应当地政府做好荷一路市政道路改建、浮石路市政道路改建、龙游汽车城建设项目、龙游百米大道建设项目、351国道建设工程（涉及龙游、衢江、柯城、常山、开化）、廿里集镇威龙路改建、杭金衢高速公路拓宽、杭衢高速铁路建设、江山市贺村镇淤头村集镇改造、江山城北何家综合供能服务站建设、廿里镇政府威龙路改造项目，以及“五水共治”项目等重点工程的外界防障配合工作。全年，累计新增干线防障点87个，结束防障点49个。至年末，有干线防障点38个，其中A级3个。各防障点添设宣传标志牌800余块，做彩带布线环境5万余米，吊线警示护套护线环境600余米，毛竹条护线围栏6400余米。对外签订各类迁改及防障协议书119份，发送护线宣传单500余份，处理违章不合格隔距27处。龙游汽车城建设项目多条光缆迁改4.5公里；江山上铺无水港及西山南路建设项目光缆迁改7.4公里；江山牛头岭7号地块开发建设项目光缆迁改3.5公里；龙游小南海家苑安置小区建龙衢光缆迁改1公里；衢江区廿里镇园区大道路改造光缆迁改1.5公里；351国道柯城段迁改项目光缆迁改8.6公里。完成各类管线交越加固保护278处合计1666米。

【通信保障】年内，在全国两会、

11月19日，市总工会将全国“安康杯”竞赛优胜单位的奖牌与证书授予市传输局

浙江省重大项目开工、长三角经济论坛、2020年上海中国国际进口博览会、世界互联网大会等关键节点，走访沿线乡镇、企业、相关部门，开展恶劣天气后的联动、巡回、排查、整治工作，开展架空线路专项整治，确保党、政、军重要通信保障业务的安全畅通。

【护线宣传月活动】 5月，举办“抗疫情、助复工、消隐患”护线宣传月活动。依托市线路管道保护协会，举行护线宣传活动。动用军车、警车等在干线沿线开展护线宣传，通过巡查、粘贴宣传通告等方式，提高人民群众爱线护线意识。以军、警、民联合护线活动为契机，走访座谈各级政府机关、部门单位、乡镇村85家，在干线沿线乡镇设护线宣传摊点1处。通过张贴通告、分发宣传单、发放护线手册及护线用品等多种形式进行护线宣传。在线路沿线张贴护线通告400余份，送护线宣传手册和护线函以及上门宣传等。加强与建设施工点的防障联系和协作配合，将护线责任落实到单位到人。在战略支援部队和公安的协助下，处理1起违章建筑危害光缆安全事件，制止10多处危及线路施工，整改危及通信安全隐患10多处。

【智慧化管理】 年内，借助智慧化手段进行施工动态管理。利用外力施工机械带来的震动结合检测纤芯的波形变化进行预警，形成外力预警系统，弥补人工线路巡回的不足，减少线路安全隐患，获得单位系统内部创新奖项。通过感光、平衡传感等技术，探索智能井盖系统，当有人开启井盖时，产生告警。智能井盖系统在市内重要管道完成部分覆盖，运行效果良好，为管道光缆维护提供数字化方向。

（袁　谨）

中国电信

【概　况】 2020年，中国电信股份有限公司衢州分公司（以下简称衢州电信）坚持党建统领，深化变革创新，加快规模发展，积极助推地方经济社会数字化转型。全年，电信业务收入5.54亿元。年末，固定电话用户22.9万户，移动电话用户43.6万户，互联网宽带接入用户37.0万户。衢州电信业务运营与综合支撑中心获2019—2020年度衢州市青年文明号先进集体，网络支部获中共衢州市国资委委员会颁发的标杆支部荣誉。

【助力疫情防控和复工复产】 在新冠肺炎疫情防控中，衢州电信落实应急通信保障。组建7支通信保障应急突击队，出动保障人员2458人次，保障专线电路505条、视频会议469场，累计开通紧急业务3432次（条）。号百中心5位党员成立援鄂先锋队，远程接听、承接处理湖北来电5030通。实施精密智控。半月内紧急开通“天翼看家”疫情监控点位5274个，发送防疫公益短信5791万条。加大信息化支撑，推进“5G+智慧医疗”创新。支撑市人民医院5G远程云会诊，打造12个外科5G直播场景。开通市中医院门诊楼“热成像人体测温系统”，为全市389家药店装上“云监控”。支撑“停课不停学”，为全市中小学生开放“朗朗课堂”“IPTV共享课堂”“翼学云名师优课”。保障复工复产。推出“96666”热线，为中小企业免费提供“云会议”“云办公”等服务。抓好企业

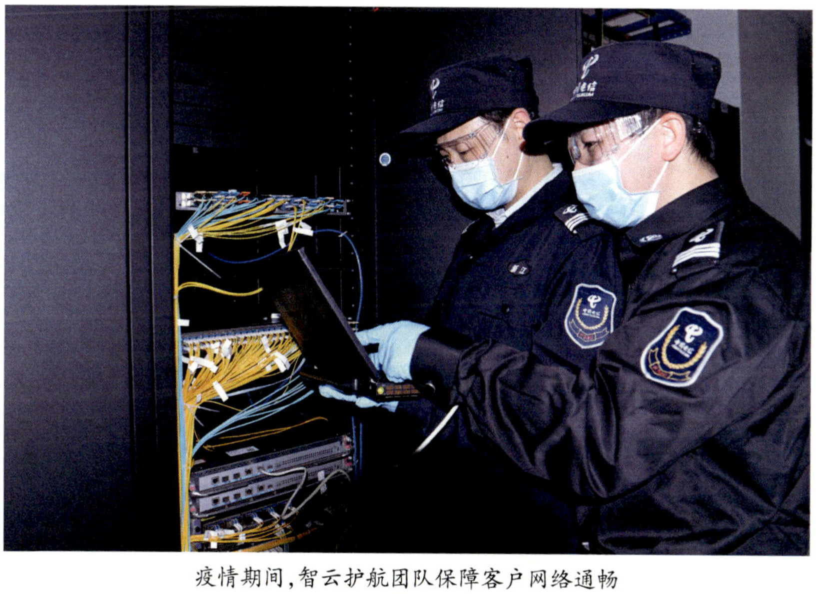

疫情期间，智云护航团队保障客户网络通畅

自身疫情防控。严格做好工作场所疫情防控,落实"一人一表"登记,采购防疫用品保障全员防护需求,关怀12类特定人群107人,并对一线重点人员发放慰问金。

【升级智能网络基础设施】年内,衢州电信以SA为目标网架构,加快推进5G精品网等网络基础设施的升级改造。积极推动与联通5G网络共建共享,200M带宽峰值2.7G,平均下载速率800Mbps,行业领先。全力打造5G精品网络,全市建成315个室外基站、21个室内基站,实现SA网络架构衢州市主城区连续覆盖,县城核心区域连续覆盖的目标。加快新一代千兆光网建设,全市光纤接入端口80余万个,实现全光覆盖。新建OLT局全部采用XGPON设备,覆盖68个城区小区,满足用户千兆上网需求。持续开展线路序化工作。配合小城镇整治和创文行动,完成88个乡镇的杆线迁改,整治改造5个城中村、467个小区线缆,87个小区实现多箱合一。

【升级智慧应用】2020年,衢州电信在"新基建"领域,实施云网融合发展战略,发挥云网融合、智云护航、大数据、物联网、5G、区块链、人工智能等新技术在数字政府、智慧城市、工业互联网等领域的支撑赋能作用。对原有"12345"平台进行整合升级,以"中国蓝电信电视"打造家庭电视智能终端办事服务平台,助力"最多跑一次"改革。承建全市教育骨干网,承建2个区县全域旅游平台,开通"雪亮工程"天翼看家监控点2.5万余个,助力智慧城市重点项目建设。为全市600多家单位提供上云服务,为900余家医疗机构、药店提供"互联网+医疗云"服务,为近150所学校提供数字校园服务,为多个小区搭建"智慧小区数据平台",服务数字社会发展。

【提升服务】衢州电信实施客户领先三年计划,将2020年确定为"服务能力提升年",建立"客户说了算"服务评价体系。出台全员服务积分制度,推出"卓越服务"五项承诺("全面上线、即办即用""商企需求上门办理""宽带装维准时透明""客户网络专业优化""省内移机宽带随行"),打造服务差异化优势。开展移动、宽带网络质量"双提升"行动,针对低速率家庭宽带免费提速至百兆,中小企业宽带平均单价下降41.8%。推进骚扰电话整治,健全"发现—核查—处置"快速响应机制,推广"天翼防骚扰"服务,提升对骚扰电话的识别和拦截能力。

【精准扶贫】2020年,衢州电信围绕党中央关于脱贫攻坚的决策部署,发挥电信信息化优势,践行央企责任,多维度助力打赢脱贫攻坚战。推进信息化扶贫,多次组织党员干部下沉结对帮扶村,会同支局人员开展惠农活动,推广好移动、宽带等扶贫专属资费优惠,扩大IPTV在贫困地区的覆盖。面向建档立卡贫困村、建档立卡贫困户等推出专属通信扶贫资费,为低保及低保边缘户提供特惠政策,办理低保户优惠套餐3515户。推进普遍服务,衢州分公司投入维护成本1126万元,保障873个电信普遍服务村的光纤网络稳定运行。投入建设资金约240万元,完成农村地区脱贫集中安置区15个、20户以上自然村121个。推行"无线乡村"项目,对各行政村的村委会、村民服务大厅、家庭农场及"农家乐"等区域建设Wi-Fi热点覆盖,推动农村电子商务发展。推进消费扶贫,积极响应政府"以购代捐""以买代帮"号召,开展消费扶贫活动,年内购买对口扶贫地区产品40余万元。推进公益扶贫,投资7.57万元用于扶贫捐赠,惠及120余户低收入农户和困难学生,其中产业捐助3.8万元,帮助开化村企联盟品牌"孝思堂"豆腐坊经营发展。

【强化网络服务】年内,智云护航体系包括完全独立自主的专业维护队伍、符合安全认证的维护类产品和后台流程支撑系统,是省内唯一拥有国家"计算机信息系统集成一级资质"和"通信信息网络系统集成甲级资质"的"双一级"资质体系,并拥有国家保密局颁发的"涉密信息系统集成资质"和"网络安全应急服务支撑单位证书"。3月,衢州电信组建66人的专业化队伍,覆盖省、市、区县及乡镇街道,通过省级统一认证后持证上岗,并人人签署保密承诺。智云护航通过自主可控的"两平台一中心"(安全服务平台、运营支撑平台和设备物料供应中心),从根本上确保信息化接入的稳定性和安全性,为260余家党政军及企事业单位客户提供从网络到信息化建设的一站式全程服务。

【防范打击通信(网络)诈骗专项行动】 2020年,衢州电信全面落实国家互联网基础信息管理要求,完善工作机制,加强源头管控,抓好重点领域治理,全面支撑反诈防诈服务和支撑。在接入网站管理方面,严格执行备案管理,网站实名备案率99.99%。在涉黄涉非事件处置方面,全年累计处置违法不良信息450条,工信部网页篡改事件处置及时率100%。在防范打击通信(网络)诈骗方面,于6月启动专项行动,通过语音/互联网防诈平台、大数据风控平台,推送公安涉诈线索7439条,准确率86%;拦截虚假国际漫游来话485万次;拦截恶意网址提醒43.8亿次。同时,根据“断卡”行动要求,建立“不良信用通信网用户”处理流程,完成9批不良信用用户的号码处置工作。

【抢修保通信】 6月30日上午6:30,衢州市气象台发布暴雨红色预警,8时发布洪水黄色预警,全市平均降水量76.8毫米,51个乡镇站点累计降水量超过100毫米,10个乡镇站点累计降水量超过150毫米。柯城、衢江、江山、常山、开化等地都受到不同程度的灾害影响,多处山体滑坡,道路中断,基础通信设施受损严重。面对强暴雨造成的通信受损,衢州电信启动应急预案,紧急调用20辆应急车,组织50余名抢修人员赶赴现场,全力开展断杆抢修,机房、设备等的巡视维护工作。

10月28日,市委副书记、政法委书记吴舜泽(右二)到“12345”政府服务热线中心调研

此次暴雨造成全市基站退服60处,接入点中断3处,杆路倒杆21根,光缆受损6.5公里。抢修人员克服天气环境恶劣、现场道路受阻等多重不利因素,迅速修复受损点位,恢复通信。

【调研活动】 6月4—5日,省通信管理局党组书记、局长徐建华,副局长陶应勇等一行到衢州开展工作调研。衢州市通信发展办公室、中国电信衢州分公司、中国移动衢州分公司、中国联通衢州分公司、中国铁塔衢州分公司、中通服衢州分公司、中移建设衢州分公司等7家企业进行工作汇报。调研期间,徐建华到龙游禾川科技股份有限公司观摩电信5G在智能制造领域应用情况;到龙游县府小区就上改下实施情况,开展实地考察;到上余村了解移动视联网加载情况。

10月28日,市委副书记、政法委书记吴舜泽到位于电信大楼的“12345”政府服务热线中心调研。详细了解“12345”政府服务热线中心的整体运营情况及成效,询问关于话务投诉接听率、全市投诉分布情况、群众有奖举报等信息,并在热线电话接听区与话务员交流,体验话务工作。

(凌 莉)

中国移动

【概 况】 2020年,中国移动衢州分公司(以下简称衢州移动)认真贯彻落实市委“1433”发展战略体系,围绕集团创世界一流“力量大厦”总体部署,统筹推进疫情防控与生产经营工作。全年实现运营收入11.83亿元,同比增长6.8%,上缴税收近1.09亿元,服务移动客户199万、家庭宽带客户57万、企业客户2.51万,收入规模与客户规模均居本地区行业第1。年内，获评衢州市抗击新冠肺炎疫情先进集体、衢州市疫情防控15个企业正面典型、衢州市政府特别奖——智慧产业之星等荣誉。

【网络基础设施建设】 年内，完成32个FTTB小区有线网络改造升级，实现光纤接入全覆盖，有线宽带行政村覆盖率98.6%，可支持超10万用户千兆网络接入；推进偏远山区无线网络建设，农村4G网络覆盖率由98.7%提升至99.5%；加快5G网络建设，开通5G基站1226个，实现6个县市城区、AAAAA级旅游景区、杭金衢高速和重点产业园区、重要乡镇连续覆盖。打造“南孔儒学文旅景区”5G精品网区域，总面积11.1平方公里，区域内5G下载速率峰值超1.4Gbps。

【重大活动通信保障】 年内，完成市两会、衢州马拉松、全国新年登山大会、奥运举重测试赛、叶檀财金论坛等大型会议、重大赛事通信保障128起，出动保障人员565人、应急保障车辆432辆次，实现“零重大网络故障、零重大网络安全事件、零重要客户投诉”的服务目标。

【疫情防控与复工复产】 年内，聚焦新冠疫情做好通信、服务、防控“三个保障”，14天内抢通市疫情防控指挥部、市县定点医院等34家重点单位的视联网指挥系统，实现200多场省市县疫情防控视频会议“零故障”；协同智慧新城利用“5G+无人机技术”打造“高空+地面+社区”疫情防控立体信息化防线；联合市教育局推出“衢州在线课堂”，免费开放所有中小学课程，累计点播量超110万人次；免费提供云视讯、和对讲、防疫助理等8项智慧复工产品，助力2000余家企业疫情统计、远程办公等复工需求；设置“绿色通道”，减免衢州驰援武汉医务工作者在武汉期间全部通信费用，并为衢州籍疫情防控一线4288名工作人员、329家重点单位开通免停机服务。

【衢州市“5G+工业互联网”应用推进会】 6月29日，由市经信局主办，衢州移动、中国移动云能力中心、东南数字经济发展研究院、市数字经济产业联盟承办的“衢州市‘5G+工业互联网’应用推进会”在衢州召开。全市百余家工业制造业企业在5个分会场通过移动视联网聚首，共同探讨在“新基建”等政策引导下，从传统“制造”到“智造”的转变。会上，衢州移动与市经信局签署“5G+工业互联”网应用合作协议。

【衢州市数字经济产业联盟协会“智创时代数创未来”2020年度论坛】 11月26日，衢州移动承办的衢州市数字经济产业联盟协会“智创时代数创未来”2020年度论坛在衢州国际大酒店召开。市委组织部副部长余卫军，市数字经

11月26日，中国区块链服务网络（BSN）衢州节点在衢州市数字经济产业联盟协会年度论坛上正式发布

济产业联盟协会理事长、衢州移动总经理夏斌，市大数据发展管理局副局长邵文颖，市经济和信息化局副书记、副局长蒋建平，中国区块链服务网络发展联盟云服务委员会主任、中国移动设计院咨询设计总监杨鹏，浙江信安数智、东南数字经济发展研究院、衢州学院等理事单位领导及相关会员单位代表共计200余人参加论坛。在此次论坛活动中，中国区块链服务网络(BSN)衢州节点正式发布。

【基于5G技术构建新型智慧急救体系】 11月30日，在中国(浙江)智慧城市2020年度高峰论坛上，衢州分公司申报的《基于5G技术构建新型智慧急救体系》项目获2020年度浙江新型智慧城市建设优秀成果奖(总共10个)。该项目基于5G技术构建新型120智慧急救模式，通过5G网络实时传输医疗设备监测信息、救护车辆实时定位信息及车内外视频画面，结合健康医疗大数据，对院前急救信息进行采集、处理、存储、传输、共享，便于实时远程会诊和远程指导，实现"上车即入院"的智慧急救新模式。

【实施"拆墙透绿"】 11月21—30日，为贯彻落实市委、市政府提出的打造"一座拆墙透绿的城市"，衢州移动在确保通信机房等重点部位安全的前提下，周密部署围墙拆除计划和安保改造方案，增加3个入口人行道闸、7路视频监控、8处门禁和3个24小时保安岗，拆除市公司围墙以及柯城分公司北面围墙316米、消防通道铁门3扇，并通过布置景观花箱、花盆、休闲凳，重新铺填草皮、修剪树枝，新增绿化面积656平方米，实现"让绿于民、让路于民"。

(汪旭莹)

中国联通

【概　况】 2020年，中国联合网络通信有限公司衢州市分公司(以下简称衢州联通)围绕深化创新理念、加快互联网转型升级步伐，强化主体意识释放活力，各项工作取得明显成效。至年末，衢州联通移动网用户43.81万户，互联网宽带用户6.5万户，实现主营业务收入2.10亿元。

【网络建设】 年内，提升网络支撑水平，优化客户服务和保障能力，加快4G、5G网络建设。网络建设投资4832.63万元，新建5G站点93个，室分点位19个；4G站点29个，室分位点23个，开通4G搬迁站点10个。推进与电信4G/5G网络共建共享，共建5G宏站309个，室分45个，实现市区、县城覆盖，普通县城热点覆盖，开放给电信共享4G小区330个，同时共享电信小区155个，提升网络覆盖，提升用户感知。

【疫情防控保障】 2020年，全力抗击新冠肺炎疫情。衢州联通党委高度重视，成立疫情防控工作领导小组，部署和开展一系列防控工作。为确保疫情期间网络通信安全，安排专业线骨干人员7人24小时值班，密切监控医院等重点场所网络运行情况。为解决医护人员通信后顾之忧，连夜为市人民医院、市中医院2600余名医护人员做不停机服务。衢州联通发挥联通大数据分析能力，对武汉流入衢州各区县人数进行统计，供卫健委参考，为衢州疫情防控提供数字化支撑服务。疫情期间，衢州联通"房参谋"疫区隔离监测系统有效助力社区疫情防控工作。衢州联通在恢复生产经营的同时兼顾做好结对社区疫情防控工作，组织834人次帮扶五环社区疫情防控。

【与巨化集团签署5G战略合作协议】 5月25日，浙江联通与巨化集团有限公司签署5G战略合作框架协议，浙江联通党委书记、总经理胡行正，市委常委、巨化集团党委书记、董事长胡仲明出席签约仪式。通过本次战略合作，双方围绕"相互赋能、共同扩展、联合创新"目标，联合开展5G网络建设总体规划和改造、联合提升网络安全防护能力、联合打造"5G+工业互联网"示范园区。在浙江联通的领导下，衢州联通紧抓"新基建"机遇，发挥5G工业互联网领域技术优势，同时借助巨化集团在行业领域示范效应，共同推进"5G+工业互联网"再上新台阶。

【开通衢州首个SA独立组网方式5G站点】 5月29日，衢州联通开通衢江联通大楼SA5G共享商用站点，标志着衢州联通正式开通衢州地区首个SA独立组网方式

5月29日,衢州联通开通衢州地区首个SA独立组网方式5G站点

5G站点。SA架构既能给2C业务带来更好的用户体验,又能满足不同业务不同网络需求。从现场实测数据看,用户在该网络下能够享受到近1257Mbps下行速度和112Mbps上行速度,PING值最低11毫秒,丢包率为零,速度是目前5G网络的较高水平。

【PSTN退网LS局下电】6月10日凌晨,衢州联通完成衢州PSTN网LS局下电工作,在全省范围内领先完成退网,LS局正式退出历史舞台。LS局下电前一周,衢州联通网络部人员对所有承载FO2接入设备和模块局汇聚设备的业务进行关闭,观察是否所有固话业务全部割接完毕;加班加点修改客户端数据,完成军分区、机场和气象站3条语音中继线割接,调整至IMS设备下带;对关口局向LS局迂回字冠路由进行调整,完成25条号段原走向LS局的NGN用户调整,修改综合关口局数据直接走向NGN局;依托LS局开通的无限公话及散话业务进行割接,割接工作全部完成。在多个部门紧密配合下,衢州联通顺利完成PSTN网的网下电工作,退网机房166个,累计光改固话6905门,宽带5885条,退网各类PSTN网络设备292架,推进网络升级和节能降耗目标。

【柯城区"五水共治"通信保障】9月4日上午,杭州亚运会倒计时2周年——"绿水青山大联动"暨"有礼衢州公众护水活动"在柯城区信安湖畔举行,市本级、柯城区及相关部门领导共同启动"衢州公众护水平台"。衢州联通作为此次活动的独家5G网络提供商,为"智慧河长"——"清道夫"无人船智慧巡河及衢州广电现场视频传播提供5G网络支撑。为确保活动顺利开展,衢州联通提前对活动现场进行详细的DT测试,通过优化调整确保活动周边5G信号覆盖良好,并配合衢州广电对现场视频传播进行调试。活动现场,"智慧河长"——"清道夫"无人船智慧巡航顺利完成,衢州广电现场直播视频传播实时顺畅。

【联通"5G+云视频"助力衢宁铁路"云上签约"】9月27日上午,衢宁铁路开通暨"衢州有礼"1433号旅游专列首发仪式在衢州火车站举行。此次专列首发合作签约创新采用"云签约"模式。自9月24日接到直播需求以来,衢州联通多条线联动,紧急调集保障力量,开展网络和系统搭建,2天时间顺利开通直播专线、5G信号覆盖,部署专用机位,最终实现云视频系统提前上线。在宁德联通的配合下,两地协同,快速完成2个会场联调联试,为线上签约提供坚实保障。仪式上,双方视频对传无卡帧,远近景画面切换流畅、音频传输清晰,全程保持稳定,得到与会领导认可。

【全省率先完成4G共建共享】10月31日,当最后1个4G站点共享数据成功下发,标志衢州联通在全省范围内率先完成2020年度4G共建共享工作目标。7月,衢州联通和衢州电信本着"质量可控、切实可用"原则,开展4G共建共享工作。经过双方多轮联合规划,最终确定衢州联通开通59站155个小区给电信使用,衢州电信开通104站330个小区给联通使用。规划开放4G共享站点在地理上形成站址连片,共享后对现网影响较小,同时站点符合市场需求并能有效提升用户感知。在双方网络部及5G共建共享工作组历时3个月共同努力下,衢州联通提前1个月完成2020年度4G共建共享工作目标。共享开通完成后，衢州联通全市4G网络MR良好覆盖率从94.12%提升至94.52%。相较于新建同数量基站，此次4G基站共建共享工作节约一次性建设成本约750万元，预计每年节省运维成本220万元左右。

【助力市妇幼保健院5G智慧医院建设】 7月7日，市妇幼保健院举行新院区落成启用仪式，市妇幼保健院联合衢州联通，借助联通在5G、大数据、物联网、人工智能及云计算领域的技术优势，让优质的医疗服务触手可及，给医护人员和到院就诊患者带来全新医疗科技体验。5G智慧医疗是“5G新基建”在医疗健康领域的应用成果，通过运用5G前沿技术，对现有医疗设施及技术进行迭代升级。此次衢州联通基于5G网络在市新妇幼保健院布置5G安防巡检、导诊机器人、VR探视系统、5G一体化导航等一系列5G智慧医疗应用，充分展示医疗信息化发展成果。利用“5G+互联网”，为到院服务对象提供精准院内导航，是医院“最多跑一次”改革又一项成果。

5G智能机器人亮相衢州市妇幼保健院

【姜蕾赴新疆阿克苏联通分公司交流】 10月，衢州联通组织开展浙江联通第二批援疆交流人员报名工作。经员工积极响应，浙江省联通与新疆维吾尔自治区分公司审核选拔，衢州联通网络部姜蕾被选派为浙江联通第二批援疆专业技术人员，成为衢州联通创办至今首位援疆专业人才。11月13日，衢州联通为其举办首届援疆干部欢送会，公司党委书记、总经理上官鹰，分管网络条线的党委委员、副总经理陈旭嵘及网络部相关人员参加欢送会。此次援疆工作交流为期一年，主要是支援新疆阿克苏地区网络建设方面的客户响应、工程建设等工作。

（季志航）

水利·电力

Water Conservancy, Electric Power

水　利

【概　况】2020年，衢州市水利局围绕省、市重点决策部署，着力大干项目抓投资，着眼民生保障抓建设，着重河湖建设抓创新，农村饮用水安全达标提标三年行动实现圆满收官，取水许可电子证照实现全市域覆盖，小水电清理整改走在全省前列，数字化手段有效应对1998年以来最大洪水考验，开化县开化水库动工兴建，柯城区寺桥水库获批筹建。衢州市水利局获评水利部颁发的“全面推行河长制湖长制先进集体”，代表市政府参加浙江省第二十二届水利“大禹杯”竞赛获铜杯奖，全省水利综合绩效考核第三名。在全力保障“水安全”、全面提升“水环境”、全域改善“水生态”、全城营造“水文化”、全线强化“水管理”等方面持续发力。

【水利建设】年内，全市水利部门加快推进一批重点水利项目建设，全年全市完成水利投资48.7亿元，同比增长11.4%；争取到省级及以上补助资金14.9亿元。重点推进14项重大水利项目，市本级衢江治理二期、柯城区常山港治理、江山市江山港流域综合治理、常山县常山港治理二期、衢江区上下山溪流域综合治理、铜山源水库灌区续建配套与节水改造等一批重大项目主体工程相继完工。开化水库获批动工兴建，寺桥水库完成可研批复。全市完成病险水库除险加固17座，干堤加固33.59公里，中小河流治理73.39公里。

【开化水库动工兴建】12月28日，估算总投资44.68亿元的开化水库工程开工。开化水库工程以防洪、供水和改善流域生态环境为主，结合灌溉，兼顾发电等综合利用。工程主要由主坝、副坝、溢洪道、引水发电系统以及输水工程等组成。水库总库容1.84亿立方米，防洪库容0.58亿立方米，正常蓄水位251米，死水位205米，设计洪水位257.41米，校核洪水位258.51米。水库最大坝高85米，坝型为混凝土面板堆石坝，电站装机容量1.34万千瓦。输水工程全长46公里，工程总工期36个月。

【防汛抗旱防台】年内，衢州市年降水量2109.7毫米，较常年（1818.9毫米）偏多16.0%。5月29日入梅，比常年偏早12天；7月18日出梅，比常年略偏迟8天；梅期50天，比常年偏多20天。梅雨期间出现8轮强降雨过程（5月29—31日、6月2—5日、6月9—10日、6月18—21日、6月24—25日、6月29—30日、7月2—4日、7月6—10日），全市平均梅雨期间降水量854.6毫米，比常年平均（403.2毫米）偏多112%，降水量最大为开化县1135毫米。全年1个台风影响衢州市，为第4号台风“黑格比”，总体受台风影响不大，未造成损失。

梅汛期间受降雨影响，全市大、中型水库蓄水总量有所增加，14座大中型水库蓄水率从入梅前的66.6%增加到92.1%，蓄水总量增加5.87亿立方米。衢州水文站于7月9日出现洪峰水位63.54米，超警戒水位2.34米，最大洪峰流量6650立方米每秒，为1998年

常山县新昌市黄塘供水站

以来最大流量洪水。

7月17日出梅以来，全市气温异常偏高，破历史最高纪录；降水量显著偏少，雨量、雨日均破历史最低纪录。截至11月28日，全市平均气温23.8℃，较常年同期偏高1.6℃；总降水量147.0毫米，较常年(404.0毫米)偏少63.6%；雨日41.0天，较常年同期偏少20.0天。

由于梅汛期降水偏多，全市水利灾情偏重。据统计，全市堤防损坏2232处，护岸损坏539处，水闸损坏23座，塘坝冲毁117座，灌溉设施损坏605处，水文测站损坏10个，机电泵站损坏25座，造成直接经济损失2.67亿元。出梅后全市未出现明显旱情，城镇、开发区等生活生产用水基本正常。市水文与水旱灾害防御中心于11月17日发布水利干旱蓝色预警，12月14日解除。

【农村饮用水达标提标三年行动收官】 6月底，提前完成农村饮用水达标提标三年行动省定计划任务，实现全市24.6万农村人口饮水安全；8月底，完成全市低收入农户安全供水；9月底，完成市县提升项目。全市三年累计完成投资33亿元，新建改建单村水站624座，乡镇水厂7座，城市水厂1座，全市三年行动实现超额达标，累计完成达标提标人口120.3万人，任务完成率115.2%。全市农村饮用水达标人口覆盖率从48.7%提升到97.8%，农村供水工程供水保证率从64.2%提升到96.3%，全市农村饮水规模化供水率从64%提升到85.5%，饮用水困难发生率小于2.5%，水质自检达标率100%。年内，基本实现全市农村“旱季不断水、汛期喝好水”的目标。

【创建省市美丽河湖】 年内，贯彻落实省委、省政府为民办实事，加快创建全域美丽河湖工作。成功创建12条市级美丽河湖，其中幸福源、石梁溪(寺桥—大头段)、马金溪(城华段)等11条美丽河湖获评2020年省级“美丽河湖”称号。

【取水许可电子证照全市域覆盖】 年内，全市顺利完成全部存量取水许可证电子化，成为全国首个实现取水许可电子证照全市域覆盖的地级市，使全省率先完成国家、省、市、县四级电子证照系统全面贯通，提前完成国家试点任务，标志全国取水许可电子证照试点工作取得重大突破，为其他省份取水许可电子证照改革积累经验，提供样板。

【节水行动】 年内，为实施国家和省节水行动方案，结合衢州实际，将节水行动方案编制列入市政府2020年度重大行政决策事项目录，经过专家论证、公众参与、社会风险评估、合法性审查等程序，找问题、定目标、明举措、分任务，打造节水行动方案的“衢州样板”。完成县域节水型社会达标建设，其中柯城区被省水利厅推荐至水利部创建国家级县域节水型社会达标县。实现水利行业节水机关建设全市域覆盖，超额完成节水标杆创建任务，2家酒店、2家企业和16家小区获评“省级节水标杆”荣誉称号。

【河道疏浚】 年内，创新河道管控疏浚“三全”模式，构建“政府管控、国企主导、循环利用、反哺民生”河道疏浚新模式，为美丽河湖创建提供全省样板。对疏浚产物实现100%资源化利用，相关做法得到水利部副部长魏山忠肯定。

【小水电清理整改】 年内，创新落实长江经济带小水电清理整改工作精神，开展全市域小水电清理整改，推进水电站生态流量管理实现数字化、废物管理处置实现标准化，建立“整体评一次、分类改一次、集中验一次”的清理整改机制，实现清理整改率、生态流量核定率、监测（监控）设施安装率3个100%，在全省率先打赢小水电清理整改攻坚战，提前半年完成全域248座小水电清理整改任务。

【水土保持】年内，全市审批水土保持项目442个，其中市本级100个。人为水土流失防治责任面积30.98平方公里。开展2次监督检查，监督检查项目54个110人次。新增治理水土流失面积51.77平方公里。2020年度全市完成国家水土保持重点工程包括开化县霞湖等6条生态清洁小流域水土流失综合治理项目；完成开化县杨树湾等5条，龙游县下叶曹、胡家、张严3条小流域水土流失治理项目，总治理任务17.76平方公里。

【无违建河道创建】7月，完成“无违建”河道创建三年行动计划，以“消除存量、杜绝增量、拆治并举”为目标，三年累计完成44条河道、1169公里创建任务。其中2020年度完成3条河道。

【涉水行政处罚事项划转】9月，根据《浙江省人民政府关于公布浙江省综合行政执法事项统一目录的通知》，水行政主管部门61项行政处罚事项划转综合执法部门，不再承担相关处罚工作。

（胡文佳）

乌引枢纽大坝

乌引工程管理

【概　况】2020年，市乌溪江引水工程管理中心（以下简称乌引中心），继续以“建设乌引绿色长廊，保障城乡供水安全”为目标，按照年度工作目标任务，抓项目、固防汛、保供水、稳安全、强队伍，进一步提高管理、服务水平，实现乌引科学发展。

【供水服务】年内，保证灌区农业、工业、生产生活和生态用水等用水需要，全年，东干渠向灌区供水14470万立方米，其中农业用水（含金华）6500万立方米，工业用水1530万立方米，生活用水1740万立方米，生态用水及其他用水4700万立方米；石室堰水系向市区生态供水6000多万立方米。柯山、柯丰、柯达电站发电量2368万千瓦时，发电产值998万元。

【防汛工作】年内，乌引枢纽大坝降水量总计约1670毫米，与常年平均基本持平，根据防汛办的统一部署，坚持“安全第一、常备不懈、以防为主、全力抢险”的防汛方针，开展防汛各项工作。严格落实防汛责任制、24小时防汛值班制度，编制、完善《乌引工程防汛抗旱预案》，以渠道、建筑物、机电设备安全管理为检查重点，组织开展6轮防汛安全检查隐患整改工作，检查枢纽大坝和重点防汛部位30处，参加防汛检查100余人次，同时完成预警广播系统改造，进一步增强广播的准确性、及时性、高效性。5月26日，组织开展2020年度乌引枢纽防汛应急演练，模拟演练遭受强降雨袭击，上游流量3000立方米/秒的超标准洪水情况应急处理情景，进一步提高乌引工程防汛突发性事件的防范与处置能力，确保全年安全度汛。

【乌引灌区通过农业综合水价改革验收】6月9日，市水利局、市发改委、市财政局、市农业农村局联合召开农业水价综合改革验收会议，乌引灌区农业水价综合改革工作顺利通过联合验收，评定得分96.5分，成为全省首批通过农业水价综合改革验收的大型灌区。乌引中心围绕加强农田水利管护和加大农业节水力度“两大目标”，完成41.8万亩改革面积任务，新增完善17套用水计量点位，节水率超过20%。

【签订新一轮衢州—金华乌引工程供水协议】 10月10日，乌引中心与金华乌引工程管理单位签订新一轮衢州—金华乌引工程供水协议。新协议持续5年（2021—2025年），年供水量由原来的1500万立方米提高到2000万立方米，供水基本单价由原来的每立方米0.14元提高到0.16元，进一步发挥乌引工程综合效益。

（邹家伦）

铜山源水库管理

【概　况】 2020年，市铜山源水库管理中心围绕市水利局党委工作部署，全力抓好疫情防控、水旱灾害防御工作的落实；加快水利基础设施建设，补齐防洪供水短板；提升水库水质，改善水生态环境；推动旅游开发，促进转型发展；完成事业单位机构改革工作，创建无烟型机关，为创建全国文明城市作出积极贡献。8月20日，市铜山源水库管理中心召开第九届工会委员会换届选举大会，选举产生新一届工会委员会。

6月4日，市铜山源水库管理中心联合杜泽镇政府、派出所召开防汛紧急会议

【机构改革】 3月18日，根据《中共衢州市委机构编制委员会关于印发衢州市水利局所属衢州市乌溪江引水工程管理中心等9家事业单位机构编制规定的通知》文件精神，市铜山源水库管理中心为衢州市水利局所属公益一类事业单位，机构规格相当于副县级。主要职责是承担铜山源水库及其枢纽工程的安全运行管理和水库防汛工作；承担柯城区、衢江区、龙游县、省属十里丰监狱等铜山源灌区范围内的供水灌溉及水费征收工作；承担铜山源灌区65公里长的东、西2条干渠和王家支渠6.5公里、外黄支渠10公里的日常运行和管护工作；承担铜山源水库枢纽工程和铜山源灌区范围内干、支渠的水利项目建设工作；承担铜山源水库库区水环境保护、水资源保护及开发利用、水土保持、生态公益林保护等工作；承担铜山源水库建库时期遗留工伤民工的管理工作；承担衢州市铜山源水电开发有限公司的日常管理工作等。内设6个科室。

【防汛抗旱】 全年，库区降水量1912毫米，入库径流1.85亿立方米。其中，汛期降水量1339.7毫米，入库径流1.31亿立方米。水库于6月30日14时开始泄洪，至7月15日2时结束，共下泄水量2915.4万立方米。抗旱期间，水库于7月23日首次向灌区抗旱供水，至10月16日止，全年累计供水4659.49万立方米。

【铜山源水库防洪能力提升工程获省发改委受理】 6月14日，衢州市铜山源水库防洪能力提升工程获省发改委立项受理，为加快推进项目可研前期审批工作奠定基础。该项目为省、市水利发展“十三五”规划重点前期项目，拟在“十四五”期间完成项目实施。该项目估算总投资1.5亿元，主要建设内容为改造正常、非常泄洪洞，增设钢闸门，改造相关配套设

11月14日，召开铜山源水库灌区续建配套与节水改造工程（2016—2020年）完工验收会议

备等，将水库正常蓄水位从137.12米抬至139米。项目实施后，将进一步提升铜山源水库及下游杜泽镇、铜山源沿线两岸的防洪能力，提高水资源利用率，有效缓解衢北用水紧缺问题，为衢北乡村振兴大花园建设提供水利保障。

【铜山源水库灌区续建配套与节水改造工程（2016—2020年）完工验收】 11月14日，总投资6974万元的市铜山源水库灌区续建配套与节水改造工程（2016—2020年）通过完工验收，比原计划提前46天完工。该项目于2019年11月16日正式开工建设，主要对东干渠、西干渠、外黄支渠、云溪支渠4条灌溉渠道进行改造，建设内容：渠道改造4条18公里，其中，东干渠8.2公里，西干渠1.2公里，云溪支渠3.6公里，外黄支渠5.0公里，并配套机耕桥及排涵等建筑物；渠系建筑物改造42处，其中重建渡槽2座，改造渡槽1座，改造水闸39处；工程管护实施续建改造，重建柏山下、石井渠道管理站管理房，建筑总面积480平方米。该项目获省水利厅2020年度水利文明标化工地示范工程、市水利建设工程安全文明施工标准化工地、衢州市建设工程“衢江杯”优质工程奖等荣誉。

【衢州·铜山源休闲度假旅游区投资合作协议签订】 10月19日，市水利局与上海睿银控股集团有限公司签订《衢州·铜山源休闲度假旅游区投资合作协议》。主要建设内容包括水云间·度假酒店、智慧旅游管理中心(区域性总部办公大楼)、土之谷创意农园、梦湖居、亲子园、金泉汤、游客集散中心、花溪镇、奇山道森林公园等。项目核心规划面积22.6平方公里，总投资52亿元，建设周期10年，分两期实施。

（李育星）

电　力

【概　况】 2020年，国网浙江省电力有限公司衢州供电公司（以下简称国网衢州供电公司）坚持“强基固本、品质发展、特色竞争、源头引领”发展定位，坚持“两手抓、两战赢”，充分发挥“大国重器”和“顶梁柱”作用。全年，衢州地区全社会最高负荷311万千瓦、同比增长6.59%。售电量140.84亿千瓦时、同比增长3.89%。企业先后获全球可持续公益创新卓越企业、全国市场质量信用用户满意企业、衢州市抗击新冠肺炎疫情先进集体、衢州市创建全国文明城市工作先进集体和衢州市直机关最佳满意单位等荣誉。

【安全生产】 年内，本质安全不断强化，开展安全生产专项整治三年行动。坚持“三透三看”（透过现象看本质、透过现场看管理、透过安全看人本）强基固本，修订年度安全责任清单，举办“一强一硬”（强安全生产主体责任，硬安全生产监督责任）主题辩论。完成电气火灾综合治理“回头看”等三个专项行动。开展覆盖全专业的“查风险、治违章、抓落实”安全大检查，排查整改问题254项。成立全省首个电力行政执法联动中心，实现市县全覆盖。发布、管控六级及以上电网风险预警157项。深化二次专业安全管控和“排雷”行动，整改问题306项。开展5座220千伏、7座110千伏变电站综合检修。扎实推进配网运维提升专项行动，开展电压暂降专项治理。推动生产指挥中心、市县两级安全管控中心实体化运作，完成设备监控职责移交。实施运维大班组合并，试点110千伏变电站属地化运维。强化全场景网络安全防护体系建设，开展通信网络安全专项提升行动。有序组织“7·6”特大汛情、“黑格比”台风等应急响应，完成党的十九届五中全会、中高考等重大保电任务。

【电网建设】年内，高质量开展“十四五”电网发展规划。全省率先构建电网基建项目全流程线上审批机制。落地“光伏+储能”应用模式，提升新能源消纳能力。优化配网间隔资源，深入挖掘电网潜能。重点工程扎实推进，顺利投产9项重点工程，220千伏郎峰输变电工程获评省公司质量艺术优胜奖。深化造价标准化管理成果应用，承接国网课题并获网省公司肯定。完成4条220千伏输电线路动态增容。优化输配电线路迁改模式，首次实现政府牵头、多方联动的电力迁改和保电工作机制。完成杭衢高铁电力迁改里程碑任务及保电工作。配网建设高弹可靠，深化配网“1+9+15”(1个全过程流程、9个关键流程、15项配套措施)全过程责任流管控体系和同质化项目部建设。完成4项四省边际互联互通电网项目，投运全省首个电网侧0.4千伏低压储能装置。实施配电自动化三年提升计划，持续强化配网自愈能力。

10月14日，全国首创“用电健康码”并在“网上国网”App上线，助力电力行政执法和政府基层治理数字化转型

【优质服务】年内，营商环境持续优化，开展“阳光业扩一站通”服务平台建设及试点应用。推进外线接入审批再提速，推广低压“抢修式”业扩报装，高、低压平均办电时长分别缩减30.04%、54.04%。联合民政部门促成“两保户”线上联办一件事，优惠用电办理覆盖率居全省首位。完成综合能源公司“分改子”改革。建成全省首个政府授权的地市级能源大数据中心，重点用能单位能耗在线监测工作全省领先。用户体验不断提升，实施需求响应“双百万行动”。开展电力业务“跨省通办”。全国首创“用电健康码”并在“网上国网”App上线，助力电力行政执法和政府基层治理数字化转型。成立带电作业分公司，业扩不停电接火率保持100%。

【科技创新】年内，实施“创新168工程”(1个总体方案、6大责任流体系、8大保障)，建立科研创新需求库、项目库和成果库。结合“青马工程”(青年马克思主义者培养工程)实施矩阵式基层创新管理。全年累计实施科技创新项目35项，获省部级科学技术进步奖3项、省公司级科技进步奖1项，科技成果指数、研发经费投入均跃升3个位次。首创项目多点突破，智能变电站自动化设备运维管控系统、电动汽车充电设施智能云检测装置获省电力公司高度肯定。配网架空线路无人机验电装置实现从技术突破向商业模式探索。新技术应用成果丰硕，深化省级输配电装备技术创新服务平台应用，开展低压有源配电网故障定位装置技术研究。

【经营管理】年内，提质增效成果丰硕，开展提质增效专项行动，完成账外物资清查、报废物资退库、房产土地梳理置换等工作。试点完成10项融资租赁业务。开展台区线损治理“双百行动”，高质

12月24日,国网衢州供电公司与衢州智造新城管委会电力资产移交框架协议签订仪式

量完成年度供售同期工作,综合线损率同比压降0.451个百分点。完成县公司“子改分”改革。参与编写《浙江电力条例》。深入推进预算精益管理,全省率先应用非项目化管理费用事项化全过程管理平台。开展企业内部“最多跑一次”改革,构建推广线上审批办理平台。全省率先完成电工设备制造企业混合所有制改革。参股成立国网(衢州)综合能源服务有限公司。与智造新城、智慧新城等签署战略合作协议,创新政府项目委托建设新模式。

【党群工作】 年内,着力构建“党委坚强、支部管用、党员合格”党建生态。开展“聚焦聚力、攻坚克难”形势任务教育年活动。深入实施“党建双+”工程,完成17项年度攻坚任务。实施党风廉政建设“三年行动计划”,一体推进“三不”机制(不敢腐的惩戒机制,不能腐的防范机制,不想腐的自律机制)建设。强化重点领域廉政风险防控,深入推进各类问题整改,严防“四风”问题反弹回潮。修订公司管理人员实施细则和职员职级序列管理实施意见。全面深化全员绩效管理。开展“有礼服务”系列活动,打造“光耀三衢”特色品牌。强化品牌传播价值,获《人民日报》头版、内参4次关注报道。实施“千户万灯”、联盟村结对等品牌公益项目,1项成果获评国网公司优秀社会责任根植项目。推进关心关爱职工十件实事,建设职工诉求服务站4个。稳妥完成退休人员社会化管理。深入实施“青马工程”和“青+”工程,获评浙江省青年文明号2个、浙江省最佳志愿服务项目1个。

(黄　俊)

生态环境

Ecological Environment

综　述

【概　况】2020年，全市生态环境系统落实市委"1433"发展战略体系，围绕"活力新衢州、美丽大花园"建设，以改善环境质量为核心，深化"两山"实践示范区建设，打好污染防治三大战役，推进环保督察整改，生态文明建设和环境保护工作成效显著，生态环境质量进一步优化，人民群众满意度和获得感持续提升。市区空气质量指数（AQI）优良率达到96.4%；$PM_{2.5}$浓度均值26微克/立方米。9个国家"水十条"考核断面、13个省控以上断面、19个市控以上断面、5个跨行政区域河流交接断面和7个县级以上集中式饮用水水源地水质全部达到Ⅱ类以上，为历史最好水平。生态环境质量公众满意度居全省第1。环境信访降幅居全省第1。获2019年度浙江省"五水共治"（河长制）工作优秀市"大禹鼎银鼎"。

【"两山"实践示范区创建】柯城区、衢江区和江山市被命名为第四批省级生态文明建设示范市县。组建四省九方经济区生态环境专业委员会，建立四省九方生态环境协作机制并组织召开第一次联席会议。生态环境部内部专刊刊发衢州市《深入推进"大花园"建设奋力打造"两山"理念实践成果的重要窗口》的做法，"两山"转化经验和模式得到生态环境部副部长庄国泰的批示肯定。"两山"专班《巩固绿色发展注重制度规范着力提高绿色生活水平——衢州推进绿色生活的路径浅探》课题成果得到省委书记袁家军、省长郑栅洁的批示肯定。《中国环境报》头版头条刊发文章《衢州破旧立新走上绿色发展之路》。

【生态环境数字化转型】生态环境数字化转型有序推进，基本构建一图分析研判、一网监管执法、一码精准服务、一单协同治理、一钉高效办公"五个一"工程原型，完成"环境眼"平台建设，在6个水、气自动站设置管控区域虚拟电子围栏，有效防范人为干扰环境监测和污染环境等行为。

环境质量

【概　况】2020年，衢州市区环境空气质量优良天数为353天（优161天、良192天），占全年总有效监测天数96.4%。县级以上集中式饮用水源水质达标率100%，衢江及支流水质持续稳定。全市声环境质量较好，辐射环境安全。

【环境空气质量】年内，衢州市区环境空气质量评价结果以优、良为主，其中，优为161天，良为192天，轻度污染为13天全部为臭氧污染物超标，无严重污染。

市区环境空气质量6项常规监测指标中，SO_2、NO_2和CO达到国家环境空气质量一级标准，$PM_{2.5}$、PM_{10}和臭氧达到国家环境空气质量二级标准。市区$PM_{2.5}$年均浓度值为26微克/立方米，达到国家环境空气质量二级标准。24小时平均浓度第95百分位数为48微克/立方米。日均浓度范围为2—66微克/立方米，日达标率100%。市区PM10年均浓度值42微克/立方米，达到国家环境空气质量二级标准。24小时平均浓度第95百分位数为79微克/立方米。日均浓度范围为5—106微克/立方米，日达标率100%。市区SO_2年均浓度值为6微克/立方米，达到国家环境空气质量一级标准。24小时平均浓度第98百分位数为15微克/立方米。日均浓度范围为2—21微克/立方米，日达标率100%。市区NO_2年均浓度值为29微克/立方米，达到国家环境空气质量一级标准。24小时平均浓度第98百分位数为56微克/立方米。日均浓度范围为5—68微克/立方米，日达标率100%。市区O_3日最大8小时滑动平均浓度第90百分位数为140微克/立方米，达到国家环境空气质量二级标准。日最大8小时滑动平均浓度范围为10—180微克/立方米，日达标率96.4%。市区CO24小时平均浓度第95百分位数为1.0毫克/立方米，达到国家环境空气质量一级标准。日均浓度范围为0.3—1.4毫克/立方米，日达标率100%。

【酸　雨】年内，全市采集有效降水样品483个，单次降水pH为4.09—8.64。衢州市区及各县(市)的降水pH年均值为4.90—6.29，降水pH年均值最小为衢州市区4.90，最大为龙游县6.29，全市降水pH年均值5.39。全市酸雨率68.5%。其中，开化县酸雨率91.6%，其余依次为衢州市区86.0%、江山市85.7%、常山县48.3%、龙游县10.0%。与2019年相比，除常山县和龙游县酸雨率分别下降38.9%和22.8%外，衢州市区及其他县(市)酸雨率均有所上升。

【地表水环境】年内，19个市控以上地表水监测断面均满足水环境功能区目标水质要求，达标率100%，与2019年相比持平。霞山和龙潭断面水质由Ⅱ类上升为Ⅰ类，下界首和湖南镇水库大坝断面水质由Ⅰ类下降为Ⅱ类，其余断面水质类别均与2019年持平。与2019年相比，常山港、江山港、乌溪江、灵山江、衢江水质无明显变化。常山港：6个监测断面均符合水环境功能要求。与2019年相比，1个监测断面水质由Ⅰ类下降为Ⅱ类，2个监测断面水质由Ⅱ类上升为Ⅰ类，其余3个监测断面水质均维持Ⅱ类。江山港：4个监测断面均符合水环境功能要求。与2019年相比，4个监测断面水质均维持Ⅱ类。乌溪江：2个监测断面均符合水环境功能要求。与2019年相比，1个监测断面水质维持Ⅰ类，1个监测断面水质维持Ⅱ类。灵山江：1个监测断面水质符合水环境功能要求。与2019年相比，1个监测断面水质维持Ⅱ类。衢江：4个监测断面均符合水环境功能要求。与2019年相比，4个监测断面水质均维持Ⅱ类。

【集中式饮用水源地】全市县级以上集中式饮用水源地包括黄坛口、龙潭、枧头、峡口水库、碗窑水库、洪畈水库和芙蓉水库等7个，均符合《地表水环境质量标准》(GB 3838—2002)Ⅲ类标准，其中3个监测断面水质为Ⅰ类，占比42.9%；4个监测断面水质为Ⅱ类，占比57.1%。与2019年相比，2个监测断面水质维持Ⅰ类，3个监测断面水质维持Ⅱ类，1个监测断面水质由Ⅰ类下降为Ⅱ类，1个监测断面水质由Ⅱ类上升为Ⅰ类。

【城市声环境】年内，衢州市区、常山县、开化县和江山市城市区域环境噪声昼间平均等效声级分别为53.5分贝、52.8分贝、53.4分贝、50.1分贝、53.3分贝。与2019年相比，衢州市区、开化县和江山市区域环境噪声昼间平均等效声级分别上升1.2分贝、2.0分贝和0.2分贝，常山县和龙游县区域环境噪声昼间平均等效声级分别下降2.2分贝和1.6分贝。全市功能区噪声1类功能区平均等效声级为昼间50.5分贝、夜间38.9分贝，2类功能区平均等效声级为昼间53.7分贝、夜间43.0分贝，3类功能区平均等效声级为昼间55.9分贝、夜间50.0分贝，4类功能区平均等效声级为昼间60.0分贝、夜间51.5分贝。与2019年相比，2020年全市1类、2类、3类和4类功能区的昼间、夜间平均等效声级除1类和2类功能区的昼间有所上升外其余的均有所下降。衢州市区、常山县、开化县、龙游县、江山市道路交通噪声昼间平均等效声级分别为67.0分贝、65.7分贝、66.3分贝、65.6分贝、65.1分贝，声环境质量较好。衢州市区及各县（市）的交通噪声昼间等效声级均值均低于国家70分贝控制值内。与2019年相比，衢州市区、常山县和开化县的交通噪声昼间等效声级均值有所下降，龙游县和江山市的交通噪声昼间等效声级均值有所上升。

【辐射环境】年内，全市辐射环境质量与2019年相比无明显变化。陆地辐射监测点瞬时环境γ辐射剂量率（未扣除宇宙射线响应值），按监测点统计，范围为62.9—70.3纳戈瑞每小时，年均值为66.8纳戈瑞每小时，考虑宇宙射线的影响，与1983—1990年全国环境天然放射性水平的测量结果（范围为11.3—172.5纳戈瑞每小时，平均值为72.2纳戈瑞每小时）相比，无明显变化；与历年监测结果相比，为同一水平。环境电磁辐射与历年监测结果相比无明显变化。2020年衢州市环境电磁综合场强测值范围为0.30—0.31伏每米，平均值为0.30伏每米，远低于《电磁环境控制限值》（GB 8702—2014）规定的公众照射参考导出限值12伏每米。

7月，衢州高新园区污水管网“下改上”工程全面完工并通水

综合整治

【概　况】2020年，持续推进治气攻坚战、治水长效战、治土（清废）持久战三大战役，开展环保专项整治行动，落实环保整治措施，污染防治三大战役圆满收官。完善以排污许可制为核心的固定污染源环境监管制度体系，完成124个行业11525家排污单位排污许可证发证登记。

【治水长效战】年内，持续打好治水长效战，巩固和提升水环境质量。加强水环境治理，修订《衢州市乡镇（街道）交接断面水质考核办法》，建立水质会商分析制度，常态化开展“清水保卫”行动。完成23个乡镇（街道）、120个生活小区、8个工业园区“污水零直排区”建设，其中高新园区被列为省级工业园区“零直排”标杆园区。新增日污水处理能力17万吨，新增污水、雨水管网约109.22公里。加强水生态保护，年内建成省、市级“美丽河湖”11条（个），其中柯城区石梁溪入选生态环境部全国5个美丽河湖典型案例之一。开化县获评浙江省首批水生态环境示范试点县。钱塘江源头区域（常山、开化）山水林田湖草生态保护修复工程入选全国山水林田湖草生态保护修复工程试点。衢江区入选省级山水林田湖草生态保护修复试点。启动双港口国控断面和龙游洪畈水库、黄坛口水库2个县级以上集中式饮用水水源保护区的生态拦截区试点建设，建成生态拦截沟渠21条。加强水资源利用，实现节水型社会建设全市域覆盖，完成创建省级节水型企业118家、节水型居民小区30个、节水型公共服务单位43家，发布《衢州市节水行动实施方案》。龙游县开展“废水梯级利用”“污水处理厂尾水回用”试点。衢州率先在全省建立钱塘江流域横向生态保护补偿机制。加强水安全维护，完成全市14个“千吨万人”和其他乡镇级集中式饮用水源地划定任务，实施8个县级以上集中式饮用水水源地安全保障达标建设。

【治气攻坚战】年内，持续开展治气攻坚战。开展工业废气治理。

完成浙江交通科技股份有限公司江山化工生产基地关停。完成工业VOCs治理项目19个，检测与修复(LDAR)项目16个，废气无组织排放治理项目31个，衢州元立金属制品有限公司超低排放改造项目7个。调整优化能源结构，煤炭消费总量低于上年同期，完成9台35蒸吨/小时以下燃煤锅炉淘汰任务、8台生物质锅炉超低排放改造或淘汰，50台燃气锅炉低氮改造任务。开展机动车污染防治，新增物流车辆中新能源车比例80%，淘汰国三排放标准及以下营运柴油货车1308辆。实施城市重型柴油车国六标准，启动重型柴油车OBD联网监控项目，全市累计实现重型柴油车OBD数据联网1010辆。全年通过认证的尾气修理站23家，累计治理超标车辆742辆。全年检查自备油库6家，抽检汽油和柴油各10批次，合格率100%。完成7371台非道路移动机械设备的调查和上牌工作。8月13日起，在主城区部分区域禁止使用高排放非道路移动机械。持续推进秸秆综合利用和禁烧，推进秸秆利用能源化、饲料化、基料化，秸秆综合利用率95%。完善环境监测监控网络，全市累计完成2套水平式固定式遥感检测设备、15套柴油车黑烟抓拍系统和1辆遥感检测车建设。全年机动车遥感系统累计记录监测信息3354.7万条；全市所有乡镇(街道)建成大气环境自动监测站，完成高新园区监测预警监控体系建设。

【治土持久战】年内，持续开展治土持久战，强化固废危废管理。完成256个重点企业地块的信息采集确认核实、风险纠偏及审核工作。开展污染和疑似污染地块开发利用情况现场检查及信息核实工作，确定全市污染地块10个，疑似污染地块34个，实施治理修复地块5个。印发《衢州市全域"无废城市"建设工作方案》，全面启动"无废城市"建设。固(危)废处置能力明显提升，一般工业固废处置能力达42.4万吨/年、危险废物处置能力达24.2万吨/年。建成开化县、江山市2个小微企业危废中转中心，收运体系进一步完善。完善固废监管平台的功能应用，新增一般工业固废转移联单申报功能，实时掌握企业固废申报与转移处置情况。截至年末，注册登记的产废企业1500余家，注册危险废物经营企业有64家，注册危废运输企业有87家，注册运输车辆有755辆。

生态环境执法

【概　况】2020年，继续抓好生态环境保护督察迎检整改，加大环保执法监管力度，持续开展"雷霆斩污2.0"行动。全市立案查处违法案件232件、处罚款2092.53万元，未发生较大以上突发环境事件。

【环保督察整改】年内，全力推进第一轮中央和省环保督察整改攻坚冲刺，第一轮中央环保督察反馈涉及的7项整改任务、转办的343件信访件全部完成整改；省环保督察反馈的26项整改任务，完成整改23项；交办的216件信访件全部完成整改。常山钙产业整治顺利完成，被省委生态环境保护督察办公室列入中央环保督察整改成效典型案例；江化关停工作全面完成。第二轮中央环保督察交办的213件信访件全部高质量办结，其中，147件完成整改，66

9月3日，市委书记徐文光(左四)带队调研督办第二轮中央生态环境保护督察交办的重点信访件落实情况

件按时间节点要求抓紧整改；警示案例涉及12项整改任务已完成8项，其余4项正按序时推进。

【环境安全隐患排查】 年内，落实24小时环境应急值班制度，科学开展环境应急处置。全年没有发生较大以上环境突发事件。执行环境安全隐患定期巡查制度，完成6个县级、1个市级和5个县级以上集中式饮用水水源地、4个化工园区突发环境事件应急预案编制修订工作，完成全部243家涉危涉重企业和全部4家尾矿库突发环境事件应急预案三年回顾。组织开展环境安全专项检查和定期巡查，全年检查环境风险源企业617家次，发现环境隐患324处，整改到位317处。12月30日，衢州市生态环境局与丽水市生态环境局签订区域环境应急联动、污染联防联控工作机制合作协议，并开展衢州市、丽水市行政边界地区环境应急联动实战演练，有效提升跨区域环境应急处置能力。

【生态环境执法】 年内，在持续推进环境执法“双随机、一公开”基础上，结合执法大练兵，组织错时执法、交叉执法、涉水涉气涉固等专项执法行动。在全省率先建立和实行生态环境监督执法“正面清单”，率先在全省制定下发《不予行政处罚的轻微生态环境违法行为目录清单》，服务高质量发展，精准查处环境违法行为。全年，全市出动执法人员9000余人次，检查企业3000余家次，整治环境问题300余个；查处违法案件232件、处罚款2092.53万元，五类配套案件43件，增幅分别排名全省第5、第4、第1。

【“雷霆斩污2.0”行动】 年内，出台《关于深化“雷霆斩污”行动推动经济高质量发展的通知》《衢州市“雷霆斩污2.0”专项行动工作方案》，多次召开会议进行部署和推进，将“雷霆斩污2.0”行动细化为“六张工作清单”，督促推进落实。组织开展“雷霆斩污”行动年度“回头看”，推进203家企业457个问题的整改；组织“涉铝灰企业”专项行动，排查出全市涉铝灰企业15家、年产铝灰7000吨，整治不规范问题5个；推进专项行动，将一般固废、危废、危化副产品、高浓度废水（母液）产生企业、重点经营单位、重点处置单位列为行动对象，常态化排查隐患、整治问题、打击违法行为。

【企业环境信用评价体系建设】 年内，持续对全市1533家企业环境信用进行实时计分评价，产生企业环境信用绿、蓝、黄、红、黑五色。协助市人行推进绿色金融、绿色信贷，出台联合惩戒管理办法。4月，组织实施全市企业环境信用修复“清零”行动，对近年来受到行政处罚的失信主体进行排查，引导企业纠正失信行为、修复自身信用，免于失信惩戒；对1—2年内产生的失信行为，达到修复条件的，实行实时修复。全市修复228家企业276条不良信息，实现应修尽修。衢州市电视台、《中国环境报》先后专题报道衢州环境信用修复工作。

生态建设

【概　况】 2020年，围绕美丽浙江建设（生态文明示范创建行动计划）工作考核、高质量发展评价体系和绿色发展体系等要求，以改善环境质量为目标、持续加大生态建设和环境保护工作力度，稳步推进生态文明建设各项工作。

【美丽浙江建设】 年内，做好全市2019年度美丽浙江建设（生态文明示范创建行动计划）考核准备工作。7月27日，衢州市作为2019年度美丽浙江建设（生态文明示范创建行动计划）工作考核优秀单位被省委、省政府予以通报表彰。8月26日，向全市下达2020年度美丽衢州建设（生态文明示范创建行动计划）工作责任书，分解落实各项工作指标和责任。8月下旬，组织在全市开展2020年度生态环境满意度调查宣传教育工作，衢州市2020年度生态环境公众满意度调查结果全省第1。

【生态文明示范创建】 年内，积极创建和培育国家级、省级生态文明建设示范市县和“两山”实践创新基地。1月，颁布实施衢州市创建国家生态文明建设示范市规划。开展“两山”实践基地建设自评工作，对20个评估指标和5个否决性条件全面逐个梳理对接和研究讨论，并做好自我整改。光大环保能源（衢州）有限公司、衢州市柯城区沟溪乡余东村和开化县芹阳办事处翁村村入选浙江省第十批“生态文明教育基地”。

【生态系统保护与修复】 年内，推进生态系统保护与修复工作。组织开展“绿盾2020”专项行动，全面梳理和核查2017—2019年绿盾专项行动发现的问题整改完成情况，制止惩处违法违规行为，高质量抓好绿盾问题的整改销号工作，完成生态环境部下发的古田山自然保护区遥感问题实地核实和上报工作。制定自然保护区“双随机、一公开”联合检查工作方案，联合市资规局完成对古田山自然保护区等3家单位的双随机检查。

（毛俊杰）

8月15日，全省高水平建设新时代美丽浙江推进大会上，衢州市获2019年美丽浙江建设工作优秀市和全省“五水共治”工作优秀市“大禹鼎”银鼎。图为市委书记徐文光（中）代表衢州市上台领奖

治水工作

【概　况】 2020年，衢州市推进“五水共治”共建生态家园工作领导小组办公室（衢州市河长制办公室）贯彻落实党的十九大精神和习近平生态文明思想，按照省委、省政府“五水共治”（河长制）总体部署，深入践行“两山”理念，锚定“七夺大禹鼎、全力冲金鼎”目标定位，强化责任担当，以河湖长履职为保障，以公众满意为取向，以攻坚难点为突破，凝心聚力、迎难而上、奋勇争先，圆满完成“五水共治”（河长制）各项目标任务。8月15日，在全省高水平建设新时代美丽浙江大会上，衢州市被省委、省政府再次授予“大禹鼎”银鼎，衢州连续6年获“大禹鼎”，连续3年获“大禹鼎”银鼎。

【巩固水质提升成果】 年内，紧盯国控、省控断面，每月开展水质会商分析，及时研判预警，针对个别断面部分时段水质不稳定的问题，实施“一点一策”系统治理、精准管控，下发水质预警提醒函22份；抽调骨干力量组建工作专班，常态化开展“清水保卫”行动，落实网格化排查、生态调水等措施，确保重点断面水质稳定达标；全面推进103个乡镇交接断面水质自动监测站建设联网，修订乡镇（街道）交接断面水质考核办法，严格水质考核标准，压紧压实基层水环境保护主体责任。扎实推进信安湖排水口水质改善提升工作，常态化开展城市内河、工业排渠、村庄池塘等小微水体的巡查检查，严防城市黑臭水体、劣Ⅴ类小微水体反弹回潮。8月，衢州市通过省级黑臭水体暗访；12月，通过省级劣Ⅴ类小微水体暗访。江山后溪县域水质交接断面首次全年达到Ⅱ类水，全市国家、省控等五类断面和集中式饮用水水源地全部为Ⅱ类水；开化、常山出境水Ⅰ类水天数再创历史新高。

【“污水零直排区”建设】 2020年，面对疫情不利影响，全市治水系统“两手抓”，一手抓防疫，一手抓治水项目的复工复产。及时将任务分解落实到各区块，依托第三方专业机构，全面开展不同排污源、排水管网等基础内容的地毯式排查，梳理“四张清单一张网”，排查污水管网95.52公里，发现整改管网问题463个。倒排工作计划，实行一周一提醒、一周一

8月14日，全市镇街"污水零直排区"建设现场会在江山市召开

分析、一月一通报，以排名促进度、提质量。6月和8月，分别在柯城区和江山市召开全市"污水零直排区"建设现场会，形成比学赶超、奋勇争先的比拼氛围。严格按照验收标准开展验收复核，确保工程规范达标。组织开展"回头看"，督促指导各地健全完善长效运维机制，落实资金、人员等要素保障，确保建成一个、管用一个。2020年，衢州市完成23个镇街、120个生活小区、8个工业园区"污水零直排区"建设任务。开化县、衢江区、智慧新城、龙游县完成全域创建。高新园区被列为省级工业园区零直排标杆园区，"下改上"工程获省级生态环境专项资金奖励。

【河长履职】年内，抓好河长巡河履职。进一步明确河湖长职责、巡河标准，全面建立河湖长履职评价考核体系。各级河湖长守河担责、守河尽责，衢州市1897名河湖长全年开展河湖巡查9.5万人次，巡查率99.50%，位于全省前列；发现处置重点问题1485个，处置率100%。衢州市完成"一河(湖)一策"编制(修编)179份，更新完善"一河(湖)一档"1607份；报送县级以上河湖长报告345份，完成"清四乱"(乱占、乱采、乱堆、乱建)问题整改28个，问题整改率100%。市治水办(河长办)在市委党校组织开展全市河长制培训班，培训各级河长4000多人次。将河湖长制融入党建统领基层治理体系中，江山市水岸线党建联盟推动河长制提档升级入选水利部河长制湖长制典型案例。在全省率先全面发布县级总河长令，创新推广总河长会议、河湖长例会、首日巡河等制度，做法得到水利部高度肯定，并在2020年太湖流域片河湖长制工作交流会上推广。柯城区河长制工作获国务院2019年落实有关重大政策措施真抓实干成效明显督查激励。

【美丽河湖创建】年内，把美丽河湖建设作为治水重点任务来抓。在开化县召开全市河湖长制暨美丽河湖长建设现场会，市治水办与市水利局积极协作，联合下发文件，对美丽河湖建设情况开展联合验收。完成省级美丽河湖创建11条，启动18个乐水小镇、90个水美乡村建设。强化特色精品打造，积极推动从水清向景美转化，打造美丽河湖升级版。在市县两级共同努力下，美丽河湖长建设全面"开花"，呈"Y"形长280公里，贯穿6个县(市、区)、全省最长的美丽沿江公路全线开通。钱塘江"唐诗之路"游轮通航杭衢，"衢州有礼"诗画风光带实景展示。柯城区石梁溪被生态环境部列入全国美丽河湖优秀案例。全国水生态保护政策和实践研讨会及全国水利风景区工作交流会相继在衢州召开。

【提升治水满意度】 年内,持续提升"蓝马甲"治水品牌的影响力和示范带动效应,实现机关单位"蓝马甲"志愿者全覆盖。精心组织开展"蓝马甲在行动、幸福感再提升"巡河秀水大PK、"五水共治"摄影大赛等一系列护水亲水活动,20余万名群众参与公益巡河,发现和解决2000多个涉水问题。开展治水宣传进机关、进社区、进农村、进校园、进企业、进公开场所活动,充分利用广播、报纸、横幅、宣传画册、电子显示屏、手机短信、微信公众号等多种媒介开展治水宣传,累计向手机、固话用户发布"五水共治"宣传短信、语音近1000万条次,发放"五水共治"年历、画册、倡议书等"一对一"宣传100多万人次。多渠道开展治水媒体宣传。衢州电视台、《衢州日报》等本地主流媒体重磅推出美丽河湖幸福水系列报道,《浙江日报》头版先后8条次报道衢州市浙闽两地跨省治水、"5G智慧河长"巡河护水、"气象预警+网格"等衢州治水经验;全年市级媒体刊播治水宣传报道300多篇。2020年,衢州市"五水共治"幸福感指数95.06分,连续3年居全省第1。

【治水督查】 年内,聚焦"污水零直排区"建设、剿劣水质反弹、控源截污不到位等方面问题,制作治水问题警示片,敲响治水常抓不懈的警钟。制定下发《2020年度全市治水业务技能竞赛活动实施方案》,开展六轮督查暗访行动,排查整改问题869个;将8个较严重问题列入市委督考办和市政府督查室挂牌督办。建立督查工作闭环机制。按照"将督查发现问题列出整改清单,限时整改"的要求,下发书面交办单、提醒单、提醒函,倒逼区块找准问题根源、找到解决办法、切实抓好整改。全年下发交办单68份、提醒单35份、约谈县级河长2名、乡级河长32名。同时,发现问题、强化整改、定时核查环环紧扣,开展一月一核查,对各区块、部门反馈交办的问题整改情况进行及时核查,共核查问题680个,解决治水一大批难点和历史欠账问题。

(郑　丽)

农业农村

Agriculture and Rural Affairs

农村经济

【概 况】 2020年，全市农村经济工作以“两山”理论为指引，推动产业结构调整、三产融合发展和新型主体培育，乡村休闲旅游产业迅猛发展，数字农业、农村电商、“互联网+新零售”等成为乡村发展新引擎，农民收入持续保持平稳较快增长速度。

【“农家乐”乡村休闲游】 年内，全市建成农家乐特色村206个，特色点（各类农庄、山庄、渔庄）211个，经营农户3018户，直接从业人员24590人。全年接待游客3186.06万人次，营业收入25.94亿元。开化县华埠镇金星村入选2020年中国美丽休闲乡村，开化康体醉氧民俗文化精品线入选2020年休闲农业和乡村旅游秋冬精品线。

【农民增收】 年内，农村常住居民人均可支配收入和低收入农户人均可支配收入增幅均位居全省第2，其中，农村常住居民人均可支配收入为26290元，同比增长7.6%；低收入农户人均可支配收入13819元，同比增长15.3%。低收入农户脱贫攻坚成效度15年以来首次位列全省第1。

【巩固提升村级集体经济】 年内，深入开展村级集体经济“消薄”攻坚提升行动和村级集体经济经营性收入倍增计划，提升村集体经济发展质量，夯实“消薄”成果。年内，全市行政村总收入11.72亿元、经营性收入4.65亿元，村均总收入79.07万元、经营性收入31.39万元，较2019年分别增长16.18%和25.07%，村级集体经济

开化县华埠镇金星村

总收入增幅较全市农民人均可支配收入增幅高出8.98个百分点。全市1482个行政村经营性收入100%达到10万元以上,720个村经营性收入达20万元、占48.58%,176个村经营性收入达50万元、占11.88%,72个村经营性收入达100万元、占4.86%,圆满完成年度省定集体经济薄弱村清零任务和村级集体经济经营性收入倍增计划“1513”目标任务。

【扶贫健康保险】 年内,继续深化扶贫健康保险工作,全年受益1.05万人次,累计赔付137.214万元。

【实现全面脱贫奔小康】 年内,积极落实省委、省政府开展低收入农户高水平全面小康攻坚任务要求,全面完成“两不愁三保障”突出问题清零、年家庭人均收入8000元以下情况清零、集体经济薄弱村清零。年内,全市农村常住居民人均可支配收入26290元、同比增长7.6%,低收入农户人均可支配收入13819元、同比增长15.3%,增幅均位居全省第2。低收入农户增收攻坚战成效度(低收入农户人均可支配收入与农村居民人均可支配收入之比)为52.56%,位居全省第1。龙游县扶贫异地搬迁的创新做法得到省委书记袁家军批示肯定,衢州保姆培训提升增收技能、柯城区扶贫小额信贷惠农解困入选“浙江精准扶贫十大案例”。10月21—22日,全省深化“千企结千村、消灭薄弱村”专项行动暨省属企业扶贫协作推进会在衢州召开,市农业农村局获“全省消除集体经济薄弱村工作成绩突出集体”荣誉,被省委、省政府通报表扬。

农　业

·综　述·

【概　况】 2020年,继续深入贯彻落实市委“3752”党建治理大花园工作体系,以深化农业供给侧结构性改革为主线,推进主导产业振兴、绿色农产品供给、三产融合发展等重点工作,加快现代农业发展取得新的成效。全市农业增加值94.34亿元,同比增长0.20%。

【获评浙江省第三届“河姆渡杯”粮食生产先进市】 3月,在浙江省第3届“河姆渡杯”粮食生产先进评选活动中,衢州市获粮食生产先进铜奖,江山市获粮食生产先进银奖。截至2020年,衢州市连续3届获“河姆渡杯”粮食生产先进市荣誉。

【农产品可追溯体系建设】 年内,重点推进以食用农产品合格证制度的农产品质量安全可追溯体系建设。全市3000余家农业经营主体被纳入农产品质量安全追溯平台管理,其中2000余家实现合格证二维码可追溯管理。高质量推进农产品全程可追溯示范样板项目建设工作,建立衢州市绿色食品基地监管平台,实现在项目内农业主体对农产品在6个流通场景(食堂、酒店、超市、菜场、社区、线上)下全过程监管。

【农产品质量安全检测】 年内,加强农产品质量安全风险预警机制建设,加大农产品质量安全监督抽检监管执法力度。开展农产品质量安全专项整治“利剑”行动,严厉打击农产品质量安全领域违法违规行为。全年定量抽检农产品4526批次,其中监督抽检1800批次以上,立案查处13起,实施风险预警43次,全市农产品质量安全省级例行监测合格率99.03%。全市累计出动监管执法人员2.1万余人次,检查生产经营主体1.86万家次,发放和张贴宣传资料9.86万份,行政立案13起。

【“绿剑”护农执法】 年内,市、县两级执法机构以“绿剑”系列集中执法为主线,适时开展各类专项执法,依托执法检查、质量抽检等手段,加大对农资生产、经营、使用等环节违法行为查处力度。全市出动执法人员4200余人次,检查各类生产、经营主体1964家次,质量抽检1141批次,受理举报近100起,印发各类资料1.34万余份,立案40起。

【“利剑”保供执法】 年内,以农产品生产主体为重点,检查是否存在使用违禁农兽药和未按规范记录生产台账等情况,保障农产品质量安全。同时采取白天巡查加夜间检查相结合的方式,加大执法检查力度,开展生猪违规调运专项行动。全年,检查各类主体4314家次,立案查处各类案件42起。

【农产品“三品”培育认证】 年内,全市申报绿色食品60个,完成龙游麻鸡、开化清水鱼、衢州玉露茶、七里茄子、常山山茶油、江山黄精等6个地理标志农产品登记保护。全市有效期内"三品一标"(无公害农产品、绿色食品、有机产品、农产品地理标志)总数488个,主要食用农产品"三品"认证比例60.20%。开化龙顶茶成功申报国家农产品地理标志登记保护工程,争取资金500万元用于产业扶持发展(全省仅7个),常山胡柚绿色精品基地完成建设。

【家庭农场发展】 年内,推进家庭农场质量提升,引导家庭农场第一、二、三产业融合发展,鼓励和支持家庭农场联合抱团发展,加强家庭农场联结带动小农户作用。加快推进家庭农场名录管理,全市家庭农场实现"应录尽录",全市在册家庭农场11201家,其中新培育家庭农场2401家。全年新创建省级示范性家庭农场35家,市级示范性家庭农场115家,县级示范性家庭农场33家。衢江区被列入全省家庭农场整县提升试点县。

【"农创客"培育】 年内,通过搭建平台、营造氛围等多种途径,引导大学生返乡创业,鼓励和支持农创客发展新经济、新业态、新模式,培育一批有知识、有活力、有创业创新精神的"农创客"。全市累计培育农创客637名,其中2020年新培育200名。

·种植业·

【概　况】 2020年,全市粮食播种面积8.93万公顷,粮食总产量55.09万吨。其中,水稻播种面积6.26万公顷,占粮食播种面积的70.12%,总产量44.95万吨,占粮食总产量的81.6%。规模种粮主体1007家、规模种粮面积3.10万公顷,其中规模早稻种植面积1.50万公顷。全市蔬菜播种面积3.89万公顷,产量108.75万吨,创建省级放心菜园4个。

衢江区岭洋乡抱珠龙村山药示范基地种植的"衢山薯1号"创"浙江省农业之最"最长的山药纪录

【粮食产业产加营模式】 年内,全市42家种粮大户开展粮食加工营销,承包土地面积0.32万公顷,种植水稻面积0.44万公顷,创建大米品牌28个,全年销售大米3.92万吨。

【推广水稻主导品种】 年内,全市推广水稻主导品种16个,分别是甬籼15、中嘉早17、中早39、中组143、中浙优8号、浙优18、浙粳优1578、甬优9号、甬优538、甬优17、甬优1540、甬优15、秀水134、泰两优217、嘉丰优2号、华浙优1号。全市主导品种推广面积50265公顷,占全市水稻总面积的78.5%。

【山药创"浙江农业之最"】 年内,衢江区农科蔬菜专业合作社刘林生(技术指导:衢州市农业林业科学研究院余文慧、雷俊,衢江区农业技术推广中心江建锋)在衢江区岭洋乡抱珠龙村山药示范基地种植的品种"衢山薯1号",经浙江农业之最委员会办公室组织专家测产验收,确认最长的山药为113.0厘米,创下"浙江农业之最"最长的山药纪录。

【籽粒玉米创"浙江农业之最"】 8月,开化县池淮镇篁岸村土根家庭农场余土根(技术指导:开化县农业技术推广中心方屹豪、省农业科学院玉米与特色旱粮研究所吕学高)种植的玉米品种"浙单14",经浙江农业之最委员会办公室组织专家测产验收,攻关田最高亩产482.70公斤,创下"浙江农业之最"籽粒玉米最高亩产纪录。

【种子储备】 年内,全市落实储备种子449.6吨。其中,早稻中早39、中嘉早17、甬籼15、金早47和金早09等种子448吨,济单7号种子0.5吨，大豆萧农秋艳种子1吨，蔬菜苏州青种子0.1吨。

【促销全市柑橘】 2月17日，市农业农村局出台《关于应对新冠肺炎疫情支持农产品稳产保供的六条意见的通知》，对柑橘自营出口、加工销售进行奖补。同时，市财政将网上销售柑橘纳入奖补范围，并安排专项资金。疫情期间，创新开展网红主播为衢州柑橘带货活动，开辟网上销售新途径，助力柑橘销售。

【柑橘产业转型】 年内，继续积极推动柑橘产业转型，全市发展柑橘新品种0.08万公顷，建成市级柑橘精品园10个。柯城区柑橘无病毒苗木繁育基地建成并投入使用，嫁接无病毒柑橘苗18万株。

【精品柑橘擂台赛】 12月11日，举办全市精品柑橘擂台赛暨展示展销活动，46家柑橘生产主体选送80个样品参加评比，展示柑橘新品种35个。活动现场还开展50个柑橘种植或加工主体产品展销活动和网络直播销售。擂台赛分为椪柑类、胡柚类、红美人类、鸡尾葡萄柚类和综合类五大类，评出一等奖6个、二等奖8个、三等奖8个，分别给予3万元、2万元、1万元奖励。

【茶产业"机器换人"】 年内，在种植环节重点推广香茶机采技术，强化农机与农艺融合示范；在加工环节，按照"规模化、清洁化、连续化"要求，推进标准茶厂建设，提升茶叶现代化加工水平，建立抹茶生产线示范企业2家。

【"四茶"联动发展】 12月25日，市总工会、市人力社保局、市农业农村局、市茶文化研究会联合举办衢州市首届茶机企业职工评茶技能比赛，来自各县（市、区）29位优秀茶机评茶员参与比赛。此次大赛以"弘扬工匠精神振兴中国茶机之都"为主题，采取理论知识和技能操作相结合的方式，全面考察参赛选手评茶技能。

【"衢州有礼茶旅人生"】 5月，借助首个"国际茶日"活动，推出"衢州有礼茶旅游路线"，入选"世界茶乡看浙江·浙里游好茶"十大"茶旅融合"精品线路。9月，在杭州举办开化龙顶西湖品鉴会上，开化县获"中国生态茶之乡"称号，在全国尚属首个。全年，全市5家生态茶园获评省级生态茶园称号。

【茶叶技能比赛】 8月19—21日，组织参加省农业职业技能大赛，衢州市两位选手获茶叶评茶赛项一、三等奖，一位选手获茶叶加工（精制）赛项一等奖。10月9—11日，2020年全国茶叶加工（精制）职业技能竞赛决赛在福建省武夷山市举行，开化县丽群家庭农场的李群勇在决赛中夺得第1，获"全国技术能手"称号。

【农业植物疫情防控】 年内，组织植物疫情防控会议89次，部署落实柑橘黄龙病（木虱）、柑橘溃疡病、水稻细菌性条斑病、梨树疫病、红火蚁等重大农业植物疫情防控措施，切实保障全市农业生产生态安全。举办各类培训班137期，受训人员7167人次，发放资料21422份，开展重大植物疫情普查人员3825人次，其中专家297人次，调查作物面积20.57万公顷，防控面积5.76万公顷，及时阻截柑橘黄龙病入侵。

【农药废弃包装物回收处置】 年内，进一步完善"经营单位回收、专业机构运输、资质单位处理、财政补助扶持、部门监督协调"的农药废弃包装物回收处置模式，建立健全农药废弃包装物政策支撑、回收处置和监管机制。全年回收农药废弃物249.79吨，完成省级考核目标150.32%，实际处置283.56吨。

【绿色防控和统防统治】 年内，全市创建省级绿色防控示范区11个，绿色防控推广面积7.47万公顷，完成统防统治面积6.15万公顷，农药减量77.1吨。

·畜禽养殖·

【概　况】 2020年末，全市生猪存栏92.73万头，同比增长81.08%。其中能繁母猪存栏8.61万头，同比增长67.18%。生猪累计出栏90.45万头，同比减少32.22%。羊存栏4.34万只、同比增长12.14%，累计出栏4.15万只、同比减少11.51%。兔存栏0.17万只，累计出栏0.85万只。家禽存栏1491.56万羽、同比减少3.11%，累计出栏3653.29万羽、同比增长5.14%。牛存栏16231头、同比增长18.42%，累计出栏11751头、同比增长26.85%。蜂存栏21.96万箱。禽蛋产量5.03万吨，同比增长23.12%。牛奶产量7848吨，同比增长

224.30%。全年未发生重大动物疫情和畜产品质量安全事故。

【创建美丽畜牧】年内,继续推进全市域畜牧业绿色发展示范创建。完成创建省级美丽牧场11家。持续抓好畜禽粪污资源化利用,严守养殖不污染环境的底线,畜禽粪便综合利用率99.92%,规模养殖场粪污处理设施装备配套率100%,病死畜禽无害化处理率100%,畜牧业绿色发展管理水平明显提高。

【打造精品养殖业】年内,坚持特色化、优质化、精品化战略,进一步优化产业结构。江山市蜜蜂养殖量23万箱,连续29年位居全国第1。在江山中蜂和开化中蜂养殖的带动下,全市中蜂养殖户4904户,同比增加12.48%;中蜂养殖数量达到8.17万箱,同比增长24.54%。加速发展湖羊产业,重点以江山华欣湖羊、柯城久华湖羊经济产业循环项目为抓手,培育一批品种优良、管理规范、生态高效养殖主体。全市存栏100头以上养羊场91户,同比增长1.11%。

【推动智慧畜牧】 年内,完善生猪养殖场智慧环保监管建设。建立畜禽养殖污染线上线下“双监管”机制,规模猪场全部纳入市、县智慧环保监管平台,委托第三方服务机构开展24小时日常巡查监督,对全市860个规模猪场实现线上24小时实时监管。全面落实电子化出证,全年产地检疫电子出证6.6万份、检疫畜禽4497.5万(头、羽),屠宰检疫电子出证3.84万份、检疫畜禽43万(头、羽)。

【动物疫病防控】年内,积极组织开展春、夏、秋、冬四次集中免疫行动。全年使用禽流感疫苗4665.22万毫升,免疫家禽6833.94万羽;使用牲畜口蹄疫疫苗537.71万毫升,免疫生猪67.06万头,免疫牛羊18.82万头(只);使用猪瘟疫苗289.7万头份,免疫生猪118.7万头,使用猪高致病性蓝耳病疫苗197.137万头份,免疫生猪23.63万头。

【非洲猪瘟防控】年内,围绕“人防+技防+智防”防控策略,重点做好“三个化”。“体系化”筑牢人防。实行市域全覆盖“1+1+5+X”非洲猪瘟防控工作体系(坚持“1”个目标,即坚持“党建统领+基层治理”确保疫情不传入、不发生的目标;建立“1”个组织架构,即市县、乡镇、村社三级组织架构,强化市县统筹协调联动、乡镇部门条块联动、村社网格干群联动和工作联动指挥,形成“正规军+野战军”的战斗团队;落实“5”项措施,即“排查+巡查+执法+督查+会商”综合防控措施;做好“X”项应急准备工作,确保一旦发生疫情,按照“早、快、严、小”的要求坚决果断处置),按照“党建统领+基层治理”“市县统筹+条块联动”工作模式,落实“排查+巡查+执法+督查+会商”5项措施,确保从早、从严、从快处置。“精密化”构建技防。在全省首创生猪运输车辆定点消毒,创新推广“3+1”消毒工作体系,全面推动各地区域性洗消中心建设,有效阻断疫病传播风险。全面开展非洲猪瘟检测,全力提升5家兽医实验室,存栏5000头以上规模猪场100%开展场内自检,疫病预警防控能力大幅提高。“三色化”探路智防。在省农业农村厅指导下,开展“养殖场管理码”试点,打造智防升级版,全市所有养殖场实现数据动态实时监测全覆盖。

【人畜共患病防控】年内,做好H7N9防控、牛羊“两病”监测、牛血吸虫病监测等工作。其中,对5个场点381头奶牛开展结核病检测,未检出阳性病例;对4个场点392头奶牛开展“两病”监测,未检出阳性病例;对18个场点317头其他牛开展布病监测,未检出布病阳性病例;对89个场点3090只羊开展布病检测,检出布病阳性羊9只,严格按规定处理;对52个场点1033只耕牛开展牛血吸虫病血清学监测,未检出阳性病例。

【重大动物疫病免疫评估】年内,开展4次免疫效果分析评估,全市检测各类免疫抗体样品41544份,合格37256份,总体合格率89.68%。其中,口蹄疫抗体8131份,合格6200份,合格率76.25%;禽流感抗体21214份,合格20526份,合格率96.76%;猪高致病性蓝耳抗体2584份,合格2109份,合格率81.62%;猪瘟抗体4268份,合格3829份,合格率89.71%;新城疫抗体3573份,合格3378份,合格率94.54%;小反刍兽疫抗体1774份,合格1214份,合格率68.43%;非洲猪瘟检测样品数8002份,均为阴性。

【**动物卫生监督执法**】年内，开展跨省调运、定点屠宰、动物诊疗、违法经营等专项执法行动。推进信息化精准监管，同时加强行政与司法衔接，及时查处重大违法案件。全年，查处违法违规案件35起，其中经营、运输动物及动物产品未附检疫证明案6起，经营动物及动物产品依法应当检疫而未经检疫案7起，从省外调入动物或动物产品未按规定向调入地动物卫生监督机构申报备案8起，未经定点从事屠宰活动案4起，其他案件10起，罚没款15.51万余元。

【**畜产品质量安全保障**】年内，强化投入品、养殖、出售、屠宰4个环节的全程监管。监测生猪尿样瘦肉精29.10万份次，其中克伦特罗、莱克多巴胺和沙丁胺醇各96989份，合格率100%。开展畜禽产品例行抽检381批次，合格率98.7%。

·水产养殖·

【**概 况**】2020年，全市水产养殖业围绕乡村振兴战略和“活力新衢州、美丽大花园”建设的具体要求，在服务渔业经济发展、保护渔业生态环境、推动渔业现代化建设、促进渔民持续增收和保障水产品安全有效供给等方面，取得新成效。全市水产养殖面积8948公顷，水产品总产量7.34万吨，渔业经济总产出28.5亿元，其中，第一产业产值15.4亿元。

【**洁水渔业**】年内，以开展健康养殖示范创建活动为抓手，以规范行业管理、提高质量效益为重点，推动全市渔业绿色高质量发展。成功创建龙游县、江山市2个渔业健康养殖示范县，25家国家级、省级水产健康养殖示范场，开化清水鱼通过农产品地理标志登记专家评审。以实施省级地方标准《山塘小型水库洁水养殖技术规范》项目为契机，在充分利用水资源开展洁水养殖的同时，开展渔业资源增殖放流，全市放流各类鱼苗1亿余尾。加强养殖尾水治理监测，持续开展重点渔业水域水质监测评价，确保水质达标。

【**区域特色渔业**】年内，依托山水资源发展溪流性鱼类繁育。组织实施省土著溪流性鱼类规模化人工繁育项目，开展土著溪流性鱼类种质资源采集保存与开发利用研究。以稳粮促增收为目的发展稻渔综合种养，出台《2020年稻渔综合种养示范推广工作方案》，创建省级稻渔综合种养示范县1个，示范基地4个，成功举办全市春季农业生产现场推进会暨稻渔综合种养工作现场会。

【**生态洁水渔业精品示范基地**】年内，市、县两级落实补助资金1200余万元，撬动主体投资3000余万元。新增国家级、省级水产健康养殖示范场24个，完成国家级水产健康养殖示范场复评2个。通过示范场、示范基地创建，推进全市水产养殖业转型升级。

【**渔政“亮剑”执法**】年内，组织开展禁渔期执法、打击电鱼、违规渔具清理、水生野生动物保护、渔船安全、初级水产品质量安全等专项执法行动，严厉打击各类破坏渔业资源违法行为。全年，全市各级渔业执法机构开展执法检查390余次，出动执法人员4634人次，发放宣传材料10950余份，清理违规渔具5184副，立案查处42起。全年全市未发生重大渔业违法事件。

·农业产业化·

【**概 况**】2020年，应对疫情带来的新形势、新变化，全市农业农村系统一手抓农村疫情防控，一手抓农业生产恢复，突出体现“两手抓、两不误、两战都要赢”，统筹推进疫情防控和农业复工复产，强化产业融合理念，运用“互联网+”、全产业链的工作思维，继续推进乡村休闲农业发展，推进农业“一区一镇”建设，培育壮大农业经营主体，深化推进农业品牌建设，打造产业发展新平台，加快农业全产业链建设，推进一、二、三产业融合发展。组织农业主体参展第四届上海全国优质农产品博览会、第十八届中国国际农产品交易会、浙江省农博会、第十二届全国优质农产品展销周等展会。

【**推动农业主体复工复产**】年内，严格按照“浙三十条”“衢十条”要求，开展复工调查，贴近企业需求，协调解决主体复工复产遇到的痛点、堵点、难点等一批影响主体生产经营的“卡脖子”问题，推动企业有序快速复工复产。截至

3月底，全市190家市级以上农业龙头企业全部复工复产。截至4月17日，全市190家市级以上农业龙头企业中的163家企业(85.79%)产能完全恢复。截至4月底，全市农家乐经营主体基本实现复工复产。

【农业“一区一镇”建设】年内，以三产融合为着力点，加快要素集聚，拓展农业功能，延伸产业链条，创建现代农业园区和特色农业强镇，打造农旅融合聚集发展平台。江山市大桥镇入选国家级农业产业强镇示范建设名单，开化县池淮镇被列入省级现代农业园区创建名单；衢江区富里省级现代农业园区、开化县杨林水稻特色农业强镇、常山县东案胡柚特色农业强镇、江山市塘源口猕猴桃特色农业强镇通过省级验收。

【农业经营主体】年内，组织开展农业龙头企业申报认定与运行监测和首批省级农业产业化联合体认定。浙江不老神食品有限公司、浙江江山恒亮蜂产品股份有限公司、浙江天子股份有限公司、浙江艾佳果蔬开发有限责任公司4家国家级农业龙头企业通过运行监测，浙江佳农果蔬股份有限公司等34家省级农业龙头企业通过运行监测，衢州刘家香食品有限公司、浙江国丰油脂有限公司、衢州市衢江区胜通蔬菜配送有限公司、浙江红专粮油有限公司、浙江开启能源科技有限公司、衢州市佳信农产品配送有限公司、开化诚信树脂有限公司7家市级农业龙头企业升级认定为省级农业龙头企业。江山市长台镇蜜蜂产业化联合体、开化县益民粮食产业化联合体、柯城区水稻产业化示范联合体、浙江红专粮油农业产业化联合体、常山县油茶产业化联合体、衢江区油料农业产业化联合体6家农业产业化联合体获评认定为首批省级农业产业化联合体。

【农业品牌建设】年内，继续实施品牌战略，推进农产品品牌化建设。衢江区杜泽镇坎头村茭白、常山县青石镇水南村胡柚获评全国“一村一品”示范村镇。开化茶叶、常山胡柚、江山猕猴桃、龙游生猪、衢江茭白、柯城柑橘6个特色农产品成功创建浙江省特色农产品优势区。

【参展浙江农博会】11月20—24日，浙江农业博览会在杭州新农都会展中心举办，衢州市组团参展，设展位31个，农业企业、家庭农场和专业合作社等农业主体52家，现场销售额111.65万元，线上签订订货协议金额79.95万元。江山蜂胶软胶囊、一粒志鸭掌、钱江源铁皮石斛、钱江一品山茶油、不老神鸡等产品获评“2020浙江农业博览会百个名优畅销农产品”。

·农业机械化·

【概　况】2020年，全市农机总动力132.51万千瓦。其中，耕作机械动力18.77万千瓦，植保机械动力13.17万千瓦，运输机械动力13.32万千瓦，种植机械动力1.04万千瓦，收获机械动力8.38万千瓦，设施农业温室0.27万公顷。全年完成水稻机种面积2.98万公顷，油菜机收面积0.67万公顷。

【农机购置补贴】年内，全市使用农机购置补贴资金2794.37万元。其中，中央农机购置补贴资金2115.06万元，省级农机购置补贴资金489.54万元，县级农机购置补贴配套资金189.77万元。全市通过实施购机补贴政策新增各类农机具2709台(套)，有1408户(个)农户和农业生产经营组织受益。

【农机安全生产】年内，全市农机安全生产形势进一步稳定趋好。全年发生属于甲方责任的拖拉机交通事故1起(柯城区1起)，造成1人死亡，直接经济损失0.05万元，农机事故万台死亡率1.42%，无人员死亡的道路外农机事故发生，无较大及以上农机事故发生。创建省级“平安农机”示范县1个(常山县)、示范乡镇3个、示范合作社2个。实施政策性农机综合保险，保费由市财政补助80%，农户自缴20%。全市保险农机具636台(套)，总保费99.7万元，市级财政补贴79.7万元。市农业机械化技术推广中心与乡村人才科教中心联合举办全市拖拉机和联合收割机技能培训，培训操作手120人，进一步提高农机手的安全意识和操作技能。

【拖拉机专项整治】年内，全市道路交通安全大会战强力推进拖拉机专项整治。全市前期摸排在册的3210辆变型拖拉机在4月14日全部完成清退(其中本市籍变

浙江红专粮油有限公司农业机械化生产

型拖拉机1115台、外省籍变型拖拉机2095台)，比省定时间节点提前2年多完成，在全省地市级完成进度排名前3，在道路交通安全大会战五大类重点车辆整治工作中率先完成。在7月9日全省“双夏”生产农机化工作视频会上，衢州作为全省唯一地市级代表，就变型拖拉机淘汰清零工作作典型交流发言；7月17日，全市交通安全大会战总结暨交通安全三年整治行动部署会上，市农业农村局作为市级部门唯一代表，作先进典型交流发言，并作为大会战先进集体受到市安委会通报表彰。

【事故应急处置演练】 11月13日，2020年衢州市农业机械事故应急处置演练活动在常山举行，各县(市、区)农机监理人员、乡镇(街道)农机管理员代表、农机大户、农机专业合作社代表等100余人参加。

【农机推广和社会化服务】 年内，全市水稻耕种收综合机械化率83.34%，水稻育秧中心108个，季育秧能力9580公顷；农田耕作用拖拉机2053台，水稻插秧机781台，水稻直播机66台，联合收割机1127台，农用植保无人机110架，粮食烘干机985台、粮食批次烘干能力12565吨。衢江区通过省级农业主导产业“机器换人”示范县创建验收。建成省级农业“机器换人”示范乡镇(园区)3个、示范基地6个。7月20日，在龙游县詹家镇举办衢州市“双夏”农机化生产“北手南调”活动，从辽宁、江苏等地调入熟练农机操作手60名，助力粮食增产保供。8月中旬，在金华九峰职校举办的省农机修理工和驾驶操作员技能竞赛全市赛前选拔活动，经过选拔集训组成衢州代表队参加全省竞赛，3名选手获三等奖。10月中旬，在开化县池淮镇组织全市农机驾驶操作技能竞赛，选拔培育“农机工匠”，为乡村振兴战略提供农机化人才支撑。

·农业信息化·

【概　况】 2020年，全市农业信息化工作继续做好信息进村入户工作，推动益农信息社示范站点建设，成功创建“衢州市示范性益农信息社”30个。深入推进数字乡村谋划建设，细化完善《衢州市数字乡村建设实施方案》。加快实施农民当主播“村播”计划，举办各类“村播”培训6872人次，培养“10万+”粉丝的“村播”达人60余位，开展“村播”特色村镇创建12个，打造“村播”实训基地19个、“村播”乡村振兴综合体6个，搭建特色直播间180余间，带动就业1万余人。

【信息进村入户】 年内，全市建成益农社1505个，其中柯城区177个、衢江区277个、龙游县267个、江山市315个、常山县202个、开化县267个，行政村覆盖率100%，按照“六升六好”标准，建设“六个好站”(公益服务好站、便民服务好站、电商服务好站、产业服务好站、乡村治理好站、信息集成好站)服务点，创建“衢州市示范性益农信息社”30个。

【浙江农民信箱】 年内，全市注册农民信箱用户170552人，其中掌上农民信箱用户28184人，占注册用户总数16.53%。浙江农民信箱“每日一助”涉农信息发布593条，信息反馈联系次数3000次，成交意向金额265.12万元。

【万村联网工程】 年内，万村联网工程建设行政村(社区)网站1455

个，自主建站率100%。全市106个村级网站获评“季度之星”村级站点。

【村播学院】4月23日，全国首个阿里“村播学院”落地衢州市柯城区，免费为农民主播提供从基础设施支持、人才孵化培训到地域品牌设计、直播带货产业规划扶持、政策引导和资源协调方面全方位支持。成立当天，50名农民主播学直播当“网红”。

·农业教育培训·

【概　况】2020年，围绕建设一支懂科学、有技术、善经营、会管理的农村实用人才队伍，以乡村振兴讲堂为依托，深入实施“千万农民素质提升工程”，持续开展农村实用人才培训和高素质农民培育，培训农民3.9万人，其中培训农村实用人才17209人、高素质农民1766人、农民大中专学历教育在校生1017人。

【农民学历教育】年内，全市农广校农民学历教育新招收中专生433人，在校生797人，历年累计招生3952人。市农业农村局与衢州电大合作，继续开设农业经济管理大专班，新招收学员100人，在校学员220人。

【农业职业技能竞赛】年内，组织全市农业职业技能大赛，设农产品质量安全检测、动物疫病防治、农机驾驶操作、种子质量检验、农作物病虫害防治、茶叶加工等项目6个，99名选手参赛，其中34名选手获奖，其中一等奖6名、二等奖12名、三等奖16名，18名选手获“衢州市技术能手(二级)”和“衢州市金牌职工”称号，16名选手获“衢州市农业技术能手”称号。推荐选手参加全省、全国农业职业技能大赛，获优异成绩。在全省农业职业技能大赛上，衢州代表队获一等奖2人次、二等奖2人次、三等奖8人次。在全国农业职业技能大赛上，开化县李群勇获茶叶加工第一名，并获“全国技术能手”称号，创造浙江省历年最佳成绩；衢江区董洪明获动物疫病防治二等奖，并被农业农村部授予“全国农业技术能手”荣誉称号。

【农民人才培育】年内，举办高素质农民培训班36期，培育高素质农民1766人；举办农村实用人才培训班348期，培训农村实用人才17209人次，其中中级培训班39期，培训1999人次。

·农村能源·

【概　况】2020年，推进省级资源化利用示范点和农村能源综合利用示范工程项目建设。启动8条氮磷生态拦截沟渠系统建设，开展农村沼气工程建档980处。全市农作物秸秆综合利用率95.91%，清洁能源利用率85.64%。

【秸秆资源综合利用】年内，发展农机化作业，示范推广方便秸秆回收的新型农业机械，促进农作物秸秆回收利用。推行秸秆还田，促进资源转化，从基料化、能源化、饲料化、原料化、肥料化等多角度、多途径，对秸秆资源化、商品化利用进行技术攻关，示范推广秸秆培养食用菌、秸秆饲料化利用等项目。利用衢江区、柯城区秸秆处理中心，探索区域性农作物秸秆换肥机制，完善秸秆收储体系建设，引导当地农作物秸秆综合利用工作。全市作物秸秆综合利用率95.91%。

【氮磷生态拦截沟渠系统】年内，遵循“源头减量、过程拦截、养分回用、生态修复”原则，启动8条氮磷生态拦截沟渠系统建设，总长度8803米，总投资386.62万元，农田覆盖面积349.07公顷。

【农村沼气安全利用】年内，开展农村沼气工程建档980处，其中柯城区15处、衢江区132处、龙游县464处、江山市182处、常山县54处、开化县133处。

·耕地质量管理·

【概　况】2020年，全市实施标准农田质量提升0.24万公顷，测土配方施肥推广面积18.79万公顷，推广使用商品有机肥10.35万吨，推广应用配方肥3.05万吨，推广绿肥种植1.25万公顷，实施水肥一体化应用面积3387公顷。化肥定额制示范面积2277.68公顷，减少不合理施用化肥(实物量)1046.5吨。

【化肥定额制】年内，各县(市、区)出台化肥定额制实施方案。全市实施化肥定额制规模主体225家，示范面积769.33公顷，化肥定额制配套技术应用推广面积

22.6万亩。开展化肥利用率田间实验2个，化肥利用率逐步提高到40%以上。

【土壤污染防治】 年内，全市设立75个土壤环境常规监测点和35个综合监测点，监测点运行正常。完成全市耕地土壤质量类别划分工作。实施受污染耕地安全利用面积18.83万亩，实现安全利用率92%以上。严格管控面积1.27万亩，100%完成种植结构调整。

【自然资源资产负债表（耕地）编制】 年内，对2018年耕地质量等级进行分析，编制2018年度自然资源资产负债表（耕地）。2018年度耕地质量等级由4.14等提升至4.08等。

·农村经营管理·

【概　况】 2020年，全市共有100个乡镇（街道）、1482个行政村，农户72.19万户，农村人口214.76万人。家庭承包经营的农户58.32万户，家庭承包经营耕地面积138.15万亩。农村土地承包经营权流转面积71.80万亩，比上年新增0.23万亩，增长0.32%；流转面积占全市农民承包耕地总面积的51.97%。涉及土地流出农户24.65万户，土地流出农户占全市家庭承包经营总农户的42.27%。有市级农经机构1个、县级农经机构6个、乡级机构99个，农经队伍实有人数243人。

【农民专业合作社】 年内，全市在册农民专业合作社3852家，入社成员76872个。以衢江区被列入省农民专业合作社整县提升试点县为契机，扎实推进农民专业合作社清理整顿、质量提升和示范创建工作。新创建国家级农民专业合作社示范社8家、省级示范社4家，全市国家级示范社共有19家、省级示范社共有48家。

【农村"三资"管理】 年内，根据村（社区）班子任期"三改五"和全面推行"一肩挑"的新形势新变化新要求，研究制定规范农村集体"三资"管理指导意见，建立健全长效农村集体"三资"长效监管机制。按照村（社区）组织换届工作部署，开展全市农村集体"三资"专项清理行动，全市1482个行政村（含259个重点村）全部完成清理，累计审计1411个村，清理资金88.06亿元。

【村经济合作社换届】 年内，认真贯彻落实省、市关于开展村（社区）组织换届的工作部署，扎实开展村经济合作社换届选举工作，推进农村集体"三资"专项清理行动，妥善处置矛盾纠纷，积极化解村级债务，村（社区）组织换届选举期间未发生涉及农村集体"三资"信访事件。积极引导选民将具有集体资产经营管理知识和能力、能充分履职和发挥作用的人员选进村经济合作社社管会，积极引导优秀人才回归，着力打造一支懂经营、善管理的基层组织队伍，全市1482个村经济合作社换届选举工作高质量完成，引入2435名在外优秀人才进入村级班子。

·农村改革·

【概　况】 2020年，全市农村改革以"三地一房"改革为核心，推进宅基地和农房活权改革、农村土地制度改革、"三位一体"改革等农村改革重点任务，于12月31日入选省级新时代乡村集成改革试点市。

【农村土地改革】 年内，聚焦"衢州有礼"诗画风光带、全域土地综

衢州市柯城区华墅乡刘坂片区土地整治项目

合整治项目重点区域等，通过产业导入、主体培育，全面推进土地集中连片流转，培育柯城区华墅乡等6个示范乡镇和柯城区华墅乡刘坂村等53个示范村。

【宅基地和农房活权改革】 年内，江山市入选全国新一轮农村宅基地制度改革试点地区，成为浙江省新增3个试点县之一，重点围绕完善宅基地集体所有权行使机制、探索宅基地农户资格权保障机制等9个方面展开，探索完善宅基地分配、流转、抵押、退出、使用、收益、审批、监管等制度的方法路径。

【农村金融改革】 年内，创新推出"衢农保"农业综合保险方案，设计"农场保""农机保""农质保""农粮保""生猪保"等5项套餐，供农业主体自主选择，助推现代农业转型升级。全年保费收入498万元，其中，市、县两级财政补贴资金398万元。累计为全市183户家庭农场、641户次农机具、16户农业主体的农产品质量安全以及3户农业种植主体育秧期早稻提供14.27亿元风险保障。继续开展生猪活体抵押贷款工作试点，并推动银行、保险公司创新推出"活融通"生物活体资产银保套餐，通过"银行贷款+农业保险+保险担保"模式，为养殖主体提供成本更低、效率更高、保障更全的银保服务。累计为5户农业主体担保贷款，本息合计805万元，通过保险的增信功能，为缓解养殖企业融资难题创造信贷条件。

（卢晓丽）

农林科技

【概　况】 2020年，经市委机构编制委员会批准，衢州市农业科学研究院更名为衢州市农业林业科学研究院（以下简称市农林科学院）。市农林科学院深入贯彻落实市委"1433"发展战略和市委书记徐文光3月2日在东湖基地调研的重要指示，以乡村振兴为指引，以巡察问题整改为契机，坚持"科技兴农、创新强院"，坚持"走出去、引进来"两条腿走路，大力提升自主创新、成果转化和科技服务能力，为推进乡村振兴大花园建设提供强有力的农业科技支撑。年末，全院在职员工44人，其中副高级以上职称13人。

【科研成果】 年内，市农林科学院实施科研项目38个，其中，当年新增省级项目3个，市级项目7个；实施合作试验示范项目16个，其中，当年新增项目2个；自主选育的辣椒新品种"衢椒3号"和甘薯新品种"衢紫薯9号""浙菜薯1号"获国家农作物新品种登记，自主选育的毛豆品种"衢鲜5号"和辣椒品种"衢椒1号"被列为2020年浙江省农业主导品种。发表科技论文31篇，登记实用新型专利13项，获省农业农村厅农业丰收二等奖1项、技术进步三等奖1项。培训指导农民5200余人次，创建全省首个农业科技服务综合体，得到副省长彭佳学批示肯定。作物科研方面，深入开展甘薯、山药、油菜、南瓜等作物盆栽技术研究，编制的地方标准《夏秋鲜食大豆生产技术规程》发布实施，指导衢江区岭洋乡抱珠龙村种植的山药创"浙江农业之最"纪录，长1.13米，单根重2.24公斤。蔬菜科研方面，深化白辣椒育种工作，开展观赏盆栽辣椒新品种选育和栽培，出版《白辣椒高产高效栽培技术挂

3月2日，市委书记徐文光（中）一行调研东湖基地

浙樱粉1号番茄

图》;对432份丝瓜种质资源进行鉴定,初步筛选有价值的材料3份,《基于表型和分子标记的丝瓜核心种质构建及优异种质筛选》获省科技厅立项;对羊肚菌主栽品种进行制备、再生,获得复壮原生质体材料8份。果树科研方面,引进试种柑橘新品种36个、小水果新品种10个,新增柑橘杂交组合9个,对前后选育时间长达十余年的早熟椪柑类新品种"秋饴"申报品种登记,起草地方标准《低丘红黄壤红美人栽培技术规范》并通过审评。中药材科研方面,围绕衢州市中药材产业发展问题开展调查研究,向市领导提交调研报告2份,组织中药材龙头企业赴广东新会、金华磐安等地考察学习,完成"衢六味道地中药材展示中心"建设。

【疫情防控】 年内,全力抗击新冠肺炎疫情。市农林科学院上下认真贯彻中央、省、市有关决策部署,严格落实有关要求,把疫情防控作为压倒一切的头等大事来抓。2月7日开始,根据市农业农村局统一安排,开展"包楼清区"支援社区抗疫行动,全院38名干部轮流参加值班,雷俊被评为"每周之星"先进个人。严格工作人员管理,第一时间成立院疫情防控工作领导小组,对年初一以后回衢人员一律隔离14天,最大限度防止感染。疫情稳定后,认真贯彻落实各级关于疫情防控工作的要求,严格控制科研人员出省出市,最大限度降低疫情风险。加强基地日常管理,一手抓防控、一手抓复工复产,在科研基地实行每日测温,控制工人数量,田间地头保持间隔,确保科研工作正常进行。参与保障农产品供给。春季疫情最严重的时候深入开展"三联三送三落实"(三联:联村、联企、联基地;三送:送政策、送技术、送服务;三落实:落实防疫任务、生产任务、发展任务)活动,派出20名农技专家和业务骨干,分赴6个县(市、区)联系村、农业龙头企业和农业基地,实地指导恢复农业生产工作,保障粮食、蔬菜、水果等农产品供给,抵御疫情带来的冲击,尤其是为保障新鲜蔬菜供给作出积极贡献。

【人才队伍建设】 年内,围绕衢州市现代农业发展的需要,开展针对性强的农业科技研究、示范和推广。为适应科研工作需要,新设立基地管理办公室、中药材研究所、林业科技研究所、农林产品加工研究所,学科门类更为齐全,运行架构更为合理。新引进硕士研究生2人,新增1人在职攻读博士学位。累计建立院士工作站1个、专家工作站5个,其中2020年新建专家工作站1个,正在筹建1个。12月17—18日,中国工程院副院长、院士邓秀新到衢州调研指导,为衢州市柑橘产业发展"问诊把脉";11月24日,官春云院士团队成员到衢州指导油菜生产,推进油菜育种合作;浙江大学教授周伟军工作站被市委人才办评为周期考核优秀。围绕组建乡村振兴联盟,加强与浙江中医药大学、浙江农林大学、浙江大学农业农村研究院、浙江省农科院等知名农业科研院所的合作交流,与浙江省农科院联合举办2020年衢州市精品柑橘擂台赛,通过借力发展提升科研软实力。

【推进柑橘产业发展】 年内,开展柑橘优新品种引进筛选与自主选育工作。对前后选育工作长达十余年的早熟椪柑类新品种"秋饴"进行品种登记;开展柑橘杂交育种工作,新增杂交组合9个;加快柑橘优新品种标准化建设工作。对衢州柑橘产业转型发展的主推品种红美人，起草的衢州市地方标准规范《低丘红黄壤红美人栽培技术规范》通过审评。加强与中柑所、浙大、华中农大、省农科院等单位对接，重点围绕新品种选育、早熟椪柑品种鉴定、柑橘设施栽培、黑点病防控等方面开展科技协作；市级科技创新团队通过周期考核；市级专家工作站通过年度考核。引进36个柑橘类新品种，开展种质资源保存与适应性观察试验，充实衢州柑橘资源储备；新引进小水果新品种10个，其中核桃类品种8个、枣类品种1个、梨品种1个，开展观察试验。

【成果推广】年内，发挥市级农业科研单位的技术优势，开展农业技术集成示范和服务指导。指导衢江区岭洋乡抱珠龙村种植的山药创“浙江农业之最”纪录，长1.13米，单根重2.24公斤；示范方平均亩产1983.41公斤，最高亩产2903.9公斤。建立龙游县龙洲街道岑山村甘薯示范基地，“浙薯259”经衢州市农业技术推广中心组织专家测产验收，平均亩产4753.6公斤，超过“浙江农业之最”最高亩产4509.91公斤纪录。开化晓贤家庭农场油菜示范方102亩平均亩产259.6公斤，最高亩产302.5公斤，是衢州市历年来的最高产量；衢江区红珍家庭农场20亩“衢鲜8号”秋延后种植示范基地经省、市专家现场测产验收，平均亩产868.6公斤。龙游县陈汝松家庭农场60亩“衢春豆1号”免耕直播示范基地，经衢州市农业技术推广中心组织专家验收，平均亩产650公斤。在东湖、城西基地成功举办浙江瓜菜种业博览会衢州分中心展示现场会等活动多次，展示农业新品种197个，吸引省种子总站、浙江大学、绍兴农科院、湖州农科院等各地同行专家考察，以及800多名家庭农场代表、中小学生和市民参观。推广油菜超稀栽培技术、油菜免耕直播技术、鲜食大豆双季免耕栽培技术、迷你甘薯双季高效栽培技术、稻豆水旱轮作技术、山药浅生槽定向栽培等新技术6项，使之符合农业绿色生态发展需要，累计推广各类新技术、新模式面积20余万亩。加快果树技术推广工作，先后结合黑点病防控、红美人抗早衰、鸡尾葡萄柚优质高效栽培、大棚设施栽培、柑橘防冻及冻后恢复等，建立新品种、新技术示范基地面积3万余亩，加速科技成果转化和新成果、新技术推广。建立白辣椒、丝瓜等自主选育新品种示范基地210亩，引进茄果类、瓜类和食用菌新品种200余个，建立示范基地3170亩。推广蔬菜新品种、蔬菜穴盘育苗、水肥一体化灌溉、地膜覆盖、生物防治等先进实用技术16.8万亩，其中，推广白辣椒、丝瓜2.33万亩，产值近3亿元，自主育成的辣椒品种“衢椒1号”被列入2020年浙江省主导品种。

【科技助农服务】年内，以农业科技服务综合体建设为主抓手，坚持线上线下双管齐下，线上开展微信群咨询，线下开展专家坐诊，及时高效答复农民的技术问题，庄稼医院累计答复农民技术问题2269个。1月19日，副省长彭佳学对市农林科学院创建农业科技服务综合体作出批示肯定，省农业农村厅、省农科院领导实地调研后也给予肯定。开展科技“三下乡”活动22场次，免费为农户提供秧苗2.5万余株，种子1000余包，赠送高产高效栽培技术资料500余本。对全市“一米菜园”现场进行技术指导20余次，参与现场考评会、创建PK等活动6次。常年安排30多名农技专家下乡培训指导，累计下乡培训指导农户3000余人次。

（王家强）

林　业

【概　况】2020年，衢州是浙江省三大重点林区之一，公益林面积476.6万亩，天然林面积363.7万亩，主要生态指标处于全国前10，具有丰富的生物多样性，境内分布有白颈长尾雉、黑麂、穿山甲、黑熊等国家重点保护野生动物84种；南方红豆杉、伯乐树、鹅掌楸等国家重点保护珍稀植物20种，百年以上古树名木17245株，500年以上古树1220株，千年以上古树24株。境内负氧离子浓度平均达到827.3个/立方厘米以上，是全国9个生态良好的地区之一、全国12个具有国际意义的生物多样性分布中心之一。

【构建以钱江源国家公园为主体的自然保护地体系】 年内，钱江源国家公园体制试点通过评估验收。完成自然保护地整合优化工作前期摸底调查和评估工作，全市27处自然保护地初步整合为21处，优化整合方案已经省林业局审核上报国家林草局，待批复同意。

【探索公益组织参与生态保护新路径】 5月7日，衢州市与桃花源生态保护基金会合作项目正式签约，市委书记徐文光出席衢州市与桃花源生态保护基金会合作项目签约仪式，江山雪岭公益型自然保护地项目作为全国首个公益组织参与地役权改革模式正式落户衢州，完成地役权合同签订并颁发全市首宗生物多样性保护地役权证。

【党政领导义务植树】 年内，以“弘扬生态防疫情、建设美丽大花园”为主题， 市委书记徐文光、市长汤飞帆、市人大常委会主任居亚平、市政协主席吴国升等市四套班子领导100余人在柯城区万田乡万田村鲶鱼湾坡地公园开展义务植树活动，种植榉树、红枫、樱花等珍贵彩色树1000余株。

【新增百万亩国土绿化行动全省领跑】 年内，市政府下发《衢州市高质量推进国土绿化美化行动实施方案（2020—2024年）》，在《衢州日报》推出“国土绿化美化行动”专栏。聚焦“衢州有礼”诗画风光带，推进百万亩国土绿化行动，全年新增造林4.94万亩，是省下达任务的1.5倍，增幅位列全省第1；在全省新增百万亩国土绿化行动14次进度通报中12次位列全省第1。

【“一村万树”工作持续走在全省前列】 年内，柯城区石梁镇白云村等40个村成功创成“一村万树”省级示范村，新植乔木57.76万株，村庄人口聚集区新增绿地929.5亩，投入资金5433万元，成为浙江省自然资源系统践行“两山”理念16个典型案例之一，“一村万树”行动持续走在全省前列。

【“森林创建”品牌建设】 年内，开化县扎实推进国家森林城市创建，常山县完成创建国家森林城市申报材料的上报；服务指导“省级森林城镇”创建方案编制、重点项目实施、专家评审、绿化改善、宣传教育等工作，全市11个乡镇被省林业局授予“省级森林城镇”称号。

【森林康养品牌建设】 年内，大力推进森林康养建设，衢江区黄坛口乡森林康养小镇项目建设有序推进，编制完成《衢州市森林旅游规划（2019—2035年）》，与安徽省池州市林业局签订全国森林旅游示范市建设合作发展框架协议。衢州50地入选省“五百”森林康养目的地宣传推介活动。衢江区紫薇星谷、江山市江郎山、常山县不老泉、开化县根宫佛国成为省级森林康养基地。建成省级森林康养名镇1个、省级森林人家14个和省级森林氧吧12个。

【绿色富民产业加快恢复】 年内，积极应对疫情影响，下发《关于做好新冠肺炎疫情期间疫情防控与复工复产工作的通知》，当好“四员”，助力全市36家省级以上重点林业龙头企业全部复工复产。新评定省级林业重点龙头企业1家，全年林业产值增幅4%。全国政协常委、国家林草局副局长刘东生一行到衢州龙游调研竹产业转型升级，衢州与其他13个城市共同发布《中国竹产业高质量发展联盟眉山宣言》。大力推进“一亩山万元钱”科技富民行动，新建示范基地1.94万亩，巩固深化10.5万亩；完成新造油茶面积0.45万亩，抚育面积12万亩，油茶籽产量1.8万吨；成功举办特色林

10月19日，2020中国·常山特色林业产业助推乡村振兴暨椿树国家创新联盟成立大会在常山县召开

业产业助推乡村振兴暨椿树国家创新联盟成立大会。组织全市100家林业企业线上线下参展第13届义乌森林产品博览会，“三衢味”品牌的200余种产品首次亮相展会，林产品销售额比上年增长10%以上。

【生态公益林补偿标准提高】年内，省政府办公厅印发《关于实施新一轮绿色发展财政奖补机制的若干意见》。根据意见，柯城区、衢江区、龙游县、常山县4个县区237万亩省级以上生态公益林补偿标准将从原来的31元/亩提升到40元/亩，年度公益林补偿资金发放较提标前增加2139万元。全市生态公益林补偿标准实现统一。

【生态文化建设】1月2日，市、县两级联动，围绕“衢州有礼”诗画风光带，组织1200余人开展义务植树活动，新植珍贵彩色树1.6万株。全民义务植树107.8万人次参加，植树344.9万株，“爱绿、植绿、护绿、兴绿”成为市民文化自觉。绿色中国行——走进美丽龙游暨中国绿色碳汇基金会成立10周年主题公益活动在龙游县举行，并在红木小镇共同栽植“碳中和林”。加强古树、古道保护，制定“一树一策”保护方案，完成古树保护270株、建成古树主题公园7个，修复森林古道2条。举办全国油茶文化艺术节、野生动植物保护宣传月暨“爱鸟周”活动等大型主题活动，展示衢州生态文化成果。开展生态文化基地创建，新增全国生态文化村1个、省级生态文化基地6个。

【深化安全防控体系建设】年内，完善安全协调工作体制机制，成立局安全生产委员会，下设地质灾害防治、工程项目建设、测绘专业、场所消防、森林防火等5个专业安委会。开展打赢“五大战役”（地质灾害攻坚战、森林防火主动战、危化企业防控战、工程安全保卫战和场所消防持久战）等五方面工作重点，在市安全巡察中向全市推广。

10月28日，绿色中国行——走进美丽龙游暨中国绿色碳汇基金会成立10周年主题公益活动在龙游县举行

【森林防火管理】年内，推进全市森林防火基础设施建设“百千万工程”三年行动，积极打造“引水上山，以水灭火”工作“衢州模式”。至年末，全市投入资金1066.5万元，采购森林防火蓄水桶5306只，治理重点森林火险隐患点61个，确保春节、清明、中元节期间全市“零火灾”。全年发生森林火灾事故5起，同比下降54.5%。

【野生动物管理】年内，严格落实“两决定”（《全国人民代表大会常务委员会关于全面禁止非法野生动物交易、革除滥食野生动物陋习、切实保障人民群众生命健康安全的决定》、《浙江省人民代表大会常务委员会关于全面禁止非法交易和滥食野生动物的决定》）和省政府部署会议精神，完成全市野生动物禁食退养工作，对禁食退养的养殖户发放补偿资金2530万元，野生动物“三精准”（底数摸排精准、防控措施精准、处置方案精准）举措得到省人大和省政府领导一致肯定，全省推广。

【松材线虫病疫情除治】年内，全市松材线虫病疫木清理工作受新冠肺炎疫情影响较大，各县（市、区）抢抓节点，同抗“两疫”，做到疫情防控“两手抓、两不误”，全市超额完成省下达的松材线虫病疫木除治任务，累计清理疫木（含枝丫）3.76万公斤，枯死树15.3万株，除治面积12.47万亩，为省下达任务的3.25倍，疫木清理做到“应清尽清”。

（赖 俭）

工 业

■ *Industry*

综 述

【概 况】 2020年，全市工业经济在疫情防控常态化前提下，做好“六稳”工作，落实“六保”任务，实现工业经济逆势增长。全市有规上工业企业1105家，实现总产值1902.08亿元，同比增长3.7%；实现规模以上工业增加值413.61亿元，同比增长5.0%；实现新产品产值651.48亿元，同比增长11.9%；实现利税192.07亿元，同比增长10.0%，其中利润145.01亿元，同比增长14.6%。全市有亿元以上企业318家（按法人统计），其中10亿元以上企业33家，百亿元企业1家（衢州元立金属制品有限公司）。仙鹤股份有限公司被列入浙江省第二批“雄鹰行动”培育企业。

【疫情防控和复工复产】 2月4日，出台支持复工复产的“衢十条”政策，2月5日出台企业复工指导意见。2月19日，全市规模以上工业企业实现100%复工。同日，首趟接返员工高铁专列开通，疫情防控期间开通7趟、接返员工3300余人。2月21日，中央电视台《新闻联播》专门报道衢州助力企业复工复产工作。疫情期间组织全市23家省级重点医疗物资生产企业及产业链迫切配套企业全部及时投入生产，其中，浙江恒达新材料股份有限公司疫情期间生产医用透析纸约1万吨（其中，支援湖北2200吨），获国务院联防联控机制医疗物资保障组感谢信；圣蓝纸业等7家企业获省医疗物资保障组感谢信。组织企业扩产转产口罩，全市口罩产能从疫情前的2家企业8万只/日，提高到高峰期的69家2200万只/日。组织企业申报国家、省级企业疫情防控重点保障企业，入围全国性名单30家，地方性名单112家。

【工业专班】 6月1日，印发衢州市工业专班工作方案，全市层面建立6个县（市、区）+集聚区的“6+1”赛马评价机制，专班内部建立“三个一”工作机制，即专班小组“一周一例会”、运行情况“一

2月，高铁专列接返企业员工返衢复工

周一监测”、争先创优“一月一对接”。开展产业链断供风险摸排，全市摸排企业1047家，其中存在问题风险企业109家，共有问题149个，解决问题136个。其中，通过国内备份、国际备份、协同创新、科技攻关、项目招引、国际并购等方式在解决的问题13个。6月，工业专班推进排名全省第3，工业攻坚指数排名全省第5。工业专班五色图排名，柯城、衢江、龙游进入全省“优+”，江山、常山、开化进入全省优。《创新实施融资畅通工程，助力工业企业保增长》被省工业专班评为“最佳实践”典型案例。

仙鹤股份有限公司

【工业高质量发展】 3月29日，市政府出台《衢州市工业高质量发展三年行动纲要》，实施先进制造业集群培育行动，争取2022年规模以上工业企业超1300家、产值超2200亿元，努力构筑形成“4+10”制造业集群格局，提升国际国内产业和技术发展话语权。6月22日，成立以市政府主要领导为组长的制造业高质量发展领导小组，切实加强对全市制造业高质量发展工作的组织领导，加快推动“5459”大产业创新体系落地见效。

【衢州巨化一体化发展】 4月30日，市委、市政府制定出台《衢州巨化一体化融合高质量发展再造衢州制造业新优势的若干意见》，提出15项具体政策举措，编制20项工作清单和20个项目清单，明确衢州巨化一体化融合高质量发展的时间表、路线图、任务书，实现政策、产业、平台、人才全方位全链条打通。年内，20项工作清单中，完成衢化片区老旧小区改造、出台专项人才政策等10项工作，巨化集团公司引进大学毕业生198人，引进总人数和“双一流”院校毕业生人数同比增长26%和135%。20个项目清单中，完成含氟新材料、含氟工程塑料智能制造等11个项目。

【产业链提升工程】 制定《衢州市实施六大产业链提升工程行动方案(2020—2025年)》，建立六大标志性产业链“链长制”，重点打造新材料、新能源、集成电路、智能装备、生命健康、特种纸等六大标志性产业链，打造1个千亿级新材料国际先进制造业基地，培育形成新能源、集成电路、智能装备、生命健康、特种纸等5个百亿级具有国内影响力和竞争力的创新型现代产业集群。

【产业数字化转型】 年内，工业企业“两化”(信息化和工业化)融合发展指数81.7，居全省第二梯队；新增“两化”融合贯标企业46家，新增工业机器人527台，新增上云企业500余家。浙江网标物联项目入围工信部“标识解析集成创新应用类”试点示范。全市新增省级数字化试点示范43个，新增数量创历史新高。其中，一道新能源、华海新能源等19家企业入选省级制造业与互联网融合发展试点示范，仙鹤、永和等11家企业入选省级数字化车间/智能工厂，欧派门业、哲丰新材料等2家企业入选上云标杆企业，天际互感器入选省级大数据应用示范企业。

【工业项目决策咨询和投资】 年内，市本级有330个工业项目通过决策咨询服务，项目数同比增长58.65%，是自工业项目决策咨询制度实施以来完成项目数最多的一年；计划固定资产总投资约221.39亿元，同比增长15.01%。同时，因不符合产业政策、存在环保安全隐患等否决项目6个，涉及固定资产投资7.65亿元。计划新增用地面积2794.76亩,同比下降7.5%。全市实施市重点工业投资项目500项,计划总投资967亿元;实施省市县长工程制造业项目15个、省"百项万亿"重大制造业项目29个,省千亿技术改造项目250个。全年工业投资同比增长6.2%,全省排名第6;技改投资7.4%,全省排名第4;制造业投资同比增长10.4%。

【企业技术创新】 年内,全市规模以上工业企业新产品产值582.35亿元,增速11.9%,高出全省6.8个百分点,增速位居全省第4;完成省级工业新产品备案219个,完成鉴定验收198个,10个项目产品被列入2020年省重点技术创新专项,13个项目产品被列入2020年省重点高新技术产品开发项目计划;金瑞泓科技(衢州)有限公司开发的"大尺寸半导体硅晶圆"等9个产品被列入省关键技术核心产品名单;浙江上洋机械股份有限公司开发的"数字化品控绿茶加工生产线"等8个产品被列入2020年省"浙江制造精品"名单;浙江衢化氟化学有限公司被列入工信部第5批单项冠军示范企业名单;巨化集团有限公司牵头组建的"氟氯高端化学品企业共同体"等6个共同体被列入省产业链上下游企业共同体名单,建立衢州市单项冠军(省级、市级)培育库,其中省级库21家企业、市级库47家企业;华友新能源科技(衢州)有限公司等6家企业技术中心被新认定为第27批省级企业技术中心;浙江森日有机硅材料有限公司等17家企业技术中心被新认定为第十八批市级企业技术中心名单。

【传统制造业改造提升】 11月30日,出台《衢州市传统制造业改造提升2.0版工作方案》,传统制造业改造提升从"空间整合、集聚"为主导向"数字化、集群化、服务化"升级,推进产业基础高级化、产业链现代化,培植传统制造业新活力、新动能,打造传统制造业竞争新优势。根据2020年(2019年数据)全省传统制造业改造提升综合评估报告,衢州市评估指数为97.7(全省综合得分101.3分),全省排名第7,与上年度持平。从评估指标看,数字化转型、质量效益指标优于省平均水平,自主创新基本接近全省平均水平,但绿色发展相对滞后,单位能耗工业增加值、单位工业用地增加值、单位工业用地税金3个指标为省平均水平的一半左右;分行业看,衢州市改造提升总体进展好于上年且超省同行业平均水平的有7个行业(服装、皮革、造纸、有色金属加工、农副食品加工、金属制品、家用电器),接近上年发展水平的有5个行业(非金属制品、橡塑、家具及竹木制品、泵阀轴承、低压电气),进展滞后的有5个行业(汽车零部件、化纤、化工、纺织、文体用品)。

【亩均论英雄改革】 8月27日,印发《衢州市工业企业亩均效益综合评价办法》,从评价体系的科学性合理性、引导企业做大做强、倒逼企业转型升级等方面进行完善。全市参评工业企业共计3055家(含规模以上853家、规模以下2202家),根据企业亩均效益A、B、C、D类分别为210家、1159家、1189家、497家。完成低效企业改造提升356家,盘活土地面积5918.12亩。全市规模以上工业亩均税收和亩均增加值(快报数)分别为11.8万元/亩和70.6万元/亩,同比分别增长2.8%和1.5%(按同口径计算),增速分别排在全省第7和第10。

【淘汰落后过剩产能】 年内,全市实际淘汰落后和过剩产能企业66家,主要涉及轻质碳酸钙、化工、烧结砖、造纸等行业;整治提升"低、散、乱"企业(作坊)359家,其中改造提升104家企业(作坊)、整合入园32家企业(作坊)、合理转移40家企业(作坊)、关停183家企业(作坊)。

【绿色制造建设】 年内,推进36家企业开展清洁生产审核工作,超额完成省下达的任务27家。推进16家企业创建省级节水型企业,维达纸业(浙江)有限公司入选工信部重点用水企业水效领跑者。浙江华康药业股份有限公司、浙江凯丰新材料股份有限公司入选国家绿色工厂,衢州森旺工贸有限公司、浙江金龙再生资源科技股份有限公司、维达纸业(浙江)有限公司4个产品入选国家绿色设计产品,衢州杭甬变压器有限公司、浙江置电非晶电气股份有限公司入选《国家工业节能技术装备推荐目录(2020)》

《“能效之星”产品目录(2020)》节能技术产品。

【企业服务和降本减负】年内,深化“组团联企”服务机制,加入金融服务小分队,成立“组团联企”专班,搭建“专班+专员”的工作平台。全年累计收集问题1065个,现场协调解决508个,交办或研判后统一答复557个,其中解决企业复工复产贷款、无缝转贷问题296个,新增贷款26.78亿元。年内,对“大科创”政策进行调整优化。7月7日,市政府印发《关于调整优化推进创新驱动加快经济高质量发展若干政策的通知》,兑现“大科创”奖补资金2.8亿元。年内,全面落实国家、省、市各级减负政策,累计为企业降本减负103.72亿元。

(李慧卿)

主要产业

·新材料·

【概 况】2020年,全市新材料产业实现规模以上产值204.26亿元、工业增加值39.99亿元,分别占全市规模以上工业的10.7%和9.7%,分别较上年度提高0.5%和1.0%。主要包括氟硅新材料、电子化学材料、动力电池材料等细分产业。

【氟硅新材料】4月,衢州高端电子材料产业平台成功入选浙江省第二批“万亩千亿”新产业平台。7月18日,浙江大学工程师学院衢州分院实验实训基地和浙江大学衢州研究院中试实验室建设工程开工举行典礼。

·高端装备制造·

【概 况】2020年,全市规模以上装备制造业企业363家,实现工业总产值395.12亿元,占同期全部规模以上工业总产值21.54%,装备制造业增加值87.7亿元,增速13.6%,位居全省第3;高端装备制造业增加值51.18亿元,增速9.3%,位居全省第4。

【产能水平】2020年,全市10个项目被列入浙江省2020年首台(套)装备工程化攻关项目名单;8个产品被列入2020年浙江省装备制造业重点领域省内首台(套)产品名单;浙江东氟塑料科技有限公司等5家企业被列入2020年浙江省首台(套)保险补偿项目清单,投保装备34台,获保费补贴240.34万元。98家企业被列入浙江省铸造产能通告名单,产能共计171.86万吨。

·电子信息·

【概 况】2020年,全市规模以上电子信息企业98家,实现产值203.6亿元,同比增长22.4%,占全市工业的10.7%;实现工业增加值36.71亿元,同比增长25.8%,占全市工业的8.9%;实现营业收入217.5亿元,同比增长25.7%。

【集成电路】5月,争取到省级数字经济产业投资基金5亿元,帮助金瑞泓年产180万片集成电路用12英寸硅片项目顺利落地。年内,金瑞泓微电子实现12英寸小批量生产销售。

【锂电池材料】年内,华友新能源和永正锂电2家锂电池材料企业上榜“2020年浙江省电子信息产业百家重点企业名单”,成功实现衢州市“浙江电子信息产业百强榜”“零的突破”。

【太阳能光伏】年内,光伏产业产值亿元以上企业8家,全年实现总产值73亿元,规模占电子信息

一道新能源科技(衢州)有限公司生产车间

产业36%左右。

·特种纸·

【概　况】2020年，全市有规模以上特种纸企业65家，实现工业总产值186.42亿元，同比增长1.3%，占全市规模以上工业比重的9.8%；实现新产品产值108.13亿元，同比增长9.02%；实现出口交货值16.39亿元，同比增长13.31%。其中，产值10亿元以上企业有6家，分别是：浙江仙鹤股份有限公司、浙江夏王纸业有限公司、衢州五洲特种纸业有限公司、维达纸业（浙江）有限公司、浙江金龙再生资源科技股份有限公司、浙江哲丰新材料有限公司。

【主板上市公司】11月10日，衢州五洲特种纸业股份有限公司正式在上海证券交易所挂牌，股票简称：五洲特纸，股票代码：605007，这是衢州市特种纸产业继仙鹤股份后第二家A股上市公司，也是衢州市第7家A股上市公司。

【中国驰名商标】11月25日，浙江夏王纸业有限公司的"KINGDECOR夏王"商标被国家知识产权局认定为中国驰名商标，是衢州市第20件中国驰名商标。

·绿色食品·

【概　况】2020年，全市农副食品加工业实现产值37.77亿元，同比增长5.7%；食品制造业实现产值22.77亿元，同比下降8.5%；酒、饮料和精制茶制造业实现产值34.89亿元，同比下降7.3%。

【"隐形冠军"】浙江华康药业股份有限公司始建于1962年，前身是国营开化日用化工厂，是一家从事多种功能糖醇、淀粉糖研发、生产、销售的国家高新技术企业。年内，浙江华康药业股份有限公司被浙江省经济和信息化厅评定为"隐形冠军"。这是该企业继2018年获工业和信息化部认定的"单项冠军"后取得的又一殊荣。

（李慧卿）

中小企业

【概　况】2020年，全市有规上中小企业1093家，比上年新增114家，增幅11.6%。全年通过省级认定小微企业园6家，新增工信部"专精特新"小巨人企业1家，新增省级"隐形冠军"4家，37家企业进入省级"隐形冠军"培育库。全年实现"净升规"企业133家，超额完成省厅下达目标任务。

【小微企业园建设】年内，出台《衢州市小微企业园绩效评价实施细则》；衢州颐高科技创业园数字化园区建设被评为省级示范项目，江山市、常山县被列入全省小微企业园建设提升试点县，获省级奖补资金各500万元。

【中小企业公共平台】年内，中小企业公共平台主要为中小微企业提供信息服务、政策咨询、人才培训、管理咨询、融资担保、技术创新、创业辅导、法律维权八大类服务。依托衢州企业家大学苑平台资源优势，深化实施企业家提升工程，大力开展企业经营管理人才培训，提升企业家和企业经营管理人才队伍整体素质。紧贴企业培训需求，克服疫情的影响，组织举办以"智能制造+精益生产"、2020重大税收新政深度解读及人力资源管理系列课程等为主要内容的培训班8期，服务企业1078家次，培训各类企业经营管理人才1955人次。推行衢州市中小微企业服务券，向600家中小微制造型企业发放服务券300万元。组织举办"2020创客中国·浙江好项目"中小微企业创新创业大赛（衢州赛区）活动，吸引30个项目报名参赛，衢州市推荐的《高速直线电机运动系统》《全球第一块环氧工业卷材》等项目获二等奖，《模块式气电一体化智能控制器》获优胜奖，取得本赛事举办以来的最好成绩。

【工业设计】年内，在推进省级工业设计基地慧谷工业设计基地、江山工业设计基地建设的同时，评定市级工业设计中心16家。至年末，全市省级工业设计中心5家、市级工业设计中心55家。成功举办首届中国（江山）工业设计大赛，设置奖项48个，奖金60万元。大赛得到包括海峡两岸高校师生、设计机构、制造业企业、设计人士的积极响应，收到有效参赛作品1864件，其中综合赛作品（含概念组和产品组）1719件，门业（家居）专项赛作品（含概念组和产品组）145件。12月24—25

日，大赛决赛评审暨颁奖典礼在江山举行。在颁奖典礼现场，3个设计作品与江山本地企业达成合作意向，并签订成果转化意向协议，分别是：江山土蜂蜜包装设计与江山海维科技有限公司；海上生明月木门套装和浙江金凯门业有限公司；机械锁和江山合创快速制造技术有限公司。

【“百网万品”浙江制造拓市场活动】年内，全市举办“百网万品”浙江制造拓市场活动134场次，参与企业4769家，实现活动销售5843万元；129家网销重点监测企业1—12月实现网销9.96亿元，同比增长34.41%。衢州市“百网万品”浙江制造拓市场专班获省6个最佳服务机构之一。浙江俊峰健身器材有限公司、浙江尤尼威机械有限公司产品入选省浙江制造最具魅力产品称号；实打实工业购获省浙江制造最具影响力电商平台称号。

【参加2020年义乌装博会等各类制造业博览会】年内，组织企业参加2020年中国义乌国际装备制造博览会、第三届中国国际进口博览会、第四届中国工业设计展览会等大型展会。11月26—28日，2020年中国义乌国际智能装备博览会在义乌国际博览中心开幕，全市6家企业参展，设展位29个，其中衢州市东联服装机械有限公司展位面积156平方米，是缝纫区较大展位之一。组织500多名专业采购商到现场洽谈，上报浙江志高机械股份有限公司高端装备智造产业园和浙江果实企业管理有限公司起重机械智造园2个项目，计划总投资10亿元。

（李慧卿）

个私（民营）企业

【概　况】截至12月底，全市实有私营企业50163户，同比增长11.71%，投资者75245人，雇工共有326060人，注册资本2749.82亿元，同比增长12.95%。其中城镇私营企业40130户，投资者60195人，雇工260845人，注册资本1787.39亿元。2020年，新增出口创汇私营企业206户，出口创汇折合人民币31.07亿元。全市实有个体工商户188446户，同比增长11.32%，资金352.50亿元，同比增长21.89%。

年内，全市新登记私营企业9135户，同比增长10.61%；注册资本484.16亿元，同比增长52.02%；全市新设个体工商户34903户，同比增长4.78%；资金84.73亿元，同比增长18.16%；注销15710户，同比增长11.14%。

【批发零售业、制造业及租赁和商务服务业发展迅速】年内，从行业分布来看，除第二产业外，以批发零售业、租赁和商务服务业为主的第三产业占据主导，这两大行业全年新增户数分别为3038户和1109户，分别占新开业总数的33.26%和12.14%，并继续保持平稳发展。批发和零售业、租赁和商务服务业、科学研究和技术服务业继续成为全市投资热点。从行业结构来看，衢州市私营企业绝大部分集中于批发和零售业、制造业、租赁和商务服务业、科学研究和技术服务业及建筑业。尤其是批发和零售业，累计实有16835户，占总户数的33.56%；新开业3038户，占本期开业总数的33.26%。

万家灯火——衢州智造新城东港片区夜景

2020年衢州市不同行业私营企业分布及占比情况统计表

表11

行业分类	期末实有企业数(户)	占总户数的比例(%)	户数同比增长(%)	期末实有注册资本金(万元)	占总资本比重(%)	资本同比增长(%)
农、林、牧、渔业	2856	5.69	2.18	671078	2.44	- 7.48
采矿业	65	0.13	- 15.58	19319	0.07	10.04
制造业	6256	12.47	2.64	5249905	19.09	10.73
电力、热力、燃气及水生产供应	230	0.46	- 1.71	189186	0.69	0.55
建筑业	3594	7.16	26.19	3957687	14.39	27.51
交通运输、仓储和邮政业	1820	3.63	14.75	841337	3.06	12.42
住宿餐饮	389	0.78	13.41	113956	0.41	4.89
信息传输、软件和信息技术服务业	1576	3.14	19.76	495613	1.8	13.35
批发和零售业	16835	33.56	11.89	4577876	16.65	17.42
租赁和商务服务业	5436	10.84	6.19	3968480	14.43	- 16.6
科学研究和技术服务业	5692	11.35	15.13	4145744	15.08	26.97
金融业	326	0.65	- 0.61	729291	2.65	61.16
房地产业	1296	2.58	12.79	1447766	5.26	42.7
水利、环境和公共设施管理业	418	0.83	12.97	327721	1.19	9.97
居民服务、修理和其他服务业	1176	2.34	20.49	249276	0.91	19
教育	893	1.78	38.24	51224	0.19	28.06
卫生和社会工作	209	0.42	14.21	151686	0.55	- 7.57
文化、体育和娱乐业	1090	2.17	29.61	297018	1.08	31.54
其他	6	0.012	- 40	14083	0.05	7.41
合计	50163	—	11.71	27498246	—	12.95

（冯旭娟）

巨化集团有限公司

Juhua Group Corporation

综　述

【概　况】2020年，巨化集团有限公司(以下简称巨化)弘扬“自强、自信、聚力、聚合”的新时代巨化精神，坚守实业、深耕主业、开拓创新、奋力拼搏，全年累计实现营业收入341.10亿元，同比增长6.05%；利润22.58亿元，同比增长94.82%；外贸出口总量47万吨，同比增长13%；公司资产负债率59.68%，同比上升0.44%，人均劳动生产率122.7万元/人·年。效益增幅在省属企业位于前列，实现“十三五”圆满收官。

全年，完成固定资产投资18.81亿元，投入研发经费6.1亿元，着重围绕战略性新兴产业、新能源和信息产业等方面开展86项研发项目和22项重点项目，七大类产品市场占有率排名全球第1，另七大类产品市场占有率排名全球前3。完成股权投资43.89亿元。年内，发行公司债10亿元、中票5亿元、超短融5亿元、PPN 5亿元，银行授信额度提升至263亿元。全年授权专利54件，与高校在微纳技术、超重力技术、氢能源等领域开展合作项目20余项。下属氟化公司获工信部“单项冠军”示范企业，巨塑公司、华江科技获省经信厅“隐形冠军”企业，装备工程集团、中巨芯、技术中心3家单位被评定为省级创新载体，新增汉正、巨仪公司、南方监理3家高新技术企业，国家高新技术企业累计19家。实施安全管理“五抓”工程扩面，深入践行杜邦安全管理体系，系统提升安全管理能力。围绕浙江省“蓝天、碧水、净土、清废”四大行动，全面实施环保“三提”工程，污染物大幅削减，热电机组超前达到燃气机组排放水平，污水处理厂出水主要污染物指标达到城镇污水排放一级A标准，外排渠水质达到地表Ⅲ类标准。年末有职工9748人。

巨化位列中国石油和化工企业500强第61位、中国制造业企业500强第254位。年内，被授予中国石油和化工行业“最具社会责任企业”称号，衢州市政府特别奖“杰出贡献奖”一等奖。

【疫情防控】新冠肺炎疫情期间，巨化建立完善系统化联防联控体系，形成定期会商制度，创新实施“两点一线”行为轨迹在线管理，严格实施特殊群体封闭化管理，严格落实精密智控各项措施，形成“人”“物”并防工作闭环，齐心协力确保职工健康和安全。主动扛起国企社会责任，承担衢州市全域范围医疗废物、隔离点生活垃圾及口罩收、运、集无害化处置。驰援湖北省疫情重点城市8个，无偿向8省27市442家单位捐赠次氯酸钠消毒液原液300余吨，为德国、日本等6个国家的使馆、企业、红十字会捐赠防疫物资。巨化被中国石油和化学工业联合会评为疫情防控工作先进典型集体。

【工信部推广巨化管理创新经验】9月25日，受工信部产业政策与法规司委托，中国化工企业管理协会在巨化举办中国化工企业管理创新经验推广交流现场会，总结推广巨化管理创新经验，为全

9月25日，中国化工企业管理创新经验推广交流现场会在巨化举办

行业树立典型、提升高质量发展水平提供借鉴。这是工信部“企业管理提升专项行动”的重要内容之一，旨在深入贯彻落实工信部等11部委《关于引导企业创新管理提质增效的指导意见》。巨化是全国第四家（前三家为沧州大化、鲁西集团、宁煤公司）、浙江省第一家举办大规模化工企业管理提升现场交流活动的单位。巨化始终把管理创新作为推动企业高质量发展的重要载体，在战略管理、信息化管理、科创管理、人才管理、风控管理、安全环保管理中实施创新实践，被第十届全国人大常委会副委员长顾秀莲称赞为“中国化学工业发展史上一颗镶嵌在浙西大地的耀眼明珠，国有化工企业改革发展的一面旗帜”。

【开放合作】年内，巨化围绕做大主业、做强产业、做精产品、做全品种，不断加大开放合作的力度、广度和深度。在第四代制冷剂、含氟/含氯聚合物、精细化学品等领域与多家跨国企业建立较为紧密的战略合作关系。年内，与德国拜耳合作实现甲盐项目的产业化，与意大利GF公司合资项目有序推进，与中航新材合作开发的水性PVDC环保涂料应用领域不断拓宽。与埃森哲、西门子、霍尼韦尔广泛深入合作，推进数字化转型和卓越管理提升。高质量谋划一批氢能产业项目，巨化中日氢能产业合作示范项目成为巨化历史上首次两国政府平台签约项目，得到国家发改委、商务部、日本经济产业省和中日经济协会等高度评价。

【推进衢州巨化一体化融合高质量发展】年内，巨化与衢州市推进一体化融合高质量发展，实现政策、产业、平台、人才全方位全链条打通。双方确定20项工作清单和20项项目清单，实行清单责任分解机制、内外联动推进机制、分层分级协调机制，推进一体化工作的实施落地。年内，制冷剂、含氟塑料、电子化学材料等一批项目基本建成，重大公用配套等一批项目如期开工建设，氢能等一批项目如期稳步推进，产业数字化赋能中心、高端化学品科学与技术浙江省实验室等一批重点项目扎实落地。巨化人才享受同城政策，获衢州市1500万元人才资金补助，获1860万元大科创口资金支持，博瑞中硝含氟气体项目享受市大商贸政策，歌瑞新材料在市本级项目中推广应用，西山兴化村D级危房平稳拆除、清源肥料取证成功等一批政策落实到位。同时，助力衢州市成功入围浙江省燃料电池示范城市群。

【混合所有制改革】年内，巨化围绕浙江省国企改革三年行动方案，谋划实施一批资产证券化和股权投资项目并取得实效。谋划实施技术中心研发资产、煤化工业务注入上市公司。启动实施巨化股份重大资产重组，将全资子公司巨化投资持有的浙石化20%的股权注入巨化股份，提升上市公司运营质量和整体盈利能力。下属中巨芯和锦华公司两家企业的IPO上市培育工作有序推进，并完成大数据中心用巨芯液冷剂专业公司的组建方案。

重要项目

【正丙醇项目】8月，巨化宁波基地正丙醇装置实现一次性开车成功。该项目在技术上开创两个先河，一是单原子催化剂的全球首次工业应用；二是烯烃多相催化氢甲酰化技术的世界首次工业应用，攻克80多年来一直无法解决的烯烃氢甲酰化均相催化多相化过程中贵金属和配体的流失世界性难题。市场供给上，产品实现进口替代，改善国内市场无法自给的被动局面。该项目为巨化产业链延伸、提升产品附加值探寻新途径，为区域绿色循环经济补链、强链作出突出贡献。

【电子化学材料制造基地】 年内，巨化电子湿化学品产品形成三大类特色品种、20余种产品的完整产业链，建有国内独家的ppt级氢氟酸、硫酸、硝酸、盐酸、氨水、氟化铵等超纯超净生产装置，应用于锂电池、太阳能光伏、LED/OLED、半导体等行业。同时，电子气体领域产品快速形成产能，建成全球一流的电子级氯气和电子级氯化氢工厂，填补国家电子信息产业短板。

【智慧运营和管理体系】 年内，巨化围绕ERP系统、智慧营运管理、智能工厂试点、安全风险管控等方面开展信息化建设，初步构建起智慧运营和管理体系。10月4日，ERP系统正式上线，形成集团统一、标准、规范的业务流程，推动全价值链的变革与管理提升。智慧营运管理方面，集成全公司80套DCS系统的一级实时数据库，实现工业大数据的初步分析应用。建立安全风险智能智控模式，20家危化企业完成线上风险研判和展示，为集团安全风险研判和精准管控提供数据支持。年内，“智能工厂”建设项目有序推进，单机运行理念得到深化，无备机试点工作有序开展。财务机器人系统顺利投运，实现财务核算自动化。推进智慧电网建设，实现高配无人值守。推动四省边际（衢州）产业数字化赋能中心合作共建，完成SAP系统升级（一期）项目，建立业财风控一体化协同管理平台。

巨化集团实施智慧物流，图为巨化物流中心智能仓储操作现场

【新型供应链管理体系】 年内，巨化通过重构物资采购、仓储、配送体系，重建各层级管理职责，透明、高效采购流程，实现供应链服务体系化，完成物资采购仓储配送集成服务整合改革第一阶段任务。集采后综合降价水平在5%以上，部分物资下降幅度30%—50%。

【浙石化一期运行及二期建设】 2020年，巨化协同推进浙石化项目建设，当年一期项目加工原油约2120万吨，炼油装置完成投料开车，各装置平稳运行且产品合格。全年，浙石化累计实现销售收入666.55亿元、净利润105.59亿元。二期工程进展顺利，全厂土建工程全面展开，工程进入现场安装阶段。截至11月底，签订合同总额约750亿元。至年末，二期工程进入现场实施阶段，详细设计全面展开。

（王云峰）

经济开发区

■ *Economic Development Zones*

衢州智造新城

【概　况】 2020年，衢州智造新城规上工业总产值989.7亿元，同比增加12.37%。工业增加值(收入法)185.8亿元。2020年财政收入完成30.24亿元，比上年增长15.49%。

【经济发展】 2020年，实现地区生产总值237.85亿元，按可比价格计算，比上年增长6.09%。其中，第二产业增加值完成211.28亿元，同比增长4.73%，第三产业增加值完成26.57亿元，同比增长18.35%。全年税收收入49.34亿元。“四上”企业主营业务收入1253.61亿元，同比增长12.45%，“四上”企业利润总额79.64亿元，同比上升23.34%。其中，规上工业企业营业收入1077亿元，上年同期964.35亿元，同比增长11.68%；利润总额76.59亿元，上年同期59.88亿元，同比增长27.91%。

【产业发展】 智造新城完成整合后，共有高端电子材料、氟硅新材料、电子化学品、锂电新材料、传感器与微电子、生物医药与大健康、智能装备制造七大主导产业，产业集群效应初具规模。高端电子材料产业总产值254.1亿元；氟硅新材料产业总产值164.6亿元；电子化学品产业总产值138亿元，锂电新材料产业总产值174.4亿元，传感器与微电子产业总产值9.74亿元，生物医药与大健康产业总产值39.7亿元，智能装备

衢州绿色产业集聚区东片区

7月18日，浙江大学衢州"两院"实验实训基地及中试实验室开工仪式

制造产业总产值79.2亿元。

全区2020年网络零售额共64.56亿元，同比增幅26.4%。成功引进阿里巴巴诚信通全国唯一客服中心。启动中国(衢州)跨境电商综合试验区·核心区建设。

【科技创新】 2020年，核心区重点区块高新技术产业总产值368.31亿元，同比增长8.03%。至年末，拥有国家级工程技术研发中心1家(国家氟材料工程技术研究中心)，国家级技术中心2家(巨化集团公司国家级企业技术中心和开山集团国家级企业技术中心)，国家级高新技术企业178家，省级企业研究院26家，省级高新技术研发中心49个，省级科技型企业346家。市级重点创新团队8家。

全区有博士后工作站5家，其中国家级博士后工作站1家(巨化集团)，省级博士后工作站4家[浙江永力达数控机床有限公司、衢州华友钴新材料有限公司、浙江上洋机械股份有限公司、华友新能源科技(衢州)有限公司]，省级院士专家工作站4家，市级院士专家工作站7家，市级专家工作站20家，市级重点创新团队8家。

【"万亩千亿"新产业平台建设】 2月，衢州高端电子材料"万亩千亿"新产业平台被省发改委列入第二批平台培育名单。12月，衢州高端电子材料"万亩千亿"产业平台完成固定资产投资39.41亿元，其中产业项目投资32.31亿元。平台储备项目15个，新引进产业项目20个，新引进标志性项目5个，新开工项目5个，完成投资21亿元。引进省级以上高层次人才及团队12人(个)；打造各类创新平台载体8个。工业总产值实现308亿元，主导产业工业总产值257.6亿元。形成高端电子化学材料、锂电子动力电池材料、集成电路材料、光电显示材料"四大产业链条"，2020年被评为全省链长制试点园区，主导产业集聚度达到83.37%，在国际国内具有特色品牌优势。

【投融资服务】 至年末，主板上市企业5家，新三板上市企业11家。主板5家：浙江开山压缩机股份有限公司、仙鹤股份有限公司、衢州五洲特种纸业股份有限公司、浙江巨化股份有限公司、牧高笛户外用品股份有限公司。新三板11家：浙江海昇药业股份有限公司、浙江圣安化工股份有限公司、浙江海力股份有限公司、浙江美安普矿山机械股份有限公司、浙江上洋机械股份有限公司、浙江启超电缆股份有限公司、浙江永力达数控科技股份有限公司、浙江爱吉仁科技股份有限公司、衢州龙威新材料股份有限公司、浙江强顺饲料股份有限公司、浙江明辉蔬果配送股份有限公司。

【创新平台建设】 9月，中国石油和化学工业联合会化工园区工作委员会公布2020年化工园区30强名单，衢州高新技术开发区再次跻身30强，位列14，位次比2019年前移2位。

空气动力装备产业创新服务综合体被成功列入第三批浙江省产业创新服务综合体创建名单，获省财政专项补助资金2000万元，市级专项激励资金200万元。

【项目审批改革】 年内，设立"企业开办专窗"，实现全流程"一件事"即时办、零成本。提升纳税服务便利度，实现"最多跑一次"事项100%网上办理，年纳税次数已压缩至6次、纳税时间压缩至100

小时以内，进项留抵退税时间压缩至3天以内，实现出口退税无纸化管理全覆盖，平均出口退税办理时间缩短至5天。

【重大项目招引】 年内，克服新冠疫情不利影响，招商引资逆势增长，引进20亿元以上项目1个，10亿元以上项目5个，亿元以上项目33个，协议总投资132.85亿元，实现到位资金40.59亿元，其中制造业占比87.4%。中天有机硅单体及下游产品项目、奥首集成电路功能精细化学品等一大批优质项目纷纷落地，成功推动利化、元立、均瑶等存量龙头企业新上一批重点项目，产业发展竞争优势进一步提升。

【开放创新】 年内，承办2020中国衢州—韩国产业合作线上对接活动，成为全省首场通过浙江国际投资"单一窗口"平台举办的云对接活动。全年累计利用外资4158万美元，占全市到位外资比重64.4%。按照上海飞地发展需求，与上海长江联合发展集团达成战略合作，推动上海飞地有序运营。引进建设华友总部研究院（衢州区）、传感器产业研究院、智能制造技术与装备研究院等项目。

【投资促进】 2020年，核心区重点区块进出口总额1173676万元，同比增长2.28%。其中出口644246万元，同比增长14.94%；进口529430万元，同比下降9.8%。

【基础设施建设】 2020年，实施政府投资基础设施建设项目143个，全年累计完成投资约2.6亿元，其中投资超亿元基础设施项目3个（慧谷工业设计院、浙大实训基地、乌引干渠改线）。新建城市道路12.65公里，建成道路面积38.23万平方米；改造城市道路0.66公里，改造道路面积1.06万平方米；建成绿道1.5公里；清淤排水管网80公里，新增、改造雨污水管网30.44公里，新建改造供水管网3公里；新增公园绿化面积6公顷。

【整合提升】 8月4日，市委、市政府印发《关于市区开发区（园区）整合提升的实施意见》，在衢州绿色产业集聚区实际管理范围基础上，将衢化片区、柯城东港工业园区、衢江经济开发区划入，整合形成智造新城，总面积121平方公里，新增面积61.5平方公里。整合后，柯城区新新街道、黄家街道、衢江区东港街道与智造新城的托管关系解除。

【社会事业】 2020年，区累计投保单位2855家，全年养老保险征缴达到77294人。养老、医疗、失业、工伤和生育五大社会保险征缴额为90917.03万元，比上年同期增长21.4%。

2020年教育投资1580万元。智造新城内有黄家小学、新星小学、新星初中、东港初中、衢江四小、阳光小学、新华幼儿园凯旋分园、东港幼儿园、白沙小学、东港小学10所学校，在校学生9443人，教职工639人。

社区建设方面：金桂社区（常住户4551户，常住人口10048人）、杨浦社区（常住户3463户，常住人口9904人）、三衢社区（常住户2856户，常住人口8560人）、彩虹社区（常住户1892户，常住人口4853人）、五环社区（常住户3417户，常住人口8683人）、乐业社区（常住户4039户，常住人口

8月6日，在市委七届八次全体（扩大）会议上，市委副书记、市长汤飞帆（右一）为"衢州智造新城管理委员会"授牌

8587人)、银桂社区(常住户2906户,常住人口8718人)、凤凰社区(常住户4881户,常住人口8437人)8个社区,共计常住户28005户,常住人口67790人。

(陈淮贵)

柯城区航埠工业园区

【概 况】2020年,航埠工业园区入园企业147家,其中规上企业18家。实现第二产业总产值26.3亿元,同比增长3.34%。其中,规上工业企业产值19.92亿元,同比增长13.8%;新产品产值5.36亿元;完成制造业投资2.21亿元;税收收入约2.62亿元,同比增长11.13%。

【招商引资】年内,通过市决策咨询项目24个,总投资57.07亿元,亿元以上项目10个,总投资53.3亿元,其中10亿元以上项目2个;5亿元以上项目1个;1亿元以上项目7个。开工入库15个固定资产投资项目,总投资19.39亿元,入库税金2.62亿元,同比增长11.13%。

【特色小镇建设】年内,持续深化与余杭艺尚小镇、浙江理工大学合作交流,与余杭艺尚小镇共享服装时尚产业发展资源,与浙江理工大学联合组建浙江理工大学—柯城航埠时尚低碳小镇研发中心,企业科技创新能力持续增强。杰丰服饰等一批项目入驻投产,网驿·时尚工场一期即将交付使用,二期开工建设。完成柯城区时尚低碳产业创新服务综合体申报,形成集时尚低碳产业横向及纵向产业配套的强大产业集群。

【产业转型】10月23日上午,全省扩大有效投资重大项目集中开工活动衢州分会场在三问家居智造家纺家居产品建设项目现场举行。佰意智造服饰6天完成防护服生产转型;2月17日,被列为省防疫物资重点保障单位;2月29日,顺利通过省检测,成为全市首家取得二类医疗器械生产资质的企业,实现顺利转产扩能。优美世界、永霏彩妆、南核安全等企业相继签约落地,春风针织、上海岚山等一批优质项目即将签约。

【助企服务】年内,园区划分14个网格,提供"一对一"精准服务,实现疫情常态化监管服务全覆盖。出台企业复工暖心十条、标准十条,从物资保障、招工措施、金融补助、物流服务等全方位、全流程帮扶企业。3月12日,三问家居项目成功签约落地,4月13日完成可研编制并上报区经信决策咨询;20天内完成171.6亩项目用地征收、10栋房屋拆户签约、选房、房屋腾空和拆除,于6月8日正式摘地。

(严 晨 汪 泽)

10月23日上午,全省扩大有效投资重大项目集中开工活动衢州分会场在三问家居智造家纺家居产品建设项目现场举行

衢江经济开发区

【概 况】2020年,衢江经济开发区实现工业总产值196.3亿元,比上年增长4.0%;规模以上企业88家(新增3家),实现规模以上工业产值157.5亿元,比上年增长4.4%,全年税收收入11.27亿元,比上年增长51.7%。新增产值亿元以上企业6家(仙鹿新材料、耐佳特车业、国丰油脂、好梦来家纺、虎鼎商品混凝土、聚元金属)、新增产值5亿元以上企业1家(民心食品),新增A股上市公司1家(五洲特纸)。

【疫情防控】1月21日,召开新冠肺炎疫情防控工作部署会,传达中央、省、市、区委会议精神。1月

25日，再次召开部署会，成立衢江经济开发区疫情防控应急领导小组，推进各项疫情防控工作。一手抓防控，一手抓生产。严把“开工前、生产中、复产后”三道关口。推进包企帮办行动，组织百名干部“入驻”企业，帮助复工企业解决口罩2万只、体温枪100支、废弃口罩专用垃圾桶100个、消毒液3.5吨；落实“政企通”及各项惠企政策，加速园区企业复工复产。2月8日，完成485家企业的信息梳理和185家优先复工企业的筛选工作；2月9日，完成第一批符合条件的68家企业复工审批，确保企业第一时间复工复产；3月6日，开发区84家规上企业全部复工，复工率100%，产能恢复率86%。抓好秋冬疫情防控工作。“外防输入、内防反弹”，指导督促企业做好亮码、测温，守好企业“小门”。

【平台要素】年内，开展基础设施建设、土地房屋征迁、土地收储盘活、安全综合治理等要素保障工作。推进基础设施工程建设项目6个、子项目28个，完成百灵北路（非机动车道和人行道）提升工程、桔海二路道路提升工程、龙口路改造工程等，落实绿化、亮化、美化、洁化日常管理。对兴业大道等地块进行土地征收，将征地补偿费全部支付到横路村；推进百家仓大排渠安全隐患整改工程建设，完成芝坑桥村2户农户土地征收；完成志高二期项目建设农户房屋拆迁工作；启动园中村房屋征收；收储盘活土地约66.67公顷，建设小微企业园2个，面积7.1万平方米。建立“谁联系的企业谁负责，谁出了问题追究谁”的责任追究机制；2020年开发区安全生产形势明显好转，安全生产死亡人数比上年下降50%，道路交通安全零死亡；全年检查生产经营单位1700家次，排查出安全生产一般隐患5711个，完成整改5331个，整改率93.3%，挂牌7家安全生产重大隐患企业，做到整改的措施、责任、资金、时限和预案“五到位”。推进环保三大攻坚战（大气、水、土壤污染防治攻坚战），完成90家废气企业治理任务，完成64家重点涉水企业的“污水零直排回头看”工作，完成原49家化工关停搬迁企业原址场地土壤调查。

【产业升级】上半年招商落地固定资产总投资5000万元以上项目（含技改扩建）20个，计划总投资约74.57亿元，其中投资20亿元以上项目1个（新成永创合金有限公司年产20万吨铝合金锭及20万吨铝合金零部件项目）、投资10亿元以上项目3个（志高机械高端智能装备产业园项目、交通建筑工业化重大交通产业化项目、大晨显示年产5000万片背光源模组生产建设项目）、投资亿元以上项目14个。有在建项目（含租赁）44个，项目总投资约64亿元，用地面积约65公顷；虹华印染、华凯科技、纤纳新能源、玖维电子等项目投产。推进“低散乱”企业整治，第二批“低散乱”企业213家，完成关停搬离14家，提交项目可研55家，提交整改报告74家；列入收储计划企业62家，计划收储总面积约112.4公顷。

【企业服务】年内，定期召开企业家沙龙、产业大讲堂，帮助企业破解发展痛点、难点、堵点问题，提升企业家素质。全年召开企业家沙龙9期，为170家企业解决招工、融资、政策兑现、企业用水用电等方面问题共计158个；完善网格化管理方案，落实“网格化”管理和“清单化”服务机制，对企业反映诉求及时上报、解决、反馈。2020年，被市委给予执行“十条军规”21项正面典型通报表扬1次。

（朱　旭）

江山经济开发区

【概　况】2020年，江山经济开发区以高质量发展为引领，统筹疫情防控和经济发展“两手抓、两战赢”，聚焦平台、项目、服务等工作，编制完成江东化工园区总体规划及江东化工园区控制性详细规划；开发区建设投资有限公司主体信用等级被中诚信国际信用评级有限责任公司审定为AA，成为江山市首个获得AA主体信用评级的国有企业。经济发展取得良好成效，主要经济指标实现逆势增长。园区规模以上工业总产值185.7亿元，同比增长4.11%；完成固定资产投资20亿元，同比增长15.88%，其中工业投资完成15.41亿元，同比增长9.82%；规模以上服务业营业收入9.94亿元，

10月23日，江山经济开发区江东化工园区获评全省化工园区（集聚区）合格园区

同比增长60%；新增国家高新技术企业23家、浙江省科技型企业30家、“小升规”企业32家；出口总额2.3亿美元，同比增长0.98%；规模以上工业企业研发经费4.89亿元，同比增长22%，占规模以上工业营业收入比重达2.5%。

【整合提升】 1月22日，按照省、衢州市开发区（园区）整合提升工作要求，推动江山市委、市政府制定出台《关于进一步深化江山经济开发区整合创新促进高质量发展的实施意见》和《关于进一步深化江山经济开发区整合创新促进高质量发展的三年行动方案》，对开发区空间范围进行调整优化，规划面积调整为57.8平方公里，总体形成城南工业园、莲华山工业园、江东工业园“一区三园”空间发展格局。10月12日，《浙江江山经济开发区（园区）整合提升方案》通过省政府批复。

【园区认定】 10月23日，根据省经信厅《关于印发浙江省化工园区评价认定管理办法的通知》要求，通过前期初审、专家评审及现场核查等环节，江东工业园入选浙江省化工园区（集聚区）合格园区名单（全省共49家），并以81分的衢州地区高分通过安全风险排查。衢州复评为C类，为实现江山化工产业集聚发展，助力衢州打造千亿级产业平台提供强有力保障。

【土地报批】 年内，规划S316（里坞）—S315（十村）连接线一期项目被列入省重点项目和国家土地计划指标清单，并获批准。抢抓土地报批窗口期，集中报批江东工业园原已征未批地块、欧派三期、长丰大道辅道等17个区块约53.33公顷土地，奠定用地基础。

【招商引资】 年内，引进总投资25亿元的欧派特种门窗产业园、总投资16.5亿元的天际未来工厂、总投资15亿元的研一产业园、总投资10.5亿元的交安设施产业园、总投资近3亿元的科润变压器项目等供地项目共计25个，协议总投资73亿元。

【项目建设】 年内，排出90个涉及重点产业类、生产性生活性服务业以及重大基础设施类项目，其中开工建设项目85个，开工率95%。建立重大项目工作专班，实行“每周一例会、每月一督报、每季一总结”推进机制，协调解决项目建设过程中遇到的难点、痛点。研一产业园、澳宇新材料2个招商项目实现当年供地，当年开工，当年建成试生产。

【征地拆迁】 年内，征收土地118.87公顷，拆迁房屋535户，收储低效用地企业12家，盘活用地20公顷。城南征迁大会战在江山市率先签约清零，累计盘活土地100余公顷，江东五期10天完成90户签约清零，省重点工程高新东路14天完成56户签约清零，成功处置闲置烂尾7年的伟屹智慧产业园项目。

【**产业创新**】年内，结合江山市木门产业现有优势，选定发展方向，设立链长，建立“九个一”工作机制（编制一个产业链发展规划、制定一套产业链发展支持政策、打造一个产业链发展空间平台、培育一批产业链龙头企业、搭建一个产业链共性技术支持平台、成立一支产业链专业招商队伍、指派一名产业链发展指导专员、健全一个产业链发展分工责任机制、制订一个产业链年度工作计划），实施强链、补链工作，开发区木门产业链入选省级产业链“链长制”试点示范名单（全省共27家）。开发区15个智能制造试点项目和39个提质扩面项目累计完成投资约5.3亿元，其中超亿消防、欧派门业、名雅居木业、丰泽木业、申达换热器、科力车控、雷士灯具等7个试点项目和三元塑胶1个提质扩面项目通过验收。

【**山海协作**】年内，省发改委公布2020年度山海协作工程和山海协作产业园考核结果，江山—柯桥山海协作产业园以绩效考核满分的成绩，连续4年获得省级一等奖，实现“四连冠”，累计获取专项补助资金1.5亿元。入园企业实现规上工业总产值62.5亿元，同比增长38.2%；工业增加值18.22亿元，同比增长29.3%；入库税收3.37亿元，同比增长12.7%；完成固定资产投资26.77亿元。

【**服务企业**】年内，依托企业服务中心，制定出台派驻机构绩效考核办法和网格化服务、产业项目“店小二”专项服务活动方案，建立专班制、清单制、督办制等协调推进机制，提升高效服务质量，全年共办理900多件，服务2500余人次，受理工业投资备案项目203个。做好信访维稳工作，回复处理来信来访147件，群众对信访部门满意率100%。

（侯晨捷）

龙游经济开发区

【**概　况**】2020年，龙游经济开发区有工业企业700余家，其中规模以上工业企业154家，累计实现规模以上产值178.22亿元，同比增长6.32%，占全县比重65.61%；限额以上批发和零售企业10家，销售额8.17亿元，同比增长12.28%；营利性服务企业12家，营业收入5.38亿元，同比增长43.38%；实现入库税收7.24亿元，同比增长12.42%，占全县比重26.8%。全年向上争取资金7200万元，同比增长242.8%。2020年公布的省级开发区综合考核中较上一年提升16名，首次位列全市第1；产业创新服务综合体（孵化园）成为全县首个获得“衢江杯”“钱江杯”的政府性投资项目。

【**疫情防控**】年内，累计排查2.48万人，核实重点人员9112人，集中隔离医学观察89人，帮助解决困难诉求130余件，为企业减免租金、水费约290万元，清退各类保证金近3000万元，拨付政策兑现资金4600余万元，搭建融资通道帮助贷款超3000万元，组织外地员工返岗包车17车次，结合线上招聘解决用工缺口逾千人。帮助打通上下游企业及物流运输，赢得复工复产主动权。

【**项目建设**】年内，纸浆物流交易中心、中水回用、综合供能站等生

龙游县首个“衢江杯”“钱江杯”的政府性投资项目——龙游县产业创新服务综合体

建设中的贝尔智能科技创业园

产性服务业项目开工，加快推进18条道路改造提升、金星大道（广智路—游五路）、产业创新服务综合体、机器人产业园等续建项目。全社会固定资产投资43.43亿元，同比增长31.12%，占全县36%。其中开工实施政府类投资（国资）项目17个，累计完成投资8.36亿元，同比增长44.5%；工业投资项目163个，完成投资29.29亿元，同比增长18%，占全县83%。

【要素保障】 年内，保障水电气污等要素供给。4月，城南污水处理厂运行；7月，城北自来水厂运行。5月，江家变3#主变扩容工程竣工验收；6月底，220千伏士元变开工建设；11月，110千伏白马变完成总包单位招标即开工。金怡热电项目建成后将实现工业固废开发区内解决。12月，北片区兴北路与东环线连接线、南片区兴业大道东与环线互通建成通车，改善开发区对外交通。

【招商引资】 年内，新落地2000万元以上招商工业项目65个，工业项目协议总投资额83.39亿元，实现招商到位资金约23.4亿元。其中投资5000万元以上工业项目47个；新增用地工业项目34个，成交出让土地88.47公顷；资产重组“腾笼换鸟”类项目12个，完成低效企业出清110家，盘活闲置土地669亩，2000万—5000万元租赁类项目19个。自引亿元以上项目10个，即喜迈环保科技、龙成耐火材料、亿朗摩配、贝尔智能科技创业园、瑞尼伯体育用品、道远纺织科技、纺融机械设备、乔老爷二期、中浙高铁试验中心项目、茂新酒店综合体项目。开发区招商引资项目获得市招商引资谋划大赛三等奖。

【国资改革】 年内，导入管委会和中北公司后勤保障、房屋租赁、规划设计、方案编制、招标代理、广告宣传、零星工程等相关业务，构建新发公司+综合能源开发、善建房地产、道一科技的“1+3”母子公司架构，并面向企业和社会进一步拓宽业务范围。新发公司资产总额7.55亿元，同比增长34.85%；总营业收入7243万元，同比增长58.61%；利润总额127万元，同比增长111.37%；缴纳入库税收734.16万元，同比增长108%。以新发公司及其子公司为融资主体，加强同商业银行、股份制银行和非银行金融机构的合作，形成以银行贷款为基础、以其他资金为补充的信贷融资格局。获银行贷款授信6.32亿元，累积到位2.55亿元，贷款余额同比增长189.77%。

【企业服务】 年内，成立“争先创优”工作领导小组及办公室，设立8个专业小组（由职能科室牵头），细化分解指标到企业、到项目，交办各网格、服务团跟踪落实，每日发布“通报+简报”，月度组织网格绩效考核，推动“争先创优”全域落实、全员落实、全面落实。推动便企服务中心标准化提升，深化“最多跑一次”“最多跑一地”改革。推动县医保局、县人社局、恒盛热力窗口、税务等部门正式入驻便企服务中心。开发区以区域能评方式取代一般企业项目节能评估报告，完成69个“零土地”技术改造项目节能事项承诺。

【安全生产】 年内，明确开发领导班子安全生产“一岗双责”责任分工，组织签订企业主体责任书545份，组织开展“安全生产月”活动，开展日常隐患排查和专项检查11

次，检查企业342家。引入1家社会化服务公司，对开发区240家企业开展安全隐患排查与整改、专项安全知识培训、应急救援预案、事故调查等工作。开发区应急救援队全年参与火灾救援82次，抢险救援36次，排查火灾隐患326处。开展危险化学品专项整治行动3次，开展特种设备、消防安全、高温熔炉、自备储油设施专项整治行动4次。

【综治维稳】 年内，组织矛盾纠纷排查10次，排查出矛盾纠纷和隐患80余起，调解机构受理重大矛盾纠纷25起，结案劳资纠纷案件179起，办结消费投诉举报案件54件，协调处理涉企、涉村历史遗留问题68个。接受各类法律咨询268人次，提供法律援助39人次。处理浙江省平安建设信息系统线索21条，电话来访投诉件30起，“12345”政府热线平台投诉159起。全年无重大刑事、治安和集体访、越级访等事件发生。

【环境治理】 年内，完成城南污水外溢问题调查分析、城南总排口劣Ⅴ类水自查整改。虎龙村雨水排口指标超标的排查整改、城北4个小区及周边商铺“污水零直排”创建和城南雨污管网改造提升项目按计划推进。城北生活小区“污水零直排”建设通过验收。城南雨污分流改造项目完成招标。全年环保立案查处12起。

【交通整治】 年内，开展园区道路治安监控一张网建设，增设红绿灯9个，其中6个经验收进入试运行阶段，新增监控探头137个、移动探头4个，全部并入公安视频专网。进行园区路网改造提升，新建续建金星大道（广智路至游五路）、北斗大道（游四路至童家公路段）、游四路、游五路及龙七路道路等5条道路，改造提升道路18条，完善道路标识标牌、交通信号灯等安全设施。提升道路安全系数，整改隐患路口2个，拆除有碍观瞻、不规范标识标牌30余处，完成北斗大道13个路口封闭工作，在原有400余个停车位基础上，新增施划机动车停车位216个，非机动车停车位28个1016平方米。新增城南城北2个停车场，缓解开发区停车乱、停车难问题。新增公交车、自行车站台15个，提升公共出行能力。

【人大代表联络站】 年内，按照《龙游县人大党委会2020年工作要点》，探索开发区人大代表履职尽责工作机制，建立完善联络站坐班接访制度和议事制度，设立5个企业人大代表联络点，开办“局长进站、难事好办”活动和代表、议事员议事活动，接待上级人大及外地人大代表调研。全年举办议事活动5次，解决企业高级人才和业主子女城区上学等重大难题5件。

（汪　亮）

常山经济开发区

【概　况】 年内，常山经济开发区加快一区多园的发展步伐，充分利用省级开发区的“金”字招牌，探索园区加快发展的有效方式，积极寻求发展空间，努力打造成为常山对外开放的窗口、科技创新的示范地。11月19日，常山经济开发区正式获得省政府批复，升级为省级经济开发区。12月21日，省经信厅、省生态环境厅、省应急管理厅3家单位联合发文成功认定常山县生态工业园区为省级化工园区，以衢州市第1的成绩通过浙江省化工园区综合评价。全年园区实现总税收9.84亿元，同比增长24.04%；园区规模以上企业100家，实现工业总产值112.94亿元，同比增长4.81%；园区工业增加值31.2亿元，同比增长6.5%。

【项目建设】 年内，开发区149个在库项目，累计完成固定资产投资23.77亿元，其中新入园项目99个，完成投资13.66亿元；续建项目50个，完成投资10.11亿元。有38个投资项目建成，其中18个新建项目，20个续建项目。浙江富乐德石英科技有限公司、浙江哲丰新材料有限公司、浙江成就管道有限公司、浙江灵腾铸造科技有限公司开工建设。衢州新希望六和饲料有限公司、浙江宇帆化纤有限公司、浙江新纺机械有限公司、浙江鹏华纺织有限公司、浙江柚香米业有限公司签署入园协议。

【基础设施建设】 年内，开发区集聚区产城融合基础设施配套项目完成土地征用1.6万平方米，完成土地征用前期工作42.6公顷，建成道路5.16万平方米，完成投资

浙江哲丰新材料有限公司生产车间

2500万元。辉埠片区完成道路建设投资790万元，一条道路建成通车，新建二号路徐建塘水库段工程，提升改造紫亭路。新都片区污水处理厂完成设备投资300万元以上。生态园区平台提升项目拉开道路、管网和绿化基础配套框架，建设7条道路或道路延伸段总长900米，建设管网800米，绿化面积14021平方米。

【招商成效】2020年，县开发区累计决策项目99个，其中工业项目95个，涉及总投资约68.7亿元，固定资产投资约44.5亿元。完成新增用地项目24个，包括浙江鹤丰新材料有限公司等20家企业，工业供地25宗，总面积1051.7亩，成交价2.26亿元。对接多个优质招商项目，主要为万华供应链基地项目、大和热磁三期项目、利安隆二期项目、斯凯孚二期项目等一批5亿元以上强链、补链型主导产业。

【产业转型】年内，推进传统产业稳步转型和新兴产业发展壮大。轴承产业规模以上企业9家，累计实现产值10.29亿元，同比增长14.11%；上缴税收2645.81万元，同比增长72.25%。数字经济产业规模以上企业4家，累计实现产值1.05亿元，同比增长76.81%；上缴税收283.41万元，同比增长268.50%。半导体全产业链规模以上企业14家，累计实现产值16.18亿元，同比增长18%；上缴税收1536.49万元，同比增长24.03%。通过新项目导入、生产线扩展和智能化改造等方式，加大新项目投入力度。万洋众创城项目、沃科思智能门窗幕墙系列项目、富乐德石英制品及火加工制品项目等一批千万级以上新项目的实施，促使主导产业不断发展壮大。

【特色工作】年内，云耕小镇通过2020年省级考核和暗访。以良好等次通过省级循环化改造验收。申报常山精密基础件产业创新服务综合体，综合体先后被列入市级、省级创建名单，争取到建设奖励资金2000万元。成为山海协作考核“优等生”，得到省、市领导高度肯定，在2019年度考核获全省二等奖的基础上持续向好，生态园区提质扩容拓展发展空间，40天内完成304户、24.53公顷土地征迁协议的签订和坟墓迁移，实现土地无障碍交付使用。

【服务管理】年内，常山经济开发区管委会践行“不叫也到、随叫随到、服务周到、说到做到”及“店小二”精神，企业事项由干部全程代理。通过微信、电话、上门走访等方式向业主及时反馈办理信息，实现业主办事足不出户。全年，通过干部上门服务征询并帮助企业解决问题449个，让“我中有你、你中有我，要你担当、我定担当，你们所想、我心所向，你们好了、我们才好”的团队理念成为全体开发区人的共同价值理想，全力打造最优营商环境。

（涂江浩）

开化工业园区

【概　况】2020年，开化工业园区获省政府办公厅复函，同意整合设立浙江开化经济开发区，实行省级经济开发区政策，实际批复13.08平方公里，分2个产业园（智慧大健康产业园7.56平方公里、新材料新装备产业园5.52平方公里），到2020年底，建成面积8.56平方公里；有大健康、电子信息、新能源、新材料、轻工机械5大优势产业，入驻企业186家，正常生产企业148家，其中规模以上企业46家，有10亿元级企业2家，亿元级企业10家。国家级高新技术企业7家，省级以上高新技术企业45家。规模以上工业实现增加值8.31亿元，同比增长37%，比全县平均水平高25.4个百分点，高技术制造业增加值2.1亿元，同比增长36.5%；完成固定资产投资4.76亿元，其中32个工业项目完成投资4.09亿元，同比增长2%；完成出口交货值3.26亿元；完成企业“小升规”16家。

【疫情防控和复工复产】 年内，落实县疫情防控指挥部关于新冠肺炎疫情管控的指示与要求，全面联企驻企，严格压责问责，做好人员管控、复工审核、物资保障等工作，做到疫情零发生。落实帮扶政策，提供防疫物资，协助职工返岗，通过“云招聘”、政银企对接沙龙等新招、实招，保障生产要素，推进工业复苏。2月底，园区所有企业实现复工，6月主要经济指标实现“V”形反弹，全年规模以上工业企业总产值60.16亿元，同比增长6.6%。

【重点项目建设】 年内，完成杨村二期4号、5号地块43.87公顷土地平整；完成规划编制6项；推进基础设施建设工程2个（杨村片区二期基础设施建设工程、杨村一期管网修复及交通设施配套工程），完成投资4258万元；推动集中供热、供水等重大基础设施建设前期工作；10月24日，新材料新装备产业园通过省级化工园区认定；新安片区品质提升工程已实施2个子项目（市民广场、开华南绿道提升），其中市民广场投入使用，完成投资571万元；绿色产业孵化园（二期）完成土地平整4.67公顷，开始主体建设。

5月31日，哈工大仪器学院与开化县政府共建“钱江源高端装备研究院”签约仪式举行

【科创赋能】 年内，推动数字经济培育、企业研发经费投入、技术改造项目投资等工作，为生态工业发展赋能。完成新产品产值16.75亿元，同比增长59.4%；数字经济产值26.75亿元；完成企业研发经费投入1.1亿元。其中，卡游科技动漫文化衍生产品智能化工厂项目（一期），引进全自动印刷生产线6条，于8月正式生产，完成产值2.12亿元；爱津生物年产5000万套高端生物医疗器械耗材生产基地及研发中心项目3月正式投产，完成产值1.12亿元；浙江泰恒新能源有限公司3个技改项目通过验收，完成产值10.12亿元。

【招才引智】 年内，按照“突出补链强链、做强优势产业、培育新兴产业”思路推进招才引智工作。落地总部经济项目1个，亿元以上产业化项目6个，完成落地资金6亿元，其中2个当年投产，全年完成产值3.25亿元；推动县政府与哈工大仪器学院签订共建协议书，共同打造钱江源高端装备研究院，帮助研究院完成建设，研究院为开化县推荐人才及产业项目12个，落地1个，与开化县企业开展技术合作5项，并举办“技术项目”推介会1次。

（汪文军）

建筑业·房地产业

■ *Construction Industry,Realty Estate*

建筑业

【概　况】2020年，围绕“质量和效益”主题，突出对建筑业的指导、引领和培训工作，提升建筑业的产业地位，引导建筑企业转型升级、改革创新，主动适应经济新常态，推进全市建筑业持续健康高质量发展。2020年，全市有建筑业企业417家，其中一级施工总承包企业27家，一级专业承包企业8家；二级施工总承包企业83家，二级专业承包企业16家。全市建筑业企业完成总产值401.45亿元，同比增长7.5%；新签合同额434.87亿元，同比增长12.9%；超亿元产值企业83家；实现增加值130.17亿元，增加值占全市地区生产总值的7.9%，按可比价格计算比上年增长6.58%。

【复工复产】年内，坚持疫情防控与复工复产“两手抓、两手硬、两战赢”要求，成立市新冠肺炎疫情防控指挥部企业服务专班建筑业专业组，研究制定《关于新型冠状病毒感染的肺炎疫情防控期间切实加强建筑工地复工管理的通知》，明确19条复工标准，制定《建设项目复工指南》，优化建筑业企业复工复业安排和审批流程、开通“绿色通道”，全面推行政务服务“网上办”“掌上办”等线上办理方式等，强化复工管理。深化“三服务”，抽调骨干力量成立服务建筑工程复工专员队伍，点对点服务，有序分类指导、精准帮助重点项目复工。截至一级响应结束，全市536家建筑业企业、688个工程项目全部复工。

【工程保函】年内，落实保证金改革各项惠企措施，加快推进“建设工程绿色综合保险”试点工作，激发市场活力。出台《关于在工程建设领域加快推行工程保函的通知》《关于完善农民工工资保证金制度和专用账户管理的通知》《关于进一步明确农民工工资保函相关事项的通知》等文件，开展宣贯、培训，专题解读工程保函及保证金专项清退工作政策。全年为6310家(次)企业降低或免缴各类保证金10.75亿元。通过保函形式缴纳四类保证金，释放保证金24.5亿元，为企业减负1.36亿元。

【过程结算】年内，召开全市施工过程结算宣贯会。牵头联合市发改委、财政局制定《衢州市推进房屋建筑和市政基础设施工程施工过程结算工作方案》；邀请省造价咨询行业专家到衢州开展实务培训；提升数字化造价，助力推进等措施，推动施工过程结算迅速落地项目。全市施工过程结算已落实项目8个，建安工程造价约12.24亿元，中标价约10.95亿元。

【企业培育】年内，指导建筑业协会开展全市建筑业龙头骨干企业选拔培育工作。选拔17家综合性、示范性、带动性强的龙头骨干培育企业，并实行“一企一策”帮扶行动，在资质升级、市场开拓、创新创优、人才培养、金融支持、品牌效应、优化生态等方面跟踪指导，示范带动整个行业转型升级。

【创优夺杯】年内，开展创优夺杯系列活动，通过优质工程引领示范，强化工程质量安全管理。全市3家企业获5项省级工法，4个项目获“钱江杯”奖(优质工程)。评定市级房屋建筑“优质结构”工程23个，市级建设工程“衢江杯”奖(优质工程)34个；市级标准化工地40个，省级标准化工地9个；常态化举办造价讲坛、造价技能大赛，3人获省金牌造价师称号。

【装配式建筑】年内，统筹推进建筑工业化发展，装配式建筑项目全面实施承诺制管理，联合打造浙西首家建筑工业化技能培育实训基地，开设装配式建筑及BIM技术培训班。全市新开工装配式建筑303.93万平方米，其中新开工装配式住宅和公共建筑（不含场馆建筑）223.69万平方米，连续4年超额完成省定年度任务。

【实名制管理】年内，联合市监管办出台《衢州市建筑施工企业信用评价实施细则》，形成"监管+信用""市场+现场"联动评价体系，开发并依托"智慧建设"系统，强化农民工实名制管理，常态化开展根治欠薪专项行动。起草《关于进一步加强市本级在建项目建筑工人实名制管理工作的通知》，全年开展民工工资专项大检查4次，下发整改通知书123份，提出整改意见600余条。自4月机构改革以来，处理民工工资纠纷21起，涉及农民工366人，涉及工资631.34万元。

【勘察设计】年内，全面推广应用"智慧勘察系统平台"，加强对工程勘察行业的监管，提高工程勘察成果质量。市本级全年开展施工图设计文件审查备案189项，其中新建房屋建筑工程61项、建筑装修工程79项、市政公用工程49项。组织建筑节能评估评审36项，总建筑面积325万平方米。新建高星级绿色建筑面积约占总建筑面积50%以上。参加可研和初步设计阶段消防设计审查213次。

【企业管理】年内，市本级开展证照分离承诺制企业核查工作，全年新增承诺制申报10家三级建筑业企业（含2家劳务企业），省建设厅直接受理审批二级10家。对动态核查中发现人员指标不符合要求及业绩造假的2家企业做撤销行政许可处理；通过规范管理，市本级建筑业企业控制在97家，其中施工86家，招标、监理11家；劳务企业8家。做好日常人员录入审核工作，累计审核企业上报人员信息5000余条。

【项目监管】年内，加快推进智慧工地建设，落实以"消除事故隐患，筑牢安全防线"为主题"安全生产月"活动，开展建筑工地"防高坠"、在建工程混凝土等质量安全专项检查行动19次，下发整改通知单554份，制定《市本级在建重点项目推进"红黑榜"评比方案》，每月组织开展评比活动，约谈"黑榜"企业并实行挂牌督办，评比结果纳入信用评价体系。全面推进政府购买监理巡查服务试点工作，引入第三方服务机构参与管理，提高监管效率。全年质量安全形势总体平稳有序。

【工程项目】年内，市本级办理施工许可证130项，面积251.93万平方米，其中建筑类投资额88.96亿元，市政类投资额25.24亿元，共计114.2亿元，比上年增长30%，造价增长57%。市本级监督工程项目367个，其中房建受监工程206个，建筑面积856万平方米；市政受监工程161个，造价约62.31亿元，签发质量安全监督整改通知书642份。工程项目消防验收33个，竣工验收消防备案受理52个，签发整改通知书35份。检测公司出具检测报告61764份。

【全过程工程咨询】年内，制定《全过程工程咨询合同履约日常检查工作方案》，每月开展全过程工程咨询服务合同履约检查，结合市重点项目"互看互学"评比，参加市本级重点项目"红黑榜"排名评测，引导全过程工程咨询企业提高服务质量，压实履约责任，挖掘全过程在项目谋划、投资控制过程中的价值和潜力。全过程工程咨询项目全年新增25个，涉及总投资额87.62亿元，咨询服务费1.15亿元。

【"智慧建设"系统】年内，依托"互联网+大数据+政府服务"技术，打造衢州市工程建设项目数字化管理（智慧建设）系统，通过数字化改革，进一步构建科学、便捷、高效的建筑业市场机制，规范建筑市场秩序，提升建筑工程质量安全水平，推进行业治理体系和治理能力现代化。系统一期建设于9月上线试运行，1680个在建项目纳入系统管理，竣工项目805个。

【建设职业教育】年内，市建设职业学校分42个批次，为建设行业从业人员开展培训、考核25159人次。其中建设系统干部职工学历教育、岗位培训、行业规范条例宣贯培训653人次；建筑施工现场管理人员、三类人员岗位培训考核3780人次；建筑工人职业技能培训鉴定考核2281人次；建筑施工特种作业人员培训考核1558人次；建造师、建筑施工现场管理人员、三类人员、建筑工程技术人员继续教育16887人次。

（周　睿）

房地产业

【概　况】2020年，受新冠肺炎疫情影响，房地产市场呈现先抑后扬，逐步回落渐趋稳定的局面，全市完成房地产开发投资208.1亿元，比上年下降5.6%，其中住宅投资169.34亿元，同比下降3.7%。全年房屋施工面积1109.86万平方米，增长3.9%；竣工面积182.15万平方米，下降46.24%。商品房销售面积214.7万平方米，增长2.6%。其中，住宅销售179.28万平方米，增长2.2%；商业营业用房销售19.8万平方米，增长132.4%。商品房销售额264.4亿元，增长10.3%。其中，住宅销售额243.4亿元，增长12.1%；商业营业用房销售额14.2亿元，增长35.2%。房地产市场受新建商品住宅量放大、土地供应节奏加快等因素影响，出现量价齐升趋势，板块冷热不均、区域分化现象有所加剧，但总体呈现平稳可控的发展态势。

【房地产市场调控】年内，开展“一城一策”方案编制，出台《衢州市建立和完善房地产市场平稳健康发展长效机制工作方案》《关于进一步促进市区房地产市场平稳健康发展的通知》，通过对土地、金融、财税、监管等方面建立和落实综合性长效机制，使地价、房价、房租水平保持在合理区间，采取优化土地供应的结构、改进用地出让方式、遏制炒房投机、完善公积金政策、提高预售条件、营造公正透明房地产市场等措施加强房地产市场调控，市区19块土地实行限房价竞地价政策，在售的礼贤未来社区、电子科大二期等热点地块均规定自签订《商品房买卖合同》之日起5年内不得转让。同时，运用房地产市场大数据监测预警机制、商品住宅销售备案价格会商机制和商品住宅市场联合监管机制，联合开展预售备案价格会商，合理把控新开盘项目的销售成交均价和最高价，并对成交价格实行严格的事前、事中、事后全程监管，市区商品住宅价格严格按照会商的价格网签备案。全年办理14个项目的30次预（现）售方案备案审核及现场施工进度勘察；参与市区商品住宅销售备案价格会商11次；组织或参与四部门监管服务31次。

【整顿房地产市场乱象】年内，对市区1711家经纪机构开展现场检查，发放整改通知书1419份，向市综合执法局移交50余家涉嫌违法违规经纪机构；推行使用《衢州市存量（二手）房出售经纪服务合同》等示范文本，出台《关于加强衢州市房地产经纪机构和存量房房源管理工作的通知》《衢州市区房地产经纪人员实名登记服务卡管理细则》，实行房产经纪人员实名制挂牌上岗，下发《关于加强衢州市区商品房预售资金监管工作的通知》，并启用商品房预售资金监管平台；下发《关于加强衢州市房地产经纪机构和存量房房源管理的通知》，并着手建立市区存量房房源和房地产经纪机构及人员监管服务平台，通过监管平台对所有经纪机构备案信息、房源信息进行核验，实现经纪机构和经纪人员信用评价管理。

【物业管理】至年末，全市有物业服务企业167个，物业管理项目436个，管理面积3019.71万平方米，住宅小区成立业主委员会274个。物业服务企业从业人员6556人；物业服务收费每月平均价格1.14元/平方米，物业服务企业全年营业收入31881.78万元，营业利润2705.85万元。全市物业专项维修资金累计归集161708.14万元。其中，商品房160615.8万元、房改房1092.34万元。全市物业保修金累计缴纳34509.09万元。通过各类媒体，举办培训会等方式对《衢州市物业管理条例》进行宣贯。组织开展“红黑榜”考核评价，加强现场交办引导和推动物业服务企业增强服务意识、服务品质。开展2020年物业服务企业信用等级评定，衢州市本地企业共有2家获AAA级，2家获A级，58家获B级。完成《衢州市普通住宅小区物业服务菜单式服务标准》草案和衢州市普通住宅小区物业菜单式服务收费标准编制工作，起草物业管理临时管理规约等示范文本。联合红色物业联盟专班、民政局出台《业主委员会选举程序指引》等8项工作规范，作为街道、社区指导监督业主大会、业主委员会履职的重要依据。在柯城区、智造新城所属的12个小区试点“邻礼通”线上投票选举，线上投票率70.5%，选举时间缩短1/2，工作人员减少2/3，投票效率和满意度大幅度提高。

【白蚁防治】 年内，完成房屋白蚁新建预防面积230万平方米，接收白蚁灭治1350户，面积约35.5万平方米。开展园林绿化白蚁防治，绿化白蚁危害检查面积250万平方米，绿化白蚁灭治面积200万平方米；老旧房屋回访面积1600万平方米；累计受理白蚁防治机构备案18家。白蚁防治全面停止使用药物屏障技术改用监测控制技术，衢州市新建房屋白蚁防治监测控制技术使用率100%。启动传统村落和历史文化名城名镇名村白蚁防治工作，防止宝贵的文化遗产遭受白蚁侵害。编制《白蚁防治行业标准化建设优胜单位考评办法(试行)》，从机构能力、业务办理、新建预防、回访灭治、安全生产等十个方面细化考核标准。

【直属公房管理】 年内，市房管处直管公房依照住宅和非住宅用途分别进行管理。年末，直管住宅公房865户，建筑面积约5.27万平方米，其中白云小区人才公寓200户，建筑面积2.02万平方米。全年办理续租换证、签订房屋租赁合同458户，人才公寓办理续租52户，新报批6户，置换房重新签订合同46户。针对直管住宅公房房屋结构开展3次安全大排查，排查面积约16.81万平方米。维修公房约712户，维修面积1.10万平方米。至年末，直管非住宅公房48处，建筑面积1.24万平方米。接待落实私房政策户和营业房拍租户来信来访35次，做好政策宣传解释。开展营业房房屋结构及防火安全大排查，排查面积1.24万平方米，收回公房20套。

7月20日，衢州市柯城区老旧小区加装电梯试点小区动工仪式

【推进既有住宅加装电梯】 年内，出台《衢州市区既有住宅加装电梯工作的实施意见》，明确实施主体、加装条件、资金筹集、实施程序、简化办事程序、提升工作合力等内容，充分尊重业主意愿，兼顾各方利益，从程序上解决由谁申请、如何申请、如何审批以及经费渠道、后续管理等问题。借鉴杭州、丽水等地先进经验，编印《衢州市区既有住宅加装电梯指导手册》1万册，涵盖既有住宅加装电梯办理流程图、《政策问答》、加装电梯住户出资参考案例、图审机构、电梯服务企业备选名录、加装电梯项目协议书范本、公示范本、财政补助申请表等内容。全市有7台住宅加装电梯完工并投入使用，27台既有住宅加装电梯正在推进中。

【礼贤未来社区】 6月16日，衢州市首个未来社区项目——衢州柯城礼贤未来社区2宗地块顺利出让，成功选择最优投资主体浙江绿城。该项目是全省首批24个未来社区试点项目之一，是首批联合国可持续社区标准试点项目，更是全省唯一“双标准、双试点”未来社区项目。项目规划单元100公顷，其中实施单元28公顷，总建筑面积65万平方米，总投资53.35亿元。项目以“4+X”创新场景体系集成打造“三个有礼”未来社区建设，聚焦人本化、生态化、数字化三维价值坐标，为居民提供邻里有温度的人文有礼社区、环境有韧度的自然有礼社区、管理有精度的秩序有礼社区，打造一个最有礼的国际花园社区。6月29日，项目举行动工仪式，整体进度走在全省前列。

(周　睿)

商贸

Commerce and Trade

商贸流通

【概 况】2020年，全市商务系统认真落实省商务厅关于“稳住外贸外资基本盘、畅通国内国际双循环”的工作部署，坚持疫情防控和复工复产“两手抓、两手硬”，推动各项指标争先进位，推进商务工作持续健康发展。年内，全市社会消费品零售总额757亿元，与2019年持平，增幅排名全省第2；实现网络零售额389亿元，增长36.3%，增幅排名全省第1；居民网络消费额231.6亿元，同比增长13.0%；完成散装水泥供应率76.77%，同比增长2%；预拌砂浆供应量18.11万吨，同比增长12.62%。

年内，衢州市被列入中国（衢州）跨境电子商务综合试验区，入选省第二批供应链创新与应用试点城市。衢州市6家企业被列入中央农商互联农产品供应链试点，获中央补助资金1195万元；6家企业入选省第二批供应链创新与应用企业试点；4家企业获评“浙江省新零售示范企业”称号；2个乡镇被评为首批省级现代商贸特色镇，7个行政村被评为首批现代商贸发展示范村；水亭门商圈被列为省级第一批试点智慧商圈，开化芹滩商圈被列为省级第一批培育商圈；水亭门步行街被列为浙江省高品质步行街建设试点；柯城区、常山县被省商务厅列入夜间经济发展试点城市和培育城市；开化县获评国家电子商务进农村综合示范县；衢州经济技术开发区和江山经济开发区入选2019年浙江省开发区产业链“链长制”试点示范单位；新增2家省级公益市场。市商务局在执行市委、市政府“十条军规”典型事项中获通报表扬2次。

11月30日，省商务厅厅长盛秋平（右三）到衢州调研

【新冠疫情防控物资保障】年初，应对新型冠状病毒肺炎疫情，市新型冠状病毒肺炎疫情防控应急指挥部成立由市商务局牵头，市卫健委、市经信局、市发改委、市医保局、市财政局、市市场监管局各负其责的疫情防控应急物资保

障组，多措并举做好医疗应急物资采购、储备物资分配、生活必需品保供等工作。充实物资储备，通过向上争取调拨、全球全天候采购、社会捐赠、动员征集等渠道，全力充实防护物资储备，市本级采购组实际完成48件订单，其中防疫口罩实际入库700余万只、隔离衣2.8万多件、防护服1.8万件、额温计1000多只，实际使用采购资金2790多万元。探索建立采购研判、调配决策“十分钟”钉钉会商制度，以最快速度达成共识下单抢购，纪检组全程参与监督，实现流程规范化、决策透明化、效率最大化、监督全程化。优化物资分配，制定防疫物资“四保”（保重点、保一线、保民生、保底线）分配机制，对医卫、公安、防控一线社区、超市等重点单位和人员优先保障。联合开发网购口罩小程序，售出80余万只口罩，缓解市民购买口罩难问题，有效避免市民店内抢购可能引发的集聚感染风险和社会稳定风险。安排投放口罩、测温仪等物资到工业、建筑业、商贸流通业、服务业等重点领域，为企业复工复产保驾护航。强化生活必需品保供，对重点农产品批发市场、商超、连锁超市、便利店等167个保供点生活必需品物资投放、库存、营业等情况进行监测和调控。疫情期间，全市生活必需品市场平稳，没有出现异常波动情况。

【推动企业复工复产】3月，印发《关于商贸服务企业复工复产的指导意见》，分批分类推进商贸服务企业复工复产，开辟“绿色通道”，逐步恢复经济秩序。完成4批64台热成像测温设备在机关集中办公大楼和办事窗口单位、学校、医院、高铁站、重大项目工地、承担生活必需品供应保障的超市、重点园区等的安装布设。截至3月中旬，全市大型农批市场、农贸市场及大型商超、外贸企业、外资企业、电商园区和入驻电商园区的电商企业、加油站、汽车4S店、预拌混凝土（砂浆）企业复工率100%。建立“三个一”工作制度（一个网格、每天一巡、每日一报）和“3+X”工作模式（问题清单+落实清单+对策清单+X），动员机关干部、商协会等各方力量下沉企业一线，帮助解决防控物资保障难、企业用工难、原材料供应难、物流畅通难4类30多个问题。联合财政等部门简化政策兑现流程，全年审核兑现商贸领域大商贸资金4863.69万元。联合多家金融机构推出出口退税贷、订单贷等专属金融产品和专项金融扶持政策，83家外贸企业申请意向贷款6.9亿元。

【商贸流通】4月下旬，市商务局牵头成立市促消费工作专班，由副市长田俊任组长，成员单位包括26个市级部门和8个区块。全年，市本级组织发放5期消费券活动，投入财政资金6812万元，拉动直接消费近3.4亿元，杠杆率达1∶5。7月底，举办汽车促消费活动，发放4273.4万元财政资金对在衢购买汽车的用户实施补贴。全市67家车企报名，销售汽车6875辆，销售总金额10.43亿元，投入拉动比达1∶24.4。举办14场次汽车消费展，支持展会资金300万元，实现现场销售汽车3741辆，销售额5.77亿元。通过五一、国庆、中秋等节日在水亭门街区组织“祈福献礼·礼乐汉服”国风生活展等活动，至年末，客流量恢复上年同期水平，销售额同比增长19.8%，基本形成以“吃、住、

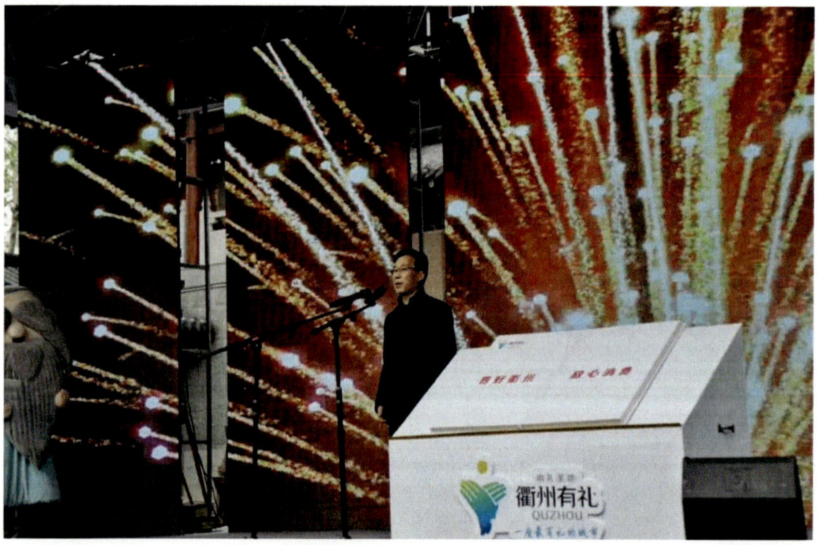

4月3日，“四好衢州 放心消费”嘉年华活动举办

购、游、养”为主题的省级特色商业步行街。同时，重点推进将市域外衢州餐馆打造成宣传衢州城市品牌的窗口，设计“好吃衢州”Logo，与杭州19家餐馆对接，筛选第一批7家餐馆进行装修设计。

【行业管理】 年内，组织市区13家大型商超负责人和全局干部职工对“创文”中的重点和易失分点作多次指导培训，并开展地毯式排查，为高位创成全国文明城市作出贡献。全面落实商务安全监管“一岗双责”责任制，建立“内部落实监管+外部购买服务”工作机制，对市本级重点商贸流通企业、加油站点加强日常监督检查、培训指导；承接省商务厅下放的成品油零售经营许可审批权限，全年新核准21座加油站开展成品油零售经营业务；推进非法加油站点专项整治工作，联合市场监管、综合行政执法、交通运管部门查处固定非法加油站点近20处，流动加油车80辆，收缴扣押油品90余吨，罚没款100余万元；全面推进预拌砂浆行业清洁生产改造工作，巩固预拌混凝土行业清洁化生产工作成果，督促企业严格按照清洁生产要求规范化管理，提升行业清洁生产水平。

【数字经济创新发展】 5月8日，举办浙江省“村播计划”启动仪式暨“美好生活浙播季”衢州专场活动，全国首个乡村振兴村播学院落户柯城区万田乡乡村振兴综合体，省商务厅一级巡视员徐高春等领导共同为浙江省乡村振兴村播学院揭牌，副市长、柯城区委书记徐利水和阿里巴巴集团副总裁李少华分别致辞。7月15日，举办“寻品衢州·有礼而来”直播活动暨“南孔直播群英·同心荟”成立仪式。对接浙江卫视电商扶贫公益直播选品，借力全国顶级网红“雪梨”免费直播资源，衢州“龙游飞鸡”、德辉酥饼、徐香猕猴桃3款农产品入选。全年参与直播的商品共有8万个，投放率7.9%；参与直播的商品实现零售额18亿元，零售量超4000万件；直播逾2万场次，累计观看2亿人次。市政府印发《衢州市新零售标杆城市创建方案》，鼓励企业推动本地生活服务O2O平台大力发展新零售模式。浙江宗泰农业、桔子花开、江山欧派门业、浙江德辉食品4家企业获评浙江省新零售示范企业称号。省政府、市政府分别印发实施全市跨境电子商务综合试验区实施方案和建设方案，建立健全“3+6+9”工作体系，成立由市长任组长的综合试验区领导小组，建立跨境电商综试区专班。11月2日，召开衢州综合试验区动员大会，中国（衢州）跨境电子商务综合试验区揭牌，并对8个重点跨境电商园区集中授牌。举办各类跨境电商培训、沙龙、论坛、峰会、资源对接会等活动20余场，培训超5万人次。完成“9710”“9810”跨境电商首单出口。江山、龙游、开化三地入围国家电子商务进农村综合示范县名单，县域电商建设基础得到进一步巩固。开展服务机构与试点村专项对接，扩大农产品网销规模，助力乡村振兴，全年入选公共服务机构31家，试点村99个。10月16日，举办全市数字生活新服务电子商务资源对接会暨店开全球活动，为全市企业提供跨境电商、直播等相关课程，搭建金融、服务资源等平台，在线观看学习超3万人次。11月19日，举办“之江创客”2020全球电子商务创业创新大赛新零售赛区决赛，衢州市村播小镇计划、贝米佳、衢报通新零售、小白菇入围，其中村播小镇计划获一等奖。

（祝飘枫）

粮食和物资储备

【概 况】 2020年，全市粮食和物资储备工作认真贯彻落实市委、市政府各项决策部署，扎实做好“六稳”工作、全面落实“六保”任务，压紧压实粮食安全责任制，着力构建粮食和应急物资储备安全保障体系，充分发挥好粮食和物资储备的“压舱石”“稳定器”功能。

【夯实粮食储备】 4月，为有效应对疫情对全球粮食生产和需求造成的全面冲击及下半年粮食市场不确定性，市政府专题研究，全市新增1.5万吨应急周转晚稻储备。9月，按照省政府要求按实足额完成新增成品粮储备任务。同时，率先在全省调整粮食储备品种结构，晚稻储备比例达40%以上。

【落实粮食订单】 2020年，出台“粮十条”政策，切实保护种粮农民利益，调动农民种粮积极性，聚

9月25日,“国家粮食产业(柔性智能碾米装备)技术创新中心”揭牌仪式举行

焦粮农增收,精准施策、优化服务、强化监管,对早稻实行应订尽订、应收尽收,实现区域内早稻订单全覆盖。全市发放预购定金1233万元、质押贷款4996万元,为粮农减免除杂、装卸费用250.4万元,多渠道帮助粮农解决融资难问题。明确职责分工、落实责任、严格政策,做到程序、措施双到位,落实粮食订单9.48万吨,较上年增长18.98%。

【推进“优质粮食工程”】 年内,在衢江区、龙游县开展“五优联动”试点工作,落实订单种植优质晚稻4000亩,收购优质稻谷2000吨。常山县“中国好粮油”示范县和市本级国家粮食质量安全检验监测体系建设提升项目进入收官阶段。组织8家粮油加工、配送企业申报省级“放心粮油”示范企业。培育2020年度市级“放心粮油”企业13家、供应店80家,兑现全市“放心粮油”扶持资金26万元。

【粮食产业发展】 年内,出台粮食加工企业库存补贴政策,进一步调动粮食加工企业“藏粮于企”积极性,增加必要粮食库存,壮大粮食产业经济。成功组织浙江巨香食品有限公司申报衢州市巨香食品应急配送中心项目,项目总投资1亿元,争取中央补助资金600万元,成为省粮食系统唯一被列入中央预算内投资项目。依托衢州市库米赛诺粮食机械制造有限公司,成功创建“国家粮食产业(柔性智能碾米装备)技术创新中心”,成为全国唯一一家国家粮机技术创新中心。

【节粮爱粮宣传】 年内,成功申报市食品药品检验研究院为全省粮食安全宣传教育基地。组织开展世界粮食日暨全国粮食安全宣传周系列宣传活动,组织浙江巨香食品有限公司等7家粮油企业向市民宣传推广优质粮油食品50余种;组织市粮食收储公司粮油质检人员传授粮食质量好坏的辨别技巧;结合8090新时代理论宣讲,倡议广大市民制止餐饮浪费。

【物资保障】 年内,分2批完成市级26个品种、价值184万元应急救灾物资采购任务。落实省级代储物资,争取省级配套资金200万元。完成医疗防疫物资的职能转隶和交接工作,落实市级医疗物资20个品种,总价值1100余万元。常态化落实冻猪肉、食用盐储备任务。疫情防控期间,全市累计调用帐篷417顶、棉被101条、棉大衣245件、行军(折叠)床31张;防汛期间,累计调用棉被254条、行军(折叠)床150张、橡皮艇2艘、救生衣10件、照明灯组2组,支援杭州市抽水泵30台。

(陈象种)

供销合作服务

【概　况】 2020年,落实市委、市政府和省供销社决策部署,全力推进供销工作。各项主要经济指标保持平稳增长态势,全市供销系统实现总经营收入81.4亿元,同比增长4.2%,实现销售总额75.3亿元,同比增长6.6%。

【“三会”制度建设】 5月18日,召开衢州市供销社第二次代表大会,建立市供销社“三会”(代表大会、理事会、监事会)制度。大会审议通过《衢州市供销社工作报告》和《衢州市供销合作社联合社章程(草案)》,选举产生衢州市供销合作社联合社理事会和监事会。会议的召开,标志着衢州市供销社健全代表大会、理事会、监事会“三会”制度,完善供销社民主管理体制和治理机制。各县(市、区)供销社也积极推进“三会”(代表大会、理事会、监事会)制度建设。年内,全市实现全覆盖。

【新型冠状病毒疫情防控】 年内,

2020年衢州市供销社为农服务情况统计表

表12

指 标		单 位	数 量
农资供应		万元	88084
其中	化 肥	吨	349177
	农 药	吨	8989
为农推销农产品		万元	599820
专业合作社(累计)		家	169
入社社员(累计)		户	16376
带动农户		户	92346
带动当地农业产值		万元	296862
助农增收		万元	89058
种植(养殖)面积		公顷	27208
其中:标准化基地面积		公顷	17882

全力做好新型冠状病毒疫情防控、物资保障等工作。加强物资供应保障。组织一批“三衢味”授权企业提前复工,开展线上营销,保障广大消费者购物需求。衢州三衢味品牌发展有限公司开展蔬菜类商品配送“零接触”进社区,为400多个小区送去每日近1600单生活物资。落实省供销社农产品联购联销工作要求,为台州销售西蓝花11吨。服务企业纾困解难。全面部署组织企业复工复产,做好社有资产出租房屋租金减免工作。帮助衢州惠多利农资连锁有限公司解决因受疫情影响而产生的铁路仓储费,帮助龙游龙昌农业开发有限公司解决运输通行证和新车上牌等问题。参与市“包区清楼”行动。派出党员骨干支援社区开展疫情防控工作,市供销社组团工作受到表彰。

【“三衢味”品牌培育系统推进】 年内,“三衢味”品牌培育被写入2020年省政府工作报告。“三衢味”品牌建设被评为中华全国供销合作总社“金扁担改革贡献奖”,品牌宣传推广入选“2019年度衢州市宣传思想工作创新项目”,衢州三衢味品牌发展有限公司获“2019年度衢州市政府业态模式创新奖”。注册开通“三衢味”官方抖音号、快手号,在淘宝、天猫等平台,开设网上商城。在“政企通”平台开设“三衢味应用”专栏。“三衢味”水亭门旗舰店正式开业。不定期开展直播活动,其中端午节直播活动中,辣粽类目跃居淘宝全网第一。召开“三衢味”品牌推介暨优质农产品产销对接会,举办“三衢味”年货市集活动,连续参加城市品牌推介会,积极参加中国义乌国际森林产品博览会和重庆、南京、北京等地的展示展销活动。完成《“三衢味”品牌管理和评价规范》地方标准,召开品牌标准新闻发布会。依托省市县溯源平台和企业自有平台,实现“三衢味”农产品100%可追溯。召开全市“三衢味”区域公用品牌工作推进会。

【“三位一体”改革持续深化】 年内,“三位一体”(生产合作、供销合作、信用合作)改革纳入市委、市政府年度重点任务,市委办、市府办印发《关于深化三位一体改革服务党建治理大花园建设的实施意见》,召开全市深化“三位一

8月19日，全市深化“三位一体”农合联改革现场会在柯城区召开

体”农合联改革现场会、市农合联一届理事会第三次会议。完成年度任务，全市新建省级现代农业服务中心7个、产业农合联13家、村级综合服务社96个。推进“三位一体”农信服务集成创新示范和农担试点工作。柯城区、常山县在全省会议作典型发言，全省农户小额普惠贷款工作推进会在江山举行。全国供销总社刊发衢州市“三位一体”改革信息。衢州市在全省乡村振兴“三位一体”改革考核中得满分，位居第一方阵。

【“三衢味”促消费活动举办】 9月30日至10月20日，通过举办“三衢味”金秋消费季活动，市、县两级共安排1000万元财政资金向全体在衢人员（包括域外来衢州人员）发放消费券，用于购买“三衢味金秋消费季”活动专区的“三衢味”产品。11月23日，启动“三衢味”第二轮促消费活动。两次“三衢味”促消费活动，财政安排1000万元资金发放消费券，用于线上购买“三衢味”产品。两次活动累计核销24万单，实现产品销售额2544万元，实现消费增长、农民增收。“三衢味”促消费活动成功举办后，新华社、《农民日报》等20余家媒体，以及全国供销社总社、省供销社、市府办对此活动进行报道宣传。

【“两山”价值转换研讨会举办】 10月31日至11月1日，由浙江省供销合作社联合社、衢州市人民政府、浙江大学中国农村发展研究院、上海长三角商业创新研究院共同主办的2020“两山”价值转换与区域公用品牌建设研讨会暨第二届中国农业区域公用品牌运营闭门会在衢州举行。260多位来自全国各地的领导、专家学者和区域公用品牌运营企业代表参会。与会专家学者分别从各自专业领域对“两山”价值转化思路，进行深度交流和探讨，为农产品区域公用品牌持续发展提供策略性建议和有效解决方案，进一步扩大衢州和“三衢味”品牌的知名度。新华社、《农民日报》等20余家媒体纷纷报道。

【社有经济发展】 年内，以衢州三衢味品牌发展有限公司为龙头，着力打造社有经济新的增长点。衢州三衢味品牌发展有限公司自2019年成立以来，实现销售超亿元。加强社有资产管理，依法、依合同做好租金征收、资产监管等工作，确保社有资产保值增值。做好参股企业审计整改，制定“一企一策”整改方案，部分历史遗留问题得到整改解决。

（雷益芳）

烟草业

【概　况】 2020年，实现批发销量94298箱，同比增长1.27%；实现批发销售额45.88亿元，同比增长5.23%；实现单箱销售额4.86万元，同比增长3.91%；实现税利12.75亿元，其中，税金8.83亿元、利润3.56亿元、社保公积金0.36亿元。

【联合治理经济犯罪】 2020年，与公安联合市场监管、邮政管理、运输管理、海关、人民银行及税务等部门共同建设衢州市经济犯罪治理中心、衢州市经济犯罪研判中心和浙江省涉烟情报研判中心衢州分中心，创新数据归集、线索生成、情报研判、指挥打击、一体办案的智慧专卖打击监管模式。全年，查获涉烟案件571起，卷烟3187.2件，涉案金额2657.4万元。

4月6日，衢州市烟草专卖局数据团队在开展学习研讨活动

【数字化转型】 年内，深入推进数字衢烟建设，成立数据战队，初步构建一套数据驱动运营机制，破解数字化转型在基层单位落地的课题。团队成员110人，平均年龄32岁，党员占比60%。探索建立健全“四个一”（每周一问答、每月一交流、每季一学习、每年一论坛）的工作机制，明确管理运营组、场景应用组、技术支撑组的内部角色分工。团队先后在浙江省首届数据创新应用大赛、省局（公司）数据分析应用攻坚大赛中分别获一等奖；获全国行业QC评比三等奖1个，全省系统QC评比一等奖2个、二等奖1个，取得软件著作权4个、实用新型专利1项；在省烟草学会论文评选中，获一等奖论文4篇、三等奖论文5篇。

【服务社会】 新冠肺炎疫情期间，积极配合社区开展防疫工作，累计安排3024人次，负责社会卡点66个、小区楼宇73栋，被市直机关工委评为“包区清楼”行动先进集体。履行扶贫帮困职责，全年对外捐资105万元。主动融入“南孔圣地·衢州有礼”城市品牌打造，助力文明吸烟环境建设。2018年以来累计投入资金300余万元，建设吸烟室2个、吸烟亭9个、吸烟点3300余个。联合地方相关部门设计集垃圾分类和灭烟功能于一体的烟头收集装置，采购并安装1800余个。

（章　赟）

盐　业

【概　况】 2020年，面对复杂严峻的盐业形式和行业竞争，衢州盐业公司贯彻执行省国资运营公司和集团公司的工作部署，围绕《浙江省盐业集团公司贯彻落实浙资运营公司2020年度重点工作任务清单》，结合市场实际，应对市场新常态，优化主业销售模式，拟定年度经营指标，细分落实。全年，购进各类盐产品68207.05吨，其中小包装食盐5965.06吨，巨化大宗工业盐55728吨；销售各类盐产品总量66104吨，其中小包装食盐5528吨，巨化大宗工业盐55728吨；小包装指标完成率66.63%，澳洲海盐销售占比72.23%，精品盐销售占比9.81%，吨盐价3989元。

【防疫情保供应】 1月26日（正月初二），因疫情原因全市部分地区出现食盐抢购风，公司第一时间上报集团公司和当地主管部门，并成立“防控疫情、保障供应领导小组”等应急机构，密切关注市场异动情况，利用网络通信及时与销售商沟通，按要求送货到村口，做到无接触交货，保障抢购乡镇不脱销。并实时上报市场保供情况，落实食盐储备责任，保障应急供应之需，确保疫情期间全市食盐市场平稳有序供应。从1月26日到3月5日，40天的时间销售小包装食盐672吨，是上年同期销售的5倍。

【推进营销新模式】 2020年，实行分区划片，落实抓好按线路走访配送工作，实行定时、定量、定线路配送，对配送客户建立一户一档台账，反映客户盐品购、销、存情况，提高对终端的掌控力度。全市续签大型商超排他性盐品供货协议10家，新增大小商超经销户22家，稳定中高端食盐的销售。开展城区B、C类商超及餐饮市场专访调查，探索大城区终端营销新模式，推动“雪涛”食盐的品种、品质、品牌“三品”建设，优化具有衢州特色的销售结构。开展“四进”活动，推进机关、学校、企事业单位食堂高端海盐的销售。把省外低端盐替换成雪涛海盐，把低端盐替换成高端盐，使高端盐占比有所提高。了解本地商超每年活动、店庆时间、每月销售情况，配合做好相应活动及日常销售维护工作。激励广大职工抢占市场份额，提高精品盐销售占比，力争全面和超额完成2020年各项业务指标。年底，在全市开展“奋战五十天，争先创优”活动评比，全体员工积极参与，打开社群新渠道，销售高端精品盐439箱。

【保证食盐市场安全】 年内，抓好政府食盐储备落实工作，全市各公司承担政府食盐储备1225吨，规范储备管理，制定入库、轮储、应急供应等方面管理制度，定期向主管部门报送相关数据。协同市场监管局开展联合检查。3月20日，江山分公司在市场走访时发现江山振兴副食品批发部违规批发山东鲁晶盐，及时向市场监管局报告处理。开化分公司协助开化县市场监管局查处食盐违法案件4起，涉案食盐325箱，罚没款3.29万元。

（戴　汇）

旅 游 业

【概　况】 2020年，面对严峻的新冠肺炎疫情形势和对文旅企业的重创，全市文旅系统贯彻省委、市委疫情防控和复工复产“两手都要抓、两战都要赢”的决策部署，坚持送政策更送市场、扶企业更扶业态，实现转危为机。全年旅游总接待游客5983.8万人次，旅游总收入403.53亿元，分别恢复至上年同期86.43%和83.69%，两项指标分别位列全省第4和第5。

【行业监管】 年内，建设文旅行业信用监管平台，针对文化和旅游行业从业主体建立专项信用档案，实行分级分类监管，在政府采购、项目推介和评比活动中逐步应用企业信用数据，打造“信用+政务服务”模式，衢州市被列入浙江省文化和旅游行业信用体系建设试点市。10月21日，全国文化和旅游市场信用和质量工作研讨培训班在衢州举行。

【浙皖闽赣（衢黄南饶）联盟花园建设】 年内，衢州市履行浙皖闽赣国家生态旅游协作区秘书处职责，完善协作区19个市的生态旅游协作联络平台、会商机制，会同上饶市共同筹办协作区第二次推进大会。11月14日，由浙江省衢州市人民政府、江西省上饶市人民政府、福建省南平市人民政府和安徽省黄山市人民政府主办，浙江省衢州市文化广电旅游局、安徽省黄山市文化和旅游局、福建省南平市文化和旅游局及江西省上饶市文化广电新闻出版旅游局承办，浙江省衢州市文化馆执行承办的第十七届浙皖闽赣四省四市民间艺术节系列活动在衢州正式举办。推动浙皖闽赣（衢黄南饶）联盟花园建设，从规划设计、旅游交通、基础配套、产品开发、管理服务、营销推介六方面推进四市旅游一体化发展，力争将该区域打造成为协作区的先行区、核心区。2020年，“免费游”接待四省区域游客207.5万人次，占比82.77%，四省四市区域协作初显成效。

【全国全域旅游培训班暨首届全域旅游发展绿色对话举行】 9月17—20日，全国全域旅游培训班

9月17—20日，全国全域旅游培训班暨首届全域旅游发展绿色对话在江山市举行

省级银宿——开化茗博园

暨首届全域旅游发展绿色对话在江山市举行，文化和旅游部党组成员王晓峰出席并授课，全国各省级文化和旅游行政部门分管领导、首批71家国家全域旅游示范区人民政府和文旅部门有关负责人、浙江省各设区市文化和旅游部门主要负责人及专家学者、企业代表、媒体代表380余人出席。

【全省文化和旅游产业纾困与创新发展经验交流会在衢州召开】 8月1日，全省文化和旅游产业纾困与创新发展经验交流会在衢州市召开。省文化和旅游厅党组书记、厅长褚子育，市长汤飞帆，厅党组成员、副厅长王峻，市委宣传部部长钱伟刚，副市长徐利水等领导，全省11个地市的文化广电旅游局领导及相关业务处室负责人、文旅企业代表、新闻媒体代表等参加会议。与会嘉宾参观2020夏季文旅产品采购签约会，现场见证衢州市文旅局与杭州市运河集团签订杭衢游轮、信安湖水上巴士常态化运营合作、“腾云·现代旅游根据地”及省外旅游客商签订游客输送订单等协议。

【“衢州有礼”诗画风光带建设】 年内，围绕“衢州有礼”诗画风光带核心，积极推进南孔古城国家AAAAA级旅游景区、灵鹫山省级旅游度假区、六春湖高山运动小镇及杭衢游轮等一批重大文旅项目。建成省AAAAA级景区镇、AAAA级景区城各1家，AAAA级景区镇11家，AAA级景区镇22家，AAA级景区村25家，省级旅游风情小镇3家。截至年末，全市A级景区村1080个，覆盖率72.8%，位居全省前列。柯城区灵鹫山、龙游县六春湖被列入全省首批山地休闲度假发展试点单位。

【民宿产业】 年内，市文旅局深入实施民宿提升发展工程。民宿数量规模增加。全市民宿1655家，同比增长近18%。民宿从单体民宿向集聚化、综合性民宿发展。评定常山县金源村等6个民宿集聚村，涌现出大山的房子等一批民宿综合体。服务品质提升，创建省白金级、金宿级、银宿级民宿21家，涌现汉唐香府、抱山书院、三缘堂等一批品质优良，主题鲜明的省高等级民宿。衢州市省高等级民宿，尤其是白金级民宿数量在全省位居第5，民宿整体发展水平位于省内中上水平。品牌影响力扩大，“阙里人家”衢州市民宿区域公共品牌宣传短视频合计播放量超过300万次。

2020年衢州市星级旅游饭店一览表

表13

星级	饭店名称
五星级	江山金陵大酒店、江山国际大酒店有限责任公司
四星级	衢州饭店、衢州东方大酒店、衢州国际大酒店、衢州友好饭店、衢州帝京大酒店、衢州西区东方大酒店、衢州圣效大酒店、衢江东方大酒店、龙游县新国际饭店、龙游蓝天清水湾国际大酒店、常山县东方大酒店、常山东方广场酒店、开化县东方大酒店
三星级	龙游县金峰国贸大酒店、江山万隆度假村、江山市印象大酒店、江山市边城度假酒店有限公司、常山县华府大酒店、开化县大酒店、开化县开阳饭店、开化县滨江圣地大酒店、开化大兴饭店、开化鸿森酒店
二星级	龙游红船头大酒店、江山市满江红大酒店、开化县利群商务酒店、开化县古田山庄、龙游君御精品酒店

【旅游饭店】 年内，新增五星级旅游饭店1家、四星级旅游饭店1家、三星级旅游饭店2家，特色文化主题饭店1家，品质饭店3家。至年末，全市拥有星级饭店30家，其中五星级旅游饭店2家、四星级旅游饭店13家、绿色旅游饭店18家；全市星级饭店拥有客房4246间、床位7055个，平均客房出租率46.07%。

【旅游商品】 年内，组织旅游企业参加2020浙江省旅游商品大赛，素邦植物酵素洗衣巾、素邦一次性免洗手消毒剂、素邦植萃酵素洗护系列、卡露伽鲟鱼子酱套装、光伏背包、花谷源胡柚蜜等6件商品获省优秀旅游商品称号。组织参加中国（特色）旅游商品大赛，素邦电子商务有限公司选送的植物酵素洗衣巾获金奖，鲟龙水产食品开发有限公司选送的卡露伽鲟鱼子酱套装荣获银奖，一道新能源公司（智造新城）选送的光伏背包获铜奖。

【"百县千碗"】 年内，组织参加全省"百县千碗"美食体验店评选，开化金凤凰农庄、衢州博悦大酒店、衢州圣效大酒店、龙游冯家饭店、江山国际大酒店、常山良友酒家等22家饭店被认定为省级"百县千碗"美食体验店。

【2020"全球免费游衢州"】 2020年，深化"全球免费游衢州"品牌活动，免费游执行223天，烂柯山、天脊龙门、药王山、龙游石窟、民居苑、江郎山、清漾村、廿八都、戴笠故居、浮盖山、三衢石林、根宫佛国、钱江源、梅树底等14个核心景区共接待游客256.98万人次，旅游直接收入6.7亿元，间接带动相关产业收入28.8亿元。

【衢州儒学文化产业园区创建国家级文化产业示范园区】 10月，文化和旅游部下发《文化和旅游部办公厅关于开展第二批国家级文化产业示范园区创建工作的通知》，市文旅局委托中国人民大学文化产业研究院编制创建方案。10月底上报创建主体申报文件、创建方案及相关资料；11月5日，通过省文化和旅游厅组织的专家评审会，并由省文化和旅游厅出具推荐文件上报至文化和旅游部；经文化和旅游部评审和公示，12月25日，确定衢州儒学文化产业园区成功保留"国家级文化产业试验园区称号"并获国家级文化产业示范园区创建资格（全国仅18家获创建资格）。

【文旅培训】 11月17—19日，全市旅游产业研修班在智慧新城东方大酒店举行，90多家文旅企业100余人参加。研修班围绕市委七届八次全会打造浙皖闽赣四省边际中心城市发展进行趋势展望、乡村旅游、智慧旅游、产品创新、旅游目的地整合营销等议题，开展经验交流及学术研讨，指引"文旅融合"发展路径。

【红色旅游建设】 5月17日，浙赣闽皖四省边际纪念馆红色联盟成立大会暨"云上游馆"活动成功举办。方志敏纪念馆、闽北革命历史纪念馆、中共皖南特委旧址纪念馆、中国工农红军北上抗日先遗队纪念馆、遂昌王村口挺进师纪念馆、龙游县革命烈士事迹陈列馆、浙西革命斗争纪念馆、常山县西源革命纪念馆等8家"浙赣闽皖"四省边际纪念馆代表共同签署联盟协议。

【乡村旅游建设】年内,廿八都镇浔里村、石门镇清漾村入选第二批全国乡村旅游重点村,常山县新昌乡、开化县马金镇被列入第四批省级旅游风情小镇。持续推进"百千万工程",10个乡镇通过AAAA级景区镇验收,21个乡镇通过AAA级景区镇验收。认定江山市大陈乡早田坂村、开化县何田乡禾丰村等25个村为AAA级景区村。

（方思远）

招商引资

【概 况】2020年,市协作中心认真落实"招商引资攻坚年"工作部署,全市引进招商引资项目378个,到位市外资金220.36亿元,其中亿元以上项目121个,5亿元以上项目33个,10亿元以上项目23个,新签20亿元以上项目13个。山海协作方面,全市实施山海协作产业合作项目236个,实现消费帮扶1.63亿元,培训转移就业9155人次;6个山海协作产业园新增基础设施投资13.88亿元,新增社会性投资125.45亿元;区域合作方面,发挥四省九方经济区联络处作用,组建综合规划、综合交通、营商环境、职业教育、生态环境、体育健康等6个专业委员会,梳理2021年合作项目24个。

【完善招商引资政策体系】年内,构建"普惠+专项+个性"招商政策体系,市级层面出台《衢州市招商引资若干政策》,围绕综合贡献、项目用地、投资奖励、收购兼并等提出7款10条优惠政策。研究制定《衢州市市区招商营商企业高管教育券制度实施办法》,全年5家企业5名高管子女享受招商营商企业高管教育券政策。出台《衢州市本级招商引资中介人奖励办法》,最高给予招商中介人300万元奖励,激发社会各界参与招商引资工作的积极性。

【完善招商引资工作机制】年内,坚持招商引资"一把手"工程,针对全市5亿元以上重大招商项目建立市(县)领导挂联制度,实行"一个重大项目、一名责任领导、一个牵头单位、一抓到底"推进机制。完善项目研判机制,对特别重大、科技前沿等项目通过委托第三方出具研判意见,形成项目研判、交办督办、专业对接、督查反馈的工作闭环。全年召开项目研判会8次,收集项目信息331条,通过研判筛选甄别出优质项目信息228条。开发应用招商信息管理平台,将"招商在线"模块植入"政企通"平台,发布投资指南、标准云地图、项目库等信息。

【推动山海协作升级】2020年,与杭州、宁波、绍兴、嘉兴共建22个山海协作乡村振兴示范点,投入援建资金4000余万元(其中市本级投入援建资金1200万元),形成"智多张西""产业蛟垄""一村万树绿色期权"等经验模式。累计建成山海协作"科创飞地"7个,完成投资13.48亿元,入驻孵化项目112个,其中产业化项目25个,吸引高端人才116人。6个山海协作"消薄飞地"完成投资6.74亿元,491个薄弱村抱团发

鄞州—衢江山海协作乡村振兴示范基地——蛟垄村村民在分拣小黄姜

展，实现返利4627万元，带动受益人口54万人。《山海协作赋能产业数字转型——柯城—余杭山海协作产业园转型提升实践》《“智多张西”乡村振兴新模式——柯城—余杭山海协作乡村振兴示范点建设新探索》《三大产业抓融合 五大领域促振兴——衢江—鄞州联合打造山海协作乡村振兴示范点》3个案例入选全省山海协作“最佳实践案例”，另有《山呼海应 合作共赢 杭衢共建浙大衢州“两院”取得显著成效》《一江清水送杭城 一艘游轮到衢州 杭衢开启钱塘江诗路之旅》等7个案例入围“案例选编”。

【推进商会建设】 年内，建立中心领导联系重点地区知名衢商制度，以全国大中型城市为重点，每位领导联系2个省和2个重点城市的知名衢商。研究制定《衢州市寓外商会招商引资工作评价激励办法》，对年度招商引资工作突出的寓外商会，分别给予20万元、10万元、5万元工作经费奖励。新组建上饶商会、福建商会、海南商会、广州商会。编印《衢州乡贤名录汇编》，涵盖信息从6000余条扩增至8000余条。

【四省九方联席会议召开】 12月4日，闽浙赣皖九方经济区四届七次党政联席会议在衢州召开，四省九市150多名领导嘉宾齐聚衢州共谋发展。会议首次引入点亮城市环节，首次邀请国家发改委司局级领导作主旨演讲，首次邀请四省发改委领导参会，首次引入《闽浙赣皖九方经济区专业委员会工作制度》《闽浙赣皖九方经济区联络处工作制度》，首次对6个专委会以及九方经济区联络处的定位、职能、机构、财务等作出明确规定。同时，邀请《人民日报》、新华社、《光明日报》等10余家央媒、省媒，开通2个网络频道全程直播，网络直播点击量突破30万次。

【产业创新发展大会召开】 3月31日，举行衢州市产业创新发展大会，大会主题是：为企业加油，为产业赋能，推动衢州大发展、快发展、高质量发展。会议发布2019年衢州市政府特别奖表彰决定，颁发2019年衢州市政府特别奖乡村振兴产业之星、建筑产业之星、商贸产业之星、业态模式创新、绿色金融之星、智慧产业之星、幸福产业之星、亩均效益之星、企业成长之星、工业企业上台阶奖、产业投资贡献奖、招商贡献奖、政府质量奖及杰出贡献奖。发布服务企业的系统集成大平台——“政企通”，为企业提供更快捷、更便利的综合服务。发布衢州市全球招商政策，启动全球招商计划。云签约12个重大产业项目，协议投资177.2亿元。

【招商引资重大项目“互看互比互学”活动】 10月15日，举行衢州市招商引资重大项目“互看互比互学”活动，市委副书记、市长汤飞帆等市领导，各县（市、区）党委、政府、相关市直机关部门主要负责人赴龙游县湖镇镇智汇创谷小微产业园项目、衢江区浙西重大交通产业配套设施生产基地建设项目、智造新城奥首集成电路功能精细化学品项目、江山市海康威视全国消防运营总部项目、开化县卡游动漫文化衍生品智能化工厂项目、常山县金色同弓田园综合体项目、柯城区三间时尚家居智造基地项目、智慧新城鹿鸣半岛（悦榕系列）酒店综合体项

3月31日，衢州市产业创新发展大会召开

10月15日，举行2020年衢州市招商引资重大项目"互看互比互学"活动

目等开展现场观摩。会议现场集中签约18个招商引资项目，其中，制造业项目14个、幸福产业项目2个、数字经济产业项目1个、基础设施项目1个，协议投资141.16亿元。

【长三角浙商联盟、上海市浙江商会走进衢州活动】 9月10日，举行长三角浙商联盟、上海市浙江商会走进衢州暨战略合作签约仪式，近百名浙商企业家参会。市政府与上海市浙江商会签订战略合作框架协议；智慧新城、智造新城、江山市、开化县分别与富春控股集团有限公司、上海擎天生物制药技术开发有限公司等7家企业签订项目合作协议，协议投资46.5亿元。

（郑泽荣）

外向型经济

【概　况】 2020年，全市累计进出口总额358.4亿元（不含"一达通"），同比增长3.4%；服务贸易进出口总额8.01亿元，同比增长2.73%；新设外资企业14家，总投资5.71亿美元，实际利用外资6459万美元，同比增长4.33%；境外投资总额5165.7万美元，同比下降30.93%。

【外贸高质量发展】 5月，组建衢州市稳外贸稳外资协调机制（出口专班）。组织397家外贸企业参加138场出口网上交易会。动员组织企业参加"线上展"近百场，组织动员58家外贸企业参加首次线上广交会，接待意向采购商400余人次，累计洽谈意向成交额2.4亿元。举办4场衢州特色专场网上自办交易会，邀请190余家有采购意向的跨国企业对接162家衢州市外贸企业，开展571场精准配对，达成意向订单额2000多万美元。为破解全市外贸企业融资难、融资贵难题，四方携手推出"衢贸贷"，由市商务局牵头提供政策支持，由中国出口信保公司浙江分公司提供外贸应收账款的风险保障，由市信保融资担保公司提供补充担保，并由农行衢州分行提供无抵押低息快速贷款，形成融资闭环，即采取"政+银+保+保"四方合作模式，以灵活的产品组合、优惠的利费率，助力全市外贸企业保订单、稳出口、求发展。全年，衢州信保累计承保52.6亿元，同比增长35%；在保企业累计报损案件50件，同比增长117%；累计报损超过2600万元，同比增长45%；对小微外贸企业主动下调费率30%，为全市小微外贸企业降低投保成本超120万元。巨化制冷剂HFC出口美国取得反规避成功，是涉美反规避30年来首次取得全面胜利的典型案件，开创历史先河，提振外贸企业信心，得到商务部领导肯定。10月15日，成功举办全省中美贸易摩擦应对现场会，介绍衢州市应对中美经贸摩擦经验。防疫物资拉动效应明显，2020年，全市16家防疫物资生产企业26个品类被列入商务部"白名单"，出口口罩、防护服、红外测温仪、护目镜、新型冠状病毒核酸检测试剂盒合计

10月15日,2020经贸摩擦应对工作推进会召开

12.39亿元,同比增长459.72%;海外仓“借船出海”优势得到充分发挥,全球布局、全域联动形成市场虹吸效应,其中以海外仓为主体进行货物出口的龙游新丝带商贸有限公司出口3543万元,同比增长145.15%。

【拓宽开放型经济发展平台】 年内,融入“一带一路”、长三角区域一体化建设,参与衢州市与上海、宁德、卓尔集团等的战略合作,扩大衢州市经济外向度,提高开放型经济水平。“百世客满云”项目签约落地智慧新城,位列国内民营百强的上海均和集团、人工智能和机器人创新领域知名企业优必选、中铁置业等代表受邀到衢州考察投资合作环境。持续推动线下转线上、出口转内销,助力外贸企业拓宽国内市场渠道,丰富国内市场供给,促进居民消费。组织参加第22届浙洽会,全市签约重大内外资项目13个,总投资105.95亿元;组织参加2020厦洽会、第三届进博会;6月11日,举办“2020中国衢州—韩国产业合作线上对接活动”,是全省首场通过浙江投资国际“单一窗口”平台举办的“云”招商对接活动,20家韩国商协会、企业代表通过云端与会连线;12月11日,举办2020衢州市招商引资推介暨衢州(深圳)高新产业资本对接会。在2019年度商务部对218家国家级经济技术开发区综合发展水平考核评价中,衢州经济技术开发区综合排名第65位,比2018年前移52位,比2017年前移83位,首次迈入“全国百强园区”行列;衢江区获评省级进口贸易促进创新示范区。

(祝飘枫)

金融业

■ *Financial Industry*

金融管理

【概　况】2020年，衢州市人民政府金融工作办公室（以下简称市金融办），重点聚焦金融支持实体经济发展、深化绿色金融改革、防范和化解金融风险三大任务，积极采取有效措施助力“六稳”“六保”，推动疫情防控工作，助推企业复工复产，为衢州开展“全面小康决胜年”“招商引资攻坚年”“重大项目推进年”和四省边际中心城市建设提供金融保障。至年末，全市金融业增加值120.25亿元，同比增长9.7%，占GDP比重为7.34%，较上年提高0.24个百分点；全市金融机构本外币存款余额3135.44亿元，比年初新增370.32亿元，同比增长13.39%；全市金融机构本外币贷款余额3046.65亿元，比年初新增491.90亿元，同比增长19.25%；全市银行业不良贷款余额19.04亿元，不良贷款率0.72%，较上年年末下降0.02个百分点，低于全省平均值0.26个百分点，居全省第5位；全市融资担保公司总注册资本11.7亿元，资产总额16.11亿元，净资产12.47亿元，担保贷款总额26.70亿元。全年证券交易量7230.07亿元，比上年增长51.59%。新增1家A股主板上市企业。

【服务疫情防控助推企业复工复产】防控新冠肺炎疫情，统筹全市339个金融机构党支部和3725名党员，做好金融支持推进复工复产各项工作。第一时间召开疫情防控专题会议，建立全市近150家金融机构主要负责人和办公室主任组成的“全市金融系统疫情防控指挥钉钉群”。推行全市金融系统实行疫情防控主要领导负责制，严格落实隔离督查、日报告、“健康码”等要求，日均排查1万余名人员。组织发动全市金融机构党员干部3649人投身“包楼清区”志愿服务，组织全市金融机构向社区、医院等单位捐赠口罩、消毒液、食品等防疫物资，52家金融机构8115人，累计捐款354.28万元，其中市金融办机关支部11名党员捐款6700元。组织全市银行、保险金融机构于2月25日率先实现100%复工复产。第一时间出台3份金融支持疫情防控及复工复产文件，全面梳理26家银行业136项惠企政策并向全社会公布，通过向上争取支持、向内制定政策，帮助企业复工复产。截至年末，通过央行再贷款、无还本续贷等方式为企业减少利息支出9.22亿元。

【绿色金融改革路径基本定型】年内，秉持“绿色+特色”理念，持续深化国家绿色金融改革创新试验区建设，扎实推进金融供给侧结构性改革，促进传统产业转型升级和绿色化改造，推动“标准+产品+政策+流程”绿色金融改革实践路径基本定型。提升绿色金融标准体系，发布具有衢州特色的“安环险”、《绿色企业评价规范》和《绿色项目评价规范》等市级地方标准，生猪保险与病死猪无害化处理联动机制、个人碳账户被列入省级标准制订计划，《安全生产和环境污染综合责任保险服务规范》被确定为省级地方金融标准首个研究探索对象；评选

6月28日，全省首家绿色保险专营机构（人保财险衢州市分公司绿色保险营业部）成立

出绿色企业88家，绿色项目23个；建立绿色企业（项目）评价标准和绿色发展企业（项目）库，被列入省级绿色项目库325个，总数居全省第2。丰富绿色金融产品体系，完善"监管+保险+服务+标准"风险减量管理模式，开展"安环险"市县一体、七大行业扩面，为全市706家企业5.36万人提供300亿元风险保障；累计提供风险巡查11093次，排除风险隐患24383条，事故率降低82%。创新推出绿色信贷创新产品167个、绿色保险产品19个、绿色债券5个、绿色基金28个，融资新模式16项。加强绿色金融改革组织保障体系，推动设立28家绿色金融试点行，其中9家翻牌为绿色专营支行，实现各机构类型、行政区划、支行层级全覆盖，并设立全省首家绿色保险专营机构（人保财险衢州市分公司绿色保险营业部）。

【实施融资畅通工程】 年内，全面实施融资畅通工程，以银行业金融机构支持实体经济发展月度评价（MFI）为抓手，引导银行业、担保业加大对民营、小微企业和三农支持力度，创新构建"线上有平台、线下有顾问、空中有桥梁"绿色金融立体服务体系，线上线下共同推进金融领域"最多跑一次"改革，着力破解企业融资难、融资慢、融资贵问题。在国家发改委开展的全国营商环境测评中，衢州被评为全国示范引领标杆城市（全国仅15个），其中，中小微企业"获得信贷"指标得分连续3年位居全国前列，"获得信贷"和"保护中小投资者"等经验做法入选《中国营商环境报告2020》以评促改"最佳实践篇"改革案例（分别成为"最佳实践"标杆城市之一）。至年末，存贷款增量突破6000亿元。全市一般贷款利率5.82%，同比下降0.76个百分点；企业贷款平均利率5.11%，同比下降0.75个百分点；小微企业平均利率5.43%，同比下降0.94个百分点；普惠口径小微贷款平均利率5.85%，同比下降0.98个百分点，该降幅位列全省第1；全年为企业减少利息成本9.22亿元，累计争取央行再贷款105.4亿元，是上年同期的11.52倍，财政贴息后可为企业减少利息支出2.63亿元；扎实做好直达货币政策工具，延期还本率95.09%，位列全省第2；全年累计发放还款方式创新贷款543.02亿元，同比增长71.6%，惠及企业33345户，同比增加14711户，为企业节约转贷成本5.09亿元；全市银行业民营经济贷款余额1407.00亿元，占全部企业贷款比重69.40%；广义口径小微企业贷款同比增长21.17%，高于各项贷款平均增速1.92个百分点；小微企业贷款余额（小型+微型口径）占全部企业贷款比重51.42%，11月，占比位列全省第2；全市中长期贷款余额1849.55亿元，占各项贷款比重60.71%，高于全省占比2.73个百分点；同比增长29.36%，高于全省平均增速6.15个百分点。企业信用贷款余额295.58亿元，比年初增加81.88亿元，占企业贷款比重21.86%，较上年同期提高1.82个百分点，新增企业贷款中，信用贷款占比28.65%。全市绿色贷款余额（衢州口径）1067.15亿元，比年初新增280.29亿元，同比增长35.62%，余额占全部贷款比重达到35.03%，较上年末提高4.23个百分点（新增额占全部贷款新增额的比重达到56.98%）。

【推进企业上市和直接融资】 年内，贯彻落实"凤凰行动"计划，通过实施上市"启蒙教育"、优化上市政策、破解上市障碍、加大企业对接多层次资本市场服务力度等举措，帮助优质企业紧紧抓住多层次资本市场改革新机遇，全市企业上市和直接融资再创佳绩。五洲特纸在A股沪市主板上市，全市A股上市公司达到7家；IPO排队企业4家（华康药业、金沃精工、永和制冷、恒盛能源，其中华康药业已过会）；新三板精选层排队企业1家（海力股份）；在辅导企业8家（科润智控、金龙股份、东方股份、禾川科技、海昇药业、志高机械、恒达新材、鸿盛环保）。完成直接融资131.54亿元，同比增长44%。

【推进"三减"联动和"五减"工作】 年内，深入贯彻省政府出台的惠企纾困政策，大力推进"三减"（减租、减息、减支）联动和"五减"（减税、减费、减租、减息、减支）工作，切实为企业减税降负，帮助企业渡过疫情难关。至年末，为1700余家企业减少担保费用755.11万元，超额完成省定目标（减费500万元），目标兑现率151.02%；为企业减息8.71亿元，其中，通过发放还款方式创新贷款为企业节约转贷成本5.09亿元；运用央行再贷款资金为企业减息1.23亿元；运用央行低息资金降低企业贷款利率，减息2.39亿元。兑现政策资金平台型企业43家次，受惠经济主体3422家，减租减费4717.26万元，银行减息80.21万元，财政贴息补助1109.83万元。

【市政府与中国农业银行浙江省分行签订战略合作协议】 9月2日，市政府与中国农业银行浙江省分行在衢州签订战略合作协议。市委书记徐文光见证签约，市委副书记、市长汤飞帆和中国农业银行首席专家、浙江省分行党委书记、行长冯建龙分别致辞。活动现场，衢州智造新城、智慧新城和金控集团、交投集团、城投集团分别与农行衢州市分行签订合作协议，衢州华统牧业有限公司、浙江喜尔康智能家具有限公司、浙江吉成新材股份有限公司分别与农行衢江区支行、柯城区支行和龙游县支行签订合作协议。此次签约授信总额800亿元。未来五年，农行将向衢州地区符合条件的主体提供意向性融资额度（包括银行融资、政府债券承销及投资、产业基金、企业债券承销及投资和其他债权投资等），并成立项目专属服务团队，提供全方位金融支持。

9月2日，市政府与中国农业银行浙江省分行在衢州签订战略合作协议

【绿色金融发展竞争力连续两年位列长三角第一名】 11月29日，"中国高校绿色金融研究联盟2020年会暨绿色金融发展高峰论坛"在厦门召开，会上发布《长三角"40+1"城市群绿色金融发展竞争力研究（2020）》报告。报告显示，长三角绿色金融发展竞争力评级高于A（A及A+）的城市7个（衢州、湖州、上海、丽水、杭州、合肥、马鞍山），衢州是3个评级最高的A+城市之一，继2019年获长三角绿色金融发展竞争力排名第一名后再次位列首位。

【首创金融支持实体经济发展月度评价机制（MFI）】 年内，出台《衢州市银行业金融机构支持实体经济发展月度评价方案（试行）》（MFI），央行再贷款再贴现、普惠小微企业延期还款、首贷户等13个大项、28个小项评价指标，总分100分。每月评价一次，并根据评价结果分别给予前三名的银行3000万元、2000万元、1000万元的财政资金竞争性存放奖励，鼓励金融机构在支持实体经济中争先创优，做深做细做实融资畅通工程。

【全国首创“有礼金融”信贷模式】年内，将“有礼”与金融信用体系创建挂钩，首创“有礼金融”信贷模式，实现金融信用与农村基层治理之间的有效衔接。该模式在龙游县下杨村试点，群众通过自身“有礼行为”获得更优惠的信贷支持，有效实现由“要我治”到“我要治”的转变，让“有礼”变“有力”、让“有礼”更“有利”、以“有礼”促“动力”。至年末，已对龙游县263个行政村94930户农户完成“有礼金融”评定，全县行政村完成“有礼金融”评定覆盖率100%。“有礼金融”专项贷款授信136.92亿元，用信28119户，用信余额32.56亿元，节约利息约679万元。

（陈 月）

银行业监管

【概 况】2020年，中国银行保险监督管理委员会衢州监管分局（以下简称衢州银保监分局）贯彻落实上级各项决策部署，有效发挥银行业力量，加强监管保障，为建设“四省边际中心城市”提供有力的金融支持。年末，全市金融机构本外币各项存款余额3135.44亿元，新增370.32亿元，同比增长13.39%；各项贷款余额3046.65亿元，新增491.90亿元，同比增长19.25%。

【助推复工复产】年内，出台14项复工复产政策，建立涵盖142条惠企政策清单。辖内银行机构通过降低收费、下调利率方式为2.14万家企业让利4.13亿元；为9696家企业130.39亿元贷款实施延期还本付息。梳理“5张清单”，涵盖123家企业，“一企一专班”对接服务，落实“三优三不”惠企政策，新增授信36.98亿元，省里下发的40家困难企业全部销号。

【提升服务实体经济质效】2月25日，印发《深化民营企业金融服务“一十百千万”专项行动》，重点推动小微企业金融服务增量扩面、提质降本，成效显著。积极推进省市金融综合平台有效融合，“衢融通”成为全省第二家前后端完全接入省平台的地市平台。通过金融综合服务平台授信458.83亿元，占当年授信总额15.05%，位列全省第1，落地全省首笔异地抵押登记贷款。为辖区内20家小微园区配齐“主办+伙伴”银行，完成11个小微园区三方签约，分类建档率实现100%。年末还款方式创新贷款余额467.83亿元，新增213.61亿元；全年为3.33万户企业节约转贷成本5.09亿元，分别同比增长101.71%、105.24%。为华友钴业、开山股份等大型企业办理无还本续贷业务4.1亿元；20.8%普惠小微企业贷款实行无还本续贷，位列全省第1。全年，辖区内银行业为2464家小微企业发放“首贷”108.76亿元，超额完成总体目标。年末，普惠型小微企业贷款增速28.42%，高于各项贷款平均水平9.16个百分点，贷款户数新增15761户，超额完成目标；贷款利率6.17%，较年初下降1.06个百分点，低于全省平均水平0.59个百分点。2020年，全辖区金融机构首次全部完成“两增两控”目标任务。

【深化绿色金融服务】年内，深入推进绿色专营机构建设。至年末，推动设立28家绿色金融试点行，其中9家翻牌为绿色专营支行。全国首创“绿色金融五量监

7月2日，衢江区小微园综合金融服务签约仪式举行

管评价系统”，引导机构“一行一品”提升质效。探索开发“活融通”生猪金融服务银保套餐，强化“菜篮子”工程金融保障，5月19日，龙游农商银行和衢州人保财险为龙游县瑞丰牧场发放全省首笔“活融通”贷款200万元，抵押生猪6300头，企业综合成本较之前下降3.28个百分点。全省率先实施企业“绿化工程”，出台金融支持龙游特种纸行业和江山智能制造业指导意见，助力传统产业绿化升级。龙游地区特种纸企业贷款余额14.58亿元，较年初增长40.06%，高于各项贷款平均增幅23.92个百分点。推进实施企业“绿化工程”，出台金融支持龙游特种纸行业和江山智能制造业指导意见。

【金融助力“扶贫消薄”】3月9日，印发《衢州银行业保险业2020年度“精准扶贫消薄攻坚”专项行动方案》，聚焦低收入农户和扶贫重点帮扶村，开展“精准扶贫消薄攻坚”专项行动，完成“四增、两控、五率先”目标。截至年末，精准“扶贫消薄”类贷款余额6.21亿元，同比增长133.42%；农户小额信用贷款余额353.89亿元，占比98.23%，超额完成50%的占比目标。全省率先实现县域小额普惠贷款全覆盖、农村基本产权抵押可贷款全覆盖、村级保险服务和银行专属客户经理配备全覆盖、“扶贫健康保险”保障低收入农户全覆盖，起付线从1000元下降至0元。指导辖内各农村商业银行基于地区实际，形成江山农户小额普惠贷款模式、“龙游飞鸡”扶贫模式、柯城农房抵押贷款模式等区域特色，擦亮“扶贫消薄”的“衢州名片”。

【防范化解金融风险】3月11日，印发《衢州市银行业信用风险防控“摸险情、清险点、控险源”方案》，深化信用风险防控，全辖区不良贷款率从2018年初的1.78%，持续降至2020年末的0.72%，低于全省平均水平0.26个百分点。信贷资产质量创近十年最佳，实现逾期90天以上贷款全部纳入不良。全年处置化解不良贷款20.68亿元，其中核销处置金额10.07亿元。新型农村金融机构化险取得实质性进展，业务发展企稳回升，单家机构不良率均降至3%以内。大力整治违规涉企收费、信贷资金空转等违法违规行为，完善职业放贷人联合惩戒长效机制，净化金融环境、维护社会稳定。强化金融纠纷处理，全省率先推进落地“一站式”金融纠纷化解工作，推动银保调委进驻四个区县矛调中心。

（王怡倩）

中国人民银行衢州市中心支行

【概　况】2020年，中国人民银行衢州市中心支行坚持党建统领，突出“两条主线”，深耕“三大战略”，圆满完成各项工作任务。一年来，专项再贷款工作得到市委、市政府主要领导批示肯定，并作为市政府“十条军规”正面典型通报表扬；通过全国文明单位复评，全国文明城市创建工作被市政府记集体三等功。2020年末，全市存贷款总量突破6000亿元。其中，本外币存款余额3135.44亿元，比年初新增370.32亿元，同比增长13.39%；本外币贷款余额3046.65亿元，比年初新增491.90亿元，同比增长19.25%。

2020年，全市证券交易量7230.07亿元，同比增长51.59%；实现佣金收入2.24亿元，同比增长42.71%；实现利润1.20亿元，同比增长74.83%；开户总数40.36万个，新开户个数3.17万个。全市产、寿险保费总收入71.91亿元，同比增长4.88%。其中，产险保费收入23.46亿元，同比下降7.19%；寿险保费收入48.45亿元，同比增长7.83%。

【贯彻落实货币信贷政策】年内，面对新冠肺炎疫情冲击，坚决贯彻落实货币信贷政策，加大逆周期调节，全力做好稳企业保就业。截至年末，全市金融机构累计使用再贷款105亿元；为4386家企业办理延期还本贷款47.17亿元；为4518家小微企业新发放信用贷款12.13亿元。聚焦“扩总量”，支持地方经济恢复增长。围绕应急保供，第一时间出台金融支持疫情防控14条举措和外汇支持外贸高质量发展22条意见，发放《专项优惠利率贷款政策公开信》。围绕支持复工复产和保市场主体，分批次、有计划地实施后两轮再贷款再贴现和两项直达工具。成

2020年末衢州市银行业金融机构本外币存贷款情况统计表

表14

单位名称	存款		贷款	
	余额(万元)	同比增长(%)	余额(万元)	同比增长(%)
农业发展银行	162201	-12.87	965879	36.38
工商银行	4527034	13.45	3791052	7.77
农业银行	3499912	23.09	4434883	31.69
中国银行	1654726	2.04	2030222	4.31
建设银行	2577413	13.55	3162242	19.68
交通银行	304924	-19.93	501748	30.32
柯城农商银行	2162390	18.4	1545579	13.85
衢江农商银行	1756507	14.95	1284254	18.72
龙游农商银行	1728884	12.3	1275387	16.28
江山农商银行	2551776	15.31	1740283	19.94
常山农商银行	1119182	10.69	817762	21.32
开化农商银行	1265294	13.89	939670	15.52
招商银行	523573	0.02	716069	-4.76
浙商银行	928124	20.44	873650	51.79
浦发银行	389490	11.13	719892	8.15
中信银行	344532	27.48	378048	41.13
华夏银行	152854	27.98	215376	79.9
邮储银行	1404208	16.3	1106039	25.9
温州银行	576586	24.45	315317	18.79
金华银行	302587	-0.93	237323	1.46
泰隆银行	903077	27.73	770203	20.58
杭州银行	286189	7.51	734515	17.49
民泰银行	189569	18.3	169549	33.81
北京银行	280576	23.71	420582	29.38
台州银行	188977	23.49	343080	7.06
稠州银行	114504	-18.13	133517	-13.03
衢江上银村镇银行	28787	-21.21	30017	7.98
龙游义商村镇银行	47867	16.78	65816	24.4
江山中银富登村镇银行	48054	-23.5	35416	1.64
常山联合村镇银行	83674	-6.93	108148	4.89
巨化财务公司	329126	0.02	324992	1.13

功推动市县财政对银行使用1万亿元再贷款发放贷款出台配套贴息政策。聚焦“优结构”，确保信贷资金精准直达。围绕重点领域和薄弱环节，出台《金融支持衢州稳企业保就业实施方案》，深化金融支持“双四百”工程，民营、小微、制造业、外贸、脱贫攻坚等主体资金需求得到有效满足。截至2020年末，全市民营经济贷款余额1407亿元，同比增长18.47%；普惠小微企业贷款余额729.29亿元，同比增长27.44%；制造业贷款余额488.58亿元，同比增长15.62%。聚焦“降利率”，推动融资成本稳步下降。有效发挥政策性低息资金导向作用，积极推动贷款市场报价利率（LPR）改革，鼓励金融机构减息让利。2020年末，企业贷款利率5.11%，同比下降0.75个百分点；小微企业贷款利率5.43%，同比下降0.94个百分点。

【推进普惠金融】 年内，深化普惠金融“三金”品牌建设。“获得信贷”的经验做法入选《中国营商环境报告2020》以评促改“最佳实践篇”改革案例，位列全国4个城市典型做法介绍之首，衢州市被列为全国15个示范引领标杆城市之一。“金伞”支农助力乡村振兴，深入推进金融扶贫，推动普惠快车贷、家庭农场贷、精准扶贫贷等产品增量扩面，扶贫再贷款业务量居全省前列。以互学互看提升助农服务点移动支付覆盖面。截至年末，全市可受理移动支付服务点1081个，覆盖率77.60%，银行卡助农业务量稳居全省第1。“金桥”支小助推民营小微，开展“组团联企三服务”“百地千名行长助企业复工复产专项行动”“首贷户拓展”“订单+清单对接”等四项活动，建立小微企业金融服务“三张清单”，完善“敢贷、愿贷、能贷”机制。通过金融产品创新，破解小微企业融资难题，商标权质押、专利权、排污权、应收账款、股权质押贷款和银税通贷款等8类新产品贷款余额121.3亿元，有效缓解民营小微企业贷款担保抵押难问题。“金路”支民生助跑创业创新，联合科技局等部门修订科技金融合作贷款方案，加大对科技创新信贷支持。用好财政贴息政策，推动创业担保贷款增量扩面。全省率先依托云闪付发放消费券，拉动消费400余万元；开展云闪付“一元乘公交”等活动，持续推进云闪付在民生领域应用。

【推进绿色金融改革创新】 年内，围绕“传统产业绿色改造转型”一个中心、“传统农业和传统工业转型升级”两条主线，绿色金融改革“衢州模式”1.0版基本定型。全力打造的绿色企业和绿色项目两套标准升级为衢州地方标准，并被评为全省金融标准创新建设优秀项目。利用绿色企业（项目）标准评价建成第一批包含88家企业、23个项目的衢州绿色企业（项目）库。“政银保企”四方联动，创新打造全链条金融支持生猪养殖绿色转型的“衢州模式”，深化金融支持畜禽养殖无害化处理和资源化利用全国试点。联合经信等部门分工业和农业建立转型升级企业监测体系。开展绿色贷款专项统计数据质量评估，加强绿色贷款数据治理。全面推广“个人碳账户”体系，统一碳积分赋值标准，大力推动“个人碳积分”应用，“个人碳积分”高分通过省级验收，居民绿色支付理念不断提升。全市个人碳账户529万个，累计减少碳排放5230吨。

【探索创新发展智慧金融】 年内，

1月15日，市人行领导应邀参加全国绿色金融第二次联席会议，并就“绿色金融促进绿色发展的积极作用”主题做专题发言和讨论

围绕“十减三提升”，从群众最关心的堵点痛点问题入手，加快推进金融领域“最多跑一次”改革，实现“让数据多跑路，让群众少跑腿”。创新搭建的“衢融通”平台突出绿色元素。链接省金融服务平台、省市公共信用信息平台、省市大数据平台三大平台，实现部门数据直调。平台已归集35个政府部门209类企业综合数据，为5442家企业撮合贷款413亿元，提供企业信用报告查询和下载1.1万余次。除满足企业基本融资需求外，平台还具备信用征集、信贷超市、信用增进、政务服务、便民服务、智慧信贷、绿色金融、金融监管等八大功能，为市场主体提供金融服务。做好智慧平台和移动支付应用场景的推广。率先试点以小额代理清算月结模式推进云闪付收缴党费。智慧健康统一支付平台银联“医后付”实现全市二级以上医院全覆盖，相关做法被《金融时报》报道推广。7月31日，全省2020年首个“刷脸付”示范街区——市区水亭门历史文化街区上线，在人民网视频直播。移动支付交易量居全省地级市第一。全省率先实现政府采购数据与应收账款融资服务平台的无缝对接，实现“政采贷”业务“线上办”。督导银行开展反洗钱智慧监管、“乡村治理+金融服务”等智慧系统开发，形成地方化智慧案例。

【优化金融服务】年内，扎实做好疫情期间现金服务，实施大额现金管理，开展拒收现金专项整治行动。完成个人所得税退税、国库“抗疫”“两直”资金拨付，确保民生资金快速直达主体。开通疫情外汇政策“绿色通道”，深入落实“放管服”改革。全年与总工会、财贸工会联合开展劳动竞赛8次，不断激发金融机构服务实体经济的内生动力。加强金融消费者权益保护，依托助农服务点挂牌建立20个农村金融消保服务站，联合建设银行在衢州职业技术学院挂牌成立金融消费者权益保护宣教基地，提升农村、学生等群体金融知识素养。持续深化贸易投资便利化改革，加大稳外贸稳外资支持力度，释放利企惠民政策红利。推动全市18家外汇指定银行开通金融区块链服务平台，“资本项目收入支付便利化真实性审核”区块链应用场景成为全省三家试点地区之一，“服务贸易对外支付税务备案信息网上核验”区块链应用场景试点成功落地，提高企业付汇效率。

【开展政策宣传】年内，加大政策宣传，让政策更快地直达实体。组织开展金融知识普及月宣传活动。积极利用上级行平台宣传工作成效，全年杭州中支微信公众号专题宣传4期，子网站宣传38期。充分利用地方政府官方网站宣传政策，主动公示行政处罚信息15条，行政许可信息1724条，依申请公开信息10条，政务信息公开86条。发挥电视台、广播电台、报纸等地方传统媒体优势，开展再贷款、存款保险等政策宣讲。发挥新媒体传播优势，联合公安局开展反诈抖音短视频创作大赛，让老百姓更便捷、更直观、更全面地了解金融政策。

【加强金融风险管理】完善金融风险常态化监测机制，2020年末，全市不良贷款率0.72%。稳妥有序做好所有银行网点启用存款保险标识。构建反假人民币警银协

6月12日，市人行召开全市银行机构打击治理电信网络新型违法犯罪暨跨境赌博工作推进会

作、群防群治工作机制。保持打击治理电信诈骗和跨境赌博高压态势，强化账户全生命周期管理；省内率先建立买卖银行卡和账户联合惩戒机制，对190人实施惩戒。推动律师行业等特定非金融领域反洗钱监管，协助破获骗购外汇等重大经济案件5起，推动全市首起涉黑洗钱定罪。加大对外汇领域重点主体和关键环节的查处力度，防范跨境资本异常流动。

（郑　雯　余倩倩）

中国农业发展银行衢州市分行

【概　况】2020年，中国农业发展银行衢州市分行（以下简称市农发行）以信贷支农为抓手，践行“三位一体”办行理念，锚定“四个一流”发展坐标，助力疫情防控和复工复产，服务“六稳”“六保”，支持乡村振兴，履职支农、风险防控、改革创新和党的建设有力推进，全力服务乡村振兴，牢牢守住风险底线，着力提升经营质效，深化从严管党治行，各项工作取得新成效。年末，各项贷款余额96.58亿元，同比增加25.76亿元；日均贷款余额89.93亿元，同比增加27.55亿元。各项存款余额25.61亿元，同比增加2.08亿元；日均存款余额26.5亿元，同比增加1.2亿元；年末，不良贷款比年初减少870万元，实现“零不良”。

【聚焦抗疫救灾】年内，积极支持抗疫救灾，累放抗疫应急和复工复产贷款24.45亿元，第一时间开辟应急救灾和复工复产两大“绿色通道”，优先满足资金需求，支持衢州新农都等企业23家，其中投放人行专项再贷款5000万元，支持衢州市打好疫情防控阻击战和经济发展总体战。

【服务粮食安全】年内，粮棉油贷款累计放额14.41亿元，支持收购、储备、调入粮油67万吨，市农发行贷款企业在全市粮油供应市场份额占61.94%。积极支持饲料、养殖、屠宰加工、冷链物流等生猪全产业链发展，累放贷款5700万元，支持兴泰、天蓬等生猪企业5家。

【服务乡村振兴】年内，紧盯全市“两新一重”项目，加大对全域土地综合整治、改善农村人居环境、农村基础设施建设等重点领域、薄弱环节的支持力度，累放中长期项目贷款36.17亿元，同比多投16.35亿元，增幅82.5%。支持范围扩大至水利、农村交通、生态保护开发、医院学校等领域。坚决将长江大保护信贷业务作为加快发展的重要契机，全年获批项目5个，金额29.79亿元，同比增加18亿元；累放贷款12.21亿元，完成省行下达任务的107%。紧紧围绕土地做文章，完善推广“土地＋”模式，累放全域土地综合整治贷款10.87亿元。年末，农地贷款余额17.61亿元，实现各县（市、区）“土地＋”项目全覆盖。

【聚力扶贫惠企】年内，累放扶贫贷款1.48亿元，同比多投放1.2亿元，新增20家企业纳入全国工商联“万企帮万村”，同比增加17家；为贫困地区引进企业投资、投入帮扶资金、销售农产品75万元。年末精准扶贫贷款余额1.27亿元，占衢州金融系统精准扶贫贷款总量88%；为30家企业办理减息让利，全年新发放贷款加权平均利率4.14%，同比下降52个

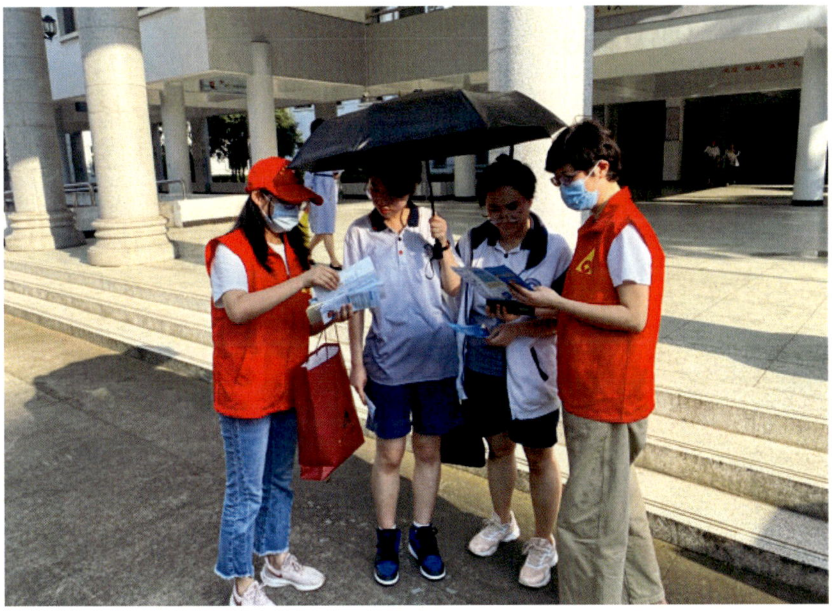

5月17日，市农发行工作人员到衢州一中开展存款保险和防诈骗宣传

基点，低于全市金融机构对公贷款平均水平97个基点，全年累计减费让利737万元。创新非现场调查、微信在线审议等办贷方式，提升客户服务质效，实现“一次不用跑”；积极引导客户通过网银办理业务，年末电子支付替代率97%，同比增加9.7个百分点。

【服务绿色金融】 年内，积极支持衢州绿色金融改革试验区建设，绿色信贷余额64.34亿元。深入推进“融资畅通工程”，建立小微企业“三张清单”，年末普惠小微企业贷款余额和客户数量分别较年初增加162%和125%；积极创新还款方式，落地全省系统首笔无还本续贷；为2家企业办理阶段性延期付息和信用保护措施，金额3590万元。

【优化资产质量】 年内，加大对信贷质量和信贷风险的把控，有效提高信贷风险防控能力。对自营性企业实施差异化管理，强化风险预警管理，加大帮扶力度，有效防范新增贷款风险。持续构建全面风险管理体系，紧盯风险企业日常经营，“一企一策”制定防控方案，切实缩小风险敞口，减少关注类贷款700万元。

【做好稳增稳存】 年内，通过狠抓存款、运营改革等一系列措施，有效降低运营成本，提升经营效益。多渠道稳存增存，财政性存款营销实现较大突破，累计中标竞争性财政存款14次、金额10.07亿元，分别同比增加6次、5.87亿元。

（邹新宇）

中国工商银行衢州分行

【概　况】 2020年，中国工商银行衢州分行围绕市委“1433”发展战略，特别是市委“三个年”的攻坚任务以及打造大小两个“三城记”的宏伟蓝图，坚守金融本源，当好服务“六稳”“六保”和支持实体经济的排头兵，坚持将自身发展与衢州经济发展紧密结合，全年新增存贷款超80亿元，贷款投放超150亿元，存贷款总量超800亿元，全方位助力衢州市加快建设四省边际中心城市。

【聚焦地方经济发展】 年内，坚持“市委、市政府决策部署到哪里、金融服务就跟进到哪里”，成立“大花园”项目工作组，对接市政府重点项目。积极争取政策资源，围绕市委、市政府规划建设智慧新城、智造新城、空港新城“大三城”决策部署，通过各种形式向上级行反映衢州经济高质量发展态势，千方百计争取政策倾斜；与智造新城签订战略合作协议，围绕智造新城主导产业，进一步助力智造新城加快大产业培育，助推智造新城经济高质量发展。积极争取信贷资源，累计为礼贤未来社区、一海精品猪生态养殖基地项目等23个市政府重点项目授信68.5亿元，同时积极拓展新的融资渠道，通过灵活选择表内贷款、表外贷款、投行发债、融资撮合、理财直投等多元化融资方式，为地方经济发展提供持续的资金保障，为仙鹤集团办理理财直投2.8亿元，主承销巨化集团超短融20亿元。

【创新服务实体经济】 年内，聚焦“衢州制造”和“5459”大产业创新体系建设，坚持“金融支持实体经济”政策导向，突出工商银行在产业金融方面优势，全力保障制造业企业转型升级。至年末，制造业贷款余额85.52亿元，同业领先。积极支持工业平台打造和优化，保障企业生产要素需求，重点

12月4日，工商银行衢州分行与衢州智造新城金融服务战略合作签约仪式

围绕工业园区有机更新、小微产业园区建设等项目板块，累计为衢江区特种纸品产业园、开化电子信息产业基地2个园区项目授信4.4亿元。积极支持工业生态圈建设，通过对供热供气、污水处理等一批与企业生产紧密相关的产业授信支持，保障企业生产配套需求，累计为大唐国际江山新城热电、常山县城市天然气利用工程等3个项目授信7.76亿元。积极支持工业企业转型升级，通过满足企业技术改造、产业并购、产业链延伸等需求，保障企业可持续发展，累计为欧派防火门、晋巨化工、华友新能源等13个工业企业技改项目授信32.26亿元，为优质企业转型升级提供持续的资金保障。同时，特别关注辖内上市、拟上市公司发展，通过资本市场、直接融资引进等，助力企业发展。

【深化普惠金融服务】 年内，牢固树立"做好小微就有大未来"经营理念，始终坚持"不唯所有制、不唯大小、不唯行业、只唯优劣"，深入践行"融资畅通工程"，不断提升普惠金融服务质效。创新产品化解"融资难"，推出"税务贷""用工贷""e抵快贷"等普惠类贷款，至年末，银保监口径普惠贷款余额78.44亿元，全年新增21.69亿元，继续保持总量同行业第一市场地位。优化服务化解"融资慢"，扩大县域支行审批权限，在县域支行全部设立小微中心，进一步提高效率，并通过优化业务流程，民营、小微企业申贷获得率99%以上，贷款流程缩减到3个工作日以内。减费让利化解"融资贵"，通过直接减免、降低利率、无还本续贷等方式，为企业节省财务成本近5000万元，累计惠及2000余家(户)企业及个体工商户。

【支持复工复产】 年内，快速建立疫情专属服务团队，全力落实"衢十条"政策，以金融力量稳预期强信心。快速响应"春润行动"，全力支持企业复工复产，高效办理全市首笔(也是全国工行系统首笔)防疫生产企业的"人行专项再贷款"，累计为24家政府防疫名单内企业发放36笔防疫贷款，合计4.68亿元，居同行业第1。积极开展"春融行动"，为外贸企业纾困解难，为全市120家外贸企业发放融资约4.8亿元，提供外汇避险业务约1.08亿美元，减费让利近400万元，为企业提供贸易便利化服务900余笔1.15亿美元，借助跨境金融区块链平台为全市65家企业授信约20亿元。不断加大减费让利力度，降低企业负担，积极帮扶遇困小微企业、个体工商户，下调受疫情冲击较大的制造业、批发、零售业、住宿和餐饮业等五类企业未到期贷款利率，惠及800余家企业，单月降低企业付息成本300余万元；对疫情期间所有到期贷款给予"无还本续贷"政策，对出现临时性逾期贷款，免除逾期罚息；通过一系列"组合拳"，切实做好金融服务保障工作。

(周江波)

中国农业银行衢州分行

【概　况】 2020年，中国农业银行衢州分行(以下简称市农行)落实总行、省分行的决策部署，践行"六稳六保"工作，持续推动乡村振兴，围绕市委、市政府中心工作，以助力"四省边际中心城市"建设为重点，主动聚焦"七个桥头堡"，加大金融要素保障。年末，市农行各项存款余额349.98亿元，比年初增加65.65亿元，增量四行份额42.79%；各项贷款余额443.49亿元，比年初增加106.73亿元，单年增量首次超百亿元，创历史纪录，贷款总量跃居四大行首位。8月13日，市农行为防控攻坚战和发展总体战提供金融支持的做法获市委书记徐文光批示肯定。

【支持重点项目建设】 年内，紧扣衢州市"七个桥头堡建设"，加大信贷投入。其中，围绕"绿色金融桥头堡"，支持重大项目58个、累计发放贷款97.55亿元。年末绿色贷款余额182亿元(含衢标)，占比(含衢标)41.04%，增加65.96亿元。持续加快对交通基础设施的资金投入，支持九景衢铁路、杭新景高速、美丽沿江公路等11个项目建设，累计发放贷款97.64亿元，与浙西航空物流枢纽达成战略合作协议。

【支持脱贫攻坚】 年内，围绕市委、市政府"3752"党建治理大花园体系，加大对全市"三农"和县域经济、新型城镇化及新农村建设的资金投入。引入增信机制，先后与省担保集团、省农业信贷担保公司、市信保融资担保有限公司3家政府性担保公司合作，开展农户贷款保证担保业务。单户金额最高300万元，为农户担保贷款9.65亿元。截至年末，市农行涉农贷款余额198亿元，比年初增加44亿元，增速29%。

【支持复工复产】年内，市农行做好"六保""六稳"工作，开展"组团联企""三服务""百行进万企"等活动，连续5个月在市政府金融机构支持实体经济发展月度评价中居四大行第一。支持民营经济发展，加大信贷投放力度，小微企业客户数比年初增加1895家，贷款增加27.77亿元。加大对农产品稳产保供和生猪产业的金融支持，支持稳产保供企业95家，累计发放贷款13亿元。实行小微企业主、个体工商户执行最低普惠贷款利率，累计为企业让利5700余万元。与市信保公司合作，为54家企业解决抵押难题，累计发放贷款近2亿元。

【深化"最多跑一次"改革】年内，市农行积极对接"衢融通"、浙江省金融服务平台等线上融资通道，通过2个平台对接需求企业370家、金额14.6亿元。以"小微网贷""抵押e贷""惠农e贷"等线上产品，为402家小微企业发放线上贷款14.8亿元。创新推出"胡柚e贷""茶叶e贷""猕猴桃e贷"等线上农户产品，累计投放农户贷款41.68亿元，同比增加贷款24.49亿元。率先在全市11个乡镇网点开通乡镇办理公积金业务，累计投放"网捷贷"信用贷款10亿元。

【推行机构改革】7月，市农行推行机构改革，优化全行组织架构，有效压降中后台人员，充实前台营销力量，最大限度释放人力资源，提高劳动生产率。精简中后台部门，增设"三农"对公业务部、普惠金融事业部(农户金融部)2个前台部门。调整一级支行经营布局，合并衢化支行与绿专支行，调整城区部分网点归属关系。

【推行"整镇推进"】6月，市农行与市信保公司推出"整镇推进"模式。以客户档案数据为基础，运用互联网、大数据、人工智能等金融科技手段打通"信息孤岛"，实现客户的动态画像与批量化"整村推进"核定授信额度，获取外部数据源13个，涉及农户7000余户，自动产生授信7亿元，累计投放金额6088万元。

【促成省分行与市政府签订800亿元战略合作协议】9月2日，省农行与市政府举行座谈会并签署战略合作协议，计划5年内向衢州地区提供总额不低于800亿元的融资额度，重点对支持城市赋能、推动绿色金融改革、助力产业升级、壮大数字经济、服务乡村振兴等加大信贷投入。会上，市农行分别与衢州智造新城管委会等8家单位签订战略合作协议，签约后落地投放贷款40亿元。

【携手市商务局推出"衢贸贷"】12月，市农行与市商务局、市信保担保公司、中国出口信保公司签署"衢贸贷"四方合作协议，推动外贸企业共成长。专项出台规模匹配、费用减免、个性服务等十项举措，推动衢州经济高质量发展。并在未来5年向全市符合条件的外资外贸主体提供总额度不低于100亿元资金支持，保障外贸企业复工复产、健康有序发展。

6月24日，在衢江区杜泽镇举行美丽乡村保专项服务启动仪式

【获市委、市政府"十条军规"表彰】10月，市委、市政府对2020年第三季度在执行"十条军规"中的16个正面典型和5个反面典型进行通报。市农行在助力衢州"四省边际中心城市建设"方面的工作被市委、市政府通报表扬一次。

（陈艺文）

中国银行衢州市分行

【概 况】2020年，中国银行衢州市分行（以下简称分行）响应衢州市"活力新衢州、美丽大花园"建设，贯彻落实国家法律法规和监管相关政策，做好业务创新及产品创新，发挥中国银行海内外一体化、集团多元化经营优势，支持衢州经济转型升级，有序推进各项工作，经受住疫情防控和业务发展双重"大考"。年末，分行资产总量202.47亿元，负债总量199.75亿元，存款余额165.46亿元，贷款余额203.02亿元，不良率0.39%。

【跨境金融区块链服务平台】8月5日，分行成功利用跨境金融区块链服务平台，为华金新能源材料（衢州）有限公司完成全省首笔结汇待支付账户支付便利化真实性审核业务的操作。

【"战疫贷"解决企业燃眉之急】3月9日，分行为衢州市首家获得医用口罩生产许可证的仓谷医疗科技（浙江）有限公司获批授信1000万元，同时开通放款手续"绿色通道"。3月11日放款，解决企业采购原材料的资金难题。

【捐赠扶贫资金】4月14日，中国银行浙江省分行党委书记、行长吴敏在衢州市分行党委书记、行长翁晓波一行陪同下，代表中国银行浙江省分行向常山县青石镇飞碓村捐赠扶贫资金30万元。疫情期间，浙江省分行向全辖区发起《"常山胡柚"分享给有爱心的你我他》倡议书，帮助销售常山胡柚109.85万元，衢州分行共同参与助农销售常山胡柚，以消费扶贫帮助果农渡过难关。

4月14日，中国银行浙江省分行、常山县青石镇飞碓村扶贫捐赠仪式

【开创在线电子交单业务】12月3日，分行成功开立全省首笔电子交单信用证，并完成电子交单操作。此后，向全辖区推广在线开证业务，实现辖内业务量最大县支行开证企业全覆盖。线上单证业务的开办，实现贸易信息全程电子化，降低企业交易成本，提升交易信息监控能力，为企业提供便利，提升企业管理水平。

（周稼雨）

中国建设银行衢州分行

【概 况】2020年，中国建设银行股份有限公司衢州分行（以下简称衢州分行）坚持党建引领，着力提升"三个能力"，推进"普惠金融、住房租赁、金融科技"三大战略（以下简称"三大战略"），全力做好"六稳"工作，落实"六保"任务，完善风险管控，各项业务稳步推进。年末，一般性存款日均余额253亿元，比上年新增30亿元；各项贷款余额316亿元，时点新增52亿元。年内，衢州分行获全国文明单位称号，2019年度衢州市银行业金融机构人行综合评价国有银行序列A等行第一名，2019年度衢州市政府特别奖——绿色金融之星奖，2019年度衢州市级机关部门综合考核优秀。

【创建全国文明单位】年内，衢州分行成功创建全国文明单位，打造“党建+”窗口。打造“党建+学习”窗口,“一把手”带头上党课,学习宣传贯彻党的十九大和十九届二中、三中、四中全会精神,开展“不忘初心、牢记使命”主题教育,开展读书、笔谈、座谈等学习活动。打造“党建+制度”。将文明创建工作与业务同部署同落实同考核,各类规章、管理制度、服务标准和工作流程等规范齐全,执行到位。打造“党建+服务”窗口,打造“服务+支持实体经济”,打造“服务+最多跑一次”,实施流程、技术和服务创新,实现“互联网+住房公积金组合贷款”一证通办,办理浙江省金融综合服务平台首笔互联网不动产抵押登记。打造“服务+行作揖礼”,推广开展“行作揖礼”活动。连续3年获市直机关“满意不满意单位”衢州市金融机构类“最佳满意单位”。打造“服务+公益”,衢州分行连续4年开展“爱护母亲河”公益活动。成立志愿者服务队伍,每年定期开展金融知识宣传和“冬送温暖、夏送清凉”等公益活动,安排文明交通劝导2000余人次,服务时间4000余小时。打造“服务+裕农通”,“裕农通”金融普惠服务点覆盖全市1500余个自然村,客户经理定期上门开展金融服务。

【“三大战略”提质增效】至年末,浙江汇盛投资集团有限公司人才公寓项目住房租赁REITs试点授信9000万元,投放4000万元。新增存房指标值268套,支付510笔427万元。通过住房租赁平台转化的新增客户551户,客户产品覆盖增长1980个。上线数字房产预售资金监管系统,完成市本级二手房交易资金监管系统测试。普惠金融发展有力。“惠懂你”授信完成率100.19%,特色普惠产品常山“胡柚贷”、江山“猕猴桃贷”持续落地。“文明助农e贷”支用金额1.44亿元。金融科技赋能经营,衢江支行无感停车业务成功上线,实现交易金额22.43万元。商品房预售资金监督管理系统、二手房交易资金监督管理系统上线;改造人民银行“碳账户”系统;上线运行全市唯一智慧政务项目——开化不动产查询、衢州社保待遇发放系统、衢州妇幼保健院健康龙卡、衢州第三医院健康龙卡、“绿色金融”预约系统迁移、住建部公积金结算系统2.0等项目。

【风险防控】按照“充分暴露、加大处置、把握节奏、协调有序”十六字管控方针,采取大户逐户攻坚,小户批量消灭的思路。至年末,系统和审计口径不良额分别为13062万元和29815万元,分别较年初减少1398万元和增加8614万元;不良贷款率分别为0.41%和0.94%,分别较上年下降0.14个百分点和上升0.14个百分点。突出“主动管”,实施“风险合规文化建设推进年”,每季召开风险防控例会及重点业务发展与主动风险防控联席会,及时沟通交流存在的风险事项并提出防控措施。围绕“预、监、管”体系建设要求,运用预警管理工具,完善风险预防体系;通过常态化风险监测,剖析经济资本、资产质量、减值计提和信贷结构四个维度,及时发现异常变动。推进“全面管”,从各类风险管理职责、主动风险管控、风险过程管理、风险信息共享和全面风险考核评价等多个维度,规范风险管理;“风险管理进党委”,衢州分行党委每半年就信用风险水平、资产质量变动、新发放贷款排查、重大潜在风险项目及区域内重大不良处置等听取风险管理专题汇报,开展专题会议研究应对策略。

(蓝凌浩)

交通银行衢州分行

【概　况】2020年,交通银行衢州分行坚持立足衢州、服务衢州,加大信贷有效投放,注重产品和服务创新,确保疫情防控和经营发展“两手抓、两手赢”,实现全年业务稳健发展。年末,交通银行衢州分行人民币各项存款余额30.40亿元,各项贷款余额50.17亿元。

【助力企业复工】年内,落实减费让利行动。疫情期间,为143户个人经营性用户204笔贷款增加30天宽限期,涉及贷款金额1.1亿元;调整企业贷款利率,利息统一依照4.15%结息,累计减免利息65.45万元。开展金融支持稳企业保就业工作。开展“百地千名行长助企业复工复产”客户走访活动,主动了解企业复工复产情况、促进金融服务企业“零距离”。12月末,累计走访小微企业

7月10日，市交通银行组织党员干部赴嘉兴南湖开展"弘扬红船精神 牢记初心使命"活动

（含个体户）738家，助力衢州市实体经济发展。

【内控管理】年内，开展全行范围"合规大讨论"活动，提升全员合规意识。全年围绕"合规经营大讲坛"主题开展五次全行性培训活动，营造合规文化环境。扎实推进"廉洁从业审慎合规预防违法放贷"专题教育，进行风险警示案例培训，增强全行员工合规意识。开展全行案件防控"五大领域"专项治理活动，以检查为契机，深化治理工作，落实条线责任，做细做实检查，对发现的问题及时整改。强化内控风险管理，制定案件防控工作总体方案、飞行检查制度等，从机制、流程规范上进行管理，形成长效机制。

【员工关爱】年内，举办员工急救知识培训会、开展"声临其境等你发声"配音大赛等员工喜闻乐见的工会活动。打造团结、和谐、积极、友爱的团队氛围。先后组织党员、团员参加各类主题党日、团日活动6次，参与人数100余人次。"五四"青年节，开展"从战疫中看制度优势"主题团课，拍摄"学习寄语精神、展青春担当"短视频。唱响"金融+志愿"主旋律，助力衢州市文明创建，建立"交通文明执勤"轮值制度；对接"钟楼社区"，义务开展防疫宣传，支援社区400套公勺公筷；开展"战疫情、献热血"志愿献血活动；开展"光盘行动"志愿活动等。

（方佳慧）

中国邮政储蓄银行衢州市分行

【概　况】2020年，中国邮政储蓄银行股份有限公司衢州市分行（以下简称市邮储银行）坚持党建统领、夯实零售定位、提升专业能力，高质量完成各项工作。全市邮政金融机构有网点66个，其中银行自营网点21个，从业人员456人；邮政代理网点45个。年末，各项存款余额140.40亿元，比年初增加19.68亿元，增幅16.31%；各项贷款余额110.60亿元，比年初增加22.75亿元，增幅25.90%；不良率及不良额均实现"双降"。全市邮储银行及邮政代理实现金融业务总收入3.98亿元。

【疫情防控】年内，全行上下全力落实疫情防控措施，确保疫情工作落实到位，员工复工率100%，全年实现无确诊，无疑似；持续做好金融服务，全辖区21家自营网点、45家代理网点在满足疫情防控要求下均正常营业，保障客户金融需求的时效性、安全性；有效支持企业复工复产，为防疫企业开通"绿色通道"，专设减费让利。发放抗疫企业贷款38笔，金额1.07亿元，帮助2户存量抗疫企业贷款展期，涉及金额1166万元。同时开展爱心捐赠、志愿帮扶活动，全行员工募集爱心款项近7万元，捐赠给市红十字会专项用于新冠肺炎防控；赴衢江区启智学校开展献爱心活动，为该校师生捐赠各类物资及防疫用品；分2批次组织近30名志愿者增援邮政速递做好防疫物资投放，为2000余名在政府平台预定口罩的买家和300余名学生投送物资；积极融入社区，党员带头协助所在社区、街道开展疫情防控志愿服务。

【持续推进"六稳""六保"】年内，市邮储银行积极响应党中央"六保”“六稳”号召，主动对接企业融资需求，畅通融资渠道，制造业贷款新增0.78亿元，增长率14.58%；普惠型小微企业贷款余额32.36亿元，净增7.18亿元；全年新增“首贷户”企业29家，金额6612万元；主动减费让利减低企业运营压力，对辖区内受疫情影响严重的企业减免利息，累计为184家企业减免利息52万元；大力推广无还本续贷，为68家企业发放金额3.62亿元，减轻财务成本近300万元。

【“三大攻坚战”圆满收官】 年内，为实现“三大攻坚战”圆满收官，市邮储银行坚决打好防范化解重大风险攻坚战。根据疫情新形势，及时做好调整和风险排查，防范风险蔓延和资产质量问题集中爆发，实现业务稳健发展，风险整体可控以及全年“零案件”的目标。为坚决打赢精准脱贫攻坚战，在全辖区范围内开展金融扶贫、支持低收入客户增收活动，加大扶贫贷款投放力度。2020年末，金融精准扶贫贷款结余4045.64万元，净增1449.06万元，连续三年超额完成扶贫贷款投放目标；以低利率重点支持县域产业、新型农业发展，实现产业增收与产业扶贫有机融合，推动产业增收。至年末，产业精准扶贫贷款结余3063万元，较年初净增1160万元，有效引导企业吸纳贫困户就业。为坚决打好污染防治攻坚战，市邮储银行制订并持续推动“点绿成金”三年行动计划落实，对不符合环保要求的客户实施“一票否决”；经衢州市银保监分局批复，辖内衢江支行成功创建绿色专营示范支行，在制度支撑、产品创新、办理流程和利率定价等方面为生态农业、环保产业等提供支持。至年末，市邮储银行绿色信贷结余29.7亿元，净增2.15亿元，增长7.79%。

【支持政府重大项目建设】 年内，为贯彻落实“长三角一体化发展战略”和市委、市政府提出的“活力新衢州、美丽大花园”建设目标，市邮储银行发挥自身资金充足优势，为衢州市绿色交通运输、绿色制造企业、绿色环保项目提供金融支持，如衢宁铁路项目（浙江段）、巨化集团、大唐发电及龙游华电2个天然气发电项目等。此外，市邮储银行通过精准营销，主动对接，成功新增公司贷款项目3个：杭衢铁路项目（授信29亿元，银团签约10亿元，用信2.16亿元）、市国资公司项目（授信19亿元）、衢州礼贤未来社区项目（授信20亿元，银团签约3亿元，用信1.08亿元）。

【打造平安邮储】 年内，市邮储银行加大反洗钱宣传，开展宣传活动50余次，发放宣传资料5500余份，受众1.65万人次；积极开展安全生产工作，分行监控中心全面建成并投入使用，实现24小时值守，加强营业网点非现场安全管理能力；为提升柜面防诈能力，持续开展防范电信网络诈骗和客户信息治理工作，开展“断卡”专项行动，全年拒绝异常开户14个，拦截电信诈骗转账3次，涉及金额15.5万元，有效保护客户资金安全；开展网络安全管理，完成互联网与办公网分离，加强口令管理，加强敏感信息和客户信息保护，提升网络安全运行。

【成立金融调解工作室】 1月9日下午，柯城区人民法院驻市邮储银行金融调解工作室正式成

1月9日，柯城区人民法院驻市邮储银行金融调解工作室成立

立。金融调解工作室的成立，便于开展金融矛盾纠纷化解工作，促进诉讼与调解衔接，让金融纠纷真正实现“化解在诉前、调解在庭前”，助推良好的金融法治环境建设。

（郑祖惠）

省农信衢州办事处

7月30日，全省农户小额普惠贷款工作推进会在江山市举办

【概　况】2020年，浙江省农村信用社联合社衢州办事处(以下简称衢州农信)以党建为统领，贯彻市委“1433”战略体系，强化金融要素保障，全力以赴落实乡村振兴战略、抗疫情助小微、“最多跑一次”改革、“党建+金融”、助脱贫攻坚等大事要事，服务实体经济，推进“以人为核心的全方位普惠金融”。年末，各项存款余额1058.4亿元，年增量135.52亿元，年增幅14.68%；各项贷款余额760.29亿元，年增量112.84亿元，年增幅17.43%。存款、贷款总量、增量、份额和服务客户数均居全市银行业首位。信贷支持在当地，税收贡献在当地，辖内6家农商行全年缴纳税收4.64亿元，纳税额均居当地服务业前列。

【普惠金融】年内，聚焦农村普惠金融，在江山市作为全省唯一农户小额普惠贷款试点县的成功实践经验基础上，充分把握契机，全市“一盘棋”推进，通过“政银联动、农信主导、部门协同、镇村落地”的方式，以“无感授信、有感增信、随时用信”为核心，推动以农户全覆盖为目标的普惠金融改革，探索出一条短时间内实现农户小额普惠贷款全覆盖的新路子。年末，符合条件农户小额普惠贷款授信63.03万户，年增25.21万户，年增幅66.66%，农户授信服务覆盖率100%，授信农户用信率28.33%，信用乡镇、信用村的覆盖面分别达到33.33%、63.09%。涉农贷款占比87.48%，居全省前列。

【服务小微】年内，针对新冠肺炎疫情对小微企业的影响，深推让利、快速、暖情、线上“四项服务”，支持扩内需、助复产、保企业、稳就业，当年新发放小微企业贷款加权平均利率同比下降1.04个百分点，减费让利8.26亿元。用好央行“再贷款”、延期还本付息、普惠型小微企业信用贷款三项政策。年末，累计发放支农、支小再贷款32.84亿元，额度居全市银行业首位；累计发放普惠型小微企业信用贷款32255户、余额63.26亿元，对符合延期还本付息条件的小微企业“应延尽延”。推出助企“信用贷”“设备贷”“复工贷”“战疫贷”等，为企业解决融资担保难题，小微企业贷款年增47.24亿元，增幅29.16%。

【绿色金融】年内，围绕衢州“绿色金融”改革“传统产业转型升级”定位，以生猪养殖支持为重点，向鸡鸭等禽类养殖推进，创新“绿色+扶贫”模式和生物活体抵押贷、林权抵押贷等绿色产品，通过精简流程、无缝对接、费率优惠等政策，主动对接绿色企业、项目及产业，发放生物活体抵押贷款14笔、金额3340万元。秉持“绿色+特色”理念，推进“碳账户”在全市的推广应用，“绿色金融一行一品”建设获得副省长朱从玖的肯定。年末，绿色信贷余额236.77亿元，年增速38.42%，高出各项贷款增速20.99个百分点，占各项贷款的31.14%，较年初提高5.03个百分点。

【“扶贫消薄”】年内，通过“总对总”对接市级有关部门，把低收入农户作为普惠贷款重点，为1.53万户低收入农户授信11.44亿元，确保低收入农户授信全覆盖。深入推广“扶贫贷”“丰收爱心贷”等特惠产品，发放扶贫贷款1842户、贷款余额5.59亿元，增强低收入农户自我“造血”能力。推广兴村贷等助力村集体抱团消薄，向经济薄弱村发放消薄贷款227笔、贷款余额2.18亿元，同时与行政村签订乡村振兴协议，提供资金补助，以小额普惠贷款为载体，为村集体组织提供最高50万元授信。

【合作平台】 年内，充分发挥农商行市级层面“代言人”作用，深化“红色互动”，联合衢州市“两新”组织工委，以“十大承诺”为抓手，发挥党建对业务的引领作用，走访客户5862户、帮助解决问题600个、解决融资28.36亿元。实施“五千工程”，选派593名业务骨干担任行政村驻村金融指导员，全面助力乡村振兴。开展“异业合作”，与市场监督管理局、市民政局、市农业农村局、市供销合作社联合社等部门沟通协作，全面融入“最多跑一次”改革，充分发挥点多面广优势，依托丰收驿站功能，主动承接工商、法院、税务、社保等30多个部门60余项政务和民生服务项目，代办不动产业务4.94万笔、公积金业务0.49万笔、社保业务700万笔、工商业务0.31万笔、税务业务442.32万笔、公安业务2.84万笔、医保业务281.55万笔等，助推营商环境优化。

（蔡翠琴）

保险业监管

【概　况】 2020年末，辖内市级保险机构39家，保险中介机构58家。保险从业人员17889人。其中高级管理人员167人，普通内勤管理人员2264人，保险销售人员15458人。全年，实现保费收入71.87亿元，同比增长5.14%；累计赔付支出22.89亿元，同比下降1.81%。辖区保险业为全社会提供风险保障金50537.56亿元，同比增长48.62%。其中，财险领域中，机动车辆保险风险保障金6885.19亿元，同比增长20.45%；责任保险风险保障金11948.43亿元，同比增长420.80%。人身险领域中，人寿保险风险保障金1385.40亿元，同比增长18.17%；意外保险风险保障金20363.46亿元，同比下降24.28%。

【行业合规文化建设】 年内，开展“监管伴身边、合规我先行”主题活动。推动机构完善合规组织框架，6家保险机构设立合规管理部门，全辖区保险公司均已配备合规专员，并全员通过合规知识测试。完善7项保险行业自律公约，创新制定《衢州辖内财产保险公司经营管理负面清单（试行）》，明晰财产保险公司经营底线，切实规范经营管理行为，对全辖区保险机构全覆盖检查。举办合规内训师比赛、开设保险合规大讲堂、开展合规知识测试等各类主题活动，专门邀请省局专家作《浙江辖内人身险保险公司经营管理负面清单》专题辅导。全年，举办内部相关培训911次，培训人员2.92万人次，开展合规宣传活动202次。

【保险助力市域治理】 年内，首创《衢州市保险创新项目保护自律公约》。联合政府部门指导市保险行业协会制定《“安环险”共保体入围评分标准》，推动“安环险”提质拓面，为700余家投保企业提供320亿元保障金，保障从业人员超过6万人，覆盖面98.98%。深化电动自行车综合责任保险改革，助力社会交通安全治理。至年末，全市电动自行车续保率、覆盖率分别达72.97%、74.08%，分

7月22日，衢州市保险业举办保险合规内训师技能比赛

别较上年同期提高36.58个和33.27个百分点。深化保证金领域保险机制运用,降低企业制度性交易成本,创新优化用电营商环境综合保险、建筑工程领域保证保险、农民工工资支付保证保险等产品,累计释放各类保证金20.94亿元。修订车险洪涝灾害协作方案,加大预警点隐患排查,完善协同预警机制,突出强调灾前预警工作。

【绿色保险服务】年内,推动绿色保险专营机构建设,率先提出"五专"绿色保险机构规划。6月28日,推动全省首家绿色保险专营机构(中国人民财产保险有限公司衢州市分公司绿色保险营业部)挂牌成立。指导行业协会联合辖内财险机构,与交警车管部门积极对接系统,明确代办车辆检测工作流程,服务"最多跑一次"改革;会同农业农村局,对养殖生猪、能繁母猪并投保生猪养殖政策保险的企业及个人,由衢州各县(市、区)设立专项资金,给予相应保费补贴;会同市医保局等3个部门联合发文,推出商业补充医疗保险"惠衢保",推动完善多层次医疗保障体系建设。

【保险行业乱象整治】年内,加强从业人员信息库使用。新上线保险代理人员异常行为信息库系统,要求机构"凡录必查、凡提必查"。录入保险从业人员离职信息26071条、违规违约信息753条。开展保险领域"飞行检查"。编写操作指南,对4家保险机构开展"飞行检查"。深入开展"命题式"内审检查。通过督导谈话、现场指导、出具监管意见书等方式,督促2家机构发现问题45个、涉及问题保单755件、违规金额1640.76万元,指导机构修改完善内控制度6个。全年督促引导2家保险机构、10家专业中介机构完成撤销事项;对3家在未经核准经营区域开展保险业务活动的专业中介机构相关负责人进行监管谈话,责令整改到位。

(王怡倩)

保　险　业

【概　况】2020年,衢州市保险业积极做好疫情防控,全力支持企业复工复产。持续开展保险业合规文化建设主题教育活动,推动行业乱象整治。至年末,全市市级保险机构39家(财产险15家、人身险24家),其中分公司2家、中心支公司34家、营销服务部3家。县级机构94家。保险从业人员17295人,其中保险营销员15072人(产险1461人、寿险13611人)。

全年,全市实现保费总收入71.91亿元,同比增长4.88%。其中,产险保费收入23.46亿元,同比减少0.73%;寿险保费收入48.45亿元,比上年同期增长7.83%。提供风险保障5.05万亿元,其中财产险3.46万亿元,人身险1.59万亿元。赔款与给付22.26亿元,同比减少0.73%。产险赔款支出14.82亿元,同比减少3.51%,简单赔付率63.17%。车险赔款11.89亿元,同比增长1.91%,简单赔付率67.79%。其中,交强险4.07亿元,同比增长5.74%,简单赔付率104.03%;非车险赔款2.93亿元,同比减少20.60%,简单赔付率49.51%。人身险公司累计发生赔(给)付支出7.44亿元,同比减少5.30%。其中,满期给付2.81亿元,同比增长26.05%;年金给付1.87亿元,同比减少8.16%;死伤医疗给付1.42万元,同比增长21.47%;短险赔款支出1.34亿元,同比减少17.85%。

【破解电动自行车"续保难"】年内,将破解电动自行车续保难列为当年"为民监管重点项目",引导辖内保险公司主动履行社会责任,协调指导人保财险、国寿财险、平安财险、大地财险、阳光财险、太保财险6家财险公司承保电动自行车保险,增强服务力量,提供10款条款费率不同的电动自行车保险产品供选择。此外,开展"警保"合作,普及交通安全知识,充分发挥"两站两员"作用,督促电动自行车车主自觉遵守交通规则,降低交通事故发生率。完成年度续保率、覆盖率分别达60%、70%的目标,获得市长汤飞帆批示肯定。

【开展"监管伴身边、合规我先行"主题活动】年内,推动机构完善合规组织框架,6家保险机构设立合规管理部门。全辖区保险公司均配备合规专员,并全员通过分局组织的合规知识测试。行业协会完善7项保险行业自律公约,加强营销人员管理。创新制定《衢州辖内财产保险公司经营管理负面清单(试行)》,明晰财产保险公司经营底线,切实规范经营管理行为。举办合规内训师比赛、开设保险合规大讲堂、开展合规知识测试等各类主题活动,专门邀请省局专家作《浙江辖内人身险保险公司经营管理负面清单》专题辅导。全年,举办内部相关培训911次,培训人员2.92万人次,开展合规宣传活动202次。

【挂牌成立全省首家绿色保险专营机构】 年内,积极争取政策突破和支持,提出"五专"绿色保险机构规划,推动6月28日全省首家绿色保险专营机构挂牌成立。主要负责经营和管理全市的绿色保险业务,承担绿色保险产品的研发及推广工作;组建绿色保险产品创新实验室、绿色保险产品研发及推广工作领导小组;已纳入绿色保险产品主要有安环险、生猪保险、电动自行车保险等17个保险品种,涉及安全生产、节能环保、民生治理等多个领域;出台专项绩效考核办法,提高绿色保险业务占比、产品研发创新及推广成果等指标的权重,降低自主经营保费增速、报表利润等常规经营指标的权重;营造专有的绿色文化。宣传绿色保险理念、产品及服务等相关内容,提升绿色保险专营机构影响力。

【升级生物活体资产抵押贷款】 年内,升级生物活体资产抵押贷款,创新"活融通"生猪金融服务银保套餐。以生猪为抵押物,通过"农业保险+保证保险+银行贷款"深度融合银保资源,创新银保合作新模式,加大对生猪稳产提质的金融支持,强化"菜篮子"工程的金融保障。5月19日,龙游农商银行和衢州人保财险为龙游县瑞丰牧场发放全省首笔"活融通"贷款200万元,抵押生猪6300头。其主要特点是:一是精简灵活。保函出具时间由半个月缩短至3天,最快可实现线上3分钟放款。二是保障提高。覆盖生猪强制扑杀保险等六大农业保险责任,并另附保证保险。同时,银行机构与保险机构按3:7的比例分担风险,破解融资担保难题。三是无缝对接。按保险期限匹配1年期贷款合同,解决两头签约导致的贷款未到期而保险已脱保的期限错配问题。四是费率优惠。以首笔"活融通"业务为例,企业综合成本较让利前下降3.28%至7.2%,每年可帮助养殖户节约成本6.56万元。

【外贸承保规模和覆盖面提升】 年内,为帮助外贸企业应对海外疫情蔓延带来的不利影响,在风险总体可控的前提下,发挥出口信用保险作用,坚决做到"能保尽保"。全年为全市8.8亿美元外贸出口提供承保支持,同比增长17%;服务支持外贸企业532家,占全市有出口实绩企业比重54%;出口渗透率26%(即全市每100美元外贸出口中约有26美元得到衢州信保承保支持)。全年处置理赔案件56宗,累计帮助外贸企业挽回损失超2600万元,其中直接支付赔款金额906万元,稳定企业经营。

【创新"一站式"金融纠纷多元化解机制】 年内,总结前期"律师调解+司法确认""法院派驻调解"等试点经验,创新"行业调解+矛调中心+司法确认"模式,指导银行业协会、保险行业协会撤销原银调委、保调委,联合成立银行保险行业人民调解委员会,建立统一的"调解员+记录员"调解团队,并在下辖6个县(市)区设立工作室。

浙江象睿机电设备有限公司给中国出口信用保险公司浙江分公司衢州营业部赠送锦旗,感谢衢州信保公司的服务

12月14日，衢州市全民健康补充医疗保险"惠衢保"发布会

调解团队统一进驻辖内各地社会矛盾纠纷调处化解中心，依托矛调中心平台资源，在当地法院的专业指导下开展金融纠纷调解。本次改革首次将相关业务纳入调解受案范围，拓宽调解适用场景，有效解决银行保险机构在大额信用卡诉讼处置过程中面临的"公安不立案、法院不受理"困境，降低保险机构在交通责任纠纷处置过程中投入的人力及时间成本。运用调解平台开展消费者权益保护，在调解过程中及时解决金融消费者合理诉求，化解消费纠纷，形成金融纠纷诉前化解与群众信访相结合的多元化解纷机制。

【推出衢州首款定制型惠民商业补充医疗保险"惠衢保"】 年内，市医保局、财政局、税务局、衢州银保监分局等多方协作努力，紧密衔接市社会基本医疗保险，推出"惠衢保"作为全民健康补充医疗保险。"惠衢保"对衢州市基本医疗保险参保人员实行全民准

2020年衢州市产险公司保费和赔付统计表

表15

公司	保费收入(万元)	同比增长(%)	市场份额(%)	赔付(万元)
人保财险	116195.5	-5.98	49.53	76397
太保财险	23129.62	13.6	9.86	13532.89
天安财险	3944.96	15.99	1.68	1786.39
中华财险	9126.46	-4.22	3.89	5652.76
平安财险	29756.71	14.3	12.68	16445.43
永安财险	1704.32	-2.73	0.73	1252.85
大地财险	5365.71	-5.28	2.29	3441.64
大家财险	752.1		0.32	1228.17
阳光财险	11835.2	-21.32	5.04	9498.41
中银财险	1873.68	-26.94	0.8	1098.18
国寿财险	24294.87	18.84	10.36	14049.74
太平财险	2456.97	-1.96	1.05	1497.42
浙商保险	2520.14	-23.86	1.07	1619.7
英大保险	1638.24	25.63	0.7	559.22
安信农业	2.93	-97.9	0.001	139.92

2020年衢州市寿险公司保费和赔(给)付统计表

表16

公司	保费收入(万元)	同比增长(%)	市场份额(%)	赔(给)付(万元)
国寿	166252	12.08	34.32	34991.55
太保寿险	40316.93	- 4.49	8.32	8760.72
泰康人寿	24218.04	6.76	5	3889.8
新华人寿	25004.68	14.34	5.16	5972.06
民生人寿	4385.87	- 1.36	0.91	800.62
合众人寿	6412.36	- 16.91	1.32	816.3
农银人寿	7754.54	42.35	1.6	758.99
中德安联	6852.96	- 1	1.41	706.12
平安人寿	17452.26	5.57	3.6	1087.19
富德生命人寿	14309.35	28.92	2.95	1001.98
信泰人寿	16329.49	188.2	3.37	2116.89
华泰人寿	5192.99	- 4	1.07	893.4
君康人寿	16598.56	- 16.48	3.43	151.49
阳光人寿	16889.42	- 8	3.49	4317.58
人保人寿	19284.3	1.16	3.98	2503.4
长生人寿	8691.17	33.23	1.79	296.61
太平人寿	10890	- 1	2.25	953.11
中韩人寿	10749.94	12.23	2.22	904.26
君龙人寿	1780.12	8.09	0.37	118.3
国华人寿	8664.89	- 3.25	1.79	489.04
华夏人寿	42487.64	- 4.08	8.77	2137.75
百年人寿	5797.91	29.28	1.2	493.76
幸福人寿	3207.09	0.72	0.66	220.22
建信人寿	4944.86	46.61	1.02	13.77

入,不限户籍、年龄、性别、职业,所有衢州市基本医疗保险参保人均可以购买,实现全体职工、城乡居民基本医疗保险参保人员无差别保障。年交保费100元,能享受自付医疗费用、自费药品费用和药房购药费用保障,总保额最高150万元。并采用一站式理赔方式,在保障范围内规定病种门诊、住院医疗费用,可在结算医疗费时,同步实现商业补充医疗保险费用赔付,无须再向保险公司申请理赔。同时,在衢州市内指定药房购买目录内20种医院外购高额自费特殊药品费用,可提供疾病诊断证明、药品处方等材料在指定微信公众号“惠衢保”或药店线下审核后,由药房垫付报销部分,购买人则享受“刷卡即报”,解决患者“看病垫资、理赔跑腿”问题。截至2021年1月31日集中参保期结束,该项惠民保险吸引169万名衢州参保人投保。“惠衢保”参保率72.9%,为512人次提供保障,赔付金额58.64万元。

(张信芳)

3月16日,方正证券股份有限公司衢州世纪大道证券营业部开业

证 券 业

【概　况】 2020年,全市新增证券营业部1家,为方正证券衢州世纪大道营业部。至年末,全市有证券分公司、营业部25家。全年证券交易量7230.07亿元,比上年增长51.6%;实现佣金收入2.24亿元,增长42.7%;期末保证金余额18.67亿元,增长18%;托管市值382.66亿元,增长37.1%;实现利润1.2亿元,增长74.8%;新开证券账户31706个,下降2.9%。全市挂牌上市企业36家,其中,A股上市企业7家。

【财通证券股份有限公司衢州分公司(含世纪大道营业部)】 2020年,分公司全力推进“深耕浙江”战略,全面提升投行服务面和影响力,深入践行“金融顾问制度”,完善“1+N”链式综合金融服务模式,金融顾问结合实践经验和专业优势,积极建言献策,充当企业“家庭医生”和政府“子弟兵”,助力衢州实体经济高质量发展。走进企业逾百次,提供综合金融服务方案22份,辅导1家企业创业板IPO,督导新三板挂牌企业5家,成功发行公司债2单。全年,新开账户9729户,客户累计89622户,全年股基交易量1354.52亿元,上缴国家和地方税收630万元。

【浙商证券股份有限公司衢州荷花中路证券营业部】 2020年,营业部围绕财富管理、两融等重点任务,积极做好推进工作,做好服务覆盖率工作。全年实现利润总额4226万元,财富管理创收346万元,两融业务创收596.9万元,服务覆盖率36.2%,各类业绩均创新高。2020年,机构业务积极走出去,主动与市交投公司、市城投公司等国资平台及实体企业做深度交流,推出积极的融资方案。全年引进华图教育股权托管流通股市值5亿元,限售股市值27亿元;为开山控股集团开展一笔1亿元的股权质押业务;承销衢州市交投集团非公开发行绿色公司债二期5亿元。营业部全年多次组织线下反洗钱、打击非法证券宣讲、反诈骗金融知识宣传等投资者教育活动,为社会大众提供专业金融普法服务,为衢州开展“绿色金融”贡献一份应尽力量。

【中信证券股份有限公司衢州新桥街证券营业部】 2020年,营业部股票交易量346余亿元,新增开户数1870户,上缴国家和地方税收417余万元。注重对投资者知识宣传和风险教育,及时更新和完善投资者教育园地相关资

2020年衢州市证券机构名录一览表

表17

分支机构类型	分支机构名称
分公司	财通证券股份有限公司衢州分公司
营业部	财通证券股份有限公司衢州世纪大道证券营业部
营业部	财通证券股份有限公司江山中山路证券营业部
营业部	财通证券股份有限公司龙游人民路证券营业部
营业部	财通证券股份有限公司衢州开化积魁路证券营业部
营业部	浙商证券股份有限公司衢州荷花中路证券营业部
营业部	浙商证券股份有限公司衢州衢化学院路证券营业部
营业部	浙商证券股份有限公司江山南市街证券营业部
营业部	浙商证券股份有限公司开化芹南路证券营业部
营业部	浙商证券股份有限公司龙游荣昌大道证券营业部
营业部	国泰君安证券股份有限公司衢州柯城证券营业部
营业部	国泰君安证券股份有限公司衢州荷花中路证券营业部
营业部	申万宏源证券有限公司衢州县西街证券营业部
营业部	申万宏源证券有限公司常山定阳北路证券营业部
营业部	中信证券股份有限公司衢州新桥街证券营业部
营业部	方正证券股份有限公司衢州龙游人民路证券营业部
营业部	光大证券股份有限公司衢州白云中大道证券营业部
营业部	国信证券股份有限公司衢州白云北大道证券营业部
营业部	华金证券股份有限公司衢州花园东大道证券营业部
营业部	中国银河证券股份有限公司衢州须江路证券营业部
营业部	东方财富证券股份有限公司衢州振兴东路证券营业部
营业部	中航证券有限公司衢州五圣街证券营业部
营业部	中泰证券股份有限公司衢州须江路证券营业部
营业部	中金财富衢州花园大道证券营业部
营业部	方正证券衢州世纪大道营业部

料，多次开展反洗钱及扫黑除恶等专题宣传活动教育，引导投资者树立正确投资理念，增强风险防范意识。

【国泰君安证券股份有限公司衢州柯城证券营业部】2020年，营业部综合发展成绩突出，在衢州地区位于前列，全年股票基金成交额714亿元，实现营业收入4004万元，上缴国家和地方税收450余万元。截至2020年末，成功保荐3家企业挂牌新三板，辅导1家企业主板IPO。

【华金证券股份有限公司衢州花园东大道证券营业部】2020年，营业部新开账户1132户，客户累计3266户，全年交易量约77.17亿元。营业部坚持合规经营，重宣传、抓风控，常态化开展反洗钱工作，根据客户适当性原则引导客户树立正确投资理念，增强防范风险意识，保护投资者合法权益。

（伊希望）

财政·税务

■ *Finance, Tax*

财 政

【概 况】2020年，全市财政总收入228.74亿元，同比增长2.4%；一般公共预算收入140.91亿元，同比增长2.8%，其中税收收入117.96亿元，同比增长6.3%；全市一般公共预算支出459.65亿元，同比增长2.4%。市本级（含柯城区、衢江区，下同）财政总收入126.03亿元，同比下降0.9%；一般公共预算收入77.57亿元，同比增长2.2%，其中税收收入62.54亿元，同比增长1.2%；市本级一般公共预算支出210.60亿元，同比增长10.0%。财政运行情况总体良好，全市及市本级财政收支平衡。

年内，衢州市财政管理工作获国务院、省政府督查激励，在全省财政管理绩效考评中获优秀单位，在市级机关部门综合考核中获政府类单位第一名，受到市委、市政府“十条军规”通报表扬7次，获“衢州市创建全国文明城市工作先进集体”等表彰荣誉。

【强化收支管理】年内，加强收入分析。建立财税统筹协调机制，做好收入日监测、周通报、月分析。全市一般公共预算收入分别占地区生产总值和财政总收入的8.6%、61.6%，税收收入占一般公共预算收入的83.7%。强化非税征管。严格缴库制度，推进均衡入库。全市实现非税收入401.83亿元，其中纳入一般公共预算管理的非税收入22.95亿元。加强资金争取。全市争取政府债券资金153.00亿元、中央预算内投资资金3.91亿元、直达资金29.82亿元。坚决过“紧日子”。遵循“保、优、延、减、稳”原则，实施三轮压减支出措施，全年全市累计压减支出52.39亿元。

【支持疫情防控】年内，强化资金保障。全市安排疫情防控资金5.07亿元，争取国家开发银行浙江省分行疫情防控专项应急贷款11.00亿元，用于减轻患者救治费用、提高疫情防治人员待遇、保障疫情防控物资。畅通资金渠道。建立疫情防控资金保障快速反应机制，提前下达防控资金预算指标，开通防控资金拨付和物资采购“绿色通道”，全流程监管疫情防控资金使用。压实防控管理。构建“单位+网格”防控作战体系，摸排涉疫重点地区情况，执行人员轮班、24小时应急值守等防控要求，为预算部门单位提供全天候业务办理辅导。

【服务经济发展】年内，支持复工复产。修编2020—2023年市级集中财力办大事财政政策体系。按照应急帮扶、配套保障、创新发展三类调整“四大专项”政策。出台“衢十条”政策（加强金融支持、减轻企业负担、支持企业用工、加强运输保障、加强外贸支持、扶持“双创”载体、建立科技项目绿色立项机制、加大投资补助、加快资金兑现、倡导全社会同舟共济、共度时艰），实施“五减”（减税、减费、减租、减息、减支）行动，建立直达资金“一池一码三减三清单”（“一池”指惠企利民资金池，“一码”指企业码，“三减”指减租、减息、减社保，“三清单”指小微企业和个体工商户稳岗清单、外贸企业援助清单和困难群众救助清

6月17日，市财政局领导在企业调研

单）工作机制，全市减税降费77.54亿元，兑现各类政策资金117.86亿元。支持创新驱动。建设东南数字经济发展研究院、电子科技大学长三角研究院等重大平台。提高人才专项扶持资金至5000万元，支持引进多层次人才。强化产业基金市域协同，全市到位资金16.00亿元，完成投资10.14亿元，撬动各类社会资本27.64亿元。助力国企做强。支持组建大花园建设投资发展集团有限公司。注资4.09亿元助力市金融控股集团有限公司开展融资保理业务。深化市区土地储备管理改革。全年市本级国企完成对外融资182.20亿元。

【补齐民生短板】 年内，全市民生支出331.96亿元，同比下降2.3%，占一般公共预算支出72.2%。推动教育提升。全市安排教育支出60.03亿元。安排市级教育稳增长资金2.00亿元，提高中小学生平均公用经费标准，落实义务教育教师平均工资不低于当地公务员平均工资政策，保障青少年近视防控等民生项目。支持文化旅游发展。全市安排文化旅游与传媒支出11.63亿元。落实公共场所免费开放，支持城市品牌打造，保障浙皖闽赣国家生态旅游协作区建设、四省四市民间艺术节等文体活动。推进乡村振兴。全市安排农林水支出53.94亿元。安排29.85亿元推进“五千工程”（计划培育1000个以上省级以上农业产业化龙头企业、支持建设1000个优质农产品标准化示范基地、建成1000个农产品产地初加工中心、新增1000个“三品一标”农产品、培育1000个“一村一品”特色农业产业示范村）。整合财政涉农资金34.46亿元，构建“1+4+10”财政支农资金管理机制（1个“体系开放+管理闭环”的市“大三农”专项资金管理架构，预算法定、绩效管理、资金统筹、动态平衡等4个原则，职责分工、正负面清单、专项编制、年结年清、项目库、项目管理责任、绩效管理、监督检查、奖惩制度和信息公开等10个管理制度），推进农业产业发展。统筹6800万元深化“消薄”攻坚行动。完善社保体系。全市安排社会保障和就业支出60.76亿元。分别提高全市城乡居民最低生活保障标准、孤残儿童基本生活费至月人均850元、1400元。增加困难群众基本生活物价补贴系数至2倍。发展卫生事业。全市安排卫生健康支出40.07亿元。分别提高基本公共卫生服务经费、市区城乡居民医保筹资财政补助标准至年人均89元、1000元，分别提高城乡居民和城镇职工大病保险报销比例至65.0%、90.0%。推进四省边际中心医院建设，支持与温州医科大学合作。

【深化财政改革】 年内，完善体制机制。推进市区财政事权与支出责任划分改革，出台衢州市与柯城区、衢江区、智造新城、智慧新城新一轮财政体制。深化绩效管理。开展“四大专项”政策资金绩效评价，督促整改问题54个，追回资金192万元。将部门整体预算绩效情况纳入市级机关年度综合考核指标体系，在4家部门开展整体预算绩效改革试点。加快数字建设。完善集中财力办大事数字平台功能应用。全市“政采云”平台采购金额52.70亿元，统一公共支付平台交易金额399.73

7月16日，市财政局干部开展脱贫攻坚专项检查

亿元，服务240万人次，电子化缴款率99.6%，公共支付平台单位财政电子票据业务开通率100%。持续组团服务。建立“联企业、联村(社)、联项目、联部门”四大组团，深化“上门服务至少一次”，形成“问需、解难、反馈、跟踪”工作闭环，解决问题179个。

【加强财政监管】 年内，聚力脱贫攻坚。落实东西部扶贫援川资金6800万元。动态监控财政扶贫资金，组织专项监督检查，整改、追缴及重新分配资金1.17亿元。防范财政风险。实施防范化解地方政府隐性债务风险专项行动，助力融资平台公司实体化、市场化转型。分析预判社会保险基金运行及支付能力，做好被征地农民参加基本养老保险工作，筹集划转市级社会保障风险准备金18.18亿元。开展全市乡镇基层财政资金安全检查，查摆整改问题872个。推进预决算公开。全市政府预算、部门预算均实现法定时间内100%公开。强化项目评审。全市完成政府投资项目评审4968个，送审资金449.01亿元，同比增长9.0%，审减、节约资金44.59亿元。

（叶正宇）

税　务

【概　况】 2020年，全市税务系统组织税收收入214.77亿元，同比增长3.9%；组织社保费及非税收入107.2亿元，同比减少4.4%；税费收入合计321.97亿元，同比增长1%。办理出口退税16.63亿元，同比逆势增长10.63%，增幅位列全省第1，实现经济税收协调发展。

年内，市税务局获“衢州市创建全国文明城市工作先进集体”称号，市税务局第一税务分局等单位获2018—2019年度省级“青年文明号”，龙游县税务局获全国税务系统先进集体称号，江山市税务局获第六届全国文明单位称号，开化县税务局获浙江省巾帼文明岗表彰。全市税务系统累计获省税务局和市委、市政府主要领导肯定性批示14次。市税务局8090普法宣讲团入选全省社会大普法“六优”培育行动计划优秀名单。

【税收征管】 年内，圆满完成首次个人所得税年度汇算，全市15.06万人参与个税汇算申报。8.23万人享受到专项附加扣除，累计减免6124.25万元。出口退税办理持续换挡提速，一、二类出口企业平均办理时间缩短至1.5天以内，比规定退税时间提速70%以上。推广电子发票应用，全市增值税普通发票电子化率超84%。推行发票邮寄配送服务，纳税人通过电子税务局提交申请，发票即可免费送达纳税人。全市通过网上申领邮寄方式送达空白发票13153户次、代开发票5845户次、电子发票网上申领39423户次。

【“四力”专项行动】 年内，率先在全省开展“四力”专项行动，聚焦优惠政策落实要给力、“非接触式”办税要添力、数据服务大局要加力、疫情防控工作要尽力，建立市、县、乡三级联动分析机制，围绕本地制造业、服务业和外贸行业等领域复工复产情况，报送税收经济分析报告10期，获市委、市政府主要领导肯定，为全市227户税负异常偏高企业提供专属帮扶措施，为165家原材料短缺、出

市税务局干部吕凤娇(右一)获浙江省首届“最美税务人”称号

口转内销企业匹配供需信息1736条,帮助打通产业链;先后组建党员突击队35支,选派驻企服务员234名,参与联防联控志愿服务2500余人次,服务疫情防控和经济社会发展大局。市税务局干部姜倩获“浙江省青年岗位能手”称号,吕凤娇获省首届“最美税务人”称号,李昱、吴昕、李凯迪获浙江省志愿服务工作先进个人,李荣华获全国无偿献血奉献奖银奖,潘燕获浙江省财贸工会2019年度优秀工会干部。

【“非接触式”服务】 年内,疫情初期出台“衢税26条”税费优惠措施,将全市划分为42个服务网格,配备334名网格员,确保各项税费优惠政策直达市场主体;推进“非接触式”服务,推广电子税务局、税务App和征纳沟通平台等“不见面”办税渠道,在全省率先实现微信自助缴纳社保费,全市网上综合办税率98.59%。

【优化税收营商环境】 年内,深化“税银互动”,升级纳税信用贷款服务,为全市2439家小微企业授信20.8亿元。办税服务窗口启用“好差评”系统,走访辅导企业2万余家。在全国纳税人满意度调查中,市税务局与省内其他3个单位组团获地市级全国第一名。在全国营商环境评价中,市税务局牵头的纳税指标获全国前十,衢州成为该指标领域的标杆城市之一。开展“一局一品”纳税服务品牌建设,其中开化县税务局“华老师团队工作室”获全省税务系统十大纳税服务品牌。

【风险管理】 年内,试行“接受虚开发票风险防控机制”“风险点定期收集机制”“风险提醒告知书机制”和风险提醒函风险管理“3+1”机制,完善税收风险管理工作统筹和人员协作机制。全年累计推送风险任务77批2584户,入库税款1982万元。

【税务稽查】 年内,市税务局稽查局与市营商办联合建立行政处罚信息修复机制,在全省范围内率先推出《不良信息修复告知书》,帮助企业缩短不良信息公示期,实现税务部门依申请事项变为依职权主动服务。持续打击假企业、假出口、假申报“三假”等税收违法行为,稽查立案114件,查补入库金额3639万元,有效维护税收经济秩序。

【红色税务】 年内,深化“清廉税务”建设,探索开展“政治家访”活动,扎实推进政治巡察,完成对1223名干部的廉政档案建设,开展“烟票”背后“四风”问题等专项整治行动。参与“有礼”志愿行动9000余人次,人均志愿服务时长80小时。

(王慧玲)

经济管理

■ *Economic Management*

发展改革

·综 述·

【概 况】 2020年,全力抗击新冠肺炎疫情。市发展和改革委员会(以下简称市发改委)坚持一手抓疫情防控、一手抓复工复产,"两手抓、两手硬、两战赢、两领先",全市969家规模以上工业企业率先在全省实现100%复工,302个5000万元以上重大项目于2月底前100%复工,省重点项目复工进度、强度均位于全省前列。2020年,被市委、市政府"十条军规"表扬7次;牵头市政策专班、投资专班和服务业专班工作,在4月、5月、6月全省争先创优行动中分别取得第4、第3、第2的好成绩,获省政府3000万元资金、300亩土地指标、15万吨能耗指标奖励;固定资产投资增速实现"全年红",连续10个月保持全省第1,创近10年最高位次。

【机构改革】 3月18日,根据市委机构编制委员会《关于印发衢州市发展和改革委员会所属衢州市服务业发展中心等4家事业单位机构编制规定的通知》,市发改委下设衢州市能源行政执法队、衢州市服务业发展中心、衢州市价格认证中心、衢州市对口支援和区域合作中心4家事业单位,机构规格均相当于正科级。衢州市能源行政执法队为公益一类(执法)事业单位。衢州市服务业发展中心为公益一类事业单位,挂衢州市发展规划院牌子。衢州市价格认证中心为公益一类事业单位。衢州市对口支援和区域合作中心为公益一类事业单位,挂衢州市长三角一体化合作中心牌子。同时,核定市发改委所属事业单位周转编制5名。

·计划管理·

【概 况】 年内,聚焦长三角一体化发展、"十四五"规划、大花园建设、省际区域协作,做好规划研究与制定,构建区域开放新格局。

【"十四五"规划纲要编制】 年内,印发实施"十四五"规划编制工作方案、重大前期研究课题计划和专项规划目录。从长三角和全省视野开展重点课题研究,谋划"五个重大"(重大平台、重大项目、重大政策、重大改革、重大规划)。12月,完成《衢州"十四五"规划思路研究》,形成市级36个专项规划初稿。邀请省发展规划研究院参与衢州市"十四五"规划纲要编制工作,根据国家、省"十四五"规划建议,结合市委、市政府战略目标,编制完成《衢州市国民经济和社会发展第十四个五年规划和二〇三五年远景目标纲要》。

【浙赣边际合作(衢饶)示范区规划】 全年,统筹推进浙赣边际区域协作,规划政策体系基本形成,协调推进机制逐步完善。8月,浙江省发展改革委员会和江西省发展改革委员会联合批复《浙赣边际合作(衢饶)示范区发展规划(2020—2035)》。

【社会事业发展专题研究评价】 年内,开展社会事业发展专题研究评价。完成"十三五"基本公共服务均等化评估,全市2019年基本公共服务均等化实现度95.9%，同比提高2.8个百分点。开展健康产业、中医药产业等专题研究，编制大健康产业发展规划，形成《衢州市参与推动长三角区域公共服务便利共享情况报告》《衢州市健康产业发展报告》《衢州市中医药发展专题报告》《“十四五”时期我市美丽经济幸福产业高质量发展的思路和对策研究》等成果。

【东西部扶贫】 年内，持续推进对口帮扶工作，东西部扶贫协作超额完成省定任务。推进产业扶贫，深入实施柯城—北川扶贫协作产业园（三期）等64个产业合作项目，增强“造血”功能，激发内生动力。全力促进产销对接，设立消费扶贫专馆（专柜、专区）25个。坚持挂牌督战，借助社会力量帮助四川省凉山自治州布拖县包谷坪等5个结对村实现脱贫。24个指标全面完成，其中22个完成率超过180%。提前10个月实现结对的5个贫困县全部脱贫“摘帽”，完成东西部扶贫协作工作总目标。稳步推进对口援疆。坚持组团援疆、产业援疆、文化润疆，全年投入援疆资金超2.8亿元，实施各类援疆项目22个，乌什县“百村千厂”建设项目等12个固定资产类项目完工并投入使用，帮助新疆乌什县培强产业发展基础、提高教育医疗质量、促进农民增收致富。深化与吉林省公主岭市对口合作。持续推进吉浙（公主岭）产业园合作平台、范家屯智慧物流园建设，吉林宏泽（浙江）年产100万套汽车座椅舒适系统等一批合作项目加快建设。

【决战决胜高水平全面小康】 全年，牵头开展市“全面小康决胜年”活动，并纳入年度综合考核。紧盯“与全省同步高水平建成小康社会”目标，着力补短板、强弱项、扬优势，坚持“一季一监测、半年一评估、全年一督查”，形成市县联动、统筹推进、精准发力工作格局。持续监测全面小康59项指标“收官之战”交出满意答卷。城镇、乡村居民人均可支配收入增幅分别位列全省第1、第2，养老保险和城乡医保参保率均居全省第1，低收入农户人均可支配收入增长14%，农村自来水普及率99.94%。

7月31日，常务副市长陈锦标（右三）一行在四川省绵阳市北川县考察交流

【执行经济社会发展年度计划】 2020年，全市10项主要经济指标增速8项实现进位，6项位居全省前三。全市生产总值1639.1亿元，比上年增长3.5%，位居全省第3。其中，第一、二、三产业增加值分别同比增长0%、3%、4.2%。人均地区生产总值7.3万元左右，第一、二、三产业增加值结构为5.6：40.3：54.1。农业生产企稳，农林牧渔业增加值实现转正，年底生猪存栏量92.7万头，同比增长81.1%。工业动力加强，规模以上工业增加值同比增长5%。服务业复苏明显，第三产业增加值同比增长4.2%，对经济增长贡献率61.3%。全年固定资产投资同比增长7.7%，连续10个月位列全省第1，其中交通投资同比增长64%、制造业投资同比增长10.4%。消费市场加快复苏，社会消费品零售总额与上年持平，网络零售同比增长36.3%。外贸占全国份额稳中有升，出口总额同比增长6.4%，实际利用外资同比增长4.3%。全市财政总收入同比增长2.4%，一般公共预算收入同比增长2.8%。减税降费政策成效明显，全年为企业减负103.7亿元，企业收入逐步回升，规模以上工业企业利润总额同比增长14.6%、服务业企业营业收入同比增长

9月25日，衢州市与上海市闵行区签订战略合作协议

8.4%。城乡居民收入保持较快增长，城镇居民人均可支配收入49300元，同比增长5%；农村居民人均可支配收入26290元，同比增长7.6%，增幅分别位居全省第1和第2。

【融入长三角一体化发展】 年内，细化分解年度任务，形成“9+37”任务体系（区域一体合作、基础设施互联、科创产业提升等9大工程37项具体工作任务），与上海闵行区建立战略合作。9月25日，衢州市与闵行区两地政府签订战略合作协议，在文旅、人才、政务服务等方面形成多项合作成果，推动6个县(市、区)及智造新城、智慧新城与闵行区街道“一对一”合作，并形成初步合作方案。与周边地市紧密互动。积极参与《杭州都市圈发展规划》编制。9月24日，衢州市与黄山市签订深化合作交流促进区域一体化发展战略合作协议。推动成立衢丽花园城市群建设工作协调小组。深化浙赣边际合作（衢饶）示范区建设，争取专项资金2000万元，未来驿站项目开工建设，示范区发展规划获两省发改委批复，并纳入浙江省长三角一体化行动方案。义甬舟开放大通道西延至衢州。抢抓机遇，主动融入义甬舟开放大通道西延行动。省义甬舟办印发西延行动方案并召开新闻发布会，方案明确提出“着力提升衢州西延重要战略支点功能，加快衢州四省边际中心城市建设”的目标任务，并将衢州市21个项目列入重点支撑性项目，其中南孔古城、衢丽铁路等6个项目被列入15大标志性项目。

·项目投资·

【概 况】 2020年，全市上下按照“两手抓、两手硬，两战赢、两领先”要求，认真组织开展“重大项目推进年”活动，全力打好打赢疫情防控阻击战，持续盯紧盯住盯牢重大项目推进，抓紧抓实抓细扩大有效投资，全市项目投资工作取得明显成效。全年固定资产投资完成762亿元，同比增长7.7%，投资增速连续10个月保持全省第1，创近10年最高位次。四个结构性指标“一正三负”，交通投资增长64%；民间项目投资、高新技术产业和生态环保、城市更新和水利设施投资分别下降18.8%、4.3%和16.1%。

【重大项目推进年】 年内，牵头开展市“重大项目推进年”活动，组织2次省市重大建设项目集中开工活动，举办全市重大项目推进年“互看互比互学”活动和“活力新衢州、美丽大花园”重大项目谋划擂台赛，营造更加浓厚的项目推进“比学赶超”氛围。统筹协调强落实，重点项目清单化挂图作战，强化分析预警，充分发挥大项目统筹办牵头抓总的作用，严格执行“4421”项目推进体系和“项目工作18条”，常态化开展四个层级会商协调，制定“攻坚”“问题”“开工”3张清单，强力推进市本级重大项目攻坚。督查考核强推动，完善有效投资考核办法，加大项目投资工作在综合考核中的权重，实行末位约谈警示，倒逼各级各部门落实主体责任，全年通报全市投资情况9次，季度有效投资考核评分和项目投资情况在《衢州日报》等媒体上通报。

【投资专班运作】 年内，对标省投资专班设置同步制定衢州市投资专班工作方案并实体化运作，全年投资专班得分靠前，助推衢州市5月、6月MEI指数分别位列全省第3、第2，累计获省政府奖励财政资金3000万元、土地指标300亩、能耗指标15万吨标煤。统筹协调，抓好投资数据质量。狠抓主干支撑，梳理摸排全市5000万元以上项目800个，按照全系统分类、全责任落实、全流程管理、全过程考核的"四全工作法"要求，将具体责任细化落实到各区块、各部门。紧盯重点任务、聚焦薄弱环节、针对突出问题，坚持"工作项目化、项目清单化、清单责任化"，认真梳理"问题""项目""投资"3张清单，做到项目推进有目标、有进度、有排名。完善市长、常务副市长、副秘书长、"四大办"四个层级统筹协调推进机制，坚持"每周例会、半月协调、月度会商、双月专题"，及时破解痛点、难点、堵点，并对部分复杂突出问题实行市政府分管领导挂牌督战，确保攻坚力度。

【重大项目攻坚】 年内，全力打好重点项目建设攻坚战。45个项目被列入省重点项目计划，总投资1235亿元，年度计划投资185亿元，实际完成投资242亿元，投资完成率131%，其中当年新增、增补开化水库、320国道龙游会泽里至下章段改建工程等15个项目。全市安排市重点项目540个，总投资3278亿元，年度计划投资452亿元，实际完成投资616亿元，投资完成率136%。200个年内新开工项目已开工196个，开工率98%；140个年内计划完工项目已完工136个，完工率97%。全市固定资产投资同比增长7.7%，居全省第1。27个省市县长项目工程已落地20个，落地率74.07%；省"4+1"重大项目、"六个千亿"产业投资工程年度计划投资执行率均超100%；73个市级重大前期攻坚项目节点完成率101%。41个市本级重大攻坚项目年度目标均按期落实。

【"十四五"重大项目规划】 年内，组织开展全市"十四五"重大项目规划编制。安排"十四五"重大项目763个，总投资11409.9亿元，计划投资5056.3亿元，可支撑"十四五"期间固定资产投资年均增长9%以上，地区生产总值年均增长7%以上。举办重大项目谋划擂台赛。组织全市各单位谋划储备项目2000余个。从中先后筛选113个代表项目参加专家初评，确定20个具备前沿性、引领性、战略性重大项目参赛角逐，评选出金奖3名、银奖7名、铜奖10名，为扩大有效投资提供扎实项目支撑。

【政府投资计划】 全年，安排政府投资计划实施类项目174个[含政府投资项目、政府与社会资本合作(PPP)项目]，总投资679.1亿元，年度计划投资94.3亿元，其中新建项目103个，年度计划投资11.5亿元；续建项目71个，年度计划投资82.8亿元。至12月底，实际完成投资105.8亿元，年度计划执行率112.2%；103个新建项目开工89个，开工率86.4%；85个计划完工项目完工72个，完工率84.7%。全力抓好市本级重大项目前期经费编排。全年安排项目85个，安排经费预算4827万元。针对往年经费使用绩效偏低问题，积极开展前期经费使用监督检查工作。截至12月底，全年使用支出前期经费4281万元，执行率88.69%，较上年提高25个百分点，为历年来首次突破80%大关。

【项目要素争取】 年内，按照"要素跟着项目走"要求，积极推进重大项目，争取省"2+6"重大项目清单支持。用地保障方面。6个项目获用地指标2.4万亩；3个省重大产业项目获预支用地指标199亩。资金争取方面。争取62个项目获地方政府专项债券支持，总额度109.06亿元，在全省率先实现全面开工，相关做法被列入省投资专班典型案例；29个项目获中央预算内投资补助3.91亿元；6个项目获省公建资金3400万元，位列全省第2。重大项目前期方面。衢州机场选址获军方批复，开化水库可研获国家发改委批复，柯城寺桥水库可研获省发改委批复，常山江航电枢纽项目节点先行开工。义金衢上高速被列入浙江省综合立体交通网规划，衢黄铁路、衢武铁路、金华至衢州城际铁路、衢丽铁路、衢州市域铁路1号线等被初步列入长三角多层次轨道网规划，杭淳开高速被初步列入国家高速。

【未来社区建设推进】 6月，礼贤未来社区开工建设，成为全省较早全面开工的7个未来社区之一，全年完成投资15亿元。高铁新城鹿鸣社区被列入浙江省第二批未来社区建设试点创建名单。《衢州市统筹整合专班推进未来社区试点建设》《柯城区创新征收模式夯实未来社区建设基础》经验入选全省未来社区推进首批试点“最佳实践”。在全省率先开展市级《未来社区“十四五”规划》编制工作，加快建设“2+N”省级试点体系，积极谋划储备未来社区项目。率先研究并制定《衢州市未来社区规划管理技术规定》，突破公共空间计容难题，在“健全未来社区建设机制”考核中位列“2020年浙江省设区市、县（市、区）全面深化改革考评”第四位。

·能源建设·

【概 况】2020年，能源工作突出重点，建管结合，综合供能服务站、天然气“县县通”工程、电网基建工程等能源重点项目落地见效，能源运行调节、能源“双控”工作等取得新成效。

【综合供能服务站建设】年内，建立健全上下高效联动、部门有效协同工作体系，多措并举推进综合供能服务站项目落地。全年完成站点投入使用20座，建成8座，完成站点改造23座，投入使用站点数量排名全省第2。

【能源运行调节】年内，编制完成有序用电错避峰方案，加强能源运行监测分析，确保迎峰度夏及节假日能源保障，积极开展电力需求响应，为企业争取约120万元补贴。强化对第三方施工管控，重点做好杭金衢高速扩建第三方施工管控工作，防范化解风险。抓好公共机构节能管理，开展全国节能宣传周活动。

【能源“双控”】年内，紧盯单耗下降3%以上，总量增长不超过2.3%的目标任务，密切关注节能降耗形势，严把节能审查关口。实现燃煤项目零批复，实行制造业用能项目申报制度，全年申报项目3批次47个项目，总投资213亿元，总能耗170万吨标煤，经审议通过项目35个，总投资143亿元，总能耗83万吨标煤；做好重点用能企业跟踪监测及燃煤锅炉淘汰和腾出用能空间工作，监察重点用能企业30家，淘汰燃煤锅炉11台，腾出用能空间7万吨标煤；实施“十三五”能源“双控”攻坚行动，通过攻坚行动，12月压减用能14万吨标煤以上，煤炭消费量从11月的62.2万吨压减为20.2万吨；日均用电量控制在5790万千瓦时警戒线以内，是全省唯一从未被红灯预警的地级市。

【能源改革】年内，创新运用保险机制推行企业电费月结工作。有8524户市级工商企业被纳入“优化用电营商环境综合责任险”保险范围（含原衢江区35千伏专线用户），为企业盘活流动资金总额超10亿元，被列为2020年度改革创新最佳实践案例。实施《2020年度浙江电力直接交易工作方案》。全市参与电力直接交易企业（用电户号）1775家，参与2020年度直接交易电量63.23亿千瓦时，可降低企业用电成本约1.58亿元。争取元立自供区获批国家增量配电业务改革试点，试点的获批不仅解决衢州杭氧供电问题，为企业争取巨大收益空间，还为园区今后发展和安全生产提供保障。组织全市城镇燃气企业和天然气分布式能源企业参与管道天然气上下游直接交易试点，全市上报管道天然气上下游直接交易试点4家，均被纳入试点。

【支持绿色产业发展】年内，推进天然气“县县通”工程建设，建成常山—开化项目并具备通气条件。继续推进衢江抽水蓄能电站建设，完成永久用地签约和交地工作，进场道路石呈线完成交工验收并正式投入使用，电站主体工程Q1标段于7月正式开工建设。组织全市138个光伏项目参与国家补贴项目竞争性配置，13个项目被纳入国补名单目录（全省66个项目被纳入国补名单）。组织全市160个光伏项目参与省补竞争性配置，经多次与省能源局对接争取，所有项目被成功纳入省补名单目录。

【创建节约型公共机构示范单位】年内，推动节约型公共机构示范单位创建，以示范单位创建引领，推进全市公共机构节能工作。广泛宣传生态文明建设，培育和践行节约集约循环利用资源观，倡导勤俭节约社会风尚，形成节能低碳办公和生活方式；推进节能项目改造，通过推动绿色照明节能改造、节能开水机改造、太阳能热水系统改造等技术改造项目实施达到节约能源目标；推进能源监控平台建设，强化公共机构能耗统计工作，加强节能目标管理控制，抓好节能管理体系构建完善，公共机构实行人均能耗下降率目标管理。衢州二中等2家单位获批国家级节约型公共机构示范单位称号，衢州市第三医院等7家单位获批省级节约型公共机构示范单位称号。

·生态环保·

【概　况】2020年，以“两山”实践、大花园等典型示范建设为重点，探索生态产品价值实现机制改革，加快推进大花园核心区建设，进一步推进循环经济建设，全面完成省下达目标任务。

【推动长江经济带发展】年内，坚持问题导向结果导向，制定6个方面49项年度工作要点，聚力推进生态环境重点问题整改、生态环境污染治理“4+1”重点工程建设、重点专项整治任务实施、构筑综合立体交通运输新体系、打造高质量发展新平台、构建共抓大保护工作新机制。开展长江经济带生态环境问题排查，认真督导问题整改。2019年度交办的18个问题全部完成整改（完成验收15个）；2020年交办的10个问题完成整改9个（完成验收3个）。

【大花园典型示范创建】年内，牵头大花园核心区建设5个方面33项重点工作，开展15项“人人成园丁、处处成花园”活动。深化大花园示范县创建，龙游、常山被列入省新一批大花园示范县建设单位，实现示范县创建全覆盖。江山、柯城、衢江由培育类转为创建类，江山获省政府大花园建设督查激励，衢江、开化入选全省大花园建设十佳优秀案例。推进“耀眼明珠”培育，70个标杆性项目全年完成投资116亿元。

【“两山银行”改革】3月，衢州市入选全省两个“两山银行”试点市。市县联动开展方案编制，常山、开化成立“两山银行”平台公司并投入运营，其余县（市、区）初步确定平台公司组建方案和运营范围。生态占补平衡改革试点深入推进。全面启动生态产品价值实现机制改革试点谋划，着力构建生态系统生产总值核算应用体系，委托开展“1+5”生态产品价值实现课题系统研究。完成衢州市2015年度、2018年度、2019年度生态系统生产总值核算报告。

【资源节约和环境保护试点创建】年内，资源节约和环境保护试点创建成效显著。推进循环经济试点示范建设，国家餐厨试点城市、园区污染第三方治理国家试点。11月，常山县省级园区循环化改造通过验收，江山市通过省级餐厨垃圾资源化综合利用和无害化处置试点城市终期验收。龙游县省级资源循环利用示范城市（基地）由培育类升格为创建类，江山市被列入培育类。12月，衢州市国家级餐厨垃圾资源化综合利用和无害化处置城市试点通过国家发展和改革委、财政部、住房和城乡建设部验收。

【环境污染第三方治理园区】12月，国家发改委公布国家环境污染第三方治理园区（第二批）名单，衢州高新技术产业开发区入选。

·服务业发展·

【概　况】2020年，围绕服务业高质量发展和消费扩容提质，深挖潜力，兑现政策，落实促消费“十件实事”，强化服务业，实现服务业增速逆势进位，成为经济社会发展新引擎。

【服务业增速逆势进位】全年，服务业增加值887.37亿元，占地区生产总值比重54.1%，增速4.2%，拉动地区生产总值增长2.1个百分点，贡献率61.3%。全年规模以上服务业企业营业收入增速9.9%，全省排名从上年第十一位升至第三位。服务业结构持续优化，金融业同比增长9.7%、营利性服务业同比增长6.9%、交通运输仓储和邮政业同比增长5.5%、批发和零售业同比增长4.6%。全市服务质量满意度评分87.18分，较上年提高0.62分，排名由上年全省第八名升至第五名。

【改革创新试点示范】7月10日，江山市入选2020年省物流示范县（市、区）综合改革创新试点，浙江驰骋物流有限公司入选省物流新模式新业态发展试点企业名单，并获省级资金70万元支持。

【消费提质扩容】4月27日，印发《衢州市2020年促进消费实施计划清单》，全年58项具体工作均较好完成，6个省促消费重点项目均超额完成年度投资任务。

【物流降本增效】4月25日，印发

《衢州市物流降本增效工作安排》,积极推进全市物流降本增效工作;浙江巨化物流有限公司铁路线路工人何林竹获全国物流行业劳动模范称号,是全省9个全国物流行业劳动模范中唯一的一线工人代表。

【大商贸高质量发展】 2020年,大商贸政策累计兑现扶持资金8225万元;衢州东方商厦有限公司列入2020年浙江省商贸和流通业"亩产效益"领跑者名单。

【三次产业融合发展】 2020年,1个国家级农村产业融合发展示范园被创建成功,争取4个省级农村产业融合发展示范园创建。其中,新田铺示范园经过一年的创建,比原计划提早两年成功入选国家级示范园,全省仅4家;衢江区荷鹭牧场、江山市华欣湖羊示范园、常山"柚香谷"、开化县池淮镇示范园4家农村产业融合发展示范园,全部入选第二批省级创建名单,数量占全省16%,在地市中排名第1。

·经济改革·

【概　况】 2020年,健全完善经济体制改革专项小组工作制度,制订年度工作计划,明确改革重点任务,牵头落实本领域特色重点改革项目,推进未来社区试点建设和全市开发区(园区)改革提升,总结经济改革创新最佳实践案例。组织开展全市市场准入负面清单落实工作,深化投资领域改革,持续打造优化营商环境升级版。

【投资项目审批制度改革】 年内,以营商环境建设为抓手,全力提升发展软实力。加快推进投资项目审批制度改革。全面应用投资项目在线审批监管平台3.0。204个市级一般企业投资项目开工前审批"最多80天"实现率100%。实施企业投资低风险小型项目审批"最多20个工作日"改革试点,不断改革创新,提速提效。全年141宗新增工业用地均按"标准地"出让,面积5108.43亩。完成全市14个园区区域能评改革,完成率100%。完成重大投资项目审批366件,其中政府投资项目264件、节能审查21件、企业投资项目核准13件、备案68件。

【开发区(园区)整合提升】 年内,开展全市开发区(园区)整合提升工作。8月3日,《衢州市开发区(园区)整合提升总体方案》获省推进"四大建设"联席办书面同意,成为全省首个获批的地级市。整合提升后,全市开发区(园区)总数从原有的33个整合提升为6个。其中,市区整合形成智造新城、智慧新城2个开发区(园区),继续保留衢州经济技术开发区、衢州高新技术产业开发区2块国家级牌子和衢江经济开发区1块省级平台牌子。撤销衢州绿色产业集聚区省级平台牌子。龙游、江山、常山、开化以原省级开发区(园区、衢州绿色产业集聚区分片区)为主体,撤销衢州绿色产业集聚区龙游、江山、常山3个分片区,整合提升一批、逐步淘汰一批乡镇工业功能区(园区)。

【产业升级示范创建】 年内,指导东南数字经济发展研究院成功创建衢州市第二家省级"双创"示范基地。中巨芯、衢州学院、杭氧、中浙高铁等4家单位成功创建省级工程研究中心,实现衢州市省级工程研究中心"零的突破"。江山市入选2020年省物流示范市,浙江驰骋物流入选省物流新模式新业态发展试点企业。龙游红木小镇被成功命为名省级特色小镇,柯城新材料智造小镇由培育类升格为创建类。深入推进一、二、三产业融合发展,衢江新田铺农村产业融合发展示范园成功创建国家级示范园,衢江荷鹭牧场等4家示范园成功入选第二批省级创建名单。指导帮助库米赛诺粮机公司创成全国唯一国家粮食产业(柔性智能碾米装备)技术创新中心。

【争取产业项目政策】 年内,动态完善"十四五"制造业项目库和集成电路项目库。帮助博瑞中硝公司含氟电子气体项目获国家增强制造业核心竞争力专项(第一批)补助3080万元,衢州四省边际多式联运枢纽港被列入招商局集团(央企)和浙江省战略合作协议项目库,5个项目被列入2020年战略性新兴产业集群银企合作项目,2个被列入国家"一带一路"项目库,3个被列入省重大外资项目,5个列入数字浙江项目。兑现2019年度新能源汽车奖补资金801.9万元。全省首创发改委直接审批模式支持巨化加氢站项目建设。开展燃料电池汽车推广应用示范城市群申报，推进衢州市氢能产业发展。

【淘汰落后产能】年内，抓好僵尸企业出清，督促推动浙江交通科技股份有限公司江山化工基地关停拆除并通过验收，实现国家发改委挂号的城建区重污染企业搬改关工作任务全部“销号”。做好钢铁行业化解落后产能工作，出清在库僵尸企业7家，完成年度目标任务。

【区域开放合作】年内，全面实施《衢州市战略融入长三角一体化发展行动计划》，向东入群，全面接轨上海，与闵行区签订战略合作协议。全面融入杭州都市圈，“南孔圣地·衢州有礼”城市品牌高铁在京沪杭、沪昆高铁常态化运行。推动义甬舟开放大通道西延至衢州，全面参与开放大通道建设。向西建群，主动牵动四省边际九市，与黄山市签订战略合作协议，与上饶、南平等地强化交流合作，共建衢黄南饶“联盟花园”。向外扩群，支持皖北产业转移集聚区建设，与安徽省亳州市建立战略合作关系。

【“万亩千亿”新产业平台】11月，市政府办公室印发《紧密结合衢州巨化一体化高质量建设衢州高端电子材料“万亩千亿”新产业平台实施方案》。平台范围含高新片和东港片，规划总面积1.53万亩，培育期限2019—2025年。平台内标志性项目22个，总投资197.84亿元。以巨化集团、金瑞泓、华友钴业等为龙头，包含杉杉新材料、中巨芯等28家规模以上企业，初步形成以锂电池关键性材料、集成电路材料为主导的高端电子材料产业链和配套链。既是全国唯一的中国电子化学品材料基地，也是全省集成电路材料产业基地，服务业增速逆势进位。

12月24日，省长郑栅洁（左二）为龙游红木小镇授牌

【义甬舟开放大通道西延】年内，建设义甬舟开放大通道是对接“一带一路”建设、长三角一体化发展国家战略，谋划经济开放发展新格局的重大战略举措。11月，省发改委印发《义甬舟开放大通道西延行动方案》，明确将衢州作为义甬舟开放大通道西延的重要战略支点，加快衢州四省边际中心城市建设，打开衢州“向东入群”“向西建群”“向外扩群”区域合作新空间。全市21个项目列入大通道支撑性项目，总投资2405.5亿元，其中，衢州四省边际多式联运枢纽港、华东数字经济示范区、南孔古城等6个项目被列入大通道重大标志性项目。

【特色小镇】10月23日，龙游红木小镇成为省政府正式命名的第四批省级特色小镇。柯城新材料智造小镇被列入省级特色小镇第六批创建名单。衢江区廿里镇成功入围省级小城市培育试点，龙游县湖镇镇小城市培育试点获2019年考核优秀，柯城区航埠镇、龙游县湖镇镇、江山市贺村镇、开化县华埠镇等小城市培育试点争取到考核奖励资金3250万元。

【社会事业领域改革】年内，开展社会事业领域改革2020年工作计划和任务清单及重点改革事项梳理，完成各项阶段性工作任务。梳理“十三五”期间社会事业领域改革主要做法和特色亮点、“十三五”期间社会事业重点领域改革存在的主要问题，提出2021年重点工作举措。

【推进产教融合】9月23日，省发改委联合省经信厅、省教育厅等10部门公布浙江省2019—2020年度产教融合“五个一批”名单。

衢州学院浙闽赣皖省际绿色制造产教融合联盟入选省产教融合联盟，衢州智造新城高端电子材料产教融合示范基地入选省产教融合示范基地，红五环集团股份有限公司等7家企业入选省产教融合试点企业，衢州学院氟硅钴新材料绿色制造训研创基地等7个项目入选省产教融合工程项目。10月，浙江天际互感器有限公司等11家企业被纳入浙江省第二批产教融合型企业建设培育名单。编制形成《衢州市人民政府办公室关于深化产教融合的实施意见(送审稿)》。

【政策激励助力企业降本减负】年内，落实"日报送、周协商、半月协调、月研究"等制度，推动惠企政策落地落实落细。全市"五减"(减税、减费、减租、减息、减支)兑现105.33亿元，兑现率182.26%；其他降本减负政策兑现金额50.78亿元，兑现率153.93%。完成"两直资金"补助，符合条件的27578家小微企业和个体工商户兑现补助资金2.59亿元，兑现率100%。抢抓国家政策窗口期，成功争取68家企业进入疫情防控重点保障企业全国性名单，239家企业进入省级名单，130家名单内企业获政策性贷款26.95亿元，减轻利息负担1.23亿元。

·物价管理·

【概　况】2020年，深化重点领域价格改革，着力降低企业运营成本。执行企业用水、用电、用气价格优惠政策，累计为企业节省成本超7亿元。完善收费目录清单管理，推进减免涉企收费，实行水资源费、人防工程易地建设费按规定标准的80%收取，为企业减负超1500万元。

【电价改革】年内，严格贯彻落实国家发改委关于两部制电价、按95%结算电费等电价优惠政策，全年累计为企业节约用电成本3.69亿元。在全市推广应用"转供电费码"，加强对转供电环节不合理加价的清理，确保政策红利全额传导至终端用户。落实农业生产用电降价政策，降低农业生产用电平均电价每千瓦时0.1元，全年累计为企业降低用电成本1454万元。继续推进电力直接交易，年降低企业用电成本1.85亿元。审核光大发电厂到产垃圾数量。

【水价改革】年内，落实用水价格优惠政策，市区一般工业企业用水价格由3.5元/立方米下调至3.15元/立方米，其余分类企业用水价格同步同幅调整，全年累计为企业节约用水成本1906万元，优惠政策执行时间延长至年底。出台《关于扩大水费减免享受对象范围的通知》，将市区水费减免享受对象扩大至市区城镇公共供水管网供水的低收入群体。会同水利部门做好乌引工程、铜山源水库灌区农业水价成本核算，统筹推进全市农业水价综合改革工作。统筹推进全市城镇非居民用水超定额累进加价工作，促进水资源可持续利用和城镇节水减排。召开污水处理费部门联席会议，完善污水处理费评估机制，同步推进全市污水处理收费年度评估工作。

【天然气价改革】年内，落实企业用气价格优惠政策，全年4次调整非居民天然气价格，销售价格最低降至2.75元/立方米，下降幅度26.2%。11月，因供暖季门站价格调回至3.12元。全年累计为企业节约用气成本1.15亿元。

【景区门票改革】年内，根据省发改委相关文件和成本监审情况，统筹推进降低国有景区价格门票，不断完善门票价格形成机制。2020年1月1日起，仙霞关景区门票价格每人次从60元降至55元，降价幅度为8.4%；浮盖山景区门票价格每人次从55元降至45元，降价幅度为18.2%。

【其他收费改革】年内，动态调整《衢州市政府定价的经营服务性收费目录清单》《衢州市行政事业性收费目录清单》，确保清单之外无政府定价收费项目。出台《关于阶段性降低公共充电设施充电服务的通知》，降低衢州市公共充电设施充电服务费，节约全市交通运营成本超100万元。开展生活垃圾收费调研，统筹推进全市生活垃圾收费调整工作。

【价格服务】年内，开展高耗能企业复核工作，帮助企业争取电价政策，为企业节约电费成本超20万元；走访调研中天氟硅等企业，及时答复企业电价、气价等方面相关问题；梳理水电气降价等惠企政策，通过"组团联企"服务平台传达给全市企业，让企业第一时间了解水电气优惠政策；针对水电气价格、管道燃气改造费、机动车车辆检测费、转供电加价、停车收费等群众关切的焦点问题，及时回应市民和媒体质疑，做好价格政策解释沟通工作。

【成本调查监审】 年内，完成城市供水、污水处理、燃气配气成本、燃气管输成本等定期成本监审；组织开展翔宇中专、衢州护士学校、江山市职教中心、求实中专学校等民办职业高中教育成本监审工作，厘清民办职业高中教育成本上涨原因；推进完成全市政府定价景区门票成本监审工作。完成机动车检测、养老机构等成本调查。完成年度生猪、粮食、油菜籽、蔬菜等农业生产成本调查和数据分析工作，为制定价格政策和实施宏观调控提供数据支撑。

（陈象种）

2月16日，省国资委党委书记、主任冯波声（前排右二）在东南数字经济发展研究院调研衢州国资国企工作

国有资产监督管理

【概　况】 2020年，市国资委按照“两手抓、两手硬、两战赢、两领先”的要求，聚焦“三个年”活动，构建“四个体系”（发展目标体系、工作支撑体系、政策制度体系、考核评价体系），谋划“五个重大”（重大改革、重大项目、重大平台、重大政策、重大规划），做好“六稳”“六保”工作，开展争先创优行动，国有经济稳中有进，主要指标再创新高，服务大局有力有效。至年末，市本级（含柯城区、衢江区）国有企业资产总额1197.87亿元，首破千亿元大关，同比增长58.84%；负债总额653.76亿元，同比增长50.56%；所有者权益544.11亿元，同比增长70.09%；资产负债率由2017年底的58.42%下降到53.88%，是省内唯一一家实现“平均资产负债率比2017年末降低2个百分点左右”工作要求的地市国资。

【国资国企改革】 年内，推进国有经营性资产集中统一监管，分批分类推进市级单位与所办经济实体和直接管理企业脱钩，明确今后不得以行政事业单位名义设立国有公司。至年末，市本级经营性国有资产除因政策性及改制待注销原因不宜纳入统一监管外，全部实现集中统一监管。推进国有企业退休人员社会化管理，加快剥离企业办社会职能，全市9248名（含党员349名）国企退休人员全部完成人事档案和党员组织关系转接工作，综合移交完成率100%，较省定2020年底前的目标时限提前两个月完成；20家在衢州央企和8家省属国企与市档案馆签订退休人员社会化管理人事档案移交协议，涉及人事档案1.7万余份。开展全民所有制企业公司制改制，建立健全有效制衡的公司法人治理结构和灵活高效的市场化经营机制，全市被纳入公司改制任务的38家企业全部完成改制。深化国有企业混合所有制改革，浙江信安数智科技有限公司等9家国有企业通过引进战略投资者、股权合作等方式成功完成股权多元化改革。

【国资国企运营】 年内，按照国资国企“市区一体化”“市域一体化”思路推进市本级国有资产监管体制改革，形成“1+4+2+2”国资运营管理体系，通过注资赋能、政策赋能、机制赋能，不断做强做优做大国有企业，市本级AA+主体评级企业增至3家，AA主体评级企业增至8家。推进项目建设扩大有效投资，承担全市重大工程、基

9月25日，杭州未来科技城衢州海创园二期项目封顶

础设施和公共服务等建设。至年末，市本级国有企业新建续建项目107个，完工项目34个；项目总投资805.58亿元，累计完成投资264.94亿元，年内完成投资146.10亿元，较上年同期增长160.96%。市妇幼保健院等项目完工并投入使用，衢州海创园二期、四省边际中心医院等项目按计划完成年度目标，高铁新城智慧产业园、礼贤未来社区等项目开工建设。按照"一个项目一套融资方案"要求，制定完善重点项目资金保障方案，2020年市本级国有企业新增融资182.25亿元，其中直接融资61.5亿元，平均发行利率4.01%，如市金控集团发行5亿元基金债、市国资公司发行8亿元公司债，利率创同期限同级别同品类债券的最低水平，得到资本市场认可，充分保障项目资金需求和企业运营需要。

【国资布局优化】 年内，围绕四省边际中心城市建设目标，推动国有资本深度参与交通先导、城市赋能、产业创新等全市重大战略，推进国有"四资"向重点行业、关键领域和优势企业集中。市属重点国有企业与华夏航空、中铁五院、辉博电力等优质战略投资者以及浙大"两院"、电子科技大学等大院名校合作，组建衢州航空、东南数研科技等公司，打造交通、教育、城市建设、数字经济等产业发展平台。组建市大花园集团，负责衢州市全域幸福产业母基金的实体运作、全域旅游开发、全域品牌建设、全域要素保障、全域幸福产业基础设施和配套项目建设等。发挥区域产业基金推动招商引资、助力转型升级作用，基金总规模50亿元，到位16亿元，下设科创、智慧、幸福产业基金，投资柏拉阿图、金瑞泓微电子、纤纳光电等6个直投项目，以及氟达基金和清创基金2个子基金，总投资规模10.14亿元，撬动其他资本11.91亿元，投资项目跨越高端装备制造、医疗器械、新材料等领域。

【国有资金集中管理】 年内，优化国资"资金池"运营机制，从有利于地方经济发展、提高整体盈利水平等方面出发，构建完善资金存放评价指标体系，运用投贷联动、投债配存、信保激励等机制，加大对重点项目的资金支持与保障，引导金融资源服务党委政府中心工作。至年末，衢州市、区两级56家国有企业资金统一纳入国资"资金池"管理，归集资金余额176亿元，其中调剂用于支持衢州四省边际中心医院、古城双修等重点项目建设资金余额25.89亿元；开展协议存款和结构性存款运作资金日均余额114.91亿元，平均年化收益率3.93%。通过国资体系公司扩大融资规模，降低边际成本，引导社会整体融资成本下行，至年末，市国资公司发行债券33亿元，配存投债奖励8.2亿元，收益让渡138万元，带动发行利率下行，按全国平均利率水平测算五年内可减少利息支出1.09亿元。

【国资国企抗击疫情】 年内，下拨专项党费12万元用于疫情防控工作，发动党员开展个人专项捐款99382元，组建市国资委"包区清楼"服务团队，赴荷花街道清莲里社区开展卡点执勤、人员排摸、隔离人员管控服务等工作，对社区9个卡点安排专人执勤，确定22名楼栋长对网格楼栋实施包干管理，守牢社区防控底线，查访居民1100余户，服务居家隔离人员35户，协助复工复产商户72家。取得国开行疫情联防联控应急贷款10亿元和复工复产贷款2亿元，为全市疫情防控提供基础保障，为企业复工复产提供资金支持。对在疫情期间承租国有企业房产用于生产经营的企业和个人，实施3个月房租退免政策，累计退免房租5318.52万元，惠及承租户4765户。加大对信保基金支持力度，信保公司年内通过各合作银行向中小企业放贷9.28亿元，是上年同期的5.16倍，缓解小微企业融资难融资贵问题。

【国资监管】 年内，完善中国特色现代企业制度，做实国资“三层架构”管理体制，厘清国资委和国有企业的权责边界，依法履行出资人职责，推动国资监管职能从管企业向管资本转变，出台和完善《衢州市国有企业经营业绩考核办法》等一系列国资监管制度，以制度为支撑推动国企转型升级。试行全面预算管理制度，制定《关于衢州市市属国有企业全面预算管理办法（试行）》，按照“顺着预算建制度、带着制度管预算”的思路，构建以预算管理为导向的全方位、全过程、全覆盖的企业管理控制体系，提高监管企业经营管理和风险防控水平。发挥经营业绩考核“指挥棒”作用，聚焦市委、市政府重大决策部署，以“三个年”“五个重大”为目标，从国企党建、企业经营效益等方面，按照定量定性方式强化考核指标，落实落细考核责任，确保考核实效，推动市委、市政府重大决策部署落地。

【国企党建】 年内，加强党对国企的全面领导，深化“党建统领+国资治理”，构建市国资国企党建“12349”工作体系，建立国有企业经营业绩与党建考核“双百分制”，将党建工作考核分从15分提高至30分，压紧压实党建工作责任，发挥国企党委“把方向、管大局、保落实”的领导核心作用。强化“三基”（基层、基础、基本）建设，以高质量党建引领国资国企高质量发展为目标，实施基层党支部“三化一创”建设三年行动，建立“书记领办项目”和党委成员“四联”机制，国资国企各级党组织书记领办项目103个，44名国资国企党委委员与42个支部建立“1+1”帮带机制，完成33个党支部标准化建设，创建45个党建品牌。组织开展8090新时代理论宣讲，从13家国有企业中选拔30名青年骨干组建6个理论宣讲分团，推动党的创新理论进村社、进企业、进班组、进项目，累计组织宣讲活动42场，受益群众3000余人次。

（毛　磴）

衢州市金融控股集团有限公司

【概　况】 2020年，衢州市金融控股集团有限公司（以下简称集团）秉持“金融服务，服务金融”的宗旨，坚持“金融基础设施建设者，金融产品服务供应商”的基本定位，以服务产业创新为使命，投资板块、小微板块、交易板块、供应链板块四大业务版块同步推进，形成“金融+产业”的深度互动战略格局，服务全市经济社会发展大局，较好完成年初确定的各项目标任务。年内，集团获评AA主体信用等级。与集团2018年9月

8月27日，在四省边际中心医院项目建设现场，举行衢州国资8090新时代理论宣讲团成立暨出征授旗仪式

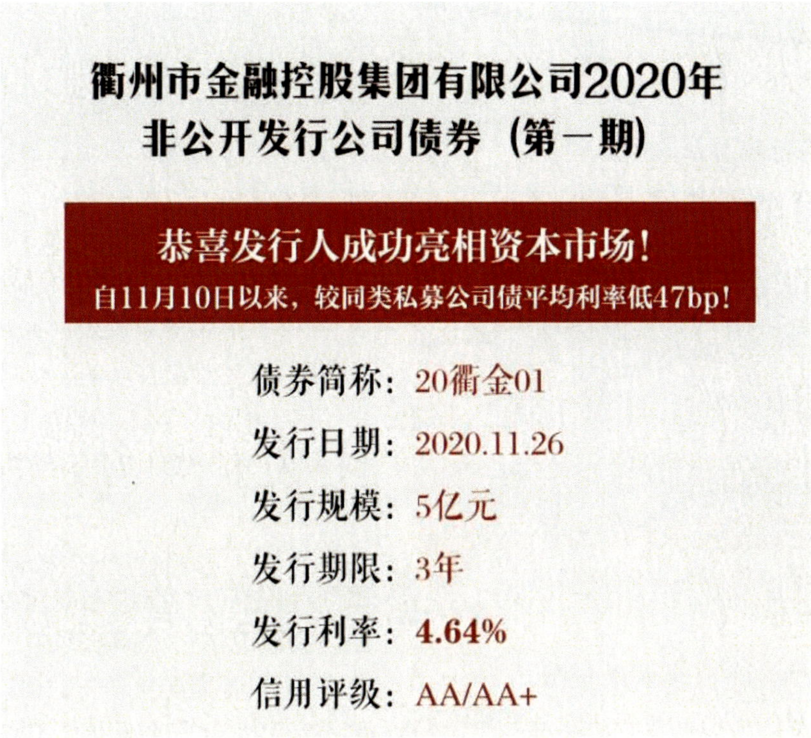

11月26日，市金控集团发行首单私募债

新组建时相比，2020年底集团资产规模111.35亿元，增长55.63%；净资产66.82亿元，增长33.48%。利润总额1.04亿元，同比增长139.74%。11月26日，集团首单非公开公司债成功发行，发行规模5亿元，期限3年，利率4.64%。

【投资板块】年内，产业基金运作。集团重组合格私募基金管理机构衢州市国资信安资本管理有限公司，组建专家库，建立专业投研团队。全年对接项目123个，尽调项目17个，投资项目8个，投资额度10.14亿元，出资完成8.34亿元。争取省数字经济产业基金投资金瑞泓项目5亿元，成为2020年省产业基金单个出资额最大的项目。产业基金撬动其他各类资本11.91亿元。产业基金有序落实一批重点任务。助力重大产业项目发展。通过产业基金市场化投资，助力柏拉阿图乙肝创新药研发顺利进入临床Ⅰ期；帮助致善微电子加快军用、民用芯片产线投入；解决四达氟塑大股东占款问题，加快上市进程等。深入推进一批重大合作。与浙商创投、华夏航空、长江联合、省金控管理公司、金联产融等6家机构签订战略合作框架协议，助力全方位深化合作。完成国家大基金二期出资。衢州市出资10亿元参与国家集成电路产业投资基金二期（以下简称大基金二期）。全年，根据大基金二期缴款安排，集团牵头分两次完成1.5亿元出资，累计出资2亿元。完成浙江信安数智科技有限公司战略投资者的引入工作，通过公开挂牌方式引进阿里巴巴等5家战略投资者，以投后估值9954万元实现A轮募资5225万元。推进信保基金银行捐资，完成柯城农商银行和衢江农商银行各500万元的捐资工作。10月，集团启动类固收业务，年内与6家省属国企合作完成首单项目，投资金额5050万元。

【交易板块】年内，集团产权交易平台总交易额5.17亿元，同比增长317%。产权交易业务发展迅速。全年成交额1.95亿元，与上年同比增长111.96%。集采代理业务开拓创新。全年成交额2.9亿元（含进场交易8167万元），节约采购资金5336.7万元，节支率15.53%。农交业务助力乡村振兴。全年总交易额3187万元，业务覆盖3个县、区，23个乡镇（街道），62个行政村，有效盘活农村闲置资产，助农增收400多万元。

【小微板块】年内，信保业务在保余额8.38亿元，服务户数1252户，分别同比增长365.50%和1027.93%；户均余额67万元，同比下降58.73%，总体风险控制较好。年内转贷业务转贷金额41.07亿元，服务企业794户，分别同比增长317.49%和530.16%。落实“六稳六保”。疫情防控期间，深化落实“省国资九条”“衢十条”等扶持政策，创新推出“战疫贷”“复工贷”“再贷保”等专项产品，为338户企业提供12.26亿元担保和转贷支持并减免担保费122.05万元。推动市域一体化。以信保业务为切入点，与龙游县政府达成战略合作，促成龙游6000万元出资，信保基金市域一

11月27日，龙游经济开发区、农行龙游县支行、市信保公司助力实体经济发展合作签约协议

体化取得阶段性成果。推进签约扩面。与14家银行达成信保业务合作，其中年内新增12家；与12家银行达成转贷业务合作，其中年内新增5家，基本覆盖全市主要银行。深化产品创新。推出“美丽乡村保”“社区商户保”“农垦保”“不动产担保”等10余个专项创新产品。其中，“美丽乡村保”单项产品在保余额破2.2亿元；“总对总”业务额约5000万元，规模居全省前列。

【供应链板块】年内，供应链板块聚焦融资租赁、商业保理、供应链贸易等业务，年内对接融资租赁、商业保理项目20余个，尽调项目16个，投放融资租赁项目7个、商业保理项目2个，投资总金额8.49亿元，利润超1500万元。支持域内重大项目建设。利用信用证等金融工具撬动银行资金，为衢州域内重要基础建设平台、民生工程主体提供融资租赁服务3.48亿元，降低企业融资成本15%以上。走出市外寻求业务突破。先后在舟山、金华等地开展融资租赁业务，投放金额4.7亿元。积极争取投资落地政策。与舟山自贸区普陀综合服务中心签署投资落地政策协议，积极争取扶持奖励，根据在普陀当地投放的融资额申请奖励60万元。创新探索服务地方产业。推进产业类融资租赁业务、核心企业保理业务以及供应链贸易业务，探索多样化新型业务模式。

（叶添祺）

衢州市交通投资集团有限公司

【概　况】2020年，市交投集团深入贯彻市委“1433”发展战略体系，聚焦“五个重大”，扎实开展“三个年”活动，按照集团“36116”发展战略规划，加速推进集团化改造和市场化转型，以实施管理提升、项目攻坚、品牌建设“三大行动”为主抓手，着力打造实力交投、能力交投、活力交投的“三力交投”。集团经济发展保持良好态势，主要经济指标持续快速增长，各项工作取得新成效。2020年，集团完成营业收入9亿元，与上年同比增长117%；完成净利润1.6亿元，与上年同比增长63%；全年完成总投资67.8亿元，上缴税金1.25亿元。截至12月底，集团资产规模202亿元，与重组初期同比增长165%；净资产107亿元，与重组初期同比增长150%。集团本部及全资企业员工1098人，下设职能部室9个，下属企业45家（一级子企业20家，其中全资子公司11家、控股子公司5家、参股企业4家；二级子企业25家），与重组初期同比增加28家。

年内，集团主体信用等级评为AA+、衢州高铁站服务质量提升、做强做优做大国有资本为重点项目建设提供有力保障、成功签约华夏航空等4项工作，获市政府2020年执行“十条军规”典型事项通报表扬。在市七届政府第五次全体（扩大）会议上，集团作为项目推进工作先进单位作典型发言。在创建全国文明城市工作方面，集团获集体三等功，2人获个人嘉奖，3人获评先进个人。

【企业管理】2020年，集团全力推进“管理提升行动”。推进集团“36116”发展战略，落实集团“十四五”发展规划编制。实施集团管控“136模型”，推进一级集团管控与二级法人治理相结合的管理模式。实行全资公司集团直接管理、控股公司集团规范管理、参股公司集团监督管理的3类管控方式。落实投资审查决策、工程全流程管理、招标采购管理、安全质量管理、应急救援处理、KPI绩效考评的6项管控体系。完成集团招投标、资产管理、资金管理、网上办公、人力资源管理、工程管理六大平台建设并投入运行。做好制度立改废工作，在原试行制度的基础上新增修订完善57项制度，同步组织开展质量环境健康一体化管理体系认证，取得方圆认证授予的管理认证证书。全面确立集团本部战略决策中心、人力资源中心、财务中心、投融资中心、资产管理中心五大中心，母子公司管理体制进一步规范。

【项目建设】 2020年，稳步推进“项目攻坚行动”。物流大道西延工程于2月21日建成通车。综合客运枢纽道路配套工程于3月通过工程验收，同时完成长途客运入驻客运枢纽。高铁西站枢纽项目已确定初步设计单位并开展初步设计工作。智慧产业园项目，全年完成投资约30亿元，完成总投资的30%，一期项目（市委党校、电大迁建）累计完成投资5.06亿元；二期项目（浙大“两院”）累计完成投资4.03亿元；三期A区项目（中央美院附属衢州中学）累计完成投资1.77亿元；三期B区项目（衢州高级中学迁建）完成设计图设计；四期项目（电子科技大学长三角研究院）累计完成投资6.36亿元；五期项目（创意孵化中心二期、人才公寓及邻里中心、幼儿园）累计完成投资10.38亿元；电子科技大学实验学校（衢州）项目累计完成投资1亿元。综合客运枢纽加油站项目完成建设并于11月18日投入运营。公交城市赋能项目，完成新改建公交智能站牌20个，无桩公共自行车租赁点50个。

【品牌建设】 2020年，全力推进“品牌建设行动”。企业文化建设方面：深化打造“三力交投”党建品牌，通过党建引领集团转型发展，围绕集团党建母品牌，融入集团三大核心业务板块的定位，推进“有礼先锋·协同融合”等多元子品牌建设。组织建设方面：严格执行党委议事规则，把党委会先议作为董事会决策的前置程序，健全集团党委核心领导、董事会决策、监事会监督、经营层执行的法人治理结构；做好党员发展，做到把业务骨干发展成新党员，把骨干党员充实到关键岗位。全年发展新党员9名；规范支部建设，持续抓好党支部规范化标准化建设，制定党支部标准化建设实施方案并贯彻执行。人才建设方面：强化培训教育，持续深化“三力交投大讲堂”，组织开展大讲堂专题讲座7场，累计参训人员900余人次；做好8090新时代理论宣讲，成立集团理论宣讲团，开展“宣讲进一线理论零距离”活动；拓宽选人用人渠道，2020年，完成选拔任用中层干部7人，其他干部（子公司助理）6人，推荐优秀股级管理人员16人，市场化选聘高职称、高学历、专业性强的优秀人才23人，引进职业经理人1人；建立人才储备库，健全发现人才、培养人才、使用人才的长效机制，打造人才“蓄水池”，储备人才126人；集团有硕士研究生15名，中级以上职称技术人员64名。廉政建设方面：集团党委与各子公司签订全面从严治党责任书，与全体工程

5月14日，市交投集团举办第一期“三力交投大讲堂”

管理人员签订廉洁承诺书，明确党风廉政建设工作定位、组织领导和责任分工；建设廉政教育室，推动“阳光清风、清廉交投”清廉品牌建设。严格执行领导干部个人事项报告、经济责任审计、述责述廉、防止利益冲突等制度，出台集团招投标及采购相关规定；在市属国企中首个建立内部巡察制度，完成对公交公司、顺达公司内部巡察及督促整改。

【投融资业务】 2020年，成立信安铁投、信安航运、机场建设等全资子公司，开拓铁路投资建设、常山江航运开发、机场建设投资等业务板块；成立信安产投公司，拓展产业金融与产业投资板块，加大优质项目、优势企业并购力度，拟通过并购实现控股上市公司，谋划整体或部分板块上市运作。拓宽融资渠道，6月底，获评AA+主体信用等级，2020年完成新增银行授信30亿元，全面完成10亿元绿色公司债发行。融资结构优化，积极拓展融资品种，夯实授信规模，完成中票、超短融主承销比选，创新融资方式，预备4个层次备份融资方案，储备融资规模超100亿元。

【资产整合管理】 年内，完成四通石油公司资产注入，启动集团本部及巨江航运土地、厂房资产的产权整合及公开招租，优化资源配置，盘活存量资产。通过整合原市本级及县（市、区）等铁路出资资本、与衢江交投子公司交叉持股、7.65亿元基金公司资本金债转股等方式做大集团总资产、净资产规模，保障集团形成良性可持续投资能力。

12月16日，由市信安产业投资有限公司和华夏航空合资成立的衢州航空有限公司揭牌，并举行三架购入飞机的交付仪式

【子公司经营管理】 2020年，各子公司在全面落实疫情防控，实现防控闭环管理的同时，统筹做好复工复产，经营管理有序推进。巨江航运公司年累计上网电量超1.7亿千瓦时，年累计发电营收8774万元，提前94天完成年度营收指标，船闸过闸量首破300万吨创历史新高；综合客运枢纽公司按要求全力推进“最多跑一次”改革向公共场所延伸扩面和交通公共场所服务大提升工作；公交公司通过更新公交车辆、开展公交线网优化、智能化建设等提升服务举措；交科公司2020年实现检测收入788万元，利润总额176万元；衢交公司承接的机场代建项目和客运枢纽加油站项目有序推进，全年完成营收超7000万元。

【项目合作】 年内，交投集团积极谋划对接对外合作项目。与宝业集团合作：宝红建筑工业化和地产开发项目2020年并表收入6.68亿元；与浙江交工合作：交通建筑工业化合作项目完成整体建设进度85%，建设完成沥青混凝土拌和站、混凝土搅拌站并投入使用；与中铁五院合作：并购重组公司衢州市交通设计有限公司运行情况良好，2020年完成收入1.02亿元；与中石化合作：安顺和综合客运枢纽加油站稳定运营；与华夏航空合作：合资成立衢州航空公司，购置3架飞机，完成航校合作协议签订，推进航空产业板块；与碧桂园集团合作：完成合资物业管理公司组建，市场化开展城市服务业务；与国网电力合作：完成与国网浙江电动汽车公司、衢州光明电力三方战略合作协议签订，启动合资公司组建，推动“新基建”充电桩合作项目；与省交通资源公司合作：签署战略合作框架协议，合资组建矿业公司，取得龙游县一处灰岩矿五年采矿权。

（孙 翔 郑焕真）

衢州市城市建设投资集团有限公司

【概　况】 2020年，市城投集团围绕"城市开发建设、城市资产运营、城市综合服务"三大核心主业，开展"项目建设提速年、深化改革突破年、重点工作攻坚年"三个年行动。全年资产总额150.44亿元，较上年增长81.84%。净资产63.89亿元，同比增长74.23%。营业收入4.90亿元，同比增长81.48%。净利润1.05亿元，同比增长94.44%。其中，集团营业收入7997万元，水业集团营业收入16936万元（水费收入12140万元、污水处理费收入3805万元、房租等其他收入991万元），城投建设公司营业收入7826万元，资产公司营业收入5856万元，城发服务公司营业收入7943万元，文旅投公司收入363万元，置业公司营业收入2119万元。

【集团业务板块改革】 2020年，市城投集团进行改革重组，整合六大板块。水业环保板块，将污水排水业务进行整合，组建环境科技公司，业务扩大到污水处理、市政管网、固废利用、环境治理四大板块，"水处理专家"定位更为精确。置业开发板块，成立城投置业公司，参与市场主体开发。9月，以4.15亿元价格获得航埠低碳小镇地块开发权，完成航埠办公楼装修竣工初验，签订低碳小镇方案设计、地勘服务合同。资

7月16日，衢州市城联贸易有限公司举行揭牌仪式

产运营板块，与杭州市房管局下属国有全资子公司杭州中房公司合作成立衢州有礼城数科技有限公司，开展线上与线下房产交易服务。设置长竿街门店1家，签约房源133套；利用停车场资源，向城市汽车服务产业拓展，12个点全部完成招商。与保利合作成立衢州城投保创城市服务有限公司，进军物业服务领域。城市服务板块，与杭州热联集团成立衢州城联贸易公司，开展大宗商品贸易、工程配送配供等业务。全年签订钢材配送合同量4.29万吨，金额约1.8亿元；成立工程建设设备租赁公司，全年累计出租盘扣6400余吨。工程建设板块，组建衢州市城投建设有限公司，具备市政二级资质、房建三级、设计乙级资质，全年承接项目合同额1亿元。文化旅游板块，烂柯山景区对标国家级旅游度假区实施创建，衢州短视频大赛颁奖典礼等重要活动圆满举办，王延松工作室、研学基地落户水亭门。

【投融资工作】 年内，做好投融资工作。融资方面，取得资本市场融资授信54亿元，到位资金48.8亿元。其中，发行7.5亿元水务资产支持票据，为浙江省首单市级水务资产支持票据，发行票面利率3.53%，票面利率为同级别主体同期最低；发行7亿元第一期非公开公司债券，创浙江省同期同类型债券最低利率。污水厂三期、四省边际中心医院、安置房项目取得贷款资金20亿元；取得平安融资租赁公司借款5亿元，华融租赁授信5亿元；中信银行、杭州银行、光大银行等流动资金贷款授信4.3亿元。投资方面，入股辉博电力设备制造有限公司，拓展新能源产业生产研发、制造销售、安装运维及充电汽车运行监测服务等，可实现年营业收入4亿—5亿元，净利润2000万—2500万元。投资2550万元，与杭州热联集团成立城联贸易公司，实现财务并

表，增加企业营收。设备租赁公司正式挂牌运营，为工程项目建设提供机械设备、脚手架等租赁服务。与上海保利公司开展合作，成立衢州城投保创城市服务有限公司，共同对外拓展业务，开展高效优质的市场运营。与市金控集团幸福产业基金、浙旅集团古村落保护基金合作，投资1亿元打造衢州市水亭门沉浸式戏剧驻演项目。与柯城区建投公司共同出资5000万元成立衢州市城建再生资源利用有限公司，运营万川建筑垃圾处置中心项目。

【推进项目建设】全年，计划投资44亿元，实际完成投资47.5亿元，超额完成3.5亿元。其中，四省边际中心医院肿瘤及科研楼装修、安装基本完成，累计完成投资12.58亿元。安置房魁星里项目地下部分完成78%，地上主体结构完成33%，累计完成投资2.33亿元；陶然里项目地下部分完成76%，地上主体结构完成36%，累计完成投资3.44亿元；招贤里项目地下部分完成87%，地上主体结构完成67%，累计完成投资5.46亿元。水亭门二期补白新建工程天王巷片区进场施工；皂木巷完成主体部分，累计完成投资5.19亿元。污水处理厂三期工程提前通水运行，累计完成投资0.94亿元。污水处理厂一、二期提标改造工程开展通水试运行，累计完成投资0.51亿元。礼贤未来社区项目6月29日开工，累计完成投资8.35亿元。南湖广场文旅综合体项目主广场片区完成红线放样；产业园片区发布EPC招标公告，累计完成投资4.24亿元。历史街区风貌衔接工程进场施工，累计完成投资1.75亿元。儒学文化区旅游配套工程府山南、府山西片区完成临时设施，累计完成投资1.32亿元。水亭门游客服务中心完成深基坑开挖方案论证，累计完成投资0.68亿元。万川建筑垃圾处置中心完成项目建设用地竞拍，累计完成投资0.11亿元。其他项目累计完成投资0.6亿元。

【南湖广场文旅综合体项目开工】2020年，先后完成建筑初步设计审查、实施方案评估等前期工作。9月25日，衢州市城投集团文旅投公司成功竞得南湖广场主广场土地。年底，该项目全面开工建设。南湖广场文旅综合体项目位于蝴蝶路以南，荷花中路以东，府东街以西，南侧毗邻铁道遗址公园。项目总投资约32.26亿元，面积约195亩，其中地上建筑面积约13.4万平方米，地下建筑面积约15.7万平方米。项目按照南孔古城旅游集散中心、城市会客中心、市民休闲活动中心及数字文娱产业创意中心（“四个中心”）定位，主广场地块规划新建一处集商场、电影院、博物馆、会展、办公等功能于一体的城市综合体；产业园地块功能涵盖数字文娱产业园、展示中心、多功能文旅体验馆酒店等。项目以文化为魂，商旅为媒介，产业为依托，实现南湖广场片区的永续维新，努力打造南孔古城“两子文化”（孔子+棋子）天然融合的文化新地标。

【小南门征迁收官】11月9日，小南门村最后一幢房子被拆除，实现签约、腾空、拆除“三个100%”，小南门征迁工作完美收官。小南门征迁工作时间跨度13年，涉及18户14幢房屋。

【抗击疫情服务企业】年初，在实现辖区内疫情防控“零病例”的基础上，按照“能复尽复、分次分批”的原则，严格管控，全力抓好复工复产的各项工作，重大项目到岗率实现100%。对承租国有资产类房屋用于生产经营的中小企业和个人，免收3个月租金，计减免承租商户769户，减免租金1070多万元。自来水价格下调10%，累计为2万余家企业用户降费639万元，落实“欠费不断供”企业2320家。

（王铁成）

衢州市大花园建设投资发展集团有限公司

【概　况】10月22日，衢州市大花园建设投资发展集团有限公司（以下简称大花园集团）正式挂牌运营。公司注册资金30亿元，为市属国有企业。主营业务包括全域旅游开发、全域品牌建设落实、全域要素保障与全域幸福产业基础设施和项目配套建设。公司设置三会一层（股东会、董事会、监事会和高级管理层），下设办公室、人力资源部（党群工作部合署办公）、财务部、投资与金融部、资

12月16日，浙江省二轻集团董事长虞岳明（前排左一）一行实地考察衢州诗画风光带

产与运营部、审计法务部（纪检监察室合署办公）6个部室。

【“衢州有礼”诗画风光带项目】 年内，大花园集团作为“衢州有礼”诗画风光带建设的总牵头、总业主、总平台，着力落实“衢州有礼”诗画风光带项目建设。“衢州有礼”诗画风光带以衢江、常山港、江山港、马金溪、石梁溪、庙源溪“一江两港三溪”两侧各2—3公里为范围，总长约280公里，总面积约1000平方公里，覆盖全市近11%的土地面积，集聚40%左右户籍人口。串联3个国家级水利风景区、3个省级历史文化名镇、20余个AAA级及以上景区和60余个历史文化村落以及10个活力岛，形成3条风光带、6大样板区、18个特色点和18个乡村群的总体格局。2020年，集团完成诗画风光带示范段启动区农业板块土地流转范围确定和勘界测绘、土壤检测取样工作，剔除不适宜流转的区域，实测红线内面积约2596.09亩。同时，与中交集团、浙江省二轻集团等团队开展多轮对接，谋划诗画风光带示范段启动区“一区二村三岛”投资、开发、建设与运营方案。

（巫荟蕙）

统　计

【概　况】 2020年，市统计局坚决防范和惩治统计造假，精准有效提供统计服务，扎实开展第七次全国人口普查，理顺区块统计业务关系，为统筹推进疫情防控和经济社会发展“两手硬、两战赢”、高水平全面建成小康社会和“十三五”圆满收官提供坚实的统计保障。

【建立防范和惩治统计造假弄虚作假工作长效机制】 年内，市委市政府领导多次对防范和惩治统计造假弄虚作假工作作出批示指示，提出具体要求。以市政府名义印发实施《关于进一步加强统计工作确保统计数据质量的通知》，为构建防范和惩治统计造假弄虚作假长效机制提供制度保障。建立统计数据质量签字背书机制，夯实主体责任和监管责任。制定全面整改自查自纠工作实施方案，加强对源头数据的审核、查询和核查。建立压实数据质量责任通报机制，通报数据质量高风险区块和审核查询不到位区块名单。主动与派驻纪检监察组沟通对接，将防范和惩治统计造假弄虚作假的落实情况作为纪检监督执纪立项项目。

【提升统计服务水平】 年内，针对疫情影响、复工复产、中美博弈等新情况新问题加强快速调查、专项调研，为当地党委政府提供快速精准的统计数据和分析服务，为推进复工复产发挥较好作用。服务争先创优行动，监测MEI指数主要指标运行情况。强化GDP变动态势月度监测预测，加强经济形势分析研判，及时反映经济运行中趋势性、苗头性问题。加强对节能降耗目标完成情况的预警分析，受到市领导高度关注，强化全市节能降耗工作部署。做好高水平全面建成小康社会监测分析。加强定量测算，为制定“十四五”规划和2035年远景目标以及2021年发展计划目标提供依据。

【推进第七次全国人口普查】 年内，统筹整合力量，开展第七次全国人口普查。通过融合地方特色

11月7日，市委副书记、市长汤飞帆(右一)接受人口普查现场登记

制作人普宣传作品，依托8090新时代理论宣讲，借助直播平台等创新多样化开展人口普查宣传。11月16日，衢州市、柯城区人普办联合开展人口普查专题网络直播，1.5万余人次在线观看。扎实推动机构、人普网站、经费、人员场地、责任等“五落实”。全市落实人普经费4357.67万元，选聘普查“两员”1.1万余名，落实“两员”补助2740.49万元。完成划区绘图，全市共划分普查小区11427个，标绘建筑物666892个；开展2期综合业务培训，培训县、乡两级业务骨干600余名；运用“邻礼通”“村情通”等基层治理平台，精心组织在柯城区信安街道、龙游县张王村开展人口普查市级综合试点。按时完成普查登记和比对复查。全市登记短表人数340余万人，登记长表户9万多户。

【理顺区块统计业务关系】年内，按照市委《关于市区开发区(园区)整合提升的实施意见》“被整合区块统计指标核算，实行属地统计、虚拟计入考核等办法解决考核问题”的要求，市统计局专程赴湖州市、嘉兴市学习借鉴开发区(园区)整合统计工作做法，多次召集柯城区、衢江区、智造新城、智慧新城四方分管领导和统计负责人集体商议。12月，形成《关于开发区(园区)整合提升后两城、两区统计工作体制机制建议》报市政府，获常务副市长陈锦标批示同意，拟提请市政府研究决定。

(方全玲)

国家统计调查

【概 况】2020年，国家统计局衢州调查队在完成国家统计局和国家统计局浙江调查总队布置的统计调查任务的同时，围绕市委、市政府中心工作，做好为地方服务的各项统计调查工作。开展住户收支与生活状况调查、工业生产者价格调查、居民消费价格调查、房地产价格调查、农作物播种面积和产量调查、畜牧业调查、劳动力调查、采购经理调查、小微企业跟踪调查等常规调查工作。开展公交分担率和交通满意度调查、浙江省营商环境试评价调查、全面从严治党民意调查、衢州“有礼指数”(CI)测评等重大专项调查和社情民意类调查工作。

【统计调查】2020年，据住户收支与生活状况调查，全市居民人均可支配收入37935元，同比增长7.1%。其中，城镇居民人均可支配收入49300元，同比增长5.0%；农村居民人均可支配收入26290元，同比增长7.6%。据工业生产者价格调查，全市工业生产者出厂价格累计下降2.1%，购进价格累计下降1.2%。据居民消费价格调查，衢州市区居民消费价格累计上涨1.9%。

(朱乔琪 刘 珉)

市场监管

·综 述·

【概 况】2020年，市市场监管局贯彻落实市委“1433”发展战略，在持续深化改革、服务民企发展、保障民生安全、提升监管能力、强化队伍建设等方面积极探索、主动作为，推动落实“4+3+4”

（牢固树立政治建局、服务立局、创新强局、实干兴局等四个核心价值理念；聚力打好风险隐患歼灭战、营商环境保卫战、重点领域攻坚战三大战役；全面建设行政审批提效、监管数字化转型、民生实事项目、队伍素质提升等市场监管领域四大工程）重点工作，扎实做好"六稳""六保"，各项工作取得实效，获市（厅）级以上领导肯定性批示24条次，获各类先进集体25个次（其中集体三等功1次、集体嘉奖1次），为全市实现"两手抓、两手硬、两战赢、两领先"和大发展快发展高质量发展目标贡献力量。

【助力复工复产】 年内，统筹抓好疫情防控、小微纾困等工作，出台支持企业复工18条意见，通过"1+1+5"专项服务（1个市场监管干部联系1家企业和5家个体工商户）、"组团联企"等工作机制，主动服务企业主体。牵头大商贸政策制定，为全市兑现大商贸资金近亿元，完善"大科创"政策修订，兑现"大科创"政策奖励资金1445万元。奋战50多个日夜，检查3万余家小微企业，接听各类咨询电话2万余次，为全市2.7万家市场主体兑现"两直"补助资金2.59亿元，实现资金兑现率、准确率"两个100%"。率先超额落实"五减"任务，全市28家技术机构提供检验检测服务2862批次、组建专家团队17个、入企帮扶2147家次、减免各类费用1000余万元、解决质量技术难题492个。

【企业登记档案改革】 年内，开展全省系统企业登记档案改革试点，率先在全省上线"衢州企业登记档案查询系统"电子化平台，构建企业登记档案"1+4+N"（1个平台：企业登记档案自助查询平台；4大终端：企业端、金融端、政务端、司法端；N个应用场景）全领域场景共享服务体系，为群众减省51万余小时，减免社会办事成本774万元。通过业务梳理流程优化，建立内部联系机制，实现档案迁移环节减4个、材料减3份、次数减2次、1小时即办。开展线上线下一体改造，线上对口浙江政务网账户体系，网办掌办查询依权限精准自动匹配，线下通过扫码登录功能，实现身份信息共享提取，实现"一窗通""无纸化"，推进企业登记档案改革打造衢州样板。

11月24日，市市场监管局开展组团联企"三服务"活动

【食品经营许可"全省通办"】 年内，进一步深化食品经营许可改革，牵头试点食品经营许可跨辖区现场受理"全省通办"。6月1日，与舟山双向试运行食品经营许可"全省通办"，先行完成两地58家企业跨辖区现场受理，异地审核审批发证，仓库异地设置备案的试运行工作。8月15日，全省推广应用"全省通办"系统，实现全场景全方位服务群众。

【化妆品安全共治共享】 年内，探索化妆品安全社会共治共享新机制，选聘100名以上社会监督员、抽取100批次化妆品"你点我捡"、针对100家化妆品经营单位开展"你执法我参与"的"三百"活动。采用线上线下贯穿、市局县局联动、监督执法并用、科普宣传和互动体验融合等方式，充分借助各类载体做好点、线、面全方位宣传，营造化妆品安全社会共治共享氛围。

【中药质量追溯体系】 年内，按照"政府引导、企业参与、多方协同、分步实施"的思路推进中药质量追溯体系建设，编制全市统一的赋码方案，有效打通全链条追溯链路。截至年末，全市4家企业生产的衢六味品种及其重点培育品种全部完成追溯。

【"多报合一"】 年内，在滚动年报试点过程中，探索将市场监管部门内部业务和外部相关部门的涉企报告进行整合，形成企业"多报合一"、监管部门掌握涉企信息"一台清"。通过创新监管方式和便捷报送方式，实现监管电子化、报送线上化，缓解传统扎堆年报问题，提升监管效率。通过推进各部门、业务线之间协同配合，进一步打破信息孤岛，实现涉企数据共享，强化信用建设。

【"互联网+监管"】 年内，牵头全市"互联网+监管"工作，建立以"双随机、一公开"监管为基本手段、以重点监管为补充、以信用监管为支撑的新型监管机制。在全省率先开展"信用+监管执法"闭环应用，被国家公共信用信息中心评为2020年全国信用信息共享平台和信用门户网站一体化建设"特色性平台网站"。12月10日，衢州非现场执法模式作为全省典型之一，向国务院办公厅汇报，作经验介绍。

【放心消费】 年内，提前超额完成年度民生实事任务和放心消费建设重要指标。全市培育发展放心消费单位8541家、无理由退货承诺单位2475家、放心工厂592家、城乡放心农贸市场13家，建设放心消费街区（商圈）8个，改造提升48家农村家宴放心厨房，在中小学和等级幼儿园食堂建成155家智能"阳光厨房"，建成并运行送

12月8日，市市场监管局开展食品冷库现场核查

药上山便民服务点29个，建成24小时"网订店送"药房27家。

【公平竞争审查工作新模式】 年内，率先在全省开展公平竞争审查第三方评估工作，评估6个县（市、区）制度落实情况，抽查涉及市场主体经济活动的820份政策文件，协查市直9个部门10份重大增量政策文件，出具2份评估报告和10份评估咨询意见。做到事前发现和纠正排查、限制竞争问题，审查效能不断优化。

【进口冷链食品物防】 年内，全面落实"全受控、无遗漏"闭环管理，瞄准进口冷链食品疫情突出风险点，靶向发力做实冷链食品从进货到消费终端市场的全链条管控。全力抓好"浙冷链"系统应用，通过市县一体、线上线下实现全面盯防，确保赋码率、扫码率"两个100%"。12月20日，正式启用衢州市进口冷链食品集中监管仓；12月25日，签发全省第一份通过"浙冷链"系统开具的出仓证明。聚力抓好监管专仓长效规范运行，切实做好进口冷链食品物防工作。

【监管执法】 年内，严厉打击涉及防疫用品的质量、价格违法行为。疫情期间，全市累计出动执法人员3.8万人次，检查主体8.7万次，受理各类投诉举报1100余件，查处各类违法案件719件。对"六大领域"（行政审批中介服务、行业协会收费、保证金、转供电环节价格、小微企业收费政策落实、物流领域收费）开展涉企收费专项整治，查处违规金额2228万元，清退违规金额2167万元。

（梅昕知）

·知识产权工作·

【概　况】 2020年，市市场监管局充分发挥部门职能，全力推进商标品牌建设，有效激发市场主体创牌、护牌促发展意识，推动全市商标品牌"量质"齐突破。

【商标品牌建设】年内，全市商标申请量11466件，创历史新高。新增注册量5734件，同比增长31%；商标质押融资额5.6亿元，较上年实现倍增，其中“夏王”商标获3亿元银行授信；驰名商标注册取得重大进展，夏王、巨化两件商标获驰名商标，提高企业无形资产和产品美誉度。健全部门联动保护机制，特色商标发展得到加快，常山胡柚被列入第二批中欧互保地理标志（浙江）产品，杜泽茭白、龙游麻鸡等申请地理标志得到国家商标局受理，衢州烤饼、开化纸、常山轴承、江山黄精、三头一掌、龙游莲子酒等衢州特色品牌启动地理标志商标申报。

（梅昕知）

·质量技术监督·

【概　况】2020年，市市场监管局以“走在前列，必争一流”为目标，做好质量技术监督相关工作，创新推进质量、标准化等工作。车辆检测“一件事”改革被省市场监管局评为改革创新案例，成功打造全省工作标杆；会同市营商办承担“最多跑一次”改革省级标准化试点获浙江省标准创新重大贡献奖，获省政府表彰，市政府嘉奖；质量强市工作迈入新阶段，发挥效能助力企业高质量发展。

【车辆检测“一件事”】年内，率先在省内开展车辆检测“一件事”集成改革试点工作，并将该项试点工作纳入“2020年衢州市政府民生实事”项目。2020年，全市13家机动车检测站累计投入改造资金3996万元，并全部完成改造提升，其中衢州安邦等2家建成示范型检测站。通过改革试点，全市车辆检测站平均检测一辆车的时间压缩至30分钟内。

11月6日，市市场监管局与上海质量管理科学研究院召开座谈会，探讨品质城市研究内容

【标准创新】年内，启动国家级社会管理和公共服务综合标准化试点项目——衢州数字化社会治理标准化试点，积极推荐和指导市大数据局、省标院、市标院组成联合体申报该国家级标准化试点项目，并于1月获国标委立项。“最多跑一次”改革省级标准化试点中，以标准化助推政务服务，充分发挥“标准化+”效应，构建规范统一、全覆盖的政务服务标准体系。截至11月，立项标准16项，发布9项，有效压减审批时限，大幅提升政府办事效率和群众获得感。指导亿洋工具制造有限公司率先在全国发布第一部衢州市企业主导制定五金工具领域的国际标准，助推标准国际化。

【质量强市】年内，完成质量强市“十三五”规划指标任务，产品、工程、服务、生态环境“四大质量”齐头并进，连续4年质量考核获评A级。推进“品字标”品牌工程，在全省率先完成“品字标”贴标亮标“四个100%”（质量承诺100%公示、品牌产品100%贴标、厂区车间100%亮标、广告宣传100%植入）工作，16家企业通过“浙江制造”认证，开化龙顶、常山胡柚入选首批浙江农产品培育名单。积极参与浙江制造“百网万品”推广活动，被省经信厅、省商务厅、省市场监管局授予“浙江制造”拓市场最佳服务单位。

【对标达标专项行动】年内，衢州被列入“百城千业万企”对标达标提升专项行动参与城市和全国第三批试点城市，根据《国家标准委等十部门关于开展百城千业万企对标达标专项行动的通知》，积极开展对标达标提升专项行动，推动725家企业完成对标达标自我声明，发布自我声明761条，上传第三方证明34个，完成对标方案20项，全国排名第9位。

（梅昕知）

审计监督

【概 况】2020年，市审计局完成审计项目29个，查出主要问题金额209966万元，其中违规金额10455万元、管理不规范金额199510万元。审计处理处罚金额129940万元；移送司法机关、纪检监察机关和有关部门处理事项22件，移送处理人员22人，移送处理金额1620万元；审计促进整改落实有关问题金额68816万元。出具审计报告和专项审计调查报告45篇；审计提出建议93条，被采纳71条；提交审计信息44篇，被批示、采用59篇。向社会公告审计结果15篇。获创建全国文明城市工作先进集体荣誉称号，“党建统领审计担当”党建品牌获评市直机关“有礼先锋”优秀党建服务品牌，被评为市级优秀清廉机关示范点(全市仅3家)。

【财政审计】年内，在审计工作报告中，反映5大板块53个问题事项。第七届衢州市人民代表大会常务委员会第27次会议听取审议审计工作报告。持续深化构建“专题+”财政审计大格局平台模式，在2020年市本级财政同级审中，坚持以优秀项目的标准贯穿整个审计工作始终，同步实施的“三保”工作推进、财政专项资金清理、就业政策3个专题均取得较好成效。该项目反映6大类17个问题，就业政策落实情况发现8大类问题，问题金额4.3亿元。审计报告、审计专报获市领导批示8篇次(其中市委、市政府主要领导批示6篇次)。

12月14日，市审计局召开2020年度县(市、区)审计局主要负责同志向局党组述职会议

【经济责任审计】年内，开展领导干部经济责任和自然资源资产审计项目9个，涉及12位领导干部。审计对象覆盖党政领导(强镇)、党委系统领导、部门领导、事业单位(含学校)领导和国有企业领导等多种类型。配合完成5家单位省管领导离任交接，18家单位市管领导离任交接。出台《2020年全市经济责任审计工作指导意见》，前移经济责任审计报告质量审核关口。连续两年编印《领导干部履行经济责任风险防范清单》，进一步提升领导干部履责风险防范意识，促进领导干部依法用权、廉洁用权。

【审计整改】年内，制定省市审计发现问题整改责任清单，由审计与人大、政府、纪检监察等部门联合开展专项督查，持续加强对审计查出问题整改的力度。细化和完善审计整改制度，加强与纪委监委、巡察、公安等机关的工作联动和信息互通，推进审计发现问题整改落实到位。全年，通过审计整改，规范资金管理29.3亿元，建立健全各项管理制度52项，完善体制机制15项，问责处理3人。通过联合督查，及时纠正整改不到位问题11项。

【审计质量管控】年内，坚持质量立审“九项标准”不动摇，制定出台《衢州市审计局审计项目审核复核审理工作办法(试行)》，规范审计项目审核复核审理工作。对2020年审计项目实施挂图作战，对所有审计项目组长、主审、计划进点时间、审计报告时间、审计结果公开时间等10项内容进行明确，实时更新进度情况、强化责任，确保全年审计项目高质量推进。先后对保障房审计、防疫资金审计、乡村振兴审计等5个项目开展审理，对16个审计移送书、2个审计专报进行审理。开展审计执法质量检查工作，发现5大类问题172个，提升审计项目质量水平。

【大数据审计】 年内，承担省审计厅财政审计标准化数据质量试点工作任务，开展全市法人库数据规划工作，为开展大数据审计积累数据基础。在部门预算执行审计中，构建审计分析模型50余个，发现疑点60余项，大幅提升审计效率。就"大数据+精确制导"推进部门预算执行审计全覆盖相关内容在全省大数据审计能力提升培训班上进行交流发言。

（聂　红）

3月，衢州海关支持因疫情滞销的衢州柑橘出口。图为工作人员在出关检查

海　关

【概　况】 2020年，衢州海关围绕"政治建关、改革强关、依法把关、科技兴关、从严治关"总要求，聚焦市委"1433"发展战略体系，主动融入全市经济社会发展大局，履行新海关职责使命，优化营商环境，助力复工复产，支持对外开放，为建设"活力新衢州、美丽大花园"、实现"发展高质量、治理现代化"贡献海关力量。

全年，衢州海关审核报关单1908份；征收入库税款1.44亿元；监管进出境货运量51.2万吨，货值1.45亿美元；办结稽查作业12家次；办理加工贸易手册78份；检验检疫出入境货物12814批，货值46.8亿元；签发各类原产地证书12593份，货值9.35亿美元。

【贯彻落实习近平总书记重要指示批示精神】 年内，开展"国门利剑2020"专项行动，制定《衢州海关打击走私国门利剑2020行动方案》，严禁洋垃圾入境，打击象牙等濒危物种及其制品走私。将学习贯彻习近平总书记重要指示批示精神作为形势分析及工作督查例会第一议题，开展专题汇报、专项督查，形成抓落实闭环，组织召开例会12次，开展专项督查12次。扎实做好海关统计分析研究工作，统计研究专报获中央领导批示1篇、国务院领导实质性批示肯定1篇、省领导批示4篇次、市领导批示3篇次。

【统筹推进疫情防控和经济社会发展】 年内，成立疫情防控工作领导小组，制定应急预案，出台责任分工方案。加强内部防控，严格人员进出管理、办公场地消毒、防控物资保障，确保零感染。加强通关管理，设立进口、出口防疫物资通关专窗，确保通关零延时。加强联防联控，参加地方政府疫情防控5个工作专班。组建支援队伍，先后派员40余批次赴机场服务。落实海关减、免、缓、退等优惠政策，制定帮扶企业复工复产12条措施，推出检测10项服务举措。开展"组团联企"，出台关企互动机制，对1017家实绩企业实行全覆盖，答复企业咨询1140个，协助解决企业问题88个。

【严守国门安全】 年内，严把进出口商品检验关，突出重点产品和重点环节监管。强化危化品监管安全，对高风险产品实行清单化管理。开展出口医疗物资企业专项稽查。联合打击骗取出口退税，推进反走私工作综合治理，2020年立案查处行政案件7起、涉案价值4.93亿元。开展外来有害生物监测，实现辖区全覆盖。严把进口粮食检疫关，完成首批通过水运抵达衢州港的进境粮监管。开展国门生物安全公益宣传活动，严防非洲猪瘟等疫情疫病传入和外来物种入侵。

【优化营商环境】 年内，落实"全国通关一体化""单一窗口""自报

9月23日，衢州海关赴危化品企业开展查验

自缴”“汇总征税”“原产地证书自助打印”等改革事项，持续压缩进出口货物整体通关时间。主动对接跨境电商综试区建设，加入工作专班，开展课题研究，多次陪同市领导赴杭州调研跨境电商综试区建设，完成跨境电商B2B9710、9810首单业务。助推政府谋划保税物流中心建设，提升外贸综合配套水平。

【促进业务回流】 年内，成立衢州海关业务回流工作领导小组，设立工作专班，制定工作方案，确定首批10家试点企业，开展税征税则服务、木门行业回流、监管场所可行性研究和加工贸易拓展4个调研课题。走访企业20余家，建立重点企业档案，做好回流企业通关全过程服务。首次开展进口煤炭属地报关业务，出口实物报关有新突破。

【培育绿色产业】 年内，深入践行“两山理论”，推动鲟鱼、茶叶、蜂产品、柑橘等特色产业转型升级，提升“三衢味”品牌竞争力。与开化县政府签订战略合作协议，推出9项个性化服务举措，帮扶绿色产业发展。推进四省边际食品农产品中心实验室建设，通过农产品、食品领域能力验证14项，不断提高技术服务水平和社会影响力。

（江　丽）

科学技术

Science and Technology

综　述

【概　况】 2020年，市科技局围绕市委、市政府“全面小康决胜年、招商引资攻坚年、重大项目推进年”的目标任务，开展局机关“作风建设年、能力提升年、工作推进年”“三个年”活动，落实“两手抓、两手硬、两战赢、两领先”要求，实施创新驱动发展战略，推进争先创优，全市创新发展和科技工作取得历史性突破。

【科技抗疫】 全面落实省委、省政府和市委、市政府关于抗疫情促发展决策部署。2月27日，市科技局出台《关于全力支持科技企业抗疫情促发展九项措施》，为科技企业战疫情促发展提供政策保障，及时启动新冠肺炎疫情防控技术科技攻关项目申报。2月19日，市科技局印发《关于下达衢州市新冠肺炎防控技术科技攻关项目及经费的通知》，采取“绿色立项通道”模式，给予“衢州地区新型冠状病毒感染患者的临床特征及治疗情况分析”等5个项目立项及项目补助经费107万元，促进项目早出成效。2—3月，市科技局机关党员干部60余人次下沉衢化街道花径一村社区开展“包区清楼”行动，为23户43人居家隔离对象提供服务，并协助社区摸排市域外来人员出租户情况。

【科技企业“双倍增”行动计划】 2020年，根据《衢州市科技企业“双倍增”行动计划（2016—2020年）》，全市计划新增国家高新技术企业80家、科技型中小企业190家。5月22日，衢州市科技局和省科技宣传教育中心联合举办2020年度衢州市高新技术企业申报管理线上培训，衢州国家高新区管委会、各县（市、区）科技局分管领导和相关负责人，高新技术企业和“双百”科技型中小企业负责人和财务人员，企业科技特派员等500余参训。年末，根据科技部火炬中心和高新技术产业开发中心联合下发的《关于浙江省

2020年衢州市新冠肺炎防控技术科技攻关项目一览表

表18

序号	项目名称	承担单位	补助经费（万元）
1	衢州地区新型冠状病毒感染患者的临床特征及治疗情况分析	衢州市人民医院	50
2	衢州市新型冠状病毒肺炎病例密切接触者感染状况及传播风险研究	衢州市疾控中心	10
3	新型冠状病毒肺炎影像学检查及早期诊断体系建立的临床研究	衢州市人民医院	30
4	八段锦对轻型和普通型新冠肺炎确诊病例临床疗效研究	衢州市中医医院	1
5	新冠肺炎院感防控智慧监管系统	衢州市卫生监督所	16

2019年高新技术企业备案的复函》,全市新增国家高新技术企业117家(不含重新认定的81家),累计有效国家高新技术企业467家。市科技局分别认定4批省级科技型中小企业258家,累计省级科技型中小企业1564家。

科技研究

【概 况】2020年,全市争取到国家、省财政科技补助经费1.48亿元。组织10批"大科创"专项资金经费兑现,兑现金额7000万元。

【计划项目】年内,列入国家科技计划项目重点专项6项,补助经费1294万元;省重大科技专项项目17项,补助经费4825万元;省公益性技术应用研究项目7项,省自然科学基金项目11项;实施省、市、县三级科技特派员项目95项,其中省级科技特派员项目65项,到位补助经费650万元;实施市级科技计划项目52项,安排项目经费1927万元。

【高新技术产业园区整合提升】5月,衢州国家高新技术产业开发区通过科技资源支撑型国家创新创业特色载体绩效评价,获补助资金1000万元。7月,衢州国家高新技术产业开发区申报的国家百城百园项目获批,获200万元专项奖励资金。8月,市委出台《关于市区开发区(园区)整合提升的实施意见》,依托现有国家级和省级开发区(园区),按照牌子就高、政策叠加、范围适当的原则,保留原有国家级衢州经济技术开发区、衢州国家高新技术产业开发区牌子不变,推进市区开发区(园区)实质性整合为衢州智

2020年衢州市列入国家重大科技专项项目一览表

表19

序号	项目名称	承担单位
1	轴承套圈精加工数控车床的智能排屑排液集成系统	常山县鑫龙轴承有限公司
2	锂离子动力电池火灾防治技术研究	浙江亚宁消防设备有限公司
3	新型功能高分子复合材料体系研发及产业化	浙江省开化七一电力器材有限责任公司
4	轻量化碳化硼陶瓷复合装甲的研发	浙江吉成新材料股份有限公司
5	腐蚀性电子气体品质提升及市场应用	浙江博瑞电子科技有限公司
6	集成电路12英寸晶元制造用超高纯轻氟酸	浙江凯盛氟化学有限公司

2020年衢州市列入省重大科技专项项目一览表

表20

序号	项目名称	承担单位
1	低温SCR脱硝催化剂研发与产业化示范	浙江衢化氟化学有限公司
2	高性能氟、硅化工材料——信息产业用新型氢氟醚国产化技术研发与示范	衢州氟硅技术研究院
3	高性能氟、硅化工材料——耐高低温高性能苯甲基硅油研制及产业化	浙江开化合成材料有限公司
4	关键单体及高性能高分子材料产业化及其应用——高性能特种工程塑料聚醚醚酮的国产化及应用示范	浙江鹏孚隆新材料有限公司
5	新能源汽车关键材料开发及产业化——高安全长寿命动力电池用镍钴锰铝四元正极关键材料研发	华友新能源科技(衢州)有限公司

续表20

序号	项目名称	承担单位
6	集成电路制造用前驱体材料研发——集成电路制造用前躯体材料研发	浙江博瑞电子科技有限公司
7	智能作业装备与农业机器人——农机装备智能化关键技术研发与示范	衢州学院
8	26县绿色技术应用——高性能医用包装纸绿色制造关键技术研究及产业化	仙鹤股份有限公司
9	26县绿色技术应用——猕猴桃物流保鲜及品质控制关键技术研究与示范	浙江冒个泡电子商务有限公司
10	污水与典型行业高浓度污水深度处理及回用技术、装备研发——好氧颗粒污泥关键技术及应用研究	龙游县河道疏浚砂资源开发有限公司
11	国际合作技术研发与示范推广项目——蛋白激发子PeaT1系列缓控释高效安全生物防治剂的研发与产业化	浙江龙游东方阿纳萨克作物科技有限公司
12	国际合作技术研发与示范推广项目——高强度碲化铋基热电材料研制及应用	常山县万谷电子科技有限公司
13	应急防护与公共安全用材料制备技术与应用——可降解高阻菌医疗防护包装透析功能纸关键技术研发及产业化	浙江恒达新材料股份有限公司
14	高性能伺服电机与驱动产品研发及应用——高性能工业机器人用聚磁式轻量化发卡PMSM和驱控一体化系统的关键技术研究及产业化应用	浙江禾川科技股份有限公司
15	高性能催化剂开发及其应用——UV光稳定剂绿色合成工艺及催化剂开发	利安隆科润（浙江）新材料有限公司
16	炼化一体化与新材料——超纯氨水关键技术开发	浙江凯圣氟化学有限公司
17	集成电路——高纯四氟化硅气体研发与产业化研究	浙江中宁硅业有限公司

2020年衢州市列入浙江省公益性技术应用研究项目一览表

表21

序号	项目名称	承担单位
1	基于高光谱成像技术的土壤微塑料在线检测系统研究	衢州学院
2	基于边缘计算的胡柚生长环境及病虫害监测关键技术研究	衢州学院
3	基于移动智能终端的农产品农药残留快速检测与追溯技术开发	衢州学院
4	基于AI协同感知的开关柜状态监测与故障诊断系统的研究	衢州学院
5	新型氟改性纳米纤维素制备关键技术研究与应用	衢州学院
6	基于智能视觉感知的电力安全工器具全生命周期安全管控研究	衢州学院
7	双螺杆压缩机转子型线检测关键技术与装置研发	衢州学院
8	新“浙八味”中药材衢枳壳中外源性污染物检测及防霉储藏规范研究	衢州出入境检验检疫局综合技术服务中心
9	基于表型和分子标记的丝瓜核心种质构建及优异种质筛选	衢州市农业林业科学研究院
10	基于数字化测试技术的数控产品质量分析检测优化系统研发	衢州职业技术学院

2020年衢州市列入省自然科学基金项目一览表

表22

序号	项目名称	承担单位
1	基于液体直接冷却的高功率薄片激光器研究	衢州学院
2	重金属胁迫下磁性生物炭介导的生化系统强化降解氟代苯胺类化合物机制	衢州学院
3	多级透平突变工况非定常流动特性研究	衢州学院
4	多晶硬脆材料临界液膜剪切抛光方法研究	衢州学院
5	总线架构下智能机器人三维触觉重建的全集成化方法研究	衢州学院
6	高精机床主轴系统多源异类信息融合的热设计方法研究	衢州学院
7	基于介电湿润芯片的半开放三维微结构单细胞培养及捕获方法研究	衢州学院
8	功能化修饰硅/硅氧化物复合负极材料：界面调控与构效关系研究	衢州学院
9	结构性影响浙西非饱和红黏土水力和力学特性的微观机理研究	衢州学院
10	PVA－Silica杂化膜用于促进渗透汽化膜反应器（PVMR）性能及其连续流模型研究	衢州学院
11	电子化学与化工新材料创新论坛	衢州学院

造新城、衢州智慧新城两大平台，其中智造新城为产业数字化的主平台，智慧新城为数字产业化的主平台。

【产业创新服务综合体】 1月7日，省科技领导小组办公室下发《关于公布第三批浙江省产业创新服务综合体创建与培育名单的通知》，衢州空气动力装备、衢江高性能纸及纤维复合新材料、柯城柑橘被列入创建名单。3月19日，市科技局组织召开产业创新服务综合体建设现场推进会，县（市、区）科技局主要领导、衢州绿色产业集聚区分管领导和省、市综合体创建单位负责人等50余人参加会议。7月15日，市产业创新服务综合体建设领导小组办公室下发《关于认定2020年度市级产业创新服务综合体的通知》，认定江山数字消防产业创新服务综合体、常山精密基础件产业创新服务综合体、柯城功能性新材料应用产业创新服务综合体、开化绿色硅材料产业创新服务综合体、柯城时尚低碳产业创新服务综合体等5家市级产业创新服务综合体。11月2日，省科技领导小组办公室下发《关于公布2020年浙江省产业创新服务综合体创建名单的通知》，开化绿色硅材料、衢州数字经济（智慧产业）、龙游轨道交通装备、常山精密基础件被列入创建名单，累计认定省市县及以上创建产业创新服务综合体20家，其中省级11家、市级7家、县级2家。

【创新创业平台】 3月30日，市府

3月19日，市科技局组织召开产业创新服务综合体建设现场推进会

办印发《关于促进衢州市创新创业园区高质量发展的若干意见》,集聚创新资源,促进创新创业园区招商引资、招才引智,培育发展新动能,打造创新创业新高地。市科技局进一步整合杭州、上海、北京、深圳等"双创"平台,理顺管理体制机制,累计市外创新平台领衔创办企业225家,集聚产业研发人才4000余名。全年,市科技局组织召开创新创业平台项目决策咨询服务会议5次,决策咨询服务项目13项,办理简易程序项目63项。

【新型研发机构】 7月,省政府办公厅印发《关于加快建设高水平新型研发机构的若干意见》,明确新型研发机构的标准条件、建设方式、工作任务以及支持举措,为新型研发机构发展指明方向。8月底,省科技厅首次组织开展省新型研发机构申报评估确认工作。12月1日,省科技厅下发《关于公布2020年度省级新型研发机构名单的通知》,全省36家科研机构被确定为省级新型研发机构,其中衢州市3家新型研发机构上榜,分别是东南数字经济发展研究院、浙江大学衢州研究院和浙江巨化技术中心有限公司,除副省级城市之外,衢州排名全省第2。

【众创空间】 10月23日,省科技厅下发《关于公布2020年度省级众创空间名单的通知》,衢州学院大学生创业孵化园被纳入备案名单,累计14家省级众创空间,4家国家级众创空间。

【企业研发机构】 2月27日,省科技厅下发《关于公布2019年新建省级高新技术企业研究开发中心名单的通知》,华友新能源锂电材料等11家研发中心被认定为省级高新技术企业研究开发中心,累计141家。3月2日,省科技厅、省发改委、省经信厅三部门联合下发《关于公布2019年新认定省级企业研究院名单的通知》,浙江省锂电材料研究院等4家研究院被认定为省级企业研究院,累计54家。8月24日,市科技局下发《关于认定2020年市级工程技术研究开发中心的通知》,杭氧特种气体等17家研发中心被认定为市级工程技术研究开发中心,累计268家。

【农业科技园区】 12月3日,省科技厅下发《关于认定2021年度省级农业科技园区创建名单的通知》,常山县胡柚产业农业科技园区被列入创建名单,累计省级农业科技园区4家。12月23日,科技部下发《关于开展第九批国家农业科技园区建设的通知》,浙江衢州国家农业科技园区被列入第九批国家农业科技园区名单,是该批次25家国家农业科技园区中浙江省唯一一家,实现衢州市国家级农业科技园区"零的突破"。

【星创天地】 12月3日,省科技厅下发《关于公布2021年省级星创天地备案名单的通知》,柯城早田农业星创天地、衢江益年堂星创天地、龙游渔老大星创天地和江山星菜冻干食品星创天地4家星创天地被列入备案名单,累计国家级星创天地6家、省级星创天地11家。

科技合作与交流

【概　况】 2020年,市科技局助推科技创新,加快高端创新载体建设,拓宽政产学研合作渠道,引领企业开展科技创新合作。以全市产业需求为导向,积极与中科院相关院所、华东理工、浙工大、西安交大等国内外高等院校对接,寻求合作创新模式,鼓励高校科研院所在衢州市设立分支机构,

7月20日,举办"院士专家大讲堂"系列活动——杨卫院士报告会

2020年衢州市科技合作对接交流一览表

表23

序号	活动名称	时间	企业	对接单位	活动地点
1	浙江—海外科技创新精准合作“云对接”（日本、新加坡专场）	5月21日	衢州市相关企业	日本、新加坡企业	线上
2	浙企中科行（上海站）	6月17—18日	华康药业、泰康药业、开化合成、鸿盛环保、中兴粮油等	中科院上海硅酸盐所、光机所、有机所、药物所、微系统所、应用物理所等	上海
3	求是桥·衢州产业科技创新发展交流会	9月10日	衢州市50余家企业代表	浙江大学	衢州
4	长三角网络信息需求对接活动	10月27—28日	中科广电衢州研究院、川特电子、锐文科技等	—	杭州
5	第二十二届中国国际高新技术成果交易会	11月11—15日	纳晶科技、国石磁业、亚格电子等	—	深圳
6	浙企中科行（北京站）	12月16—17日	优尼新材料、卡恩电子、开化合成等	中科院北京计算所、理化所、微电子所等	北京

进一步激发全市的科技创新活力。针对疫情影响积极拓展“线上+线下”的对接模式，联合浙江大学衢州技术转移中心，充分发挥浙大专业资源优势，为衢州市企业开通“浙大成果直播屋”，组织相关企业参加百名外国专家“云签约”、浙江—海外科技创新精准合作“云对接”等。疫情缓解后，组织企业参加浙企中科行（北京、上海）、深圳高交会、长三角网络信息需求对接活动展出等，进一步强化科技交流合作，帮助企业扩大宣传和影响。不断深化山海协作“升级版”、杭州都市圈、G60科创走廊等区域、长三角一体化发展等科技合作，赴四川绵阳加强与高新区等科技创新平台的对接，强化东西部协作工作。

【发明专利产业化】 3月18日，市科技局下发《2020年技术交易额和授权发明专利产业任务指标的通知》，将任务分解到各县（市、区）及相关区块。全年全市实施发明专利产业化项目35项，完成任务数100%，平均新增产值6445.63万元、平均新增利润423.74万元、平均资助额度8.4万元。

【揭榜挂帅】 2020年，市科技局联合市委人才办共同发布三批“揭榜

2020年衢州市发明专利产业化项目一览表

表24

序号	专利名称	承担单位	当地财政补助金额（万元）
1	一种包覆二氧化钛纳米颗粒的中空多孔微球及其制备方法	浙江东太新材料有限公司	0
2	一种鲟鱼加工自动清洗杀菌消毒系统	衢州鲟鱼水产食品科技开发有限公司	0
3	一种医药中间体5-硝基糠醛二乙酸酯的合成方法	衢州伟荣药化有限公司	0
4	一种用于排污系统的水泵	贝德科技有限公司	0
5	一种离心泵的减震垫	贝德科技有限公司	0
6	一种多向输出的卧式管道离心泵	贝德科技有限公司	0

续表24

序号	专利名称	承担单位	当地财政补助金额（万元）
7	一种具有高耐污易清洁功能的PVC地板及其制备工艺	浙江歌瑞新材料有限公司	0
8	一种建筑用长效型高分子防水卷材及其制备方法	浙江宏成建材有限公司	8
9	散热器中的散热管翻边设备	浙江森拉特暖通设备有限公司	8
10	一种制袋灌装同步器	浙江都邦药业股份有限公司	8
11	无卤阻燃ABS树脂及制备方法	浙江富丽新材料有限公司	10
12	钢领钢丝圈质量在线检测方法	浙江省常山纺织有限责任公司	5
13	须条断头检测方法	浙江省常山纺织有限责任公司	5
14	一种纱线牵伸混合装置	浙江常山康辉纺织有限公司	0
15	一种从木糖母液制备木糖醇和混合糖浆的方法	浙江华康药业股份有限公司	0
16	一种无色松香改性树脂及其生产方法	浙江鑫松树脂有限公司	0
17	纯氨基塑质地掷球的制造方法	开化瑞达塑胶科技有限公司	0
18	单晶/多晶硅片的清洗方法	浙江海纳半导体有限公司	0
19	一种酥饼自动成型设备及其成型方法	浙江德辉食品有限公司	0
20	一种应用于米发糕灌浆使用的自动灌浆系统及其灌浆方法	浙江善蒸坊食品股份有限公司	0
21	一种抱箍及其生产工艺	浙江和力电力设施有限公司	0
22	一种长寿命高精密砂纸原纸的制备方法	浙江金昌特种纸股份有限公司	0
23	一种泥沙分离装置及其分离方法	龙游县河道疏浚砂资源开发有限公司	0
24	一种本色玻璃间隔纸及制备方法	浙江凯丰特种纸业有限公司	0
25	一种生产电池级氢氧化锂的方法	浙江衢州永正锂电科技有限公司	15
26	四氟硼酸锂溶液的制造方法	浙江中硝康鹏化学有限公司	15
27	六甲基二硅氧烷生产三甲基氯硅烷工艺	浙江硕而博化工有限公司	15
28	一种线路板的加工工艺	衢州市川特电子科技有限公司	15
29	一种氪、氙生产工艺流程及其生产流水线	衢州杭氧特种气体有限公司	20
30	一种废旧镍钴锰酸锂三元电池正极材料的处理方法	浙江三晟化工有限公司	30
31	漆包机的漆包线断漆报警方法	江山三星铜材线缆有限公司	30
32	基于水力发电的新型冲击水轮机技术	万汇通能源科技有限公司	20
33	木纹片油墨自动调节技术	江山市标龙装饰材料有限公司	20
34	一种带肘形插头电压互感器	浙江天际互感器有限公司	20
35	提高木质复合门稳定性的方法	江山欧派门业股份有限公司	50

8月5日，举办第一届航埠镇创新挑战赛暨2020年企业“张榜招贤”大赛

挂帅”近80项关键核心技术需求榜单，榜金1.1亿元，面向全球高校院所、行业领军人才和团队“寻贤揭榜”，为企业开展技术难题攻关搭建高质量平台，助推企业在疫情下复工复产和创新发展。

【推进浙大衢州“两院”建设】 2020年，继续推进浙大衢州“两院”建设，过渡实验楼“求是楼”于7月正式投入使用。7月，中试实验实训基地开工建设。11月8日，浙大衢州“两院”新校区奠基仪式举行，浙江大学校长、中国科学院院士吴朝晖致辞，市长汤飞帆讲话并宣布项目开工。年底，浙大衢州“两院”引进22个科研团队、40位教授，含中国工程院院士1人、国家级人才11人，在读研究生98名，其中2020年录取全日制非定向工程硕士研究生34名、非全日制定向工程博士研究生2名。

【正泰集团衢州创新研究院】 7月2日，市委人才办、市科技局与正泰集团技术研究院共同签署“正泰集团衢州创新研究院”协议书并揭牌。年底，正泰集团衢州创新研究院入驻21人，主要聚焦衢州未来城市发展、产业布局、基建项目，结合智慧水务、智慧安防、未来社区建设、江山“新能源光伏发电”等项目分4个团队开展相关工作。

【科技成果拍卖会】 8月5日，首次举办乡镇工业园区创新挑战赛——第一届航埠镇创新挑战赛暨2020年企业“张榜招贤”大赛，金沃精工、亿迈达、领航市政3家企业各发布一项技术需求，来自浙江、河北等地的6个团队捉对角逐。10月17日，第二届浙闽赣皖四省边际应用型大学联盟科技成果竞价（拍卖）会在衢州举行，拍卖科技成果12项，涉及新材料、电子信息、装备制造等技术领域，总起拍价423万元，最终总成交价694万元，溢价率64.1%。10月29日，第五届中国创新挑战赛（浙江）暨2020年浙江省技术需求“张榜招贤”大赛新材料行业现场赛在建德举行，华友新能源科技（衢州）有限公司“$3\mu m$以下真正球形的氢氧化物前驱体开发以及采用该前驱体开发单晶NCM正极材料”，获行业赛第一名。10月30日，第五届中国创新挑战赛（浙江）暨2020年浙江省技术需求“张榜招贤”大赛数字经济行业现场赛在杭州举行，浙江省常山纺织有限责任公司“计算机配色、对色在色纺领域的应用”，获行业赛第一名。11月17日，2020年科技成果竞价（拍卖）会衢州职业技术

第一届航埠镇创新挑战赛暨2020年企业“张榜招贤”大赛一览表

表25

序号	成果名称	需求企业	签约团队
1	轨道交通控制系统	浙江领航市政工程有限公司	衢州学院
2	永磁电机配套泵浦的设计系统	浙江亿迈达泵业有限公司	衢州学院
3	轴承套圈表面缺陷智能检测设备的研发	浙江金沃股份有限公司	新昌浙工大研究院吕迅团队

第二届浙闽赣皖四省边际应用型大学联盟科技成果竞价(拍卖)会一览表

表26

序号	成果名称	竞买单位
1	一种新型透光水泥基复合材料	福建国柱众创文化产业有限公司
2	茶树综合绿色种植技术	德兴市东圣茶业专业合作社
3	马家柚白兰地关键工艺技术	江西省齐力实业发展有限公司
4	一种茶叶循环萎凋传送结构及视觉茶青含水率在线检测技术	福建中谷茶叶有限公司
5	香橙高产优质栽培及全果加工技术	浙江金明生物科技有限公司
6	一种药食同源降脂代餐粉的精制技术	浙江旺林生物科技有限公司
7	矿石加工粉尘自动化处理设备与技术	衢州市顺平矿业有限公司
8	参数化城市三维建模技术	衢州玺昌环保科技有限公司
9	一种轴承物联网智能生产监管系统	常山县鑫龙轴承有限公司
10	电子产品生产过程执行管理系统	浙江日新电气有限公司
11	一种摇臂自动焊接机设计技术	衢州市永瑞机械有限公司
12	量子秘钥分发在工业互联网数据存储的应用预研	浙江九洲量子信息技术股份有限公司

2020年科技成果竞价(拍卖)会衢州职业技术学院专场一览表

表27

序号	成果名 称	竞买单位
1	一种矿山车辆纯电动驱动参数匹配设计系统	衢州海西电子科技有限公司
2	一种物联网交通控制器技术	浙江信安智能科技有限公司
3	一种空压设备运行参数的智能感知系统	浙江山海机械有限公司
4	新型高耐磨自清洁光固化油墨制备技术	浙江锦丰新材料科技有限公司
5	闪蒸残液脱氟脱氯技术	浙江省常山长盛化工有限公司
6	从二氯硝基苯氟代反应闪蒸残液中分离回收氟氯硝基苯技术	浙江省常山长盛化工有限公司
7	利用氟离子印迹技术从氯化钾氟化钾混合废水中回收氟化钾	浙江省常山长盛化工有限公司
8	“衢州青”青菜品种、“衢鲜1号”大豆品种	浙江山里河庄园生态旅游发展有限公司
9	一种变压器油中溶解气体的在线分析与诊断技术	浙江日新电气有限公司

2020年衢州科技大市场科技活动一览表

表28

序号	活动名称	日　期
1	2020年第一期衢科学堂企业R&D经费支出统计年报填报实务培训	2月20日
2	杭州电子科技大学研究院—浙江尤尼新材料科技有限公司对接活动	4月15日
3	衢科学堂第二期：企业知识产权宣传周直播专题—企业知识产权风险防控	4月22日
4	后疫情时代科技大市场助力企业发展直播巡讲23场	4月29日
5	服务机构知识产权保护调研座谈会	5月12日
6	2020年“设施蔬菜标准化生产技术培训”	5月22日
7	浙工大—浙江金沃精工股份有限公司专家对接活动	6月24日
8	技术交易工作推进会暨技术合同登记培训会	7月3日
9	基于物联网技术的大型科研仪器开放共享平台应用座谈会	7月16日
10	安吉拍卖会—安吉企业家交流座谈会	7月20日
11	第一届航埠镇创新挑战赛	8月5日
12	2020年度省级现代服务业大数据技术与服务之数据分析实战高级研修班	8月21日
13	三源汇能、宝科北京专家对接活动	9月9日
14	求是桥·衢州产业科技创新发展交流会	9月10日
15	衢州学院科技成果转化产学研培训会	9月11日
16	第二届浙闽赣皖四省边际应用型大学联盟科技成果竞价（拍卖）会	10月17日
17	2020年科技成果竞价（拍卖）会衢州职业技术学院拍卖	11月17日
18	2020年常山县科技企业家浙江行	11月25日
19	2020省信息研究院衢州行浙江康德药业	12月3日
20	2020省信息研究院衢州行浙江元立集团	12月4日
21	2020浦城县农业农村局家庭农场主衢州行活动	12月10日

学院专场在衢州科技大市场成功举行，9项科技成果成功拍出。

【科技大市场】 开展线上、线下科技活动，助力企业创新，举办各类科技活动21场。

科技成果与应用

【概　况】 全年，开发省级新产品试制计划项目314个，登记技术成果101个；全市技术合同登记582份，合同成交总额31.7亿元。

【浙江省科学技术奖】 7月17日上午，浙江省科学技术奖励大会在省人民大会堂隆重召开，衢州市推荐的科技成果获省科学技术一等奖1项、二等奖2项、三等奖1项，是除杭宁温外唯一蝉联省科学技术一等奖的设区市。其中，衢州华友钴新材料有限公司“新型钴系锂电材料绿色制造关键技术及应用”项目，获省科学技术一等奖；浙江凯圣氟化学有限公司“芯片先进制程用超纯湿电子化学品精密分离和品控关键技术及产业化”、仙鹤股份有限公司“高性能低定量特种纸关键技术研发与应用”2个项目获省科学技术二等奖；衢州学院“面向半导体的硬脆材料精密曲面加工装备及其精度提升关键技术”获省科学技术三等奖。

衢州市获2019年度浙江省科学技术奖项目一览表

表29

序号	获奖项目	获奖单位	奖励等级
1	新型钴系锂电材料绿色制造关键技术及应用	衢州华友钴新材料有限公司	一等奖
2	芯片先进制程用超纯湿电子化学品精密分离和品控关键技术及产业化	浙江凯圣氟化学有限公司	二等奖
3	高性能低定量特种纸关键技术研发与应用	仙鹤股份有限公司	二等奖
4	面向半导体的硬脆材料精密曲面加工装备及其精度提升关键技术	衢州学院	三等奖

防震减灾

【概 况】2020年,以建设工程地震安全监管检查为着力点,切实做好防震减灾工作,防震减灾综合能力得到进一步增强。

【建设工程地震安全监管检查】5月9日,市科技局组织召开建设工程地震安全监管检查工作推进会,对2009年5—12月期间完成建设的学校、医院和2016年1月至2019年12月期间建设的《浙江省防震减灾条例》规定应当进行地震安全性评价的建设工程开展地震安全监管检查。通过行业自查、统一核查,全市检查建设工程项目382项,其中核查出重大建设工程12项,开展地震安全性评价2项;核查出学校建设工程261项,按规定提高抗震设防要求或提高1度采取抗震措施的212项;核查出医院建设工程61项,按规定提高抗震设防要求或提高1度采取抗震措施的42项。

【建设工程抗震设防专题培训班】9月17日,针对建设工程地震安全监管检查发现的问题,市科技局举办“建设工程抗震设防专题培训班”,全市各勘察设计、图审和监理等单位的结构工程师,市发改委、市住建局等有关部门工程项目管理人员,各县(市、区)科技局地震工作分管领导和具体工作人员120余人参加培训。

【大当量爆破作业报备制度】7月7日,市科技局和市公安局联合印发《关于建立四千千克TNT/次爆破作业报备制度的通知》,建立4000千克TNT/次爆破作业报备制度,以快速区分人工爆破事件和天然地震事件。年底,收到43个爆破作业通告单。

(廖梦梦)

气象服务

【概 况】2020年,市气象局围绕市委“1433”战略体系,落实市委、市政府各项决策部署,落实“监测精密、预报精准、服务精细”气象工作要求,推进衢州气象防灾减灾和公共服务工作的发展。

【气象服务保障】年内,天气气候形势复杂,梅汛期入梅早、出梅迟,梅雨量异常偏多,梅汛期灾害性天气频发,遭遇8轮强降水,强度为历史第三,其中“6·30”市域大暴雨破历史纪录,市县两级气象部门第一时间启动“叫应”制度,柯城区、衢江区及江山市发布暴雨红色预警信号。梅汛期间,加强值班值守和监测预报预警服务,发布预警222次,其中,暴雨红色预警1次,暴雨橙色预警9次,暴雨黄色预警32次,暴雨蓝色预警66次,雷电黄色预警18次;联合市资规局发布地质灾害96次。完成“2020衢州马拉松”等60多次重大活动的气象保障工作,发布气象服务保障材料989期。

【气象防灾减灾】年内,强化气象防灾减灾政府主导机制。全市各地气象防灾减灾工作全面纳入地方党委政府绩效考核责任体系。编制部门与乡镇(街道)职责边界清单,强化乡镇(街道)在气象灾害组织防御和风险管理职责。主动融入基层治理,联合市委政法委探索“网格+气象”基层防灾减灾工作新模式,承办全省“网格+气象”工作推进会。衢州“网格+气象”基层防灾减灾工作模式获评2020年度全省气象部门创新工作,成为全国气象部门创新项目蓝本。

11月24日，江山创建“中国天然氧吧”授牌仪式

【生态气象服务】年内，持续深化生态品牌建设，江山、常山两地获“中国天然氧吧”国字号生态品牌，衢江区灰坪乡、开化县齐溪镇、江山市张村乡双合丰村等三地获评首届浙江省“乡村氧吧”。加强生态气象环境评估，编制《衢州市近15年植被生态监测分析报告》，市长汤飞帆、副市长徐利水批示肯定。编制钱江源生态气象监测体系建设方案。建成市级人影作业指挥中心，为缓解旱情、降低森林火险等级，全年累计人影作业28轮次，出动人员112人次，发射人影弹药109枚，全市增加相当于两个西湖的降水量（约3525万吨）。

【农业气象服务】建立农业气象服务系统，完成柑橘服务手册编制。完成椪柑气候品质认证和全市主要作物、椪柑农业气候两项区划，为全市农业产业科学布局提供科技支撑。继续开展“直通式”气象服务，新型农业主体服务覆盖面100%，农业气象服务受众17余万人次。柑橘潜叶蛾始见期气象预测及其预防被减灾司农业气象适用技术文集收录。

【气象基础设施建设】年内，新一代天气雷达设备和基础设施完成改造；衢州基本气象站基础设施建设项目完工；常山防灾减灾综合工程（一期）完成；江山综合业务用房修缮项目完成基础水电改造；开化旅游气象台完成建设；龙游国家一级农试站成功转型，全域旅游提升项目完成监测站点建设。

【提升气象业务科技能力】年内，修订科研项目管理办法等制度，5个市科技项目、4个省局科技项目获立项。发表7篇期刊论文，其中核心期刊3篇。深化中科院大气所科研技术交流，与中国农业科学院茶科所签署合作协议，推进茶园生态气象观测系统建设，落实杭州—衢州山海协作4方面11项任务，与衢州学院共同推进地质灾害预报方法研究局校合作。承办第十七届长三角气象论坛，200多位代表参加学术交流，汇编学术论文310余篇。衢州代表队在全省气象监测预警技能大赛获“团体进步最快奖”。“柑橘气象管家”项目获衢州“信安数智”杯数据创新应用大赛二等奖。

【服务惠民便企】年内，开展“证照分离”全覆盖试点改革，实行升放无人驾驶自由气球、系留气球单位资质认定告知承诺。启动施工图审查改革，试行勘察设计单位施工图自审承诺制。启动企业投资低风险小型项目审批改革试点，取消防雷装置设计审核和竣工验收。全市受理许可事项125件。推进防雷监管体系建设，与营商办、发改等6个部门联合建设企业自治平台，“互联网+监管”模式；加强综合监管平台应用，开展执法检查513次，实现易燃易爆场所监管全覆盖；加强特定对象监管，联合开展有机硅生产企业和浙能天然气有限公司等专项检查；加强特定场所监管，建立衢州机场及周边净空保护区气球禁放机制；加强特定环节监管，针对企业自备油库联合开展3次执法检查。制定2项地方标准。推进精细化管理机制，实现易燃易爆场所监管全覆盖。

（丁　兮）

浙江省绿色产业发展研究院

【概　况】2020年，浙江省绿色产业发展研究院（以下简称绿研院）围绕市委加快建设四省边际中心城市战略目标和市委人才办工作部署，促进各类用人主体与高层次人才交流合作，助推打造四省边际人才集聚"桥头堡"。年内，协助各事业单位引进硕士以上学历人才44名，为东南数字经济发展研究院等重大平台引聚急需紧缺人才203名，为相关重点产业平台11名高层次人才落实事业身份。

【"编制池"引聚人才】 年内，谋划设立年均100个左右编制的人才"编制池"，通过"先占后补、单列管理"方式，为全市重点领域精准引聚事业单位管理类和专技类急需紧缺人才。先后分两批次招引硕士以上学历高层次人才44名，其中第二批首次以"统招统配"方式引进人才26名（"双一流"高校人才占88.6%、海归人才占11.4%），分别进入数字经济、金融管理、城建规划、交通运输等领域工作。修订出台《浙江省绿色产业发展研究院人才聘用办法》，探索放大"政企双聘"（政府给编制、企业给待遇）机制红利，创新推行"市管县用"模式，将双聘政策适用范围从市本级扩大到县一级，协助中浙高铁轴承有限公司、市交通投资集团有限公司等企业引聘专业技术型高层次人才11名。

【协助重大平台引才】 年内，根据浙江大学衢州研究院、电子科技大学长三角研究院等重大人才平台、重点企业人才诉求，开展引才服务。在各线上平台发布急需紧缺职位53个，组织赴昆明、西安、北京等地招聘，吸引国内外310余人（均为硕士以上学历或副高以上职称）投递简历，3家企事业单位招引到所需人才。在市委人才办指导下，与东南数字经济发展研究院融合梳理产业人才需求，成功引聚急需紧缺人才203名，其中包括58名数字经济领域人才。

【打造更优人才生态】 年内，管好用好行政服务中心"最多跑一次"人才服务窗口，绘制全周期人才服务导视图，完成人才备案系统升级，受理办结高层次人才备案事项272件，为165户人才家庭申领公积金贷款近9500万元。协助市委人才办落实高层次人才子女"教育券"政策兑现工作，帮助10余名高层次人才子女解决就学问题；完成人才奖励资助"一件事"系统搭建，为市本级9名专才（偏才）线上申领奖励津贴；配合推进白云小区200套人才公寓"拎包入住"改造项目，会同住建部门完成115套人才公寓置换工作。疫情防控期间，借助东南数字经济发展研究院技术力量，推出高层次人才服务"网上办、掌上办"，开发"企情通"数字服务平台，在线调查企业、人才复工复产需求，收集困难诉求175个，解决反馈问题90%以上。

【探索人才工作数字化】 年内，协助市委人才办推进"人才码"建设，在省级平台完成"衢州人才码"体系搭建，建立包含10638名本地高层次人才数据库，并与全省数据库打通。通过"一人一码一策"，为人才提供全方位便捷服务。调研数字经济、民生事业、高端装备制造、新材料、时尚轻工、商贸服务等6大重点产业26个细分领域人才需求，建成全市急需紧缺人才目录信息平台，协助浙江大学衢州研究院、东南院、杉杉新材料（衢州）有限公司等20余家单位梳理急需紧缺人才缺口137人。绘制"全球衢籍乡贤人才地图"，收集4300余名分布于515个城市（地区）的乡贤信息，协同统战部

9月25日，衢州市开展人才"编制池"引进高层次人才现场资格复审工作

9月17日，市委人才办、浙江省绿色产业发展研究院举办衢州市“博士沙龙”暨2020年高层次人才交流活动

门、高校院所、县(市、区)、乡(镇)等动态更新，提高引才精准度。

【举办特色人才活动】 年内，举办以“博士沙龙”“致敬创新者、奋进新时代”等为主题的衢州市高层次人才联谊交流活动，邀请数字经济、教育医疗、文化宣传等领域的院士专家及国家、省级“引才计划”人才等200余人，交流分享产业数字化经验和科研成果，共话发展新篇章。策划“双一流”高校优秀毕业生衢州行活动，组织近百名硕士学历以上人才实地参观衢时代创新大厦、水亭门历史街区和高铁新城建设工程等，帮助他们了解衢州、融入衢州。

(金泽环)

东南数字经济发展研究院

【概　况】 2020年是东南数字经济发展研究院(以下简称“研究院”)全面推进研究院实现高质量发展的“攻坚年”。一年来，研究院以服务衢州经济发展为宗旨，以打造衢州市发展数字经济“一号院”为愿景使命，紧扣“三为主、三拉紧”(以产业数字化为主、以推广应用为主、以平台建设为主，贴紧中心、靠紧杭州、拉紧阿里)建院方针，围绕全市“四个一百”(年内引进博士硕士等各类数字经济人才100人、年内培育数字经济重点和示范试点企业100家、年内实施数字化项目100个、年内新增数字经济产业营业收入100亿元)目标任务，引聚数字经济高端人才192人，孵化6家科技型公司，先后服务600余家市内外企业和政府部门，相继创成省数字经济产业创新服务综合体、省大众创业万众创新示范基地、省新型研发机构等高能级平台，助推全市数字经济智慧产业和美丽经济幸福产业发展。

【研究院运行管理】 年内，研究院坚持人才、产业、资金等高端要素一并考虑、一同谋划，推动“11N11”架构体系(一个数字经济专家委员会、一个联合实验室、N个数字经济研究中心、一个数字经济产业联盟、一个数字经济产业基金)“开花结果”。市数字经济专家委员会新聘请中国工程院院士任其龙等6位专家委员，集聚34位国内外数字经济领域的顶尖专家和知名企业家。研究院主持开展《衢州市智慧新城数字经济智慧产业“十四五”发展规划》《基于城市大脑的5G智慧医疗系统》等课题研究，为全市数字经济发展提供智库支撑。组建7个研发中心、19个项目团队，吸纳348家企事业单位加入产业联盟，举办交流培训100余场次，培训6000余人次，成功设立东南院科协，浓厚数字经济发展氛围；对接产业基金，与市金控等风投机构建立常态化交流机制。持续优化研究院管理机制，出台《东南数字经济发展研究院创新贡献奖励办法》等考核办法，引导各个团队建立内部管理制度，不断夯实研究院运行体系。用活登记类事业单位的市场化机制，在财政资金扶持的基础上，开拓市场，拓宽项目渠道，优化运行保障机制。

【创新平台能级提升】 年内，研究院立足当地特色产业和发展优势，实现各县(市、区)、集聚区分院、智造新城分院全覆盖，为当地产业数字化改造、政府数字化转型、社会治理现代化赋能。先后在北京、杭州等飞地设立研究院分院，通过平台联通、资源打

3月18日，市委常委一行到东南数字经济发展研究院指导调研

通、政策贯通，承接人才、技术、项目等高端优质资源，为衢州市数字经济发展导入源头活水。联合正泰集团，组建正泰集团衢州创新研究院，合作开展科研攻关、人才引进、技术服务，提升衢州创新能级；携手智造新城和重点企业组建传感器产业研究院，为全市传感器产业发展提供共性技术和高端人才支撑。先后创成浙江省衢州数字经济（智慧产业）产业创新服务综合体、浙江省第四批大众创新万众创业示范基地、浙江省新型研发机构等高能级平台，打造“产学研用”联动创新体系。举办国际数字经济安全与隐私大会、全国开放式分布与并行计算机2020年学术年会、东南院创新成果展示暨院企对接会、2020数字赋能创新大会暨东南数字经济发展研究院专家报告会等国际国内重大数字经济学术会议，提升衢州数字经济的知名度和影响力。

【数字经济人才引聚】 年内，研究院瞄准人工智能、大数据、5G、区域链、大数据安全等数字经济多个领域，引进18位经验丰富、研发能力强的数字经济专家教授，加速集聚一批细分领域的“数字工匠”。围绕研发中心（团队）人才需求，拓展引才渠道，年内成功招引58名高层次人才，累计达到89人。研究院人才实现“两个100%”（100%硕士以上学历、100%数字经济相关专业）。与宁波大学共建数字经济类研究生联合培养基地，深化人才培养、科研合作、导师协同等合作，加快输出一批服务衢州产业发展的数字经济应用型人才，提升研究院“造血”功能，助推衢州数字经济创新人才新高地建设。

【科技成果孵化转化】 年内，研究院科技成果孵化转化步伐加快。打通数字经济产业联盟平台资源，梳理制定2020年服务产业数字化转型的项目清单，为企事业单位量身定制数字化改造提升方案，先后实施英鸿新型建材5G智能工厂等数字经济项目38个，项目金额1965.6万元；对接谋划巴斯特网丝智慧工厂数字化企业改造等意向项目48个，项目金额约5600万元。围绕数字农业、数字工业、数字政务等重点领域，攻克一批核心技术，申请发明专利28项，获软件著作权9项，承接国家级、省（市）级项目19个，申报省市级项目22个，项目金额合计900余万元。组建由国有公司出资、研究院代为运营的东南数研科技有限公司，为研究院搭建对接市场、企业的通道，推动研发中心先后组建6家产业化公司，加快研究院科技成果转化进程。

（杨　卉）

教 育

■ Education

综 述

【概 况】2020年，全市有各级各类全日制学校和幼儿园788所。普通高校2所，各类中等职业学校14所，普通高中30所，初中58所（含九年一贯制学校5所），小学200所，幼儿园479所，独立设置的特殊学校7所。民办学校356所（中职学校6所、十二年一贯制学校1所、完全中学5所、高级中学6所、九年一贯制学校1所、初级中学5所、小学7所、幼儿园325所）；普通高等教育学校2所，其中本科1所，专科1所。普通高等教育学校全日制在校生16851人；中、小学生和幼儿园在校生314117人，其中：幼儿园73099人，小学132591人，初中69730人，普通高中38697人；特殊教育550人；中等职业学校28034人。全市有中小学（含中等职业学校、特教学校、幼儿园）教职工30105人，其中，专任教师25001人。专任教师中幼儿园

2020年衢州市教育事业情况统计表

表30

类 别	学校数(所)	毕业生数(人)	招生数(人)	在校生数(人)	专任教师(人)
			基础教育		
1.普通中学	88	37832	35963	108427	9139
高中	30	12711	13085	38697	3419
初中	58	25121	22878	69730	5720
2.小学	200	22720	21904	132591	9074
3.幼儿园	479	22691	27972	73099	4839
4.特殊教育学校	7	144	257	550	214
			中等职业教育		
中等职业学校	14	8226	10241	28034	1735
			高等教育		
普通高校	2	4868	5531	16851	761

4839人，小学9074人，初中5720人，普高3419人，中职1735人，特教214人。专任教师学历合格率，幼儿园、小学、初中、普高、中职、特教分别为99.81%、100%、100%、99.65%、97.46%、100%；小学、初中高学历比例分别达到99.80%、96.87%。中职双师型教师分别占专业课教师数75.49%。

全市报考高中考生15913人，较上年增加32人。全市报考普通高校考生13567人，(其中普通类11409人，艺术类1584人，体育类574人)，较上年减少68人。全市普通高校录取新生12127人，较上年12059人增加68人，录取率89.39%，较上年提高0.95%。单独考试招生录取新生2120人，较上年增加106人，录取率90.37%，较上年提高0.7%。高职报名人数2346人，较上年增加100人；高职提前招生录取新生818人，较上年减少298人，其中，普通高中考生被高职提前招生录取649人，中职类考生被高职提前招生录取169人。

【合作办学】年内，高等教育办学取得历史性突破，积极助推服务衢州市成功引进电子科大和浙江中医药大学，持续推进与西南政法大学的沟通洽谈。成功承办签约仪式、产业合作论坛、项目开工誓师大会暨开学典礼等一系列重大活动，认真落实优待电子科大师生硬核十项举措。加强与德国海外商会、美国大学联盟等平台对接，初步达成引进国外高水平大学到衢州合作办学意向。全力推进杭衢山海协作和长三角一体化教育合作“升级版”，有序开展地区校际间教科研活动、中小学创客教育示范学校合作、衢杭“山海协作”高中英语骨干教师培训。

【文明城市创建】年内，市直教育系统广大师生员工以全力以赴、决战决胜的状态投入创文攻坚。持续助力“南孔圣地·衢州有礼”城市品牌打造，积极开展“衢州有礼八个一”主题教育和“亲子共学礼共践礼”系列活动，推广“衢州有礼市民公约”。争取2116万元专项经费用于提升市直学校校园文化环境。评选市级文明校园28所，县(区)级文明校园41所，三年文明校园创建学校参与率100%。市实验学校教育集团菱湖校区获第二届“全国文明校园”称号。组织机关和下属单位全体党员志愿者到结对社区、居住社区开展党员志愿服务，教职工参与文明劝导志愿服务近万人次。市教育局被市治水办评为“五水共治”公众满意度提升工作市直先进单位。完善“护学岗”制度，实行“错时放学”，联合各部门常态化开展中小学校园及周边环境整治，“一校一策”综合治理市区“校门拥堵症”，出动执法人员4796人次，处理流动摊点400余个，查缴非法书刊61册。在省测、国测等现场检查中，实现不失分得满分，并获衢州市城市文明工作突出贡献集体荣誉。

【省教育基本现代化县(市、区)实现全覆盖】11月，衢江区、开化县顺利通过教育基本现代化县(市、区)评估，衢州市实现省教育基本现代化县(市、区)全覆盖。启动全国义务教育优质均衡发展县(市、区)和学前教育普及普惠县(市、区)创建工作。13所学校成功创建省现代化学校(幼儿园)，2所学校成功创建省标准化学校，全市标准化学校覆盖率97%，衢州市区申报浙江省普通高中学校实施分类办学促进特色发展改革

11月11日，开化县创省建教育基本现代化县评估工作反馈会

试点区，5所学校申报试点校。2所幼儿园通过省一级幼儿园评估认定，41所幼儿园被评为省二级幼儿园，全市优质园覆盖面69.9%。持续推进政府履行教育职责评估工作，6个县(市、区)评价结果均获A等。

【智慧教育改革推动数字转型】年内，全面实现幼儿园、义务教育入学报名“一网通”，全市6万余人通过网络平台完成入学报名，占全市报名比例94%，342人完成转休复学申报，继续开展“中考分数送上门服务”。开发校外培训机构学后评价与信息公示系统，完成培训机构基础信息采集工作。“衢州市基于城市大脑的智慧教育项目”入选省观星台优秀项目，2项数字化转型项目被列入省教育厅教育治理示范项目，“5G+智慧教育”项目被列入省发改委《数字浙江基础设施建设项目清单》。推进“互联网+义务教育”工作，新增118所义务教育学校完成72对帮扶结对，市本级和柯城区实现义务教育学校结对全覆盖，被列为省“互联网+义务教育”实验区。积极推进“之江汇”教育广场应用，完成143个新型教学空间项目建设，承办全省中小学新型空间建设现场会。制定机关内部跑改方案，搭建“事必清”办事平台。

【职业教育改革】年内，制定改革实施意见、提质培优行动计划和专业设置管理实施细则、专业建设标准等一系列文件，构建具有衢州特色的职业教育发展体系。完成两轮专业结构调整，建立智能制造、财经商贸、信息技术、交通运输、文旅健康、现代农业等六大专业群，全市中职学校由原来的56个专业107个专业布点，调整为49个专业87个专业布点。对全市11所中职学校统一命名、统一挂牌，举措获省领导肯定。实行普职同步录取，市区范围中职志愿按“学校+专业+学制”填报，录取方式实行“分数优先，平行志愿”，市区公办职校录取率实现一次性录满，民办职校两区实现录取率翻番。职业教育“五统筹”改革被列为省级试点项目，衢州市获评2019年浙江省职业教育考核一类地区一等奖(第一名)，《新时代衢州市基于“五统筹”职教改革成果典型案例》推荐参评教育部典型案例。

【教育综合改革】年内，贯彻落实《中共中央国务院关于深化新时代教育评价改革总体方案》，制定《衢州市新课程新教材实施工作方案》和《衢州市普通高中学校实施分类办学促进特色发展改革试点实施方案》，全面落实新课程新教材理念和要求。全面推进义务教育“公民同招”改革，理顺市区教育管理体制。按照“市域一体市区先行”原则，规范县(市、区)报名流程，打破两区之间无法自由就学的“藩篱”。推行市区流动人口随迁子女积分入学制度和预警机制，帮助外来务工家庭解决子女入学问题24672人次，严格落实义务教育学校免试就近入学规定，较好地推进义务教育优质均衡。

【疫情防控】年内，在市防疫指挥部统一领导下，第一时间组建指挥群督促指挥，第一时间出台十大举措落地管控，及时全面摸排全系统师生健康状况、人员去向，确保37万名师生“零感染”。第一时间制定《衢州市中小学延期开学期间线上教育教学技术支持实施指南》，搭建技术平台，为全市5400多名有困难的学生解决网络流量问题，确保“停课不停学”，一个学生都不少。全市34.2万名学生在家长陪同下参与在线疫情防控知识“开学前一课”培训。组织对市直各学校开学工作复核验收，组织开学报到和公共疫情突发演练，布置全市各学校同步开展疫情防控工作和应急处置演练。精细部署复学复课方案，通过全面强化“健康码”、系统错峰错时、班级固化管理、加强家校联动等“六大硬核措施”，保障全市中小学平安顺利复学。新增健康促进学校金牌4所、银牌13所、铜牌53所，累计创建健康促进学校281所。出台《衢州市校外培训机构应对疫情防控复工复课实施方案》，对全市196家中小学文化课校外培训机构开展复工复课核验工作，对智慧新城和智造新城两区域200余家非文化类校外培训机构进行复工复课核验抽查，同步抓好疫情防控。

【食堂管理】年内，贯彻落实四部委《关于落实主体责任强化校园食品安全管理的指导意见》规定，综合考虑学校食堂规范管理和安全营养健康要求，从秋季学期开始，市本级12所学校食堂经营模式从托管经营改为学校食材“自采+劳务外包（自营）”经营模式。暑期顺利完成食堂劳务外包公司和食材配送企业招标工作，上线智慧食堂信息化管理平台进行智能精准管理，稳步提升学生食材质量和供餐服务质量。

（何 音）

学前教育

【概 况】 2020年，全市幼儿园479所（其中公办幼儿园154所，占32.15%，比上年提升6.56个百分点）。在园幼儿73099人，学前三年入园率98.20%（比上年提升0.23个百分点）。全市幼儿园专任教师4839人，学历合格率99.81%，大专以上学历4631人，占95.70%。持有教师资格证或上岗证教师占92.31%（比上年提升4.83%）。全市等级园461所（其中，一级园24所，二级园128所），等级覆盖面94.41%（比上年提升0.3%）。全市学前教育普惠性覆盖面93.04%。创建学前教育示范乡镇（街道）7个。

【推进学前教育第三轮行动计划】 年内，根据《衢州市人民政府办公室关于印发衢州市发展学前教育第三轮行动计划（2017—2020年）的通知》要求，市政府设立市级学前教育经费，用于引导和支持全市学前教育发展。9月，市教育局会同市财政局对各县（市、区）学前教育经费进行实地核查，根据考核情况提出市级学前教育经费分配方案，下达学前教育经费619.76万元，推进三轮计划落实。

【推进扩容改薄】 年内，以乡镇中心园建设为重点，扩充优质资源。加大财政投入力度，引导镇（村、企）投资捐资建园，优质学位资源增加。新建扩建幼儿园34所，新增优质学位7260个。以省政府为民办实事为抓手，扎实推进薄弱园改造提升。撤并合并低小散薄弱园32所，有效缩减低端学位。以等级园创建为平台，推进办园行为规范。创建一级园2所、二级园41所（含预评）。等级园比例比上年提高1个多百分点。

【深化小区配套园治理】 年内，按全省城镇小区配套幼儿园建设治理工作统一部署，结合全市摸排情况，需治理城镇小区配套幼儿园31所。其中，属规划问题23所，应建未建3所，建成未移交2所，未办成普惠园3所。经前期治理，属建成未移交和未办成普惠园5所整治到位；属规划问题23所，均列入规划补建，其中5所开园，3所完工；属应建未建3所中，建成并开园2所，开工建设并将于2021年竣工1所。

【学前教育宣传月活动】 年内，结合2020年全国学前教育宣传月主题——“特殊的时光不一样的陪伴”，制定《开展2020年全国学前教育宣传月活动的通知》，在全市开展宣传。举办以幼小衔接、高质量陪伴和“安吉游戏”推广为主题现场推进活动，推动学前教育宣传月活动。县（市、区）以督学中心或乡镇（街道）为单位，选派一线名师、名园长（校长）或骨干教师走进社区、走进文化礼堂、走进幼儿家庭，宣传科学育儿理念、育儿方法，在宣传月期间推动“流量”、输出“质量”，提高学前教育影响力和美誉度。

【学前教育改革】 12月29日，出台《衢州市委衢州市人民政府关于学前教育深化改革规范发展的实施意见》，明确全市学前教育今后发展方向与主要任务。

【网上教学与教研】 疫情期间，通过各县（市、区）教育微信公众号、幼儿园微信群、钉钉群等途径，向家长提供幼儿居家游戏种种资源和亲子互动活动素材，助力提高亲子陪伴质量。指导各县（市、区）组织好教师开展相关线上教研活动，倡导多读书、多学习，争做有准备教师。

（何 音）

义务教育

【概 况】 2020年，全市有义务教育普通中小学258所，在校学生202321人，比上年减少3113人；专任教师14794人，比上年减少11人。义务教育入学率、小学巩固率、小学毕业生升入初中比例、初中阶段巩固率、九年义务教育完成率均为100%。切实保障女童、进城务工随迁子女、少数民族和残疾儿童同步接受义务教育。全市有小学200所，招生21904人，毕业生22720人，在校生

132591人，比上年减少847人，校均规模663人，专任教师9074人，专任教师学历合格率100%，大专及以上学历占比99.80%，生师比14.61∶1。初中58所(含九年一贯制学校5所)，招生22878人，毕业生25121人，在校生69730人，校均规模1202人。专任教师5720人，专任教师学历合格率100%，本科及以上学历占比96.87%，生师比12.19∶1。

【优化入学办法】年内，修订出台《关于印发衢州市保障进城务工人员随迁子女平等接受义务教育实施方案的通知》，各县(市、区)出台流动人口随迁子女积分入学实施办法。在全省率先推出教育服务领域"最多跑一次""十个一"改革事项，全市域义务教育阶段入学网上报名创历史新高，完成网上入学报名新生43687名，同时提供线下服务，方便人民群众入学报名，实现"不排队、少跑腿"，进一步推进报名入学公平公正。全市义务教育阶段入学47611人，同时解决外来进城务工人员随迁子女义务教育入学问题5673名，做到应入尽入，保障进城务工人员子女平等入学权利。完善高层次人才申领"教育券"细则，开设企业紧缺人才、援疆援藏干部、现役军人等人员子女入学"绿色通道"，解决义务教育阶段政策保障生109人。

【课程改革】针对新冠肺炎疫情下开学延期，发布各学科"停课不停学"实施指导建议及返校复学衔接建议，全市各学科录制空中课堂、微课等上万节，确保新冠疫情期间教学质量"不滑坡"。召开衢州市"互联网+义务教育"教研工作推进会暨市先进教研组表彰会，出台下发"互联网+义务教育"结对帮扶学校教学教研三十条建议，开展"互联网+义务教育"案例征集评比活动，收集四种结对形式案例154个，评选优秀案例140个，组织开展高中、幼教阶段先进教研组评选，评选先进教研组42个，其中获省先进教研组15个。开展初中强校提质系列研讨活动：关注初中薄弱学校和质量提升较快公办初中，开展薄弱学校跟踪调研和公办学校专题调研28次；在常山城南中学召开加强初中教育工作推进会暨基础性课程分层走班教学研讨会；继续做好七年级学生学习情况基础数据采集。继续聚焦农村小班化教育改革，重点对江山市以及衢江区农村学校小班化教育改革调研8次，11月在江山市举行全市小学小班化教育推进会暨农村骨干教师培训，展现农村自然小班学校教育教学改革成果，推进全市小班化教育向内涵发展。举行市第五届义务教育精品课程评选，聚焦"劳动教育"主题，评选义务教育精品课程45门，其中获省义务教育精品课程8门。

【中考招生改革】年内，制定出台2019年初中毕业生学业考试政策，进一步落实优质普高名额分配制度。制定初中生综合素质评价实施方案，检查各地落实初中生综合素质评价工作情况。研究制定英语听说能力人机对话测试、科学实验操作考试实施办法，在立定跳远项目中试行体育中考电子设备测试。全市中考报名人数24638人，比上年增加2555人，设47个考点，823个试场，中考平稳实施。报名人数增加主要原因是各重点中学创新班停止提前招生和规范报名工作，要求在籍初三学生全部参加考试。中考文化科目考试首次在标准化考点进行，所有考场、考务室、视频监控室、试卷保密室均实行高清监控、实时录像、全市联网，通过高清化网上巡查，进一步实现中考组织过程公平公正。

【开展"互联网+义务教育"】年内，全市开展"互联网+义务教育"工作，按"全市统筹、县级指导、分校实施"原则推进。全市215所学校参与结对，其中市域外结对19所(含新疆2所)。5月，全市域被省教育厅确认为"互联网+义务教育"实验区。以"创省示范区"为目标，继续务实高效推进。全市开展活动7027节次，其中开展城乡同步课堂活动3516节，开展远程专递课堂活动531次，开展教师网络研修活动2730次，开展名师网络课堂活动249次，惠及全市乡村学校师生近万名。省评估良好以上(其中江山市良好，常山县优秀)。

【规范小学校内托管服务】年内，着力解决"放学早、接送难"矛盾，综合施策破解中小学生校外负担过重难题，进一步规范校内托管服务，为有刚需对象提供服务，进一步健全各项管理制度,科学合理确定课后服务内容,明确课后服务责任,制定并落实严格考勤、监管、交接和应急预案,力争孩子开心、家长放心。

(何 音)

普通高中教育

【概 况】 2020年,全市有普通高中学校30所,其中完全中学6所,高级中学23所,十二年一贯制学校1所。招生13085人,比上年增加58人;在校生38697人,比上年增加240人。专任教师3419人,比上年减少8人,学历合格率99.65%,比上年提高0.06个百分点;生师比11.32∶1。秋季普高招生13085人,与中职学校招生规模大体相当。

【普通高中分类办学改革】 11月,衢州市区向省教育厅申报浙江省普通高中学校实施分类办学促进特色发展改革试点区,衢州二中等5所普通高中学校申报普通高中学校实施分类办学促进特色发展改革省级试点校。12月底,起草《衢州市普通高中学校实施分类办学促进特色发展改革试点实施方案》。

【课程改革】 年内,组织普高新课程标准学习培训活动,开展限制学生选课选考等违规行为督查。举办全市高中教育质量提升研讨活动,推进学校管理方式创新、深化课程改革、促进教学组织形式变革、合理调配教师及有关资源。根据教育部、省教育厅统一部署,全市普通高中从2020年秋季高一年级开始,全面实施《普通高中课程方案(2017年版2020年修订)》和配套课程标准,全面使用新教材,到2022年覆盖普通高中所有年级。11月,省教育厅调研组到衢州调研新课程新教材实施工作,分别在江山中学、龙游中学、常山一中和衢州一中实地调研,深度了解衢州普通高中学校新课程新教材实施工作。11月底,在龙游中学召开全市普通高中学校新课程新教材实施工作推进会。

【考试招生改革】 年内,推进义务教育均衡发展,区域内每所优质普通高中学校招生指标名额的65%定向分配到区域内所有初中学校,定向指标分配生录取分数线控制在招生学校统招生最低录取分数线25分以内。加强四类高考研究课题项目成果转化应用,加强学业规划、三位一体等高招模式应对能力,全市高考上一段(一本)线人数实现七年连续增长。高度重视涉考舆情防控工作,根据省教育厅要求制定相应风险防控预案,建立防控工作机制,成立应对工作专班,建立舆情研判和管控机制。

(何 音)

职业教育

【概 况】 2020年,全市有中等职业教育学校14所,其中,国家级改革发展示范校3所、国家级重点职校6所、省级改革发展示范校5所,省中职名校3所,省三级以上中职学校11所。全市11所学校列入秋季招生计划,完成招生10241人,中职学生占市高中阶段学校招生比例43.90%。全市中职学校在校生28034人,毕业生8226人,其中,获职业技术证书8187人,占毕业生总数99.51%。专任教师1735人,生师比16.16∶1,专业课及实习指导教师975人,其中,双师型教师736人,双师型教师占专业课、实习指导教师总数75.49%。

【省中职教育质量提升行动计划】 2020年,全市有15个项目入围“省中等职业教育质量提升行动计划”名单,其中省校企合作共同体2个,省德育品牌2个,省创新创业教育实验室2个,省优秀毕业生2个,省现代化成人学校3所,省成教品牌项目3个,省学习型城市1个。

【师资培训】 在疫情防控常态化背景下,以“线上+线下”形式持续开展中职学校教师培训工作。全市选派36名教师参加省级职业院校骨干教师培训。组织84名计算机、商贸财经、创新创业等专业教师参加“指向三教改革的衢州市中职教师教育创新能力提升90学时培训”;组织86名教师参加“指向教学改革的中职教师90学时培训”。组织101名中高职新任教师参加衢州市中高职师资协同研训暨新任教师岗前培训班,邀请专家围绕职教20条具体要求，职业院校教师专业发展、专业教学与“三教改革”等方面开展专题讲座，提高职业院校新教师职业教育站位、专业建设能力和信息化教学水平。组织全市各中职学校公共基础课教师参加教育部《中等职业学校10门公共基础课课程标准》培训，组织中职学校语文、历史、思想政治等三科64人参加浙江省中职三科教材课程标准培训。

【技能提升】年内，先后组织衢州市中职学校学生技能大赛、中职学生“创新创业类”职业素养比赛、中职学校“多彩课堂”评比等6个赛项，并择优推荐参加省赛。在浙江省中职学校师生技能大赛中获三等奖5人；在中职学生“创新创业类”职业素养比赛中获省二等奖2项、三等奖13项；参加浙江省中等职业学校教师信息化教学设计和说课大赛，获省二等奖4名、省三等奖9名；参加全省中职学校职业生涯教育优秀案例遴选活动，衢州中等专业学校徐清、兰新华的《创设校园事务综合体：锻造学生创业创新真本事》入选；在中职学校“文明风采”优秀案例和作品评选活动中，全市2个优秀案例入选省“文明风采”遴选活动优秀案例，8件作品入选省优秀作品。组织全市中职学校“多彩课堂”评比，从26节公共基础课和42节专业课作品中推选出6个文化课作品和10个专业课作品参加全省中职学校“多彩课堂”评比。

【专业建设】年内，深入推进全市“五统筹”职业教育改革，以专业结构调整为切入点，整合实施师资、实训、招生、就业统筹，实现县域治理向市域治理转变。按照停办、限制、扶持、强优四类原则开展专业设置。5月，新增5个专业布点，分别是衢州中等专业学校“工业机器人技术应用”专业，衢江区职业中专“电梯安装与维护保养”专业、龙游县求实职业中专“城市轨道交通运营管理”专业、衢州护士学校“护理”专业、常山县职业中等专业学校“家政服务与管理”专业。10月，完成第二轮专业调整，全市中职学校由原来的56个专业107个专业布点，调整为49个专业87个专业布点，建立智能制造、财经商贸、信息技术、交通运输、文旅健康、现代农业等六大专业群，明确每个学校重点发展专业集群，推动错位发展、特色发展、集群发展。完成全市11所中职学校更名，同时，为更好地服务区域经济发展，特意增挂与区域经济发展相匹配名称。出台《衢州市中等职业学校专业设置管理实施细则（试行）》和《衢州市中等职业学校专业建设标准（试行）》，实施标准引导、动态管理。组织指导各职业院校申报省高水平职业院校和专业（群）建设，全市3所中职学校入选省高水平职业院校建设名单，11个专业入选省高水平专业建设名单。2020年中职学校建设投资3.55亿元。

【教学质量】2020年，加大中高职、中本一体化贯通培养，打通中职升学通道。全市11所中职学校与省内20所高等院校27个专业进行合作，招收中高职、中本一体化人才1935名，其中3所中职院校开展中本一体化培养试点，招收中本一体化学生116名。全市升入各类高一级学校毕业生4074人，约占总毕业生数50.03%。高考质量稳步提升，本

9月25日，浙江省衢州旅游学校揭牌仪式在开化举行

科录取260人(较上年增加29人),位列全省第6,本科率12.22%,高于全省5.76个百分点。单考单招升入高等职业院校学生2122人,中高职一体升学1279人,自主招生96人,升入技师学院476人,其他101人。衢州中等专业学校本科录取129人,排名全省第3。全市5所学校8个专业本科数进入全省10强,有6所学校7个专业33名同学被省内重点高校本科录取。

【课程改革】年内,通过研讨交流、培训宣讲、调研督查、上门服务、评比促进等形式,全面有序推进课改工作,助推学校内涵发展和项目建设。举行衢州市第二届职业教育改革发展典型案例征集评比活动,推选12个参加省级评选,7个入选省级职业教育改革典型案例,其中优秀典型案例5个,典型案例2个。跟踪指导被列入省级孵化项目课题4个,推进精品化培育。最终,江山市双塔中心成人文化技术学校《乡村空中学堂——新时代农民培育新模式的创设与实践》、衢州中等专业学校《中职学生核心素养的"器质教育"研究与实践》、开化县职业教育中心《乡村振兴行动:构建"校村命运共同体"的实践研究》、常山县职业中等专业学校《创建工匠学院:中职汽修专业"现代工匠"培养模式探索与实践》4个项目获评省级浙江省中职教育教学精品化成果项目。

【校企合作、产教融合】2020年,按照"一盘棋"思路,推动校区相近学校就近就便共用共享实训资源,实现资源集约利用。如衢职院和衢州中专利用校区相邻区位优势,互通护理类和机电类实训资源,年共用量近6000人次。拟定全市深化产教融合实施意见、奖励办法等政策,牵引产教融合共生发展,激发企业参与职业教育积极性,引企入校、引校入企,推动校企共建实训基地近10家,如衢州中专与红五环集团校内共建智能制造生产线。借力浙江省"五个一批"产教融合项目申报和培育,加大企业主动参与校企合作意愿。倡导政企校行共研,借力行业协会,发挥优质企业资源,推行"工位教学",实现社会实训资源"循环利用"。全年,获省"五个一批"产教融合项目16个,省首批产教融合试点企业7个、省产教融合联盟1个、省产教融合示范基地1个、省产教融合工程项目7个,其中红五环集团股份有限公司、仙鹤纸业被省发展和改革委推荐申报国家级产教融合型企业试点。10月,推荐11家企业申报第二批省级建设培育产教融合型企业。

【现代学徒制试点工作】年内,全市11所中职学校与171家企业开展现代学徒制试点,涉及52个专业布点,参与学生6270人。各中职学校主动对接市场需求,依托示范专业、特色优势专业积极开展现代学徒制试点工作,创新招生制度、管理制度和技术技能人才培养模式,加快推进产教深度融合,现代学徒制样板具有地方特色。常山县职业中等专业学校《双师双徒平台赋能——常山工匠学院校企双元育人机制的构建与实践》入选浙江省职业教育改革优秀典型案例,龙游县职业技术学校《双元主体双师共育双进互赢——基于校企双进的龙游县职校产教融合新实践探索》入选浙江省职业教育改革典型案例。

【中职学生核心素养培育】年内,通过开展中职学生"创新创业大赛""技能竞赛""文明风采竞赛"等方式为中职学生树立职业理想,提升中职学生专业技能和综合素质,促进学生全面发展。11月上旬,以"人人出彩,技能强国,打造职教'重要窗口'"为主题积极开展职业教育活动周,以"三美"人物进校园、"志愿服务进社区"、职业体验等为主题开展各类活动,参与学生占在校生总数92.39%,参与企业73家,开展项目体验活动130项,开展技能竞赛56项,参赛师生3000人次。通过各级各类媒体发布宣传报道20余篇。各中职学校以德育活动为抓手,创新德育工作,形成中职德育品牌典型案例。龙游县职业技术学校《建构大美德育,丰润学生心灵——美德教育助力学生成长的实践探索》和衢州市工程技术学校《文化润心立德精技——"南孔有礼"行动,育"三有三创"新时代工匠》入选浙江省职业教育改革优秀典型案例。

(何　音)

特殊教育

【概 况】2020年，全市独立设置特殊教育学校7所；特殊教育学校在校学生639人，教职工218人，其中专任教师210人，专任教师学历合格率100%。全市安置6—14周岁适龄残疾儿童1554人，入学率99.87%，其中，义务教育阶段安置1436人，在特教学校就读361人，占比23.22%，普通学校随班就读874人，占比56.21%，送教上门201人，占比12.93%；非义务教育阶段安置72人；不具备接受教育能力等46人。高中阶段持证残障689人，入学或在“残疾人之家”安置612人，入学安置率88.82%，其中随班就读240人，占比39.22%，特教学校就读194人，占比31.70%。学前阶段持证残障345人，入园229人，在各级各类康复机构康复86人，入学率91.59%，其中随园就读184人，占比58.22%，在各级康复机构康复84人，占比26.58%。

【融合教育推进工作】2020年，根据“两个全覆盖”[有需要乡镇（街道）学校资源教室建设全覆盖和有5人以上随班就读学生的学校资源教室全覆盖]要求，全市新建资源教室51个，资源教室总数150个。完善资源教室建设，重点做好资源教室使用和管理。9月，开展第二批衢州市示范性资源教室评估验收工作，全市评出首批示范性资源教室10个。衢州市实现市、县两级特殊教育专家委员会全覆盖。10月，市教育局召开衢州市特殊教育专家委员会第一次会议。卫星班工作有新进展。8月，柯城区学前卫星班在教工幼儿园举行启动仪式；9月，龙游泽雅学校卫星班在詹家校区挂牌开班。截至年末，衢州市卫星班总数10个，实现卫星班建设特殊教育学校及学段两个“全覆盖”。

【重点项目研究】依托省“网络IEP平台”开展个别化教育，对随班就读学校资源教师进行培训，年底全面完成持证学生“一人一案”建设。加强特教学校职业教育实训基地建设，市特殊教育学校“四艺”专业稳步提升，为毕业生就业奠定良好基础；各县（市、区）培智学校因地制宜开展烹饪、烘焙、洗车、种植、养殖、包装等专业，使更多残障学生在学校里学会一技之长，为其最终适应生活、融入社会创造条件。市特殊教育学校与芬兰、香港中文大学合作，开展第二轮“双语教学”实验。

【师资队伍建设】年内，六个市级特殊教育教研大组按要求每学期开展教研活动，通过开展跨区域、跨部门合作教研，开阔教师视野，促进专业提升。9月，金丽衢培智教育数学课标解读研讨与培训在柯城区润智学校举行；10月，语文教研组与杭州紫荆花学校开展“智障教育识字教学”专题研讨活动；11月，衢绍两地特殊教育学校结对签约仪式在柯城润智学校举行；12月，康复教研大组走进衢州贝蓓儿童康复中心，与残联康复中心及民营康复机构康复师进行交流学习。同时，开展系列评比活动，为师生搭建练就技能、展示才能的平台。5月，组织随班就读学生进行书画作品评比；6月，组织全市特殊教育论文和随班就读、送教上门论文（案例）评审和以“生活体验为核心”培智教育教师课堂教学评审，选送1名教师参加省级评审，获省一等奖。11月，组织全市随班就读资源教师首届基本功大赛，选送7人参加省资源教师基本功大赛，获省一等奖2人、二等奖3人、三等奖2人，并获组织奖。

（何 音）

成人教育

【概 况】2020年，全市有乡镇（街道）成人文化技术学校100所，其中省级现代化成校16所，省级标准化成校99所，省成教品牌项目17个，省学习型城市5所。

【成校建设】2020年，全市乡镇成校标准化达标率99%，新增省级现代化成校3所（江山市双塔街道中心成人文化技术学校、开化县华埠镇成人文化技术学校、常山县何家乡成人文化技术学校），新增省成教品牌项目3个（龙游县《“荷”美横山“莲”创未来——横山镇成人文化技术学校服务富硒白莲产业系列培训》《初心使命驻心间巧用“鸡”遇助脱贫——校企合力打造“龙游飞鸡”现代农业培训项目品

11月6日，2020年浙江省全民终身学习活动周开幕式在衢州举行

牌》、开化县《开化根雕产业链培训》），开展学习型城市创建工作，柯城区获省学习型城市称号。全市全年成人中等教育在校（在册）学生3757人，毕业3001人，成人高等教育在校（在册）学生4771人，毕业1553人，非学历培训47.50万人次。承办浙江省暨衢州市全民终身学习活动周开幕式活动。活动通过"线上+线下""内场+外场"形式开展，来自省教育厅、省电大暨全市地市相关单位负责人及市民代表900余人参会，线上参与人数60余万人次。"新时代农民讲习所——乡村空中学堂"被评为2020年全国"特别受百姓喜爱的终身学习品牌"项目；"江山市大陈村村歌项目"被评为省终身学习品牌项目；占念七、程发挥被评为2020年浙江省"百姓学习之星"。"公筷用餐文明健康"等38个项目被评为2020年衢州市社区教育进农村文化礼堂学习品牌培育和特色课程建设对象。

【社会培训】年内，全市教育系统成人非学历培训474993人次，其中新型职业农民培训77944人次、农民工培训159095人次、企业职工培训49897人次、退役士兵培训5201人次、家政培训53459人次。成人中等教育双证制培训3001人，成人高等教育毕业生1553人。

【学分银行】2020年，扎实开展终身教育学分银行工作，召开全市终身教育学分银行工作部署会暨成人学校社会培训成果信息存入学分银行工作培训会，各级各类成人教育学校和社区教育学校培训并录入55.69万人次，占全市常住人口24.6%。逐步建立市、县（市、区）、乡（镇）、村（社区）四级老年教育体系。全市新增老年大学（学堂）9所，依托市老年开放大学、老年电视大学、老年大学（学堂）等老年教育机构广泛开展各类老年教育培训117429人次，新增老年学位33820个。

（何　音）

办学条件

【概　况】2020年，全市中小学占地面积1154.06万平方米，校舍建筑面积571.37万平方米，其中，小学占地面积374.96万平方米，建筑面积168.77万平方米；中学占地面积519.73万平方米，建筑面积250.51万平方米；中等职业教育学校占地面积124.56万平方米，学校建筑面积73.16万平方米。新建塑胶跑道60条，校园塑胶跑道覆盖率91.26%。中小学办学条件进一步改善。固定资产总额80.31亿元，其中小学27.10亿元、中学38.46亿元、中等职业教育14.75亿元。学校拥有计算机82105台，其中小学37114台、中学35951台、中职9040台；计算机生机比，小学从上年3.75:1提高到3.57:1，初中从上年3.54:1提高到2.93:1，高中从上年2.94:1提高到2.92:1，中职3.10:1与上年持平。中小学图书拥有量，小学533.38万册，初中337.26万册，高中215.23万册，中职127.95万册。生均图书小学40.12册，初中52.73册，高中55.62册，中职45.64册。

【教育经费】2020年，全市全年教育经费总投入87.50亿元。其中，一般公共预算安排的教育经费投入69.28亿元，占经费总收入79.18%，比上年增长7.00%；政府性基金预算投入4.14亿元，占总收入的4.73%；其他属于国家财政性教育经费0.11亿元，占总收入的0.13%；民办学校中举办者投入0.12亿元，占总收入的0.14%；捐赠收入0.56亿元，占总收入的0.64%；事业收入9.97亿元，占总收入的11.39%；其他教育经费3.32亿元，占总收入的3.79%。

全市全年教育经费支出88.02亿元，比上年79.19亿元增长11.15%。其中教育部门教育经费支出76.50亿元，比上年66.99亿元增长14.20%。在教育部门教育经费支出中，其中工资福利支出49.67亿元，占64.93%；对个人和家庭的补助支出2.67亿元，占3.49%；商品和服务支出10.84亿元，占14.17%；其他资本性支出（专项公用支出）3.83亿元，占5.00%；其他资本性支出（专项项目支出）6.12亿元，占7.99%；基本建设支出3.37亿元，占4.40%；其他支出0.1亿元，占0.01%。

【教育扶困助学】 年内，开展学生资助工作，帮助家庭经济困难学生顺利完成学业，保障学生身心健康发展。以人人享有良好教育为目标，坚持关注全体学生、不让一个学生落下，不断完善政策及管理体系，实现各级各类教育学生资助体系全覆盖，包括实行学前教育阶段“五类生”免保育费，义务教育阶段学生免学杂费、教材费、作业本费及提供农村爱心营养餐，为普通高中学生提供国家助学金及“五类生”免学杂费，为中等职业学校学生提供国家助学金及免学费，为贫困大学新生提供助学金及助学贷款，残疾儿童少年免费接受15年教育等。全市全年累计资助幼儿2304人次，发放学前教育资助金309.92万元；享受农村义务教育爱心营养餐17893余人次，发放资助金815.93万元；资助高中阶段家庭经济困难学生6928人次，发放资助金822.98万元；享受免学费教育中职学生53590人次，免除学费7736.18万元，实现中职教育全免费。

在政府资助的同时，积极通过多种渠道联系社会各界捐资助学，一大批社会爱心人士和企业纷纷加入扶贫助学事业中，为帮助困难学生和弱势群体奉献一份爱心。暑期，团市委、关工委、慈善总会、计生协会、中天集团等部门资助大学新生294人，资助资金约184.05万元。市本级和各县（市、区）教育局协助市农商行开展助学贷款政策宣传，525人办理助学贷款，资金275.46万元。

【全市创建省义务教育标准化学校2所】 2020年，衢州市有学校数258所，较上年减少8所，创建标准化学校2所，标准化学校总数251所，占比97.29%。同时各县（市、区）标准化学校达标率均在90%以上，其中农村标准化学校达标率98.5%，基本达到创建教育基本现代化中标准化学校指标。

【全市启动新建幼儿园15所】 2020年，全市开工新建幼儿园15所，其中竣工7所，8所施工中（柯城区祥生花涧樾幼儿园、柯城区碧桂园南塘苑幼儿园、柯城区碧桂园悦鑫府幼儿园、龙游县湖镇中心幼儿园、龙游县塔石幼儿园、龙游县阳光幼儿园、江山市保安乡幼儿园、开化县池淮脱贫小区配套幼儿园），总体开工率100%。

【市区启动新建义务教育学校3所】 年内，市区新建城南初中、新华第二小学；第五实验学校年初完成项目前期审批工作，开工建设。计划2021年底三所学校完成主体结构施工，2022年秋季投入使用。鹿鸣小学迁建项目完工，于秋季学期投入使用。

（何　音）

教师队伍

【概　况】 2020年，全市有中小学（含中等职业学校、特教学校、幼儿园）教职工30105人，其中专任教师25001人。专任教师中，幼儿园4839人，小学9074人，初中5720人，普高3419人，中职1735人，特教214人。专任教师学历合格率，幼儿园、小学、初中、普高、中职、特教分别达99.81%、100%、100%、99.65%、97.46%、100%；小学、初中高学历比例分别达99.80%、96.87%。中职双师型教师占专业课教师数75.49%。

【队伍建设】 教师节，市本级及全市各县（市、区）集中开展“为教师亮灯”公益活动，在44处城市地标建筑和782所学校电子屏上，打出“老师，您好！”“老师，您辛苦了！”“教师节快乐！”。举办衢州市名师名校长高端研修培训，107名市名师、名校长参加。举办2期师德培训班，442位教师参训。

举办衢州市中学教学管理骨干专题研修班、衢州市高中英语骨干教师培训班、衢州市中小学骨干班主任素养提升培训班。组织10批次国家级、省级各类骨干教师培训选拔和推荐工作。选拔推荐6人赴新加坡研修培训(疫情原因未实施),155人参加国家级培训,204人参加省级培训。受新冠疫情影响,通过培训项目研制、培训项目联评联审、网上选课、改进模式等工作,在浙江省师训平台申报并完成62个培训项目,参训教师4898人次,总体获得188529学分,人均83.79学分。举办新任教师培训,2019年和2020年入职176名新教师参训。举办幼儿园园长岗位培训班,113位未取得园长任职资格证书园长(副园长)参训。举办2020年中小学新任校长岗位培训,106位中小学新任校长(副校长)参训。举办杭衢“山海协作”高中英语骨干教师培训,50位来自衢州市各高中英语骨干教师参训。

【招考引才】年内,面向社会启动“智汇衢州”市县联动人才引进工作,公开招聘高层次、紧缺人才,32个招考岗位152人报名,经资格比选、面试面谈,12人进入体检,最终引进人才8人。6月,完成新招录2020届毕业生及人才引进人员体检工作,并启动市直学校(单位)公开招聘工作。7月,组织开展市直学校(单位)工作人员公开招考工作,经组织命题、笔试、面试工作,招录7人。8月,完成2020届高校毕业生录用19人;因机构改革,市直教育系统调动16人进入市教育事业发展中心。10月,完成市教育局考试院公开招录1人。11月,赴南京师范大学、浙江师范大学,面向全国高校公开招聘2021年优秀毕业生,签约66人(其中市实验学校教育集团35人)。

【优秀教师评比】2020年,评选出衢州市第五届“绿叶奖”20名,衢州市第五届名校长30名,衢州市中小学模范班主任20名,衢州市中小学师德楷模30名,衢州市教育系统先进工作者80名,衢州市中小学教坛新苗30名。推荐浙江省“春蚕奖”13名,浙江省“绿叶奖”7名。评选推荐2020年全国教书育人楷模候选人1名、全国师德师风建设专家1名、享受政府特殊津贴人员1名、赴港澳教学指导教师推荐人选3名、教育部乡村优秀青年教师培养奖励计划人选1名、长三角地区交流挂职教师2名和管理干部3名、2021年浙江省农村学校教育硕士培养需求人选9名。完成2020年“115人才工程”培养人员中期考核工作。

【职称评审改革】2020年,在前两年8所中小学校开展自主评聘试点工作基础上,新增9所普高开展自主评聘试点工作,各试点学校全部完成自主评聘工作,晋升高级教师79人,中级职称108人。组织全市教师2020年高级职称评审工作,新晋升高级职称289人,其中小学(幼教)141人、中学段118人、中职阶段28人、副研究员2人。组织进行2020年正高级教师评审工作,申报对象24人,推荐11人,通过7人。

【教师资格评定及注册】2020年,全市收到1851名教师资格认定网报对象,并于6月23—24日、10月19—20日组织现场确认。其中认定具有高级中学教师资格186人、中等职业学校教师资格9人、中等职业学校实习指导教师资格2人。各县市区1382人次通过幼儿园教师资格、小学教师资格和初级中学教师资格。教师资格证书补发换发证书46本。年内,全市911位在职教师进行教师资格定期注册,其中市直学校112名,各县(市、区)799名。

【银龄讲学】2020年,向社会公开招募有教育情怀优秀退休教师到衢州市中小学校,特别是到山区、农村学校和薄弱学校任教,全市招募人数48人,其中38人在农村学校任教。

【援疆援藏】2020年,选派1名教师前往拉萨那曲中学任教,选派27名教师开展援疆工作,完成衢州市干部人才赴乌什县交往交流项目计划。

(何　音)

校园安全保障

【概　况】2020年,全市中小学(幼儿园)安全形势持续保持良好发展态势,未发生一起校园安全责任事故和师生群体性事件。学生非正常死亡7人。

【安全教育】年内，印发《学校师生安全素养提升三年行动计划（2020—2022年）的通知》。全市28万余名师生及家长参与衢州市安全教育平台学习，课程授课率及学习率均在95%左右。11月30日至12月31日，组织891名学校安全管理干部参加安全实操培训，合格率97%，优秀率91%。

【预防溺水】4—6月，在衢州市安全教育平台开展“衢州市2018年中小学生（幼儿）防溺水专题教育”活动。5月，在常山举办全市学校防灾减灾应急演练暨防溺水安全教育现场会，部署开展“学生安全千万家”教师家访活动与《致全国中小学生家长的一封信》签字回执单收存工作。8月，开展防溺水宣传车进村入户宣教活动。

【“三防”建设】年内，联合市公安局印发《加快推进我市中小学幼儿园安全防范建设三年行动计划实施方案的通知》，全市中小学（幼儿园）按标准配备安全防护器械8件（套），安装监控探头3.2万余个。实现全市城乡中小学幼儿园专职保安员配备率、校园封闭化管理率、一键式紧急报警和视频监控系统达标率、城市校园“护学岗”设置率“四个100%”。全市创建AAAAA平安校园124所、AAAA平安校园169所、AAA平安校园82所、AA平安校园17所。

【食品安全管理】年内，实行“学校食材自采+劳务托管”，优化学校及供餐公司食堂卫生安全、食材采购、验收、入库、保管、销售等一系列制度。将“智慧阳光厨房”列入为民办实事项目。全市300人以上学校A、B等级食堂比例96.12%，建成“智慧阳光厨房”161家，大宗食品统一配送比例92.63%，品牌超市比例100%，全市未发生校园食品中毒事故。

【消防安全】年内，按照《衢州市第二轮安全生产综合治理三年行动计划》要求，开展消防安全专项整治行动。启动校园微型消防站建设，积极探索推进消防安全智慧化管理和建设。运用科学手段，落实消防防火“日巡查、月检查、重要节点重点检查”机制，建立校园志愿消防队，抓好消防安全“进校园、进课堂、进军训”工作，扎实推进消防安全“四个能力”建设。指导各级各类学校，稳步推进智慧用电系统建设。全市115所学校安装智慧用电监测系统946套。

【隐患排查整治】年内，落实领导“一岗双责”“管业务必须管安全”要求，及时部署假期以及国家重大会议、节日等重点时段维稳安保工作。坚持全面排查和专项整治相结合，针对校园安全管理薄弱环节、群体性安全事故易发环节，会同市政法委、公安部门、市场监管等单位对各地中小学开展检查，对发现问题逐一向县、校反馈。

【净化校园周边环境】年内，对校园无证流动摊点、文化经营场所非法经营等重点问题开展集中整治行动，出动执法人员4796余人次，发放宣传资料0.9万余份，累计处理各类流动摊点400余个（次），检查出版物市场219家次，查缴非法书刊61册。对学校周边餐饮、食品店开展明察暗访，全市出动督查人员1500余人次，检查学校周边餐饮服务单位800余家。对126家存在安全隐患单位发出责令整改通知书。

【防范电信网络诈骗】年内，印发《关于创建“无诈校园”工作的实施意见》，构建市、县、校、班级四级防诈骗工作管理网格，实行网格“定人、定责”，实时动态掌握电信诈骗苗头，构建完善“横向到边、纵向到底”网格化管理体系。10月16日，在衢江职业中专召开全市教育系统打击治理电信网络新型违法犯罪工作推进会，会议研究出台防电诈工作六项负面清单和“五个凡是”（凡是部署的规定动作没到位的，必须约谈；凡是发生被诈骗案件的，必须约谈；凡是规定动作未完成的，且发生诈骗案件的，必须问责免职；凡是三年内重复发生诈骗案件的，必须问责免职；凡是发生10万元以上诈骗案件的，必须列入年终考核）问责责任清单。

（何 音）

其他教育活动

【打造衢州特色德育品牌】2020年，全面加强党对中小学德育工作领导，实施“红色印记”德育工程，深入推进全市德育工作改革与发展。围绕“南孔圣地·衢州有礼”城市品牌打造，推进“亲子共

4月30日，衢州市中小学2020年春季复学第一课"向英雄致敬，为成长奠基"大型公益节目在公共频道和网络平台同步播出

学礼共践礼"系列活动，选树"衢州有礼模范生"，积极引导广大师生摒弃陈规陋习，营造"有礼"家风及社会氛围，常态化推进未成年人思想道德建设，提高学生和家长文明素质。各中小学在遵循疫情防控基础上，精心组织复学第一课活动，推进抗疫精神进课堂，组织学生共上一堂爱国主义教育课、思想政治理论课，各校通过举行一次升旗仪式、开好一次主题班会、组织一次思想讨论、开展一次故事分享、进行一次作品展示等"五个一"系列教育活动。9—11月，组织开展全市中小学生"衢州有礼·知书达礼"主题读书征文活动。评定一等奖25名，二等奖40名，三等奖65名，优秀组织奖7名，优秀指导教师奖25名。11月14日，举办全市中小学生"全面小康，我们来了"主题演讲比赛市级决赛，常山育才小学蓝天、龙游第三中学李书丞等4名学生分别获得小学组和初中组一等奖。

【儿童青少年近视防控】 2020年，将全市1400所学校教室灯光改造和2.9万套课桌椅更换工作列入市政府民生实事项目，并全部完成。全市中小学校按每1000人一台标准在"政采云"平台上配置智能视力检测设备。培训市直学校视力检测人员65人，完成市直学校第一次全员视力监测工作。10月，在国家测试点柯城区和龙游县12所学校、5所幼儿园完成儿童青少年近视调查，近视率55.48%，较上年降低2.09%。

【推广"作揖礼"活动】 4月21日，下发《关于在全市中小学开展践行"作揖礼"等文明新风尚系列活动的通知》，向全体师生及家长发起践行文明新风尚"亲子共学礼共践礼"的行动倡议。引导广大师生摒弃陈规陋习，提升文明素质，养成文明卫生生活习惯，为疫情防控和文明城市创建工作打下坚实基础。

【研学与劳动教育】 年内，依托"亲子共学礼共践礼"，推进城市品牌与研学游等深度融合。完善"南孔圣地·衢州有礼"研学课程，打造"南孔文化之旅——探访南孔圣地，弘扬传统文化"等研学线路，推进城市品牌打造与学生研学游等深度融合。推进研学实践与劳动教育，推荐柯城区创建全国劳动教育示范区，全市6所职业院校入选浙江省中小学劳动实践基地(第二批)暨职业体检基地名单。认定衢州烂柯山研学基地等40家基地为衢州市中小学生第二批研学实践教育基地，龙游县广和龙山运动小镇等3家营地为衢州市第二批中小学生研学实践教育营地。10月，与市文明办、市文化广电旅游局等部门联合举办"游南孔圣地、品有礼文化"主题衢州古城亲子研学系列活动。

【家庭教育】 年内，根据《浙江省教育厅办公室关于推进中小学数字家长学校建设的通知》要求，开展浙江省中小学数字家长学校建设工作，认定衢州华茂外国语学校等35所学校为省中小学数字家长学校。

【体育竞赛】 年内，加大体质健康测试抽测力度，开展全市高中体质健康测试抽测。大力开展校园足球工作，新创全国特色中小学校7所，省级8所，总计全国校园足球特色中小学校55所。持续深入推进学生阳光体育游泳、篮球、足球、乒乓球四大联赛。

【丰富艺术活动】 年内，承办2020年浙江省中小学生艺术节，同时举办"同一个梦想"2020年四省四市中小学生书画作品邀请展。此次艺术节选出32个艺术表演类(舞蹈、戏剧)节目送省参赛,其中,13个节目入选现场展演,舞蹈、戏剧节目获一等奖24个、二等奖6个、三等奖2个;美术作品获一等奖48个、二等奖61个、三等奖50个,艺术比赛创历史最好成绩。开展婺剧、竹笛、书法等高雅艺术进课堂,举办高中生合唱比赛,推动艺术繁荣。

【健康教育】 年内,参与实施"健康衢州"行动计划,举办健康促进学校建设培训会,指导创建省、市级健康促进学校。新增健康促进学校金牌4所、银牌13所、铜牌50所,全市新创建健康促进学校67家,新建率22.00%;健康促进学校280家,累计创建率91.80%。

【"双拥"工作】 2020年全市各普通高中、职业高中均组织开展军训活动,完成年度学生军训任务。对部队现役军人子女入学给予特殊优惠照顾政策。驻衢部队军人子女中,73名享受入园优待,131名小学适龄儿童享受入学优待,13名小升初学生享受入学优待,24名学生享受5—30分不等中考加分政策。市区23名现役军人子女享受到初中升高中加分优惠政策;及时为多名现役军人子女转学办理手续,妥善安排就学问题。学校教师全面关心部队官兵子女学习、生活。对于在学校工作军人家属,在安排探亲假、值班等方面予以照顾。配合做好复员、退伍及转业军人安置和军人家属就业安排工作,支持部队建设。

(何　音)

衢州学院

【概　况】 2020年,衢州学院学习贯彻习近平新时代中国特色社会主义思想和党的十九届五中全会精神,认真落实国家、省、市各项决策部署,锚定"三名一窗口"建设,紧盯硕士学位授予单位创建,统筹推进疫情防控和教育事业发展。2020年,学校占地面积863亩,设有7个二级学院、27个本科专业,全日制普通本专科学生7857余人。在职员工658人,专任教师479人,其中正高级职称教师60人、副高级职称教师157人,具有博士学位教师144人,柔性引进中国工程院院士1人、乌克兰国家工程院院士团队1个,拥有享受国务院政府特殊津贴人员1人、省"151人才工程"人选21人次、首批省高校领军人才培养计划人选8人、省青年科学家培养计划人选2人、省高校中青年学科带头人11人、市级以上各类人才200余人次、市级重点创新团队4个。学校软科排名在全国1265所本科院校中位列415。8月11日,学院部分领导班子换届调整。

【教育教学】 年内,强化专业建设,新增本科专业1个、国家级一流本科专业1个、省级一流本科专业2个,获批国家级一流本科课程2门、教育部新工科研究与实践项目1项、全国教育规划课题1项,获批省级一流本科课程15门、省级新形态教材4部,出版国家优秀教材2部。获批浙江省"五个一批"产教融合联盟1个、产教融合示范基地1个、产学合作协同育人项目3项。汉语言文学专业通过师范类第二级专业认证现场考查。教育国际化稳步推进,与德国多特蒙德应用技术大学签订合作办学备忘录。

【科学研究】 2020年,获2019年度浙江省科技进步三等奖1项,实现省科技进步奖"零的突破"。全年获26项省部级以上高层次科研计划项目,其中国家级项目4项,省哲学社会科学优秀成果奖1项、省重点研发计划项目1项。全年各项科研经费3500余万元,比2019年增长约10%。发表高层次论文72篇(其中SCI/EI以及一级论文56篇)、出版著作3部,获各类授权专利210件(其中发明专利81件)。提交的研究报告《关于高质量实施南孔文化基因解码工程的对策建议》,获省委、省政府、省政协主要领导批示。

【申硕工作】 2020年,对标对表补短板,申硕工作有序推进。实现各项收入约3.37亿元,生均教育经费超过4.2万元,师均科研经费7万元左右,达到现行申硕标准;与浙江工业大学等高校签订硕士生联合培养协议,为创建硕士学位授予单位奠定良好基础。

【四省边际应用型大学联盟】 年内,围绕打造衢州高等教育"桥头堡"

要求，持续深化四省边际应用型大学联盟建设。举办第二届浙闽赣皖四省边际应用型大学联盟科技成果竞价(拍卖)会，拍卖科技成果16项。举办第二届“大花园杯”四省边际大学生创意设计大赛，参赛主体从浙闽赣皖四省边际高校联盟走向全国。成立新时代高校思政课四省边际研学基地，发挥四校马克思主义学院资源优势以推动新时代高校思政课建设。持续推进浙闽赣皖四省边际区域教育共同体建设，成立浙闽赣皖省际绿色制造产教融合联盟，并举办学术研讨会议。

7月16日，衢州学院召开8090新时代理论宣讲工作推进会

【疫情防控】 年内，贯彻落实上级关于疫情防控有关工作要求，加强组织领导，成立疫情防控工作领导机构，建立以“党组织+职能分工”的二级网格管理模式，累计召开疫情防控会议40余次、制定防控方案20余项、发布防控通知30余个。严格校园出入管控，全校师生坚持每日健康打卡和测温上报。积极开展线上教学，创建的“红黄绿黑四色课表”得到人民网、《光明日报》、《浙江日报》等多家媒体报道。制作的“上好战疫思政课”专题片在“学习强国”中“爱·思政”板块播放。全年没有发生一例疑似或确诊病例。1名党员获“衢州市疫情防控先进个人”称号，后勤管理处获“市教育系统抗疫工作先进集体”称号。

【师资队伍建设】 2020年，入编博士21人(其中具有海外学历背景博士2人)。新增首批浙江省高校领军人才培养计划人选8人。修订专业技术职务评聘办法，新增正高级专业技术职务7人、副高级专业技术职务14人。修订《关于进一步加强师德师风建设的实施意见》，完善教师准入机制，严肃教风学风，规范学术行为，提升全体教师依法治教意识和职业道德水平。

【人才培养】 2020年，考研成绩实现四连升，2020届本科毕业生考研录取率18.2%。学科竞赛实现较大进步，A类学科竞赛获省级三等奖以上奖项160余项，同比增长约10%，2015—2019年学科竞赛排名在全国606所新建本科高校中位列67名。创新创业再添新荣誉，成功入选省级众创空间，学校大学生创业联盟获2020年全国高校“十佳百优创业社团”荣誉称号。

【立德树人】 年内，深化思政理论课建设，获国家级一流本科课程1门，“追爱忆衢——侵华日军细菌战受害者记录帮扶”志愿服务项目获第五届中国志愿服务项目大赛全国赛金奖。组建8090新时代理论宣讲团，打造青年思政教育高地。立项课程思政建设项目34项，评选出8门思政示范课程和6位思政优秀教师，课程思政覆盖率75.92%。利用“易班”开展网络思想引领，“衢院易家”迎新工作案例入选教育部2020年“易班”共建高校迎新特色案例。

【招生就业】 2020年，生源质量稳中有升。省内招收的13个专业录取最低位次比上年有所提升，外省11个省(区)录取最低分与省控线分差持续提升。2020级新生衢州籍生源率16.5%，在省内各生源地中居第1。2020届毕业生就业率92.15%，毕业生留衢率持续提高，2020年为21.46%。2019届毕业生“用人单位满意度”在全省17所同类高校中排名并列第7。

【社会服务】 年内，持续开展“三双”活动(双走进、双服务、双促进)，服务企事业单位380多家(其中规模以上企业60余家)，参与教师1200多人次，征得企业科技难题、咨询等问题300多项，帮助企业制定浙江制造标准6项。新建博士工作站19家，助推衢州市产业转型升级，博士工作站相关创新模式获衢州市政府主要领导批示肯定，并在浙江省教育厅《教育参阅(第53期)》上刊发。与龙游县共建全国首个乡村未来社区学院，与西南政法大学共建"长三角基层治理学院"，与电子科技大学长三角研究院(衢州)签订合作协议，推进合作育人、合作发展。服务地方人才需求，开展社会培训37期，受益3200余人次。

12月10日，衢州学院召开第二届服务发展大会

【治理效能】 年内，组织开展规章制度"立改废"，累计新制定制度37个、修订制度20个、废止不适宜的制度63个。推进智慧校园建设，建立网上服务大厅，130余项校务服务事项实现"网上办""掌上办"，师生反映的热点难点问题得到高效解决。开展"十四五"发展规划制定专题调研，广泛征求意见，提高规划的科学性、可操作性和系统性。

【市长汤飞帆到校宣讲】 12月10日，市委副书记、市长汤飞帆到衢州学院宣讲党的十九届五中全会精神和省委十四届八次全会精神。汤飞帆要求，衢州学院要切实当好四省边际中心城市建设的开拓者；广大教师要坚守初心使命，更好地培养德智体美劳全面发展的高素质应用型人才；青年学生要用行动书写绚丽多彩的人生篇章。

【第二届服务发展大会召开】 12月10日，学校召开第二届服务发展大会。会上，"浙闽赣皖省际绿色制造产教融合联盟""氟硅钴新材料绿色制造训研创基地""浙江省级众创空间""氟硅新材料绿色制造浙江省工程研究中心"揭牌；学校与地方政府、企事业单位签订合作项目8项；吴丰昌(院士)团队、乌克兰(院士)团队和俞立(杰青)团队分别与学校青年博士团队结对。

【衢州学院妇女联合会成立暨第一次妇女代表大会召开】 11月26日，衢州学院妇女联合会成立暨第一次妇女代表大会召开。大会通过妇代会选举办法，选举产生衢州学院第一届妇联主席、副主席、执行委员会委员等。

【2020年思想政治工作会议召开】 12月2日，学校召开2020年思想政治工作会议，总结思想政治工作的做法和经验，分析思想政治工作面临的新形势新任务，安排部署今后一段时间的思想政治工作。

【被授予"全国围棋师资培训试点单位"】 10月5日，在第二届"烂柯棋院杯"全国名校教授围棋邀请赛开幕式上举行"全国围棋师资培训试点单位"授牌仪式，作为浙江省两家入选单位之一，中国围棋协会主席林建超为学校授牌。

【夏思炜获"全国优秀共青团员"称号】 4月30日，根据《关于表彰2019年度"全国优秀共青团员""全国优秀共青团干部""全国五四红旗团委(团支部)"的决定》，学生夏思炜获2019年度"全国优秀共青团员"称号。

【获第十四届全国大学生化工设计竞赛特等奖】 8月16—23日，2020年"东华科技杯"第十四届全国大学生化工设计竞赛全国总决赛在合肥工业大学举行。学校"白菜饺子团队"获全国特等奖、单项奖工程图纸绘制优秀奖。

【机器人竞赛取得佳绩】 11月14

日，中国高等教育学会工程教育专业委员会联合浙江大学机器人研究院发布“全国高校机器人竞赛指数2020版”，学校进入排行榜TOP30%—50%。11月20日，学校在2020中国机器人大赛中获一等奖2项、二等奖2项、三等奖4项。

（贾凯锋　毛　薇）

衢州职业技术学院

【概　况】 2020年，学校以“尚德弘毅知行合一”为校训，坚持立足衢州、面向市场、服务区域经济社会发展的办学定位，各项事业呈现高质量发展态势。学校设有23个专业，全日制在校学生6925人，教职工462人，其中专任教师303人，具有高级职称119人，硕士及以上学位320人。学校入选省“151”人才、省教学名师、省优秀教师、省教坛新秀、省专业带头人、省拔尖技能人才等17人，衢州市拔尖人才、市杰出技能人才、市首席技师、市“115”人才等52人。衢州市专家工作站4个、市技能大师工作室2个。学校先后被评为国家级节约型公共机构示范单位、浙江省治安安全示范单位、浙江省卫生先进单位、浙江省征兵工作先进单位、浙江省省级创业培训示范基地、衢州市青春健康教育基地、全国科普日活动优秀组织单位、中国拔河特色学校。

【校园疫情防控】 全年，学校按照省委、省政府和省教育厅及市委、市政府的统一部署安排，坚持把师生生命安全和身体健康放在第一位，建立健全校园疫情防控工作领导机制，制定符合学校实际工作的防控措施，构建严密有序、快速有效的校园疫情防控体系，全年做到师生“零感染、零疑似、零确诊”。

【领导班子成员调整】 8月11日，学校召开教师干部大会，宣布省委关于校领导班子调整决定，徐须实任衢州职业技术学院党委书记，吕延文任衢州职业技术学院院长。崔戴飞不再担任衢州职业技术学院党委书记职务，保留高职高专正职待遇，江爱民任衢州学院副院长。

8月7日，衢州职业技术学院获批成立中国拔河特色学校

【学习贯彻党的十九届五中全会精神】 年内，学校党委理论学习中心组开展党的十九届五中全会精神专题学习研讨会，举办科级以上干部党的十九届五中全会精神专题培训班。学校邀请衢州市8090新时代理论宣讲团成员、校8090新时代理论宣讲团成员为师生作党的十九届五中全会精神专题宣讲，学校网站、官方微信平台专门设立党的十九届五中全会精神宣传学习专栏。

【8090新时代理论宣讲】 年内，学校8090新时代理论宣讲团开展理论宣讲100余场，制作精品课程8门。学校微信公众号展播宣讲课程12期，浏览人数超5000人次。开展宣讲活动被市级以上媒体报道19次，其中，被“学习强国”平台展播4次。宣讲团成员中1人入选浙江省“微党课”青年宣讲团，进行全省巡讲；5人入选市级骨干宣讲团成员。

【两个专业群入选浙江省高职高水平专业群建设名单】 年内，省教育厅、省财政厅公布浙江省高水平职业院校和专业（群）建设名单，确定30个高职专业群为省高水平专业（群）建设单位，学校护理（医护康养）专业群、计算机应用技术（工业互联网）专业群

11月17日，学校举办2020科技成果竞价拍卖会

成功入选。

【推动四省边际职业培训联盟实体化运作】年内，学校制定浙闽赣皖四省边际职业培训联盟实体化运作方案，挂牌成立秘书处。运用“互联网+”，围绕任务清单，推进联盟实体化运作。年内，联盟成员开展各级各类培训近4万人次，联盟高校开展线上招聘会9场，吸引810家企业提供约2万个岗位供毕业生双选，发布329家企业约1万个社会招聘岗位需求信息，助力打通四地人才流动通道。

【科技创新能力提升】年内，学校承接企事业单位委托的横向课题44项，经费到款额161.31万元，同比增长253%。新建浙江山海机械有限公司李培江博士工作站。举办科技成果竞价拍卖会，实现科技成果转化“零的突破”。学校获浙江省科技厅基础公益性项目1项，浙江省社科联、浙江省教育科学规划课题等市厅级以上科研项目44项。发表学术论文290篇(其中核心论文56篇，同比增加9.8%)，SCI、EI检索论文10篇。获授权专利186件，其中发明专利35件，发明专利增长350%，在全国高职院校中位列第21，浙江省位列第5。

【退役军人事务部副部长朱天舒一行到校调研】8月22日，退役军人事务部副部长朱天舒到学校调研。省退役军人事务厅副厅长郭国松，市政府副市长徐利水，市退役军人事务局党组书记、局长严可兵，学校党委书记徐须实、校长吕延文等陪同调研。朱天舒一行先后考察学校相关实训室，详细了解退役军人教育培训等工作开展情况。朱天舒对学校退役军人事务工作给予充分肯定，强调在对退役军人的培训工作开展中，要加强退役军人的技能培养、帮助退役军人提升职业技能和素质；要重视退役军人的思想建设工作，传承退役军人在军队中的优良传统；要通过加强社会服务、志愿服务的建设让退役军人顺利实现角色转换。

【市委书记徐文光到校调研】9月8日，市委书记徐文光到学校调研办学情况。徐文光与学校8090新时代理论宣讲团成员进行交谈，并慰问学校优秀教师代表。徐文光对学校办学情况给予充分肯定，并对学校下一步发展提出期望和要求:一是抓住机遇，乘势而上。找准着力点，厘清思路，发挥学校在衢州经济发展上的引领、示范、辐射和带动作用，全力打造四省边际职业教育“桥头堡”。二是拓展空间，打造平台。要志在长远，打造人才链、产业链、教育链、创新链的协调发展。三是出台政策，大力扶持。市委、市政府各部门要加大调查研究力度，做好学校空间布局和职教发展政策两个课题。

【与衢州市中医医院举行共建附属医院合作签约暨授牌仪式】10月12日，学校与衢州市中医医院举行共建附属医院合作签约暨授牌仪式，院长吕延文与市中医医院院长廖小方签订共建附属医院合作协议，党委书记徐须实向市中医医院授“衢州职业技术学院附属医院”牌；市中医医院党委书记陈伟向学校医学院授“杨继洲医院培训基地”牌。

【举办校警合作签约暨首届“辅警班”开班仪式】10月28日，校警合作签约暨首届“辅警班”开班仪式在学校举行。衢州市副市长、公安局局长王顺大，市公安局党委委员、副局长汪史唯，学院党委书记徐须实，院长吕延文出席仪式。吕延文和汪史唯签订校警合作协议书。王顺大和徐须实为“衢州职业技术学院大学生思想政治教育

12月31日，世界针灸学会联合会主席、中国针灸学会会长刘保延（左三）一行到校调研指导工作

实践基地”和“衢州市公安局辅警人才培养培训基地”揭牌。

【“四省边际职教中心建设”项目获“活力新衢州、美丽大花园”重大项目谋划擂台赛金奖】 12月20日，在市发改委举办的“活力新衢州、美丽大花园”重大项目谋划擂台赛中，学校申报的“四省边际职教中心建设”项目获衢州市“活力新衢州、美丽大花园”重大项目谋划擂台赛金奖。

【世界针灸学会联合会主席、中国针灸学会会长刘保延一行到校调研】 12月31日，世界针灸学会联合会主席、中国针灸学会会长刘保延，中国针灸学会副会长兼秘书长喻晓春，中国针灸学会副秘书长文碧玲，衢州市政协副主席吴江平等到校调研指导工作，学校党委书记徐须实陪同调研。座谈会上，刘保延、吴江平为学校“杨继洲学院”揭牌，吴江平为刘保延颁发“杨继洲学院”名誉院长聘书。刘保延充分肯定学校发挥衢州市人才高地的战略作用，脚踏实地、勇担使命与责任的作为。他表示，中国针灸学会将与学校携手前行，将“针圣故里，针灸圣地”发扬光大，为针灸事业的发展共同努力。

【中国共产党衢州职业技术学院第二次代表大会召开】 12月24—25日，中国共产党衢州职业技术学院第二次代表大会在学校图书馆召开。学院党委书记徐须实代表中共衢州职业技术学院第一届委员会作题为《坚定信念提升心气抢抓机遇奋力前行为创建“双高”院校打造四省边际职业教育“桥头堡”而努力奋斗》的报告。会议选举产生学校新一届党委、纪委委员。

（张　翔）

衢州广播电视大学

【概　况】 2020年，衢州电大以“立德树人”为根本，以高水平建设开放大学为目标，推进各项重点亮点工作转型发展。全年实现开放教育招生2578人（其中春季1021人、秋季1557人），在全省72家市县电大中位列绝对数第一、万人比第一。网络教育继续发挥互补作用，实现招生223人（其中春季107人、秋季116人）。市本级开放教育毕业生1771人，其中本科741人（获学士学位证书5人），专科（含一村一）1030人。2020年，获全省电大综合业务考核A等、全省电大系统思想政治工作先进单位、全省电大招生工作先进单位、全省电大新闻宣传先进集体、大连理工大学优秀校外学习中心等荣誉。

【打造社区教育品牌】 2020年，面向建筑工地工人、门卫保安、快递外卖人员、新市民、城郊农民等五类基层一线群体，重点聚焦礼让行人、使用公筷公勺、见面行作揖礼等文明行为，开展“学习践行‘八个一’，助力创文我先行”有礼教育培训，全年累计开展培训103场，培训5000多人。面向全市四年级学生开展“游南孔圣地，品有礼文化”衢州古城亲子研学系列活动，持续培育“衢州有礼”未成年人社区教育品牌，1.5万人参与活动。开展社区教育进农村文化礼堂工作，培育“公筷用餐 文明

11月29日，举行“践行南孔文化，争做有礼电大人”学生干部研学活动

健康”等学习品牌8个，建设“府山工匠学堂：剪纸的艺术”等特色课程30门。承办2020年浙江省暨衢州市全民终身学习活动周，成功申报市级终身教育体验基地10个、省级终身教育体验基地2个，其中开化根缘小镇入选长三角市民终身学习体验基地名单。继续推进非学历成果存储基础性工作，全年完成学分银行开户建档10.88万人，录入非学历成果52.48万条，学分银行建设工作位列全省优秀考核等次。

【创新创优“三全育人”思政教育模式】 2020年，建设高校思想政治孵化基地，打造“践行南孔文化，争做有礼电大人”校园文化品牌，形成具有电大开放教育特色的“三全育人”思政教育模式。向全市7000余名师生发起“一次有礼倡议、一次有礼班会、一批有礼作品”的“三个一”活动，将有礼风尚辐射2万衢州市民。发挥群团育人导向，组建考证、文体、服务等八大类40个学生社团，比学赶超、交流互助的“第二思政课堂”逐渐形成，依托线上互联，开展“青春心向党、奉献新时代·红五月”主题活动，“战疫之青春、云上话情怀”主题分享会等系列活动，以文化人，构建思政育人整体格局。召集12名青年教师、4名思政理论导师组建“衢州电大8090新时代理论宣讲团”，召集30名优秀学生代表组建“衢州电大8090学生宣讲团”面向对口村、社区的基层群众以及教职工、学生群体开展宣讲，党的创新理论和终身教育理念溢出效应在基层持续放大。

【助力人才高地建设】 2020年，围绕人才强市战略，不断加强四省边际中心城市开放教育交流，为推动本地高层次、应用型人才聚集提供有力支撑。市电大与华东交通大学开展在职研究生合作项目，首期华东交通大学工商管理硕士研究生班于2020年7月开班，首批上线24人，实现家门口的研究生班。学校继续扩大融合办学效应，对接引进南昌大学法学硕士、湖北工业大学公共管理硕士等研究生办学项目。借智借力，与同济大学、中国美院、浙江财经大学等高校签订战略合作协议，实现联盟办学，共享高校资源，推进复合型人才培养。重启“衢州市广播电视中等专业学校”牌子，开设成人“双证制”高中教育，扩充学历教育层次。

【智慧校园（新校园）建设】 2020年，对接新校园项目建设，遵循教育数字化、智慧化发展趋势，结合电大教师特长、学生特点、教学特色，研究构建“一网二库三平台”[校园智慧网，教学资源库、信息资源库，远程教育学习平台、网上学分银行平台、公众（学生）服务平台]智慧校园建设方案，建立以学习者为中心、以移动教学为主要模式，融入智慧学习空间和智慧校园管理的教学平台，稳步推进新校园“智慧校园”建设。

【疫情防控】 2020年，按照疫情防控常态化期间“停课不停教、停课不停学”的要求，将面授教学环节全部转为“钉钉”线上进行。制定并常态化实施《2020年春季学期疫情防控期间教学督导意见》，建立校领导轮班进课堂听课和课前课件资源审查机制，全年到课题率同比提升15%，教学满意度89%。

（何　苗）

浙大衢州“两院”

【概 况】2018年12月28日，浙江大学工程师学院衢州分院、浙江大学衢州研究院（以下简称浙大衢州“两院”）正式揭牌成立。过渡阶段办公地址为衢州市柯城区九华北大道78号（衢州学院内）。新院区位于衢州高铁新城教育小镇，320国道以北、创智五路以南、三清山大道以东、常山港西岸。2020年，浙大衢州“两院”秉承“学科—人才—科研”一体化理念，打造创新与育人相互滋养的新模式，各项工作呈现蓬勃发展态势。基于衢州市工业生态基础和产业结构特点，组建6个研究所和1个中试基地。获批2020年度浙江省新型研发机构，成功纳入“科学研究和技术服务业非企业单位新增机构”。与衢州智造新城签订战略联盟合作框架协议，共建“国家高新技术产业开发区创新创业特色载体”。年内，22个科研团队的40名教师入驻，其中教授22人，副教授12人，特聘研究员1人；中国工程院院士1人，国家优秀青年科学基金获得者5人，浙江省“千人计划”专家5人。招收全日制硕士研究生34人。

2019年12月31日，成立中共浙江大学工程师学院衢州分院支部委员会。截至2020年末，有党员15人，其中教工党员5人，学生党员10人，入党积极分子26名。

【中试基地开工】7月18日上午，浙大衢州“两院”实验实训基地及中试实验室建设工程开工仪式在衢州市绿色产业集聚区举行。实验实训基地及中试实验室项目规划用地面积31771平方米，项目用地面积26118平方米，包含集训大楼、综合仓库、公用工程车间、消防循环水池、标准车间一、标准车间二、标准车间三、甲类仓库一、甲类仓库二、环保处理区和事故池、初期雨水池。项目分两部分实施，第一部分：土建施工，包含原有建筑物拆除、新建房屋建筑工程、装修（含精装）、暖通工程、弱电智能化工程、电梯工程、室外景观绿化、市政道路、管道、水电气管架管道等配套工程，总投资约1亿元。第二部分：设备采购、安装、调试等，投资约1.39亿元，一期投资0.90亿元，二期投资0.49亿元。

【新院区奠基】11月8日上午，浙大衢州“两院”新院区奠基仪式在衢州高铁新城教育小镇举行。中国科学院院士、浙江大学校长吴朝晖出席活动并致辞，市委副书记、市长汤飞帆讲话并宣布新院区正式开工。浙江大学相关部门及学院主要负责人，市级部门负责人，浙大衢州“两院”全体师生，浙江大学衢州校友会代表，智慧产业公司及设计施工等单位代表参加活动，合计参加人员300余人。浙大衢州“两院”新院区位于320国道以北、创智五路以南、三清山大道以东、常山港西岸。项目总用地面积约163亩，总建筑面积约15.8万平方米，其中地上约12.6万平方米，地下约3.2万平方米，总投资约17.6亿元。院区主要包括综合教学生活区（北区）、科研实验区（南区）、中区共享景观广场三部分。北区包括教学、科研及行政办公用房，国际交流中心、信息中心、体育场地、食堂、公寓等师生生活所需场地；南区包括标准化实验室、大型分析测试平台、企业孵化用房及综合实验室。

【研究生培养】3月，高端化学品先进制造专业学位研究生卓越培养项目成功获批，衢州分院2020级招收34名高端化学品先进制

8月3日，2019级硕士研究生入驻求是楼

1月8日，浙江大学衢州研究院等离子体制备纳米材料产业化项目在衢州签约

造项目制(全日制非定向)专业学位硕士研究生。8月，第一批21名研究生(2019级)结束在杭州本校的理论课程学习，正式入驻衢州，参与建设课题组实验室，开展科研工作。

【科学研究】 年内，修订《浙江大学衢州研究院科技项目过程管理办法(试行)》等8项科研管理制度。年内，申请发明专利43项，发表高水平论文21篇，包括顶级期刊*Advanced Materials*、*Journal of the American Chemical Society*和*Angewandte Chemie- International Edition*。年内，与巨化集团、浙江巨圣氟化学有限公司等衢州当地化工企业签署横向科研项目11项，总经费838.8万元；为地方企业累计提供技术咨询服务逾百次。完成2019年度科技计划28个项目的年度总结工作，完成2020年度19个项目实施立项。

【首个科研成果产业化项目落地】 11月8日，等离子体制备纳米材料产业化项目在衢州正式签约，该项目是浙江大学和衢州市共同打造的产学研平台首个科研成果落地的项目。等离子体技术实验室有浙江大学教师2人，包括中国工程院院士、浙江大学教授任其龙，浙江大学研究员杨启炜；在校生6人，其中博士研究生2人、硕士研究生4人。

【院士专家大讲堂】 7月20日，第一期“院士专家大讲堂”系列活动在衢举办。全国政协常委会委员，中国科学院院士，固体力学专家，美国工程院外籍院士，发展中国家科学院院士、司库，浙江大学发展委员会主席杨卫担任首讲嘉宾，作题为《创新驱动发展与基础研究》的报告。

【领导及专家到校调研指导】 年内，先后有常务副省长冯飞(9月16日)、副省长成岳冲(12月4日)、浙江大学校长吴朝晖(11月8日)、院士潘云鹤(12月3日)、院士杨卫(7月20日)、院士叶志镇(11月12日)、省委组织部副部长胡旭阳(12月30日)、市委书记徐文光(9月8日)、市长汤飞帆(11月8日)等领导及专家实地考察、调研研究院的体制机制、人才培养、科学研究、成果转化、新院区及中试基地建设，对研究院的各项工作进展予以充分肯定。

(叶雪雁)

电子科技大学长三角研究院(衢州)

【概　况】 2020年1月5日，市政府与电子科技大学正式签订合作共建电子科技大学长三角研究院(衢州)协议书。4月2日，市政府发布《关于成立电子科技大学长三角研究院(衢州)的通知》。4月15日，电子科技大学长三角研究院第一届理事会第一次会议在衢州举行，市委副书记、市长汤飞帆与电子科技大学校长曾勇共同为研究院揭牌，标志着校地双方合作进入实质性推进阶段。4月30日，市政府批复同意孔令讲任电子科技大学长三角研究院(衢州)院长，胡进峰任执行院长，田广和、吴杰任副院长。

研究院是具有事业法人性质的校地合作科研办学机构，主要聚焦数字经济、公共安全技术等科技领域，有效对接校地双方优势资源，致力于培育智慧经济英才、攻克科学研究难题、服务地方经济社会发展，同时促进电子科技大学“双一流”建设。

研究院过渡期办公场地占地面积6000平方米。新院区规划

9月30日，举行电子科技大学合作项目开工誓师大会暨长三角研究院开学典礼

用地3平方公里，于9月开工建设。年内，研究院在职员工15人，博士后10人，特聘教师16人，专职科研人员1人，其中教授7人、副教授4人、副研究员4人、高级工程师2人；研究生培养规模95人，其中培养硕士研究生84人、博士研究生11人。

【党建工作】9月18日，经中共衢州市委直属机关工作委员会批复通过，成立电子科技大学长三角研究院党支部，拟转入党组织关系3人；向电子科技大学信息与通信工程学院党委申请筹备成立临时党支部，保障党员日常组织生活开展。

【师资队伍建设】年内，通过组织校内推介会、在衢州召开电子信息产业发展研讨会、科技服务地方研讨会、智慧产业峰会等活动，依托衢州市"硬核十条""研究院高层次人才引进实施办法"，引进地区数字经济领域急需紧缺人才。全年招引17位副高级职称以上教师，其中国家特聘专家获得者1人，国家优秀青年科学基金获得者1人，国家青年特聘专家获得者1人，国防科技卓越青年科学基金获得者1人，四川省特聘专家1人，校"百人计划"获得者2人，以项目制、兼职等方式聚集67位高级职称专家，形成以中青年骨干为核心，高学历、多学科、强实力的科研师资力量。

【强化科研实力】年内，研究院推动前瞻策源，鼓励原创性研究，短期内积累丰富的科研成果。获批1项国家自然科学基金面上项目、13项市政府专项资助科研项目、3项由企业委托开发的横向项目，科研到账经费近2000万元。发明专利申请数12项，发表SCI高水平论文10篇。建成智能感知（雷达、物联网）测试系统科研平台。初步组建9大科研中心，涵盖智能网络与通信、生物信息计算、电磁材料与天线技术、雷达探测与成像、计算机视觉与机器学习、智能感知等研究方向。

【提升育人成效】年内，研究院完善研究生课程设置、课题安排、论文指导等人才培养方案，着力培养产学研用一体的研究生，硕士和博士研究生培养规模95人。依托电子科大人才培养体系和模式，研究院完成首届电子科技大学长三角研究院联合培养硕士研究生的招生、录取和报到注册工作，实现在衢上课教学、开题答辩等部分培养环节；同时搭建常态化学术交流平台"长三角论坛"，邀请院内外数字经济领域专家学者研讨前沿热点，举办3期学术论坛，形成一定学术影响力。

【力促合作发展】年内，研究院在校际合作、校企合作、校地合作上成果显著。11月，研究院与衢州学院签订《关于支撑衢州学院电子信息专业硕士学位点建设合作协议》。组织华为前副总、大华前总裁李柯等知名企业咨询专家和科研团队赴智造新城、开化、江山、常山等地开展企业大走访活动。发挥学校及校友会资源优势，吸引以电科智盛为代表的4家校友企业落地衢州。与企事业单位签署6项科研合作协议和1项三方共建"科技龙游"战略合作协议。协助成立企业博士后工作站——龙游禾川科技股份有限公司省级博士后工作站，成为践行"科技龙游"三方共建协议的生动实例。

【完善管理服务】年内，研究院秉承行政服务以师生发展为中心的建制方针，充分调研全国多家科

6月5日，电子科技大学长三角研究院（衢州）理事会第二次会议召开

研院所，扎根研究市内相关规章制度，结合研究院自身发展定位，通过政府部门协调会、研究院理事会、常态化院务会等工作机制，仅用半年时间就构建起涵盖人事、财务、学生管理、科研管理、合作发展、招标采购等方面的研究院内部管理流程和规章制度，汇编完成整套基础性管理制度。

【出台在衢待遇硬核十举措】 5月12日，市委办公室、市政府办公室印发《电子科技大学师生、校友及其直系亲属在衢待遇硬核十举措》，明确规定电子科大师生、校友及其直系亲属享受校地双方合作协议规定外的交通出行、旅游住宿、健康体检等十条方面的专属待遇。

【徐文光带队赴校对接深化市校合作】 6月3—5日，市委书记徐文光带领市党政考察团实地考察电子科技大学宜宾研究院和清水河校区，与学校领导就电子科大智慧小镇设计方案、办学体制机制创新、人才政策、后勤保障以及开学前各项准备工作等进行讨论交流，进一步推进电子科大智慧小镇合作项目建设进程。电子科技大学党委书记王亚非、校长曾勇，市长汤飞帆出席座谈会并讲话。电子科技大学领导杨晓波、胡皓全，市领导吴国升、王良春、徐旭卿、王良海等参加会议或相关活动。

【核定民办报备员额】 7月2日，市委机构编制委员会发布《关于核定电子科技大学长三角研究院（衢州）民办报备员额的复函》，同意核定研究院民办事业单位报备员额10名。

【成立第一届工会委员会】 9月1日，中国教育工会衢州市委员会发布《关于同意成立电子科技大学长三角研究院（衢州）工会及其选举结果的批复》，标志着研究院第一届工会委员会正式成立。

【推进新院区项目建设】 7月31日，市委财经委员会审议通过电子科技大学长三角研究院及校友总部项目设计方案；9月17日，电子科技大学长三角研究院及长三角校友会总部项目完成全过程工程咨询服务招标程序；9月30日，电子科技大学长三角研究院智慧小镇奠基仪式暨2020级衢州专项研究生开学典礼在合作项目现场举行，标志新院区建设正式动工。

【邹权获双学科“全球高被引科学家”称号】 11月18日，科睿唯安（ClarivateAnalytics）发布2020年“高被引科学家”名单，研究院教授邹权入选全球高被引科学家榜单，获生物学与生物化学、计算机科学双学科“全球高被引科学家”称号。

【获批成立浙江省博士后工作站】 11月26日，经省人力资源与社会保障厅批准设立研究院博士后工作站，依托电子科技大学博士后流动站联合招收博士后，为对接衢州产业开展技术攻关，促进企业转型升级提供平台，招收2名博士后入站工作，引进海内外优秀博士后10人。

【成岳冲到校调研指导】 12月4日，副省长成岳冲到研究院调研考察合作项目建设和办学情况，对研究院取得的发展成效表示肯定。省教育厅党委委员、副厅长于永明，副市长王良春，市政府副秘书长兰国云，市教育局党委书记、局长季根寿等陪同调研。

（郑夏青）

卫生健康

■ *Sanitation*

综　述

【概　况】 2020年，市卫生健康委紧紧围绕市委打造四省边际医疗“桥头堡”的目标定位，一手抓疫情防控、一手抓事业发展。年末，全市共有医疗卫生机构1795家。包括医院91家，基层医疗卫生机构1664家[社区卫生服务中心（站）72个，卫生院和门诊部114家，诊所、卫生所和医务室共计514家，村卫生室机构964家]，专业公共卫生机构30家，其他医疗卫生机构10家。医疗卫生机构总床位15851张。其中，医院床位13673张，基层医疗卫生机构床位1427张，专业公共卫生机构床位698张，其他卫生机构床位53张。卫生人员（在岗职工）共有23645人。按人员类别划分，卫生技术人员19399人，职业（助理）医师7532人，注册护士8237人，药师（士）1194人，较上年均有所增长。医疗卫生机构房屋建筑面积179.27万平方米，其中医院112.23万平方米，社区服务中心（站）5.0万平方米。万元以上设备共有17937台。

【健康衢州建设】 4月，以市政府名义出台健康衢州行动实施意见，启动实施18项健康衢州行动，其中传染病及地方病防控行动、智慧健康管理行动等5项行动被列为健康浙江行动省级示范试点，健康衢州建设特色工作经验被国家卫健委主管的《健康中国观察》刊登。衢州市第三医院（老年康复医院）等2家单位被授予全国“敬老文明号”称号；“衢州天颐老人之家以互联网为手段创建智慧医养模式”入选全国医养结合典型经验案例。顺利通过国家卫生城市复审，衢州市再度获国家卫生城市称号。创建“世界长寿之都”，顺利通过国际自然医学会世界长寿乡调查团实地调查认证。

【重点项目建设】 年内，市康复医疗中心、市妇幼保健院新院区、市中医医院二期扩建项目先后投入使用，市老年人活动中心项目开

6月17日，衢州市康复医疗中心成立暨签约仪式

工建设，市公共卫生服务中心项目启动建设，生命科学小镇投资协议顺利签订。“树兰（衢州）医院项目”落户衢州，“浙皖闽赣精准基因组医学研究中心”挂牌落地；温州医科大学附属衢州医院正式启动，成功举办浙皖闽赣大健康院士高峰论坛和温州医科大学附属衢州医院战略发展院士专家咨询会，获市委“十条军规”正面典型通报。

【卫生健康数字化】 年内，衢州钉钉未来医院项目入选省多业务协同应用暨观星台项目，“衢州市面向重大公共卫生突发事件的5G智慧医疗系统”项目入选数字浙江基础设施建设项目清单。衢州市全面完成预约挂号“全流程在线服务”省级试点工作。“信安分+医疗健康”被列入省2020年市县信用应用省级重点场景，在省委深改办“竞跑者”栏目发布，被市委深改办评为2020年度市改革创新最佳实践案例。衢州市智慧卫监安全防护与消毒灭菌创新技术成果入选科技部火炬计划，“智慧卫监开放平台”项目获2020浙江数据开放创新应用大赛三等奖，口腔诊疗机构智能监管试点工作在国务院办公厅主办的会上作交流发言。市中医医院与衢州职业技术学院建立紧密合作关系，挂牌衢州职业技术学院附属医院。市人民医院顺利通过全省第四周期综合医院等级评审，获市政府集体三等功荣誉。全市新改扩迁建乡镇卫生院（社区卫生服务中心）18家、村卫生室32家，村卫生室标准化率73.18%。全市新增3岁以下婴幼儿照护服务机构18家、托位1160个，提前并超额完成省民生实事项目年度目标，受到省卫生健康委通报表扬。

【市计生协国家级改革试点】 年内，建立市计划生育协会国家综合改革试点工作领导小组，领导小组由市委办、市府办、组织部、宣传部等21个市级部门组成。下发《衢州市计划生育协会国家综合改革试点工作实施方案》，明确任务清单，实行挂号督办。

【人才学科队伍】 年内，制定出台《关于加快建设高水平学科集聚高层次医疗卫生人才的实施意见（试行）》。整合市级学科资源，成立衢州市病理诊断中心。强化医疗卫生人才培养力度，2020年全市入选省级名中医1人、省医坛新秀7人、省卫生创新人才4人，国家级非遗杨继洲针灸代表性传承人金瑛获2020年国务院政府特殊津贴。

【系统党建】 年内，坚持党建统领，在抗击疫情、文明城市创建等工作中勇于担当、冲锋在前，一大批抗击疫情先进集体和个人受国家、省、市表彰，市卫健委获“衢州市创建全国文明城市工作先进集体”称号。开展“对党忠诚教育”“无愧新时代最可爱的人”大学习大讨论大践行活动，组建卫健系统8090理论宣讲团，举办“抗疫纪实综合展”，广泛宣传“抗疫故事”，市卫健委选送的微视频《拥抱》在全省党员教育电视片观摩交流展评活动中获一等奖。全面推行公立医院党委领导下的院长负责制，全市三级以上医院全面实施书记、院长分设。市人民医院等四个委属单位党建品牌被评为市直机关“有礼先锋”优秀党建服务品牌，市中医医院等三家医院被评为衢州市清廉医院示范点创建优秀单位。

（许建伟）

医疗卫生服务体系建设

【概　况】 2020年，全市医疗卫生机构总诊疗1901.32万人次，同比减少110.01万人次，减少5.5%。其中医院798.05万人次，占比42%；基层医疗卫生机构1000.27万人次，占比52.6%；专业公共卫生机构102.12万人次，占比5.37%。全年全市医疗卫生机构出院人数44.19万人，同比减少11.76%。其中医院38.36万人，占比86.8%；基层医疗卫生机构2.93万人，占比6.63%；专业公共卫生机构出院人数2.88万人，占比6.52%。

【医疗卫生服务领域“最多跑一次”改革】 年内，全市24家市县公立医院均设立门诊综合服务中心窗口、推行门诊智慧结算、开展刷脸就医服务等，高峰期现场平均排队时间缩短2.23分钟；全市县级及以上医院实现预约挂号“全流程在线服务”全覆盖；全市102家儿童预防接种门诊均使用疫苗和预防接种综合管理系统；全市103家乡镇卫生院（社区卫生服务中心）实现门诊智慧结算和检查检验报告电子化推送，号源统一接入全省健康导航平台实现网上预约占比96.04%；全市22家医院开通互联网医院，提供“互联网+医疗、互联网+护理”等线上服务。全市所有24家市县医院均设立母婴室。在全省率先启用出生“一件事”掌上办系统，疫情期间首推出生医学证明邮寄服务。医信付打造“无感就医”体验被省发改委列入2020年全省“竞跑者”项目，衢州市“搭建统一支付平台全域落实医信付”的创新做法被“最多跑一次”微信公众号“竞跑者”栏目专门报道。

【医联体建设】 2020年，全市浙大医联体合作医院84个临床科室接受浙大各附属医院指导帮扶，引进应用新技术、新项目66个，派至医联体上级医院进修学习109人次，浙大各附属医院下派专家9546天次，开展门诊服务26591人次、手术1699台次、查房7916人次，带教培训6240人次。依托“五横平台”（医联体政策研究会、培训教育基地、公共健康管理中心、适宜优势技术转移转化基地、大数据云平台等5个横向支撑平台）培训教育基地，组织开办全市卫健系统管理干部综合能力提升培训班，重点就医院绩效管理与薪酬制度改革、医院精细化管理、全面加强党的建设、学科建设与人才培养、文化建设开展专题培训，提升综合管理能力。

【县域医共体建设】 年内，各医共体重点推进职能科室全面垂直化管理，各项业务逐步实现同质化管理。10家医共体人力资源、财务、医保、公共卫生、信息化等中心全面实现总院、分院集团化运作、一体化运行、同质化管理。尽管受疫情影响，5个医共体建设县（市、区）仍有4个县域就诊率实现增长，最高的龙游县同比提升1.8个百分点；医共体内双向转诊机制更加顺畅，全年医共体内双向转诊人次较上年同比增长52.3%。全年全市医共体成员单位上转患者7009人次，同比增长80.92%；医共体总院下转患者3191人次，同比增长153.25%。开化县依托医共体实施“百医进百村”行动，获省领导批示肯定；医保支付方式改革在全省医共体现场会上作典型经验交流发言。

【三医联动综合医改】 年内，推进“三医联动、六医统筹”综合医改，明确药品耗材采购改革、医保支付方式改革、医疗服务价格动态调整、人事薪酬制度改革、整合型医疗卫生服务体系建设及中医药振兴发展、综合协同监管等改革重点。指导开化县推进全省“三医联动、六医统筹”综合医改试点县各项工作，该县作为全省唯一县（市、区）代表，在国家卫健委“巡礼‘十三五’·迈向全民健康这五年”浙江专场新闻发布会上展示“十三五”期间卫生健康发展成效；开化县上榜国家卫健委“2020年度公立医院综合改革成效较为明显，予以国务院激励的地方”（全省唯一，全国20个地方获此荣誉）。组织全市三级医院全面参加国家绩效考核。推进现代医院管理制度建设，全市8家公立医院被纳入全省现代医院管理制度建设试点单位。会同医保部门持续推进公立医院医疗服务价格调整方案研究，7月30日，印发《衢州市级公立医院医疗服务价格改革方案》和《衢州市市级公立医院医疗服务价格改革考核办法（试行）》。会

12月22日，开化县作为全省唯一县（市、区）代表参加由国家卫生健康委组织召开的“巡礼‘十三五’·迈向全民健康这五年”专题新闻发布会

同医保、财政等部门制订出台《衢州市基本医疗保险住院费用DRGs点数法付费实施细则》，推进落实完善DRGs医保支付方式改革，促进临床合理诊疗。

【中医药传承与发展】 7月23日，市政府专题召开支持中医药传承发展工作会议，结合省委、省政府《关于促进中医药传承创新发展的实施意见(征求意见稿)》的意见征求，牵头起草《关于支持和促进中医药传承创新发展的实施办法》草案。市级建立对公立医院中医医疗服务专项补助机制，按每张中医处方5元、中医病区或病床每住院床日10元标准给予专项补助，落实专项经费用于国家级非物质文化遗产杨继洲针灸的传承和发展。积极发挥中医药特色优势，以省、市级名中医为骨干组建中西医结合的新冠肺炎病例诊治专家团队，落实安排中医师进病房参与病例诊治，实行中西医会诊制度，对确诊的病例第一时间运用中医理论和方法进行辨证施治，确定中医诊疗方案，综合运用汤剂、中成药等治疗方法开展病例治疗，推动中医全程参与病例诊治。

【医疗保障服务】 年内，完成全国及省、市两会期间的维稳安保工作，完成春节、“五一”、端午、国庆等节假日及中高考、公务员考试、2020浙江大湾区自行车公开赛(衢州站)暨第六届“衢州有礼”诗画风光带自行车骑行挑战赛、2020年衢州市市属事业单位公开招聘考试考点、2020年衢州市医师资格考试、2020年衢州市市直卫生健康单位公开招聘工作人员考试、第二轮中央生态环境保护督察、第十七届浙闽赣皖四省四市民间艺术节及2020年衢州马拉松赛等活动期间的医疗保障任务13次。

【社会办医】 2月25日，衢州达康康复医院成立。4月，“树兰(衢州)医院项目”落户衢州，按照三级医院标准建设。衢州市老年康复医院项目有序推进。继续服务推进衢州康复医院、中西医结合医院、衢州骨伤科医院、达康康复医院、物产凤凰等社会办医项目发展。

(许建伟)

生育管理

【概　况】 2020年，全市出生人口(含补报)17960人，同比下降20.78个百分点，二孩率46.97%，同比下降2.71个百分点。

【出生“一件事”】 2020年，衢州市在全省率先启用并推行卫健出生医学证明办理、公安落户、医保参保、社保制卡出生“一件事”掌上联办，疫情期间主动与快递公司对接合作新增出生证邮寄服务功能。全年全市受理并办结出生“一件事”掌办件11381件。为1680多个家庭邮寄出生医学证明。继续深入推进“互联网+生育登记”，全年为17010对符合政策条件的夫妇办理生育登记，通过移动终端自助办理14351人，占总登记数的87.75%。

【母婴设施建设】 2020年，市本级及六县(市、区)全部出台《关于加强母婴设施建设的实施意见》，全市应配置母婴设施的场所165个，已配置场所170个，母婴设施配置率103.03%，超额实现母婴设施配置的目标任务。将母婴室建设工作纳入深化医疗卫生服务领域“最多跑一次”改革推进就医体验大提升活动，全市所有24家市县二级以上公立医院均设立母婴室，其中15家达到4星级及以上标准。市本级借建设“十站四心”机会，争取22万元经费在火车站候车区新增涵盖哺乳区、盥洗区、备餐区和休憩区4个功能区域的五星级母婴室。

【惠民帮扶奖励机制】 年内，在“衢州发布”“健康衢州”等主流媒体宣传奖特扶制度。全市2020年发放慰问金216.95万元(不含为特殊家庭购买保险)。其中5个失独家庭提出辅助生育服务要求，经治疗有2名妇女成功妊娠并顺利分娩，发放补助金19.8万元；为14户失独家庭依法收养子女补助70万元；为13名以个体工商户身份参加企业职工基本养老保险的失独对象补贴个人缴费部分30%，补贴2.6万元。年底申请列支计划生育公益金15.3万元用于走访慰问计生特殊家庭。全市拥有基层志愿者队伍286支9528人，评选出10支“万少华式的志愿团队”，进一步弘扬计生特扶工作志愿帮扶先进典型。由25名持有国家心理咨询师三级以上证书的骨干成员，组成市级计生特殊家庭心理援助骨干团队。

（许建伟）

疾病防控与应急管理

【概 况】2020年，做好新冠肺炎疫情和重点传染病防控工作，不断提升公共卫生应急工作能力和检验检测，加强卫生应急体系建设，完善职业病防治项目，开展职业病防治法主题宣讲。

【重点传染病防控】2020年，全市将65岁以上农村老年人免费筛查肺结核列入市政府十大民生实事项目，在全省率先实行65岁以上农村老年人全人群免费筛查，实现防病关口前移。全市筛查农村65岁以上老年人18.65万人，新发现肺结核174例。龙游县在全省率先开展肺结核病治疗零负担项目，使肺结核病患者治疗费用自付比例从原先的44.2%下降至零，患者本县收治率从75%上升到87.5%。继续加强艾滋病重点人群干预项目，开展以推广使用安全套为主的综合干预活动，对全市艾滋病感染者进行随访管理，实施关怀政策，促进社会稳定。完成全市艾滋病“十三五”防治规划评估工作。

【血吸虫病防制】年内，开展查灭螺、查治病、晚血病人内科救助。全市查出钉螺面积稳中有降。继续开展两省四县联防。联合省寄生虫病分会委员到九华乡开展现场宣传活动，提高公众防治知识知晓率。开展血吸虫病防制“十三五”规划终期评估及血防三年攻坚任务完成情况终期评估。经评估，衢州市血吸虫病防制继续巩固“三无”指标，维持消除状态。

【慢性非传染疾病防制】年内，共报告16455例本地户籍居民死亡病例，死亡率639.66/10万，平均预期寿命80.18岁，重大慢性病过早死亡概率11.85%。启动肿瘤ICD-10和ICD-O-3联合编码，进一步规范肿瘤登记和随访工作。高血压患者规范管理率74.28%、糖尿病患者规范管理率74.02%。省政府将重点人群结直肠癌筛查列为2020年政府十大民生实事项目，全市完成筛查（完成问卷调查及至少一次粪便隐血检查）196592人，筛查率49.89%，超过45%的考核指标；初筛阳性31350人，初筛阳性率15.95%；完成结直肠镜检11652人，任务完成率114.24%，检出结直肠癌87例，检出率0.75%；癌前病变1103例，检出率9.47%；良性病变2900例，检出率24.89%。

【健康危害因素监测】年内，开展饮水安全和环境健康危害因素监测与评价，做好城乡饮用水水质监测与信息发布工作。做好环境污染（雾霾）与人群健康影响监测项目，开展污染与健康影响监测与研究。统筹职业卫生专题调查和监测，提高职业卫生、放射卫生、环境卫生检验检测能力。完成食品安全风险监测任务。开展儿童青少年近视防控科普宣传、落实学生常见病和健康影响因素监测与干预工作。

【卫生应急体系建设】年内，制定新冠肺炎应急预案，并修订和完善其他应急预案，保持预案的科学性、时效性和可操作性。各县（市、区）卫生健康局和市直各卫生健康单位合理采购应急物资，分类存放，指派专人负责管理和维护，确保常备常新，随时可用。9月，市疾控系统举办多部门联合参与的新冠肺炎疫情防控综合演练。11月，在市总工会和市卫健委的组织下，市疾控中心举办2020年衢州市突发急性传染病卫生应急技能比武。11月下旬，举办全市卫生应急拉练暨业务培训，开展“两预案一办法”宣贯，并进行负重行军，提升卫生应急队员业务能力。

【严重精神障碍管理治疗】年内，坚持以加强部门协作、加强基层能力建设、落实监测评估、强化数据质控、宣传普及知识及开展心理健康服务为重点，扎实做好医疗救助，进一步规范严重精神障碍社区管理治疗。全市精神疾病专科医院7家，其中公立2家、民营5家，精神科核定床位997张，实际开放床位1930张；精神科执业医师154人，从事精神科护理的执业护士337人，心理治疗师8人，心理咨询师21人，从事精神卫生工作的社会工作师（持证者）4人，基层医疗机构增加注册精神卫生执业范围的社区医生94名。调整市级精神卫生工作技术指导小组成员，各县（市、区）精卫办成立专班，组织公安、卫生健康、民政和残联等部门对疑似或确诊精神障碍患者进行管理，加强对精神障碍患者的管控。

【职业病防治项目】年内，启动重点职业病监测、工作场所职业病危害因素监测、职业病危害现状调查、职业性放射性疾病监测、医疗卫生机构医用辐射防护监测、非医疗机构放射性危害因素监测等职业病防治项目，4月和7月，分别举办全市疾控系统项目工作培训、推进会。开展全市尘肺病信息核查与随访。

【职业病防治法宣传周】4月25日至5月1日，在全市范围内开展以“职业健康保护，我行动”为主题的《中华人民共和国职业病防治法》宣传周活动，开展主题宣讲活动20次、警示教育活动10次，印发宣传材料3800份，受益人数2万余人次。

【院前急救】2020年，全市接听“120”报警电话54323次，“120”急救电话畅通率100%；“120”急救电话平均受理和调度时间54秒，受理派车时间符合要求率98.9%，指挥调度准确率99.8%；有效出车14228次；平均出车时间2.4分钟，出车符合率90%，回车率为0%，城区平均反应时间12.8分钟。有效处置3人以上重大突发事件86起，电话回访院前急救服务对象1830人，总满意度99.6%。开展急救知识普及培训13次，发放宣传资料和宣传用品500余份，1100余人受益。

（许建伟）

老龄工作

【概　况】2020年，以创建“世界长寿之都”为契机，完善政策体系，丰富老年服务，夯实老年工作平台，持续推进全市老龄工作有序开展。全市60岁及以上老年人口60.31万人，占比23.5%，其中65岁及以上人口占16.89%。

【医养结合工作】年内，全市有医养结合机构22家，开展养老服务的医疗卫生机构12家，设立医疗卫生机构的养老机构9家，嵌入式1家，其中公办公营2家、公建民营4家、民办民营16家。医养结合机构人员总数1586人，其中医疗卫生服务人员1068人。医养结合机构有医疗总床位1057张，养老总床位3778张。医养签约894对，其中医疗卫生机构与养老机构建立签约合作关系117对，与日间照料中心等建立签约合作关系777对。常山县人民医院医共体大桥头分院、龙游县人民医院医共体湖镇分院被列入省级基层医疗卫生机构开展提升医养结合服务能力试点项目。

【“世界长寿之都”创建】年内，举办“长寿衢州探秘”征文、短视频比赛和摄影书画展等一系列活动。拍摄申报专题片、编印长寿食谱和创建工作成果。11月，顺利通过国际自然医学会世界长寿乡调查团实地调查认证。

【敬老爱老宣传活动】年内，以“老年健康宣传周”、全国“敬老月”等重大节点为契机，结合创建“世界长寿之都”工作，面向全市老年人深入开展文体运动、维权宣讲、义诊等宣传服务活动，营造老年友好型社会。组织参加老年人心理关爱项目线上培训、学习调研。选定柯城区荷花街道清莲里社区、柯城区府山街道钟楼社区、衢江区浮石街道东升社区居委会作为第二批试点社区，于11月初正式启动。

【老年人意外保险】年内，做好新一轮市区高龄老人意外伤害保险工作。通过公开招投标确定新一轮合作单位，规范取数途径和方法，反复核对，确保投保人员信息准确无误。建立理赔审计制度，引进第三方对理赔工作开展审计，确保理赔工作规范准确及时。

（许建伟）

预防保健

【概　况】2020年，干部保健工作以“满意、放心、有为”为目标，以“预防为主、医疗为辅”为指导方针，以“健康快乐、保健有礼”为工作理念，认真履行职责，完成各项工作任务。

【健康体检与医疗保健】年内，通过微调体检项目、加强体检组织工作力度、合理安排体检单位与时间等办法，提高全市干部的体检参检率。各承检医院组成由分管院长负责的体检工作领导小组，建立体检服务“绿色通道”。对一保、二保对象采取“一对一专”人负责制，按要求完成万人左右的体检工作。

【健康教育与健康管理】年内，结合新冠疫情、热点问题、健康生活等，编发《干部保健知识专辑》24期万余册，发送短信48期27840条，汇编《2020年度干部保健知识专辑》合订本。基层医院根据保健对象需求，编制常见病、多发病、慢性非传染性疾病等方面知识的宣传小册子。市人民医院办好医院“健康快递”院报、宣教橱窗等，市中医医院组织专家开设线上线下保健专题讲座15次，内容涉及艾灸保健、糖尿病防治、疫情防控等。11月14日，成立衢州市医学会健康管理学分会，并举办2020年衢州市健康管理学术年会，特邀请中华医学会健康管理学分会主任委员、教授郭清，浙江省医学会健康管理学分会副主任委员、浙江医院副院长黄勍栋，浙江省转化医学学会健康管理技术分会会长张忠夫到衢州为全市健康管理工作人员分别作《常态化疫情防控背景下的公众健康管理策略》《疫情下的健康管理》《健康管理中心的精细化管理》专题讲座。定期开展上门医疗巡诊服务，做好保健对象连续、动态、个性化的健康监测和健康干预，有针对性地提出预防保健及治疗建议。疫情期间优化电话随访、按需巡诊等工作，保健对象无一例感染者。

【免疫规划】2020年，全市国家免疫规划疫苗基础免疫报告接种率继续维持较高水平，卡介苗、脊髓灰质炎疫苗3、百白破疫苗3、麻腮风疫苗1、乙肝疫苗3、乙脑疫苗1、流脑A2和甲肝疫苗报告接种率均在99%以上，以县为单位七苗单苗报告接种率均在98%以上。开展实施70周岁以上老年人免费接种流感疫苗项目，接种流感疫苗46818份，完成率108.88%。组织开展重点人群新冠疫苗接种工作，截至12月31日，全市接种52048剂次，其中第一剂次接种33729剂次，第二剂次接种18319剂次。完成多次九价HPV疫苗的网络预约接种。多次开展接种门诊的预防接种服务排查工作，及时发现和消除疫苗管理隐患。推进全市预防接种门诊规范化和数字化建设，整体改善疫苗接种环境。免疫针对性传染病疫情平稳，无重大疫情发生；非免疫规划疫苗供应稳中有升，全市免疫规划工作有序实施。

【妇幼健康服务】年内，印发托育服务实施方案，召开托育机构负责人培训班，加强托育服务保障，高质量完成省、市民生实事项目及城市赋能十大专项行动任务。全市完成新增托育机构18家，新增托位1160个，超额完成省、市民生项目年度工作量。继续坚守母婴安全“底线”，把母婴安全放在卫生健康工作的突出位置，深入实施母婴安全行动计划，持续巩固母婴安全五项制度。开展孕产妇死亡和新生儿死亡评审，加强对重点地区的督导。1—12月，全市母婴安全形势总体平稳，全市辖区内活产数14714人，孕产妇死亡率为0，婴儿死亡率2.24‰。持续做好出生人口监测，完善出生缺陷综合防治体系，强化两癌筛查、国免优生检查、婚检等重大公共卫生服务项目，全力保障妇幼健康。

（许建伟）

基层卫生

【概　况】2020年，紧扣全省基层卫生工作重点任务和全市卫生健康中心工作，在做好疫情防控的基础上，以提升基层服务能力为切入点，持续深化医共体框架下基层服务体系、基本公共卫生服务、家庭医生签约等工作。

【基层医疗能力建设】年内，通过市政协“提高村级医疗服务水平”“请你来协商活动”，邀请相关部门、医共体代表、乡村医生代表、部分政协委员共商规范化村卫生室和乡村医生培养及待遇问题，加快提升基层医疗卫生机构服务水平。2020年，全市新改扩迁建18家乡镇卫生院（社区卫生服务中心），52家村卫生室，村卫生室标准化率76.68%，较2019年提高17.13个百分点。加大全科医生培养力度，全市申报定向培养计划179个，其中110人面向基层医疗卫生机构，同时各地积极面向高校毕业生开展提前招聘，47名大学生与基层单位签订就业协议。组织全市基层医疗卫生机构中从事中医、中西医结合临床工作的中医类别全科医生参加岗位培训，全市转岗培训14人。

【家庭医生签约】年内，做好平战结合下家庭医生签约工作，充分发挥家庭医生在疫情防控中的积极作用，下发《关于在疫情防控期间开展家庭签约医生“五个一”服务工作的通知》，将全市家庭医生团队分配到各网格，组建居家医学观察管理小组，参与疫情防控工作。开展以“携手家庭同心战疫”为主题的宣传活动，在《衢州日报》、“健康衢州”微信公众号等主要媒体，宣传报道家庭医生团队事迹。依托“互联网+健康”与5G技术创新签约方式，开展家庭医生签约“云服务”。联合市残联举办三期“阳光康复·家庭病床”签约医生培训班，培训项目签约医生195人。至12月底，全市组建签约服务团队727个，签约覆盖率42.43%，十类重点人群签约覆盖率85.77%，其中城乡低保五保、残疾人、计划生育特殊家庭等三类人群签约覆盖面均达90%以上，较2019年分别提高24.91%、20.2%、7.95%。推进家庭医生签约示范基地和示范点创建工作，全市创建示范基地2家、示范点14家。

【基本公共卫生服务项目】年内，制定下发《关于印发衢州市基本公共卫生服务项目质量提升专项行动实施方案的通知》，提出八大行动及33个具体事项，完善项目质量提升长效机制。制定下发《关于印发衢州市2020年基本公共卫生服务项目技术指导和人员培训工作计划的通知》，举办全市基本公共卫生服务项目培训班，将疾控、妇保、监督、三院、信息中心等成员单位项目培训指导任务列入市对县（市、区）综合目标考核，突出其对项目的技术支撑作用，在业务推进中强化基卫项目与重大项目的有效融合。各地将基卫项目宣传融入乡村大讲堂、“8090”演讲、“抖音”直播等活动中，传播健康知识和宣传基本公共卫生项目服务内容。以国家审计整改落实为契机，完成区域电子健康档案信息系统升级改造，实现电子健康档案系统与诊间HIS系统、妇幼等系统的横向互通和纵向传输。截至12月底，全市建立居民健康档案233.61万份，建档率90.59%，上传省平台档案222.01万份，其中高血压、糖尿病规范率居全省前列，全市开放健康档案13.21万份，开放率59.32%。

【基层补偿机制改革】年内，将基层补偿机制融入整合型医疗卫生服务体系建设中，着力打造优质高效的医共体内部财政补偿和财务管理体系，有效激发医共体内生动力和运行活力。同时利用信息化手段，通过居民电子健康档案质控系统，对基本公共卫生服务数据开展三级质控，并将质控结果推送到服务人员终端，让服务人员能随时查看本人的数据质量，并及时订正；将当量购买明细延伸到分院和医生个人，实行医生对账、分院对账、县（市）级审核、不合理购买申诉等制度，做到“精细考核，绩效透明”，每个医生都能看到自己的有效当量，提高服务绩效。

【优质服务基层行】年内，按照“面上全覆盖、达标分批次”的原则，全市103家基层医疗卫生机构均开展自评并接受省级复核，其中12家达到国家推荐标准，74家达到国家基本标准，基本标准覆盖率71.74%。同时以基层特色科室创建为切入点，培养和扶持一批适合基层医疗卫生机构开展的特色服务项目，形成与县级医院功能互补、差异化发展的格局。2015—2020年，全市建成市级基层医疗卫生机构特色科室（专科）60个，其中2020年新创建9个。

（许建伟）

卫生监管

【概　况】2020年，继续发挥“互联网+监管”优势，开发新冠肺炎院感防控智慧监管系统，推进“智慧”卫监系统建设。推行“双随机”抽查监管机制，深化“最多跑一次”改革，提升卫生健康执法效率。衢州市“智慧卫监——新时代蓝盾卫生”项目获浙江省首届数据创新应用大赛三等奖。

【智慧卫监】年内，积极探索“互联网+监管”非现场执法新模式。至年底，在口腔诊疗器械清洗消毒、餐饮具集中清洗消毒、医疗废物、医疗机构重要传染病院感防控、宾馆顾客用品清洗消毒、生活饮用末梢水水质、游泳场所水质、医疗机构消毒供应室、粉尘作业场所粉尘监测和防护、从业人员健康管理等十个领域实现远程、实时智慧管理。实施非现场执法的现场850个，对474个设备在线监测。2020年，办理非现场执法处罚案件122件。7月，省政府向国务院办公厅汇报"互联网+监管"工作时，将衢州市卫健领域非现场执法作为亮点工作汇报。12月，在国务院办公厅举办的浙江省"互联网+监管"试点工作进展调研会上，市卫生监督所就浙江省口腔诊疗机构职能监管系统在衢州试点以及全省推广的情况作专题汇报。

【妇幼健康执法实训】 年内，开展10期国家级和省级实训，实训人数350人次。谋划在衢州市公共卫生服务中心内建设1460平方米的妇幼健康执法实训基地，力争基地成为国家卫生健康执法骨干培训的中心之一，把实训基地打造成展示衢州卫生健康执法风采的渠道。

【"双随机"执法】 年内，全市完成国家级"双随机"执法任务1011件，省级"双随机"执法任务1093件，处罚率35%以上。其中市本级完成国家级"双随机"执法任务175件，省级"双随机"执法任务116件。

【行政审批制度改革】 年内，推出公共场所卫生许可备案自动延续，对放射诊疗许可、医疗机构使用麻醉药品、第一类精神药品许可，消毒产品生产企业卫生许可（延续）三个事项实行告知承诺制，推进证照分离改革，实施放射诊疗"一件事"跨部门联审联办等系列改革，开通消毒产品生产企业卫生许可审批"绿色通道"，保障疫情防控物资生产经营。市本级受理并办结1708件，市卫健委行政审批窗口被评为2019年度省级巾帼建功先进集体，2020年度"群众最满意窗口"。

【行政处罚】 年内，全市卫生监督机构行政处罚结案数2271起，作出罚没款总额366.33万元，完成重大处罚备案55起，申请强制执行2起。市本级行政处罚结案数263起，作出罚没款总额60.74万元。

【投诉举报管理】 年内，全市卫生监督机构受理投诉举报102起，调查处理102起，反馈102起，立案处罚24起。其中市本级受理投诉举报25起，调查处理25起，反馈25起，立案处罚6起。

【食品标准备案管理】 年内，完成企业标准备案46件。完成食品安全标准跟踪评价工作。全市发放4项食品安全国家标准及地方标准的跟踪评价问卷调查表140份，收集到问卷调查表127份，安排专人及时录入跟踪评价平台。

【公共场所卫生监督】 年内，全市公共卫生领域查处违法行为1119起（市本级150起），强制执行1起，吊销卫生许可证或责令停业整顿35家（市本级6家），作出罚没款总额44.93万元（市本级18.45万元）。对全市范围内67家游泳场所进行两轮全覆盖监督检查，立案查处43家，责令停业整顿11家。开展中高考期间、传染病高发季节等重要、敏感时期的学校卫生专项检查，处罚36家（市本级5家）。推出衢州市从业人员健康智慧管理系统，对公共场所从业人员实施大数据分析管理，全市通过该系统查处47起未取得有效健康合格证明从业人员从事直接为顾客服务的非现场执法案。

【医疗机构执业监督】 年内，开展冬春季传染病疫情防控工作督导、医疗机构传染病防控监督检查、医疗机构依法执业专项检查、放射诊疗重点场所专项行动等9个专项检查工作。全市查处医疗领域违法违规案件1042起，罚没款161.76万元，其中，市本级查处医疗领域违法违规案件89件，罚没款14.87万元。2020年全市卫生健康部门向相关部门移交违法案件13起。

【职业病防治卫生监督】 8月，通过市县联动和县县互动形式，开展2次大规模职业卫生联合执法活动，打击职业病防治领域的违法行为。全年全市职业卫生行政处罚110起（市本级24起），罚款141.6万元（市本级9.3万元），执行的罚款141.6万元（市本级9.3万元）。2020年底，衢州市上线职业健康培训平台，补充线上培训的空白，使更多相关人员可以接受职业健康普法教育。

【信用修复工作】 年内，及时将卫生行政许可情况和卫生行政处罚情况纳入信用平台，及时将卫生行政处罚满一年及以上的失信主体（企业）为对象，按照行政处罚时间轴顺序"清零"原则，开展信用中国、信用浙江、信用衢州网站行政处罚信息的信用修复"清零行动”。全面推行公共场所的量化分级制度并将量化分级情况及时向社会公布。

（许建伟）

医教科研

【概　况】 2020年，对紧缺人才开辟“绿色通道”，市本级引进硕士研究生40名，县（市、区）引进硕士研究生12名。全市卫技人员中博士5名、硕士461名。全市入选衢州市拔尖人才4人，衢州市青年拔尖人才3人，获国务院政府特殊津贴1人，入选省级名中医1人、省医坛新秀7人、省卫生创新人才4人。

【继续医学教育】 年内，完成中医、西医住院医师规范化培训报名招录工作和新模式住院医师规范化培训年度考核工作，中医基地招录20名学员，西医基地招录109名学员，228名学员参加住院医师规范化培训年度考核考试。1月22日，完成2020年衢州市新模式住院医师规范化培训年度基地考核。通过国家级继教项目3项，备案2项，省级继教项目24项，备案19项；通过市级继续医学教育项目134项，市级学术会议类继续医学教育项目15项，举办线上线下学术交流活动及培训班220场，3万余人次参加培训。完成乡村医生注册培训的教学管理工作，939名乡村医生参加培训。

【科研申报】 2020年，组织62项课题申报省卫生医药科技计划，获立项4项。组织20项课题申报省中医药科技计划，获立项4项。组织开展市科技计划项目申报，获市级指导性科技计划项目立项108项。

【医学重点学科建设】 年内，市中医医院脾胃病科、骨伤科、护理学，开化中医院肾病科、外科，龙游中医院护理学，被列入浙江省“十三五”中医药重点专科建设项目。新建4个市级专家工作站：上海交通大学医学院附属仁济医院科主任、教授、博导李鹤工作站（衢州市中医医院），浙江大学医学院附属妇产科医院院长、教授、博导吕卫国工作站（衢州市妇幼保健院），浙江省人民医院危重病医学主任孙仁华工作站（衢州市人民医院）和浙江大学医学院附属第二医院主任医师张晓红工作站（衢州市第二人民医院）。

【医学鉴定】 年内，依法依规开展医疗事故、医疗损害等医学鉴定工作。全年收到医学鉴定委托16起，均为医疗损害鉴定。经审核，受理医疗损害鉴定13起，完成医疗损害鉴定12起。

（许建伟）

爱国卫生

【概　况】 2020年，以习近平总书记关于实施健康中国战略、深入开展爱国卫生运动和做好新冠肺炎疫情防控的系列重要讲话精神为指引，以卫生创建与巩固、健康城镇建设、病媒生物防制为主线，结合新冠肺炎疫情防控、全国文明城市创建等中心工作，统筹推进爱国卫生各项重点任务落实。

【全市爱国卫生工作会议】 5月15日，在新冠疫情防控取得阶段性胜利的第一时间，以视联网形式召开全市爱国卫生工作暨市区病媒生物控制水平评估认可工作会议，传达学习习近平总书记关于深入开展爱国卫生运动的重要指示精神，部署贯彻落实措施，推动全市爱国卫生各项工作落地落实。副市长、市爱卫会主任王良春出席会议并讲话，市爱卫会成员部门和各县（市、区）爱卫会成员单位参加会议。

【开展群众性爱国卫生运动助力疫情防控】 4月以来，市爱卫办与市文明办联合组织开展以践行“八个一”行动、城乡环境卫生整治、农贸市场环境卫生整治、病媒生物防制、“厕所革命”、卫生乡镇创建巩固、健康城镇建设、健康校园建设、健康单位建设及健康促进为主要内容的爱国卫生十大专项行动以及“爱卫同行，文明共建”活动周、“衢州有礼周”爱国卫生专项活动等，广泛深入开展群众性爱国卫生运动。对接市新型冠状病毒肺炎疫情联防工作领导小组，组织开展全市农贸市场爱国卫生专项行动，对市区农贸市场规范管理情况开展检查指导，降低疫情传播风险。大力开展冬春季和夏秋季等季节性爱国卫生运动，助力常态化疫情防控。完成市两会期间会场等相关重点公共场所预防性消毒保障工作。针对7月持续强降雨受灾情况，市爱卫会及时部署开展以抗灾防病为主要内容的群众性爱国卫生运动，确保灾后无大疫。

【第32个爱国卫生月系列活动】4月，市爱卫办与市文明办、生态环境局、住建局、农业农村局、卫生健康委、总工会、团委和妇联等9部门联合下发《关于开展第32个爱国卫生月活动为全面打赢新冠肺炎疫情阻击战营造良好环境的通知》，连续开展健康教育宣传周、环境卫生整治周、文明新风养成周、和谐生活传播周4个爱国卫生月主题周活动，并发起"参与爱国卫生运动，共享健康文明生活"倡议，以电视、报纸、微信刊载的方式进行广泛宣传。与市创建办"衢州有礼"微信公众号共同推进爱国卫生运动和爱卫月活动主题宣传，连续推送4期以"防疫有我，爱卫同行"为主题的爱国卫生历史和衢州市爱国卫生运动工作成效系列专题宣传。积极整理编辑《开展爱国卫生运动，粉碎侵华日军细菌战》的衢州"爱卫故事"，经省爱卫办向全国爱卫办推荐。

【健康村镇和健康细胞建设】年内，积极开展健康乡镇、健康村建设，将全市各县（市、区）10个国家卫生乡镇和84个省级卫生村作为市级试点，国家卫生乡镇中开展健康村镇建设比例37%。推进健康家庭建设，全市新增健康家庭8879户，累计创建14513户。选送本市家庭代表参加全省第二届健康家庭大奖赛，获一等奖及健康知识竞赛优胜奖。积极打造健康支持性环境，全市新增健康单位5家、健康社区6家、健康食堂6家、健康学校6家、健康餐厅4家、健康步道4条、健康主题公园3个、健康小屋1个。合力推进健康促进学校和健康促进医院建设，全市新创建浙江省健康促进学校金牌5家、银牌13家、铜牌50家，全市中小学校浙江省健康促进学校占比84.47%。浙江衢化医院成功创建浙江省健康促进医院，全市二级及以上医院浙江省健康促进医院占比95%。推进全市无烟党政机关建设活动，举办全市无烟党政机关建设工作推进暨业务培训会，通过明察暗访、第三方测评等手段，高标准推进建设工作，同时借助专题报道等媒体力量，营造较好的建设氛围，基本实现市级单位无烟党政机关建设全覆盖目标。

【国家卫生城市巩固】年内，加大日常督查力度，常态化做好国家卫生城市管理问题交办和督查通报工作。全年编发市区环境卫生和农贸市场卫生督查通报26期，国卫督办单53份，重点区域、重点场所存在的一些动态性问题得到整改落实。将国卫巩固工作与文明城市创建深度融合，加强与上下、横向对接协调，市、县两级均借力借势全国文明城市和浙江省示范文明城市（县城）创建决战决胜攻坚，交办解决重难点问题，长效巩固国卫成果，为文明创建打下坚实基础。

【卫生乡镇创建】年内，为适应疫情防控新形势，全市国家卫生乡镇创建工作早划谋、早启动，以"钉钉直播+视联网"的新手段新形式，面向全市乡镇并延伸至部分行政村，开展国家卫生乡镇创建钉钉线上培训。全面启动国家卫生乡镇创建市级评审工作，向省爱卫办推荐35个市级评审达标乡镇，并督促指导做好问题整改、日常巩固和省级暗访迎检工作。继续推进全市卫生村创建提质扩面，年内，全市新创建浙江省卫生村204个，命名衢州市卫生村119个，省、市级卫生村比例分别达到58.36%、77.46%。

【病媒生物防制】3月，制定下发《2020年衢州市区病媒生物防制暨控制水平评估认可工作实施方案》，扎实开展督查指导，全力做好病媒生物控制水平评估迎检工作。6月，衢州市一次性通过病媒生物控制水平省级评估认可，取得下一周期国家卫生城市复审"入场券"。以"疾控机构+PCO单位+第三方机构"的模式，科学开展建成区病媒生物监测和病媒生物防制效果评估。建立并实行衢州市建成区街道公共外环境病媒生物防制工作排名考核机制，加强病媒生物监测防制工作的质量控制和监管。组织开展市区春秋季统一灭鼠、夏季集中灭蚊蝇活动和病媒生物防制进社区活动。开展灭鼠等病媒生物防制专项督查，通过电视、微信公众号开展宣传，普及病媒防制知识。完成35个国卫申报创建乡镇的病媒生物控制水平市级评估认可，组织对全市8个“无蚊村”试点开展市级评估，推进农村病媒生物防制工作。

【城乡环境卫生整洁行动】 年内，围绕全国城乡环境整治行动(2015—2020年)五年目标任务，统筹做好组织协调、督导自评、信息通报等工作，督促各县(市、区)和成员单位深入开展整治行动，确保五年行动的各项工作任务目标顺利收官，做好国家终期评估抽查迎检工作。年末，全市建制镇生活垃圾无害化处理率100%，建制镇生活污水处理率70.2%，全市农村生活垃圾分类处理建制村累计1258个，全面实现有效集中收集，农村集中式供水人口比例97.8%。开展农村户厕“一户一档”建档工作，做好档案资料收集。全市农村卫生厕所实现全覆盖，农村无害化卫生厕所普及率99.65%，全面完成省下达的年度目标任务。

(许建伟)

无偿献血

【概　况】 2020年，全市完成无偿献血28943人次。其中，献全血26387人次，献全血总量8105.53升；献机采血小板2556人次，机采血小板3670U，300毫升及以上比例77.5%。全年临床用血总量8443.48升。输红细胞类手术开展自体输血总例次2811人次，手术患者回输自体血总量5722.01U，自体输血率45.3%。无偿献血占临床用血比例104.7%，成分输血率99.7%。继续保持临床用血100%来自自愿无偿献血。

【用血费用报销】 年内，市中心血站继续推进“用血服务不用跑”改革项目，为群众提供便利。全市用血报销824人次，报销金额59.33万元，还血比率6.10%。其中，医院直免813人次，减免金额57.95万元；App直报5人次，直报金额7999.7元；血站报销6人次，报销金额5795元。本人及家属医院用血直免率均达99%。

【无偿献血宣传】 年内，开展献血者日主题宣传活动，6月8—22日，衢城30多个LED大屏、各旅游景点LED屏、公交车车载电视同步播放无偿献血公益宣传片及宣传标语，致敬无偿献血者；衢州电视公共频道《直播衢州》栏目推出香樟奖人物专访，将5名香樟奖获得者炽热的奉献之情和“仁爱、人道”的博爱之心，分享给衢州市民；携手衢州广播新闻综合频率FM105.3《信息随身听》栏目，每周五下午4点，与听众分享血液知识，播报25期；与热血跑组委会、深圳市血之缘公益基金会发起“热血跑·百城百企·为爱行动”2020无偿献血月活动；组织2020贝林星月宸马拉松热血公益跑活动，2次活动共有370名献血者参与。

【表彰先进献血者】 年内，按规定申报2018—2019年国家无偿献血奉献奖，做好2016—2018年浙江省奉献奖获得者的奖项发放工作；世界献血者日期间，对5名香樟奖获得者进行颁奖，为5名累计献血超过百次的献血者制作百次献血纪念奖杯；对2019年度在无偿献血工作中做出显著成绩的109家企事业单位，衢州市高校无偿献血9个先进团体和131位个人奖项获得者进行通报表彰。

【关心关爱献血者】 根据《浙江省卫生健康委关于启用新版〈浙江省无偿献血荣誉证〉的通知》，自2020年1月1日起全面启用新证，新证进一步提升证件质量、防伪性能和使用便捷性。全年，447名符合申领条件的献血者申领浙江省无偿献血荣誉证，其中发放荣誉证434人，补办19人。根据《衢州市人民政府办公室关于印发衢州市市区居住证积分管理办法(试行)的通知》，将无偿献血纳入居住证管理指标体系，凡参加无偿献血，累计200毫升计1分，每增加100毫升加0.5分，最高分值为20分。此外与无偿献血相关的各类市级、省(部)级、国家级荣誉都可以折合成相应分值。截至12月，衢州市区居住证积分管理献血者已审核材料289人。6月10日，联合市红十字会开展第三届“博爱有礼关爱生命”困难献血者家庭人道救助活动，为10名符合条件的献血者发放救助金5万元；联合深圳血之缘公益基金会成立关爱献血者项目，完成对衢州职业技术学院及衢州学院2所高校13名大学生献血者的资助，发放资助金1万元。

(许建伟)

衢州市人民医院新冠肺炎疫情防治

【概　况】衢州市人民医院是市级新型冠状病毒感染肺炎的定点收治医院。1月21日，市人民医院成立疫情防控指挥部，下设院内医疗救治专家组、应急病区医疗团队、后勤保障组、分院后勤服务组、综合协调组、信息宣传舆情控制组、院感防控组、防护督查组、预检分诊组等9个工作小组，由院疫情防控指挥部统一领导、统一指挥、统一行动，以“五个不过夜”(重要部署传达不过夜、重要工作落实不过夜、重大事项报告不过夜、重大问题处理不过夜、重要文件办理不过夜)原则，以“八个最”(建立最完善的组织架构和领导体系、开展最广泛的动员、实行最严格的排查工作、实施最严密的防护措施、组建最强大的诊治队伍、做好最全面的后勤保障、做到最有力的舆情管控、执行最严明的组织纪律)的硬核举措，召开防控工作领导小组会议24次，召开协调会50余次，下发疫情相关通知88份，处理上级部门疫情相关重要文件200余份。医院在疫情初期快速有效改造并启用隔离病区，组建医护救治团队，负责发热门诊、留观病房、隔离病房的救治工作，设置新生儿救治组、紧急手术救治组、孕产妇救治组、危重症病人救治组、气管切开救治组等为特殊新冠病人处置团队。培训考核梯队人员、应急队伍及后备人员900余人。医院收治20名新冠肺炎确诊病例(其中6名重症)、3名无症状感染者，均已治愈出院(包括6名重症)，医院累计接诊发热门诊病人2.8万余人次，留观345人，院内专家组进行院内相关病例会诊100余次，市级专家组进行各县(市、区)相关病例会诊50余次，实现“零死亡、零感染”。

【驰援武汉和新疆】医院先后派出9名医护人员驰援武汉，2名医护人员援疆，出色完成援助武汉和援疆医疗任务。第一批驰援武汉的呼吸科副主任医师徐小华、呼吸科护士郑慧瑾、感染科护士赵凯旋、ICU护士方文浩、EICU护士余娜于1月25日出发，4月6日返衢；第二批驰援武汉的心血管内科主治医师柴东剑、消化内科主治医师王莉娟、肛肠外科护士王钰、心胸外科护士徐慧于2月9日出发，4月12日返衢。驰援新疆有麻醉科副主任医师、衢州援疆医疗队队长王之成和衢州市援新疆喀什检测医疗队队长、检验科主管技师翁媛媛，他们分别于2020年2月出发，2021年8月返衢和2020年10月26日出发，2020年11月13日返衢。

【新冠疫苗紧急接种和核酸检测】稳步有序做好新冠疫苗紧急接种医疗救治工作，医院依托衢州城市检测基地建设规划，日均核酸检测能力1万份(按单样检测计算)。通过增加班次，最高日核酸检测能力可达3万份。

【抗击疫情宣传报道】2020年，抗疫感人事迹多次受到国家级省级媒体关注，市级媒体多次邀约采访80余次：《人民日报》、《光明日报》、央视《新闻联播》、“学习强国”、《健康报》护士频道等国家级媒体平台报道60余篇，浙江卫视、《浙江日报》、浙江党建、健康

11月13日，欢迎衢州市援助新疆喀什检测医疗队回家

2020年衢州市人民医院抗击新冠肺炎疫情获省级以上荣誉医护人员一览表

表31

姓名	荣誉名称	授予单位
田明庆	全国抗击新冠肺炎疫情先进个人	中共中央、国务院、中央军委
	浙江省优秀共产党员	中共浙江省委
杨庆、赵凯旋、何冬娟、方琪	浙江省抗击新冠肺炎疫情先进个人	中共浙江省委、浙江省人民政府
徐小华	浙江省抗击新冠肺炎疫情先进个人	中共浙江省委、浙江省人民政府
	抗疫一线优秀党员	中国农工民主党浙江省委员会
吴德军	浙江民建抗击新冠肺炎疫情先进个人	中国民主建国会浙江省委员会
汪正飞	抗击新冠疫情和助力复产复工工作先进个人	中国民主同盟衢州市委员会
赵凯旋	最美逆行者	中共湖北省委员会、湖北省人民政府
杨庆、徐雪芳	浙江民革防控抗疫先进个人	民革浙江省委会
彭春仙	九三学社抗击新冠肺炎疫情先进个人	九三学社中央委员会
	浙江九三榜样	九三学社浙江省委员会
	抗击新冠疫情全国三八红旗手	中华全国妇女联合会、国家卫生健康委员会、中央军委政治工作部

浙江、浙江之声等省级媒体平台报道80余篇，衢州电视台、《衢州日报》、《衢州晚报》、掌上衢州、衢州工运、衢州组工等市级媒体报道500余篇。市人民医院获“全省抗击新冠肺炎疫情先进集体”“全省先进基层党组织”等荣誉称号，隔离病房治疗团队被市委、市政府授予集体三等功，多人获全国、省、市级先进荣誉称号。

（李 春）

体育

Sports

综　述

【概　况】2020年，衢州体育全力打造四省边际中心城市美丽经济“桥头堡”，建设“运动健康之城”，完成体育事业发展各项工作。

【复工复产纾困工作】年内，积极帮助社会体育经营机构和体育产业企业复工复产，下拨疫情纾困资金178.4万元，支持22家企业复产，帮助全市实际经营的280多家体彩网点争取省疫情防控专项补贴资金50多万元，落实国家体彩实体店疫情补贴政策。按照疫情防控要求从3月20日起逐步有序开放公共体育场地设施。

【快乐运动小镇项目】年内，协调督促项目参建单位成立疫情防控工作领导机构，制定防控方案，落实防控措施，体育中心项目于2月中旬正式复工复产。牵头与24家社会潜在意向主体进行对接，并与市财政局、市国资委、智慧新城管委会等部门进行多轮沟通研究，高标准完成快乐运动小镇二期前期工作。

【赛事活动】年内，2020江郎山新年登高全国主会场活动、2020年全国男子举重锦标赛暨东京奥运会模拟赛、2020浙江大湾区自行车公开赛（衢州站）暨衢州第六届大花园诗画风光带自行车骑行挑战赛、衢州市第三届体育大会、衢州市阳光运动会、2020年浙江省青少年国际跳棋锦标赛、“我要上全运”浙江省第十届青少年地掷球锦标赛等40余场市级以上赛事活动圆满完成。

【“诗画风光带”体育赛事活动】8—12月，衢州金庸武林大会以每月一场的形式亮相水亭门历史文化街区。武林大会报道宣传取得历史性突破，央视频、凤凰网、抖音等在线直播，新浪微博“#衢州金庸武林大会#”话题阅读破1.5亿次，累计吸引现场观看人数1.6万人次，网络观看流量4200万人次。衢州体育利用丰富优质山水资源，按照“事业+产业”的发展理

10月22日，“钱江源国家公园杯”2020年全国男子举重锦标赛暨东京奥运会模拟赛在占旭刚体育馆开赛

念，把体育作为载体，激发城市活力。衢州市信安湖自然水域垂钓大会、衢黄饶南畅游信安湖游泳大会暨浙江省第二届救生桨板大赛和衢州市操舞展示大会暨浙闽赣皖健美健身邀请赛圆满完赛，吸引来自浙闽赣皖四省九市和省内各地市约1200名运动员参加，三大赛事均开展全程线上直播，现场观看人数近5.5万人次，线上累计观看人数突破62万人次。

11月15日，2020年第八届“衢州·烂柯杯”中国围棋冠军赛开幕

群众体育

【概　况】 2020年，开展全民运动健身模范市创建工作，举办全民健身活动300余场，打造“世界围棋圣地”，开展基层体育场地设施建设，举办衢州市第三届体育大会，筹备2021年浙江省第四届体育大会工作。

【基层体育场地设施建设】 2020年，基层体育场地设施建设被列入2020年省、市两级政府民生实事项目之一，建成40个室内健身驿站（省百姓健身房），其中城区12个、农村28个；社区多功能公共运动场17个、社会足球场2个、游泳池（拆装式游泳池）7个、小康体育村升级工程100个。组织完成体育类省政府民生实事智慧督查系统数据采集报送，全省第四个完成竣工信息报送；组织开展2020年新增体育场地设施录入体育场地常态化普查系统等工作。至年末，人均体育场地面积2.42平方米。

【“世界围棋圣地”建设】 2020年，提出打造“世界围棋圣地”目标，明确“十个一”工作计划。举办第八届“衢州·烂柯杯”中国围棋冠军赛、“南孔圣地·衢州有礼”第八届“商旅杯”全国新闻界围棋锦标赛、2020全国业余棋王争霸赛、2020“衢州有礼·运动柯城”中国围棋之乡联赛、2020年第二届“钱江源国家公园杯”全国县级围棋团体邀请赛、第二届“烂柯棋院杯”名校教授围棋邀请赛六项围棋赛事，吸引近2000人到衢州参赛，近百家媒体对围棋赛事进行报道。其中新浪、腾讯、弈城围棋等平台对“烂柯杯”进行全程直播，累计吸引近100万人在线观看；2020全国业余棋王争霸赛事融合线上线下，线上总参赛人数超38万人，总对局数超236万局，各项数据均创新高。

【全民健身活动】 新冠疫情以来，组织开展居家“云健身”活动，普及推广健身方法和健身项目。全年，举办（承办）全国新年登高健身大会、衢州市美丽沿江公路贯通仪式骑行、登山挑战赛等20余场群众体育赛事。在“8·8”全民健身日，举行中国拔河训练基地揭牌仪式，开展衢州市第二届小金属球公开赛和衢州市第三届体育大会广播体操比赛、健身气功比赛等多项活动。

【全国新年登高健身大会】 1月1日，“中国体育彩票”2020年全国新年登高健身大会中心主会场在江山市举行。“北有八达岭，南有江郎山”，江郎山作为2020年全国新年登高健身大会唯一中心主会场，吸引全国人民的目光。全国各地5000余名登高爱好者共登江郎山，排球奥运冠军宋妮娜、皮划艇奥运冠军孟关良、攀岩世界冠军钟齐鑫等与群众一起登高。新浪等多家门户和主流网站进行全程现场网络直播，CCTV5频道直升机全程直播此次活动。

【衢州市第三届体育大会】 8月8日上午，衢州市全民健身日活动启动仪式暨衢州市第三届体育大会开幕式在衢江区第二小学举行。此次体育大会,设足球、健美操、地掷球、围棋等28个大项、219个小项。全市6个县市区、6所重点中学、140支行业系统(企业、俱乐部)代表队2800余名运动员参加。

【组织开展居家"云健身"】 1月31日起,积极组织开展居家"云健身"活动,普及推广健身方法,推广体育健身运动,在"衢州体育"微信公众号发布"宅"家也爱做运动系列,共21期。提倡疫情期间居家锻炼身体,减少人员流动,提升全民自身免疫力。

【体育公共服务领域"最多跑一次"改革】 年内,为深化"最多跑一次"改革,加快推进"数字体育"建设,根据省委、省政府关于全面推进公共数据和政务信息系统整合共享的要求,组织开展体育数据归集工作,归集、核查2019年及以前社会体育指导员信息6596条、健身气功站点信息31条。根据省体育局全民健身公共服务系统2.0版的建设要求,组织开展5个体育馆(游泳馆)、12个城区百姓健身房接入全民健身地图并实现在线预约功能,并开展全民健身地图场地定位准确率核查。

竞技体育

【概 况】 2020年,竞技体育取得新成就:多名衢籍运动员备战奥运会等国际赛事;2名教练入选省优秀教练员培养百人工程名单;羽毛球项目和举重项目2名运动员被省队招为正式运动员;3个项目10名运动员分别被列入省队集训体校重点生和体校生名单;2名运动员参加省队组织的备战2021年陕西全运会的跨项备战集训;在市青少年田径锦标赛中,1名运动员打破衢州市最高纪录;创建3所浙江省体育传统项目学校阳光体育后备人才基地学校。

【衢籍运动员备战奥运会等国际赛事】 年内,衢籍羽毛球世界冠军、衢州城市形象大使黄雅琼,积极备战东京奥运会;柯城射箭运动员鲁帅,入选国家射箭集训队,有望参加东京奥运会;江山中学输送跨界跨项运动员朱杨琪,入选国家钢架雪车集训队,有望参加北京冬奥会;柯城足球运动员童磊,入选国家男子足球队集训名单,备战2022年卡塔尔世界杯亚洲区预选赛预赛阶段(四十强赛)。

【重大赛事】 年内,市本级输送的运动员郑岚,代表浙江队参加2020年全国羽毛球锦标赛,获团体第三名;柯城区输送的运动员鲁帅,代表浙江队参加2020年全国射箭冠军赛,获个人淘汰赛第三名,参加2020年全国射箭室外锦标赛,获团体淘汰赛第六名;开化县输送的运动员沈霄霆,代表浙江队参加2020年全国男子举重锦标赛,获抓举第七名;江山市输送的运动员严垚斐,代表浙江队参加2020年全国空手道锦标系列赛(分站赛),获女子团体组手第三名和女子50公斤级组手第五名;江山市输送的运动员钟家瑞(U12岁组)和柯城区输送的运动员吴子晟(U13岁组),代表浙江省参加2020年全国U12—U15羽毛球总决赛浙江选拔赛,分别获第一名、第二名,获总决赛资格。

【优秀体育人才培养】 年内,优秀教练员琚华骏(柯城足球)、周杰(江山田径),入选浙江省优秀教练员培养百人工程名单。郑岚(衢州羽毛球)、姜灵伟(江山举重)被省队招为正式运动员。柴文杰(开化举重)、余文豪(开化举重)被列入省队集训体校重点生名单。余彦呈(衢州田径)、刘勇强(江山举重)、陈雅睿(江山举重)、吴戈凡(柯城射箭)、祝冰彬(江山射箭)、陈则尔(柯城射箭)、程子丹(柯城射箭)、吴经纬(江山田径)等人,被列入省队集训体校生名单。郭健(龙游)、吴东升(江山)等人,参加省队组织的备战2021年陕西全运会的跨项备战集训。

【全市青少年阳光体育运动】 12月18日下午,衢州市第三届青少年学生阳光体育运动会举办,全市各县(市、区)选派88支学校运动队、领队、教练、运动员1226名参加。主办田径、游泳、举重、乒乓球、校园足球、羽毛球、击剑、跆拳道、武术散打等市级青少年(阳光)体育竞赛17项,来自全市各县(市、区)领队、教练员、运动员4000余名参加。市青少年田径锦标赛中,3名运动员打破市同龄组纪录,1名运动员打破市最高纪录。

【省级基地创建工作】 年内,创建2020—2023周期浙江省体育传统项目学校阳光体育后备人才基地学校3所(衢州二中、白云学校、柯城实验小学)。指导柯城、江山、开化3所县级体校,开展2021—2024周期省体育后备人才基地认定工作。

体育产业

【概 况】2020年,体育彩票安全运营,完成年初销量目标。引导帮助11家单位和企业向上获得省产业扶持资金530.6万元,通过体育产业激活城市相关消费产业链,激活"体育+"效应,打响"运动健康之城"城市品牌,助力诗画风光带建设。

【体彩安全健康发展】截至年末,全市体彩销量28954.03万元,增幅-11.36%,增幅排名全省第三,全市筹集体彩公益金2444.36万元,其中市本级筹集体彩公益金1834.96万元,以"建设负责任、可信赖,健康持续发展的国家公益彩票"为发展目标,衢州体彩实现安全健康发展。

【产业发展资金项目库】年内,徐莫森林汽车穿越小道、2020全国新年登高健身大会、2019灵鹫山全国森林运动会、2019汽车拉力锦标赛中国(龙游)拉力赛、衢州市羽动智慧羽毛球馆、国家级示范性登山健身步道、2019中国户外极限运动公开赛总决赛、江郎山飞行基地、2019中国山地自行车公开赛总决赛、2019钱江源国家公园马拉松、江山市国家体育产业示范基地11个项目被列入浙江省2020年度体育产业发展资金项目库。

12月26日,2020衢州金庸武林大会总决赛颁奖仪式举行

【省级品牌赛事名录库】年内,亚太汽车拉力锦标赛中国(龙游)拉力赛、中国山地自行车公开赛总决赛(浙江常山站)、衢州马拉松、烂柯杯全国围棋冠军赛、灵鹫山百公里国际越野赛、钱江源国家公园马拉松、全国新年登高健身大会南方主会场7个项目被列入浙江省重点培育品牌体育赛事名录库。

【衢州有礼·诗画风光·幸福云动】6月1日起,开展为期一个月的"衢州有礼·诗画风光·幸福云动"中国体育彩票2020衢州线上云运动。根据国家体育总局的要求,响应市政府"衢州有礼"诗画风光带的号召,引导更多的市民到美丽的"一江两港三溪"(衢江、常山港、江山港、马金溪、石梁溪、庙源溪)去活动,宣传衢州的绿水青山,组织开展此次线上活动。

【衢州金庸武林大会】8—12月,举办2020衢州金庸武林大会5场,历时5个月。分别在8月28—29日、9月25—26日、10月23—24日和11月20—21日安排4场月度赛。12月25—26日,在水亭门内广场举行总决赛和闭幕式颁奖典礼。衢州金庸武林大会设业余武术散打项目,有男子轻量级60公斤(体重在56至60公斤之间)和男子中量级70公斤(体重在65至70公斤之间)两个小项。经过比拼,来自杭州的徐伟获男子60公斤级冠军、来自衢州的杨涛淘获男子60公斤级亚军、来自金华的李增鑫获男子60公斤级季军。来自衢州的谢尚代获男子70公斤级冠军、来自温州的张佳获男子70公斤级亚军、来自衢州的季楚瑜获男子70公斤级季军。

【2020浙江大湾区自行车公开赛(衢州站)暨第六届"衢州有礼"诗画风光带自行车骑行挑战赛】10月25日,2020浙江大湾区自行车

公开赛(衢州站)暨第六届"衢州有礼"诗画风光带自行车骑行挑战赛在衢州巨化工人广场举行。此次赛事设6个组别,为专业骑行运动员搭建技艺切磋平台,为普通骑行爱好者提供参与机会。衢州自行车骑行挑战赛有五年历史,赛事规模和影响力逐年扩大。2020年,衢州自行车骑行挑战赛首次结合浙江省大湾区自行车公开赛,以"链动山水浙江 骑享诗画湾区"为主题,将旅游、文化等与体育运动完美结合,为倡导绿色出行、低碳生活,普及大众骑行活动奠定良好基础。

11月22日,2020衢州马拉松在市城市展示馆正门前鸣枪开跑

【信安湖水上活动】 10月17日,"衢江农商银行"杯浙江省第二届救生桨板大赛暨2020衢黄南饶畅游信安湖游泳大会在水亭门信安湖水域举行。此次赛事由桨板救生赛、竞速游泳赛两个部分构成,设置多个项目,来自衢州、上饶、黄山、南平四省边际城市和省内其他地市约500名运动员参赛。11月28日上午,"浙里相约"2020大众健身节"中国体育彩票"衢州信安湖垂钓大会在信安湖水亭门河段举行,来自全省各地的钓手与钓鱼爱好者约200人参赛。三大赛事均开展全程线上直播,现场观看人数近5.5万人次,线上累计观看人数突破62万人次。

【衢州马拉松赛】 10月9日,2019特步衢州马拉松获"2019中国田径协会银牌赛事"称号。11月22日,2020衢州马拉松在衢州城市展览馆正门前鸣枪开跑。受疫情影响,没有外籍选手参赛。来自国内28个省的1.2万名选手参与报名,其中3—13岁的儿童超过2000人。最终,李淑云以2小时51分26秒的成绩获全程马拉松女子冠军,赵国虎以2小时24分26秒的成绩获全程马拉松男子冠军。

(俞翰珍)

媒体

■ *Media*

衢报传媒集团

【概　况】 2020年，衢州日报报业传媒集团（以下简称集团）以习近平新时代中国特色社会主义思想为指引，围绕市委、市政府中心工作，通过全媒体联动、全方位报道、全视角呈现，创新主题报道，加强评论言论，完成市两会、市产业创新发展大会、“决胜全面小康、决战脱贫攻坚”等系列重大主题报道，充分发挥党的新闻舆论工作主力军、主渠道、主阵地作用，为衢州全面高质量发展营造良好的舆论氛围。

【疫情防控报道】 面对2020年初突如其来的新冠肺炎疫情，集团以高度的政治责任感抓好疫情防控和经济社会发展报道，打破部门“藩篱”，组成集采、编、播于一体的报道专班，形成强大的传播合力。截至3月10日，全媒体产品日均阅读量近百万次，其中“10万+次”以上作品135条；向“抖音”“快手”推送的视频播放量5270万次；《衢州日报》《衢州晚报》推出抗“疫”专版330个；集团旗下《衢州日报》《衢州晚报》及“掌上衢州”等发稿万余篇，成为市民第一时间了解疫情防控、准确掌握形势变化的主平台。

【市两会报道】 市两会期间，集团高质量地完成报道任务。《衢州日报》《衢州晚报》开设专栏，推出社论、评论，为大会召开营造声势。通过创新传播载体和架构设置，构建网上网下一体、纸媒网媒聚力的舆论格局，“掌上衢州”完成首场视频直播——《掌上衢州直播　衢州市七届人大五次会议开幕》，迅速引发关注，当日创下“30万+次”的点击量，这是集团完成直播一体机、直播摄像机等相关设备采购后的首次视频直播，刷新单日单条流量新纪录。

【重大主题报道】 2020年，是浙江省“八八战略”15周年和衢州市“1433”发展战略体系实施2周年、党建治理大花园开展1周年等重大时间节点，集团上下群策群力、善作善成，采写一系列形式多样、精彩纷呈的新闻作品，其中“10万+次”的作品近100件，充分展现衢报的传播力、引导力、影响力和公信力。充分发挥党媒引领导向、凝心聚力的积极作用，配发评论员文章，强化移动优先战略，“掌上衢州”客户端、衢州新闻网、微信公众号、衢报视频等通过图文、“抖音”、短视频、H5、动漫等多种形式，以每天100篇左右新闻产品发布密度和力度，实现多层面、多形式、多渠道的立体式传播。

【市委七届八次全会报道】 市委七届八次全会召开后，集团各媒体平台密集式、立体化、全方位、多矩阵地合力推进这一重大主题报道，整个报道出新出彩，传播效果显著。开设“贯彻全会精神加快建设四省边际中心城市”栏目，全文刊登决议决定，连续刊发5篇重磅评论员文章，精心组织刊发7期“大家谈”专版，邀请50多位人士围绕7个“桥头堡”谈学习体会，发挥《衢州日报》理论版的思想引领功能。相继推出“城市发展特刊”“走进城市赋能项目现场”系列报道、“乡贤情牵故里乡音共话发展”栏目等，受到市领导和社会各界的肯定。新媒体平台通过直播、滚动、号外、言论、图解（海报），特别是以短视频形式进行全网推送，市委书记徐文光的报告现场、原声再次精彩亮相，引发大量用户关注和转发，形成强大的报道声势。

【杭衢钱塘江诗路之旅首航报道】 5月，杭州—衢州通航消息传来后，集团领导主动对接走访相关部门单位，争取在这一重大历史时刻衢报"不缺位"，同时迅速组建工作专班，抽调精干力量，对首航进行视频直播，报、网、端、微融媒同时报道，扛起"四全媒体"的使命责任。首航当天掌上衢州的新媒体阅读量迅速突破30万次。

【"8090新时代理论宣讲"报道】 "8090新时代理论宣讲"是衢州市理论宣传工作的一大创新，7月起，集团全媒体运作，掌上衢州开出"8090新时代理论宣讲工作"专题，下设重点关注、云讲坛、动态、评论、外媒聚焦5个子栏目，对宣讲工作进行全方位报道；《衢州日报》在要闻版刊发长篇通讯《以青春的名义宣讲——走近龙游"8090新时代理论宣讲团"群体》，并及时准确报道市委的工作部署；理论版开设"8090新时代理论宣传进万家"专栏，约请相关专家对此项工作时代价值进行理论研究、指导实践，同时开设"8090新时代理论宣讲精彩内容摘编"，作为常年性栏目选登青年理论宣讲的精彩内容，成为青年理论宣讲的学习范本。

【"千村修约"推广公筷公勺报道】 在新冠肺炎疫情防控的大背景下，倡导使用公筷公勺，见面行作揖礼，不随地吐痰，是借助疫情防控培育文明新风尚的重要契机，更是打造一座最有礼的城市的现实要求。集团从柯城区上洋村第九次修改《村规民约》带动衢州全市域"修约"切入，展示衢州推广使用公筷公勺的背景、意义和成效，对推动全社会养成文明健康生活方式具有样本意义和实践价值。该事件引发社会高度关注。

宣传报道"8090新时代理论宣讲"活动

【抗洪报道】 6月入梅后，全市普降暴雨，衢江遭遇1998年以来最大流量洪水，局部地区发生内涝和洪灾。面对突发性重大公共事件，集团反应迅速，调度力量深入一线。6月30日，启动抗洪报道应急预案，采编人员分成4个大组，蹲守城乡防汛一线。很多记者全身湿透，在洪水中一泡数个小时，抢发回一篇篇鲜活生动的抗洪抢险报道。

【"中天氟硅"火灾报道】 11月9日11时23分许，市智造新城浙江中天氟硅材料有限公司发生火灾，记者获悉火情后，第一时间与消防支队、智造新城高新园区核实，获知着火区域和燃烧物。13时6分，"掌上衢州"快讯《中天东方氟硅材料有限公司发生火灾》，成为全市首发的报道，阅读量超过50万次。随后记者跟随应急指挥小组到火灾现场采访，并协助市委宣传部筹备市政府新闻发布会，直至凌晨一点半。次日上午，第一时间对外发布新闻发布会信息。事故发生后，"掌上衢州"短短两天时间内滚动发稿5篇，总阅读量105万余人次，第一时间把真相告知群众，回应社会关注，有力引领舆论导向，发挥主流媒体的正面引导作用。

【舆论监督报道】 2月19日，《新京报》刊发上海交大历史系教授曹树基的专访文章，企图否定侵华日军细菌战史实和定论。衢报传媒集团第一时间启动驳斥报道，陆续推出《侵华日军的鼠疫战是"建构"的不实历史?》《"历史不能蒙尘——铭记衢州细菌战史实"》特别报道，以铁的事实驳斥不实言论，引发中宣部关注。省委书记车俊，省委常委、宣传部部长朱国贤，省委网信办主任、省委宣传部副部长(兼)朱重烈等均作出批示。朱国贤在中宣部《新闻阅评》"参阅件"上批示道："衢州日报在新京报客户端发表不实文章时，敢于站出来，用史实和事实有理有据地回应，值得表扬。"

【衢州获"全国文明城市"报道】 11月20日上午10时，全国精神文明建设表彰大会在京举行，衢州入选"全国文明城市"并受表彰。记者第一时间通过新媒体、报纸等发布这个振奋人心的好消息。文章再现三年来，全市上下团结一心、久久为功的"创文"精神。发布后，引发大量转发。

【"记者走边际老乡话小康"大型融媒体采访活动】 年内，衢报传媒集团学习贯彻习近平总书记在浙江考察时的重要讲话精神，结合中宣部组织的"百城千县万村"调研采访活动，组织采编人员到四省边际偏远乡村，围绕决胜全面建成小康社会、决战脱贫攻坚主题，实地采访，讲好生动故事。活动中，与县(市、区)传媒集团(报道组)联合采访，实现信息共享、人员共行、稿件共用，走访全市具有典型性的40个自然村，派出8个报道小组，刊发稿件34篇。同时，新媒体平台通过直播、滚动、号外、言论、图解(海报)和短视频的形式，进行全网推送，引发大量用户关注和转发，"10万+次"新媒体产品超过20条。

"记者走边际 老乡话小康"大型融媒体采访活动

【《民情通》系列报道】 2020年，集团在"通衢理政"平台基础上，推出一档全新的"理政对话"栏目——《民情通》。每期选题，聚焦"通衢"平台和"12345"政府服务热线的热点、难点、痛点问题。节目上线以来，保持高频报道节奏。衢城二手房交易漏洞、万达旁臭水直冒等群众反映强烈的民生问题经《民情通》报道后，立即引起相关部门高度重视，经过持续跟踪，合力推动，相关民生问题有效解决。《民情通》发挥释民惑、解民忧、纾民困、暖民心的作用，得到社会广泛好评，实现从"问政"走向"理政"的转型升级，被誉为基层治理"第四通"，被评为2020年宣传思想工作十大创新项目。

【《信安头条》栏目】 6月18日起，衢报传媒集团"掌上衢州"App推出《信安头条》全频栏目，每天早上6时准时发布。该栏目创新形式，每期打破由专业主持人担任主播的惯例，由各界先进人物代表担任特约主播，参与内容生产；创新机制，实行专班化运营、考核；创新传播方式，形成立体传播。《信安头条》新晋网红栏目，"10万+次"点击量超过一半以上，成为衢州人晨间的主流量，"衢州，今天我主播"成为一句响亮口号，栏目受到社会各界广泛好评。

(徐亚琴)

广播电视

【概　况】 2020年，衢州广电传媒集团深入学习贯彻习近平新时代中国特色社会主义思想，在市委、市政府和市委宣传部的正确领导下，持续"快起来、跑起来、拼起来”，坚决担负起新闻舆论工作职责使命，推进集团各项事业大发展、快发展、高质量发展。3项工作获国家级荣誉、35项获省级各类奖励，集团继2018年后再次被市委、市政府记集体三等功，并被评为“创建全国文明城市先进集体”“全国文明城市创建工作突出贡献集体”，获“十条军规”典型事项通报表扬。20多人立功、受奖、获评先进。第四季度，集团在衢州40家Ⅰ类重点部门“有礼指数”测评中，以99分的成绩取得第二名，实现“有礼指数”测评进前三的目标。

【新闻宣传】年内，衢州广电传媒集团落实意识形态工作责任制，紧贴市委、市政府中心工作，组建特别编辑部，不断推出有质量、有能量的重磅稿件。全年围绕“新冠肺炎疫情防控”“学习贯彻习近平总书记在浙江考察时重要讲话精神”“建设四省边际中心城市”“8090新时代理论宣讲”“全国文明城市创建”“高质量发展”“聚焦聚力三个年”“有礼八个一”“厉行节约拒绝浪费”等主题，推出数十个专题、专栏，为助推中心工作落实营造浓厚舆论氛围。

【舆论监督】年内，衢州广电传媒集团充分发挥新闻媒体舆论监督的正向作用，问政节目团队配合市疫情防控专题督查组，多次对全市疫情防控工作开展专项暗访，推出《防疫与健康》特别节目124期，助推疫情防控工作落细落实。积极推动电视问政走进企业、走进乡村振兴文化礼堂，节目“一期比一期办得更好”，影响力持续扩大，得到省委宣传部、省广电局主要领导的批示肯定，并入选2020年度衢州市改革创新优秀实践案例。继续加大力度，办好“失礼曝光台”“聚焦时刻”“12345民情直播间”“作风建设零距离”“兰花帮帮帮”“小路有话说”等舆论监督、市民求助类栏目，持续关注群众反映的焦点、难点、堵点问题，协调解决群众的困难事、烦心事，推动营商环境和社会风气进一步好转。

【对外宣传】年内，衢州广电传媒集团坚持为加快建设四省边际中心城市营造良好的外部舆论环境，积极有效对接央视、浙江卫视、东方卫视等上级媒体，不断宣传推介衢州市各项中心亮点工作，扩大外宣战果。1月25日（农历大年初一），集团上送的新闻两次亮相当日央视《新闻联播》，创下全市一天两条上《新闻联播》的新纪录。2020年，与央视合作完成《万众一心不惧风雨勇向前》战疫情主题公益广告，时长2分钟，衢州元素约30秒，生动呈现衢州市优美的自然生态环境和齐心协力稳生产保供应的良好风貌。2月23日开始，该公益广告在央视多个频道播出，每天播放6次，持续播出一个多月，提升了衢州的知名度和美誉度。3月6日，央视新闻客户端先后直播衢州市乡村美景、重点工程有序复工两大项目，时长近50分钟。全市抗疫和复工复产报道20多次在中央级媒体亮相，其中在央视《新闻联播》播放4次，在央广《新闻和报纸摘要》节目播出3次，宣传衢州市疫情防控的新举措、新典型。市委书记徐文光、市长汤飞帆分别作出批示和肯定。全年在“学习强国”上送签发稿3107条，月度排名多次位居全省第4。全年，集团广播电视媒体外宣发稿1628条，其中，央视《新闻联播》26条。连续5年获“电视新闻上送央视《新闻联播》前十强”，近十年来首次获“电视新闻协作二等奖”，外宣持续位列全省第一军团。

【媒体融合】年内，衢州广电传媒集团持续加大对新媒体、融媒体的投入，配强骨干人员，购买先进设备，研究出台《全媒体记者首发考核细则》，坚持全媒体指挥中心每早报题选题会制度，集结优化采编播力量，推动新闻资源共享与新媒体首发，持续推进媒体融合。年内，新媒体“10万+次”稿件228条。集团全年推出新媒体专题专栏55个，制作发布原创H5产品53个，开展直播217场，其中图文直播99场、视频直播118场，2020衢州马拉松全媒体直播总点击量60万次。制作发布短视频560余条，其中18条点击量超百万次。“援鄂医护人员汪维敏”短视频单条点击量9800万次，点赞611万次，评论31万次，创下衢州历史上单条新闻阅读量和点赞量最高纪录。年初融媒体中心顺利与中国蓝云接入，集团快速建成“中央厨房”，通过大数据云平台共享，集团多媒体制作能力、新闻响应能力及多渠道传播能力得到增强。乡村振兴全媒体智慧平台全面改版，实现与“政企通”“村情通”等政企平台的接口互联、数据互通，“无线衢州”平台实际增加用户137万户，继2019年底成功入选国家广播电视和网络视听产业发展项目库后，2020年又入选浙江省网络视听媒体融合两个创新案例之一。一年来，乡村振兴融媒体中心累计推送报道7200余篇、专题片46个，推送视频(课程)760余个，平台阅读量超过1.1亿人次。平台上线讲师近3000人，开课4.22万节，参课总人数超过382万人次。9月22日，省委常委、组织部部长黄建发到集团调研时，认为乡村振兴讲堂具备“融、集、实、智(治)”优势，探索出新时代乡村振兴的新路子。

1月10日，“最美志愿服务团队”——衢州经视小黄人志愿服务队参加“温暖回家路，有礼衢州人”2020年衢州春运志愿服务活动

【新闻创优】 年内，衢州广电传媒集团重视新闻节目质量提升，调整省级以上获奖作品奖励标准，常态化开展重点新闻栏目节目的点评、评比和人员培训，推动新闻创优取得新突破。广播交通音乐频率《舒北北和舒爸爸的公益广告时间》系列作品与中央台、上海台的作品一起入选全国“四个一类”名单，开创历史先河。在浙江省广播电视节目奖、浙江新闻奖评选中，集团选送的电视对农节目《我们“太难”了!——衢州农村建房乱象特别调查》获一等奖，电视重大主题报道《电视问政〈请人民阅卷〉——党建治理大花园》、广播连续报道《三位老人演绎“中国好邻居”的故事》和广播社教专题《深藏功名60载的“人民英雄”》获二等奖，《胡秀秀：圆梦创业“飞鸡”扶贫》入选全国第十四届小康电视节目工程优秀作品。

【民生新闻】 年内，民生频道坚持服务群众，《寻亲》栏目开启“线上寻亲”，帮助13个离散家庭实现团圆，近三年帮助114个家庭找到亲人。“百姓爱心公益团”联合钱江频道，通过“抖音”等新媒体筹集手术爱心款，帮助“发育异常”的12岁江山女孩实现“成为正常人”的心愿。经视小黄人志愿服务队在疫情期间组织捐赠口罩1.75万余只，牛奶、方便面200多箱，创文期间策划开展“衢州有礼红伞代言”公益行动，先后获浙江省“青年文明号”、衢州市“工人先锋号”荣誉。

【“在习近平新时代中国特色社会主义思想指引下——新时代新征程”专栏】 全年，作为贯彻习近平新时代中国特色社会主义思想的重要专栏，主要围绕在新思想指引下，市委、市政府推进中心工作，取得的成果、成就展示，充分体现加快建设“活力新衢州、美丽大花园”，实现“发展高质量、治理现代化”的具体实践。推出《衢州：1482个行政村提前一年完成削薄目标》《衢州：“一村万树”打造乡村振兴“聚宝盆”》《衢州：全面融入长三角抢抓机遇助力高质量发展》等相关报道60余篇。

【继续开设“争创全国文明城共建美丽大花园”专栏】 全年，继续开设“争创全国文明城共建美丽大花园”专栏，从政府和百姓的视角，全方位展现创文为百姓带来的实实在在的变化和获得感，为创文工作的深入推进营造良好的舆论氛围。全年播出《我市评选“衢州有礼代言有你”年度有礼司机》《衢州：推广“公筷公勺”文明健康用餐》《柯城：企业“网格+网络”掀起习惯养成“文明潮”》等相关稿件近150篇。

【“我们的村晚”衢州市第二届农村文化礼堂精品节目展演活动】 1月16日，由市委宣传部主办、衢州广电传媒集团承办的“我们的村晚”衢州市第二届农村文化礼堂精品节目展演活动，在衢江区廿里镇廿里村文化礼堂举行。600多位农民演员参加演出，带来民俗舞、音乐剧、武术表演、婺剧小戏、小品等“年味、乡土味、文化味”十足的节目，吸引上千名观众现场观看。新华社、《光明日报》、中新网、中国网、“浙江新闻”App、新浪、腾讯等媒体刊发相关新闻报道28篇次，活动直播观看总人次超100万次，短视频播放量超124.8万次，微博话题“#衢州村晚#”新增阅读量1798万次，累计3186万次，占据微博热搜同城榜TOP1。

【“众志成城防控疫情”专栏】 1月底至2月中旬，围绕各地各部门群防群控、联防联控、严防严控，全力以赴抓好疫情防控工作，播出《社区“邻礼通”打好疫情防控仗》《乡镇加强网格化宣传确保“不漏一户、不漏一人”》《全力防控疫情衢州在行动》等稿件150余篇，全方位报道衢州市防控疫情的决策、部署、注意事项以及各级各部门的积极作为。

【完成疫情防控和创文志愿服务工作】 1月26日(大年初二)，集团迅速成立应急工作领导小组，组织力量常态化开展要害部位消毒通风、人员进出管理、外出人员和居家隔离人员管控等工作，及时启动应急广播系统，宣传疫情防控决策部署，做好政策宣讲、信息发布、科普宣传和政务便民等服务。在“包区清楼”志愿服务中，集团每天24人从早8时到晚8时，落实管控点位7个，包楼52幢，其中居家隔离19户46人，把防疫工作做到每个住户。创文期间，集团广大党员干部积极投身社区服务、交通文明劝导、重点路段巡查等志愿活动，为全市高位创成全国文明城市作出积极贡献。

【“两手抓、两手硬，两战赢、两领先”专栏】 2月下旬，围绕“两手抓、两手，两战赢、两领先”目标推出专栏，播出《柯城区规上企业复工率达100%》《交通部门深化“三服务”全力推进企业复工复产》《“龙游通”线上智能招聘解决企业用工荒》等稿件100余篇，为疫情防控和复工复产，提振经济发展“鼓”与“呼”。

【“为企业加油为产业赋能”专栏】 3—5月。该专栏通过“一把手谈落实”、获奖企业展播等形式，对衢州市产业政策、产业创新

1月16日，由市委宣传部主办，衢州广电传媒集团、衢江区委宣传部承办的衢州市第二届农村文化礼堂“我们的村晚”在衢江区廿里镇廿里村文化礼堂举行

5月29日，集团承办衢州市招商引资项目谋划大赛

成果、产业发展方向等进行全方位解读，播出《衢州：落实7亿元支小再贷款助力小微企业成长》《桔子花开：探索“社群购”新零售模式赢得发展先机》《一把手谈落实(三)：聚焦主业共谋发展》等稿件30篇。

【“聚焦聚力‘三个年’”专栏】 3—12月，围绕全市“全面小康决胜年”“招商引资攻坚年”“重大项目推进年”活动，推出“聚焦聚力‘三个年’”专栏，深入报道2020年衢州经济工作的总思路、主抓手、谋全局的大事，积极展示成就。播出《衢州：续写农房整治“后半篇”文章建设美丽乡村“大花园”》《衢州：聚焦项目狠抓投资一季度固定资产投资增幅全省第一》《衢州：一季度规上工业趋稳向好》等稿件100余篇。

【承办“为企业家加油”——衢州市产业创新发展大会】 3月31日，由衢州广电集团承办，集团电视经济信息频道与传媒事业部策划执行的“为企业家加油”——衢州市产业创新发展大会。市委书记徐文光讲话，市委副书记、市长汤飞帆致辞，居亚平、吴国升、周伟江和副市级以上领导出席。

【“学习贯彻习近平总书记在浙江考察时重要讲话精神”系列报道】 4—11月，推出“学习贯彻习近平总书记在浙江考察时重要讲话精神”系列报道，播出《全力推动文明有礼三大行动不断巩固疫情防控成果》《化危为机掌握发展主动权》《强化源头治理合力化解矛盾》等相关报道30余篇。

【承办叶檀财经走进衢州“云招商”直播活动】 4月29日上午，叶檀财经走进衢州“云招商”直播活动在衢时代创新大厦举行。著名财经专栏作家、叶檀财经创始人、衢州知名乡贤叶檀，市委书记徐文光，市委副书记、市长汤飞帆等出席活动，线上线下与企业家交流互动，宣传衢州、推介衢州。为保障活动顺利进行，衢州广电传媒集团提前一个月开始布置，全程配合市委统战部、上海叶檀财经团队做好直播流程的对接、现场布置、现场执行等工作。直播当天安排高清导播台、7个摄像机位全程录制，3个多小时的直播不断升温，直播间人数突破万人，发表互动评论9000多条，“无线衢州”视频直播点击率“16万+次”。

【承办衢州市与桃花源生态保护基金会合作项目签约仪式】 5月7日下午，衢州市与桃花源生态保护基金会合作项目签约仪式在衢时代创新大厦举行。活动由衢州广电传媒集团承办，集团电视经济信息频道与传媒事业部策划执行。市领导徐文光、汤飞帆、吴国升、周伟江、徐利水及王良海出席签约仪式。

【基本完成审计问题整改】 5月20日，市审计组正式进驻集团开展任期经济责任审计工作。集团严格按照审计要求，及时客观、真实全面地提供相关资料和数据，配合开展好任期经济责任审计工作。《审计报告》反馈后，以“全面认账、坚决整改”的态度，在12月底前基本完成审计问题整改。

【承办2020衢州市微型党课大赛】 6月18日，由市委组织部、市委宣传部、市委直属机关工委、市教育局、市国资委、衢报传媒集团、衢州广电传媒集团共同主办的2020衢州市微型党课大赛决赛在衢州广电集团一楼演播厅举行。经过200多场次海选，从8个片区600多名选手中脱颖而出的16名选手进入决赛，大赛主题是“决胜小康，奋斗有我；共享小康，幸福有我。”经过激烈角逐，产生一等奖1

名、二等奖2名、三等奖3名、优秀奖10名、组织奖5个。

【“8090新时代理论宣讲”专栏】 6月底，全市8090新时代理论宣讲工作现场推进会召开，衢州广电传媒集团推出“8090新时代理论宣讲”栏目，播出《衢州：创新形式侧重需求精准传播党的理论》《宣讲内容丰富形式多样让理论知识喜闻乐见》《衢州：8090新时代理论宣讲团让创新理论飞入寻常百姓家》等稿件近百篇。

【建设“大花园”最靓丽窗口系列报道】 6—7月，在市委七届八次全会召开前夕，第一阶段播出《建设“大花园”最靓丽窗口·衢州起势篇》5篇、第二阶段播出《建设“大花园”最靓丽窗口·危中寻机篇》6篇、第三阶段播出《建设“大花园”最靓丽窗口·城市赋能篇》5篇，通过小窗口讲述大变化，全面呈现衢州两年来发生的巨大变化。

【开展“衢州有礼红伞代言”公益行动】 7月11日，由衢州广电传媒集团经视小黄人志愿服务队联合“南孔圣地·衢州有礼”城市品牌专班、市文明办共同发起的“衢州有礼红伞代言”公益行动在水亭门广场正式启动。将这些小红伞投放到公交车、出租车、医院、机场、旅游景区等公共场所，为有需要的人提供帮助。截至年末，40余家企业加入“衢州有礼红伞代言”公益行动，投放有礼小红伞6000余把。

【“走向我们的小康生活”专栏】 7—12月，聚焦百姓身边发生的巨大变化，反映全面建成小康社会的衢州实践，讲述百姓创造美好生活的小康故事，展现广大干部群众不懈拼搏与奋斗的精神风貌，推出《吴光荣：昔日下山脱贫户成了跨境电商老板》《董红专：扎根土地近40载带领农户共致富》《开化乡村文旅产业风光无限》《柯城区顺家路边村：小康路上的三次转型》等报道近70篇。

【“向四省边际中心城市奋进”综述报道】 8月，围绕衢州市打造四省边际中心城市的总体目标：形态最好、功能最强、环境最优，推出三篇会前综述报道，分别为《“向四省边际中心城市奋进”(一)：优规划美细节建设“生态宜居”山水城市》《“向四省边际中心城市奋进”(二)：优功能重配套打造浙江经济向中西部拓展“桥头堡”》《“向四省边际中心城市奋进”(三)：优服务强治理用最优环境为城市发展赋能》，呈现衢州在推进城市建设方面的探索实践和积极成效。

【打造四省边际全方位多领域的“桥头堡”系列报道】 8—9月，围绕打造综合交通、商贸物流、教育医疗、绿色金融、人才集聚、美丽经济、数字经济“桥头堡”播出7篇，充分展示衢州市打造四省边际中心城市的基础和成就，为下一步更好的发展鼓劲助威。

【“走好‘两山’路建设大花园”专栏】 8—11月，在“绿水青山就是金山银山”理念提出15周年之际，陆续播出《衢州：推进农村污染治理绘就美丽乡村画卷》《衢州：加强产业污染治理打开“两山”转化通道》《衢州：好水招引好项目循环低碳树标杆》等报道。

【承办“8090说”衢州市新时代理论宣讲电视大赛】 9月13日晚，由全市域体系化推进8090新时代理论宣讲工作领导小组办公室主办、衢州广电传媒集团承办的“8090说”衢州市新时代理论宣讲电视大赛第一季，在集团一楼演播厅举行，得到市委常委、宣传部

9月13日，衢州广电传媒集团承办的“8090说”衢州市新时代理论宣讲电视大赛第一季在集团一楼演播厅举行

部长钱伟刚的肯定。11月27日下午，大赛第二季在衢州学院求是报告厅落下帷幕。两场比赛，来自全市16组宣讲员用饱满的状态，以青春之名，为新时代发声。

【承办电子科技大学合作项目开工誓师大会暨长三角研究院开学典礼】 9月30日，电子科技大学合作项目开工誓师大会暨长三角研究院开学典礼活动在电子科技大学项目地块举行。一周时间内，广电传媒集团特别赶制《智引未来大道通衢》《衢州市人民政府与电子科技大学合作大事记》《求实求真大气大为》3个VCR。活动最后，现场人员合唱《歌唱祖国》，无人机方阵在歌声中表演空中变阵、拉彩烟，这是衢州广电集团首次在活动承办中启动无人机方阵表演。

【贯彻落实市委七届八次全会精神·走进县(市、区)系列报道】 10月，播出《柯城："六抓六比·八大竞赛"为四省边际中心城市建设书写主城担当》《江山：打造"一地三区"助力四省边际中心城市建设》《衢江：打造四省边际枢纽港争创发展新优势》等8篇系列报道，进一步掀起贯彻落实市委七届八次全会精神热潮。

【策划执行浙江省首届数据创新应用大赛】 10月20日，浙江省首届数据创新应用大赛在衢州开赛，大赛汇聚全省11个地市、9个省级产业工会72个项目354名数据高手参赛。赛事由浙江省总工会主办，衢州市总工会、衢州市大数据发展管理局承办，国网衢州供电公司、中国移动衢州分公司协办，衢州广电传媒集团策划执行。

【回眸"十三五"系列报道】 11—12月，紧扣"十三五"期间的成就和衢州市"十三五"十大专项规划和子规划的主题主线，播出《衢州：水利建设惠民生人和水美促发展》《衢州：全力打造四省边际中心城市城市能级不断提升》《衢州：大力发展商贸流通业打造商贸物流"桥头堡"》等报道。

【承办浙大"两院"奠基仪式】 11月8日，浙江大学工程师学院衢州分院、浙江大学衢州研究院奠基仪式在衢州举行。衢州广电传媒集团负责奠基仪式的策划、编排、现场执行、主持，特别制作《扬帆起航》专题，展示浙江大学衢州"两院"新院区规划及未来新蓝图。中国科学院院士、浙江大学校长吴朝晖出席活动并讲话，市委副书记、市长汤飞帆宣布项目开工并讲话，市领导吴国升、胡仲明、王良春、王良海，浙江大学副校长王立忠，中国工程院院士、衢州"两院"院长任其龙出席仪式。

【承办全省"我最喜爱的习总书记的一句话"青年微宣讲大赛】 12月16—17日，由省委宣传部主办的全省"我最喜爱的习总书记的一句话"青年微宣讲大赛在衢州举行，衢州广电传媒集团派出精干力量，全力做好赛事的组织、策划、执行工作。赛事历时2天，来自全省的42名选手谈观点、谈体会、谈实践，讲述习近平总书记系列重要讲话带给他们的影响和启迪。20名优秀选手参加决赛，最终7名选手获一等奖。

【践行"有礼八个一"】 9月23日，集团领导发出动员令后，广大干部职工主动喊响"大楼里见不到一个烟灰缸、周边七十一亩地上没有一个烟头"的口号，争相以实际行动践行"有礼八个一"。在全体干部职工的共同努力下，第四季度在衢州40家Ⅰ类重点部门"有礼指数"测评中，集团以99分的成绩取得第二名，实现"有礼指数"测评进前三的目标。

【广告经营】 面对疫情带来的困难和挑战，衢州广电传媒集团按照"巩固机关、深耕县市、扩展企业、做大外地品牌广告"的经营思路，及时调整广告经营策略。年内，承办产业创新发展大会、美丽沿江公路全线贯通、"全城礼敬英雄凯旋"、叶檀财经云招商、桃花源生态基金会签约、钱塘江诗路之旅首航、电子科大合作项目开工、浙大"两院"奠基等一系列重大活动，得到市委、市政府和社会各界广泛赞誉。全年，集团广告同比增长6.32%。除2月受疫情影响外，持续40个月逆势翻红，增幅继续领跑全省同行。

【产业经营】 年内，聘请第三方审计，不断健全完善规章制度，持续强化风险管控。发挥品牌优势、整合内部资源，成立"衢州广电艺术中心"，少儿产业做出影响力。影视公司拓展经营范围，从市区向乡村、骨干企业延伸。商贸公司强化"互联网+"思维，通过"抖音"平台开展网上直播带货，努力拓展业务增量。元龙公司完成抗疫

MV《如果没有你》、公筷公勺形象宣传片等的摄制。智能科技公司完成33块户外大屏直播系统改造、柯城融媒体中心4G直播设备和记者连线系统、消防支队全媒体演播厅集成等多个项目，并自主研发具有性能技术指标唯一性的5G多卡聚合设备。集团投资拍摄的院线电影《台阶》，正式取得国家电影局颁发的电影公映许可证。全年，集团产业经营净利润同比增长10%，实现平稳发展。

【华数经营】年内，衢州华数多措并举、逆势发展，实现从亏损340余万元到盈利1000余万元的跨越。权责总收入同比增长超过10%，特别是集客收入从原来的2000余万元增长到5800余万元，位居全省前列。各项指标完成数在全省B类公司中排名第1。全年无安全播出责任性事故，客户满意率100%。

【完成大楼外墙修复美化工程】多方协调争取经费400余万元启动广电大楼外墙修复美化工程。7月5日开始施工，9月5日全面竣工，大楼外观焕然一新。

【安全保障】年内，衢州广电传媒集团把安全工作作为生命线，持续推动安全责任和各项规章制度落细落实，安全播出、网络安全和设施保护工作水平不断提升。完成7个重要保障期的安全播出保障任务，完成广播电视直录播等技术保障80余场，完成网络视频直播技术保障90余场，在省局年度广播电视安全保障工作考评中排名全省第2。在全省广播电视技术质量奖(金鼎奖)评比中，集团获一等奖2个、二等奖5个、三等奖2个。邵建刚在全国广播电视技术能手竞赛中，获网络安全专业比赛二等奖；在浙江省广播电视技术能手竞赛中，以总积分第一名的成绩获网络安全专业一等奖。

【重大技术设备改造】年内，完成中央电视一套、十七套和衢州电视一套的停模工作，如期建成衢州市广播电视节目无线数字化工程(第一期)项目，实现广播电视节目无线发射从模拟到数字的迭代转型。

(严勇波)

档案·史志

Archives,Chronicles

档　案

【概　况】2020年,全市档案部门认真学习贯彻新修订的《中华人民共和国档案法》(以下简称《档案法》),紧扣档案行政管理和档案业务工作"双加强"的目标,提高档案监管和资政服务能力,为加快建设"四省边际中心城市"、新冠肺炎疫情防控、创建全国文明城市等中心工作提供档案服务。年内,省委副秘书长、省档案局局长刘芸批示肯定衢州市档案执法检查工作,市档案馆获"衢州市创建全国文明城市工作先进集体"称号,周奕晶的《永固初心赓续使命——寻找档案里的初心和使命》在市直机关8090新时代理论宣讲总决赛中获优秀课件一等奖。

至年末,市档案馆馆藏档案全宗338个,档案39.75万卷、20.51万件,资料2.51万册,实体照片8060张、电子照片477GB。电子档案120TB。全年,接待查档利用1672人次4316卷(件)次。

2020年衢州市档案系统馆(室)藏情况统计表

表32

档案馆名称	全宗(个)	档案		资料(册)	照片(张)	开放档案		馆库面积(平方米)
		(卷)	(件)			(卷)	(件)	
衢州市档案馆	338	397564	205145	25100	8060	15189	18	17887.00
柯城区档案馆	70	33998	35043	3721	4913	—	—	2100.00
衢江区档案馆	121	145935	151863	4158	4158	11665	2336	4180.00
江山市档案馆	168	124635	19940	6840	3924	7332	—	1440.10
龙游县档案馆	175	192012	133884	16626	4014	28280	16457	2570.62
常山县档案馆	182	99190	240199	4965	4965	14893	8438	5141.00
开化县档案馆	128	153868	98909	695	695	14341	—	3200.00
市城建档案馆	1	89168	—	1064	13516	—	—	948.87
全市档案室	—	5360034	4410787	—	44788	—	—	26463.98
合计	1183	6596404	5295770	86293	89033	91700	27249	63931.57

【新冠肺炎疫情防控档案工作】 年初，市档案馆第一时间向市疫情防控指挥部提供2003年非典之后编印的《“非典”之疫 “非常”之策》，供决策参考。市档案局制定下发《关于做好新冠肺炎疫情防控档案收集归档工作的通知》《关于进一步做好防控新型冠状病毒肺炎疫情期间档案工作的通知》等文件。市档案馆选派业务骨干进驻指挥部，全面做好档案的收集和整理。各级档案部门采取“线上+线下”相结合的形式对各级指挥部和成员单位疫情档案工作开展监督指导，接收疫情防控档案36卷12648件。对十里丰监狱疫情防控开展专题建档工作，接收相关电子档案3716件。面向社会开展疫情防控档案征集工作，征集各类档案1963件。编撰《衢州战疫——衢州新冠肺炎疫情防控档案汇编》；龙游县档案馆编撰《龙游史志》疫情防控专刊；常山县档案馆制作援鄂医护人员口述档案。

【“三个地”和“重要窗口”档案资源建设指数测评指标体系试点工作】 年内，全力推动“三个地”和“重要窗口”档案资源建设指数测评指标体系试点工作。建立局、馆协同工作机制，坚持“线上线下”结合，协调各责任处室推动试点工作落细落实。制定下发相关文件标准，及时总结分析试点工作情况，为全省档案资源建设指标测评提供重要参考。

【驻衢央企、省企退休人员社会化管理人事档案移交进馆】 11月5日下午，驻衢央企、省企退休人员社会化管理人事档案移交培训会在市档案馆举行，23家驻衢央企、省企及3家档案服务中介公司参加。年内，根据市委办、市府办《关于印发〈衢州市国有企业退休人员社会化管理实施方案〉的通知》文件精神，为深入推进国企退休人员社会化管理，减轻企业负担，市档案馆接收21家单位2439卷退休人员人事档案。

【贯彻新修订的《中华人民共和国档案法》】 6月20日，十三届全国人大常委会第十九次会议修订通过《中华人民共和国档案法》（以下简称《档案法》）。为学习贯彻新修订的《档案法》，增强档案工作人员法律意识，提高档案理论水平和依法管档、治档能力，11月19日下午，市档案局、市档案馆联合举办新修订《档案法》专题辅导讲座，邀请省委办公厅档案法规综合处副处长胡文苑作“档案工作治理现代化的法治保障”专题辅导。市档案馆、市城建档案馆全体干部，市级有关单位档案业务处室负责人以及各县（市、区）档案局、档案馆相关负责人等230余人聆听讲座。12月10—11日，组织全市档案局（馆）全体干部，市、各县（市、区）机关部门、乡镇（街道）档案员参加由国家档案局档案干部教育中心与政策法规研究司共同举办的“新修订档案法公益大讲堂”线上培训活动。据统计，全年通过理论学习中心组学习，市委党校市管干部培训、领导干部和公务员学法用法考试以及全员培训、新媒体宣传等形式，组织2609人次参加新修订《档案法》宣传贯彻培训活动。

【“6·9”国际档案日系列宣传活动】 6月9日是第13个国际档案日，市档案局、市档案馆、市农业农村局联合在柯城区荷花街道荷西苑社区举办以“档案见证小康路·聚焦扶贫决胜期”为主题的系列宣传活动。来自市级相关部门及荷西苑社区干部、群众500余人观展。活动通过设立查档咨询

11月19日，市档案局、市档案馆联合举办新修订《档案法》专题辅导讲座

12月25日,“拆墙透绿”后的市档案馆东南角

点、分发宣传册等方式,接受群众现场咨询,宣传档案工作的重要性、档案法律法规、线上查档指南等知识。

【馆藏档案数字化工作】 年内,市档案馆推进馆藏档案数字化(二期)项目,完成数字化448.37万页,条目著录111.87万条,人名著录301万个,开放鉴定10万条,馆藏档案数字化率98%。同时,做好“最多跑一次”事项电子化归档工作,市档案馆接收56家单位1085个事项163136条35.3GB容量的电子档案。

【市档案馆“拆墙透绿”】 11—12月,根据市委、市政府“打造一座无围墙的城市”的要求,拆除绿篱近300米,提升改造绿化面积2000多平方米,形成街院一体的开放空间格局,在非工作时间为市民免费提供车位60多个,方便来馆查档群众和周边市民。

(江　潇　赵灵洁)

【城建档案管理】 2020年,市城市建设档案馆接收房建项目工程竣工档案481个,市政项目工程竣工档案58个。出具建设工程竣工档案接收凭证151份;开具建筑房产确权登记证明122份。接待档案利用咨询用户748人次,提供档案4094卷;复印档案30038张,同比增长43%。完成263个竣工项目档案的整理,组织消毒、编流水号、造册上架3748卷。档案装订外包项目三期完工,完成工程档案规范化整理装订3060卷,档案扫描加工11821卷,包括文字材料1080216页(其中A3面幅20862页)、图纸材料33680页的扫描工作;完成档案条目著录95880条。至年末,馆内档案数字化率90.14%。

(周　睿)

党　史

【概　况】 2020年,全市党史部门克服新冠肺炎疫情的不利影响,扎实推进党史资料征集研究和宣传教育各项工作。全市党史三卷编撰工作有序开展,部分相关成果陆续出版,党史资政育人功能得到显著体现。

【史料征集】 年内,江山市档案馆(史志研究室)征集到林维雁生前用过的水壶1个,程正迦城工部活动期间的照片、书信、回忆录等珍贵资料,1931年《衢江日报》半张,姜纪水的衡阳保卫战75周年纪念牌等珍贵档案。

【党史编研】 年内,编印出版《潮涌三衢——衢州市改革开放新时期党史专题辑(一)》。全书收录重点专题15篇,约24万字,客观记录改革开放以来衢州地方党组织带领衢州人民开展经济、政治、文化、社会、生态文明建设和加强党的自身建设,不断开创和发展中国特色社会主义道路历史进程中的重大活动、重要决策,展现衢州改革开放的光辉历程和伟大成就。完成《浙江革命英烈传》衢州相关人员编撰,全书计7篇5万余字。

11月,《潮涌三衢——衢州市改革开放新时期党史专题辑(一)》出版

2020年,《绿水青山就是金山银山的衢州实践》和《中共衢州市委执政纪事2019年》出版

【党史资政】 年内,编印《绿水青山就是金山银山的衢州实践》。全书共56万余字,于2020年7月出版发行,客观记录市委坚定不移贯彻习近平总书记"两山"理论,扎实推进衢州生态文明建设,牢筑浙江生态屏障所作的重大决策、重要部署和取得的重要成就。编纂出版《中共衢州市委执政纪事2019年》。全书约43万字,全面记录2019年市委牢记习近平总书记对衢州的重要嘱托,按照省委"八八战略"再深化、改革开放再出发要求,以大花园建设为绿色发展的主抓手,全面深化改革,坚定不移地推动衢州高质量发展,奋力续写"八八战略"的衢州篇章的生动实践。

【党史宣传】 年内,协助衢州市电视台拍摄《小城故事:童家巷没有忘记》。深入推进党史教育基地建设,组织开展第四批"衢州市党史教育基地"评选,衢江区"改革担当精神传承馆"、开化县"浙西革命斗争纪念馆"、龙游县"华岗纪念馆"等7处场馆获评第四批衢州市党史教育基地。

(吕 伧)

地方志

【概 况】 2020年,衢州市地方志系统开展志鉴等各业工作,市、县(市、区)两级均完成地方志书、地方综合年鉴编纂出版,推进《衢州市志音像版(2006—2018)》《品读衢州》编纂,谋划方志馆建设,完成《衢州公安年鉴(2019)》、《衢州地名志》(初审稿和复审稿)、《衢州市卫生志》(初审稿和复审稿)的审稿,指导《衢州市新闻志》纲目修改;配合市委办做好《衢州城建大事记》的审改完善工作,向市政协文史委、市场监管局、发改委、武警支队、《衢州地名志》编辑部等提供相关地方史料;完成省方志办交办的《浙江通志·人物卷》《浙江通志·总述卷》《浙江年鉴(2020)》等编纂任务。

【市地方志工作调研座谈会召开】 8月13—14日,省地方志办公室主任潘捷军一行6人赴衢州调研全省地方史志事业"十四五"发展规划纲要编制工作。13日,衢州市地方志工作调研座谈会召开。会上,潘捷军听取衢州市、县(市、区)地方志工作汇报后,对衢州市启动第二轮修志以来的地方志工作予以充分肯定,要求衢州市地方志系统继续保持衢州市地方志办公室获得"全国地方志工作先进集体"称号以来良好的工作势头,围绕志鉴主业、各业全面发展、人才队伍建设做好"十四五"规划编制工作研究,并提出下一阶段工作要求。

【《里前坞村志》出版】 1月,《里前坞村志》由浙江古籍出版社出版。该志由《里前坞村志》编纂委员会编纂,主编郑国明。2017年启动编纂工作,四定篇目,八易其稿,记载有史以来至2018年5月里前坞村的发展变化史。除卷首概述、大事记及卷末编后记以外,还设村落环境、居民、水利、交通、农业、林业、养蜂业、工业、商业、村民自治组织、教育体育、文化宣传、医疗卫生、民俗、军事、语言、人文、人物等18章,共计25万字。

【《衢州年鉴(2018)》出版】 1月,《衢州年鉴(2018)》由中国文史出版社出版。全书共计99.5万字,主编吾炳才,记载2018年度在中共衢州市委、市人民政府领导下衢州市各项事业的发展历程和成就。由卷首、百科、卷末3部分组成,卷首设彩页、地图、中文目录、英文要目,百科设特载、特辑、中共衢州市委员会等类目40个,卷末设附录。特辑为本卷新设类目,辑录《"南孔圣地·衢州有礼"城市品牌建设的探索与实践》《"南孔圣地·衢州有礼"城市品牌标识和吉祥物》《衢州有礼市民公约》等体现衢州年度地方特色的资料。

【《衢州年鉴(2020)》出版】 12月,《衢州年鉴(2020)》由中国文史出版社出版。全书共计111万字,主编蓝水高,记载2019年度在中共衢州市委、市人民政府领导下衢州市各项事业的发展历程和成就。由卷首、百科、卷末3部分组成,卷首设彩页、地图、中文目录、英文要目,百科设特载、特辑、中共衢州市委员会等类目38个,卷末设附录、索引。自本卷起,《衢州年鉴》书名以出版年份标识。本卷在全书目录之前新设全鉴要目,在附录之后新设索引,以方便读者检索;并同时推出掌上衢州年鉴。

12月,《衢州年鉴(2020)》出版

【县(市、区)地方综合年鉴出版】 年内,各县(市、区)地方志综合年鉴全部出版。10月,《柯城年鉴(2020)》由方志出版社出版。11月,《龙游年鉴(2020)》由方志出版社出版。12月,《常山年鉴(2020)》由方志出版社出版,《江山年鉴(2020)》《开化年鉴(2020)》由浙江工商大学出版社出版。

【《龙游文库(2019)》出版】 12月,《龙游文库(2019)》由浙江工商大学出版社出版,内含《余绍宋研究(第一辑)》《余绍宋研究(第二辑)》(刘恩聪编)、《余绍宋方志论丛》(劳乃强选编)、《余绍宋传》(余子安著)、《龙游商帮》(劳乃强、黄国平著)、《古城印记》(方小康著)、《跑腿书记》(邓根林著)、《徐偃王与龙游》(徐金渭著)、《龙游抒怀》(余怀根著),共9本书,共计186万字。该丛书包括方志理论研究、人物传记、龙游商帮文化研究、徐偃王文化研究、龙游古城溯源与现状等多方面的内容,体裁多样,内容丰富,展现龙游古城的方方面面,又富有时代特征。其中《跑腿书记》被列入衢州市文艺精品扶持工程项目及龙游县文艺精品扶持工程项目。

(钱道本)

公共文化

Public Culture

公共文化服务

【概 况】2020年,衢州市文旅部门围绕“提升公共文化服务、助力决胜全面小康”主题,推进公共文化服务标准化、社会化、品牌化、均等化建设,实现全市公共文化服务水平较大提升。

【文化惠民工程】全年,全市开展送戏下乡1170场、送书下乡128516册、送讲座展览下乡1495场、文化走亲67次,线上文化服务活动904场,线上活动参与425.8万人次,文化志愿服务场次2820场,惠及群众21.6万人次,建成农村文化礼堂207个,送服务进农村文化礼堂7474场次,全市文化馆开展线上线下全民艺术普及公益培训班184期3407课时,受益95670人次。编印4期《衢州市文化惠民服务指南》,向群众发放1.2万余份。100个乡镇文化站全面实行社会化运营,有效提升基层文化场馆的服务效能。

7月28日,市文化馆文化志愿者走进石梁镇敬老院开展义演活动

【智慧服务】年内,启动衢州市图书服务“最多跑一地”智联工程,实现全市各个公共图书馆、南孔书屋及诸多流通点间的联网互通、共建共享,打造“智慧图书馆”。数字文化服务平台“衢州文化直通车”上线运行,平台发布各类信息1595条,发布21场活动预告预约信息。建立公共文化服务项目征集预报预约评价机制,实现公共文化服务与群众需求有效对接。全面开展公共文化场馆服务大提升,全市8个场馆达到示范型公共文化场馆服务标准。

【品牌服务】2020年,全市建成5家南孔书屋,累计建成37家,总藏书量34.24万册,阅览座位2294个,办证总数38269个,总流通283.06万人次,累计开展活动1323场,制定发布《南孔书屋建设与运行规范》(衢州市地方标准)。全年举办5期“南孔大讲堂·国学论衡”活动,受众600人次。南孔书屋品牌全面打响。提供展窗品牌服务,通过“柯山展窗”送展览13个,受益4330人次;

11月15日，南孔书香 悦享小康——全市公共图书馆及32家南孔书屋联动悦读推广活动

“柯山讲堂”送讲座55场，受益2700人次；少儿电影展播1场，观众50人；读书沙龙69场，受益2200人次。

【读者活动】 年内，市图书馆举办公益阅读沙龙活动165场、培训讲座25场、志愿者活动25场、展览类活动13场、线上活动247场。围绕“4·23”世界读书日，组织开展“乡土作品进南孔书屋”、“馆长带你读衢州”线上荐书、“本土名家直播课”线上直播、“我为书香衢州荐一书”书友荐书等“4·23”线上直播系列活动。围绕未成年人群体，组织开展全市“阅读TA力量”青少年演讲大赛、“我读书、我快乐、我智慧”衢州市未成年人读书节等活动，以“品味南孔书屋 共享悦读经典”为主题开展全市南孔书屋联动悦读推广活动。

【特殊群体文化服务】 年内，注重残疾人文化服务。市图书馆为残疾人提供送书20人次60册次。10月9日，开展盲人心理辅导讲座，为盲人心理问题疏导；10月11日，组织盲人参加浙江省图书馆盲人“阅读之星”评选，盲人读者童泽鑫、杨洪亮获浙江省图书馆盲人读者“阅读之星”称号。强化军人公共文化服务，开展与武警部队的文化共建，完成衢州支队、衢州中队、教导队（含机动中队）三处图书馆、军史长廊建设。全市广泛开展文艺演出、图书展览、慰问演出等系列活动，不断丰富军营文化生活。组织开展剪纸、舞蹈、青春吉他、手机摄影、书法等双拥共建培训，培养军队乐队、舞龙队、书画队、摄影队等文艺队伍。

文娱活动

【概 况】 2020年，坚持规划引领，围绕“两为”方向、“双百”方针，以抗击新冠肺炎疫情、中国共产党成立100周年、全面建成小康社会等重要历史节点和创作要求开展文艺精品创作，举办重大文娱活动。

【“好听衢州”礼乐·草原音乐会】 年内，举办2场“好听衢州”礼乐·草原音乐会，即民乐专场、交响乐专场。自2018年以来已举办13场音乐会，现场观众和游客观看人数累计超过10万人次，线上观看量突破3000万人次。

【四省四市文艺会演】 11月，成功举办第十七届浙皖闽赣四省四市民间艺术节，来自浙江省衢州市、安徽省黄山市、福建省南平市、江西省上饶市的500余名演员，通过多种艺术形式为观众带去视觉、听觉和心灵的艺术盛宴，展现四省四市浓郁的地方特色以及传统民间文化的艺术魅力。此届艺术节由有朋自远方来——第十七届浙皖闽赣四省四市民间艺术节文艺晚会、“好听衢州”礼乐·草原音乐会暨2020年“礼遇南孔·美好生活”第四届全国手机摄影大赛颁奖仪式、绿水青山就是金山银山·衢州生态文明书画展、衢黄南饶四地非遗大赶集、水亭门音乐街沉浸式演出等子活动组成，现场观众超过5万人，线上观看流量超过30万人次。

【好听衢州·“我们的礼乐”】 12月14日，何天乐团首场专场演奏会好听衢州·“我们的礼乐”在柯城文化中心上演，这是衢州本土音乐艺术与市民的“第一次亲密接触”。何天乐团由市文旅局发

12月14日，衢州首支本土乐团——何天乐团首演

起，社会爱好者自愿参与创建，现有西洋管弦乐团、民乐团两个分部，成员60余人。乐团地方色彩浓郁，特征鲜明，充满活力，并朝着成为"好听衢州"新名片的目标努力。乐团的成立，有效弥补衢州在音乐艺术事业上的短板，彰显文化自信、为"南孔圣地·衢州有礼"城市品牌注入新元素。

文化遗产

【概　况】 2020年，贯彻执行"保护为主、抢救第一、合理利用、加强管理"和"保护为主、抢救第一、合理利用、传承发展"的文物和非遗工作方针，文化遗产保护各项工作进展顺利。

【举办"5·18"国际博物馆日浙江主场城市活动】 5月13日，2020年"5·18"国际博物馆日浙江主场城市活动在龙游举行，开幕式上公布"第四届全省博物馆免费开放最佳做法推介活动"终评结果、举行衢州市博物馆联盟成立揭牌仪式。同时，衢地物语——百件文物讲述衢州万年故事展在龙游县博物馆新馆举办，该展览为衢州市博物馆联盟首届文物精品展。

【龙游县博物馆新馆正式对外开放】 5月13日，龙游县博物馆新馆正式对外开放，该馆位于龙游县东华街道宝塔路2号，用地面积25120平方米，建筑面积17667平方米，其中陈列展览面积4450平方米，是一座集收藏、研究、保护、展示、教育于一体的县级综合性博物馆。

【入选第二批省优秀非遗旅游商品名单】 7月21日，省文化和旅游厅公布第二批省优秀非遗旅游商品名单，衢州市《衢州白瓷（和壶——立春）》《匠新脆饼》《御玺·贡芽——瓷韵》《源庄·四库全酥》等4件（套）非遗旅游商品入选。

【举办2020年全市博物馆优秀讲解案例推介选拔活动】 8月16日，在市博物馆举办2020年全市博物馆优秀讲解案例推介选拔活动，全市约30人参加，最终选拔出5名优秀讲解员参加全省博物馆优秀讲解推介活动。

【省级文化传承生态保护区（创建）】 8月31日，省文化和旅游厅公布省级文化传承生态保护区（创建）名单，柯城区立春文化传承生态保护区入选该名单。

【召开全市文物安全工作会议】 11月6日，召开全市文物安全工作会议，各县（市、区）委常委、宣传部部长、政府联系领导，市文旅局和各县（市、区）文化广电旅游（体育）局局长、分管副局长，文博单位负责人及市级相关部门负责人80余人参加。会议深入学习贯彻习近平总书记关于文物安全工作的重要指示批示精神，分析当前文物安全形势及突出问题，研究部署今后一段时间文物安全重点工作。会上市文化广电旅游局通报全市文物安全工作情况，龙游县作典型交流发言，市文化广电旅游局经市政府授权，与各县（市、区）政府签订《衢州市文物安全责任书》。

【公布第一批衢州市非物质文化遗产体验基地】 11月23日，经过专家评审、党委会讨论、公示等程序，市文化广电旅游局公布第一批衢州市非物质文化遗产体验基地名单，全市有18个基地入选。

【举办非遗代表性传承人培训班】 11月26—27日，衢州市非物质文化遗产代表性传承人培训班在开化县举办。省级以上及非遗企业、非遗体验基地负责人、部分市非遗项目代表性传承人、各县（市、区）文旅体局非遗干部120

庙山尖土墩墓遗址发掘现场

余人参加。培训现场颁发18项第一批市级非遗体验基地标志牌，邀请专家作《非遗与未来》《非遗产品直播运营》专题讲座，并组织传承人现场展示展演，参观体验开化御玺贡芽制作技艺、开化根雕非遗项目等活动。

【新增56处市县级文物保护单位】 12月3日，衢州市政府公布庙山尖土墩墓遗址等8处不可移动文物为第五批市级文物保护单位。12月3日，龙游县政府公布大板桥方家宗祠等48处不可移动文物为第五批县级文物保护单位。全市新增56处市县级文物保护单位。截至年底，全市共有各级文物保护单位585处，其中全国重点文物保护单位16处、省级文物保护单位104处、市县级文物保护单位465处。

【考古发掘工作取得新突破】 年内，新发掘的衢江区孟姜村西周土墩墓群，出土玉器、原始青瓷器等文物，经专家论证，认为该区域是商周时期周边地区的文化中心，被评为2020年度浙江十大考古重要发现。江山市新发现一处先秦遗址——姜家遗址，距今5000年，该遗址发掘工作已结束。龙游县荷花山考古遗址公园被评为第三批省级考古遗址公园。

【实施文物保护工程】 2020年，全市推进实施各级文物保护单位修缮工程50余项，竣工约40项。其中，全国重点文物保护单位有衢州城墙之北段城墙修缮工程、衢州城墙西段城墙修缮工程等，省级文物保护单位有衢州书院、徽州会馆、达源号钱庄、孔氏民居等。启动衢州城墙东段残址现状保护修缮工程和衢州市博物馆安防工程，进一步对现存文物进行修缮保护。

【新增72项市县级非物质文化遗产代表性项目】 8月4日，常山县政府公布第六批县级非物质文化遗产代表性项目名录，共19项；8月29日，龙游县政府公布第六批县级非物质文化遗产代表性项目名录，共10项；11月6日，衢江区政府公布第八批区级非物质文化遗产代表性项目名录，共6项；12月3日，衢州市人民政府公布第七批衢州市非物质文化遗产代表性项目名录，共37项。全市新增72项市县(区)级非物质文化遗产代表性项目。截至年末，全市各级非物质文化遗产代表性项目1187项，其中联合国教科文组织人类非物质文化遗产代表性项目1项，国家级非物质文化遗产代表性项目10项，省级非物质文化遗产代表性项目76项，市级非物质文化遗产代表性项目300项，县(市、区)非物质文化遗产代表性项目800项。

广播电视管理

【概　况】 2020年，围绕全省广播电视工作要点，落实“五个广电”(忠诚广电、智慧广电、实力广电、惠民广电和清廉广电)建设，宣传新思想，唱响主旋律，捍卫主阵地，守好安全线，推动全市广播电视事业发展。

【广播影视惠民服务工程】 年内，开展广播影视惠民服务工程，全市48943户低保群众，100%能享受免费收看有线电视的政策。截至年末，市、县两级传媒集团下属电台、电视台各6个，开办广播节目7套、电视节目7套，全市自制广播节目1.7万小时，电视节目1.17万小时；播出广播节目4.09万小时，电视节目4.17万小时，较好满足人民群众日益增长的精神文化需求。

(方思远)

南孔文化

Southern Confucian Culture

综 述

【概 况】1月21日，衢州南孔文化发展中心揭牌成立，对外加挂“衢州儒学馆”“衢州市文史研究馆”牌子，衢州孔氏南宗家庙管理委员会办公室设在衢州南孔文化发展中心。衢州儒学馆全年免费开放，共参观218468人次。衢州孔氏南宗家庙的管理、维护与日常运行正常，票价10元/人(学生半票，老年人免票)，全年门票收入82万元。12月4日，衢州南孔文化发展中心在由省委宣传部、省政府新闻办指导、省文化与旅游厅主办的2020“相聚浙里”国际人文交流周活动上，被评为首批浙江省国际人文交流优秀单位。

【成立衢州南孔文化发展中心】1月21日，衢州南孔文化发展中心揭牌仪式在衢州儒学馆举行，市委常委、宣传部部长钱伟刚出席仪式并讲话。衢州南孔文化发展中心为市政府直属相当于副县级的财政全额补助公益一类事业单位，主要职能是对南孔文化相关文物文献的搜集、保存、修复、研究、展示、教育和应用；衢州地方文史资料的研究、整理、编辑和应用；南孔文化产业的挖掘、传承、谋划与融合发展；开展南孔文化国内外体验交流活动。

南孔文化交流活动

【“正泰锦绣光伏画家采风团”到衢州考察交流】6月11日，由西泠书画院原副院长、著名山水画家陆秀竞，浙江大学教授、著名山水画家杜高杰，中国美术学院教授、著名花鸟画家徐家昌等人组成的“正泰锦绣光伏画家采风团”走进衢州，在孔氏南宗家庙内与孔子第75世嫡长孙、孔氏南宗家庙管理委员会主任孔祥楷交谈。

【王树声一行到衢州看望孔祥楷】9月13日，西安建筑科技大学副校长王树声一行专程到衢州，看望1956级校友孔祥楷。

【葛慧君到衢州走访慰问孔祥楷】9月22日，省政协主席葛慧

9月22日，浙江省政协主席葛慧君(右一)到衢州孔氏南宗家庙，走访慰问省政协委员、孔子第75世嫡长孙、孔氏南宗家庙管理委员会主任孔祥楷(左一)

君在市委书记徐文光，市政协主席周伟江和市委常委、宣传部部长钱伟刚等领导陪同下，到衢州孔氏南宗家庙，走访慰问省政协委员、孔子第75世嫡长孙、孔氏南宗家庙管理委员会主任孔祥楷。

【金华磐安孔火春一行到衢州觐谒孔氏南宗家庙】 9月25日，金华磐安孔氏家庙孔火春一行到衢州觐谒孔氏南宗家庙，孔氏南宗家庙赠予磐安孔氏宗亲一部《孔氏南宗谱》。

【张彤一行参观考察衢州孔氏南宗家庙】 10月13日，四川省乐山市委副书记、市长张彤，副市长陈长明，市委秘书长、市扶贫开发局局长廖策军等领导一行到衢州孔氏南宗家庙考察调研。

11月8日，中央候补委员、中国科学院院士、浙江大学校长吴朝晖(左一)一行参观考察衢州孔氏南宗家庙

【吴朝晖一行参观考察衢州孔氏南宗家庙】 11月8日，中央候补委员、中国科学院院士、浙江大学校长吴朝晖一行，在副市长王良春、孔子第76世嫡长孙孔令立陪同下，参观考察衢州孔氏南宗家

2020年其他领导考察访问衢州孔氏南宗家庙一览表

表33

时间	地点	到访领导	领导职务
1月5日	衢州孔氏南宗家庙	王亚非	电子科技大学党委书记
4月14日	衢州孔氏南宗家庙	曾勇	电子科技大学校长
4月27日	衢州孔氏南宗家庙	刘小涛	浙江省副省长
6月9日	衢州孔氏南宗家庙	寇世强	中国人民解放军少将，中国人民解放军联合参谋部军事需求局副局长
8月11日	衢州孔氏南宗家庙	付子堂	西南政法大学校长
9月23日	衢州孔氏南宗家庙	贾宇	浙江省人民检察院党组书记、检察长
10月29日	衢州孔氏南宗家庙	曾颖	北京银行监事长
10月25日	衢州孔氏南宗家庙	吴龙江	华夏航空首席执行官
11月1日	衢州孔氏南宗家庙	吕一军	温州医科大学党委书记
11月23日	衢州孔氏南宗家庙	李校堃	温州医科大学校长
12月1日	衢州孔氏南宗家庙	吴明红	上海大学党委常委、副校长，俄罗斯科学院、工程院外籍院士
12月1日	衢州孔氏南宗家庙	盛秋平	省商务厅党组书记、厅长
12月13日	衢州孔氏南宗家庙	郑孟状	浙江师范大学校长

庙，并在有朋堂拜会孔子第75世嫡长孙、衢州孔氏南宗家庙管理委员会主任孔祥楷，孔祥楷向吴朝晖赠送亲笔题字的《论语》。

【温州孔令仁一行到访孔氏南宗家庙】 11月28日，浙江温州支孔氏族人孔令仁一行，到访衢州孔氏南宗家庙，衢州孔氏南宗家庙向他们赠送《孔氏南宗谱》。

【张然一行参观考察衢州孔氏南宗家庙】 12月2日，河南省鹤壁市委副书记张然一行，在市委常委、宣传部部长钱伟刚和副市长田俊等领导陪同下，参观考察衢州孔氏南宗家庙，在有朋堂拜会孔子第75世嫡长孙、孔氏南宗家庙管理委员会主任孔祥楷，并进行座谈交流。

【周傲英等一行参观考察衢州孔氏南宗家庙】 12月10日，华东师范大学副校长周傲英，中国人民大学校长助理、明理书院院长杜小勇，东北大学计算机软件与理论研究所所长于戈，华东师范大学国际汉语文化学院教授张建民，马来西亚中华总商会顾问杨剑辉，在衢州南孔文化发展中心主任盛雄生、孔子第76世嫡长孙孔令立陪同下，参观考察衢州孔氏南宗家庙和衢州儒学馆，并与孔子第75世嫡长孙、孔氏南宗家庙管理委员会主任孔祥楷进行座谈交流。

【社会活动】 1月18日上午，衢州孔氏南宗家庙举行“孔庙研学之新春祈福”活动。5月31日，衢州孔氏南宗家庙与柯城区府山街道钟楼社区、南乔书院联合开展“南

9月20日，第十七届“尼山杯”衢州市中小学生《论语》学习系列大赛总决赛在衢州孔氏南宗家庙孔府花园举行

孔圣地·衢州有礼”成童礼研学活动。9月6日，由衢州南孔文化发展中心主办的《论语》诵读暨南孔文化研学交流活动，在孔氏南宗家庙、衢州儒学馆举行。9月15日下午，由衢州市教育局、衢州孔氏南宗家庙管理委员会、共青团衢州市委员会、衢州广电传媒集团、衢州南孔文化发展中心主办，柯城区教育局协办，FM105.3衢州之声承办的第十七届“尼山杯”衢州市中小学生《论语》学习系列大赛小学、初中组复赛在柯城区尼山小学举行，并于9月20日晚在衢州孔氏南宗家庙孔府花园举行第十七届“尼山杯”衢州市中小学生《论语》学习系列大赛总决赛。9月20日，衢州南孔文化发展中心举办“首期南孔文化有礼行亲子研学游活动”开营仪式，南孔文化发展中心主任盛雄生宣布开营，并为本次研学团队授旗。9月20日下午，由衢州南孔文化发展中心、市文联主办的“南孔大讲堂·国学论衡”暨首期衢州文艺评论大讲堂在衢州儒学馆举行，中国文艺评论家协会副主席，中国戏曲学院学术委员会主任、戏曲研究所所长傅谨作题为《何为文艺评论，文艺评论为何》的讲座。9月22日下午，衢州南孔文化发展中心主题党日活动暨8090新时代理论首站宣讲在衢州柯城消防救援大队报告厅举行，南孔文化发展中心8090新时代理论宣讲员张朋华作《传承南孔文化，争做有礼守望者》主题宣讲，南孔文化发展中心主任盛雄生向消防大队黄志强教导员赠送《论语》。9月28日，纪念孔子诞辰2571周年祭祀活动在衢州孔氏南宗家庙举行，因疫情防控需要，2020年采用线上“云祭祀”和线下祭孔相结合的方式，20余万人次在线参与。10月11日上午，“游南孔圣地 品有礼文化”2020衢州古城亲子研学系列活动启动仪式在水亭门外广场举行，副市长王良春等领导出席启动仪式，首批150名学生、300多位家长踏上研学之旅第一

站，通过寻访南孔古城的22个历史遗迹及文化新地标，共同完成亲子特色研学项目。10月27日，衢州学院教师教育学院在孔氏南宗家庙举行2020级新生入泮礼。11月2日，衢州南孔文化发展中心与衢州儒商促进会联合邀请30多名企业家走进南孔，并在衢州孔氏南宗家庙孔府花园举行座谈会，孔子第76世嫡长孙孔令立参加。11月4日，由市文化广电旅游局主办、衢州南孔文化发展中心承办的第八期“南孔大讲堂·国学论衡”活动在衢州儒学馆举行，南开大学商学院教授、南开大学国学与管理研究中心主任、中国老子道学文化研究会副会长齐善鸿作题为《国学与中华文化的未来使命》的讲座。11月7日，衢州孔氏南宗家庙管理委员会和FM105.3衢州之声联合在孔氏南宗家庙有朋堂举办第二期“《论语》背诵争章”活动。11月21日晚，由浙江音乐学院、中共衢州市委宣传部、衢州孔氏南宗家庙管理委员会主办的“南孔礼乐·孔祥楷先生音乐作品展演”在孔氏南宗家庙后花园举行，市委副书记、市长汤飞帆，浙江音乐学院党委书记胡建新等领导和嘉宾到场观看。11月21—22日，浙江师范大学国际文化与教育学院40名孔子学院奖学金获奖学生，到衢州参加南孔文化体验系列活动。衢州南孔文化发展中心主任盛雄生出席活动启动仪式，孔子第76世嫡长孙孔令立致辞并向学生赠送《论语》。12月26日，由市文化广电旅游局主办、衢州南孔文化发展中心承办的第十期“南孔大讲堂·国学论衡”活动在衢州儒学馆举行，华东师范大学哲学系教授、博士生导师，中华孔子学会副会长、上海哲学学会副会长、上海炎黄文化研究会副会长、国际儒学联合会理事和学术委员陈卫平作“儒学培育践行核心价值观的历史启示”讲座。12月31日，衢州孔庙南宗家庙管理委员会在有朋堂举行2021新年跨年元旦晚会，孔子第75世嫡长孙、孔氏南宗家庙管理委员会主任孔祥楷向衢州第一中学校长徐衍昌，衢州第二中学校长潘志强，衢州高级中学副书记、副校长赵海亮赠送《圣迹图》，市政协秘书长程相为晚会作开幕致辞。

11月21日晚，“南孔礼乐·孔祥楷先生音乐作品展演”在孔氏南宗家庙后花园举行

南孔文化学术研究

【召开《浙江文史记忆丛书》编撰工作座谈会】 7月9日下午,《浙江文史记忆丛书》编撰工作座谈会在衢州儒学馆召开,省文史研究馆副馆长、省交通厅原厅长郭学焕,市委常委、宣传部部长钱伟刚等领导专家出席座谈会。《浙江文史记忆丛书》由省级分册和地市、县区分册构成,通过记录浙江历史、讲述浙江故事、解读浙江人文,集中展示浙江文化和浙江精神。

【举办推进南孔文化创造性转化、创新性发展研讨会】 9月6日上午,在习近平总书记主政浙江时对衢州作出"让南孔文化重重落地"殷殷嘱托15周年之际,衢州举办推进南孔文化创造性转化、创新性发展研讨会。研讨会由"问道论语厅"开幕仪式、南孔文化重重落地15周年座谈会、《论语》诵读活动和"国学论衡"讲座等内容组成,旨在贯彻落实习近平总书记重要嘱托,推动南孔文化创造性转化和创新性发展,展现"南孔圣地·衢州有礼"城市品牌魅力。中宣部原副部长、十三届全国政协文化文史和学习委员会副主任王世民,省委宣传部副部长、省社科联主席盛世豪以及来自亚洲文化交流协会、国际儒学联合会、中国社科院、华东师范大学、省文史研究馆等20多位儒学专家学者齐聚衢州,为推动南孔文化创造性转化、创新性发展建言献策。市政协主席、市委政法委书记周伟江,市委常委、宣传部部长钱伟刚出席活动。9月6日下午,"问道论语厅"开幕仪式在衢州儒学馆举行,省文化和旅游厅党组成员、副厅长叶菁,衢州市委常委、宣传部部长钱伟刚为"问道论语厅"揭牌,市文化广电旅游局党委书记、局长周红燕致辞。9月6日下午,由市文化广电旅游局主办、衢州南孔文化发展中心承办的第六期"南孔大讲堂·国学论衡"在衢州儒学馆举行,浙江大学求是特聘教授、浙江大学中国思想文化研究所所长、中华孔子学会副会长、中国哲学史学会副会长、浙江省文史研究馆馆员董平作"孔子为什么要教书"讲座。

9月6日下午,"问道论语厅"开幕仪式在衢州儒学馆举行。图为省文化和旅游厅党组成员、副厅长叶菁(右一),市委常委、宣传部部长钱伟刚(左一)为"问道论语厅"揭牌

【召开南孔文化基因解码工作座谈会】 9月17日下午,衢州南孔文化发展中心到衢州学院哲学与文化研究中心召开南孔文化基因解码工作座谈会,与衢州学院南孔文化研究专家学者就衢州南孔文化中值得挖掘和深研的元素进行广泛深入探讨。9月29日下午,衢州南孔文化发展中心在市区水亭门南孔爷爷的书房召开衢州市文化基因解码座谈会。浙江大学旅游与休闲研究院吴越教授及其团队成员到衢州调研指导,市文化广电旅游局党委委员、副局长曾有仙出席座谈会。衢州学院教授吴锡标、刘小成以及柯城、衢江、开化等县(市、区)有关专家代表应邀座谈。

【衢州南孔文化发展中心与尼山世界儒学中心(中国孔子基金会秘书处)互访交流】 10月21日,山东社会科学院国际儒学研究与交流中心主任涂可国带领"曲阜模式"课题组成员到衢州调研,在参观完孔氏南宗家庙、衢州儒学馆后,召开座谈会,衢州城市品牌专班专职副主任吴良军,市文化广电旅游局党委委员、副局长曾有仙等出席座谈会。11月11日，市文化广电旅游局党委委员、副局长曾有仙和衢州南孔文化发展中心主任盛雄生一行，在山东社会科学院国际儒学研究与交流中心主任涂可国陪同下，到尼山世界儒学中心（中国孔子基金会秘书处）开展学习考察，双方就有关合作事项进行研究讨论。

【孔祥楷被授予“修心教育公益大使”荣誉称号】 11月17日，浙江省监狱系统修心教育工作总结表彰大会暨成果展示会在浙江省乔司监狱举行。会上，孔子第75世嫡长孙孔祥楷被授予“修心教育公益大使”称号，其子孔令立代为领奖。

11月17日，浙江省监狱系统修心教育工作总结表彰大会暨成果展示会在浙江省乔司监狱举行，孔祥楷被授予“修心教育公益大使”称号

【“南孔礼乐·孔祥楷音乐作品学术研讨会”举行】 11月22日上午，“南孔礼乐·孔祥楷音乐作品学术研讨会”在孔氏南宗家庙有朋堂举行。来自浙江音乐学院、西安音乐学院、衢州学院等院校的专家代表，围绕孔祥楷创作的音乐作品进行交流探讨。浙江音乐学院党委书记胡建新，市委常委、宣传部部长钱伟刚，孔子第75世嫡长孙、孔氏南宗家庙管理委员会主任孔祥楷，市委宣传部常务副部长姜建勋，市文联党组书记、主席吴利平，孔子第76世嫡长孙孔令立等出席，衢州南孔文化发展中心主任盛雄生主持研讨会。

11月22日上午，“南孔礼乐·孔祥楷音乐作品学术研讨会”在孔氏南宗家庙有朋堂举行

【浙江省儒学学会三届四次会员代表大会在衢州举行】 11月28—30日，由浙江省儒学学会和市文化广电旅游局主办、衢州南孔文化发展中心承办的浙江省儒学学会三届四次会员代表大会在衢州举行。市委常委、宣传部部长钱伟刚，省社科联社团处处长郁兴超，孔子第76世嫡长孙孔令立等先后致辞。国际儒联荣誉顾问、省社科院研究员、省儒学学会会长吴光，浙江大学历史文化遗产研究院院长、浙江省儒学学会常务副会长兼秘书长曹锦炎，市文化广电旅游局党委委员、副局长曾有仙，衢州南孔文化发展中心主任盛雄生等出席大会。

其间，在衢州儒学馆举办第九期“南孔大讲堂·国学论衡”活动，邀请国际儒联荣誉顾问、浙江省社科院研究员、浙江省儒学学会会长吴光作“中华儒学的源流、演变、特色、精神及其未来展望”专题讲座。同时举办“儒学与南孔文化”专题培训班，邀请专家学者作“衍圣公与儒家宗法观念”“南孔文化的基本精神”“儒家经典中的家庭伦理观”“南孔历史与南孔精神”“越王剑鉴赏”等讲座。

（王其旗　张朋华）

社会生活

■ *Social Life*

民政事务

·综　述·

【概　况】 2020年，坚持“民之所盼、政之所向”理念，战疫情、兜底线、保稳定、优服务、促发展、暖民心，全力投入“重要窗口”和四省边际中心城市建设，切实履行基本民生保障、基层社会治理、基本社会服务等职责。基本保障体系更加健全，基层治理体系不断完善，养老服务建设全面增强，公共服务能力持续提升，民政事业水平显著提高，为“美丽大花园、活力新衢州”作出新贡献。年内，市民政局获“全国民政系统抗击新冠肺炎疫情先进集体”荣誉。

【出台《关于推进新时代民政事业高质量发展的实施意见》】 5月31日，市委、市政府印发《关于推进新时代民政事业高质量发展的实施意见》。内容涵盖总体要求、主要任务、保障措施三大部分，由26条组成。明确全市民政事业发展具体目标：到2022年，全市最低生活保障年标准达到万元以上；县(市、区)儿童福利服务机构实现全覆盖；乡镇(街道)居家养老服务中心实现全覆盖，护理型床位占机构床位的55%以上；每万人拥有登记和备案社会组织达到38个；持证社会工作专业人才占全市常住人口2‰；全市节地生态安葬率达到60%以上。主要任务是构建高质量民政发展、适度普惠救助、现代城乡治理、综合养老供给、社会工作发展、基本社会服务、特殊人群关爱七大体系。提出加强组织领导、加强队伍建设、加强法治建设三个方面的保障措施。

【全市民政会议暨全国社区治理和服务创新实验区创建工作推进会】 6月22日下午，衢州市委、市政府召开全市民政会议暨全国社区治理和服务创新实验区创建工作推进会。会议表彰全市民政工作先进集体和先进个人，部署当前和今后一个时期民政工作重点任务；衢州市民政局和江山市主要负责人分别就全国社区治理和服务创新实验区创建、大救助体系建设作交流发言。市委书记徐文光讲话，市委副书记、市长汤飞帆主持，副市长徐利水作民政工作报告，市人大常委会主任吴国升、市政协主席周伟江出席会议。

【市慈善总会第四次会员代表大会】 11月3日，市慈善总会第四次会员代表大会召开。市委副书记、市长汤飞帆出席会议并讲话，省慈善联合总会副会长廖卷清到会指导，市领导毛建民、徐利水、周庆出席。会议审议通过市慈善总会第三届理事会工作报告和财务收支报告，选举产生第四届理事会，毛建民当选会长；会上表彰模范慈善集体和个人，并举行慈善捐赠仪式。

【新型冠状病毒防控工作】 2月22日，全市民政系统着手部署疫情防控工作。年内，始终把疫情防控作为首要工作，严格执行中央、省、市部署。全力筑牢城乡社区防线。全省率先出台《关于进一步加强村(社)疫情防控工作的通知》，提出全面筑牢群防群控防线的十条意见，切实强化村(社)防控网格兜底作用。依托互联网平台，建立市县联动指挥信息通道。各地民政局建立专班，直通一线，高效协同，有序推进各项措施落实落细。发动社区工作者参与防疫大会战，全市近万名社区工作者参与抗“疫”；市民政局主动承担“包区清楼”责任，派出87名党员干部担任107栋楼栋长，服务居民4万多人次；推广“健康码”，推动完善精密智控机制，完成城乡社区第一道防线战役任务。保障特殊场所安全，针对“一老一小”特殊群体和养老机构、社会福利机构和殡仪馆等特殊场所，在全省率先实施养老机构封闭式管理、最早制定并落实殡仪场所管控制度，有效保障全市3976名在院老人和52名儿童的健康安全。坚决把好流浪乞讨人员救助管理、殡葬服务、婚姻登记防控关，暂停全市福利彩票销售，抓细抓实各项疫情防控工作，有效切断疫情在民政服务机构散播的潜在渠道。全力激活多方社会力量。积极动员多方力量参与疫情防控，有针对性地为全社会提供心理疏导、采买代购、老人关怀、孩子学业线上辅导等生活服务，在全省最早制定出台《关于为全市疫情防控一线医务人员家中缺人照料的老人提供全方位关爱服务的通知》，确定11家养老机构为一线医务人员家庭老人开展定点照料。疫情期间，全市865家社会组织参与志愿活动，累计出动25591人次；社会组织捐款6600万元；市慈善总会接收捐款406.55万元，累积物资折价51.06万元。全力提供民政公共服务。疫情防控期间，全市民政系统简化服务办事手续，推行社会救助全流程网上办理，利用浙江省大救助信息平台核查申请对象收入、财产情况，对基本生活出现严重困难对象，采取临时救助方法先行解决。疫情以来，全市新纳入低保1099人，低保边缘547人，特困人员39人。全市发放低保金1.15亿元，发放临时救助金520.69万元、涉及7779人次。全市各地民政、财政等部门全面贯彻落实《浙江省发展改革委等七单位关于进一步做好困难群众基本生活价格补贴发放工作的通知》，发放物价补贴1502.67万元。

·社会福利·

【养老服务机构新冠病毒疫情防控】1月26日起，全市养老机构实行封闭式管理，严格管理人员出入，谢绝所有老人家属探视，且所有居家养老服务机构暂停运营。坚持日常防疫。部署各养老机构做好每日早晚对在院老人和工作人员进行体温测量、登记，每日居室巡查，观察了解老年人健康状况。建立日报制度。封闭式管理期间，每日统计在院老人、特困人员、疏散人员、隔离人员等数据，实时掌握老年人的生活状况。开展暗访督查。分管副市长、市民政局主要领导和分管领导等多次带队实地暗访调研全市养老机构封闭式管理情况，了解养老机构的困难与需求，并及时给予解决。各县（市、区）也不定期对辖区内养老机构开展暗访调研。封闭式管理期间，出动850人次对在运行的129家养老机构开展检查。有序恢复运营。根据省民政厅《关于加强养老机构疫情防控工作的通知》和市疫情防控指挥部下发《关于有序恢复全市养老服务的通知》文件要求，有序部署各养老服务机构恢复运营。4月8日，市民政局联合市卫健委下发《关于开展新冠肺炎疫情期间养老服务机构疫情防控督查指导工作的通知》，对恢复运营后的养老机构疫情防控工作开展督查指导。据统计，共出动466

柯城区白云街道居家养老服务中心

人次对全市在运行的133家养老机构进行督查。做好新冠病毒检测工作。对全市养老机构工作人员进行新冠病毒检测。6月，完成现有工作人员全员检测，共计1304人。

【推进乡镇(街道)居家养老服务中心建设】年内，市政府连续3年将乡镇(街道)居家养老服务中心建设列入民生实事项目，要求配备生活服务、康复护理、家庭支持、托养服务、心理疏导、康复辅具器具租赁六大服务功能(其中，街道示范点应当具备六大功能，乡镇示范点应当具备前四项功能)。截至年末，全市累计建成省级乡镇(街道)示范型居家养老服务中心70个，其中街道级16个、乡镇级54个，覆盖率70%，并全部委托养老服务专业机构运营。

【实施困难老年人家庭适老化改造工程】年内，为保障生活困难老年人的安全与健康，省、市政府将“实施困难老年人家庭适老化改造430户”列入民生实事计划，着手推进实施生活困难老年人家庭适老化改造工作，根据老年人实际需求对居家环境进行改造，提升老年人生活自理能力和居家生活品质。至年末，全市按照6000元/户的标准，实施生活困难老年人家庭适老化改造项目，累计完成579户，投入改造资金约360万元，超额完成省政府下达的目标任务，完成率134.65%。

【推进社区共享食堂建设】年内，为缓解市区居家老年人“吃饭难”的问题，市委、市政府提出在市区范围内试点推进社区共享食堂建设，并纳入2020年市政府民生实事项目，着力解决老年人，特别是独居老人、空巢老人的日常用餐难题。至年末，衢州市城区建成街道中心食堂9个，社区共享食堂(社区助餐点)37个，覆盖面超过60%，计划2021年城区实现服务全覆盖。

【加强养老机构建设】年内，市、县(市、区)持续推进养老机构建设，衢州市达康养老服务有限公司、衢江区衢南安养中心、衢江区凤凰湖医养中心等养老机构先后投入运行。截至年末，全市有各类养老机构149家，其中国办7家、民办77家、乡镇(街道)敬老院65家，每千名老年人拥有养老机构床位数40.2张。

【优化智慧养老服务平台】年内，依托省建“浙里养”系统，录入养老机构、居家养老服务设施、人才队伍、困难老年人家庭适老化改造等信息，实现数据共享。完成衢州市智慧养老服务综合平台机构养老、居家养老等板块搭建及测试。常山县建成“常山孝眼”平台，实现全县公民办养老机构信息、视频实时监控、痴呆老人防走失定位地图显示等功能有效融合，全域构建康养服务体系，打造“孝老之城”做法得到副省长王文序批示肯定。

【推进敬老院改造提升和法人登记工作】年内，督促落实部级补助资金项目，加快推进柯城区石梁镇敬老院九华分院，衢江区高家镇敬老院、廿里镇敬老院，龙游县石佛乡敬老院和常山县金川街道敬老院5家敬老院改造提升工作。截至年末，5家敬老院均完成主体工程建设，计划2021年进入装修阶段。同时，全市76家敬老院完成法人登记工作。

【提高百岁老人长寿保健补助标准】年内，全面提高百岁老人长寿保健补助标准，其中柯城区、衢江区、龙游县、常山县、开化县将百岁老人长寿保健补助金提高至1000元/月，江山市提标至1200元/月。

【落实市级养老服务体系建设资金扶持政策】年内，市级财政下拨补助资金864.2万元，其中县(市、区)养老服务体系建设和促进养老服务业发展工作绩效考评600万元；居家养老服务建设和运营203万元；民生实事项目困难老年人家庭适老化改造项目补助61.2万元。为减轻疫情期间养老机构封闭式管理带来的经济压力，减免市本级2家“公建民营”养老机构2—4月设施使用费18.35万元。

【儿童福利工作】截至2020年末，全市有孤儿141人，其中机构养育孤儿55人，社会散居孤儿86人。列入保障的困境儿童为5841人，其中事实无人抚养儿童329人，自身困境儿童1055人，低保(低保边缘)家庭儿童3928人，其他困境儿童529人。实际发放孤儿和困境儿童基本生活费3016.33万元，其中孤儿发放生活费319.89万元，困境儿童发放生活费2696.44万元。儿童福利机构养育的孤儿年基本生活最低养育标准，按不低于当地上年度城镇常住居民人均生活消费支出的70%确定；社会散居孤儿年基本生活最低养育标准，按不低于当地儿童福利机构孤儿养育标准的80%确定；困境儿童参照社会散居孤儿补助标准补差发放，每年年初按照标准重新核定一次。全面开展“添翼计划”，建立残疾儿童家庭支持制度，对贫困家庭重残、重病儿童开展集中养育康复治疗，全市完成63人次。办理收养登记116例，其中男婴30例、女婴86例。夫妻共同收养105例，无配偶男性收养8例，无配偶女性收养3例。

【搭建儿童关爱服务平台】 年内，全市重点打造32家省级规范化“儿童之家”。通过示范引领，层层推进各类基础型、特色型“儿童之家”建设，全面铺开“儿童之家”建设，真正打通村（社区）为儿童和家庭服务的“最后一公里”。至年末，全市完成376家“儿童之家”建设，实现“儿童之家”村社服务全覆盖。

【助学工程】 年内，对所有认定为孤儿身份、年满18周岁后在普通全日制本科学校、普通全日制专科学校、高等职业学校等高等院校及中等职业学校就读的中专、大专、本科学生和硕士研究生，给予每人每年1万元助学金。全市受益孤儿37人。

【“12349”儿童救助保护热线试点工作】 年内，根据《民政部关于确定全国统一的儿童救助保护热线试点地区的通知》精神，印发《衢州市“12349”儿童救助保护热线试点实施方案》，明确提出衢州市“12349”服务热线工作内容、构建“2+2+N”服务体系、捋顺服务流程、加快标准化体系建设、打造专业服务队伍等重点任务。完成“12349”儿童救助保护一站式平台建设、专职话务人员配备、工作手册制作，保证各环节科学化、规范化落实到位，畅通儿童救助保护渠道，维护儿童权益。

·社会救助·

【社会救助工作】 2020年，市民政局持续加大兜底保障力度。及时启动低保提标工作。自10月1日起，全市城乡低保标准由每人770元/月调整为每人850元/月，年低保标准10200元，提前两年实现既定目标。截至12月，全市有城乡低保对象43622户59793人，累计发放低保金4.27亿元。全市有城乡低保边缘对象8104户17912人。全面落实支出型贫困家庭救助。对因医疗、教育等原因致贫对象及时纳入保障范围，加大支出型贫困认定力度。加强兜底保障力度。市民政局会同市财政局、市扶贫办、市医保局联合出台《关于进一步做好社会救助兜底保障工作的通知》，进一步加强低保和扶贫政策衔接，健全重病、重残单列低保政策，明确低保、低保边缘家庭一年渐退期制度，有效增强衢州市社会救助兜底保障水平。提高物价补贴发放标准。2020年，衢州市困难群众基本生活价格补贴系数由原来的1.5倍上调至2倍。特别是3—6月，阶段性提高每月价格补贴标准1倍，切实保障疫情时期困难群众基本生活。截至年末，累计启动价格补贴发放工作9次，为76.01万人次困难群众发放价格补贴资金7709.89万元。

【提高特困人员救助标准】 年内，

5月15日，衢州福彩联合常山县民政局、县关工委在常山县城南中学开展2020年“福彩助力·点亮梦想”助学金发放仪式

7月29日，市救助站为临时救助点派送救助物资

衢州各县(市、区)民政部门均上调特困供养标准，全市特困供养标准平均为每人1125元/月，超过低保标准的1.3倍，为全市特困供养人员带来实实在在的获得感和幸福感。截至年末，全市有特困人员4026户4035人，累计发放特困供养资金4340.01万元。

【完善临时救助政策】年内，市民政局会同市财政局联合出台《关于加强临时救助管理工作的通知》，明确临时救助适用范围、救助标准、救助程序以及工作机制，便于基层在实际中操作，及时解决突发性、紧迫性、临时性基本生活困难，对临时救助对象不仅限于本地户籍人员，向常住人口以及本市流动人员扩展。全市开展临时救助5409户10648人(次)，支出临时救助金1021.84万元。

【社会力量参与慈善救助工作】年内，新建衢州市慈善精准帮扶基地，实现各县(市、区)慈善基地全覆盖。通过市县慈善服务平台有效衔接政府、慈善组织及救助对象三方，强化慈善救助资源绩效，打造慈善救助品牌，充分激发社会力量参与慈善救助工作活力。通过市县两级慈善救助平台，累计撬动政府及社会资金5000余万元参与各类扶老、助残、救孤、济困公益慈善项目。疫情期间，发动募捐，全市慈善组织接受捐赠资金6000余万元，接受捐赠物资近280万件，全部用于疫情防控支出。

·基层社会治理·

【城乡社区治理】截至年末，全市建成乡镇服务中心82个、街道服务中心18个，农村社区服务中心1482个、城市社区服务中心112个，正常运行社区服务中心实现全覆盖，村务公开达标率100%。创建省级引领型农村社区24个。创建市级示范型农村社区30个，补助专项经费300万元。其中柯城区8个乡、2个镇、8个街道，213个村和58个城市社区，建成乡镇服务中心10个、街道服务中心8个、农村社区服务中心213个、城市社区服务中心58个，社区服务中心实现全覆盖，村务公开达标率100%，创建省级引领型农村社区4个，创建市级示范型农村社区4个，补助专项经费40万元。衢江区8乡、10镇、2街道，279村和6城市社区，建成乡镇服务中心18个、街道服务中心2个、农村社区服务中心279个、城市社区服务中心6个，社区服务中心实现全覆盖，村务公开达标率100%，创建省级引领型农村社区4个，创建市级示范型农村社区5个，补助专项经费50万元。龙游县7乡、6镇、2街道，263村和11城市社区，建成乡镇服务中心13个、街道服务中心2个、农村社区服务中心263个、城市社区服务中心11个，社区服务中心实现全覆盖，村务公开达标率100%，创建省级引领型农村社区3个，创建市级示范型农村社区5个，补助专项经费50万元。江山市5乡、11镇、3街道，292村和16城市社区，建成乡镇服务中心16个、街道服务中心3个、农村社区服务中心292个、城市社区服务中心15个，社区服务中心实现全覆盖，村务公开达标率100%，创建省级引领型农村社区6个，创建市级示范型农村社区6个，补助专项经费60万元。常山县5乡、6镇、3街道，180村和10城市社区，建成乡镇服务中心11个、街道服务中心3个、农村社区服务中心180个、城市社区服务中心10个，社区服务中心基本覆盖，村务公开达标率100%，创建省级引领型农村社区4个，创建市级示范型农村社区5个，补助专项经费50万元。开化县6乡、8镇，255村和11城市社区，建成乡镇服务中心14个、农村社区服务中心255个、城市社区服务中心11个、社区服务中心基本覆盖，村务公开达标率100%，创建省级引领型农村社区3个，创建市级示范型农村社区5个，补助专项经费50万元。

【社区治理和服务创新】 5月8日，“邻礼通”2.0版本上线。截至年末，“邻礼通”覆盖全市300多个小区，后台登记入驻18万户、约42万人，入驻率95%；其中激活使用12.5万户30万人，激活率85%。开展第一批“邻礼汇”社区服务综合体建设，建成10个示范点。4月16日，举办衢州市首届社区治理优秀案例擂台赛，通过对征集到的50个案例进行比选，最终评出十大优秀案例，并向省民政厅推荐录入全省城乡社区治理优秀案例6个。6月22日，市委、市政府召开全市民政会议暨全国社区治理和服务创新实验区创建工作推进会。11月19—21日，民政部全国社区治理和服务创新实验区创建工作指导组到衢州开展实验区创建中期评估，跟踪指导实验区创建进展情况。衢州市社区治理案例先后被评为全国市域社会治理创新优秀案例、浙江省基层社会治理十大创新典型，并在全国会议上做交流发言。

【社会工作和志愿服务】 至年末，全市累计取得国家级社会工作者职称4531人，其中初级3625人，中级906人，建立专业社工机构119家。柯城区取得国家级社会工作者职称671人，建立专业社工机构51家；衢江区取得国家级社会工作者职称584人，建立专业社工机构10家；龙游县取得国家级社会工作者职称583人，建立专业社工机构8家；江山市取得国家级社会工作者职称843人，建立专业社工机构15家；常山县取得国家级社会工作者职称357人，建立专业社工机构19家；开化县取得国家级社会工作者职称604人，建立专业社工机构14家；市本级取得国家级社会工作者职称891人，建立专业社工机构2家。2020年度，组织全市社会工作者职业水平考试。新增报考人员4179人，考试通过人员1098人，其中初级824人、中级272人、高级2人。开展第十四个国际社工节系列宣传活动，举办社会工作论坛和实践活动，有百余人参加。全市各地均开展现场宣传活动，社会工作宣传和咨询服务活动30余场，500余人参与。10月28日，举行衢州市社会工作协会第二届理事会换届大会，省民政厅社慈处、省社工协会等单位领导到会指导。举办全市社会工作发展培训班，130余名社工参加学习。

4月16日，衢州市举办首届社区治理优秀案例擂台赛

【村（居）民委员会换届选举】 7月，启动村（居）民委员会换届试点工作。9月10日，完成全市7个乡镇（街道）96个村（社区）换届试点工作。10月10日，启动全面换届，12月底全面完成换届工作。村社组织换届选举“一肩挑”率98.6%，除22个村（社）外，其他村（社）党组织书记均通过法定程序推选为村（居）民委员会主任。

【社会组织管理】 年内，全市新批社会团体76个，民办非企业单位120个，基金会1个；办理社会团体变更184个，民办非企业单位变更105个;注销社会团体34个,民办非企业单位61个;市本级20家社会组织参加评估,其中6家被评为AAAAA级社会组织,2家被评为AAAA级社会组织。年末,衢州市有社会组织18615家,其中正式登记4215家(社会团体1314家、民办非企业单位2890家、基金会11家),备案1.44万家。每万人拥有登记加备案社会组织72家。平均每个城市社区19.6家,每个农村社区有9.2家。全市社会组织参与脱贫攻坚捐赠资金物资价值1.46亿元,直接受益73.8万人次;参与文明城市创建,出动志愿者1.3万余人次。

【动员社会组织做好疫情防控、助力复工复产】 全年,市社会组织管理中心做好疫情防控,通过钉钉群、微信群、电话等,广泛发动社会组织参与防控工作。全市735家社会组织参与宣传动员、排查管控、志愿服务、捐款捐物等活动,累计出动2.5万人次。59家社会组织向社会捐款348.38万元。助力复工复产,发动社会组织党员引领各类社会组织一手抓防控、一手抓复工,引导全市700多家社会组织指导会员(企业)科学有效复工复产。指导各类社会组织,特别是行业商会组织发挥政企桥梁作用,及时向行业主管部门汇报企业所盼,推动各级政府出台政策措施。

·水库移民工作·

【概　况】 2020年,紧贴省、市移民工作重点,围绕"和谐融入保稳定、增收致富促发展"主题,统筹谋划、克难攻坚、创先争优,各项工作稳步推进。围绕"全面小康路上一个也不能少"目标,扎实开展移民群众脱贫工作。注重分类施策,探索创新产城融合、村户共建、三产联动等增收新模式,累计投入资金2.3亿元(移民资金0.69亿元),扶持现代农业、物业经济、电商经济、休闲旅游等,扶持移民村集体经济增收项目83个。引导库区和移民安置区融入"大花园核心景区""衢州有礼"诗画风光带建设中,累计投入资金1.92亿元(移民资金0.88亿元),实施移民美丽家园项目72个,推进饮水、道路硬化等基础设施项目建设182个,移民村环境卫生得到改善、村容村貌明显改观。按照"直补资金发放准确率达到100%"的要求,完成后扶人口年度复核工作。年内,全市后扶人口164204人,其中直补人口114070人,发放直补资金6844万元。按时完成柯城寺桥水库移民安置规划大纲、规划报告的报批工作,成立市移民安置验收初验委员会,借助市政府的领导力和省移民办的指导力解决堵点难点问题。安仁铺枢纽及船闸工程竣工阶段移民安置工作通过市级初验。指导县(市、区)做好水库移民后期扶持"十四五"规划编制工作,完成6个县(市、区)规划的审批,并上报省移民办备案。对柯城、龙游、开化3个县(市、区)开展内部审计工作,指导督促3个县(区)10个问题的整改工作。对2019年监督检查发现的问题整改情况进行复核,37个问题整改到位。衢州市助力打赢移民群体脱贫攻坚战、新建水库移民安置、监督检查工作典型材料分别在《水工程移民》《浙江民政信息》《衢州信息》等平台上刊登。

【新建水库移民安置工作】 年内,实施"提速提效提质"工程。及时调整领导小组成员单位名单和职责。建立工作进度月报制度,每月将督办情况上报市政府,并多次召开推进会,借助市政府的领导力对工作推进中的堵点难点问题集中攻坚。建立重大问题集体决策制度,主动牵头组织召开全市移民安置竣工验收筹备会、协调会,制定责任清单,明确责任单位、细化工作举措,有效推进安置工作进度。积极向上对接,及时向省移民办汇报衢州市新建水库移民安置工作情况,多次邀请省办领导莅临指导,破解瓶颈问题。开化水库15天完成移民安置办法和实施方案编制,82天完成水库移民实物调查,创造全省同类型水库移民实物调查新速度。完成衢江航运安仁铺、红船豆枢纽及船闸工程后扶人口核定工作,1981名移民被纳入大中型水库农村移民后期扶持范围,妥善解决2个枢纽工程移民安置耗时9年的历史遗留问题,维护移民合法权益。开化水库前期工作经验获省长郑栅洁批示肯定,高坪桥水库移民安置工作经验获省民政厅副厅长李洁批示肯定。

12月24—25日，安仁铺枢纽及船闸工程竣工移民安置工作通过市级初验

【"低收入移民保"试点工作】 年内，在全省率先开展"低收入移民保"试点工作，在移民最低生活保障基础上，将低收入移民因意外致贫纳入保障，惠及全市3949名低收入移民，投入资金117.8万元。深化困难移民创业贴息贷款、困难救助、教育资助等"一揽子"帮扶机制，全市累计投入资金394.4万元对低收入移民开展专项救助，救助困难移民5014人次，教育救助106人次。衢州市水库移民精准扶持工作典型经验在《衢州信息》(工作动态)上刊登。

【移民资金项目二维码应用试点工作】 年内，在衢江区率先开展移民资金项目二维码应用试点工作，加强后扶项目全周期监管，实现后扶项目信息公开。衢江区移民资金项目二维码应用试点案例，为省级移民扶持项目管理系统改造提升提供新思路，省民政厅将水库移民信息管理系统升级确定为全省民政系统深化"最多跑一次"改革推进政府数字化转型第二批试点项目，拟建立全省统一的项目二维码应用管理模块。

·专项社会事务·

【婚姻登记】 年内，全市结婚登记12846对，其中涉外婚姻登记35对、柯城区2573对、衢江区2175对、龙游县1898对、江山市2902对、常山县1658对、开化县1605对。

【婚俗改革】 年内，江山市、龙游县被省民政厅列为全省婚俗改革实验县(市、区)。市民政局出台《衢州市婚俗改革实施方案》，江山市、龙游县政府办分别出台婚俗改革实施方案。开展"线上+线下"婚姻家庭辅导服务，龙游县民政局与龙游姑蔑古城合作，联合打造户外结婚登记颁证场所。11月30日，召开全市婚俗改革现场会，现场观摩龙游县婚俗改革启动仪式，省民政厅社会事务处处长丁小策到场并为新人颁证。针对婚姻登记证遗失、损毁或者有瑕疵等群众关心的问题，市民政局主动与市统计局合作，借全国人口普查之机，在全市第七次人口普查培训会上发放补领结婚证服务手册4000份，由人口普查员上门进行宣传，取得较好的成效。两个月半时间内(9月1日至11月16日)，全市补发结婚证864对，补发离婚证60对，共补证924对。做法被省民政厅推广。8月4日，市民政局因民政领域"最多跑一次"改革工作考核位居全省第一，婚育户联办经验做法在省委改革办《领跑者》刊发，得到省委领导批示肯定并在全省推广，市委办在《关于2020年上半年执行"十条军规"典型事项的通报》通报表扬。

【幸福殿堂项目】 年内，谋划幸福殿堂"1+2+2"项目。"1"即在市本级幸福殿堂项目，将柯城、衢江2个区婚姻登记处合并到市幸福殿堂，形成市区一体；"2"即龙游、江山2个省级婚俗改革试点单位重点打造婚俗文化展示馆、户外颁证点等幸福殿堂分殿堂；"2"即常山、开化根据自身特点，重点突出提升婚姻登记场所，重点打造1—2个项目。以打造凸显城市个性特色魅力的"形象窗口"，努力建设成为城市十大标志性建筑、四省边际中心城市爱情地标，让"活力新衢州、美丽大花园"有一个表现载体为目标，将婚姻登记、幸福产业、福彩事业、慈善事业相结合，以衢州幸福殿堂为主体，以各县(市、区)婚俗改革基地为分项目，与市外颁证点、衢州特色文化、特色建筑、婚俗礼仪、古村落、古地名、名胜古迹等相结合，打造“四省边际”婚姻登记网红打卡地。

【节地生态殡葬】 11月10日，市市场监督管理局批准发布全省首个系统性的节地生态安葬地方性标准——《乡镇（街道）节地生态安葬公益性墓园建设规范》（以下简称《规范》）。《规范》于2020年12月10日开始施行。《规范》为乡镇（街道）节地生态安葬墓园建设提供具有实际可操作性的样板，明确墓园建设应符合“三不一可”（不修坟墓、不立碑、不硬化土地、可降解）的要求。不建坟堆、不立竖碑避免坟堆遍布、墓碑林立的状况；墓园墓区不硬化，使用可降解材料安葬骨灰，以保证墓园的生态友好、循环利用。墓园实行园林化管理，绿化覆盖率不低于80%。此外，《规范》对乡镇（街道）节地生态安葬墓园建设选址、建设规模、建设要求等都作出详细规定。启动乡镇级节地生态安葬点建设。至年末，全市建成乡镇级树葬示范点42个，其中柯城区8个、衢江区8个、龙游县6个、江山市8个、常山县6个、开化县6个。实施“两改工程”（即地上改地下、公墓改公园），至年末，建成“公墓改公园”示范点8个，“一人一树一石”示范点12个。

【疫情防控】 年内，根据疫情变化及上级有关通知要求，及时出台《关于暂停办理婚姻登记的公告》等政策，先后发布公告6次，对容易人员聚集的殡仪服务、公墓祭扫、婚姻登记业务方式进行及时调整，避免人员集聚，减少交叉感染隐患。主动与市公安部门联系，对办理涉外婚姻登记的外国人护照时限延长一个月，减小群众因疫情不能办理业务带来的影响。指导各县（市）殡仪馆、婚姻登记机关、救助站及时制定预案，严格操作规程和防护措施，成立流浪乞讨人员新冠肺炎疫情防控工作领导小组，确保疫情处置工作顺利进行。做法得到省民政厅社会事务处的肯定，并在全省推广。因房东驱赶而流浪街头事件，及时分析研判并向上汇报，市疫情防控指挥部先后出台《关于疫情防控期间妥善安置有关人群的通知》《关于做好社会面“三无”人员安置工作的通知》。针对清明祭扫工作，以指挥部名义发布暂停祭扫的通告，通过召开新闻发布会、开通网上祭扫、开展集体公祭等方式，清明祭扫工作平稳有序。3月10日、3月23日向省民政厅争取防护服410件、隔离服120件、口罩3200只、护目镜75付、手套1400双、消毒液15箱（60桶）、毛毯60条，缓解防疫物资紧缺的压力。

【流浪乞讨人员救助】 年内，全市救助站救助人员2591人次。其中，市本级救助站接待求助者1001人次，依法求助1001人次。其中，救助流浪未成年人8人次，救助危重病人和精神病人587人次，痴呆傻122人次，其他残疾人14人次，女性375人次，街头救助85人次。开展生活无着的流浪乞讨人员救助管理服务质量大提升行动。7月16日，市民政局会同10个部门联合下发《衢州市生活无着的流浪乞讨人员救助管理服务质量大提升专项行动实施方案》，对全面开展照料服务达标行动、持续开展街面巡查和综合治理行动进行重点提升，并明确任务清单。10月13日，成立以市政府分管副市长徐利水为总召集人的流浪乞讨人员救助管理工作联席会议小组，对各部门职责进行明确。同时，积极与市委政法委对接，将救助管理工作纳入平安考核。

·民政执法·

【概　况】 年内，全市民政系统办理各类行政处罚案件21起，其中立案案件21起，结案19起，结案率90.5%。市本级办理各类行政处罚案件11起，结案11起，结案率100%。应对行政复议案件1起、行政调解案件1起。完成302名取证执法人员、435名具备执法资格人员的年审工作。市本级“双随机”检查32家，参与检查52人次；即时检查25家，参与检查40人次。实现“双随机”检查“5个100%”（完成率100%，实现掌上执法检查率100%、检查结果公示率100%、监管行为覆盖率100%、执法人员执法2次以上100%），跨部门联合检查50%。

先后10次派出人员赴柯城、衢江、龙游现场联合执法，指导县（市、区）办理要案及疑难案件，积极参与市教育局组织的校外培训机构专项整治督查工作。民政部调研组到衢州专题调研“两法”(《中华人民共和国城市居民委员会组织法》《中华人民共和国村民委员会组织法》)修订工作,对衢州民政行政执法工作给予充分肯定。

【推进民政执法标准化】 9月3日,全省民政执法标准化建设座谈会在衢州召开。省民政厅政策法规处,杭州、宁波、湖州、衢州市民政局参加会议。会议确定,全省民政行政执法标准化工作由省民政厅牵头,衢州市民政局具体负责,杭州、宁波、湖州等地市配合,尽快制定标准化建设的具体实施方案,利用一年的时间,集全省民政执法之力,努力在行政执法程序标准化、行政执法自由裁量标准化、行政执法文书标准化等方面出成果。省民政厅信息增刊第99期刊登《衢州市民政局推行“三三”工作法打造民政法治新格局》的经验做法。

【民政部专题调研“两法”修订】 衢州市民政法治建设工作受到民政部关注和肯定。10月20—21日,民政部再次聚焦衢州市。政策法规司法制一处处长吴斌率华中师范大学专家学者一行5人到衢州调研《中华人民共和国城市居民委员会组织法》《中华人民共和国村民委员会组织法》修订工作。调研组走访调研常山县、龙游县、柯城区等地的村社换届、基层治理和美丽乡村建设情况。衢州市民政行政执法工作多次受到民政部领导肯定。

(刘青青)

衢州市慈善总会

【概　况】 2020年,衢州市慈善总会一手应对抗击新冠肺炎疫情,一手抓慈善工作,各项工作有序推进,在筹募慈善资金、帮扶困难群众等方面取得良好工作成效。

【善款募集】 年内,市、县(市、区)慈善总会合计募集善款10108.93万元(市本级4943.30万元、柯城区129.59万元、衢江区585.41万元、龙游县327.16万元、江山市1994.26万元、常山县445.98万元、开化县1683.23万元)。市慈善总会募集善款4943.30万元,包括“慈善一日捐”200.77万元、定向捐赠4068.66万元、非定向捐赠673.87万元。全市慈善总会组织参与政府东西部扶贫捐款捐物价值596.94万元。

【助困助学助医】 年内,市慈善总会支出救助资金3985.11万元,其中扶贫救济153.08万元,赈灾支出406.56万元,助学支教1627.21万元,助医救助1798.26万元。

【开启抗击新冠疫情捐款通道】 1月27日,市慈善总会开通抗击新冠肺炎疫情募捐专项通道,接收社会各界爱心人士捐赠。截至年末,募得善款406.56万元,物资折合人民币51.06万元,全部用于疫情防控工作。

【“关爱儿童之家”创建】 年内,“关爱儿童之家”创建工作在面上逐步推开。截至年末,全市建成第一批、第二批“关爱儿童之家”43个。年内,衢州市启动第三批“关爱儿童之家”工作。龙游新创建“关爱儿童之家”1个,江山新创建“关爱儿童之家”2个。新创建的3个“关爱儿童之家”验收工作预计在2021年上半年完成。

【支持市本级教育系统复学防控】 4月22日,市慈善总会向市本级教育系统捐赠体温快速筛查设备

4月22日,市慈善总会向市本级教育系统捐赠防疫设备和物品

11月3日，市慈善总会在第四届会员代表大会上举行扶贫慈善捐赠仪式

20台、手持测温仪12台，用于支持学校复学后疫情防控工作。所有设备于4月底全部发放到市本级各学校，并投入使用。

【赴四川扶贫助学】 12月1—2日，市慈善总会会长毛建民一行赴绵阳市平武、北川羌族自治县开展爱心助学慈善捐赠活动。此次活动，向平武县职业高级中学捐赠50万元援建“衢州爱心实训基地”，向北川中学捐赠50万元设立“北川中学·衢州爱心助学”项目。

【换届大会召开】 11月3日，市慈善总会第四次会员代表大会在衢州市冠发君悦大酒店召开。市委副书记、市长汤飞帆出席会议并讲话，省慈善联合总会副会长廖卷清到会指导，市领导毛建民、徐利水、周庆出席。

会议审议通过衢州市慈善总会第三届理事会工作报告和财务收支报告，选举产生第四届理事会，毛建民当选为会长，毛卓战当选为常务副会长(兼)，王永信、杨继、王水法为驻会副会长，巨化集团有限公司等47家单位当选为副会长单位。会上，举行模范慈善集体和个人表彰以及扶贫慈善捐赠仪式。巨化集团等22家企业向市慈善总会捐赠468万元。

(郑梦云)

劳动与就业

【概　况】 2020年，全市城镇新增就业7.4万人，完成目标任务的370.23%；年末，城镇登记失业率1.78%，维持在较低水平；帮扶就业困难人员实现就业5384人，完成目标任务的269.2%；城镇失业人员实现再就业4.06万人，完成目标任务290.19%。

【城乡就业】 在疫情期间，为保障企业复工复产，坚持市县联动、一体推进，采用专人驻点服务、专车专列接返。全市88辆专车接返2514人，7辆专列接返3337人，共接返省外员工5851人，相关做法被央视《新闻联播》两次报道。

【劳动关系】 截至2020年末，全市6个县(市、区)和智造新城全部一次性通过“无欠薪”考核验收，实现创建全覆盖，完成既定目标。12月29日，全省根治欠薪表彰会上，衢州市有2个集体、6名个人得到表彰(市劳动保障行政执法队、衢江区劳动保障行政执法队；市住建局吴群、柯城高骞、江山徐饶燕、常山周木金、开化汪家富、智造新城张哲都)。

【劳动保障监察】 年内，将1100多页电子台账上传省劳动保障监察信息系统，全面开展劳动保障监察工作自查，报省领导小组办公室。省保障农民工工资支付工作考核组赴常山县、衢江区检查考核，检查20个在建工程项目，考核结果B等次。

【调解仲裁】 年内，全市处理劳动人事争议案件2196件，其中各仲裁院立案处理劳动人事争议案件1537件，结案1525件，调解1260件，网络办案率17%，结案率和调解率分别为99.2%和82%。

【劳动保障电话咨询】 年内，“通衢问政”受理网络咨询事项183件，办结率100%。即时办结“12345”政府服务热线交办工单188件。

【职业能力建设】 年内，开展“线上+线下”职业技能培训44995人次，其中高技能人才取证7538人，培养9489人，新型学徒制培训1414人次。2020年，评选衢州市技能大师工作室15个、衢州市高技能人才公共实训基地4个、衢州市企业培训示范基地4个。首次承办浙江乡村振兴职业技能大赛，来自全省26个加快发展县的

国家级技能大师工作室领办人、浙江省首席技师徐建雄(左二)在指导学生

92名选手参加餐厅服务、茶艺、乡村讲解、电商直播的竞赛。举办2020年衢州市乡村振兴职业技能大赛柯城场、龙游场、常山场活动,161名从业人员参与比赛。

【信息化建设】年内,“百姓秘书”项目入选浙江省“观星台”在建应用。全市新增电子社保卡710562张,电子社保卡覆盖率58.85%;新增实体社保卡60423张,完成率109.86%;开通社保卡应用468项,其中人社领域社保卡应用92项,开通率100%。完成公务员、事业单位工作人员生命周期“一件事”改革相关系统对接。

【对口支援和结对帮扶】年内,吸纳中西部建档立卡人员衢州稳定就业1.6万人,创历年新高。赴云南保山、四川绵阳等地举办专场招聘会,赴湖南开展人力资源交流考察情况,并在衢州、保山两地首次设立省际人才劳务服务工作站浙江衢州—云南保山站,建立省际“劳务协作互助”平台。

社会保险

【概　况】2020年,衢州市社保中心围绕市委、市政府中心工作和省人社厅统一部署,应对新冠肺炎疫情冲击,助推发展,完成阶段性减免企业社保费、社保系统省集中、规范被征地农民参保工作等重大攻坚任务,完成年度重点工作目标。截至年末,全市户籍人口法定人员养老保险参保率99.75%,政务大厅人工窗口精简率50%,政务服务办件线上受理率98.99%,社保待遇资格认证完成率99%,企业退休人员养老金待遇实现16连涨,养老、工伤等社保基金运行平稳,各类社保待遇均按时足额发放。

【企业职工基本养老保险】年末,全市参加企业职工基本养老保险842342人,比上年同期增加60340人。基金收入71.93亿元,其中保费收入34.31亿元,财政补贴收入14.26亿元。基金支出90.14亿元,比上年增加6.61亿元;基金累计结余9.52亿元。

【城乡居民基本养老保险】年末,全市参加城乡居民基本养老保险866542人。基金收入19.23亿元,比上年同期增加9.66亿元,基金支出10.85亿元,比上年同期增加1.83亿元;期末基金累计结存19.46亿元。

【工伤保险】年末,全市参加工伤保险470895人,比上年同期增加25716人。全市工伤保险基金收入1.71亿元,比上年同期减少0.45亿元;基金支出2.18亿元,比上年同期增加387万元;年末基金累计结存1.66亿元。

【阶段性减免企业社保费】年内,积极应对疫情防控要求,全面落实阶段性减免企业社保费工作。3月3日,在全省率先出台阶段性减免企业社保费市级配套文件;3月16日,全市社保费减免按时进入实施阶段。完成28504家企业划型,其中大型企业944家,中小微企业(含参照)27560家。全市减免养老、工伤、失业保险费19.89亿元,惠及企业25900家;其中市本级减免养老、工伤、失业保险费7.59亿元,惠及企业4767家。

【社保系统省集中】从2月起,全力推进社保系统省集中工作,建章立制,市县联动,先后完成差异化事项调整、数据转换、业务功能测试等工作,做细做实上线切换方案,10月21日至11月6日完成上线切换,舆情平稳。衢州市社

2020年衢州市社会保险参保情况统计表

表34

单位：人、万元

项目	企业职工基本养老保险	城乡居民基本养老保险	工伤保险
参保人数	842342	866542	470895
基金收入	719268	192497	17072
基金支出	901390	108500	21778

保系统由2010年以来的“市集中”时期迈入“省集中”新时期。社保系统省集中后，全省社保业务经办实现政策统一、标准统一、流程统一，“自助办”“掌上办”“网上办”更为方便快捷。

【参保扩面】年内，加强对县(市、区)社保经办机构的指导，督促各县(市、区)做好全民参保登记及数据勘误工作，通过信息比对、数据集中管理和动态更新等措施，推进职工和城乡居民精准扩面。至12月底，全市户籍人口基本养老保险参保202.97万人，法定户籍人口基本养老保险参保率99.75%。

【新业态工伤参保】7月9日，制定出台《关于印发衢州市新业态从业人员职业伤害保障试行办法的通知》，新增新业态工伤保险险种，选取快递物流、网络送餐、网络约车三个行业模式较为成熟、从业人员数量较多、平台管理相对规范的新业态行业作为单险种工伤保险试行参保对象，并允许以劳务派遣的形式参保。衢州市工伤保险实现劳动年龄全覆盖、三大行业全融入、工伤待遇全保障。至12月底，全市11家新业态企业、506名新业态从业人员参保。

【征缴所属期调整】年内，对照社保系统省集中要求，全市社保费征缴需由“当月征收当月”调整为“当月征收上月”。7月确定征缴所属期调整方案，从当年3月起按照“当月征收上月”模式征缴社保费。

【退休人员基本养老金调整】年内，按照省里统一部署落实退休人员基本养老金调整工作，7月底前完成全市退休人员基本养老金调整和发放。全市调整退休人员29.26万人，补发金额2.97亿元(其中市本级退休人员4.94万人，补发金额0.65亿元)。全市企业退休人员养老金待遇实现16连涨，月平均增资额132.75元，增资幅度5.57%。

【社保卡应用扩面】年内，积极开展社保卡宣传，及时告知社保卡经办网点和办理办法，切实加强督查指导，全面推进社保卡应用和推广工作。年内新增实体社保卡持卡人数58519人，新增电子社保卡签发数652959张，均超额完成上级考核任务。不断拓展社保卡应用领域，新增退休人员待遇和人社领域6项待遇全部通过社保卡发放，非人社领域社保卡应用数20个以上。

【社保待遇资格无感认证】年内，扎实推进社保待遇资格认证工作，在全市范围全面推行“无感认证”。开发手机、电脑终端“人脸识别”“线上认证”功能；主动对接上级部门，打通全市社保、医保、卫生、交通、民政、公安、司法等活跃数据采集渠道，获取多维数据，通过数据共享实现“数据认证”；每月收集司法部门服刑人员信息、民政部门死亡人员信息等进行系统比对，将比对结果作为认证依据。截至12月底，全市完成待遇资格认证667626人，占需认证人数673733人的99%。

【稽核内控】年内，制定出台《重大社保经办事项集体会商制度》《社会保险内部控制实施办法》《内控监督检查暂行办法》等10项管理制度，“1+N”内部风险防控体系基本形成；先后组织中心工作人员近亲属参加社会保险、社保业务数据处理等专项检查10次，对17批次疑点数据开展核查，定期开展“假人”、死亡人员、重复领取社保待遇、服刑人员等疑点数据核查。以违规领取社保待遇追偿为重点，切实加大对违规领取社保基金行为的追偿处置力度。年内，市本级核查疑点数据7852条，核实违规领取养老、工伤保险基金12人次，追缴各类违规社保待遇53.58万元，全面保障社保基金安全。

（王晓乙）

医疗保障

【概　况】2020年，市医保局坚持以人民为中心的发展理念，统筹疫情防控和医保事业发展，医保工作呈健康平稳发展态势。全市医疗保障制度、监管、服务的体系框架基本建成，各项工作成效明显。

【城镇职工基本医疗保险】年末，全市参加城镇职工基本医疗保险70.88万人，同比增加2.89万人。全年基金收入24.36亿元，同比下降1.11%；基金支出19.78亿元，同比增长7.59%。基金累计结存45.38亿元。

【城乡居民基本医疗保险】年末，全市参加城乡居民基本医疗保险166.74万人，同比减少2.08万人。全年基金收入23.69亿元，同比下降16.14%；基金支出19.28亿元，同比下降0.72%。基金累计结存14.06亿元。

【医保抗疫】年初，在新冠肺炎疫情发生后，市医保局出台多项医保待遇和支付政策。对全市集中收治的定点医疗机构，通过预付部分资金方式，减轻医疗机构垫付压力，预拨医疗机构2630万元，确保患者不因费用问题耽误救治。发布“便民七条”，推广“网办掌办”，参与“包区清楼”，做好疫情防控工作。全面实施“减征缓缴”，助力企业复工复产，惠及全市21505家企业，减负2.16亿元。

【打击欺诈骗保】4月10日，市医保局召开“打击欺诈骗保维护基金安全”集中宣传月暨定点非公立医疗机构自查自纠工作动员部署会，在全省率先实行“自查从宽，被查从严”的常态化监管机制。通过三轮自查自纠实现医疗机构全覆盖，以大医院带小医院、公立医院带民营医院，全市自查出违规医疗费用3570万元，均全部退至指定财政专户。全年，全市查处医保违规违约案件368起，解除医保服务11家，暂停医保服务56家，追回医保基金8446万元，占2020年全市医保基金支出总额的2.1%，是前5年追回违规基金累计总额的1.8倍，列全省首位。其中衢州久安心血管病医院违规案件追回资金821万元，并解除该院医保服务协议。该案为衢州市医保制度建立以来涉案金额最高的欺诈骗保案件和浙江省医保系统查处单起涉案金额最高的欺诈骗保案件。

【国家医保智能监控示范点】年内，按照“智能化、集成化、标准化”的建设思路，成立由分管副市长为组长的示范点建设领导小组，建立医保、大数据、卫健、公安等部门参与的联动机制，联合上海太平洋保险集团和华东师范大学的专家团队，创新形成以医保基金运行大数据风险控制模型为核心，智能监控、智能审核和智能风控“三智融合”的医保云管家，构建起全方位、全流程、全维度的医保基金监管体系。8月，衢州市在国家医保智能监控示范点中期评估中，取得全国第六名的成绩，获评优秀等级。

【“惠衢保”】12月，市医保局按照“惠民利民、保本微利”的总体定位和“政府引导、定位补充、投赔简便、商业运作”的总体要求，创新制度体系，在全省率先推出完

8月30日，衢州市举办“衢州城市大脑医保云管家”启动仪式

12月24日，衢州市召开全民健康补充医疗保险“惠衢保”推进会

全市场化运作的“惠衢保”商业补充健康险。“惠衢保”具有普惠性、保大病、便捷性、市场化四大特点，受到广大群众的认可和欢迎，参保率72.9%。

【公立医院医疗服务价格改革】 7月，按照“总量控制、结构调整、有升有降、逐步到位”原则，出台衢州市公立医院医疗服务价格改革方案。降低医用设备检查、检验项目价格353项，提高综合医疗服务类、医技诊疗类、临床治疗类、中医诊疗类医疗服务项目价格830项，进一步改善医疗收入结构，促进公立医院良性运行。

【城乡居民医保筹资标准调整】 10月，根据相关文件精神，经市政府研究同意，2021年度、2022年度衢州市城乡居民基本医疗保险筹资标准进行适当调整，其中：个人缴费标准由每人每年420元调整为每人每年500元；政府补助标准由每人每年840元增加到每人每年1000元。

【出台《衢州市医疗保障暂行办法》】 12月28日，《衢州市医疗保障暂行办法》正式出台，实现全市医保参保范围、筹资标准、保障待遇、经办服务、基金管理、医保监管等六方面统一。

【医疗费用结算实现长三角一体化】 年内，实现与江苏省门诊刷卡联网结算的互通。参保人员在长三角门诊医疗费用跨省直接结算定点医疗机构就医，门诊医疗费用均能即时刷卡结算、即时报销。

（叶　鑫）

住房公积金管理

【概　况】 2020年度，衢州公积金中心坚持“改革创新惠民生”目标，围绕中心，持续深化改革，全力推进新业务试点、信用体系建设和资金精细化管理，创新推行“贷款一件事”改革，全力推进四省边际中心城市“跨省通办”、业务延伸至乡镇、公务员及事业单位人员“一件事”联办。业务办理实现“网上办”“智能办”“协同办”，进一步提升住房公积金服务水平。先后获2020年度全省住房公积金系统目标责任制考核优秀单位、省建设厅2020年度“最美建设集体”提名奖、2020年度市直机关“最佳满意单位（政府类）”。

【住房公积金归集】 年内，全市5619家单位（含企业）缴存住房公积金，缴存职工214306人。全市归集住房公积金56.77亿元，同比增长14.17%；累计归集住房公积金406.14亿元，归集余额113.55亿元。

【住房公积金提取】 年内，全市住房公积金各类提取合计45.81亿元，同比增长21.23%，累计提取住房公积金292.59亿元。

窗口工作人员利用PAD端，帮助办事群众办理公积金租房提取业务

【住房公积金贷款】 年内，全市发放住房公积金贷款5889户，合计19.03亿元，同比增长18.17%；累

计向103275户家庭发放个人住房公积金贷款257.18亿元，贷款余额111.96亿元，存贷比为98.6%。住房公积金个贷风险控制良好，全市逾期贷款率为0.08‰。

【住房公积金收益】年内，全市实现住房公积金业务收入4.04亿元，同比增长-6.66%；业务支出2.04亿元，同比增长-26.85%，其中银行授信融资、贴息贷款利息支出0.28亿元，实现增值收益2亿元，同比增长29.73%。2020年底，全市增值收益账户存款余额8.71亿元。

【惠民调整公积金使用政策】年内，为进一步支持购买首套自助住房缴存职工和引进高层次人才，调整贷款轮候规则，首次使用住房公积金贷款购买首套自住住房的或购买首套自主住房的优先放款；引进高层次人才在衢州市购买自住住房的，同等条件下优先放款。加大租赁市场支持力度，调整租房提取政策，将租房提取上限从每户每年1.2万元提升至每户每年2.4万元，提供灵活提取方式，支持按月、多月、按年提取。新增既有住宅加装电梯提取公积金政策，明确加装电梯提取公积金条件标准和流程。

【改革创新工作】年内，持续推进改革创新工作，一是牵头制定省公积金系统内唯一一个团体标准——贷款“一件事”浙江标准；二是巧借“县乡一体、条抓块统”全省改革试点，将公积金业务延伸至全市295家银行网点、13个重点乡镇和1459个丰收驿站、103个乡镇便民中心；三是与南平、上饶、黄山、宁德合作，制定办事指南，开通退休提取、离职提取、贷款异地缴存证明、住房信息查询、异地转移接续等公积金业务；四是完成市委组织部、市人社局牵头组织实施的“一件事”联办工作，实现公积金业务“一件事”联办。

【统筹调控保障公积金安全】贯彻落实住建部、省建设厅“去杠杆化”精神，加强统筹调控，归还融资，将存贷比降至100%以下，全市授信融资清零，全面消除资金流动性风险。根据住建部、省建设厅相关文件要求，完善工作机制，加强财务管理，有效防控各类风险，确保资金安全。2020年底，全市贷款逾期率为0.08‰。

【新冠疫情防控】严格执行国家、省公积金疫情期间阶段性纾困政策，助力企业渡难关。用智能化手段解决不见面办理，“掌上办”持续保持80%以上，其中提取业务实现网办率93%以上，企业缴存网办率100%。积极发挥党支部战斗堡垒作用和党员模范带头作用，全力参与“包区清楼”疫情防控工作。

【解决历史遗留问题】年内，根据住建部完善缴存职工证件号码数据工作部署，主动作为，以维护职工利益为目标，全力对9340个账户、1543万元“睡眠账户”开展清理活动，截至2020年末，全市完成清理8913户、1500余万元。贯彻省市减轻房地产企业负担文件精神，积极联系房地产开发企业开展清退工作。全年，全市清退保证金567万元。对无法联系的16家房开企业125万元保证金在媒体发布清退公告6个月，计划在2021年9月30日前完成剩余保证金缴入国库。

（琚　琳）

居民生活

【概　况】2020年，面对新冠肺炎疫情冲击和复杂严峻的国内外环境，全市上下认真贯彻落实党中央、国务院和省委、省政府的决策部署，对标建设“重要窗口”的新目标新定位，科学统筹疫情防控和经济社会发展，有力有效推动生产生活秩序恢复，城乡居民收入稳步增长，消费结构优化升级。全市城镇常住居民人均可支配收入49300元，同比增长5.0%，人均生活消费支出26801元，同比增长1.0%；农村常住居民人均可支配收入26290元，同比增长7.6%，人均生活消费支出15115元，同比增长0.7%。

【城镇居民收入】2020年，全市城镇常住居民人均可支配收入49300元，同比增长5.0%，比全省平均水平高出0.8个百分点，增幅位列全省第1。工资性收入对居民增收贡献最大。随着全市疫情趋于稳定，复工复产持续推进，整体经济面和就业面明显改善，人均工资收入29726元，比上年增长5.5%，占人均可支配收入比重60.3%，拉动可支配收入增长3.2

衢江区樟潭街道霞飞社区助餐点

个百分点。经营净收入降幅收窄。人均经营净收入6671元,比上年下降1.4%,降幅较上半年、前三季度分别收窄2.8个、1.4个百分点,延续回升态势。财产净收入增长较快。虽然疫情对宏观经济短期冲击较大,但是居民的存款仍保持较快增长。存款增加一定程度上反映居民收入特别是财产性收入的增长,同时随着居民存款的增加,可用于投资理财的闲钱增多,利息红利等“被动型收入”不断增长,财产增值呈多途径发展,为新冠疫情下全市城镇居民财产性收入稳定增长提供支撑,人均财产净收入4751元,同比增长8.3%,占人均可支配收入的比重为9.6%,拉动可支配收入增长0.7个百分点。转移净收入稳定增长。近年来,财政进一步加大惠民政策力度,居民获得的养老金、社会救济补助、报销医疗费等收入不断增加,奠定居民转移性收入增长的基础,进一步保障居民基本生活,人均转移净收入8152元,同比增长7.1%。

【城镇居民消费支出】2020年,全市城镇常住居民人均生活消费支出26801元,同比增长1.0%。从消费结构看,八项支出呈现“四增四减”态势,其中食品烟酒、衣着、生活用品及服务、医疗保健支出同比增长,居住、交通通信、教育文化娱乐、其他用品和服务支出同比下降。全市城镇居民人均食品烟酒支出6934元,同比增长2.4%;人均衣着支出1846元,同比增长2.6%;人均生活用品及服务支出1543元,同比增长5.7%;人均医疗保健支出1929元,同比增长3.7%,居民生活呈稳中向好态势。其中人均医疗保健支出增长较快,新冠疫情导致居民有一定恐慌心理,居民健康意识不断提高,口罩、感冒药、体温剂、消毒酒精等家用医疗药品和器械需求高涨,医疗健康类服务消费或将迎来高需求。全市城镇居民人均居住支出7369元,同比下降0.5%;人均交通通信支出2986元,同比下降0.3%;人均教育文化娱乐支出3603元,同比下降1.3%;人均其他用品和服务支出591元,同比下降0.2%。受疫情影响,文化娱乐类支出下降明显,特别是疫情期间,外出旅游、看电影等线下文娱活动全面停摆,但四季度以来,人均教育文化娱乐支出恢复明显,降幅较前三季度、上半年、一季度分别收窄0.2个、3.4个、3.6个百分点,呈逐季收窄趋势。说明在疫情有效防控的背景下,居民不管是对实物还是服务消费的需求都在有序恢复中。

【农村居民收入】2020年,全市农村常住居民人均可支配收入26290元,同比增长7.6%。全年,衢州市农民收入增速总体呈现出低开高走,逐季回升的态势。一季度,受新冠疫情冲击,农民收入0.8%的增速跌至阶段性新低;上半年,随着疫情防控和复工复产复商复市的稳步推进,农民收入增速快速回升至3.8%;下半年来,随着宏观经济继续企稳向好,增收形势同步向好,前三季度和全年收入增速分别回升至6.8%和7.6%。其中,四项收入全面增长:一是工资性收入15612元,同比增长8.3%,占可支配收入比重为59.4%,拉动收入增长4.9个百分点,是收入增长的主要动力。二是经营净收入6107元,增长

5.5%，占可支配收入比重为23.2%，拉动收入增长1.3个百分点，增速居四大项收入末位。三是财产净收入396元，增长8.4%，占可支配收入比重为1.5%，占比偏低，仅拉动收入增长0.1个百分点。四是转移净收入4175元，增长8.4%，占可支配收入比重为15.9%，拉动收入增长1.3个百分点，是农民增收的重要支撑。

【农村居民消费支出】 2020年，农村居民人均生活消费支出15115元，同比增长0.7%。从消费结构来看，八项支出呈现“三增五减”态势，其中食品烟酒、生活用品及服务、医疗保健支出同比增长，衣着、居住、交通通信、教育文化娱乐、其他用品和服务支出同比下降。全市农村居民人均食品烟酒支出4793元，同比增长4.2%；人均生活用品及服务支出739元，同比增长2.0%；人均医疗保健支出1280元，同比增长4.5%，居民生活呈稳中向好态势。全市城镇居民人均衣着支出764元，同比增长0.9%；人均居住支出3808元，同比下降1.3%；人均交通通信支出1763元，同比下降3.8%；人均教育文化娱乐支出1780元，同比下降0.2%；人均其他用品和服务支出187元，同比下降11.3%。

（朱乔琪　刘　珉）

县(市、区)

Counties(Cities / Districts)

柯城区

【概 况】2020年,柯城区总面积606.6平方公里,其中建成区49.79平方公里;辖2个镇、7个乡、9个街道,有213个行政村、62个城市社区;年末总户数181556户,总人口441760人,全年出生新生儿3740人,共死亡3270人。

地区生产总值236.48亿元,按可比价计算,同比增长3.0%。第一产业增加值8.30亿元,同比增长1.8%;第二产业增加值45.17亿元,同比增长2.4%;第三产业增加值183.01亿元,同比增长3.2%。三次产业占比为3.5:19.1:77.4。按户籍人口计算,人均生产总值126520元,同比增长4.3%。全区固定资产投资同比增长4.1%。财政总收入20.21亿元,同比增长1.6%,其中一般公共预算收入13.32亿元,同比增长3.7%。

实现农、林、牧、渔业总产值11.09亿元,同比增长2.6%。粮食总产量2.28万吨,同比增长11.2%。油料产量0.30万吨,同比增长7.1%;瓜果类产量1.23万吨,同比增长-1.5%。蔬菜及食用菌产量15.29万吨,同比增长2.2%;禽肉产量555吨,同比增长-28.3%;禽蛋产量824吨,同比增长5.2%。新增省级种植业示范基地4个、市级柑橘精品园5个。

年末,规模以上工业企业72家,累计实现工业增加值23.84亿元,同比增长5.0%。高新技术产业增加值同比增长3.2%;实现规模以上工业增加值16.76亿元,同比增长9.0%。金沃精工成为柯城区首家通过上市审核的企业。引进数字经济项目17个,核心产业增加值同比增长77.9%,数字经济发展综合评价保持全市第1。

房地产投资额49.42亿元,同比增长2.9%;商品房销售面积58.14万平方米,同比增长-8.1%。有资质的建筑业企业63家,完成建筑业总产值82.60亿元,同比增长18.6%。

年末,境内公路总里程740.89公里;全年完成交通运输仓储及邮政业增加值8.38亿元,同比增长10.3%。

实现社会消费品零售总额208.94亿元,同比增长0.3%;实现进出口总额23.84亿元,同比增长7.6%。累计接待游客(含市辖区)1616.86万人次,同比增长-12.6%;旅游总收入100.50亿元,同比增长-15.1%。

市区联动发放亿元消费券,带动一般性居民消费3亿元。实施"汽车促消费"政策,带动汽车消费7.1亿元。培育消费热点商圈、夜间经济集聚区,入选省级首批夜间经济试点城市。启动国家运动休闲旅游度假区建设,创建省级文旅产业融合试验区。实施"一乡千宿",新增星级民宿19家。

全区有小学33所,在校学生24401人;初中9所,在校学生9777人。1家企业申报省级重点科研计划项目获立项,选拔推荐14个项目申报市级科技计划项目,完成区级指导性科技计划项目立项12项。全区企事业单位和户籍在柯城区的居民共申请专利2971件(其中发明专利1092件,实用专利1698件,外观专利

181件),授权专利1800件(其中发明专利337件,实用新型专利1325件,外观设计专利138件)。全区有医疗卫生机构373家,卫生系统在岗职工1597人,其中正式在编职工964人(区人民医院577人、区中医医院54人、区妇幼保健院50人、乡镇卫生院和社区卫生服务机构283人)。

养老保险参保总人数197235人(含企业养老及城乡养老),其中企业养老保险参保人数134762人,城乡居民养老保险参保人数62473人。医疗保险参保总人数330658人(含职工医保及城乡居民医保),其中职工医疗保险参保人数98398人,城乡居民医疗保险参保人数232260人;工伤保险参保总人数68945人;生育保险参保总人数80194人。全区有社会福利院10家(含市本级3家),中心敬老院7所。全体居民人均可支配收入46479元,比上年增长7.1%。

辖区内4个省控及以上断面和15个乡镇交接断面水质达标率均为100%,城区$PM_{2.5}$平均浓度为26微克/立方米(较2019年下降21.2%),空气质量优良天数比例为96.4%。

2020年,柯城区被国务院办公厅公布为"河长制湖长制工作推进力度大、河湖管理保护成效明显的地方",获2019年全省实施乡村振兴战略优秀单位、2019年度平安县(市、区)、2019年度"五水共治"(河长制)工作"大禹鼎"优秀县(市、区)、第四批省部级生态文明建设示范县(市、区)、2020年度全省征兵工作成绩突出单位等称号。

浙江佰意智造服饰有限公司防疫物资生产线

【疫情防控】 年内,落实"源头查控、硬核隔离、精密智控"机制,组织开展"包区清楼"行动,守好"大门""小门",累计实行居家医学观察7548人、集中隔离医学观察783人,3例确诊病例得到有效救治、顺利痊愈,城区未发生本土确诊病例。3名医护人员圆满完成援鄂任务。区人民医院规范化发热门诊和隔离病房建成投入使用,公共卫生应急管理体系不断完善。强化"人""物"同防,冷链食品总体安全可控。

【复工复产】 年内,深入开展区领导"组团联企"活动,建立助企服务员制度,精准帮扶,协调解决问题201个,在全市最早实现规模以上工业企业100%复工复产。创新开展"云招商",三问家居等7个产业项目成功签约。落实落细惠企助企政策,在全市率先运行"政企通",兑现"五减"资金2.5亿元、"降本减负"资金5.3亿元、小微企业纾困"两直"资金0.4亿元。召开政银企对接会,有效缓解企业融资难题。奋力开展争先创优行动,连续两个月全市第1、全省前8,获省级奖励525万元。

【有效投资】 年内,完善项目"赛马"、"晾晒"督查和闭环管控机制,半月一协调、一月一督导,14个债券类项目当年申报、当年开工,72个省市集中开工项目全部入库,固定资产投资增速位居6个县(市、区)首位。举办第二届项目谋划擂台赛,谋划项目335个,被列入"十四五"规划重大项目76个。加大项目招引力度,新引进亿元以上项目20个,万洋众创城等20亿元以上项目签约落地。

【国资改革】 年内,完成国资公司"1+4"体系构建,提升国资市场化经营水平,整合行政事业单位经营性资产,新增融资授信额度29.3亿元。公开处置国有资产,实现资产变现4143万元。在上海松江购置3300平方米“飞地”，打造“科创飞地”2.0版。

【基础设施配套】 年内，加快建设安置房，斗潭片区、衢化棚改、花港家园二期安置房全面竣工，高铁新城安置房主体结顶。改造老旧小区17个，加装电梯10部，建成污水零直排小区38个、智安小区30个，新增省级高标准垃圾分类示范小区8个。13家单位完成“拆墙透绿”，实现让绿于民。

【美丽乡村建设】 年内，续写农房整治“后半篇”文章，“一米菜园”成为乡村新风景。航埠镇、七里乡创成省级美丽城镇样板。诗画风光带串珠成链，15个重点项目全部开工，打造沿线特色精品村4个。美丽沿江公路基本实现“路畅景美”，320国道二改一（柯城段）顺利完工，成功创建省级“四好农村路”示范区。按时办结20件第二轮中央环保督察交办件。“五水共治”工作满意度居全省第1，生态环境公众满意度居全省第4，成功创建省级生态文明建设示范区。

【民生保障】 年内，深化新时代教育改革，成立兴华教育集团，出台“教育二十条”。教育投入不断加大，悦鑫府幼儿园、鹿鸣小学新校区等建成并投入使用，万田乡中心幼儿园、城南初中等开工建设。教育信息化建设全省领先，入选国家级实验区。终止合作办医模式，顺利回购浙西医院，区人民医院完整回归政府办医序列。区公共卫生服务中心、区人民医院门急诊大楼等破土动工。加大传统文化保护利用力度，邵永丰麻饼、衢州白瓷被列入国家非遗，立春文化传承生态保护区入选省级创建名单。余东中国乡村美术馆投入使用。着力稳就业，新增就业9900人，城镇登记失业率控制在1.8%。养老服务提标扩面，新增示范型居家养老服务中心6个、老年幸福食堂15个。巩固脱贫攻坚成果，在全省率先建立特殊困难群体救助机制，创新“消薄卡”消费扶贫模式，“三个清零”任务全面完成。扎实做好社会保险工作，户籍人口基本养老保险、基本医保参保率均达99.9%。平稳有序完成被征地农民社保政策调整。扎实开展第七次全国人口普查。

【打赢创文决胜战】 年内，打好创文攻坚战、决胜战，助力衢州市以全国第四的成绩获得全国文明城市称号。深入实施“八个一”有礼系列行动，率先完成“千村修约”，上洋村“公筷公勺”进村规民约在全省推广，“红手印”志愿服务品牌进一步打响，获评全市首个有礼示范区。

【基层治理】 年内，纵深推进“最多跑一地”改革，区乡村三级矛调中心全联通、全覆盖。创新建立“两难”问题化解三级钉钉群，获中国十大民生决策优秀案例。成功处置九华大侯泥石流等灾害，紧急转移安置群众3200余人，实现“零伤亡”。九华地质灾害柔性治理工程被列入国家试点。深化“县乡一体、条抓块统”改革，厘清属地管理事项责任清单，市、区、街三级联动“一件事”清单，推进执法力量下沉一线。完善“邻礼通”平台功能，25个部门居民常用信息实现共享。开展“拔钉清障·树正打歪”专项行动，有效净化社会风气。全面完成村（社）组织换届，党组织书记、主任“一肩挑”比例97.4%。

【全域土地综合整治成效显著】 年内，全年新增垦造耕地1.67万亩，创历史新高。万田乡全域土地综合整治被列入国家试点。因

9月18日，柯城区召开创建全国文明城市决战决胜誓师大会

地制宜推进“十类地”处置，完成项目供地7108亩、低效用地再开发412亩，盘活存量建设用地581亩。全面启动智尚小镇“低散乱”整治，11天内140家企业100%签订“四书”。

【抢抓政策新机遇】年内，精准聚焦特别国债、专项债及“两新一重”等政策，争取各类资金25.3亿元。成功争取省区域协调财政专项激励政策，获奖补资金4.5亿元。争取各类农转用指标2878亩、林地指标1800亩。常山港治理工程获国家计划指标693.2亩。投资25亿元的寺桥水库项目获省可研批复，即将开工建设。

【“村播”助农】年内，全省首个乡村振兴“村播学院”正式开课，四省边际直播产业创业街开街，培训农民主播4987人，带动农产品销售5.7亿元。柯城北川“共享+村播计划”赋能增收，获评全国50佳消费扶贫案例。

（汪　泽）

衢　江　区

【概　况】2020年，衢江区总面积1748平方公里，其中建成区23.04平方公里；辖3个街道、10个镇、8个乡和1个办事处，有279个行政村、7个城市社区；年末总户165842户，总人口411627人，比2019年减少585人。

2020年，地区生产总值209.35亿元，按可比价计算，同比增长3.6%。其中：第一产业增加值21.78亿元，增长1.9%；第二产业增加值75.84亿元，增长2.7%；第三产业增加值111.73亿元，增长4.7%。三次产业结构为10.4∶36.2∶53.4。全区人均生产总值按户籍人口计算为50823元，同比增长3.7%。全年固定资产投资同比增长4.1%。财政总收入30.14亿元，同比增长4.1%，其中，一般公共预算收入18.12亿元，增长3.4%。年末，金融机构人民币存款余额286.6亿元，同比增长5.9%；金融机构人民币贷款余额303.53亿元，同比增长28%。

实现农、林、牧、渔业总产值32.87亿元，按可比价计算，同比增长2.6%。粮食总产量12.9万吨，同比增长1.2%；油料产量1.16万吨，同比增长-0.8%；水果总产量25.73万吨，同比增长2.2%；蔬菜产量35.8万吨，同比增长-13.5%；肉类产量1.65万吨，同比增长-30.7%；禽蛋产量1.25万吨，同比增长171.7%；水产品总产量1.46万吨，同比增长2.1%；完成造林更新面积490公顷，森林覆盖率67.45%。

年末，规模以上工业企业126家，全年实现工业增加值64.15亿元，按可比价格计算，同比增长2.9%；高新技术产业增加值27.61亿元，同比增长4.6%；规模以上工业企业全年实现营业收入207.81亿元，同比增长5.9%，实现利税总额26.39亿元，同比增长13.2%。新登记企业1322家，同比增长43.54%，新登记企业数增幅在全市六个县市区中居首位。

完成房地产投资12.91亿元，同比增长10.1%；商品房销售面积11.26万平方米，同比增长-28.5%；资质以上的建筑业企业63家，全年建筑业实现增加值11.7亿元，同比增长1.2%。

年末境内公路总里程1764.15公里，民用汽车拥有量7.86万辆；全年完成交通运输仓储及邮政业增加值7.1亿元，同比增长1.4%。

实现社会消费品零售总额75.67亿元，同比增长-1%。全年外贸进出口总额（不含一达通）10.17亿美元，同比增长1.4%，人民币口径70.18亿元，增长1.6%。全年接待游客906.95万人次，同比增长-15.8%，实现旅游总收入50.31亿元，同比增长-23.4%；拥有省级风景名胜区1个，省级生态旅游区3个，景区景点7个。

全区有学校121所，在校学生50136人。获省级重点研发项目立项1项，获市级科技计划项目立项2项；全年专利申请1475件，专利授权654件。年末有医院、卫生院31个，卫生技术人员1872人。在全国及全省各类体育比赛中，获全国健美操锦标赛2枚金牌，2020年浙江省少年儿童田径冠军赛第二名、第三名，浙江省青少年拳击冠军赛第三名，浙江省青少年跆拳道冠军赛第三名。

年末城乡居民社会养老保险和医疗保险参保人数分别为15.73万人和28.2万人，参保率分别达到95.95%和99.96%；各类养老服务机构23个；城镇居民人均可支配收入41733元，同比增长4.3%；城镇居民人均生活消费支出22066元，同比增长0.8%，农村居民人均生活消费支出13798元，同比增长0.5%。城乡最低生活保障标准提高到850元/月。

全区地表水环境功能区达标率100%，城市集中式饮用水水源地水质达标率100%，跨行政区域河流交接断面水质达标率100%，空气质量（AQI）优良天数比例94.6%，$PM_{2.5}$浓度平均值26微克/立方米。

举村乡抗台抢险救灾集体作为“利奇马”特大台风救援群体获2019年度“最美浙江人·浙江骄傲”荣誉称号；农村厕所粪污处理及资源化利用模式被列入全国9种典型模式之一；全省科学技术奖励大会上获2019年度市县党政领导人才工作述职评议考核优秀单位；全省抗击新冠肺炎疫情总结表彰大会，衢江区2个集体、1个基层党组织和4名个人受到表彰；获省级生态文明建设示范区称号；获2019年全省实施乡村振兴战略优秀单位表彰；获全省首批一星平安金鼎。

【疫情防控】 年内，2.7万余名机关干部下沉一线“包区清楼”，应管尽管33个网格、89个小区4134户出租房；做实做细“三联工程”，村社干部、网格员、志愿者24小时值守卡口，拉网式完成返衢人员健康监测10万余人次，重点人员核酸检测7万余人次；落实“一图一码一指数”，获省委、省政府主要领导肯定，区政府获市集体二等功。率先启动“包企帮办”和区领导挂职重点项目，在全省疫情防控新闻发布会上作经验交流。

6月16日，全省生猪产业高质量发展工作推进现场会召开

【全市率先完成杭衢铁路衢江段征迁任务】 2019年12月，杭衢铁路衢江段征迁启动。至2020年6月16日，在衢州市率先全面完成衢江段红线内房屋签约、土地征用、坟墓搬迁等工作。衢江境内红线土地完成征用49.67公顷，完成率100%；房屋征收签约完成135户，占98%（其中红线内93户，完成率100%），腾空拆除房屋91户，拆除率66%；拌和站、制梁场等大临用地15.53公顷基本建成并投入使用；约20公里长施工便道完成政策处理并进场施工；上方取土场于5月20日实现供料。

【全省生猪产业高质量发展工作推进现场会召开】 6月16日，全省生猪产业高质量发展工作推进现场会在衢江区召开，省农业农村厅厅长王通林出席并讲话。会上宣布“养殖场管理码”在全省启用，市农业农村局作经验交流发言。当天下午，与会人员实地参观衢州华统牧业、龙游昌农牧场和衢江三易易牧场。近年来，衢江区生猪养殖业迅速从庭院养殖向集约化、规模化、小区化发展，形成节地、节水、节工的科学化养殖模式。

【全国首个钙钛矿光伏生产基地投产衢江】 7月31日，衢州纤纳新能源科技有限公司生产基地落成暨钙钛矿生产线投产仪式在衢江区举行，标志着全国首个钙钛矿光伏生产基地正式投产。该基地是全球钙钛矿薄膜太阳能技术领军企业——杭州纤纳光电科技有限公司投资的全国唯一一个生产基地，预计总投资额54.6亿元，总体规划5吉瓦，用地面积40公顷。一期建成厂房1.1万平方米，计划年产能20万—25万平方米光伏组件。

【创新构建“云智衢江”平台】 8月，“云智衢江”平台建成试运行。截至12月，发出自动预警1346次，平均每天接收“高频词条”60余条，实现智治“警报器”24小时“不打烊”。第一批政法委、公安、信访、综合执法等8个部门11名工作人员入驻智慧指挥中心集中办公，通过指挥中心处理矛盾纠纷891件，处置涉企问题148条，盗窃类警情比上年同期下降70%，好评率99.4%。创新建设“雪亮村居”，在全区271个行政村安装摄像头1.4万个，平均每个行政村增加50个视频探头。所有视频数据接入“云智衢江”平台，实现村居问题早发现、早处置、早解决，协助排查处置汛期隐患138起、破获案件73起、调处化解矛盾纠纷100起、暖心服务群众154次、助力集镇管理194次、文明城市创建113次。

【全省信用应用场景现场会召开】 9月3日，全省信用应用场景现场会在衢江区杜泽镇老街商圈举行，省发展改革委、全省11个地级市信用建设牵头单位及信用中心相关人员80余人参会。近年来，衢江区开展“信用+商圈治理”模式试点。信用智治综合管理系统分为“乡村智治”“商圈智治”和“园区智治”3个子系统。2020年7月，“信用+商圈智治”系统率先在杜泽镇、莲花镇、廿里镇、沈家东方4个商圈上线运行，采集试点商圈商户基础信息2502条，共享数据2397071条，完成715家商户的信用评价，授信690户、已用授信贷款473户，金额8514万元。

【发布全国首个乡村国际未来社区指标框架】 9月22日，衢江区发布全国首个乡村国际未来社区指标框架。该指标框架在确保完整实施衢州乡村未来社区创建标准的基础上，增加29项国际化指标，其中自来水直饮入户、海外友好乡村社区数量、建立国际化社区管理体系、社区生态绿币系统等4项指标均为全国乡村社区领域首创，社区色彩规划、每百户家庭法律顾问数量、大专及以上学历社区管理人员比例等3项指标独具衢江本土特色。同日，莲花乡村国际未来社区开园。该社区以莲花镇所辖涧峰五坦西山下三村、莲花现代农业园及芝溪所涉的8平方公里范围为建设核心区，总投资24.19亿元，目标是建成全国首个也是唯一一个“田园型”乡村未来社区样板。

2020年9月，莲花国际未来社区之家改造完成

【打造华东(衢州)数字经济示范区】 9月，衢江区人民政府与卓尔控股签订华东(衢州)数字经济示范区战略合作框架协议。项目总投资180亿元，选址衢江城区以东、下山溪以西、衢江以南、开发区龙海路以北，总规划范围面积约330公顷，聚焦四省通衢区位交通优势和主导特色产业集聚优势，对标武汉汉口北国际商品交易中心，打造立足浙西、辐射华东、连通“一带一路”的以智联贸易为驱动的华东(衢州)数字经济示范区。12月20日，开工仪式举行。

【入选全国中小城市可持续发展国际标准试点项目】 9月，全国城市可持续发展标准化技术委员会下发《关于对中小城市可持续发展国际标准试点评审结果的通知》，衢江区名列其中，成为浙江省唯一、全国4个试点城市之一。近年衢江区标准化工作取得跨越式发展，为主或参与制定国家标准19个，行业标准18个；推动实施国家级标准化示范项目2个，省市区三级标准化示范项目52个，被列入“品字标浙江制造”品牌培育试点县和集中培育试点县“双试点”单位；莲花镇乡村社区项目被列入“SUC联合国可持续社区标准试点项目”，在全球城市治理和城市可持续发展中提供衢江样板。

【入选全省首批进口贸易促进创新示范区名单】10月，衢江区入选浙江省9个第一批省进口贸易促进创新示范区以及省重点进口平台名单，为全市唯一上榜的县（市、区），仙鹤股份公司为全市唯一入选省重点进口平台的企业。1—10月，衢江区进口额24.1亿元，同比增长4.13%，总量位列全市第1。在11月召开的第三届中国国际进口博览会上，仙鹤股份公司与芬兰UPM公司达成战略合作协议并现场签订8000万元进口纸浆采购协议。

【全市首家国家级科技小院落户衢江】12月，在全国科技小院联盟助力乡村振兴会议上，衢江区白芨科技小院被授牌，成为全省5家国家级科技小院之一，也是全市首家科技小院。白芨科技小院建于乌溪江国家湿地公园境内的湖南镇破石村，核心面积33.33公顷，衢州市益年堂农林科技有限公司为建设单位，共建单位包括浙江农林大学、浙江省科协、浙江省农产品质量安全学会、衢州市科协、衢江区科协和衢江区中药材产业协会。

【打造有礼复学示范区】年内，衢江区创新“九个一”模式（一套“作揖礼”、一首“七字诀”、一封“倡议书”、一组“礼仪操”、一套“武术拳”、一场“线上跑”、一堂“德育课”、一份“家庭作业”、一张“成绩单”），打造“有礼复学示范区”，确保疫情防控和有礼复学“两手硬、两战赢”。全区36所中小学校有序复学，117所学校、幼儿园全面推广行作揖礼，倡议书、礼仪操等衢江特色活动进入4万多个学生家庭。

（祝斌斌）

江 山 市

【概　况】2020年，江山市总面积2019.03平方公里，其中建成区面积18.70平方公里；辖街道3个、镇（乡）16个、村委会292个、社区15个；年末户籍户数20.5万户、户籍人口61.33万人，同比减少2204人。

2020年地区生产总值317.77亿元，同比增长1.7%。其中，第一产业增加值23.98亿元，同比增长0.4%；第二产业增加值135.23亿元，同比增长0.4%；第三产业增加值158.56亿元，同比增长3.2%，三次产业比重为7.5:42.6:49.9。按户籍人口计算，人均生产总值51719元，同比增长2.0%。全社会固定资产投资111.28亿元，同比增长2.6%。财政总收入34.96亿元，同比增长8.6%；一般公共预算收入21.31亿元，同比增长3.7%；增速均居衢州第1。全年财政支出72.18亿元，同比增长6.7%。金融机构人民币各项存款593.56亿元，其中，境外存款950万元；各项贷款473.49亿元，其中，境外贷款107万元。

全市农林牧渔业增加值24.48亿元，同比增长0.6%。农业总产值40.77亿元。粮食总产量14.23万吨。全国超级稻现场观摩交流会和全省高标准农田建设现场会在江山市召开。油料产量1.26万吨，同比增长4.0%；蔬菜产量25.54万吨，同比增长4.1%；果用瓜产量1.79万吨，同比增长1.1%；肉类总产量3.93万吨，同比增长-6.4%。白耳黄鸡、江山乌骨鸡入选《国家畜禽遗传资源品种名录》。蜂业总产值15.57亿元，养蜂规模与经济效益连续29年稳

10月9日，中国·江山数字消防产业发展大会在江山市举行

居全国各县(市)之首。江山市农业农村局获评全国“蜂业扶贫攻坚之星”称号。全年完成造林面积814公顷。森林面积1404.13公顷,森林覆盖率69.51%。

全年完成工业增加值108.22亿元,同比增长1.3%。全市规模以上工业企业单位303家,规模以上工业企业中,有67家高新技术企业,占比为22.1%;技改投资11.54亿元,同比增长3.6%;高新技术产业增加值28.14亿元,同比增长 - 3.1%。聚力打造“中国数字消防第一城”,举办中国·江山数字消防产业发展大会。

全年固定资产投资111.28亿元,同比增长2.6%。房地产开发投资30.3亿元,同比增长 - 1.8%;商品房销售面积20.56万平方米,同比增长 - 48.0%。全市纳入建筑业统计范围的资质建筑业企业94家,建筑业实现增加值27.07亿元,同比增长 - 4.1%。桑淤大桥及接线、杭衢高铁涉双江线改建(陶村至丰足段)、规划S316(里坞)—S315(十村)连接线一期等3个项目被列入第一批争取国家土地计划指标的申报项目,列省重点。争列项目数及体量均居衢州各县(市、区)第一位。

全年完成旅客运输量548.78万人次,其中,铁路91.78万人次,同比增长 - 32.9%;公路457万人次,同比增长 - 41%。完成交通运输、仓储和邮政业增加值14.05亿元。

全年社会消费品零售总额149.03亿元,同比增长2.7%,增速居衢州首位。实现网络零售额155.68亿元,同比增长63.4%,增速居全省第2。进出口总额54033万美元,同比增长8.17%。全年新批“三资”企业1家,实际利用外资849万美元。江山市被列为国家批发零售业改造提升试点。接待国内游客1706.4万人次,同比增长 - 13.9%;接待入境过夜游客425人次,其中外国人84人次,港、澳、台同胞341人次。全年旅游总收入103.37亿元,同比增长 - 16.0%。

10月2日,江郎山景区新增动力三角翼飞行体验等项目

全市有普通高中7所,在校生9497人;普通初中15所,在校生16717人;中等职业教育学校3所,在校生6724人;小学42所,在校生30731人。全市有幼儿园88所,在园幼儿15522人。全市新增授权专利1223件。年末,全市有卫生机构312家,卫生技术人员3305人。全年获体育比赛国家级金牌1枚、铜牌2枚,名次奖6个;省级金牌30枚,银牌29枚,铜牌25枚,名次奖97个;衢州市级金牌140枚,银牌115枚,铜牌91枚。

全市参加城镇基本养老保险人数47.97万人,其中,职工基本养老保险参保人数16.93万人,城乡居民养老保险参保人数22.89万人;基本医疗保险参保人数54.77万人,其中,城乡居民基本医疗保险参保人数42.69万人,职工基本医疗保险参保人数12.08万人。工伤保险、生育保险、失业保险参保人数分别达8.15万人、9.53万人、6.91万人。年末,享受失业保险职工人数792人。全市各类养老机构41家。全市城镇常住居民人均可支配收入51987元,同比增长5.1%;全市农村常住居民人均可支配入28415元,同比增长7.7%。城镇居民人均生活消费支出24993元,同比增长1.1%;农村居民人均生活消费支出17769元,同比增长0.6%。城镇居民人均现住房建筑面积48.3平方米,农村居民人均现住房建筑面积84.8平方米。低保标准、特困供养标准月均增资80元、91元。315名残疾学生和残疾人子女得到助学补助,补助总额63.1万元。残疾人低保家庭危房改造数量、资金均居全省首位。“儿童之家”“残疾人之家”实现乡镇全覆盖，江山市残联获“全国残疾人体育先进单位”称号。

2020年，江山市国控、省控、衢州市控断面水质均100%达标，后溪出境水断面水质、国控双塔底断面水质稳定达到Ⅱ类水，县级以上集中式饮用水水源地水质达标率100%。全市$PM_{2.5}$年均浓度33微克/立方米，同比下降3微克/立方米，全面达到国家二级标准；AQI优良率95.6%，同比提升1.9个百分点。四夺全省“五水共治”工作“大禹鼎”，获衢州市首座（县级）“大禹鼎”银鼎。

2020年，江山市入列赛迪智库《全国县域营商环境百强榜》第50位，成为全国农村承包地确权登记颁证工作典型地区、国家体育产业示范基地，被评为全国蜂业扶贫先进县（市）、国家电子商务进农村综合示范县（市）、国家级农村职业教育和成人教育示范县、2018—2020年全国计划生育优质服务先进单位，获全国新年登高健身大会突出贡献奖、2019年中国登山户外行业大会承办突出贡献奖、“中国天然氧吧”称号，通过国家知识产权强县工程考核验收；成为2019年度浙江省平安县（市、区）、2019年度美丽浙江建设（生态文明示范创建行动计划）工作考核优秀县、2019年度浙江省“五水共治”（河长制）工作“大禹鼎”银鼎优秀县、第四批省级生态文明建设示范县，获2019年度全省征兵工作成绩突出单位、浙江省第三届“河姆渡杯”粮食生产先进县银奖，入围省小微企业园建设提升重点县。

【“红岩顶”村名恢复】 1月1日起，张村乡双溪口村洪岩顶自然村恢复“红岩顶”村名。洪岩顶村坐落在红色岩石之上，原名“红岩顶”。这里曾是中国工农红军挺进师挺进浙西南的第一站，是红军在浙江境内建立的第一个革命根据地，设有中共江（山）浦（城）县委。后被国民党政府改名为洪岩顶。时隔80余年，该村恢复原名，名实相符，符合群众利益，有利于弘扬红色革命斗争精神，使党和红军的优良传统薪火相传。

【江山市司法局获评全国先进】 1月16日，江山市司法局获评全国公共法律服务工作先进集体。该局优化提升实体、网络、热线三大平台，有效构建起全时空的公共法律服务网络；大力实施“菜单式”精准普法、“点诊式”法律服务、“立体式”矛盾调解，逐步搭建起融合法治宣传、人民调解、社区矫正等十大服务板块的综合平台，吸纳百名法律服务专家，线上24小时为群众免费提供法律咨询、法律解答等服务。疫情防控期间，提供线上法律咨询1000余次、公证服务120余次，办理法律援助案件78件、公证服务25件。

【疫情防控“乡音大喇叭”受众3000万人次】 1月26日，新冠疫情刚开始，江山网红“毛改革”——郑华敢有关疫情防控的方言紧急通知，通过城乡3700余只应急大喇叭播出，通过流动宣传车和志愿者手中的大喇叭不间断广播；配上字幕在网上传播，第一天点击量30余万人次，第二天600余万人次，并登上央视《新闻联播》《人民日报》等媒体。浙江卫视、中国蓝新闻、《钱江晚报》、观察者网等新闻媒体纷纷转发点赞，“粉丝”1347万人的但斌、“粉丝”311万人的叶檀及浙江省知名新闻评论员舒中胜等在第一时间转发点赞。后制作传播4期“乡音大喇叭”，受众超3000万人次。

【人民网点赞江山市“复工贷”】 2月17日，人民网刊出《全国首创！浙江江山实行“复工贷”支持企业复工复产》。疫情防控期间，江山市出台《关于疫情期间开展“复工贷”暂行办法》，先后完成“复工贷”13批次、195家企业的审批，预授信16125万元，完成45笔放款4775万元。江山市农业银行2天时间以优惠利率为双氧水公司发放贷款3236万元。

【跻身国家级体育产业基地行列】 3月11日，江山市被国家体育总局命名为国家体育产业示范基地。江山市每年组织举办乒乓球赛、象棋赛及体育舞蹈、啦啦操、冬泳等全民健身比赛50余次，数十万人参与体育锻炼；承办全国新年登高健身大会、MaXi-Race China江山100国际越野跑等一批国际国内重大赛事活动；建有中国体育旅游精品项目1个、省级运动休闲旅游基地（精品线路、优秀项目）6个，市区建成四大健身公园、三大健身广场、50余家体育健身机构、292个行政村体育场

1月1日,"中国体育彩票"2020全国新年登高健身大会中心主会场江山市会场

地,体育场地面积110万平方米;全市共有羽毛球相关生产企业45家,羽毛球、篮球架、乒乓球桌、健身路径等体育用品畅销全国各地,年产值2000万元。

【向法国友好交流城市捐赠防疫物资】 3月22日,100件医用防护服和1万只医用口罩在江山市文化广电旅游局汇集,定向捐赠给海外友好城市法国勃朗圣泉市,这是江山市第一批援外抗击新冠肺炎防疫物资。江山市与法国勃朗圣泉市以连续4年举办MaXi-Race China江山100国际越野跑为纽带,结为友好交流城市。法国疫情日趋严重,刚刚取得医用隔离衣生产经营资质和一次性医用防护服生产许可证的浙江美伊服饰科技有限公司立即决定捐赠100件医用防护服。江山市文旅局通过浙江美伊服饰科技有限公司赞助,市商务局调配,筹集防疫物资,支援法国勃朗圣泉市,实现跨境大合作。相关做法得到文化和旅游部"文旅中国"及"学习强国"等媒体的肯定。

【"群雁村播"助力乡村振兴】 4月9日,保安乡裴家地村村书记陈云秀与特邀专业主播宋诗晴为江山绿牡丹茶直播带货。1小时有声有色的介绍,吸引观众200余万人,5天销售绿牡丹茶10余万元。在江山市,由村"两委"干部、返乡创业青年、农村主妇组成的"群雁村播"队伍150多人,开展"群雁村播"385场,销售农特产品1.08亿元。"群雁村播"成为农村致富的新模式。

【大桥镇被列入全国农业产业强镇建设名单】 5月21日,大桥镇被农业农村部、财政部列入全国农业产业强镇建设名单,是衢州地区唯一入列乡镇。大桥镇有农业产业化龙头企业4家、粮食(水稻)生产主体24个,大力实施稻渔综合种养,亩均多增收3500元,实现亩产百斤鱼、千斤粮的稻渔双丰收。入列全国强镇建设名单后,大桥镇将用3年时间,同步开展万亩稻渔综合种养、万亩油菜种植"双万行动",推动边界农旅小镇实现高质量跨越式发展。

【开出全国首张未配备公筷公勺罚单】 5月26日,江山市市场监管局执法人员在市区县河西路一家饭店开出一张特殊行政罚单,成为全国首张为未配备公筷公勺开出的行政处罚决定。此前,执法人员两次到这家饭店,发现未配备公筷公勺,便免费向饭店提供公筷公勺。第三次到饭店时,仍未见配备公筷公勺。执法人员随即按省人大常委会批准的《衢州市文明行为促进条例》第16条的规定开出罚单。6月4日,《新民晚报》官方账号以《全国首张未配备公筷公勺罚单开出:浙江衢州一饭店被罚50元》为题报道此事。

【农户小额普惠贷款试点】 5月,

江山市作为全省唯一农户小额普惠贷款试点县（市），在贺村镇等19个乡镇（街道）全面开展农户小额普惠贷款金融服务。1个月内，完成普惠授信15.1万户，授信金额223亿元，授信率100%；完成农户贷款3.39万户，贷款金额38.72亿元，减少利息约2000万元。7月，全省农户小额普惠贷款工作现场会召开，江山经验在全省推广。11月，入选全省争先创优实践案例，获900万元等奖励。《农村经营管理》2020年第11期刊出论文《“无感授信、有感反馈、按需用信”——江山实现农户小额普惠贷款全覆盖》，介绍江山市推出农户小额普惠贷款金融服务的工作经验。

【入选省级乡村振兴产业发展示范建设项目县（市）】 6月7日，江山市入选省级乡村振兴产业发展示范建设项目县（市、区）名单，获省财政8000万元资金支持。此后，按照“一次规划、分步实施、资源优化、合理配置”的原则，江山市投资2.2亿元，重点实施乡村产业数字化服务平台（智慧农业平台）、食用菌智能型工厂化、金针菇工厂化生产提升等5个乡村振兴产业发展示范建设项目，助推食用菌产业的发展。

【浙江交通科技江山基地永久关停】 6月30日，浙江交通科技股份有限公司江山基地永久关停。浙江交科公司江山基地前身为浙江江山化工股份公司。为贯彻落实国务院办公厅《关于推进城镇人口密集区危险化学品生产企业搬迁改造的指导意见》和省政府办公厅《关于印发浙江省推进城镇人口密集区危险化学品生产企业搬迁改造实施方案的通知》的精神，浙江交科公司经过3年的努力，永久关停这一化工基地，并将国有土地使用权约47.5万平方米土地上的房屋构建物以及设备交与江山市政府土地储备中心收储，获补偿金10.5亿元。基地关停后，浙江交科公司不再寻求异地重建。

【入选省物流综合改革创新示范县（市）试点】 7月1日，江山市入选省物流综合改革创新示范县（市）试点；同时，浙江驰骋物流有限公司入选省物流新业态新模式发展试点。江山市有江山虎、驰骋物流两大专业物流园区和网营物联供应链运营中心、公路物流整合运营服务中心、巨能油库等大型综合物流项目，78家货代企业，2400多家货运经营业户，年货物运输量4067万吨。入选物流改革创新试点后，江山市在省专项资金支持下，将创新物流设施一体化机制，建设城乡高效配送体系，改革优化物流营商环境，实现本地物流降本增效和高质量发展。

【江山市大数据中心挂牌成立】 7月28日，江山市大数据中心正式挂牌成立，前身是江山市市府办电子政务中心。该中心内设数字产业科、数据资源科和应用推广科3个科室，主要职责为承担数字经济和产业发展、政府数字化转型相关研究；公共数据资源目录编制；全市基础数据库的培育和推广；公共数据和电子政务的安全保障；政务服务系统平台的推广和应用，全力打造“唯实惟先、整体智治”的现代服务型政府。

【举办“健康江山动起来”直播带货活动】 7月5日，江山市文化广电旅游局联合浙江卫视新闻频道举办“健康江山动起来”云直播，累计吸引观众2000多万人。江郎山景区倒影湖广场的健康养生操、廿八都古镇的木偶戏表演和

7月5日，江山市文旅局与浙江卫视联办“健康江山动起来”云直播

麻饼、廿八都豆腐、铜锣糕等土特产一一亮相;通过与主播的问答互动,网友身临其境地感受江山的自然风光和人文风采,收获众多江山旅游"好礼",了解江山特色农产品。1个小时售出直播商品600余单,销售额2万元。

【浙江汇农100万蛋鸡生态示范园区基地开建】 8月,浙江汇农100万蛋鸡生态示范园区在坛石镇占村村动工建设,这是继双塔街道大夫第养殖基地后江山市投资建设的第二个规模化养殖园。该示范园区总占地面积40公顷,投资5亿元,是集蛋鸡养殖、蛋品深加工及科教文旅观光为一体的现代化综合产业园,年产鲜蛋超2万吨。

【清漾村、浔里村入选全国乡村旅游重点村】 8月26日,石门镇清漾村、廿八都镇浔里村双双入选第二批全国乡村旅游重点村。石门镇清漾村是一个有着1500年历史的古老村庄。清漾毛氏繁衍江西毛氏、奉化毛氏、韶山毛氏等上百支派系,出过8位尚书、80余位进士、270余位名人,是江南毛氏家族中地位最尊、影响最大、支派最繁的盛门。浔里村位于廿八都集镇中心,明清古建筑保存完整,全村1500余人,有13种方言、142个姓氏,对山歌、跑旱船、踩高跷、牵木偶等民间艺术传承至今,是奇特的"文化飞地"。

【全国首届全域旅游发展绿色对话会在江山举行】 9月18日,全国首届全域旅游发展绿色对话会在江山市举行。会上,介绍浙江省创建安吉、江山、宁海3个县(市)的国家全域旅游示范区,国家级、省级全域旅游示范县(市、区)覆盖率44.4%,全省旅游增加值5325亿元的成功经验,为全国全域旅游高质量发展提供浙江样板。浙沪苏皖四省(市)文旅部门负责人共同上台,发布《长三角全域旅游绿色发展宣言》,提出要牢固树立"山水林田湖草是生命共同体"和"保护生态环境就是保护生产力"的理念,实现经济效益、社会效益、生态效益相互促进、共同提升。

【通过电商消费推动西部扶贫】 9月29日,"十县百亿"电商精准助农资源对接会在江山市举行,来自江西、四川、陕西、新疆等10多个省、自治区的20余个县(市、区)商务主管部门领导、企业代表以及国内知名电商平台企业代表、电商直播达人等300余人参加。会议总结江山发挥农产品电商销售渠道优势与东西部扶贫协作地区优质农产品优势充分结合、促进电商项目与招商资源对接的经验。年内,江山市开展沐川东西部电商培训班2期,培训150人次;组织1次大型电商直播活动,累计销售蜂蜜1300余公斤、销售额6.8万元;组织商贸企业捐款10万元;通过电商消费扶贫,帮助沐川县对口扶贫地区销售猕猴桃、茵红李、柑橘127万多公斤,销售额1350余万元。

【江东化工园区入选省级合格园区】 10月23日,江山经济开发区江东化工园区获评全省化工园区(集聚区)合格园区。江东化工园区规划总面积6.18平方公里,有企业144家,其中化工企业72家。规模以上企业年工业总产值32.36亿元,纳税总额1.53亿元。

【全国超级稻现场观摩交流会在江山召开】 11月6日,全国超级稻现场观摩交流会在江山市召开,

9月18日,全国首届全域旅游发展绿色对话会在江山市举行

来自农业农村部和各省农业农村厅科教司（处）、农技推广中心及相关专家学者代表100余人参加会议。会议全面总结“十三五”时期超级稻发展取得的成效，研究提出“十四五”时期超级稻发展的目标任务。中国工程院院士、扬州大学教授张洪程，国家水稻产业技术体系首席科学家、中国水稻所研究员程式华分别就超级稻优质化栽培、全球水稻产业发展现状趋势作专题报告。与会代表观摩江山市超级稻双季亩产1300公斤百亩示范片和高产攻关田实收现场。会议期间，经大众鉴评，H两优991、扬粳4227等20个超级稻品种从97个送选样品中脱颖而出，分别获评十大优质籼型超级稻品种和十大优质粳型超级稻品种。

【创新环境指数跻身全省第11位】 11月18日，浙江省公布《2019年度浙江省县（市、区）科技进步统计监测报告》，反映江山市区域创新能力和综合竞争力的创新环境指数名列全省第11位，科技投入、技术创新、科技产出、转型升级、创新环境等五方面取得历史最佳成绩。全市科研与开发（R&D）经费支出止住连续3年总量下滑的趋势，实现大幅提升，总量从2.2亿元提高到3.84亿元。

【成为省小微企业园建设提升重点市】 11月23日，江山市被省经信厅、省财政厅确定为省小微企业园建设提升重点县（市、区），获省财政专项激励资金500万元，重点用于小微企业园数字化建设改造、公共生产配套设施建设改造、公共服务能力提升等。江山市有小微企业园9个，入驻的科研工业模具、门业、高端装备等企业170家，其中省科技型企业51家。计划经过2年的建设，全市建成小微企业园12个，实现小微园公共服务、数字化园区、专业化运行管理、绩效评价“4个100%”全覆盖。

【获评全国蜂业扶贫先进县（市）】 11月24日，江山市被中国蜂产品协会授予“蜂业扶贫先进县（市）”称号，江山市农业农村局获评蜂业扶贫攻坚之星。2018年开始，江山市以全国最大的蜂产品原料集散地和蜂产品生产基地的优势，结合四川沐川县丰富的劳动力资源和优越的蜜源，连续3年投入东西部扶贫协作资金466万元，精准帮扶，实施“甜蜜奔小康”项目，并派出专业技术人员，帮助沐川县13个乡镇、2200多户贫困户养殖江山蜂2万余箱，培育养蜂致富带头人54户，助力贫困户年均增收5000元以上。全县蜂蜜年产量255吨，产值2190万元，成为沐川脱贫奔小康的甜蜜产业。

【获评国家级农村职业教育和成人教育示范县（市、区）】 12月9日，江山市获评国家级农村职业教育和成人教育示范县（市、区）。江山市有中等职业学校3所，获国家级改革发展示范校、国家级重点职校、省首批中职名校、省一级重点职校等称号，等级率100%；有国家级实习实训基地3个，省级实习实训基地5个，形成布局合理、结构科学、特色鲜明的办学体系；有社区学院1所，区域性中心成教学校5所，成人文化技术学校19所；有全国农村职业教育与继续教育数字化学习资源共建共享研究与应用实验基地11个，受教育服务的市民20余万人。

【两大省重点工程交工验收】 12月16日，通景公路和姜家公路两大省重点工程完成苗木清表，实现交工验收。通景公路和姜家公路建设经省发改委批准，合并为一个PPP项目，总投资13.57亿元。通景公路是连通江郎山、清漾毛氏、廿八都等景区，与江（山）至广（丰）公路相交的旅游大通道；姜家公路是江山主城区连接衢州绿色产业集聚区江山片区、贺村小城市的核心主干道。两条公路的建成将改善江山市南部交通现状，促进南部工业、旅游业发展。

【江山市水文站获评全国优秀水文站】 12月16日，江山市水文站获评全国优秀水文站。江山市水文站担负钱塘江支流江山港流域流量、水位、降水量、蒸发、水温、泥沙等项目测验工作。2019年6月6日，全市出现大暴雨，水文站精准预报当日的洪峰时间和洪峰流量，预报精度95%以上，为党委、政府部署指挥抗洪抢险救灾提供可靠决策依据。

【长篇小说《江郎传》首发】 12月16日，江山本土作家赵容华的长篇小说《江郎传》首发。小说借助人、鬼、仙、魔、神之间的爱与憎、善良与邪恶的纷争，穿插楚灭姑蔑、黄巢起义、方腊揭竿等历史事件，运用虚实结合的魔幻手法，演绎一个个骇人胆魄、催人落泪的传奇故事。

【江山绿牡丹茶发布团体标准】12月20日，市农业农村局发布江山绿牡丹茶团体标准T/JSCX01—2020，2021年1月1日起实施。江山绿牡丹茶团体标准，对江山绿牡丹茶原料生产环境、茶树栽培及茶园管理、加工技术、质量要求等进行规范。为绿牡丹茶叶生产、加工、销售等提供理论依据和参考，有助于推进江山茶叶标准化生产和品牌建设，突出江山绿牡丹茶的特点和亮点。

【康慈公司捐赠价值百万元物资助抗疫】12月24日，浙江康慈医疗科技有限公司向江山市慈善总会捐赠抗疫物资，支援卫生健康部门、学校、乡镇和社区的一线疫情防控工作，为打赢疫情防控阻击战作贡献。捐赠物资包括日常防护型口罩185箱，自吸过滤式防颗粒物呼吸器（KN95口罩）220箱，免洗手抑菌凝胶140箱，共计73万余件，价值超百万元。

【江山—江干"科创飞地"开园】12月24日，江山—江干"科创飞地"在杭州江干区财通大厦4号楼开园。该园由江山市政府与江干区政府联手打造，是山海协作又一亮点工程。浙江智新泽地科技发展有限公司为飞地运营单位。科创飞地位于钱塘智慧城区内，交通便捷，周边生活配套设施完善，总建筑面积3300平方米，以销售总部、网红经济、远程物联网等新经济业态和以医疗器械为主导的生命健康、智能装备制造、人工智能等高科技产业为产业定位。开园当日，浙江腾准科技有限公司、浙江雷士灯具有限公司和浙江动迈医疗科技有限公司等8家企业签订入驻。

【首届中国（江山）工业设计大赛颁奖】12月25日，首届中国（江山）工业设计大赛举行颁奖典礼。大赛由江山市经信局、经济开发区管委会和科技局主办。9月启动以来，收到包括海峡两岸高校师生、设计机构、制造业企业及设计人士的参赛作品1864件，其中48件设计作品入围决赛并参加终评答辩。灭火花瓶、江山土蜂蜜包装设计、光明与探索、海上生明月木门套装4件作品获金奖。江山土蜂蜜包装设计、海上生明月木门套装、机械锁等3件设计作品的主创设计师与江山市企业签订意向书，将设计成果转化为制造产品。实现优秀设计成果与相关产业对接、落地，增进制造与设计"两产"融合，共同发展。

【《鹿鸣环山》出版发行】12月26日，反映由国民党起义将领王庚白创办鹿溪中学的校史——《鹿鸣环山》出版发行。该书以"一所将军创办的民校""一群特殊年代的学子""一条艰辛的求学之路"为主题，客观、公正、完整记录鹿溪中学创办、发展到更名的全过程，将尘封已久的鹿溪中学校史重现于世。

【江山猕猴桃农产品优势区跻身省级名单】12月28日，江山猕猴桃农产品优势区被省农业农村厅等7个部门认定为省级特色农产品优势区。江山市有中国猕猴桃之乡美誉，自1985年引种人工栽培猕猴桃，已形成以东南部山区为中心，塘源口乡、张村乡、碗窑乡、上余镇、凤林镇、峡口镇、廿八都镇、长台镇"三乡五镇"较具区域特色的核心种植区，种植面积1780公顷，产量2.3万吨，综合产值超10亿元，淘宝网销售量连续5年居全国第1。2020年，"江山猕猴桃"获国家农产品地理标志登记证书，并创建塘源口乡猕猴桃省级特色农业强镇。

【4200公顷林地签订地役权合同】12月29日，廿八都镇与各代表村、鉴证单位签订江山雪岭社会公益型自然保护地地役权合同。江山市政府相关负责人向廿八都镇颁发首宗生物多样性保护地地役权证。至此，全市完成林地地役权签约4200公顷，涉及7个乡镇22个行政村，使1200余户林农在不改变林地林木现有权属的情况下，能直接领到林地林木保护补偿金，这在全国尚属首例，为中国南方集体林区探索出一条可推广、可复制、可持续的生态保护之路。

【举行首届村播网红决赛】12月30日，江山市首届村播网红决赛在清湖街道清泉村举行。决赛采用"现场集中直播带货"的形式，综合考虑主播直播技巧、带货表现及效果等。10名展示选手全力比拼，积极推销江山市农特产品。最终4号选手清泉村党委书记吴香华获一等奖。同时产生优秀农播客奖、领雁村播奖、优秀青年主播奖等奖项。

【获评省农业绿色发展先行县（市）】 12月30日，江山市获评省农业绿色发展先行县（市、区），凤林镇、峡口镇被评为2020年度农业绿色发展省级示范区。近年江山市践行“两山”理论，向上争取2000万元资金，实施畜禽排泄物资源化利用工程、化肥减量增效工程、农药减量增效工程、农作物秸秆综合利用工程及农业投入品废弃包装回收“五大工程”，通过农业主体数字化、农业生产绿色化、农业资源利用科学化、农业环境清洁化、农民生活优质化，实现农业高质量绿色发展。

【周多花家庭获评“全国五好家庭”】 12月31日，68岁的江山市贺村镇青塘尾村周多花家庭被全国妇联表彰为“全国五好家庭”。11年前，周多花丈夫的哥哥周正高骑三轮车不慎摔断脊柱，导致高位截瘫，失去行动能力。自此，弟媳周多花担负起周正高的日常护理工作，为其翻身、擦拭、喂饭、洗衣，不厌其烦，用双手为周正高掏排泄物，直至2017年周正高去世。8年中，周多花只在外面留宿过3个晚上。

【首次发现“水中活化石”中华秋沙鸭】 12月，生态环境部南京环科所生物多样性调查团队在江山市白水坑水库发现中国特有珍稀鸟类——中华秋沙鸭，为江山市首次记录。中华秋沙鸭是第三纪冰川末期遗留下来的古老物种，距今有1000多万年的历史，属国家一级重点保护物种，世界自然保护联盟（IUCN）濒危物种，全球仅存不足5000只，被誉为“水中活化石”和“鸟类中的大熊猫”，因带有“中华”之名，人称“国鸭”。原产地是吉林省长白山地区，由于江山的生态本底好，水生态环境质量优良，首次发现落户白水坑水库，且种群数量较大，为19—28只。

（徐义祥）

龙 游 县

【概　况】 2020年，龙游县总面积1143.33平方公里，其中建成区面积15.39平方公里；辖2个街道、6个镇、7个乡，有263个行政村、11个社区。年末户籍户数16.83万户、户籍总人口39.98万人。

地区生产总值247.61亿元，同比增长4.4%；第一产业增加值15.23亿元，第二产业增加值104.17亿元，第三产业增加值128.21亿元，分别同比增长-5.4%、4.5%和5.6%；三次产业比重6.1:42.1:51.8。按户籍人口计算，人均生产总值61765元，同比增长5.0%。全社会固定资产投资115.85亿元，同比增长3.9%。财政总收入31.69亿元，同比增长7.2%。其中一般公共预算收入19.63亿元，同比增长3.7%；预算支出65.96亿元，同比增长-3.3%。金融机构本外币存款余额413.86亿元，同比增长7.7%；贷款余额374.40亿元，同比增长16.0%。

农林牧渔业总产值30.03亿元，按可比价格计算，同比增长-5.0%。农业产值9.00亿元，同比增长7.7%。粮食产量12.29万吨，同比增长1.18%；油料产量1.55万吨，同比增长-7.2%；水果产量11.82万吨，同比增长33.4%；蔬菜产量12.23万吨，同比增长6.0%；肉类产量6.5万吨，同比增长-29.0%；禽蛋产量0.69万吨，同比增长-0.4%；水产产量2.18万吨，同比增长-2.9%。早稻收储和生猪出栏量均居全省90个县（市、区）第一。深化农业领域“机器换人”，水稻耕种收和规模生猪养殖机械化率分别达到86.4%和93%以上。中国TOP直播电商产业园龙游基地投运。“龙游麻鸡”获全国农产品地理标志登记保护认证。创成省级渔业健康养殖示范县。

有规模以上工业企业227家，工业增加值83.66亿元，同比增长3.7%。有29家企业被认定为国家高新技术企业，40家企业被认定为省科技型中小企业。推进企业绿色化、数字化发展，成为全市唯一省级资源循环利用示范基地试点，禾川科技数字化工厂、伊利绿色生产及智能制造示范应用成为全市仅有的两个省重大产业项目。轨道交通装备产业创新服务综合体被列入省级创建名单，中浙高铁高速列车传动系统运行研究重点实验室获省级认定，禾川科技、恒达新材等4家企业入围省重大科技专项项目，贝尔轨道、集美生物等企业3项产品被认定为省装备制造业重点领域首台套。

完成房地产投资24.25亿元，同比增长-40.3%。商品房销售面积28.06万平方米，同比增长-9.8%；销售额30.50亿元，同比增长7.2%。有资质建筑企业150家，同比增长54%。实现建筑业增加值20.67亿元，同比增长10.4%；实现利税2.9亿元，同比增长38%。“两江走廊”建设成果初显，15个项目被列入“衢州有礼”诗画风光带市级重点，获全市诗画风光带建设“一县一园”专项评比第一。溪口乡村版未来社区在全市率先开园，成立全国首个乡村未来社区学院，共享食堂、共享礼堂、共享书屋、联创公社等正式投运。

公路通车里程1538.67公里，同比增长0.6%。公路旅客运输量357.6万人，同比增长-41.71%；公路旅客运输周转量14179万人公里，同比增长-42.21%。水路货物运输量4.455万吨，同比增长-0.78%；货物周转量1081.875万吨公里，同比增长29.13%。港口吞吐量240.7万吨，同比增长300.9%。快递业务量1283.7万件，同比增长23.9%；快递收入8117万元，同比增长19.6%。

社会消费品零售总额161.36亿元，同比增长-1.8%。外贸进出口总额49.89亿元，同比增长13.4%，其中出口总额39.13亿元，同比增长13.7%。实际利用外资660万美元，同比增长-55.6%。全年旅游总收入93.3亿元，同比增长-14.5%，接待国内游客1454.8万人次，同比增长-15.4%。红木小镇通过省级特色小镇验收命名，获评全省工业旅游示范基地。六春湖项目被列入省级山地休闲度假发展试点。荷花山被列入省级考古遗址公园。溪口镇成为全省十二条夜经济精品线路之一。

有各类学校146所，在校学生49215名。各类科技人员1887名，同比增长21.9%；专利申请量1173件，同比增长6.04%，专利授权量1432件，同比增长22.39%；新增市级专利示范企业5家，增长150%，新增省级商标品牌示范企业1家。文艺团队648支，同比增长24%。卫生机构353家，同比增长-2.75%，卫生技术人员2460人，同比增长2.2%。先后组织280余名运动员参加全国青少年女子拳击锦标赛、省青少年锦标赛、省少年儿童田径冠军赛、省阳光中小学生田径比赛、市级各项锦标赛及阳光运动会等国家、省市级赛事，取得53金、66银、57铜的成绩，向省体育职业技术学院输送拳击运动员1名。

基本医疗保险参保人数398698人，参保率99.88%，同比增长0.13%。最低生活保障标准270—850元/月。残疾人生活保障255元/月。城镇居民人均可支配收入51024元，同比增长5.8%，人均消费支出27566元，同比增长1.2%；农村居民人均可支配收入26721元，同比增长7.5%，人均生活消费支出13507元，同比增长0.9%。

出境水质稳定在Ⅱ类，三夺“大禹鼎”，兑现“一江清水出衢州”的承诺；$PM_{2.5}$均值逐年下降，空气质量优良率98%，首次达到国家二级标准。节能减排成效明显，万元GDP用水量、能耗分别下降32.8%和14.1%，获评全省第二批节水型社会建设达标县。

2020年，龙游县通过2019年国家卫生县城复审，获2020绿色中国特别贡献奖，成为全国首个县级“国家绿色生态城区”、浙江省示范文明城市、2019年度浙江省平安县、2019年度全省生活垃圾分类工作考核评估良好单位、2020年度全省深化“千万工程”建设新时代美丽乡村（农村人居环境提升）工作考核优秀县。

【打造现代新型政府】年内，加快政府数字化转型，推进资源共建共享，归集全县各单位应用系统数据4.6亿条。“龙游通”App正式上线，入选2021年全省政法工作现代化创新引导项目，“龙游通+全民网格”基层智慧治理模式获评全省软件产业高质量发展重点项目，入选全省数字经济新治理优秀案例。推动“最多跑一次”延伸扩面，首创“网上互动办事大厅”，机关内部“最多跑一次”实现率达100%。加快“一件事”集成改革，“出生一件事”和“身后一件事”典型事例分别得到省卫健委、省民政厅肯定，“互联网+监管”事项覆盖率位居全市前列。推进“县乡一体、条抓块统”试点，推动“大镇带小乡”区域协同治理，20个领域、689项行政执法事项实现“一支队伍管执法”。推进法治龙游、法治政府建设,府院联动创新行政争议调解有效机制,部门、乡镇(街道)法律顾问实现全覆盖,行政案件败诉率逐年下降,法治浙江建设社会综合满意度位居全省第六、全市第一。深化行政执法监督体制机制改革,成为行政执法监督规范化省级试点。

【“龙游通”被写入省政府工作报告】1月12日,浙江省十三届人大三次会议在杭州开幕,省长袁家军所作的政府工作报告中提到“推广‘龙游通’”。这是自2019年姜席堰成为世界灌溉工程遗产在省政府工作报告中出现后,省政府工作报告中再次出现“龙游元素”。近年来,针对群众反映意见不畅通等问题,龙游县创新“龙游通+全民网格”模式,通过实时微信、App,及时公布村级重要事项及百姓关心的热点问题,打造掌上的“传感器”“档案库”“便利店”“集结号”“致富桥”和“老娘舅”。至年末,“龙游通”关注人数32万人,总浏览量突破1.4亿人次,入选全省优秀应用案例最高荣誉“观星台”。

【龙游县博物馆新馆落成】1月18日,龙游县博物馆新馆落成典礼举行。龙游县博物馆新馆位于城区灵山江东边,南临铁路公园,东临宝塔路,用地面积2.51万平方米,建筑面积1.77万平方米,其中地面部分1.24万平方米,地下部分5242平方米,高度20.5米。建筑主体采用“四水归堂”的合院理念,“双龙戏珠”的抽象造型,“石窟中庭”的特色表现,“斗拱鳞墙”的传统元素,“墨顶浅墙”的徽派风格。功能布局上,设有自然厅、历史厅、民俗非遗厅、余绍宋专题厅、包辰初美术馆和临展厅6个区块,以及拓展性教育空间、藏品库房及行政办公区域等。

5月13日,龙游县博物馆新馆开馆

【率先推行“首席设计师”制度】3月11日,龙游美丽城镇办举办“首席设计师”受聘仪式,浙大城乡规划设计院刘玉芬、杭州市建筑设计研究院夏旭峰接受龙游县美丽城镇建设首席设计师聘书。龙游县美丽城镇建设开展以来,重视城镇规划建设水平的提升和基层建设规划人才的引进。根据《衢州市实施县域首席设计师制度的指导意见》,在省内率先落地推行“首席设计师”制度,聘请首席设计师2名、专家服务团队5名、文化研究小组10名、乡土专家5名、驻镇规划师15名,全程参与美丽城镇创建工作。

【建成全国首个乡村未来社区学院】4月2日,由衢州学院与龙游县政府联合打造的全国首个乡村未来社区学院在溪口镇落地。该学院包括“四中心六基地”,“四中心”:幸福产业研究中心、景观规划设计中心、地方文化研究中心、美丽经济培训中心;“六基地”:思政实践教学基地、新媒体营销综合实验基地、写生基地、创客基地、外国语言文化教学实践基地、爱国主义教育基地。学院重点围绕龙南文化挖掘、笋竹产业转型升级、体育基地与赛事、职业基础教育、校地融合“学研创一体化”溪口老街经营模式与实践、IP文创深化等乡村版未来社区相关课题进行研究,有效激励和人才引进,实现“两进两回”(引导乡贤、青年等各类人才向乡村集聚,吸引科技、资金等资源要素向乡村集聚),辐射带动周边地区协同发展。2020年,乡村未来社区学院累计组织培训30余批次2000余人次,举办研学等活动8次。

【获省政府督查激励】5月26日,

省政府办公厅印发通报，对2019年落实有关重大政策措施真抓实干、取得明显成效的9个设区市、57个县(市、区)予以督查激励，并相应采取激励政策，龙游县入选加快传统制造业改造提升成效明显的县(市、区)名单。将安排省工业与信息化发展财政资金时予以倾斜，在新型工业化产业示范基地(先进制造业基地)、星级小微企业园建设，以及智能化技术改造、服务型制造和工业设计等试点安排方面给予优先支持。

【8090新时代理论宣讲团】6月，中共中央总书记习近平对龙游8090新时代理论宣讲工作作出重要批示，王沪宁、黄坤明等中央领导以及省委书记车俊、省长袁家军等省领导作出系列批示指示，央视、新华社、《光明日报》等主流媒体先后关注报道。7月21日，浙江省新时代青年理论宣讲工作现场会在龙游召开，省委宣传部部长朱国贤特别指出，龙游"8090新时代理论宣讲团"是省委全会后宣传思想战线打造的一个具有浙江辨识度的标志性成果。11月6日，龙游宣讲员代表衢州市赴京领取"全国基层理论宣讲先进集体"荣誉奖牌并作现场交流发言。至年底，全县成立"8090新时代理论宣讲团"总团1个，乡镇(街道)部门分团74个，宣讲员总数近2500名，累计开展宣讲5000余场，现场受众近15万人次。

【全国首个县级"国家绿色生态城区"】6月，经绿色生态城区评价专家委员会专家委员联合评审，龙游县城东新区最终评分74.73分，达到规划设计阶段"国家绿色生态城区二星级规划设计标识"要求，成为全国首个县级"国家绿色生态城区"。该片区以"绿色生态宜居"为导向，建设以"一心两区"(城市公共服务中心、现代宜居区和现代服务业集聚区)为布局的生态新城。年底，申报核心区土地混合开发、功能复合，路网框架初步形成，全域绿道系统贯通、交通组织快慢分流、绿地系统层次丰富，充分发挥自然山水生态本底的优势，生态宜居成为第一竞争力。

【龙游高坪桥水库投运】7月29日，龙游高坪桥水库正式投入运营。高坪桥水库是一座以供水、防洪为主，兼顾灌溉、发电及改善河道水环境等综合利用的中型水库，为省重点建设项目。水库集雨面积64.5平方公里，水库总库容3206万立方米，其配套电站总装机容量3600千瓦，工程概算投资9.9亿元。水库投运后，提升社阳溪防洪减灾能力，保护下游人口2.9万人、耕地5.9万亩，并与下游社阳、洪畈水库联合调度，年城镇供水量由2020万立方米提高到4830万立方米，对龙游县统筹城乡发展，加快实现城乡供水一体化起到决定性作用。

【通过2019年国家卫生县城复审】7月29日，全国爱国卫生运动委员发布《全国爱卫会关于2019年国家卫生城市(区)和国家卫生乡镇(县城)复审结果的通报》，龙游县通过国家卫生县城复审。龙游县自2016年成功创建国家卫生县城以来，围绕"抓长效、促提升、扩成果"目标，结合美丽大花园、区域明珠型城市、健康龙游建设以及创建省示范文明县城、打造最有礼县等中心工作，打好城市"建"和"管"组合拳，提升城市品质、优化城市内涵、改善人居环境、提高健康水平，人民群众的幸福感和满意度不断提升，国卫县城创建成果得到有效巩固和发展，促进国卫巩固工作制度化、规范化、长效化。

【入选全省美丽乡村夜经济精品线】8月16日，省农业农村厅发布全省12条美丽乡村夜经济精品线，龙游县溪口镇老街"梦溪"美丽乡村夜经济精品线入选。近年，龙游县借助历史文化街区建设，对溪口老街进行整体提升，并聚焦美丽经济、数字经济，打造长桌宴、竹运会、网红夜市、"遇见老街·纳凉音乐节"等特色活动品牌，引入"一盒故乡"线上销售平台，为老街植入业态，年度销售额超过1400万元，吸引游客2万余人次。

【设立首个"诚信日"】9月20日，龙游县首个"9·20"诚信日庆祝活动暨全国第18个公民道德宣传日活动举行，现场宣布将9月20日设立为龙游县"诚信日"，并广泛开展公民道德和诚信系列宣传活动。近年，龙游县提出信用立县战略目标，持续改善社会信用环境，政务诚信、商务诚信、社会诚信和司法公信四大领域信用建设水平明显提升，政府、社会团体、企业、公民诚信意识得以增强，获浙江省首批“省级信用县”称号，“信用+治理”美丽城镇治理模式入选全省十大成功典型案例，跻身中国营商环境百佳示范县市，连续4年入选全国中小城市投资潜力百强县前二十位。

【龙游南站投入使用】9月27日，衢宁铁路正式开通运营，龙游南站同步正式投入使用。该站位于龙游县庙下乡庙下村，距县城约20公里，客运站房面积3000平方米。主站房以“山水似墨、秀美龙游”为主题，把龙游传统的建筑特色和地域文化充分结合。该站投入使用有效解决龙南山区百姓出行问题，并促进当地旅游资源的开发。

【龙游石窟国际音乐盛典】10月14—17日，2020龙游石窟国际音乐盛典在龙游举办。国际钢琴大师郎朗、著名歌手齐秦等云集龙游，举办石窟主题音乐会、石窟音乐研讨会以及红木小镇音乐节。此次盛典以“音乐无界，‘洞’听龙游”为主题，是省文化和旅游厅打造全省文旅融合IP的主要项目之一。央视《新闻联播》、中国国际电视台等14个平台实时直播，超过400万人观看开幕式、文艺演出、音乐节。人民网、新华网、《浙江日报》、浙江卫视等30余家主流媒体报道关注；微信、微博话题阅读热度超过300万人次。

【获2020绿色中国特别贡献奖】10月28日，在龙游县红木小镇举办的绿色中国行——走进美丽龙游暨中国绿色碳汇基金会成立10周年公益晚会上，龙游县人民政府获“2020绿色中国特别贡献奖”。近年，龙游以“两江走廊”（衢江、灵山江及其两岸）为核心区、示范带，统筹推进乡村振兴示范县和全域旅游示范县创建，坚持规划先行、交通先导，建设连绵22.4公里的沿江美丽公路和14.6公里的慢行绿道，将红木小镇、龙游石窟、花海姑蔑城、龙和渔业园、姜席古堰等景点和沿线76个行政村串点成线，打造一条龙形精品线。

【维达纸业入选水效领跑者企业名单】10月，工业和信息化部公布2020年重点用水企业水效领跑者企业名单，龙游县维达纸业（浙江）有限公司入选，这是全省造纸行业唯一一家入选企业。近年，维达纸业运用节水新技术，在降低运行成本和污染物排放的同时，提高水资源重复使用率，促进工业“三废”（废水、废气和固体废弃物）回收利用。2019年，该公司单位产品水耗为6.86立方米/吨纸，远远低于生活用纸先进值12立方米/吨纸的标准；工业水重复利用率91.09%，比行业标准高出6个百分点。

【入选全省婚俗改革实验县】10月，省民政厅印发《关于推动家宴移风易俗操作细则》，龙游县入选全省婚俗改革实验县。年内，龙游县推进婚姻领域移风易俗，通过举办集体婚礼、开展《中华人民共和国民法典》婚姻家庭篇等法律知识宣传，倡导简约适度的婚俗礼仪，培育文明向上的婚俗文化，传承良好传统的家风家教、形成正确的婚姻家庭价值取向。

【企业服务综合平台连续两年获评省级优秀】11月，龙游县企业服务综合平台（中小企业公共服务平台）在2020年度全省各县（市、区）级平台及产业集群平台考核中获评优秀，为全市县级平台唯一一家，至此连续两年获优秀。该项考核由省经信厅负责，主要考核2020年度（2019年9月1日至2020年8月31日）平台在服务能力、服务效果、发展推广、争先创优等四方面指标的服务和发展情况。县中小企业公共服务平台于2017年12月21日挂牌成立，2020年8月升级为县企业服务综合平台，2020年度完成工单124单；注册服务机构17家；注册企业客户63家；上传服务产品45项；注册服务专家4名。开展各类活动31场次，服务中小企业1205家，服务企业人员2179人次。

【中浙高铁成为省级工程研究中心单位】12月4日，省发展改革委发布关于2020年拟认定省级工程研究中心单位的公示，经过部门推荐、形式审查、专家评审等环节，龙游县中浙高铁轴承有限公司最终被认定为2020年省级工程研究中心单位。作为全省重大产业项目，中浙高铁依托企业在高铁轴承领域钻研十多年积累的技术和产品优势，在加快自主研发的同时，引进国际一流设备，实现高铁轴承中国造。

【中国TOP直播电商产业园龙游基地启动】12月17日，中国TOP

直播电商产业园龙游基地启动仪式在红木小镇举行。基地总占地面积约1600平方米，总投资1500万元，分为培训区、直播区、互动区、多功能版块区等。仪式现场发布全国直播样板县养成计划，计划在龙游布局“1个直播中心、3个直播基地、N个直播点”的“1+3+N”直播体系，开展“村播+企播+文播”三进行动，实施直播平台建设、直播人才引育、直播产业体系建设、直播生态提振“四大工程”，组织“春季养生”“夏季清凉”“秋季丰收”“冬季滋补”等八大活动，出台《龙游县直播产业扶持十条政策》，开展千名主播培训，全力打造“全国直播样板县”。

【龙游县被命名为浙江省文旅产业融合试验区】 12月23日，省文旅厅印发《关于公布浙江省文旅产业融合试验区名单的通知》，龙游县被命名为浙江省文旅产业融合试验区。年初，龙游县入选首批浙江省文旅产业融合试验区培育名单，以优秀文化基因传承发展和创造性转化为主攻方向，推动优秀传统文化与文化体验、游憩度假、运动康体等深度融合，探索以优秀文化基因赋能文旅融合、以文旅融合推动文化基因传承发展的新路径。根据《龙游县创建文旅产业融合试验区2020年工作方案》，重点推进红木小镇、六春湖等一批文旅项目建设，建成城乡文旅驿站13家、梳理文化基因600余个、重点入库20个、打造龙游石窟音乐盛典、百县千碗等文旅融合精品IP。

【红木小镇入选省级特色小镇】 9月29日，龙游红木小镇开园。12月24日，龙游红木小镇通过省级特色小镇验收命名，入选全省第四批省级特色小镇名单。该小镇规划面积3.5平方公里，建设面积260万平方米，总投资约71.9亿元。至2020年底，累计完成固定资产投资33.4亿元，其中特色产业投资占79.9%，规划建设目标完成率85.8%，累计接待游客800余万人次，连续5年被省政府评定为优秀特色小镇。红木小镇较好地体现产业“特而强”、功能“聚而合”、形态“小而美”、体制“新而活”的创建要求。

【龙游渔老大星创天地入选省级星创天地备案名单】 12月，省科学技术厅公布2021年省级星创天地备案名单，湖镇镇龙游渔老大星创天地成功入选，实现龙游县星创天地“零的突破”。该基地以浙江渔老大农业科技有限公司为主体，依托市、县两级水产技术推广部门，开展常规鱼、溪流性鱼类苗种繁育。截至年末，该基地建有面积1000平方米的成果转化中心、80亩试验基地，繁育四大家鱼、光唇鱼、马口鱼等鱼苗；有15家创客入驻，孵化企业4家，带动整个区域的渔业多元化发展，形成示范效应。

【云墨碳谷项目落户龙游】 12月30日，龙游县与杭州超探新材料科技有限公司举行云墨碳谷项目签约仪式。龙游·云墨碳谷项目前期包括新建1万吨高性能碳纤维生产线项目、2500吨碳-碳复合材料及碳素产品生产线项目等6个子项目和后期产业链延伸项目约50个，计划用地约33.33公顷，固定资产总投资额32亿元，全部达产后预计年总产值100亿元，利润及税收18亿元。

【入选省级“美丽河湖”】 12月，省水利厅、省“美丽浙江”建设领导小组“五水共治”（河长制）办公室公布2020年“美丽河湖”名单，龙

12月23日，龙游县被命名为“浙江省文旅产业融合试验区”。图为绿春湖上的映山红盛开

游县衢江白鸽湖段、灵山江（沐尘水库—下徐村）两处河段入选。在创建“美丽河湖”过程中，龙游县围绕“乡村振兴”“全域旅游”等战略部署，以“南孔衢州、山水龙游”主题，推进山水林田湖草系统治理，高标准建设“美丽河湖”，营造人与自然和谐共生的河湖环境，实现水面洁“净”、水流畅“进”、河岸幽“静”、亲水可“近”、处处有“景”的目标，助推龙游成为浙江大花园建设的“排头兵”。

【获评2020年全省建筑工业化优秀县】12月，根据《关于提前下达2021年城乡新型建筑工业化以奖代补资金的通知》的文件精神，龙游县获首批浙江省城乡新型建筑工业化以奖代补资金（市内仅1家），并被评为2020年全省建筑工业化优秀县。2020年，龙游县坚持生态振兴、绿色发展的新理念，发展装配式建筑，构建“政府引导+市场化运作”双引擎推动模式，助推建筑业转型升级。据不完全统计，全县完成新开工装配式建筑50.57万平方米，完成任务数的168.55%，新开工装配式住宅和公共建筑27.85万平方米，完成任务数的185.65%，两项指标均处于全市前列。

（叶凌豪）

常 山 县

【概　况】常山县总面积1097.3平方公里，其中建成区面积17.7平方公里；辖3个街道、6个镇、5个乡，有村委会180个、社区10个；年末户籍总户数124470户，比上年增加468户，总人口（不含服现役人员）341567人，比上年减少2020人。

2020年，实现地区生产总值1601490万元，同比增长3.5%。其中，第一产业增加值83316万元，同比增长1.6%；第二产业增加值676921万元，同比增长4.2%；第三产业增加值841253万元，同比增长3.2%。三次产业增加值结构为5.2∶42.3∶52.5。全年实现财政总收入199038万元，同比增长5.1%；公共财政预算支出547839万元，同比增长 - 1.6%。年末金融机构本外币存款余额2725751万元，其中人民币存款余额2722991万元，同比增长15.5%；年末金融机构本外币贷款余额2362298万元，其中人民币贷款余额2360984万元，同比增长20.6%，连续两年居衢州市四个县市第1。争取抗疫特别国债及专项债15.3亿元，位居衢州市第1。

2020年，实现农林牧渔业总产值131681万元，同比增长2.3%。粮食作物总产量60141吨，同比增长7.5%；油料产量6647吨，同比增长 - 4.4%；果用瓜产量20216吨，同比增长 - 11.1%，柑橘总产量145137吨，同比增长1.2%，其中胡柚产量为118303吨，同比增长1.4%；蔬菜产量103004吨，同比增长2.9%；肉类总产量9856吨，同比增长1.5%；禽肉产量5731吨，同比增长73.0%；鸡鸭鹅蛋产量3150吨，同比增长 - 4.7%；水产品产量6721吨，同比增长2.6%。在衢州市率先实体化运作“两山银行”（按照“存入绿水青山、取出金山银山”理念，借鉴“分散化输入、集中式输出”模式，对生态资源所有者权益进行资本化运作，实现生态保护前提下的资源、资产、资本三级转换的运营平台），累计发放贷款5756万元，撬动资金1.1亿元，获陈金彪、彭佳学等省领导批示肯定。“庆余常山胡柚膏”研发上市，

中国油茶之乡——常山

“柚香谷”产业园被列入省级农村产业融合发展示范园。常山油茶入选中国特色农产品优势区名单。召开2020中国·常山乡村振兴大会，创成全国农村创业创新典型县、省级农业绿色发展先行县。

年末，全县有规模以上工业企业单位124家，全年工业增加值499656万元，同比增长2.5%。装备制造业、战略性新兴产业、数字经济核心产业制造业增加值增速均居衢州市第1。全年新认定省科技型中小企业32家，新增国家高新技术企业11家，新增省级企业研究院1家。规模以上工业销售产值1326024万元，同比增长3.8%，产销率98.6%，提高1.0个百分点。完成工业出口交货值77968万元，同比增长4.3%。规模以上工业企业实现利税171291万元，同比增长-8.0%，其中利润123790万元，同比增长-8.3%。规模以上工业企业研发经费、高新技术产业增加值增速均居衢州市第1。

省市重点项目和集中开工项目全部入库出数及入库率、完成率均居衢州市第1。创成省级新时代美丽乡村示范县，获评2020年度省级美丽城镇建设优秀县，入选浙江省大花园示范县创建名单。房地产销售面积351506平方米，同比增长85.1%。全县有总承包或专业承包资质的建筑业企业54家，其中，具有一级资质企业2家，二级资质企业7家，三级资质企业45家。全年建筑业实现增加值177350万元，同比增长10.5%。

48省道延伸线和320国道新站特大桥交叉点

年末境内有3条国家高速公路、2条国道、1条省道、34条县道、34条乡道、390条村道，公路总里程1130.5公里。完成公路货物运输量1241万吨，同比增长-13%；公路客运量329万人次，同比增长-18%。移动电话用户24.0万户，同比增长-5.3%。

实现社会消费品零售总额717735万元，同比增长-1.1%。全年实现进出口总额257203万元，同比增长12.1%。出口191481万元，同比增长11.4%；进口65722万元，同比增长14.0%。全年接待游客838.2万人次，恢复至上年的84.6%，旅游收入53.5亿元，恢复至上年的78.8%。

全县有中小学校39所，其中高中5所（含民办完中1所、民办高中1所、职高1所）、初中7所、小学27所（含2所完小）；有特殊教育学校1所，幼儿园56所[公办（集体办）16所、公建民营幼儿园9所]，成人文化技术学校14所，教师进修学校1所，浙江电大常山学院1所；中小学在校生30761人，在园幼儿9011人。全年完成专利申请697件，专利授权836件。全县有各类医疗机构272家，卫健系统有在编专业技术人员1217人。年内，在青少年儿童田径冠军赛中取得2金3银4铜的历史最好成绩，在青少年山地自行车锦标赛中获得5金3银1铜，在青少年皮划艇冠军赛中摘得冠军。

全县职工基本养老保险和城乡居民社会养老保险参保人数208485人。工伤保险参保人数42176人，当年增加3324人。机关养老保险参保人数10924人，当年增加218人。全年有7800户（9866人）纳入城乡最低生活保障，低保占比2.8%。10月1日实施最低生活保障标准提标，最低生活保障标准统一调整为每人850元/月。成功创建全国无障碍环境示范县。全体居民人均可支配收入32041元，同比增长7.7%，增速位居浙江省26个加快发展县第1。按常住地划分，城镇和农村居民人均可支配收入分别为41890元和24033元，同比分别增长5.6%和8.5%。全体居民人均可支配收入同比增长7.7%。

常山港流域地表水质100%符合水功能区要求，饮用水源地水质100%符合要求，出境水全面达到Ⅱ类水标准，其中Ⅰ类水占比51%；城区环境空气持续改善，有效监测天数为365天，空气质量优良天数364天，优良率99.7%，比上年同期（96.7%）提高3个百分点，$PM_{2.5}$浓度27微克/立方米，比上年同期（31微克/立方米）下降12.9%，环境空气质量创七年以来最好水平。主要污染物减排指标化学需氧量、氨氮、二氧化硫、氮氧化物预计完成上级下达目标任务。关停全部16家轻钙企业，拆除石灰立窑165孔，复垦复绿100公顷，被列入中央环保督察整改成效典型案例。

2020年，常山县成为全球绿色城市、中国天然氧吧、全国第三批节水型社会建设达标县（区）、第一批全国农作物病虫害全国“绿色防控示范县”、中国（常山）山地自行车营地、第13届森博会先进单位，获评第八届全国服务农民、服务基础文化建设基层文艺院团先进集体，常山县营商环境建设办公室入选全国政务服务“好差评”国家标准试点单位。

6月18日，浙江省打赢农村饮用水达标提标行动攻坚战常山县决战决胜销号大会在常山县举行

【“慢城常山”入选2019中国旅游精品项目名单】1月，国家体育总局体育文化发展中心发布《关于“2019中国体育旅游精品项目”名单的通告》，慢城常山是衢州地区唯一入选中国体育旅游精品项目的项目。全县建有国际慢城运动基地、浙江省射击射箭自行车运动训练基地和浙江省水上运动训练基地；建有125公里的全域绿道、沿江绿道、体育馆和体育公园。多次举办各类国家级、省级大型赛事活动20余场，市县级体育赛事50余场。

【西源革命纪念馆被评为省级国防教育基地】4月，常山县西源革命纪念馆获评浙江省国防教育办第8批浙江省国防教育基地。该馆主体建筑共3层，占地2958平方米，珍藏大量珍贵史料。以图文介绍、实物陈列和视频展示等形式，全方位多角度真实再现土地革命战争时期，在闽浙赣区域发生的历史事件和革命故事。2018年10月12日建成开馆后，接待旅游团队1000余个，接待游客10万人次以上。

【获省农村生活污水处理设施运行维护管理工作考核优秀县】3月，省建设厅等4部门联合发文公布2019年度浙江省农村生活污水治理设施运维管理工作考核结果，常山县继2018年度再次获优秀。近年，编制完成《常山县农村生活污水治理专项规划（2019—2022）》，污水治理“一张蓝图绘到底，一本规划管到底”；启动污水终端提标改造工作，至2020年3月，全县累计接收治理169个行政村、5吨及以上治理终端574个、管网191.96万余米，受益户数5.5万余户；建立常态化监督机制和每周交流点评机制，2019年累计排查整改各类问题220处，发布动态点评840余条。

【常山县和拱墅区联合搭建全国首个网红直播飞地】5月19日，常山县经信局与杭州拱墅运河（国际）跨境电商园就“杭州—云上常山飞地直播间”项目签订战略合作框架协议，“杭州拱墅运河

(国际)跨境电商园—常山青石网红街飞地直播间”揭牌。5月20日,常山县举办工业品直播入门及技巧培训专题班,为下一步打造全域网红之城做好保障。

【获评2019年度浙江省生活垃圾分类工作优秀县】6月11日,常山县获“2019年度浙江省生活垃圾分类工作优秀县”称号,成为衢州市唯一获此奖项的县(市、区)。近年,常山县在全市率先组建生活垃圾分类办公室并集中办公。城区党政机关全部成立垃圾分类工作领导机构,并100%强制推行生活垃圾分类。2019年5月,常山县第一个生活垃圾分拣处置中心改建完成并投入使用,生活垃圾连续3年基本零增长。紫荆花园、翡翠园及竹园小区等3个小区成功创建省级高标准示范小区。示范小区生活垃圾知晓率100%,参与率90%,投放准确率80%以上;文峰东路和文峰西路成功创建省级“定时定点”分类投放街区。

【首个国务院用地审批权下放单独选址类项目获批】6月,常山县取得320国道衢州航埠至常山草坪段改建工程(常山段)项目省级批复,审批时限缩短2个月以上。该项目总用地约132公顷,总投资12.32亿元,为常山县首个国务院委托下放审批权后获批的建设用地项目,为常山县交通网络建设推进提供有力的土地要素保障。

【油茶科技成果获省科学技术进步奖】7月17日,在杭州召开的浙江省科学技术奖励大会上,常山县“油茶籽油营养品质提升加工关键技术创新与应用”成果荣获浙江省科学技术进步三等奖。该项目立项于2007年,由常山富而康山茶油有限公司、浙江常发粮油食品有限公司与浙江省农业科学院、浙江大学、江南大学等单位合作完成。研究成果提出油茶籽油有益和有害成分临界点双向精准调控加工理论,探索出“取优去劣”精准加工新技术,使油茶生产能耗降低30%,产能提高25%以上。浙江、江西等油茶籽油主产地利用此项技术生产新产品4.05万吨,销售额44.95亿元,新增经济效益11.52亿元,其中带动农民新增收入5.49亿元。

【常山胡柚入选第二批中欧互保地理标志协定保护名录】7月20日,欧盟理事会作出决定,授权正式签署中欧地理标志协定,保护在中国境内的100个欧洲地理标志产品和在欧盟境内的100个中国地理标志产品。常山县“常山胡柚”地理标志商标成功入选第二批保护名录,是衢州市首个中欧互保地理标志产品,为常山胡柚走出国门、进入欧盟市场奠定基础。

【生态环境整治工作成为浙江省中央环保督察整改成效典型案例】7月,常山县生态环境整治工作被列入浙江省中央环保督察整改成效典型案例之中,实现从“生态负面”典型到“整治先进”的转变。2019年中央环保督察和长江经济带警示片曝光问题后,常山成立以县委书记、县长任组长的辉埠区域环境系统整治提升工作领导小组,关停淘汰16家产能落后的轻钙企业,拆除建筑物9万余平方米;投入资金1000万元,对碱性水源头区域历史遗留的8000余吨石灰渣进行清运,对区域水生态工程进行加固与提升改造,累计腾出能耗空间48万吨标煤,削减二氧化硫1.63万吨、氮氧化物4800吨。

【首次公司债发行获上交所15亿元全额批复】8月26日,常山县城投集团获上海证券交易所出具的《关于对常山县城市投资集团有限公司非公开发行公司债券挂牌转让无异议的函》,获批发行15亿元公司债,实现常山县国有企业在证券市场“零的突破”。本次债券由浙商证券股份有限公司、国开证券股份有限公司承销。11月24日,县城投集团逆市发行10亿元公司债券,票面利率5.80%,债券期限3年。

【2019年健康浙江考核居衢州市第一】8月,省委、省政府健康浙江建设领导小组办公室公布《关于2019年健康浙江建设考核结果的通报》,常山县排名浙江省第23,位列衢州市第1。常山县贯彻实施《健康浙江2030行动纲要》,树立“大健康”理念。2019年,获全省控烟暗访综合评分第一名,连续两年实现孕产妇死亡“零报告”,成功创建省级食品安全县,通过国家卫生县城复审,举办首届健康家庭大奖赛,全面完成2019年全省基层体育场地设施建设任务,“厕所革命”领跑全省,超

额完成全省国卫乡镇比例目标，县域康养行业快速发展。

【“坡地村镇”项目获浙江省规划设计优秀成果奖】8月，常山县不老泉养生养老度假村项目获浙江生态“坡地村镇”建设项目规划设计优秀成果奖，是衢州市唯一获此殊荣的项目，全省仅十个。该项目位于白石镇新塘岭村，为国家AAA级旅游景区、首批通过省级验收的生态“坡地村镇”建设典型案例。占地100余公顷，建有餐饮及办公室用房1幢、会议室1幢、小木屋29幢、精品圆屋19幢、树屋10幢，最多可同时容纳120人住宿。

【青石镇王芳获评“全国抗击新冠肺炎疫情先进个人”称号】9月8日，在全国抗击新冠肺炎疫情表彰大会上，常山县青石镇江家村党支部委员、第四网格党小组组长王芳获评“全国抗击新冠肺炎疫情先进个人”称号。1月19日，青石镇江家村一村民出现发热等症状后，县疫情防控领导小组迅速布置抗疫工作。王芳第一时间投入战“疫”，摸排出该网格有密切接触对象24户48人，占全村总量一半以上。她每天至少巡查网格4次以上，每天接拨各类电话上百次，14天走动超过30万步。2月2日，江家村43户94名居家隔离对象解除医学观察，其他村民无一人感染。

【入围浙江省夜间经济试点县名单】9月，由省商务厅等7部门联合公布浙江省夜间经济试点（培育）城市名单、夜间经济试点（培育）城市重点建设的夜坐标，常山县被确定为浙江省夜间经济培育城市，慢城常山文峰广场商圈、“宋诗之河”文化风情带被确定为重点建设的夜坐标。6月起，县经信局主动申报、积极对接，举办促消费活动60余场，开展心舟公园—东方广场、文峰广场、体育公园等地标夜间经济规划设计，协助指导东方广场夜间网红美食街、文峰广场夜间经济活动，吸引群众10万余人次。

【东案乡创建胡柚特色农业强镇】9月，常山县东案乡胡柚特色农业强镇以高分通过省级验收，成为常山县第2个省级特色农业强镇。东案乡是常山胡柚主产区，是发展胡柚主导产业的重点乡镇，胡柚种植面积1.1万亩，总产量2.6万吨，占全县胡柚总产量20%，年产值1.3亿元。胡柚主导产业产值占全乡农业总产值54%。

【“常山阿姨”项目获评省级标准化试点】10月，省市场监督管理局下达2020年省级标准化试点项目计划，常山县《“常山阿姨”管理服务省级标准化试点》成功入选，衢州市仅2个。近年，常山县制定《“常山阿姨”家政服务品牌管理规范》等标准，打造一整套涵盖“常山阿姨”培训标准、准入流程、认证评价准则、信息管理、等级管理、年审评价准则等管理规范细则的全流程标准体系，建立标准化工作的长效机制。

【首家企业通过国家“两化”融合管理体系贯标认定】11月，浙江双明轴承股份有限公司通过国家两化融合管理体系评定，成为全县首家通过工业和信息化部“两化”融合管理体系贯标认证的企业。全县有12家企业启动认证工作。近年，常山县抓住数字经济发展机遇，以传统制造业数字化改造、智能化技术改造试点县建设为抓手，推进产业数字化转型，由以技术为导向转变为以管理变革、组织优化、战略管控为导向，实现“两化”深度融合。

【占凌新等获省新冠肺炎疫情先进表彰】11月13日，在浙江省抗击新冠肺炎疫情总结表彰大会上，常山县政府办党组成员、副主任占凌新，常山县人民医院儿科护士张琪，常山县白石镇草坪村党支部书记林芳良3人获评浙江省抗击新冠肺炎疫情先进个人，常山县青石镇江家村党支部获评浙江省新冠肺炎疫情先进集体。

【获批整合设立省级经济开发区】11月19日，省政府办公厅发布《浙江省人民政府办公厅关于整合设立浙江苍南等经济开发区的复函》，同意整合设立浙江常山经济开发区，实行省级经济开发区政策。开发区规划面积22.32平方公里，分新都、辉埠、金川3个片区。新都片区规划面积7.38平方公里，四至范围：东至205国道，南至320国道，西至县道钳何线，北至501乡道（常山至十里山）。辉埠片区规划面积9.59平方公里，四至范围：东至县道常新线，南至杭金衢高速公路，西至常山江，北至48省道延伸线辉埠支线。金川片区规划面积5.35平方公里，四至范围：东至205国道，南至县道上红线，西至园区经六路，北至园区纬九路。

【村上酒舍入选第二批乡村遗产酒店示范项目】 11月20日，在第二届乡村遗产酒店示范项目发布会暨中国乡村遗产复兴发展论坛上，村上酒舍入选第二批乡村遗产酒店示范项目，是浙江省唯一入选的民宿。村上酒舍位于常山县新昌乡泰安村，由一栋200余年的清代徽派老房子改造而成，以古法酿酒为民宿主题。整个建筑完整保留，成为当地特色古民居风貌的样板展示。

【赛得健康小镇获2020博鳌国际旅游奖】 11月21日，在第五届博鳌旅游奖颁奖礼上，赛得健康小镇获2020博鳌国际旅游奖"年度文旅小镇品牌奖"。赛得健康小镇位于常山县招贤镇，规划占地面积360公顷，建筑面积89万平方米，由浙江赛得健康产业投资管理集团投资36亿元建设，是集健康管理、养生度假、康体运动、研学旅行、乡村休闲、健康商贸于一体的特色小镇。

【获"中国天然氧吧"称号】 11月24日，在云南弥勒市举行的"中国天然氧吧"2020年创建活动发布会上，常山县被授予"中国天然氧吧"荣誉称号。2020年上半年开始，常山县启动"中国天然氧吧"气候品牌创建。10月15日，"中国天然氧吧"复核专家组对常山县创建工作进行复核评审。最终，常山县凭借独特的生态环境，秀丽的自然风光，多样的人文景观和成熟的旅游产业，成功创建这一国字号气候品牌。

（涂江浩）

开 化 县

【概 况】 2020年，开化县总面积2231平方公里，辖8个镇、6个乡、1个办事处，255个行政村和11个社区。年末户籍总户数12.3万户，户籍总人口36.06万人，全年出生人口2774人，死亡人口2411人。

2020年，地区生产总值150.5亿元，同比增长1.5%。第一产业增加值14.15亿元，同比增长0.7%；第二产业增加值52.84亿元，同比增长-1.0%；第三产业增加值83.5亿元，同比增长3.4%。三次产业增加值结构为9.4∶35.1∶55.5。固定资产投资同比增长-8.7%。财政总收入16.16亿元，同比增长4.6%；其中一般公共预算收入10.2亿元，同比增长2.6%。年末金融机构人民币存款余额258.46亿元，同比增长11.4%；人民币贷款余额245.02亿元，同比增长18.9%。金融机构本外币存款余额259.11亿元，贷款余额245.02亿元。余额存贷比和新增存贷比居全市第1，不良贷款率降幅为全市最大。

2020年，实现农林牧渔业增加值14.33亿元，同比增长0.8%。粮食总产量5.98万吨，同比增长-3.8%；油料产量1.12万吨，同比增长0.4%；果用瓜产量0.7万吨，同比增长-33.2%；蔬菜产量9.71万吨，同比增长-40.9%；肉类总产量0.79万吨，同比增长-27.9%；禽蛋产量0.1万吨，同比增长11.3%；水产品产量5276吨，同比增长4.3%。造林更新1.75万亩，森林覆盖率80.87%。开化县成为中国生态茶之乡，开化龙顶品牌价值突破27亿元，开化清水鱼获全市渔业首个国家农产品地理标志，山泉流水养鱼系统获评第五批中国重要农业文化遗产。

有规模以上工业企业单位71家，新增规模以上工业企业19家，华康药业和海纳半导体入围省"隐形冠军"企业、实现"零的突破"，七一电器获评省创新型领军企业。工业企业增加值29.91亿元，同比增长5.0%；高新技术产业增加值10.78亿元，同比增长1.4%；工业出口交货值11.41亿元，同比增长-14.9%。规模以上工业企业实现销售产值95.84亿元，同比增长0.8%；产销率99.7%，同比增长0.6%。规模以上工业企业实现营业收入108.81亿元，同比增长7.5%。利润总额6.37亿元，同比增长-0.7%。利税总额8.27亿元，同比增长-4.2%。

3个省重点项目、6个省集中开工项目、61个市重点建设项目、68个市集中开工项目年度投资完成率均超100%。房地产开发投资11.07亿元，同比增长-34.6%。商品房销售面积11.96万平方米，同比增长-26.0%。全县47家资质以上建筑业企业总产值75.36亿元，同比增长-11.4%。建筑业增加值

22.93亿元，同比增长-9.9%。

各类公路里程1636.3公里。公路运输完成旅客运输量304.5万人，同比增长-41.7%；周转量1.21亿人公里，同比增长-42.2%。交通运输、仓储和邮政业增加值5.08亿元，同比增长5.7%。移动电话用户25.76万户。

全社会消费品零售总额89.19亿元，同比增长-1.1%。开化县成为全国电子商务进农村示范县试点。进出口总额19.93亿元，同比增长-4.0%；新批外商投资企业3家，合同利用外资1110万美元。接待游客1202.4万人次，同比增长-13.3%；旅游收入87.8亿元，同比增长-5.9%；建有1个国家级AAAAA旅游景区、2个国家级AAAA旅游景区、8个AAA级旅游景区、1个AA级旅游景区、省A级旅游景区村庄203个。全国率先开通旅游专列，发布全国首个地方菜标准，获评全国旅游百强县，入选省文旅消费试点城市。"钱江源"品牌系列产品打入长三角。根缘小镇两次荣获省特色小镇亩均效益领跑者，根宫佛国文化旅游区成功挑战吉尼斯世界纪录，成为全球最大根雕博物馆。

年末，拥有中小学校55所，有证幼儿园55所。2020学年，全县中小学生、幼儿39277人。高分创成省教育基本现代化县，教育现代化达成度居全市第1，开化中学时隔18年再出清华学子。年末有疾控中心1家，卫生监督所1家，医疗机构188家。运动员参加省级以上比赛获金牌17枚、银牌12枚、铜牌8枚。

年末，参加职工基本养老保险及城乡居民养老保险23.53万人，参加职工基本医疗保险5.69万人，参加城乡基本医疗保险25.6万人。参加失业保险2.67万人。有社会福利院1个、床位170张、机构养老床位2406张。建设示范型居家养老服务中心5个，培训机构养老护理员120名，家庭照护者140名。全体居民人均可支配收入28699元，同比增长6.9%。城镇、农村常住居民人均可支配收入分别为39475元、20647元，分别同比增长4.5%、8.7%。全体居民生活消费支出16346元，同比增长1.7%，城镇、农村常住居民人均生活消费支出分别为22187元、11981元，分别同比增长1.4%、0.7%。城镇、农村居民家庭人均住房面积分别为58.1平方米、90.1平方米。城乡低保标准全市统一提高到每人850元/月。

全县出境水有效监测天数365天，Ⅰ类水质207天，Ⅱ类水质154天，Ⅲ类水质4天，Ⅱ类水质及以上占98.9%。环境空气质量有效监测天数357天，其中：AQI达标天数356天，空气质量优天数226天，占63.3%；空气质量良天数130天，占36.4%；AQI优良率99.7%。县城$PM_{2.5}$浓度均值为21微克/立方米，低于国家二级标准年均浓度（35微克/立方米）。开化县成为全市唯一省水生态环境示范试点县，创成全国第三批节水型社会建设达标县，再夺"大禹鼎"。音坑乡创成省级美丽城镇样板镇，马金镇入选省级千年古镇，金星村获评中国美丽休闲乡村、入选省民宿（农家乐）助力乡村振兴试点。

获全国首个"中国生态茶之乡"、全国第三批节水型社会建设达标县、国家级慢性病综合防控示范区、2019中国有影响力的全域旅游示范区，被成功列入第五届"万步有约"健走激励大赛全国百强健走示范区，被确定为2021—2023年创建周期全国文明城市提名城市，通过"中国天然氧吧"复评。同时，被省委、省政府授予2019年度美丽浙江建设工作考核优秀县和2019年度"五水共治"（河长制）工作"大禹鼎"优秀县、2019年全省实施乡村振兴战略优秀县、"一星平安金鼎"、浙江省第四批"无违建县"、全省"森林浙江"建设工作突出贡献集体、全省高标准农田建设任务完成工作表现突出集体，并且在2019年度实施全域土地综合整治与生态修复工程和落实有关重大政策措施成效明显、创造典型经验做法方面获省政府督查激励。

【成为全省农业水价综合改革示范县】 1月9日，全省农业水价综合改革工作绩效评价结果和示范市县名单揭晓，开化县获2019年度全省农业水价综合改革工作绩效评价优秀县、全省农业水价综合改革示范县奖牌。开化县围绕"加强农田水利管护，加大农业节水力度"两大目标，加快建立完善农业水价形成机制、精准补贴和节水奖励机制、工程建设和管护机制、用水管理机制等“四项机制”,各项工作取得新进展、新成效。

【钟山区块改建项目房屋征收工作完成】 1月13日,钟山区块改建项目历经10天10夜,实现签约100%。该项工作始于2009年,涉及征收城北星群村钟楼土地面积2.1万平方米,征收集体土地上房屋24幢35户,安置征收对象47户(其中易地迁建22户、房屋产权置换13户、保障安置10户、货币补偿2户),历时10年,先后4次启动。

【通过“中国有机茶之乡”论证】 1月16日,开化县通过“中国有机茶之乡”省级以上专家论证。茶产业是开化县特色农业支柱产业之一。至2019年,全县创建绿色、有机茶园近1333.33公顷。鼓励县内龙头企业整合茶叶加工作坊,推行茶叶标准化、清洁化、机械化生产,推广加工新机械、新工艺,建成SC认证茶叶加厂13家。实现全县生产加工主体培训全覆盖。定期不定期开展茶叶产品农残和水分检测,严把产品质量关,逐步完善产品质量追溯体系。全县茶叶产品在县内外各项检测中,未检测农残超标现象。

【钱江源未来农业示范园项目签约】 1月20日,钱江源未来农业示范园项目签约仪式在开化县举行。钱江源未来农业示范园项目选址音坑乡察畈地块,用地43.13公顷,总投资约1.3亿元。建设内容为设施及配套用房建设,白草莓、火龙果、多色玫瑰等农作物的种植、加工及销售。该项目通过农旅结合引进先进的设备和技术,建设高品质、高效益、高附加值的未来农业经济区,引导帮助本地农业产业提升拉伸产业链,形成第一、二、三产业全面融合发展的良好格局。

【根宫佛国入选首批浙江省森林康养基地名单】 3月8日,省林业局、省民政厅、省卫生健康委员会、省中医药管理局联合公布2019年度浙江省森林康养基地名单,开化县根宫佛国森林康养基地榜上有名,这是浙江省四部门联合命名的首批省级森林康养基地,全省仅18个。开化县根宫佛国森林康养基地是衢州地区第一家国家AAAAA级旅游景区,为国家文化产业示范基地、国家生态文明教育基地、中国雕塑院根雕创作实践基地。

【浙江省古树名木认养活动暨开化县国土绿化行动植树节启动】 3月11日,浙江省古树名木认养活动暨开化县国土绿化行动启动仪式在开化县文化艺术中心门口广场举行,省林业局副局长陆献峰及县领导出席,并向志愿者代表颁发“古树名木认养证”。这是开化39年如一日“开年种树”活动的接力传承,是守护钱江源头生态的一种创新。

【获省级奖补资金5000万元】 3月24日,省财政厅和省水利厅联合下达《关于下达2020年第二批省水利建设与发展专项资金的通知》,开化县作为全省15个农饮水项目奖补县之一,获该项目最高省级奖补资金5000万元。

【跻身首批“一星平安金鼎”县(市、区)行列】 4月14日,全省建设平安浙江工作会议召开,会议对2019年度平安县(市、区)进行表彰。开化县获“一星平安金鼎”,成为首批连续15年达平安建设标准的县(市、区),实现平安创建十五连冠。

1月16日,开化龙顶全域有机研讨会暨“中国有机茶之乡”论证会召开

【钱江源高端装备研究院落户开化县】 5月31日，哈尔滨工业大学仪器学院与县政府共建钱江源高端装备研究院签约仪式举行。哈工大仪器科学与工程学院院长刘俭等与县领导参加签约仪式。双方签订《开化县人民政府—哈尔滨工业大学仪器科学与工程学院共建协议》，计划在产业化项目、高端人才、专业研究室等方面开展多方位的合作。

【首届“最美园区人”颁奖典礼举行】 6月29日，浙江·开化首届“最美园区人”颁奖典礼在国际大酒店举行。2020年1月，开化工业园区党工委启动首届“最美园区人”评选，评选出最美企业、最美职工、最美工匠等7大奖项共计62人次、8家企业及2家党支部，通过展板、微信宣传，取得良好的社会效果。

【开化县钱江源国家公园绿色发展协会成立】 7月22日，开化县钱江源国家公园绿色发展协会成立暨第一次会员大会会议举行。大会宣读《准予成立开化县钱江源国家公园绿色发展协会决定书》，介绍开化县钱江源国家公园绿色发展协会筹备工作报告，审议并通过《开化县钱江源国家公园绿色发展协会章程（草案）》《开化县钱江源国家公园绿色发展协会自律公约（草案）》等，选举产生第一届理事会常务理事、会长、副会长、秘书长、副秘书长。

【“万步有约”健走暨新时代文明实践·农村文化礼堂运动会总决赛举行】 8月8日，全国第五届“万步有约”健走激励大奖赛开化赛区、2020年开化县新时代文明实践·农村文化礼堂运动会总决赛启动仪式在南湖广场举行。本次活动以“全民健身、健康开化，你我有约”为主题，由县委县政府健康开化建设领导小组、县委宣传部、县文广旅体局、县卫健局共同主办。在授旗后，39个机关、企事业单位代表队绕南湖一周健步走。

【2020年浙江省老年人乒乓球交流活动在开化县举办】 9月28—30日，“迎亚运、奔小康”2020年浙江省老年人乒乓球交流活动在开化占旭刚体育馆举行。本次比赛由浙江省老年人体育协会主办，衢州市老年人体育协会、开化县老年人体育协会承办。吸引全省各市、县（区、市）、省直行业系统老年体协29支代表队300余名运动员参赛。开化钱江源国家公园队、瓯海区代表队、瑞安市老年体协代表队获得本次交流比赛前三名。杭州市老年体协队、宁波阳光队、台州市老年体协队获地市组前三名。

【2020年全国男子举重锦标赛暨东京奥运会模拟赛在开化县开赛】 10月22日，“钱江源国家公园杯”2020年全国男子举重锦标赛暨东京奥运会模拟赛在占旭刚体育馆开赛，来自全国各地的33支代表队283名运动员参赛。本次比赛设10个级别的抓举、挺举和总成绩的冠军。

【钱江源国家公园申报IUCN绿色名录交流座谈会举行】 11月4日，钱江源国家公园申报IUCN绿色名录交流座谈会在钱江源国家公园管理局举行，中国科学院植物研究所研究员、绿色名录中国专家委员会主席马克平，生态环境部南京环境科学研究所研究员、绿色名录中国专家委员会副主席王智参加会议。会上，钱江源国家公园综合行政执法队向专家组详细介绍国家公园整体情况及申报IUCN绿色名录工作情况。双方就申报IUCN绿色名录开展交流讨论。专家组为钱江源国家公园的发展提出相关建议。

8月8日，全国第五届“万步有约”健走激励大奖赛开化赛区、2020年开化县新时代文明实践·农村文化礼堂运动会总决赛启动仪式在南湖广场举行

11月13日，开化县首届“钱江源英才”创新创业大赛启动仪式

【首届“钱江源英才”创新创业大赛启动】 11月13日，开化县首届“钱江源英才”创新创业大赛启动，大赛旨在进一步引聚海内外高层次人才带项目、带资金、带技术来开化创业创新，扎根开化，助力开化开拓高质量绿色发展之路。本次大赛为期3个月，设置6大版块活动，最终遴选出10个优质项目晋级总决赛，并评选产生一等奖1名、二等奖2名、三等奖7名。对入选的创业人才，按A、B、C三类，分别给予600万元、400万元、200万元的创业经费支持。

【第九届中国(开化)根雕艺术文化节暨2020“钱塘诗路·开化寻源”活动启动】 12月3日，第九届中国(开化)根雕艺术文化节暨2020“钱塘诗路·开化寻源”活动在开化根缘小镇启动。此次活动以“诗话钱江源·寻根好地方”为主题，由浙江省委宣传部指导，浙江省文化和旅游厅、衢州市委宣传部、开化县人民政府、钱塘江文化研究会主办。省市相关领导、文化学者、吉尼斯世界纪录认证机构代表、环球旅游小姐国际大赛嘉宾、媒体记者等近300人参加。活动为期1个多月，包含诗词采风研学、全国非遗诗词大赛、汉唐文化展示、环球旅游小姐巡回赛、钱塘江诗路文化带根源地研讨会等10余项内容。

【浙江省开化水库工程正式开工】 12月28日，浙江省开化水库工程开工仪式在马金镇石柱村举行。开化水库工程是《钱塘江流域综合规划》推荐实施的流域骨干调蓄工程，并分别被列入国家和省水利“十三五”规划，可研报告于2020年12月15日通过国家发展改革委批复。工程库容1.84亿立方米，批复估算总投资44.68亿元，是一座以防洪、供水和改善流域生态环境为主，结合灌溉，兼顾发电等综合利用的大(2)型水库。工程首次将流域生态修复纳入水库建设任务，是国内首个具备生态功能的水库工程，致力打造成集生态、景观、人文于一体的水利工程典范。

【钱江源味道《开化菜》地方标准正式发布】 12月29日，“诗画浙江·百县千碗”钱江源味道《开化菜》地方标准发布会在杭州举行，省文旅厅标准化工作专项组组长程钢、县领导等出席活动。根据《浙江省地方标准管理办法》，经立项评估、征求意见、专家审评、网站公示等程序，衢州市市场监督管理局于11月30日批准发布市级地方标准《开化菜通则》，标准号DB3308/T 074—2020，实施日期为2020年12月30日。《开化菜通则》地方标准明确开化菜的定义和范围，构建开化菜标准体系，为开化清水鱼、开化青蛳、钱江源汤瓶鸡、马金豆腐干等开化10碗名菜制定烹饪技术规范。

(王子骏)

人物

Figures

人物传

【吕文元】(1923.1.1—2020.1.29),河北省赞皇县人,1945年10月参加革命工作,1946年6月加入中国共产党。衢州汽车运输集团有限公司离休干部(享受厅局级政治、生活待遇),历任某特务连战士、事务长,解放军某团供给处会计、通讯连指导员,志愿军某团后勤处政治协理员、政治处助理员、政治处组织股长,浙江省金华县机械厂党支部书记,金华专区电机厂党委书记、厂长,衢州运输段党总支副书记,衢州木材厂党总支书记,衢州汽车运输段党委书记,衢州汽车分公司党委书记等职。

【刘志海】(1926.2.23—2020.3.10),曾用名刘芝海,山东省庆云县人,1946年7月参加革命工作,1946年7月加入中国共产党。西藏那曲地区工业局离休干部(享受副地厅级政治、生活待遇),历任盐山县高湾区公所粮食保管员、文书、区委组织干事,南下干部大队第三中队事务会计,江山县政府事务会计、民政科副科长、人事科科长、宣传部副部长,衢州地委组织部干部科副科长,遂昌县委组织部副部长、部长,江山县委组织部部长,西藏那曲地区申扎县委委员、组织部部长、县委副书记,那曲地区革委会计划经济生产组副组长,那曲地区工业局副局长等职。

【毛尚贤】(1932.10.10—2020.2.3),浙江省江山市人,1949年7月参加革命工作,1956年3月加入中国共产党。江山市二轻工业局离休干部(享受县级待遇),历任某部队战士、副班长、班长、排长、副连长、连长和司令部管理股股长,江西省广丰县二轻局副局长,江山县二轻局(二轻工业总公司)副局长(副经理)、党委委员,江山市二轻局副局级调研员等职。

【赵玉臣】(1927.10—2020.4.24),河北省盐山县人,1946年2月参加革命工作,1946年2月加入中国共产党。江山县上余区卫生院离休干部(享受县级政治、生活待遇),历任河北省盐山县吉科乡乡长,圣佛区武委会干事,浙江省江山县峡口乡乡长,峡口区、凤林区、长台区组织委员,长台区副区长、副书记、县农业局副局长,长台区区长,县峡口林场场长,县林业局局长、礼贤区区长,东阳县社教组长,江山县财政局局长,县峡口水电站副站长,河北省沧州市建工局人事科科长,浙江省江山县上余区卫生院院长、党支部书记等职。

【琚和均】(1927.12.1—2020.4.29),浙江省常山县人,1949年5月参加革命工作,1957年4月加入中国共产党。常山县教育局离休干部(享受县处级政治、生活待遇),历任某军军政大学学员、某团宣传队宣传员、分队副队长、直工股工作员、炮营主任教员、宣传股助理员、宣传科文化教员,黑龙江省绥化县机关干部文化学校教导主任,浙江省常山县文教局干部、县委宣传部干部、县越剧团干部、县教育局电大工作站副站长等职。

【郑丰禄】(1955.3.25—2020.10.2),浙江省常山县人,1974年2月加入中国共产党,1981年1月参加工作。历任常山县狮子口乡会计辅导员,县委办公室秘书,宋畈乡乡长,县委办公室副主任、主任,县人民法院院长、党组书记,龙游县人民法院院长、党组书记,开化县人民法院院长、党组书记,常山县人大常委会副主任等职。

【武福奎】(1927.8.1—2020.10.7),河北省商义县人,1945年2月参加革命工作,1945年9月加入中国共产党。常山县酒厂离休干部(享受县级政治、生活待遇),历任察哈尔北山支队武工队战士,怀安大队通讯员、副班长、班长,天杨怀支队排长、副连长,华北某师副连长,北京南苑机场油料处搬运队长,东北大古山某部队科员,浙江某部队行政管理员,衢县五一木器厂厂长,常山县酒厂厂长、县棉纺织厂机修车间主任、县酒厂副厂长等职。

【叶培尧】(1935.1.15—2020.10.16),浙江省衢州市人,1982年5月5日加入中国共产党,1950年7月参加工作。历任衢县樟潭区公所会计,县粮办办事员、秘书,县委办秘书,县知青办秘书,衢州市(县级市)政府办公室党组成员、秘书,衢州市政府办公室综合科长、办公室副主任、党组成员,市政协副秘书长、办公室主任,市政协秘书长等职。

【朱炳东】(1923.12.15—2020.10.27),江苏省淮安市淮阴区人,1943年6月参加革命工作,1948年4月加入中国共产党。衢州市地方工业供销公司离休干部(享受县级待遇),历任新四军某连战士,某教导队队员,山东省昌乐县公安局班长、昌淮专署公安局排长,浙江省嘉兴军分区某营某连副连长、指导员,省供销社保卫股股长,省公安厅二处科员,衢县农工部干部,衢州木材厂党支部书记,衢县汪村乡乡长、云溪公社党委副书记,衢县五一木器厂党支部副书记,衢州市地方工业供销公司副经理等职。

【许 波】(1927.8.1—2020.12.4),浙江省兰溪市人,1946年8月参加革命工作,1948年1月加入中国共产党。衢州市航运管理处离休干部(享受县级待遇),历任某部队通讯员、文书、副排长、见习参谋、训练参谋、作战参谋、军训参谋、防救参谋,金华市航运管理处干事,衢州市航运管理所干事,衢州市航运管理处干事等职。

【王兆钦】(1927.7.1—2020.12.25),山东省文登县人,1947年7月参加革命工作,1948年11月加入中国共产党。常山县原计划经济委员会离休干部(享受县处级政治、生活待遇),历任某部队战士、见习文书、见习书记、政训班学员、见习干事、保卫员、政训大队学员、副政指、政指、干事、副政教、政教、政委、政治处副主任,浙江省常山县农业水电局党组副书记、副局长,县棉纺织厂党委书记,县计划经济委员会党组副书记、副主任,县企业整顿办公室主任,县计划经济委员会副主任级督导员等职。

(以上资料摘自《衢州日报》)

【郑秀章】(1927.11.23—2020.7.21),衢州人,学名郑春辉,笔名阿章。1947年1月,衢州中学高中毕业,同年入读浙江大学法律系。1948年5月,在浙大秘密加入中国共产党。因投身爱国学生运动当选学生会理事,分工负责《民主壁报》(即《费巩壁报》),被国民党当局列入黑名单,被迫撤退到苏北解放区。先后在华中党校、华中新专学习。

渡江战役后,随军进入上海,分配在解放日报社劳动报编辑部担任记者、文艺组长,后调入解放日报社任特写记者并坚持业余写作。1948年,在上海《中学生》发表初创小说《妈》,1951年,出版纪实性小说《红旗飘扬在黄浦江上》。1956年,出席全国青年创作会议,并两度当选上海市作协理事。1958年,发表小说《寒夜的离别》,《文艺报》短评称之为“一朵新花”。同年,被划为“右派分子”,调宁夏日报报社任不署名的记者。1979年平反,恢复名誉和党籍，回解放日报报社，负责开辟《连载小说》栏，并创刊文学双月刊《上海小说》。以报纸连载的形式，创作《浦江红侠传》，后改编成电影《开枪为他送行》《三少校》。和黄志远合著《上海舞女》（后拍摄成同名上、下集电影）系列小说——《货腰女郎》《上海舞潮案》等。后任《上海小说》（双月刊）主编。1983年，加入中国作家协会，当选上海市大众文学学会副会长，全国城市连载作品研究会常务副会长、会长。1995年离休，受聘《大江南北》（月刊）副主编，在该刊连载长篇小说《黄海惊雷》。

1980年7月，组织撰写《可爱的祖国·衢县专版》，刊登于12月11日的《解放日报》。1992年，衢州一中90周年校庆，他与一批老校友建立奖学金。1998年10月24日，遵照父亲郑光昌、母亲孔庆春遗嘱，将父母的积蓄购置图书捐给衢州一中，长期支持该校峥嵘文学社活动。他邀约解放日报报社、上海邮电工程公司员工等为衢州市乌溪江库区小学捐物送书、安装锅炉。2009年，捐赠《阿章作品集》200套，将所得款项用于资助学生。2015—2017年，他先后三次向衢州市档案馆捐赠各类档案资料、个人著作、书法作品、书信、手稿等共计500余件。

（潘玉光）

【蔡继渭】（1929.2—2020.3），出生于衢县，著名导演、摄影师，中国电影家协会理事。1949年，参加中国人民解放军。1951年，加入中国共产党。1952年，毕业于西南人民艺术学院，到八一电影制片厂工作，开始学习摄影，先后担任摄影助理、副摄影师、摄影师、导演。1957年，任影片《柳堡的故事》副摄影师。1959年，任影片《赤峰号》《海鹰》摄影师。20世纪50—80年代，担任摄影的影片有《槐树庄》《闪闪的红星》《南海风云》《今夜星光灿烂》等。80年代开始，执导《路漫漫》《四渡赤水》《通天塔》《女刺客》等，其中《四渡赤水》开拓了重大军事历史题材电影的创作模式，对此后的同类影片产生很大影响。90年代，导演历史巨片《大决战》之《淮海战役》，电视剧《水困古城》《毛泽东在陕北》。

蔡继渭一生参与创作电影、电视剧、纪录片等作品30多部，擅长拍摄雄壮场面，艺术处理细腻，人物形象刻画生动，获得多项大奖。1981年，《路漫漫》获文化部优秀影片奖。1984年，《四渡赤水》获第四届中国电影金鸡奖特别奖。1986年，纪录片《中国革命之歌》获第二届中国人民解放军文艺奖。1991年，《毛泽东在陕北》获“五个一工程奖”。1992年，《淮海战役》获第十二届中国电影金鸡奖最佳导演奖。蔡继渭对家乡很有感情。2018年11月27日，他向衢州市档案馆捐赠各类证书、奖章、奖牌、宣传报道等41件，照片92张。

（钱道本）

2020年度衢州籍现役军人（消防指战员）获二等功名单

【朱　莉】女，汉族，柯城区荷花街道荷西苑社区人，1993年4月2日出生，2015年入伍，现任某部队副连职排长。2020年8月，朱莉参加陆军新训机构“四会教练员”比武，获得综合成绩第1，被某部队记二等功。

【张　力】男，汉族，衢江区浮石街道人，1992年5月22日出生，2011年12月加入消防救援队伍，现任衢州市消防救援支队春城路特勤站二级消防士。2020年11月，张力参与“11·9”中天东方氟硅材料有限公司火灾扑救，因表现出色，被浙江省消防救援总队记二等功。

（市退役军人事务局 供稿）

全国劳动模范

吴　坚　浙江衢州巨塑化工有限公司PVDC车间党支部副书记兼工艺员

郑裕财　浙江矽盛电子有限公司设备部主任

方向明　衢州早田农业科技开发有限公司实际控制人

全国先进工作者

潘志强　浙江省衢州第二中学校长

浙江省工人先锋号

中浙高铁轴承有限公司综合管理部

浙江万厦建设有限公司钢筋班组

衢州市工人先锋号

衢州市人民医院感染科

衢州市中医医院重症医学科

衢州市疾控中心微检科

衢州市急救中心调度科

衢州市公路管理局高速公路路政管理大队

衢州市公安局交通警察支队柯城大队

衢州市医疗保障局驻行政服务中心窗口

衢州日报报业传媒集团时政新闻中心

衢州广电传媒集团电视经济信息频道

浙江信安数智科技有限公司技术中心

衢州市环境卫生管理处业务科

衢州市文化广电旅游局旅游推广中心

衢州元立金属制品有限公司炼钢厂动辅车间

华友新能源科技(衢州)有限公司制造一部二车间

浙江隆基乐叶光伏科技有限公司技术二组

衢州中等专业学校杨宗斌名师工作室

衢州市柯城区卫生健康局应急工作团队

衢州市公安局柯城分局疫情防控处置突击队

浙江佰意智造服饰有限公司生产中心裁床组

好梦来家纺有限公司口罩车间

衢州市衢江区中医院内科

龙游县人民医院感染性疾病科

浙江金龙再生资源科技股份有限公司研发部

浙江禾川科技股份有限公司电子制造部-DIP组(质量管理中心)

江山市人民医院检验科

江山市公安局交通警察大队

科润智能控制股份有限公司办公室

浙江天际互感器有限公司市场部

仓谷医疗科技(浙江)有限公司口罩车间

常山县中医医院(常山县中医医院医疗服务共同体)急诊科

常山县电力实业有限公司带电作业班

浙江泰明光伏有限公司泰明工艺组

开化县人民医院感染科

浙江省开化七一电力器材有限责任公司成套事业部

浙江巨化检安石化工程有限公司氯碱检修中心西片区检修一班

浙江衢化氟化学有限公司五车间R134a四轮班

衢州市交通设计有限公司(中铁五院集团浙江分院)路桥一所

中信银行股份有限公司衢州分行营业部

国网浙江龙游县供电有限公司湖镇供电所

中国移动通信集团浙江有限公司衢州分公司衢江廿里网格

（市总工会　供稿）

2020年度全国最美家庭

【柯城区苏玉泉家庭】 苏玉泉，老家在九华乡妙源村。1984年，从浙师大中文系毕业，分配至柯城区石梁中学任教，后担任副校长；1992年，调任衢县职校担任副校长；1993年，调任衢县工贸职校副校长；1994年，调至柯城区石梁中学任校长22年，于2016年退居二线。他把一个镇级中学打造成全区乃至全市名校，送出一批批莘莘学子。他言传身教，教育、影响妻子和女儿。说起他一家人，大家无不竖起大拇指称赞的。苏玉泉富有孝心，他常说对父母要知恩、感恩、报恩。2020年，他的父亲87岁，母亲81岁。一家四世同堂，和睦相处，十分孝顺长辈，不管是春夏秋冬，只要有时间都会不定期回家看望长辈。苏玉泉在家尽孝、在外行善。他不仅致力于教育事业，还热心于公益事业。他带头捐资帮村里修公路，义务带领村里的老人去杭州旅游。2004年，他筹资5万元修缮村里的校舍，让孩子们能在宽敞明亮的教室里学习。近年来，积极与杭州、海宁、宁波等地慈善机构和爱心人士联系，推动一大批爱心人士与石梁镇、九华乡、七里乡等地的贫困儿童结对。至2020年末，有100多名儿童牵线结对。他的行为带动整个家族一起做公益事业。女儿在他的影响下，三四岁就跟着父亲在校园里捡垃圾，做志愿者，参加慈善机构组织的街头募捐活动。

【常山县熊素娟家庭】熊素娟，常山县中医医院护理部主任、县政协委员。她一直兢兢业业、乐于奉献。2020年新冠肺炎疫情期间，她用“严守、保障、管控、奉献”诠释白衣天使的敬业、责任和担当。她的丈夫曾经也是一名外科医生，2002年遭遇车祸后瘫痪在床，已有十八年。她不离不弃、悉心照料。“医二代”女儿江湖大川，为东南大学公共卫生学院在读研究生，中共党员，师从江苏省疾控中心副主任、主任医师朱凤才，曾被评为浙江省优秀大学毕业生。朱凤才团队响应国务院应对新型冠状病毒感染的肺炎疫情联防联控机制(科研攻关组)办公室号召，赴湖北省武汉市协助开展防治新冠肺炎疫苗临床研究工作。为确保疫苗研发任务快速推进，江湖大川作为导师团队核心骨干之一，于3月2日主动请缨随导师团逆行武汉。出征武汉前，她说：“疫情之下，帮扶一座城，守护全球人。”

【开化县张贵兴家庭】张贵兴，于1965年7月出生在开化县马金镇荆塘村，一岁多时的一次意外改变了他的命运。从此，他走路就一瘸一拐。他虽然身体残疾，但积极向上。初中毕业后，张贵兴先后在马金水泥厂、马金福利厂等地打工，并通过自己的勤劳收获了爱情。儿子出生后，更是让他们的小家充满欢声笑语。2005年7月初，张贵兴亲眼看见一起车祸，看到满地的鲜血，他萌生了献血的强烈愿望。7月6日，他献出了人生中第一次400毫升血液。此后，他在献血路上没有停止过脚步。15年来，他献血68次，其中“全血”10次，“成分血”58次，总计3万余毫升。如果按照普通输血每次400毫升计算，他所捐献的血量，大约可以挽救80人的健康和生命。“对于我来说，幸福就是在乐于奉献中收获快乐。”张贵兴这种大爱奉献精神影响了家人，在他的带领下，他的家人也加入了献血的行列。

第十二届全国“五好家庭”

【柯城区贵海良家庭】贵海良，男，1940年10月出生，中共党员，浙江衢州人。曾任柯城区航埠镇新山村党支部书记，是一名有50年党龄的老党员。2019年7月1日，在他的倡议下，柯城区“领头雁教育基金”正式成立。贵海良带头捐赠了自己积蓄35年的40万元“私房钱”。1970年，贵海良担任塘下村(现新山村塘下自然村)党支部书记，修路、帮扶、带动村民致富。善举感染很多村民，带动一方好民风。他的小儿子贵建国接任新山村党支部书记。一脉相承的是“廉洁、诚信、忠孝、勤俭”的好家风和务实服务、奉献无我的为民初心。

【衢江区汪水荣家庭】汪水荣是衢江区高家镇湖仁村党支部书记。几年前，湖仁村发展落后，他毅然回乡担当起村党支部书记的重任，通过项目攻坚，一步一个脚印地建设美丽家园。在村级经济困难时，他不领工资，带头偿还村里债务，积极拓展村集体经济发展路子。为推广柑橘新品种，10多年来，他投资

60多万元，最终选育出适合本地种植的新品种“湖仁红”，每斤柑橘卖到20元。他把种苗免费送给村民栽种，村里几十户人家跟着他种了“湖仁红”；10年的时间，他把湖仁村从曾经脏、乱、差的“浆湖村”治理成如今远近闻名的“文明村”，实现华丽的蜕变。在他背后，他的妻子一直默默地支持着他的工作：他把多年来当村干部的误工补贴全部捐给村里，妻子没有一句怨言。30多个春夏秋冬，夫妻俩相濡以沫，一同克服工作和生活中的种种困难，用行动诠释着和谐家庭的深刻内涵。

【江山市周多花家庭】 周多花是江山市贺村镇青塘尾村一位普通农妇。8年前，她丈夫的兄长周正高骑三轮车不慎摔断脊柱，导致高位截瘫，失去行动能力。自此，她担负起周正高的日常护理。每天凌晨5点，66岁的周多花就起床，给周正高翻身、按背、筋骨、擦身。她坚持8年，用双手为周正高掏排泄物，使周正高的生命得以延续。每天，周多花起床洗漱后，第一件事就是将洗脸水送到周正高房间，这已成为她多年的习惯。周多花为照顾周正高几乎不出远门，8年间，她只在外面留宿过3个晚上。周多花这种无怨无悔的坚持，赢得全村村民的称赞和敬重，这段故事被邻里传为佳话。

【衢江区徐慧芳家庭】 徐慧芳家庭是一个和谐融洽友爱的大家庭。家有93岁和她从未红过脸的慈祥老婆婆，85岁乐观、受人爱戴的老父亲和78岁勤劳善良的老母亲，孩子们从小有好吃的先让老人品尝、争着帮老人做力所能及的事，在外工作不忘问候，逢年过节给老人准备惊喜……夫妇俩践行中华民族乐于助人的优良传统，结对帮扶贫困儿童，为缺乏关爱的孩子带去父爱母爱般的温暖。作为心理咨询师，疫情期间，她主动担任志愿者为他人排忧解难，鼓励大家携手抗疫。儿子黄震昕乐观开朗、积极上进，在父母的鼓励和支持下，上大学期间便开始在大数据领域创业，获电子科技大学“十大杰出学生”的称号；2018年，入选福布斯中国“30位30岁以下精英榜单”；2019年，入选胡润榜。

2020年度全国抗疫最美家庭

【开化县金梅家庭】 新冠肺炎疫情发生以来，开化县川南新村村支委、妇联主席金梅，以“疫情就是命令、时间就是生命”为动员令，身先士卒，夜以继日，积极投身防疫抗疫第一线。积极宣传政策知识、摸排人员信息、服务隔离农户、保障村疫情防控后勤服务等工作。她的丈夫方文松理解和支持她，在做好家庭后勤保障的同时，身为共产党员的他积极参与村级卡点值守，帮助做好人员登记、体温检测等工作，主动发动家人及亲朋好友为疫情防控捐款捐物。疫情期间，他们的儿子方聿飞，主动请缨加入志愿者队伍，参加村级巡查宣传工作。“大家一定不要聚集在一起，要勤洗手，戴口罩，外地回来的人一定要自觉做好居家隔离……”这些话，方聿飞不知道说了多少遍。每到一户，他都耐心地做好防疫知识的宣讲。疫情当前，他们一家三口齐上阵，阻击疫情献爱心。

2020年度全国三八红旗手

【许义凤】 女，1964年11月出生，1980年6月参加工作，2008年7月加入中国共产党，现任开化县华埠镇溪东村党支部书记。曾获国家公园“园丁奖”、浙江省“千名好支书”、衢州市优秀共产党员、衢州市“十大女杰”提名奖、衢州市“最美婆媳”、衢州市“最美衢州人”提名奖、衢州市“三八红旗手”、衢州市“五水共治”先进个人等荣誉。所在村曾获浙江省卫生村、浙江省“森林村庄”、浙江省现代林业经济示范区、浙江省美丽乡村特色精品村、衢州市“五水共治”工作先进集体、开化县“百万妇女学贺田”先进集体等荣誉。

2011年，许义凤临危受命，放弃经营多年的苗木产业，担任村党支部书记。上任时，村集体经济负债100余万元，几乎“瘫痪”。上任后，她带领村“两委”班子，以带头垫资和多方筹集资金等方式，积极推进村庄整治，道路硬化，修建大坝、大桥、电站等项目，村庄面貌焕然一新。2014年，结合“三改一拆”，新建凉亭、公园、公厕、文化礼堂等，并进行绿化、美化、亮化，村容村貌日新月异。

为让村民尽快富起来，2015年，她带领村“两委”班子，结合“五水共治”，开展治水造景发展乡村旅游。通过努力，拆除河道上游2家养猪场和河道两旁5幢店面房，新建陌桑公园8000多平方米、美女坝80米、游步道800米、古建筑文化长廊40米、文化墙80米，安装河道保洁监控。项目完成后，昔日的垃圾滩变身美丽公园。

2015年和2016年，溪东村举办“国家公园——华埠溪东桑园文化节”，吸引游客10万多人，10多家农家乐爆棚。之后，到溪东的游客络绎不绝。溪东村成为大学生社会实践活动和采风基地，并成功创建AA级景区旅游村庄。至2020年末，村里打造AAA景区旅游村庄。经过几年的拼搏，美丽环境变美丽经济，村民尝到“绿水青山就是金山银山”的甜头。2019年被评为省级美丽乡村宜居示范村。

2019年，为弘扬孝老爱老传统，增强广大村民获得感和幸福感，许义凤带领村“两委”，开办老年幸福食堂。2020年，面对突如其来的新冠肺炎疫情，许义凤积极响应政府号召，带头值勤，不分昼夜、严防死守、守卫家园，取得全村“零确诊、零感染”的阶段性防控成果。

新冠肺炎疫情防控一线女医务人员全国三八红旗手

【彭春仙】主任医师，1993年毕业于温州医学院临床医学系，从事传染病临床工作27年，现任衢州市人民医院感染科主任、浙江省医师协会感染病分会副会长、浙江省医学会肝病分会常务委员、衢州市医学会感染病分会主任委员。先后获浙江省全球基金结核病防治先进个人、衢州市“三八红旗手”、衢州市疫情防控正面典型、个人三等功等荣誉。

彭春仙作为市级防控专家组成员，自1月15日国家卫生健康委召开疫情防控电视电话会议后，便进入“战备”状态，带兵点将、全院培训、流程梳理、参与病房改造、一线坐诊、会诊重症患者、指导全市定点医疗机构诊断新冠患者……她的手机铃声不分昼夜地响起，一次次会诊，一份份治疗方案，都需要她亲自把关。“五加二、白加黑”，她在一线奔忙的脚步不曾停歇。

“必须治愈，必须成功！”在浮石园区隔离病房，她鼓励年轻医护，传授临床经验，严格把控院感关。在她的带领下，隔离病房有序地开展诊疗工作。辛勤的付出、日夜的坚守，迎来衢州市首例新冠肺炎患者治愈出院，那一刻，她紧锁的眉头有了一丝舒展。至2020年末，衢州地区所有新冠肺炎确诊患者治愈出院，实现零感染、零死亡，她内心紧绷的弦才稍微放松一点。

疫情不退，防控不止。常态化疫情管控下，她依然坚守发热门诊，留观病房，指导临床工作，严把新冠肺炎疫情筛查关。

（市妇联 供稿）

统计资料

■ Statistics

2020年衢州市国民经济和社会发展统计公报

2020年，面对国内外形势深刻复杂变化特别是突如其来的新冠肺炎疫情，衢州坚持以习近平新时代中国特色社会主义思想为指导，认真贯彻国家和省各项决策部署，统筹推进疫情防控和经济社会发展，紧紧围绕“两手抓、两手硬，两战赢、两领先”的工作要求，扎实做好“六稳”工作，全面落实“六保”任务，大力实施“1433”发展战略体系，加快“活力新衢州、美丽大花园”建设，经济运行回升向好，发展质量稳步提升，生态环境持续改善，民生福祉保障有力，社会事业繁荣发展。

一、综 合

初步核算，全年全市生产总值1639.12亿元，按可比价格计算，比上年增长3.5%。分产业看，第一产业增加值92.27亿元，增长0.0%；第二产业增加值659.48亿元，增长3.0%。第三产业增加值887.37亿元，增长4.2%。在第三产业中：交通运输、仓储和邮政业增加值增长5.5%，批发和零售业增加值增长4.6%，住宿和餐饮业增加值下降8.2%，金融业增加值增长9.7%，房地产业增加值增长3.9%。三次产业增加值结构为5.6∶40.3∶54.1。按照地区生产总值统一核算和数据发布制度规定，地区生产总值核算包括初步核算和最终核实两个步骤。经最终核实，2019年，衢州生产总值现价总量为1574.57亿元，按可比价格计算，比上年增长6.7%，三次产业增加值结构为5.5∶41.1∶53.4。

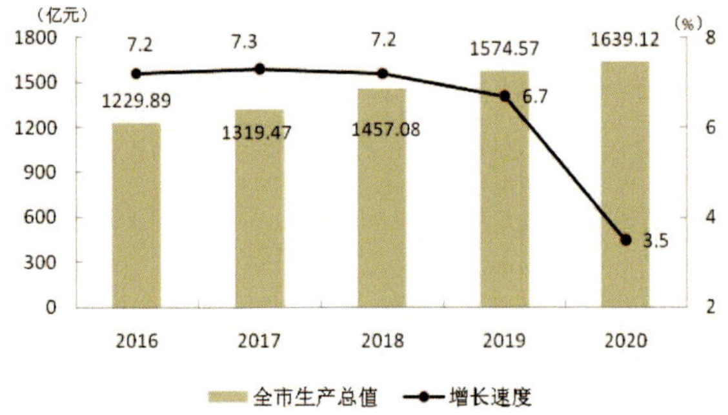

图1 2016—2020年衢州市生产总值及其增长速度示意图

2020年市区居民消费价格变动情况(上年=100)统计表

表35

居民消费价格总指数	101.9
一、食品烟酒	106.9
#粮食	99.8
鲜菜	106
畜肉	131.8
水产品	105.1
蛋	93.9
鲜果	87.7
二、衣着	100.4
三、居住	100.5
四、生活用品及服务	100.6
五、交通和通信	96.2
六、教育文化和娱乐	100.4
七、医疗保健	100.1
八、其他用品和服务	103.1

全年市区居民消费价格比上年上涨1.9%,商品零售价格指数上涨0.6%。工业生产者出厂价格比上年下降2.1%,工业生产者购进价格下降1.2%。

全年城镇新增就业人数7.40万人,比上年下降5.8%,年末城镇登记失业人数9882人,比上年末下降9.9%,城镇登记失业率为1.78%,比上年末下降0.25个百分点。

全年数字经济核心产业增加值59.93亿元,比上年增长15.8%。在规模以上工业中,数字经济核心产业、时尚制造业、高端装备、环保、健康、文化增加值分别增长25.8%、12.9%、9.3%、5.9%、1.8%、0.5%;高技术、装备制造、战略性新兴产业、高新技术增加值分别增长19.5%、13.6%、5.4%、4.9%。规模以上工业新产品产值率为34.3%。网络零售额389.0亿元,增长36.3%;居民网络消费231.6亿元,增长13.0%;跨境网络零售出口额6.1亿元,增长32.3%。

全年实现财政总收入228.74亿元,比上年增长2.4%,其中一般公共预算收入140.91亿元,增长2.8%。在一般公共预算收入中实现税收收入117.96亿元,增长6.3%,其中增值税47.20亿元,下降2.1%;企业所得税19.06亿元,增长1.0%;个人所得税5.01亿元,增长38.1%。一般公共预算支出459.65亿元,增长2.4%。规模以上工业企业营业收入1980.66亿元,增长4.7%;规模以上服务业企业营业收入169.74亿元,比上年增长8.4%。

二、农业和农村建设

全年实现农林牧渔业增加值94.34亿元,比上年增长0.2%。

全年农作物播种面积173285公顷,其中,粮食播种面积89257公顷,油料播种面积29643公顷,蔬菜种植面积38919公顷,瓜果类种植面积5296公顷。

全年粮食总产量55.09万吨,比上年增长1.9%。油料产量6.06万吨,下降1.4%,其中油菜籽产量5.51万吨,增长0.9%。蔬菜产量108.75万吨,下降4.4%。食用菌产量6.69万吨,下降28.1%。瓜果产量17.16万吨,下降2.3%。茶叶产量7856吨,下降6.8%。水果产量63.21万吨,增长6.0%,其中柑橘产量55.60万吨,增长7.9%。

全年肉类总产量14.08万吨,比上年下降14.1%,其中猪肉8.04万吨,下降24.7%。全年生猪出栏90.45万头,下降32.2%。家禽出栏3653.29万只,增长5.1%;禽蛋产量5.03万吨,增长23.1%。牛奶产量7848吨,增长224.3%。水产品产量7.34万吨,增长3.0%。

全年开展省级农村垃圾减量化资源化处理试点村83个,建制村已全部实现生活垃圾集中收集有效处理;新增符合“四分四定”标准的分类村146个,累计达1258个,占建制村总数85%。完成第四批历史文化村落保护利用项目43个,其中重点村7个、一般村36个;建设实施第五批、第六批项目共91个,其中重点村12个、一般村79个。创建省级美丽乡村示范乡镇7个、特色精品村22个,省高标准农村生活垃圾分类示范村20个,省历史文化(传统)村落保护利用示范村3个。农家乐特色村206个,特色点(各类农庄、山庄、渔庄)211个,经营农户2648户,直接从业人员24590人,接待游客3186.06万人次,全年营业收入25.94亿元。

全年“千万农民素质提升工程”培训3.9万人,其中,各类农村实用人才1.7万人。

三、工业和建筑业

全市年末共有规模以上工业企业单位1105家,其中,营业收入亿元以上的企业339家,大中型企业105家。

全年全部工业增加值530.46亿元,比上年增长3.4%。规模以上工业企业全年完成产值1902.08亿元,增长3.7%,其中,重工业1380.95亿元,增长3.0%;轻工业521.13亿元,增长5.6%。分经济类型看,国有控股企业下降5.8%,私营企业增长2.5%;外商投资企业增长15.0%,港澳台商投资企业增长3.0%。规模以上工业销售产值1866.97亿元,增长3.7%,产销率98.15%,提高0.02个百分点。全年完成工业出口交货值153.98亿元,增长10.0%。

在规模以上工业中:机械行业产值382.00亿元,比上年增长12.1%;化工行业298.10亿元,下降10.0%;黑色金属冶压业223.51亿元,增长1.6%;造纸行业186.42

亿元，增长1.3%；电力生产供应业170.79亿元，下降1.1%；建材行业138.00亿元，增长0.0%；有色金属冶压业98.66亿元，增长30.1%；通信设备制造业55.30亿元，增长18.1%；木材加工业52.94亿元，增长10.7%；农副食品加工业37.77亿元，增长5.7%；纺织业36.17亿元，增长20.9%；饮料制造业34.89亿元，下降7.3%；食品制造业22.77亿元，下降8.5%。

全年规模以上工业企业实现利税192.07亿元，比上年增长10.0%，其中利润145.01亿元，增长14.6%。分行业看，造纸行业利润21.54亿元，增长68.2%；建材行业21.40亿元，下降6.2%；机械行业19.38亿元，增长23.7%；化工行业18.07亿元，下降39.3%；黑色金属冶压业10.37亿元，增长112.0%；饮料行业9.02亿元，增长6.0%；有色金属冶炼业7.61亿元，增长120.2%；食品制造业3.79亿元，增长4.9%。规模以上工业利润中，装备制造业利润总额增长35.4%，战略性新兴产业利润总额下降6.2%，规模以上工业研发费用增长30.3%。

全年建筑业实现增加值130.17亿元，比上年增长0.7%。全市有总承包或专业承包资质的建筑业企业417家，其中，具有一级资质企业35家，二级资质企业99家。全年建筑业实现总产值401.45亿元，产值超亿元的企业83家。

2020年衢州市主要工业品产量统计表

表36

产品名称	单位	绝对数	比上年增长%
纱	万吨	8.96	0.1
轻革	万平方米	1399.91	13.3
人造板	万立方米	30.51	- 10.7
机制纸及纸板	万吨	209.7	8.7
硫酸（折100%）	万吨	12.57	- 30.3
烧碱（折100%）	万吨	49.68	2.2
单晶硅	万吨	0.4	23.9
多晶硅	万吨	0.23	- 9.9
太阳能电池	万千瓦	260.73	82.7
饮料	万吨	41.34	- 2.2
塑料制品	万吨	9.17	9.3
电光源	万只	19717.3	- 3.7
铜材	万吨	1.66	25.7
水泥	万吨	1803.85	- 3.8
硅酸盐水泥熟料	万吨	1290.63	1.7
气体压缩机	万台	11.11	1.3
滚动轴承	万套	4605.4	12.3
变压器	万千伏安	2446.61	- 4.1
粗钢	万吨	520	4.6
钢材	万吨	482.4	- 0.3

四、固定资产投资和房地产业

全年固定资产投资比上年增长7.7%。非国有投资下降7.0%，占54.6%；民间投资下降8.4%。交通投资增长64.0%，高新技术产业投资下降4.3%，项目民间投资下降8.8%，生态环保、城市更新和水利设施投资下降16.1%。工业投资、制造业投资分别增长6.2%、10.4%。

年末全市共命名、培育和创建11个省级特色小镇，其中命名类特色小镇2个，创建类特色小镇6个，培育类特色小镇3个。

全年完成房地产开发投资208.10亿元，比上年下降5.6%，其中住宅投资169.34亿元，下降3.7%。本年房屋施工面积1109.86万平方米，增长3.9%；竣工面积182.15万平方米，下降46.2%。商品房销售面积214.71万平方米，增长2.6%，其中，住宅销售179.28万平方米，增长2.2%；商业营业用房销售19.85万平方米，增长132.5%。商品房销售额264.43亿元，增长10.3%，其中,住宅销售额243.37亿元,增长12.0%;商业营业用房销售额14.22亿元,下降35.5%。

年内全市棚户区改造开工404套,完成计划的100%,竣工2820套,完成计划的108.6%;发放家庭租赁补贴2483户,完成计划的126.0%。

五、国内贸易

全年社会消费品零售总额757.0亿元,比上年增长0.0%。按经营地统计,城镇消费品零售额655.11亿元,增长0.5%;乡村消费品零售额101.89亿元,下降3.2%。按消费类型统计,商品零售额657.12亿元,下降0.3%;餐饮收入额99.88亿元,增长1.7%。

全市限额以上社会消费品零售额168.00亿元,比上年下降0.5%。在限额以上批发和零售业零售额中,通信器材类增长266.7%,服装、鞋帽、针、纺织品类增长37.7%,化妆品类下降3.1%,粮油、食品类增长7.9%,中西药品类增长14.5%,石油及制品类下降30.6%,汽车类下降13.4%,家用电器及音像器材类下降13.8%,日用品类下降16.1%,五金、电料类下降75.9%。

六、对外经济

全年实现进出口总额358.40亿元,比上年增长3.4%。其中:出口253.59亿元,增长6.4%;进口104.81亿元,下降3.1%。

全市有出口实绩的企业1024家,比上年增加81家,其中当年新启动出口业务企业206家,增加39家。出口额在100万元以上企业709家,其中1000万元以上的企业332家,增加39家。

全市出口排前三位的市场依次是:美国、欧盟、东盟。对美国出口49.19亿元,比上年增长40.0%;对欧盟出口30.18亿元,下降3.5%;对东盟出口30.49亿元,增长6.7%。对这三大主要市场出口额合计占全市出口总额的43.3%。

在出口主要商品中:机电产品出口74.45亿元,比上年下降18.3 %;高新技术产品出口13.16亿元,增长24.2%;化工医药产品出口77.45亿元,下降3.4%;服装、纺织品出口26.17亿元,增长31.8 %。

全年新批外商投资企业14家,合同利用外资1.24亿美元,比上年下降89.3%;实际利用外资0.65亿美元,增长4.3%。

七、交通、邮电和旅游

全年完成交通运输、仓储和邮政业增加值53.35亿元,比上年增长5.5%。

全年各种运输方式完成货物运输量12092.02万吨,比上年下降12.6%,其中:铁路329.43万吨,增长3.8%;公路11743万吨,增长10.0%;水运19.52万吨,增长144.9%;民航699.5吨,下降16.7%。全年各种运输方式完成旅客运输量2707.24万人,下降39.7%,其中:铁路403.21万人,下降28.6%;公路2265万人,下降41.7%;水运0.42万人,下降56.7%;民航38.61万人,下降4.5%。

年末民用汽车拥有量50.76万辆,比上年增长8.1%,其中,载客汽车45.07万辆,载货汽车5.51万辆。私人汽车45.94万辆,增长7.8%。全市摩托车拥有量10.35万辆。年末共有城乡公共汽车营运车辆1373辆,运送乘客6131.44万人次,其中城市公共汽车543辆,运送乘客4046.9万人次。年末共有巡游出租汽车842辆。

年末各类公路里程8661.01公里,其中高速公路422.37公里,一般国道371.16公里,省道205.09公里,县道2415.59公里,乡道1265.53公里,村道3981.28公里。

全年邮政业务收入(不包括邮政储蓄银行直接营业收入)9.70亿元,比上年增长8.8%;电信业务总量197.76亿元,增长34.7%。全年邮政函件业务累计完成147.7万件,包裹业务累计2.3万件,报纸业务累计3546.8万份,杂志业务累计137.4万份。年末全市共有快递企业66家,全年实现业务收入6.80亿元,增长13.2%;快递收件9215.4万件,增长1.5%,其中国际收件8.4万件,下降39.7%;快递派件11296.5万件,增长36.9%。年末移动电话用户241.32万户,下降1.6%。互联网宽带接入用户数93.76万户。

全年旅游总收入403.56亿元,比上年下降16.4%,接待游客5983.9万人次,下降13.6%。其中接待入境过夜游客1303人次,下降89.93%。全市拥有星级饭店30家,星级饭店客房间数4275

间。至年末,全市共有A级以上旅游景点63个,名胜风景区4个。

八、金融、证券和保险

全年完成金融业增加值120.25亿元,比上年增长9.7%。

年末金融机构本外币存款余额3135.44亿元,比上年末增长13.4%,其中人民币存款余额3108.21亿元,增长13.6%。年末金融机构本外币贷款余额3046.65亿元,增长19.3%,其中人民币贷款余额3030.13亿元,增长19.0%。年末住户本外币存款余额1572.08亿元,增长13.7%;住户贷款余额1632.03亿元,增长14.1%。

年末共有证券营业部24家,比上年增加2家,全年证券交易量7230.07亿元,增长51.6%,实现佣金收入2.24亿元,增长42.7%;期末保证金余额18.67亿元,增长18.0%;托管市值382.66亿元,增长37.1%,实现利润1.20亿元,增长74.8%;新开证券户数31706个,下降2.9%。全市共有挂牌上市企业36家,其中,主板上市企业7家。

年末共有保险机构39家,全年保费收入71.91亿元,比上年增长4.9%,其中:寿险保费收入48.45亿元,增长7.8%;财产险保费收入23.46亿元,下降0.7%。支付各类赔付额22.26亿元,下降0.7%,其中:寿险业务赔付额7.44亿元,增长5.3%;财险业务赔付额14.82亿元,下降3.5%。

九、教育和科学技术

全市拥有普通高校2所,其中本科1所、专科1所,在校生16851人。中等职业教育学校14所,在校生2.80万人。普通高中30所,在校生3.87万人。普通初中58所,在校生6.97万人。小学200所,在校生13.26万人。幼儿园479所,在园幼儿7.31万人。特殊教育学校7所,在校生550人。

全市学前教育入园率98.20%,小学入学率100%,初中入学率100%,初中毕业升高中段的比例97.44%,高中段毛入学率98.13%,15年教育普及率98.83%,“三残”儿童入学率99.87%。

全市有普通高校专任教师761人;普通高中专任教师3419人,学历合格率99.65%;初中专任教师5720人,学历合格率100%;小学专任教师9074人,学历合格率100%;幼儿园专任教师4839人,学历合格率99.81%;中等职业教育专任教师1735人,学历合格率97.46%;特殊教育专任教师214人,学历合格率100%。

全市拥有国家级高新技术企业467家。国有独立研究开发机构20个,企业技术开发机构462个。全年专利申请量9865件;专利授权量6557件,其中发明专利授权量682件。

财政一般公共预算支出中,科学技术支出14.84亿元,比上年下降3.6%。

十、文化、卫生和体育

年末共有专业艺术表演团体2个,艺术表演场所建筑面积8500平方米。公共图书馆7个,面积35664平方米,藏书量3611.15千册。博物馆6个,面积35208平方米。文化馆7个,面积22237平方米。文化站100个,面积128408平方米。广播电台6座,广播节目综合人口覆盖率100%。电视台6座,电视节目综合人口覆盖率100%。数字电视用户数59.88万户。全年城市影院观看电影观众103.34万人次,票房收入0.33亿元。全市日均发行《衢州日报》5.1万份,《衢州晚报》4.2万份。年末有综合档案馆7个和国家专门档案馆1个,面积37467.59平方米,馆藏档案有1182个全宗。

年末共有卫生机构(含村卫生室)1795个,其中医院91个,基层医疗卫生机构1664个,专业卫生机构30个。卫生机构共有病床床位15833张,卫生技术人员19399人,其中医生7532人。孕产妇和5岁以下儿童死亡率分别为5.7/10万和2.40‰。农村卫生厕所普及率100%。

全年举办市、县运动会340次,参加人次10.17万人。在全国及全省各类体育比赛中,全市共获金牌172枚、银牌171枚、铜牌220枚。年内成功承办2020年全国新年登高健身大会、2020灵鹫山第二届全国森林极限运动会、“烂柯杯”中国vs东南亚网络围棋团体联谊赛、2020“衢州有礼·运动柯城”中国围棋之乡联赛总决赛、2020年“浙闽赣皖”四省边际羽毛球邀请赛、全国美丽乡村攀岩系列赛、全国健美操锦标赛、2020第二届“钱江源国家公园杯”全国县级围棋团体邀请赛、2020

浙江大湾区自行车公开赛(衢州站)暨第六届“衢州有礼”诗画风光带自行车骑行挑战赛、“我要上全运”浙江省社区运动会系列赛、衢州市第三届体育大会、2020年全国男子举重锦标赛暨东京奥运会模拟赛、2020年浙江省青少年足球(女子乙组)锦标赛、2020年浙江省青少年射箭锦标赛、2020年浙江省青少年山地自行车冠军赛、2020年浙江省青少年举重冠军赛、2020年浙江省青少年足球(女子U12-13组)冠军赛、衢州市第三届青少年学生阳光体育运动会等重大赛事。

全年销售体育彩票2.89亿元,比上年下降11.4%。

十一、人口、人民生活和社会保障

年末户籍总人口256.86万人,其中男性人口130.83万人、女性人口126.04万人,分别占总人口的50.9%和49.1%。全年出生人口2.03万人,出生率为7.87‰;死亡人口1.84万人,死亡率为7.15‰;全年自然增加人口0.19万人,自然增长率为0.72‰。

全体居民人均可支配收入37935元,比上年增长7.1%,扣除价格因素增长5.1 %。按常住地分,城镇和农村居民人均可支配收入分别为49300元和26290元,增长5.0%和增长7.6%,扣除价格因素分别增长3.1%和5.6%。全体居民生活消费支出21029元,增长1.9%,扣除价格因素增长0.0 %。按常住地分,城镇居民和农村居民人均生活消费支出分别为26801元和15115元,增长1.0%和0.7%,扣除价格因素分别下降0.9%和1.2%。

全市城镇居民人均住房建筑面积51.8平方米,农村居民人均住房建筑面积81.3平方米。

年末全市参加基本养老保险的人数180.19万人,比上年末下降1.2%,其中:企业职工参保人数84.23万人,增长7.7%;机关事业参保数9.30万人,增长2.7%;城乡居民基本养老保险参保人数86.65万人,下降9.9%。参加基本医疗保险的人数237.62万人,下降2.0%,其中,城镇职工基本医疗保险参保人数70.88万人,下降3.6%;城乡居民基本医疗保险参保人数166.74万人,下降1.2%。参加工伤、生育保险的职工分别为47.09万人和54.44万人,分别增长5.8%和50.1%。参加失业保险的人数38.82万人,增长9.6%;全年享受失业保险待遇人数0.71万人,下降21.2%。正常缴费企业退休人员基本养老金月均水平4191元;城乡居民基本养老保险基础养老金最低标准提高到185元/月。

年末拥有各类收养性社会福利单位224个,床位25369张,在院人数6758人。年末在册低保对象59793人,其中城镇2548人、农村57245人,最低生活保障标准每人每月850元。低保资金(含各类补贴)支出4.27亿元,比上年增长17.0%。全年支出医疗救助资金2.03亿元,增长41.1%。

2020年,全市共销售福利彩票2.82亿元,筹集福彩公益金0.87亿元。

十二、资源、环境和社会公共安全

全年平均降水量为2207毫米。全市水资源总量为123.97亿立方米。

全年完成造林更新面积4.15

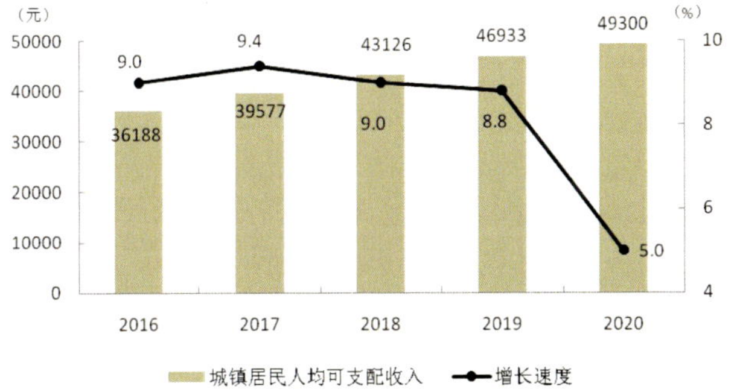

图2 2016—2020年城镇常住居民人均可支配收入及其增长速度示意图

图3 2016—2020年农村常住居民人均可支配收入及其增长速度示意图

2020年衢州市常住居民每百户主要耐用消费品拥有量统计表

表37

指 标	单位	城镇居民	农村居民
洗衣机	台	97.1	84.1
电冰箱	台	105.9	107.1
空调器	台	194.7	128.6
摩托车	辆	5.1	15.3
家用汽车	辆	56.9	31.2
彩色电视机	台	160.3	157.6
移动电话	部	252.7	255.2
家用电脑	台	81.8	39.7

千公顷，比上年上升147.0 %，其中，人工造林3.48千公顷，迹地更新0.73千公顷。森林抚育面积6.88千公顷，完成义务植树160万株。新植珍贵树木227万株，重点建设珍贵彩色森林8.9千公顷。

全市地表水环境功能区达标率为100%，县级以上城市集中式饮用水水源地水质达标率为100%，全市跨行政区域河流交接断面水质达标率为100%。市区空气质量(AQI)优良天数比例96.4%；市区$PM_{2.5}$浓度平均值为每立方米26微克。市区区域环境噪声昼间53.5分贝，符合功能区要求。

初步预计，四项减排指标年度计划目标均可全面完成。全年规模以上工业企业能源消费量比上年增长1.5%，单位工业增加值能耗下降3.4%。

全年自然灾害受灾人口19.03万人，倒塌房屋191间，因灾死亡1人。农作物受灾面积16.98千公顷，绝收面积1.46千公顷。因灾害造成的直接经济损失8.45亿元，其中农林牧渔业经济直接损失2.11亿元。

全年共发生各类事故81起，死亡57人，受伤33人。从行业领域来看，工矿商贸领域共发生事故17起、死亡13人；道路交通领域共发生事故64起、死亡44人。全年未发生较大事故。水上运输、渔业船舶、铁路运输等行业领域未发生事故。

十三、城市建设

全市城区面积992.53平方公里，其中建成区面积145.98平方公里，城区人口约85.28万人(含暂住人口)。全市日供水能力61.63万立方米/日(含自建设施供水)，全年供水总量约1.37亿立方米。全市燃气用气人口84.38万人，普及率98.94%(按城区人口计算)。全市液化气供气量约2.1万吨，天然气供气量约2.9亿立方米。全市共有生活污水处理厂7座，日处理能力35.2万立方米，城市污水处理率97.27%。城市生活垃圾处理率100%。人均城市道路面积28.4平方米。全市建成区绿化覆盖率43.57%，建成区绿地率39.06%，全市人均公园绿地面积15.95平方米(城区范围)。

注：1.本公报所列各项数据均为年度初步统计数据。

2.全市生产总值和各产业增加值绝对数按现行价格计算，增长速度按可比价格计算。

3.规模以上工业为年主营业务收入2000万元以上企业；固定资产投资为500万元以上项目；限额以上批发业为年主营业务收入2000万元及以上企业；限额以上零售业为年主营业务收入500万元及以上企业。

2019—2020年衢州市国民经济和社会发展总量统计表

表38

指标	单位	1978年	1990年	2000年	2010年	2019年	2020年
人口							
年末户籍总人口	万人	208.22	230.73	242.60	251.24	257.63	256.86
年末从业人员数	万人	90.48	126.35	140.57	128.13	135.00	—
全市生产总值	万元	64313	368124	1552321	7608909	15745739	16391195
第一产业	万元	33791	154821	330519	646776	865100	922748
第二产业	万元	21481	142145	665951	4115070	6476736	6594751
第三产业	万元	9041	71158	555851	2847063	8403902	8873697
人均生产总值(户籍)	元	311	1600	6415	30369	61047	63717
人均生产总值(常住)	元	—	—	—	35759	69902	72192
交通运输							
旅客运送量	万人	1033	2442	3211	11282	4492	2707
货物运送量	万吨	552	1009	3571	9112	13834	12092
固定资产投资总额	万元	9731	67192	554407	4818048	—	—
财政收支							
财政总收入	万元	7644	34491	103378	753543	2233577	2287402
财政支出	万元	3906	26796	116327	1070865	4490028	4596505
贸易							
社会消费品零售总额	万元	20212	123702	763074	2908244	7570806	7518198
进出口总额	万美元	—	391	12747	188920	3478251	3584045
价格指数							
居民消费价格指数(上年=100)		—	100.2	100.9	104.2	103	101.9
城乡居民收入							
城镇居民人均可支配收入	元	296	1595	7592	21811	46933	49300
农村居民人均可支配收入	元	132	799	2949	8270	24426	26290
教育和卫生							
高等学校在校学生数	人	689	343	1520	10213	16458	16851
普通中学在校学生数	人	117159	116246	123158	121599	110453	108427
小学在校学生数	人	282104	194036	176883	148317	133438	132591
卫生机构数	个	339	419	238	703	1796	1795
医生数	人	1543	2935	3332	4490	7409	7532

说明:1. 本表价值量指标按当年价格计算;2. 2016年进出口总额数单位为万元;3. 从2016年起,卫生机构统计数含村卫生室;4. 2017年起医院统计数含社区卫生服务中心、卫生院;5. 2018年起投资统计口径改革变化,无可比投资总量投资

2020年衢州市主要社会经济指标统计表

表39

指标名称	计量单位	全市	市本级	柯城区	衢江区	江山市	常山县	开化县	龙游县
一、土地面积及水资源									
行政区域土地面积	平方公里	8844.56	—	606.57	1747.54	2019.03	1097.32	2230.77	1143.33
水资源总量	万立方米								
二、人口									
年末户籍人口	万人	256.86	—	44.18	41.16	61.33	34.16	36.06	39.98
年末总户数	万户	96.81	—	18.16	16.58	20.50	12.45	12.30	16.83
三、综合经济									
(一)地区生产总值(当年价格)	万元	16391195	3220799	2364757	2093510	3126406	1601490	1505007	2476072
第一产业增加值	万元	922748	—	83037	217795	239833	83317	141530	152261
第二产业增加值	万元	6594751	1780540	451654	758374	1364255	676921	528456	1041707
第三产业增加值	万元	8873697	1440258	1830066	1117340	1522318	841253	835021	1282105
人均地区生产总值	元	72192	—	106142	56110	63425	61786	58255	68649
(二)财政									
一般公共预算收入	万元	1409050	461337	133157	181211	213083	121905	102030	196327
财政支出	万元	4596505	921300	568716	615976	721817	547839	561256	659601
(三)金融									
年末城乡居民储蓄存款余额	万元	15720757	6283933	—	—	3813961	1625658	1575171	2422033
四、规模以上工业									
(一)工业企业数	个	1131	178	74	127	303	124	79	246
(二)工业总产值(当年价)	万元	18939105	8570845	788238	1911547	2718105	1336027	948681	2665664
(三)利润总额	万元	1473416	585899	39973	202890	259009	137553	64774	183320
五、交通运输与邮电业									
(一)交通运输									
境内公路总里程	公里	8661.01	—	740.70	1764.15	1850.64	1130.54	1636.32	1538.67
其中:高速公路里程	公里	422.37	—	23.30	42.19	76.28	89.00	111.80	79.80
旅客运送量	万人	2707.24	1236.00	—	—	548.78	240.88	312.06	369.52
货物运输量	万吨	12092.02	4593.14	—	—	3337.00	1241.00	830.00	1762.46

续表39

指标名称	计量单位	全市	市本级	柯城区	衢江区	江山市	常山县	开化县	龙游县
(二)邮电业									
电信业务									
电信业务总收入	万元	198639	96156	—	—	34322	19037	20130	28995
年末固定电话用户数	万户	33.67	18.73			5.09	2.40	2.21	5.24
年末移动电话用户数(通话数)	万户	241.32	108.12			47.30	23.99	25.76	36.15
国际互联网用户数(不含手机)	万户	93.76	42.73			16.21	9.42	9.96	15.44
邮政、快递业务情况									
邮政业务收入(含快递)	万元	97036.00	52710.00			17937.00	7868.00	6500.00	12022.00
快递企业数	家	66	22			14	10	8	12
快递业务收入	万元	68024.00	39537.00			12500.00	4560.00	3309.00	8117.00
快递收件量	万件	9215.40	4568.60			1848.30	631.20	883.70	1283.70
其中:国际	万件	8.40	6.70			1.00	0.20	0.12	0.39
快递派件量	万件	11296.50	5745.90			2057.40	1004.20	883.50	1605.50
六、贸易与外经									
(一)贸易									
社会消费品零售总额	万元	751898	—	2075137	751533	1490345	712824	885823	1602535
(二)外经									
出口总额	万元	2535945	747423	224958	420832	376853	191481	183107	391292
进口总额	万元	1048100	561062	13445	280921	3082	65722	16227	107640
当年实际使用外资额	万美元	6459	4158	642	150	849	0	0	660
七、固定资产投资									
(一)固定资产投资									
全社会固定资产投资	万元	—	—	—	—	—	—	—	—
房地产投资	万元	2080976	678716	494190	129093	302981	122800	110652	242544
(二)房地产									
商品房销售面积	平方米	2147111	495771	581414	112581	205599	351506	119605	280635

续表 39

指标名称	计量单位	全市	市本级	柯城区	衢江区	江山市	常山县	开化县	龙游县
八、教育									
学校数	所	790	17	143	122	156	96	110	146
其中:高等学校	所	2	2	0	0	0	0	0	0
中等职业学校	所	14	6	0	1	3	1	1	2
特殊教育学校	所	7	1	1	1	1	1	1	1
高中	所	30	7	0	4	7	4	4	4
初中	所	58	1	9	9	15	7	7	10
小学	所	200	0	33	24	42	27	42	32
幼儿园	所	479	0	100	83	88	56	55	97
在校学生数	人	359552	49203	52602	50193	79290	39772	39277	49215
其中:高等学校	人	16851	16851	0	0	0	0	0	0
中等职业学校	人	28034	9885	0	2442	6724	1895	1940	5148
特殊教育学校	人	550	87	60	57	99	53	103	91
高中	人	38697	9656	0	4601	9497	4460	4893	5590
初中	人	69730	6085	9777	10573	16717	8095	8868	9615
小学	人	132591	6639	24401	20286	30731	16258	15710	18566
幼儿园	人	73099	0	18364	12234	15522	9011	7763	10205

2019—2020年衢州市工业主要产品产量统计表

表 40

产　　品	单位	2019年	2020年
配混合饲料	吨	426724	458833
食用植物油	吨	14977	19119
啤酒	吨	50778	46690
纱	吨	91383	89646
硫酸	吨	180215	125662
合成氨	吨	250587	246150
机制纸及纸板	吨	1935773	2096998
农用化肥	吨	37213	36886
化学农药	吨	1635	4242
气体压缩机	台	105559	111080
水泥	万吨	1863.42	1803.85

2019—2020年衢州市农林牧渔业总产值分行业统计表

单位：万元

表41

指　　标	2019年	2020年
农林牧渔业总产值	1388745	1483282
一、农业	724384	744594
粮食	141351	155671
油料	27173	27196
棉花	1088	851
甘蔗	4653	5897
中草药	30935	38837
蔬菜	216894	210398
食用菌	64845	60309
花卉园艺	54801	54127
茶叶	43149	47613
桑叶(枝)	20	3
水果	124503	128012
其中：柑橘	62103	63497
二、林业	140329	133286
三、牧业	417809	492803
牲畜	286099	353144
四、渔业	83211	87604
五、农林牧渔服务业	23012	24995

2019—2020年衢州市农作物播种面积统计表

表42

单位：公顷

指　　标	2019年	2020年
农作物播种面积总计	186881	174460
一、粮食	87928	89257
稻谷	61460	62585
小麦	210	345
玉米	8877	8057
其他谷物	506	839
豆类	11329	11207
薯类	5542	6230
二、油料	31678	29643
油菜籽	28862	27235
三、棉花	500	334
四、药材	4594	3630
五、蔬菜（含菜用瓜）	40519	38919
六、瓜果类	5888	5296
七、茶园	12682	12953
八、果园	28502	28620
其中：柑橘园	21673	21920

2019—2020年衢州市农作物产量统计表

表43

单位：吨

指　　标	2019年	2020年
一、粮食	540439	550892
稻谷	441601	449533
小麦	629	1079
玉米	41377	33395
其他谷物	2462	3714
豆类	28488	26794
薯类	25868	36376
二、油料	61447	60556
油菜籽	54566	55088

续表43

指　标	2019年	2020年
三、棉花	750	557
四、甘蔗	28810	42110
五、药材	22361	22104
六、蔬菜（含菜用瓜）	1137574	1087500
七、瓜果类	175666	171643
八、水果	772020	803790
其中：柑橘	515248	555971
九、茶叶	8425	7856

2019—2020年衢州市畜牧业和水产生产情况统计表

表44

指　标	单位	2019年	2020年
一、年末存栏数			
生猪	万头	51.21	92.73
牛	头	13706	16231
羊	万只	3.87	4.34
家禽	万羽	1539.41	1491.56
兔	万只	0.53	0.17
养蜂箱数	箱	208178	219627
二、年内出栏数			
生猪	万头	133.45	90.45
牛	头	9264	11751
羊	万只	4.69	4.15
家禽	万羽	3474.82	3653.29
三、畜产品产量			
肉类	吨	181906	141098
禽蛋	吨	40840	50281
蜂蜜	吨	17031	11655
蜂皇浆	公斤	802469	605083
牛奶	吨	2710	7848
四、水产品产量	吨	72033	73489

（市统计局　供稿）

附录

■ *Appendices*

市委、市政府规范性文件选目

2020年中共衢州市委规范性文件选目

序号	文号	文件标题	发文日期
1	衢委发〔2020〕5号	关于衢州巨化一体化融合高质量发展再造衢州制造业新优势的若干意见	4月30日
2	衢委发〔2020〕6号	关于深化体制机制改革加快推进智慧新城发展的实施意见	5月8日
3	衢委发〔2020〕7号	关于打造更优人才生态推动衢州大发展快发展高质量发展的意见	5月15日
4	衢委发〔2020〕8号	关于推进新时代民政事业高质量发展的实施意见	5月31日
5	衢委发〔2020〕11号	关于全市域体系化推进8090新时代理论宣讲工作的指导意见	7月3日
6	衢委发〔2020〕13号	关于市区开发区（园区）整合提升的实施意见	8月4日
7	衢委发〔2020〕16号	关于深入学习贯彻习近平总书记考察浙江重要讲话精神为全省建设“重要窗口”主动担当奋发有为的决议	8月11日
8	衢委发〔2020〕17号	关于深入践行习近平同志重要嘱托加快建设四省边际中心城市的决定	8月12日
9	衢委发〔2020〕23号	关于学前教育深化改革规范发展的实施意见	12月29日
10	衢委办发〔2020〕5号	关于印发《新时代衢州产业工人队伍建设改革实施方案》的通知	3月25日
11	衢委办发〔2020〕8号	关于印发《衢州市重大决策社会风险评估实施细则》的通知	4月17日
12	衢委办发〔2020〕9号	印发《关于激励引导干部人才到农村基层实施乡村振兴“五千工程”的意见》的通知	4月30日
13	衢委办发〔2020〕13号	印发《关于打造“红色物业联盟”升级版深化推进党建统领小区治理的实施意见》的通知	6月15日
14	衢委办发〔2020〕14号	关于印发《持续解决形式主义突出问题为基层减负三十条措施》的通知	6月22日
15	衢委办发〔2020〕19号	关于印发《进一步厉行节约防止餐饮浪费行为十条措施》的通知	8月21日
16	衢委办发〔2020〕20号	印发《关于加快“三农”领域补短板续新篇增成色冲刺农村高水平全面小康的实施意见》的通知	8月21日

续表

序号	文 号	文件标题	发文日期
17	衢委办发〔2020〕21号	印发《关于深化“三位一体”改革服务党建治理大花园建设的实施意见》的通知	8月21日
18	衢委办发〔2020〕23号	印发《关于加强党建统领基层安全应急管理体系和能力建设的实施意见》的通知	10月16日
19	衢委办发〔2020〕24号	关于印发《衢州市生活垃圾治理攻坚实施方案》的通知	10月20日
20	办字〔2020〕7号	关于印发《市直单位党组讨论和决定党员处分事项工作程序规定（试行）》的通知	4月20日
21	办字〔2020〕15号	印发《关于建设新时代文明实践中心的实施意见》的通知	9月1日

2020年衢州市政府规范性文件选目

序号	文 号	文件标题	发文日期
1	衢政发〔2020〕11号	关于印发衢州市区被征地农民基本生活保障实施办法的通知	5月22日
2	衢政发〔2020〕16号	关于调整衢州市区征地补偿安置政策的通知	6月30日
3	衢政发〔2020〕20号	关于调整全市最低生活保障标准的通知	9月11日
4	衢政发〔2020〕26号	关于印发衢州市医疗保障暂行办法的通知	12月28日
5	衢政办发〔2020〕6号	关于促进衢州市创新创业园区高质量发展的若干意见	3月30日
6	衢政办发〔2020〕7号	关于印发衢州市招商引资若干政策和衢州市本级招商引资中介人奖励办法的通知	3月30日
7	衢政办发〔2020〕14号	关于印发衢州市深化工程建设项目审批制度改革工作实施方案的通知	5月22日
8	衢政办发〔2020〕16号	关于调整优化推进创新驱动加快经济高质量发展若干政策的通知	7月13日
9	衢政办发〔2020〕18号	关于印发2020年全球免费游衢州活动方案的通知	6月1日
10	衢政办发〔2020〕20号	关于完善困难群众基本生活价格补贴机制的通知	6月9日
11	衢政办发〔2020〕22号	关于深化市区土地储备管理改革的实施意见	6月19日
12	衢政办发〔2020〕23号	关于印发衢州市工业企业亩均效益综合评价办法的通知	8月27日
13	衢政办发〔2020〕24号	关于印发衢州市户口迁移登记规定的通知	9月22日
14	衢政通〔2020〕1号	关于划定高排放非道路移动机械禁止使用区的通告	7月14日
15	衢政通〔2020〕2号	关于划转市区综合行政执法事项的通告	9月22日

2020年度衢州市荣誉

1月1日 江山市被中国登山协会授予全国新年登高健身大会突出贡献奖。

1月1日 龙游县税务局被人力资源和社会保障部、国家税务总局评为全国税务系统先进集体。

1月6日 “最有礼的城市·最美的人”——全市道德模范暨第八届“最美衢州人”十大年度人物颁奖典礼在衢州学院大礼堂举行。乡村振兴18个村书记先锋战队等被评为第八届“最美衢州人”十大年度人物。

1月7日 衢州离休干部胡兆富、衢江区举村乡抗台抢险救灾集体作为“利奇马”特大台风民间救援群体被授予“浙江骄傲人物”奖。柯城区新世纪学校教师陈昱安获2019年度“最美浙江人·浙江骄傲”人物提名奖。

1月8日 衢州市被国家卫生健康委、中国红十字会总会、中央军委后勤保障部卫生局评为2018—2019年度“全国无偿献血先进城市”。

1月9日 应急管理部消防救援局授予衢州市消防救援支队全国执勤训练先进支队称号。1月17日,应急管理部消防救援局授予衢州市江山市消防救援大队集体三等功。

1月9日 市综合执法局被住房和城乡建设部评为2019年度“强基础、转作风、树形象”专项行动中表现突出单位。

1月15日 龙游县被省委、省政府授予浙江省示范文明城市。

1月16日 江山市司法局获评司法部全国公共法律服务工作先进集体。

1月18日 衢州市纪委市监委、江山市扶贫开发领导小组办公室被省委、省政府授予浙江省扶贫开发工作成绩突出集体。

1月19日 农业农村部公布第五批中国重要农业文化遗产名单,开化山泉流水养鱼系统榜上有名,是衢州首个中国重要农业文化遗产。

1月21日 衢江区被省委、省政府授予2019年度浙江省美丽乡村示范县。江山市大陈乡大陈村作现场交流发言。

1月22日 衢州市6个县(市、区)创成省级“无积案信访县(市、区)”。4月,龙游县、开化县创成信访工作国家级“三无”县。

2月9日 在浙江省委农村工作会议上,省委、省政府对2019年全省实施乡村振兴战略优秀单位予以表彰,衢州市、柯城区、衢江区、开化县位列榜单。

2月26日 浙江红五环制茶装备股份有限公司自主研制的6CSN型碾茶(抹茶)生产线获第四届浙江省农业机械科学技术一等奖,这是衢州市茶机装备首次获一等奖。

2月 常山油茶特色农产品优势区被农业农村部授予“中国特色农产品优势区”称号。

2月 常山县被省政府、省军区评为征兵工作成绩突出县。

3月13日 在省市场监管工作联席会议上,衢江区、江山市等获评2017—2019年度全省放心农贸市场建设工作成绩突出集体。

3月 省委党校(浙江行政学院)、《今日浙江》杂志社、省改革研究和促进中心等单位组织开展的2019年浙江省改革创新最佳实践案例评选结果揭晓,衢州市乡镇(街道)模块化改革、柯城区“一村万树”绿色期权模式2个案例获评优秀实践案例。

3月 衢州市柯城区石梁镇等7个乡镇(街道)被省治水办(河长办)评为2019年度全省“五水共治”工作考核优秀乡镇(街道)。

4月1日 衢江区、江山市、龙游县在2019年度农村生活垃圾分类处理工作获省“千村示范、万村整治”工作协调小组办公室通报表扬。

4月6日 衢州市水利局“党建统领 集成模块化改革”、常山县林业水利局“常山农村饮用水‘两标准八提升’长效运维工程”、开化县水利局“创新打造水利风景区 助推百里金溪绿富美”被评为全省地方水利改革创新十大最佳实践案例。

4月14日 全省建设平安浙江工作会议在杭州举行。市委书记徐文光在主会场参会,并上台领取

“2019年度平安市”奖牌，衢州平安市创建实现“十四连冠”和全域“满堂红”。衢江区、常山县和开化县连续15年获评平安县，被授予“一星平安金鼎”。

4月29日 在全市劳动模范座谈会上，全市10个工作室被评为2019年度衢州市高技能人才(劳模)创新工作室，衢州市人民医院感染科等40个先进集体被命名为衢州市“工人先锋号”。

4月 常山县被浙江省生活垃圾分类领导小组授予2019年度全省生活垃圾分类工作优秀县。

5月5日 国务院办公厅印发通报，对2019年落实有关重大政策措施真抓实干成效明显地方予以督查激励。衢州市被列入“财政预算执行、盘活财政存量资金、国库库款管理、推进财政资金统筹使用、预算公开等财政管理工作完成情况好的地方”，柯城区被列入“河长制湖长制工作推进力度大、河湖管理保护成效明显的地方”，受到表彰。

5月18日 浙江省人民政府办公厅通报2020年度粮食安全市长责任制考核结果，衢州市为2020年度粮食安全市长责任制考核优秀单位，粮食安全考核实现“十连优”。

5月26日 省政府办公厅印发通报，对2019年落实有关重大政策措施真抓实干成效明显地方予以督查激励表扬。衢州市被评为落实政府数字化转型工作、推进“掌上办事”“掌上办公”成效明显的设区市和财政预算执行、政府性债务风险管理、财政存量资金盘活、国库库款管理等财政管理工作完成情况较好的市、县(市)。衢州市、开化县被评为督查中发现落实有关重大政策措施成效明显、创造典型经验做法的市、县(市、区)。衢江区被评为实施乡村振兴战略、高水平推进农业农村现代化成效明显的县(市、区)。江山市被评为推进大花园建设成效明显的县(市、区)。龙游县被评为加快传统制造业改造提升成效明显的县(市、区)。开化县被评为实施全域土地综合整治与生态修复工程方面工作较好的市、县(市、区)。

5月 衢江区、江山市被中共浙江省委全面依法治省委员会评为2019年度法治浙江(法治政府)建设先进单位。

6月4日 中央文明办公布对全国文明城市提名城市中的141个地级以上城市、城区2019年文明城市年度测评结果。衢州以总分96.27分的成绩在全国113个地级提名城市中排名第四位，其中群众满意度名列全国第2。

6月18日 中共浙江省委授予在“两手硬、两战赢”工作第一线表现突出的衢州市经济和信息化局人事处处长邓建，衢州市绿色产业集聚区开发区公安分局治安防控中心副主任、经侦大队长张政，江山市清湖街道党工委书记毛晓荣“浙江省优秀共产党员”称号。

6月 8090新时代理论宣讲工作龙游创新做法得到习近平总书记等中央领导以及省委、省政府主要领导的重要批示。7月21日，浙江省新时代青年理论宣讲工作现场会在龙游县召开。11月6日，全国基层理论宣讲先进典型表彰大会在北京举行，衢州市8090新时代理论宣讲团获“全国基层理论宣讲先进集体”荣誉称号。宣讲团成员李陈代表衢州上台领奖，并作为全国8名基层宣讲员之一，现场进行交流发言。

6月 中央文明办公布2019年未成年人思想道德建设工作年度测评结果，衢州市以总分99.09分的成绩，在全国文明城市提名城市中的141个地级以上城市、城区中排名第1。

7月17日 浙江省科学技术奖励大会在省人民大会堂召开。衢州华友钴新材料有限公司新型钴系锂电材料绿色制造关键技术及应用项目，获省科学技术一等奖；浙江凯圣氟化学有限公司芯片先进制程用超纯湿电子化学品精密分离和品控关键技术及产业化、仙鹤股份有限公司高性能低定量特种纸关键技术研发与应用2个项目获省科学技术二等奖；衢州学院面向半导体的硬脆材料精密曲面加工装备及其精度提升关键技术获省科学技术三等奖。

7月21日 市综合执法局被省政府评为2019年度浙江省“无违建县(市、区)”创建工作先进集体。

7月29日 衢州通过第三轮复审，被重新确认为国家卫生城市，龙游县城、常山县城、开化县城、峡口镇、大街乡被重新确认为国家卫生乡镇(县城)。

7月29日 生态环境部在北京召开首届美丽河湖、美丽海湾优秀案例征集活动媒体座谈会，柯城区石梁溪入选全国美丽河湖典型案例。

7月 《以“智治”促“善治”的衢州探索》被省民政厅列为社区治理创新浙江样本。

8月5日 “2019中国文化和旅游总评榜颁奖典礼”在浙江西塘举行，开化县获评2019中国有影响力的全域旅游示范区。

8月5日 2020年度Architizer A+ Awards评选结果揭晓，衢州体育公园项目获“运动休闲娱乐类——未建成的运动场和休闲场所”一栏的专业评审奖。

8月9日 农工党衢州市衢江区总支部委员会被中国农工民主党中央委员会评为优秀基层组织。

8月14日 衢州市被省委省政府健康浙江建设领导小组办公室评为2019年健康浙江建设考核优秀等次。

8月15日 全省高水平建设新时代美丽浙江推进大会在安吉县余村召开。衢州市获2019年度浙江省“五水共治”（河长制）工作优秀市“大禹鼎”银鼎，连续6年获“大禹鼎”，连续3年获“大禹鼎”银鼎。江山市获2019年度浙江省“五水共治”（河长制）工作优秀县（市、区）“大禹鼎”银鼎；柯城区、开化县获2019年度浙江省“五水共治”（河长制）工作优秀县（市、区）“大禹鼎”。

8月18日 衢州市自然资源和规划局衢江分局、龙游县溪口镇政府、江山市坛石镇政府、常山县自然资源和规划局获评全省地质灾害隐患综合治理“除险安居”三年行动成绩突出单位。

8月26日 衢江区被省工业转型升级领导小组办公室评为2019年度浙江省淘汰落后产能和“腾笼换鸟”工作考核先进县（市、区）。

8月27日 衢州市获2019年度市级政府耕地保护责任目标考核优秀市，排名第1。

8月31日 农工党衢州市委会被农工党中央评为农工党全国先进地市（县）级组织。

8月 衢州市在国家医疗保障局组织的国家医保智能监控示范点建设中期评估中被评为“优秀”等次。

8月 常山县卫生健康局被省委办公厅、省政府办公厅评为县域医共体工作成绩突出集体。

9月8日 全国抗击新冠肺炎疫情表彰大会在北京人民大会堂举行。衢州市人民医院内科片主任、主任医师田明庆，常山县青石镇江家村党支部委员、第四网格党小组组长王芳受表彰。

9月9日 农业农村部公布开化县华埠镇金星村为2020年中国美丽休闲乡村。

9月9日 市营商办承担的国家《政务服务评价指南》《政务服务“一次一评”“一事一评”工作规范》两项标准试点，在全国座谈会交流发言，获国务院办公厅审改办领导肯定。9月25日 全省质量大会在省人民大会堂举行。会上，衢州市营商环境建设办公室为主承担“最多跑一次”改革省级标准化试点作为全省3个重大贡献奖之一受到表彰。市营商办被省政府评为2020年浙江省标准创新重大贡献奖。

9月18日 柯城区荷花街道社区卫生服务中心被中国社区卫生协会评为新冠疫情防控工作表现突出社区卫生服务机构。

9月27日 衢州市生态环境局江山分局获评第二次全国污染源普查表现突出集体。

9月 柯城区《“衢鲜森”牵手“羌妹子”柯城—北川“共享+村播计划”赋能增收》被列入2020年全国消费扶贫优秀典型案例。

10月16日 在深圳举行的2020可持续城市与人居环境奖颁奖盛典上，常山被授予“全球绿色城市”称号。

10月16日 国家发展改革委发布中国营商环境评价领域的首部国家报告《中国营商环境报告2020》。衢州被评为营商环境15个标杆城市之一，营商环境改革经验获重点推广。

10月20日 全国双拥模范城（县）命名暨双拥模范单位和个人表彰大会上，衢州再次被命名“全国双拥模范城”，衢州市连续第五次获此殊荣。

10月21日 省企业联合会、省企业家协会、省工业经济联合会发布《2020浙江省百强企业》榜单，巨化集团公司和江山欧派门业股份有限公司榜上有名。

10月25日 “中国开放数林指数”发布首个区

域性报告暨《2020长三角政府数据开放一体化报告》，衢州市位列第5，跻身长三角地级（含副省级）第一梯队。

10月26日 江山市关心下一代工作委员会被中国关心下一代工作委员会、中央文明办评为全国关心下一代工作先进集体。

10月28日 在龙游县红木小镇举办的绿色中国行——走进美丽龙游暨中国绿色碳汇基金会成立10周年公益晚会上，龙游县人民政府获“2020绿色中国特别贡献奖”。

10月28—29日 以“数字赋能·城乡融合”为主题的部省共建乡村振兴示范省推进会在湖州市德清县召开。会上，衢江区作典型发言，“衢州有礼”诗画风光带被评为全省“乡村振兴十大模式”之首。

10月30日 省政府公布第四批省级生态文明建设示范市、县（市、区）名单，柯城区、衢江区、江山市入选。

11月13日 全省抗击新冠肺炎疫情总结表彰大会在省人民大会堂召开。衢州市人民医院内科主任、主任医师田明庆等16人获“浙江省抗击新冠肺炎疫情先进个人”称号，衢州市人民医院党委等12个部门、单位获“浙江省抗击新冠肺炎疫情先进集体”称号，田明庆等7人获“浙江省优秀共产党员”称号，衢州市人民医院党委等3个基层党组织获“浙江省先进基层党组织”称号，余晓峰等5人获“浙江省担当作为好干部”称号。

11月20日 全国精神文明建设表彰大会在北京举行。衢州获全国文明城市称号。市委副书记吴舜泽赴北京领取奖牌。

11月21日 2020博鳌国际旅游奖（TC奖）揭晓，“南孔圣地·衢州有礼”城市品牌营销系列案例获2020年度品牌营销金奖；“书香大陈”美丽乡村品牌获2020年度美丽乡村品牌大奖；人类非遗九华立春祭传承与创新获2020年度非遗创新大奖；赛得健康小镇获2020年度文旅小镇品牌大奖。

11月23日 江山市被国家卫健委人口家庭司授予2018—2020年全国计划生育优质服务先进单位。

11月24日 “中国天然氧吧”2020年创建活动发布会上，江山市、常山县被授予“中国天然氧吧”称号。

11月24日 全国劳动模范和先进工作者表彰大会在北京人民大会堂隆重举行。衢州巨塑化工有限公司PVDC车间党支部副书记兼工艺员、助理工程师吴坚，浙江矽盛电子有限公司设备部主任郑裕财，衢州早田农业科技开发有限公司实际控制人、助理工艺美术师方向明获“全国劳动模范”称号；浙江省衢州第二中学校长、高级教师潘志强获“全国先进工作者”称号。

11月24日 江山市被中国蜂产品协会评为蜂业扶贫先进县，江山市农业农村局被评为蜂业脱贫攻坚之星。

11月28日 “衢州市运用‘三通一智’数字化平台实现社区疫情云防控”案例，被中国社区治理研究会评为全国优秀案例。

11月29日 “中国高校绿色金融研究联盟2020年会暨绿色金融发展高峰论坛”在厦门召开，会上发布《长三角“40+1”城市群绿色金融发展竞争力研究（2020）》报告，衢州排名第1，两年蝉联榜首。

11月 省发展改革委、省生态环境厅、省交通运输厅、省文化和旅游厅公布新一批全省大花园示范县建设单位，龙游县、常山县被列入新一批大花园示范县创建单位，衢州市实现大花园示范县创建全覆盖。

11月 衢州供电公司被中国企业管理研究会评为全球可持续公益创新卓越企业。被中国质量协会评为全国市场质量信用用户满意企业。

11月 衢州市通过国际自然医学会世界长寿之乡调查团实地调查认证。

11月 常山胡柚被亚洲果蔬产业博览会组委会评为2020年度最受欢迎的果品区域公用品牌100强。

12月3日 在全国城市信用状况监测排名中，衢州在261个地级市中排名第2。

12月15日 柯城区人民医院、衢州第二中学被国家事务管理局、国家发展改革委、财政部授予2019—2020年节约型公共机构示范单位名单。

12月15日 峡口水电站被水利部授予2020年度绿色小水电示范电站。

12月17日 全市抗击新冠肺炎疫情表彰大会

召开。会议决定授予217名同志“衢州市抗击新冠肺炎疫情先进个人”称号，授予80个集体“衢州市抗击新冠肺炎疫情先进集体”称号，授予20名同志“衢州市优秀共产党员”称号，授予30个基层党组织“衢州市先进基层党组织”称号。

12月17日 衢州市创建全国文明城市总结表彰暨创建新时代文明生活示范市动员大会召开。会上，举行“全国文明城市”揭牌仪式，授予196名同志“创建全国文明城市工作先进个人”称号，授予91个集体“创建全国文明城市工作先进集体”称号。

12月18日 “三衢味”品牌建设被评为中华全国供销合作总社“金扁担改革贡献奖”。

12月18日 衢江区、龙游县成功创建省级示范文明县城(城区)。

12月18日 市科协、衢江区科协被中国科协评为2020年全国科普日活动优秀组织单位。

12月22日 2020年美丽乡村博鳌国际峰会在海南博鳌举行。会上，柯城区沟溪乡余东村获评2020美丽乡村博鳌国际峰会中国十大最美乡村(文化类)。

12月20—22日 2020年度浙江考古重要发现汇报会在绍兴举行。会上，衢江区孟姜村古墓葬入选2020年度浙江省考古十大重要发现。

12月24日 龙游红木小镇通过省级特色小镇验收命名，入选全省第四批省级特色小镇名单。

12月25日 衢州儒学文化产业园区成功保留“国家级文化产业实验园区”称号，并获国家级文化产业示范园区创建资格。

12月25日 江山市被教育部等部门授予第五批国家级农村职业教育和成人教育示范县。

12月25日 龙游麻鸡、开化清水鱼、七里茄子、衢州玉露茶获国家农产品地理标志。

12月26日 “2020第十五届中国全面小康论坛”在广东省中山市召开。论坛上，柯城区“两难”问题钉钉群工作法获选“2020年度中国十大民生决策”。

12月28日 衢州水亭门历史文化街区保护利用入选国家文化产业发展项目库首批入库项目名单。

12月28日 衢州市被浙江省食品药品安全委员会命名为浙江省食品安全市。

12月30日 衢州市二手房签约转移抵押集成办理被省自然资源厅列入2020年度全省自然资源系统改革创新优秀案例。

12月 衢州市民政局被民政部评为全国民政系统抗击新冠肺炎疫情先进集体。

12月 民盟衢州市委会被民盟中央评为“民盟思想政治建设和宣传工作先进集体”。

是年 衢州市生态环境质量满意度位列全省第1。

是年 衢州城市信用状况监测排名在全国261个地级市位列全国第2。

是年 中国气象局将衢州市气象局“网格+气象”基层防灾减灾工作新模式作为全国气象部门两个优秀案例之一，在全国推广。

是年 衢州被国家标准委等十部门授予2020年度百城千业万企对标达标提升专项行动第三批试点城市。

是年 市水利局被水利部评为全面推行河长制湖长制先进集体。

是年 九三学社衢州市委员会被九三学社中央评为2016—2020年社会服务先进集体和2020年度机关规范化建设工作组织奖。

是年 民建龙游县基层委被民建中央评为先进集体。

是年 江山市、开化县被中央文明办授予2021—2023年创建周期全国文明城市提名城市。

2020年度衢州市政府特别奖获奖企业和个人

一、杰出贡献奖

一等奖

巨化集团公司

浙江省烟草公司衢州市公司

衢州元立金属制品有限公司

二等奖

国网浙江省电力公司衢州供电公司

常山南方水泥有限公司
衢州华友钴新材料有限公司
江山南方水泥有限公司
浙江仙鹤控股有限公司
浙江明旺乳业有限公司
开山控股集团股份有限公司

三等奖

维达纸业(浙江)有限公司
衢州五洲特种纸业股份有限公司
浙江夏王纸业有限公司
江山欧派门业股份有限公司
江山市何家山水泥有限公司
常山江山虎水泥有限公司
衢州南方水泥有限公司
浙江衢州东方集团股份有限公司
浙江通天星集团股份有限公司
浙江华康药业股份有限公司

二、招商贡献奖

游浩东(江门景诚旅游开发有限公司)
曾雪峰(衢州市科峰工程规划设计研究有限公司)
郑红梅(衢州市天元名都酒店有限公司)

三、产业投资贡献奖

华金新能源材料(衢州)有限公司
常山众誉运力供应链管理有限公司
浙江哲丰新材料有限公司
衢州海嘉建设有限公司
浙江金励环保纸业有限公司
龙游伊利乳业有限责任公司
衢州舜新教育发展有限公司
浙江衢州万洋众创城开发有限公司
浙江赛得健康产业投资管理集团有限公司

四、工业企业上台阶之星奖

浙江喜尔康智能家居有限公司
浙江禾川科技股份有限公司
科润智能控制股份有限公司
浙江鸿盛新材料科技集团股份有限公司

五、企业成长之星奖

一等奖

浙江寰龙环境科技有限公司
浙江先导精密机械有限公司
浙江江山源光电气有限公司

二等奖

浙江日新电气有限公司
浙江邦成化工有限公司
浙江凯圣氟化学有限公司
浙江恒川新材料有限公司
浙江启超电缆股份有限公司
衢州三源汇能电子有限公司
浙江神霸矿山机械有限公司

六、亩均效益之星奖

一等奖

浙江先导热电科技股份有限公司
江山市华顺有机硅有限公司
浙江天际互感器有限公司

二等奖

浙江兆和化工有限公司
浙江为康制药有限公司
浙江龙游通衢建材有限公司
浙江海昇药业股份有限公司
浙江特美新材料股份有限公司
浙江龙成耐火材料有限公司
衢州普星燃机热电有限公司

七、智慧产业之星奖

中国移动通信集团浙江有限公司衢州分公司
阿里巴巴(衢州)信息服务有限公司
顺丰集团衢州运输有限公司
衢州华数广电网络有限公司
浙江信安数智科技有限公司
浙江隆基乐叶光伏科技有限公司
华友新能源科技(衢州)有限公司
一道新能源科技(衢州)有限公司
金瑞泓科技(衢州)有限公司
索尔维蓝天(衢州)化学品有限公司

八、幸福产业之星奖

(一)文化产业

浙江甲壳虫印刷包装有限公司
浙江龙游新西帝电子有限公司
浙江圣丰工艺品有限公司

(二)旅游产业

江山市旅游发展有限公司
衢州醉根艺品有限公司
衢州飞扬旅行社有限公司
江山国际大酒店有限责任公司
江山金陵大酒店有限公司

(三)体育产业

浙江健盛集团江山针织有限公司
牧高笛户外用品股份有限公司
衢州丁盛体育服务有限公司
衢州华越体育发展有限公司

(四)康养产业

衢州市天颐老人之家
龙游县广和长青养老服务中心
衢州市逸和源·怡东篱堂

九、商贸产业之星奖

(一)电子商务及新零售

浙江疆界互联网科技有限公司
衢州市林珊电子商务有限公司
衢州良仓投资管理有限公司
赢家时尚(江山)电子商务有限公司
衢州市桔子花开商贸有限公司
浙江宗泰农业发展股份有限公司

(二)外向型经济

衢州华海新能源科技有限公司
浙江雷士灯具有限公司
浙江衢州联州致冷剂有限公司
浙江金维克家庭用品科技有限公司

十、乡村振兴产业之星奖

浙江不老神食品有限公司
浙江佳农果蔬股份有限公司
衢州刘家香食品有限公司
浙江开启能源科技有限公司
浙江金勺科技有限公司
浙江大夫第现代农业有限公司
天蓬集团有限公司
浙江中兴粮油有限公司

十一、绿色金融之星奖

中国农业银行股份有限公司衢州分行
中信银行股份有限公司衢州分行
浙江泰隆商业银行股份有限公司衢州分行
中国人民财产保险股份有限公司衢州市分公司
衢州市信保融资担保有限公司

十二、建筑产业之星奖

一等奖

开建环境建设集团有限公司
浙江安都建设有限公司

二等奖

浙江广茂建设有限公司
信实环境建设集团有限公司

十三、业态模式创新奖

浙江衢州南孔文化创意传播有限公司
衢州航空有限公司
实达实集团有限公司
衢州早田农业科技开发有限公司
龙游不亦乐乎电子商务有限公司
浙江冒个泡电子商务有限公司
常山县生态资源经营管理有限公司
腾云(常山)旅游管理有限公司

十四、政府质量奖

浙江省衢州第二中学
浙江开化合成材料有限公司
衢州杭氧气体有限公司
启天建设集团有限公司
徐 伟(衢州华友钴新材料有限公司)
姜振军(浙江江山变压器股份有限公司)

2020年衢州市政府民生实事项目

2020年，经衢州市第七届人民代表大会第五次会议投票表决，确定十个项目为2020年市政府民生实事项目。截至2020年末，10大项56个子项具体任务全面完成，其中33项工作超额完成年度任务。

实施教育补短板工程

责任单位：市教育局

完成情况：

开工建设小区配套幼儿园5所，义务段学校6所，完成率100%；

超额完成青少年近视综合防控视觉环境改造计划，完成教室改造5669间，完成率135%；完成可调节课桌椅更换40103套，完成率138%。

实施关爱帮扶工程

责任单位：市卫健委、市民政局、市残联、市人力社保局

完成情况：

新增托育机构18家，完成率200%；新增托位1160个，完成率527%；

完成困难老年人家庭适老化改造项目579户，完成率135%；

完成困难残疾人家庭无障碍改造812户，完成率108%；完成“残疾之家”星级提升改造25家，完成率125%；

精准帮扶4176名就业困难人员实现就业，完成率209%。

改善群众出行条件

责任单位：市交通运输局、市交投集团、市治堵办

完成情况：

建成和改造城市公交停靠站14个，完成率140%；

建成和改造提升农村公路671.3公里，完成率122.1%；

建成农村港湾式停靠站145个，完成率102%；

新增农村物流点167个，完成率111%；

新增停车位9317个，完成率133%，其中市区新增停车位5686个（含公共停车位873个），完成率114%。

推进放心消费工程

责任单位：市商务局、市市场监管局

完成情况：

完成10个社区智能生鲜柜或社区净菜店布设，完成率100%；

培育发展放心消费单位8541家，完成率122%；

培育无理由退货承诺单位2475家，完成率124%；

培育发展放心工厂592家，完成率118%；

完成13家市场改造提升工程建设，完成率130%；

建成放心消费街区（商圈）8个，完成率160%；

改造提升农村家宴放心厨房48家，完成率107%；

在中小学和等级幼儿园食堂建成155家智能“阳光厨房”，完成率119%。

实施农村饮用水达标提标工程

责任单位：市水利局

完成情况：

超额完成38.6万农村居民饮水任务，完成率157%，其中省定任务24.6万人，于2020年6月在全省率先完成；

城乡规模化供水工程覆盖人口比例达85.5%；完成古井水源保护年度工作任务。

开展美丽河湖创建

责任单位：市水利局、市治水办、市生态环境局、市住建局

完成情况：

完成中小河流整治73.39公里，完成率183%；

建成美丽河湖12条，完成率171%；

完成江河干堤加固33.59公里，完成率153%；
完成病险水库除险加固17座，完成率113%；
完成23个乡镇（街道）“污水零直排”建设任务，完成率121%；
完成8个工业园区“污水零直排”建设任务，完成率100%；
完成120个生活小区“污水零直排”建设任务，完成率100%。

实施公共场所服务提升“十站四心”工程

责任单位：市营商办、市文旅局

完成情况：

完成安邦车检、江山安信车检2家示范型机动车检测机构硬件提升和服务优化工作；
《机动车检测站管理和服务规范》（T/ZJVIA001—2020）于2020年9月15日正式发布；
建成10家示范型金融机构；8家公共文化场馆达到“示范场馆”服务标准，确定为第一批示范性公共文化服务场馆，完成率267%；
《南孔书屋建设与运行规范》于2020年12月7日正式发布。

构建15分钟幸福生活圈

责任单位：市民政局、市教育局、市体育局、市文旅局

完成情况：

建成省级乡镇（街道）居家养老服务中心30个，完成率100%；
建成老年大学（学堂）9所，新增老年学位33820个，在读学员365人，完成率129%；
建成街道中心食堂9个和社区共享食堂或社区助餐点37个，完成率100%；
完成室内健身驿站40个（其中城区百姓健身房12个、乡村百姓健身房28个）、室外健身驿站26个（其中社区多功能公共运动场17个、足球场2个、游泳池7个）、小康体育村升级工程100个，完成率100%；
建成南孔书屋3家（仙霞路书屋、荷三路书屋、裱背巷书屋），完成率100%。

实施健康工程

责任单位：市卫健委、市市场监管局

完成情况：

完成肺结核病免费筛查183814人，完成率112%；
建成送药上山便民服务点29个，并投入运行，完成率116%；建成24小时“网订店送”药房27家，完成率135%。特别在疫情期间，送药上山便民服务点和24小时“网订店送”药房为群众提供送药上门服务，提高群众购药的便利度；
完成流感疫苗自愿免费接种4.3万例，完成率100%；
完成高危人群大肠癌筛查11651例，完成率114%；
市公共卫生服务中心项目启动建设，正在施工图设计阶段；市中医医院二期扩建项目（含发热门诊）完成建设。

实施生活垃圾治理

责任单位：市住建局、江山市政府

完成情况：

建成省级高标准生活垃圾分类示范小区30个，完成率100%；
建成生活垃圾焚烧处理设施1座。

（摘自“衢州发布”微信公众号）

索引

Index

说明: 本年鉴因开发了“衢州年鉴”小程序,主题索引可以通过“衢州年鉴”检索,仅制作表格索引。全书表格除“附录”外,均可通过索引进行检索。表格索引按序号排列,仅标注所在页码,不标注分栏。

表1 2020年衢州市气象要素情况一览表 48
表2 2020年度衢州市及各县(市、区)总人口情况统计表 50
表3 2011—2020年衢州市总人口变动情况统计表 50
表4 2020年末衢州市百岁老人一览表 51
表5 2020年衢州市人大代表优秀议案一览表 111
表6 2020年衢州市人大代表优秀建议一览表 112
表7 衢州市政协七届四次会议以来优秀提案一览表 146
表8 第二十二届衢州市自然科学优秀论文奖获奖情况一览表 180
表9 2020年新建院士专家工作站一览表 181
表10 2020年衢州市机场客货运输量统计表 256
表11 2020年衢州市不同行业私营企业分布及占比情况统计表 308
表12 2020年衢州市供销社为农服务情况统计表 331
表13 2020年衢州市星级旅游饭店一览表 336
表14 2020年末衢州市银行业金融机构本外币存贷款情况统计表 346
表15 2020年衢州市产险公司保费和赔付统计表 361
表16 2020年衢州市寿险公司保费和赔(给)付统计表 362
表17 2020年衢州市证券机构名录一览表 364
表18 2020年衢州市新冠肺炎防控技术科技攻关项目一览表 395
表19 2020年衢州市列入国家重大科技专项项目一览表 396
表20 2020年衢州市列入省重大科技专项项目一览表 396
表21 2020年衢州市列入浙江省公益性技术应用研究项目一览表 397

表22 2020年衢州市列入省自然科学基金项目一览表 398
表23 2020年衢州市科技合作对接交流一览表 400
表24 2020年衢州市发明专利产业化项目一览表 400
表25 第一届航埠镇创新挑战赛暨2020年企业"张榜招贤"大赛一览表 402
表26 第二届浙闽赣皖四省边际应用型大学联盟科技成果竞价(拍卖)会一览表 403
表27 2020年科技成果竞价(拍卖)会衢州职业技术学院专场一览表 403
表28 2020年衢州科技大市场科技活动一览表 404
表29 衢州市获2019年度浙江省科学技术奖项目一览表 405
表30 2020年衢州市教育事业情况统计表 410
表31 2020年衢州市人民医院抗击新冠肺炎疫情获省级以上荣誉医护人员一览表 448
表32 2020年衢州市档案系统馆(室)藏情况统计表 464
表33 2020年其他领导考察访问衢州孔氏南宗家庙一览表 474
表34 2020年衢州市社会保险参保情况统计表 491
表35 2020年市区居民消费价格变动情况(上年=100)统计表 534
表36 2020年衢州市主要工业品产量统计表 536
表37 2020年衢州市常住居民每百户主要耐用消费品拥有量统计表 540
表38 2019—2020年衢州市国民经济和社会发展总量统计表 541
表39 2020年衢州市主要社会经济指标统计表 542
表40 2019—2020年衢州市工业主要产品产量统计表 544
表41 2019—2020年衢州市农林牧渔业总产值分行业统计表 545
表42 2019—2020年衢州市农作物播种面积统计表 546
表43 2019—2020年衢州市农作物产量统计表 546
表44 2019—2020年衢州市畜牧业和水产生产情况统计表 547